金融学译丛

金融工程学原理

（第三版）

罗伯特·L. 科索斯基（Robert L. Kosowski）
萨利赫·N. 内夫特奇（Salih N. Neftci） 著
王忠玉 董 奕 译

PRINCIPLES OF FINANCIAL ENGINEERING
(THIRD EDITION)

中国人民大学出版社
·北京·

出版说明

作为世界经济的重要组成部分，金融在经济发展中扮演着越来越重要的角色。为了加速中国金融市场与国际金融市场的顺利接轨，帮助中国金融界相关人士更好、更快地了解西方金融学的最新动态，寻求建立并完善中国金融体系的新思路，促进具有中国特色的现代金融体系的建立，中国人民大学出版社精心策划了这套“金融学译丛”，该套译丛旨在把西方，尤其是美国等金融体系相对完善的国家最权威、最具代表性的金融学著作，被实践证明最有效的金融理论和实用操作方法介绍给中国的广大读者。

该套丛书主要包括以下三个方面：

(1) 理论方法。重在介绍金融学的基础知识和基本理论，帮助读者更好地认识和了解金融业，奠定从事深层次学习、研究等的基础。

(2) 实务案例。突出金融理论在实践中的应用，重在通过实务案例以及案例讲解等，帮助广大读者将金融学理论的学习与金融学方法的应用结合起来，更加全面地掌握现代金融知识，学会在实际决策中应用具体理论，培养宏观政策分析和进行实务操作的能力。

(3) 学术前沿。重在反映金融学科的最新发展方向，便于广大金融领域的研究人员在系统掌握金融学基础理论的同时，了解金融学科的学术前沿问题和发展现状，帮助中国金融学界更好地认清世界金融的发展趋势和发展前景。

我们衷心地希望这套译丛的推出能够如我们所愿，为中国的金融体系建设和改革贡献出一份力量。

中国人民大学出版社

2004 年 8 月

推荐序

在任何一个领域中，科学研究的终极目标是什么呢？非常明显，是为了探寻和认识事物发展变化的运动规律，为了预测未来和掌控未来。迄今为止，在金融领域中最著名、应用最广泛的布莱克-斯科尔斯-默顿期权定价公式，或称布莱克-斯科尔斯定价模型，以数不清的机会得到了市场的充分验证，也是金融领域应用最频繁的定价公式。金融学专家史蒂夫·罗斯教授认为："期权定价理论不止在金融领域，而且在整个经济学范围内都是最成功的理论。"

自从20世纪90年代出现"金融工程"以来，金融工程师将金融工具比作机械工程工具，既可以以标准形式单独使用，也可以根据特定需求组合起来，对现在的金融结构进行重组，以获得人们所希望的结果。当然，这里的"结果"不同于机械工程，它是特定的金融目标。不同的目标导致不同的方法和工具，这也是金融工程不断创新的生命力所在。

金融工程的一项核心技术是组合分解技术。采用组合分解技术，既可以利用基本的金融工具（既包括基本的原生工具如股票和债券，也包括基本的衍生工具如远期协议、期货、期权、互换等）作为零部件来组装成具有特定流动性和收益/风险特性的金融产品，也可以通过"剥离"，对原来捆绑在一起的金融/财务风险进行分解，更可以在分解后加以重新组合，从而为收益/风险在市场中的流动转移和重新配置提供强有力的手段。如果现有的金融工具所带有的风险是市场实践者无力承担的，采用金融工程的分解技术可以使之变得能够承担；如果现有工具的风险是市场参与者不愿接受的，采用金融工程的技术可以设计出符合他们的收益/风险偏好的新产品。当前，金融变革的主要标志是出现了一大批金融机构、金融创新工具和交易方式，金融交易量高出实物交易量数十倍。金融变革给金融工程提出了一系列实际的迫切需要研究的课题。需要指出的是，一名合格的金融工程师必须掌握现代金融理论，能够依托信息技术，灵活地应用各种工程方法，开展创造性的工程思维活动。

随着中国金融市场化进程的不断深入发展，许多高校金融学院或金融系纷纷建立“金融工程”本科专业，金融工程知识的普及越来越广泛。对于金融学专业的研究生来说，金融工程学的基本方法及理论已成为一种必备知识。为了迎合当今金融市场全球化的趋势，近十多年来，国内专家学者出版了不少金融工程方面的著作和教材，这无疑推动了国内金融工程学的普及。

目前，就国外成熟的金融市场衍生品方面的交易而言，不论是创新衍生品，还是特定衍生品，交易量都有迅猛激增的迹象。如何认识和了解这种新的发展趋势，怎样深入洞悉金融工程方法及理论在这类创新过程中所发挥的重要作用呢？

内夫特奇的《金融工程学原理》（第三版）部分地解答了这个问题。和大多数同类书籍相比，内夫特奇的《金融工程学原理》（第三版）更为强调金融工程理论应用于实践的背景及操作案例，而且继承前一版的简明易懂的风格，对一些操作利用图示法及步骤演示法给出了详细解释。为了方便读者，让初学者不用再查阅有关内容，一些章节后面提供了相关知识的附录。值得高兴的是，由王忠玉博士等译者翻译而成的该书中文版对于那些想要探究这些问题的大学生、金融研究者、广大的金融实践者来说，无疑提供了一种新颖的认识框架和视角。

最后，按照诺贝尔经济学奖得主罗伯特·默顿（Robert Merton）的观点，现代金融理论有三大支柱，这就是资金的时间价值、资产定价和风险管理。金融工程活动也同样要依靠这三大支柱的支撑。因此，学习金融工程一定要理解和掌握与这三大理论支柱有关的知识。

陈守东

吉林大学商学院教授、博士生导师

吉林大学数量经济研究中心副主任

中国金融学年会常务理事

中国数量经济学会常务理事

第三版序

这是一本入门级的书，所包含的众多专题按照我们通常称为金融工程的逻辑关系整合在一起。本书是专为低年级研究生及金融市场的从业者编写的。研究方法采用简单图形、初等数学以及现实世界的例子相结合的方式。对金融工具、市场和金融市场实践细节的研究与讨论稍微显得有些局限性。对于定价问题，则利用简单例子以非正式方式来处理。与此相应的是，本书重点强调所涉及专题的工程化特点。

像萨利赫一样，我从这些年来听过我课程同时拥有技能的市场实践者那里受益颇多。这些优秀的市场专业人士具有渊博的知识和专业技能，他们为本书做出了重要贡献。2006 年，我在香港科技大学参加研讨会时第一次见到萨利赫。他留给我的印象极其深刻，令人难忘，因为他不仅是知识非常渊博的金融专业人士，而且是一位魅力超凡的教师。非常遗憾的是，萨利赫在 2009 年病逝，离开了我们。在 2009 年和 2010 年，我被邀请在瑞士洛桑大学商业与经济学院讲授他的这门课程，这门课程的内容以萨利赫所著的《金融工程学原理》为主，我采用了这本书里的教学方法。我发现有机会修订本书的第三版，这是非常鼓舞人心而且令人愉快的经历。金融工程和衍生品领域在 2008—2009 年全球金融危机（GFC）后发生了极大的变化，更加强调简单化、标准化、交易对手风险、中央清算、流动性和交易所交易。但是，仅仅在全球金融危机 5 年之后，银行已经向投资者出售了譬如或有可转换债券（CoCo）等新的复杂产品，并且风险资产的价格又总是处于高位。领悟金融工程学原理不仅能帮助我们解决新的问题，而且有助于理解某种产品隐含的风险、识别风险和不适宜的金融工程方法，这样市场从业者能够及早地采取行动。

我的主要目的是对本书进行修订，加入市场以及市场从业者所发生的变化等内容，并勾勒出金融工程的新趋势和新产品，以使本书更有时效性。在 2009 年和 2010 年，我在英国上议院做专家顾问，因为欧盟立法的咨询有一部分是关于另类投资基金和场外衍生品的，这样我更加能一直跟踪监管的变化，监管变化能够影响衍生品市场和另类投资基金。在与 Marek Musiela 和 Damiano Brigo 关于本书所涵盖各类专题的对话中，我也受益颇多。一些同事和学生曾经阅读手稿。尤其要感谢 Damiano Brigo、Dimitris Karyampas 和几位匿名的审稿人，他们阅读手稿并给予评论。本书中的几个实例源于现实生活里市场实践中的事件。我要感谢汤森路透《国际金融评论》(*International Financing Review*)、《衍生品周刊》[*Derivatives Week*，现在是《全球资本》(*Global Capital*) 的子内容]、期货网站 (Futuresmag)、金融新闻网站 (Efinancialnews)、彭博社 (Bloomberg) 以及《风险》(*Risk*) 允许我使用它们的资料。我要感谢 Aman Kesarwani 在每一章末尾额外补充新习题中所做出的重要贡献。

第三版包括哪些新的内容呢?

金融工程学原理可以按照类似的方式分别被应用于不同的资产类别，因此第三版的架构安排是在各个不同章节分别探讨金融工程学原理在利率、商品、信用、权益等方面的应用。本书内容被重新组织和编排。由于久期及相关概念在本书中多次被提及，所以介绍久期和其他的利率风险度量方法组成新的一章，这就是第 3 章。新的第 7 章 (关于商品和另类投资) 是被扩展和更新的一章，即关于近几年越来越重要的对冲基金行业，其中关于商品的部分介绍了现货-期货平价理论及其应用，比如买现卖期套利。可赎回债券的内容则加入第 16 章 (期权在固定收益和抵押市场的应用)。第 18 章关于信用违约互换，涵盖的内容包括信用违约互换 (CDS) 定价以及主权信用违约互换市场的最新发展。第 19 章原来曾经讨论权益定价的折现现金流方法，现在被具有金融工程视角的默顿模型所取代，即将权益看成是公司资产的期权。反向可转换债券的内容被列入第 20 章权益结构化产品中。我们在第 21 章介绍证券化、资产支持证券 (ABS)、担保债务凭证 (CDO)，同时应用金融工程工具包对全球金融危机后新出现的或有可转换债券这种混合证券进行定价和评论分析。第 22 章探讨债务违约相关性交易，包括套利以及相应头寸的风险管理。在全球金融危机前，市场从业者和许多专业人士已经意识到对手风险的重要性，但金融工程和衍生品的一个最大的变革是如何把对手风险融入衍生品的定价当中。我们不再像以前一样，假定衍生品交易中的对手一定会履行支付义务。第 24 章则是崭新的一章，探讨影响衍生品定价的对手风险调整，如信用估值调整 (CVA)、债务估值调整 (DVA)、融资估值调整 (FVA) 以及无风险利率变量的选择。

当然，本书出现的任何错误归属于我本人。本书习题的答案和附加材料将公布在相关网页上。我为写作本书投入了大量精力。我原本想要再探讨几个深入的问题，但这里不得不省略，当然这些内容会出现在未来的版本中。

罗伯特·L. 科索斯基

2014 年 7 月 31 日

伦敦

目 录

第 1 章 导论

市场专业人士和投资者持有多头或空头的基础资产，诸如股票、无风险债券以及有违约风险的债务工具。人们也对货币、商品的交易，还有最近出现的关于通货膨胀的波动性* 及相关性方面的交易有极大的兴趣。从外界来看，观察者可能认为，这些交易绝大多数是通过买卖所提到的资产即刻完成的，譬如通过支付“现金”来购买美国国库券。这样的看法有误。可以证明，绝大多数金融目标以一种更为方便的形式，通过适当的互换得以实现。这里包含重要的逻辑内涵，我们选择这个主题作为在第 1 章导论中要阐明的第一个原理。

1.1 独特的金融工具

首先，我们介绍的是金融学中相当于整数零的金融工具。回顾一下代数学上零的特性。任意一个实数加上或减去零，依然是这个实数。对于市场和信用风险来说，存在一种独特的拥有同样特性的金融工具。考察图 1.1 中的现金流，时间是连续的，t_0、t_1、t_2分别表示某些特定时间。最初，我们处于t_0时刻。下面的交易是与某家银行之间进行的，我们在t_1时刻借入 100 美元，在t_1时刻的现行利率称为伦敦银行同业拆借利率（LIBOR），用符号L_{t_1}表示。① 在t_2时刻，我们支付利息，同时偿还本金。这种贷款是无违约风险的，并

① 伦敦银行同业拆借利率（LIBOR）是指伦敦一组银行报告的从其他银行获得借款的平均利率。从传统上看，LIBOR 在金融工程和衍生品定价方面发挥了十分重要的作用。正如我们在第 4 章所讨论的那样，在全球金融危机（GFC）期间，由于对手风险增加，LIBOR 大幅上涨。如同第 3 章和第 24 章所讨论的，这和最近围绕 LIBOR 漏报与操纵的一些丑闻已经改变了其在衍生品定价中的作用。

* 波动性（volatility）又称波动率。——译者注

且期限是 δ 单位。[①] 要注意的是，合约是在 t_0时刻签订的，但合约的执行是在未来的 t_1，因此这是远期合约的例子。L_{t_1} 的实际值也是在未来 t_1 日期决定。

现在，考察从 t_0 到 t_1时间段，表示成 $t\in[t_0,t_1]$。对于这个时间段里的任何一个时间点，这份远期合约在初始 t_0时刻的价值是多少？

可以证明，不管金融市场发生了什么，这份合约的价值对于 $t\in[t_0,t_1]$ 内所有的时间点都恒等于零。未来利率的走势可能从零到无限大，不过合约的价值仍然为零。为了证明这个论断，可以计算一下在 t_0时刻的合约价值。实际上，从某种意义来说，合约价值是显而易见的，参见图 1.1。在 t_0时刻没有任何现金变动。因此，合约价值在 t_0时刻一定为零。这一点十分明显，但我们还是正式地计算出来。

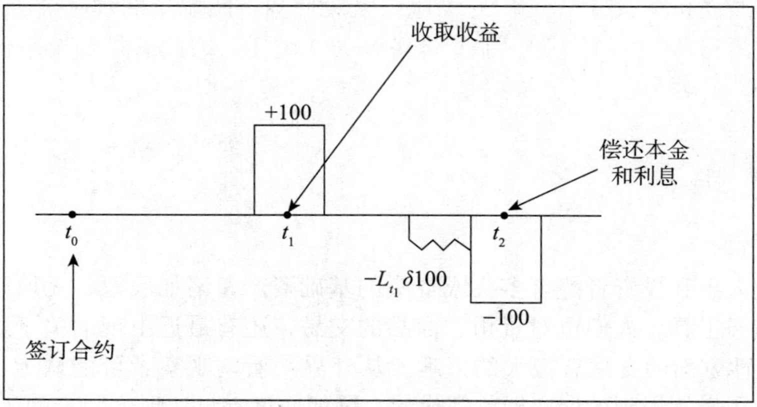

图 1.1　远期贷款

为了评估图 1.1 中的现金流价值，我们计算将要在 t_2时刻兑换的现金流在 t_1时刻的价值。这可以通过使用适当的折现因子来完成。尽管这个 LIBOR 利率在 t_0时刻的值是未知的，但最适当的折现率选择是使用L_{t_1}。进而，t_1时刻未来现金流的价值可表示为

$$PV_{t_1}=\frac{L_{t_1}\delta100}{1+L_{t_1}\delta}+\frac{100}{1+L_{t_1}\delta} \tag{1.1}$$

初看起来，为了从公式（1.1）得出数值解，我们需要估计随机变量L_{t_1}。实际上，一些市场实践者可能会建议利用 t_0时刻相应的远期利率来代替L_{t_1}，而在 t_0时刻可以观测远期利率的值。但更深入的观察表明还有一种更好的方法，那就是将分子中各项合并

$$PV_{t_1}=\frac{(1+L_{t_1}\delta)100}{1+L_{t_1}\delta} \tag{1.2}$$

然后消掉未知项，可以得到

$$PV_{t_1}=100 \tag{1.3}$$

这个结果看起来好像微不足道，然而思考一下它的含义。为了计算图 1.1 中现金流的价值，我们不必知道L_{t_1}。不管利率预期和市场波动性怎样，对于 $t\in[t_0,t_1]$ 的任何

① δ 是按一年比例进行测量的。比如，假设“一年”是 360 天，“一个月”是 30 天，则 3 个月贷款的 $\delta=1/4$。

时刻，这些现金流的价值即该合约的价值总是等于零。换句话说，这种金融工具的价格波动性恒等于零。

这意味着，在时刻 t 对于给定的任何金融工具，对其加上或减去 LIBOR 贷款，而且对于 $t\in[t_0,t_1]$ 内任何时刻，初始工具的价值将不发生改变。现在，我们将这种简单的思想用于金融市场中大量的基本操作上。

□ 1.1.1 购买无违约风险债券

对于市场实践者需要进行的许多操作来说，他们不必“购买”或“卖出”债券。有一种更方便的方法来实现操作。

购买一种票面价值为 100 美元的无违约风险债券，所发生的现金流如图 1.2 所示。在 t_0时刻，票面利率* 设定为r_{t_0}。债券价格是 100 美元，因此这是一个平价债券，到期日为 t_2。注意，这可表示为下面的等式：

$$100=\frac{r_{t_0}\delta 100}{1+r_{t_0}\delta}+\frac{100}{1+r_{t_0}\delta} \tag{1.4}$$

这个等式是成立的，因为在 t_0时刻，买方支付如图 1.2 所示的 100 美元。

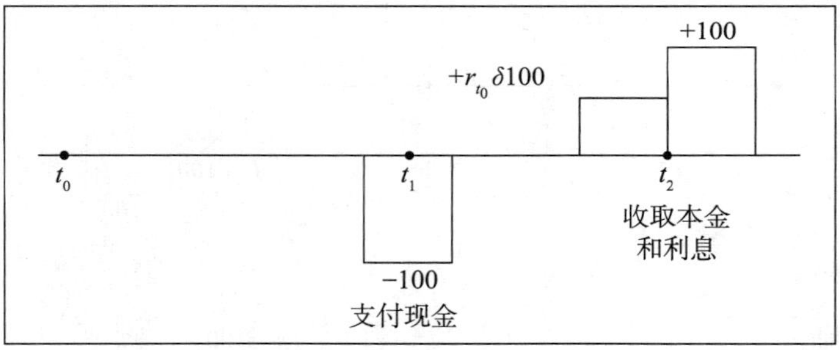

图 1.2 购买无违约风险债券

购买（卖出）这种债券，存在诸多方面的不便。第一，买卖债券就需要现金，市场实践者将购买债券称为融资。① 当债券被做空时，就产生新的现金，从而必定要进行现金管理。② 因此，这种直接出售和购买会带来不方便，需要代价昂贵的现金管理。

第二，所提及的证券可能是注册债券，而不是无记名债券，但买方可能更倾向于匿名购买债券。

第三，购买（卖出）债券将影响企业资产负债表，即企业的账本。如果市场实践者借入 100 美元购买债券，资产负债表两边的资产和负债都变大了。这可能产生调整资产负债表的需要。③

① 继全球金融危机（GFC）之后，如何估算场外衍生品的融资成本问题引起了激烈的争议。对所谓的融资估值调整（FVA）的支持和反对争论，将在第 24 章加以讨论。

② 做空包括借入债券，然后出售，因此便产生现金管理问题。

③ 例如，这是新兴市场或公司债券，如果银行需要购买，就将持有额外的资金来应对这种购买。监管资本或资本要求是指金融监管机构要求银行或其他金融机构所持有的资本金额。

* 票面利率（coupon rate）又称息票率、息票利率。——译者注

最后，为获得融资，市场实践者要进行借贷。而借贷必然涉及信用风险，贷方在贷款利率中可能要将违约风险金考虑进去。①

现在考察下述操作。所提及的债券是一种合约，在这种合约上“加上”前面所讨论的远期 LIBOR 贷款，如图 1.3（a）所示。我们已经证明，对于所有 $t \in [t_0, t_1]$，LIBOR 贷款的价值恒等于零，因此，这种操作近似于将零加到风险合约上。这种操作并没有以任何方式改变原有头寸的市场风险特征。另外，如图 1.3（a）和图 1.3（b）所示，所得到的现金流比单纯买卖债券的现金流更加便利。

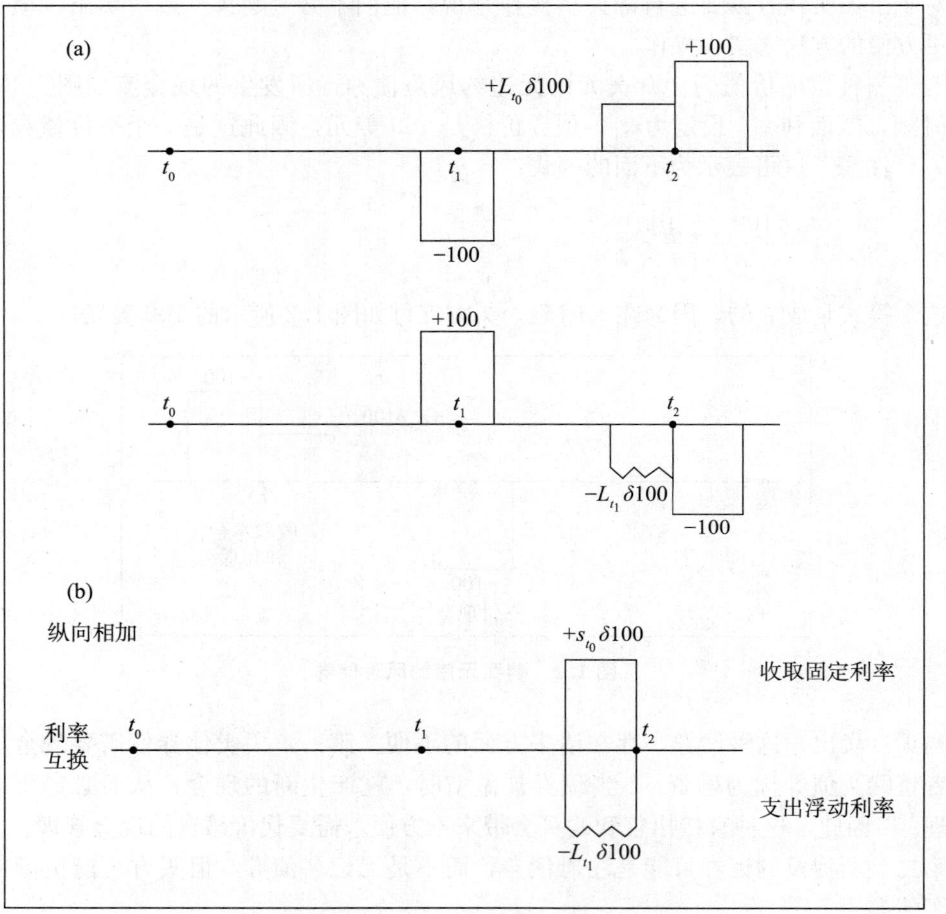

图 1.3　简单利率互换工程

这种现金流并不需要预付现金，不涉及购买注册证券，资产负债表也没有受到任何方面的影响。② 然而，图 1.3 中的现金流与单纯买卖债券的市场风险特征完全一样。

既然图 1.3 中所示的由债券和 LIBOR 贷款所产生的现金流能够实现与单纯买卖债券

① 如果被购买的国库券作为抵押品，则这种信用风险大多会消失。

② 这里，为了简单起见，我们忽略了第 2 章将要讨论的和保证金要求有关的潜在现金流，以及第 24 章将要讨论的诸如与信用估值调整（CVA）和债务估值调整（DVA）等对手风险有关的调整。

交易同样的市场风险目标，那么为什么不将它们打包成独立的金融工具，并冠以不同的名字出售给客户呢？这就是利率互换（IRS）。一方涉及支付固定利率，并接受浮动利率。另一方则正好进行相反操作。① 利率互换是金融市场中流动性最强的工具之一。

□ 1.1.2 购买股票

现在，假设换一种基础工具，市场实践者在 t_0 时刻购买股票 S_t，在 t_1 时刻交割。我们假设股票不支付股利。因此，这又是一个远期购买。股票头寸将在 t_2 时刻清仓。而且，假设 t_0 时刻对股票市场损益的预期使得这只股票在 t_0 时刻的市场需求价格为

$$S_{t_0}=100 \tag{1.5}$$

这种情况如图 1.4（a）所示，其中 ΔS_{t_2} 表示未知的股票价格上涨或下跌，ΔS_{t_2} 在 t_2 时刻可观察到。注意，初始价格是 100，t_2 时刻的股票价格可以写成

$$\begin{aligned} S_{t_2} &= S_{t_1}+\Delta S_{t_2} \\ &= 100+\Delta S_{t_2} \end{aligned} \tag{1.6}$$

因此，现金流如图 1.4（a）所示。

可以证明，不管购买股票的目的是什么，和债券的例子比起来，这种直接购买具有更大的缺陷。跟国库券的例子一样，购买行为需要现金，这是注册交易，并有税收问题，还直接影响企业的资产负债表，有调整的需要。第四个缺点非常简单，可能不允许购买者去购买这种股票。② 最后一点但并非不重要的是，存在防止高杠杆购买股票的规则。

现在，对这种交易应用同样的技术。对如图 1.4（a）的现金流加上 LIBOR 贷款，就获得如图 1.4（b）所示的现金流。跟前面一样，组合的市场风险特征与单纯买卖股票的市场风险特征是一样的。所得到的现金流可以作为单独的工具在市场上出售。这就是权益互换（equity swap），它没有直接购买所具有的任何缺陷。但是，由于将零加到原来的现金流上，因此这样做和股票具有同样的市场风险特征。在权益互换中，一方获得股票市场收益，并支付浮动 LIBOR 利率及承受股票市场损失。③

注意，如果 S_t 表示任意商品的价格，譬如石油，那么同样的操作思路形成的就是商品互换。④

□ 1.1.3 购买可违约债券

再次考察图 1.1 中的债券，只是这次假设在 t_2 时刻发行者可以违约。债券支付票面利率 c_{t_0} 满足

$$r_{t_0}<c_{t_0} \tag{1.7}$$

---

① 依照市场惯例，支付固定利率的交易对手称为“付款人”（同时接收浮动利率），而接收固定利率的交易对手称为“收款人”（同时支付浮动利率）。固定利率付款人（浮动利率付款人）通常被称为购买（卖出）互换或具有多头头寸（空头头寸）。

② 例如，只有特殊的外国机构才被允许购买上海证券交易所的中国 A 股。

③ 如果在卖出日股票价格下跌，投资者会支付 LIBOR 指数现金流和股票价值损失。

④ 确切地说，商品应该没有其他的清算或储藏费用，也不应该有任何其他有利收益，否则互换结构会有一些改变。这相当于在第 7 章提到的假设没有股利支付。

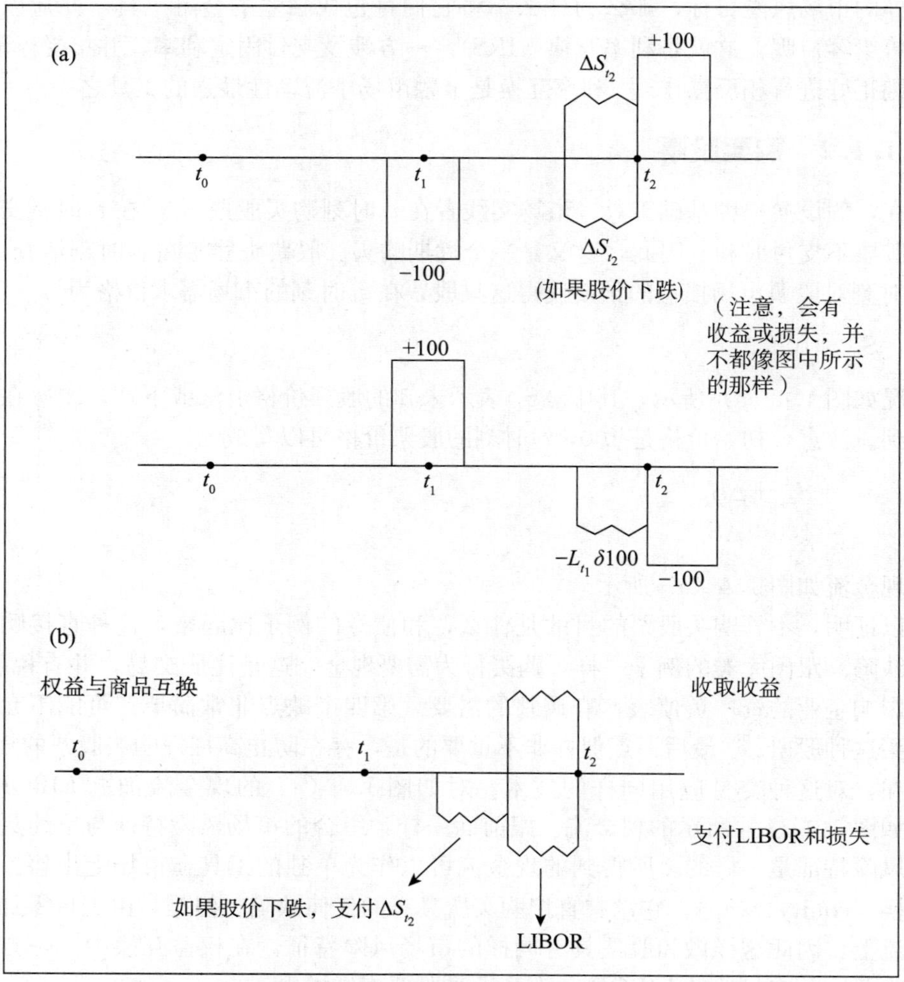

图 1.4　权益或商品的互换工程

其中，r_{t_0} 表示无风险利率。债券在 t_0 时刻以 100 美元面值出售。如果没有违约，在 t_2 时刻支付利息并偿还本金。如果债券发行者违约，则投资者收不回本金及利息。这意味着我们使用的是零回收率。图 1.5（a）显示出这种特征。

这种交易也有几个不利之处。实际上，前面提及的所有不利点依然有效。另外，可违约债券的流动性并不是非常强。[①] 而且，由于存在可违约性，如果记入资产负债表，监管部门一定会对资本支出产生影响。

一种更有利的金融工具是通过将来自图 1.1 的“零”加到可违约债券上，形成新的组合。图 1.5（a）与图 1.5（b）给出了关于可违约债券的现金流与远期 LIBOR 贷款的现金流的可视化图形。可违约债券与远期 LIBOR 贷款的组合，如图 1.5（c）所示，其中我们假设 $\delta=1$。但是就这个例子而言，我们可以继续深入探索。假设在 t_0 时刻市场上有

① 许多公司债券在二级市场上完全不交易。

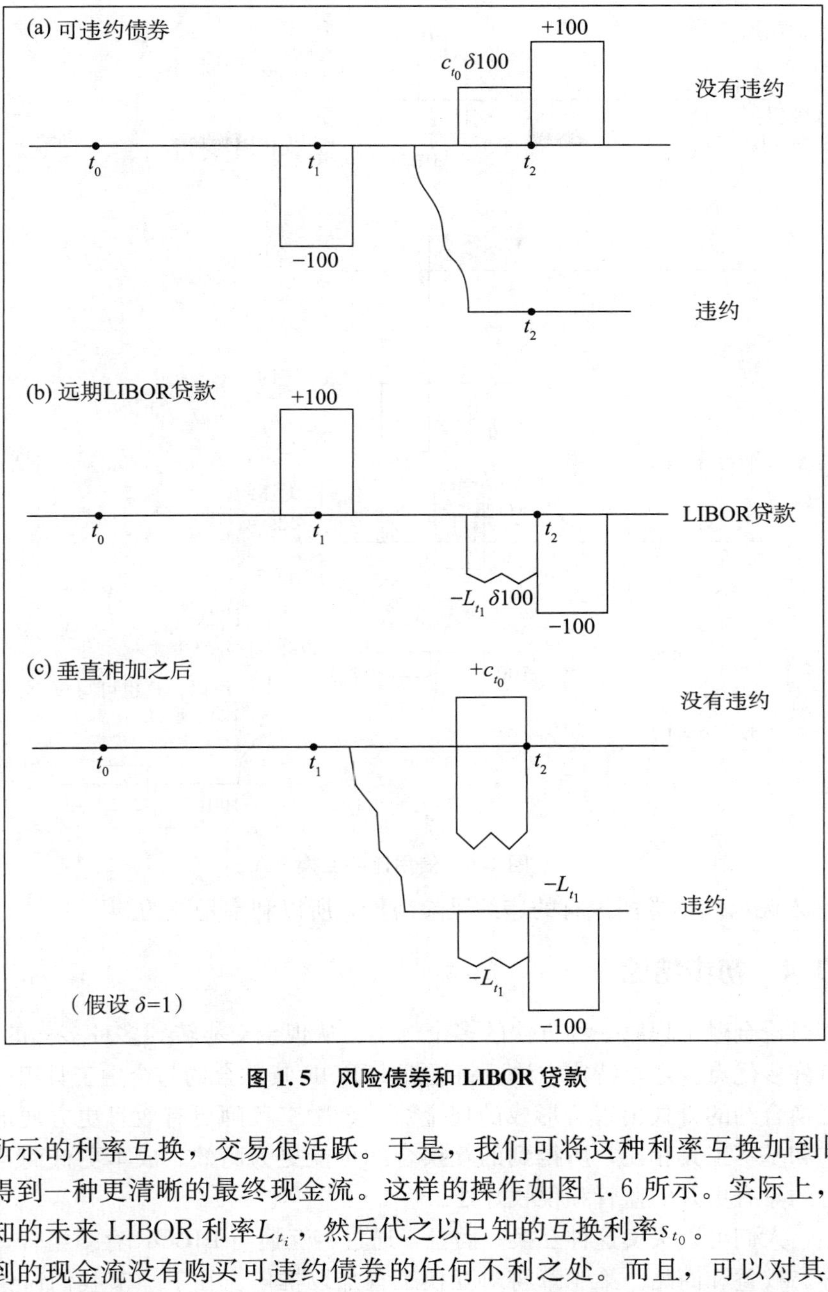

图 1.5　风险债券和 LIBOR 贷款

如图 1.3 所示的利率互换，交易很活跃。于是，我们可将这种利率互换加到图 1.5（c）上，从而得到一种更清晰的最终现金流。这样的操作如图 1.6 所示。实际上，最后一步消除了未知的未来 LIBOR 利率L_{t_i}，然后代之以已知的互换利率s_{t_0}。

所得到的现金流没有购买可违约债券的任何不利之处。而且，可以对其进行打包，并作为一种新的工具单独出售。设s_{t_0}表示相应的利率互换的利率，这种金融工具需要定期收取一系列已知且为常值的保险费 $\mathrm{Sp}_{t_0}=c_{t_0}-s_{t_0}$。与之相对应，支付浮动（或有）现金流。为避免违约，对手获得 100 美元作为补偿。这类似于购买或卖出违约保险。这类工具被称为信用违约互换（CDS）。虽然 CDS 起源于 20 世纪 90 年代，但它已成为流动性非常强的工具，而且完全改变了信用风险的交易和套期保值。保险费被称为 CDS 利差 cds_{t_0}，可表示为

$$\mathrm{cds}_{t_0}=\mathrm{Sp}_{t_0}=c_{t_0}-s_{t_0} \tag{1.8}$$

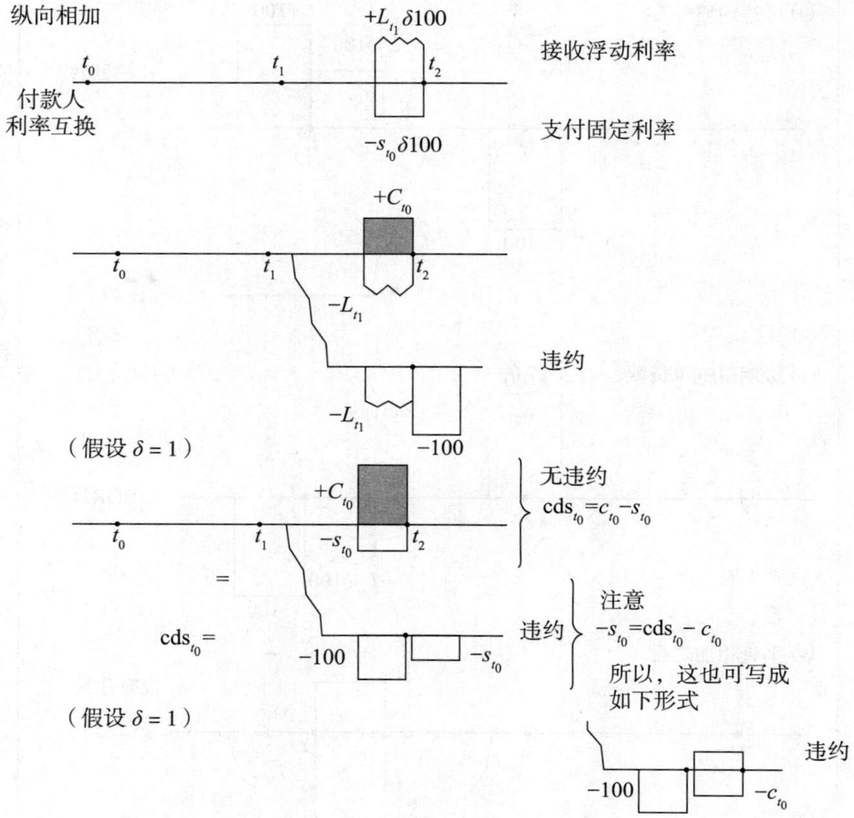

图 1.6　信用违约互换

由于c_{t_0}应并入无风险债券所没有的违约风险溢价，所以利率是正的。[①]

□ 1.1.4　初步结论

这一节讨论金融工程第一种方法的多个例子。从现金交易转到多种多样的互换交易，这样做具有许多优点。通过特定方法，将远期 LIBOR 贷款合约与金融工具组合起来，然后以单独互换合约的方式出售所形成的现金流，金融工程师更有效且更方便地完成了同样的目标。和基本工具相比，所得到的互换合约可能更为高效、成本更低而且流动性更好。互换合约具有更好的监管和税收好处。

很明显，人们可以买卖这种互换。而且，通过将互换与 LIBOR 存款组合，还可以反向设计债券、权益和商品。第 4 章将对互换工程加以推广。在下一节我们讨论另一种重要的金融工程学原理：构建合成工具的方法。

现在，我们介绍一些简单的金融工程策略。考察两个例子，可以发现，在解决日常生活问题时需要金融工程。在所举的例子中，解决所提出的问题需要设计合适的合成工具。在具体设计时，必须考虑法律、机构和监管问题。

这些例子本身的真实性是次要的。我们的主要目的是介绍运用金融证券及其衍生工

① 在现实经济中，cds_{t_0}和$c_{t_0}-s_{t_0}$之间的关系更为复杂，这里我们在简化背景下进行研究。

具解决问题的前沿方法。这一章没有对所使用的术语和金融工具进行详细解释。实际上，一些读者也许不能完全理解所讨论的内容，但是没有关系，因为后面的章节将详细阐述。

1.2 货币市场问题

考察一家日本银行寻求 3 个月的货币市场贷款。这家银行希望在欧洲市场上借入美元，然后再贷给它的客户。这种银行同业贷款产生如图 1.7 所示的现金流。从借入者的角度看，在 t_0时刻收到 100 美元，然后在 3 个月后即 $t_0+\delta$ 时刻偿还利息。利率用符号 L_{t_0}表示，在 t_0时刻确定。贷款期限是 3 个月。因此

$$\delta=\frac{1}{4} \tag{1.9}$$

而所支付的利率为$L_{t_0}\left(\frac{1}{4}\right)$。假设没有违约的可能性。①

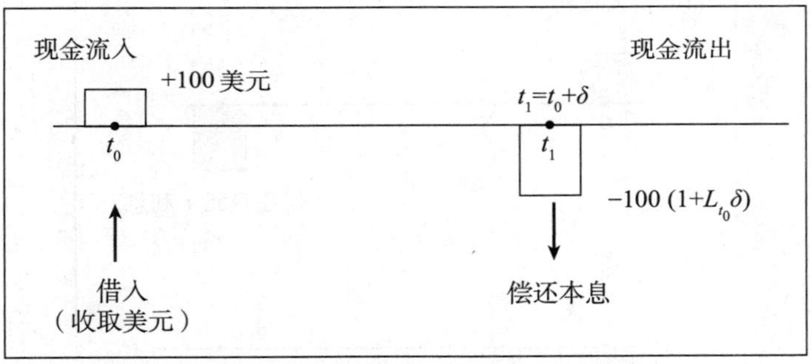

图 1.7　美元贷款

图 1.7 所示的货币市场贷款是流动性相当强的工具。实际上，银行在同业拆借批发市场上购入这类“资金”，然后再以略高一点的利率贷给它们的客户。

□ 1.2.1　问题

现在，假设前面所提到的日本银行发现，它因缺少合适的信贷额度而无法得到这笔贷款。对方银行不愿意提供美元资金。于是，问题变为：有没有其他方法能够获得这样的美元融资？

答案是有。实际上，日本银行可使用外国货币市场来构建如图 1.7 所示的同样现金流，进而构建合成货币市场贷款。初始现金流是负的，被放在时间轴下面，因为对投资者来说是现金流出。另外，接下来的资产出售是收取现金，因此是正的，放在时间轴上面。对于这些资本收益，投资者可能不得不支付相当数量的税收。于是，相关问题就变

① 否则，根据是否违约在 $t_0+\delta$ 时刻会产生额外的现金流。

为：有没有一种策略能使投资收益推迟到下一个税收年度？这看起来是没有坏处的说法，但要注意，和货币市场相比，使用货币市场以及衍生工具将涉及一系列完全不同的金融合约、参与者和机构等。不过，结果将与图 1.7 中的那些现金流是一致的。

□ 1.2.2 解决办法

为了理解合成贷款是如何形成的，考察下面一系列操作：

(1) 首先，日本银行在在岸日本货币市场上借入本地资金日元，如图 1.8 (a) 所示。在 t_0 时刻银行收到日元，在 $t_0+\delta$ 时刻按照利率 $L_{t_0}^Y$ 支付日元。

(2) 其次，银行在即期市场上以现行汇率 e_{t_0} 卖出这些日元，以便获得 100 美元。这种即期操作，如图 1.8 (b) 所示。

(3) 最后，银行必须消除因这种操作所引起的货币不匹配问题。为此，日本银行在远期货币市场上，以已知远期汇率 f_{t_0} 买入 $100(1+L_{t_0}^Y\delta)f_{t_0}$ 日元。所形成的现金流如图 1.8 (c) 所示。在 t_0 时刻没有资金交易。然而，在 $t_0+\delta$ 时刻远期美元被兑换成远期日元。

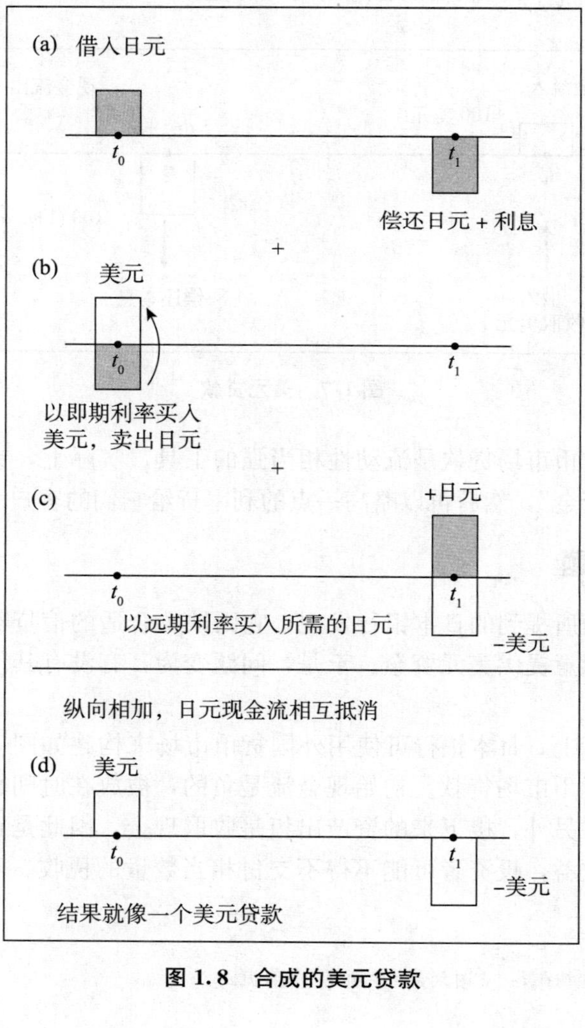

图 1.8 合成的美元贷款

现在便产生了关键问题。在图 1.8 中，将这些操作所产生的现金流纵向地加在一起。在 t_0时刻，日元的现金流相互抵消，这是因为现金流规模一样且符号相反。在 $t_0+\delta$ 时刻，日元现金流也抵消，因为这是由远期合约的规模决定的。银行购买足够的远期日元，以便偿还本地日元贷款及相应利率。剩余现金流如图 1.8（d）所示，这恰好与图 1.7 中的现金流相同。因而，通过三步操作，便构建了合成的美元贷款。在这种合成金融工具中，外币远期的存在起到至关重要的作用。

□ 1.2.3 一些启示

实际贷款和合成贷款之间略有不同，但这种不同非常重要。第一，从欧洲市场银行的角度来看，借给日本银行 100 美元本金，以及由此产生信用风险。在违约情形下，100 美元贷款可能得不到偿还。为应对这种风险，某些资本就不得不闲置。根据货币市场的情况以及对方的信用风险，货币中心银行可能对这类顾客调整其信贷额度。

另外，就合成美元贷款而言，国际银行对日本银行所暴露的风险仅仅存在于远期外汇市场中。这里并没有涉及本金。如果日本银行违约，那么违约后果将由日本国内银行系统承担。虽然存在远期汇率操作的风险，但这是交易对手风险，自从全球金融危机以来，这种风险受到了极大的关注，其原因在于它是经济上的重要因素。因而，如果可以利用合成金融工具，日本银行可能更容易获得想要的资金。

第二个关注点是在前面提到的信用风险问题。初始货币市场贷款是欧洲市场工具。欧洲市场上的银行业务操作被看成是离岸操作。这处于银行监管部门的监管之外。另外，在在岸金融市场上获得的本地日元贷款要受制于日本部门的监管。在违约情形下，可从日本中央银行得到一些帮助，而不像欧洲美元贷款那样，违约对于贷出银行来说有更大的影响。①

第三点和定价问题有关。如果实际贷款和合成贷款有同样的现金流，排除信用风险之后，那么它们的价值应该是相等的。如果存在价差，那么市场上就会卖出价格高的工具，同时买入价格低的工具以实现投机收益。这意味着合成金融工具可被用来为初始金融工具定价。②

第四，货币市场贷款和合成金融工具之间实际上可以相互套期保值。最后，尽管所涉及的现金流具有同样的性质，但筹得美元资金的方式处于两个完全不同的市场，同时涉及完全不同的金融合约，也即这两种方式所涉及的法律和监管显著不同。

1.3 税收例子

现在，考察一个截然不同的问题。我们构建一种合成金融工具，以便调整税收收益。税收的法律环境是复杂且不断变化的。因此，只是从金融工程的角度来看这个例子，而

① 第 2 章将提供更多的关于欧洲市场的信息。

② 然而，前面提到的信用风险可能引起两种贷款价格不同。

并不是从税收策略角度。然而，这个例子阐明了金融工程的职能与相应法律及监管问题之间的紧密联系。

□ 1.3.1 问题

对于金融损益的税收来说，存在一个概念叫作虚售（wash-sale）。假设在 2014 年，某位投资者获得一些金融收益。通常来讲，这些收益应该在当年征税。但是可以采取一系列金融策略，将这些税款推迟到以后年份中。为防止出现这种情况，国家税收部门有一系列诸如虚售和跨式期权组合的规则。在各个国家中专门为国家税收部门工作的专家应该懂得这些方法，并且拥有良好的金融工程知识，这一点非常重要。否则，一些参与者可能重新安排他们的投资组合，这可能导致税收的极大损失。从我们的角度看，我们关注构建合成金融工具的方法。

假设在 2014 年 9 月，某位投资者以 $S_0=100$ 美元的价格购买某项资产。在 2014 年 12 月，这项资产以 $S_1=150$ 美元的价格被卖出，因而投资者实现了 50 美元的收益。这些现金流的情况如图 1.9 所示。

有人可能提出下面的解决办法。这位投资者可能继续持有资产，而不仅是在前面提到的 S_t。毕竟，正确的投资方法是对投资组合进行分散化。当人们有理由假设资产 S_t 会升值时，同样有理由假设资产在这期间也会发生贬值。用 Z_t 表示该项资产的价格，Z_0 表示购买价格。若不存在虚售规则，则采用下面的方法就可以将税收推迟到 2014 年以后。

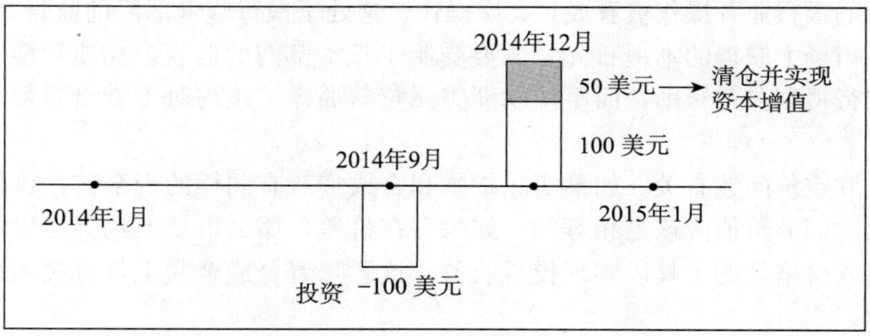

图 1.9 某投资在 2014 年 12 月清仓

在 2014 年 12 月，以 Z_1 的价格卖出 Z 资产，$Z_1<Z_0$，然后在第二天以相近的价格购买同样的资产 Z_t。这一销售产生的损失等于

$$Z_1-Z_0<0 \tag{1.10}$$

随后的购买将这项资产重新放到证券组合中，以维持分散化投资组合。这种方式在 Z_t 上的损失确定无疑，并以 S_t 资产上所获得的部分或全部收益加以弥补。这种策略可能有一些问题，但其中一点最为关键。税收部门将它叫作虚售（也就是，这样的销售被用于“冲洗”2014 年的资本收益），并且不允许扣减。①

① 在英国税法中，和美国虚售规则相当的是令人印象深刻的所谓“床和早餐”规则。（在英国税法中，“床和早餐”是一种以前投资股票时用来减少投资者所购股票涨价带来的增长所需税款的技术。——译者注）

1.3.1.1 另一种策略

投资者不必用常规方法，而代之以另一种方法出售 Z 资产。首先，构建合成的 Z 资产，然后使用这种合成的金融工具实现同样的资本收益，而不是在投资组合中持有 Z 资产。

假定投资者开始时以 $Z_0=100$ 美元的价格购买 Z 资产，目前价格为 $Z_1=50$ 美元，因此账面上损失 50 美元。尽管没有直接卖出资产，但投资者仍然愿意确认其损失。同时，投资者会维持 Z 资产的初始头寸，以保持平衡的投资组合。持有 Z 资产头寸同时不卖出 Z_t，怎样导致损失呢?

其想法是构建一个合适的合成金融工具。考察下述一系列操作：

- 在 2014 年 11 月 26 日，以 $Z_1=50$ 美元购买另一种 Z 资产。
- 卖出到期日为 2014 年 12 月 30 日的平值看涨期权。
- 买入具有相同到期日的平值看跌期权。

看涨期权和看跌期权的详细内容，将在后续章节讨论。考虑到那些没有金融工具背景知识的读者，这里增加一些术语。简单来说，期权就是给予购买者一种权利的金融工具。看涨期权即以事先确定的价格（这里是 50 美元）购买某种标的资产（这里是 Z 资产）的权利。看跌期权则正好相反，即以事先确定的价格（这里是 50 美元）卖出某种资产的权利。另外，当一方卖出期权时，该卖方有义务以事先确定的价格卖出或接受标的资产。

就我们的目的而言，重要的是看涨期权空头和看跌期权多头这两种证券叠加在一起，在到期清算时将产生如图 1.10 所示的合成空头头寸。通过卖出看涨期权，如果期权持有者要执行期权，投资者有义务以 50 美元的价格接受 Z 资产。如果投资者选择执行看跌期权，就会拥有以 50 美元的价格卖出 Z 资产的权利。

这里重要的一点是：当如图 1.10 所示的看涨期权空头和看跌期权多头叠加在一起时，结果就相当于股票 Z_t 的空头头寸。实际上，投资者利用期权工具可以构建合成空头头寸。

现在，考察随着时间流逝所发生的事情。如果 Z_t 到 12 月 30 日升值了，看涨期权就会被执行，如图 1.11（a）所示。看涨期权头寸就会发生损失，因为投资者不得不亏损卖出原来价值 100 美元的 Z 股票。如果 Z_t 价格下降了，那么看跌期权就会使投资者以 50 美元的价格卖出原来的 Z 股票。这时看涨期权到期时就没有价值。① 这种情况如图 1.11（b）所示，也会有 50 美元的损失。因而，不管 Z_t 的价格发生怎样的变化，投资者要么卖出以 100 美元价格购买的初始 Z 资产，要么执行看跌期权，即以 50 美元的价格卖出初始 Z 资产。因此，不论是哪一种情况，投资者利用以 100 美元价格购买的初始资产来平仓亏损的期权头寸。也即在维持同样的 Z 头寸时会损失 50 美元，因为以 50 美元购买的第二个 Z 资产仍然在投资组合里。

在这里，时间选定是非常重要的。例如，根据美国税收条例，如果投资者在 31 天时间里频繁地买入或卖出大笔同一资产，就属于虚售。根据这里所提到的方法，是在 11 月

① 从技术原因来讲，假设两种期权都只能在到期日执行，即属于欧式期权。

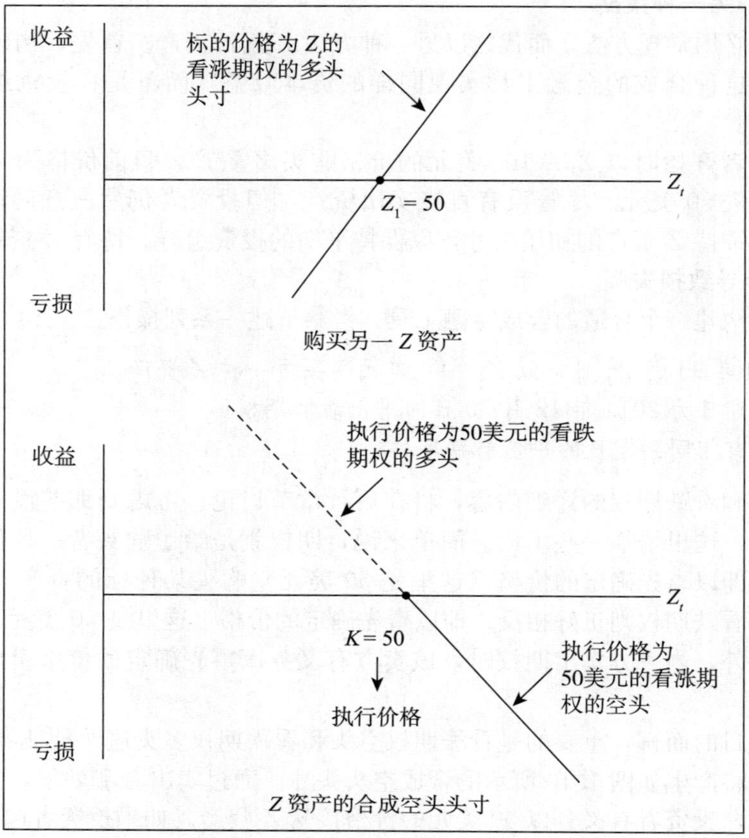

图 1.10　相互抵消的两种头寸

26 日购买第二个 Z，而期权是在 12 月 30 日到期，因而，两种操作的间隔超过 31 天。[①]

□ 1.3.2　启示

我们的论述至少有三个方面的意义。首先，提供给投资者的策略是无风险的，而且除了佣金和委托费用外是没有成本的。不管 Z 资产的新的多头头寸发生什么样的变化，都能够被合成的空头头寸所弥补。这种情况如图 1.10 的下半部分所示。正如该图所显示的，所提出的解决方法没有市场风险，但是可能有交易对手风险或操作风险。其次，我们又构建了一个合成金融工具，并且为我们遇到的问题提供了解决办法。最后，例子中体现了法律的监管体系在设计金融工具时的关键作用。虽然本书没有涉及这个问题，但理解它们在几乎每一个层面的金融工具里所起的关键作用是非常重要的。

① 考虑时间选定的建议表明，如果使用场外交易，那么这种方法就更容易应用，因为所交易期权的到期日可能发生在特定日期，而这可能不满足法律上的时间要求。

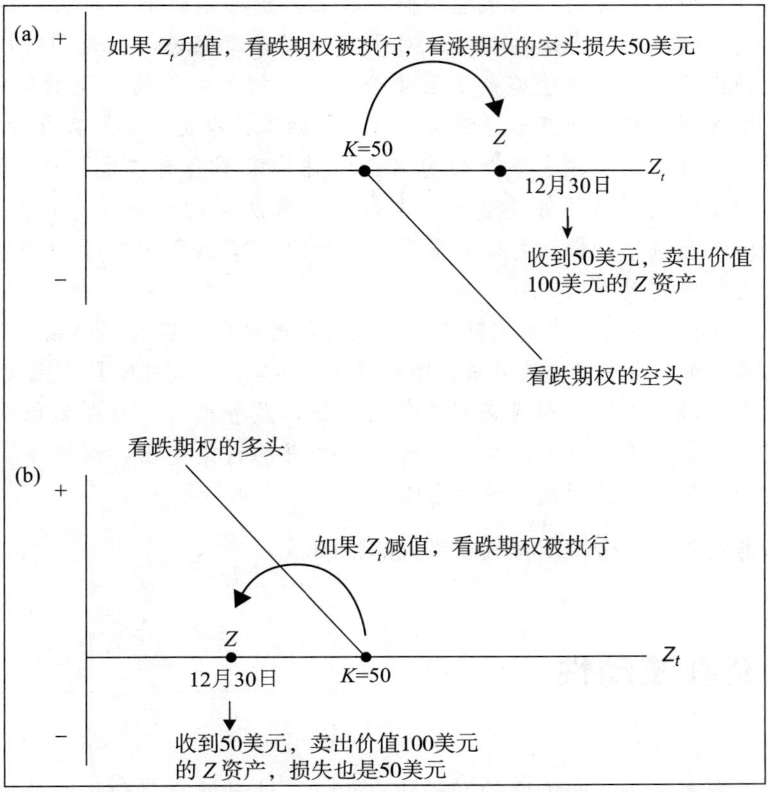

图 1.11　Z 最初处于 50 美元的策略，两种交易策略导致的损失

1.4　贯穿本书的主线

金融工程初学者通常会有一些直觉，这些直觉对更好地理解这个领域的基本方法是有害无益的。因此，在一开始，我们就需要列出在整本书中都要被牢记的一些基本规则。

(1) 本书是从市场实践者的角度来写的。投资者、养老基金、保险公司以及政府是客户，对于我们来说他们是交易的另一方。换句话说，我们是从交易者、经纪人和经销商的视角来考察金融工程的。这一方法来自金融服务的生产者角度而不是金融服务使用者的角度。这个假定在理解后面章节所讨论的逻辑时是至关重要的。

(2) 我们采取如下惯例：除非特别说明，否则对于每一种金融工具都存在两个价格。处于交易中的经纪人通常给出两个报价。在经济理论中，经济代理人面对的是一价定律。相同货物或资产不能同时有两个价格。如果存在两个价格，就会发生低价买入且高价卖出的现象。

然而，对于做市商来说，存在两个价格：一个价格是市场实践者愿意以这个价格买入，另一个价格则是市场实践者愿意以该价格卖出。很明显，这两个价格不可能是一样的。汽车经销商以较低的价格收购旧车，为的是以更高的价格卖出，这样经销商才能盈利。对于市场实践者来说，也是同样的道理。互换经销商期望以较低的价格购买互换合约，为的是以更高一点的价格卖出。[1] 同时，就像旧车被卖给汽车经销商一样，金融工具也是被当做存货持有的。

(3) 认识到金融市场实践者不是投资者，而且从来不会有“钱”这一点非常重要。他们为了购买不得不筹集资金，同时将出售所得的现金作为存款。在本书中，几乎没有金融市场操作是以大量现金开始的。“现金”只处于投资者手里，在本书中是交易的对方。

由于这个原因，市场实践者宁愿在初始时刻以价值为零的金融工具开始。这样的金融工具没有资金的要求，而且更实用。[2] 它们也可能具有更大的流动性。

(4) 对市场实践者来说，和投资者的作用相比，监管部门、专业组织以及法律部门所发挥的作用更为重要。尽管这远超出本书的讨论范围，但许多金融工程策略都是为了解决这些问题而设计出来的。

记住这些假定对理解金融工程具有极大的帮助。

1.5 交易波动性

实践者或投资者基于资产价格的期望建立头寸。波动性交易包括对价格的波动性所建立的头寸。这是一个引人注目的想法，可是如何买卖波动性呢？对这个问题的回答引出了金融工程的第三种基本方法。其具体思想显得更为复杂，因此这里的论述只是介绍性的。第 9 章将对该方法进行更详细的阐述。

为了讨论波动性交易，需要介绍凸性收益的概念。我们从远期合约开始。使用前面例子的框架，同时假设F_{t_0}是远期美元对日元的汇率。[3] 假设在时刻 t_0，我们建立一个美元多头头寸，如图 1.12 所示。向上倾斜的直线是所谓的收益函数（payoff function）。[4] 例如，当 $t_0+\Delta$ 时刻远期价格变为$F_{t_0+\Delta}$时，就可平仓头寸获得收益：

$$收益=F_{t_0+\Delta}-F_{t_0} \tag{1.11}$$

对于接下来的讨论来说，这个收益函数是一条斜率不变的直线，这一点非常重要。

现在，假设存在另一种金融工具，其收益依赖于 F_T。但这次的依赖关系是非线性的[5]或凸的，如图 1.13 所示，由凸曲线 $C(F_t)$ 表示。重要的是，此曲线是光滑的，而

---

① 市场参与者（比如交易商）愿意购买的价格称为买入价［也称买价、出价、叫价（译者注）］，市场参与者愿意出售的价格称为卖出价［也称卖价、喊价、索价（译者注）］。两者之差称为买卖差价，这在第 2 章将深入讨论。

② 虽然在这个过程中可能要支付买卖价差或者佣金。

③ e_{t_0}表示美元对日元的即期汇率，即在 t_0时刻 1 美元兑换日元的价值。例如在 2014 年 4 月 11 日，美元/日元＝101.60。

④ 取决于 e_T所表示的即期汇率所在的点，在 T 时刻结束，利用这个多头头寸，我们获得收益或者遭受损失。

⑤ 美元对日元的汇率期权将有这样的定价曲线。不过，第 9 章将说明这一点。

且在每一点都存在导数

$$\frac{\partial C(F_t)}{\partial F_t} \tag{1.12}$$

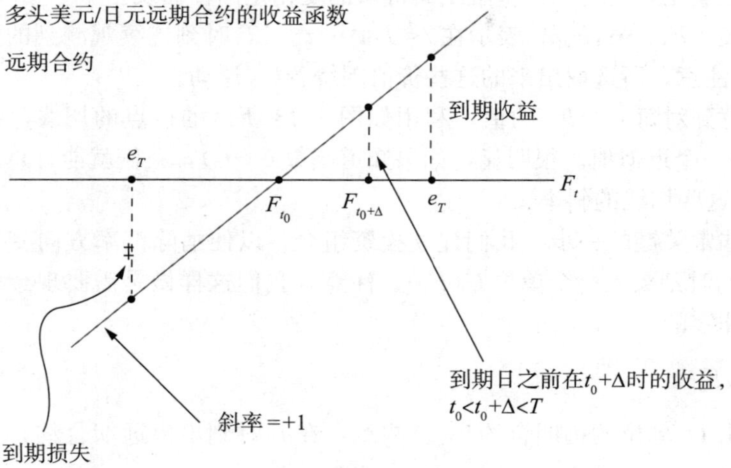

图 1.12　多头美元/日元远期合约的收益函数

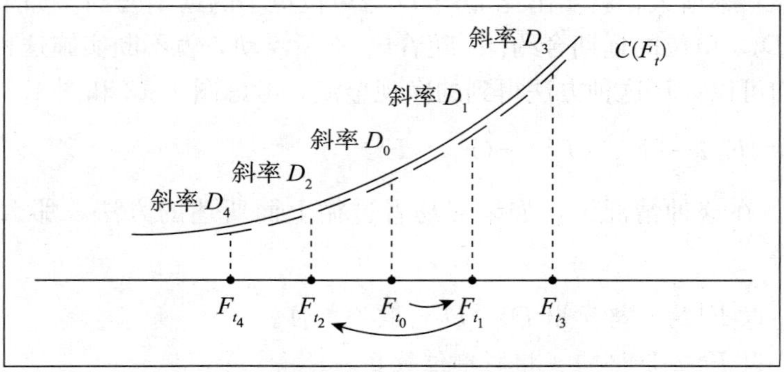

图 1.13　非线性（凸的）工具的收益函数

最后，假设该收益函数有另外的性质，即函数随时间推移而改变形状。实际上，当到期时间 T 临近时，该曲线会变成一条（分段）直线，就像远期合约的收益，如图 1.14 所示。

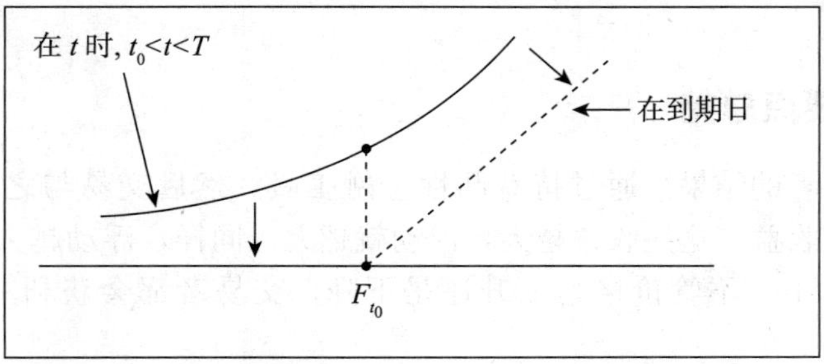

图 1.14　到期之前与到期日的收益函数

□ 1.5.1 波动性交易

波动性交易取决于两种工具的同时存在，当标的资产风险发生变化时，一种金融工具的价值呈线性变化，而另一种金融工具价值的变化是凸性曲线。

第一，假设 $\{F_{t_1},\cdots,F_{t_n}\}$ 表示在 $t<t_1,\cdots,t_n<T$ 时刻连续观测到的远期价格，如图 1.13 所示。注意，所选取出来的这些价值围绕着 F_{t_0} 浮动。

第二，注意到对每一个 F_{t_i} 的值，利用如图 1.13 所示的该点的切线，我们都能得到曲线 $C(F_t)$ 的一个近似值。很明显，如果知道函数 $C(\cdot)$，我们就能计算这些切线的斜率。用 D_i 表示这些切线的斜率。

第三步是非常关键的一步。我们建立投资组合，以便消除汇率方向变动所引起的风险。首先，在 t_0 时刻买入一个单位 $C(F_t)$。注意，我们这样做是需要现金的，因为在 t_0 时刻此价值是非零的。

$$0<C(F_{t_0}) \tag{1.13}$$

同时，卖出 D_0 单位的远期合约 F_{t_0}。注意，在 t_0 时刻出售远期合约，并不需要预付现金。

最后，随着时间的流逝，我们重新计算那个时期的切线 D_i，然后相应调整远期出售。例如，如果斜率增大，就卖出比 D_i-D_{i-1} 单位更多的远期合约。如果斜率变小，则补进买入 D_i-D_{i-1} 单位的远期合约。① 随着 F_{t_i} 不断浮动，就不断实施这种再平衡。

现在，我们可以计算这种方法得到的净现金流。考虑图 1.13 和图 1.15 中的浮动，

$$(F_{t_{i-1}}=F^0)\rightarrow(F_{t_1}=F^1)\rightarrow(F_{t_i}=F^0) \tag{1.14}$$

其中，$F^0<F^1$。在这种情况下，如果交易者遵循上面所述的方法，那么对于每一次浮动，交易者都将

(1) 首先，以 F^1 的价格卖出 D_i-D_{i-1} 额外单位。

(2) 然后，以 F^0 的价格购买相同单位数量。

对于每一次波动，计算出的现金流为

$$收益=(D_1-D_0)(F^1-F^0) \tag{1.15}$$

由于 $F^0<F^1$ 且 $D_0<D_1$，所以这个收益是正的，如图 1.15 所示。通过对 $C(\cdot)$ 中的初始头寸进行套期保值，并且定期对套期保值加以调整，实际上交易者就能实现对 F_{t_i} 的波动进行货币化。

□ 1.5.2 要点总结

考虑一下交易者的结果。通过持有凸性金融工具，然后交易与之对应的线性工具，交易者实现了正的收益。这些收益越大，浮动就越大。同样，浮动越大，斜率项中 D_i 的变动也越大。实际上，不管价格是上升还是下降，交易者都会获利。收益与实际波动

① 这也就是回购。

性*是成比例的。

很明显，这种动态策略导致了从标的远期利率 F_t 的波动性中获得现金。可以对这种期望的波动性收益加以包装，然后卖给顾客。这就是波动性交易。这既可借助于期权来完成，也可通过最近出现的波动性互换实现。①

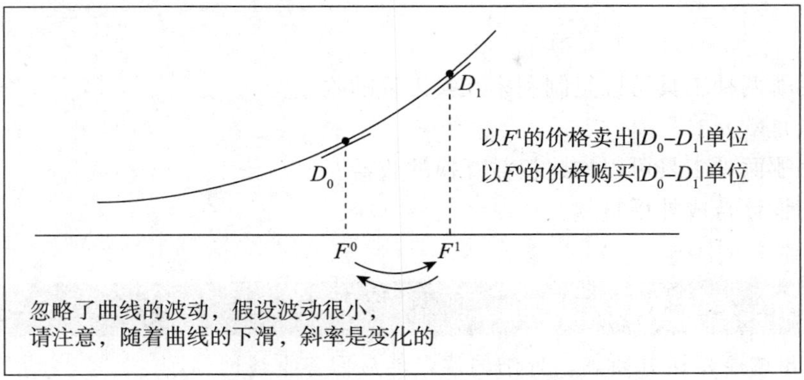

图 1.15　远期合约价格的浮动及对套期保值的再平衡

1.6　结论

这一章利用几个例子阐明了合成金融工具的运用（在正式模型中，将其称为复制投资组合）。本书的主要目的是讨论运用金融市场、金融工具以及金融工程策略来解决实际问题的方法，这些问题涉及资产定价、套期保值、风险管理、资产负债表管理以及产品的构建。虽然为了完整性，本书必要时也回顾一些基本概念，但没有讨论金融工具的细节。本书涉及的公司理财问题也比较少。我们假设读者对金融工具、市场以及基本公司理财概念均有一定了解。

最后，读者务必牢记监管、税收甚至市场本身都是“动态”的目标，并且处在不断变化之中。若要实际应用技术，必须更新这本书所提到的各种参数。

阅读建议

对于学习金融工具、定价以及相关模型来说，存在大量的优秀文献。在金融工具和市场方面，一个优秀的资料是 Hull（2014）。对于公司理财，Brealey and Myers（2013）和 Ross et al.（2012）是两本著名的参考教材。极力推荐将 Bodie et al.（2014）作为投资的背景材料。Wilmott（2006）是一本综合性的非常重要的书。Duffie（2001）对资产定价

① 波动性互换将在第 16 章中讨论。

* 实际波动性（realized volatility）又可译为已实现波动性、实现波动性、现实波动性。——译者注

理论提供了坚实的基础。

习题

1. 利用哪两种工具可以复制利率互换工程的收益?
2. 什么是欧元?
3. 利用哪两种工具可以构建权益互换的收益?
4. 如何设计合成外币贷款?

案例研究：日本贷款和远期

下面给出的是路透社新闻。仔细阅读，然后回答下述问题。

(1) 利用现金流图形来说明日本银行怎样构建出美元贷款。

(2) 日本银行的这种行为如何影响西方交易对手的资产负债表?

(3) 什么是银行往来账户 (nostro account)? 为什么需要这些账户? 为什么西方银行不愿意在它们的银行往来账户上持有日元?

(4) 如果西方银行持有日元，它们的收益是什么?

(5) 利用“合适的”公式，说明负利率可能通过远期利率的额外点数获得更多补偿。(使用书中给出的分解。)

纽约（路透社）—— 据银行官员说，日本银行通过外汇市场而不是通过传统国际贷款市场不断增加借入美元资金，这使得日元利率进入负利率。

货币市场融资的蜂拥导致短期利率最近出现异常，几年来第一次出现日本国债利率和某些银行存款利率为负值，实际上这是要求日元贷出者向借入者支付利息。

专家说，日本金融机构难以得到美元贷款，并且国际银行不愿增加日本银行的信贷额度，因为它们的资产负债表贷款坏账负担沉重。

“日本银行在美元融资方面仍然有麻烦。”美林证券公司的一位固定收益证券战略分析师说。

于是，日本银行转向外汇市场交易来获得美元，借入美元的主要方法是通过把美元与日元的即期和远期结合起来进行交易。

日本银行通常是借入日元，这对它们来说没有问题。例如，某日本银行把3个月贷款所借入的日元在即期市场上卖给一家英国或美国银行以得到美元，该日本银行同时签订一份约定远期利率的3个月期远期合约，卖出美元换回日元以偿还日元贷款。实际上，这家日本银行得到了一笔3个月期的美元贷款。

在正常条件下，给日本银行提供交易的交易商除了买卖价差外不应该再有任何收入。

然而，日本银行的需求非常大，因此交易商能够从即期对远期的交易中赚取7～10个基点。

问题是，这样的交易使英国银行和美国银行要持有这些日元3个月，通常情况下国际银行会将日元存入日本银行赚取3个月的利息。

但是，大多数西方银行对这些陷入麻烦的日本银行的风险敞口已经接近信用极限，而出于监管的目的，若在它们自己的账簿中，即所谓的银行往来账户上持有日元，则要求必须持有相应的资本金。

因此，西方银行不惜任何代价一直在抛售日元，这使得日本国债利率变成负值。与此同时，像巴克莱银行和J.P. 摩根这样的西方大银行对日元存款也实行负利率——实际上是拒绝新的日元存款。

西方银行家说过，他们有能力支付实际上是负利率的日本国债，因为他们从即期对远期交易中所得的利润足以补偿因持有负收益的日本票据所带来的损失。

据交易商说，6个月期的日本国债负利率大约是－0.002%。其中对日元实行负利率存款的巴克莱银行提供的3个月期日元存款利率是－0.02%。

据市场专业人士说，日本中央银行即日本银行一直鼓励政府放贷机构向日本公司贷出美元以解决这个问题。(路透社，1998年11月9日)

第 2 章 衍生证券市场的机构组织

2.1 引论

本章简单回顾学习金融工程方法所必需的基础知识。对于较好地掌握金融市场惯例和机制的读者来说，可以略过这一章，但还是建议浏览一下本章。

金融工程是一种实际应用，只有当我们详细地定义了有关运行环境时，才能得以运用。对某一特定金融工程问题，要选择合适的解决方法，市场的组织、交易的成交、确认以及执行的方式都是重要的因素。本章研究了金融市场的组织以及市场实践者相互影响的方式。有关结算、记账方法，尤其是市场实践者使用的惯例等问题都是非常重要的，需要详细讨论。

实际上，人们往往忽略金融活动取决于某一特定市场所采用的惯例。这方面内容在大多数教科书中都被归结到背景知识里，但这是本书方法的重要参数。惯例不仅在正确进行定价时是重要的，而且在分析定价和风险管理问题时，正确选择理论模型惯例也是非常重要的。市场提供信息的方式是选择模型的一个因素。本章尽管依照这一方式安排，但还是介绍了市场机制、金融工具以及参与者。同时，本章简略地讨论了辛迪加过程。

2.2 市场

第一个区别是本地市场和欧洲市场。本地市场也称为在岸市场（onshore market）。这些表示受到诸如中央银行和金融监管部门等监管者的严格监管的市场。从本质上看，在岸市场存在两个定义特征，第一个是对在岸存款的准备金要求（reserve requirement），第二个是新发行证券的正式注册程序（registration process）。这两个要求都存在重要的成本、流动性以及税收方面的影响。

在货币市场上，银行准备金制度提高了持有在岸存款和发放贷款的成本，对于银行和其他企业所使用的短期大额存款尤其突出。资金以无息方式存在中央银行，因此本地资金成本就会上升。

对于发行股票、债券或其他金融证券的机构来说，漫长且烦琐的注册程序对金融工程具有两方面的影响。第一，和简单的不记名形式证券相比，注册证券的发行成本将会提高。第二，不必向公共实体注册的发行者会披露较少的信息。

因而，没有准备金要求以及注册程序简化的市场将拥有显著的成本优势。这种市场称为欧洲市场（Euromarket）。

□ 2.2.1 欧洲市场

作为开始，我们应明确设定一些事情。在这一节所使用的"欧洲"术语并不是指欧洲，也不是指欧洲区货币。它直接意指在市场中对于准备金要求和注册程序来说，我们探讨不在监管部门和中央银行正式控制之下的那种市场。两个最重要的欧洲市场是欧洲货币市场（Eurocurrency market）和欧洲债券市场（Eurobond market）。[①]

2.2.1.1 欧洲货币市场

首先讨论在岸市场。在在岸市场中，3 个月小额零星存款过程如下。客户在 T 日存入 100 美元现金，这 100 美元在当天就可投入使用，也就是说，"存款需要天数"（days to deposit）等于零。吸收存款的银行接收现金，然后将（比如说）其中的 10%存入中央银行，也就是初始 100 美元所要求的准备金部分。[②] 余下的 90 美元被用于发放贷款，或者在银行间同业拆借市场上借给其他银行。[③] 因此，银行是对全部资金 100 美元支付利息，但是仅对最初存款的 90%收取利息。在这样的环境中，假设没有其他成本，银行在放贷过程中就不得不提高 10%的利率。这种额外的成本阻碍了大额资金运作的资金批发市场的流动性。欧洲货币市场消除了这种成本，因此提高了流动性。让我们简要地看一下欧洲货币（离岸）存款的过程，并和在岸存款做一个比较。假设一家美国银行在纽约欧洲美元（离岸）市场上的另一家美国银行存入 1 亿美元。因而，在欧洲货币市场的例子中，我们仅仅与银行打交道，因为这是银行间市场。同时，在这个例子中，所有的银行都位于美国境内。这是在美国的欧洲存款，并且资金从来没有离开过美国。存款在 2 天内可用（结算），也就是存款需要天数是 2 天。现在，全部 1 亿美元可以放贷给另一家机构。如果交易过程发生在伦敦，那么步骤是相似的。

2.2.1.2 欧洲债券市场

通过正式注册程序公开出售的债券是在岸工具。如果没有类似注册程序的同样工具，比如说，在伦敦出售，并且是无记名证券，实质上就成为离岸工具，被称为欧洲债券。

① 关于欧洲货币和欧元美元市场的进一步信息。

② 实际的过程要复杂得多。银行应该满足平均天数内比如说一个月内的准备金要求。

③ 在美国，这种市场被称为联邦基金市场。

同样，前缀“欧洲”不是指欧洲，虽然在这个例子中欧洲债券发行中心恰好是在伦敦，但原则上，欧洲债券也可以在亚洲发行。①

欧洲债券通常受到的监管较少，是一种无记名证券，同时不会（与现在一样）代扣预提税。初级市场在伦敦，二级市场有可能是在布鲁塞尔、卢森堡或欧洲债券上市交易的其他地方。欧洲债券的结算是通过欧洲结算系统（Euroclear）或者明讯银行（Clearstream）来完成的。

2.2.1.3 其他欧洲市场

欧洲市场绝非局限于债券和货币。几乎任何金融工具都可以在离岸市场上交易。这类工具包括欧洲股票（Euro-equity）、欧洲商业票据（Euro-commercial paper，ECP）、欧洲中期票据（Euro medium-term note，EMTN）等等。在衍生金融工具中，我们具有在岸远期合约和互换合约，与此相对应则有离岸的不进行交割的远期合约和互换合约。

□ 2.2.2 在岸市场

在岸市场可在场外市场或者正式交易所进行交易。场外市场（over-the-counter，OTC）是由自发交易活动发展起来的。场外市场通常没有正式组织，但是受到监管部门的严格监管，而且交易行为也遵守专业组织（如 ISDA、ICMA）制定的严谨文件。② 全球最大的市场中有一些是场外市场，一个好的例子是利率互换市场，它在全部金融市场中是名义交易额最高的，并且买卖价差非常小。场外市场的交易是通过电话或电子系统进行的，所交易的金融工具具有很大的灵活性，虽然诸如 ISDA 等机构制定出标准文件，使所交易的金融工具是同质的。

与场外市场相比，有组织的交易所是正式的实体。目前绝大多数交易所都使用电子交易，但仍有一些公开喊价的交易所，这些交易所有其自己的交易池。③ 有组织的交易所的一个显著特点是，它们是正式组织。所交易的产品和交易行为都是同质的，同时所交易合约的规则说明也不是那么灵活。

股票市场是交易股票的有组织的交易所。④ 期货和期权市场交易各种标的资产的衍生金融工具。在现货交易中，一旦交易完成，然后加以确认，在几天之内，也就是结算期内，资金和证券就要换手。在期货市场中，交易过程包括建立头寸，而结算是在相对比较长的时间之后进行，也就是衍生金融工具的到期日。然而，这种交易需要存入“小额”保证金，称为初始保证金（initial margin，IM）。

---

① 欧盟委员会在 2011 年 11 月 21 日所提出的旨在应对金融危机的提案中，提到由所有欧元区国家共同支持的欧洲债券称为欧洲债券。尽管使用相同的词语，但欧盟提案中所提到的在岸债券与 1963 年开始的离岸欧洲债券市场没有任何关系，本章将对此进行讨论。

② 国际证券市场协会（ICMA）是一个专业性组织，除了其他活动之外，其一项任务是在各个组织之间通过长时间的谈判，对 OTC 交易的合约进行同质化。ISDA 表示国际互换与衍生品协会。NASD 表示美国全国证券交易商协会，而 IPMA 表示国际初级市场协会，这些是此类协会的两个其他例子。

③ 根据 2014 年 1 月 3 日芝加哥商品交易所（CME）新闻稿，2013 年 CME 约 90%的交易是电子交易。然而，公开叫价交易仍然用于某些复杂（期权）交易和一些商品期货合约，例如那些在伦敦金属交易所和纽约商品交易所交易的商品期货合约。有关场内交易的最新发展，请参阅路透社文章《洞察：芝加哥的交易池在呐喊了 165 年后安静了下来》（Insight：Chicago pits going quiet，165 years after shouting began），2013 年 8 月 5 日，汤姆·波兰塞克（Tom Polansek）作。

④ 股票有时也被称为现金股票，以区别于股票衍生品。

2.2.2.1 期货和期货交易所

CME集团（包括芝加哥商品交易所、芝加哥期货交易所、纽约商品交易所、纽约商品期货交易所）、ICE（包括ICE期货、Liffe期货、纽约证券交易所和欧洲证券交易所）、欧洲期货交易所、印度国家证券交易所和巴西证券期货交易所是世界上一些主要的期货和期权交易所。[①] 交易所提供了三种主要服务：

(1) 如果交易采用历史方式的公开喊价系统，则这种活动就要有实际场所（即交易大厅和交易池），否则，交易所将提供电子交易平台（如CME的Globex）。这样的平台使用互联网作为底层网络，这意味着场所变得不那么相关。许多电子交易平台提供了便于算法交易的应用程序编程接口（API）。

(2) 一旦交易成交，交易清算所成为每个买家和卖家的实际交易对手。清算所位于两家清算公司（也称为成员公司或清算参与者）之间，其目的是降低一家（或多家）清算公司未能履行其交易结算义务的风险。为什么中央清算与双边交易相比降低了风险呢？在双边交易中，A与B双方签订一项交换资金流的协议。[②] 每一方都承担交易对手风险，或者另一方违约且无法履行其义务的风险。为了减少这种风险，可以运用中央对手方（CCP）方法。清算所通过将双边交易分成两个交易，分别涉及中央对手方和甲方以及中央对手方和乙方，从而成为中央对手方。抵消性头寸意味着中央对手方没有任何市场风险，但是它要面临交易对手风险。清算所通过要求每个交易对手提供抵押存款或保证金来解决交易对手风险。它通过对多方交易对手之间的抵消交易进行净额结算来降低结算风险。清算所执行的降低风险的其他职能，包括提供交易和抵押品的独立估值，监控清算公司的信誉，通常提供用于弥补超过违约清算公司抵押品存款损失的担保基金。

(3) 提供交易人员所需要的构建并设计金融合约的服务，最后，还要提供透明可靠的交易环境。

期货（期权）交易所的交易机制如下。两位交易员按照各自客户的意愿直接进行交易。一位以100的价格卖出，另一位以100的价格买入，然后在交易凭证单上签字并盖章。[③] 在这一时刻，两位交易员是各自的对手方。但是一旦交易凭证单被盖上章，则清算所就成为交易的对手方。例如，如果某位客户买入一份100蒲式耳的小麦期货合约，则最终负责交付小麦（它们有代理）的不是在交易圈里实际出售合约的交易员，而是交易的清算所。由于清算所成为所有空头和多头头寸唯一的交易对手方，因此极大地降低了交易员的风险。[④] 实际上，交易员的风险降低得更多，因为清算所是与清算所会员直接交易而不是与交易员交易。[⑤] 期货交易所的未平仓量是指未平仓期货合约的数量，它

① 参看美国期货业协会2013年度的调查，http://www.futuresindustry.org/files/css/magazineArticles/article-1612.pdf.

② 协议将针对提前终止交易、结算和抵押计算设定一些条款和条件［在信用支持附件（CSA）中］。ISDA主协议通常用于此目的。有关更多详细信息，请参看 http://www.isda.org/educat/faqs.html。

③ 交易凭证单类似于交易收据。它记录关于交易协议的关键信息（比如价格、交易量、交易名称和交易日期，还有所有其他重要信息）。对于内部控制系统来说，交易凭证单是非常重要的，这是因为它们代表了交易历史。交易凭证单或者采用电子形式保存，或者采用物理形式保存。

④ 在第24章，我们将详细讨论金融工程中的交易对手风险的作用。

⑤ 为了能够进行交易，场内交易者需要在某个清算所会员那里“开立账户”，作为清算公司的私人金融企业，将代表交易员直接与清算所进行交易。

是通过对尚未通过交割、现金结算而冲销的空头或多头头寸的加总来获得的。

2.2.2.2 期货和远期合约的比较

远期是一种场外交易合约，可根据客户的需求来设计，并由两个交易对手谈判协商签订。远期合约非常容易定价，几乎没有购买成本。就这方面而言，期货和远期合约相比，则表现不同。尽管在有些方面差异很小，但在其他方面，差异非常大且更为重要，对于有相同特征的同样标的资产来说，可能导致的潜在远期和期货价格显著不同。这些差异大部分来自期货合约的设计。期货合约需要同质化，以便增加其流动性。两者的到期方式和交付方式都要明确规定，但仍然会给交易者留下一些选择权。远期合约是在两个特定交易者之间发起的，它们可以准确地说明交付和到期条件。另外，期货将为最后一刻的调整留出某种空间，这些“选择权”可能具有市场价值。

我们考察两份合同，以便研究期货设计所包括的主要参数，并与远期合约进行比较。重点是，交易的绝大多数内容都需要制定同质的且有流动性的合约。就相对标准的商品，例如大豆情况而言，设计是相对容易和简单的。考察下面的大豆期货合约。①

例子：

芝加哥期货交易所（CME GROUP）大豆期货合约

（1）合约大小。5 000 蒲式耳（约等于136公吨）。

（2）提供的等级。黄大豆2号按票面价格，黄大豆1号，合约价格为每蒲式耳6美分，黄大豆3号，合约价格为每蒲式耳6美分。（注意，如果交易者接受交割，一个特殊类型的大豆将交付给他或她。实际上，交易者可在更好条件下从其他人那里获得相同的数量，因此，在绝大多数情况下，期货合约不会以交割终结。相反，头寸在到期前的某个时候，可利用相反的交易加以解除。）

（3）最小变动价位。0.25美分/蒲式耳（12.50美元/合约）。

（4）报价单位。1美分或1.25美分/蒲式耳。

（5）合约交割月份。1月、3月、5月、7月、8月、9月与11月。（很明显，如果期货交易背后的目的是交割，那么具有更灵活交割日期的远期合约将会更加方便。）2014年6月23日，最远的合约月份是2015年11月。

（6）最后交易日。合约月份的第15个日历日前的营业日。

（7）最后交割日。交货月份最后一个交易日后的第二个工作日。

（8）交易时间。公开喊价：芝加哥时间星期一至星期五，上午9:30至下午1:15。电子交易：芝加哥时间星期日至星期五，下午8:30到上午6:00。到期合约交易在上个交易日中午平仓。

（9）每日价格限制。高于或低于前一天结算价格50美分/蒲式耳（2 500美元/合约）。现货月份没有限制。（限制在现货月份开始前两个工作日解除。）

关于期货市场需要回顾的一个重要概念是盯市过程。当一位交易者购买一份期货合约时，他需要交付一份保证金，但不是现金支付。这种杠杆极大地提高了期货市场的流

① 交易所有时会对期货合约的参数进行修改，因此读者应该将这里所提供的信息作为例子考虑，并检查实际合同的详细说明。

动性，但这是有风险的。为了确保交易对手能够每日实现盈亏，交易所会在每个交易日结束时，按照当天的结算价格重新对头寸进行估价。①

> **例子：**
>
> 一份大豆期货合约在第 T 天的价格为 1 470.2 美元，在第 $T+1$ 天结束时，结算价格宣布为 1 469.4 美元。其价格下跌 80 美分，对于多头持有者来说，这种情况就是损失。头寸将会被盯市*，于是清算所——或者更准确地说是清算公司——将在客户的账户上减少相应数额。

上面的例子说明了期货和远期之间的差异之一。正如我们下面所解释的那样，期货合约总是采用盯市制度，而这一要求并不适用于所有远期。

我们考虑期货合约产生的现金流，并将它们与相同标的远期合约的现金流进行比较。可以证明，和远期不同，期货头寸的有效期限实际上是 1 天。这是因为期货交易存在盯市制度。该头寸将被盯市，即每天晚上交易所实际上将进行平仓处置，然后以新的结算价重新开仓。认识这一做法的最佳途径是考察一个明确的例子。假设期货合约是以现货价格 S_t 签订一个商品单位。设 F_t 表示交易所报价的期货价格。设 t 是星期二（例如 2014 年 3 月 11 日），并且合约到期日是在 3 个交易日内，即 2014 年 3 月 14 日星期五：

$$T=t+3 \tag{2.1}$$

其中 $T=$2014 年 3 月 11 日，$t=$2014 年 3 月 14 日。进一步假设，在这些日子里，结算价格会服从如下轨迹变化

$$\begin{aligned}&F_t(=1\ 470.2\text{ 美元})>F_{t+1}(=1\ 469.4\text{ 美元})>F_{t+2}(=1\ 468.4\text{ 美元})\\&\quad=F_{t+3}(=1\ 468.4\text{ 美元})\end{aligned} \tag{2.2}$$

其中 $t=$2014 年 3 月 11 日，$t+1=$2014 年 3 月 12 日，$t+2=$2014 年 3 月 13 日，$t+3=$2014 年 3 月 14 日。如果在到期日 T，通过采用抵消头寸来加以平仓处置，那么由一份期货合约的多头头寸会产生多少现金流呢？②

解答如图 2.1 所示。盯市相当于迫使多头头寸（空头头寸）在当天的结算价格上平仓，并以相同的价格重新开仓。因而，在交易后的第一个交易日结束时，以 f_t “购买”的期货合约将在等式（2.2）中所示的 f_{t+1} 处“出售”，其亏损为：

$$F_{t+1}-F_t=1\ 469.4-1\ 470.2=-0.8<0 \tag{2.3}$$

类似地，在第二个交易日结束时，盯市将产生的另外损失为：

$$F_{t+2}-F_{t+1}=1\ 468.4-1\ 469.4=-1.0<0 \tag{2.4}$$

根据等式（2.2）的轨迹，情况就是如此，价格再次下降。因为偶然出现最终结算价格与前一天的结算价格相同，到期日将会看不到进一步的损失。

相反，图 2.1 的最后部分显示由远期价格 F_t 所产生的现金流。由于（在这种情况

① 结算价格是由交易所制定的，但并不一定是最后一次交易的价格。

② 交易员可以选择接受交割，而不是采取抵消头寸，取消与清算所有关的任何义务。

* 也就是按市场价计价。——译者注。

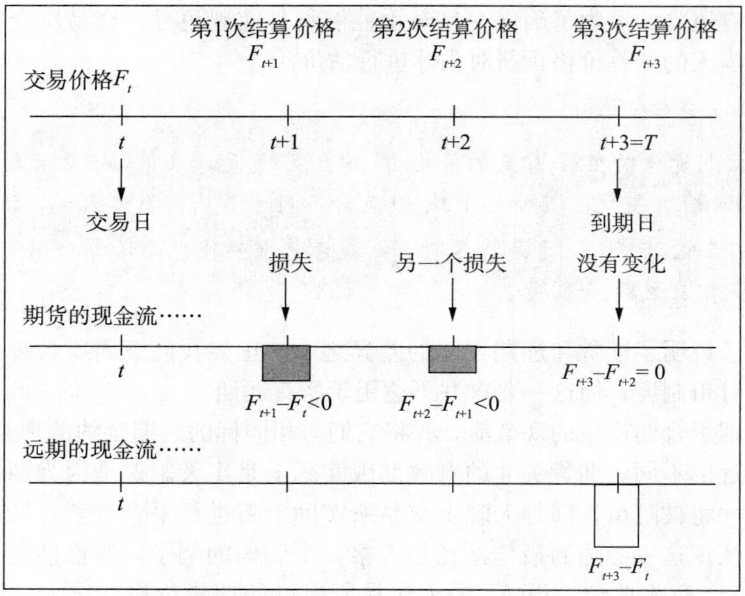

图 2.1 盯市

下）没有盯市，唯一的资本损失发生在合约到期日。很明显，这是一个非常不同的现金流模式。[①] 盯市可能会大大改变隐含的现金流，并导致一些适中的凸性。

利率期货是最具有流动性的期货。下面的例子说明了利率期货的典型报价惯例。期货价格被报价为 100 减去利率。这意味着利率期货价格下跌表明标的利率上升。

例子：

LIFFE 的 3 个月期限 Euribor 利率期货

（1）交易单位。1 000 000 欧元。

（2）交货月份。1 月、2 月、3 月、4 月、5 月、6 月、7 月、8 月、9 月、10 月、11 月和 12 月。截至 2014 年 4 月 24 日，2019 年 12 月是可供交易的最后一个合约月份。

（3）报价单位。100 减利率。[根据在最后交易日欧洲银行联合会在布鲁塞尔时间 11:00（伦敦时间 10:00）发布的 3 个月的欧元存款 Euribor（EBF Euribor），结算价格是 100.00 减去欧洲银行联合会的欧元银行同业拆借利率，数字四舍五入到小数点后三位。]

（4）最小变动价位。（最小变动价位与价值）0.005（12.50 欧元）。

（5）最后交易日。交割月份第三个星期三之前的两个工作日 10:00。

（6）最后交割日。最后交易日后的第一个工作日。

（7）交易时间。01:00—06:45，07:00—21:00。

（8）清算。洲际交易所欧洲清算有限公司（ICE Clear Europe Limited）。

① 有关期货和远期的抵押品与保证金要求的差异的详细信息，请参见 CME 文件《远期的清算和簿记处理》(2013/9/18)，http://www.cmegroup.com/clearing/files/Clearing-Forwards.pdf。

欧洲货币期货合约将在下一章讨论，稍后多次从不同角度来加以考察。特别是，合约中存在多个参数，这里没有列出拥有金融工程含义的一个参数。欧洲货币期货的报价惯例意味着远期利率和期货合约价格之间的线性关系。对于寻找解决金融工程问题的正确解决方案来说，这是另一个惯例发挥重要作用的例子。

尽管为了简单起见，我们假设在本书的一些金融工程应用中，远期合约对于实体来说是无成本的，但实际上并非如此，因为远期合约和其他场外衍生工具需要抵押品。然而，在远期和期货合约的抵押要求上有一些细微的差别。首先，根据最新 BCBS-IOSCO* 指南，金融和非金融交易对手方将被要求为 2015 年 12 月 1 日之后签订的所有新合同进行变动保证金（VM）交易，并从 2015 年 12 月开始分几个阶段进行双向初始保证金（IM）① 交易。这一要求也适用于没有集中清算的衍生品，包括某些远期合约。实物结算的外汇 OTC 衍生品有豁免，这些衍生品需要变动保证金，但不需要初始保证金。

其次，OTC 和交易所交易市场抵押品的利息支付存在差异。交易所交易期货每日结算，并要求每日保证金不赚取利息。如果 OTC 远期目标通过 CCP 或双边清算，如果以现金形式持有，则要利用变动保证金来支付利息。

□ 2.2.3 全球金融危机后的衍生品市场基础设施变革

在金融危机之前，许多衍生品合约比如利率互换，绝大部分都是在场外交易，同时通常不会集中清算。例如，场外交易衍生品合约经常不是标准化的，而且诸如信用违约互换等合约不存在交易仓库。在接下来的几年里，全球金融危机监管已经实施，随着越来越多衍生合约的出现，正在执行中央清算、交易所交易、标准化和交易仓库。

2009 年 9 月，G20 设定引入标准衍生品，包括场外交易利率互换，来进行强制清算的目标。美国通过《多德-弗兰克法案》，欧盟通过欧洲市场基础设施法规（EMIR）以及 G20 的其他司法管辖区通过制定并执行法规来实现这一目标。美国的法规正在推动更严格监管的交易执行机构（SEF）的报告、清算和结算功能。② LCH. Clearnet** 在 2013 年清算了名义金额为 282.6 万亿美元的利率互换和 4 461 亿美元的无法交付的外汇远期交易。2013 年，洲际交易所信用清算所（ICE Clear Credit）的年度清算信用违约互换交易额上升至 7.7 万亿美元。③

在欧洲，对衍生品市场基础设施加以定义和监督是由欧洲证券和市场管理局（ESMA）根据欧洲市场基础设施法规来执行的。根据《多德-弗兰克法案》，美国商品期货交易委员会（CFTC）制定了监管规定，据此将互换数据仓库纳入监管之列。

---

① 参见 2014 年 1 月 1 日花旗公开的投资者报告《期货：未清算衍生品的保证金要求》（The Future：Margin Requirements for Uncleared Derivatives）。

② 截至 2014 年 4 月，四类利率互换和两类信用违约互换受到美国商品期货交易委员会（CFTC）清算委托。

③ 参看 http://www.futuresindustry.org/files/css/magazineArticles/article-1613pdf。

* 巴塞尔银行监管委员会和国际证监会组织制定的《非集中清算衍生品的保证金要求》。——译者注

** 从 2001 年起，伦敦清算所（LCH）为伦敦证券交易所提供清算服务，承担 CCP 职能，并于 2003 年与 Clearnet 合并为 LCH. Clearnet。LCH. Clearnet 集团由历史悠久的两家清算所，也就是伦敦清算所（LCH）和法国的 Clearnet. SA 合并而成。而 LCH. Clearnet Ltd. 隶属于 LCH. Clearnet 集团，于 2003 年 12 月由英国伦敦清算所（LCH）和泛欧交易所（Euronext）旗下的结算中心（Clearnet）合并成立。LCH. Clearnet 集团的服务产品范围比较丰富，包括权益类、固定收益类、外汇交易类、能源类、商品类、衍生品类等。——译者注

人们期待的是，最近场外市场中的监管和绝大部分活跃的私下协商、双边合约要集中清算，并需要实时交易的报告，这样做将让监管部门监督市场上的合约交易量、评估不同资产类别的交易活动、监控衍生品交易数据，从而监管风险敞口，进而减少衍生品市场的系统性风险。从金融工程角度来看，监管变化的影响是非常重要的。监管会影响到各种不同衍生工具和策略的保证金和融资成本。监管也会影响到某些结构性产品和交易的盈利能力和可得性。在后面章节中，我们将讨论近期监管对各种不同资产类别所带来的金融工程实践的影响。

2.3 参与者

做市商通过提供交易时间、交割通知以及仓储服务等实现做市服务。做市商必须并且有义务在它们给出的报价上买进或卖出。因而，对于做市商所做的每一只证券，它们必须报出买入价和卖出价。做市商不会持有大量产品，也不会持有很长一段时间。不同交易所拥有不同的结构，在流动性提供或做市时会使用各种不同的方法。例如，在纽约证券交易所，做市是基于指定做市商（DMM）系统。① DMM 的主要职责是保证公平有序的市场。有时候，当客户订单中存在短期的买卖双方失衡时，这可能涉及交易的另一方。作为回报，DMM 获得了各种信息和交易执行优势。

交易员买卖证券。仅从字面意义上来说，他们不会进行“做市”。交易员的作用就是执行客户的指令，并且在给定头寸限制下为公司交易。头寸限制既可以是对交易员所能交易资金总额的限制，也可以是对客户所能承担风险的限制。

交易员或者做市商可能管理着某个组合，称为账簿。存在“外汇交易账簿”（FX books）、“期权账簿”、“互换账簿”、“衍生品账簿”以及其他。交易员所管理的账簿称为“交易账簿”；这些账簿不同于“投资组合”，持有投资组合的目的是投资。交易账簿的存在是因为在为客户买卖的过程中，交易员不得不在短期内持有这些产品。这些账簿会定期地进行对冲。对冲基金是金融市场中一种重要的套利工具，我们将在第 7 章详细讨论对冲基金。

经纪人不持有存货。相反，他们提供买卖双方能够在一起的平台。通过经纪人的买卖通常比交易员的报价买卖要更审慎。在交易员报价交易中，交易员自然会了解客户的身份。在公开叫价的期权市场中，场内经纪人接收客户指令进行交易，但是并不为自己交易（但是，做市商是为自己交易的）。

交易商报出买卖两种价格，并且持有某特定金融工具的大量存货，要比做市商持有的时间长。这些机构在某种意义上相当于做市商。

风险经理相对来说是比较新的参与者。交易员所进行的交易、所持有的头寸应该得到风险经理的“支持”。风险经理评估交易，并且对交易是否仍然处在各类风险经理事先设定的界线内给出建议。

① DMM 以前被称为“专家”，负责管理他们所擅长的股票账簿。

监管者是金融市场上非常重要的参与者。实践者通常建立“税收套利”和“监管套利”头寸。大部分金融工程实践活动就旨在满足金融工具交易员的监管和税收方面的需要。

研究人员和分析师是那些并不进行交易和做市的参与者。他们是机构的信息提供者，并且有助于卖方活动。通常，分析师讨论股票并分析一家公司甚至更多。他们可能发出买入/卖出/持有信号，并且提供预测。研究人员提供宏观层面的预测和建议。

2.4 交易机制

什么是达成交易的机制呢？交易是如何进行的？结果是，有组织的交易所成立了它们自己的清算中心以及有它们自己的清算代理人，这样就相对容易理解账户是如何开立的，支付是如何进行的，如何购买合约以及保持头寸。清算所会员以及清算中心就是做这些工作的。但是在场外交易中，这些操作是如何进行的呢？人们如何购买债券并进行支付？如何购买外汇？

考察另一个细节，即这些资产的保管地点在哪里？有组织的交易所会为会员保管头寸，但是对于场外交易和债券以及其他相关资产的二级市场交易来说，谁是托管者？

存在几种可供选择的机制，能够安排交易并托管资产。图 2.2 列出了一个典型机制。如图 2.2 所示的交易机制是从市场实践者的视角来看的。交易是在交易室内开始的。交易员开出交易凭证单，然后把信息输入前台办公室电脑的系统中。中间办公室是最先确

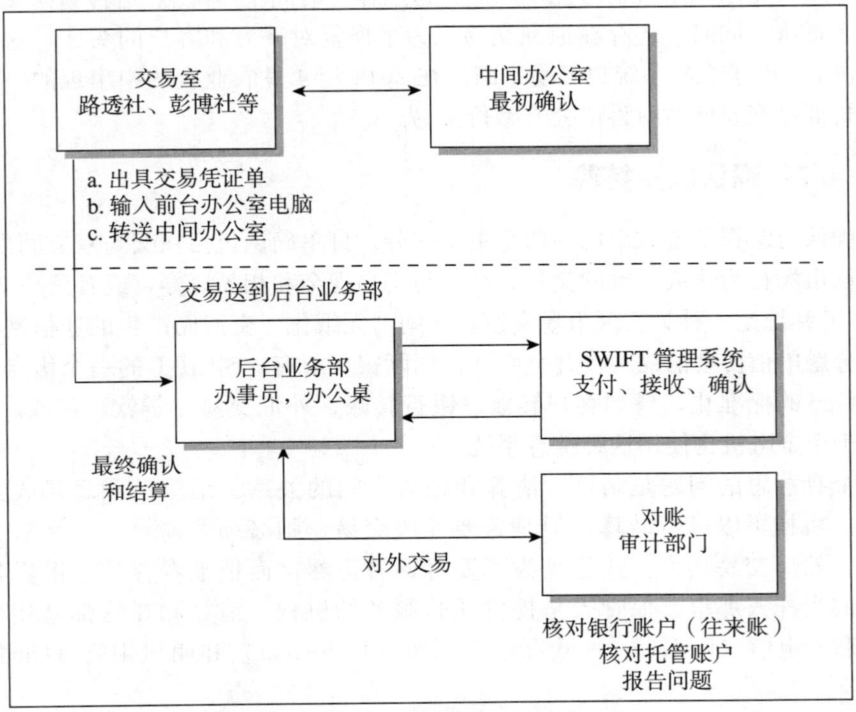

图 2.2　如何交易与确认

认交易的机构部门，通常与交易室位于同一楼层。接下来，交易送到后台业务部，该业务部通常位于不同的楼里或者不在同一楼层里。对于银行来说，后台业务部的活动与交易室一样重要。后台业务部最后要确认交易、处理结算指令、进行支付、核对现金注入以及办理其他事项。后台业务部也会使用环球银行金融电信协会（SWIFT）系统处理信息活动，稍后将对此加以讨论。在全球金融危机之后，交易前与交易后的业务流程日益融合，以支持《多德-弗兰克法案》和 EMIR 等金融监管所要求的新交易和结算程序。合并交易前与交易后的流程对于支持清算确定性要求尤为重要。通过 SEF 执行某些场外交易衍生品的新要求，加上通过 CCP 进行强制清算，意味着现在有两个阶段的过程来执行某些衍生工具。目前通过 CCP 进行执行和清算是衍生品交易的两个固有组成部分，而过去它们是分开的。

□ 2.4.1 订单

投资者或交易员通常会发布两种订单。第一种是市场订单（market order），客户得到的是市场上的即时报价。

另一种是限价订单（limit order）。衍生价格会随着订单而定，只有达到这个价格或更好的价格，交易才能进行。限价订单只在某个时段内有效，这也需要指定。止损订单与此类似，它指定了头寸能够自动达成的目标价位。

处理订单绝对不是没有错误出现。例如，传统的公开喊价交易的一个缺陷就是在那样的环境中很容易出错。买方和卖方会记录不同的价格，这就叫作“价格不匹配”。也可能存在“数量不匹配”，因为有可能买方已“买入 100”，而卖方认为已“卖出 50”。在期权交易所中，已记录到期日也可能不匹配，这叫作“时间不匹配”。这种错账交易在关市后要被更正过来。同时，还存在遗漏交易。为了恢复对手方和客户的头寸，这些交易需要协商解决。[①] 电子交易系统也容易中断。在 2014 年 4 月农业合约中出现的一次中断期间，芝加哥商品交易所暂时诉诸公开喊价交易。

□ 2.4.2 确认以及结算

订单确认与结算是金融市场的两个主要部分。订单确认包括在交易双方间发送信息，以口头确认市场行为达成一致的交易。结算是交易现金和相关证券，或者只是交换证券。

SWIFT 系统是一种为实现市场实践者之间“无纸化”交流而产生的通信网络。它是环球银行金融电信协会的缩写，并且归一批国际银行所有。SWIFT 的一个优点在于有关各种交易信息的标准化，譬如客户转账、银行转账、外汇交易、贷款、存款。100 多个国家的上千个金融机构使用这种信息系统。

另一个有意思的问题是结算、清算和托管之间的关系。结算的意思是收到证券并进行支付。机构可以进行结算，但是若要完成交易，则必须要清算。交易双方的订单需要匹配，然后交易结束。托管是为了妥善保管证券，而把证券存放在世界各地审慎选择出来的受托人那里。保管人是提供托管服务的机构。清算和托管都是相当复杂的任务。美联储电信（Fedwire）、欧洲结算系统（Euroclear）和明讯银行（Clearstream）

① 举个例子，在“数量不匹配”的情况下，交易双方会决定折中。

是三个国际证券清算公司，也提供一些托管服务。最重要的一些受托人是银行。

一些国家也有它们自己的清算系统。最知名的银行清算系统是纽约清算所银行同业支付系统（clearing house interbank payment system，CHIPS）和英国清算所自动支付系统（clearing house automatic payment system，CHAPS）。CHAPS 是英国的清算支付系统，CHIPS 是美国的清算支付系统。这些系统的支付都是多边清算，并且是计算净利的，这极大地简化了大量单笔交易的结算。

现场交易结算是遵循 DVP 原则的，也就是交割与支付（delivery versus payment，DVP），这意指首先交付证券（给证券清算公司），然后支付现金。

和结算有关的另一个问题是规模。在各种不同的市场中，关于结算交易的规范方法存在许多重要惯例。当某个结算是依据特定市场惯例而进行的时，我们认为，交易是以例行方式（regular way）结算的。当然，交易能够以某一特定方式结算，但是一些特别的方式可能是高成本又不切合实际的。

例子：

市场实践者在 T 日进行交易，并且结算日与这个日期有关。

美国国库券通常是在交易后的第一个工作日进行结算，也就是 $T+1$ 日。但是对于高效的清算公司来说，通常是现金结算，也就是说，在交易日 T 日进行结算。

公司债券和国际债券在 $T+3$ 日结算。

商业票据在当天结算。

美国股票现货交易通常是在 $T+3$ 日结算。

欧洲市场存款是在 $T+2$ 日结算。在隔夜拆借情况下，交易对手会选择现金结算。

外汇交易市场通常是在 $T+2$ 日结算，意思是外汇的即时卖出（买入）是在交易日之后两天双方现金流动。$T+2$ 日通常称作现货交易日。

结算的天数通常是指工作日，了解这一点非常重要，也就是为了正确地解释 $T+2$ 日，市场专业人员需要确切了解相应的假日惯例。

在讨论其他市场惯例之前，我们应该提到与前面的日期相关的两个其他术语。在合约中结算日有时也被称作起息日*。在起息日，资金发生易手。最后，在互换类型的合约里，存在交易日（deal date），也就是签订合约的日期，但是互换活动是在生效日（effective date）才开始进行。生效日是指互换合约实际开始的日期，是在交易日后协商确定的日期。

2.4.2.1 全球金融危机后的监管变革

2014 年 4 月 23 日，存托信托和清算公司（DTCC）发布了一份白皮书，概述了支持缩短美国金融市场结算周期（SSC）的理由，金融市场包括股票、公司和市政债券以及单位投资信托（UIT）交易。从 $T+3$（交易日加 3 日）减为 $T+2$（交易日加 2 日）的理由是，缩短结算周期将减少以下各项：交易对手风险敞口，顺周期性，国家证券结算公司（NSCC）的流动性需求以及整体运营和行业风险。①

① 这种削减将使资金更快地释放出来用于再投资，因而减少信贷和交易对手的风险敞口。缩短周期将进一步降低 DTCC 子公司、NSCC 的流动性要求，通过降低 NSCC 清算基金要求，为经纪商释放资金。有关详细信息，参看 http://www.dtcc.com/~/media/Files/Downloads/WhitePapers/T2-Shortened-Cycle-WP.ashx。

* 起息日（value date）又称交割日、交收日。——译者注

2.5 市场惯例

在学习金融工程的过程中，市场惯例经常会引起困惑，然而，了解作为金融交易和工具基础的惯例却是非常重要的。在这部分内容里，我们将简要回顾一些惯例。

交易者关注的金融工具的地点和类型不同，惯例也会有所不同。非常相似的两个金融工具可能会以完全不同的方式进行报价。报价内容和方式是非常重要的。

正如在第 1 章所提到的，在金融市场中通常存在两个价格。一个是做市商愿意购买标的资产的价格，另一个是它愿意卖出的价格。做市商愿意购买的价格叫作买入价（bid price），做市商愿意卖出的价格叫作要价（ask price），要价也叫作卖出价（offer），因此，买入价-要价价差（bid-ask spread）就成了买卖价差（bid-offer spread）。

举个例子，考察伦敦货币市场与外汇市场的储蓄存款。惯例是首先给出利率的要价。例如，关于利率的典型报价如下所示：

要价（卖出价）	买入价
$5\frac{1}{4}$	$5\frac{1}{8}$

在其他货币中心里，利率的报价是相反的方式。首先给出的利率是买入价，第二个是要价。因此，同样的利率如下所示：

买入价	要价（卖出价）
$5\frac{1}{8}$	$5\frac{1}{4}$

报价的第二个特点是十进制法。伦敦的欧洲美元利率报价最近是$\frac{1}{16}$，有时是以$\frac{1}{32}$来报价。但是，一些货币中心的利率报价是小数点后两位。从经纪人或交易商的角度来看，十进制法不是一个完全简单明确的问题。注意，在十进制下，买卖价差可能会一直缩减到零，并且不会有最小买卖价差。这可能会降低交易利润，其他情况也是如此。

□ 2.5.1 报价内容

惯例所涉及的另一个方面是报价内容。例如，当交易员接到电话时，他可能会说："以 95 的价格卖出债券"，或者他可能会说："以 5%的收益卖出债券"。市场运作的惯例是避免潜在的误解并且节省时间。股票市场上的报价是单个股票价格。在纽约证券交易所中，报价是到小数点后两位。

大多数债券市场报出的是价格而不是收益，但短期国库券不是这样。例如，债券可能按如下方式报价：

买入价	要价（卖出价）
90.45	90.57

第一个报价是做市商愿意为债券支付的价格，第二个是做市商愿意出售同一个债券的价格。注意，在上面的报价方式中价格精确到小数点后两位，是对面值为100的债券的报价，而不管债券面值单位是多少。

市场报价也可能既不是价格也不是收益。例如，上限期权、下限期权和互换通常是直接报“波动性”。互换市场更愿意报“价差”（美元互换）或者互换利率本身（欧元互换）。报价内容的选择不是一个小事情，它既影响到定价，也影响到风险管理。

2.6 金融工具

这一节从金融工程的视角提供了主要金融工具的分类。为了更好地理解这部分内容，需要参考赫尔（Hull，2014）关于市场与金融工具的课程。金融市场的惯例是按照如下部分对金融工具进行分类：

(1) 固定收益金融工具。这包括银行大额存单（CD）、存款（depos）、商业票据（CP）、银行承兑汇票（banker's acceptances）和国库券（T-bills）。它们被认为是货币市场工具。

债券、票据和浮动利率票据（floating rate notes，FRN）是债券市场工具。

(2) 股票，包括由上市公司发行的各种类型的股票。

(3) 外汇。

(4) 商品。

(5) 衍生品，主要类别是利率、股票、货币和商品衍生工具。

(6) 信用工具，主要是高收益债券、公司债券、信用衍生工具、大额存单以及早期的各种证明。

(7) 结构化产品，如抵押贷款支持证券（MBS）、担保债务凭证（CDO）、资产支持证券（ABS）。

在接下来的几章里，我们将从不同视角讨论这些主要的金融工具分类。

2.7 头寸

通过买入或做空资产，人们可建立头寸，一旦头寸建立，就暴露在各种风险中。

2.7.1 空头和多头头寸

多头头寸（long position）比较容易理解，因为它符合金融工程入门者的直觉。在日常生活中，我们经常“购买”东西，很少“做空”。因此，当我们以现金购买产品，并以存货的形式持有时，或当我们一旦签订了合约，就要求我们在未来某一日期购买某种东西时，我们就有了多头头寸。我们是标的工具的多头，这意味着标的资产价格上涨的时候我们盈利。

空头头寸（short position）是指市场实践者并没有实际拥有物品但却出售它。例如，一个客户致电银行想购买某一特定债券，银行在它的交易账簿上并没有这种债券，但是仍然可将它出售给客户。同时，银行处于空头头寸的位置。

2.7.1.1　收益图解

人们可以利用收益图来刻画空头和多头头寸。图2.3描述了从投资者的角度来看的多头头寸。投资者存入100，向上倾斜的直线OA刻画了在给定证券价格情况下投资者头寸的价值。由于它的斜率是$+1$，证券价格P_0也是初始头寸的价值。从P_0开始价格上升了ΔP；收益也将等于这个变化。

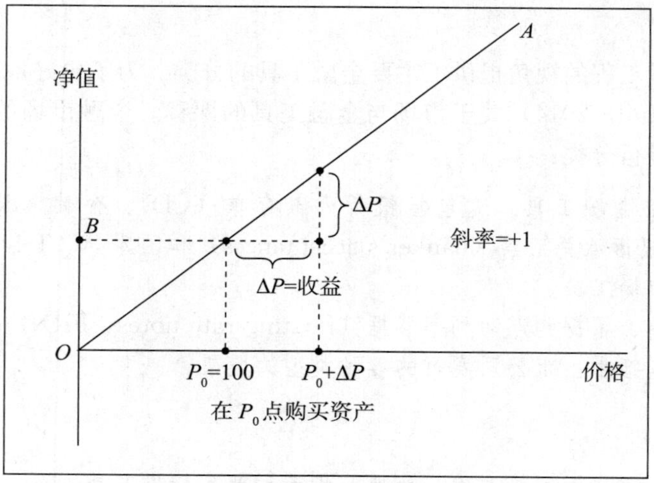

图2.3　市场专业人士的多头头寸

尤其是，如果投资者在价格为100的时候，使用自己的储蓄购买资产，那一时刻的总价值由纵向距离OB表示，等于100。市场专业人士没有“现金”，于是他不得不去借OB（或者说P_0），然后购买资产，这叫作投资多头头寸。

这种情况如图2.4所示。注意，市场专业人士的净头寸总和在以价格$P_0=100$购买时是零。从某种意义上说，先借入再购买资产，一个人“拥有”的不是资产，而是某个敞口风险。如果资产价格上升，头寸就会盈利。如果价格下降，头寸就会遭受损失。

图2.5从市场实践者的视角来看，是空头头寸。这里情况要简单一些。空头头寸的资产在价格$P_0=100$时借入。因此，当出售时，价格是100，总价值自然为零。被出售的资产价值100。出售所带来的现金等于资产被借入时的价值。因此，在价格$P_0=100$时，头寸是零价值的。当价格下跌的时候头寸将会盈利，当价格上升的时候头寸将会亏损。在这种情况下，借的是证券而不是“资金”。资产以100的价格卖出；当价格上升时，还给原所有者的证券价值超过100。

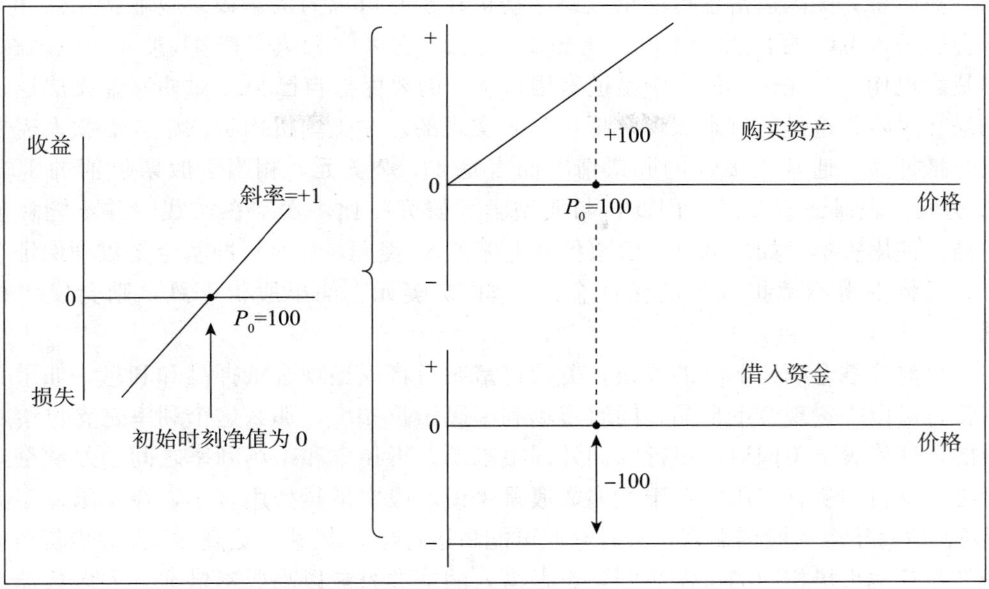

图 2.4　多头头寸的投资

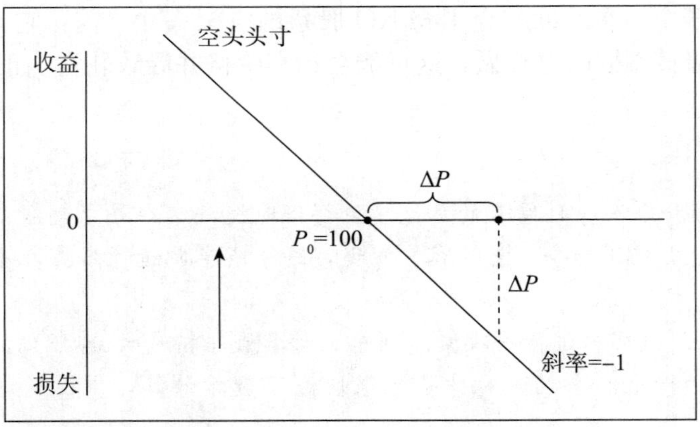

图 2.5　市场专业人士的空头头寸

类似地，当 P 下跌时，通过以低于 100 的价格购买新证券来覆盖空头头寸，然后将此（低价值）资产返还给原始所有者。总的来说，空头头寸可以利用斜率为－1 的向下倾斜的直线来描述。

2.7.1.2　现实世界的复杂性和卖空

当本书讨论合成和复制衍生品投资组合时，为了简单起见，我们假设和卖空基础资产相关的借贷成本可以忽略不计。对于流动的远期和期货市场而言，这可能是一个合理假设，但对于其他资产比如现金股票和债券来说，并非如此。这里，我们简要讨论现实世界的复杂性以及股票空头的机制和成本。考察一个对冲基金，例如希望卖空可口可乐（KO）的股票，希望以较低的价格买回它。例如，该对冲基金可以联系像花旗银行这样的经纪商，它们通常会通过向大型托管银行或基金管理公司，比如美国道富银行借入股票来寻找股票。美国道富银行借出股票的动机在于它可以为借出股票收取费用。如果对冲基金想借入 KO 的股票并卖出，比如 41 美元，它可能无法保持 41 美元。原因在于，证券贷款机构——在这个例子中是道富银行——需要保护自己免受对冲基金无法返还股票的潜在风险。这是通过索取现金抵押品来实现的。在美国机构贷款中，借款人需要提供现金抵押品，通常就 KO 的股票情况而言是 41.82 美元，相当于股票价值的 102%。0.82 美元代表保证金要求。因此，与典型学术研究相比，卖空在实践中并不能释放资本，而是使用资本。如果 KO 的股票价格上涨了 50 美元，那么对冲基金将收到保证金通知，并且将不得不承担额外的保证金，例如 51 美元。如果股价下跌，则会发生相反情况。

一旦对冲基金归还 KO 的股票，美国道富银行将返还现金抵押品和利息。如果美国道富银行可以投资现金抵押品，同时市场利率高于折扣率，那么这个利率是支付给对冲基金的，这代表了美国道富银行的额外回报来源。折扣率和市场利率之间的差额是对冲基金必须支付的贷款费用。对于大多数股票来说，股票借贷费用很小，在美国每年大约为 1%，但对于个人股票而言，有时它们可能高达每年 50%甚至更高。① 证券借贷市场毕竟遵循与其他市场相同的供需法则，难以借入的证券只能以高成本借入。大多数证券借贷交易都是开放式贷款。开放式贷款具有隔夜期限，但一直持续到对手方之一决定取消该贷款。如果贷款人决定召回或取消贷款，那么卖方就会面临风险。

在上面的例子中，在对冲基金平仓 KO 股票的空头头寸之前，它必须回购该股票。有时候很多卖空者试图同时这样做，这可能会抬高价格并导致轧空，正如以下例子所说明的那样。

例子：

巨大的转弯和令人瞠目结舌的加速度使得保时捷汽车在寻求刺激的银行家和对冲基金经理中广受欢迎。如今，它的客户发现，这家汽车制造商本身在垄断市场方面有着意想不到的天赋。

10 月 26 日，该公司进行一次紧急刹车，称其直接持有大众 43%的股份，并拥有比大众多 32%的衍生品合约。对冲基金很快做了数学计算，得出的结论是，它们可能陷入“无限轧空”。

它们疯狂的购买行为导致大众股价飙升……该股价在去年一度跌至 200 欧元以下之后，在 10 月 28 日一度跃升至超过 1 005 欧元。

（《经济学人》，2008 年 10 月 30 日）

在 2008 年 10 月之前的三年中，保时捷曾秘密使用衍生品来积累大众股票，并一再否认它是这样做的。在这个过程中，保时捷积累了大部分免费的大众股票。剩下的股票由州政府拥有和被动型基金拥有，这意味着做空大众汽车的对冲基金有可能无法及时平仓空头头寸。上面的例子说明，做空并不仅仅是做多的反面。做空不仅要有借款费用，而且做空股票的风险状况也与做多不同。重大借贷成本也对金融工程和衍生品定价产生

① 上面的例子只是用于解释说明。有关证券借贷市场的详细介绍，请参看 http://www.eseclending.com/pdfs/Data_Explorer_Intro_to_Sec_Lending.pdf。

影响。这可能会影响美式期权的套利平价和早期行使，我们将在后面章节中讨论。轧空所引起的价格不连续性变动使得持续套期保值不可能，而且违反一些金融工程模型所依赖的平滑随机过程假设。金融工程师和交易者需要了解动荡时期的这种模型局限性，并在产品定价和套利策略执行中预测这些局限性。

□ 2.7.2 远期和期货的收益支付图

远期和期货合约是最基本的衍生品类型，涉及某些最简单的现金流交易。我们在2.2节已经讨论了远期和期货市场之间的制度差异。接下来，我们将对远期的头寸和收益图的讨论加以扩展。远期是在时间 t_0 签订合约，承诺在未来日期 t_1，$t_0<t_1$，以远期价格 F_{t_0} 接受（交付）N 个单位的基础资产。在时间 t_0，没有什么改变；所有交易将在时间 t_1 进行。标的资产 S_{t_0} 的当前价格被称为现货价格，没有被写入合约中的任何地方，在结算期间使用 F_{t_0}。注意，F_{t_0} 具有下标 t_0，并在时间 t_0 固定。图2.6展示了这种合约的例子。

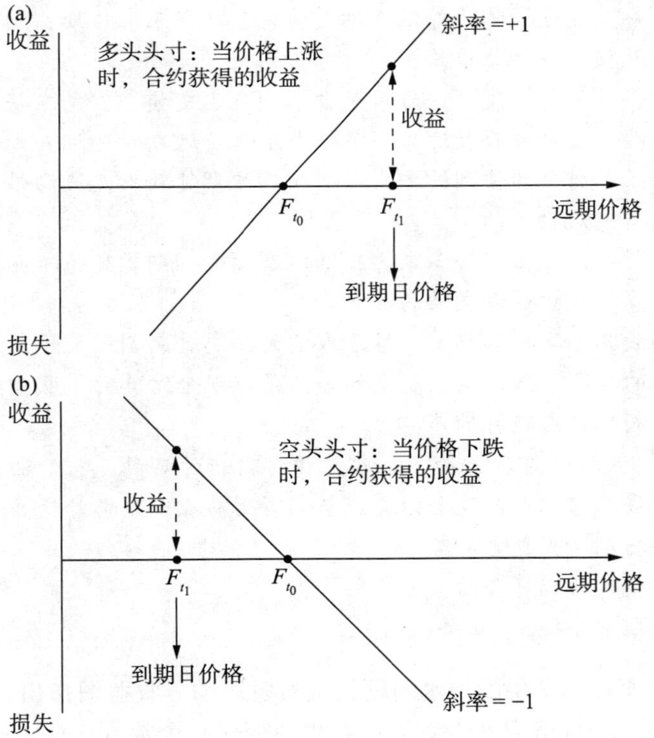

图2.6 远期的多头头寸和空头头寸

远期合约是根据客户的需求，由两方协商签订而成的。远期是非常灵活的工具。合约的规模 N、到期日 t_1 以及其他条件都可以写入合约中，这些都可以按照双方达成一致的方式进行调整。

回顾前面的讨论：如果买入或卖出相同的远期是通过同质合约来完成，其中预先规定交易的规模、到期日和其他合约规格，如果交易在正式交易所进行，如果交易对手风险被转移到清算所，同时如果有正式的盯市制度，那么这样的工具称为期货（futures）。

远期合约头寸可以是多头的或者是空头的。多头头寸承诺在未来日期 t_1 以 F_{t_0} 的价格交割合约，如图 2.6（a）所示。这里 F_{t_0} 是合约远期价格。随着时间的流逝，合约上所签订的相应价格将发生变化，在到期时，远期价格变为 F_{t_1}。$F_{t_1}-F_{t_0}$ 是头寸接受者的利润或损失。要注意两点。由于我们为了简单起见假设远期合约在开始时不需要任何现金支付，所以时间 t_0 时的价值在 x 轴上。这意味着，在开始时，合约的市场价值为零。其次，在时间 t_1，现货价格 S_{t_1} 与远期价格 F_{t_1} 将是相同的（或非常接近）。

空头头寸承诺在未来日期 t_1 按照约定价格 F_{t_0} 交割合约。图 2.6（b）显示了远期空头头寸。$F_{t_0}-F_{t_1}$ 是拥有空头头寸一方的盈利或亏损。

例子：

基本远期和期货合约有多种标的。最著名的有以下几种：

（1）利率远期。这些被称为远期利率协议（FRA）。FRA 是一种 OTC 合约，旨在确定在将来某个特定时间内借入或借出一定金额的利率。

（2）货币远期。这些被称为外汇远期交易，包括在未来日期 t_1 购买（卖出）一种货币以兑换另一种货币。

（3）贷款和存款期货。这里，货币是自己和自己交换，但是在将来某个日子。我们称这些为贷款或存款远期。另一个术语是远期对远期。期货为交易利率协议提供了一种更为便利的方式，因此，远期贷款不是流动性的。远期贷款期货是最具有流动性的。

（4）商品期货，比如石油、玉米、猪肚以及黄金。期货交易市场甚至将未来的天气条件发展成为蓬勃发展的品种。

（5）个股和股指的远期和期货。鉴于人们无法通过交割一篮子股票来实现指数期货合约的交割，所以这些类型的合约是以现金结算的。损失者以现金补偿获益者，而不是交换标的产品。

（6）（利率）互换的期货合约。这些是相对较新的品种，它们由未来的互换利率承诺构成。它们也以现金结算。与期货交易相比，场外交易互换和场外交易远期市场在这里更占优势。①

（7）波动性指数的期货合约。

（8）互换的期货合约。

注意，图 2.3 至图 2.7 中的技术问题是很有意思的。收益图指出头寸的价值与资产的价格呈线性关系。当价格 P 变化时，收益也会变化一个常量。头寸对价格变化的敏感性叫作 delta。实际上，如果价格变化与损益变化是一对一的，则多头头寸的 delta 就是 1，对于空头头寸，delta 就是－1。

人们借助于求其他偏导数，可定义许多其他的敏感性因子。这种敏感性因子被称为

① 如果在成本和报告要求方面被视为比 SEF 更有优势，互换期货的流动性在未来可能会增加。参看 2013 年 6 月 11 日《对冲周刊》（*Hedge Week*）上的《场外市场进行结构性改革时买方欢迎互换期货》（Buy-side welcomes swap futures as OTC market undergoes structural reform）一文。

希腊字母（Greeks），并被广泛用于期权市场中。[①] Delta 为 1 的金融衍生品不具有期权性风险，此种金融衍生品被称为 Delta One 产品，从事与其相关交易策略的部门称为 Delta One 服务台。[②]

考虑到多种原因，远期和期货合约对于构建合成工具是理想的。通常，远期和期货是线性的静态复制的工具。远期和期货具有非常强的流动性，在货币远期情况下，它们具有同质的标的。借助于货币的同质性，许多技术难题会自动消除。对于利率远期和期货来说，阐述起来更为困难，我们将在下一章讨论它们。

□ 2.7.3 头寸的类型

持有头寸可能是为了套期保值、套利或投机。我们简要地回顾一下这些行为。

先从对冲* 开始。对冲是不释放头寸本身但能消除既有头寸的风险的行为。假设我们做空某债券（也就是，借入债券然后在市场上出售得到现金）。我们手里有了现金，但与此同时，我们欠别人债券。这意味着，如果债券价格上升，我们的头寸会蒙受按市价调整的损失。

为了消除风险，我们可以购买“类似”债券，最终的头寸如图 2.7 所示。多头和空头头寸可以互相“抵消”，除了一些依然存在的基本风险。[③] 最终，我们几乎没有标的价格 P 变化的风险。为了对冲同一风险，我们不在现金或即期债券市场上建立多头头寸，而是在期货或远期市场上建立多头头寸。也就是说，不是购买另一种债券，我们在 t 时刻签订合约，承诺在 δ 天后按事先确定的价格 P^f 购买债券。假设由价格变化方向得出盈利或损失，直到结算日 $t+\delta$ 才需要现金支付。这里，远期价格 P^f 和即期价格 P 不一致。如果标的资产相同，我们依据两个头寸仍然能够预测相当类似的收益或损失。这就阐明了金融工程的一个基本前提。也就是，尽可能地通过建立不需要新融资的头寸来进行操作。

给定现金市场资产的现货价格与其相关期货合约价格之间的差 $P-P^f$ 称为基差（basis）。[④] 特定金融工具或商品的购买以及相关衍生品的出售（例如，购买特定债券并卖出相关期货合约）有时可能不是受套期保值动机的驱使，而是由投机所驱动，这样的交易也被称为基差交易（basis trading）。

2.7.3.1 套利

套利的概念是金融工程的核心。它具有两种不同的含义，取决于我们是从金融工程市场实践的视角来考察，还是从金融工程理论的视角来考察。

我们从金融工程理论视角所使用的定义开始讨论。在这种情况下，我们说已知一系列工具及其价格 $\{P_1, P_2, \cdots, P_k\}$，如果在建立投资组合时不花费成本，同时在未来还可产生非负的收益，将这种情况排除在外，则不存在套利机会。一个价格为负且未来

---

① 注意，前面图中并没有考虑买卖价差。卖价和买价不可能是相同的 100 美元。卖价 P^{ask} 将大于买价 P^{bid}。$P^{ask}-P^{bid}$ 将对应于买卖价差。初始起点不是零，而是买卖价差。

② 最近两起流氓交易的丑闻［也就是，2008 年法国兴业银行的杰罗姆·科维尔（Jérôme Kerviel）和 2011 年瑞银的奎库·阿多博利（Kweku Adoboli）］都涉及 Delta One 交易员。

③ 基础风险是指对冲策略中的抵消投资不会经历完全相关的价格变化的风险。

④ 我们将在第 7 章详细讨论商品市场的基差。

* hedging，对冲，又译为套期保值。——译者注

零收益的投资组合也不应该存在。

倘若价格 P_i 具有这样的特性，则我们说它们是无套利的。从某种意义上说，无套利价格表示标的工具的公平市场价值。人们应该认识到，不承担某种风险且没有某种初始投资就不能实现收益。在后面几章，许多内容的论述都是建立在无套利原则基础上的。

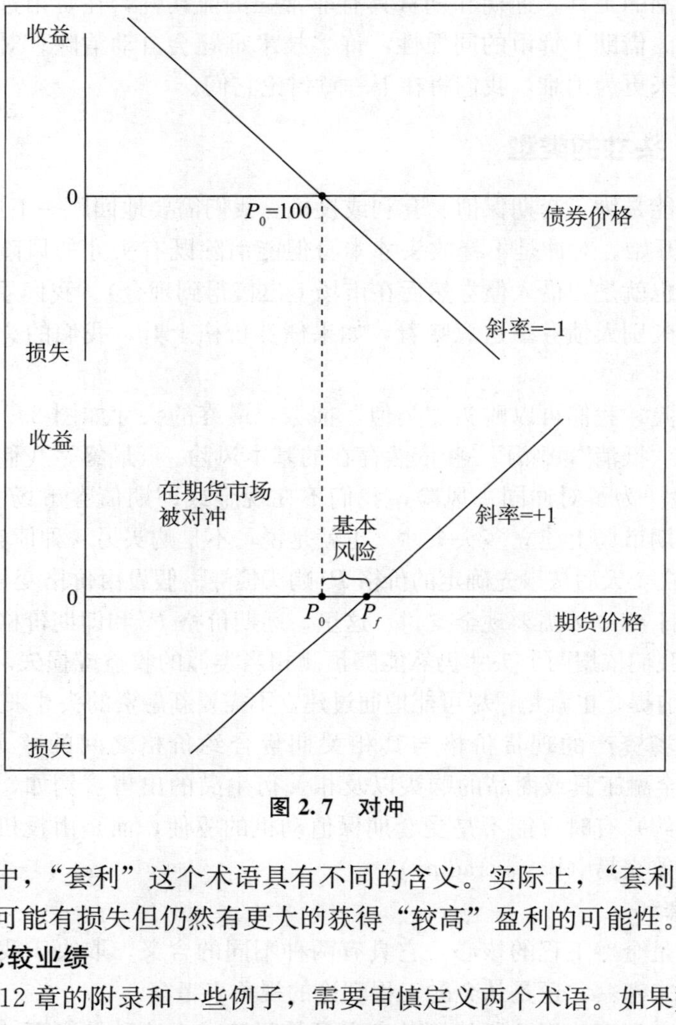

图 2.7　对冲

在市场实践中，“套利”这个术语具有不同的含义。实际上，“套利”表示有风险的头寸，所持头寸可能有损失但仍然有更大的获得“较高”盈利的可能性。

2.7.3.2　比较业绩

为了理解第 12 章的附录和一些例子，需要审慎定义两个术语。如果资产 A 的多头头寸加上同步的资产 B 的空头头寸能产生盈利，则说资产 A 的表现优于（outperform）资产 B，否则，就说资产 A 的表现不如（underperform）资产 B。据此，表现优意味着相对表现，对于价差交易来说，这是一个非常重要的概念。

2.8　辛迪加过程

对辛迪加过程进行讨论是有用的。金融工程师所面临的合约设计和定价问题，可能与辛迪加过程的动态特性有关。在初级市场上，股票、债券和其他金融工具不会以销售汽车或食品的方式卖给投资者。销售过程可能要花费几天或者几个星期，而且拥有它自己的方法。下面给出了辛迪加过程的象征性时间表。

□ 2.8.1 在初级市场上销售证券

这个时间表给出了从一种工具到另一种工具的各种各样的变化。即使在同一部门，不同的发行者的时机选择也可能非常不同，这取决于当时的市场心态。所描述的过程给出了一个例子。这个例子是有关欧洲债券的发行的。对于辛迪加贷款（syndicated loans)、工具，尤其是首次公开募股（IPO）来说，尽管基本思想是一致的，但其过程可能存在很大的不同。

（1） 前两周：选定经理人并授权。制定发行战略，起草文件。

（2） 前 7 天：完成文件，确定联合经理人。

（3） 登陆日（D—Day）*：“启动”日。向证券包销商和销售组成员发送传真，在媒体上公布发行。

（4） 第 8 日；主要经办人进行初次分配。

（5） 第 9 日：定价日。

（6） 第 10 日：发售日。向集团成员发送配额传真。

（7） 第 24 日：支付日。辛迪加成员进行支付。

在其他市场上，就时间安排和程序方面而言，实际的辛迪加过程可能出现一些重要差异。但是总体上，过程的主要步骤如同这个简单的例子所揭示的。

2.8.1.1 债券辛迪加与辛迪加贷款

我们可将债券发行和辛迪加贷款过程加以比较。确实存在一些区别。辛迪加贷款是应用于银行账目或者银行信贷部门中的金融工具。跟进审核以及风险管理是由银行信贷部门采取与跟标准贷款相似的方法来进行的。例如，发行公告上的信息不是那么重要。

另外，债券是通过投资或者交易账簿来处理的，公告上的分析和信息是审慎做出的。文件差异也非常大。

辛迪加贷款通过代理人努力维持银行和客户之间的关系。但是，就债券发行而言，贷方和借方之间的关系非常疏远。因此，这种形式的借贷只有好名声和好信用才能获得。银行必须不断地跟踪那些信誉较差者，以便了解信用状况的恶化程度。到期日也截然不同。

2.9 结论

这一章回顾了假定读者可能会遇到的一些基本信息。这里的讨论是比较粗略的，并不能替代关于惯例、市场和参与者的整个课程。同时，市场惯例、市场结构和金融工具的特征都会随着时间的推移而发生变化。

---

* D—Day 通常指“某活动发生的当日”。人们还习惯将其与数字和正负号一起使用，来表示活动当日前后的时间，比如 D—1 表示 D—Day 的前一天。——译者注

阅读建议

对于学习金融工程的学生来说，全面了解标的工具、市场以及惯例是至关重要的。本章仅仅对这些问题给出了一个简略回顾。幸好一些优秀的教科书对这些问题进行了深入讨论。首先要提及的是 Hull（2014）和 Wilmott（2006）。关于工具、定价以及一些基本金融市场策略的市场导向方法，可在 Steiner（2012）和 Roth（1996）中找到。推荐这两种文献作为背景材料。

习题

1. 初始保证金和变动保证金有什么区别？
2. 期货市场和场外衍生品市场的抵押要求有什么不同？
3. 中央清算和双边清算衍生品有什么区别？
4. 未平仓合约是什么含义？
5. 假设下面通用电气和霍尼韦尔的股价是在两个公司合并谈判前观察到的：

   霍尼韦尔（HON）27.80

   通用电气（GE）53.98

此外，我们还假设你从某种渠道了解到，合并谈判商定通用电气会对每股霍尼韦尔股票支付 1.055 股通用电气股票。

(a) 为了从这则消息中获利，你建立什么类型的“套利”头寸？

(b) 为了建立这个头寸，你需要存入资金吗？

(c) 为此头寸你需要并且能够借到资金吗？

(d) 这是真正学术意义上的套利吗？

(e)（如果有的话）你会承担什么样的风险？

6. 阅读下面的市场事例，然后回答下述有关的问题。

> 专属交易商打赌，Euribor（拟定的基于欧洲大陆的欧元货币市场利率）的水平将会确定高于 Euro BBA Libor……套利本身是相对简单的。专属交易商以大约零净值的成本购买 Liffe 1999 年 9 月的欧洲马克合约，并且卖出 Matif 1999 年 9 月的 Pibor 合约。由于 Liffe 合约是以 Euro BBA Libor 为基准的，而 Matif 合约以 Euribor 为指标，所以专属交易商实际上收取 Euribor 而支付 Euro BBA Libor。
>
> 这种策略的理论依据是认为 Euribor 通常会被制定得高于 Euro BBA Libor。专属交易商上周讨论说 Euribor 会以 57 个不同银行的报价为基础，它们认为其中一些银行的信用等级低于 8 家 Libor 银行。相反，Euro BBA Libor 仅基于 16 个机构的报价来计算。
>
> （汤森路透，IFR，1998 年 12 月 18 日）

(a) 利用头寸图，说明专属交易商的头寸情况。

(b) 尤其是，这些图表的横轴表示什么？纵轴表示什么？

(c) 如果在到期日欧洲利率大幅下降，即突然衰退，专属交易商的利润会受到什么样的影响？

第 3 章 现金流工程、利率远期及期货

3.1 引论

所有的金融工具都可被看成是一系列现金流。设计金融工具的目的是为了使市场实践者能够交易具有不同特点和不同风险的现金流。这一章利用利率远期和期货，讨论如何复制现金流，然后重新打包以构建合成工具。

制定线性工具的复制策略是最容易的。我们将证明，这可进一步发展为一种分析方法论，以便构建等价于复杂工具的合成等价物。这种分析方法可由一个（合约）方程归纳总结出来。通过加入合适的工具，方程将得到现金流的合成工具。在这一章，我们自始至终假设没有违约风险，只讨论静态的复制方法。一旦建立起头寸，一直到到期日之前均不改变，同时不需要再调整。第 8 章将讨论动态复制方法。

这一章阐述利用远期贷款、远期利率协议（FRAs）和欧洲货币期货的金融工程学方法。我们首先讨论这些工具，并获得可以有效处理以生成其他合成工具的合约方程。利用合成来提供定价公式。

3.2 什么是合成

合成工具或者说复制投资组合的概念居于金融工程学的核心。我们要了解如何对一种金融工具进行定价和对冲，学习与之相关的风险。为此，我们考察在工具合约寿命期间由工具所产生的现金流。然后，利用其他较为简单的、流动的工具，构建一个投资组

合，使其精准复制这些现金流。这一组合被称为复制投资组合，它是初始工具的合成。和初始工具相比，复制投资组合的构成更容易定价、理解和分析。

在这一章，我们首先利用远期、期货和货币市场产品来讨论合成。最后，获得一个合约方程，这可通过代数计算得到，以便解决实际金融工程问题。

□ 3.2.1 现金流

首先，我们通过定义简单工具来开始讨论，此定义在本书第一部分起着至关重要的作用。这个工具就是现金流的图形表示法。

现金流是指在指定时间、指定货币以及一定信用风险下现金的支付和收取。例如，考察图 3.1 和图 3.2 中的无违约现金流。这类图形在后面几章中反复运用，因此我们在此详细讨论。

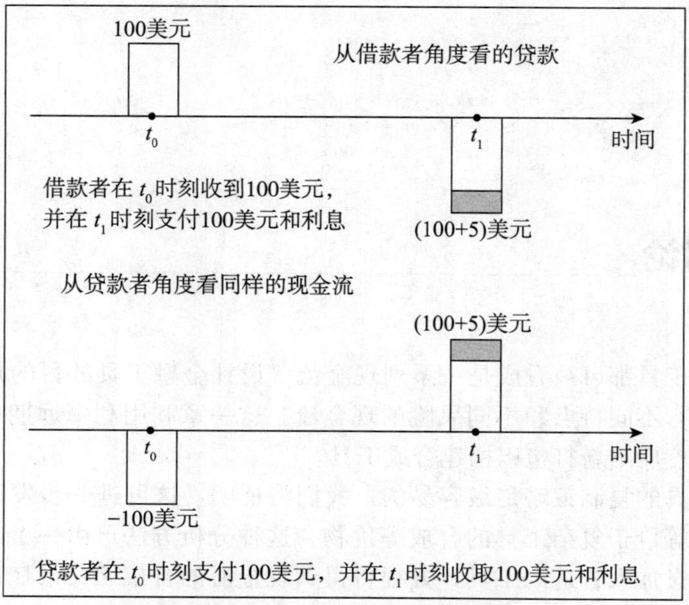

图 3.1 由无违约贷款所生成的现金流

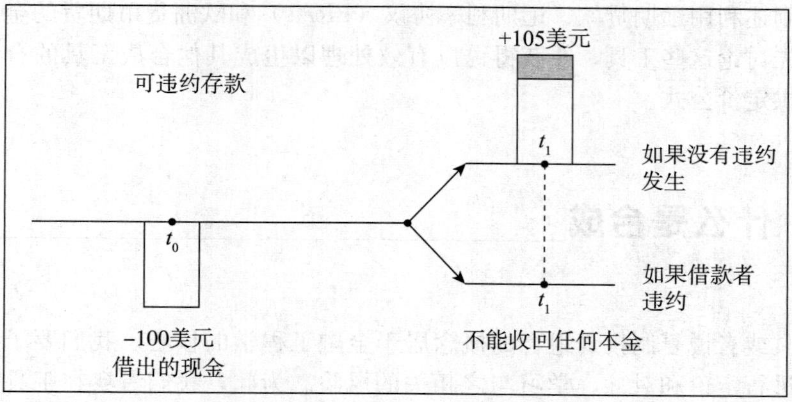

图 3.2 由风险贷款所生成的现金流

例子：

在图 3.1 中，我们列出一笔无违约贷款所产生的现金流。用−1 乘以这些现金流，便可将现金流转换为存款现金流。在该图中，水平坐标轴表示时间。有两个利率时间，分别以符号 t_0和 t_1表示。t_0表示 100 美元现金流入的时间，在坐标轴的上方以矩形表示。在 t_1时刻，有现金流出，因此，矩形放置在坐标轴的下方，表示借方。还要注意的是，两笔现金流大小不同。

我们可以解释图 3.1 中产生的现金流：市场实践者在 t_0时刻借入 100 美元，然后连本带利归还 105 美元，其中适用于区间 $[t_0, t_1]$ 的利率为 5%，这里 $t_1-t_0=1$ 年。

每笔金融交易至少有两个交易对手。认识到图 3.1 中上面部分表示的是从借方角度来看的现金流是很重要的。因而，如果从贷方角度来看同样的金融工具，我们就会看到这些现金流的反转形式。贷方在 t_0时刻贷出 100 美元，然后在 t_1时刻收取本金和利息。买卖价差表明，利率是卖出利率。

最后，注意到，图 3.1 没有考察任何不确定性。因为在 t_0时刻和 t_1时刻，现金流都是用已知价值的单个矩形来表示的。如果其中一个出现不确定性，我们就需要通过考察现实世界的不同状况把不确定性考虑进图形中。例如，如果贷款偿还时存在违约可能，则现金流就如图 3.2 所示。如果借方违约，则不存在任何支付。在 t_1时刻就存在两种可能性：贷方或者收到 105 美元，或者什么也收不到。

现金流具有的特定性质可被看成属性。在任何时间点上，对现金流的这些属性，市场实践者和企业都有着各自不同的需求。他们交换现金流，以便实现期望的目标。这可以通过交易具有不同现金流属性的金融合约来实现。现在，我们列出现金流的主要类型，它们具有广为人知的属性。

3.2.1.1　不同货币的现金流

金融市场上设计出的第一类金融工具所交易的现金流，除了标价货币外，其他每个方面都是一致的。

在图 3.3 中，决策者在 t_0时刻支付 100 美元，同时收取 100 e_{t_0} 欧元。这是一个即期外汇交易，因为交易发生在 t_0时刻。e_{t_0} 是即期汇率，是 1 美元可兑换的欧元数量。[①]

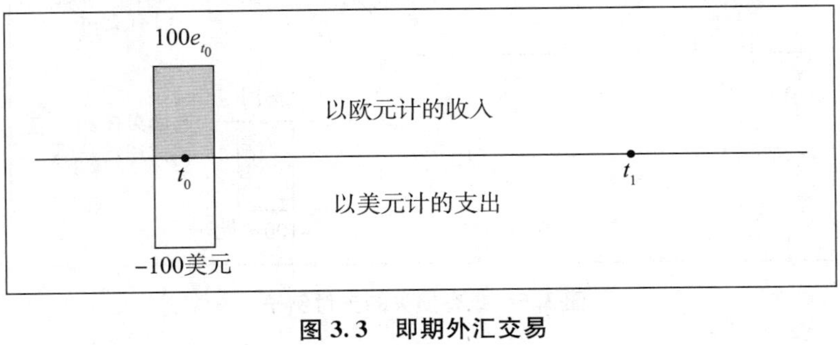

图 3.3　即期外汇交易

① 我们将在第 6 章讨论涉及不同货币的金融工程应用。

3.2.1.2 不同市场风险的现金流

如果以具有不同市场风险的现金流进行交换，我们将得到比即期外汇交易或者存款更复杂的金融工具。图 3.4 给出了不同市场风险下的现金流交换。市场实践者支付相当于名义本金额 N 的L_{t_1}百分比，收取同一 N 的F_{t_0}百分比。这里，L_{t_1}表示在 t_0时刻未知、在 t_1时刻已知的浮动 LIBOR 利率。F_{t_0}表示在 t_0时刻设定的远期利率。在 t_2时刻，交易的现金流涉及两种不同类型的风险。用于交换这种风险的工具通常被称为互换。互换是将浮动风险和固定风险进行交换。互换不仅仅限于利率。例如，市场实践者可能愿意支付浮动（也就是有待确定）的石油价格，同时接受固定的石油价格。对于所有类型的商品，人们都可以设计这种互换。

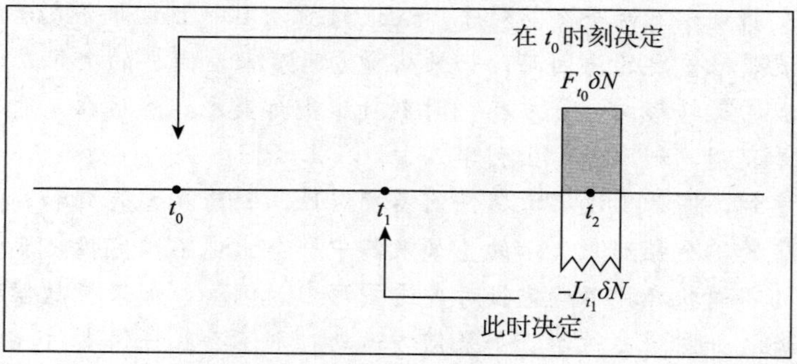

图 3.4　互换

3.2.1.3 不同信用风险的现金流

每个借款人的违约概率是不同的。将具有不同信用风险特性的现金流进行交换，就产生了信用工具。

在图 3.5 中，交易对手做出因决策者违约所导致的或有损失的支付，以此交换担保费用的收取。市场实践者可能买卖具有不同信用风险特征的现金流，以调整他们的信用风险。例如，AA 级现金流可以与 BBB 级现金流交换。①

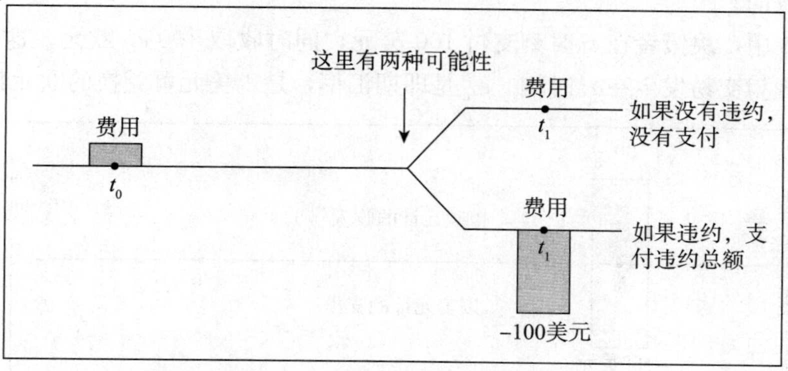

图 3.5　或有损失的支付例子

① 第 18 章介绍涉及信用风险的金融工程应用和衍生品。

3.2.1.4 具有不同波动性的现金流

存在交易具有不同波动性的现金流的工具。图 3.6 给出了在 t_2时刻固定波动性与 $[t_1, t_2]$ 区间所观察到的实际（浮动）波动性交换的例子。这类金融工具被称为波动性互换（volatility swaps）。[①]

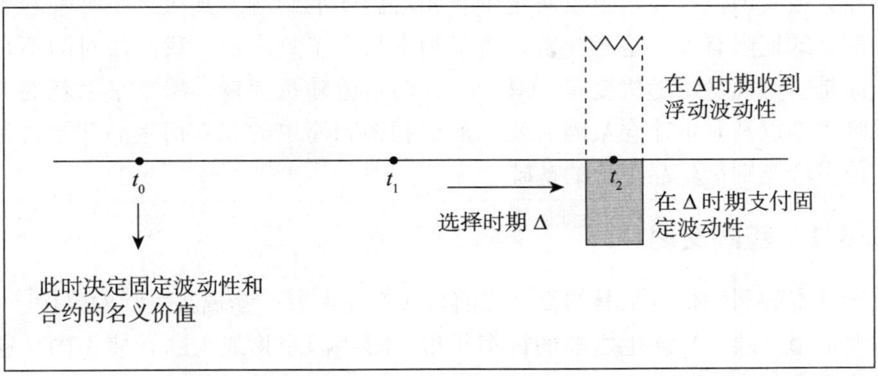

图 3.6 波动性互换

3.3 简单利率衍生品工程

远期（forwards）、期货合约（futures contracts）和作为基础的银行同业货币市场，涉及一些最简单的现金流交易。由于诸多原因，它们在构建合成金融工具方面是理想的金融工具。货币市场是指金融市场的一个部分，参与者运用它作为短期借贷的手段。货币市场流动性非常强，期限从几天到一年之内不等。我们可以将货币市场与由债券及股票所提供的长期融资的资本市场进行比较。

远期或期货合约能够确定标的商品未来的买卖价格。这对于套期保值、套利和定价来说是很有用的。它们是构建合成工具的核心。考虑下面的解释。

外币和商品远期（期货）均是最简单的金融衍生工具形式。一般来说，远期和期货是线性的，允许静态复制。它们流动性很高，对于货币远期来说具有同质的标的。由于货币的同质性，许多技术的复杂性都自动消失。[②] 刻画利率远期和期货存在更多的困难，本章将讨论这些内容。本章讨论的金融工程方法包括远期贷款、欧洲货币期货以及远期利率协议（FRA）。本章为接下来要介绍的以互换为基础的金融工程奠定了基础。实际上，这里所考察的 FRA 合约被认为是普通互换的雏形。

至少存在两方面的原因，使得使用利率策略、对冲以及风险管理较外汇、股票或与商品有关的金融工具更为困难。首先，从定义上来讲，利率衍生工具的支付取决于一些对应的利率。为了对这种衍生工具定价，需要用贴现因子计算未来支付的现值。但是，

---

① 第 16 章讨论关于波动性衍生品的最新发展。

② 第 6 章和第 7 章分别讨论外汇和商品衍生品。

贴现因子本身就是一个依赖于利率的概念。如果利率是随机的，那么以随机利率为贴现因子的现金流的现值就是一个非线性的随机变量，所得到的期望值可能就会难以计算。导致未来现金流现值波动存在两个原因，第一个是未来现金流自身的变化，第二个是用于贴现现金流的贴现因子的变化。当我们研究股票或商品衍生工具时，这些非线性因素或者不存在，或者即使存在，也仅对定价有相对微弱的影响。其次，每一种利率工具都与一个到期日或期限有关。这意味着，对于利率衍生工具来说，我们面对的不是单一随机变量，而是一个向量值随机变量。对于这种向量值随机变量，需要采用新的方法进行定价、风险管理以及制定建仓策略。我们从对利率和简单的利率衍生品开始讨论，因为利率是其他资产类别衍生品定价的基础。

□ 3.3.1 趋同交易

在讨论基本的利率衍生工具的复制之前，我们先考察一个现实生活的事例。

在欧洲货币（欧元）诞生之前的许多年里，哪些国家将成为欧元使用国，这确实存在很大不确定性。在这段时间内，市场实践者推出一种所谓的趋同交易。下面的资料就是其中一个例子。

例子：

上周有交易者建立了基于欧洲边界的趋同交易头寸。

交易者卖出意大利和西班牙的利率价差。J.P. 摩根鼓励它的客户买入 12×24 的西班牙远期利率协议（FRA），并且卖出 12×24 的意大利 FRA。按照该银行的想法，交易时为 133 个基点的利差将下降到 50 个基点以下。

这些交易者的逻辑是，如果西班牙加入统一货币，那么意大利也会这么做。近来，西班牙的收益率曲线落到了意大利的收益率曲线的下方。如此一来，意大利的收益率曲线将会与西班牙的收益率曲线趋同，交易者就会因此而受益。

（汤森路透，IFR，第 1 887 期）

交易者买卖利差，以便从一个很有可能要发生的事件中获利。通过买卖 FRA 而实现的利差即为本章要介绍的内容。如果这两种货币趋同，则意大利和西班牙的利差将会减少。[①] 该 FRA 头寸就会获利。市场专业人士称之为卖利差。当利差减少时，他们将会获利。因此从某种意义上来讲，他们是在做空利差。这个例子引用了收益率曲线。

□ 3.3.2 收益率曲线

收益率曲线是一条针对一种给定货币为给定借款者绘制几种不同期限的利率或收益率的曲线。期限从几天到 50 年不等。债务的合同期限通常称为到期日或期限。因此，收益率曲线有时也被称为利率期限结构。图 3.7 提供了一个实际例子。它绘制了 2014 年 7

---

① 虽然每一个利率都可能会单独上升或下降。

月 13 日的美元收益率曲线。[1] 为了方便比较，该图还显示 2007 年 6 月 15 日，即全球金融危机（GFC）之前的收益率曲线。短期和长期收益率随着时间的推移表现出显著的变异，刻画了固定收益工具的重要风险因素。

存在几种不同的计算收益率曲线的方法。[2] 计算收益率曲线的一种方法是基于零息债券。我们将在本章附录中讨论其他方法。根据到期收益率的定义，我们可利用面值为 100 的零息债券来计算收益率曲线：

$$B(t,T)=\frac{100}{(1+y_t^T)^{T-t}} \tag{3.1}$$

其中 $B(t,T)$ 表示 t 时刻无违约零息债券的价格，该债券在 T 时刻支付 100。y_t^T 表示对应 $T-t$ 期限的零息债券收益率。

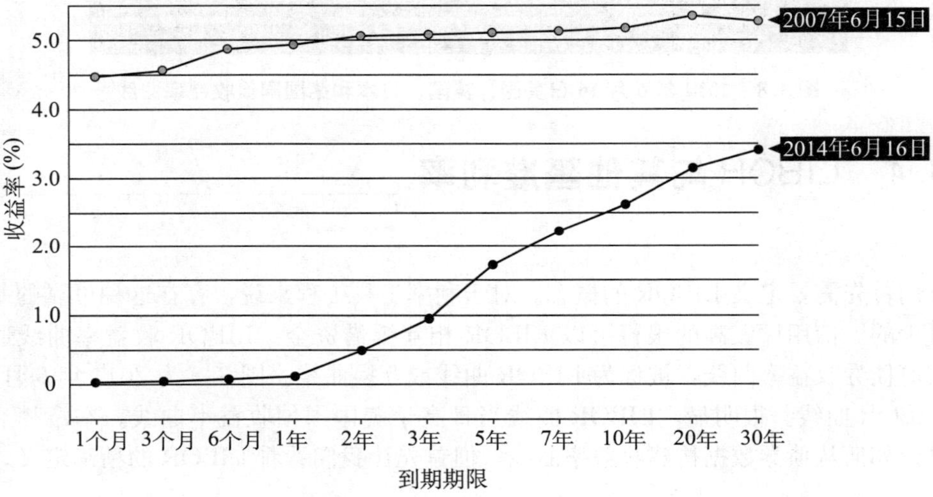

图 3.7　美国国库券的收益率曲线

注：x 轴没有按比例给出。

从广义上讲，收益率曲线可以凭债券市场或货币市场上的价格来计算，采用不同的方法将导致各种不同的结果。当然，不存在一条单一收益率曲线来描述每位市场参与者的借贷成本，这是因为借贷成本取决于债券的计价货币以及借款人的信誉。与政府发行的本币债券相对应的收益率曲线称为政府债券收益率曲线。图 3.8 为 2014 年 6 月 16 日美国、英国、日本和德国的国债收益率曲线。当天，10 年期美国国债和日元国债收益率曲线之间的基点高达 200 个基点。基于货币市场价格的收益率曲线可结合短期 LIBOR、期货价格和利率互换的信息来绘制。

① 图表和相关数据可从 www.treasury.gov/resource-center/data-chart-center 上获得。

② 上图所示的美国国债收益率曲线的计算方法在 http://www.treasury.gov/resource-center/data-chart-center/interest-rates/Pages/yieldmethod.aspx 上有详细说明。

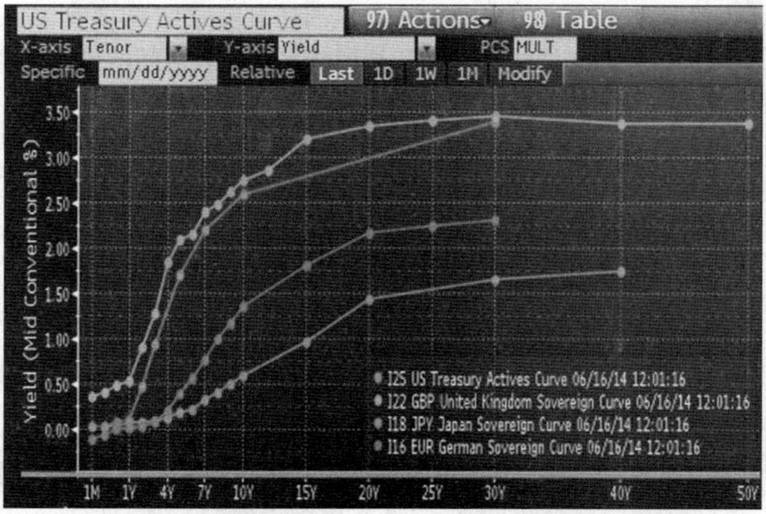

图 3.8　2014 年 6 月 16 日美国、英国、日本和德国国债收益率曲线

3.4　LIBOR 与其他基准利率

我们首先需要定义 LIBOR 的概念。对于利率工具工程来说，存在这种可靠的基准是必不可少的。信用评级高的银行可以 LIBOR 相互拆借资金。LIBOR 收益率曲线通常略高于政府债券收益率曲线，被称为 LIBOR 曲线或互换曲线。图 3.9 为 2014 年 6 月 13 日美元 LIBOR 曲线。很明显，LIBOR 曲线当日高于美国国债收益率曲线。本章稍后，我们将讨论如何从债券数据构建收益率曲线，但首先让我们看看 LIBOR 的精确定义。

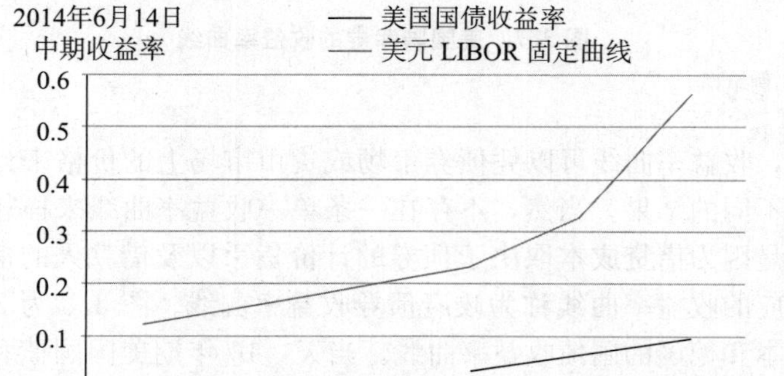

图 3.9　美元 LIBOR 与美国国债的曲线

资料来源：彭博社。

LIBOR 是一种从伦敦一组预先选定的出资方银行角度衡量借贷成本的算术平均利率，它表示伦敦银行同业拆借利率（London Interbank Offered Rate）。它是只有银行才能获得的货币的卖出价。从借款银行不提供任何抵押品的意义上讲，这是一种无担保利率。ICE 伦敦银行同业拆借利率（ICE-LIBOR，前称 BBA LIBOR）是通过对伦敦一组预先选定的银行进行调查得出的。[①] LIBOR 是在伦敦时间每天 11：00 公布的 9 种货币的利率。2012 年，一桩丑闻席卷 LIBOR，当时美国司法部开始对 LIBOR 操纵展开刑事调查，调查内容是在利率制定前通过银行家之间的沟通操纵 LIBOR 的行为。2012 年，这些调查导致美国商品期货交易委员会（CFTC）和英国金融服务管理局（FSA）处以巨额罚款，调查仍在继续。此外有证据显示，操纵丑闻使 LIBOR 在 2008 年报告的借款成本被低估，这已导致 LIBOR 框架的修订和新的行为准则。为了使提交的利率更有可能受到实际交易的支撑，利率种类的数量已经减少。截至 2013 年 7 月，每天只有 5 种货币和 7 种到期日被报价（35 个利率）。这与全球金融危机之前公布的 150 种不同的 LIBOR 相比有显著下降。欧盟银行同业拆借利率（Euribor）也是一个类似的概念，由欧洲大陆的一组银行在布鲁塞尔投票决定。这两个基准显然非常相似。伦敦的银行和法兰克福的银行面临着类似的风险和融资成本。因此，它们将以大致相同的利率借出欧元。但 LIBOR 和 Euribor 可能会因为所用的一组银行的构成而存在一些细微的差异。

隔夜指数互换（OIS）利率是一种越来越重要的利率。指数利率是银行间隔夜无担保贷款的利率，例如，美元的联邦基金利率、欧元的 Eonia 利率或英镑的 Sonia 利率。在美国，LIBOR-OIS 利差历史上一直保持在 10 个基点左右，但在 2007 年和 2011 年的全球金融危机期间，利差扩大至 40～50 个基点，这导致了重新考虑将 LIBOR 作为无风险利率。第 24 章将讨论最近关于选择 LIBOR 与 OIS 作为折现率的争论。由于交易对手风险较低，OIS 利率的风险被认为低于相应的 LIBOR。[②]

Eonia 是欧元区无担保银行同业拆借隔夜平均利率。换句话说，相当于美国联邦基金利率。贡献 Eonia 的银行小组与贡献 Euribor 的银行小组相同。LIBOR 的重要到期日是隔夜、1 周、1 个月、2 个月、3 个月、6 个月和 12 个月。LIBOR 相对于到期日的图被称为伦敦银行同业拆借利率曲线（LIBOR curve）。基于 LIBOR 的衍生品被称为 LIBOR 工具。利用这些衍生品和基础的欧洲市场贷款，银行创造了 LIBOR 风险敞口。SHIBOR（上海）、TIBOR（东京）和 HIBOR（香港）是用于同样目的的其他基准利率的例子。当我们在本章中使用“利率”术语时，我们通常指 LIBOR 或 OIS 利率。

3.5 固定收益市场惯例

在前一章中，我们看到债券市场报价是利用价格而不是收益率。为避免金融工程中的混乱，了解基础性的固定收益交易和工具的惯例是至关重要的。在本节，我们将简要回顾这些市场惯例的部分内容。

---

① 2014 年 2 月 1 日，ICE 基准管理有限公司（ICE Benchmark Administration Limited）从英国银行家协会（BBA）手中接管 LIBOR 的管理。此前，洲际交易所集团于 2013 年 11 月 13 日收购了纽约泛欧交易所。更多信息请参见 https://www.theice.com/iba_libor.jhtml。

② OIS 是一种利率互换，其中互换的定期浮动利率等于隔夜利率（或隔夜指数利率）在支付期内每一天的几何平均水平。

□ 3.5.1 收益率的报价方式

市场使用三种不同的方式为收益率报价。这三种方式分别是货币市场收益率（money market yield）、债券等值收益率（bond equivalent yield）以及贴现率（discount rate）。① 我们使用 T 时刻到期的无违约纯贴现债券为例子来说明这个问题。以 $B(t,T)$ 表示这种债券在 t 时刻的价格，债券没有违约风险，并且在 T 时刻支付 100。现在，假设用 R 表示这种债券在 t 时刻的收益率。

很明显，$B(t,T)$ 等于 100 的现值，利用 R 贴现，但是这个现值应该怎么表示？例如，假设 $T-t$ 是以天数来计量并且期限小于一年，可以使用如下定义：

$$B(t,T)=\frac{100}{(1+R)^{\left(\frac{T-t}{365}\right)}} \tag{3.2}$$

其中，$\frac{T-t}{365}$表示债券剩余期限与年的比例，其中一年被定义为 365 天。

但是，我们也可以使用另外一个公式进行贴现：

$$B(t,T)=\frac{100}{1+R\left(\frac{T-t}{365}\right)} \tag{3.3}$$

此外，假设上面两个公式都不用，而是使用如下公式：

$$B(t,T)=100-R\left(\frac{T-t}{365}\right)100 \tag{3.4}$$

某些读者可能认为，对于给定的这些公式，式（3.2）是使用正确的一个。可是这种想法不正确！实际上，在给定合适惯例下，这三个公式都是正确的。

认清这一点的最好方法是考察一个简单例子。假设市场给出的报价是 $B(t,T)$，而不是收益率 R。② 也可以假设观察到的市场价格是：

$$B(t,T)=95.00 \tag{3.5}$$

假设 $T-t=180$ 天，一年被定义为 365 天。于是，我们要解答的问题是：式（3.2）～式（3.5）哪一个使用起来更正确？可以证明，如果使用不同的 R，这些公式的计算结果都是同一个价格 95.00。

实际上，在第一个公式里，用 $R_1=10.961\ 3\%$是正确的，因为

$$B(t,T)=\frac{100}{(1+0.109\ 613)^{\left(\frac{180}{365}\right)}} \tag{3.6}$$

$$=95.00 \tag{3.7}$$

---

① 后一术语不同于美国联邦储备体系所使用的特殊利率，虽然采取的是同一个名字。在这里，贴现率表示收益率的一个一般类别。

② 新兴市场债券通常以收益形式报价。在国债市场上，通常以价格形式报价。这从市场心理学和价格与风险管理决策的视角来看可能有些不同。

在第二个公式里，用 $R_2=10.6725\%$ 是正确的，因为

$$B(t,T)=\frac{100}{(1+0.106725)\left(\frac{180}{365}\right)} \tag{3.8}$$

$$=95.00 \tag{3.9}$$

最后，如果设 $R_3=10.1389\%$，则第三个公式是“正确的”：

$$B(t,T)=100-0.101389\times\left(\frac{180}{365}\right)\times 100 \tag{3.10}$$

$$=95.00 \tag{3.11}$$

因而，对于 R_i 取略有不同的值，三个公式得出了相同的值。但是，这些公式中哪一个是“正确”的呢?

这正是惯例含义的由来。市场在式（3.2）、式（3.3）、式（3.4）中使用收益率报价的惯例。假如使用式（3.2），则交易者了解这个市场上的收益率报价，他们应该知道收益率是定义在式（3.2）中而不是式（3.3）或者式（3.4）中。这个惯例只是交易执行过程中的一个隐含的理解，在实际合约中应该正确地表达，并且被所有交易者了解。如果市场的新进入者对这样的市场惯例没有引起足够重视，他（她）可能会犯严重的错误。

例子：

在美国，债券市场以式（3.2）中所示的收益率报价。这样 R 的值就叫作债券等值收益率。

银行同业存款与贷款的货币市场使用货币市场收益率的惯例，使用式（3.3）来进行定价和风险管理。

最后，商业票据和国库券的收益率以式（3.4）报价。这样的收益率称为折现率。

最后，连续折现率和连续复利收益率 r 由下面的公式加以定义

$$B(t,T)=100e^{-r(T-t)} \tag{3.12}$$

其中，e^x 表示指数函数。可以证明，市场并不喜欢连续复利收益率的报价。一个例外是小额存款客户。一些小额银行账户用连续复利收益率报价。另外，连续复利收益率通常在理论模型中使用，直到最近才成为研究者的首选概念。

现在有最后一个惯例需要加上。市场还存在利息支付的惯例。例如，卖方对于欧洲贷款的利率，LIBOR，是在贷款期末时一次支付的，我们称其为 LIBOR 后置支付（in-arrears）。另外，许多债券是定期支付票面利息，早于相关金融工具到期日。如果期限少于 1 年，那么大多数 OIS 只有一次支付，而较长期互换则以 12 个月为一个周期。[①]

□ 3.5.2 计息天数惯例

前面的讨论意味着，忽视报价惯例会导致定价和风险管理方面数值上的极大错误。计算天数惯例也会导致类似问题。金融工程师通常会了解他所涉及的产品的相关计息天

① 有关固定收益市场惯例的更多细节，请参见 OpenGamma 于 2013 年 12 月发布的《利率工具和市场公约指南》(Interest Rate Instruments and Market Conventions Guide)，http://developers.opengamma.com/quantitative-research/Interest-Rate-Instruments-and-Market-Conventions.pdf。

数。原因很简单，不同市场间“年”和“月”的定义会有所不同，人们所观察到的报价方式将依赖于这种惯例。主要的计息天数惯例如下：

(1) 30/360 基准。不管特定月份实际天数是多少，每月都按 30 天计算，一年按 360 天计算。例如，遵从这个惯例的金融工具，如果在 5 月 1 日买入，在 7 月 13 日卖出，则计息天数是

$$30+30+12=72 \tag{3.13}$$

虽然实际日历天数是 73 天。

更有意思的是，如果这个金融工具是在 2003 年 2 月 28 日买入的，并且在第二天也就是 2003 年 3 月 1 日卖出，则会按照 3 天来计息。然而，货币市场工具，譬如银行间存款只计一天利息（使用的是下面提到的实际天数/360 基准）。

(2) 30E/360 基准。这与 30/360 基准有些相似，只是在月末有些小差异，主要是在欧洲债券市场上应用。30/360 和 30E/360 之间的差异如下表所示。下表列示了两种惯例从 3 月 1 日开始计息的天数：

惯例	3 月 1 日—3 月 30 日	3 月 1 日—3 月 31 日	3 月 1 日—4 月 1 日
30E/360	29 天	29 天	30 天
30/360	29 天	30 天	30 天

根据这个表，如果在 3 月 1 日购买欧洲债券，并且在 3 月 31 日卖出，则计算的利息就会比 30/360 多出一天。而在 30E/360 中，需要持有债券到下个月的第一天才能获得多一天的利息。

(3) 实际天数/360 基准。如果一个金融工具在 5 月 1 日购买并且在 7 月 13 日卖出，则依据这种惯例实际持有天数是 73 天。大多数货币市场使用这种惯例。

(4) 实际天数/365 基准。例如，欧洲英镑市场通常使用这种惯例。

(5) 实际天数/实际天数基准。许多债券市场使用这种惯例。

下面的例子将阐明，为什么计息天数在定价和风险管理中是相关的。假设正在进行一份利率互换合约，你支付 LIBOR，并收取固定利率。市场对 LIBOR 的定价是 5.01，互换利率的报价是 6.23/6.27。由于你收取的是固定利率，相关现金流是定期地支付 5.01，并收取 6.23。但是，这些数字多少令人有些费解。可以证明，LIBOR 是以实际天数/360 报价的。也就是说，数字 5.01 假设一年有 360 天。然而，互换利率是以实际天数/365 报价的，所有计算都是基于一年 365 天的假设。[①] 互换利率也可能是年付或半年付。因而，人们支付 5.01 和收取 6.23 的这两个利率并不可以直接比较。

例子：

互换市场是最大的金融市场，互换曲线已成为金融上核心的定价和风险管理工具。因此，简要地讨论互换市场惯例是值得的。

- 美元互换交易的是 3 个月期 LIBOR 和 6 个月期 LIBOR。计息天数基准是年，实际天数/360。

① 互换有时以 30/360 基准报价，有时以实际天数/365 基准报价。人们要注意查看交易凭证单。

● 日元互换交易的是 6 个月期 LIBOR，计息基准是半年，实际天数/365。

● 英镑互换是半年，实际天数/365，交易的是 6 个月期 LIBOR。

● 最后，欧元互换交易的是 6 个月期 LIBOR 和 6 个月期 Euribor。计息基准是年，30/360。

表 3.1 概括了世界上一些重要市场计息天数与收益率/贴现惯例。下面对表 3.1 做出几点评注。首先，这个表是对三种惯例的总结，第一个是计息天数，通常使用的是实际天数/360。然而，当使用 30/360 的时候，30E/360 应用更普遍。其次，这个表告诉我们收益率报价的惯例。最后，表中也列出了长期债券息票支付的惯例，通常是半年支付。①

表 3.1　天数计算和收益率/贴现惯例

	天数计算	收益现金
美国		
存款/存款单	实际天数/360	收益率
国库券/商业票据/银行承兑汇票*	实际天数/360	贴现率
国债	实际天数/实际天数，每半年	债券等值收益率（B-E yield）**
回购协议	实际天数/360	收益率
欧洲市场		
存款/存款单/欧洲商业票据***	实际天数/360（对英镑是实际天数/365）	收益率
欧洲债券	30E/360	收益率
英国		
存款/存款单/英镑商业票据	实际天数/365	收益率
银行承兑汇票/国库券	实际天数/365	贴现率
优级债券	实际天数/365（每半年）	债券等值收益率
回购协议	实际天数/365	收益率
德国		
存款/存款单/英镑商业票据	实际天数/360	收益率
债券	30E/360（每年）	债券等值收益率
回购协议	实际天数/360	收益率
日本		
存款/存款单	实际天数/365	收益率
国内回购协议	实际天数/365	收益率
国际回购协议	实际天数/360	收益率

① 更准确地说，计息天数是度量时间的惯例。半年付、季付等特性是复利计息频率，是收益率报价惯例的一部分。

* 银行承兑汇票（banker's acceptance，BA）是一种可转让的票据，它的功能类似于远期支票，尽管是银行而不是账户持有人保证付款。银行承兑汇票是被公司用作大额交易的一种相对安全的支付形式。银行承兑汇票也是一种短期债务工具，类似于美国国债，在货币市场上以低于面值的价格交易。——译者注

** 为方便与债券的收益率直接比较，将货币市场金融产品如国库券的收益率转换为年收益率（annual yield），这种收益率称为债券等值收益率（bond equivalent yield，B-E yield，BEY）。短期国债的债券等值收益率具体表示如下：BEY=(利息额/折价)×(365/到期天数)。美国的国库券因期限在一年以内，到期前不付息，因而价格以低于面值的贴现方式表达，如果不经过转换计算，那么其收益水平就无法直接与较长期的公债相比较。——译者注

*** 欧洲商业票据（euro commercial paper，ECP）表示公司以非公司经营货币发行的短期无担保贷款。公司发行欧洲商业票据是为了进入国际货币市场融资。和其他商业票据一样，欧洲商业票据的期限很少超过几个月，通常以折扣价发行。举例来说，某家英国公司发行美元债券，以鼓励美元投资者在国际货币市场上投资。——译者注）

最后，注意，表中也列出了在金融市场上使用的主要金融工具。这些金融工具的确切定义将在后面的章节中逐一给出。

3.5.2.1 假期惯例

金融交易是跨国界的。可是，各个国家所放假期总是多少存在差异的。有专门的独立日、专门的宗教节日。通常，在圣诞节期间，不同国家也有不同的假期安排。在签订金融合约时，这一简单问题也应该考虑进去，因为如果我们的交易对手的市场在他国，由于某个专门假期而关闭，我们就不能收到我们期望的现金。

因此，所有的金融合约规定使用特定的假期安排（伦敦、纽约等），如果恰好碰上节假日，那么要指定现金结算日期。这可能是下一个工作日或前一个工作日，或者做出其他安排。

□ 3.5.3 两个例子

我们考察计息天数惯例在两个重要例子中的应用。第一个例子总结了短期货币市场金融工具的确认，也就是欧洲美元存款。第二个例子讨论了欧洲债券的确认总结。欧洲货币市场和欧洲债券已经在第2章做介绍。

例子：欧洲美元存款

金额	100 000 美元
交易日	星期二，2002 年 6 月 5 日
结算日	星期四，2002 年 6 月 7 日
到期日	星期五，2002 年 7 月 5 日
天数	30
发售利率	4.789%
获得利息	$(100\ 000)\times 0.047\ 89\times 30/360$

注意三个要点。第一点，存款人在结算日收到利息，但不是在合约到期日收到利息，距离到期日还有30天。第二点，从银行的视角来看这笔交易，银行卖出存款，因此利率是发售利率。第三点，利率的计息使用下面的公式：

$$(1+r\delta)100\ 000-100\ 000 \tag{3.14}$$

而不是根据

$$(1+r)^{\delta}100\ 000-100\ 000 \tag{3.15}$$

其中

$$\delta=30/360 \tag{3.16}$$

是计息天数调整天数。

第二个例子涉及欧洲债券交易。

例子：欧洲债券

欧洲投资银行（European Investment Bank），5.0%（年息）

交易日	星期二，2002 年 6 月 5 日
结算日	星期一，2002 年 6 月 11 日
到期日	2006 年 12 月 28 日
前一期利息	2001 年 4 月 25 日
下一期利息	2002 年 4 月 25 日
计息期天数	360
应计利息	按货币市场收益计息

对于这个例子，我们给出两点评论。首先，工具是欧洲债券，欧洲债券是按年支付利息，而不是半年（例如，国库券是半年）。其次，欧洲债券的年是按 360 天算。最后，应计利息按货币市场同样的方法计算。

我们现在可以定义将要使用的主要工具。第一种是远期贷款。尽管它们不具有流动性，但它们是一个很好的起点。然后，我们转向远期利率协议（FRA）与欧洲货币期货。

3.6 合约方程

当一种金融工具可以由其他（具有流动性的）资产投资组合复制出来时，我们就能写出合约方程并构建新的合成金融工具。在这一节，我们将得出合约方程。在下一节，我们将列举几个应用。本节提供了构建静态复制投资组合的基本方法，因此，对接下来的内容来说是至关重要的。

3.6.1 远期贷款

远期贷款的构建与其他任何远期合约一样，不同之处在于远期贷款合约买卖的是一笔贷款而不是货币或商品。如果在 t_0时刻签订了一个在未来时刻 t_1开始执行的合约，那么交易者在结算时将收取（或交割）一笔到期日为 t_2的贷款，其中 $t_1<t_2$。该合约将会规定这笔贷款的利率。这个利率被称为远期利率，用 $F(t_0,t_1,t_2)$ 表示。远期利率是在 t_0时刻确定的。t_1是这笔远期贷款的开始日期，t_2是到期日。

如图 3.10 所示。在 t_0时刻，签订一个合约，在未来时间 t_1收取 100 美元；在 t_2时刻，归还本金和利息。其利息是$F_{t_0}\delta$，其中 δ 表示经调整的计息时间，实际天数/360：

$$\delta=\frac{t_2-t_1}{360} \qquad (3.17)$$

为了简化符号，我们将 $F(t_0,t_1,t_2)$ 缩写为F_{t_0}。如果一年以 365 天计算，那么需要对天数计算的惯例加以调整。

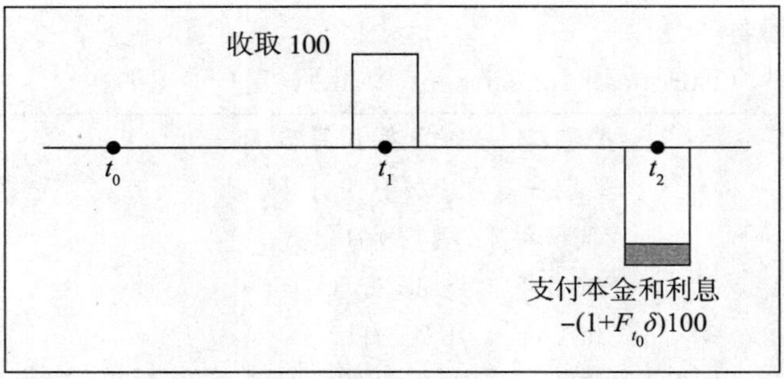

图 3.10　远期贷款

远期贷款赋予财务报表、税收和风险管理极大的灵活性。下面几种情况都会用到远期贷款：

- 某个企业想要锁定“现行”较低的货币市场借款利率。
- 某家银行想要锁定“现行”较高的贷款利率。
- 某个企业在 t_1 时刻面临一笔浮动利率债务，企业想要通过锁定一笔已知成本的远期贷款来对冲这笔债务。

让我们来看一看远期贷款是如何实现以上目标的。在图 3.10 中，借款方同意在 t_1 时刻收到 100 美元，然后在 t_2 时刻连本带息一起偿还。这个问题的关键是这笔远期贷款的利率是在 t_0 时刻确定的。远期利率 $F(t_0,t_1,t_2)$ 在 t_0 时刻“锁定”一个未知的未来变量，因而消除了由未知利率带来的风险。L_{t_1} 是 $[t_1,t_2]$ 时期贷款的 LIBOR 利率，它只能在未来时刻 t_1 时才能被观测到。固定的远期利率 $F(t_0,t_1,t_2)$ 消除了由不确定的 L_{t_1} 带来的风险。

本章将讨论几个运用远期贷款以及与其类似的工具——远期利率协议的例子。

□ 3.6.2　远期贷款的复制品

这一节我们将第 1 章所阐述的金融方法应用到远期贷款中，然后得到这个工具的合成。较合成工具本身，我们更关心构建这些合成工具的方法。尽管远期贷款是非流动的而且很少在市场上交易，但其合成工具产生的合约方程对于发展远期利率协议的合约方程是很有用的，而远期利率协议就是一种流动性工具。

和第 1 章一样，我们按如下步骤构建一个远期贷款合成工具。首先，把远期贷款的现金流拆分成独立的图表，并通过加减适当的现金流来把它们转化成已知的流动性工具。这样当我们把现金流加总在一起时，额外的现金流会相互抵消，从而复原成初始的工具。图 3.11 展示了以下步骤：

(1) 图 3.11 (a) 展示了远期贷款的现金流图表。我们将其中的两部分现金流拆分成两个独立的图表。注意在这一步拆分后的现金流并不能形成可交易的合约。没有人愿意买如图 3.11 (c) 所示的合约，然而每个人都想获得如图 3.11 (b) 所示的合约。

(2) 为了使这些现金流可交易，我们需要在每种情况下都加上补偿性现金流。具体来说就是在图 3.11（b）中，在 t_0 时刻加一个负的现金流。[1] 如图 3.11（d）所示，现金流的大小记为 $-C_{t_0}$。

（3）在图 3.11（c）中，在 t_0 时刻加一个正的现金流得到图 3.11（e）。其中，此现金流的大小为 $+C_{t_0}$。

（4）要确保图 3.11（d）和图 3.11（e）垂直相加后可以恰好复制图 3.11（a）中的现金流，两个新加进去的现金流大小必须相等且符号相反。图 3.11（d）和图 3.11（e）垂直相加抵消了在 t_0 时刻的现金交易，恰好复制了图 3.11（a）。[2]

至此，我们需要将图 3.11（d）和图 3.11（e）中的现金流解释为具体的金融合约，从而可以确定该合成工具的组成部分。存在多种方法可以做到这一点。针对不同的解释，构成该合成工具的资产也有所不同。

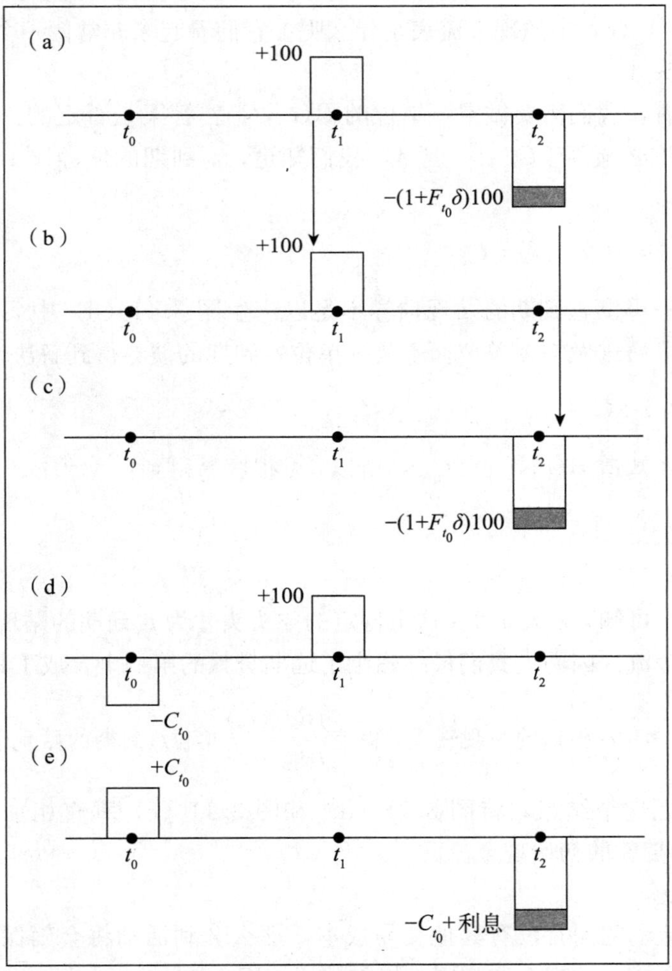

图 3.11　利用债券复制远期贷款

---

① 否则，如果我们在其他时间加上它，就会得到另一种远期贷款。

② 这就是两次现金流的大小都为 C_{t_0} 并且符号相反的原因。

第3章　现金流工程、利率远期及期货

3.6.2.1　债券市场复制

通常，我们假定不存在信用风险。第一个合成工具可以通过债券和短期国库券市场获得。虽然这并不是市场实践者喜欢的方式，但我们发现其原理是金融工程学的基础。假设以 $\{B(t_0,t_i),i=1,\cdots,n\}$ 表示某种交易活跃的无风险贴现债券①，它们具有各自明确的到期日，面值都是 100。

于是，在纯贴现债券市场，我们可以把图 3.11（d）中的现金流解释为 t_1 到期的贴现债券的多头头寸。交易者在 t_0 时刻支付 C_{t_0}，然后在 t_1 时刻收取 100。这意味着：

$$B(t_0,t_1)=C_{t_0} \tag{3.18}$$

因此，如果债券价格已知，那么 C_{t_0} 的值就可以确定。

只要我们给图 3.11（e）中的现金流写上标号，该远期贷款的合成工具就可以被完全描述出来。图 3.11（e）中的现金流表示什么呢？它们看起来非常像一个在 t_2 到期的贴现债券的合适空头头寸。

这是否意味着，我们需要做空一单位的 $B(t_0,t_2)$？答案是否定的，因为图 3.11（e）中 t_0 时刻的现金流必须等于 C_{t_0}。② 但是，我们知道，t_2 到期的债券比 t_1 到期的债券更为便宜。

$$B(t_0,t_2)<B(t_0,t_1)=C_{t_0} \tag{3.19}$$

因此，做空一单位 t_2 到期的贴现债券不足以产生图 3.11（d）中 t_0 时刻所需要的资金。但是问题可以通过做空 λ 单位而不是一单位 t_2 到期的债券得到解决。λ 满足

$$\lambda B(t_0,t_2)=C_{t_0} \tag{3.20}$$

由于我们已经知道 $B(t_0,t_1)=C_{t_0}$，所以，λ 很容易得到：

$$\lambda=\frac{B(t_0,t_1)}{B(t_0,t_2)} \tag{3.21}$$

由式（3.19）可知，λ 大于 1。这个特定的空头头寸为 t_1 到期的贴现债券的多头头寸产生了足够的现金流。因而，我们最终确定了远期贷款的第一个合成工具：

$$\left\{\text{买入一单位}t_1\text{到期的贴现债券，做空}\frac{B(t_0,t_1)}{B(t_0,t_2)}\text{单位}t_2\text{到期的贴现债券}\right\} \tag{3.22}$$

为了再次验证这个结果，将图 3.11（d）和图 3.11（e）垂直相加，从而复原了图 3.11（a）中远期贷款的初始现金流。

3.6.2.2　定价

如果市场是流动的而且没有其他交易成本，那么套利活动将会确保远期贷款的现金流和复制组合（合成）的现金流相同。换句话说，图 3.11（a）与图 3.11（e）中 t_2 时的现金流应相等。这蕴含着

① $B(t_0,t_i)$ 也可以称为无风险贴现因子。

② 否则，在图 3.11（d）和图 3.11（e）中我们将 t_0 时的现金流垂直相加并不能使其相互抵消。

$$1+F(t_0,t_1,t_2)\delta=\frac{B(t_0,t_1)}{B(t_0,t_2)} \tag{3.23}$$

其中，δ 表示按惯例调整的计息时间。

这种套利关系在金融工程中具有根本性的意义。如果给定流动的债券价格为 $\{B(t_0,t_1),B(t_0,t_2)\}$，我们就可以从债券市场的角度来为远期贷款定价。更重要的是，式（3.23）说明，不同到期日的远期利率和贴现债券价格之间存在非常重要的关系。但是贴现债券的价格是由用于计算未来现金流的现值的贴现因子来确定的。这意味着，远期利率在金融资产定价和风险管理中是至关重要的。

在讨论远期贷款的第二个合成工具之前，有必要讨论这些工具与套利概念的相关性。

3.6.2.3　套利

当式（3.23）不成立时将发生什么情况？我们分析两种情况，假定在这两种情况下都没有买卖价差。首先，假设 t_0时的市场报价满足：

$$(1+F_{t_0}\delta)>\frac{B(t_0,t_1)}{B(t_0,t_2)} \tag{3.24}$$

其中，F_{t_0} 为远期利率 $F(t_0,t_1,t_2)$ 的缩写。在这些情况下，市场实践者可以在债券市场上以低于远期收益（通过在远期贷款市场中贷款给别人而获得）的成本获得一个合成的远期贷款，从而保证他获得正的套利收益。这是因为该“合成的”融资成本，用$F_{t_0}^*$表示，

$$F_{t_0}^*=\frac{B(t_0,t_1)}{\delta B(t_0,t_2)}-\frac{1}{\delta} \tag{3.25}$$

低于远期利率F_{t_0}。如果保持这个策略直到到期日 t_2，那么该头寸将会获得无风险收益。

这些套利收益可以通过以下步骤实现：（1）在 t_0时刻，做空$\frac{B(t_0,t_1)}{B(t_0,t_2)}$单位 t_2到期的债券，从而获得 $B(t_0,t_1)$ 美元的收入；（2）然后，用这些资金买入一单位 t_1到期的债券；（3）t_1时，将从到期的债券中获得的收益 100 以F_{t_0}的利率贷出。通过这些操作，在 t_2时，交易者将拥有$\frac{B(t_0,t_1)}{B(t_0,t_2)}100$ 的负债，同时获得 $(1+F_{t_0}\delta)100$ 的收入。

在给定式（3.24）的条件下，后者的值更大。

现在，考察第二种情况。假设 t_0时市场报价满足：

$$(1+F_{t_0}\delta)<\frac{B(t_0,t_1)}{B(t_0,t_2)} \tag{3.26}$$

那么，交易者可以建立相反的头寸。在 t_0时刻买入$\frac{B(t_0,t_1)}{B(t_0,t_2)}$单位 t_2到期的债券。为了获得所需的资金，需要做空一单位 $B(t_0,t_1)$ 债券并借入 100 美元远期。在 t_2时刻，交易者将收到$\frac{B(t_0,t_1)}{B(t_0,t_2)}100$ 的收入，同时支付远期贷款。由于在$[t_1,t_2]$期间融资成本低于此收益，所以这个策略会产生套利收益。

3.6.2.4　货币市场复制

假设所有期限不超过一年的存款都在银行同业货币市场上有活跃报价，同时假设不

存在套利机会。图 3.12 显示了如何构建另一个合成工具。图 3.12（a）给出了远期贷款的现金流。图 3.12（c）给出了一笔欧洲市场贷款。以银行同业利率$L_{t_0}^2$借入C_{t_0}。[①] 图 3.12（c）显示，在t_2时刻的现金流需要用$L_{t_0}^2$来折现，由此可得

$$C_{t_0}=\frac{100(1+F_{t_0}\delta)}{1+L_{t_0}^2\delta^2} \tag{3.27}$$

其中，$\delta^2=(t_2-t_0)/360$。

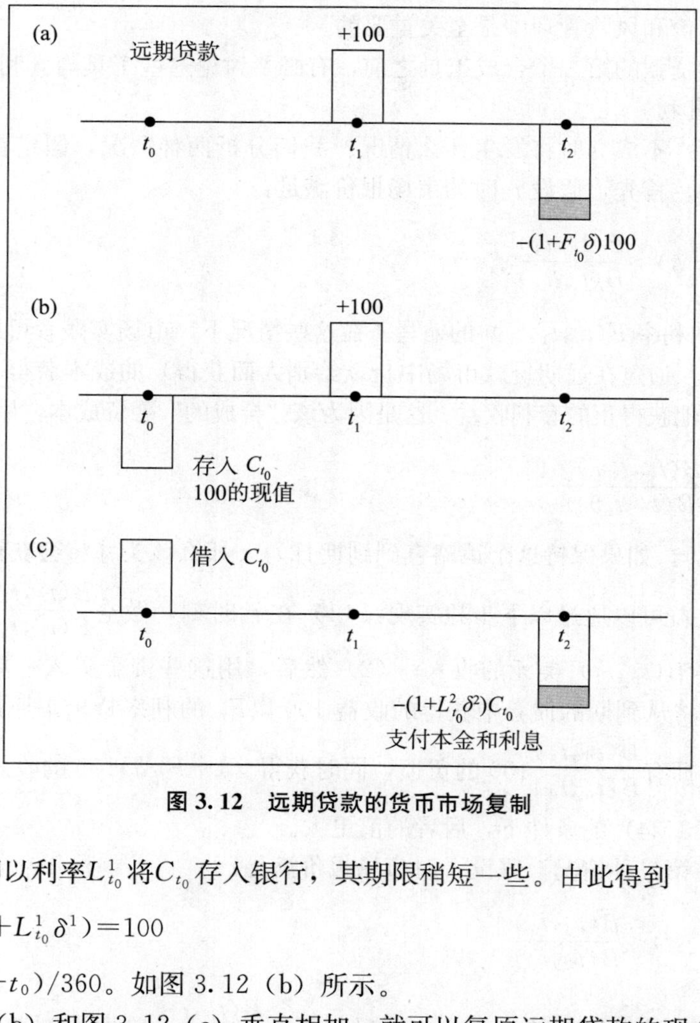

图 3.12 远期贷款的货币市场复制

然后，立即以利率$L_{t_0}^1$将C_{t_0}存入银行，其期限稍短一些。由此得到

$$C_{t_0}(1+L_{t_0}^1\delta^1)=100 \tag{3.28}$$

其中，$\delta^1=(t_1-t_0)/360$。如图 3.12（b）所示。

将图 3.12（b）和图 3.12（c）垂直相加，就可以复原远期贷款的现金流。因而，这两笔欧洲存款构建了第二个远期贷款的合成工具。

3.6.2.5 定价

利用货币市场的复制，我们可以得到另一个定价方程。在图 3.12 中，如果信用风险是相同的，那么由式（3.27）可知，在t_2时刻的现金流应该相等。这可以写成：

① 这里$L_{t_0}^2$意指到期日为t_2的“现金”贷款在t_0时的 LIBOR 利率。

$$(1+F_{t_0}\delta)100=C_{t_0}(1+L_{t_0}^2\delta^2) \tag{3.29}$$

其中，$\delta=(t_2-t_1)/360$。将式（3.28）代入，可以得到最终的定价公式：

$$(1+F_{t_0}\delta)100=\frac{100(1+L_{t_0}^2\delta^2)}{1+L_{t_0}^1\delta^1} \tag{3.30}$$

进行化简，得出

$$1+F_{t_0}\delta=\frac{1+L_{t_0}^2\delta^2}{1+L_{t_0}^1\delta^1} \tag{3.31}$$

这个公式从货币市场的角度对远期贷款进行定价。此公式也说明了 LIBOR 利率在决定远期利率中所发挥的重要作用。

□ 3.6.3 合约方程

我们可以将前面得到的这些结果转化为解析性合约方程。利用债券市场复制，我们得到下面的合约方程：

从 t_1 到 t_2 的远期贷款	=	卖出 $\frac{B(t_0,t_1)}{B(t_0,t_2)}$ 单位 t_2 到期的债券	+	买入一单位 t_1 到期的债券	(3.32)

式（3.32）是一个合约方程。左边合约所产生的现金流与右边两份合约产生的现金流之和是相同的。这并不一定意味着双方的货币价值总是相同的。事实上，右边所示的一个或多个合约甚至可能不存在于特定的经济体中，市场甚至可能没有机会为它们定价。

从本质上说，这个方程表明，两边的风险和现金流属性是相同的。如果不存在信用风险，没有交易成本，而且如果所涉及的相关工具的市场具有流动性，我们预期套利将会使合约方程两边的价值相等。

如果使用货币市场来构建该合成工具，合约方程为：

从 t_1 到 t_2 的远期贷款	=	t_2 到期的贷款	+	t_1 到期的存款	(3.33)

虽然这些合约方程有缺陷，但是可以通过它们来解决一些金融市场中常见的问题。忽略初始时间问题，可以给出下面的一些例子。

□ 3.6.4 应用

一旦得到远期贷款的合约方程，通过代数运算来构建各种合成工具。在这一节，我们将讨论两个应用例子。

3.6.4.1 第 1 个应用：构建合成债券

假设交易者在 t_0 时刻想要买入一个 t_1 到期的债券，并希望这个债券具有流动性。遗憾的是，他发现唯一具有流动性的债券是一个具有较长到期日 t_2 的最新发行债券（on-the-run bond)。其他债券都是已有债券（off-the-run bond）。①* 假如所有的债券都是贴现债券，并且与实际相反，远期贷款是流动的，那么交易者如何构建一个合成的短期流动债券呢？

对式（3.32）重新整理，得到

$$\boxed{\text{买入一单位 }t_1\text{ 到期的债券}} = \boxed{\text{从 }t_1\text{ 到 }t_2\text{ 的远期贷款}} - \boxed{\text{卖出}\frac{B(t_0,t_1)}{B(t_0,t_2)}\text{单位 }t_2\text{ 到期的债券}} \tag{3.34}$$

合约前的“－”表示我们需要建立相反的头寸。由此可见，一单位 t_1 到期的债券可以通过以下步骤构建：持有一个起始日为 t_1、到期日为 t_2 的远期贷款，买入 $\frac{B(t_0,t_1)}{B(t_0,t_2)}$ 单位 t_2 到期的债券。由此得到的现金流将与一个短期债券的现金流相等。更重要的是，如果远期贷款和长期债券都是流动的，那么合成的工具将比任何一个 t_1 到期的已有债券更具流动性。它的构建过程如图 3.13 所示。

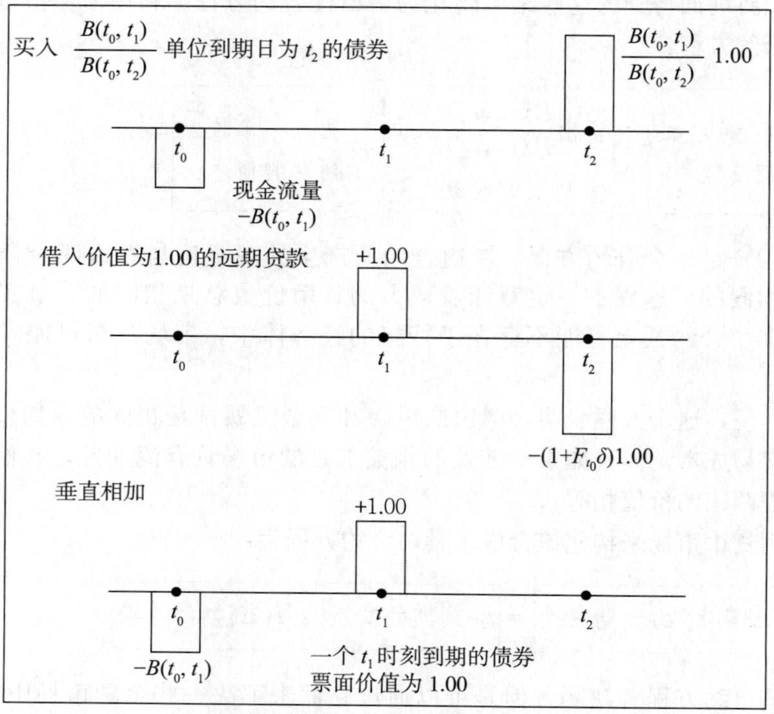

图 3.13 构建合成债券

① 最新发行债券是有给定到期日的流动性债券。它是在此到期日中最新发行的债券。而一个已有债券没有这样的性质，而且是不流动的。它被保留在投资者的投资组合中。

* 关于 on-the-run bond 和 off-the-run bond 的翻译，前者 on-the-run bond 译为最新发行债券或指标债券，后者 off-the-run bond 译为已有债券或非指标债券。在美国，国债是定期发行的，不同期限的国债发行周期也不同。对于某一期限的国债，最近发行的一只新债券就成为 on-the-run 债券，而之前发行的就全部都是 off-the-run 债券，因此 on-the-run 债券和 off-the-run 债券之间有明确的界限。on-the-run 债券与 off-the-run 债券之间有很大的区别。on-the-run 债券每天的成交量都很大，流通性非常好，而 off-the-run 债券的成交量则小很多。因此同样是 5 年期国债，on-the-run 债券的收益率要比之前一次发行的刚刚成为 off-the-run 债券的国债的收益率低，因为市场都在追捧 on-the-run 债券。——译者注。

3.6.4.2　第2个应用：解决不匹配问题

假设一家银行在 t_0 时刻存在到期日不匹配问题。银行从欧洲市场借入一笔 t_1 到期的资金并以 t_2 为到期日将这笔资金贷出去。很明显，银行必须筹集一笔新的短期贷款，以满足第一笔贷款在 t_1 到期后的 $[t_1, t_2]$ 期间的资金需求。这笔新的贷款具有不确定利率 L_{t_1}，因而产生了不匹配的风险。可以用式（3.33）中的合约方程得到一个针对这种不匹配的对冲，即通过构建一个合成远期贷款来锁定 t_1 时刻的融资成本。

实际上，我们可以从式（3.33）的合约方程中知道短期和长期贷款之间具有如下关系：

$$\boxed{t_2\text{ 到期的贷款}} = \boxed{\text{从 } t_1 \text{ 到 } t_2 \text{ 的远期贷款}} - \boxed{t_1\text{ 到期的存款}} \tag{3.35}$$

一旦变换符号，可以得到：

$$\boxed{t_2\text{ 到期的贷款}} = \boxed{\text{从 } t_1 \text{ 到 } t_2 \text{ 的远期贷款}} + \boxed{t_1\text{ 到期的贷款}} \tag{3.36}$$

由此，我们可以看到，远期贷款把短期贷款转化成了长期贷款，因此消除了不匹配的风险。

3.7　远期利率协议

利率的远期利率协议（FRA）是一种利率远期合约，是双方当事人之间的一种场外交易合约，它规定从未来开始日期开始的债务支付或收取的利率。下一节阐述利率的FRA的合约协议。第6章将讨论货币的FRA。

远期贷款合约意味着并非一次而是两次责任。首先，在 t_1 时刻收取100单位货币，其次是必须支付利息 F_{t_0}。这种合约有以下几种不足：

(1) 远期借款者可能并不想在 t_1 时刻收取现金。在大多数对冲和套利活动中，交易者试图锁定一个未知的利率而未必是需要“现金”。一个典型例子是第3.2节中描述的趋同交易，其中交易者收到（未来）意大利利率，支付（未来）西班牙利率。在这些策略中，交易者的目的只是在西班牙和意大利的利率上建立头寸，任何一方都不是期望在一年或两年内获得一笔贷款。

(2) 第二个不足是远期贷款合约有信用风险。如果想锁定利率，那么将信用风险引入资产负债表是不明智的。①

(3) 以上这些性质可能会使投机者和套利者远离任何潜在的远期贷款市场，并且这种远期贷款合约可能缺乏流动性。

这些不足使远期贷款合约不能成为一个完美的金融工程工具。一个好的工具应该能

① 注意，假定在图3.10中的远期贷款不存在信用风险。

够将远期贷款中的信用风险与利率支付义务分割开。可以证明，有很好的办法可以实现这一目的。

□ 3.7.1 消除信用风险

首先，注意到，交易者仅仅把远期贷款作为锁定未来 LIBOR 利率L_{t_1}的工具，他们必须将在t_1时刻所收取的 100 美元，迅速地以市场利率L_{t_1}重新贷出。图 3.14（a）所示的是一个t_0时刻签订的远期贷款合约。图 3.14（b）所示的是相应的即期存款。交易者等到t_1时刻，然后以此时已知的利率L_{t_1}进行存款。这种“互换”使参与者不用在t_1时刻收取 100 美元，而只需要在最后时刻支付承诺的固定利率F_{t_0}。

因而，远期贷款和即期存款的联合使用，就能在不久的将来实现我们的目标——消除由未知 LIBOR 利率L_{t_1}带来的风险。通过这些步骤可以锁定F_{t_0}。我们看一下图 3.14（c）的策略所产生的后果。把图 3.14（a）中远期贷款的现金流和图 3.14（b）中即期贷款的现金流垂直相加。因为在t_1时刻现金流符号相反且大小相等，所以可以相互抵消。t_2时刻支付和收取的本金也可以相互抵消。剩下的只有各自支付的利息。下面的投资组合：

{一笔t_0时刻开始、t_1时刻执行的远期贷款，一笔t_1时刻开始的即期存款} (3.37)

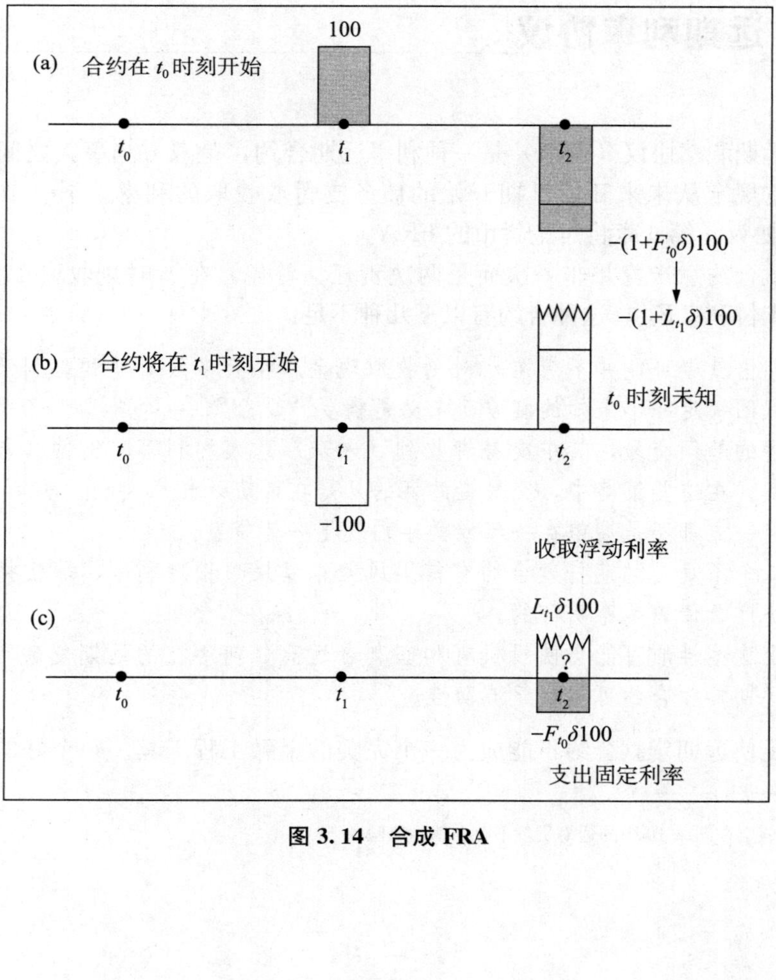

图 3.14 合成 FRA

将产生如图 3.14（c）所示的如下（净）现金流：

	支付现金	收取现金	总计
时间 t_1	-100	$+100$	0
时间 t_2	$-100(1+F_{t_0}\delta)$	$100(1+L_{t_1}\delta)$	$100(L_{t_1}-F_{t_0})\delta$

因而，若以参数 N 表示远期贷款的本金，则式（3.37）中的投资组合在 t_2时的净现金流等于：

$$N(L_{t_1}-F_{t_0})\delta \tag{3.38}$$

其中，δ 和通常一样表示调整后的计息时间。

□ 3.7.2 FRA 的定义

现在是引入 FRA 合约的最佳时机。如果一个客户的目的是使用式（3.37）中的投资组合来锁定未来借、贷的成本，那么为什么不把该策略作为单一合约提供给他呢？这类合约仅涉及两种利率支付的交换，如图 3.14（c）所示。

换句话说，相当于签订一个名义本金为 N，开始日期为 t_1，结束日期为 t_2，“价格”为F_{t_0}，支付为 $N(L_{t_1}-F_{t_0})\delta$ 的合约。① 这是一个后置支付的远期利率协议。② 在 FRA 合约中，如果 t_1时刻$L_{t_1}>F_{t_0}$，则合约的买方在 t_2时刻收取：

$$(L_{t_1}-F_{t_0})\delta N \tag{3.39}$$

如果 t_1时刻$L_{t_1}<F_{t_0}$，则合约的买方在 t_2时刻支付：

$$(F_{t_0}-L_{t_1})\delta N \tag{3.40}$$

可见，FRA 的买方将支付固定利率，收取浮动利率。

在市场交易的 FRA 合约中存在另外一个复杂情况。合约结算不是在 t_2后置支付，而是在 t_1。此交易将涉及如下贴现现金流。如果 t_1时刻$L_{t_1}>F_{t_0}$，则合约的买方在 t_1时刻收取：

$$\frac{(L_{t_1}-F_{t_0})\delta N}{1+L_{t_1}\delta} \tag{3.41}$$

如果 t_1时刻$L_{t_1}<F_{t_0}$，则合约的买方在 t_1时刻支付：

$$\frac{(F_{t_0}-L_{t_1})\delta N}{1+L_{t_1}\delta} \tag{3.42}$$

对于 FRA 的卖方（通常是一家银行）来说，合约在 t_1结算而不是在 t_2结算有着微妙的好处。如果［t_0，t_1］期间的利率变化对银行有利，那么 t_1时刻结算将会降低与支付相

① 因为本金并没有交换，所以 N 代表名义本金。尽管如此，为了确定需交换的利率，我们需规定 N。

② 当远期（虚构）贷款到期时，因为未知的L_{t_1}只能在 t_1时刻知道，而利息支付是在 t_2时刻交换，所以这是后置支付的。

关的边际信用风险，从而银行可以以较低的信用额度经营。

3.7.2.1 解释

注意，这里有一个重要的解释，即一个 FRA 合约可以看成是两个利息的交换。FRA 的买方将支付一个已知的利息$F_{t_0}\delta N$，并收取一个（未知数量的）$L_{t_1}\delta N$。结算是收取还是支付取决于二者谁更大。$F_{t_0}\delta N$ 可以看成 t_0时刻市场实践者为获得随机且未知的信息 $L_{t_1}\delta N$ 而愿意提供的公平支付，该值是$L_{t_1}\delta N$ 在 t_0时刻的市场价值。

□ 3.7.3 FRA 合约方程

用图 3.14 的思想可以立即得到一个合成的 FRA。图 3.14 展示了一笔本金为 N 的固定利率贷款和一笔同样本金的浮动利率贷款的互换。因此，合约方程可表示如下：

买入一个 FRA	=	t_1 开始、t_2 到期的固定利率贷款	+	t_1 开始、t_2 到期的浮动利率存款	(3.43)

从图 3.14 的构建过程可以看到，两笔均为 N 的本金可以相互抵消，所以 FRA 合约消除了与本金有关的信用风险，但是保留了利率交换的风险。实际上，我们可以通过向合约方程中“插入”式（3.33）中的固定利率远期贷款，得到下面的合约方程：

买入一个 FRA	=	t_2 到期的贷款	+	t_1 到期的存款	+	t_1 开始、t_2 到期的浮动利率（即期）存款

(3.44)

这个合约方程可以用来构建新的合成工具。其中 FRA 剥离就是一个应用的例子。

3.7.3.1 应用：FRA 剥离

市场实践者用 FRA 合约组合来构建 FRA 剥离。这些反过来可用于构建贷款和存款的合成，并有助于构建对冲互换头寸。为了更好地理解 FRA 剥离，我们以前面得到的 FRA 合约方程为例来说明。

假设一个市场实践者想要复制一笔 9 个月的固定利率贷款合成。上述合约方程表明市场实践者应该在 t_0时刻以 LIBOR 利率L_{t_0} 进行现金贷款，然后买入一个由两个连续的 FRA 合约构成的 FRA 剥离，其中一个是（3×6）FRA，另一个是（6×9）FRA。这样就产生了一个合成的 9 个月的固定利率贷款。此处的（3×6）表示 t_2是 6 个月，t_1是 3 个月。

在讨论利率期货并将其与利率远期进行比较之前，我们介绍固定收益市场的一些基本风险度量。这个讨论将帮助我们理解利率远期和期货之间的一些差异。

3.8 固定收益风险测量：久期、凸性和风险值

正如我们在第 1 章所看到的，波动性交易是在存在两种工具条件下实现的，一种工具的价值随着潜在风险的变化而线性变化，而另一种工具的价值则根据凸曲线变化。我

们将在本节后面看到，利率远期和利率期货之间也存在凸性差异。这是因为，欧洲货币期货的定价方程是线性的，而市场交易的 FRA 定价方程在相应的 LIBOR 中是非线性的。

我们在后面几章中将遇到其他几种凸工具，包括期权，但最简单的凸工具之一是无违约债券。债券的价格是其收益率的非线性函数。如图 3.15 所示。① 实线表示 3 年期、半年计息和面值为 100 美元的息票的价格-收益率关系。债券的定价函数是

$$B(0,T)=\frac{C}{1+y/2}+\frac{C}{(1+y/2)^2}+\cdots+\frac{C+F}{(1+y/2)^6} \tag{3.45}$$

在这个例子中，票面利率是每年 1%，债券每半年息票支付 50 美分。图 3.15 说明债券收益率的增加（减少）会降低（增加）债券的价格。

风险债券会受到包括信用风险在内的各种风险因素的影响，而无违约债券只受到利率风险的影响。在本节中，我们回顾固定收益市场的一些最重要的用于计算和对冲风险的测量方法。这些是 DV01、久期和凸性。我们将看到，久期是非线性债券价格-收益率关系的线性近似，而凸性测量的是这种关系的曲率。这里一个基本简化假设是，只有一个风险因素在驱动利率期限结构的变化。有更为复杂的模型，但这里不讨论。

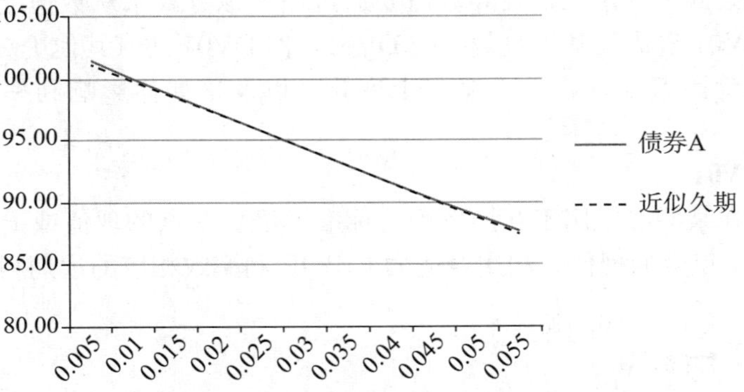

图 3.15　价格-收益率曲线与久期近似

□ 3.8.1　DV01 和 PV01

图 3.15 中的实线显示，当到期收益率为 3%时，债券 A 的价格为 94.30 美元。如果收益率从 3%上升到 3.10%，债券价格将从 94.30 美元下降到 94.03 美元。这意味着曲线的斜率等于 (93.03−94.30)/(3.10%−3.00%)=−274.687 或每个基点−2.74 美分。价格敏感性本身并不随着收益率的变化而保持不变。例如，如果收益率从 2%下降到 1.9%，债券价格将从 97.10 上升到 97.38。这意味着，斜率为 (97.38−97.10)/(1.9%−2%)=−285.286 或每个基点−2.85 美分。因此，我们通过债券价格在收益率变化 1 个基点时的变化量来计算。事实证明，这种敏感性是美元久期或 DV01 测量的定义。

3.8.1.1　美元久期 DV01

DV01 是"01 的美元价值"的缩写，即 1 个基点。更正式地讲，如果我们用 ΔB 表示债券价格的变化而且用 Δy 表示收益率的变化，则 DV01 的定义如下

① 具有诸如价格-收益率关系等形状的曲线被称为是凸的。

$$\mathrm{DV01}=-\frac{\Delta B}{10\,000\times\Delta y} \tag{3.46}$$

注意，美元久期或 DV01 是以美元计的价格改变量，而不是百分比。根据惯例，如果 DV01 的价格随着收益率的上升而下降，那么它对大多数固定收益证券都是正值。我们将在后面章节中看到，DV01 相当于 delta，delta 是期权定价领域的希腊字母之一，它衡量期权对潜在变化的敏感度。DV01 相对于其他利率风险指标（如修正久期）的优势之一是，它适用于利率互换等初始现值为零的固定收益工具。

在上面的例子中，我们选择收益率轴上的几个点来计算债券价格对收益率的敏感性。我们看到，敏感性随着收益率的变化而变化，但如果我们将收益率曲线上的不同点一起移动，则将会得到给定收益率水平下价格-收益率曲线的切线。切线在给定收益率水平上的斜率称为价格收益率函数的导数，用 $\mathrm{d}B/\mathrm{d}y$ 表示。在我们上面所考察的简单票息债券中，价格-收益率曲线的导数是以闭形式存在的，即为一个简单的数学公式：

$$\mathrm{DV01}=-\frac{\mathrm{d}B}{10\,000\times\mathrm{d}y} \tag{3.47}$$

对于更为复杂的工具来说，其导数需要通过用模拟方式来从数值上进行逼近。许多市场参与者将 DV01 看成是基于收益率的 DV01，但 DV01 还有其他更一般的版本，它们衡量一个特定风险因素如何在一个基点上变化，以及这如何影响利率期限结构的不同部分。

3.8.1.2 PV01

债券市场存在某些经常用于互换市场的标准术语。基点的现值或 PV01 是在第 t_i 期定期支付 0.000 1 年金的现值，利用合适的 LIBOR 利率或相应的远期利率计算：

$$\mathrm{PV01}=\sum_{i=1}^{n}\frac{0.01\delta}{\sum_{j=1}^{i}(1+L_{t_j}\delta)} \tag{3.48}$$

为了得到对一个基点的敏感性，要用这个公式所得到的数值除以 100。PV01 与 DV01 这两个概念通常被市场参与者用于互换相关工具和其他固定收益产品的定价。①

□ 3.8.2 久期

固定收益市场存在几种不同的风险测量方法。正如我们上面所看到的，DV01 测量资产价值随收益率变动一个基点时的美元变化。与利率敏感性有关的测量方式关注的是资产价值随单位收益率变化的百分比变化。这个测量方式称为修正久期或 D，具体定义如下：

$$D=-\frac{1}{P}\frac{\Delta P}{\Delta y} \tag{3.49}$$

因为附息债券可利用债券收益率的关系来得到 $B(t,T)$ 的显式公式，我们可以计算久期对 y 的微分。为简单起见，考虑一种带有年度息票支付 C 的债券，在 $t=0$ 时刻，期

① 在前面的公式中，"债券价格"总是指债券的"脏价"(dirty price)。这个价格等于真实的市场价值，用"净价"加上任何应计利息表示。

限为 T 年、面值为 F 的这样的债券的价格 $B(0,T)$ 由

$$B(0,T)=\frac{C}{1+y}+\frac{C}{(1+y)^2}+\cdots+\frac{C+F}{(1+y)^T} \tag{3.50}$$

给出。因此，修正久期 D 可以表示为

$$D_{修正}=-\frac{1}{P}\frac{\mathrm{d}B}{\mathrm{d}y}=\frac{1}{1+y}\times\frac{1}{P}\left[\frac{C}{(1+y)^1}\times 1+\frac{C}{(1+y)^2}\times 2+\cdots+\frac{C+F}{(1+y)^T}\times T\right] \tag{3.51}$$

这可以重新写为

$$D_{修正}=\frac{1}{1+y}\times\frac{1}{CF\text{ 的 }PV\text{ 的和}}\sum_{t=1}^{T}t\times PV(CF_t)=\frac{1}{1+y}\times\frac{1}{B}\sum_{t=1}^{T}t\times PV(CF_t) \tag{3.52}$$

上面的方程很好地说明了久期与债券中所包含的现金流（CF_t）的平均到期时间有关。具体地说，它是一个加权平均，权重是相对于债券价格的每一次到期时的给定现金流的现值。当然，债券价格本身就是所有现金流现值的总和）。我们可将上述久期公式应用于图 3.15 中的 3 年期债券例子上。如果到期收益率为 3%，债券久期是多少呢？如果我们将式（3.52）应用到这个债券上，我们得到修正久期为 2.917 8。这意味着收益率从 3%提高一个基点至 3.01%，将导致债券价格大致下跌 2.917 8×0.000 1 或 0.029 178%。由于在收益率为 3%时债券价格是 94.30 美元，这个百分比的变化对应于美元变化 0.029 178%×94.30 美元或每个基点 2.74 美元，这正是我们在收益率水平 3%下所计算出的 DV01，这并不奇怪。图 3.15 中的虚线显示了收益率为 3%时的线性久期近似。如同我们所看到的，对于收益率的较大变化，久期是凸的债券收益率关系的很差近似。

例子：

图 3.16 给出了固定收益证券风险测量的实际例子。它显示了 2014 年 6 月 16 日来自彭博社（Bloomberg）的“T 2 $\frac{1}{2}$ 05/15/24 Govt”的截图，这是 10 年期国债，固定票面利率为 2.5%，面值为 100 万美元，到期日为 2024 年 5 月 5 日。在当前收益率水平为 2.59%的情况下，DV01 是 865，修正久期是 8.701。

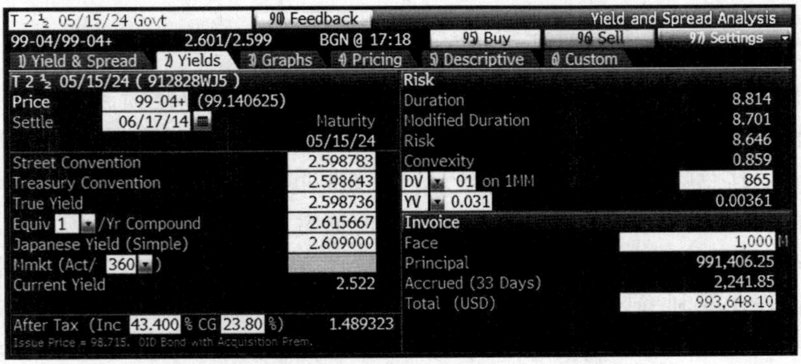

图 3.16　固定票面利率为 2.5%的 10 年期国债

□ 3.8.3 凸性

正如我们在阐述 DV01 测量方法中所看到的，债券价格对收益率的敏感性不是恒定的，而是随着收益率水平的变化而变化。这种敏感性可借助于凸性*来测量，并获得图 3.15 中价格-收益率关系的曲率。久期是基于一阶导数计算出来的，而凸性基于价格-收益率曲线的二阶导数。凸性被定义为

$$凸性=\frac{1}{B}\frac{\mathrm{d}^2 B}{\mathrm{d}y^2} \tag{3.53}$$

对于上面由式（3.50）所给出的附息债券价格来说，凸性公式为

$$凸性=\frac{1}{B\times(1+y)^2}\sum_{t=1}^{T}\left[\frac{CF_t}{(1+y)^t}(t^2+t)\right] \tag{3.54}$$

其中 CF_t 表示在日期 t 支付给债券持有人的现金流。凸性是价格-收益率曲线斜率的变化率。图 3.16 中的国债凸性为 0.859。凸性是一个吸引人的特性。这对买入并持有的投资者以及波动性交易员适用。当收益率下跌时，具有更大曲率的债券在价格上的收益大于收益率上涨时的损失。

对于不可赎回债券，凸性为正。换句话说，随着收益率的增加，斜率增加并变得不那么负。然而，对于固定收益证券来说，凸性并不总是正的。如同我们在第 17 章将看到的，对于具有嵌入期权的债券，例如可赎回债券，存在一定的收益率范围，其凸性为负，且价格-收益率关系的曲率随着收益率的增加而增加。CF_t 表示具有 T 年期限和年息票的附息债券。凸性的优点之一是，在测量价格-收益率关系的敏感性时，它可以用来改进久期近似。另一个重要用途是，当形成债券投资组合并对其进行对冲时，它可以帮助测量波动性交易和凸性收益的潜力。本章末尾的习题包括一个关于杠铃策略的久期和凸性的练习，该习题解释了凸性测量在债券中的一个应用。

□ 3.8.4 免疫

针对利率风险波动来进行对冲的固定收益投资组合被称为免疫（immunization）。免疫策略是建立在久期基础上的。投资组合的久期是指投资组合组成部分久期的加权平均值。因而，由 A 与 B 两种债券构成的投资组合久期 D_{P} 为：

$$D_{\mathrm{P}}=w\times D_{\mathrm{A}}+(1-w)D_{\mathrm{B}} \tag{3.55}$$

上述方程也可用于计算免疫组合的最优权重。资产 A 可以是债券，资产 B 可以是另一种债券或债券期货。为了使投资组合免疫，我们需要计算使投资组合久期 D_{P} 为零的权重 w 和 $1-w$。这意味着 $w=D_{\mathrm{B}}/(D_{\mathrm{B}}-D_{\mathrm{A}})$。如同我们将在下一章所看到的，另一个应用是资产负债管理方面。养老基金的负债的现值通常通过除以债券市场利率来计算。养老基金的资产可以包括固定收入工具以及其他资产。养老基金的一个典型风险管理目标是使资产负债表免受利率风险的影响。这可以通过确保资产久期等于负债久期来实现。

* 凸性（convexity）又称凸度。——译者注

例如，随着利率上升，养老基金负债的现值往往会下降。如果资产方面以固定收益证券为主，资产的价值也会同时下降。正如我们将在下一章所看到的，互换也可以用来对投资组合或资产负债表进行免疫。

□ 3.8.5 风险值、预期亏损、巴塞尔资本要求和融资成本

本书方法的一个显著特点是，在考察金融工程应用时，假定采用做市商的视角。所有银行风险承担者包括做市商在内，都需要为自己的活动融资。融资成本是由不同国家的银行所承担的资本要求来决定的，而这些资本要求是接受巴塞尔银行监管委员会(Basel Committee on Banking Supervision) 指导的。对冲基金的融资成本也受到监管的影响，无论是直接还是间接通过大宗经纪关系来完成的。大宗经纪业务部门为对冲基金交易融资的能力受该行内部资本要求的控制。银行监管将银行的贷款和交易活动划分为银行和交易账簿，从而将它们区分开来。自 20 世纪 90 年代以来，交易账簿上最广泛使用的风险测量指标之一是风险值（VaR）。[①] VaR 是对给定金融资产组合损失风险的一种风险测量。VaR 被定义为，在给定时间内，在给定概率下不超过给定概率的最大损失，而给定概率被定义为置信水平。例如，如果债券组合 1 天 5%的 VaR 为 1 亿美元，那么在 1 天时间里，该投资组合价值下降超过 1 亿美元的可能性是 0.05。2013 年 10 月，巴塞尔银行监管委员会在审查交易账簿规则时提议，取消 VaR 作为市场风险资本要求建模的基础。委员会建议用预期亏损来代替 VaR，预期亏损衡量的是在给定的置信区间上的预期损失价值。在全球金融危机期间，VaR 的声誉严重受损，因为监管机构、银行和其他市场参与者明确表示，市场状况可能导致损失远远超过标准 VaR 应用所预测的最大值。预期亏损的理论优势之一是，与 VaR 不同，预期亏损是一致性风险度量。这意味着 VaR 理论上可能会阻碍分散化。尽管巴塞尔银行监管委员会规定的意图之一是更好地捕捉尾部风险，但是重要的是要注意，VaR 在危机期间的失败与其说是由于其数学性质，不如说是由于其在实践中的应用，它通常依赖于使用简短的历史时段和分布假设，这些假设不允许极端波动和资产的相关性。预期亏损在应用方面有自己的实际挑战，例如数据需求和后验测试问题。从本质上讲，预期亏损需要比 VaR 多几个数量级的数据，因为它包含了不太可能的情景。监管经历了一波又一波变化，无论哪一种风险测量在未来资本要求计算中占据主导地位，金融工程师都需要熟悉这些规则，因为这些规则决定了融资成本，从而决定了哪些交易和衍生品在实践中是有利可图的，哪些是不盈利的。

3.9 期货：欧洲货币合约

由于 FRA 的交易成本比较低，所以远期贷款一般不在场外市场交易。欧洲货币期货是另一个不错的选择。本节将以欧洲美元（ED）期货为例来讨论欧洲货币期货，并把它与

① 除了确定监管资本外，VaR 还被用于风险管理、财务控制和财务报告。参见 McNeil et al.（2005）关于风险度量的更多细节，包括 VaR 和预期损失及其用途。

FRA 合约相比较。此外，本节将通过比较，阐明成功的金融合约设计过程中许多有趣的方面。

FRA 合约涉及一个浮动利率贷款的利息支付和一个固定利率贷款的利息支付的交换。就欧洲美元期货合约而言，是以间接方式交易未来贷款。结算将以现金进行，并且期货合约也仅仅是利息支付的交换。但是，它与 FRA 合约之间有一些不同之处。

如图 3.10 所示，欧洲货币期货把远期贷款（存款）看成同质化的合约进行交易。顾名思义，这些合约包括欧洲市场的贷款和存款。欧洲美元期货合约的买方是一个 3 个月期欧洲美元的潜在存款者，并将锁定一个未来存款利率。

欧洲货币期货合约并不交割存款本身。在到期日 t_1 时刻，合约以现金进行结算。我们将期货合约在市场上的报价用 Q_{t_0} 表示。那么一个 3 个月期欧洲美元合约的买方“承诺”在到期日 t_1 时存入 $100\left(1-\widetilde{F}_{t_0}\frac{1}{4}\right)$ 美元，并且在 3 个月后收取 100 美元。这笔贷款隐含的年利率可由下式算出：

$$\widetilde{F}_{t_0}=\frac{100.00-Q_{t_0}}{100} \tag{3.56}$$

这意味着市场报价是通过下面的公式与远期利率相关联的：

$$Q_{t_0}=100.00\times(1-\widetilde{F}_{t_0}) \tag{3.57}$$

然而，远期贷款与之有很大的不同。用在远期贷款中的利率计算惯例与货币市场的到期收益率的计算相同。例如，为计算 t_1 时刻所收取资金在 t_0 时刻的现值，我们设

$$PV(t_0,t_1,t_2)=\frac{100}{1+F_{t_0}\delta} \tag{3.58}$$

期货合约用类似于贴现率的计算惯例来计算远期贷款 t_1 时刻的值：

$$\widetilde{PV}(t_0,t_1,t_2)=100(1-\widetilde{F}_{t_0}\delta) \tag{3.59}$$

如果我们想要使两次交易量相等：

$$PV(t_0,t_1,t_2)=\widetilde{PV}(t_0,t_1,t_2) \tag{3.60}$$

式（3.58）和式（3.59）右边的远期利率不可能相等。当然，有许多其他原因导致式(3.60）左右两边不相等。期货市场是逐日盯市的；而 FRA 市场通常不是。由于逐日盯市，收益和损失每天都发生，而这些每天发生的现金流可能与隔夜拆借利率有关。因此，从 FRA 市场所得到的远期利率需要加以调整，从而得到欧洲美元期货的远期利率，反之亦然。

例子：

假设在 t_0 时，期货市场对 2020 年 12 月第三个星期三到期的欧洲美元合约的报价为：

$$Q_{t_0}=95.76 \tag{3.61}$$

这意味着两件事。首先，该期间的隐含远期利率由下式给出：

$$F_{t_0}=\frac{100.00-95.76}{100}=0.042\,4 \tag{3.62}$$

其次，合约包含如下要交割的头寸：

$$100\times\left(1-0.0424\times\frac{1}{4}\right)=98.94 \tag{3.63}$$

这是在2020年12月第三个星期三的交割值。

在到期日，这笔资金不会被拿来存款，而是进行合约的现金结算。例如，如果在到期日交易的交割结算价格为$Q_{t_1}=96.0$，这将表明远期利率为：

$$F_{t_1}=\frac{100-96.0}{100}=0.04 \tag{3.64}$$

其结算金额为：

$$100\times\left(1-0.04\times\frac{1}{4}\right)=99.00 \tag{3.65}$$

因此，初始合约的买方将会得到补偿，就好像他们存入98.94美元，而最终收回99.00美元。每100美元的净收益为：

$$99.00-98.94=0.06 \tag{3.66}$$

我们可以这样理解这笔收益：开始建立头寸时，未来3个月的（远期）存款利率为4.24%，而在结算时下降到4.0%。

事实上，上面的例子将现实情况简单化了。因为盯市的缘故，收益不会在到期日时一次结清。盯市调整使得收益在合约买方的账户中逐渐积累起来。这些收益也会再获得一些利息。这会产生另一个复杂问题。盯市的收益或损失可能与用于计算这些收益（或损失）的利率每天的变化有关。①

□ 3.9.1 其他参数

期货合约中还有其他一些重要的参数。我们更乐于直接给出合约的描述，而不讨论其中的细节。下表列举了芝加哥商品交易所（CME）欧洲美元合约的参数。②

交割月	3月，6月，9月，12月（10年期）
交割（到期）日	交割月的第三个星期三
最后交易日	到期日之前两个工作日的11：00
最小点（minimum tick）	0.0025（当月合约）
“点值”（tick value）	最近月份6.25美元，否则12.50美元
结算规则	结算日的ICE LIBOR

对读者而言，这种欧洲美元合约的设计和惯例可能看起来有点奇怪，但它确实是一个成功的合约。首先，对合约以Q_{t_0}而不是远期利率$\widetilde{F}_{t_0}$报价，这将使合约与以短期国库

① 另一个差异源自保证金/抵押品的利息支付。期货保证金变动不支付利息。

② 最近的报价和合约规则参见 www.cmegroup.com/trading/interest-rates/stir/eurodollar.html。

券为标的的期货合约的买卖相类似。这简化了相关的对冲和套利策略。其次，如前所述，期货合约是以现金结算的。这种方式可成功地将获取贷款本金的风险和锁定利率的功能分开。

最后，利用线性公式来表示Q_{t_0}和$\widetilde{F}_{t_0}$之间关系的惯例也是值得关注的一点。假设t_1时标的存款由下式得到：

$$D(t_0,t_1,t_2)=100(1-\widetilde{F}_{t_0}\delta) \tag{3.67}$$

当远期利率$\widetilde{F}_{t_0}$有一个微小变化时，将会导致$D(t_0,t_1,t_2)$出现常量变化：

$$\frac{\partial D(t_0,t_1,t_2)}{\partial \widetilde{F}_{t_0}}=-\delta 100=-25 \tag{3.68}$$

因而，此头寸对于标的利率风险的敏感性是恒定的，该产品确实关于$\widetilde{F}_{t_0}$是线性的。

3.9.1.1　TED 利差

3 个月期国库券利率和欧洲美元期货利率之间的差叫作 TED 利差。[①] 国库券利率提供了一种衡量美国政府短期（中期）借款成本的标准。欧洲美元期货对应着短期私人部门借款成本，同时国库券被认为是无风险的（对于像美国这样的国家，但并不是所有国家都像全球金融危机所证明的那样）。因此 TED 利差中包含了信用风险因素。[②]

1986—2014 年，平均 TED 利差在 62 个基点左右。[③] 2008 年 10 月 10 日，由于银行间贷款市场的流动性枯竭，以及银行对银行间贷款违约（交易对手风险）的感知加剧，TED 利差达到 458 个基点。这个数据超过了 1987 年 10 月 28 日 278 个基点的水平。图 3.17 给出了 1986 年 1 月 2 日至 2014 年 4 月 17 日 3 个月期美元 LIBOR 和美国国库券利率的 TED 利差的图形。

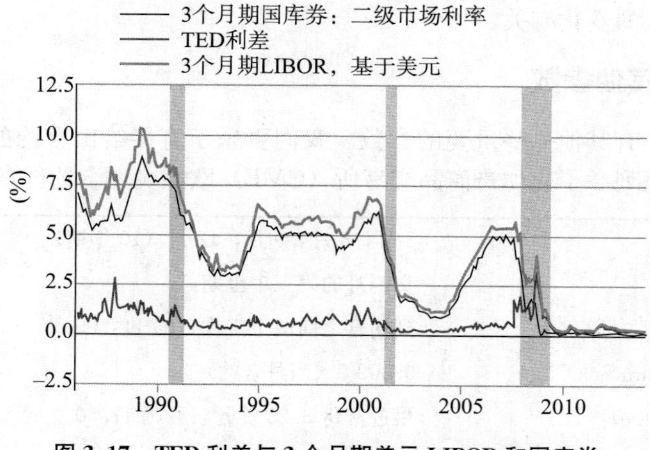

图 3.17　TED 利差与 3 个月期美元 LIBOR 和国库券

注：阴影部分表示美国衰退期。

---

① TED 是 T-Bill 和 ED 的合成缩写，ED 是欧洲美元期货合约的代码。

② 在 2007—2008 年的信用危机期间，TED 利差经常被用作衡量银行部门信用风险的标准。

③ TED 利差时间序列可在 http://research.stlouisfed.org/fred2/series/TEDRATE# 找到。

交易者创造欧洲美元期货剥离，然后把它们与具有相似到期日的短期国库券进行交易。利用中期国债和欧洲美元也可构建一个类似的利差。在利差的计算过程中，不同的收益报价方式要用相应的技术进行调整。如果中长期债券是以债券等值收益率报价，那么欧洲美元的报价就类似于贴现率。TED 利差的计算要求将期货剥离考虑进来，然后调整这些差异。在这个过程中要注意几个技术性问题。

一旦 TED 利差被计算出来，交易者就会进行交易以从收益率曲线的斜率和私人部门信用风险的变化中获利。例如，如果交易者预测收益率的差别会变大，那么他们会买入 TED 利差。反之，他们将会卖出 TED 利差，进而从缩小的收益率变化中获利。不过，经验丰富的固定收益相对价值交易员对做空 TED 利差持谨慎态度，因为利差偶尔会出现极端下跌。

□ 3.9.2 FRA 和欧洲美元期货的比较

将 FRA 与欧洲货币期货进行比较是非常有意义的。(1) 由于欧洲美元期货合约是按预先设计的相同合约进行交易的，所以，作为 OTC 合约，FRA 是一种更具灵活性的工具。(2) 由于 FRA 的条款不必对外公开，所以 FRA 在保密方面有优势。而欧洲货币期货合约的条款是公开的。(3) 通常对 FRA 没有保证金的要求并且盯市要求也不严格，只在结算日时才发生现金结算。欧洲货币期货合约由于有盯市的要求，所以相应地也有保证金的要求。(4) FRA 有交易对手风险，而欧洲货币期货合约的信用风险是微不足道的。(5) FRA 以利率基点来报价而欧洲美元期货以价格基点来报价。因此卖出一单位 FRA 的交易者也可以通过卖出一单位欧洲美元合约来对冲该头寸。(6) 最后，二者之间一个有趣的差别在于它们的可替换性。欧洲货币合约在下面的情况下是可替换的：具有相同到期日的合约可以彼此完全抵消，即使它们是在不同时间、基于不同的目的而签订的。而 FRA 合约不能被完全抵消，即便是面临相同的对手也不可以，除非合约双方有一个具体的协议。

3.9.2.1 凸性差异

除了这些结构性差异之外，FRA 和欧洲货币期货还具有凸性差异。欧洲货币期货的定价方程是关于$\widetilde{F}_{t_0}$的线性方程，而市场中交易的 FRA 的定价方程是关于 LIBOR 的非线性方程。我们将发现，这需要进行凸性调整，这也是我们用不同的符号来表示两个远期利率的原因。

□ 3.9.3 用欧洲美元货币期货对冲 FRA

对于短期合约，凸性和其他差别是可以忽略不计的。但我们可能会提出下面的问题：如果忽略凸性差异，我们可以用欧洲货币期货来对冲 FRA 头寸吗？或者可以进行反方向对冲吗？

我们用下面的例子来回答这个问题。这个例子同时也说明了现实中这种对冲的复杂性。

例子：

假设已知 2002 年 6 月 17 日欧洲美元期货的价格如下：

9 月价格（交割日：9 月 16 日）96.500（隐含利率=3.500）；

12 月价格（交割日：12 月 16 日）96.250（隐含利率=3.750）；

3 月价格（交割日：3 月 17 日）96.000（隐含利率=4.000）。

交易者可能会在 6 月 17 日卖出一个名义本金为 1 亿美元的（3×6）FRA。如何使用这些欧洲美元期货来对冲这笔交易呢？

首先要注意，根据价值和结算日惯例，FRA 的存续期是从 9 月 19 日到 12 月 19 日共计 92 天，并以 9 月 17 日的 LIBOR 作为固定利率进行结算。另外，9 月的期货合约将会以 9 月 16 日的 LIBOR 进行结算，并且其报价以 30/360 的计息时间为基础。因此，二者的隐含远期利率将有所不同。

设 f 表示 FRA 的利率，$\in$表示 f 与期货合约隐含的远期利率的差值。利用式(3.41)，名义本金为 1 亿美元的 FRA 的结算价值可写成：

$$\frac{100\text{m}[(0.035+\in)-\text{LIBOR}]\frac{92}{360}}{\left(1+\text{LIBOR}\frac{92}{360}\right)} \tag{3.69}$$

式中，m 表示“百万”。要注意的是，该结算是贴现到 9 月 19 日的，并且一旦相关的 LIBOR 已知，FRA 的持有者就会收到该笔资金。如果忽略盯市和其他影响，一个具有相似存续期的期货合约的结算金额为：

$$\alpha\left[1\text{m}\ (0.035\,0-\text{LIBOR})\ \frac{90}{360}\right] \tag{3.70}$$

这里要注意两点不同。首先，期货合约的本金为 100 万美元。其次，此处的 1 个月按惯例计算为 30 天，而在 FRA 中则是实际的天数。其中 α 表示为了正确地对冲 FRA 头寸而选择的期货合约的数量。

交易者选择的合约数量 α 必须使两笔交易的结算金额尽可能地接近。利用这种方法，交易者通过对这两种合约建立反方向的头寸来对冲其面临的风险。

3.9.3.1 一些技术问题

对冲过程是一个近似估计的过程，可能会遇到一些技术问题和实际困难。为了说明这个问题，我们再次利用前面的例子来解释。

(1) 假设我们要对冲（或定价）FRA 的某个剥离，而不是使用已有的期货合约剥离调整单一 FRA，使之适应于合约，那么 FRA 剥离就面临着名义本金不断增加的问题。如果每个期货合约的名义本金是固定的，那么就需要调整合约数量。

(2) 上面的例子显示，在期货市场中 3 个月是按 90 天计算的，而 FRA 合约则是按其相对应的 3 个月的实际天数来计算的。

(3) 若两个定价公式中的凸性不同，那么两种合约的隐含远期利率是不同的，而且取决于 LIBOR 的波动性，两个隐含远期利率的差或许大，或许小。

(4) 两种合约使用的 LIBOR 的确定可能存在一两天的差别。

虽然这些技术问题是由上述这个例子引出的，但是在大多数对冲和定价活动中都存在。

3.10 现实世界的复杂性

至此，前面的讨论都忽略了现实生活的复杂性。我们在如下方面进行了简化：(1) 忽略了买卖价差；(2) 假设不存在信用风险；(3) 忽略了通常 FRA 所确定的日期与结算日是不同的这一事实。实际上，这是 FRA 合约中涉及的另外一个日期。下面我们就来讨论这些问题。

□ 3.10.1 买卖价差

我们从买卖价差开始。这个问题可利用债券市场的结构来说明。当我们通过债券市场复制远期贷款时，我们可以买入一份 $B(t_0,t_1)$ 债券，同时卖出一份 $B(t_0,t_2)$ 债券。因此，我们必须用到 $B(t_0,t_1)$ 的卖出价和 $B(t_0,t_2)$ 的买入价。这意味着远期利率的卖出价为：

$$1+F_{t_0}^{\text{ask}}\delta=\frac{B(t_0,t_1)^{\text{ask}}}{B(t_0,t_2)^{\text{bid}}} \tag{3.71}$$

同样，当客户卖出一份 FRA 时，他必须用到交易者和经纪人的买入价。通过债券市场再次可以得到：

$$1+F_{t_0}^{\text{bid}}\delta=\frac{B(t_0,t_1)^{\text{bid}}}{B(t_0,t_2)^{\text{ask}}} \tag{3.72}$$

这意味着

$$F_{t_0}^{\text{bid}}<F_{t_0}^{\text{ask}} \tag{3.73}$$

同样的买卖价差，在货币市场上还可以利用货币市场买卖价差合成工具构建

$$1+F_{t_0}^{\text{ask}}\delta=\frac{1+L_{t_0}^{1\text{bid}}\delta^1}{1+L_{t_0}^{2\text{ask}}\delta^2} \tag{3.74}$$

很明显，我们再次得到：

$$F_{t_0}^{\text{bid}}<F_{t_0}^{\text{ask}} \tag{3.75}$$

因此，定价通常会产生双向价格。

在市场实践中，FRA 的买卖价差不是通过上述方式得到的，而是通过以下方式得到的：首先由相应的 LIBOR 得到一个利率，然后在它的两边均加上一个利差。很多参与者也用流动性更好的欧洲货币期货来做市。

□ 3.10.2 非对称性

为对冲目的使用 FRA 还有另一个方面。来自利率头寸的净收益和净成本将是非对称的，这是因为，无论你是买入（支付固定利息）还是卖出（收取固定利息），FRA 总是基于 LIBOR 进行结算。但 LIBOR 是一种要价利率，这就产生一种非对称性。

我们首先要对冲浮动借贷成本。当某家公司对冲浮动借贷成本时，不论是现金的利率，还是对冲的利率，都是以 LIBOR 为基础的。这意味着：

- 公司向其贷款银行支付 LIBOR＋保证金。
- 公司向 FRA 对手方支付固定的 FRA 利率，以对冲这种浮动借贷成本，目的是对冲公司从 FRA 的对手方所收取的 LIBOR。

将公司所有的收入和支出相加，得到贷款净成本为 FRA 利率＋保证金。

现在考虑一下，如果一家公司要对冲 3 个月期的收取浮动利率，会发生什么情况？对此现金头寸来说，其利率采用 LIBID，即在欧洲市场出售资金的买入价。

但是，FRA 总是以 LIBOR 结算。所以现在的情况变为：

- 公司收取 LIBID，假定保证金为零。
- 公司收取 FRA 利率。
- 公司支付 LIBOR。

因此，公司的净收益为 FRA－(LIBOR－LIBID)。

3.11 远期利率与期限结构

第 14 章将讨论固定收益金融工程的具体框架，然而，介绍期限结构的一些基本模型是符合内容体系安排的。下面的内容将阐明某些符号和基本概念。

□ 3.11.1 债券价格

设 $\{B(t_0,t_i),i=1,2,\cdots,n\}$ 表示债券价格族，其中每个 $B(t_0,t_i)$ 表示在 t_i 时到期且在 t_i 时支付为 1 美元的无违约风险零息债券的价格。这些 $B(t_0,t_i)$ 也可以看成用来计算无风险现金流现值的贴现因子向量。

例如，给定一个复杂的无风险资产 A_{t_0}，它在任意时间 $t_i(i=1,\cdots,k)$ 支付确定的现金流 $\{C_{t_i}\}$。如果我们采取下述债券定价方法，那么很容易得到该资产的价值：

$$A_{t_0}=\sum_i C_{t_i}B(t_0,t_i) \tag{3.76}$$

也就是说，我们只需将 t_i 时刻的现金流与 t_i 时刻一单位货币的现值相乘，并对所有 i 对应的结果求和即可。

这个观点可以直接应用于附息债券的定价。给定一个名义本金为 1 美元、t_i 时刻票

面利率为 $c\%$ 的附息债券，用上述公式可以很容易地算出该债券的价值，其中最后一期现金流中包含本金。

□ 3.11.2 远期利率的含义

在这一章中，我们得到了重要的套利方程：

$$1+F(t_0,t_1,t_2)\delta=\frac{B(t_0,t_1)}{B(t_0,t_2)} \tag{3.77}$$

为了避免可能的混淆，其中 $F(t_0,t_1,t_2)$ 以展开式写出。[①] 它表示一笔起始日为 t_1、到期日为 t_2 的贷款的远期利率。对债券族 $\{B(t_0,t_i)\}$ 中的所有债券都可以写出这种套利关系，我们得到：

$$1+F(t_0,t_0,t_1)\delta=\frac{B(t_0,t_0)}{B(t_0,t_1)} \tag{3.78}$$

$$1+F(t_0,t_1,t_2)\delta=\frac{B(t_0,t_1)}{B(t_0,t_2)} \tag{3.79}$$

$$\cdots\cdots \tag{3.80}$$

$$1+F(t_0,t_{n-1},t_n)\delta=\frac{B(t_0,t_{n-1})}{B(t_0,t_n)} \tag{3.81}$$

连续用前一个等式代入右边的分子，并注意对于第一个债券有 $B(t_0,t_0)=1$，由此得到：

$$B(t_0,t_n)=\frac{1}{[1+F(t_0,t_0,t_1)\delta]\cdots[1+F(t_0,t_{n-1},t_n)\delta]} \tag{3.82}$$

我们得到一个重要的结果。债券价格族 $\{B(t_0,t_i)\}$ 可用远期利率族

$$\{F(t_0,t_0,t_1),\cdots,F(t_0,t_{n-1},t_n)\} \tag{3.83}$$

来表示。因此，如果所有债券的价格已知，那么我们就可以确定远期利率。

3.11.2.1 备注

注意，第一个远期利率 $F(t_0,t_0,t_1)$ 是在 t_0 时刻签订合约的，并应用于在 t_0 时刻开始的贷款。因此，它也是 t_0 时刻的即期利率：

$$[1+F(t_0,t_0,t_1)\delta]=1+L_{t_0}\delta=\frac{1}{B(t_0,t_1)} \tag{3.84}$$

可将它写成：

$$B(t_0,t_1)=\frac{1}{1+L_{t_0}\delta} \tag{3.85}$$

债券价格族 $\{B(t_0,t_i)\}$ 可以看成是相应的折现因子，市场实践者利用它们可以计算无违约风险现金流的现值。可以看到，针对 F_{t_0} 的建模研究对描述收益率曲线的建模或折现率曲线之类是很有帮助的。

---

① 这里 δ 没有下标 i。这意味着，对于不同的 i 来说，每个 t_i-t_{i-1} 间隔期都是常数，而且 $\delta=(t_i-t_{i-1})/360$。

3.12 惯例

与欧洲存款利率类似，FRA 的报价也采用买卖双方双向报价的形式。典型的 3 个月期和 6 个月期系列的 FRA 报价如下。

例子：

3 个月期系列的报价具有以下形式：

1×4	4.87	4.91
2×5	4.89	4.94
3×6	4.90	4.95
…		

第一行表示 1 个月后开始的为期 3 个月的远期贷款利率，第二行表示 2 个月后开始的为期 3 个月的远期贷款利率，依此类推。

6 个月期系列的报价具有以下形式：

1×7	4.87	4.91
2×8	4.89	4.94
3×9	4.90	4.95
…		

根据这个表，如果一个客户想要锁定一笔 3 个月后名义本金为 100 万美元的为期 6 个月的贷款利率，他将会买（3×9）FRA，并支付 4.95%的利率。其实际的净支付为：

$$\frac{1\,000\,000\times\left(\frac{L_{t_3}}{100}-0.049\,5\right)\times\frac{1}{2}}{1+\frac{1}{2}\times\frac{L_{t_3}}{100}} \tag{3.86}$$

其中，L_{t_3} 表示 3 个月后观察到的 6 个月期 LIBOR 利率。

另一个惯例是 FRA 的卖方和买方都将 LIBOR 作为参考利率。LIBOR 是一个卖方利率，因此，人们可能会认为 FRA 的卖方将会收到一个低于 LIBOR 的利率，但事实并非如此，因为参考利率并不改变。

3.13 题外话：剥离债券

在结束本章之前，我们讨论一种最接近现实生活的金融工具，它等价于无违约风险纯贴现债券 $B(t_0,t_i)$，这个金融工具称为剥离债券。美国在 1985 年就出现了剥离债券，而英国则在 1997 年后才出现。

考察一个长期的直接国债、一个德国债券或一个英国金边债券，同时假设没有隐含期权。这些债券在存续期内每隔一定时间付息一次。它们的天数计算惯例和付息时间间隔有所不同，本质上都是标准的长期债务。特别地，它们都不是我们在本章讨论的零息债券。

剥离债券是由附息债券引出的。市场实践者购买了长期附息债券，然后将债券的票面利息支付与本金剥离开，分别对它们进行交易。剥离后的债券等价于零息债券。所不同的是，如有必要，它们还可以重新组合成原来的附息债券。

监管政府债券市场的机构，如英国的英格兰银行或美国财政部，都为债券的剥离提供了必要的基础保证，并确定了可剥离债券的品种。① 注意，只有一些特殊交易商可以被允许剥离和重组标的债券。这些交易商对它们账户中的债券进行剥离，然后把剥离后的债券分别出售。② 例如，一个 10 年期的金边债券可以被剥离成 20 次利息支付债券和本金债券，这就产生了 21 个零息债券，期限分别为 6 个月、12 个月、18 个月、24 个月等。

3.14 结论

这一章阐述了两个重要的观点。第一，我们讨论了简单利率衍生品，比如远期贷款和 FRA 的工程问题。第二，我们详细讨论了我们的第一个合约方程。可以对这个方程进行操作以得到合成贷款、合成存款和合成现货交易。这些合约方程的审慎应用会提供通常只有在在金融市场工作后才能学到的技术。我们介绍了利率期限结构以及远期利率（LIBOR）流程。本章继续建立基于现金流操作的简单图形化金融工程方法。

在得出结论之前，我们还应该强调远期合约的一些特性，这些特性也可以在其他互换类型的衍生金融工具中发现。正是这些特性使这些合约成为对市场实践者非常有用的工具。

第一，在初始时刻，远期（期货）合约不需要任何初始现金支付。如果我们的任务在一天中只是不断地交易合约，这将是非常方便的性质。我们根本不必担心“融资”问题。

第二，因为远期（期货）合约的初始价值为零，头寸持有者不必改动资产负债表。交易者没有“买入”或“卖出”有形商品。利用远期（期货）合约，交易者直接建立头寸，因此，这些金融工具属于表外项目。

第三，远期合约涉及在未来日期的交易。这意味着，如果一方在到期前“违约”，其损失将是有限的，因为损失没有扩展到本金总额。所承受的风险只是已经取得的资本收益。

---

① 剥离金边债券的成本不高于 2 美元，只需按一下按钮，几分钟内就可以完成。虽然它根据市场环境的变化而变化，但是美国和英国大约有 40%的债券被剥离。

② 将某些债券设计成剥离债券的原因有：（1）大额债券的发行需要加以指派；（2）息票支付日期应相同，以使在剥离 2 年期和 4 年期债券时，前两年的息票剥离债券可以相互交换，这将提高剥离债券的流动性，并使它们的到期日更具有同质性。

阅读建议

现今，期货和远期市场已建立起范围广泛的金融合约、商品和服务。本章只涉及利率远期与期货合约的基本工程方面，并没有给出全面综合的讨论。或许最好的方法是回顾一下现有的期货和远期合约。我们推荐几个非常好的资源。《外汇与货币市场》（*Foreign Exchange and Money Markets*）一书是由路透社提供并由 Wiley 公司出版的导论性图书。Hull（2014）、Das（1994）和 Wilmott（2006）是深入分析远期和期货合约的很好的资源。除了本章所讨论的金融工具以外，还有许多包含更多复杂参数的固定收益的金融工具。其中一些将在后面的章节中讲到。可是，多读关于这些金融工具在金融市场中的实际应用的技术方法是非常有帮助的。两本这种类型的书分别是 Serrat 和 Tuckman（2011）以及 Questa（1999）。而 McNeil et al.（2005）对定量风险管理和 VaR 提供了综述。

附录：计算收益率曲线

我们如何计算（政府债券）收益率曲线?① 传统的计算收益率曲线的方法是从流动性债券价格开始，然后得到折现率和相关的收益率。因而，这样的方法首先计算隐含零息债券价格，然后根据观察到的附息债券价格来计算相应的收益率和远期利率。

我们将简要回顾这种计算收益率曲线的方法。在流动性利率衍生品不参与交易的市场上，这或许仍然有用。首先，我们下面要概述几个基本概念。

□票面收益率曲线

考察票面利率为 c 的纯附息债券，c 正好等于到期日 t 时刻的收益率。这种“面值”债券的当前价格正好是 100 美元。这种债券的到期收益率是票面收益率。这些债券的当前价格等于 100，息票表明了该期限和信用在特定时间的正确收益率。我们可将每年都支付利息的 3 年期面值债券的现值写成

$$100=\frac{100c}{1+y}+\frac{100c}{(1+y)^2}+\frac{100(1+c)}{(1+y)^2} \tag{3.87}$$

其中票面收益率意味着 $c=y$。

这个性质是人们所希望的，因为对于附息债券，到期日并没有给出平均收取现金的准确时间，如果我们考察票面利率不同于票面收益率的债券，那么债券久期将会有所不同，隐含收益率也会不同。

① 我们将在第 4 章讨论互换收益率曲线，相对于政府债券收益率曲线而言，它的结构具有一定的优势。

□零息债券收益率曲线

我们也可利用面值为 100 的零息债券，通过探索下面的等式的方式来计算收益率曲线，

$$B(t,T)=\frac{100}{(1+y_t^T)^{T-t}} \tag{3.88}$$

其中 $B(t,T)$ 表示无违约零息债券 t 时刻的价格，该债券在 T 时支付 100。y_t^T 对应于 $T-t$ 到期的零息债券收益率。

可以证明，通常情况下，票面收益率曲线与零息债券收益率曲线是不一样的。现在我们利用例子展示如何计算。

例子：

我们想要证明票面收益率与零息债券收益率之间的关系。假设我们已知零息债券的价格：

$$B(0,1)=96.00$$
$$B(0,2)=91.00$$
$$B(0,3)=87.00 \tag{3.89}$$

1. 零息债券收益率是多少？
2. 对于相同的到期日来说，票面收益率是多少？

为了计算零息债券收益率，我们使用下述公式：

$$B(t,T)=\frac{100}{(1+y_t^T)^{T-t}} \tag{3.90}$$

从而得到

$$96.00=\frac{100}{(1+y_0^1)^1}$$
$$91.00=\frac{100}{(1+y_0^2)^2}$$
$$87.00=\frac{100}{(1+y_0^3)^3} \tag{3.91}$$

求解未知的零息债券收益率得到

$$y_0^1=0.041\,67,\quad y_0^2=0.048\,28,\quad y_0^3=0.047\,52 \tag{3.92}$$

我们现在利用 $t_n=T$ 的关系来计算票面收益率

$$P(t_0,T)=\sum_{i=0}^{n}\tilde{y}B(t_0,t_i)+B(t_0,T)=100 \tag{3.93}$$

满足这个等式的 $\tilde{y}$ 将是到期日 T 时的票面收益率。这里的思想是，当以正确折现率进行折现时，由票面债券所产生的现金流之和应该等于 100，也就是我们必须有 $P(t_0,T)=100$。对于每一个 T，仅有一个 $\tilde{y}$ 使这个等式成为可能。

计算票面收益率，我们得到

$$\tilde{y}_0^1 = y_0^1 = 0.04167, \quad \tilde{y}_0^2 = 0.04813, \quad \tilde{y}_0^3 = 0.04745 \tag{3.94}$$

正如这些数值所显示的，票面收益率与零息债券收益率略有不同。

□从附息债券推导零息债券收益率

传统的计算收益率曲线的方法涉及从任意的附息债券价格推导零息债券的收益率曲线。这个方法现在有点过时了，但在具有新兴金融市场的经济体中，它可能仍然有用。此外，该方法还很好地阐明了构建合成资产是如何用于建立收益率曲线的。重要的是要记住，所有这些计算都是针对无违约债券的。

考虑 2 年的附息债券。这是无违约债券，其年票面利率为 $c\%$，当前价格为 $P(t,t+2)$，到期时价值为 100。假设我们知道当前年利率 r_t 的数值。① 然后，构建如下的投资组合：

$$\left\{t \text{ 时刻借款} \frac{100c}{1+r_t} \text{单位；购买两年期附息债券 } P(t,t+2)\right\} \tag{3.95}$$

它将产生相当于 $1+c$ 单位的 2 年期贴现债券的现金流。因而，我们有

$$P(t,t+2) - \frac{100c}{1+r_t} = [100(1+c)]/(1+y_t^2)^2 \tag{3.96}$$

如果已知附息债券价格 $P(t,t+2)$ 与 1 年期的利率 r_t，那么 2 年期的零息债券收益率 y_t^2 可由这个表达式计算出来。对于其他到期日的零息债券收益率，可通过递归地为到期日较长的零息债券构建类似的合成来计算。

习题

1. 你有一个 4 年期的附息债券，每半年支付一次利息。票面利率是 8%，票面价值是 100。

(a) 你能构建出这个债券的合成等价产品吗？请标出并证明你的现金流。

(b) 对这个附息债券进行定价，假设期限结构如下（以年度频率的买入价/卖出价表示），并使用线性内插折现半年现金流：

$$B_1 = 0.90/0.91; \; B_2 = 0.87/0.88; \; B_3 = 0.82/0.83; \; B_4 = 0.80/0.81$$

(c) 1×2 FRA 的利率是多少？

2. 你以价格 $Q_0 = 94.13$ 购买了 1 个欧洲美元期货合约，其初始保证金为 5%。持有此合约 5 天，然后通过建立一个反方向头寸将它卖出。在这期间你观察到以下结算价格：

$$\{Q_1 = 94.23, \; Q_2 = 94.03, \; Q_3 = 93.93, \; Q_4 = 93.43, \; Q_5 = 93.53\} \tag{3.97}$$

① 或者，我们可以假定一个周期附息债券 $P(t,t+1)$ 的价格是已知的。

(a) 计算逐日盯市的收益或损失。

(b) 假设这5天内的即期利率固定为6.9%，在结算公司账户时得到或支付的总利息为多少？

(c) 结算时的总收益和损失为多少？

3. 一家小银行的财务人员以6.73%的利率借入3个月期的资金，同时以7.87%的利率贷出6个月期的资金。资金总额为3 800万美元。

为了解决到期日不匹配所产生的风险敞口，财务人员需要在3个月后再借入3 800万美元，并且现在用一个FRA来对冲该头寸。

市场上有来自3个交易商的报价，如下所示：

银行A	3×6	6.92—83
银行B	3×6	6.87—78
银行C	3×6	6.89—80

(a) 这个财务人员的风险敞口是多少？用现金流示意图表示其结果。

(b) 假设没有其他成本，计算这个财务人员盈亏平衡的远期利率。

(c) 他能获得的最好的FRA利率是什么？

(d) 如果结算时LIBOR为6.09%，计算他收取（支付）的结算金额。

4. 一家公司将在3个月后获得一笔3个月期的700万美元的贷款。现行的3个月期利率报价为5.67～5.61。欧洲美元期货的价格为94.90。

假设3个月后3个月期的欧洲存款利率变为5.25%，欧洲美元期货价格为94.56。

(a) 期货价格变化了多少点？

(b) 如果这个投资者想要锁定现行的利率，那么他应该买/卖多少期货合约？

(c) 以94.90的价格买入期货合约的投资者的收益（损失）是多少？

5. 假设市场实践者得知ICE基准管理局（IBA）将变动用于计算日元LIBOR的银行名单，在未来某个时间，一个或多个“较弱”的银行会被“较强”的银行取代。[2014年2月1日，IBA取代了英国银行家协会（BBA）]。

这里的问题不是银行名单中的成员变强是否会使日元LIBOR下降。事实上，由于市场波动，即使小组里有更强的银行加入，日元LIBOR可能最终也会显著上升。相反，值得期待的是相对于其他日元利率如TIBOR，伦敦的日元LIBOR应该会下降。因此，要想从IBA的变动中受益，市场实践者必须构建一个头寸，使得市场变化产生的风险被消除，并且“唯一的”相关变量仍然由BBA决定。

(a) 一个交易者如何在不冒太大风险的情况下从这种变化中受益？

(b) 利用现金流示意图说明这是如何实现的。

(c) 说明能够建立什么样的FRA利差头寸。确保该头寸对市场变动是中性的并且可以被构建出来，唯一显著的变量是由IBA决定的。

(摘自汤森路透IFR第1 267期）上周英国银行家协会（BBA）决定将一家日本银行从日元LIBOR的银行名单中排除，有些交易者遭受损失。在宣布决定的前一天，市场的定价并没有发生显著变化。

在此之前，有报道称：许多交易者通过一个名为二进五的远期利率协议利差合约，以大约17个基点做空了LIBOR/TIBOR利差。这本质上是在打赌该日本银行将继续留在LIBOR小组。

当1月20日（周三）BBA的决定宣布之后，利差从5个基点左右变为22个基点左右，使交易者遭受了盯市损失。一些交易者也在1年期的日元/美元LIBOR基点互换的急剧变动中（从－26个基点到－14个基点）陷入困境。

交易者的问题是由BBA的决定引起的。这个决定改变了固定小组的性质，本质上致使一家日本银行被一家外国银行代替。去掉中国银行、花旗银行、东海银行和樱花银行，添加了德意志银行、日本农林中央金库、拉博银行、西德意志银行。这种变动立即提高了利率确定银行小组总的信用等级。这引起日元LIBOR（组员银行在日元货币市场上融资的平均成本）在单日内下降了8个基点。交易商称除去一个日本银行等同于日元LIBOR利率下降5个基点，而除去中国银行则等同于下降1个基点或2个基点。

如果不考察即刻的交易损失，人们对利率确定小组成员的变化有不同的反应。有些人表示赞同，因为他们认为先前的小组不能代表日元现金业务。

一位日元互换交易者说："大多数现金交易是由在伦敦的外国银行进行的。名单小组中有一半是日本银行名单是没有道理的。"他还说，因为小组中有多家日本银行，日元LIBOR超过了大多数积极的日元现金交易者能够自己融资的界限。

然而也有人表示不同意。"这是一个本国（日本）市场的终结，BBA现在在日本失去了信誉。"一位美国银行货币市场交易者说。

BBA官方称，银行名单小组成员是由BBA的外汇和货币市场顾问小组选择的，且由BBA的LIBOR控制小组秘密提名和讨论。BBA官方称，顾问小组的目的是为了保证选出的小组成员能广泛地反映"银行同业存款市场的平衡活动的趋势"。

6. 假设你已知如下信息：

3个月期LIBOR	3.2%	92天
3×6 FRA	3.3%～3.4%	90天
6×9 FRA	3.6%～3.7%	90天
9×12 FRA	3.8%～3.9%	90天

（a）说明如何用一笔3个月期贷款构建一项9个月期的固定利率合成贷款，画出现金流示意图。

（b）9个月期贷款的固定成本是多少？

7. 考察下面的金融工具及相应报价。

（a）按收益率递增的顺序排列这些金融工具。

工具	报价
30天美国国库券	5.5
30天英国国库券	5.4
30天欧洲商业票据	5.2
30天银行同业美元存款	5.5
30天美国商业票据	5.6

(b) 你购买一个具有如下特征的欧洲商业票据(ECP):

起息日	2002年7月29日
到期日	2002年9月29日
收益率	3.2%
数量	10 000 000美元

你需要支付多少呢?

8. 假设(a)结算发生在贷款开始之日,(b)结算发生在贷款偿还之日,确定30万美元的3×6 FRA的美元结算额。利用下列数据进行计算。利率按规定的年利率表示。

$$3\times6\ \text{FRA 利率}\ F_{t_0}=4.38\%,\ 3\ \text{个月期 LIBOR 利率}\ L_{t_3}=4.02\%$$

9. 假设 t_0 时的欧洲美元期货价格为93.83,合约在3个月内到期。

(a) 计算此价格所隐含的3个月期远期利率。

(b) 如果投资者购买500万美元的期货合同,计算期限分别为3个月、6个月、9个月以及12个月的债券的还款金额。

10. 利用以下债券价格数据分别计算3×6、6×9、3×9以及6×12的FRA利率。

$$B(t_0,t_1)=98.79,\ B(t_0,t_2)=97.21,\ B(t_0,t_3)=95.84,\ B(t_0,t_4)=93.82$$

11. 杠铃例子

2014年6月16日,一个基金经理正在考虑以990 468.75美元的价格购买到期日为2019年5月31日的100万美元面值的票面利率为1.5%的美国国债。经理进一步检查该债券,并使用他的彭博终端发现该债券的收益率为1.701%,修正久期为4.748。在决定购买债券之前,经理还要考虑下表中所列出的另外两种债券的信息:

截至2014年6月16日的三种美国国债的数据

票面利率(%)	到期日	价格	收益率(%)	久期	凸性
$\frac{3}{8}$	2016年5月31日	99.839 843 8	0.457	1.943	0.048
1.5	2019年5月31日	99.046 875	1.701	4.748	0.254
2.5	2024年5月15日	99.140 625	2.598	8.701	0.859

三种债券的期限分别为2年、5年和10年。基金经理可以购买票面利率为1.5%的债券或由票面利率为$\frac{3}{8}$%的债券和票面利率为2.5%的债券组成的一个杠铃投资组合。在杠铃投资组合中,投资组合的一部分由长期债券组成,另一部分由非常短期的债券组成。"杠铃"一词是基于这样的概念,即这种策略类似于杠铃,两端都有很大的权重,中间却没有任何东西。构建这样的杠铃投资组合,并评估与票面利率为1.5%的债券投资相比的另一种杠铃策略。这种杠铃投资组合的构建应与子弹头投资*具有相同的成本和相同的期限。你的评估应该考虑相对于杠铃策略的票面利率为1.5%的债券的收益率和凸度。

* 子弹头投资(bullet investment)中的"子弹"指的是一次性偿还未偿贷款,通常由借款人进行偿还。这个术语也可以指在贷款到期时要求偿还相当大一部分或全部贷款。"子弹"也是企业和政府发行各种期限债券的投资策略的名称。——译者注

第 4 章

利率互换工程引论

4.1 互换的逻辑方法

互换是我们第 1 章所介绍的第一个基本工具。迄今为止，应该明确互换实质上是第 1 章和第 3 章所讨论内容的一般化。这一章首先介绍互换的一般原理。

重要的是认识到，所有互换本质上都出自一个简单的逻辑原理。考察任意一项资产。假设我们将这项资产加到另一份合约上，从而形成一篮子资产。但是，假设我们选择这项资产是由于市场风险或与之相联系的波动性恰好等于零。于是，这一篮子资产的波动性（或风险）和初始资产的波动性（或风险）是一致的。可是，这个“零”的加入能够改变资产的性质，并且使整个投资组合对于套期保值、定价和管理来说更具流动性、更实际以及更有用。这就是从初始“现金”证券转向互换时所发生的情况。我们持有证券，然后通过“零波动性”资产来扩充证券。这就是互换策略。

□ 4.1.1 金融上相当于零的工具

首先，我们探讨第 1 章所提到的金融上相当于零的工具。为什么呢？这是因为在标准代数学的情况下，我们可以在一个数字上加（减）零，它的值不会改变。类似地，如果我们有相当于“零”的等值证券，那么就可以将这个证券加到另一个证券上，这种行为不会改变初始证券的初始风险特征。但与此同时，证券的现金流特征、监管要求、税收风险和资产负债表风险会向希望的方向变化。

什么样的工具是这样的“零”的备选对象呢？考察银行同业货币市场贷款，如图 4.1 所示。贷款本金是 100，在 t_1 时刻支付。利息和本金在 t_2 时刻返回。因此，这是一个发生在将来的无违约贷款。所涉及的利率是 LIBOR 利率 L_{t_1}，可在 t_1 时刻观察到。

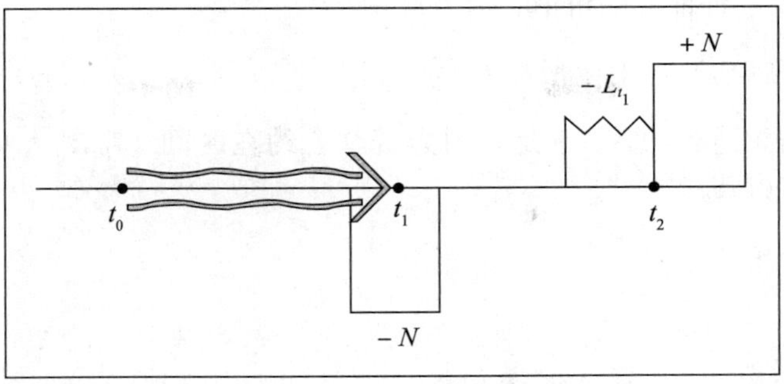

图 4.1　银行间货币贷款

我们订立关于这项贷款的远期合约。根据合约，在 t_1 时刻借入 100，并且支付当时的现行利率。于是，对于 $t \in [t_0, t_1]$ 的任意时间，这个远期贷款合约的价值是多少?

可以证明，实际上可准确地计算在 t_0 时刻的价值，即使远期 LIBOR 利率 L_{t_1} 在那时是未知的。考察下述论证过程。

t_2 时刻的现金流是

$$+100+100\,L_{t_1}\delta \tag{4.1}$$

将这个价值贴现到 t_1 时刻，可以得到

$$\frac{+(1+L_{t_1}\delta)100}{1+L_{t_1}\delta}=+100 \tag{4.2}$$

将这个等式加到被贷出的最初本金 100 上，可以看到，远期贷款合约所产生的现金流的整个价值对于区间 $[t_0, t_1]$ 内所有 t 时刻恰好等于零，不管市场上 L_{t_1} 的未来值是多少。①

远期合约的价值用 V_t 表示，我们立刻可以看到：

$$\text{波动性}(V_t)\equiv 0,\ \text{对于所有}\ t\in[t_0, t_1] \tag{4.3}$$

因此，将这类合约加到任一投资组合中都不会改变投资组合的风险（波动性）特征。这是非常重要的，并且也是这种 LIBOR 合约的特殊性质。② 因而，以 V_t 表示具有一系列现金流的证券的价值，这样证券对于区间 $[t_0, t_1]$ 内所有 t 时刻的价值都为零，即

$$V_t=0 \tag{4.4}$$

---

① 另一种表述方法是，用远期利率 F_{t_0} 替换 L_{t_1}。随着时间变化 Δ，远期利率会变化到 $F_{t_0+\Delta}$。但是，贷款的价值不会改变，因为

$$\frac{-(1+F_{t_0}\delta)100}{1+F_{t_0}\delta}=\frac{-(1+F_{t_0+\Delta}\delta)100}{1+F_{t_0+\Delta}\delta}=-100$$

② 例如，如果远期合约设定 t_0 时刻的远期利率 F_{t_0}，合约的价值就会变动，因为从 t_0 时刻开始随着时间变化 Δ，设定了 F_{t_0} 的远期合约的价值将是

$$\frac{-(1+F_{t_0}\delta)100}{1+F_{t_0+\Delta}\delta}\neq\frac{-(1+F_{t_0}\delta)100}{1+F_{t_0}\delta}=-100$$

这种情况是因为通常 $F_{t_0}\neq F_{t_0+\Delta}$。

设 S_t 表示其他任意一种证券的价值，有

$$0<\text{波动性}(S_t),\quad \text{对于所有 } t\in[t_0,t_1] \tag{4.5}$$

假定两种资产都是无违约的。[①] 于是，因为贷款合约在区间 $[t_0,t_1]$ 内所有 t 时刻的价值都相当于零，可以写成

$$S_t+V_t=S_t \tag{4.6}$$

在某种意义上，

$$\text{波动性}(S_t+V_t)=\text{波动性}(S_t) \tag{4.7}$$

因此，包含 S_t 和 V_t 资产的投资组合与初始资产 S_t 具有一致的波动性和相关特征。从这个意义上说，资产 V_t 等价于零。将它加到任何投资组合上，我们都不会改变这个投资组合的市场风险特征。

然而，V_t 的加入在一些重要方面可能改变了初始资产。实际上，由于 V_t 的加入，

(1) 资产会使 S_t 移出资产负债表。实质上，没有用现金来购买任何东西。

(2) 登记财产可能改变，而且可能没有购买基本证券。[②]

(3) 资产的监管和税收处理会改变。

(4) 构建头寸不需要前期支付现金。这将促使改动的资产更具有流动性。

我们将利用互换原理的三个重要应用来说明上面的情况。可是，我们首先说一下互换的优势。对于其他金融工具来说，互换具有下面重要的优点。

注释 1：当你购买美国政府长期债券或美国公司发行的股票时，只能在美国购买。但是，当你使用互换合约 S_t+V_t 时，你在任何地方都可以购买，因为你不是买/卖现金债券或“现金”股票。它包括的仅仅是用于互换的现金。

注释 2：互换操作是市场实践者日常工作的自然扩展。当交易者购买某项资产的时候，需要为这项交易融资。以 LIBOR 贷款为资产“融资”相当于把 V_t 加到 S_t 上。事实上，零资产的加入消除了初始现金支付。

注释 3：新的投资组合没有违约风险。[③] 事实上在互换中，任何一方都没有增加贷款。

注释 4：最后，新投资组合的会计、税收和监管处理可能是更有利的。

□ 4.1.2 一般化

我们可将“零”这个概念加以推广。考察图 4.2。存在一系列存款 n，它们具有同样的到期日，但从不同时间 $t_i(i=1,2,\cdots)$ 开始，将这些存款垂直相加，所得到的现金流可用两种方式进行解释。第一种解释，现金流可以看成来自浮动利率票据（floating rate note，FRN），这些票据是在 t_i 时刻购买的，到期日为 $t_n=T$。票据支付固定的 LIBOR。

---

① 在全球金融危机期间，LIBOR 大幅上升，突显出与银行间贷款和 LIBOR 相关的交易对手风险。这导致人们重新评估 LIBOR 是否可作为衡量无风险利率的合适指标。隔夜指数互换利率是目前常用的为某些衍生品定价的贴现率。详见第 24 章。

② 所购买的是它的衍生品。

③ 尽管存在交易对手风险。

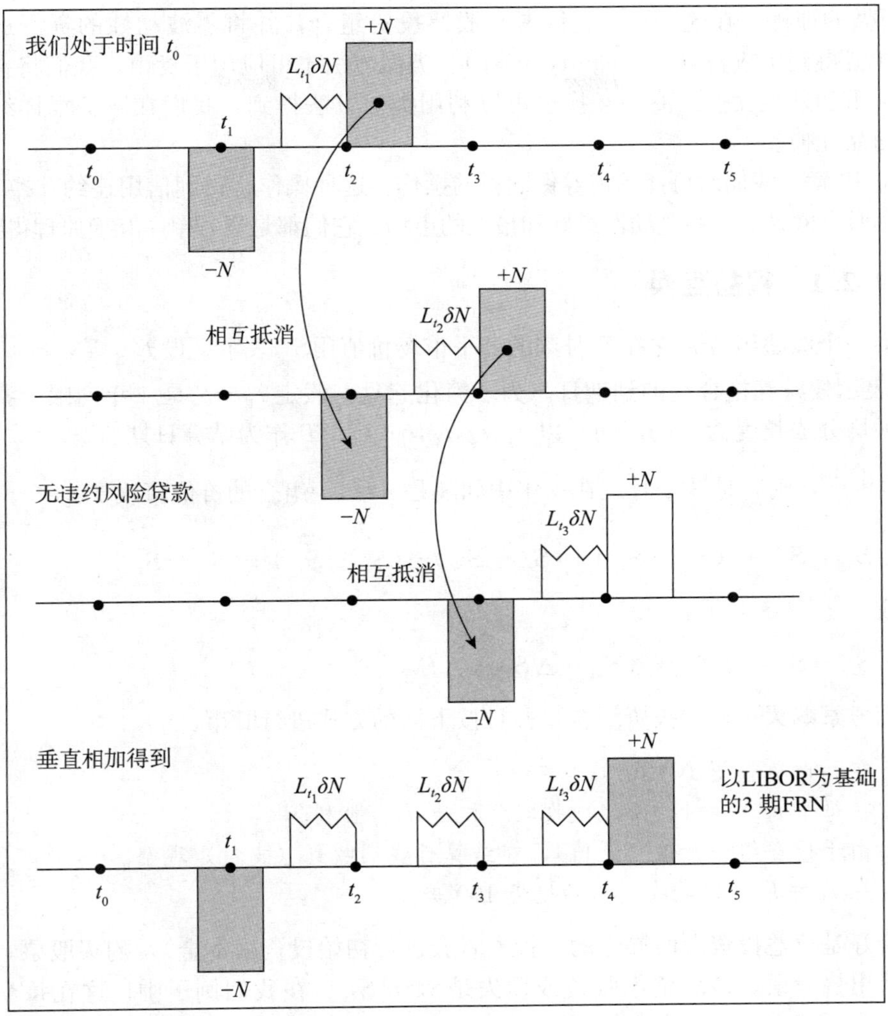

图 4.2　所购买的一系列 FRN

浮动利率票据在 t_i 时刻的价值是：

$$价值_t[FRN]=V_t^1+V_t^2+\cdots+V_t^n=0 \quad t\in[t_0,t_1] \tag{4.8}$$

其中，V_t^i 表示 t 时刻从 t_i 开始的期限存款的价值。

第二种解释是，图 4.2 中的现金流可以看成是一系列货币市场贷款在 $t_1,t_2,\cdots,t_{n-1}$ 期限转存所产生的现金流。

4.2 应用

为了理解这个逻辑原理的强大作用，我们将这个方法应用于不同类型的资产，像第

1 章中所做的那样。在这一章，我们考察股票投资组合，并将零波动性的资产加到组合上。这样就得到了权益互换（equity swap）。类似方法也可应用于货币，我们将在第 6 章讨论跨货币和外汇互换。商品互换也可以利用类似方法得到，我们在第 7 章详细解释如何得到商品互换。

在第 19 章，我们对可违约债券做同样的操作。这种操作将得到信用违约互换（CDS）。这些互换形成世界上一些流动性最好和最大的市场。它们都是通过单一互换原理得到的。

□ 4.2.1 权益互换

考察一个股票组合，它在 t_0 时刻的公平市场价值用 S_{t_0} 表示。设 $t_n=T$，$t_0<\cdots<t_n$，其中 T 表示权益互换合约的到期日。为了简化起见，假定 t_n-t_0 是一年期限。我们将这段时期平均分成长度为 δ 的区间，以 $t_1,t_2,t_3,\cdots,t_n=T$ 作为结算日期。

令 $\delta=\frac{1}{4}$，则 t_i 是 3 个月。在一年中间隔是 $n=4$，组合的价值将改变：

$$S_{t_4}-S_{t_0}=[(S_{t_1}-S_{t_0})+(S_{t_2}-S_{t_1})+(S_{t_3}-S_{t_2})+(S_{t_4}-S_{t_3})] \tag{4.9}$$

这可写成：

$$S_{t_4}-S_{t_0}=\Delta S_{t_0}+\Delta S_{t_1}+\Delta S_{t_2}+\Delta S_{t_3} \tag{4.10}$$

我们考察购买这样的投资组合，并且按下面的方式进行盯市。

(1) 在 t_1 时刻投资 $N=100$。

(2) 在每个 t_i（$i=1,2,3,4$）收取总和是 d 的股利。[①]

(3) 由于投资组合升值（贬值），在结算日我们收到（支付）现金。

(4) 在 $t_n=T$ 时刻，收到初始投资 100 美元。

这恰好是权益投资者所操作的。投资者会进行初始投资（本金），购买股票，收取股利，然后出售股票。最后资本收益或损失是 $S_{t_n}-S_{t_0}$。在我们例子中，这在每个结算日都被货币化。这个过程所产生的现金流如图 4.3 所示。

现在，我们用上面讨论的互换原理，将合约 V_t 加到股票投资组合中，合约 V_t 表示远期 LIBOR 存款现金流在 t 时刻的价值。以 g_{t_i} 表示在每个阶段组合价值上升或下降的百分比，以名义数额 N 表示初始投资：

$$S_{t_0}=N \tag{4.11}$$

于是，

(1) 股票投资组合的价值在从 t_0 到 t_1 的任何时间都不会改变，这是因为远期浮动利率票据的价值在 $t\in[t,t_0]$ 的任何时刻都等价于零。

(2) 但是，初始和最后的 N 被抵消。

(3) 结果是，在每个 t_i 时刻以下两式进行交换：

$$L_{t_{i-1}}\delta N \tag{4.12}$$

---

① 注意，我们假设在整个合约期间，股利支付是连续不断并已知的。

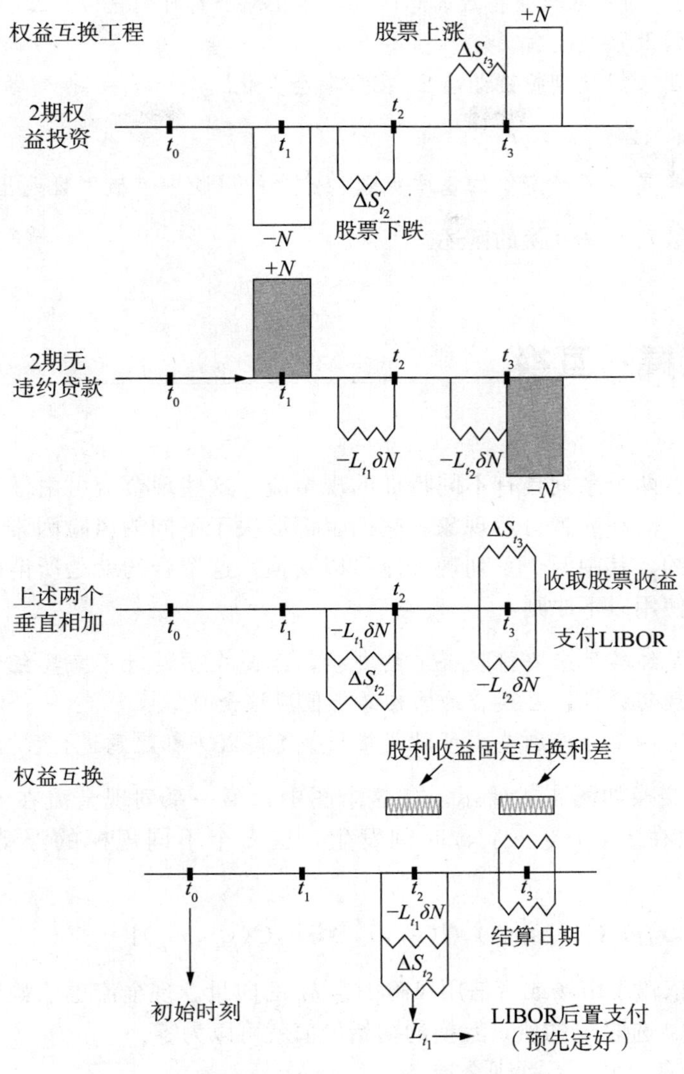

图 4.3　构建权益互换的结构

以及

$$(\Delta S_{t_i}+d)\delta N \tag{4.13}$$

（4）于是，我们能将权益互换的现金流表示成在每个 t_i 时刻下面两式的交换：

$$(L_{t_{i-1}}-d_i)\delta N \tag{4.14}$$

以及

$$\Delta S_{t_i}\delta N \tag{4.15}$$

d_i表示未知比例的股利收益，市场会作为利差来交易 d_i。做市商将给出 d_i 的“期望价值”的报价，任何供需不平衡的加剧都是权益互换的利差。权益互换的买方需要支付 LIBOR

$L_{t_{i-1}}\delta N$ 加上利差，而收取权益指数的总回报，即在每个 t_i 时刻获得 $(\Delta S_{t_i}+d)\delta N$。

(5) 互换不涉及预先支付。

这个解释说明市场预期投资组合S_{t_i}在每期会变化$L_{t_{i-1}}-d_{t_i}$，换句话说，有

$$E_t^{\overline{P}}[\Delta S_{t_i}]=L_{t_{i-1}}-d_{t_i} \tag{4.16}$$

这个结果通常是用资产定价的基本定理和隐含的风险中性概率证明出来的。

现在我们继续对利率互换的阐述。

4.3 工具：互换

可以想象任意两个系列具有不同特征的现金流。这些现金流可由任意过程产生，譬如金融工具、生产活动或者自然现象。它们也都取决于不同的风险因素。于是，原则上能够设计一项合约，其中两个系列现金流可以交换。这个合约就是所谓的互换。在设计互换时，我们要使用以下原则：

(1) 互换只是纯粹用来安排现金流的交换，因此在初始时不需要任何额外的净现金支付。换句话说，互换合约的初始价值应该是0。

(2) 合约规定一个互换利差。可以调整利差使得双方都愿意进行现金流的交换。

一个普通的交换如图 4.4 所示。在这个图中，第一系列现金流在 t_1时刻开始，以后继续周期性地在 t_2，t_3，…，t_k时刻发生。这 k 个不同规模的浮动现金流可以表示成：

$$\{C(S_{t_0},x_{t_0}),C(s_{t_0},x_{t_1}),C(s_{t_0},x_{t_2}),\cdots,C(s_{t_0},x_{t_k})\} \tag{4.17}$$

这些现金流依赖于市场或者信用风险因素x_{t_i}的向量。现金流也依赖于互换利差或适当的互换利率s_{t_0}。选取s_{t_0}的值，互换的初始价值就可以为零。

图 4.4 (b) 表示另一系列现金流：

$$\{B(y_{t_0}),B(y_{t_1}),B(y_{t_2}),\cdots,B(y_{t_k})\} \tag{4.18}$$

它潜在地取决于一些其他风险因素y_{t_i}。

互换是指在结算日$\{t_i\}$用$\{C(s_{t_0},\ x_{t_i})\}$交换$\{B(y_{t_i})\}$。参数s_{t_0}在 t_0时刻确定，使得双方愿意进行交换而不必进行初始现金支付。这如图 4.4 (c) 所示。一方支付 $C(\cdot)$，收到 $B(\cdot)$。对手方即交易的另一方则进行相反的操作。① 很明显，如果现金流是以同种货币表示的，在每个时期 t_i就不必进行两种不同的支付。一方只是支付给另一方净额。然后，实际汇款看起来更像图 4.5 中所示。当然，一方的收入等于另一方的支付。

现在，如果双方都愿意在没有前期费用的情况下交换两列现金流，这些现金流的市

① 这里我们使用术语“现金流”，但该术语也可能指所交换的是实物。

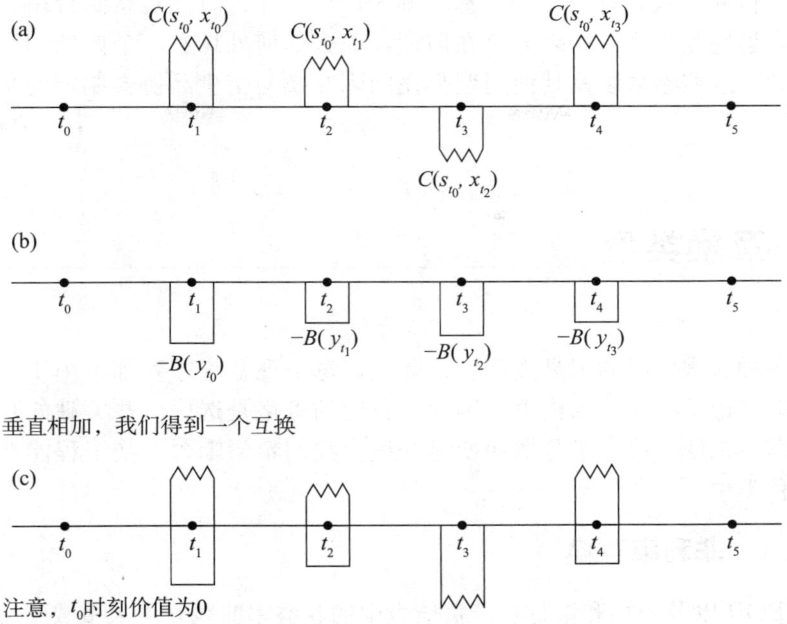

图 4.4　普通互换的收益

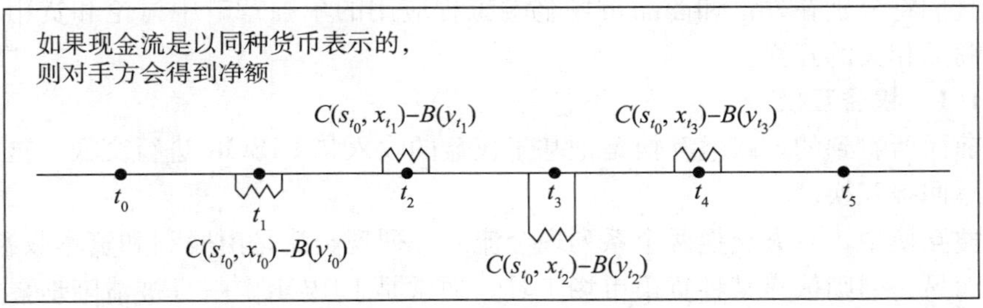

图 4.5　利率互换中的净额交换

场价值一定是相同的，而不管它们的隐含风险有多么不同，否则一方会要求前期净支付。然而，随着时间的推移，互换协议在终止时可能有正的或负的净值，因为变量x_{t_i}和y_{t_i}将变化，这会使一系列现金流比另一系列现金流更值钱。

例子：

假设你签订了一份互换合约，可以使你得到7%的美元回报，支付6%的欧元利率。按事先确定的汇率e_{t_0}每3个月交换一次。在初始时刻t_0，已知互换利差是正确的，收入和支出的市场价值是相等的。然而，在合约生效后，美元利率相对欧元利率可能会降低，这会使得收到的7%的美元资金相对于支付的欧元更值钱。

结果是，从美元接收方的视角看，互换的价值从零变为正值，然而对于对手方互换的价值是负的。

当然，在$t_1, t_2, \cdots, t_n$时刻进行的现金流的实际交换要比图4.5所示的简单交易过程复杂得多。支付和收入究竟是多少？基于哪个价格？什么时候观察到价格？如果一方没有按时交割，惩罚是什么？如果 t_i 落在假期，那么如何处理？一个典型的互换合约需要明确这些参数。这些参数以及其他问题都在国际互换与衍生品协会制定的文件中给出了明确规定。

4.4 互换类型

互换是一种非常广泛的工具类型。实际上，每个现金流序列都可用于生成互换。在本书里不可能讨论所有相关的内容。因此，我们的策略是选取一些关键的互换结构集中进行论述，而不是使讨论过于分散而变得肤浅。我们希望隐含互换工程能够被直接应用到其他互换种类中。

□ 4.4.1 非利率互换

给定 LIBOR 以及公司和银行资产负债表中的收益率曲线，绝大多数互换都与利率有关。但是互换种类非常广泛，为强调这一点，我们从非利率互换——权益互换开始讨论。最近，这其中最重要的是信用违约互换（CDS），但是我们将在单独一章讲述这个工具。类似地，我们将分别在外汇和商品市场金融工程应用的单独章节中讨论和货币相关的互换以及和商品相关的互换。

4.4.1.1 权益互换

正如前面所看到的，权益互换是把基于权益的收入与 LIBOR 进行交换。这些互换有时也称为总回报互换。

在权益互换中，双方交换两个系列现金流。一列现金流是由股利和资本收益（损失）产生的，而另一列则依靠某种货币市场工具，通常是 LIBOR。一旦被清晰地界定后，每个系列现金流都可以被单独定价。于是，对于相关 LIBOR 利率，加上或减去利差就会使得双方都愿意交换这些现金流且没有初始支付。使这些交换具有法律上的约束力的合约就是所谓的权益互换。

因而，一个典型权益互换包括以下内容。初始时间是 t_0，股票指数是I_{t_i}，货币市场利率也就是基于 LIBOR 的L_{t_i} 被确定。在时间$\{t_1,t_2,\cdots,t_n\}$内，双方进行下面两个现金流的交换，一个是基于I_{t_i} 的变化百分比的现金流，可写成

$$N_{t_{i-1}}\left(\frac{I_{t_i}-I_{t_{i-1}}}{I_{t_{i-1}}}\right) \tag{4.19}$$

一个是基于 LIBOR 的现金流，$N_{t_{i-1}}L_{t_{i-1}}\delta$ 加上或减去利差。N_{t_i} 是名义本金，不必交换。

注意，名义本金允许在每一个 $t_0,t_1,\cdots,t_{n-1}$时间点上重新设置，允许双方定期调整特定股票指数头寸。在权益互换中，名义本金也可以被选定为不变的值 N。

例子：

图 4.6 是一个 4 年期的由某个股票指数所产生的资本收益（损失）加上股利。每 90 天与 3 个月期 LIBOR 减 20 个基点的现金流交换一次。

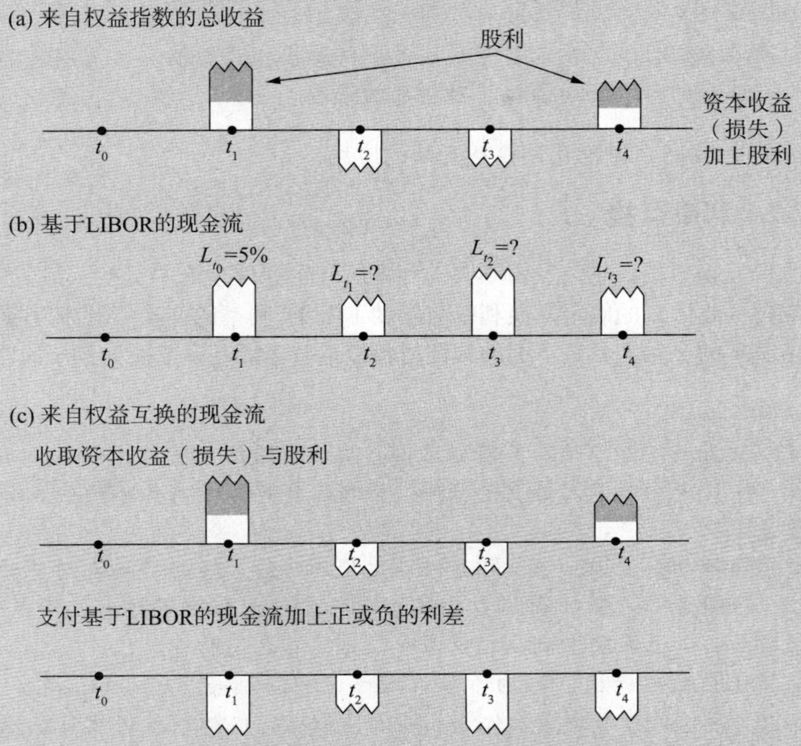

图 4.6　权益互换的各种成分

名义本金是 100 万美元。在 t_0 时刻，这些现金流的各要素是未知的。

在 t_1 时刻，一旦观察到指数绩效，则各自的支付就可以计算出来。假设有下面的数据：

$$I_{t_0}=800 \tag{4.20}$$

$$I_{t_1}=850 \quad L_{t_0}=5\% \quad 利差=0.20 \tag{4.21}$$

于是，t_1 时刻与权益相联系的现金流是：

$$1\text{m}\left(\frac{I_{t_1}-I_{t_0}}{I_{t_0}}\right)=1\ 000\ 000\times 0.062\ 5=62\ 500 \tag{4.22}$$

与 LIBOR 有关的现金流是：

$$1\text{m}(L_{t_0}-s_{t_0})\frac{90}{360}=1\ 000\ 000\times(0.05-0.002)\times\frac{1}{4}=12\ 000 \tag{4.23}$$

随着时间的流逝，剩下的未知现金流将会变成已知。在支付股利时，价格会变化。利差从利率中被减去。

有些权益互换是在两个权益指数之间进行的。下面的例子就可阐明这样的思想。

例子：

在一个权益互换中，互换持有者支付标准普尔500的总收益，收到另一种指数的收益，比如说日经指数。持有者的好处在于互换不涉及任何前期支付。

当然，通过卖出标准普尔期货并买入另一种股票指数的期货也可以构建同样的交易，但是权益互换的好处在于简化了对指数的追踪。

在本章后面，我们将讨论几种权益互换的应用。

□ 4.4.2 利率互换

这是最大的互换市场。它涉及由不同的利率所产生的现金流的交换。最普遍的情况是，同一种货币支付（收取）的固定互换利率与浮动 LIBOR 利率的交换。利率互换已经成为世界金融市场上基本的金融工具。下面的阅读材料以最基本的利率互换为例子说明了这一点。

例子：

由于可以被看做逐渐萎缩的美国公司债券基准的国债市场的替代品，互换曲线受到极大追捧……这也引起了人们新的预测，互换曲线将会被用作公司债券和资产支持证券的首要基准。

……公司债券的投资者认为，在为债券定价的时候，提高对互换利差的关注一定会有益处。一个益处是，抵押贷款支持证券市场在很大程度上转而使用基于 LIBOR 的头寸价值评估，并且希望看到公司债券和抵押债券之间的可比性。

……互换交易商也指出，机构债券市场已经被房利美（Fannie Mae）和房地美（Freddie Mac）定位为基准市场来代替长期国债市场，机构利差仍然有效地随着互换利差变化。

……银行家和投资者认为，未来公司债券头寸的套期保值实际上意味着最充分地利用已有的工具。即使互换和机构债券有局限性，信用成本逐渐上升，但是为了套期保值的目的，它们仍然不断地被广泛使用。

（汤森路透，IFR，第 6 321 期）

上面的阅读材料表明了互换市场在世界金融中所处的重要地位。由利率互换得到的“互换曲线”被许多人认为是利率期限结构的基准，这意味着大多数资产最终将按某种方式的利率互换来定价。材料中也明确地提到了市场中的几个主要部分。尤其是，(1) 抵押贷款支持证券市场，(2) 机构市场（即由房利美或房地美等机构发行的证券的市场），(3) 公司债券市场，虽然这些市场都有自身的复杂性，但互换仍然在它们中发挥了重要作用。因此，我们最好先给出利率互换的正式定义，然后再来看一个例子。

普通利率互换（plain vanilla interest-rate swap）在 t_0 时刻开始，承诺在每个确定的结算日 $\{t_1, t_2, \cdots, t_n\}$ 交换与名义本金 N 相关的利息支付。互换的买方将进行固定的支付，每次的规模为 $s_{t_0}N\delta$，同时收取规模为 $L_{t_i}N\delta$ 的浮动支付。LIBOR 利率 L_{t_i} 在确定日 $\{t_0, t_1, \cdots, t_{n-1}\}$ 决定。互换的期限是 m 年。[①] s_{t_0} 是互换利率。

① 这里，$m=n\delta$，δ 是天数计算的参数。

例子：

一个利率互换的名义本金 N 为 100 万美元，有固定利率 7%，期限为 2 年，半年支付一次，交换 6 个月期 LIBOR 所产生的现金流。如图 4.7（a）所示。有两个系列现金流。第一列现金流是共 4 次、每次 35 000 美元的支付，它们在 t_0 时刻是已知的，并且在每 6 个月的期末支付。

第二列现金流如图 4.7（b）所示。这些现金流由确定日的 6 个月期美元 LIBOR 决定。在这段时间内，会得到 4 个单独的 LIBOR 利率。L_{t_0} 在初始 t_0 时刻是已知的。其他的 LIBOR 利率 L_{t_1}、L_{t_2}、L_{t_3} 随着时间的流逝将会逐渐被观察到，但是在初始时是未知的。

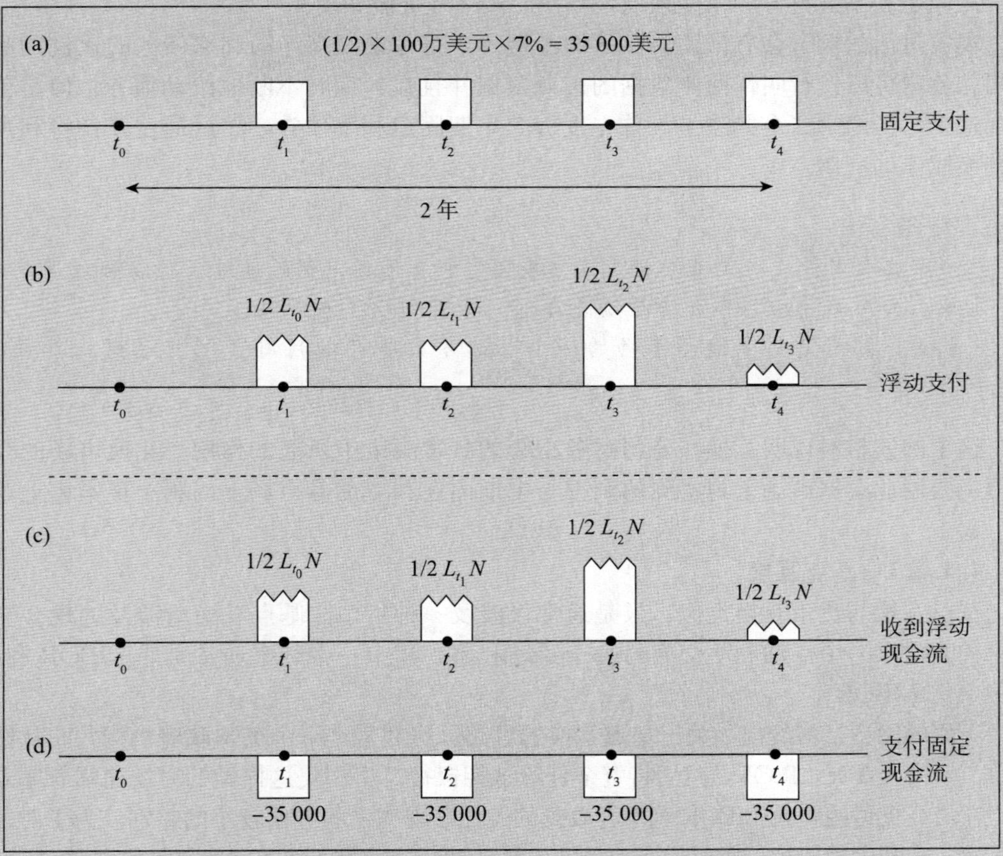

图 4.7　利率互换中固定支付方和固定接收方的现金流

在图 4.7 中，浮动现金流取决于在 t_i 时刻观察到的 L_{t_i}，但是在 t_{i+1} 时刻支付的。这种特征的互换被称作后置支付互换（paid-in-arrears swaps）。

很明显，我们有两个系列具有不同市场风险特征的现金流。市场将分别给它们定价。定价完成后，市场实践者将进行交易。固定支付方将支付如图 4.7（a）所示的现金流，收取如图 4.7（b）所示的现金流。这一方是利率互换的买方。

交易中的另一方市场实践者的行为正好相反，他收到基于 t_0 时刻固定利率的现金流，支付随着时间推移已知的 LIBOR 利率 L_{t_i} 基础上的现金流。这一方是固定利率接收方，市场上通常叫作互换的卖方。① 固定接收方的这些现金流如图 4.7（c）和图 4.7（d）所示。

我们通常对其中一个现金流加上固定利差，以使双方都能接受两个现金流从而进行交换。② 这个作用是由互换利差完成的。市场通常把利差加入固定利率中。通过相应调整利差，双方可以在一起接受两个现金流的交换。协议的固定利率是互换利率。于是，我们有

$$互换利率=基准利率+互换利差 \tag{4.24}$$

基准利率（benchmark rate）通常选择所在国家的具有相同到期日的主权债券。

从固定利率支付方的角度来说，互换的最终现金流如图 4.5 所示，只是交割净差额。

现实生活的例子会有帮助。在下面考察一个正考虑提高浮动利率债务的比例的私人公司。公司可以发行叫作商业票据的短期票据并且在到期时不断地滚动债务。但是公司实现这个目的的第二个办法是，首先发行 5 年期固定利率债券，然后通过互换将利息支付转换成浮动利率。

例子：

一个公司考虑发行商业票据或者中期固定利率债券，然后通过互换转换成浮动利率负债。公司的浮动利率负债份额将由 30%上升到 50%～55%。

利用中期固定利率债券市场的一个可选方案是可以利用 7 亿美元商业票据的便利。

这个阅读材料说明互换在公司财务主管的日常决策中所起的作用。互换市场的存在使得主要商业票据市场上观察到的利率与中期固定利率债券市场上的利率更紧密地联系在一起。

4.4.2.1 基点互换

基点互换与货币互换类似，只是通常仅涉及一种货币。基点互换所涉及的现金流是同一种货币以一个浮动利率交换另一个浮动利率。其中一个利率通常是非 LIBOR 利率，另一个是 LIBOR。

下面的阅读材料给出了关于基点互换的思路。房利美是一个美国政府机构，它从国际货币市场借入美元 LIBOR，然后将资金贷给抵押银行。房利美这样做的时候面临着基差风险。它最终支付的美元 LIBOR 利率与收到的美元贴现率之间有比较小的差别。为了对冲风险头寸，房利美需要把一种浮动利率转换成另一种。这就是下面的阅读材料的主题。

例子：

美林一直使用房利美的基准债券，为其几十亿美元的贴现/基点互换业务定价和套期保值。利率衍生品交易的主管说："自从基准债券发行的那天起，我们就用它作为贴现/基点互换的定价工具。我们将继续使用它给互换定价并对冲风险。"

---

① 与 FRA 术语类似，支付固定利率一方通常是想要锁定某一水平的利率以减少浮动利率的风险。这是寻求"保护"的客户，因此，称为互换的买方。

② 毕竟，苹果和橙子很少一对一地交易。

他补充说，套期保值活动主要集中于5年期和10年期的债券，这也是典型的贴现/LIBOR基点互换期限。贴现/LIBOR基点互换和票据广泛地被美国机构所使用，如房利美，以对冲基差风险。它们贷出美国贴现率，但是以LIBOR利率融资，结果是面临LIBOR/贴现率利差的风险。在基点互换中，机构收取的是LIBOR，支付的是贴现率。

大多数美国衍生工具供应者几年前开始提供贴现/LIBOR基点互换，现在运营的这类互换账面价值达到几十亿美元。

（汤森路透，IFR，第1 229期）

这段资料说明了两件事。为了使收入和支付建立在同样的风险上，房利美需要把浮动利率转换为另一种浮动利率。但同时，因为房利美使用基点互换来套期保值以及因为存在大量的房利美债券，市场实践者可能认为这些机构债券是为自己的基点互换定价的很好工具。

4.4.2.2 什么是资产互换

原则上，资产互换（asset swap）这个术语可用于任何类型的互换。毕竟，到目前为止，所考察的现金流都是由某种资产、指数或参考利率所产生的。而且，与股票指数或参考利率（如LIBOR）相联系的互换容易被视作浮动利率票据（FRN）、公司债券组合或股票组合。交换这些现金流与交换标的资产是一致的。

然而，资产互换这个术语通常具有更精确的含义。考察一个每年付息c_{t_0}的可违约平价债券。假设半年付息一次。于是，我们可以假设，一个互换是票面利率支付与6个月期的LIBOR L_{t_i}加上利差s_{t_0}相交换。票面利率是固定的，并且在t_0时刻是已知的。浮动利率支付是随机的，虽然利差部分s_{t_0}在t_0时刻是已知的。这种结构通常被定义为资产互换。[①] 如果忽略违约情况，读者可以很容易地得出这个工具隐含的所有现金流。这样的现金流如图4.4所示那样进行交换。一系列现金流表示票面利率，另一系列是LIBOR加上一个利差。

按这种方式给出的资产互换，为投资者提供了有用的另一种选择。投资者通常可以购买债券并接受票面利率c_{t_0}。但是，通过资产互换，投资者也能够将票面利率支付交换出去，而收取浮动LIBOR加上利差s_{t_0}。这样，发行者的风险保留了，但是固定利率的风险被消除。事实上，如果希望固定利率敞口，政府长期债券或固定收益利率互换可以是更好的选择。假设在这种结构中应用LIBOR，s_{t_0}作为利差被计算到相应的固定互换利率中。

4.4.2.3 更复杂的互换

迄今为止，所讨论的互换都是流通的并且交易比较活跃。可以想象许多其他类型的互换。其中有些也在流通，而其他的则没有流通。分期偿还互换（amortizing swaps）、金银互换（bullion swaps）、MBS互换、跨货币（quanto）（差异）互换、通货膨胀互换、长寿互换[②]都是我们可以想到的。这里我们不详细论述它们，其中一些互换将作为例子

① 在资产互换中，信用风险仍然在债券持有者一方。

② 长寿互换可以帮助对冲养老基金计划成员寿命超过预期的风险。从资产负债管理的角度来看，养老基金面临的主要风险是利率、通货膨胀和长寿（或死亡）风险。在长寿互换交易中，养老基金将根据商定的死亡率假设向交易对手（如保险公司或投资银行）支付固定金额，并根据该计划未来实现的死亡率收取浮动金额。

或习题出现在后面的章节中。

一个有意思的例子是固定期限互换（constant maturity swaps，CMS），这将在第14章详细讨论。CMS互换具有很有意思的凸性维度，即要求考察收益率曲线上各种远期利率的波动性和协方差。一个相关的互换种类是固定期限国库券（constant maturity treasury，CMT）互换。

□ 4.4.3 互换惯例

利率互换市场具有自己的惯例。在一些经济体中，市场报价是互换利差。美元利率互换就是如此。美元利率互换报价是相对于国库券的利差。在澳大利亚市场报出的是互换利差，但利差是相对于债券期货的。

在其他一些经济体中，市场报价是互换利率。欧元利率互换就是这样。

接下来，讨论怎么给互换报价的问题。通常采用的是双向利率报价的形式。但是有时所报的互换利率是以年为基础的，有时是以半年为基础的。不同市场间计息天数惯例也是不同的。美元互换的计息天数通常是实际天数/360，而欧元互换的计息天数是30/360。

根据市场惯例，固定利息支付者也叫作支付方（payer），做多互换，买入互换。固定利率收取者也叫作接收方（receiver），做空互换，卖出互换。

4.5 利率互换工程

我们现在来研究互换的金融工程。我们主要集中于普通利率互换。其他互换的工程在许多方面是相似的，留给读者自己了解。为简单起见，我们提到的例子只有3个结算日。图4.8表示一个固定支付方、三期利率的互换，起始时间为t_0。互换从t_0时刻开始。一方将在t_1、t_2和t_3时刻进行同种货币的三期固定支付，并收到三期浮动利率。其中t_1、t_2、t_3表示结算日（settlement date）。t_0、t_1、t_2也是重设日（reset date），在这个日期确定相关的LIBOR利率。

我们选择名义本金N为一个单位，设$\delta=1$，假设浮动利率是12个月期LIBOR。[①]

$$N=1\text{ 美元} \tag{4.25}$$

在这种简化情况下固定支付利率是s_{t_0}，与LIBOR相关的利率分别是L_{t_0}、L_{t_1}和L_{t_2}。互换利差将是s_{t_0}与具有相同到期日的国库券利率之差，用y_{t_0}表示。[②] 因而，得出

$$\text{互换利差}=s_{t_0}-y_{t_0} \tag{4.26}$$

我们研究这个利率互换工程。更确切地说，我们将讨论复制这个互换的方法。不仅仅是精确地合成，更有趣的是处理这个问题的方法。

① 这是简化情况。现实生活中，浮动利率或者是3个月期LIBOR，或者是6个月期LIBOR。

② 这也可以是任何一个被市场接受为基准的利率。

互换至少可以以两种方法进行反向工程：

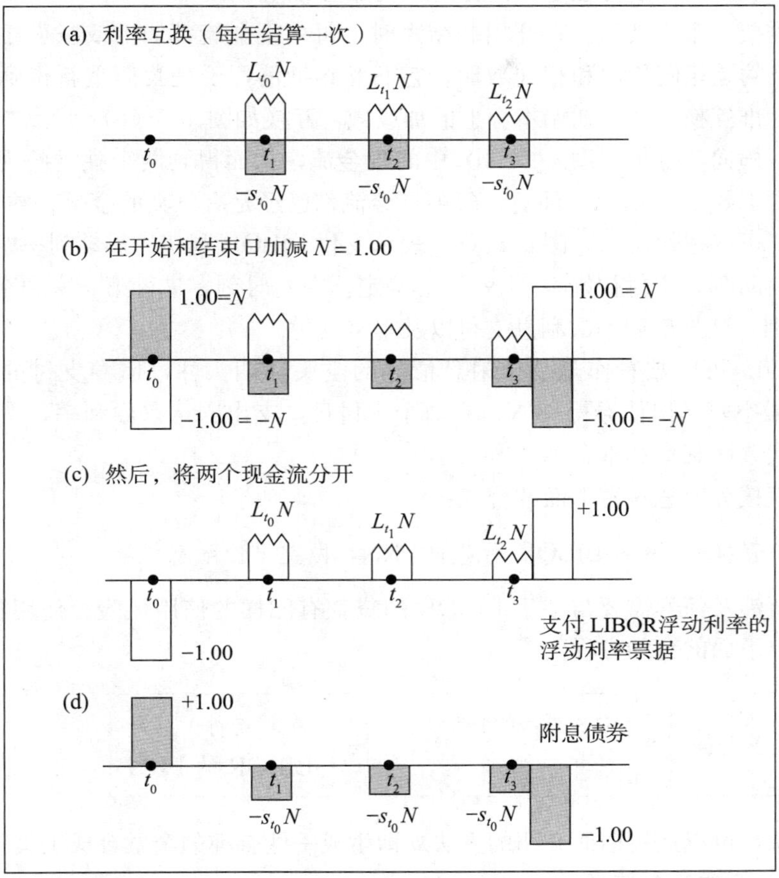

图 4.8　利率互换的分解

(1) 第一，我们可以将互换横向分解成两个系列现金流，一个系列表示浮动利率支付（收取），另一个系列是固定利率现金流。倘若完成这一步，则每个现金流可以被解释成与某一类型挂钩的债券。

(2) 第二，我们可以对互换进行纵向分解，分割成在 n 个时间期限内的 n 次现金交换。倘若完成这一步，则每个现金交换可以被解释成近似（但不一致）后置支付的远期利率协议，且在每个结算日固定利率是不变的。

现在，我们来详细研究每一种方法。

□ 4.5.1　横向分解

首先，我们简化在这一节中使用的记号和参数。为了仅集中在金融工程方面，我们将在讨论中宁愿省略一些变量。例如，我们假设互换是每年支付一次，这样计算天数参数是 $\delta=1$，除非另做假设。其次，我们讨论的远期互换是在 t_0 时刻签订的，但是开始时间是在 t_1 时刻，$t_0<t_1$。在讨论中，我们有时会省略术语“远期”，即提到远期互换时简

称为互换。①

分解利率互换的传统方法是横向分解。初始互换现金流如图 4.8（a）所示。在开始之前，我们需要一个小技巧。在开始和结束时，每列现金流都加上或减去相同名义本金 N。因为涉及的是相同货币和相同数额，它们互相抵消，于是我们重新得到固定利率和浮动利率的标准互换。通过初始本金上的加或减，互换如图 4.8（b）所示。

接下来，横向“分离”图 4.8（b）中的现金流，从而得到两个独立的现金流，如图 4.8（c）和图 4.8（d）所示。注意，每列现金流都已经是有意义的金融合约的形式。

事实上，可以很快看出，图 4.8（c）表示支付 LIBOR 利率的浮动利率票据的多头远期头寸。在 t_1时刻，支付初始本金 N，L_{t_1}确定。在 t_2时刻，进行第一次利率支付，一直进行到 t_4时刻，这是最后一次利息支付以及本金支付。

图 4.8（d）可以被看作是平价附息债券的空头远期头寸，债券支付的票面利率为 s_{t_0}。我们（做空）卖出债券得到 N。在每个支付日，支出固定票面利率，然后在 t_4时刻支付最后一次票面利率和本金 N。

因而，直接分解意味着下面的合成：

利率互换={做多 LIBOR 附息的 FRN，做空平价附息债券}　　(4.27)

这里，所涉及债券需要与基于 LIBOR 的贷款有同样的信用风险。使用这种表示法，可以直接写出下面的合约方程：

做多互换	=	做空票面利率为 s_{t_0} 的平价债券	+	做多支付 LIBOR 的 FRN

(4.28)

利用这种关系，可以运用前面介绍的方法立即生成一些有趣的金融合成工具。

4.5.1.1　合成附息债券

假设一个没有违约风险的 AAA 级的实体发行一个 3 年期的 FRN，每 12 个月支付 LIBOR 减 10 个基点。② 客户想要从该实体购买附息债券，但是没有这样的债券发行。我们能够帮助客户合成这样的债券。为此，我们对合约方程进行以下运算，这样在右边就会有多头附息债券。

做多票面利率为 s_{t_0} −10 个基点的平价债券	=	以利率 s_{t_0} 卖出一个互换	+	做多支付 LIBOR−10 个基点的 FRN

(4.29)

这个金融工程的几何表示如图 4.9 所示。合成结果是这个实体发行的附息债券，票面利率为s_{t_0} −10 个基点。利息计算中包含 10 个基点是因为证券是由一个 AAA 级实体发行的。

① 记住，没有信用风险，时间是离散的。最后，没有买卖价差。

② 2007—2008 年信用危机之前，AAA 级实体有可忽略的信用风险，对 LIBOR 的利差是负的。

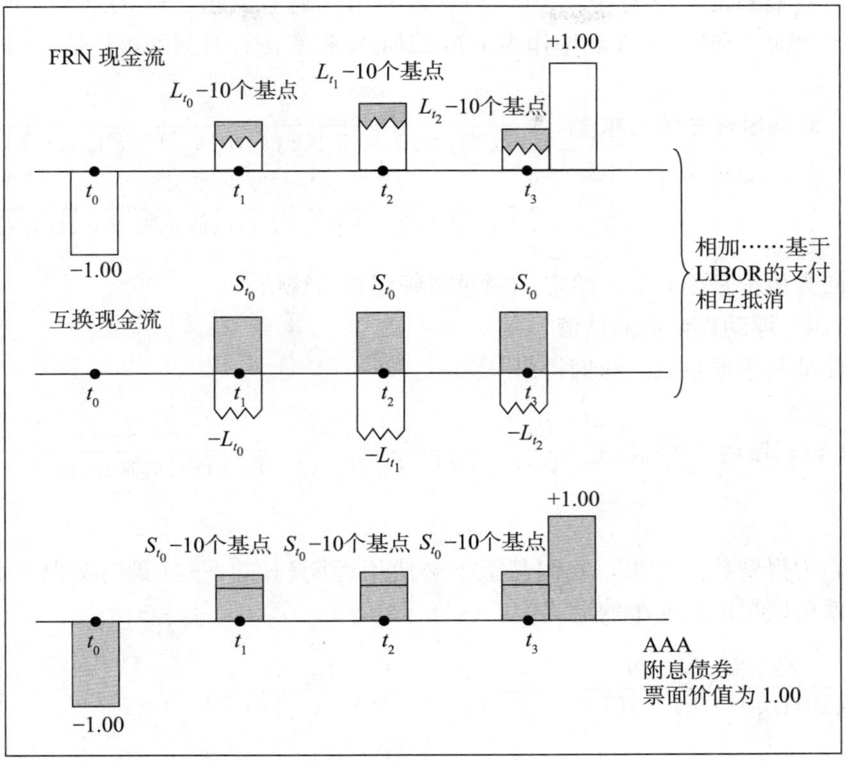

图 4.9　构建合成债券

4.5.1.2　定价

通过式（4.35）所得到的合约方程，我们利用观察到的固定和浮动附息债券的价格可以为出自债券市场的互换定价。① 为理解这一点，我们使用合适的折现因子，得到由固定和浮动利率债券产生的现金流的现值。在本节中，我们会用一个特殊例子，即 3 年期即期互换，该互换基于 12 个月期 LIBOR 进行固定支付。这会简化讨论，同时也可以直接将得到的公式推广到 n 年互换。

假设互换将进行 3 次年息票支付，每次是$s_{t_0}N$。我们也可以进行 3 次浮动利率支付，每次支付值是$L_{t_{i-1}}N$，其中相关的 LIBOR $L_{t_{i-1}}$是在 t_{i-1} 时刻确定的，但是在 t_i 时刻支付。

4.5.1.3　固定现金流的估值

为了得到固定现金流的现值，使用相关浮动利率对其进行折现。注意，如果知道浮动利率 $\{L_{t_0}, L_{t_1}, L_{t_2}\}$，就有

$$\text{固定支付的现值} = \frac{s_{t_0}N}{1+L_{t_0}} + \frac{s_{t_0}N}{(1+L_{t_0})(1+L_{t_1})} + \frac{s_{t_0}N+N}{(1+L_{t_0})(1+L_{t_1})(1+L_{t_2})} \tag{4.30}$$

其中，我们给 t_3时刻的现金流加上 N，但在 $t=0$ 时，LIBOR 利率L_{t_i}（$i=1$，2）是未知

① 正如之前我们所讨论的，实际上，债券市场使用互换利率作为基准利率和贴现率。

的。然而，我们知道对于每个L_{t_i}（$i=1$，2），市场愿意支付已知的远期（FRA）利率$F(t_0,t_i)$。因而，利用FRA利率作为未知LIBOR利率在t_0时刻的市场值，得到

$$t_0\text{时刻固定支付的现值}=\frac{s_{t_0}N}{1+F(t_0,t_0)}+\frac{s_{t_0}N}{[1+F(t_0,t_0)][1+F(t_0,t_1)]} \tag{4.31}$$

$$+\frac{s_{t_0}N+N}{[1+F(t_0,t_0)][1+F(t_0,t_1)][1+F(t_0,t_2)]} \tag{4.32}$$

所有右边的数值都是已知的，给定s_{t_0}就可以确切算出现值。

4.5.1.4　浮动现金流的估值

对于浮动利率现金流，我们得出①

$$t_0\text{时刻浮动支付的现值}=\frac{L_{t_0}N}{1+L_{t_0}}+\frac{L_{t_1}N}{(1+L_{t_0})(1+L_{t_1})}+\frac{L_{t_2}N+N}{(1+L_{t_0})(1+L_{t_1})(1+L_{t_2})} \tag{4.33}$$

这里，为得到数值结果，我们甚至不必使用远期利率。一旦我们实现下面的转换，这个现值就可以写成更简单的形式：

$$\frac{L_{t_2}N+N}{(1+L_{t_0})(1+L_{t_1})(1+L_{t_2})}=\frac{(1+L_{t_2})N}{(1+L_{t_0})(1+L_{t_1})(1+L_{t_2})} \tag{4.34}$$

$$=\frac{N}{(1+L_{t_0})(1+L_{t_1})} \tag{4.35}$$

然后，将这一项加到式（4.33）现值的右边第二项，并简化得到

$$\frac{L_{t_1}N}{(1+L_{t_0})(1+L_{t_1})}+\frac{N}{(1+L_{t_0})(1+L_{t_1})}=\frac{N}{1+L_{t_0}} \tag{4.36}$$

最后，对式（4.33）右边第一项使用同样的技巧，令人意外地得出等式

$$t_0\text{时刻浮动支付的现值}=N \tag{4.37}$$

据此，FRN在每个结算日的现值等于票面价值N。这种逐级简化可以用来获得浮动利率支付在重设日的现值。② 现在我们通过下式，可以将这些连起来，

$$t_0\text{时刻固定支付的现值}=t_0\text{时刻浮动支付的现值} \tag{4.38}$$

这就得到一个方程，其中s_{t_0}可以看成是未知数：

---

① 请读者注意，为了简化讨论，天数调整因子选定$\delta=1$，否则，公式中所有LIBOR利率和远期利率都必须乘以δ。

② 当然，这个结果在两个重设日之间并不成立，因为分子和分母项一般来说是不同的。支付是按$1+L_{t_i}$得出的，但是，现值是使用上个重设日观察到的LIBOR利率：

$$(1+L_{t_0+u}\delta)(1+L_{t_1})$$

其中，u表示自上个重设日以来的时间段。L_{t_0+u}表示在t_0+u时刻观察到的利率。现金流价值依据L_{t_0+u}的值将会稍大或稍小一些。

$$\frac{s_{t_0}N}{1+F(t_0,t_0)}+\frac{s_{t_0}N}{[1+F(t_0,t_0)][1+F(t_0,t_1)]}+\frac{s_{t_0}N+N}{[1+F(t_0,t_0)][1+F(t_0,t_1)][1+F(t_0,t_2)]}=N \tag{4.39}$$

消掉 N 并重新整理，如果给定 $F(t_0,t_0)$、$F(t_0,t_1)$ 和 $F(t_0,t_2)$，就可以得出s_{t_0}的具体数值。这是对出自 FRA 市场的互换进行的估值。

4.5.1.5 重要评论

注意，前面推导过程中我们利用了一个非常方便但非常精巧的操作。利用流动的 FRA 市场，在合适的公式中，我们用已知的 $F(t_0,t_i)$替代未知的L_{t_i}。然而，这些公式在L_{t_i}上不是线性关系，即使远期利率是在适当概率 P^* 下对相应 LIBOR 的无偏估计量，

$$F(t_0,t_i)=E_{t_0}^{P^*}[L_{t_i}] \tag{4.40}$$

仍然不能确定这个替换的合理性。例如，用 $E_{t_0}^{P^*}[\cdot]$ 表示在 t_0时刻的条件期望算子，根据詹森不等式，它不能移到非线性公式里去：

$$E_{t_0}^{P^*}\left[\frac{1}{1+L_{t_i}\delta}\right]>\frac{1}{1+E_{t_0}^{P^*}[L_{t_i}]\delta} \tag{4.41}$$

因此，即使式（4.48）中的关系成立，仍然不能确定L_{t_i}怎么被相应的 $F(t_0,t_i)$代替。这些问题将在第 12 章和第 13 章中引入风险中性和远期测度后加以讨论。上述替代取决于很多条件，并且往往是非常精巧的。在我们的例子中允许做这样的替代，因为远期利率是在 t_0时刻市场支付的相应 LIBOR 利率。

□ 4.5.2 纵向分解

现在，我们研究互换分解的第二种方法。我们已经知道什么是 FRA 合约。考察一个按年支付的 FRA，$\delta=1$，并且这个 FRA 是后置支付的。于是，在某一时刻 $t_i+\delta$，FRA 双方将交换现金流：

$$[L_{t_i}-F(t_0,t_i)]\delta N \tag{4.42}$$

其中，N 表示名义本金，$\delta=1$，$F(t_0,t_i)$表示在 t_0时刻确定的 FRA 利率。我们也知道，FRA 是固定支付 $F(t_0,t_i)\delta N$ 和浮动支付$L_{t_i}\delta N$ 进行交换。

是否可能将一个互换分解为 n 个 FRA 呢？其中每个 FRA 的利率为 $F(t_0,t_i)$（$i=1,\cdots,n$）。对于 $n=3$ 的情形，如图 4.10 所示。互换现金流在每个支付日被垂直分解。图 4.10（b）～图 4.10（d）分别表示每个互换的现金流，在每个情形下，固定利率支付与未知的浮动 LIBOR 利率交换。

如图 4.10（b）～图 4.10（d）所示的现金交换是可交易的合约吗？尤其，它们是不是有效的 FRA 合约，以便互换成为三个 FRA 的组合？这些现金流初看起来确实像 FRA。但是，当我们更仔细地分析这个结论时，可以发现，这些现金流并不是有效的单独合约。

为了理解这一点，考察图 4.10（b）中 t_2时刻的结算以及图 4.11 所示的相同结算时

间的 FRA 现金流。这个图显示了与现金流分析有关的一个重要问题。考察从 t_0 时刻开始，并且在 t_2 时刻后置结算的 FRA 现金流，并将其与相应的互换结算加以比较。两个现金流看起来相似，同样是固定利率交换在 t_1 时刻观察到的 LIBOR 浮动利率 L_{t_1}，但这两者存在着重要的区别。

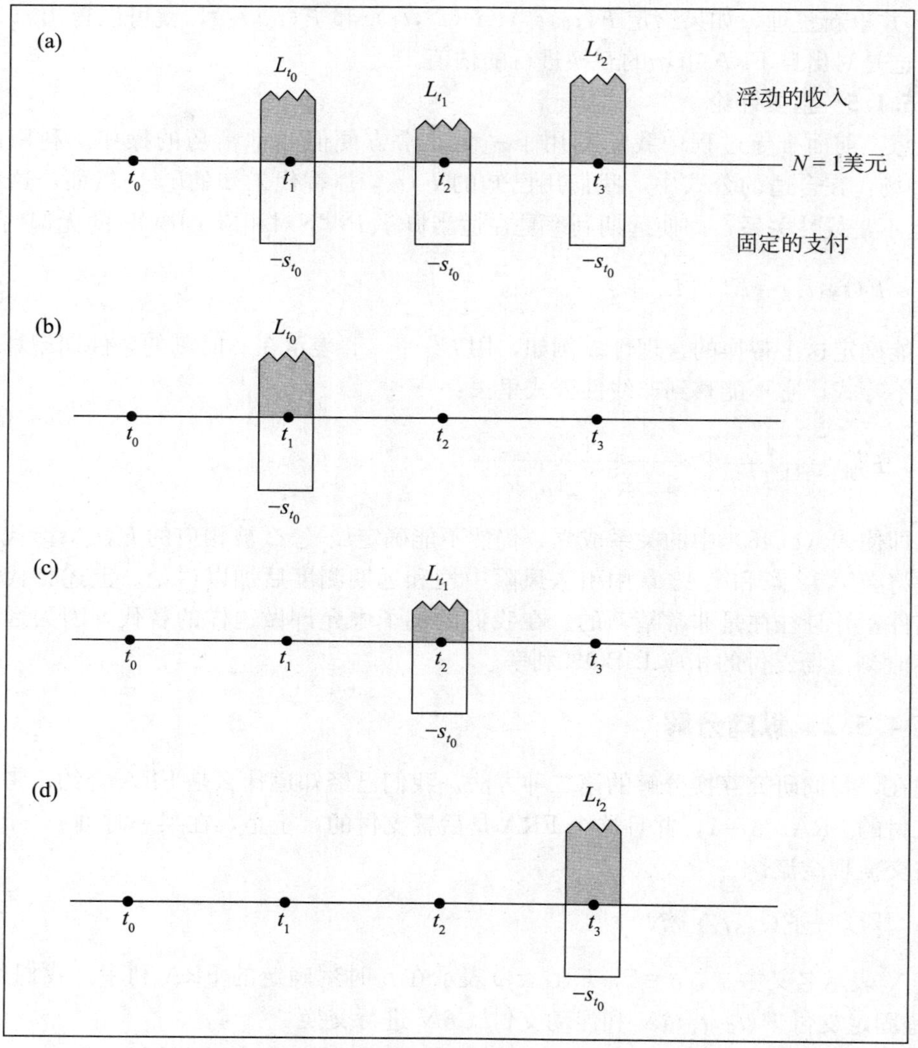

图 4.10　互换分解为 FRA

首先，注意 FRA 利率 $F(t_0,t_i)$ 是由供需决定或者是通过货币市场定价而决定的。因而，一般来说：

$$F(t_0,t_i)\neq s_{t_0} \tag{4.43}$$

这意味着，如果我们买入如图 4.11（a）所示的现金流，卖出如图 4.11（b）所示的现金流，基于 LIBOR 的现金流就会被抵消，而固定支付不会被抵消。因此，这个组合在 t_2 时刻有一个正或负的净现金流，如图 4.11（c）所示。既然这个现金流是明确已知的，那么组合的现值不可能为零，但是 FRA 现金流的现值为零，因为（新签订的）合约没有初始现金支付。所有这些意味着如图 4.11（c）所示的现金流具有已知的现值：

$$B(t_0,t_2)[F(t_0,t_1)-s_{t_0}]\delta N \tag{4.44}$$

其中，$B(t_0,t_2)$表示到期日为 t_2时刻的无违约风险零息债券在 t_0时刻的价值，票面价值为 1 美元。这个现值的正负取决于是否 $F(t_0,t_1)<s_{t_0}$。

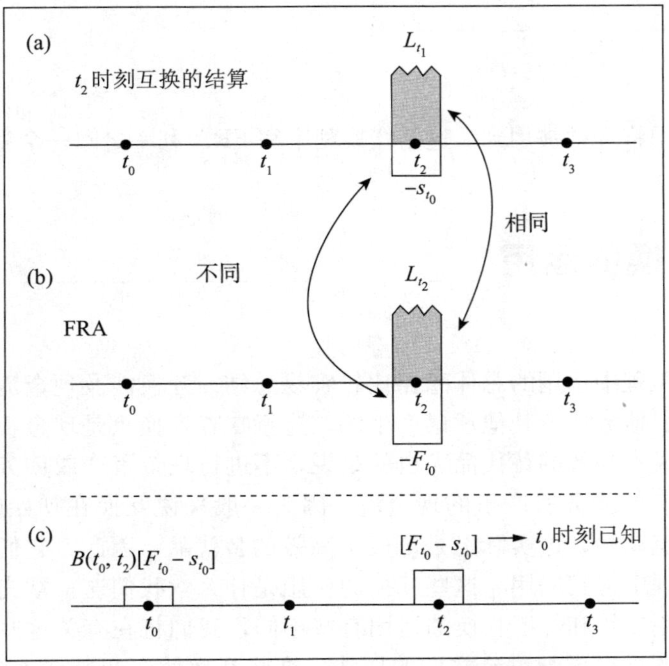

图 4.11　FRA 和互换之间的结算差异

因此，将互换合约垂直分解为 FRA 形式的现金交换得不到可交易的金融合约。实际上如图 4.11（c）所示的 t_2时刻的交换缺少在 t_0时刻的现金流 $B(t_0,t_2)[F(t_0,t_1)-s_{t_0}]\delta N$。只有加上这个现金流，交换才能变为一个可交易的合约，s_{t_0} 是通常与L_{t_0}、L_{t_1}、L_{t_2} 的平均值相联系的合理的风险价格。结果是，当单独考察互换合约的一部分 t_2时刻的现金交换时，它的现值就不再为 0。

4.5.2.1　定价

我们已经看到，不能直接将单独互换的结算解释为 FRA 合约。两次交换具有不为 0 的现值，然而（新签订的）FRA 合约的价值为 0。但是，前面的分析对于互换定价仍然十分有用，因为它告诉了我们一个重要关系。

实际上，我们已经说明互换在 t_2时刻的现金交换现值为 $B(t_0,t_2)[F(t_0,t_1)-s_{t_0}]\delta N$，它通常不为 0。这一定对每个互换结算都是这样。然而，互换的现金流加总的现值为 0，因此得到下面重要的定价关系：

$$B(t_0,t_1)[F(t_0,t_0)-s_{t_0}]\delta N+B(t_0,t_2)[F(t_0,t_1)-s_{t_0}]\delta N$$
$$+B(t_0,t_3)[F(t_0,t_2)-s_{t_0}]\delta N=0 \tag{4.45}$$

重新整理公式，得到与 FRA 利率有关的互换利率公式：

$$s_{t_0}=\frac{B(t_0,t_1)F(t_0,t_0)+B(t_0,t_2)F(t_0,t_1)+B(t_0,t_3)F(t_0,t_2)}{B(t_0,t_1)+B(t_0,t_2)+B(t_0,t_3)} \tag{4.46}$$

这意味着，我们也可以利用 FRA 市场来为互换定价。对于期限为 n 的互换的一般公式为

$$s_{t_0}=\frac{\sum_{i=1}^{n}B(t_0,t_i)F(t_0,t_{i-1})}{\sum_{i=1}^{n}B(t_0,t_i)} \tag{4.47}$$

这个公式在本书中将经常被用到。这是互换利率和 FRA 利率之间一个重要的套利关系。

4.6 互换的运用

互换在金融工程中运用的总体思路比较容易总结。互换涉及现金流的交换。但这些现金流是由资产、债务或者其他承诺产生的，这意味着互换只是现金资产交易的标准化的、流动的、低成本高效的替代品。也就是说，不进行现金资产或债务的交易，我们只是交易由现金资产或债务所产生的现金流。因为一般来说互换在初始时刻的价值为 0，并且具有很强的流动性，这实际上是低成本高效的替代品，因此，它们在建立头寸、套期保值和风险管理中得到应用。这些互换的应用是什么？我们这一章先从利率互换开始讨论。商品、信用违约和外汇互换的运用有些不同，我们将在有关这些资产类别的金融工程应用的单独各章中详细讨论它们的用法。这些互换使资产负债表管理起来更方便。这里也会介绍权益互换的监管法规和税收处理。

□ 4.6.1 权益互换的运用

权益互换表明了互换工具的广泛用途。

4.6.1.1 基金管理

基金管理的大部分工作是基金经理人尽可能跟踪某种权益指数。一种做法是购买标的股票组合来复制这个指数，并随着市场变化、新资金的进入或基金赎回不断地调整组合。这是一个很复杂的操作。当然，可以用标准普尔 500 指数期货来实现，但是期货合约需要滚动，并且它们需要进行盯市调整。利用权益互换是一个低成本高效的替代方式。

基金经理人可以利用标准普尔 500 指数签订执行这样的互换，即在 n 年期限内基金每季度支付 LIBOR 利率和一个（正或负的）利差，然后获得基于标准普尔 500 指数的收益。[①]

下面的例子与本章前面所看到的例子类似，投资者寻找低成本高效的方法来使他们的投资组合多样化。

① 基于标准普尔 500 指数的收益由资本收益（损失）加上股利构成。

例子：

在一个权益互换中，金融工具的持有方支付标准普尔 500 指数的总收益，并获得 FTSE 100 指数的收益。对于投资者的好处是，作为互换并不需要预先支付费用。

通过卖出标准普尔 500 指数股票并买入 FTSE100 指数股票并不能复制同样的头寸。

第二段强调了权益互换的一个便利之处。这是因为互换是直接建立在指数基础上的，所以权益互换收益不会有"跟踪误差"。另外，用标的股票来复制指数容易产生一些复制误差。

4.6.1.2 税收优势

对于建立指数头寸来说，权益互换不仅"更便宜"和更有效，而且具有一些税收和所有权上的优势。例如，如果一个投资者想要卖出已经升值很多的股票，直接卖出将会产生资本利得税。相反，投资者可以继续持有股票，但需要进行权益互换，在这个互换中投资者支付这只股票产生的资本收益（损失）和股利，而从对方那里得到某个 LIBOR 相关的利率加一个利差。这等同于卖出股票并把所得资金存入同业银行存款。

4.6.1.3 监管

最后，权益互换有助于执行一些出于监管考虑而不能实现的策略。在下面的例子中，权益互换使得投资于新兴市场变得可行了。

例子：

自引入 Kospi 200 期货以来，外国证交所和投资者对于外资投资于此项期货的限制一直感到很失望，只有得到国外未平仓合约的配额，他们才能交易 Kospi 200 期货，而所得到的未平仓合约配额在期货到期以后会失效，头寸不能继续滚动。国外投资者只能持有未平仓合约 3 个月里日平均值的 15%，而"韩国投资者身份"的个人投资者限定为 3%。认识到这个瓶颈，像现代证券这样的韩国证券商已经做出了反应，即向国外投资者提供不受这些限制的权益互换。

互换结构非常简单。在国外客户和韩国证券公司的离岸附属机构或者特定目的载体之间签订一个主要互换协议。在这个主要协议下，国外投资者与复制了这个期货合约的离岸实体进行互换，因为互换交易是在两个非居民方间进行的，并且在海外入账，所以国外投资限制将不适用。

韩国证券商在期货市场上对冲这些互换，并且把交易记入合适的账簿。很明显，作为一个居住性实体，对外国投资的限制不会应用到对冲交易上。一旦这样的主要互换协议签订了，国外投资者就可以直接联系首尔的韩国证券商，进行任意数量的交易并使之入账，同时对主要互换协议进行定制。

（汤森路透，IFR，1996 年 1 月 27 日）

这段阅读材料阐明了在（1）所有权、（2）交易和（3）头寸滚动上的限制怎样运用权益互换来处理，同时也给出了所使用的权益互换的结构和与之相联系的一些技术细节。

在资产管理行业中，增长最强劲的领域有作为对冲基金技术应用于更传统的基金工具的欧洲的绝对回报可转让证券集合投资计划（UCITS）① 和美国的 40 法案基金。② 然

① 尽管可转让证券集合投资计划基金受到欧盟的监管，但是受到全球的关注，这是因为它们不仅可以在欧盟销售，还可以在瑞士、智利销售。

② 根据 1940 年《投资公司法》，由注册投资公司提供的汇集投资工具被称为"40 法案基金"。

而，在这些零售结构中，用于实施对冲基金技术的一些技术旨在规避监管限制，并引发争议，正如下面的例子所阐明的。

例子：

近年来，某些基金管理公司推出 UCITS 基金，该基金运用了对冲基金中常见的另类投资策略。有些基金则通过运用总收益互换（TRS）成功地绕过 UCITS 对合格资产的限制。例如，UCITS 基金通常不能持有大宗商品期货，但一些基金已与银行一起使用总收益互换，在这种情况下，该基金获得大宗商品期货的收益，以换取支付给银行交易对手的互换利率。TRS 的一些最活跃的使用者是商品交易顾问（CTA），它们有时运用 TRS 来创建大部分的基金回报。CTA 是一种另类投资基金，利用所有资产类别的流动性期货市场的多头和空头头寸来表达自己的投资观点。TRS 运用的其他例子包括做多/做空股票基金，由于 UCITS 基金不允许实物卖空，它们使用 TRS 结构来创建空头敞口。这样的 TRS 不仅可用于持有通常不符合 UCITS 结构的资产，也可用于将杠杆率提高到超出规定的水平，下面的例子说明了这点："例如，邓恩 WMA UCITS 基金持有专利上的总收益互换指数，可以达到 35 倍杠杆……业内人士将这一数字形容为'可怕的'。"

（资料来源：英国《金融时报》2011 年 11 月 13 日）①

人们将总收益互换分为两种不同的类型。第一种类型是所谓的"基金总收益互换"（funded TRS），即基金，例如 UCITS 基金，为了互换融资，向互换交易对手（比如银行）进行支付。基金接受（银行）交易对手的担保品，如果担保品低于互换的价值，则此基金面临交易对手风险。例如，UCITS 基金可以使用这种结构，试图复制 CTA 策略或指数。第二种类型是没有融资的互换，这里的资产则由托管人持有。托管人管理交易对手之间的支付。例如，一个交易对手可以是 UCITS 基金，另一个是互换提供者。该基金支付一定的费用或融资的利差，以便补偿互换提供者不得不借款为互换融资。然而，如下文所示，TRS 是复制某些另类投资策略，比如 CTA 或托管期货策略的一种相当不完善的方法。

在使用 TRS 管理的期货基金中，预期的跟踪误差在很大程度上是由于互换、潜在的隐藏费用和……管理一个定制指数所产生的额外成本。

（资料来源：英国《金融时报》2011 年 11 月 13 日）②

这些问题提出了，对于长期投资者而言，TRS 是不是一种完成投资目标的成本有效的工具的问题。

4.6.1.4 构建合成头寸

对于怎样使用互换构建合成头寸，下面是一个好的例子。

---

① 史蒂夫·约翰逊（Steve Johnson）的《互换策略威胁 UCITS 品牌》（"Swap tactic threatens UCITS brand"）。

② 史蒂夫·约翰逊的《必要之恶，但是担忧正在加剧》（"Necessary evil' but concerns are growing"）。

例子：

权益衍生品银行家已经设计出一种权益互换交易，以此避开韩国或马来西亚等国家关于做空股票的限制。这种技术不是崭新的，但是随着可转换债券（convertible bond，CB）在这些地区的发行上升而重新出现，尤其是在上述两个国家。

银行家出售权益互换给可转换债券的套期保值者，这些套期保值者需要做空标的股票，但是由于当地市场的监管，他们被禁止这么做。

就可转换债券的交易者而言，一种更普遍的做法是与股票实际持有者进行互换并建立卖方头寸。股票持有者用股票的多头头寸来交换权益互换的多头头寸。这给可转换债券交易者提供了更大的灵活性来进行实际股票交易。当互换到期（通常 1 年以后）时，股票被归还给机构，互换进行现金结算。

（汤森路透，IFR，2001 年 12 月 5 日）

在这个例子中，可转换债券交易者需要做空数量不断变化的证券。[①] 进行这类操作的一种方便的做法就是：可转换债券交易者签订一个权益互换，在互换中他将权益收益支付给互换的投资者，得到投资者的股票来进行套期保值。

4.6.1.5 剥离信用风险

假设我们想要剥离蕴含在可违约附息债券中的信用风险。注意，主要问题在于债券收益依赖于两种风险。一种是信用利差，另一种是利率风险。在资产互换中，我们支付固定互换利率，收到 LIBOR，然后消除债券中的利率风险。其结果被称作资产互换利差。

□ 4.6.2 利率互换和其他互换的运用

和权益互换相比，利率互换起着更为基本的作用，实际上，所有的互换都能够用在资产负债表管理上。资产负债表包含了多个现金流，使用互换，我们可以转换这些现金流的特征。互换可以用于套期保值，它们在初始时刻的价值为零，因此不需要融资。市场实践者可以很容易地通过快速进行合适的互换来对他们的股票或商品、固定收益头寸加以平仓，当不需要套期保值的时候对这些头寸进行平仓。

最后，互换也是交易工具，事实上，我们可以通过各种类型互换以最方便的方法建立利差交易。下面给出了一些可能的利差交易：

- 以名义本金 N 支付 n 期的固定利率s_{t_0}并收取浮动利率 LIBOR。
- 按同种货币计价，支付浮动利率L_{t_i}，收取浮动利率r_{t_i}。这是基点互换。
- 按不同的货币计价，支付和收取两个浮动利率，这是货币互换。

就像例子中所显示的，互换可以极大地将每一种有趣的工具转化为某种形式的“利差产品”。这将减少标的信用风险，使得互换在初始时刻价值为零。如果设计合理，那么可以相对容易地为互换头寸估值。

① 这是隐含期权套期保值的要求，在后面的章节中将会涉及。

□ 4.6.3 利率互换的两个应用

现在，我们考察利率互换的两个应用。

4.6.3.1 改变投资组合久期

正如我们在前一章所看到的，久期是固定收益投资组合的“平均”到期日。可以证明，通常来说，由于政府债务的存在，最大的固定收益债务就是由政府发行的。依据市场条件的不同，政府可能会调整它们债务的平均到期日，这时互换就是非常有用的。下面的例子阐明了这一点。

例子：

法国和德国正在准备跟意大利一样，利用利率互换来管理它们的债务。互换可以用于调整债务久期和减少利率成本，但是政府交易的场外市场（OTC）衍生工具可能会扭曲利差并可能诱导银行进行主权头寸的超前操作。美国和英国说它们没有计划使用互换管理国内债务。

据法国债务管理机构的一位官员说，在接下来的两年里，法国可能会使用多达1 500亿欧元的互换，不过实际数字可能会小很多。一位官员还说，这个数字正好是我们仅通过互换以“极大缩短债务的平均久期所需要的数额”。法国现在拥有 6 448 亿欧元的未偿债务，平均到期日是 6 年零 73 天。

这位官员还说，9 月份将会出台如何处理实际互换交易的决策，“如果突然在市场中投入 1 500 亿欧元，这将引起极大的混乱”。

（汤森路透，IFR，第 1 392 期）

利用互换工具，公司通常也可以类似地调整它们的债务久期。

上一章所讨论的诸如 DV01 和久期等利率风险测量指标如何应用于互换交易呢？在固定换浮动的利率互换中，接收固定利率的 DV01 原则上等于固定方的 DV01 减去浮动方的 DV01。因而，互换的期限可以像固定利率债券和浮动利率债券一样计算。然而，就实际目的而言，这并不十分有用，因为互换的不同方受到利率期限结构不同部分变动的影响。浮动方更容易受到长期利率波动的影响，而卖空方更容易受到短期利率波动的影响。因此，市场参与者在实际操作中使用各种不同的方法来对冲互换的空头方与多头方。这些更先进的方法涉及多因素风险测度，并且解决了上一章中我们假设整个期限结构的变动可以用一个利率因素来描述所导致的弱点。

4.6.3.2 使用互换降低国家的债务水平

虽然政府经常担心公司使用互换，但有时政府使用互换来实现自己的目标。例如，意大利和希腊在加入欧洲货币联盟（European Monetary Union）之前，曾经运用互换交易来掩盖和降低债务水平。

例子：

萨蒂利斯（Sardelis）称，高盛的交易是利用历史汇率将希腊以美元和日元发行的债券换成欧元，这一机制意味着希腊债务减少。它还利用场外的利率互换来偿还贷款。这些互换允许交易对手交换两种形式的利息支付，如固定利率或浮动利率，参照名义债务金额。

一位了解该交易的前希腊官员说，互换交易的交易成本上升，因为这笔交易的名义价值超过150亿欧元，超过了贷款本身的金额。因为价格是保密的，所以这位官员不愿透露身份。他表示，这笔交易的规模和复杂性意味着，高盛收取的交易费用要高于规模和结构更为标准的交易。

伦敦德文资本有限公司（Devon Capital LLP）合伙人索尔·海登·罗（Saul Haydon Rowe）说："对高盛来说，这似乎是一笔极其有利可图的交易。"德文资本有限公司为全球投资者就衍生品纠纷提供咨询。

…………

跨货币互换是借款人利用市场汇率将外币债务转换为本币债务的合同。正如2003年首次报道的那样，高盛在互换交易中使用了虚构的历史汇率，使希腊约2%的债务从其国民账户中消失。为了偿还从该银行借款的28亿欧元，希腊签署了一份与利率波动挂钩的单独互换合约。

债券收益率的下降导致了这种押注的恶化，而对该交易的调整未能阻止债务规模在2005年8月重组时几乎翻一番。

希腊上个月获得了第二轮1 300亿欧元的救助，截至去年，希腊债务相当于GDP的160%左右。

（资料来源：彭博社，2012年3月6日）①

4.6.3.3 技术上的运用

互换具有技术上的应用，下面的例子显示了它们可以被用来设计新的债券期货合约，其中交割的不是债券而是互换。

例子：

LIFFE将在10月18日发行基于互换的LIBOR融资债券，两个合约的设计都避免了最近几周困扰德国期货交易所（DTB）的债券期货的严重挤压。

LIFFE的新合约不同于传统的债券期货，原因在于新合约是以互换为参考，而不是以债券为参考。LIBOR融资债券和国际互换与衍生品协会的基点互换利率联系在一起，而不是从交割篮子里选择现金债券的交割来结算。到期时，合约将参考这个互换利率进行现金结算。

由于是现金结算，LIFFE合约避免了短期挤压的可能性——最便宜交割债券的价格随着结算日的临近而上涨。并且，由于是以互换曲线为参考而不是以一篮子债券为参考，合约消除了凸性和久期风险。LIBOR融资债券复制了一个类似互换头寸的凸性，因此降低了用现金债券或债券期货进行套期保值的基差风险。

作为一个想获得基准地位的以交换为基础的竞争者，DTB债券因为最近几周参与了对9月到期的空头进行挤压而招致批评。上个星期，最便宜交割债券与债券期货之间的总基差已经降到了−3.5。

① 尼古拉斯·邓巴（Nicolas Dunbar）和艾丽萨·马蒂诺兹（Elisa Martinuzzi）的《高盛秘密贷款给希腊显示两名罪人为客户解围》（Goldman Secret Greece Loan Shows Two Sinners as Client Unravels）。

产生这种紧缩的原因是在新兴市场危机过后人们对于品质的追求。债券期货的未平仓合约已经超过了 600 000 份合约或者说 150 亿德国马克。与之相对的是，德国政府债券的总交割篮子大约是 740 亿德国马克，其中最便宜交割债券占 300 亿德国马克。

DTB 的官员总是坚信他们从不缺少可交割的债券。他们声称在过去实际进行的交割只占未平仓头寸的大约 4%。

（汤森路透，IFR，第 1 327 期）

事实上，LIFFE 和 CME 最近引入了几种新的关于互换的现金结算期货合约，互换被用作标的工具。CME 于 2014 年 4 月 14 日推出欧元计价的可交割利率互换期货（Euro DSF）。① 如果互换市场不存在流动性，则互换期货合约就没有这样的参考点，从而不得不参考一篮子债券。

4.7 新发行互换的机制

本章所介绍的互换工程忽视了多个技术上的小问题，这些小问题在实际应用中是需要考虑到的。这其中的大部分都是小问题，是由债券市场、货币市场和互换市场的一些不同惯例导致的。本节讨论了关于利率互换的一些技术问题，在其他互换市场上，比如说商品互换，需要进一步讨论技术性问题。一个比较综合的列表如下：

(1) 互换在实际中的运用涉及新债券的发行，而新债券的发行意味着费用、佣金以及其他一些花费，这些都必须计算在融资的真正成本中。这样就产生了全部成本（all-in-cost）这个概念，它与发行者支付的利率不同。

我们将详细说明如何计算全部成本，以及在对新发行证券进行互换的过程中如何处理它。

(2) 利率互换同时涉及固定利率和浮动利率。相应的 LIBOR 利率通常被视为浮动利率，而互换利率或者相应的互换利差被看成固定利率。另一个实际应用的复杂性在这一点上显示出来。

货币市场利率、债券利率以及互换利率的报价惯例通常是不同的。这需要将基准市场所定义的利率转化为另一个市场的利率。

特别地，货币市场利率比如 LIBOR 是以实际天数/360 基准报价的，而一些债券的报价惯例是每年或每半年的 30/360 基准。在互换工程中，这些现金流定期交换，所以我们需要做一些适当的调整。

(3) 本章我们通常忽略信用风险，这极大地简化了讨论，因为互换利率和具有类似期限的公司利率是相等的。在金融市场中，它们通常是不相等的。不同的发行

① 更多细节参见："CME Group to launch euro-denominated deliverable interest rate swap futures," hedgeweek, November, 2, 2014.

者有不同的信用评级，并且他们出售的债券有着不同的信用利差，这些利差与互换利差是不同的。这在附息债券现金流和利率互换现金流的匹配引起了新的复杂性。我们还需要查看一些关于这个问题的例子。

(4) 最后，新发行证券怎样被互换为固定或浮动利率以及它怎样引起次级 LIBOR 融资的机制本身是一个非常有趣的问题。

下面进行的讨论是现实经济中的新发行。首先，我们报告债券的市场反应，然后给出此次新发行的细节（参见表 4.1）。

表 4.1　新发行的详细说明

新韩银行	
数额	2 亿美元
期限	3 年（2009 年 7 月到期）
票面利率	4%
再发行价格	99.659
再发行利差	两年期美国国库券利率加上 168.8 个基点
发行日	7 月 23 日
支付日	7 月 29 日
费用	20 个基点
上市地	伦敦
监管法律	伦敦
不抵押保证	是
连带违约	是
销售限制	美国、英国、韩国
联合主承销	荷兰银行、巴黎银行、瑞银华宝

资料来源：汤森路透，IFR，第 1 444 期.

例子：

韩国新韩银行的穆迪和标准普尔评级分别是 Baal 及 BBB，上周初该银行为其 2 亿美元的三年期债券进行定价。债券的票面利率为 4%，同时承诺比美国两年期国库券高 168.8 个基点的利差，相当于比 LIBOR 高 63 个基点。

虽然借款人想按统一价格发行，但其利率比韩国发展银行的利率曲线高出近 6 个基点。虽然借款人的目标没有达到，但他们仍然设法保证自从地区危机发生以来债券票面利率在亚洲债券中是最低的。这是由资金重新流向安全性较好的资产后，美国国库券收益率不断下滑所致。

（汤森路透，IFR，第 1 444 期）

现在，考察将这个新发行的债券互换为浮动利率美元资金的基本步骤。① 债券发行者必须签订一个 3 年期的利率互换协议。问题是互换协议怎样签订，以及与互换相关的参数如何确定呢？假设债券发行时，做市商对于互换利差的报价如表 4.2 所示。首先，

① 实际过程可能会与这里的简化讨论有些不同。

我们考察怎么计算前面交易的全部成本。[1]

□ 4.7.1 全部成本

在新发行中详细给出的信息是债券的票面利率为 4%。但是从发行者的角度来看，这并不是此次融资的真实成本，至少还有三个额外因素需要考虑进去：(1) 再出售价格并不是 100，而是 99.659，这意味着对于每张债券，发行者实际收到的现金少于面值；(2) 必须支付的费用；(3) 发行者有法律费用和文件费用支出，虽然这在表 4.1 中没有提到。我们假设这些支出是 75 000 美元。

为了计算固定的全部成本（30/360 基准），首先必须计算收入，收入是销售债券后发行者所收到的净现金。在我们的例子中，使用表 4.1 的术语：

$$收入=数额\times\left(\frac{价格}{100}-费用\right)-支出 \tag{4.48}$$

代入相关的数据

$$收入=200\,000\,000\times(0.996\,59-0.002\,0)-75\,000 \tag{4.49}$$

$$=198\,843\,000\ 美元 \tag{4.50}$$

接下来，我们看到债券进行了三次利息支付，每次 800 万美元。最后，本金在第 3 年返还。与这次发行相关的现金流可以用图 4.12 表示。这个现金流的内部收益率是多少？可由下面的公式给出：

$$198\,843\,000=\frac{8\,000\,000}{1+y}+\frac{8\,000\,000}{(1+y)^2}+\frac{8\,000\,000+200\,000\,000}{(1+y)^3} \tag{4.51}$$

解方程得出，y 是内部收益率。可将它解释成这个交易的真实成本，这是基于 30/360 计息天数基准的固定的全部成本。经计算得出：

$$y=0.042\,09 \tag{4.52}$$

这是固定的全部成本。

接下来是将这次发行的债券互换为浮动债券，并得到浮动的全部成本。假设我们具有同样的名义本金 2 亿美元，考察一个 3 年期固定对浮动的利率互换。表 4.2 表明，3 年期接收者互换利率为 3.341%。根据定义，这是 30/360 基准的半年利率。

上面的步骤需要将半年的互换利率转换为一年的 30/360 利率，用 r 表示。这可由下式得出：

$$1+r=\left(1+0.033\,41\frac{1}{2}\right)^2 \tag{4.53}$$

得到

$$r=3.369\% \tag{4.54}$$

---

① 流动互换采用 3 个月期 LIBOR 或 6 个月期 LIBOR。为简化起见，这里我们使用 12 个月期 LIBOR。

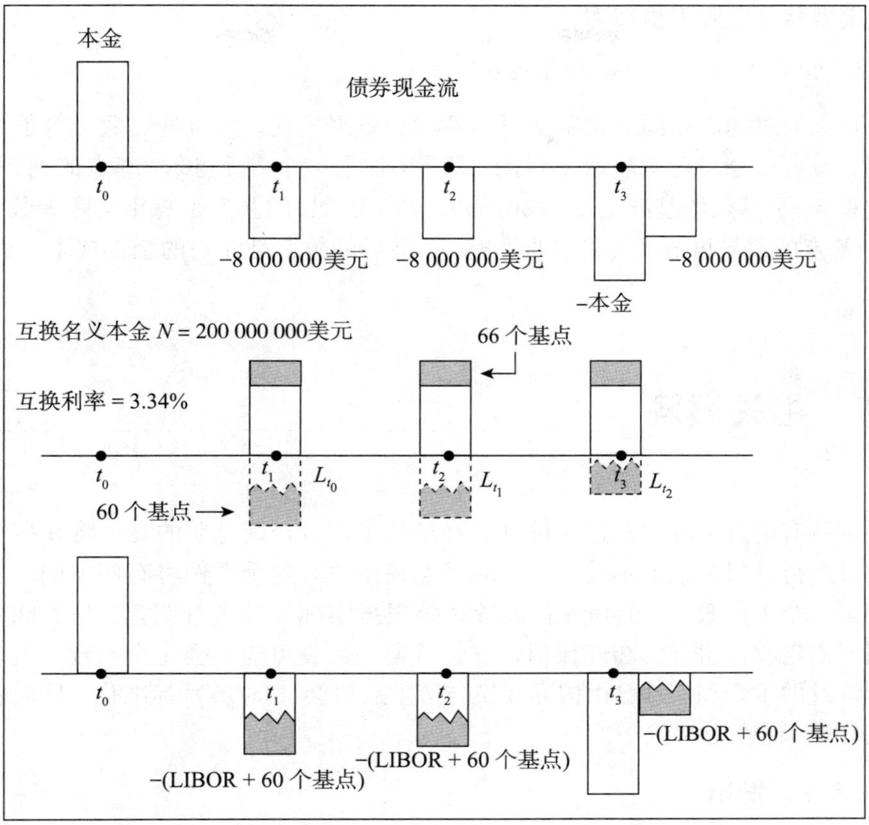

图 4.12　新发行与利率互换现金流

表 4.2　美元互换指数对 12 个月期 LIBOR，半年，30/360

期限	买入价差	卖出价差	互换利率买卖价差
2 年	42	46	2.706—2.750
3 年	65	69	3.341—3.384
4 年	70	74	3.796—3.838
5 年	65	69	4.147—4.187
7 年	75	79	4.653—4.694
10 年	61	65	5.115—5.159
12 年	82	86	5.325—5.369
15 年	104	108	5.545—5.589
20 年	126	130	5.765—5.809
30 年	50	54	5.834—5.885

2 亿美元的名义本金被转换成三次固定收益，每次是

$$200\ 000\ 000 \times 0.033\ 69 = 6\ 738\ 000 \text{ 美元} \tag{4.55}$$

现金流如图 4.12 所示。

很明显，固定互换收入不等于固定的年度息票支付，这个年度息票是每年 800 万美元。很明显，由于较高的信用风险，发行者支付比互换利率更高的利率。为了使两者相

等，我们需要将固定收入提高为

$$8\ 000\ 000-6\ 738\ 000=1\ 262\ 000 \text{ 美元} \tag{4.56}$$

这既可以通过提高相同数额所支付的浮动利率来实现，又可通过收取等值的固定利率来实现，也可以令发行者收取支付的 LIBOR 加上一个等于 66 个基点的利差来实现。然而，这里 66 个基点的基准是每年 30/360，而 LIBOR 的基准是每年实际天数/360。所以，66 个基点的差异可能需要进一步调整。[①] 最后的数字是浮动的全部成本，大约是 60 个基点。

4.8 相关惯例

如果你持有附息债券，并且支付日恰好是非工作日，则息票的支付将在接下来的第一个工作日进行，但是数额不会改变。对于互换来说，这个惯例将有些不同。支付同样被推迟到下一个工作日。[②] 但是支付的数额将根据实际天数进行调整。这意味着，如果互换被用于固定收益组合的套期保值，支付日期和数量可能不会完全一致。大多数的互换交易所涉及的术语和文件已由国际互换与衍生品协会（ISDA）标准化，同时包括在交易前已签订的 ISDA 总协议中。

4.8.1 报价

假设我们可以看到利率互换或其他流通的互换的报价，这意味着我们可以进行交易了吗？不一定，观察到的互换利率可能只有银行的最优质客户才能得到，而其他客户可能不得不支付更高的价格。在实际操作中，流通的金融工具买卖价差非常小，并且一些大机构在市场上占有优势。

4.9 新增术语

在继续探讨之前，我们介绍某些额外的术语和金融工具。

平价互换（par swap）是我们在这一章使用的利率互换的正式名称。本质上，它就是一个在期初和期末交换为 100 的名义本金的互换结构。这种互换在初始时刻没有其他的现金支付。

累积互换（accrual swap）是一种利率互换，即一方支付标准的浮动参考利率，例如 LIBOR，收取 LIBOR 加上利差，但是支付给对方的利息要进行累计，累计天数只包括

① 为了简单起见，由于我们使用了针对 12 个月期 LIBOR 的互换，所以我们计算得到的数据与市场反应中提及的 63 个基点显得略有不同。

② 如果下一天是日历上的下一个月，则支付在前一个工作日进行。

LIBOR 的值在先前设定的上限和下限之内的天数。

可延期互换（extendible swap）是指一方有权利延长原来期限的一种互换。

LIBOR 乘方互换（power LIBOR swap）是一种支付 LIBOR 利率的平方或三次方（等等）减去一个固定数量/利率，来交换一个浮动利率的互换。

LIBOR 后置互换（LIBOR-in-arrears swap）是指在某一特定日期支付的利息由该日期利率而不是前一个付款日的利率决定的互换。

4.10 结论

当你可以互换相应的收益，并且有效地实现同样的目标时，为什么还要买卖证券呢？

实际上，在许多情况下，买卖证券可能是不现实的。第一，这些操作会产生需要看管的现金流；第二，证券可能流动性不好，出售起来不是很容易；第三，一旦出售了证券，我们想重新买回来就需要搜寻成本。我们能找到它吗？价格是多少呢？佣金是多少呢？互换相应收益所需的费用可能会更少。

因为它们在买卖交易中免除了现金的需要，并将这两个操作合并为一个，而且剔除了潜在的信用风险，所以互换对于金融工程师来说已成为一种重要工具。

阅读建议

互换是普通产品，存在许多详细研究它们的值得推荐的书。本章给出了对互换的非技术性的介绍，因此我们列出相同水准的参考书目。对于较好地介绍互换市场的书，我们推荐 McDougall（1999）。Flavell（2009）和 Das（1994）详细介绍了互换并讨论了很多例子。Serrat and Tuckman（2011）对涉及互换的风险管理和对冲进行了更详细的描述，由于篇幅原因，这超出本章所允许的范围。

习题

1. 2000 年 3 月 3 日，在金融工程问题上扮演重要角色的财务会计准则委员会（Financial Accounting Standards Board，FASB）公布了一系列有关某些衍生品会计处理的重要的新建议。① 它被称为财务会计准则 133（FAS 133），对风险经理和金融工程师的日

① 财务会计准则委员会第 133 号报告书的更新载于财务会计准则委员会网页 http://www.fasb.org/derivatives/issuindex.shtml。

常生活具有显著的影响。其中一位受到新规则影响的财务主管对新规则有以下评论：

从会计角度来看，财务会计准则133本身会使互换成为一个问题。该修正案不允许对激进互换对冲基金的使用者和那些参与更典型互换交易的人加以区分。根据汤森路透IFR的数据，这位财务主管利用合成互换进行规避。①

(a) 忽略互换作为一种工具的细节，FAS 133促使市场参与者不安的主要原因是什么？

(b) 财务主管希望如何通过构造合成物来绕过这个问题？

2. 仔细阅读下面的摘录。

意大利的资产互换额由于回购计划而大幅度攀升

意大利财政部宣布“不排除回购”，因此交易商纷纷签订互换，导致上周基点互换利差市场的交易量翻了一番。交易商说，这次交易量的增加是反常的，因为每年这个时候很多投资者都在度假。

交易商和投资者进行的交易在于如果财政部开始实施回购计划，债券价值会上升，因为债券数量会变得更少，业绩表现会超过互换曲线，交易商因此而获利。一个交易商说，在一个典型交易中，投资者持有30年期意大利政府债券，并进行互换交易，在互换中，投资者支付6%的票面利息，收取6个月Euribor加上10.5个基点。“因为交易商上星期一已经开始建立头寸，Euribor之上的利差已经下降到8个基点。”他补充道。交易商认为，如果股票市场和新兴市场的情况能够改善，那么在下个月内，这个利差可能会下降到6.5个基点。一家欧洲大银行的交易商预计，在未来6个月这个利差会与Euribor持平。这项交易的通常本金是5 000万欧元(4 365万美元)，期限是30年。(IFR，第1 217期)

(a) 假设存在一条意大利互换曲线以及一条由意大利政府债券（主权债券）得到的收益率曲线。假设后者是向上倾斜的。请分析如果意大利政府回购一些债券，这两条曲线会发生怎样的相对变化。

(b) 哪些债券被回购是否很重要？请讨论。

(c) 画出一个5年期意大利政府附息债券（票面利率为6%）的现金流以及利率互换固定方的现金流。

(d) 存在10.15个基点的利差的背后原因是什么？

(e) 当政府回购债券时，利差会发生什么样的变化？利用现金流图，说明你的结论。

3. 假设你是一个互换交易商，在你的账簿上进行如下交易：

多头：

- 2年期普通利率互换的接收方，年票面利率为6.75%，30/360，$N=5\ 000$万美元。
- 3年期普通利率互换的接收方，年票面利率为7.00%，30/360，$N=1\ 000$万美元。

空头：

- 5年期普通利率互换的接收方，年票面利率为7.55%，30/360，$N=1\ 000$万

① 汤森路透，IFR，第1 325期。

美元。

(a) 画出每个互换的现金流。

(b) 从现金流来说，你的净头寸是什么？用图表示出来。

(c) 利用互换曲线计算每个互换的现值。

期限	买卖价差
2	6.75—6.80
3	6.88—6.92
4	7.02—7.08
5	7.45—7.50
6	8.00—8.05

(d) 对于现值来说，你的净头寸是什么？

(e) 怎样利用一个 4 年期互换来对冲头寸？应该建立什么头寸？名义本金是多少？

(f) 在哪里可以进行这样的对冲？

(g) 你能给出另外的对冲方法吗？

第 5 章 金融工程中的回购市场策略

5.1 引论

这一章是研究回购（repo）（一种重要的操作）的一个非技术章节。回购背后的理念简单易懂，这是因为它类似于担保贷款，比如使用抵押贷款购买房屋。尽管回购和担保贷款之间存在一些区别，但其基本思想是类似的，因为资产被用作贷款的抵押品。本章简要回顾回购市场和回购的一些应用。回购是回购协议的缩写，这是一项涉及出售证券以及卖方在稍后日期回购证券的协议的交易。

图 5.1 展示回购的简化例子，它包括买卖双方，一个买方和一个卖方。回购有开始日和到期日，回购期限为 7 天。在开始日，卖方向买方交付抵押品，比如债券，以换取 1 000 000欧元现金。[①] 在到期日，买方将抵押品返还给卖方，卖方连本带息偿还贷款。利率被称为回购利率，在此例中，假设利率为 2%（每年利率），并基于货币市场计算，即实际天数/360。因此，到期日的付款为

$$1\ 000\ 389=1\ 000\ 000\times\left(1+\text{回购利率}\times\frac{\text{实际天数}}{360}\right)$$

$$=1\ 000\ 000\times\left(1+2\%\times\frac{\text{实际天数}}{360}\right)$$

下面我们将进一步探讨回购的细节和各种不同类型。在上述例子中，我们做出一个简化假设，即在开始日期交换的现金额等于抵押品的市场价值。但如果抵押品价值突然下降怎么办呢？这将导致抵押品买方蒙受损失。一种防范此类潜在损失的方法是，抵押

① 现金数额等于抵押品的市场价值，其中包括第 4 章所介绍的任何应计利息。

品买方向卖方支付的价格低于抵押品的市场价值。抵押品的市场价值与买方支付给卖方的金额之间的差额称为折扣。这是一种向抵押品卖方施加保证金的方式，类似于期货市场的初始保证金。如果在上述例子中，我们假设折扣为1%，这意味着买方只支付给卖方990 000欧元，而回购利息是根据990 000欧元计算的，而不是1 000 000欧元。注意，如果客户在回购市场借入现金时面临1%的折扣，那么回购交易商可以零折扣回购相同证券，并从这笔交易中获益。

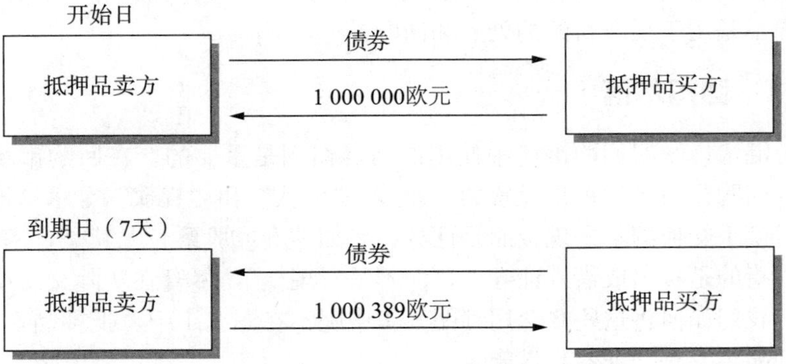

图5.1　简化回购的例子

许多金融工程策略都需要使用回购市场。回购市场既是互换市场的补充，又是一种互换市场的替代。在互换交易过程中，市场实践者通过同时"卖出"和"买入"两种不同证券，形成了两种次序的现金流。例如，股票工具的收益可用浮动利率LIBOR加以交换。不必交换现金、灵活的到期日以及流动的市场，使得互换成为一种基本的工具。利用互换，一系列复杂操作均能有效、迅速地完成，同时具有很小风险。

回购交易提供了与互换交易类似的效率，但存在两点重要差异。就互换而言，所用现金极少，而且标的工具的所有权没有改变。对于回购交易来说，不论现金还是(暂时)所有权都发生了变化。假如实践者确实需要现金或希望拥有证券，然而他或她却不希望放弃或取得该证券的永久所有权，此时，无法运用互换，但回购则有用武之地。

回购是一种不要求卖出或者放弃相关资产所有权就能提供现金的工具。比如，我们可能需要证券，但又不希望长久地拥有这个证券。于是，我们必须使用下面的工具：保持原有的所有权，而不是真正地购买此证券。在上述情况下，这些操作或者是出于暂时使用现金的需要，或者是出于对证券所有权的临时需要。回购市场提供了可以进行这种操作的工具。就回购交易而言，我们可以"买入"但并不真正地购买，同样我们也可以"卖出"但并不真正地卖出。从某种程度上讲，这类似于互换，可是大多数回购交易涉及现金或证券的兑换，这是回购与互换工具的一个重要差异。

在每一种情况下，这些操作的目的不是"长时期"的。其目标就是每天能更顺利地执行操作，构建定向头寸或者更有效地对冲头寸。

5.2 回购细节

让我们从标准定义开始阐述。如图 5.1 所示，回购是一种重新购买的协议，其中回购交易商将证券卖给另一方，同时约定在预定日期、以预订价格将它购买回来。因而，它是一种将销售和重新购买写在同一张交易单上的合约。换句话说，回购被依法确认为单一交易，而不是用于税务目的的处置和回购。①

□ 5.2.1 回购术语

为了避免混淆，学习回购市场中使用的命名惯例是重要的。在回购市场中，大多数术语都是基于回购交易者的视角设置的。而且，"借款"和"贷款"等术语被用来描述换手交换，此时换手交换的不是现金而是证券，诸如债券或股票。尤其是，术语"贷款者"或"借款者"指的是贷出或借入证券者，而不是"现金"，尽管在实际交易中，现金也是换手的对象。我们如何将这些概念用到图 5.1 中呢？在图 5.1 中，抵押品卖方是（证券）贷款者，抵押品买方是（证券）借款者。

因此，在回购交易中，首先要将证券交付给客户，然后收到现金，所以回购交易商是"贷款者"，也就是交易商贷出证券，然后得到现金。回购交易商利用这种方式筹集现金。另外，如果客户最初执行相同的操作，其交易对手是回购交易商，那么如此交易就成为逆向回购，或简称为逆向。回购交易商借入证券，这与回购操作正好相反。

概括地说，回购操作看起来是一种相当简单的交易，不会对金融工程的方法论有什么贡献。但这样的看法是不正确的。事实上，在金融工程的实际应用过程中，回购可能与互换一样极为普遍。

考察下述试验。假设一名投资者想用短期资金购买证券。倘若从银行贷得这些资金，然后去另一位交易商那里买入债券，那么初始的贷款将没有保证。这意味着投资者要支付较高的利息成本。现在，若投资者首先通过回购协议买入，然后回购此证券，那么他就能以较低的成本获得所需资金，原因在于"贷款"有抵押品。因此，不论交易成本还是利息均较低。另外，交易可以按门类写在一张交易单上。鉴于回购有较低风险、较高灵活性以及其他便利条件，回购交易极具流动性，也更为实用。

就回购而言，有一系列交易发生。对于直接交易来说，市场专业人士会

$$\text{获得资金}\rightarrow\text{支付证券款}\rightarrow\text{收回证券} \tag{5.1}$$

当利用回购市场购买证券时，一系列交易变成

$$\text{购买债券}\rightarrow\text{立刻逆向回购}\rightarrow\text{获得资金}\rightarrow\text{支付债券款} \tag{5.2}$$

在此情况下，利用回购市场，实践者使用债券作为抵押品，寻找购买所需的便宜资金。如果这是一种无违约证券，就能保证所借资金具有相对较低的回购利率。

类似地，做空证券同样可行。市场实践者将使用回购市场，完成下述步骤：

① 在交易对手资不抵债的情况下，这是一个有价值的特性。

交付现金并借入债券→返还债券、收回现金加利息　　(5.3)

当借入债券时，市场实践者将赚得回购利率。这等同于市场实践者持有一个短期债券头寸。尽管没有购买债券，但“租用”了它。

□ 5.2.2 特别抵押品与一般抵押品

回购交易可以分成两种形式。有时，特别的证券引起市场特殊关注。例如，某些债券是以最低价交割的。在债券期货市场中，承诺交付的“空头”关注某个特别债券，而对其他类似债券不感兴趣。这种特别债券变得非常有需求，成为回购市场中的特别债券。对此特别证券详细规定的回购交易称为特别回购。只要市场存在这种相对稀缺性，该证券就仍是特别的。

除此之外，在回购交易中，贷出证券的一方可以贷出任何一种具有类似风险的证券。这种形式的证券称为一般抵押品。一方贷出美国政府债券而不是现金，而另一方并不关注债券组合所包含的特定债券。那么，此种抵押可能是任何政府债券。

只要特别证券具有特殊性，和其同类相比，特别证券的价格就较高。这意味着，借入此种证券，顾客以较低利率放弃他或她的现金。客户毕竟确实需要此种特别证券，因此不得不同意支付以较低回购利率执行的“价格”。

一般抵押品的利率称为回购利率。特别抵押品应得到的回购利率更低些。在这种情况下，现金经由一般回购以较高利率再借出，那么最初的“特别证券”所有者会获得利润。

例子：

假设回购利率报价为4.5%～4.6%。你自己有价值为100美元的债券，碰巧第二天变成特别债券。你可以贷出你的债券，从而得到100美元，即获得一周的现金使用权，并只支付2.5%的利息。这确实是一个好机会，因为你能立刻用这笔现金回购一般抵押品，然后赚得年利率为4.5%的100美元的收益。你用自己的债券挣到了更多收益，这是因为你正好持有特别债券。

当利用债券的市场数据进行研究时，考虑回购交易存在特别证券这一点至关重要。如果“回购特别证券”交易与一般抵押品交易相混淆，那么数据可能表现出不可思议的变化，可能极易使人误解。这个问题非常重要，这是因为大概有20%的回购交易涉及特别证券。

5.2.2.1 债券为什么成为特别抵押品?

为什么某些债券经常成为特别抵押品？至少存在两个理由。第一个理由是，某些债券在债券期货交易中以最便宜价交割。（参见本章结尾的案例研究。）第二个理由是，最新发行债券具有更强的流动性，因而需求量更大，以便支持对冲与执行头寸活动。此种“基准”债券常常成为特别抵押品。这显得有点矛盾，与其他债券相比，要想获得流动性越好的债券，支付的价格也就越高。[①]

---

① 最新发行债券意指有特定到期日及特定的风险的最新债券。例如，一个10年期的最新发行国债是在国债拍卖时销售的最近的10年期债券。其他的10年期债券就是已有债券。

举一个例子，考察固定收益领域所谓的蝶式交易（butterfly trade)。涉及收益率曲线凸起的非平行的移动有时被称为蝶式移动（butterfly shift)。对于资产负债表与固定收益投资组合来说，这样的移动可能具有极为复杂的影响。交易者使用 2－5－10 年最新发行债券来构建套期保值交易，对这样的收益率曲线运动进行监视或投机交易。这些交易被称为“蝶式交易”。在这种策略中，运用的最新发行债券可以成为“基准”，而且可能成为特别债券。

□ 5.2.3 小结

现在，我们对上述讨论加以概括。回购交易的优点是什么？

(1) 当贷出现金时，回购提供了双重保护。这就是信用评级较高的回购交易者与抵押品。
(2)“特别”回购是增加收益的唯一且方便的方法。
(3) 利用回购市场，交易者可以做空市场，进而有效地增加资金。这一方式改进了普通市场的有效性并促进了交易。
(4) 因为回购具有较低的交易成本、更高效的时间管理以及较低的资金成本，所以金融策略与构建产品可以盈利。

现在，我们考察各种类型的回购和回购交易形式。

5.3 回购的类型

通常，“回购”术语用于卖出且重新购买同样的金融工具。可是，在应用时这种操作可能以不同方式执行，从而这些方式会产生略微不同的回购形式。

□ 5.3.1 经典回购

经典回购也被称为美式回购。这正是我们曾讨论的操作方式。回购交易者拥有他（或她）自己的证券，以价格 100 卖出。他（或她）立刻允诺比如 1 个月后以 100 重新购买这一证券。在到期时，回购交易者返还最初收到的现金，加上回购利息，即这两项之和。

例子：

某个投资者拥有固定收益投资组合，想要募集资金来使用一周时间。这可通过贷出组合债券实现。假设交易日期为星期一上午。这笔交易的参数如下：

起息日：交易日＋2 天

初始收入：5 000 万欧元

抵押品：$6\frac{3}{4}\%$，2003 年 4 月德国国债（票面价值等于 4 760.7 万欧元）

期限：7 天

回购利率：4.05％

最终收入：初始收入＋(初始收入×回购利率×期限)

由此得到：50 000 000＋(50 000 000×0.040 5×7/360) ＝ 50 039 375 欧元

回购利息：39 375 欧元

因而，通过贷出名义债券 47 607 000 欧元（DBR），投资者借入 5 000 万欧元（参见图 5.2）。

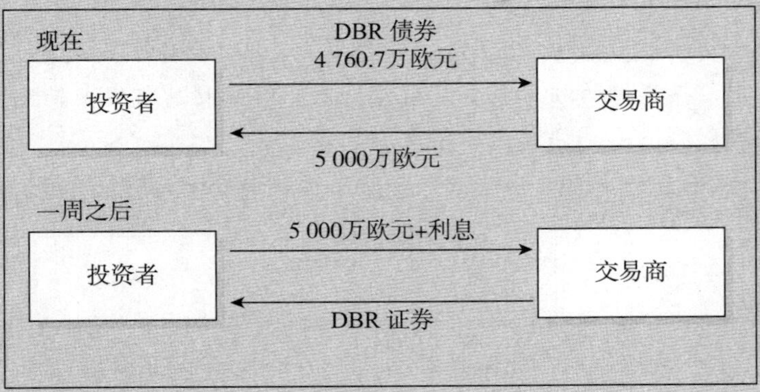

图 5.2　经典回购

票面价值与 5 000 万欧元之差归因于存在应计利息。应计利息需加到名义债券上。也就是说，此计算过程要使用债券的含息价格。①

在进一步考察现实生活例子之前，我们需要考察其他回购形式。

□ 5.3.2　卖出且买回

回购的第二种形式是所谓的卖出且买回（sell and buy-back）。卖出且买回的最终结果与经典回购并没有什么差异。不过，两者的法律基础截然不同。这意味着，信用风险也可能不同。实际上，卖出且买回以两种不同的方式存在。某些卖出且买回不用记录证明。两个交易方均要在同一时刻 t_0 背书两个独立合约。一个合约涉及证券的现货买卖，另一个合约则是对同样证券在某个未来日期的到期回购。所有内容也都一样，和经典回购一样，两个价格应计入相同的利息。在记录证明卖出且买回形式中，存在单个合约，只是两种操作要分别独立执行。

例子：

我们使用和前面例子一样的参数，尽管所赚得的利息相同，可是我们考察操作的方式不同。

名义票面价值：2003 年 4 月，4 760.7 万欧元德国国债，$6\frac{3}{4}\%$

初始价格：101.971 欧元
加上应计利息：3.056 25 欧元
总价格：105.027 25 欧元
初始收入：50 000 322.91 欧元

① 正如第 3 章所解释的，附息债券的脏价包括所有未来现金流（包括应计利息）的现值。

最终价格：101.922 459 欧元

加上应计利息：3.187 5 欧元

总价格：105.109 959 欧元

最终收入：50 039 698.16 欧元

赚得的回购利息：50 000 322.91× 0.040 5×7/360=39 375 欧元

在此情况下，投资者的利息成本是买卖价差。所赚利息与经典回购完全相同，但刻画利率的方式截然不同。详细内容参见图 5.3。

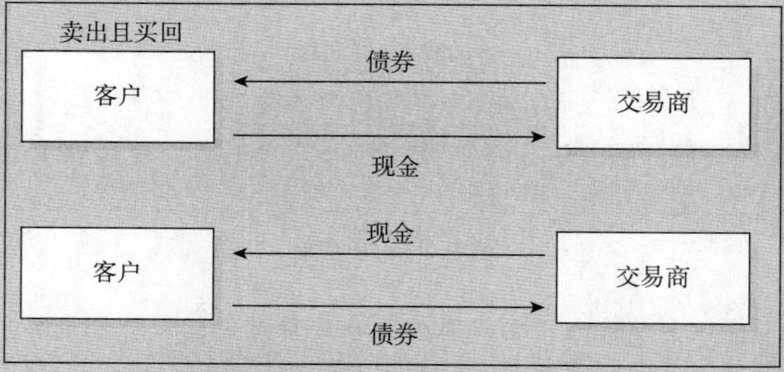

图 5.3 卖出且买回的例子

上述两个回购形式之间的主要差异，不仅体现在机制方面或赚得的利息上，而且在法律和风险管理方面亦存在不同。首先，卖出且买回不用逐日盯市，因此，“更容易”记录。其次，就不用记录证明卖出且买回回购而言，没有记录意味着法律成本较低且管理成本较低。然而，有关的信用风险可能较高。特别是，当卖出且买回出现违约时，便没有明确的补偿权利。

□ 5.3.3 证券借贷

证券借贷是一种比回购历史更悠久的交易。证券借贷同时也比回购缺少实用性。然而，它们的运作机制却是相同的。其主要区别是，交易的其中一方可能不需要回购可以产生的现金。但是，这一方可能仍然想要赚得收益，因此，这一方只是简单地贷出证券来获得一种收益。任何收到的现金都可能在另一实体那里被作为抵押品。

清算公司，例如欧洲结算系统（Euroclear）和明讯银行（Clearstream）就从事证券借贷业务。假设一个证券交易商是明讯银行的成员。交易商卖出不属于他（或她）的债券，并且可能在市场上找不到及时交割的债券。这可能导致交割失败。欧洲结算系统可以自动地（随意地）从其他成员处借来证券贷给这个交易商。

注意，这里的证券不仅可以用现金来借，也可以用其他证券来借。原因很简单：证券的贷方不需要现金，更需要抵押品。抵押品甚至可以是一张信用证或者其他任何可接受的形式。

证券借贷和回购的一个区别在于它们的报价。证券借贷用费用来报价，而回购用回购利率来报价。

例子：
名义本金：2005 年 12 月 7 日借出 2 周 1 000 万英镑，8.5%
抵押品：2006 年 10 月 7 日，1 062 万英镑，8%
费用：50 个基点
总费用：50 个基点×(14 天/360)×1 000 万英镑

很明显，抵押品的市场价值至少要与借入的证券价值相等。交易的所有其他条款由交易双方的信用和期限来协商确定。这种交易如图 5.4 所示。

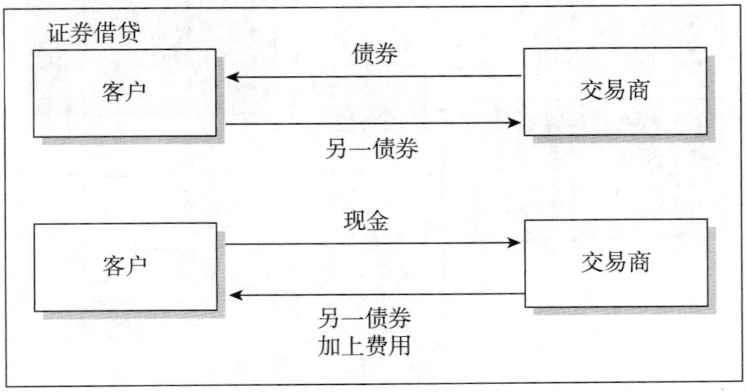

图 5.4　证券借贷的例子

□ 5.3.4　回购和保管类型

回购存在两种主要类型：双边回购和三方回购。在回购市场建立的初期，只有双边回购。双边回购市场允许在抵押品和现金提供者之间直接交换现金和证券。此外，我们可以区分持有抵押品的两种不同方式。一种典型的形式是交付回购（delivery repo）。在这里，证券将被交付到合约对方。这可以通过物理交付或在账面记录交易。第二种形式是自保管回购（hold-in-custody repo），贷款人在回购期间以借款人的名义持有证券。这既可能是因为他不可能实现交易，也可能是因为由于时间或其他限制而不值得。

第三种保管处理形式是通过三方回购（tri-party repo），第三方以"买方"（借款人）的名义持有抵押品。双方经常有同一个保管人的账户，在这种情况下，三方回购包含了证券从一个账户到另一个账户的转移。较少的费用或佣金导致了回购的廉价。在这种情况下，保管人也要处理回购交易中的技术细节，比如（1）保证付款交割实现和（2）保证将抵押品调整至市场价。第三方负责其账面上回购的结算和抵押品的管理。因此，现金出借人不需要后台部门拥有占有抵押品的能力。

基于以上所有这些，一个好的清算公司、托管机构和结算基础设施，对于运转良好的回购市场来说是最基本的必要先决条件。上述讨论的主要内容针对的是美国的回购市场。图 5.5 显示了美国回购市场的结构，包括双边回购和三方回购。[①] 证券交易商的借贷活动十分活跃。在回购中，一家机构用现金进行投资，抵押品的买方从另一家机构

① 关于美国回购市场和上述数据来源的更多细节，请参见 Copeland et al.（2012）。

（抵押品的卖方）购买证券。在实际应用中，有许多不同类型的抵押品买方，比如货币市场基金、资产管理公司、证券借贷代理机构和投资者，他们需要特定的证券作为抵押品，以便于对冲或投机某些市场。在三方回购中，被称为清算银行的第三方充当中间人。为了简单起见，此图并没有显示清算银行。在美国，纽约银行梅隆公司和摩根大通是仅有的两家可以处理三方回购的清算银行。

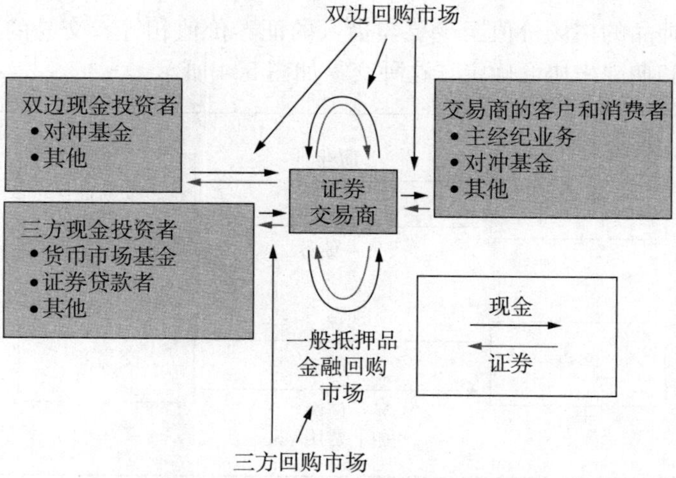

图 5.5　美国回购市场

5.3.4.1　什么是与账面匹配的回购交易商

回购交易商负责撰写回购合约。它们随时准备投标，然后询问一般回购利率，像特别回购和抵押品一样。在路透社和彭博社的标准回购贡献者页面中，特刊会清楚地明示并会评价特殊价格（例如，特别回购利率）。回购交易商时刻准备着借入或者借出证券，不论证券是特别抵押品还是一般抵押品。这样一来，账面就被匹配了。但是这并不意味着交易商没有在回购账面中单向持仓。它们的利润来源于买卖价差和在它们认为合适的时候购买市场敞口。

□ 5.3.5　回购交易的详细内容

我们概括阐述某些回购交易中的更多内容。

(1) 回购是用证券暂时交换现金，但是，重要的是认识到借入证券的一方对证券有暂时所有权。标的证券可以被卖出。因此，回购可以被做空。

(2) 由于通过回购，被借入的证券通常可以被卖出，在回购第二回合返回的证券无须与初始证券完全相同。它们可以是等价的，除非在回购交易中有其他明确说明。

(3) 在回购交易中，证券的贷方将权利转换了一小段时间。但是最初的所有者持有与证券相关的风险和收益。因而，在回购期间的票面利息支付给了证券最初的所有者。

风险仍然由最初的所有者承担，因为借入的债券要调至市场价。例如，在一个回购期间，市场可能暴跌，抵押品的价值可能降低。于是，证券的借入者有权利要求额外的抵押品。如果证券的价值上升，抵押品的一部分将被返还。

(4) 在回购期间的票面利息或所付股利被支付给了最初所有者，这被称为制造股利(manufactured dividend)，而且可以在回购交易的最后或者回购期间的任何一个时点实现。①

(5) 在美国和英国，回购文件是标准化的。一个标准化的回购合约是 SIFMA/ICMA 全球回购协议（GMRA)。②

(6) 在标准的回购合约中，如果贷款人同意，用其他证券代替初始抵押品是可以的。

(7) 在之前的论述中提到过，(在典型回购中）回购的法定所有权转移到借款人手中。所以为了防止违约，证券自动地属于借款人（买方)，无须再建立所有权。

最后，我们注意到在典型回购中一个解决办法就是付款交割（delivery versus payment，DVP)。对于国际证券，双方通常会用到欧洲结算系统和明讯银行。

存在三种结算回购交易的办法：(1) 现金结算（cash settlement)，涉及同一天收到“现金”；(2) 例行结算（regular settlement）*，现金在紧接着交易日的第一个营业日收到；(3) 隔日结算（skip settlement）**，现金在交易日之后的两个营业日收到。

□ 5.3.6 抵押品类型

最著名的回购抵押品当然是政府债券，例如美国国债。如果法律允许，每一个拥有流动的政府国债市场的经济都具有流动性的回购市场。然而，存在许多不同于主权债券的各种类型的抵押品。最普遍的一个抵押品类型是抵押贷款支持证券（MBS）或者资产支持证券（ABS)。许多对冲基金持有回购基金证券。其他类型的抵押品是新兴市场回购和权益回购，将在下面讨论。

□ 5.3.7 回购和信用风险

在 2007 年信用危机的演变中，回购策略扮演了重要的角色。经由银行所建立的许多“工具”已经回购了结构化资产，以此获得融资。这些是担保债务凭证的优级份额，它们被评定为 AAA 级。然而，回购是一种比优级份额更优级的工具。在保证金要求期间，倘若追加保证金没有实现，则回购交易商有以资产做抵押的优先权。在这个意义上，回购资金引进了额外的信用风险。

5.4 权益回购

如果我们能对债券进行回购，那么我们可以对权益做同样的回购吗？这可能确实非常有用。权益回购越来越流行，但是，从金融工程角度看，依然存在潜在的技术上的难题：

---

① 制造股利会在发放利息的同一天完成。但是，如果是卖出且买回，将会发生变化。利息将在第二个发放日支付。

② GMRA 的第 1 版于 1992 年出版。最新版本是国际资本市场协会（ICMA）与证券业和金融市场协会（SIFMA）联合发布的 2011 版。GMRA 的基本结构包括买卖双方之间所有回购交易的规定以及各种附件。ICMA 每年从全球多个司法管辖区获得并更新关于 GMRA 1995、2000 和 2011 版本的意见。更多信息请参看 http://www.icmagroup.org/。

* “regular settlement”是“regular way settlement”的简写，又译为公司结算。——译者注

** “skip settlement”是“skip day settlement”的简写。——译者注

(1) 普通股支付股利，而且有权益发行。此外，存在企业合并和收购问题。我们如何将这些问题反映到回购交易中？计算票面利率很简单，因为每期的支付都相同。但是，合并、收购以及权益发行暗示着标的权益会有更复杂的变化。

(2) 在单一债券中回购 1 亿美元是相当简单的一件事。我们如何在权益回购中实现？为使权益回购价值 1 亿美元，就需将投资组合放在一起。这使得工具复杂化，设计流动合约也变得更加困难。

(3) 因为不存在一种标准的权益回购协议，导致了回购的流动性降低。在英国，在标准回购协议中加入权益附件来实现权益回购。

(4) 最后，我们应该记住，权益有更强的波动性，这意味着我们更为频繁地将其调整至市价。

我们应该指出，某些投资公司有老式的权益互换和权益贷款，然后将它们称为权益回购。下面的文章重点介绍最近与股权回购相关的一些问题和风险。

例子：

根据美联储的数据，在截至 1 月 10 日的一年里，权益支持回购协议，也就是回购，增加了 40%。权益抵押品的使用量不断上升，加上政府证券支持的回购活动下滑，推动了权益份额在 1 月份 1.55 万亿美元的三方回购市场中所占比重从一年前的 5.7%上升至 9.6%……

惠誉国际* 驻纽约宏观信贷研究总经理罗伯特·格罗斯曼（Robert Grossman）昨日在接受电话采访时表示，“权益支持回购增加的一个原因是，从贷款者角度来看，权益支持回购的收益率更高一些”，“在其他条件相同的条件下，在低迷市场中，非政府抵押品可能会有更多的流动性问题”……

惠誉国际利用 2013 年 8 月数据进行的另一项研究显示，权益支持的短期回购交易利率为 35 个基点，而机构回购交易利率约为 11 个基点。

美联储政策制定者和研究者在过去的一年中曾讨论了回购市场仍需要改变，以降低因交易商违约或贷款者认为其可能违约而引发的抛售风险。……美联储一直在寻求加强三方回购协议市场。2008 年，随着贝尔斯登** 的倒闭，以及雷曼兄弟控股公司（Lehman Brothers Holdings Inc.）的破产，三方回购协议市场几近崩溃……

惠誉国际报告声称，尽管美国股市自 2011 年以来一路飙升，上月触及纪录高位，但“通过权益抵押品的回购借款获得杠杆的程度没有改变”，折价中值持稳在 8%左右。折价是指在回购交易中用作抵押品的证券的价值与贷款人愿意为其兑换的现金金额之间的差额百分比。

格罗斯曼说：“这值得关注。”他指出，在金融危机期间，权益折价直到市场开始下跌后才上调。

（彭博社，2014 年 2 月 12 日）①

---

① 2014 年 2 月 12 日，彭博社的利兹·卡波·麦考密克（Liz Capo McCormick）写道：“随着权益回购价格的不断上涨，贱卖风险也随之攀升。”

* 惠誉国际（Fitch），全球三大国际评级机构之一，是唯一的欧资国际评级机构，总部设在纽约和伦敦。——译者注

** 贝尔斯登（Bear Stearns Cos.）曾是全球 500 强企业之一，是一家全球领先的金融服务公司，致力于为全世界的政府、企业、机构和个人提供服务。——译者注

以上文章说明了融资成本和折扣的问题。从借款者角度来看，小额折扣会使借款更便宜，但在抵押品的价值因股票市场动荡而突然贬值的情况下，从证券贷款者角度来看，它提供了较少的安全缓冲。

5.5 回购市场策略

前面几小节已经阐述了回购机制和一些术语。在这一节，我们将利用回购工具开始设计金融工程策略。

□ 5.5.1 为债券头寸融资

最经典的回购应用是固定收益投资组合的筹资。一个交易商认为，这是购买债券的好时机。但是，从市场专业人士的角度来看，交易商手中没有现金，但是它们可以利用回购市场。交易商可以购买债券，然后在同一时间回购，以确保购买债券所需资金。交易商赚得债券的收益；它的成本是回购利率。

上述方法也可以用于为固定收益投资组合融资，进而从市场机会中获益。

例子：

国外基金管理者最近在新加坡以美元计价的市场上，利用期限回购利率和互换利差之间的预期扩展，使在市场上债券互换利差交易活跃。“这是书中记载的最古老的交易之一”，最近才在当地市场流行……

在典型的交易中，一个投资者买入 10 年期新加坡政府固定利率债券，收益率是 3.58%，然后在回购市场上筹集这些债券的现金并支付年现金利率 2.05%……同时，投资者签订一个 10 年期的利率互换合约，互换支付 3.715%的固定利率，并收到浮动互换利率，目前是 2.31%。尽管投资者要付出债券收到的收益率和互换中支付的固定利率之差即 13.5 个基点，但头寸使得投资者从互换中收到的浮动利率和回购的固定利率之间的利差中赚取了 26 个基点。回购和互换提供的利率的绝对水平可以变化，但是它们的利差很可能变大，从而导致交易的利润增大。

驱动回购流动性的一个最重要的原因是，在前几个月中新加坡金融管理局开始利用回购市场实施货币当局的干涉，而不是利用传统的外汇市场……

（摘自《衍生品周刊》）

对于这个例子，我们将利用前面章节的金融工程工具做进一步分析。为了简化，我们假设标的债券都是平价债券，互换是 3 年到期，数值均在上例中给出。① 交易商的债券头寸由图 5.6（a）给出。在 t_0时刻支付价格 100，以收到利息（用C_{t_0}表示）和本金。图 5.6（b）说明了互换。互换“对冲”固定利息的支付，将债券从固定收益“转换”成浮动利息收入。在新加坡，与 LIBOR 等价的是新加坡银行同业拆借利率（SIBOR）。互

① 对于读者来说，可直接将此图扩展为 10 年现金流。

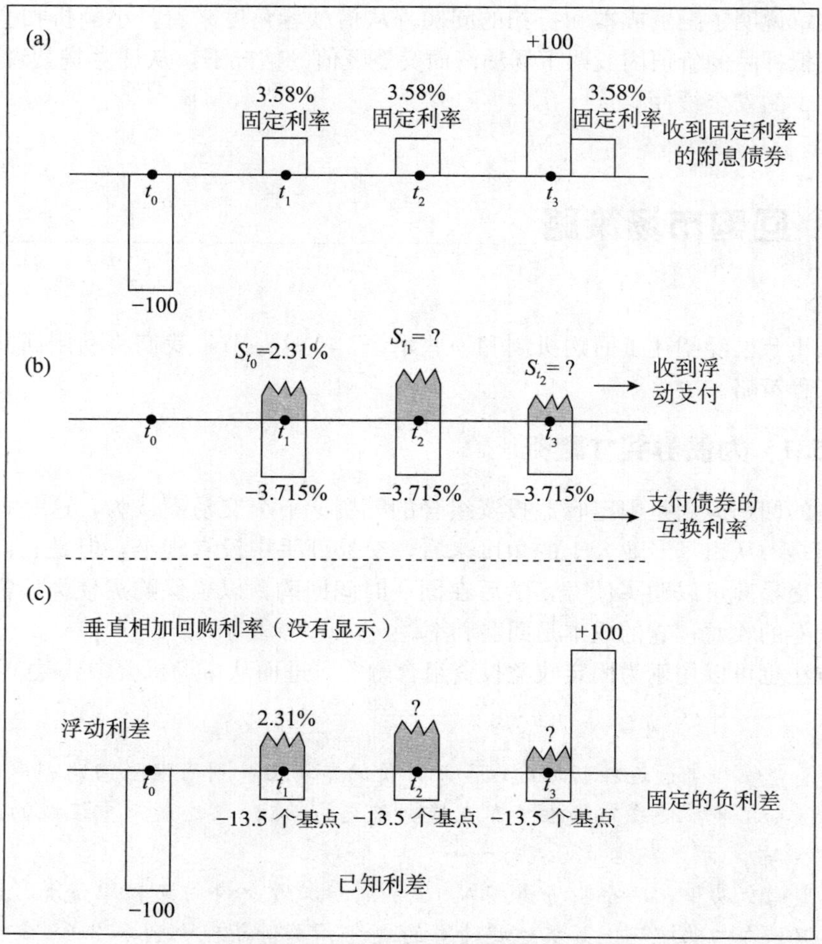

图 5.6　债券和互换的现金流

换后，交易商收到 SIBOR−13.5 个基点。这将在图 5.6（c）中展示，该图加入了前两期现金流的情况。对于这一点，我们可以看到，另一个特征是交易商收到浮动利息支付，但是仍然需要支付初始成本 100。这意味着，交易商需要从某处获得这些初始资金。

一种可能是从市场上借入。一个更好的方法是通过回购。将债券作为抵押品借出，即可获得需要的资金 100，这里假设零折扣。这种情况如图 5.7 所示。我们考察一下人为的 1 年期回购合约，同时假设回购在回购利率为R_{t_1}和R_{t_2}的情况下可以转存。根据前面的说明，现在回购利率已知，为：

$$R_{t_0}=2.05\% \tag{5.4}$$

将前两种情况垂直相加，如图 5.7 所示，我们就得到市场实践者的最终敞口。

市场实践者 1 年拥有 12.5 个基点的净收益。但是，更重要的是，最终头寸具有下述特征：市场实践者做多远期浮动利率债券，支付浮动新加坡银行同业拆借利率S_{t_1}和S_{t_2}，减去利差，得到下面的期望：

$$S_{t_1}>R_{t_1}+13.5\text{ 个基点} \tag{5.5}$$

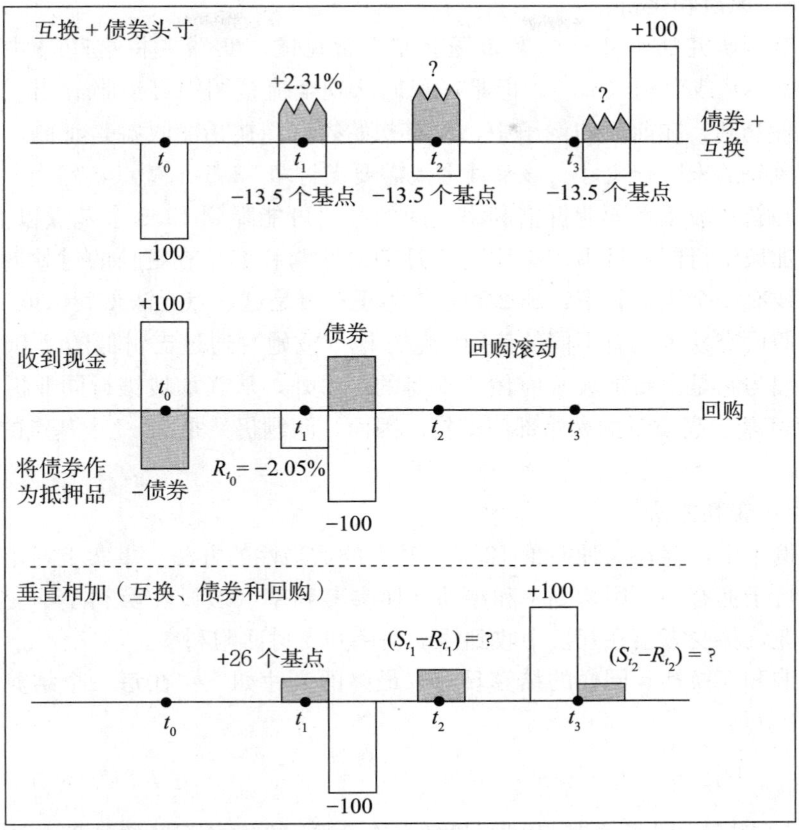

图 5.7　债券、互换和回购的现金流

$$S_{t_2}>R_{t_2}+13.5\text{ 个基点} \tag{5.6}$$

这就是说，如果远期回购利率和新加坡银行同业拆借利率之间的利差下降至 13.5 个基点以下，交易商就会遭受损失。这是全部头寸所蕴含的风险之一。图 5.7 的下半部分说明了这种敞口如何被对冲。为了对冲这种头寸，我们需要做空同样的远期债券。

5.5.1.1　微妙的风险

在这种“经典”头寸下，存在另一个更加微妙的风险。投资者做空债券，然后支付固定互换利率。如果利率向相同方向发展，平价债券和平价互换的收益和损失可以互相抵消。

然而，互换利差$S_{t_0}-C_{t_0}$仍然可以改变。例如，假设 S_t 保持不变，但 C_t 显著增加，这暗示着更小的互换利差。然后，互换的价值会保持不变，可是债券的价值会降低。总的来说，债券加上互换头寸可能出现损失。

更重要的是，由于初始抵押品的价值现在低于借出的资金，所以回购交易商会要求更多的抵押品。

5.5.1.2　资产互换

我们有另一种方式可以描述这样的头寸。投资者利用回购和资产互换来买进债券。这种术语目前广为使用。

5.5.1.3 风险和定价

前面一节所研究的头寸是金融市场上非常常见的。实践者将这些头寸称为套利战(arbitrage plays)或套利(arb)。但是，我们从现金流量图中可清晰看出，这不是学院派所称的那种套利。在前面的例子中，没有初始投资。初始净收益是正的，但是实践者拥有一个带风险的未平仓头寸。该头寸今天需要支付净 12.5 个基点，然而，交易者承担着回购利率和新加坡银行同业拆借利率之间的利益可能降到 13.5 个基点以下的风险。6 个月期的新加坡银行同业拆借利率比 1 个月期的回购利率具有更长的付款期限，同时假设收益率曲线有一个正的斜率，那么利差将为正；可是这一点无法得到保证。

此外，假设交易者具有不同的信用风险。他（或她）通过支付低的 2.05%的回购利率来融资，因为它是由新加坡政府债券支持的。另外，从新加坡银行同业拆借利率一方得到的 2.31%基于高质量的私营部门信贷。因而，问题仍然是 12.5 个基点的净利润值得冒险吗?

5.5.1.4 套利方法

在上述例子中，存在一种衡量 12.5 个基点的适当性的方法。事实上，市场实践者的最终头寸等价于拥有一个回购利率和浮动互换参考利率（假设互换利差不变）之间的基点互换。毕竟，接受者会在互换中收到浮动利率并支付回购利率。

假设回购和互换拥有同样的结算日 t_i。最终的头寸如下：在每一个结算日，头寸接受者将收到

$$(L_{t_{i-1}}+12.5\text{ 个基点}-R_{t_{i-1}})\delta N \tag{5.7}$$

很明显，这与有 12.5 个基点利差和名义本金 N 的基点互换的处理办法类似。如果基点互换在新加坡市场上活跃交易，通过比较 12.5 个基点净收益与在市场上观测到的基点互换的利差，我们可对这个策略进行评价。如果它们相等，那么同样的头寸就可以在基点互换市场上直接这样做。否则，如果基点互换利率不同于 12.5 个基点，那么可通过买入较为便宜的头寸、同时卖出更贵的头寸来实现真实的套利头寸。

□ 5.5.2 期货套利

回购协议在债券和短期国库券市场上扮演一个特殊的角色。考察如下期货头寸。期限为 t_0+30 天。在第 30 天，我们将拥有一个无违约的零息债券，其到期日为 T 且价格为预定的P_{t_0}。因此，在结算日需要支付P_{t_0}美元，以便获得 1 年期债券。当然，在 t_0+30 时刻，债券的市场价值为 $B(t_0+30,T)$，它通常不同于P_{t_0}。回购市场将被用于对冲这种头寸。这导致我们引出隐含回购利率（implied repo rate）的重要概念。

我们如何使用回购协议来对冲债券期货空头头寸呢？前面我们在讨论买现卖期交易时已解决这个问题：筹得资金，并购买一个 $T+30$ 期限、在 t_0到期的债券。当 t_0+30 时刻到来时，债券的到期日为 T 时刻，因此，买现卖期交易将导致和期货一样的头寸。实践者在 t_0时刻借入美元，买入 $B(t_0,T+30)$ 债券，并持有债券到 t_0+30 时刻。

这里新奇之处是，我们通过买入债券，然后立刻回购它来筹得资金，可以将两步变成一步。这就意味着下式必须被满足：

$$P_{t_0}=B(t_0,T+30)\left(1+R_{t_0}\frac{30}{360}\right) \tag{5.8}$$

换句话说，一旦包含了购买 $T+30$ 天到期的债券持有成本，那么总支出应该等于 P_{t_0}，也就是债券的未来价格。

假设市场报价为P_{t_0}和 $B(t_0,T+30)$，市场实践者求解得到未知的R_{t_0}，并将其称为隐含回购利率：

$$R_{t_0}=\left[\frac{P_{t_0}}{B(t_0,T+30)}-1\right]\frac{360}{30} \tag{5.9}$$

这种隐含回购利率就是纯套利概念，并显示了固定收益交易者的持有成本。

□ 5.5.3 对冲互换合约

回购协议也可用于对冲互换头寸。假设交易商与一位客户进行 1 亿的 2 年期互换合约交易。交易商将支付 2 年期固定收益国库券利率加上 30 个基点，这使得买入价互换利率达到 5.95%。通常 LIBOR 将被接受。交易商可以买入 2 年期国债对冲头寸。

因此，交易商期望可以马上和另一个客户交易另一个 2 年期互换合约，并接受固定利率。假定卖出利率比买入利率高，那么交易商就会赚得买卖价差。假设卖出互换利差是 33 个基点。回购市场应如何进入？交易商已经以 2 年期国债进行互换对冲，但是这种国债又是如何建立的呢？答案就是回购市场。交易商购买国债，然后立刻隔夜反向回购。回购利率为 5.61%。在几天之内交易商期望找寻到匹配的订单。在此期间交易商承受着互换利差和回购利率变动的风险敞口。

□ 5.5.4 税收策略

考虑下面的情况：

● 国内债券持有者需要支付预提税，而国外债券持有者不需要支付。国外投资者获得总息票。

接下来需要进行以下操作。国内债券持有者需要在将息票支付给国外交易者（即免税的对手方）之前回购债券。债权人收到制造出的股利，也就是总息票。①

这在一些经济体中是合法的。在其他经济体中，如果不能回购出债券，那么债券持有者需要支付理论上息票所要缴纳的税。回购出债券以避免产生税负被称为洗息票。

例子：

不论是二级交易还是投资，对泰国债券的需求部分地是由较多的国内共同基金所引发的，这些基金推出了固定收益基金。然而，由于存在预提税，外国参与泰国债券市场受到了限制。

“没有人能找到一种有效的方法来使息票避免支付预提税。”中国香港的一位投资银行家说。洗息票通常涉及离岸投资者，他们在息票支付日期之前刚好将债券卖给

① 注意，关键点就是“何时”支付制造出的股利。如果在到期日支付，息票将被递延到下一个纳税年度。

国内对手方。如离岸实体居住所在国与某个债券起源国拥有税收协定，这也可以洗息票。

作为报答，洗息票的实体向离岸投资者支付在债券出售之前时期所赚得的应得利息，即极少的保证金。依据某些资料，泰国所发行的债券洗息票看起来十分广泛，但是变得越来越困难。

（汤森路透，IFR，第 1 129 期）

另一个十分重要的回购例子来自印度尼西亚。

例子：

印度尼西亚财政部颁布了一项新指令，迫使代表离岸投资者的国内机构所执行的洗息票活动暂时停止。其中，新指令要求对投资者因持有债券所赚得的累积利息扣除预提税。

在新指令颁布的两个星期之前，税款只是对那些持有债券的机构在息票支付日期加以预扣。印度尼西亚债券的离岸持有者通过洗息票来规避支付预提税。

通常，洗息票涉及离岸机构恰巧在息票支付日期的之前与之后，向印度尼西亚的免税机构卖出与买入其债券。因此，不论是国内的还是国外的债券持有者，都极少支付所持债券的预提税。由于新指令要求债券累积利息需缴纳预提税，所以许多国内机构停止为国际公司从事洗息票业务。

（汤森路透，IFR，第 1 168 期）

回购与税收之间的关系远比这些阅读材料所表明的复杂。接下来的例子说明了回购协议的使用。

例子：

在日本，买卖债券存在交易税，也就是转让税。为了降低成本，回购交易商贷出和借入日本政府债券，同时每天对它们进行盯市。

交易者并不交易债券，而是交易名称注册表（NFR）。名称注册表是发送给中央银行要求改变所有权的“备忘录”。它们被交付给当地保管机构。债券依然保留在原来所有者手里，也就是 NFR 的发行人。

日本政府债券还具有一项不允许失败的规则，这也就是说，交割失败会产生高昂的成本，从而被认为是禁止的。

（汤森路透，IFR，第 942 期）

金融中许多标准交易植根于税收策略，就像上面所说的几个例子一样。

5.6 利用回购的合成

现在，我们通过利用合约方程来分析回购策略，这些合约方程在前面几章已经介绍过。我们给出几个例子。第一个例子是利用回购进行买现卖期套利，然后利用所得到的合约方程，以此得到更多的合成工具。

□ 5.6.1 合约方程

设 F_t 表示在未来 T 时刻交割的长期国债在 t 时刻所被观察到的远期价格，其中 $t<T$。假设债券在 T 时刻交割，则所需期限为 U 年。然后，在 t 时刻我们可以（1）购买 $(T-t)+U$ 年期国债，（2）回购出债券，取得必要现金来为它支付，（3）持有这个回购头寸，一直到 T 时刻。在 T 时刻，现金加上回购利息将被返还给回购交易者，同时债券被收回。此债券将有 U 年期限。从上述内容来看，这些步骤将导致和债券远期完全一样的结果。我们利用合约方程可以表述这些步骤。这个方程提供了一个合成远期。

远期购买将在 T 时刻交割的 U 年期债券	=	在 t 时刻购买 $T+U-t$ 年期债券	+	回购期限为 $T-t$ 的债券	(5.10)

据此，期货头寸完全可以通过方程右边的交易进行对冲。这种合约方程在许多回购交易的有意思应用中得到使用。我们讨论两个例子。

□ 5.6.2 合成回购

现在，重新整理前面的合约方程，将回购放置在方程左边：

回购期限为 $T-t$ 的债券	=	远期购买将在 T 时刻交割的 U 年期债券	−	在 t 时刻购买 $T+U-t$ 年期债券	(5.11)

因而，我们很容易通过利用即期销售及购买标的资产的远期，构建一个合成回购交易。[①]

□ 5.6.3 合成买断交易

假设由于某些原因，我们不希望直接购买标的资产。我们可利用合约方程综合构建一种即期购买。将即期操作转移到左边：

在 t 时刻买断交易 $T+U-t$ 年期债券	=−	回购期限为 $T-t$ 的债券	+	在 T 时刻远期购买 U 年期债券	(5.12)

① 记住，合约前面的减号意指交易是反方向的。因此，即期购买变成了即期销售。

右边的操作等价于对证券的一种买断交易。

□ 5.6.4 互换和回购的比较

在剥离债券、互换和回购市场策略之间存在一些有意思的关联。例如，如果剥离债券被投资者持有至到期日，就很少存在全息债券。这些债券被交易成“特殊”品种的可能性便随之而来。因此，平均回购利率相对来说就比较低，这是因为做空这一工具的交易者为了获取对他们来说很特殊的证券，不得不接受一个较低的回购利率。①

对于一些交易者来说，这可能会导致平均互换利差提高，因为廉价资金的可获性促使支付固定利率比接受固定利率更加具有吸引力。

5.7 回购市场的差异与全球金融危机的影响

在全球金融危机（GFC）期间，回购市场的制度结构对各国的金融体系和金融市场产生了重要影响。在美国，双边和三方回购市场都经历了挤兑。由于担心雷曼兄弟的信誉和交易对手风险，三方回购市场的债权人拒绝向银行提供回购融资，加速了雷曼兄弟的破产。在 GFC 期间，各种不同资产类别的双边回购市场经历了不同类型的运行，因为抵押品买方增加了折扣，从而迫使一些抵押品卖方清算资产。② 在设计产品和管理头寸时，金融工程师和交易员需要考虑这种潜在的风险。

GFC 不仅对美国不同类型的回购市场产生了不同的影响，而且由于制度安排的不同，各大洲之间也存在差异。大多数的欧元银行间市场进行回购交易，这是由于银行发挥主导作用提供资金在欧洲。③ 此外，超过 60%的欧元区银行间回购交易是通过中央对手方（CCP）。涉及标准证券（如政府债券或其他相对安全的证券）的回购通常通过 CCP 执行。CCP 回购和非 CCP 回购的区别在于，非 CCP 回购通常涉及较少的标准证券作为抵押品，而是更多地定制合同条款。在 GFC 期间，以 CCP 为基础的欧元银行间回购市场交易表现强劲。回购数量、风险溢价和平均定期回购期限的长短对通过集中交易对手进行的回购没有负面影响。基于 CCP 的欧元银行间回购市场更稳定的两个原因可能是匿名电子交易和对安全抵押品的依赖。尽管基于 CCP 的回购市场表现良好，但非基于 CCP 的欧元银行间回购市场也经历了与美国在全球金融危机期间类似的困难。本节重点介绍回购市场及其制度结构对金融市场和金融工程应用的重要性。

① 但是，依据其他交易者的看法，剥离债券和美国回购利率之间的关系微乎其微，因为绝大多数剥离债券是已有债券。一般来讲，已有债券不会成为“特别”债券。

② 关于回购市场的最新研究，请参见 Copeland et al.（2010）、Krishnamurthy et al.（2014）和 Adrian et al.（2013）。

③ Mancini et al.（2014）分析了欧元银行间回购市场，并与美国回购市场进行了对比。

5.8 结论

尽管回购市场的基本概念很简单，但由于回购由机构主导，和金融工程的其他方面相比，回购市场的知识并不广泛。然而，回购市场对于金融系统的平稳运作至关重要。如果不存在回购市场，许多金融策略将无法执行。本章阐明了回购可利用前面几章所讨论的同样技术来分析。

阅读建议

关于回购的相关文献非常少，不过已有的文献均是很好的。一本好的教科书是Steiner（2012）。有关风险、欧洲货币和类似工具的出版物都是涉及回购的期刊性补充阅读材料。这些补充阅读材料包含了最近回购市场策略方面一些有意思的例子。本章的大多数例子都选自这些期刊。回购市场因国家而异。有关股权回购的介绍，请参见Choudhry（2010）。

习题

1. 假设你是一位新受聘的投资银行家，你发现你们这家银行陷入了一笔交易，它必须提供债券，以结清短期的期货头寸。这种债券刚刚变得“特别”，而你们银行还没有拥有它。你会建议采取什么样的策略来应对这种情况，并避免在未能兑现承诺的情况下受到重罚？

2. 一个交易者需要借入 3 000 万欧元。他利用德国国债（Bund）* 作为抵押品。这个德国国债具有下述特征：

- 抵押品：2004 年 6 月 12 日，4.3%，德国国债。
- 价格：100.50。
- 开始日期：9 月 10 日。
- 期限：7 天。
- 回购利率：2.7%。
- 折扣：0。

(a) 这个交易者需要多少抵押品？

* Bund 是德国国债，它是德国联邦政府发行的一种债券。德国政府使用德国国债为其支出提供资金，长期债券是发行最广泛的证券。德国国债的拍卖期限只有 10 年和 30 年。——译者注

（b）回购协议开始后两天，德国国债的价值上升到101，那么这些证券以多少价格才能交易？

（c）将支付多少回购利息？

3. 一个交易商回购1 000万美元的短期国库券。折扣是5%。这个交易的参数如下：

- 短期国库券收益率：2%。
- 短期国库券到期期限：90天。
- 回购利率：2.5%。
- 期限：1周。

（a）交易商将获得多少现金？

（b）在回购协议结束时，将需要支付多少利息？

4. 一个交易商想要利用债券回购方式来借1 000万美元，但由于这个市场的限制，他不能回购出债券2个月。

（a）提出一个建议策略，这样他就可以在不失去债券永久所有权的情况下借到这段时期的现金。

（b）如果当前回购利率为4%，计算以43.59美元交易的债券的远期价格是多少？

案例研究：最便宜交割债券和回购套利

以下是两篇文章。请仔细阅读，然后回答接下来的问题。你应该首先回顾以下几个基本概念：（1）特别的回购协议和一般抵押品；（2）最便宜交割（CTD）债券；（3）交割失败。你必须透彻理解这些概念，否则将难以弄懂接下来的策略。

□阅读资料

DB银行被认为凭借其在利率期货上的主导地位挤压回购交易者，从中获利超过1亿欧元（8 940万美元）。这家银行就是利用CTD债券的流动性不足来结算多头期货头寸的，此举引起了同城对手的尖锐批判。

在交易过程中，熟悉此类交易的交易员说DB银行进入了日期套利进程，它买入欧洲期货交易所列示的中期债券中3月1日的德国中期国债并卖出6月1日的合约，以消除多头头寸。一个交易员估计DB银行已经购买了145 000份3月1日的合约并卖出了同样数量的6月1日的期货合约。同时DB银行通过回购市场中的CTD债券建立了大量多头头寸以结算3月份的期货合约，在这种情况下，10年期国债会在2005年10月到期。

因为2005年的国债规模不足102亿欧元，因此交易者缩减了3月期货数量，不得不将未交割的82%债券交易以应付他们的期货义务。“几乎不能一下子交割这么多的债券，”伦敦的一个衍生品主管说，“一般情形下交易者不会搞到高于25%的CTD债券数量。”他接着说。

与此同时，DB银行通过回购市场借入CTD债券来建立期货头寸。一些交易者宣称，DB银行不能按合约规定偿还债券给回购交易者，迫使交易者卖出3月期货合约去交易更贵的债券或者买回更贵的期货。

DB这样做的原因在于，对在回购市场上未能交割的惩罚比未能进行期货到期时的实物交割的惩罚要轻得多。欧洲期货交易所规定，未能交割期货合约的交易者每天必须偿付债券面值的 40 个基点。一周以后，交易所有权代表期货多头头寸一方购买任何合格债券，并将账单寄给期货空头头寸一方。相反地，在回购市场未能交割的相应惩罚是每天 1.33 个基点。

（汤森路透，IFR，2001 年 3 月）

欧洲期货交易所改革中期期货

欧洲期货交易所正推出 2 年期、5 年期和 10 年期的德国国债期货的 9 月份合约的限制。"如果我们想要，我们也可以推出 12 月份的。"交易所发言人说道。

这一举措的目的在于支持早期未平仓头寸转移到下一个交易循环，也是对于中期国债或者说 5 年期德国国债期货 3 月份合约的成功挤压的一种反应。

"新的交易规则限制了由市场实践者持有的多头头寸，也包括所有权和消费者交易头寸。"欧洲期货交易所发言人说道。头寸限制的设立将与 CTD 债券的规模相关并且会在展期期限开始之前的六个交易日被公布。

A 部分　第一部分阅读

1. 什么是日历利差？利用现金流量示意图说明 DB 银行的头寸。

2. 将 DB 银行在回购市场上的头寸结合起来。

3. DB 银行头寸的目的在于什么？

4. 2005 年的国债规模数量的重要性是什么？交易者如何将这些债券迅速交割？

5. 为什么对交割失败要进行惩罚？

6. 资产互换（例如用 LIBOR 来互换文章中提到的相关债券）促进了做空吗？请解释。

7. 可不可以用认真挑选出来的相关的远期利率协议头寸来抵消空头承受的损失？请认真解释。

8. 解释 CTD 债券是如何被确定的。可以到相关的期货交易所网站上查询所需信息。

B 部分　第二部分阅读

1. 欧洲期货交易所对德国国债期货交易规则做了哪些修改？

2. 假设这些规则在 3 月已经生效，它们会阻碍 DB 银行的套利头寸吗？

3. DB 银行有方法使它仍然持有这些头寸吗？这些方法是什么？

第 6 章

外汇市场中的现金流工程

6.1 引论

远期和期货合约出于诸多的原因在构建合成金融工具方面是理想的金融工具。一般来说，远期和期货是线性的，允许静态复制。它们流动性很高，对于货币远期来说具有同质的标的。由于货币的同质性，许多技术的复杂性都自动消失。考虑下面的解释。

金融工具是以不同货币标价的。需要进行用美元标价的交易的市场实践者通常使用以美元标价的金融工具。美元的情况很容易处理，因其存在范围比较大的流通市场。市场专业人士能够向使用这些金融工具的客户提供各种类型的服务。另外，还流通着相对比较小的譬如以瑞士法郎（CHF）标价的金融工具。这是否剥夺了瑞士市场专业人士向客户提供同样服务的权利？可以证明，流通的美元/瑞士法郎外汇交易远期合约，原则上，使主要交易瑞士法郎的客户也一样得到以美元标价的金融工具。

交易者不是对瑞士法郎进行操作，而是首先在 t_0时刻买卖美元，然后用美元标价金融工具来进行所要求的操作。流通的外汇交易远期合约允许未来美元现金流转换成 t_0时刻的瑞士法郎。因而，不同货币的流入和流出在合约开始时就确定下来。只要流通的远期合约存在，市场专业人士就能利用美元标的金融工具进行另一种货币的操作，而不必承担外汇交易的风险。

我们下面的例子表明，合成零息债券可利用外汇远期和另一国家的债券市场构建出来。

例子：

假设我们要在 t_0 时刻买入以美元标价的无违约风险贴现债券，到期日是 t_1，目前价格是 $B(t_0,t_1)$。只要外汇交易远期合约存在，并且相关信用风险相同，我们可利用以另一种货币标价的债券来合成这种债券。

首先，我们买入合适数量以欧元标价的债券，比如说具有同样到期日、违约风险以及价格 $B(t_0,t_1)^{EUR}$ 的债券。这就需要在即期市场上以汇率 e_{t_0} 用美元买入欧元。然后，运用欧元远期合约，我们卖出在 2015 年 12 月 31 日收取的远期欧元，而这个时候债券到期，远期汇率是 F_{t_0}。

最后的结果是，我们现在支付美元，并且在到期日收取已知数量的美元。这与无套利情况下以美元标价的债券产生的现金流是一样的。这种操作如图 6.1 所示。

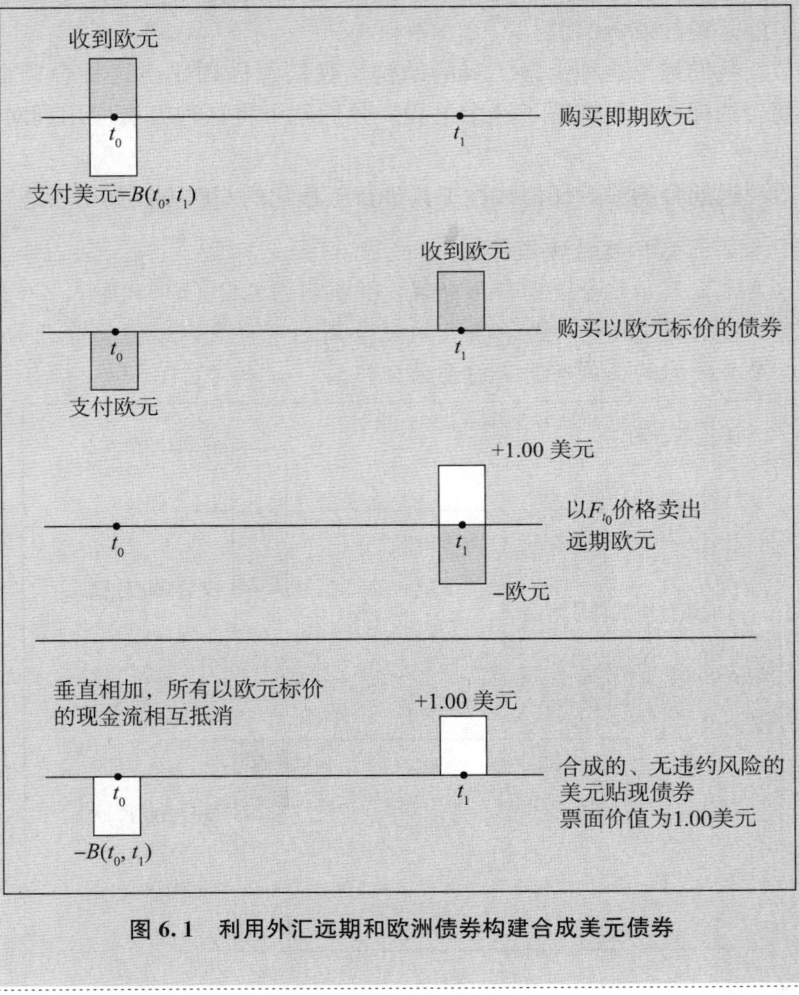

图 6.1　利用外汇远期和欧洲债券构建合成美元债券

从原则上看，这些步骤能被任何（线性）标的资产复制出来，进行远期合约买卖的能力在这里起着重要作用。

现在，我们讨论最简单而且流动性很强的合约之一，即货币远期的工程问题。

6.2 货币远期

货币远期是流动性非常强的金融工具。虽然它们是最基本的工具，但在金融工程问题中被广泛使用。

考察欧元/美元汇率。① 使用欧元远期购买100美元的隐含现金流，如图6.2（a）所示。在t_0时刻签订合约，以$100/F_{t_0}$欧元远期购买（出售）100美元。结算（也就是说，实际货币交换）发生在t_1时刻。远期互换利率是F_{t_0}。在t_0时刻，货币没有任何换手。

很明显，远期汇率F_{t_0}在t_0时刻已经被选择，为了使双方对未来结算满意，不要求立刻进行补偿性支付。这意味着，远期合约在t_0时刻的价值是零。随着时间的流逝和市场的变化，它可能是正的或负的。

在这一节，我们讨论这种金融工具的结构。我们怎样构建出这种合成金融工具呢？怎样分解远期合约呢？一旦理解了这个过程，我们就可将这种方法应用到对冲、定价和风险管理中。

对（货币）远期合约或者任何线性工具进行工程化的一般方法如下所述：

（1）由图6.2（a）的现金流图开始。

（2）将（两个）表示现金流的矩形分解，并画到图6.2（b）和图6.2（c）中。

（3）然后，在认真选定的日期，加上或减去新的现金流，以便将分开的现金流转换成交易者愿意购买的有意义的金融合约。

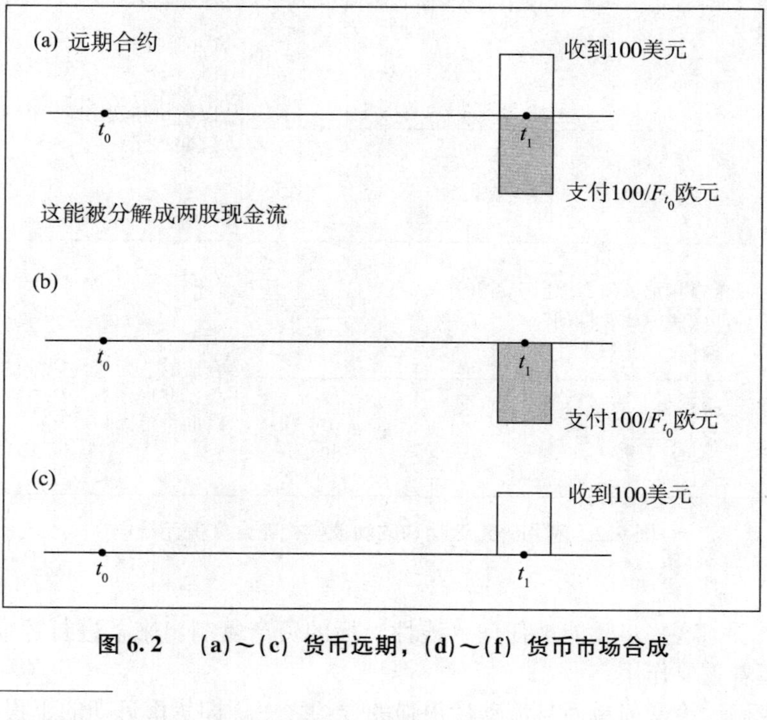

图6.2　(a)～(c) 货币远期，(d)～(f) 货币市场合成

① 在这种报价方法中，写成欧元/美元，基础货币是欧元。

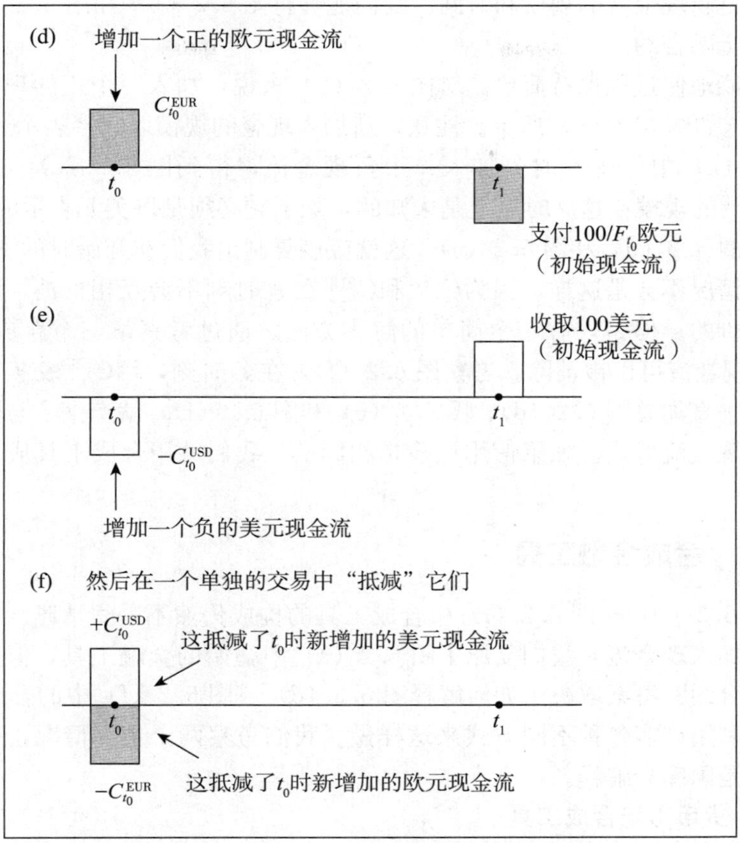

图 6.2　(a)～(c) 货币远期，(d)～(f) 货币市场合成（续）

(4) 在这样做的时候，确保图是被垂直相加的，新添加现金流相互抵消，初始现金流被复原。

当这个过程被逐步应用到更加复杂的金融工具中时，此方法更为简洁清晰。现在，我们考察具体细节。

□ 6.2.1　货币远期工程

我们将这种方法用于对货币远期合约工程化。我们的目标是，最终得到一个合约方程，利用这种方法，把初始合约表示为两个或更多个基本合约的加总。下面详细地讨论各个步骤。

由图 6.2（a）中的现金流开始。如果我们分解两个现金流，就得到图 6.2（b）和图 6.2（c）。在这一点上，没有人愿意购买图 6.2（b）中的现金流，也没有人愿意卖出图 6.2（c）中的现金流。事实上，为什么对未来没有任何收益的交易要进行支付呢？于是，在这一点，图 6.2（b）和图 6.2（c）不能表示可交易的金融工具。

然而，通过插入新的现金流，我们能够把它们转换成可交易的合约，就像该方法的第（3）步所做的那样。在图 6.2（b）中加入相应流入现金，在图 6.2（c）中加入流出现金。通过调整新现金流的规模和时间，我们能够将图 6.2（b）和图 6.2（c）中的交易变成有意义的金融合约。

我们尽可能地使过程保持简单。对图 6.2（b）来说，加入一个正的现金流，最好是在 t_0时刻。[①] 这如图 6.2（d）所示。注意，新加入现金的规模以$C_{t_0}^{EUR}$表示。

在图 6.2（c）中，在 t_0时刻加入一个负现金流，得到图 6.2（e）。这个现金流以$C_{t_0}^{USD}$表示。$C_{t_0}^{USD}$的规模在这一时点上是未知的，除了它必须是以美元表示的。

垂直加总图 6.2（d）和图 6.2（e），这就应该复制出我们在开始时的图 6.2（a）。在这一时点上，情况不会是这样，因为$C_{t_0}^{USD}$和$C_{t_0}^{EUR}$在 t_0时刻不会互相抵消，因为它们是以不同的货币标价的。但是，有一个简单的解决方法。通过考察第三个合成工具的组成，t_0时刻的额外现金流可以被消除。考察图 6.2（f），在 t_0时刻，用$C_{t_0}^{USD}$交换$C_{t_0}^{EUR}$。在加入这个成分后，垂直加总图 6.2（d）、图 6.2（e）和图 6.2（f），就产生了与图 6.2（a）中现金流一致的现金流形式。如果信用风险是相同的，我们就用合成工具成功复制出了远期合约。

□ 6.2.2　合成金融工具

然而，图 6.2（d）～图 6.2（f）中合成工具的构成仍然不是很清晰。事实上，通过在这些图形中加入现金流，我们复原了图 6.2（a）中初始的金融工具，但这些图形表示了哪些种类的合约？答案取决于如何解释图 6.2（d）～图 6.2（f）中的合成工具。

人们可以利用许多各种不同方式来这样做。我们考察两个主要情况，一个是存贷款解释，另一个是国库券解释。

6.2.2.1　货币市场合成工具

第一个合成金融工具可利用货币市场工具得到。为此，我们需要简要回顾一下货币市场工具。下面列出一些重要的货币市场工具以及相应的报价、注册、结算以及其他惯例，它们有类似于图 6.2（d）和图 6.2（e）中的现金流。这个列表并不全面。

例子：

存款/贷款。它们的期限小于一年。以本国货币和欧洲货币单位标价。本国存款的结算日在同一天，欧洲货币存款的结算日在两个工作日后。没有相关的注册过程而且不可转让。

大额存单（CD）。一般来说，期限在一年以上。支付利息，有时以贴现形式出售。报价采取的是收益率准则，有本国货币和欧洲货币两种形式。对于本国货币存款来说结算日在同一天，对于欧洲货币存款来说结算日在两个工作日后。通常是无记名证券，可转让。

国库券（treasury bills）。期限通常为 13 个、26 个和 52 个星期。在法国，到期日也可以是 4～7 个星期；在英国，可以是 13 个星期。以贴现的形式出售。在其他国家，报价采用收益率准则。以本国货币发行，是无记名证券，可转让。

---

① 我们可将它加到另一个时间上，但这产生更加复杂的合成工具。所得到的合成工具更缺少流动性，且一般来说更昂贵。

商业票据（commercial paper）。期限为 1～270 天。它们是期限非常短的证券，贴现发行。结算日在同一天，无记名，可转让。

欧洲商业票据（Euro-CP）。期限在 2～365 天，但最经常的是 30 天或 180 天。贴现发行，报价采用收益率准则。它们可以用任何一种欧洲货币发行，但通常用欧洲美元。结算日在两个工作日后，可转让。

使用这些货币市场工具，我们怎样解释图 6.2 所示的外汇远期合成金融工具？

一个货币市场的解释如下。图 6.2（e）所示的现金流包含了在 t_0 时刻支付 $C_{t_0}^{USD}$，在 t_1 时刻收取 100 美元。很明显，银行同业存款将会恰好产生这种现金流形式。于是，$C_{t_0}^{USD}$ 是 100 美元的现值，这里贴现因子可以通过相关欧洲存款利率得到。

$$C_{t_0}^{USD}=\frac{100}{1+L_{t_0}^{USD}\left(\frac{t_1-t_0}{360}\right)} \tag{6.1}$$

注意，对于存款利率 $L_{t_0}^{USD}$，我们使用的是实际天数/360 准则，因为现金流是以欧洲美元标价的。而且，我们对利率使用的是货币市场惯例。① 如果有 $L_{t_0}^{USD}$ 的观察值，我们使用这个等式就能够算出 $C_{t_0}^{USD}$。

怎样解释图 6.2（d）中的现金流呢？这可以由银行同业贷款来解释。在 t_0 时刻收取 $C_{t_0}^{EUR}$，在未来 t_1 时刻进行 $100/F_{t_0}$ 的欧元标价支付。这个现金流的价值由下面的等式给出：

$$C_{t_0}^{EUR}=\frac{100/F_{t_0}}{1+L_{t_0}^{EUR}\left(\frac{t_1-t_0}{360}\right)} \tag{6.2}$$

其中，$L_{t_0}^{EUR}$ 表示相关的欧元利率。

最后，我们需要解释最后的图 6.2（f）。这些现金流表示在 t_0 时刻用 $C_{t_0}^{USD}$ 交换 $C_{t_0}^{EUR}$。因而，我们这里所要做的就是以汇率 e_{t_0} 进行的美元即期购买。

现在，可以将合成完整地解释为：

- 进行银行同业间欧元贷款［图 6.2（d）］。
- 使用这些欧元资金，购买即期美元［图 6.2（f）］。
- 在银行同业市场上存入这些美元［图 6.2（e）］。

此投资组合精准地复制了货币远期合约，因为在图 6.2（d）、图 6.2（e）和图 6.2（f）中加入现金流，我们精准地复原了图 6.2（a）中货币远期所产生的现金流。

6.2.2.2 国库券合成

我们也可用国库券市场构建一个合成货币远期。事实上，设 $B(t_0,t_1)^{USD}$ 表示在 t_0 时刻无违约风险贴现债券的价格，在 t_1 时刻支付 100 美元。类似地，$B(t_0,t_1)^{EUR}$ 表示在 t_0 时刻无违约风险贴现债券的价格，在 t_1 时刻支付 100 欧元。然后，图 6.2（d）、图 6.2（e）

---

① 我们提醒读者，如果这是本国货币或欧洲英镑存款，计息天数将是 365 天。这是金融工程中另一个与惯例有关的注意事项。

和图 6.2 (f) 中的现金流就可重新解释如下交易①:

- 图 6.2 (d) 是 $B(t_0,t_1)^{EUR}$ 的空头头寸，这里借入 $1/F_{t_0}$ 个单位的证券，然后以市场价格卖出，从而得到 $B(t_0,t_1)^{EUR}/F_{t_0}$ 欧元。
- 在图 6.2 (f) 中，这些欧元按市价汇率兑换成美元。
- 在图 6.2 (e) 中，美元被用来购买以美元标价的债券 $B(t_0,t_1)^{USD}$。

如果相应债券到期时以面值出售，在 t_1 时刻，这些操作归结为用 $100/F_{t_0}$ 欧元兑换 100 美元。

6.2.2.3 应该使用哪种合成金融工具

如果合成金融工具可以由多种方式构建出来，那么金融工程师在对冲、风险管理和定价过程中应使用哪一个呢？我们简要地说明一下这个重要问题。

作为原则，市场实践者应该选择最符合以下特点的合成金融工具：(1) 成本最低。(2) 流动性最大，在其他条件相同的情况下，这通常也是成本最低的。(3) 监管最方便。(4) 从资产负债表来看最适合。当然，最终的决定应该是一个综合权衡，这取决于市场实践者的特定需求。

6.2.2.4 信用风险

第 6.2.2.1 节描述了与贷款和国库券有相似现金流的金融工具。没有违约风险的假设是我们在第 6.2.2.1 节和第 6.2.2.2 节对贷款和国库券进行选择的主要原因。如果考虑违约风险，现金流将有极大的不同。尤其是对于贷款，我们将不得不考察如图 6.1 所示的图，而国库券是没有违约风险的。②

6.3 合成和定价

合成资产的主要用途在于定价方面。在其他条件都相同的情形下，复制的投资组合一定与初始金融工具有同样的价格。因而，将各个组成资产的价值加起来，我们就能得到构建的复制投资组合的成本。一旦市场实践者加上一个适当的利润，这就给出了初始工具的价格。

在目前条件下，定价意味着得到货币远期的未知项，这是前面介绍的远期汇率 F_{t_0}。下面我们可以确定一系列定价等式，得到闭形式定价公式。下面我们考察这种方法是怎么做的。

由图 6.2 (f) 开始。这个图形意味着，在 t_0 时刻 $C_{t_0}^{USD}$ 与 $C_{t_0}^{EUR}$ 的市场价值应该是相等的，否则，一方就不愿意进行交易。即

$$C_{t_0}^{USD}=C_{t_0}^{EUR}e_{t_0} \tag{6.3}$$

其中，e_{t_0} 表示欧元/美元的即期汇率。重新整理等式 (6.1) 和等式 (6.2)，可以得到：

---

① 忽略当前这种流动贴现债券在合意的期限内是否存在这一问题。

② 正如 GFC 所提醒我们的那样，这是一个简单假设，因为在现实中，短期和长期政府债券都是有风险的。

$$F_{t_0}\left[\frac{100}{1+L_{t_0}^{\mathrm{USD}}\left(\frac{t_1-t_0}{360}\right)}\right]=\left[\frac{100}{1+L_{t_0}^{\mathrm{EUR}}\left(\frac{t_1-t_0}{360}\right)}\right]e_{t_0} \tag{6.4}$$

解得远期汇率F_{t_0}，

$$F_{t_0}=e_{t_0}\left[\frac{1+L_{t_0}^{\mathrm{USD}}\left(\frac{t_1-t_0}{360}\right)}{1+L_{t_0}^{\mathrm{EUR}}\left(\frac{t_1-t_0}{360}\right)}\right] \tag{6.5}$$

这就是著名的抛补利率平价（covered interest rate parity，CIRP）。注意，此式将“未知的”F_{t_0}表示成在t_o时刻可观察到的变量的函数。因此，利用市场报价可计算t_0时刻的F_{t_0}，不需要任何预测的努力。①

第二个合成金融工具利用国库券给出了另一个定价等式。因为在当前汇率e_t下，两个债券头寸所估计出的价值应该是相等的，所以可得出

$$F_{t_0}B(t_0,t_1)^{\mathrm{USD}}=e_{t_0}B(t_0,t_1)^{\mathrm{EUR}} \tag{6.6}$$

因此，国库券市场上F_{t_0}的定价由下式给出

$$F_{t_0}=e_{t_0}\frac{B(t_0,t_1)^{\mathrm{EUR}}}{B(t_0,t_1)^{\mathrm{USD}}} \tag{6.7}$$

如果两种货币的债券市场流动性与相应的存贷款市场一样，同时如果没有信用风险，由合成得到的F_{t_0}与由存款工具得到的F_{t_0}将会非常接近。②

6.4 合约方程

在这一节，我们将得出货币远期的合约方程。在下一节，我们将列举几个应用。我们刚刚为货币远期构建了一个合成金融工具。基本思路是，投资组合是由下面的金融工具组成的：

{欧元贷款，美元存款，用欧元即期购买美元}

这个投资组合会在同样的时间期限内，产生与货币远期合约一样的现金流，具有同样的违约风险。这意味着在下面（非现实）的假设下，我们能写出相关合成金融工具与初始工具之间的公式作为一个合约方程，这个方程在实际中能够非常方便地得到。

（1）没有交易成本；

（2）没有买卖价差；

① 事实上，引入预测模型来确定F_{t_0}将导致错误的市场定价，并可能引起套利机会。

② 记住，非常重要的一点是，事实上，与合成相关的流动性和信用风险可能是非常不同的。因此，计算出的F_{t_0}会有差异。

（3）没有信用风险；

（4）没有对手方的风险；

（5）流通的市场。

事实上，利用货币市场合成金融工具涉及三种合约交易，可以用下面的方程归纳得出：

FX 远期 买入美元 兑欧元	=	**贷款** 在 t_0 时刻借入 到期日为 t_1 时刻 的欧元	+	**即期操作** 用这些收益买入 美元兑欧元	+	**存款** 在 t_0 时刻存入 到期日为 t_1 时刻 的美元	(6.8)

这种操作可以被应用到任意两种货币上以得到相应的远期外汇合约。

在上面所列出的简化假设下，我们希望套利会使合约方程两边的值相等。由于市场参与者的套利行为，CIRP 是在正常市场条件下应牢固掌握的金融工程概念之一。在最近有趣的一篇论文中，Mancini-Griffoli and Ranaldo（2013）记录了在雷曼兄弟公司破产后的几个月里，由于套利的局限性而出现的对 CIRP 的背离。套利的局限性（limits of arbitrage）是一种理论，即由于通常理性交易者为利用套利机会而使用的资金受到限制，价格可能在很长一段时间内处于非均衡状态。①

6.5 应用

前面得到的合约方程和促使此方程产生的现金流的操作，最初可能被认为是理论构建，实际应用具有局限性。事实并非这样。下面我们讨论四个例子，它们阐述了方程怎样被灵活应用来为市场实践者所面临的普通问题找到实际解决办法。

6.5.1 应用（1）：预提税问题

首先，讨论利息收入的预提税问题。我们的目的不是解释税收方面的问题，而是用这个例子引出合成金融工具的使用。

基本想法很容易说明。如果政府对某一金融工具譬如说债券的收益要征收预提税，如果合成复制这种工具是可能的，合成工具就不会有预提税。如果知道怎样做，则客户的净收益就会有很大提高，从本质上看，它们具有相同风险。

例子：

假设某经济体要对政府债券的利息收入征收预提税，设预提税税率是 20%。债券没有违约风险并且没有息票支付。债券在 T 时刻到期，在 t 时刻的价格用 $B(t,T)$ 表示。这意味着，如果

① 参看 Shleifer and Vishny（1997）以及 Gromb and Vayanos（2010），它们最近对套利理论的局限性给出了综述。

$$B(t,T)=92 \tag{6.9}$$

则投资者在 t 时刻支付 92 美元，并且收取面值为 100 的债券。债券在 T 时刻到期，到期价值为

$$B(T,T)=100 \tag{6.10}$$

很明显，债券持有者获得的利息为

$$100-B(t,T)=8 \tag{6.11}$$

但是由于存在预提税，收到的利息仅为 6.4：

$$\text{收到的利息}=8-0.2\times 8=6.4 \tag{6.12}$$

因而，债券持有者收到的利息要比自己赚的少得多。

我们能够立即使用这种想法应用式（6.8）中的合约方程，对任何贴现债券构建一个合成金融工具。使用任意两种货币 Z 和 X 来讨论这个问题。假设两种货币的国库券在各自的市场上交易都很活跃。以国库券形式写成的合约方程可以表示为

FX 远期 卖出 Z 货币， 买入 X 货币	=	**做空以 Z 货币标价的国库券**	+	**即期操作** 用 Z 货币买入 X 货币	+	**买入以 X 货币标价的国库券**	(6.13)

对这个方程进行代数运算，可以将以 Z 标价的国库券移动到方程左边，将其他所有工具移到方程右边。

−	**做空以 Z 货币标价的国库券**	=−	**FX 远期** 卖出 Z 货币， 买入 X 货币	+	**即期操作** 用 Z 货币买入 X 货币	+	**买入以 X 货币标价的国库券**	(6.14)

现在，将负号变成正号，即进行现金流的反向操作，就得到以 Z 标价的国库券的合成。

做多以 Z 货币标价的国库券	=	**FX 远期** 买入 Z 货币， 卖出 X 货币	+	**即期操作** 用 Z 货币买入 X 货币	+	**买入以 X 货币标价的国库券**	(6.15)

因而，为了构建以 Z 标价的贴现国库券的合成，我们首先需要没有预提税的经济体的货币或者国库券。把这个国家的货币用符号 X 表示。根据式（6.15），以汇率 e_{t_0} 进行用 Z 交换 X 的即期操作，再用买入的 X 购买相应的以 X 标价的国库券。同时，我们购买 t_1 时刻的远期 Z。这些操作的几何解释如图 6.3 所示。可以看出，通过增加式右边操作所产生的现金流，我们能够恰好得到以 Z 标价的国库券的现金流。

在这些操作背后存在一个简单的逻辑。投资者对以 Z 标价的国库券要缴纳预提税。于是他们使用另一个国家的市场，在那个市场里没有预提税。通过购买 Z 远期来确保 t_1 时刻以 Z 标价的国库券的回收。概括地说，这是一种策略，它使用作为载体的另一种货币持有资金，然而要明确的是头寸的建立和取消是在 t_0 时刻就确定的。①

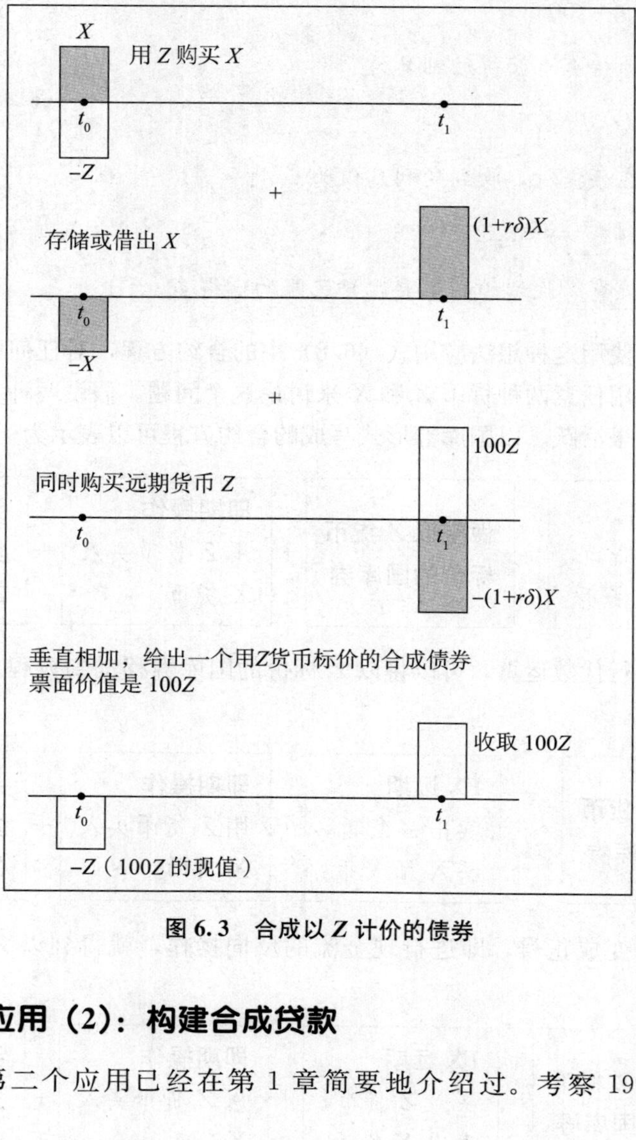

图 6.3　合成以 Z 计价的债券

□ 6.5.2　应用（2）：构建合成贷款

合约方程的第二个应用已经在第 1 章简要地介绍过。考察 1997 年发生的市场事件。②

① 有关 TRS 和税收的最新信息，请参见 http://www.rkmc.com/~/media/PDFs/Financial%20Litigation%20Insights%20Fall%202013.pdf 以及《美国：关于美国权益衍生品预提税的最终规定和建议》（United States: Final and Proposed Regulations Address U.S. Withholding Tax on U.S. Equity Derivatives）（2014 年 12 月 24 日发表于 www.mondaq.com）。

② 注意，基点（basis point，bp）是 1%的百分之一，也就是 1%等于 100 个基点。

例子：

随着北海道拓殖银行的倒闭，“日元溢价”，日本银行在欧洲美元市场上融资的额外成本在上星期突然增加。在美元存款市场上，日本银行对相应的美元存款要支付大约 40 个基点，而一个星期前还不到 30 个基点。

面对较高的美元融资成本，日本银行寻找一种美元融资的替代渠道。借入日元并且在即期市场上卖出日元、买入美元，在远期市场上买入日元、卖出美元，这反过来会引起美元/日元远期汇率的极大提高。

（汤森路透，IFR，1997 年 11 月 22 日）

没有市场经验的读者可能会认为这个例子很难理解。然而，式（6.8）中的合约方程可以被用来解释上例中所提到的日本银行的策略。实际上，日本银行的做法就是构建美元贷款的合成。美元贷款要么成本太高，要么由于信贷额度不够而不能贷款，在这种情况下，这个节选事例提供了使用合成金融工具的一个非常好的例子。

现在我们更详细地说明这个案例。由式（6.8）中的合约方程开始，但这次使用的是美元/日元汇率：

FX 远期		**贷款**		**即期操作**		**存款**
在 t_1 时刻卖出美元，买入日元	=	借入美元贷款，到期日为 t_1	+	在 t_0 时刻买入日元，支付美元	+	存入日元，到期日为 t_1

（6.16）

同样地，我们对此可进行代数运算。注意，在右边有一个贷款合约。这是真实的美元贷款，通过重新整理右边的合约，可将它单独放在方程左边。这个贷款就可以用一个复制的投资组合表示出来。

贷款		**FX 远期**		**即期操作**		**存款**
借入美元贷款，到期日为 t_1	=	在 t_1 时刻卖出美元，买入日元	−	在 t_0 时刻买入日元，支付美元	−	存入日元，到期日为 t_1

（6.17）

注意，因为我们将存款和即期操作移动至方程另一边，所以符号变化。在这种情况下，带减号的存款意味着现金流的反向，因此变为贷款。带减号的即期操作仅仅是转换两种货币。因此，合约方程最终可以写为

美元贷款		**FX 远期**		**即期操作**		**贷款**
	=	在 t_1 时刻卖出美元，买入日元	+	在 t_0 时刻买入美元，支付日元	+	借入日元贷款，到期日为 t_1

（6.18）

这个合约方程可用于理解前面的节选事例。根据报价，日本银行在银行同业（欧洲）

市场借入欧元受阻，但是可以在本国市场上借入日元，然后用日元购买（现金）美元。但是，同时，它卖出美元远期、买入日元以对冲它的未来货币敞口。简单地说，它构建了合成，即合约方程右边的部分。

□ 6.5.3 应用（3）：资本管制

在不同时期，许多国家都曾经限制过资本流动，这就是资本管制。我们假设在一些国家禁止用本国货币 X 进行即期美元的购买。

金融工程师能够使用合约关系构建一个合成金融工具的即期操作，因为这种即期操作是式（6.8）所示合约方程的一个组成部分。重新整理式（6.8），可以得到

即期买入 美元，卖出 X	=	**FX 远期** 在 t_1 时刻卖出 X，买入美元	+	**美元贷款** 在 t_0 时刻借入美元	+	**存款** 在 t_0 时刻存入 X，到期日为 t_1

（6.19）

即使存在资本管制，右边也等于美元即期购买。这种操作的前身被称作平行贷款（parallel loan）。平行贷款在商业中应用很广泛，尤其是在巴西和其他一些新兴市场。[①] 这种情况的几何解释如图 6.4 所示。[②]

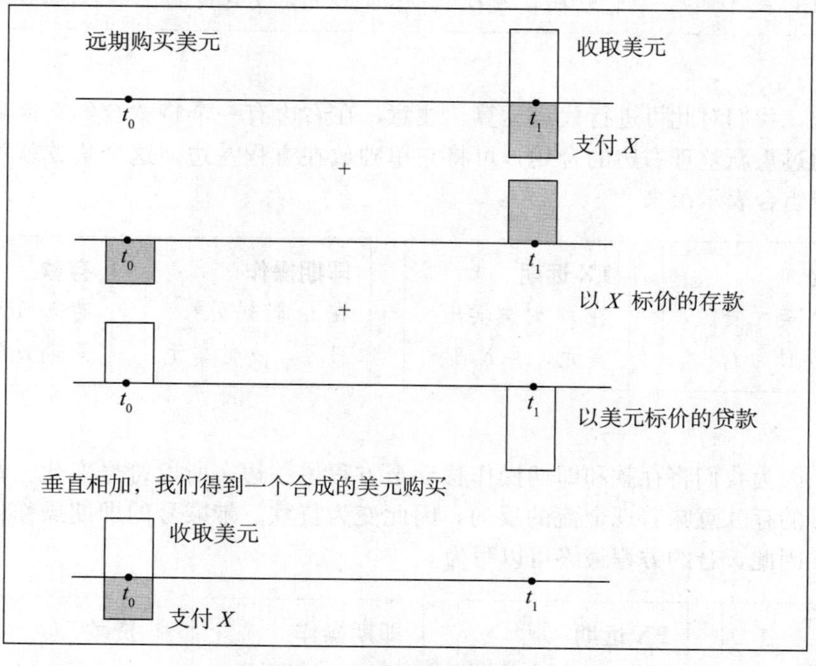

图 6.4 合成即期操作

① 人们可能会问下述问题：如果在一个经济体中购买外汇是不可能的，那么怎样才能借入这种外汇呢？答案很简单，可以通过一个外国交易对手方完成美元借款。

② 有关资本管制对利率平价关系影响的最新例子，请参见下面的国际清算银行（BIS）研究资本管制对在岸和离岸人民币利率影响并揭示利率平价的工作论文：http://www.bis.org/publ/work233.pdf。

□ 6.5.4 应用（4）：“交叉”货币

最后一个例子并不是直接应用式（6.8）的合约方程。然而，这是合约方程观念的有趣应用，在这里考察它也是很合适的。

最简单的合成是外汇市场上交易的“交叉汇率”（cross rate）。交叉汇率是不涉及美元的货币价格。主要的交叉汇率有欧元/日元、欧元/瑞士法郎、英镑/欧元。其他交叉汇率相对来说比较少。事实上，举例来说，如果交易者想在中国台湾购买瑞士法郎，那么他会进行两项交易而不是一个即期交易。他利用新台币购买美元，然后卖出美元，买入瑞士法郎。最后，瑞士法郎是用新台币购买的。为什么在中国台湾是进行两项交易，而不是直接购买瑞士法郎呢？由于较低的交易成本，以及美元/瑞士法郎和美元/新台币汇率较高的流动性，这样做的成本比较低。

我们可通过这些操作建立如下合约方程：

即期买入 以新台币买入瑞士法郎	=	买入美元， 卖出新台币	+	卖出美元， 买入瑞士法郎	（6.20）

很容易看出这个合约方程为什么会成立。如图 6.5 所示，上面两个图中的现金流相加使得美元消失，因此，构建了合成的“合约”，即用新台币即期购买瑞士法郎。

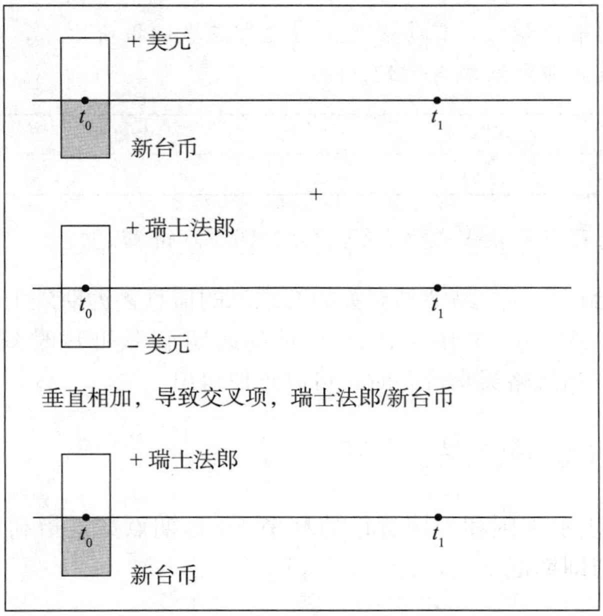

图 6.5　合成交叉利率

这是一个有意思的例子，因为它显示了合成金融工具和实际合约之间的价格差异由于交易成本、流动性和诸如法律和组织结构等其他一些因素通常不能被利用。在这个特定例子当中，同样有趣的是，合成工具一般是比较便宜的。因此，在买卖金融工具前，交易者应该总是试图看一下是否有同样功能但更便宜的合成工具。

6.6 外汇远期和期货的惯例

□ 6.6.1 外汇远期的报价惯例

外汇远期有特殊的报价惯例。银行更习惯于使用远期点数（forward point）报价，而不是使用直接远期汇率。下面的例子说明了相关的术语和惯例：

例子：

假设欧元/美元的直接远期汇率报价是

买入价	卖出价
1.021 0	1.022 0

即期汇率报价是

买入价	卖出价
1.020 2	1.020 5

于是，和直接远期报价相比，交易者更偏好远期点数的报价方式，远期点数是由直接远期汇率减去相应的即期汇率得到的。

买入价	卖出价
8	15

实际上，远期点数可以直接由式（6.5）或式（6.7）得到。

市场惯例有时会产生同交易活动有关的有意思的信息，远期外汇交易报价就是这样。设F_{t_0}和e_{t_0}分别表示式（6.5）中给出的t_1时刻远期汇率和t_0时刻即期汇率。使用式（6.5）中的表达式，当忽略买卖价差时，可以近似得出

$$F_{t_0}-e_{t_0}\cong(r_{t_0}^d-r_{t_0}^f)\left(\frac{t_1-t_0}{360}\right)e_{t_0} \tag{6.21}$$

其中，$r_{t_0}^d$和$r_{t_0}^f$分别表示本国和外国货币的利率。① 远期点数是指利用定价公式（6.21）所得出的远期汇率与即期汇率之差：

$$F_{t_0}-e_{t_0} \tag{6.22}$$

也被叫作“点”*，记作买入价/卖出价。下面的例子给出了远期点数的报价和使用方法。

① 假设计息天数准则是360天。如果有一个或者两个利率采用365天惯例，这个表达式就需要进行相应的调整。

* 点（pips），也称点子。——译者注

例子：

假设即期汇率和远期汇率报价如下：

欧元/美元	买入价	卖出价
即期	0.856 7	0.857 2
1 年期	−28.3	−27.3
2 年期	44.00	54.00

从此表中可以计算出直接远期汇率F_{t_0}。

对于 1 年期，减去负的点的数值可得到直接远期汇率：

$$\left(0.856\,7-\frac{28.3}{10\,000}\right)\Big/\left(0.857\,2-\frac{27.3}{10\,000}\right) \tag{6.23}$$

对于 2 年期，所报的点为正。因而，加上正的点的数值可得到直接远期汇率：

$$\left(0.856\,7+\frac{44}{10\,000}\right)\Big/\left(0.857\,2+\frac{54}{10\,000}\right) \tag{6.24}$$

远期点数给出了为得到直接远期汇率所需要的对即期汇率调整的数量。依据市场情况，应从即期汇率上加上或者减去远期点数。我们简要地讨论一些相关的惯例。

存在两种情况。一是假设给出下面欧元/美元的远期点数报价（第二行）和即期汇率报价（第一行）。

买入价	卖出价
1.011 0	1.012 0
12	16

接下来注意到，在买入价一列所示的远期点数比卖出价一列的远期点数低。如果远期点数报价以这种方式给出，则点数应该被加到相应即期汇率的最后两位数上。

因而，我们获得

$$\text{直接远期汇率买入价}=1.011\,0+0.001\,2=1.012\,2 \tag{6.25}$$

$$\text{直接远期汇率卖出价}=1.012\,0+0.001\,6=1.013\,6 \tag{6.26}$$

注意，远期直接汇率的买卖价差比即期汇率的价差更大。

二是假设我们具有如下报价：

买入价	卖出价
1.011 0	1.012 0
23	18

这里情况相反，买入价列所示的远期点数比卖出价列所示的远期点数要大，在这种情况下，应从相应的即期汇率的最后两位数里减去远期点数。于是，得到

$$\text{直接远期汇率买入价}=1.011\,0-0.002\,3=1.008\,7 \tag{6.27}$$

直接远期汇率卖出价＝1.012 0－0.001 8＝1.010 2 (6.28)

注意，直接远期汇率的买卖价差比即期汇率的买卖价差更大。第二种情况是由于有时负号在远期点数的报价中是省略的。

□ 6.6.2 外汇远期与外汇期货

场外外汇市场的成交量历来都超过交易所标准化外汇产品的交易量。根据国际清算银行（BIS）的数据，2013 年场外外汇市场的规模约为交易所交易外汇衍生品市场的 17 倍。虽然市场参与者通常使用远期而不是期货来进行外汇交易，但回顾外汇期货合约规范是有指导意义的。

外汇期货合约以多种货币对形式存在。例如，CME 提供以下货币合约：欧元/美元、日元/美元、英镑/美元、瑞士法郎/美元、加拿大元/美元、澳大利亚元/美元、墨西哥比索/美元、新西兰元/美元、卢布/美元、南非兰特/美元、巴西雷亚尔/美元，以及最近的人民币/美元和韩元/美元。主要的交叉汇率合约包括欧元/英镑、欧元/日元、欧元/瑞士法郎、英镑/瑞士法郎等。

从历史上看，交易所中交易的货币期货与场外外汇交易的不同之处在于其标准化、灵活性或与交易商合作所固有的定制性。然而，衍生品交易所正在其交易实践中引入更大程度的灵活性。外汇期货主要是电子交易。典型的合约要求在 3 月、6 月、9 月和 12 月交付指定的货币或进行现金结算。

6.7 外汇市场中的互换工程

迄今为止，我们已经讨论了外汇远期形式的简单货币衍生品。现在，我们将运用第 4 章所讨论的和利率互换有关的更先进的金融工程概念，阐明外汇市场中的互换工程。我们将遇到两种不同的和外汇市场挂钩的互换。首先，我们将讨论外汇互换，然后将讨论货币互换。我们将看到复制与运用外汇和货币互换分别具有重要的差异。实际上，就成交量而言，外汇互换市场的规模比货币互换市场的要大一个数量级。

在前面几节中，我们构建了两种远期外汇交易合约的合成工具。现在，我们要问的问题是：是否存在构建合成工具的最好方法？或者，更实际地说，交易者是否能便宜地购买一个合成工具，并加上一定利润后再卖给客户，还能够报出最小的买卖价差呢？

□ 6.7.1 外汇互换

我们可以运用所谓的外汇互换，并支付一个买卖价差，而不是两个单独的买卖价差，正如合约方程（6.8）中的操作一样。外汇互换的构建如图 6.6 所示。

从图 6.6 中可以看出，至少有两种方法来看待外汇互换。外汇互换由写在同一个“交易单”上的两种不同货币的货币市场存款和货币市场贷款组成。第二种解释是可以将外汇互换看成是两个交易对手在同一个交易单上即期购买和远期卖出两种货币。

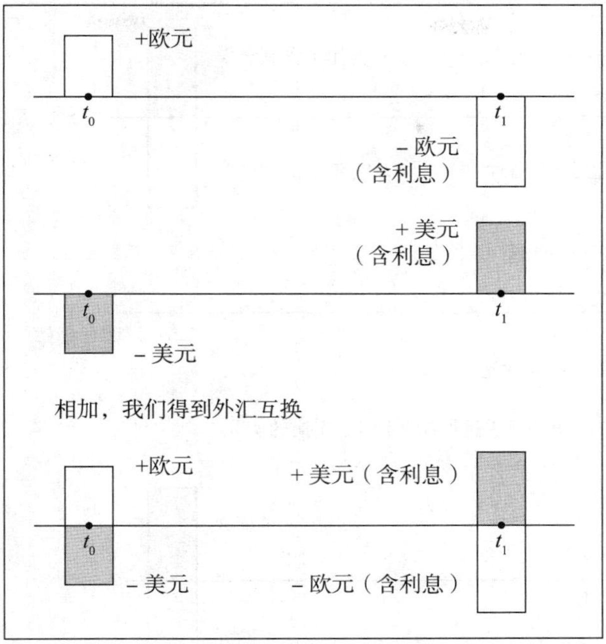

图 6.6　简化的外汇互换

通过与即期操作相联系，外汇互换很容易地复制了远期合约，如图 6.7 所示。这是因为它们是存款与贷款的互换，利率差异在外汇互换中起到了非常重要的作用。毕竟，交易双方中的一方既然放弃了有较高利率的货币，就会对“损失”要求补偿。这个补偿是要求他或她在 t_1 时刻以更高比例的支付作为回报。与 t_0 时刻的最初交换相比，双方在 t_1 时刻必须交换的数额是不同的。

如图 6.6 所示，外汇互换是一方从另一方借入一种货币，同时将另一种货币借给另一方的合约。每一方均以其对交易对手方的还款义务为抵押，还款金额按合约开始时的外汇远期利率确定。因此，外汇互换可以被解释为借贷抵押品，尽管抵押品并不一定涵盖全部交易对手方的风险。

6.7.1.1　优势

为什么银行愿意进行外汇互换交易，而不是直接远期合约交易呢？从金融工程的视角看，这是一个非常重要的问题。这说明了价差产品的优点。

与前面提到的合成工具相比，外汇互换具有几个优点。第一，外汇互换是银行同业间工具，通常客户不可运用。银行每天互相交易，因而在订立这类合约的时候存在相对较小的交易对手方风险。在流通市场上，使用外汇互换构建的合成工具所隐含的买卖价差小于由存贷款或者国库券所构建的合成工具。

第二个优点是流动性。市场实践者如何在没有价格变化的情况下借贷两种货币？外汇互换是这样做的一个更好方法。使用外汇互换，交易者不必买卖存款，而是交换存款。

互换合约的第三个优点在于对资产负债表的影响。图 6.2 得到的合成工具导致资产和负债增加。借入新的资金并贷出。这种交易可能导致新的信用风险和新的资本需求。互换合约是表外项目，图 6.7 中的合成工具对资产负债表的影响很小。外汇互换可以影响银行

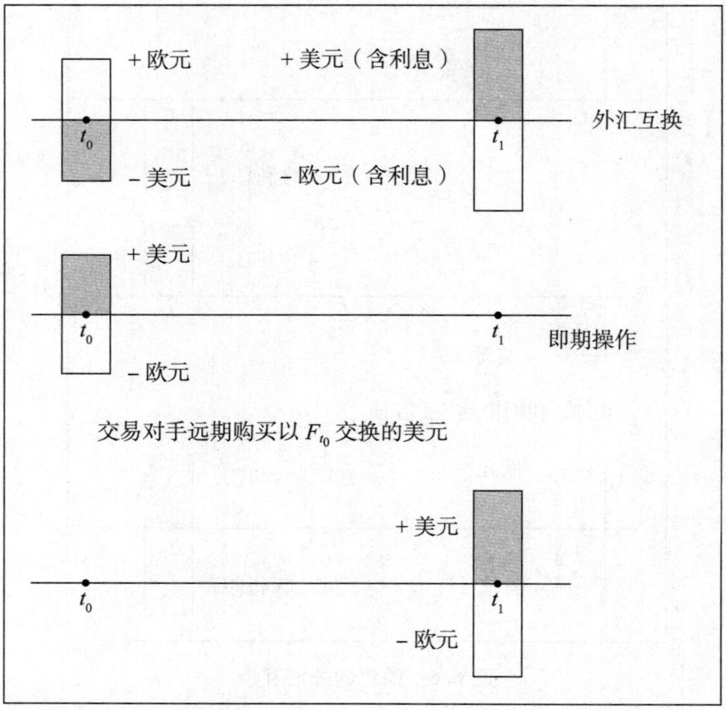

图 6.7　用外汇互换和即期操作构建远期

的资本充足率（CAR），因为它们会改变对市场风险和信贷市场风险的资本要求。①

6.7.1.2　外汇互换的运用

金融机构及其客户，比如出口商、进口商以及投资者，利用外汇互换来对冲他们的头寸。外汇互换也可用于投机，通常是将两种不同到期日的对冲外汇互换头寸组合在一起。需要外币的金融机构，可以（a）在无担保货币市场直接借入外币，或（b）在其他货币（通常是国内货币）的无担保货币市场借入外币，然后通过外汇互换将收益转换为外币债务。例如，当一家银行通过使用欧元作为融资货币的外汇互换来筹集美元时，它会以即期汇率将欧元兑成美元。欧元/美元外汇互换隐含的美元借款成本称为外汇互换隐含美元利率 $r_{t_0}^d$，被定义为

$$r_{t_0}^d = \frac{F_{t_0}}{e_{t_0}} \times (1 + r_{t_0}^f)$$

其中，$r_{t_0}^d$ 和 $r_{t_0}^f$ 分别表示本国和外国货币的利率，F_{t_0} 和 e_{t_0} 分别表示欧元与美元之间的远期和即期利率。银行应该采用上面所提及的（a）方案还是（b）方案来筹集美元的选择是相对成本的函数。如果（a）方案的成本和（b）方案的成本相同，也就是在我们的例子中，外汇互换隐含的美元利率等于美元 LIBOR，则 CIRP 成立。在全球金融危机期间和其他过去动荡的金融市场情况下出现了偏离 CIRP，但套利者在解释任何对 CIRP 偏差

① 更多细节参见 Barkbu 和 Ong（2010）。

的测试时都必须谨慎，因为这些测试必须仔细考虑现实生活中的复杂情况，例如买卖价差、有担保借款和无担保借款成本之间的差异，以及 LIBOR 等利率是否反映了处于压力时期的实际银行间借款成本。

6.7.1.3 报价惯例

与直接的远期报价相比，报价互换点数有一个重要的优势。这展示出市场活动的一个微妙方面。远期汇率报价基本上不受即期汇率变动的影响，只取决于利差。另外，直接远期报价也将取决于即期汇率走势。因此，通过报价远期汇率点数，市场专业人士基本上可以分别将与利差有关的风险和即期汇率变动的相关风险分开。汇率风险将留给现货交易者。远期外汇交易者将只是交易与利差有关的风险。

为了更好地理解这一点，现在考察一下这方面的细节。对式（6.2）求偏导数得到

$$\partial(F_{t_0}-e_{t_0})\cong(r_{t_0}^d-r_{t_0}^f)\left(\frac{t_1-t_0}{360}\right)\partial e_{t_0}$$
$$\cong 0 \tag{6.29}$$

如果即期汇率e_{t_0}的每天变化比较小，那么右边可忽略不计。换句话说，如果利率不变，而且汇率报价至 4 位小数，对于正常的每天汇率变化，远期互换报价是不会改变的。下面的例子就阐明了刚才所述的含义。

例子：

假设相关利率如下：

$$r_{t_0}^d=0.034\,40 \tag{6.30}$$
$$r_{t_0}^f=0.021\,10 \tag{6.31}$$

其中，本国货币是欧元，外国货币是美元。当欧元/美元汇率的每日波动性比如说为 0.01%时，这是一个相当显著的变动，那么对于 3 个月期的外汇互换，我们就给出如下远期点数变化：

$$\partial(F_{t_0}-e_{t_0})=0.013\,30\times\frac{90}{360}\times 0.010\,0$$
$$=0.000\,033\,25 \tag{6.32}$$

对于只给出 4 位小数报价的市场来说，这个点数可以忽略不计。

因此，远期点数实质上只取决于利率变化。这就“分离”出汇率和利率风险，同时简化了交易者的工作。这也表明了，远期外汇合约可以被解释成好像“隐藏”在利率合约当中。

6.8 货币互换与外汇互换的比较

尽管货币互换和外汇互换的名称相似，但它们是不同的工具。首先，我们将介绍货

币互换，并将第 4 章中的互换工程方法应用于货币互换的复制。然后，我们将重点介绍货币互换和外汇互换之间的差异。

□ 6.8.1 货币互换

货币互换①与利率互换近似，但有一些区别。第一，交换的现金流以不同货币表示。这意味着在互换定价中涉及两条收益率曲线而不是一条。第二，在大多数情况下浮动利率与另一个浮动利率相交换。第三个区别在于初始时刻的本金交换以及到期后的再交换。在利率互换中不存在这个问题，因为名义本金是同一种货币。货币互换仍然可以用利率互换的同样方法构建出来。

从形式上看，货币互换具有以下几个要素。存在两种货币，譬如美元（\$）和欧元（€）。互换从 t_0 时刻开始，涉及（1）名义本金 $N^{\$}$ 与名义本金 $M^{€}$ 的交换，（2）各自与 $N^{\$}$ 和 $M^{€}$ 相联系的一系列浮动利率的支付。它们在结算日 $\{t_1, t_2, \cdots, t_n\}$ 结算。一方的浮动支付为 $L_{t_i}^{\$} N^{\$} \delta$，收取规模为 $L_{t_i}^{€} M^{€} \delta$ 的浮动支付。两个 LIBOR 利率 $L_{t_i}^{\$}$ 和 $L_{t_i}^{€}$ 是在确定日 $\{t_0, t_1, \cdots, t_{n-1}\}$ 决定的，互换的期限为 m 年。

微小的利差 s_{t_0} 可以被加到其中一个利率上，以使双方愿意交换现金流。做市商会给出利差的买入和卖出报价。

例子：

图 6.8 表示货币互换。名义本金是 100 万美元。美元/欧元的即期汇率是 0.95。协议利差是 6 个基点。初始 3 个月期的 LIBOR 利率是

$$L_{t_i}^{\$} = 3\% \tag{6.33}$$

$$L_{t_i}^{€} = 3.5\% \tag{6.34}$$

这意味着在第一个结算日

$$1\,000\,000 \times (0.03 + 0.000\,6) \times \frac{1}{4} = 7\,650 \text{ 美元} \tag{6.35}$$

将会用来交换

$$0.95 \times 1\,000\,000 \times 0.035 \times \frac{1}{4} = 8\,312.5 \text{ 欧元} \tag{6.36}$$

所有其他的利息支付都是未知的。注意，欧元本金与美元本金的联系为

$$e_{t_0} N^{\$} = M^{€} \tag{6.37}$$

其中，e_{t_0} 表示 t_0 时刻的即期汇率。

还要注意，我们构建美元 LIBOR 的互换利差。

① 货币互换也被称为跨货币互换或跨货币基础互换。货币互换存在多种不同的形式，例如，可分为基于固定利率或浮动利率的货币互换。

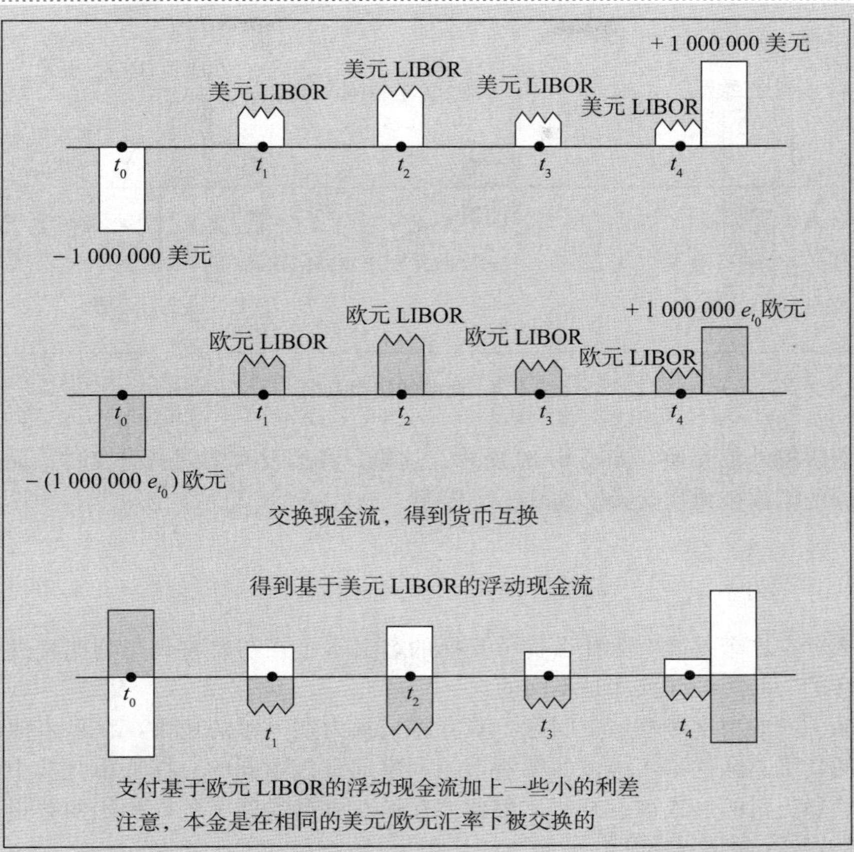

图 6.8　三个时期的货币互换

货币互换定价遵循与利率互换定价同样的原则。货币互换涉及的是明确定义的现金流，因此我们能够计算出每列现金流的无套利价值，然后交易这些现金流。合适的利差被加到其中一个浮动利率上。

通过调整利差，互换交易商可以使双方愿意交换现金流。

□ 6.8.2　货币互换与外汇互换之间的差异

现在，我们比较一下货币互换与前面介绍的外汇互换。货币互换具有下述特征：

(1) 两个价值相同但货币种类不同的名义本金在初始时刻 t_0进行交换；

(2) 在结算日，利息根据协议利率按照不同的货币形式进行支付和收取；

(3) 在到期日，本金以同样的汇率进行再交换。

下面举一个简单例子。收取 1 亿欧元，并且支付 1 亿e_{t_0}美元，其中e_{t_0}表示“当前”欧元/美元汇率，则 6 个月基于 LIBOR 的利息支付被交换两次。在到期日，即使在 t_2时刻实际的汇率e_{t_2}可能确实不同于e_{t_0}，名义本金仍然是按汇率e_{t_0}再次被交换。参见图 6.9。

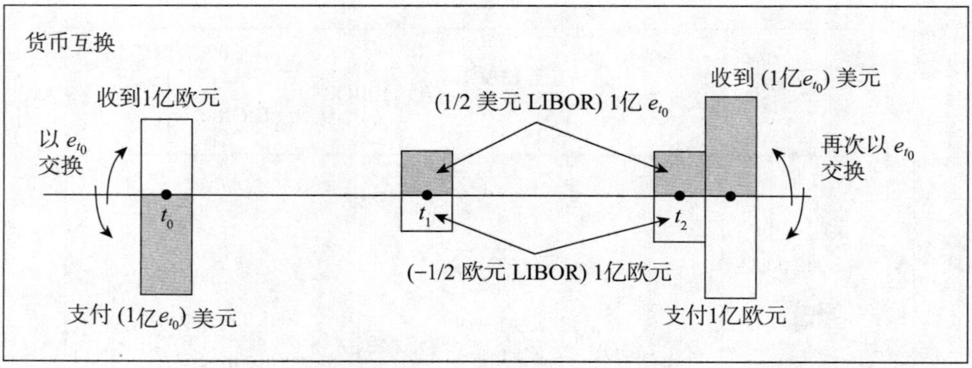

图 6.9　简单的货币互换

相同期限的外汇互换，如图 6.10 所示。这里，我们没有中间利息支付，而是名义本金按照不同的汇率被再次交换。这个汇率等于

$$f_{t_0}=e_{t_0}\frac{1+L_{t_0}^{\mathrm{USA}}\delta}{1+L_{t_0}^{\mathrm{EUR}}\delta} \tag{6.38}$$

为什么存在这个差异？为什么货币互换的名义本金在初始时刻与到期日进行交换的汇率是一样的，而外汇互换却是不同的？

我们从下面的角度考察这个问题。双方将交换为期一年的货币，在年末他们将收回各自原来的货币。在这一年中，两种货币的利率通常是不同的。在货币互换中，这个差额以中间利息支付的形式被弥补了。因此，互换双方都收回了各自初始的数量，中间利息支付会补偿任何利率差额。

但是，在外汇互换中，没有中间利息支付，因此必须在到期日进行补偿。因而，利息的支付与本金的交换在期末的时候一起进行。

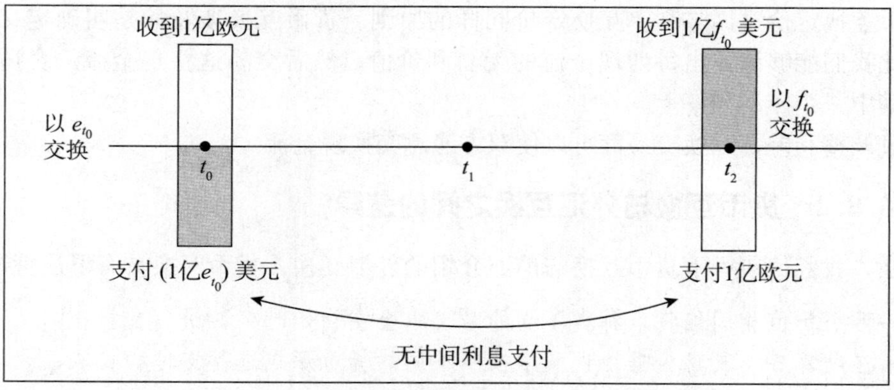

图 6.10　外汇互换

□ 6.8.3　另一个区别

一方面，从金融工程的视角来看，货币互换是两个没有信用风险、不同货币的 FRN 交换；另一方面，外汇互换是两种不同货币零息债券的交换。

因为 t_1 时刻的 LIBOR 利率在 t_0 时刻是未知的，所以货币互换的风险略微不同于相同期限的外汇互换。注意，由于外汇互换和货币互换的名义本金互换，所以它们原则上比利率互换都更容易受到交易对手风险的影响。

□ 6.8.4 货币互换的运用

虽然外汇与货币互换之间存在结构性差异，但除了在合约期限内交换（浮动）利率外，外汇与货币互换基本上具有相同的经济目的。金融机构及其客户，包括参与外国直接投资的跨国公司，使用货币互换来为外汇投资提供资金。其他用途包括转换债务的货币，特别是外币债券的发行者，我们将在本章末尾的例子中看到。

□ 6.8.5 外汇互换与货币互换市场的相对规模和流动性

我们在上面已经讨论了外汇和货币互换之间的异同。在实践中，哪一种工具运用得更广泛、更重要呢？外汇互换在外汇市场成交额中所占的比例远远高于货币互换。在 2013 年，外汇互换市场规模大约是货币互换市场的 40 倍。根据国际清算银行 2013 年的每三年一次的央行调查，2013 年外汇互换交易仍是最活跃的外汇工具，其日交易量为 2.2 万亿美元，占所有外汇相关交易的 42%。即期外汇交易和直接远期交易分别占外汇市场成交额的 37%和 12%。相比之下，货币互换仅占外汇交易量的一小部分。货币互换交易额为每日 540 亿美元，约占总交易额的 1%。在期限低于 1 年的情况下，外汇互换仍然是流动性最强的，但最近期限较长的交易外汇互换成交量一直在增长。与外汇互换相比，绝大多数的货币互换是长期的，期限从 1 年到 30 年不等。其原因是货币互换到期日反映了他们所融资交易的到期日。

□ 6.8.6 全球金融危机对外汇市场、保证金和清算的影响

如上所述，外汇远期和互换的优势在于其相对较高的流动性和较低的成本。在全球金融危机过程中，出现了与 CIRP 的显著偏离，即主要货币比如欧元和英镑外汇互换隐含的美元利率与 LIBOR 利率的偏离。这在一定程度上归因于欧洲金融机构需要美元，但它们在美元银行间市场的信誉和交易对手风险日益受到关注。因此，这些机构利用外汇互换市场以欧元和英镑作为融资货币筹集美元，导致外汇互换市场转向单边订单流动。

全球金融危机对外汇衍生品的成交量造成了影响，但在金融危机之后，金融体系的监管改革使得外汇衍生品市场基本上保持不变，原因是获得了豁免。2012 年 11 月 16 日，美国财政部发布最终决定，免除包括中央清算和外汇交易在内的外汇互换和远期合约的强制性衍生品要求。继国际清算银行和美国财政部之后，2014 年 4 月 14 日，欧洲监管机构提议，对未清算的外汇互换和远期交易免除初始保证金要求。欧盟的建议设想外汇互换和远期市场的用户只需在这些交易上公布变动的保证金，而不是建立相当大的初始保证金，这将使这些工具的资本密集程度低于其他类别资产，而且这将是好的流动性和金融工程在该市场中得到很好应用的好兆头。

例子：

虽然利率互换的参与者可能要为一笔交易支付10年或20年的变动保证金，但外汇交易的期限通常要短得多。在欧盟的目前名义外汇互换和远期交易总额中，5.7万亿美元的到期时间不到6个月，只有1.2万亿美元的期限超过6个月。咨询文件估计，所有场外外汇交易中，只有18%将通过中央对手方进行。利率交易预计为55%，信贷交易预计为62%。外汇做市商已开始向客户提供复制产品，这些产品模仿利率或信贷对冲的效果，但成本仅为原来的一小部分。

（《外汇周刊》，2014年4月16日）

如上所述，外汇远期和互换的较低保证金要求所隐含的成本优势，已经对金融工程实践产生了影响。它们促使主要交易商的做市商以外汇产品的形式探索交叉对冲。投资者或银行等有对冲利率或信贷风险动机的客户，可能面临更高的资本支出和对冲成本。如果外汇产品能够由交易商设计出来，模仿利率或信贷对冲，这是因为它们与这些市场的关联度更高，这对客户来说将是一个更划算的对冲解决方案，对交易商来说也将是一个新的收入来源。这个例子还说明了涉及多个资产类别和资产类别关联的金融工程解决方案的持续趋势。

6.9 互换新发行机制

6.9.1 利率和货币互换的例子

在利率互换工程的背景下，我们注意互换的基本现金流工程忽略了在实践中需要考虑的几个次要的技术要点。我们提供利率互换的现实应用案例，并强调了报价惯例和成本。同样地，在这一章中，我们对货币市场中互换工程的讨论也是从重要的现实考虑中抽象出来的。因此，这里我们为新债券发行提供了另一个实际应用。

假设有一家评级为A的英国实体，它想借1亿英镑，期限为3年。该实体对浮动或固定利率融资都没有偏好，并打算在欧洲市场发行。市场研究显示，如果该实体按计划进行，它每年可以获得6.5%的固定利率融资。① 不过，银行建议采取下述方法。

就美元对英镑的货币互换而言，看起来存在良好的机会，在固定息票的美元范围内发行浮动利率欧洲债券更有意义。互换市场对这个实体的融资报价为英镑兑美元汇率LIBOR+95个基点。然后这些收益以更低的总成本来兑换成英镑。这个操作是如何运作的？风险是什么呢？

① 计息天数基准是30/360。

我们从有关这个新发行的数据开始讨论。新发行债券的参数如表 6.1 所示。[①] 现在，发行人希望将这些收益换成浮动利率的英镑资金。在这样做的过程中，发行人将面临表 6.2 所示的市场条件。首先，我们计算原始现金流和交换后的现金流，然后计算全部成本，也就是收益兑换成英镑后发行人的实际资金成本。

表 6.1　新发行

数额	1 亿美元
期限	2 年
票面利率	每年 6%
发行价格	$100\frac{3}{4}$
期权	没有
上市地	卢森堡
佣金	$1\frac{1}{4}$
费用	75 000 美元
监管法律	英国
负担保	是
同等权益	是
交叉违约	是

表 6.2　互换市场的报价

即期英镑兑美元汇率	1.670 1/1.670 8
英镑 2 年期利率互换	5.46/51
美元—英镑货币互换	+4/−1

第一步是得到发行人在 t_0 时刻将收到的现金量，然后确定在 t_1 和 t_2 时刻将支付多少。为此，我们需要再次计算发行的收益。

- 发行价为 100.75 美元，佣金为 1.25%。这意味着发行人收到成本前的金额为

$$\frac{100.75-1.25}{100}\times 100\ 000\ 000=99\ 500\ 000 \text{ 美元} \tag{6.39}$$

我们看到，发行债券的溢价增加了收益，但一旦扣除佣金，收到的金额就会降至 1 亿美元以下。因此，必须扣除开支

$$\text{收益}=99\ 500\ 000-75\ 000=99\ 425\ 000 \text{ 美元} \tag{6.40}$$

根据收益，我们可以计算发行人的固定利率美元资金的有效成本。发行人支付两次 6% 的票面利率（1 亿美元），然后到期偿还 1 亿美元。在 t_0 时，发行人仅收到99 425 000美元。

① 某些定义：负担保（negative pledge）是指投资者不会因为发行人决定提高其他债券的风险，而在以后的日子里处于更不利的地位。同等权益（pari passu）* 的意思是，投资于这些债券的投资者将没有优势。交叉违约（cross default）是指即使离到期日有足够的时间，如果发行人对另一种债券违约，则该债券仍将被视为违约。

* "pari passu"是一个拉丁语短语，意思是"同等地位"，它描述了两个或多个资产、证券、债权或债务在没有优先权的情况下得到平等管理。——译者注

这个现金流如图 6.11 所示。注意，与理论例子不同，支付的本金与收到的本金不相同。这主要是由于佣金和开支。

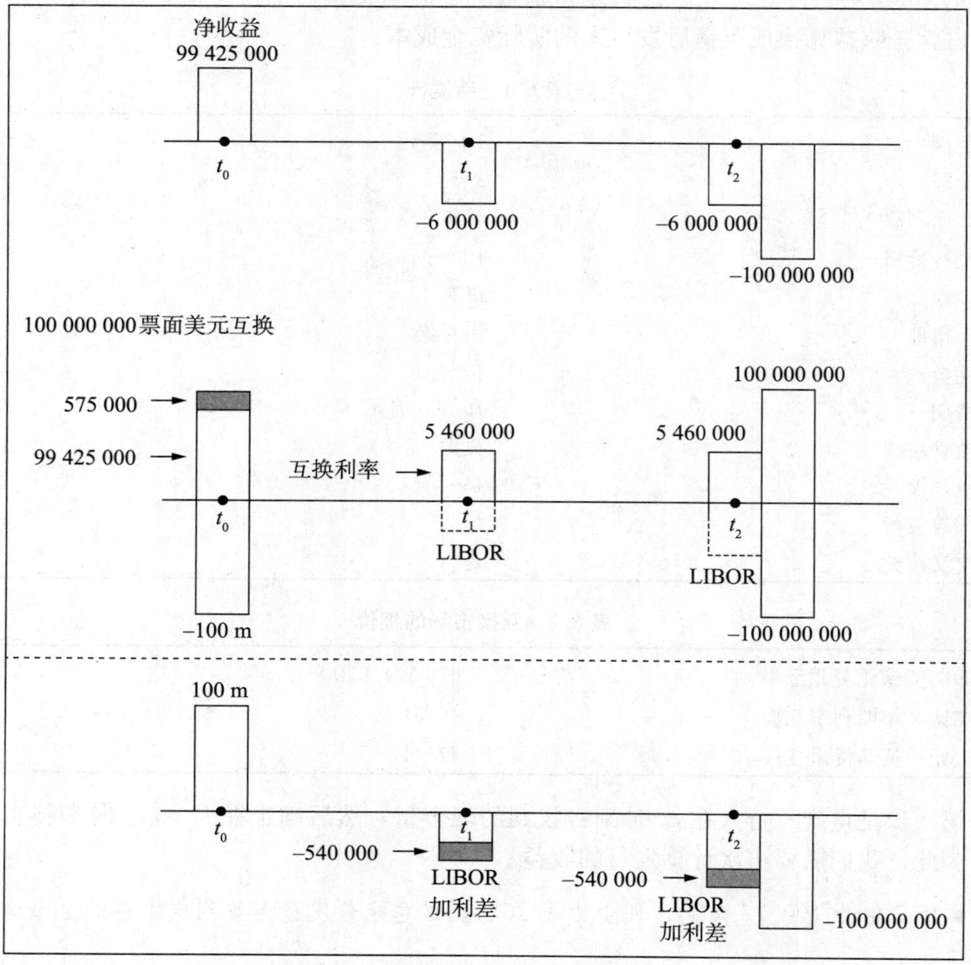

图 6.11　新债券发行和货币互换

● 从这个现金流中，可以通过求解方程

$$994\ 250\ 000=\frac{60\ 000}{1+y_{t_0}}+\frac{60\ 000}{(1+y_{t_0})^2}+\frac{100\ 000\ 000}{(1+y_{t_0})^2} \tag{6.41}$$

计算出内部收益率 y_{t_0}。这个解是

$$y_{t_0}=6.315\ 0\% \tag{6.42}$$

因此，美元资金的实际固定成本大于 6%。

发行人将首先将其转换为浮动利率美元资金。为此目的，发行人将出售互换。也就是说，发行人将获得固定利率 5.46%，并支付浮动 LIBOR。这相当于支付大约美元 LIBOR加 54 个基点。最后，发行人将通过支付浮动英镑和接收浮动美元的方式，将这些美元浮动利率资金转换为英镑浮动利率资金。

6.10 结论

这一章阐述发展了两个主要思想。第一，我们考察远期外汇合约的工程方面，并为它们建立了一个合约方程。我们讨论了基于货币市场和国库券合成的两种外汇远期复制方法。第二，我们将互换工程方法应用于外汇互换和货币互换，同时强调它们之间的差异。现实生活中的复杂情况，诸如报价惯例、清算和保证金要求，在实际应用中对金融工程来说非常重要。我们讨论了外汇和货币互换市场的相对规模，并强调近期外汇远期和互换的监管豁免对外汇市场金融工程实践的影响。

阅读建议

Weithers (2006) 为外汇市场提供了一个很好的实用介绍。Baba et al. (2008) 研究了 2007 年货币市场动荡对外汇互换和货币互换市场的溢出效应。Cloyle (2000) 介绍了货币互换的基本知识。

习题

1. 假设今天是 2004 年 3 月 1 日。天数计算的基准是实际天数/365。你的外汇账簿上的合约如下。

合约 A：2004 年 3 月 15 日，你将以每欧元F_t^1美元的价格卖出 1 000 000 欧元。

合约 B：2004 年 4 月 30 日，你将以每欧元F_t^2美元的价格买入 1 000 000 欧元。

(a) 构建每个合约的等价合成工具。

(b) 假设即期欧元/美元汇率是 1.150 0/1.150 5。1 年以内的美元贷款利率是 2.25/2.27，德国相应的贷款利率是 2.35/2.36。计算F_t^i的值。

(c) 假设市场上观测到F_t^1的远期点数是 10/20。如何构建套利的投资组合？

2. 你在新西兰的一家金融公司工作，可以立即进入市场。你想为客户锁定 3 个月的以新西兰元计算的借款成本。你正在考察 1×4 FRA。可是，你会发现，由于市场平淡，它的定价过高。

所以你转向澳大利亚元。澳大利亚元（A＄）FRA 流动性很强。实际上，澳大利亚元和新西兰元（NZ＄）远期也很容易获得。

特别是，你可以从路透社获得以下数据：

A$/NZ$	即期报价：	1.17/18
	1 个月远期：	1.18/22
	3 个月远期：	1.19/23
	4 个月远期：	1.28/32
A$FRA	1×4	8.97

(a) 阐述如何从这些数据中构建 1×4NZ$FRA。

(b) 阐述现金流。

(c) 如有可能与直接 1×4NZ$FRA 相比，你的头寸有什么样的风险？

(d) 总结这个习题的经验教训（如果有的话），你认为 FRA 市场和货币远期之间一定存在套利关系吗？请给出解释，或者最好提供相关的公式。

3. 假设在 $t=0$ 时刻，我们拥有 4 个零息债券的价格（B_1, B_2, B_3, B_4），到期时间分别为 $t=1,2,3,4$。这些组成了利率的期限结构。

我们也拥有单一时期的远期利率（f_0, f_1, f_2, f_3），其中每个 f_i 表示在 $t=0$ 时刻合约签订的贷款利率，贷款在 $t=i$ 时刻开始，在 $t=i+1$ 时刻结束。换句话说，如果借款人在 i 时刻借入 N 英镑，则在 $t=i+1$ 时刻将偿还 $N(1+f_i)$ 英镑。

即期利率用 r_i 表示。由定义可得

$$r=f_0 \tag{6.43}$$

$\{B_i\}$ 和所有远期贷款都是无违约风险的，所以不存在信用风险。即期报价如下：

$$B_1=0.92/0.94,\ B_2=0.85/0.88,\ B_3=0.82/0.85 \tag{6.44}$$

以及

$$f_0=8.10/8.12,\ f_1=9.01/9.03,\ f_2=10.12/10.16,\ f_3=18.04/18.10 \tag{6.45}$$

(a) 对于给定的远期利率数据，求零息债券 B_1 和 B_2 的无套利价格。

(b) 在这些条件下，3 个时期互换利率是多少？

4. 回到上面的习题，此外假设你还给出了美元和欧元的 FRA 数据。同时，假设你正在寻找套利机会。对于你来说，这些额外的数据有用吗？请进行简单分析。

5. 国外投资者在澳大利亚购买澳大利亚元金融工具时，必须对所得利息交纳预提税，这种预提税可以利用互换和债券在税收套利组合中获得。首先，我们考察和这个问题有关的一段内容摘录。

> 在澳大利亚的预提税体制下，在国内和国际市场中，本地发行人的地位反而不如非本地发行者。这种情况必须得到改变。
>
> 在国内市场中，由本地发行人发行的债券要缴纳 10% 的预提税，非本地发行人在国内发行的债券，即所谓的袋鼠债券，通常不用缴纳预提税，因为这些收入来源于海外。这促使国际发行人离开他们自己的市场而涌进澳大利亚市场。
>
> 在国际舞台上，限制息票避税的惩罚性税收规则大大地减少了外国投资者对联邦政府债券和半政府债券的兴趣，相反，极大地促进了如房利美等 AAA 级别发行

机构在全球的澳大利亚元证券的发行量，这些机构向投资者提供了具有吸引力的免税选择。

这项税收机制的影响更容易在二级市场中体现出来，昆士兰财务公司和新南威尔士财务公司在国际市场中发行的可交换债券正通过国内相应的债券进行交易，这些可交换债券是免预提税的。

如果澳大利亚想要发展成为国际金融中心，国内借款人必须能够自由进入国际资本市场。这意味着，税收的申报成本以及不确定性必须达到最小。而且，为促进澳大利亚国内债务市场的持续发展，国内和国外发行之间不公平的税收处理必须得到纠正。

（汤森路透，IFR，第 1 206 期）

现在，我们考察与这个问题有关的一系列问题。首先，假设由本地政府发行的 4 年期附息债券，支付年利息，我们令其票面利率为 $c\%$。

接下来，考察一个由西班牙公司同时发行的澳大利亚元欧洲债券，欧洲债券的票面利率为 $d\%$，西班牙公司将在西班牙国内使用所融资金。

最后，你知道澳大利亚元利率互换或 FRA 不必缴纳任何税收。

(a) 外国投资者必须为欧洲债券支付预提税吗？为什么？

(b) 假设澳大利亚元利率互换的互换利率是 $d+10$ 个基点。设计一个 4 年期的利率互换，以从税收套利中获利。给出相关现金流。

(c) 如果互换的名义本金为 N，那么税收套利的收益是多少？

(d) 你能否利用一个澳大利亚元 FRA 剥离从相同的税收套利中获利？

(e) 你更倾向于哪一个套利组合，互换还是 FRA？原因是什么？

(f) 在这些条件下，你认为对于这个西班牙公司来说在哪里发行债券更有利，澳大利亚国内市场还是欧洲市场？

6. 考察一个 2 年期的美元和欧元浮动利率货币互换。欧元的基准为 6 个月期欧元 LIBOR，美元的基准是 6 个月期 BBA LIBOR。你还掌握以下信息：

名义本金＝10 000 000 美元

欧元/美元汇率＝0.84

(a) 说明这个货币互换的现金流，确定每个现金流的数值（也就是，用图表示并标明相应的数值）。

(b) 证明这个货币互换相当于两个浮动利率贷款。

(c) 假设某公司想从货币市场中借入 10 000 000 美元。

这个公司能获得的有关 6 个月期贷款利率的信息如下：

欧元 LIBOR ＝5.7%，美元 LIBOR ＝6.7%

欧元-美元货币互换利差：1 年——75，2 年——90

这家公司应该直接借入美元吗？如果公司先借入欧元，然后将欧元互换为美元，这样做能否获益？

7. 欧洲的一位财务主管想借入 3 个月期的美元。可是，该财务主管决定利用回购市场，而不是直接贷款。该公司持有 4 000 万欧元债券。该财务主管运用跨货币回购。交易详情如下：

- 债券的净价：97.00。
- 期限：9月1日至12月1日。
- 债券的最后票面日期：8月12日。
- 债券票面利率：4%。项目欧元兑美元汇率：1.115 0。
- 3个月期美元回购利率：3%。
- 折扣：3%。

(a) 债券的发票价格（脏价）是多少？

(b) 回购债券应按脏价还是按净价进行？

(c) 9月1日收到多少美元？

(d) 12月1日所支付的回购利息是多少？

8. 假设报价互换利率为5.06/5.10。计算如下1亿美元互换中固定支付方的固定支付额。

- 美元。
- 欧元。

现在计算如下1亿美元货币互换中固定接收方的固定支付额。

- 日元。
- 英镑。

第7章 现金流工程和另类投资（商品及对冲基金）

7.1 引论

迄今为止，我们将现金流工程方法应用于固定收益和货币工具。与这些资产类别不同，商品会产生巨大的存储成本，而且在商品现金流工程中需要考虑到这种现实世界的复杂性。例如，与同质资产的货币相比，商品的质量或等级会有所不同。我们将提供关于远期、期货和互换复制的更多例子，并研究商品中的现金流工程。与利率和股票相比，商品是有形资产。这会使得它们对于解释一些抽象的衍生品市场相关概念非常有用，比如期货价格的期限结构、未平仓量和成交量。存在三个实际的原因，促使我们仔细研究金融工程在商品市场领域中的应用。随着人们对商品投资和对冲的兴趣不断增加，这也导致了所谓的商品金融化。机构投资者越来越多地通过商品期货和互换来投资于商品。与各种大宗商品指数和大宗商品挂钩的 ETFs（交易型开放式指数基金，又称交易所交易基金）已经推出，因而允许散户投资者也能投资于大宗商品。

7.2 期货合约的参数

为了扩大对期货和远期的研究，在这一节，我们将重点放在一般通过有组织的交易所的期货合约进行交易的商品上。因此，与外汇市场相反，交易所交易的大宗商品期货比场外交易的商品远期更具流动性。

原油是经济上最重要的商品之一，原油期货是交易量最大的商品期货之一。先进的金融工程方法已推广到原油领域。这其中包括本章所讨论的简单互换和日历互换，以及后续章节所讨论的期权、隐含波动性指数和原油波动性指数期货。原油也是大宗商品指数比如高盛商品指数（GSCI）* 的最大组成部分之一，许多和商品有关的结构性产品都是基于 GSCI 编制的。因此，我们使用原油期货合约来介绍期货市场的关键概念。CME 和 ICE 是流动性最强的原油期货合约交易所。

原油并不是一种同质性非常强的商品，这点最初可能会令人感到意外。这就创造了各种各样的交易机会，但也可能限制套利策略，需要在金融工程应用中仔细地加以考虑。根据原油的化学成分，特别是硫含量的不同，原油被分为各种不同的等级。NYMEX 指定含硫量低于 0.42%的原油为低硫原油。含硫量较高的原油称为高硫原油，被认为质量较差。轻质低硫原油的质量更高，因为它可以更容易地被提炼成汽油、煤油和优质柴油（瓦斯油），而且在期货交易所的交易价格通常高于高硫原油。除了原油等级不同之外，地理位置也要考虑进去。西得克萨斯中质原油（WTI）和北海布伦特原油都是轻质低硫原油，并被作为石油定价的基准。

下面的例子给出 CME NYMEX/Globex** 上 WTI 原油期货合约的合约规范。这里所介绍的术语适用于所有期货合约，而不仅仅是商品期货。

例子：

CME NYMEX/Globex 的 WTI 原油期货合约

1. 合约规模：1 000 桶（约 4.2 万加仑/15.9 万升）。

2. 交易单位：1 000 桶/手的任何倍数。

3. 最小变动价位：0.01 美元/桶。

4. 报价单位：美元/桶。

5. 合约月份：原油期货是一些最灵活的大宗商品合约，这是因为合约月份间隔的时间跨度大。原油期货按照下面的安排列出 9 年期远期期货：列出本年度和未来 5 年的连续月份。此外，6 月和 12 月的合约月份被列在第 6 年之后。在 2014 年 6 月 23 日，时间最远的合约月份是 2022 年 12 月。

---

* GSCI，高盛商品指数，高盛公司设计它的目的是为商品市场投资提供一个可靠的、公开可行的业绩基准。目前 GSCI 是国际市场上资金跟踪量最大的商品指数。2007 年 2 月，标准普尔公司从高盛公司手中购买了该指数，所以该指数被重新命名为标普高盛商品指数（S&P GSCI）。——译者注

** CME Globex 是世界上第一个期货电子交易系统，也是目前全球最快的期货期权电子交易系统。Globex 并不是一个电子交易的前端软件，而是庞大复杂的期货期权中央电子撮合引擎。Globex 于 1987 年由 CME 启动设计，于 1992 年全面投入使用，自此带领全球期货业进入电子交易的新纪元。

CME Globex 以其领先的性能、高可靠性和安全性，以及广泛的市场覆盖，成为全球最主要的衍生品交易市场。它具有如下几个特征：(1) 高速的交易处理。目前，CME Globex 每月处理超过 60 亿笔交易，交易指令的平均往返时间（RTT）约为 3 毫秒，交易指令在 Globex 四道防火墙之内的延时中位数为 52 微秒。(2) 覆盖全球的市场连接。CME Globex 提供一周 6 天、24 小时全天候无间断市场交易。投资者可以从超过 150 个国家和地区通过 CME 全球布局的 10 个数据中心接入 CME Globex，并可通过 CME Globex 平台交易 CME 合作伙伴交易所的产品，例如迪拜商品交易所的阿曼原油期货、马来西亚衍生品交易所的毛棕榈油期货等等。(3) 广泛的产品类别。CME Globex 电子平台上提供数以千计的不同到期日的期货期权以及产品间套利合约。其产品类别覆盖广泛，包括农产品、金属、能源、利率、股指、外汇，以及房地产和天气期货与期权。目前，CME 超过 90%的期货合约都可以在 CME Globex 电子平台上进行电子交易撮合。——译者注

6. 交货方式：交货地点为俄克拉何马库欣仓储中心的任何管道或存储设备，管道可接入在库欣的 Enterprise 和 Enbridge 两家管道企业的终端，采取“船上交货”(FOB)① 方式。

7. 交货等级：由于存在质量差异，必须有一定的标准化，以便买方知道所收到的原油是什么样的原油。有各种国内原油，如 WTI、新墨西哥洲低硫原油、俄克拉何马州低硫原油，以及国外原油（每桶折扣为 15～55 美分），如英国布伦特混合原油 (Brent Blend) 和尼日利亚邦尼轻质原油 (Bonny Light)。有关详细信息，请参阅 CME/NYMEX 规则手册。②

8. 最后交易日：合约月份的第 15 个日历日之前的营业日。

9. 最后交割日：交割应发生在交割月第一个日历日至最后一个日历日之间。

10. 交易时间：公开叫价，芝加哥时间的周一到周五，上午 9：00 至下午 2：30。电子交易平台，芝加哥时间的周日到周五，下午 5：00 到第二天早上 4：15。

11. 每日价格最大波动限制：高于或低于该合约当月上一交易日结算价 10 美元/桶。

表 7.1 给出了截至 2014 年 6 月 20 日，期限为 1 年的 CME WTI 原油合约的结算价格、交易量和未平仓量。交易量代表当天的交易活动或交易的 WTI 期货合约的总数量。例如，2014 年 8 月的合约交易量约为 2.131 亿桶，估计价值 245 亿美元（假设油价为 115 美元/桶）。未平仓量是指市场参与者在每天收盘时持有的未平仓合约总数。注意，对于每一个期货合约卖方来说，都有该合约的买方。卖方和买方组合起来才能创建一份合约。

表 7.1　WTI 原油合约的价格、交易量以及未平仓量

月份	结算价格	交易量	未平仓量
7 月 14 日	107.26	31 672	24 798
8 月 14 日	106.83	213 130	312 344
9 月 14 日	105.97	72 503	186 919
10 月 14 日	104.9	36 431	126 676
11 月 14 日	103.85	20 751	66 259
12 月 14 日	102.86	51 854	229 847
1 月 15 日	101.88	6 744	68 163
2 月 15 日	100.93	1 548	35 424
3 月 15 日	100.04	4 301	64 348
4 月 15 日	99.15	630	24 723
5 月 15 日	98.31	890	23 460
6 月 15 日	97.55	11 556	100 963

资料来源：2014 年 6 月 20 日 CME Globex。

① 根据国际商会公布的《国际贸易术语解释通则 2010》，FOB 意味着卖方支付将货物运往装运港的费用和装船费用。买方支付从到达港到最终目的地的海运、保险、卸货和运输费用。

② 参看 http://www.cmegroup.com/rulebook/NYMEX/2/200.pdf。

因此，为了计算总的未平仓量，我们只需要知道买方或卖方其中的一方的总金额，而不是两者的总和。表中没有列出当日所有未平仓合约的总持仓量，但总量是 1 709 934，估计市值接近 2 000 亿美元（价格为 115 美元/桶）。

到期日最接近当前日期的合约月份称为前月或提示月。2014 年 6 月 23 日，前月为 2014 年 7 月，即 2014 年 7 月的合约是期货市场上可以购买到的期限最短的原油合约。前月合约也被称为近月合约。

在前月合约后面一个月或以上的合约称为月后合约。此表中给出的前月合约的流动性（以成交量近似）高于月后合约。这是非常普遍的情况，不仅适用于这个特定的日子和这个商品，也适用于其他商品。因此，寻求流动性最大的合约以降低交易成本的交易员通常会选择附近的合约。然而，流动性以外的考虑因素决定了特定交易员选择哪一个合约月，我们将在下面详细讨论这一点。考察一家利用期货对冲其产量的石油生产商。如果套期保值者在合约到期前对期货合约和资产进行清算，套期保值者将承担基础风险，因为期货价格和现货价格可能不会在交割日前同步变动。在能源商品市场中，基本风险实际上存在三种主要类型：区位基础风险、产品/质量基础风险以及日历（利差）基础风险。假设我们例子中的套期保值者在沙特阿拉伯生产石油。例如，如果对冲的目标是对冲将于某年 9 月份生产的沙特阿拉伯石油，而纽约商品交易所（NYMEX）12 月份到期的 WTI 期货被用作对冲，那么这三种风险都是相关的。首先，期货合约中规定的交货地点将不同于沙特阿拉伯生产石油的实际地点。其次，由于沙特阿拉伯石油的含硫量会有所不同，因此不符合纽约商品交易所 WTI 合约的交货等级。最后，期货合约规定的交割日与原油的预期实际交割日之间存在 3 个月的差异。

7.3 商品期货价格的期限结构

表 7.1 给出了不同合约月份对应的期货价格。这是期货价格的期限结构。如果我们对未来的价格与所有合约月份的价格作图，可以得到一条曲线。最近的合约月份的价格在左边，而最远的合约月份则在右边。

7.3.1 现货升水和现货贴水

交易员可以运用各种不同的术语来描述曲线的形状。如果得到的曲线是向下倾斜的，我们说它是现货升水（backwardation）*。换句话说，现货升水描述了远期交割价格低于现货交割价格的情况。如果曲线是向上倾斜的，我们则称这是现货贴水（contango）**。图 7.1（a）和图 7.1（b）分别给出了现货升水和现货贴水曲线的例子。在第 2 章，我们已经介绍了基差的概念，即基础资产的现货价格与期货价格之差。我们可以将这个术语应用到期货价格的期限结构中。期货曲线期限结构为现货升水的商品有正的基差，而期

* 又称现货溢价。——译者注

** 又称期货溢价。——译者注

货曲线期限结构为现货贴水的商品则有负的基差。下面，我们将更详细地讨论什么样的经济机制可以解释商品期货曲线的形状。现货贴水和现货升水在传统金融产品的定价中也存在，但正如我们将在下面看到的，基础实物市场在大宗商品中的作用是尤其重要的，特别是当需求超过供应时。

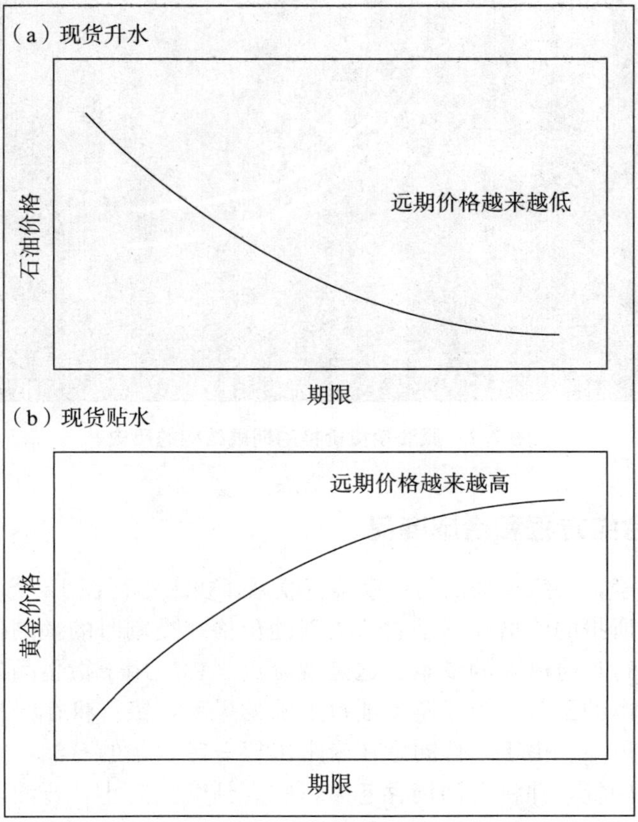

图 7.1　现货升水和现货贴水

期货价格的期限结构随着时间的推移而变化，而且在同一时间点，不同商品的期限结构也各有不同。有些商品具有现货贴水的倾向，而其他商品则大多数表现为现货升水。如图 7.1 所示，原油期货曲线往往是现货升水，而黄金期货曲线往往是现货贴水。表 7.1 原油期货价格期限结构表明，2014 年 6 月 20 日原油期货处于现货溢价状态。为了阐明期限结构可以发生巨大的剧烈变化，以及它可以从现货升水转为现货贴水，图 7.2 显示了四个不同日期的 WTI 原油期货价格期限结构。(1) 线代表 2014 年 6 月 16 日的曲线，此线是基线。(2) 线表示 2014 年 5 月 16 日的早前 1 个月的期限结构。(3) 线表示 2013 年 6 月 14 日的早前 1 年的期限结构。(4) 线表示 2009 年 6 月 16 日期货价格的期限结构。正如我们看到的，2013—2014 年的曲线处于现货溢价状态，但是 2009 年 11 月原油期货的期限结构曲线则处于期货溢价状态。下面我们将讨论这种相对不寻常的情况所带来的交易机会。首先，我们将探讨期货价格期限结构的曲线形态的潜在解释。为此，我们将建立在前面几章所研究发展起来的现金流工程方法，以及商品期货价格和基础复制投资组合之间关系的基础之上。

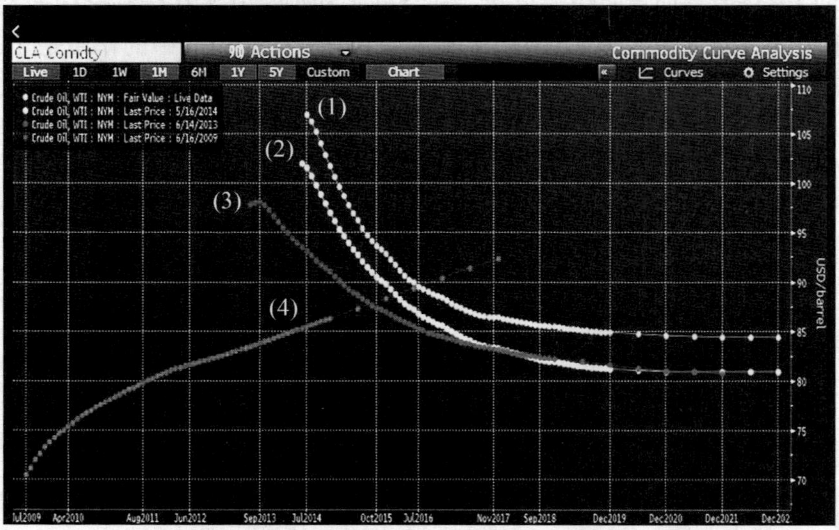

图 7.2　原油期货价格的期限结构的历史

□ 7.3.2　合约方程和合成商品

考察这样的例子，一家炼油商与一家银行联系，要求银行在 12 个月内给出购买石油的价格。这家银行所报的价格并不是它认为石油价格在交割时的预测价格。银行所报的价格取决于对冲银行自身风险的成本。这是现金流工程应用于衍生品的另一个例子。产品成本作为对冲成本的函数。为了避免油价上涨的风险，银行将在交易当日进行一系列交易，以便对冲其风险。由于银行同意在未来出售一定数量的石油，它必须首先为现货市场购买石油进行融资，并将石油储存起来，一直到交割为止。石油以美元交易。购买现货石油的资金可以从另一家银行以 LIBOR 借入美元。银行从另一家机构（比如另一家投资银行或一家石油生产商）那里在现货市场购买约定数量的石油。银行还需要承担储存和保险费用，直到将储存的石油交付。上述例子建立在场外双边远期合约的背景下，但同样的原则也适用于石油期货合约。

我们可以应用前面所阐述的合约方程来构建合成商品。例如，假设 S_t 表示现货石油价格，它是期货合约的标的资产，F_t 表示期货合约价格，到期日为 T，$t_0<T$。我们怎样才能为这个合约构建一个合成品呢？具体的解决方案和货币情况非常相似。利用同样的逻辑，我们可以写出一个合约方程：

做多一份到期日为 T 的原油期货	$=$	贷款：在 t_0 时借入期限为 T 的美元	$+$	现货操作：购买价格为 S_{t_0} 的 1 单位现货原油	$+$	以每天 q_{t_0} 的成本储存原油，直到 T 为止

(7.1)

上面的合约方程包含了商品的一个显著特征，即存储成本。绝大多数的商品储存是有成本的。但是，注意，对于某些商品来说，储存要么是不可能的（例如，由于季节的原因），要么是禁止的（例如，批发电力）。图 7.3 显示出与多头期货和合成多头期货头寸相关的现金流（忽略保证金支付）。

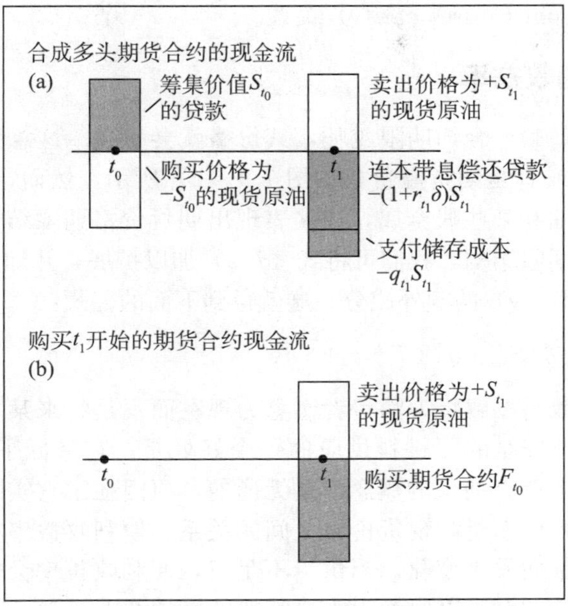

图 7.3　合成多头原油期货头寸

我们可以用式（7.1）得到两个结果。首先，通过对合约方程重新排列，我们构建合成品：

现货操作：购买价格为 S_{t_0} 的1单位现货原油	=−	贷款：在 t_0 时借入期限为 T 的美元	+	做多一份到期日为 T 的原油期货	−	以每天 q_{t_0} 的成本储存原油，直到 T 为止

（7.2）

换句话说，在改变符号之后，我们需要借入 1 单位石油，存入 S_{t_0} 美元，做多一份石油期货合约。这将产生合成现货。

其次，可将合约方程用于定价。事实上，合约方程给出头寸的持有成本。为了理解这一点，首先注意，根据式（7.1），合成品的价值与原始合约的价值相同。那么，我们必须有

$$F_{t_0}=(1+r_{t_0}\delta)S_{t_0}+q_{t_0}(T-t_0) \qquad (7.3)$$

其中 δ 表示利率的天调整因子，r_{t_0} 表示利率，$q_{t_0}(T-t_0)$ 表示存储成本。例如，r_{t_0} 可能是 LIBOR 利率。存储成本包括仓储和保险费用。持有成本是利息加上存储成本。

如果存储成本是以价格百分比表示，就像利率一样，以年利率表示，这个公式就变成

$$F_{t_0}=(1+r_{t_0}\delta+q_{t_0}\delta)S_{t_0} \tag{7.4}$$

这种复制方法允许我们识别与头寸相关的所有现金流，从而给出一个公允价值或理论价格，以确保在交割时不出现亏损，不受实际未来现货价格的影响。式（7.4）有时也称为现货期货平价（spot-futures parity）关系。

□ 7.3.3 便利收益率

注意，根据式（7.4），合约期限越长，其价格就会越高。这意味着未来的期限结构通常是向上倾斜的，或者是期货溢价，如图 7.1（b）所示。然而，正如上文所讨论的，许多商品市场，如石油和某些贱金属，往往表现出期货价格期限结构为现货溢价。为了能够解释现货溢价的期限结构，我们可将式（7.3）加以扩展，并加入一项称为便利收益率（convenience yield，cy）的额外成分。这就得到下面的公式：

$$F_{t_0}=(1+r_{t_0}\delta)S_{t_0}+q_{t_0}(T-t_0)-cy \tag{7.5}$$

我们可以将便利收益率解释为消费者愿意为现在而不是将来某一时刻消费商品而支付的溢价。例如，拥有安全的原材料供应的一个好处是，它降低了库存的风险。然而，便利收益率仍然是一个有点抽象的概念，是无形的，原因在于它实际上是一个数学占位符，用于协调上述方程中期货和现货价格之间的关系。便利收益率在实际操作中随着基础商品的实物供需失衡而发生变化。当供给不足时，便利收益率会较高，而当供需平衡时，便利收益率会较低。对于以原油为主要消费的炼油企业来说，其便利收益率可能相当高。首先，储存石油很贵。其次，如果出现供应短缺，关闭一家炼油企业数月的成本会相当高。出于这两个原因，炼油企业可能愿意为即期现货交货支付溢价。这可能是合理的，但从经济上（从基本意义上）看，并不能真正解释低于现货油价的期货价格（现货溢价）。

□ 7.3.4 买现卖期套利

注意，式（7.5）也可以用来识别潜在的套利机会。如果当前的远期价格 F_{t_0} 大于右边——曲线处于期货溢价时，则这种可能性更大，人们将出售远期合约，在现货市场（通过贷款）购买商品，支付存储成本，在时间区间（t_0,T）内持有实物商品来获得益处，从而实现买现卖期套利（cash and carry arbitrage）。下面的阅读材料给出了一个现实世界的存储和运输成本的例子，应用了我们的合约方程（7.4），并说明了在取暖油市场上的买现卖期套利。

例子：

经纪人说，J.P. 摩根雇用了超级油轮

据船舶经纪人报道，美国存款第二大银行 J.P. 摩根雇用了一艘新建的超级油轮在马耳他附近存储取暖油，这是该公司最近 5 年来首次这样做。

据总部位于奥斯陆的 SeaLeague A/S 公司和总部位于雅典的 Optima 船舶经纪公司报道，该银行雇用了“前女王号”（Front Queen）9 个月。J.P. 摩根驻伦敦发言人戴维·威尔斯（David Wells）拒绝置评。

J. P. 摩根从来没有雇用过油轮，这是根据彭博社 5 年前编制的数据得出的。此前，花旗集团（Citigroup Inc.）旗下的菲布罗有限责任公司（Phibro LLC）和英国石油公司（BP Plc）等都曾租用船只在海上存储原油或石油产品。这些公司正在寻求利用今年晚些时候价格上涨的机会。

“这是机会驱动的，”费恩利咨询公司（Fearnley Consultants）驻奥斯陆的分析师斯维尔·比约恩·斯文宁（Sverre Bjorn Svenning）在电话中表示，“我怀疑这将是一种永久性或新型的贸易。”

根据彭博社的数据，在欧洲西北部，即时送达的取暖油价格为每吨 553 美元，8 月份的供应价格为每吨 580 美元。

瑞士最大的船舶经纪公司 Riverlake Shipping SA 声称，“前女王号”可装载约 27.3 万吨取暖油，是传统远程 2 号油轮装载量的三倍多。

据经纪人报道，J. P. 摩根以每天 3.5 万～4.1 万美元的价格租用了这艘船。经纪人说，银行还将支付 160 万美元，以便让这艘船在没有货物的情况下从新加坡驶往欧洲。根据 Riverlake Shipping SA 的数据，远程 2 号油轮每天的储油成本约为 2.5 万美元。

按照满载货物计算，“前女王号”的月租金为每吨 3.85～4.50 美元，不包括 J. P. 摩根将这艘船从亚洲运到欧洲的费用。由于石油生产商限制供应，船东扩大了全球船队，基准超级油轮的运价较 7 月份的峰值暴跌 87%。总部位于巴黎的国际能源署预计，全球年度石油需求将出现 1983 年以来的首次连续下降。

欧洲最大的石油产品航运公司 D/S Torm A/S 4 月 3 日表示，随着陆上油罐的装满，欧洲交易员已经在使用小型油轮来储存创纪录数量的航空燃油和取暖油。根据荷兰咨询公司 PJK International BV 的数据，阿姆斯特丹、鹿特丹和安特卫普的取暖油库存为 270 万吨，为至少两年以来的最高水平。

彭博社［摘自阿拉里克·南丁格尔（Alaric Nightingale）的文章《经纪人说，J. P. 摩根雇用了超级油轮》（JPMorgan Hires Supertanker for Storage，Broker Say），2009 年 6 月 3 日］

J. P. 摩根希望从这笔交易中获得多少利润？如果我们做出一些简化假设，那么就可以根据式（7.1）中的合约方程计算出合成期货的价格，并将其与市场上的实际期货价格进行比较。这样，我们就可以估算预期利润。换句话说，我们假设这家银行以 553 美元的价格购买现货取暖油，支付仓储和其他成本，并以 580 美元的价格卖出期货，以期获利。为了绘制具有代表性的期货曲线，需要更多的合约月份的期货价格，但基于这两个价格点，取暖油期货价格期限结构处于现货贴水状态。这与图 7.2 所示的 2009 年 6 月原油期限结构相同。假设 J. P. 摩根于 2009 年 6 月在现货市场购买了 27.3 万吨取暖油，并进入一个适当规模的取暖油短缺的未来。假设现货价格为每公吨 553 美元，2009 年 6 月实际购买的取暖油价值为 1.509 69 亿美元。如果我们做一个保守假设，假设借款成本是，比如说，两个月为 1%，在这段时间内，总借款成本将是 1 509 690 美元。根据地缘政治和宏观经济形势的不同，油轮的保险费用可能从船体价值的 0.25%到 3%以上不等。如果我们假设 2 个月的保险费用为现货价的 0.25%，那么总保险费用为 377 423 美元。根据阅读资料，这艘油轮从新加坡运往欧洲的运费成本为 160 万美元。存储成本为每吨 3.85 美元，即整批货物 105.1 万美元。表 7.2 列出了预期费用和收入的细目。总成本为1.555 071 63亿美元。假设期货价格为 580 美元，这相当于收入 1.583 4 亿美元。预计利润为 283.3 万美元。

上述例子不仅阐明了合成期货头寸的构建，而且解释了怎样挖掘潜在的套利机会。我们可以问，这种涉及现货取暖油购买和期货市场销售的交易可能会产生什么影响。上述彭博社文章的摘录显示，许多市场参与者都参与了此类交易。预计这将导致现货价格上涨和期货价格下跌，因而降低现货贴水，并有可能使其变成能源商品通常表现出的现货溢价形态。以上只是一个例子，但它阐明了期限结构的驱动因素，这些因素在更全面地研究期货价格的期限结构中被发现是重要的，比如本章末尾所列出的那些。

表 7.2　计算取暖油市场例子的预期利润

买卖方式	成交金额
购买现货取暖油的成本	1.509 69 亿美元
借款成本（2 个月 1%）	1 509 690 美元
保险费用（按船体价值的 0.25%计算）	377 423 美元
油轮从新加坡运往欧洲的运费成本	160 万美元
存储成本（每吨 3.85 美元）	1 051 050 美元
总成本	1.555 071 63 亿美元
来自期货销售的总收入	1.583 4 亿美元
利润总额	283.283 8 万美元

□ 7.3.5　现货期货平价的另一种解释

虽然没有前期支付，但是购买期货或者远期合约也不是没有成本的。如果忽略抵押或者建立期货头寸可能要求的保证金，建立远期或期货头寸并不涉及成本。假设考察现货价格为P_{t_0}的可存储商品，以 $P^f_{t_0}$ 表示远期价格。最后，假设存储成本以及所有这类影响都是零，则期货价格可表示为：

$$P^f_{t_0}=(1+r_{t_0}\delta)P_{t_0} \tag{7.6}$$

其中，r_{t_0} 表示合适的利率，交易者可以应用这个利率，δ 表示到期时间，为一年的一定比例。

现在，假设现货价格在整个合约期间不变，这意味着

$$P^f_{t_0}-P_{t_0}=r_{t_0}\delta P_{t_0} \tag{7.7}$$

是持有这一头寸的成本。注意，这就好比为了维持多头头寸而借入P_{t_0}美元的“期限”是 δ。然而，双方并没有本金的交换。如果违约，不会有本金的损失。

7.4　商品互换

商品互换的总体结构与我们在第 4 章所提到的权益互换相似，而且我们在第 18 章将

更详细地讨论现金流工程在权益市场中的应用。如同权益互换一样，商品互换存在两种主要形式。互换双方可以（1）交换基于某一商品指数的固定和浮动支付，或者（2）当一种支付是基于指数，而另一种支付是基于货币市场的参考利率时，进行支付交换。

绝大多数商品互换都包括原油。考察一个炼油厂。例如，炼油厂买入原油，卖出炼制品。炼油厂会发现，将原油价格锁定在一个固定价格上非常有用。利用这种方法，炼油厂就能够更好地安排未来的生产。因此，利用互换，炼油厂会希望得到浮动的原油价格，并对每桶原油支付固定价格。

可以为所有种类商品、金属、贵金属和能源的价格安排这样的商品或者原油互换。

例子：

日本的石油公司和经纪行通常在原油上是空头，在石油产品上是多头。它们利用短期互换市场来覆盖这种风险，通过浮动/固定价格的互换合约来进行投机。由于日本国内重油产品生产能力过剩，因此它们在重油产品上处于多头，而在轻油产品上是空头。这种情况产生了新加坡轻油产品对日本重油产品的互换市场。

还有一种是“账面平衡”市场，这主要基于新加坡市场，但在日本发展起来。这是一种石油工具，以现金结算而不是通过石油的实物交割来结算。

（汤森路透，IFR，第 946 期）

□ 7.4.1 商品市场中的互换现金流工程

让我们看一看如何设计商品互换。这里我们假设交易对手交换支付，其中一方支付是基于指数，另一方支付则是基于货币市场参考利率。假设 S_t 表示一种商品，比如石油。然后，这一分析将会与设计权益互换一样。

某人可以投资 $N=100$ 来“购买”考察之中的 Q 单位商品。价格 S_t 随时间而变化。我们可以将投资看成是定期（如 $t_0, t_1, \cdots, t_n$）向投资者支付（让投资者接收）任何资本收益（损失）。在投资到期时，N 返回给投资者。所有这些都和第 4 章所述的股票情况相同，如图 7.4（a）所示。

通过将 n 个时期的 FRN 添加到投资上，就可以构建商品互换，如图 7.4（b）所示。N 的初始支付和最终支付将被抵消，互换就由支付任何资本收益和接收资本损失及 LIBOR$+d_t$ 构成，其中 d_t 表示互换利差［参见图 7.4（c）］。

注意，互换利差可能会偏离零，这是因为该商品可能提供任何便利收益率，或由于短期内供需失衡。这里便利收益率将等同于股票所支付的股息。

□ 7.4.2 商品互换的定价与估值

考察商品互换，其中交易对手是根据商品指数而不是图 7.4 所示的互换类型进行固定支付对浮动支付的交换，图 7.4 中的一方支付是基于指数，另一方支付则是基于货币市场参考利率。下面例子涉及石油生产商，该生产商出售互换合约，为的是对冲某个时期内的收入。

这里我们做出下面的假设，这家石油生产商正试图对冲 2013 年原油价格意外下跌带来的收入。根据表 7.3，石油生产商和互换交易商 X 同意签订日历 2013 年互换合约，固

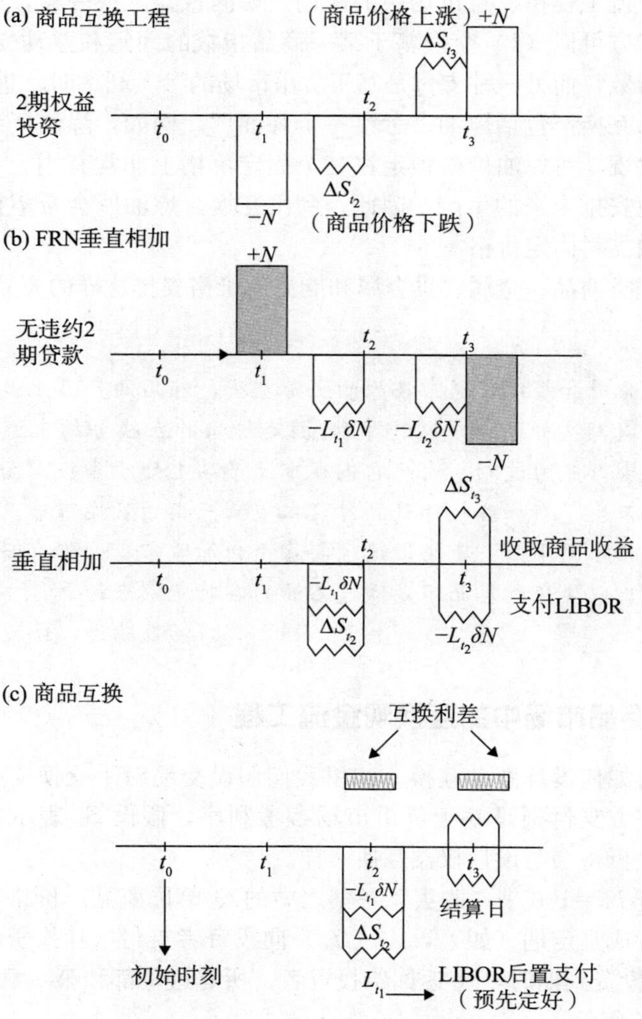

图 7.4　商品互换的复制

定价格为 95 美元/桶，月交易量为 10 万桶/月。每个月的净支付额是固定价格支付 95 美元/桶与实现平均价格之间的差额，乘以每月的交易量。根据这些条款和条件，如果平均油价低于 95 美元/桶，互换的卖方（生产商）将从互换交易商那里得到一笔付款。如果平均油价高于 95 美元/桶，则会出现相反的情况。例如，假设互换的浮动部分在 2013 年 1 月底结算为 85 美元/桶。在这种情况下，互换交易商将向石油生产商支付 100 000 桶×(95 美元/桶－85 美元/桶）＝100 万美元。图 7.5（a）和图 7.5（b）说明了互换卖方（即石油生产商）和互换买方（即互换交易者）收到的支付款。为了方便说明，我们在图 7.5 中假设，在 2013 年 2 月和 2013 年 3 月，互换的浮动支付方结算价格分别为 100 美元/桶和 105 美元/桶。图 7.5（c）显示，净支付额给了互换卖方，即石油生产商。这个例子表明，互换实现了对冲原油生产商因油价意外下跌而遭受损失的目的。表 7.4 解释了表 7.3 中所使用的主要合约条款。能源商品销售合同和采购合同通常有可估价的交货条款，比如最终发票价格是基于定价窗口的平均价格。这为生产商或消费者等套期保值者提供了一种动机，即使用平均价格互换或一系列期货合约，以匹配实物交易的定价条款。

表 7.3　互换合约范例

固定价格支付方	互换交易商 X
浮动价格支付方	原油生产者
商品参考价格	纽约商品交易所 WTI 期货合约
固定价格支付	容量×95.00 美元/桶
浮动价格支付	纽约商品交易所即期合约的日结算价格在日历月内的平均乘以月交易量
月销量	10 万桶/月
期限	2013 年 1 月至 2013 年 12 月
付款方式	每个结算周期后 14 个工作日

资料来源：risk. net/energy-risk，Blanco and Piere (2013).

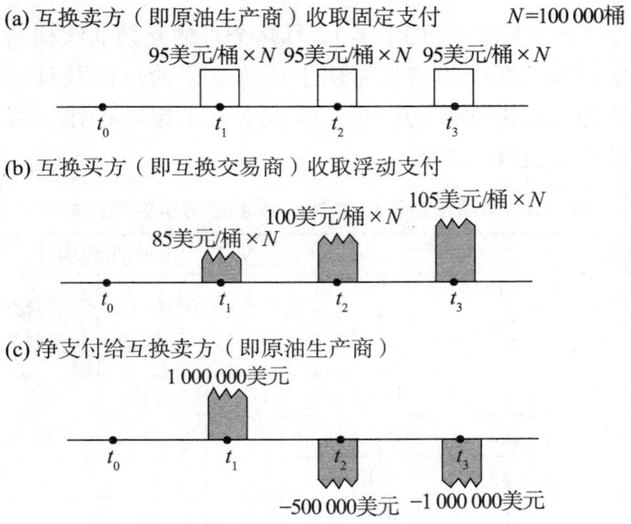

图 7.5　原油商品例子的现金流

表 7.4　场外互换合约的关键条款

参　数	解　释
商品参考价格	商品价格指数用于确定浮动支付方价格。标的的常见选择是即期期货合约结算、现货价格、月前指数和延期（第二交割价格）
浮动价格	用于确定浮动方支付的公式。它通常是在定价窗口或固定窗口期间每日结算的商品参考价格的平均值
固定价格	合约固定支付方的谈判价
固定或定价时期	就日期表而言，其中基础价格将被用来设定每一个结算期浮动方的价值
名义本金或交易量	用于确定互换现金流的商品名义本金

资料来源：risk. net/energy-risk，Blanco and Piere (2013).

□ 7.4.2.1　从期货曲线中计算互换价格

正如我们在利率互换上下文中所看到的，在初始时互换利率被设定为使未来固定和浮动支付的现值相等。例如，利率互换的市值是通过利用远期利率来折现未来现金流加以计算的。类似地，在石油互换情况下，我们可以通过评估互换和构建互换价格来计算按市值计价的损益。商品互换价格也需要一条远期曲线。远期曲线的报价可能来自期货、远期或互换价格，也可能是这三种价格的组合。假设我们利用期货曲线来计算互换曲线。表 7.5 说明了这一点。在这里，我们进一步假设互换曲线是基于给定月份的即将交割期货合约的预期平均价格，其中涉及为每个互换价格组合两个期货合约到期日。在构建曲线日计数惯例时，必须仔细考察合约到期日和节假日。例如，考察表 7.5 中 2013 年 1 月的互换曲线价格。计算方法如下：

$$P_{\text{互换},1\text{月}}=P_{\text{期货},2\text{月}}\times w_1+P_{\text{期货},3\text{月}}\times w_2$$
$$=88.40\text{ 美元}\times 52\% + 88.92\text{ 美元}\times 48\% = 88.65\text{ 美元}$$

表 7.5 给出了 2013 年 1 月至 2013 年 12 月几个月的互换曲线构造。

和利息互换类似，表 7.5 中的信息可用于计算互换的市值及其“公允价值”。为此，我们需要有关折现率和收益率曲线的信息。这在本章末尾被留作练习题。此题还提供有关折现率的信息，可用来折现现金流。

表 7.5　用期货曲线构建 2013 年到期月份的互换曲线

期货曲线			互换曲线构建					
月份	到期日	价格（美元/桶）	日期	截至滚动日的天数	滚动日后的天数	1号合约权重（%）	2号合约权重（%）	互换曲线（即期）（美元）
1月13日			1月13日	12	11	52	48	88.65
2月13日	2013年2月16日	88.40	2月13日	9	10	47	53	89.19
3月13日	2013年2月13日	88.92	3月13日	10	11	48	52	89.68
4月13日	2013年3月14日	89.43	4月13日	11	10	52	48	90.07
5月13日	2013年4月15日	89.90	5月13日	12	10	55	45	90.35
6月13日	2013年5月16日	90.25	6月13日	9	10	47	53	90.52
7月13日	2013年6月13日	90.47	7月13日	12	10	55	45	90.60
8月13日	2013年7月16日	90.57	8月13日	11	10	52	48	90.63
9月13日	2013年8月15日	90.63	9月13日	10	10	50	50	90.63
10月13日	2013年9月13日	90.63	10月13日	12	11	52	48	90.62
11月13日	2013年10月16日	90.62	11月13日	10	11	48	52	90.56
12月13日	2013年11月14日	90.61	12月13日	9	13	41	59	90.46
1月14日	2013年12月12日	90.52						
2月14日	2013年1月11日	90.41						

资料来源：risk.net/energy-risk，Blanco and Piere (2013).

□ 7.4.3 现实世界的复杂性

如上文所述，场外商品互换是可以定制的。然而，即使在交易所交易市场，商品互换合约的规格和流动性也不尽相同。例如，2014 年 10 月 19 日，大连商品交易所（DCE）推出了铁矿石商品互换。该合约与新加坡交易所（SGX）自 2009 年以来提供的铁矿石合约就有所不同，因为存在汇率和结算差异。DCE 合约是人民币计价，而 SGX 合约则是美元计价。与 DCE 合约是实物结算的不同，SGX 合约是金融结算的。2013 年，SGX 结算了全球约 95%的铁矿石互换交易，其余部分由 CME 和 ICE 的交易结算。下面的例子说明了商品互换市场的潜在套利机会和局限性，以及季节性和时变流动性等现实世界的复杂性。

例子：

和许多中国大宗商品合约一样，大连商品交易所（DCE）的合约只有 3 个流动月份，即 1 月、5 月和 9 月结算的合约。在新加坡，由于交易所交易的曲线存在较多的流动性，所以这使得拥有中国业务的交易员能够基于 DCE 和 SGX 之间的套利进行利差交易。

在 DCE 推出后，SGX 的交易量出现增长的原因在于货币（人民币对美元）和大连实物结算与 SGX 金融结算的显著差异。这就导致了两个交易所之间不同的、互补的交流动力的产生。

星展银行（DBS Bank）驻新加坡大宗商品衍生品主管梁建伟（Leong Chean Wai）表示："大连期货合约和新加坡互换合约从根本上是不同的合约。与新加坡不同，大连是一个封闭的市场，国际玩家无法进入。然而，它引入利差交易，这是铁矿石市场的一个新元素，尽管这在其他贱金属市场是一种常见的交易方式。这就鼓励了更多的参与者进入市场，也意味着 DCE 合约导致了 SGX 的流动性不断增加，而不是减少。"

许多铁矿石贸易商在 DCE 交易焦炭、炼焦煤和钢铁。它们经常调整不同合约之间的头寸，以便套利。这意味着很难预测哪种合约将是最活跃的。

"中国的期货市场仍然处于起步阶段。一个成熟的期货市场通常有做市商，它们可以保证每一份上市合约都有足够的流动性。但中国期货市场没有做市商。这就是为什么有些合约具有很大的流动性，但另一些没有。"

但并不是做市商的缺乏在很大程度上阻碍了 DCE 曲线的流动性；中信期货驻上海分析师林玲表示，商品需求的季节性也是非常重要的因素。

5 月和 9 月是铁矿石消费的旺季。1 月的消费量相当低，但刚好在春节之前，钢厂需要为明年储备一些冬季库存。这条规则同样适用于焦炭和炼焦煤……真正的考验将在 5 月份合约到期时到来——DCE 的第一个流动月。"要到那天才能知道结果。这在很大程度上将取决于相对于交易所实物在哪里交易。中国有一个庞大活跃的现货市场，交易员会等待——如果现货价格更低，他们就会买进，然后卖出他们的期货头寸，如果 DCE 的价格低于现货交割价格，他们就会这么做。"

从本质上讲，中国铁矿石互换市场存在三方套利：DCE 的期货价格与在岸现货价格之比，与国际互换市场价格之比。尽管前者是对期货价格与实物价格的直接套利，但在岸/离岸套利是 SGX 和 DCE 不同曲线的函数。

回顾

中国商品市场的典型特征是现货贴水（远期价格高于现货价格），其原因包括税收、存储成本以及国际企业进入中国境内市场的渠道有限，铁矿石最初也不例外。然而，它现在已经转向现货升水（期货价格低于某一特定商品的预期未来现货价格）。

伊斯特（East）表示："当 DCE 推出铁矿石期货合约时，我们看到它处于现货贴水，而新加坡市场处于现货升水。结果是，所有交易员都买入 SGX 现货升水，卖出 DCE 现货贴水。"套利本质上是有风险的，伊斯特指出现货升水或期货升水的急剧上升会带来危险，这可能导致盯市损失。当然，进入中国现货市场对于在 DCE 和 SGX 市场进行套利至关重要……这些市场在移动——两者之间存在套利，但也会导致保证金方面的问题。他表示："如果价格上涨，交易员将在一个市场获利，而在另一个市场则亏损，但由于这些头寸位于不同的交易所，他无法抵消差价。"

Risknet/亚洲风险（2014 年 4 月 2 日）

上面的阅读资料提供了应用式（7.1）中的合约方程到铁矿石市场的例子。交易员可以利用现货期货平价关系来识别在岸现货市场和期货市场之间的套利机会。由于铁矿石合约在 DCE 和 SGX 交易，但表现出不同的期限结构，交易员押注于曲线的收敛，基本上是低买高卖。他们卖出 DCE 现货贴水（期货溢价）（最初临近合约价格低于后续月份合约价格），同时买入 SGX 现货升水（现货溢价）（临近合约价格高于后续月份合约价格）。

这个例子不仅说明商品互换在利差套利交易中的应用，而且还说明金融工程应用在世界各地持续蔓延推广的情况。目前，美元仍是大多数衍生品合约的计价货币，但未来几十年，采用人民币和其他亚洲货币等计价货币的衍生品和金融工程应用很可能会持续地增长。

□ 7.4.4 其他商品互换

与商品挂钩的利率互换是一种混合互换，LIBOR 被转换为与商品价格挂钩的固定利率。原油买方可能希望将成本与债务成本挂钩。买方可以选择接受 LIBOR，并支付与原油挂钩的利率，这样，随着原油价格上涨，买方支付的固定利率就会下降。

裂纹利差互换（crack spread swap）是炼油商使用的互换。它们支付成品油的浮动价格，并获得原油的浮动价格加上固定的保证金，裂纹利差。通过这种方式，炼油商可以对冲原油价格与成品油价格之间利差的收窄。

7.5 对冲基金行业

在整本书中，我们会提及金融工程技术在交易机会和套利以及衍生品设计中的应用。对冲基金是金融市场上最著名的套利者之一。它们的策略非常多样化，但许多基金使用金融工程技术来设计自己的策略，并交易衍生品。与商品类似，对冲基金通常被称为另类资产类别。因此，在这一节，我们将回顾对冲基金行业及其在金融市场中的作用。

□ 7.5.1 另类投资基金

对冲基金是另类投资基金（AIF），它使用一系列不同的技术来提高业绩和减少波动性。近年来，对冲基金行业已经发生了重大变化，从过去监管松散的价值数十亿美元的家庭手工业，在20世纪90年代以高净值个人为主要投资者，发展到资产管理行业的一个监管严格和制度化的部门，吸收了以前主要存在于银行的许多业务活动。

对冲基金与共同基金等传统投资基金的区别主要体现在三个方面：监管、投资任务和法律结构。

□ 7.5.2 对冲基金监管

第一，为认识对冲基金监管的效果，重要的是要将另类投资基金经理（AIFM）和它所管理的对冲基金区分开来。[①] 最近的监管，比如2010年的《多德-弗兰克华尔街改革和消费者保护法》[*]、《就业法案》和AIFMD/EMIR，对象是AIFM。例如，桥水基金（Bridgewater Associates）和英仕曼（Man Group）等AIFM的总部分别位于康涅狄格州和伦敦，但它们的产品包括在岸和离岸基金。大多数对冲基金都位于监管宽松、税率较低的离岸中心，如开曼群岛或百慕大群岛。开曼群岛是对冲基金最受欢迎的单个地区，几乎有二分之一的对冲基金在那里注册。然而，甚至在全球金融危机之前，美国或欧洲就已经有许多在岸对冲基金在监管机构注册。

《多德-弗兰克法案》改变了美国对冲基金的监管，要求所有资产超过1亿瑞士法郎的对冲基金必须在美国证券交易委员会（SEC）注册。它还指示SEC在保密的基础上，从私人基金顾问那里收集有关其基金风险状况的信息。2012年《就业法案》要求SEC取消数十年来针对私人证券发行公司或基金的全面招标禁令。因此，美国的对冲基金经理现在可以自由地与公众沟通，并向公众做广告。

2010年通过的欧盟AIFM指令要求对冲基金向国家监管机构注册，并提高在欧盟运营的另类投资基金经理的披露要求。该指令还提高了对冲基金的资本金要求，并且进一步限制对冲基金使用杠杆。非欧盟AIFM在欧盟营销基金必须遵守加强国家私人安置制度下的报告要求，直到它们将来有资格或被要求以欧盟护照上市为止。[②]

全球金融危机和马多夫丑闻影响了对冲基金对投资者资本的供给和需求。该丑闻对高净值个人关于对冲基金的看法产生了负面影响，这些人经常通过“基金的基金”投资于对冲基金。[③] 在现实世界中，套利并非没有风险，同时套利需要稳定的资金来源。因此，在全球金融危机期间，基金的基金和高净值个人的突然赎回，导致许多对冲基金开始寻求机构投资者等更有黏性的资金来源。因此，对冲基金的投资者基础发生了变化。自2010年以来，养老基金、主权财富基金、捐赠基金和基金会等机构投资者占据对冲基金投资者资产的大多数，而高净值个人和家族理财室则占据少数。

---

① 另类投资基金经理（AIFM）也被称为管理公司或对冲基金顾问。

② 参看 https://www.managedfunds.org/issues-policy/issues/globalhedge-fund-regulation/。

③ 监管机构不允许大多数机构投资者直接投资对冲基金。然而，它们可以投资于对冲基金的基金。

* 《多德-弗兰克华尔街改革和消费者保护法》（简称《多德-弗兰克法案》）于2010年7月21日由美国时任总统奥巴马签署生效，此法案建立了一个新的金融监管框架，将不可避免地对未来的美国金融市场、金融监管体系、危机处置路径等的重塑产生影响。——译者注

□ 7.5.3 基金投资任务和技术

对冲基金的第二个显著特征与它们的投资任务和技术有关。从历史上看，大多数注册的共同基金基本上有两种选择：要么在指定资产类别做多，要么持有现金。后者往往是有限制的。因此，共同基金在熊市中没有回旋的余地。另外，对冲基金受到的限制较少，可以做空市场。这在当时被认为是对下跌市场的“对冲”，因此术语“对冲基金”应运而生。除了做空之外，对冲基金还可以利用衍生品进行投机或对冲，以降低风险。近年来，另类投资行业与传统投资行业融合，美国的 40 Act 基金和欧盟的绝对收益 UCITS 基金在面向散户投资者营销的同时，越来越多地采用对冲基金技术。①

监管解释了对冲基金为何被允许使用卖空和衍生品，但投资任务中不为人所知的差异解释了它们为何选择使用卖空和衍生品。通常，传统的共同基金只提供相对收益，而对冲基金的目标是提供投资的绝对收益。例如，传统基金为自己设定股票或债券市场基准，然后根据这些基准衡量自己的业绩。该基金可能下跌，但如果基准下跌得更多，则该基金的表现将强于大盘。② 这是因为典型的共同基金必须做多基础证券。当证券价格下跌时，它们几乎没有办法获得正的收益。另外，对冲基金也可以在下跌市场中实现利润。与大多数传统基金经理不同，对冲基金可以（1）卖空，（2）使用衍生品，（3）利用杠杆进行更大规模的投资。

□ 7.5.4 对冲基金的法律结构

对冲基金的第三个主要特征就是其法律结构，这就解释了杠杆的使用。对冲基金的法律结构赋予了它们在合约上的灵活性，比如对那些合法权利属于有限合伙人的投资者实行禁售。这些特点促进了杠杆作用，并允许机构经纪商向对冲基金授予特殊的融资条件。杠杆的产生不仅是因为（a）借款，还因为（b）使用具有内在杠杆作用的金融工具，如期货，或者（c）建立杠杆作用，这种杠杆作用源于为多头提供资金的空头头寸。③ 然而，对冲基金的平均杠杆率低于银行的，而银行的杠杆率在 20～30 之间，一直到全球金融危机发生时仍处于上涨态势。④ 2014 年 2 月，对冲基金的平均杠杆率为 2.04，但花旗主要金融部门的数据显示，它在不良证券的杠杆率 1.02 到全球宏观基金的杠杆率 3.44 之间变化。⑤ 由于一些对冲基金的杠杆率很高，而一些基金交易频繁，所以对冲基金的影响力远远大于其股本所显示的。

2014 年，对冲基金管理的资产大约为 2.7 万亿美元，而 1994 年还不到 2 000 亿美元。⑥ 可是，对冲基金所管理资产额的绝大多数集中在最大的基金手中。虽然 2012 年只占 9%的基金控制管理着超过 10 亿美元的资产管理额，但这些基金管理的资产管理额占

---

① Joenväärä and Kosowski（2013）给出了关于对冲基金所运用的技术以及主流资产管理和替代资产管理之间的趋同的全面综合评述。

② 例如，基金经理说，即使基金损失 2%，他/她的表现也超过基准指数，但基准指数下跌了 5%。

③ 参看 AIMA 加拿大战略文件系列配套文件，2006 年 10 月第 4 期“杠杆概述”（An Overview of Leverage）。

④ 参看 http://www.worldbank.org/financialcrisis/pdf/leverage-ratio-web.pdf。

⑤ 参看花旗主要金融部门对冲基金行业快照。2014 年 2 月。该报告使用以下杠杆率指标：总市值杠杆率＝（长期市值＋短期市值绝对值）/净股本净值。

⑥ 2014 年第 1 季度 HFR 全球对冲基金行业报告。

行业资产管理额的70%以上。因此，大部分对冲基金资产由大型机构化的AIFM管理。[1]

对冲基金是重要的市场参与者。据路透社的报道，在2005年纽约证券交易所和伦敦证券交易所的日成交量中，对冲基金交易活动最多占据了一半。更为重要的是，对冲基金占据美国信用衍生品交易的近60%，大约占新兴市场债券交易的一半。根据同一消息来源，大约三分之一的股票市场活动来自对冲基金。据估计，它们在商品交易中所占比重超过50%。

□ 7.5.5 激励

从历史上看，对冲基金经理经常是从大型银行的自营交易员起步的。然后他们离开银行，建立自己的企业。沃尔克规则（Volcker Rule）是2010年多德-弗兰克金融改革的一部分，于2014年4月1日生效，限制银行机构和某些非银行金融公司从事自营交易的能力。由于预期新规则将得到实施，许多投资银行关闭了自营交易部门，许多交易员转向对冲基金或私人持有的自营交易公司等监管较少的金融市场领域。当然，客户流动交易部门仍留在投资银行，为年轻交易员提供培训场所，为对冲基金提供人才来源。

成功的银行交易员被对冲基金可能丰厚的薪酬所吸引。传统的共同基金年费通常为30～50个基点。对冲基金每年收取1%～2%的管理费。然而，它们也能获得超过20%的收益。对冲基金的基金每年额外收取1%～1.5%的管理费和平均10%的绩效费。

许多对冲基金都具有很高的水平。如果它们所管理的投资组合的价值低于（比如说）去年的价值，基金在再次超过这个水平之前不会收取绩效费。这意味着在投资组合大幅下跌后，这些基金将被解散，并由另一个实体重新建立。

□ 7.5.6 策略

对冲基金依据它们所用的策略来进行分类。对冲基金所在的市场通常是它们的策略分类的基础。

全球宏观基金。基金根据宏观经济因素对金融市场趋势进行押注。头寸通常是利用衍生品进行杠杆操作的。正如我们在讨论期货和保证金要求时所看到的，此类衍生品的成本只是直接购买的一小部分。

管理期货/商品交易顾问（CTA）。这些策略利用期货市场对市场趋势进行投机。系统化的CTA与自由裁量的CTA的不同之处在于，它们使用计算机程序来进行投资决策，而计算机程序则使用相对实力和动量指标等技术分析工具。

做多/做空策略。做多/做空策略师买进他们认为便宜的股票，做空他们认为昂贵的股票。整体头寸可以是净多头，也可以是净空头。这意味着他们不一定是市场中立的。在这一类别中，做空偏好基金可以做多股票头寸，但它们的整体头寸必须做空。

新兴市场基金。新兴市场基金使用股票或固定收益。采用这种策略的基金经理倾向于购买证券，只出售他们所持有的证券。请注意，这与卖空相反，卖空是一种需要在卖出证券之前借入证券的技术。许多新兴市场国家不允许卖空，而这些国家的衍生品市场

---

① 参见Joenväärä，Kosowski and Tolonen（2014）的《投资约束对对冲基金投资者回报的影响》（The Effect of Investment Constraints on Hedge Fund Investor Returns）。

通常不发达。

事件驱动。这里有两组。并购或风险套利交易在收购战中交易公司的股票，通常是为了赢得目标公司股东的支持而提高报价，这将使竞标者付出更多的钱。更高的买断价格通常会对竞标公司的股价构成压力，因为它可能耗尽现金储备，或迫使其发行债券来支付额外的资金。

不良债务基金。不良债务基金交易陷入财务困境的公司的债券的价格已大幅下跌，但偿债的可能性被视为很高，或者债务有可能被转换成股票。不良债务的交易价格通常远低于其面值，可以用该公司的投资级债券作抵押购买。由于有担保协议，这些债券的价格可能不会暴跌到同样的程度。

相对价值。这些策略通常购买经理人认为便宜的股票或债券，卖出他们认为处于高位的股票或债券。

股权中性策略或对冲策略。股权中性策略或对冲策略应该是现金中性的，意味着所买入股票的美元价值应该等于所做空股票的美元价值。它们也可以是市场中性的，这意味着投资组合与整个市场之间的相关性应该是零。

固定收益策略。固定收益策略着眼于利率、主权债券、公司债券、抵押贷款和资产支持证券。经理人可以交易公司债券和政府债券，现金和期货，或者收益率曲线，即短期债券和长期债券。不同政府的债券经常在利率周期不同步的地方进行交易。

可转换套利基金。可转换套利基金交易可转换债券。这些是隐性的股权、债券、信用以及诸如期权的衍生品。

信用衍生品。信用衍生品是对冲基金的关键工具。简单地说，在这类套利中资本结构套利是指对冲基金经理根据公司股票和公司债券的价格高低进行交易。①

□ 7.5.7 大宗经纪商

大宗经纪商为对冲基金提供结算、托管和证券借贷服务。大宗经纪商通过佣金和收取高于货币市场贷款利率的贷款利率来赚钱。

大宗经纪商还为对冲基金提供交易执行、股票贷款、杠杆融资和其他的基本服务。事实上，如果没有大宗经纪业务，那么对冲基金的活动将与目前的状况大不相同。

一个因素是大宗经纪商提供的杠杆水平。这种杠杆可以使对冲基金的活动出现 3 倍或者更多倍的增长，但银行资本金要求的提高意味着对冲基金的杠杆水平较低，尤其是与通常比对冲基金高 10 倍的银行相比。由大宗经纪商所提供的第二个重要帮助则是执行交易。例如，卖空一项资产需要借款。对冲基金将如何找到一个地方来借入这样的资产呢？大宗经纪商的证券借贷部门对此拥有更好的信息。

重要的大宗经纪业务是风险管理和持有头寸。大宗经纪商持有对冲基金的头寸②，并开发复杂的风险管理系统，小型对冲基金可能会发现这些系统成本太高而无法拥有。

全球大宗经纪业务收入已从 2008 年的 150 亿美元降至 2012 年的 120 亿美元。③ 这一

① 资本结构仲裁策略将在第 19 章违约结构模型背景下进行详细讨论。

② 这也有助于密切关注该基金的健康状况。

③ 参见安永 2012/2013 年度大宗经纪业务调查报告。

趋势是由于利润保证金的压力，以及大宗经纪行业的多元化趋势。在全球金融危机期间，几家大宗经纪公司倒闭，突显出对冲基金有必要分散其大宗经纪业务的风险敞口，以降低交易对手风险。自从全球金融危机以来，交易对手风险已成为金融工程中一个重要得多的考虑因素，我们将在后面的章节中详细讨论。

7.6 结论

在这一章，我们将现金流工程技术的应用扩展到商品市场。正如我们所看到的，商品的存储成本、质量和等级差异使得商品的金融工程比同质资产诸如货币等更加复杂。我们利用商品期货合约方程推导出合成商品期货头寸，并将其应用于一个现实的取暖油市场买现卖期套利的例子。商品互换工程类似于其他比如权益资产的互换工程，我们提供了各种不同类型的商品互换例子。正如商品市场随着投资者资金的流入和新投资产品诸如商品 ETN、ETF 等的出现而经历了金融化一样，对冲基金行业近年来也发生了巨大变化，并经历制度化。我们讨论了最近的监管和全球金融危机是如何显著改变对冲基金行业的。

阅读建议

在这一章，我们对商品的讨论侧重于强调现金流工程在商品中的应用。因为篇幅所限，我们无法提供商品市场和衍生品的全面概览。Schofield（2007）是一本关于各种不同商品市场及其经济学、动态特性和衍生品定价的优秀实践教材。对于最新的商品期货指南，参见 Kleinman（2013）。能源商品市场是经济上最重要的市场，Edwards（2010）为此提供了非常好的介绍。本章商品互换估值的例子取自 Blanco and Pierce（2013）。Cheng and Xiong（2013）讨论了商品市场金融化的影响。Gorton et al.（2012）展示了商品期限结构动态与库存之间的关系。最后，《CME 商品交易手册》（*CME Commodity Trading Manual*）提供了世界上最重要的商品期货市场之一的更多细节。Lhabitant（2009）和 Stefanini（2010）是关于对冲基金及其策略的综合指南。

习题

1. 在这个问题中，我们考察一个淘金者的套期保值活动。

(a) 淘金者的正常头寸是什么？利用收益图来描述。

(b) 如果预期黄金价格几年内稳步下降，淘金者将怎样对冲头寸？使用收益图进行说明。

(c) 这种对冲会引起损失吗？

2. 考察本章正文中 J. P. 摩根取暖油的例子。在对借款和存储成本做出假设之后，我们就可计算现货石油购买和远期石油销售的预期利润。现在假设存储成本接近彭博社文章所提供的范围上限，即每吨 4.5 美元，而不是 3.85 美元，保险成本是船体价值的 1.5%，而不是 0.25%。这种情况下的预期利润是多少？

3. 考察正文中所提供的原油日历互换例子。表 7.5 给出了由期货曲线推导的互换曲线。为了计算互换的市价及其“公平价格”，我们只需有关折现因子或收益率曲线的信息。假设下面的折现因子［取自 Blanco and Pierce（2013）］，计算浮动支付、固定支付、净支付、净现值以及互换交易的市价和公平价格。假定估值日期是 2012 年 12 月 18 日。

结　算	浮动支付（美元）	固定支付（美元）	净支付（美元）	折现因子	净现值（美元）
2013 年 1 月 31 日				0.999 73	
2013 年 2 月 28 日				0.999 47	
2013 年 3 月 31 日				0.999 15	
2013 年 4 月 30 日				0.998 86	
2013 年 6 月 28 日				0.998 59	
2013 年 7 月 31 日				0.998 34	
2013 年 8 月 30 日				0.998 04	
2013 年 9 月 30 日				0.997 76	
2013 年 10 月 31 日				0.997 47	
2013 年 11 月 27 日				0.997 17	
2013 年 12 月 31 日				0.996 56	
互换按市值计价					?
公平的固定价格					?

第 8 章 动态复制方法及合成工程

8.1 引论

前面几章已经阐明了现金流的静态复制。所讨论的合成工具的结构在下面意义下是静态的，也就是一直到目标工具到期或终止，复制的投资组合不必进行任何调整。随着时间的流逝，合成工具的公平价值*（fair value）和目标工具的价值朝同一方向变动。

然而，在金融工程中的静态复制并不总是可行的，复制投资组合可能需要不断地调整（再平衡）以保持与目标工具等价。这种情况的产生是由多种不同的原因造成的。第一，静态复制方法的实现依赖于其他资产是否存在，并且这些资产能够用在我们所说的合约方程中。为复制目标证券，在合约方程的右边，我们需要拥有最小数量的金融工具。如果各组成工具的市场不存在，就不能直接利用合约方程，从而无法用这种方法构建合成工具。

第二，金融工具本身可能存在，但其不具备流动性。如果理论合成工具的各组成部分交易不活跃，那么即使相对于标的风险因素来说敏感性因子是相同的，合成工具也不能真正令人满意地复制初始资产。例如，如果组成资产是非流动的，那么即使将合成工具中各组成工具的价格相加，也不能获得初始资产的价格，因为组成工具的价格不容易从市场获得。复制和盯市只能利用具有流动性且与组成工具"相近"但不相同的资产来完成，这样的复制投资组合可能需要定期进行调整。

第三，被复制的资产可能是高度非线性的。使用线性工具复制非线性资产将涉及各种近似。至少复制投资组合需要定期进行再平衡。包含期权的资产就属于这种情况。正

* 公平价值（fair value）又称公允价值。——译者注

如接下来的两章将说明的，期权是凸性工具，它们的复制需要动态对冲和不断地再平衡。

第四，在资产定价中起作用的参数可能发生变化，这可能需要对复制投资组合进行再平衡。

在本章，我们将会看到，除了需要定期再平衡外，用动态复制方法构建合成工具与用静态复制方法所遵循的原理是相同的。在此意义上，可将动态复制方法看成仅仅是此前讨论的静态复制方法的一般化。实际上，我们本来也可以在本书里先讨论动态复制方法，然后以静态复制方法作为本书的结尾。然而，大多数“基本的”（bread-and-butter*）市场技术是建立在基础工具的静态复制方法之上的。由于静态复制方法便于理解，而且它没有那么复杂烦琐，因此，我们首先研究静态复制方法。然后，本章将其扩展到动态复制情况上。

8.2 例子

从传统上看，动态复制的讨论是在一个理论框架中进行的。只有在连续时间情况下，这种复制才是“精准的”。在此情况下，对复制投资组合进行连续且微量的再平衡是可行的。由于交易费用、资产价格的跳跃以及其他复杂因素，这种复制的精准性可能很快消失。在离散时间情况下，动态复制可看做是一种逼近。然而，即使动态复制方法不能精准地复制出给定的资产，对于金融工程师来说，它仍然是一个十分基本的工具。

尽管存在许多实际问题，但在实践中，离散时间的动态对冲构成了许多重要工具定价和对冲的基础。下面的阅读材料说明了动态复制方法是如何从金融工程的最初应用，也就是普通期权的定价和对冲，扩展到更多领域的。

例子：

一位旧金山的机构资产经理准备出售一个投资策略，即利用合成债券期权向投资者提供最低的保证收益……

虽然这不是一个新概念——期权复制在 20 世纪 80 年代后期就已经出现……债券期权复制投资组合……复制看涨期权，该期权允许投资者分享期权价格的无限上涨收益而不必承担下跌损失。

复制投资组合在到期日之前模拟期权每天的价格走势。模型给出每天的对冲比率或者 delta，delta 表示期权价格对于标的资产变化的改变量。

“投资者肯定会采取交易者的方法，而不是资产经理人的，因为他们不是从华尔街购买期权，而是自己构建期权。”一位交易者说。

（汤森路透，IFR，1998 年 2 月 28 日）

这篇阅读材料阐明了动态复制方法的一种应用。它表明，市场实践者可能会用更便宜的方法复制非线性资产，而不是直接从交易者那里购买同样的证券。在这个例子中，动态复制和本金保护相结合所得到的产品，对投资者来说可能更有吸引力。因此，动态

* 本意为奶油面包，这里采用意译，译为“基本的”。——译者注

复制方法可用于构建在市场上贵得多的合成期权。

8.3 静态复制回顾

下面，我们简要回顾静态复制方法所采取的步骤。

(1) 首先，我们写出被复制资产所产生的现金流，图 8.1 重复了复制存款的例子。该图给出了 T 时刻到期的欧元存款的现金流。这个工具涉及给定货币美元（USD）在不同时间 t 和 T 的两个现金流。

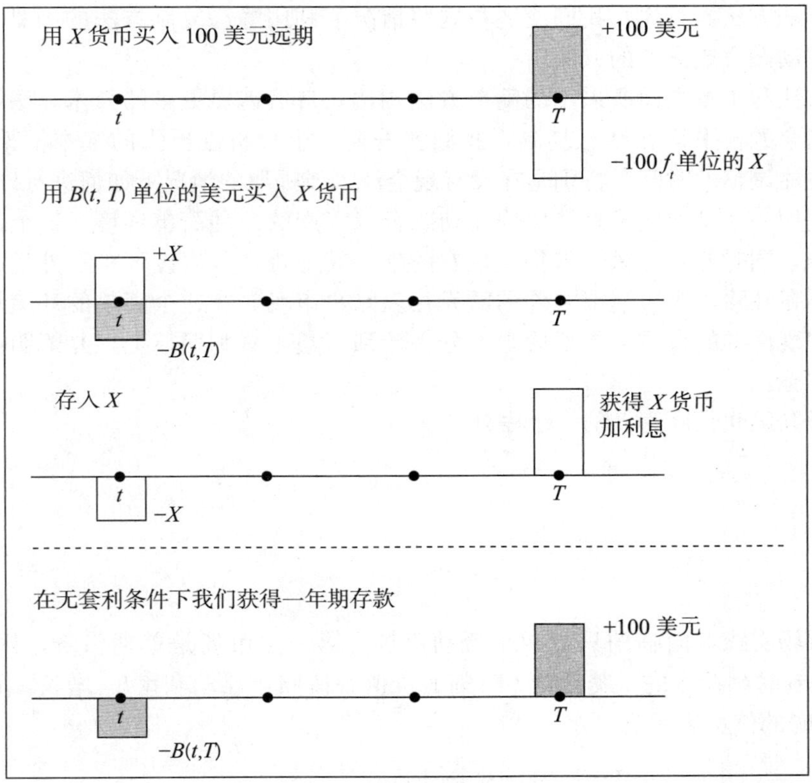

图 8.1 欧元存款例子

(2) 其次，为了重新构建一些（流通）资产，我们分解这些现金流，使得新现金流垂直相加与目标资产的现金流匹配，如图 8.1 中上部所示。一个用 X 货币购买美元的远期货币合约、一个 X 货币的国外存款，以及一个即期外汇（FX）操作所产生的现金流在垂直相加时，就复制了欧元存款的现金流。

(3) 最后，我们需要确认目标资产的（信用）风险与所构建的合成资产的风险实际上是相同的。合成资产的组成部分构成了我们所说的复制投资组合。

我们已经看过构建这类合成资产的几个例子。总结一下这些合成工具的两个重要特点是十分有用的。

第一，通过建立其他三种工具的头寸，我们在 t 时刻就构建了合成工具。不过，我们想要强调的一点是，一旦这些头寸被建立，那么在目标工具到期前，我们不必再次修改或者重新调整买卖工具的数量，虽然市场风险在区间（t,T）内会有变化。复制组合中资产权重的决策是在 t 时刻确定的，将保持至 T 时刻不变。因此，合成工具不再需要现金注入或提取，并且它与初始工具产生的现金流相匹配。

第二，我们的目标是与目标工具的到期现金流相匹配。由于在区间［t,T］中，复制不需要现金注入或提取，所以目标工具在 t 时刻的价值将与合成工具的价值相匹配。

□ 8.3.1 框架

下面，让我们说明市场不存在或流动性不足，以及某些工具的凸性如何改变构建静态合成资产的方法。首先，我们论述在这些情况下利用静态复制方法的困难。然后，我们提出构建动态合成资产的方法。

动态方法与本章之前所采用的简单方法相比，自然需要更多的技术。很明显，只要涉及投资组合的再平衡和动态复制，我们就需要一个分析性更强的基本框架。尤其是，我们需要关注调整的时间，特别是在没有现金注入或提取的情况下如何进行调整。

我们利用一个基本例子来采用构建动态合成资产的一种简单环境。这个例子就是使用贴现债券，同时假定无风险借贷是现有的唯一其他资产。假设不存在外汇、利率远期市场，也不存在除了极短期限之外的欧元存款账户市场。在这个简单的环境里，我们将试图构建贴现债券的合成。本章后半部分将转到权益工具和期权上，并阐明如何应用同样的方法实施。

我们考察区间长度为 δ 的一个序列：

$$t_0<\cdots<t_i<\cdots<T \tag{8.1}$$

其中

$$t_{i+1}-t_i=\delta \tag{8.2}$$

假设市场实践者面临的只有两个流动市场。第一个市场是单期借贷，用符号 B_t 表示。[①] B_t 是 t_0 时刻投入的 1 美元在 t 时刻的价值。按照年浮动利率 L_{t_i} 增长，且到期日为 δ，B_t 在 t_n 时的值可表示为

$$B_{t_n}=(1+L_{t_0}\delta)(1+L_{t_1}\delta)\cdots(1+L_{t_{n-1}}\delta) \tag{8.3}$$

第二个流动市场是无违约风险纯贴现债券，t 时刻价格用 $B(t,T)$ 表示。债券在 T 时刻支付 100 美元，在 t 时刻以 $B(t,T)$ 价格出售。实践者只能利用这两种流通工具 $\{B_t,B(t,T)\}$ 来构建合成工具。不存在可以使用的其他流通工具。

很明显，这些假设都不是非常现实的，除非对于某些新兴市场具有流动性的隔夜借贷工具和另一种流动性强的最新发行的贴现债券（on-the-run discount bond）来说。在成熟市场中，不仅借贷和贴现债券有一整套到期日，而且还存在丰富的利率和外汇衍生品市场。这些市场有利于构建在前面几章介绍的复杂合成工具。然而，在讨论动态合成

① 某些教科书将这种工具称为储蓄账户。

资产的构建时，这里所选取的简单框架将会非常有用。在理解这种方法之后，我们将在图上直接添加新的市场和工具。

□ 8.3.2　带有缺失资产的合成

考察一个市场实践者在上述市场环境中进行操作。假设这位实践者想要在 t_0 时刻购买一个两时期无违约风险的纯贴现债券，记为 $B(t_0,T_2)$，到期日为 $T_2=t_2$。可以证明，唯一流动的只有三时期债券，其价格为 $B(t_0,T_3)$，到期日为 $T_3=t_3$。$B(t_0,T_2)$ 或者不存在，或者没有流动性。其当前的公平价值是未知的。所以，这位市场实践者决定以合成方式构建 $B(t_0,T_2)$。

我们立刻认识到，静态复制在这种情况下无法进行。为了看清这一点，考察图 8.2 和图 8.3。图 8.2 表示单时期借贷 B_t 以及一个两时期债券的现金流。图 8.2 的上部表示在 t_0 时刻支付 $B(t_0,T_2)$ 购买债券，在到期日 T_2 时获得 100 美元。遗憾的是，正如图 8.2 第二部分所示，只利用单时期借贷 B_t 不能重新构建这些简单的现金流。两时期债券包含 t_0 和 T_2 时刻的两个已知现金流。如果没有现金注入或提取，在 t_0 时刻，利用 B_t 复制 T_2 时刻的 100 美元现金流是不可能的。下一节将说明这个问题。

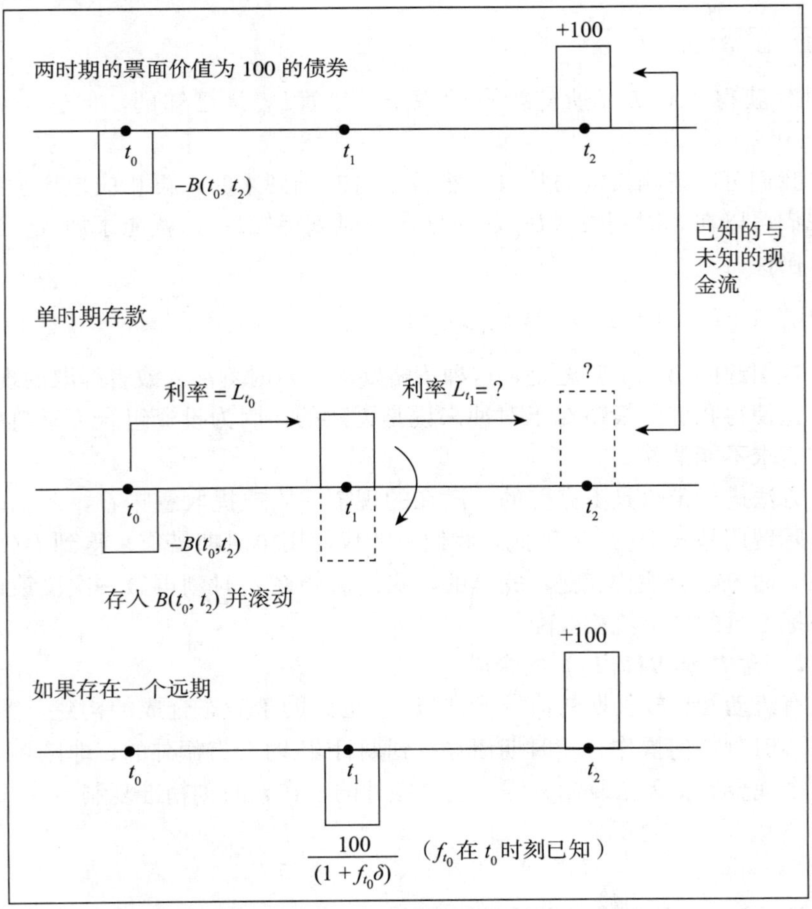

图 8.2　两时期债券、单时期存款以及远期的现金流

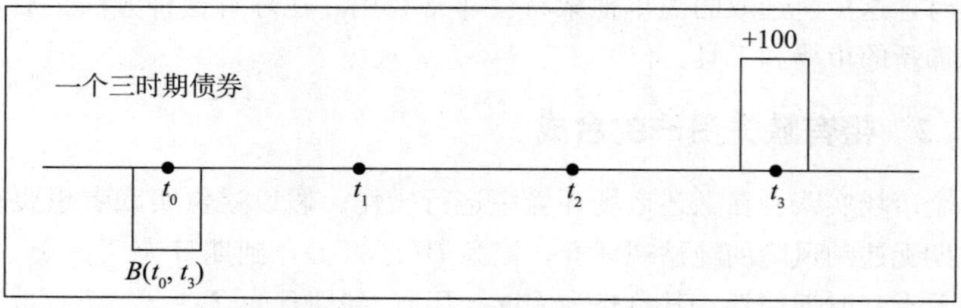

图 8.3　三时期债券的现金流

□ 8.3.2.1　仅利用 B_t 的合成

假设我们采取滚动策略：(1) 在 t_0 时刻按照已知利率 L_{t_0} 借出单时期现金；(2) 在 t_1 时刻收回借贷的收入；(3) 在 t_1 时刻又按照利率 L_{t_1} 将现金借出，因此在 t_2 时刻得到 100 美元的净现金流。这个策略存在两个问题。第一，在 t_0 时刻，利率 L_{t_1} 是未知的，因此为复制 t_2 时刻的现金流，在 t_0 时刻我们不能确定借出多少现金。金额

$$\frac{100}{(1+L_{t_0}\delta)(1+L_{t_1}\delta)} \tag{8.4}$$

表示在 t_2 时刻获得 100 美元所应投资的现金，尽管 L_{t_0} 是已知的，但这个金额仍是未知的。

当然，我们可以猜测投资的数量，然后在 t_1 时刻到来时，再相应地增加投资组合中的现金：我们可以在 t_0 时刻投入 B_{t_0}，一旦在 t_1 时刻得知 L_{t_1}，就能添加或者减去 ΔB 数量的现金以确保

$$[B_{t_0}(1+L_{t_0}\delta)+\Delta B](1+L_{t_1}\delta)=100 \tag{8.5}$$

可是，这引起的第二个问题是，这种策略要求在 t_1 时刻注入或者提取的现金数量 ΔB 是未知的。这使得我们的策略对于对冲来说是无效的，因为投资组合不是自融资的，且额外资金的需求不能消除。

用这种方法进行定价是不完美的。潜在的现金注入或提取意味着，在 t_0 时刻合成金融产品的实际费用是未知的。① 因此，我们不能仅使用单时期借贷来得到 $B(t_0, T_2)$ 的静态合成。在 t_0 时刻，合成构建是不完全的，我们需要在 t_1 时刻再做一次决策以确保标的现金流与目标工具的现金流相匹配。

8.3.2.2　含 B_t 和 $B(t, T_3)$ 的合成

引入具有流动性且较长期的债券 $B(t, T_3)$ 也无助于静态合成的构建。图 8.4 显示，无论我们在 t_0 时刻如何操作，三时期债券在到期日 T_3 时会有额外的、非随机的 100 美元现金流。这个现金流就无法复制，因为它是额外的 [在 t_0 时刻精准复制 $B(t, T_2)$ 所产生的现金流]。

---

① 如果存在现金注入，那么我们就无法利用合成定价，因为合成的费用不仅是 t_0 时刻的支付。最终费用有可能比这个支付大或小。这意味着策略的费用在 t_0 时刻是未知的。

至此，我们没有提及利率远期合约的使用。很明显，如果远期贷款或者远期利率协议（FRA）以及“长期”债券 $B(t_0, T_3)$ 存在，我们可以构建 $B(t_0, T_2)$ 的合成。在这种特殊情况下，引入 2×3 FRA 将非常方便，如图 8.4 所示。这个合成包含买入 $(1+f_{t_0}\delta)$ 单位 $B(t_0, T_3)$，同时以远期利率 f_{t_0} 进行单时期远期贷款。这样，我们在静态条件下成功地构建了两时期债券的合成。但这种方法假设存在远期市场，并且远期市场具有流动性。如果这些市场不存在，我们只好选择动态复制。

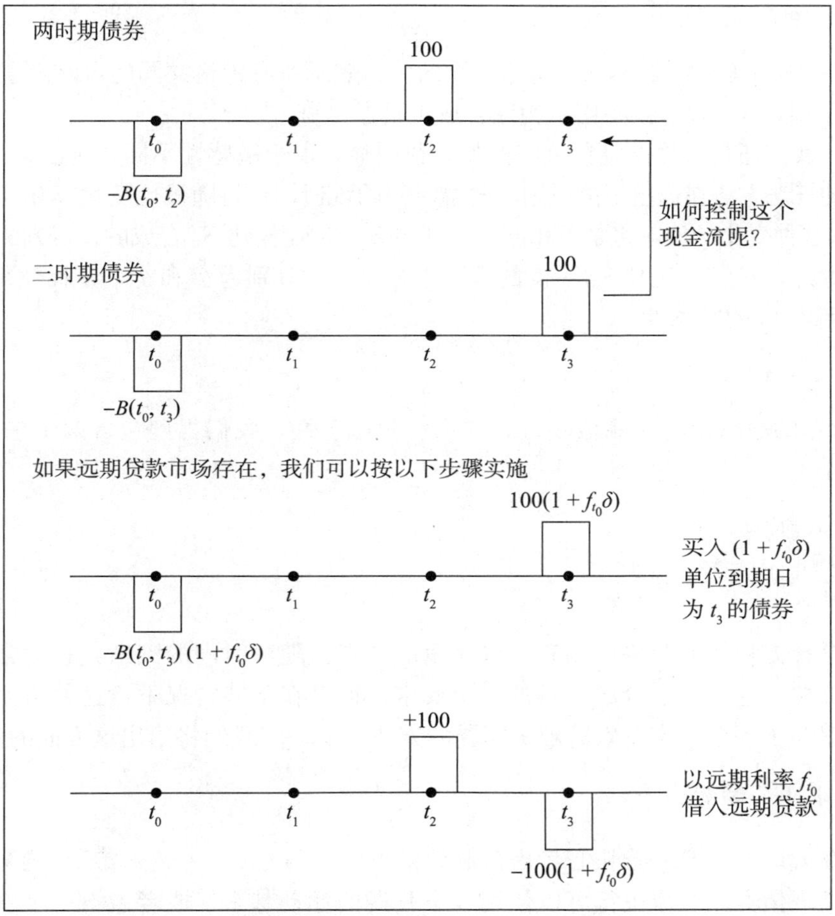

图 8.4　用 FRA 和三时期债券复制两时期贷款

8.4　“特定”合成

既然这样，我们如何复制两时期债券呢？基于金融工程师期望获得的“合成”精确程度，这个问题有几个答案。一个精确的合成需要使用动态复制方法，这种方法将在本章后半部分讨论。但是，也有不太精确的特定（ad hoc）方法。例如，我们考察一种简单但在固定收益行业中相当流行的构建合成工具的方法，称为免疫策略。

在这一节，我们将暂时不用前面一节的符号。为简单起见，设 $\delta=1$，t_i 表示年。我们假设存在 3 个工具。这些工具具有相同的风险因素，可是由于各自价值方程的强非线性，它们的敏感性不同。和前一节相比，我们采用一种更为抽象的框架。设 3 种资产的价格 $\{S_{1t}, S_{2t}, S_{3t}\}$ 由如下定价函数来定义：

$$S_{1t}=f(x_t) \tag{8.6}$$

$$S_{2t}=g(x_t) \tag{8.7}$$

$$S_{3t}=h(x_t) \tag{8.8}$$

其中，$f(\cdot)$、$g(\cdot)$ 和 $h(\cdot)$ 是非线性的。x_t 表示所有价格共同的风险因素。S_{1t} 将起着目标的作用，$\{S_{2t}, S_{3t}\}$ 将用于构建合成工具。

首先，我们还是从静态复制策略开始。很明显，由于敏感性不同，所以第 3 章至第 7 章所使用的静态方法在这里不能适用。随着时间的流逝，x_t 将随机地变化，并且 S_{it} $(i=1, 2, 3)$ 对 x_t 这种变化的反应将是不相同的。利用 S_{2t} 与 S_{3t} 构建 S_{1t} 合成的特定方法如下。

在 t 时刻，我们构建与 S_{1t} 等值的投资组合，权重分别为 θ^2 和 θ^3，从而使得投资组合关于风险因素 x_t 的敏感性

$$\theta^2 S_{2t}+\theta^3 S_{3t} \tag{8.9}$$

与相应的 S_{1t} 的敏感性尽可能地接近。利用一阶敏感性，我们得到包含两个未知量 $\{\theta^2, \theta^3\}$ 的方程：

$$S_1=\theta^2 S_2+\theta^3 S_3 \tag{8.10}$$

$$\frac{\partial S_1}{\partial x}=\theta^2\frac{\partial S_2}{\partial x}+\theta^3\frac{\partial S_3}{\partial x} \tag{8.11}$$

使用这个方程组的策略可能有一些严重的缺点。随着时间的流逝，它通常要求现金的注入或提取，这违背了合成工具的一个要求。但是在某些情况下，这种策略可能为金融工程师提供了一个切实有效的解决问题的方法。下一节我们将给出这方面的例子。

□ 8.4.1 免疫

假设在 t_0 时刻，某一家银行考虑按照价格 $B(t_0, T_2)$ $(T_2=t_0+2)$ 来购买此前提到的两时期贴现债券。这家银行可以使用 6 个月期的浮动基金，或者做空一个三时期贴现债券 $B(t_0, T_3)$ $(T_3=t_0+3)$，或者两者的结合来进行这项交易。银行该如何操作呢？

这一问题与本章前面讨论的问题相似，即如何构建 $B(t_0, T_2)$ 的合成。当然，最好的方法是利用 6 个月期的基金和三时期债券精准构建一个既具有流动性又最便宜的合成。然后，如果希望对冲，则卖出该合成。这样也会提供购买 $B(t_0, T_2)$ 所需的资金。操作的结果是将完全对冲银行已实现的买卖价差的头寸。本章后面将介绍如何利用动态策略来实现这种“精准”的方法。

一种近似方法是与前面提到的敏感性相匹配。尤其是，我们尽量保持与目标工具的一阶敏感性匹配。下面的策略是关于固定收益投资组合的免疫例子。为了以一个简单风险因素进行研究，我们假设收益率曲线只是平行移动。这种假设不太现实，但是它仍然经常被一些市场实践者用来作为一阶逼近。在下面的例子中，我们使用这个假设是为了

简化论述。

例子：

假设零息债券的收益率曲线在 $y=8\%$ 处是一条直线，并且它的移动是平行的。那么，在相应收益率为 y 时，2 年期、3 年期和 6 个月期的债券价值分别为：

$$B(t_0,T_2)=\frac{100}{(1+y)^2}=85.73 \tag{8.12}$$

$$B(t_0,T_3)=\frac{100}{(1+y)^3}=79.38 \tag{8.13}$$

$$B(t_0,T_{0.5})=\frac{100}{(1+y)^{0.5}}=96.23 \tag{8.14}$$

利用"长期"债券 $B(t_0,T_3)$和"短期"债券 $B(t_0,T_{0.5})$，我们将构建一个初始成本为 85.73 的投资组合。这将与目标工具 $B(t_0,T_2)$在 t_0时的价值相等。我们也希望投资组合对 y 的敏感性与初始工具的敏感性相同，因此，我们需要求解下面的方程：

$$\theta^1 B(t_0,T_3)+\theta^2 B(t_0,T_{0.5})=85.73 \tag{8.15}$$

$$\theta^1\frac{\partial B(t_0,T_3)}{\partial y}+\theta^2\frac{\partial B(t_0,T_{0.5})}{\partial y}=\frac{\partial B(t_0,T_2)}{\partial y} \tag{8.16}$$

我们可以计算偏导数的"现"值，得

$$\frac{\partial B(t_0,T_{0.5})}{\partial y}=\frac{-50}{(1+y)^{1.5}}=-44.55 \tag{8.17}$$

$$\frac{\partial B(t_0,T_2)}{\partial y}=-158.77 \tag{8.18}$$

$$\frac{\partial B(t_0,T_3)}{\partial y}=-220.51 \tag{8.19}$$

代入式（8.15）和式（8.16），可以得到

$$\theta^1 79.38+\theta^2 96.23=85.73 \tag{8.20}$$

$$\theta^1(220.51)+\theta^2(44.55)=158.77 \tag{8.21}$$

求解得到

$$\theta^1=0.65，\theta^2=0.36 \tag{8.22}$$

因此，我们需要做空 6 个月期的债券 0.36 个单位，同时做空 3 年期的债券 0.65 个单位，以创建一个为 2 年期债券融资的近似合成。因此在 t_0时刻能够得到所需现金，并且得到相同的相对于 y 变化的一阶敏感性。这是固定收益投资组合免疫的一个简单例子。

据此，所持有的资产 $B(t_0,T_2)$是由其他资产构成的投资组合所"筹集"的，在某种程度上，这使得全部头寸对 y 的一阶变化不敏感。从这个意义来说，这样的头寸是"免疫的"。

上面的例子给出了使用动态方法获得"合成"的一种近似方法。在上述情况下，投

资组合权重的选择需要保证投资组合的变化与收益率比较小的变化 dy 相匹配。但需要注意下面重要的一点：

● 二阶以及高阶的敏感性并不匹配，所以，这个投资组合不是初始债券 $B(t_0,T_2)$ 的精准合成。事实上，“合成”的第二部分和目标工具对 dy 的反应是不同的。所以，组合的权重 $\theta^i (i=1, 2)$ 随着时间的推移需要不断地重新计算，而且 y 的新值是可观测的。

重要的是要意识到这种方法在什么意义上是近似的。尽管随着时间的推移，我们可以调整权重 θ^i，但这些调整通常需要现金的注入或提取。这意味着该资产组合不是自融资的。

此外，收益率曲线极少平行移动，而且这三种工具的收益率变化也是不同的，这也破坏了一阶敏感性的等值性。

8.5 动态复制原理

现在，我们回到下面这个问题上，即利用储蓄账户 B_t 和“长期”债券 $B(t_0,T_3)$ 构建令人满意的“短期”债券 $B(t_0,T_2)$。构建 $B(t_0,T_2)$ 合成的一种最佳方法是，建立包含 B_t 和 $B(t_0,T_3)$ 的“聪明”头寸，使得在 t_1 时刻由 B_t 调整所产生的额外现金流足够用来调整 $B(t_0,T_3)$ 的权重。

换句话说，我们不使用静态方法复制，而是决定在 t_1 时刻调整 t_0 时刻确定的头寸来匹配 T_2 时刻两时期债券的现金收益。但是，我们规定在调整时不需要任何净现金的注入或提取。在 t_1 时刻调整一个工具所需要的现金，可以通过调整另一个工具来获得。如果在 t_1 时刻调整成功，那么调整后的投资组合在 T_2 时刻的价值一定是 100，复制也就完成了。这种复制方法不是静态的，它将需要进一步调整。重要的是，在 t_0 时刻，我们要知道需要投入多少资金以便在 T_2 时刻得到 100 美元。

这样的策略是可行的，因为 B_{t_1} 和 $B(t_0,T_3)$ 都依赖于在 t_0 时刻未知的同样利率 L_{t_1}，且二者都有已知的价值公式。通过巧妙地建立这两个资产相互抵消的头寸，我们可以消除 t_0 时刻未知的 L_{t_1} 的影响。

这个策略在 t_0 时刻使用两个不完美但相关的工具来构建合成。然而，因为组合的权重取决于在 t_0 时刻未知的随机变量，所以合成需要不断地再平衡。如果这些随机变量以某种方式相关，那么就可以利用彼此间的这些相关性来消除现金注入或提取的需求。t_0 时刻投资组合的成本就是初始资产的无套利价值。

根据目前为止所进行的讨论，动态复制的一般原则如下：

(1) 我们需要确认持有证券期间没有股利支付或其他支付。复制投资组合的现金流必须与最终现金流一致。

(2) 在复制过程中，不应存在净现金流的注入或提取。初始投入的资金应该同复制策略的实际成本相等。

(3) 合成工具与目标工具的信用风险应该相同。

只要满足以上原则，任何一个权重在 $[t,T]$ 期间变化的投资组合都可以作为初始资产的合成。本章后面部分将这一原则应用到特殊的情况中，并介绍动态复制的机制。

□ 8.5.1 期权的动态复制

为了复制期权，我们利用与前一节讨论两时期债券中相同的原理。我们将在下一章深入讨论期权。为了完整性，我们先回顾期权的简单定义。欧式看涨期权赋予期权持有者在到期日 T 时以执行价格 K 买入标的资产 S_t 的权利。因此，在 T 时刻，$t<T$，看涨期权的收益如图 8.5 中的虚线所示。如果 T 时刻的资产价格低于 K，那么收益为零；如果 S_T 大于 K，那么该期权的价值为 S_T-K。到期日前的期权价值包含一个附加项，称为时间价值，如图 8.5 中的曲线所示。

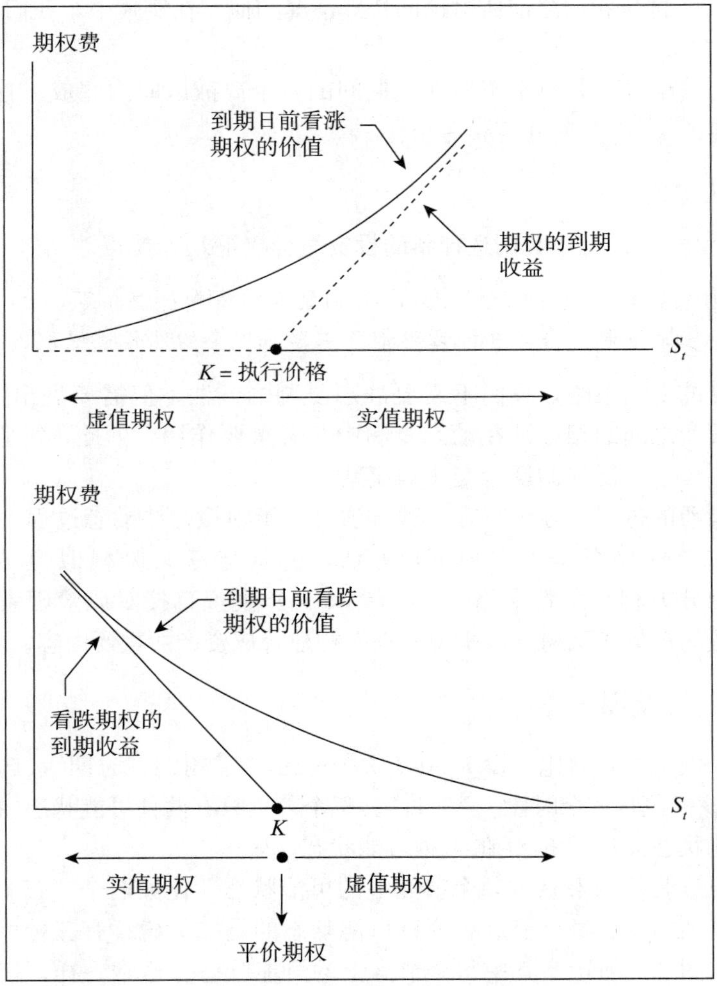

图 8.5 看涨期权和看跌期权的收益

假设标的资产是价格为 S_t 的股票，那么，如果其他方面都相同，当股票价格上升时，期权价格同样上升。因此，股票与期权高度相关。

这蕴含着，在 t_0 时刻，我们可利用 B_{t_0} 和 S_{t_0} 构建投资组合，使得随着时间的流逝，调整一种资产所得到的收益可以补偿调整另一种资产而带来的损失。不需要现金的注入或提取就可以完成持续的再平衡，并且投资组合的最终价值与期权到期时的价值相等。如果通过合理的近似计算能够进行这种平衡，那么构建投资组合的成本将与期权的无套利价值相等。本章后面将详细讨论这个问题，并探讨利率为常数情况的例子。

□ 8.5.2 离散时间动态复制

实践中，动态复制并不能以连续时间形式完成，调整组合的权重需要一定的时间。这意味着要在离散时间情况下进行动态策略分析。我们首先讨论债券，然后再讨论期权。假设希望利用 B_t 和 $B(t_0, T_3)$ 来复制一个两时期无违约风险的贴现债券 $B(t_0, T_2)$，其中 $T_2 = t_2$，$T_2 < t_3$。这与我们之前所讨论的特殊情况相似。在实践中，我们该如何操作呢？

8.5.2.1 方法

复制期间为 $[t_0, T_2]$，再平衡要在此期间的各个离散区间内完成。首先，选取区间长度为 Δ，并将 $[t_0, T_2]$ 划分为 n 等份：

$$n\Delta = T_2 - t_0 \tag{8.23}$$

在每个 $t_i = t_{i-1} + \Delta$ 上，我们选择新的投资组合权重 θ_{t_i}，使得

(1) 在 T_2 时刻，动态构建的合成与 T_2 时刻到期的债券价值相等。

(2) 在每一步，复制投资组合的调整都不需要净现金的注入或提取。

为实现这样的复制策略，我们不需要静态复制的方法，但需要做出一些新的假设，尤其是，标的资产之间的相关性在动态复制中起着重要作用。因此，需要建立有关 B_t、$B(t, T_2)$ 和 $B(t, T_3)$ 随时间联合变化的模型。

这是一个精巧的过程，至少存在三种方法可用于模拟这些动态过程：(1) 二叉树或三叉树方法；(2) 偏微分方程（PDE）方法，这是与三叉树相似但更普遍的方法；(3) 利用随机微分方程和蒙特卡洛（Monte Carlo）模拟直接对风险因素建模。在这一节，我们选择最简单的二叉树方法来说明动态构建合成资产的重要内容。

□ 8.5.3 二叉树

我们对记号做出显著简化。设 $j = 0, 1, 2, \cdots$ 表示二叉树的“时期”，选择相应的 Δ 使得 $n = 3$，那么该树包含 3 个时段 $j = 0, 1, 2$。每个节点只有两种可能状态。这意味着 $j = 1$ 时存在两种可能状态，$j = 2$ 时存在 4 种可能状态。①

实际上，通过调整 Δ 和选取每个节点上的可能状态，比如两个、三个甚至更多，我们能够得到更复杂的树。每个节点有两种可能状态的是二叉树；有三种可能状态的是三叉树。二叉树如图 8.6 所示。其中每个节点上的可能状态像通常一样，表示为上涨和下跌。这并不意味着变量一定上涨或者下跌，它们只是表示交易者可能认为出现“牛市”或“熊市”趋势的简称。

---

① 一般来说，非结合树在 $j = n$ 时存在 2^n 种可能状态。

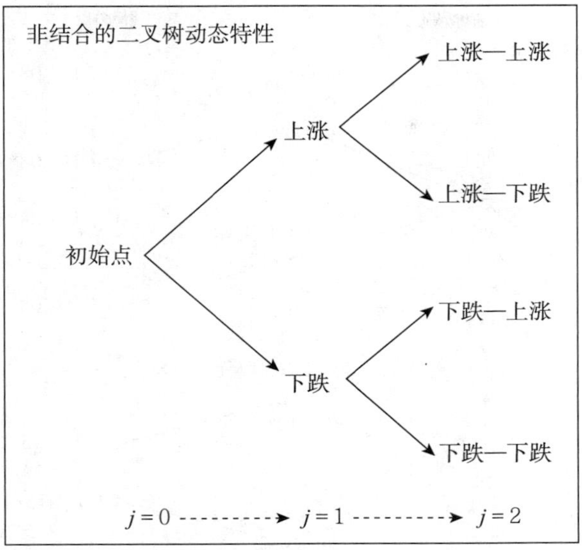

图 8.6　二叉树

□ 8.5.4　复制过程

在这一节，为了标记方便，我们设 $\Delta=1$。如图 8.7 所示的二叉树给出了 B_t 和 $B(t,T)$ 随着时间推移的联合动态特性。图中上部描述了 $j=0$ 时投资 1 美元的二叉树。这种投资称为储蓄账户，随着即期利率滚动。图中下部表示随着时间推移的“长期债券”价格。初始点 $j=0$ 相当于 t_0，$j=3$ 相当于 t_3，即 $B(t_0,T_3)$ 的到期日。树是非结合的，这蕴含着，上升之后再下降的利率与下降之后再上升的利率值是不同的。因而，沿着哪条路径到达时间节点是非常重要的。[①] 现在，我们考察这些二叉树的动态特性。

8.5.4.1　B_t 和 $B(t,T_3)$ 的动态特性

首先，考察储蓄账户或无风险借贷 B_t 的二叉树，市场实践者在 t_0 时刻投资 1 美元。在 $j=0$ 时已知利率是 10%，不管现实状况如何，在 $j=1$ 时我们都得到 1.10 美元。[②] 在 $j=1$ 时存在两种可能。上涨状态表示利率下跌，债券价格增长。图 8.7 表示在 $j=1$ 时上涨状态的即期利率是 8%，而下跌状态的即期利率是 15%。

因而，从初始点 t_0 开始考察这个二叉树，我们可以看到，一直至 t_2 时刻债券到期，对于即期利率存在 4 种可能路径。如果从上面开始观察，即期利率的路径是

$$\{10\%,8\%,6\%\} \tag{8.24}$$

$$\{10\%,8\%,9\%\} \tag{8.25}$$

$$\{10\%,15\%,12\%\} \tag{8.26}$$

$$\{10\%,15\%,18\%\} \tag{8.27}$$

---

① 参见 Jarrow (2002) 关于这些树的优秀的入门理论，以及这些理论在利率敏感性证券的无套利定价中的应用。

② 因此，该项意指“无风险投资”。

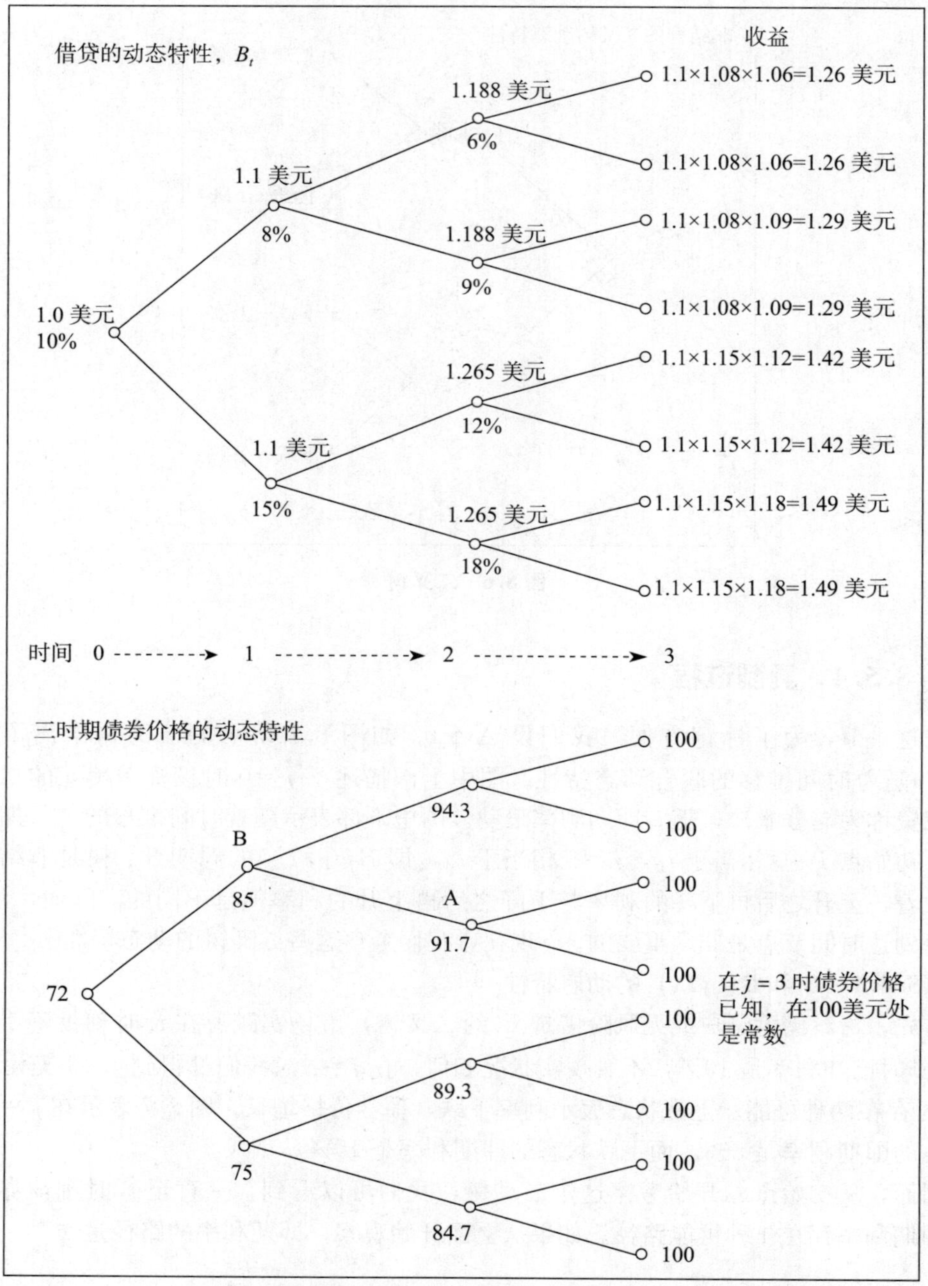

图 8.7　带有借贷的二叉树与三时期债券的动态特性

对于储蓄账户 B_t 来说的价值，存在四种可能路径：

$$\{1,1.10,1.188,1.26\} \tag{8.28}$$

$$\{1,1.10,1.188,1.29\} \tag{8.29}$$

$$\{1,1.10,1.26,1.42\} \tag{8.30}$$

$$\{1,1.10,1.26,1.49\} \tag{8.31}$$

很明显，当 Δ 变小且 n 变大时，可能的路径数也会增多。

“长期”债券的树形如图 8.7 的下部所示，当 $j=3$ 时债券的到期价值为 100 美元，因为债券在那一点到期。由于无违约风险，无论哪种状态，债券的到期价值都相等。这意味着在到期前的一期，债券将模拟一期无风险投资。事实上，无论接下来哪种状态发生，从 $j=2$ 到 $j=3$ 的相关节点，我们总会投资一个常数，然后得到 100。例如在 A 点，我们支付

$$B(2,3)^{\text{down}}=91.7 \tag{8.32}$$

购买债券，此时不管即期利率的变化怎样，得到 100。然而，当我们向原点移动时，情况就不同了。例如，在 B 点，我们或者得到较好的收益

$$R^{\text{up}}=\frac{94.3}{85.0} \tag{8.33}$$

或者有较差的收益

$$R^{\text{down}}=\frac{91.7}{85.0} \tag{8.34}$$

因此，图 8.7 表示两种不同的无违约风险固定收益工具：储蓄账户 B_t（可以看做较短期的债券）以及三时期的长期债券 $B(t,T_3)$。问题是如何结合这两种工具来构建中期债券 $B(t,T_2)$ 的合成。

8.5.4.2 复制机制

现在，我们讨论复制的机制。图 8.8 表示一个两时期债券 $B(t,T_2)$ 价格的二叉树。假定该树描述了与图 8.7 中完全相同的状态。如果 $B(t,T_2)$ 在 $j=2$ 时到期，则 $j=2$ 之后的情况没有列示。根据这个二叉树，我们仅仅知道两时期债券在 $j=2$ 时的价值。债券到期时，价值为 100。之前的价值都是未知的，所以显示为空白。当然，最重要的未知数是 $j=0$ 时的债券价值 $B(t_0,T_2)$。这是两时期债券的“当前”价值。本节我们需要讨论如何“填充”这个树。

其主要思想是，利用图 8.7 中提供的信息来构建（随时间变化的）权重分别为θ_t^{lend}和θ_t^{bond}的 B_t 和 $B(t,T_3)$ 投资组合。这个组合应该能够模拟中期债券 $B(t,T_2)$ 在所有节点 $j=0,1,2$ 的价值。这个组合的第一个条件是在 T_2时刻的价值必须为 100。

这个组合的权重需要满足的第二个重要条件是：在 $j=0,1$ 时的调整不需要任何现金的注入或提取。这蕴含着，当我们调整权重或进行再平衡时，增加其中一个资产所需的资金应来自另一个资产的调整。这样，现金流包括 t_0时的支付和 T_2时 100 美元的收入，在 t_0和 T_2之间没有任何净支付或收入，这与两时期贴现债券的现金流相同。

于是，由套利原理，投资组合的价值在任何相关时间都应遵循 $B(t,T_2)$ 的价值。这蕴含着对所有 t 和 j，θ_t^{lend}和θ_t^{bond}还需要满足

$$\theta_t^{\text{lend}}B_t+\theta_t^{\text{bond}}B(t,T_3)=B(t,T_2) \tag{8.35}$$

8.5.4.3 保证自融资

我们如何保证θ_j^{lend}和θ_j^{bond}在 $j=0,1,2$ 时的调整不会引起现金的注入或流出呢？下面在

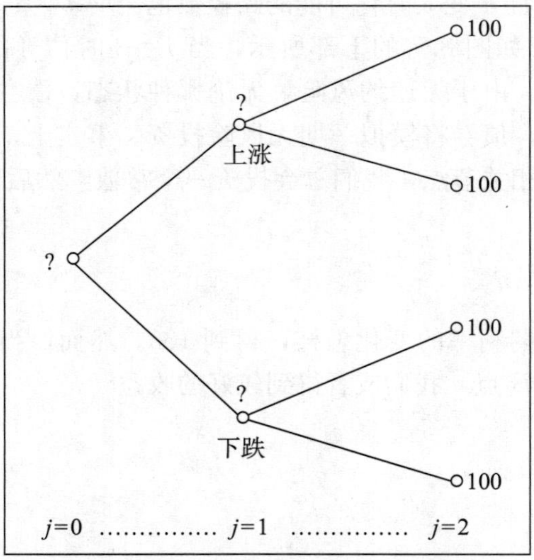

图 8.8　两时期债券的二叉树

$j=0,1$ 时的附加条件将是完成此任务的条件：

$$\theta_j^{\text{lend}} B_{j+1}^{\text{up}} + \theta_j^{\text{bond}} B(j+1,3)^{\text{up}} = \theta_{j+1}^{\text{lend}} B_{j+1}^{\text{up}} + \theta_{j+1}^{\text{bond}} B(j+1,3)^{\text{up}} \tag{8.36}$$

$$\theta_j^{\text{lend}} B_{j+1}^{\text{down}} + \theta_j^{\text{bond}} B(j+1,3)^{\text{down}} = \theta_{j+1}^{\text{lend}} B_{j+1}^{\text{down}} + \theta_{j+1}^{\text{bond}} B(j+1,3)^{\text{down}} \tag{8.37}$$

让我们考察这些条件的含义。在左边，投资组合的权重有下标 j，而资产价格却是在 $j+1$ 时刻被度量的。这蕴含着公式左边表示的是在 j 时刻选取的组合的价值，并且是在$j+1$时刻新的上涨或下跌状态下的估计值。因而，左边是“新”的资产价格的函数，而不是“旧”的投资组合权重的函数。

等式右边是“新”的投资组合的权重，$\theta_{j+1}^{\text{lend}}$ 和$\theta_{j+1}^{\text{bond}}$乘以 $j+1$ 时的价格。所以右边表示 $j+1$ 时所选取的新组合在上涨或下跌状态下的成本。把这两种状态相加，则方程意味着无论哪种状态发生，此前选取的投资组合都恰好产生足够的现金来构建一个新的复制组合。

如果选择$\theta_{j+1}^{\text{lend}}$ 和$\theta_{j+1}^{\text{bond}}$以满足式（8.36）和式（8.37），那么在投资组合再平衡期间，就不必进行现金的注入或提取。这个复制的投资组合将是自融资的，这就是我们所说的动态复制。按照这些步骤，我们可以在 $j=0$ 时构建一个投资组合，直至 $j=2$ 时获得 100 美元，再平衡的成本都为零。假设不存在违约风险，并且所有最终现金流相等，那么复制投资组合的初始成本必须等于 $j=0$ 时两时期债券的价值：

$$\theta_0^{\text{lend}} B_0 + \theta_0^{\text{bond}} B(0,3) = B(0,2) \tag{8.38}$$

因此，动态复制将构建一个两时期债券的真正合成。

最后，考察整理后重新写出的方程（8.37），可以得到

$$(\theta_j^{\text{lend}} - \theta_{j+1}^{\text{lend}}) B_{j+1}^{\text{down}} = -(\theta_j^{\text{bond}} - \theta_{j+1}^{\text{bond}}) B(j+1,3)^{\text{down}} \tag{8.39}$$

这表明调整一个权重所得到的现金能够满足下一个权重调整的资金需求。因此，不需要其他现金的注入或提取。注意，即使B_{j+1}^{i} 和 $B(j+1,3)^{i}$ 是随机的，该方法同样有

效。图 8.7 中的二叉树隐含地假定了这些随机变量之间是完全相关的。

□ 8.5.5 两个例子

我们将这些思想应用到两个例子上。第一个例子是，利用图 8.7 中动态调整的复制投资组合确定两时期无违约风险的纯贴现债券的现值。第二个例子是讨论期权的复制。

8.5.5.1 复制债券

图 8.7 的上部表示储蓄账户 B_t 的行为特征。下部表示两时期贴现债券 $B(t,T_3)$ 的二叉树。这两个二叉树都是外生给定的，而且它们的无套利特征在这里是没有问题的。我们的目标是填补图 8.8 中的现值与未来值，并且在这些条件下确定两期债券 $B(t,T_2)$ 的价格。

例子：

为了确定 $\{B(j,2),\ j=0,1,2\}$，我们需要从图 8.8 中 $j=2$ 处开始。这是两时期债券的到期日，并且假设没有违约可能性。因而，两时期债券在 $j=2$ 时刻的可能价值用 $B(2,2)^i$ 表示，并可由下式确定：

$$B(2,2)^{\text{up}-\text{up}}=B(2,2)^{\text{down}-\text{up}}=B(2,2)^{\text{up}-\text{down}}=B(2,2)^{\text{down}-\text{down}}=100 \tag{8.40}$$

一旦图 8.8 中 $j=2$ 节点上的值确定，我们向后倒推一步，就得到 $\{B(1,2)^i,\ i=\text{up},\text{down}\}$ 的价值。这里，我们将用到前面提出的原理。在 $j=1$ 到 $j=2$ 的时期内，在 $j=1$ 时刻使用 B_1 和 $B(1,3)^i$ 构建的投资组合的价值应该在所有节点上与 $B(2,2)$ 的可能值相匹配。先考虑顶部的节点 $B(1,2)^{\text{up}}$。需要下面的等式成立：

$$\theta_1^{\text{lend},\text{up}}B_2^{\text{up}-\text{up}}+\theta_1^{\text{bond},\text{up}}B(2,3)^{\text{up}-\text{up}}=B(2,2)^{\text{up}-\text{up}} \tag{8.41}$$

$$\theta_1^{\text{lend},\text{up}}B_2^{\text{up}-\text{down}}+\theta_1^{\text{bond},\text{up}}B(2,3)^{\text{up}-\text{down}}=sB(2,2)^{\text{up}-\text{down}} \tag{8.42}$$

这里 θ 的下标是 $j=1$，所以，方程左边表示 $j=1$ 时确定的复制组合的价值，可是在 $j=2$ 时被估价。在两个方程中，除了组合权重 $\theta_1^{\text{lend},\text{up}}$ 和 $\theta_1^{\text{bond},\text{up}}$ 外，所有变量都是已知的。将图 8.7 中的值代入可得

$$\theta_1^{\text{lend},\text{up}}1.188+\theta_1^{\text{bond},\text{up}}94.3=100 \tag{8.43}$$

$$\theta_1^{\text{lend},\text{up}}1.188+\theta_1^{\text{bond},\text{up}}91.7=100 \tag{8.44}$$

求解联立方程的两个未知量，我们得到 $j=1$ 且 $i=\text{up}$ 时复制组合的权重，这些权重表示证券单位数，而不是以美元为单位：

$$\theta_1^{\text{lend},\text{up}}=84.18 \tag{8.45}$$

$$\theta_1^{\text{bond},\text{up}}=0 \tag{8.46}$$

因而，如果市场走向为 $i=\text{up}$，84.18 单位的 B_1 将足够复制 $j=2$ 时债券的未来值。实际上，$j=2$ 时这个头寸的价值是

$$84.18\times1.188=100 \tag{8.47}$$

注意，长期债券的权重是零。① 利用前面刚计算的 $\{\theta_1^{\text{lend,up}}, \theta_1^{\text{bond,up}}\}$，可以得到 $j=1$时刻组合的成本；该成本应该等于 $B(1,2)^{\text{up}}$：

$$\theta_1^{\text{lend,up}}(1.1)+\theta_1^{\text{bond,up}}(85.0)=92.6 \tag{8.48}$$

同理，对于 $j=1$ 且 $i=\text{down}$ 的状态，有如下两个方程：

$$\theta_1^{\text{lend,down}}1.265+\theta_1^{\text{bond,down}}89.3=100 \tag{8.49}$$

$$\theta_1^{\text{lend,down}}1.265+\theta_1^{\text{bond,down}}84.7=100 \tag{8.50}$$

解得相应的组合权重为

$$\theta_1^{\text{lend,down}}=79.05 \tag{8.51}$$

$$\theta_2^{\text{bond,down}}=0 \tag{8.52}$$

我们得到这种状态下的组合成本为

$$\theta_1^{\text{lend,down}}(1.1)+\theta_1^{\text{bond,down}}(75)=86.9 \tag{8.53}$$

它应该等于 $B(1,2)^{\text{down}}$的价值。最后，我们回到起点来确定 $B(0,2)$ 的价值。其思想仍然是相同的。在 $j=0$ 时，选择合适的投资组合权重θ_0^{lend}和θ_0^{bond}，使得随着时间的流逝，组合的价值等于 $B(1,2)$ 可能的未来价值：

$$\theta_0^{\text{lend}}1.1+\theta_0^{\text{bond}}85.00=92.6 \tag{8.54}$$

$$\theta_0^{\text{lend}}1.1+\theta_0^{\text{bond}}75.00=86.9 \tag{8.55}$$

这里，方程左边表示 $j=0$ 时投资组合的价值，等于方程右边两时期债券在 $j=1$ 时的价值，解得未知量为：

$$\theta_0^{\text{lend}}=40.1 \tag{8.56}$$

$$\theta_0^{\text{bond}}=0.57 \tag{8.57}$$

因而，在 $j=0$ 时刻，我们需要存入 40.1 美元，并且购买 0.57 单位价格为 $B(0,3)$ 的三时期债券。这样将复制出两个可能值 $\{B(1,2)^i, i=\text{up},\text{down}\}$。如果 B_t 和 $B(j,3)$ 的二叉树是无套利的，这个投资组合的成本必须与 $B(0,2)$ 的当前公平价值相等。组合成本是

$$B(0,2)=40.1+0.57\times72=81.14 \tag{8.58}$$

它也是两时期债券在 $j=0$ 时刻的公平价值。

两时期债券的无套利市场价值是通过计算动态自融资投资组合的所有当前和未来权重获得的，而这个投资组合复制了这个两时期债券的最终现金流。在每一步中，我们调整投资组合的权重，以使再平衡的投资组合的价值保持同 $B(j,2)$ ($j=0,1,2$) 的价值相匹配。在每个节点上只有两种可能状态，这使得我们得到两个未知量的两个方程。

① 这正是所期望的。由于债券在到期前类似于无风险投资权，复制投资组合只对 B_t 有非零权重。在这种情况下，三时期债券是风险投资。同样，如果$\theta_1^{\text{bond,up}}$不为零，那么这两个方程将是矛盾的。

注意与静态复制策略的（重要）类似。利用动态策略和调整投资组合权重，我们可以在没有任何实际现金注入或提取的情况下，确保组合能够与两时期债券产生的最终现金流相等。每到达一个新的节点，之前确定的投资组合总是能够提供进行必要调整所需的恰好足够的资金。①

□ 8.5.6 对期权的应用

我们可以将复制技术应用于期权，从而构建适当的合成工具。考察与图 8.7 相同的无风险借贷 B_t 动态。这里，我们将复制一个标的股票 S_t 的看涨期权 C_t。这个期权具有普通期权的基本特征，在 t_2 时刻到期，执行价格为 $K=100$。它是欧式期权，因此，不能在到期日之前行权。标的股票 S_t 不支付股利。最后，在交易 S_t 或 C_t 时，没有诸如佣金以及费用等交易成本。

假设股票价格服从如图 8.9 所示的二叉树。注意，与债券不同的是，股票没有“到期日”，并且股票价格 S_t 的未来值总是随机的。与 T_3 到期的债券不同，我们知道，股票没有未来价值的最终时间期限。

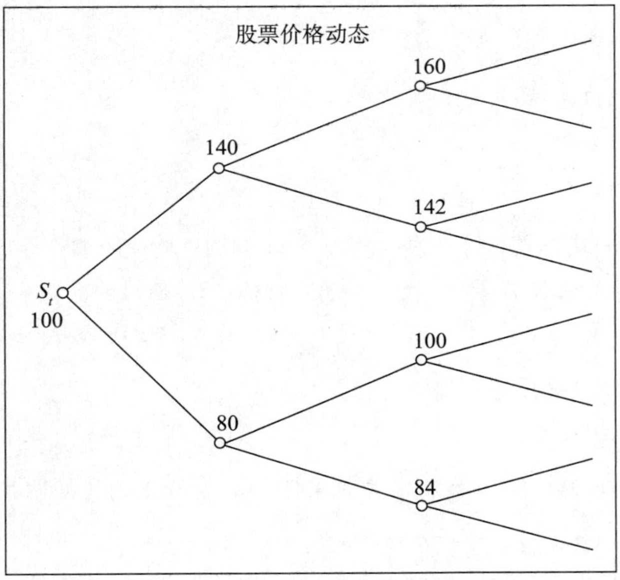

图 8.9 股票价格的二叉树

然而，在到期日 $j=2$ 时，看涨期权的相应二叉树仍然具有已知价值。因为在到期日，我们知道期权的可能价值由下式给出：

$$C_2=\max[S_2-100,0] \tag{8.59}$$

如果已知 S_2，我们可以确定 C_2 的可能值。但是，前期的看涨期权价值还需要确定。

我们如何计算它呢？其原理基本上与前面所讨论的两时期无违约风险债券相同。我们需要利用储蓄账户和股票 S_t 组成的动态调整投资组合来计算看涨期权的现值 C_0。

① 读者应记住这一假设：要复制的资产无任何中间支付。

例子：

先从到期日开始计算，然后利用边界条件：

$$C_2^i=\max[S_2^i-100,0] \tag{8.60}$$

其中，上标 i 表示在现实状态 {up—up，up—down，down—up，down—down} 中的收益。利用这些条件，我们计算出到期时C_2^i的 4 种可能值：

$$C_2^{up-up}=60，C_2^{up-down}=42，C_2^{down-up}=0，C_2^{down-down}=0 \tag{8.61}$$

接下来，我们往后退一步，考察C_1^{up}的值。我们需要利用 B_1 和 S_1 的组合来复制 C_1^{up}，使得随着"时间"流逝，该组合的值与期权C_2^i的值一致。因而，需要

$$\theta_1^{lend,up}B_2^{up-up}+\theta_1^{stock,up}S_2^{up-up}=C_2^{up-up} \tag{8.62}$$

$$\theta_1^{lend,up}B_2^{up-down}+\theta_1^{stock,up}S_2^{up-down}=C_2^{up-down} \tag{8.63}$$

将图 8.7 和图 8.9 中的已知量代入，可以得到两个未知量和两个方程：

$$\theta_1^{lend,up}(1.188)+\theta_1^{stock,up}(160)=60 \tag{8.64}$$

$$\theta_1^{lend,up}(1.188)+\theta_1^{stock,up}(142)=42 \tag{8.65}$$

求解投资组合的权重$\theta_1^{lend,up}$和$\theta_1^{stock,up}$，可得

$$\theta_1^{lend,up}=-84.18 \tag{8.66}$$

$$\theta_1^{stock,up}=1 \tag{8.67}$$

因而，在 $j=1$ 且 $i=$up 时，我们需要卖出 84.18 单位的 B_t，同时买入 1 股股票。这个组合在下一时刻的值将等于 $\{C_2^i\}$ 的将来值，这里 i 表示 $j=2$ 时的 4 种可能状态。该组合的成本是C_1^{up}：

$$C_1^{up}=-84.18(1.1)+140 \tag{8.68}$$

$$=47.40 \tag{8.69}$$

类似地，为了计算C_1^{down}，我们首先求解下面的方程来构建复制投资组合：

$$\theta_1^{lend,down}(1.26)+\theta_1^{stock,down}(100)=0 \tag{8.70}$$

$$\theta_1^{lend,down}(1.26)+\theta_1^{stock,down}(84)=0 \tag{8.71}$$

由此得出

$$\theta_1^{lend,down}=0 \tag{8.72}$$

$$\theta_1^{stock,down}=0 \tag{8.73}$$

投资组合的成本是零，因此在 $j=1$ 且 $i=$down 时，期权价值为零：

$$C_1^{down}=0 \tag{8.74}$$

最后，通过下面的方程求解初始的组合权重，我们可以计算期权的公平价值 C_0：

$$\theta_0^{lend}(1.1)+\theta_0^{stock}(140)=47.40 \tag{8.75}$$

$$\theta_0^{\text{lend}}(1.1)+\theta_0^{\text{stock}}(80)=0 \tag{8.76}$$

解得

$$\theta_0^{\text{lend}}=-57.5 \tag{8.77}$$

$$\theta_0^{\text{stock}}=0.79 \tag{8.78}$$

因而，我们需要在 $j=0$ 时借入 57.5 美元，同时购买 0.79 单位的股票。这个组合的成本将是期权的当前值：

$$C_0=-57.5+0.79(100) \tag{8.79}$$

$$=21.3 \tag{8.80}$$

如果外生给定的二叉树是无套利的，那么这就是期权的公平价值。

再一次注意到，这种动态策略的重要特征如下：

(1) 为了确定期权的当前值，我们从到期日开始入手，然后利用边界条件。

(2) 不断调整投资组合的权重，使得复制投资组合与期权有相同的最终现金流。

(3) 最后，没有现金的注入或提出，因此策略的初始投资额可以看成合成工具的成本。

8.6 某些重要条件

为了使这些方法行之有效，我们有必要做一些重要的假设。这些内容会在这一节进行详细的讨论。

□ 8.6.1 无套利初始条件

只有从一开始就排除套利机会的动态特征，本章介绍的方法才有效。否则，这一方法将给出“错误”的结果。例如，某些债券价格 $B(j,T_2)^i$（$j=0,1$）或期权价格有可能会出现负值。

存在许多途径来讨论初始动态特征的无套利性质。一个明显的条件是关于存款和其他构成资产的收益。很明显，图 8.7 中二叉树的每个节点处都必须满足以下条件：

$$R_j^{\text{down}}<L_j<R_j^{\text{up}} \tag{8.81}$$

其中，L_j 表示在该节点处观察到的单时期即期利率，R_j^{down} 和 R_j^{up} 表示在这一节点上债券的两种可能收益。

根据这个条件，无风险利率的大小应该在所持有的“风险”资产 $B(t,T)$ 能够获得的两个可能收益之间。对于债券来说，根据套利性质，在到期日前，我们还必须得到

$$R_j^{\text{down}}=L_j=R_j^{\text{up}} \tag{8.82}$$

否则，可以买入或卖出该债券，并且利用无风险投资所得来赚取无限的收益。

然而，二叉树的无套利特征通常还需要做更复杂的假设。如同第 11 章将说明的，为保证二叉树是无套利的，基本的动态特征应该符合一个适当的鞅动态特征。

□ 8.6.2 二叉树结构的作用

前面在讨论二叉树的结构时我们还做出了一个更强的假设。这个假设虽然没有改变动态复制策略的逻辑，但是，如果不满足这个假设，将会使动态复制在数值计算上变得更加复杂。

考察图 8.7。在这些二叉树中，我们假设当短期利率下降时，长期利率通常也随之下降。相反，当短期利率上升时，长期利率也随之上升。也就是说，长期债券的收益同短期利率是完全相关的。由于这些假设，我们可以将 B_t 的未来值与 $B(t,T_3)$ 的未来值联系起来。这些联系不是随机的。在 S_t 和 C_t 的二叉树中我们做出了类似假设。这两种资产的趋势是完全相关的。

这是一个相当强的假设，这是由于我们使用了所谓的单因素模型。我们假设在每个节点上只有一个随机变量能够确定资产的未来值。在实际中，假定已知短期利率 L_t 的可能走向，我们可能无法知道债券价格 $B(t,T)$ 在下一时刻将要上涨还是下跌，因为其他随机因素可能也会起作用。在这种情况下，由于两种资产上涨或下跌的值并不一定相关，所以我们不可能得到相同的方程。

然而，当引入更多的随机因子时，这仅仅增加树模型数值计算的复杂性。比如，我们可从二叉树转向三叉树或者更复杂的树。然而，动态复制的一般原理并没有改变，只是我们可能需要更多的基础资产来构建合适的合成。

8.7 现实生活的复杂性

现实生活的复杂性使得动态复制比静态复制更不容易操作。静态复制遇到的问题是大家熟知的，存在着实际操作问题、对手风险问题以及理论上的精准合成与现实中初始资产不一致的问题。而且，存在着流动性问题和其他交易成本的问题。不过，所有这些问题的影响都相对较小，实际中使用的静态复制组合一般都能提供很好的合成工具。

对于动态复制来说，由于标的头寸需要进行多次调整，这些问题就被放大了。例如，如果需要进行频繁的动态调整，那么交易成本的影响就会严重得多。类似地，流动性的问题也会更加严重。但更重要的是，在现实生活中，使用动态复制方法导致了静态复制方法所没有的 4 个新问题。下面简单介绍一下。

□ 8.7.1 买卖价差和流动性

考察买卖价差的一个简单的例子。在静态复制中，构成合成工具的投资组合在 t 时构建，一直至到期日 T 时也不会改变。在这种情况下，买卖价差的存在也许是不可忽略的，但这不是问题的主要方面。毕竟，任何买卖价差最终都会增加（或减少）相关合成的成本，并且如果这些买卖价差不存在，将无法产生合成工具。

但是，对于动态复制，操作者不断调整复制的投资组合。这个过程很容易扩大买卖价差或者增加基础资产流动性的变化。在动态复制开始时，买卖价差或流动性的未来变化不是确切知道的，而且不能被考虑在合成的初始成本中。即便将该合成持有到期，这种变化也将导致附加的风险并增加成本。

□ 8.7.2　模型和跳跃

在现实生活中，动态复制从来都不是完美的。在离散时间里利用模型来实现动态复制。但是，模型包含了很多假设，而且离散时间蕴含着近似，这会引起模型风险。在动态复制过程中，如果没有适当地考虑多因子和跳跃可能性，可能会导致严重的后果。

□ 8.7.3　维护与操作成本

从理论上看，很容易获得动态复制策略。但实际上，这种策略的实现需要利用适当的头寸维持和风险管理工具。所需的必要软件和人工技能可能会给这些任务带来相当可观的新成本。

□ 8.7.4　波动性的变化

通常，人们需要进行动态复制，因为标的工具是非线性的。可以证明，在处理非线性工具时，我们将遇到新的而且不那么明显的敞口，例如与风险因素相关的波动性变化等。因为风险管理的波动性敞口比利率或者汇率风险管理更加棘手（并且困难），所以动态复制通常还需要其他技巧。

在本章结尾的习题中，我们简要回顾了这一点，并提供了一篇关于动态对冲过程中波动性变化的阅读资料（以及某些问题）。

8.8　结论

我们以一个重要的观察结果来结束这一章。利用现金流图，我们可以很好地完成静态复制，结果得到权重为常数的合约方程。

用动态方法构建一个合成需要持续的调整以及精心选择投资组合权重θ_t^i，以保证合成工具是自融资的。因而，我们再次用到合约方程，但此时每个合约的权重随时间推移而变化。这就需要使用代数方程并利用电脑来完成。

最后，动态合成工具只不过是金融工程师在 t_0时确定的一个权重序列 $\{\theta_1^i,\theta_2^i,\cdots,\theta_n^i\}$。

阅读建议

关于动态复制的书，通常都是有关衍生品和金融市场的中等水平教科书。这里我们介绍两本好的阅读教材，读者可以进一步查阅更多的例子。第一本是 Jarrow（2002），这本书讨论了固定收益的例子。第二本是 Jarrow and Turnbull（1999），该书更详细地讨论了动态复制方法，并且提供了更广泛的应用。读者还可参考 Cox and Ross（1976a）的原始文章，至今它仍是一个非常好的概述。

习题

1. 考察第 8.4 节给出的免疫例子。假定零息债券收益率曲线在 $y=5\%$时是平坦的，而不像例子中那样是 8%。收益率曲线的变化是平行的。为了构建一个近似的合成工具，为 2 年期债券进行融资，需要怎样的和多少单位的 6 个月期债券和 3 年期债券的头寸？

2. 假设已知如下数据：

- 无风险利率是 6%。
- 股票价格服从：

$$dS_t=\mu S_t dt+\sigma S_t dW_t \tag{8.83}$$

- 波动性是每年 12%。
- 股票不支付股利，当前价格为 100。

利用这些数据，估计这只股票的欧式看涨期权的当前价格。期权执行价格是 100，期限是 200 天。

(a) 选择适当的时间长度 Δ，使得所隐含的二叉树有 5 个阶段。

(b) 隐含的上涨概率是多少？（提示：为了得到概率，我们需要离散随机微分方程。）

(c) 确定股票价格 S_t 的二叉树。

(d) 确定看涨期权的期权费 C_t 的二叉树。

3. 假定习题 2* 的股票支付股利，并假定其他所有参数都相同。考察公司支付股利的 3 种方式：

(a) 这只股票支付连续的一系列已知股利，每次股利率为 4%。

(b) 这只股票在第三个节点支付股票价值的 5%，除此外不支付其他股利。

(c) 这只股票在第三个节点支付 5 美元股利。

在每种情况下，确定除息后股票价格的二叉树。对于前两种方式，确定看涨期权的期权费。第三种股利支付会以何种方式使二叉树变得复杂？

4. 利用二叉树来估计英镑的美式期权价值。假设英镑的当前价值是 1.40 美元，波动性是 10%，当前英国无风险利率是 5%，美国无风险利率是 2%。看跌期权的执行价格是 1.50 美元，期限是 200 天。美式期权可以在到期日之前执行。

(a) 第一个需要解决的问题是美国和英国利率所起的作用。这个期权是在美国购买的，所以相应的无风险利率是 2%，但是，英镑可以被用来赚取英国无风险利率。所以，

* 原书为习题 1，疑为印刷错误。——译者注

这个变量可看成是连续股利率。考虑到这一点，确定 Δ 的值使二叉树具有 5 个阶段。

(b) 求相应的概率。使用与之前求欧式股票看涨期权价值相似的方法。

(c) 确定汇率的二叉树。

(d) 确定具有相同特征的欧式看跌期权的二叉树。

(e) 计算具有这些性质的美式看跌期权的价格。

5. 考察下面的阅读资料，它涉及直接 delta 对冲的影响。阅读下面的事件，然后回答后面的问题。

动态对冲

上星期，美国权益期权市场实践者一致反驳下述说法：权益期权交易（及其引起的动态对冲）加剧了 10 月末股票市场回调。此次回调导致道琼斯平均工业指数下跌了 554.26 个点，或约 7%。

动态对冲是一种利用买卖股票来产生支付的策略。这种策略和做多与做空期权相同。所以，如果股票价格大跌，看跌期权的卖出者会卖出股票以减少损失。动态对冲者通过买卖股票以获得他们所期望的头寸来平衡波动性敞口。

动态对冲（也称 delta 对冲）的目的是保持市场中性。对冲者的目的是保证没有关于市场的方向敞口。例如，对冲者购买看跌期权，就获得了卖出股票的权利，因而他们本质上是做空市场。为了抵消这个空头头寸，他们将购买标的股票。现在，投资者做多看跌期权和股票，因此实现了市场中性。

如果股票价格下跌，投资者的看跌期权具有实值，增加了对市场的空头敞口。为了抵消它，投资者将卖出标的股票……

“我的拙见是很少有投资者利用动态对冲。如果有人卖出期权，即卖出波动性，他将持有多头波动性的抵消头寸。人们对一个大赌注不会只赌一面。”一个美国衍生品交易所的高级专家如是说。

（汤森路透，IFR，第 832 期）

(a) 假设很多人卖出看跌期权，这些交易者如何对冲他们的头寸呢？利用适当的收益图进行说明。

(b) 当市场开始下跌时，这些交易者将如何应对？利用收益图进行说明。

(c) 现在假设一位期权交易者如最后一段所说的那样做空波动性，描述这位交易者是如何在“其他方面”成为波动性多头的。

(d) 市场总体上是否可能处于波动性空头状态？这个空头数额对于标的（现金）市场仍然非常重要吗？

在这篇阅读资料中存在许多特殊的名词，但这里我们需要强调动态对冲的重要方面，它在本章中没有涉及。如这篇资料所述，为了动态对冲非线性资产，我们需要 delta。delta 是期权对标的价格变化的敏感性。如果这个资产确实是非线性的，那么 delta 将依赖于标的风险的波动性。如果波动性本身依赖于多个因素，例如执行价格等，那么将会出现波动性微笑从而 delta 对冲可能不精确。

为此，假设你持有标的 FTSE－100 指数的多头期权头寸，你将如何 delta 对冲这个头寸？更重要的是，你的 delta 对冲是怎样受上述资料中最后一段的观点影响的？

6. 如何确定图 8.7 中的树是否无套利？

7. 考察复制欧式看涨期权。编写一个 VBA 程序，证明动态对冲策略只使用股票和储蓄账户复制一个短期欧洲期权。计算股票和储蓄账户中所有中间时间点和所有可能状态的位置。使用二项式模型，并使用如下数据：

- $S(0)=100$；$K=110$；$T=3$；$\sigma=30\%$；$M=3$。
- $L(0)=1$；$\sigma=5\%$。
- 使用 $u=\mathrm{e}^{[\sigma\sqrt{\Delta t}+(r-\sigma^2/2)\Delta t]}$ 与 $d=\mathrm{e}^{[-\sigma\sqrt{\Delta t}+(r-\sigma^2/2)\Delta t]}$ 的值。

第 9 章 期权交易机制

9.1 引论

本章介绍用于处理金融工具中选择权的方法。和大多数现有教科书相比，本书采用不同视角考察期权，我们从期权做市商的角度讨论期权。在我们设定的背景下，期权不是用于打赌或对冲标的风险方向的工具。相反，期权被当成应对波动性的工具。

就传统教科书的方法而言，期权是方向性的工具。然而，这却不是市场专业人士所认为的期权。在大多数教科书中，如果标的价格上涨，一项看涨期权便处于实值期权的状态，此时就有利可图，这种观点间接地和牛市观点相联系。对于看跌期权来说，可类似加以处理。如果标的资产的价格下跌，投资者应该持有看跌期权。对于终端投资者或者散户，关注期权的这种方向性是自然而然的。可是，如果我们关注银行同业市场或者交易者之间的市场，这种看待期权的方式将使人产生误解。事实上，将期权作为方向性工具掩盖了其本身的基本特征，也就是，期权是交易波动性的工具。从直觉上看，对待期权的这两种观点截然不同，我们希望读者能够像期权交易者或者做市商一样考察问题。

本章将要阐明，当一个期权敞口*（exposure）完全建立起来后，这是非纯粹头寸，因为投资者预期波动性将会发生变化。持有期权净多头头寸的做市商是预期波动性会增大的一方；持有期权空头头寸的做市商是预期标的资产波动性会下降的一方。有时，人们将这样的头寸当做融资工具。

从这个意义上讲，交易者持有看涨期权或看跌期权的想法，和持有期权方向性的观点截然相反。比如，对于做市商而言，持有欧式看涨期权和看跌期权的目的是相同的。正如我们在本章将看到的，从做市商角度看待期权，买入一份看涨期权和买入一份看跌期权

* 敞口又称暴露。——译者注

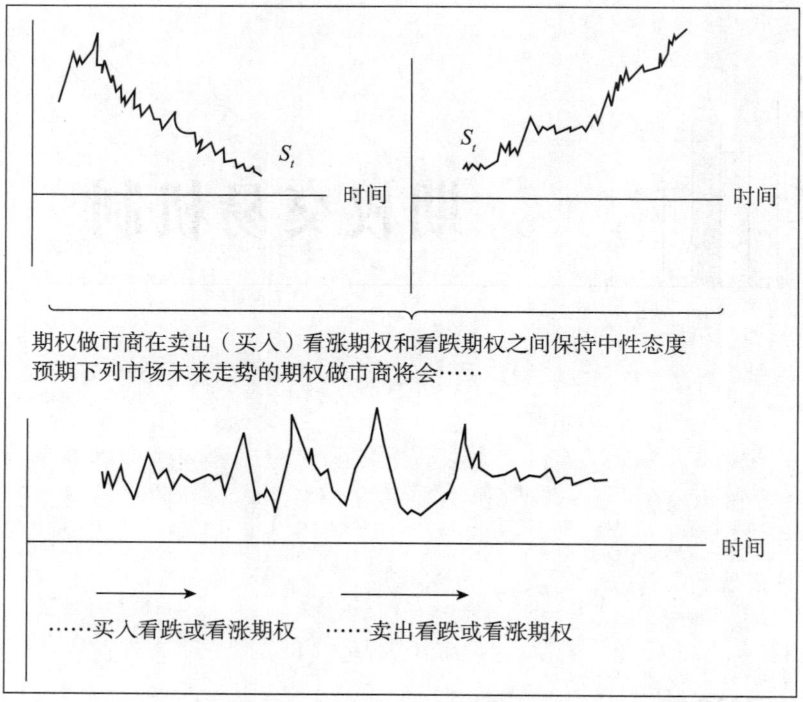

图 9.1　两种可能的股价走势

是没有区别的，这两种交易最终产生相同的收益。如图 9.1 所示，标的资产的价格 S_t 在当天可能会有两种轨迹。一种情况是价格迅速下降，另一种情况是价格不断上涨。对交易者来说，无论是卖出看涨期权还是看跌期权，其交易都是相同的。正如我们将要解释的，期权交易者更关心的是应该买入还是应该卖出，而不是卖出什么类型的期权。

在本章和下一章，我们将澄清波动性和期权价格之间的关系。这里，首先回顾一些基本概念。

9.2　什么是期权

从市场实践者的视角来看，期权是波动性工具。持有某项资产（S_t）的看涨期权的散户投资者可能认为，如果标的资产价格持续走高，那么将对他自己“有利”。但是，一个持有相同看涨期权的做市商可能更希望标的资产价格 S_t 尽可能大地波动且尽可能频繁地波动。价格浮动得越频繁、越剧烈，无论持有的是看涨期权还是看跌期权，其期权账簿上的多（空）头头寸所获利润（损失）就越多。

下面的例子就能很好地说明期权交易者是如何看待一项期权的。

例子：

华尔街的公司正准备基于报表收入，推荐做多某一看涨股票头寸。报表发布季节通常是买入看涨期权或建仓看跌期权的时刻。这一季节给所有消极投资者提供了大量的通过建仓头寸而获利的机会。业绩低于预期的公司报表，会对整个市场产生很大的冲击。

这些交易的潜在巨大利润源自 gamma，换句话讲，是来自标的资产的大幅波动获得的收益，这比从隐含波动性变化中所获得的收益要大。一家信誉公司在 2 月中旬宣布，生产过程和控制问题引发了某些产品在美国销量的减少，并且认为这会影响到第一季度以及全年的销量和收益。在星期五，8 月份到期的期权就拥有大概 43%的中期市场隐含波动性，也就意味着，在每个交易日里，股价出现 2.75%的波动。上个月内，股价平均每日波动 3%，这意味着通过买入该公司的期权，就可获得便宜的波动性。

（《衍生品周刊》，目前已是《全球资本》* 的组成部分，2001 年 4 月 1 日）

这一例子阐明了期权的几个重要特点。首先，很明显可以看出，对市场实践者而言，看涨期权和看跌期权是具有相同属性的工具。其问题是，不是买入看涨期权或看跌期权，而是是否购买它们。

其次，这与第一点有关，注意市场实践者更关心的是波动性，而不是价格的变化方向，这里用 vol 表示波动性。市场专业人士对股价每日的实际波动性和期权隐含波动性之间的差异非常感兴趣。隐含波动性是通过市场上观察到的期权价格和诸如布莱克-斯科尔斯公式这样的定价公式来计算的，下面将进一步介绍，并回撤波动性，即查看给定其他输入参数，例如期权的执行价格，与期权价格一致的波动性。阅读材料中的最后一句话就是一个很好的例子（但可能会误导人）。此例子表明，期权隐含一个每日 2.75%的波动性，而股价每日实际的波动性为 3%。由此认为，期权是“便宜”的，这是因为在特定的一天里①，标的资产实际的波动性比期权价格隐含的波动性要大。要记住这种隐含波动性与实际波动性的差别。

最后，例子好像提到从波动性中获得收益的两种类型。一种是源自“标的资产价格的大幅波动”，从而导致 gamma 收益；另一种收益是源自隐含波动性，从而导致 vega 收益。在这样一种特殊的事例中，市场专业人士认为，隐含波动性保持不变，而标的价格大规模波动。要想一开始就能理解这种差别，这是比较困难的。本章首先阐明这些概念，然后解释市场专业人士对期权的看法，进而使读者认识到方向性看法与之是一致的。②

9.3 期权的定义与符号

一般来讲，期权合约分为普通期权(plain vanilla) 和奇异期权**(exotic option) 两

① 对于这种分析，需要做进一步解释。在期权文献中，存在许多种测量波动性的方法。正如本章将要展示的，有充分的理由显示，这两个值是完全不同的，而且没有隐含套利的可能性。

② 前面的例子也表明，实际波动性的算法存在技术问题。现在，考察给定百分比形式的年波动性后，怎样计算日波动性。假设一年有 246 个交易日，注意百分比的年波动性不是除以 246，而是除以 246 的平方根，进而得到 2.75%的日波动性。这就是著名的平方根法则，这和将股票的价格过程模拟为维纳（Wiener）过程有关。维纳过程的增量方差与所经过的时间成正比，因此，标准差或波动性就和时间的平方根成正比。

* 《全球资本》为全球资本市场提供新闻、观点及数据服务。——译者注

** 奇异期权又称新型期权。——译者注

类。有些期权以前是奇异期权，但现在已经成为普通工具。在讨论期权时，一种好的办法是从简单的基准模型开始，认识期权的基本要素，然后将这种方法推广到更为复杂的工具。这个简单的基准是在布莱克-斯科尔斯（Black-Scholes）模型框架下的普通期权。

期权买方买入的不是标的工具，而是一种权利。倘若只能在到期日行使这项权利，则这个期权就是欧式期权。倘若在特定时间里的任何时间都可以行使这种权利，则这种期权称为美式期权。百慕大式期权介于“两者之间”，这种权利可在期权有效期内多于一个日子里行使。

对于普通欧式看涨期权，期权持有者拥有一项可以按特定价格、在特定日期购买某项标的工具的权利。这个特定价格被称作行使价格（strike）或执行价格；这个特定的日期被称为到期日（expiration）。对于普通欧式看跌期权，期权持有者同样是购买了某种行为的权利，只是这种行为是按照执行价格在到期日卖出标的工具。

美式期权可以在到期日前的任何时间执行，所以可能贵一些，因为提前执行需要提供更多补偿。在到期日，期权将不复存在。在这一章，我们一般利用普通看涨期权来讨论期权的基本性质。显然，对看跌期权的讨论是类似的。

□ 9.3.1 符号

我们用符号 K 表示执行价格，用 T 表示到期日。当标的工具为现金产品时，用 S_t 表示它的价格或者价值；当标的工具为远期或期货时，则用 F_t 表示。在 t 时刻，看涨期权的公平价格用 $C(t)$ 表示，看跌期权的价格用 $P(t)$ 表示。[①] 这些价格依赖于标的合约中的变量和参数。我们用 S_t 表示标的价格，而将相应的看涨期权定价函数写成：

$$C(t)=C(S_t,t|r,K,\sigma,T) \tag{9.1}$$

其中，σ 表示 S_t 的波动性，r 表示即期利率，并假定 r 为常数。如用更简洁的形式，可将此公式表示成：

$$C(t)=C(S_t,t) \tag{9.2}$$

假设这个函数具有下述各个偏导数：

$$\frac{\partial C(S_t,t)}{\partial S_t}=C_s \tag{9.3}$$

$$\frac{\partial^2 C(S_t,t)}{\partial S_t^2}=C_{ss} \tag{9.4}$$

$$\frac{\partial C(S_t,t)}{\partial t}=C_t \tag{9.5}$$

大家知道，这些偏导数存在许多性质。当所有其他变量都保持不变而仅有 S_t 增加时，则看涨期权的价格 $C(t)$ 也将增加。当 S_t 减少时，期权价格就会下降。不过，$C(t)$ 的变化永远不会超过标的资产 S_t 价格的变化。因此，我们应该有：

---

① 我们表述和处理时间指标的方法和本章前面略有不同之处。将期权价格写成 $C(t)$ 和 $P(t)$，而不是像前面章节那样写成 C_t 和 P_t。前面的期权价格关于时间的偏导数的符号仍然继续保留。

$$0<C_s<1 \tag{9.6}$$

与此同时，当所有其他变量都保持不变而仅有 t 增加时，期权的有效期将变短，其时间价值则下降：

$$C_t<0 \tag{9.7}$$

最后，看涨（看跌）期权的到期日收益是一个凸函数，我们认为 $C(S_t,t)$ 也是凸函数。这意味着

$$0<C_{ss} \tag{9.8}$$

尽管人们不知道 $C(S_t,t)$ 本身确切的表达式，但仍然假设偏导数的这些信息是已知的。

式（9.1）的符号表明，这些偏导数本身也是 S_t、r、K、t、T 以及 σ 的函数。这里，人们可以设想未来要用到更高阶偏导数。传统布莱克-斯科尔斯普通期权定价条件仅仅运用偏导数 $\{C_s, C_{ss}, C_t\}$。当逐渐放宽布莱克-斯科尔斯模型的假设时，就会出现更多的偏导数。

图 9.2 表述了普通看跌和看涨期权在到期日的收益。在该图上，还刻画出看涨期权和看跌期权在时间 t（$t<T$）时的价值。这些价值线轨迹形成了由布莱克-斯科尔斯公式得到的光滑凸曲线。

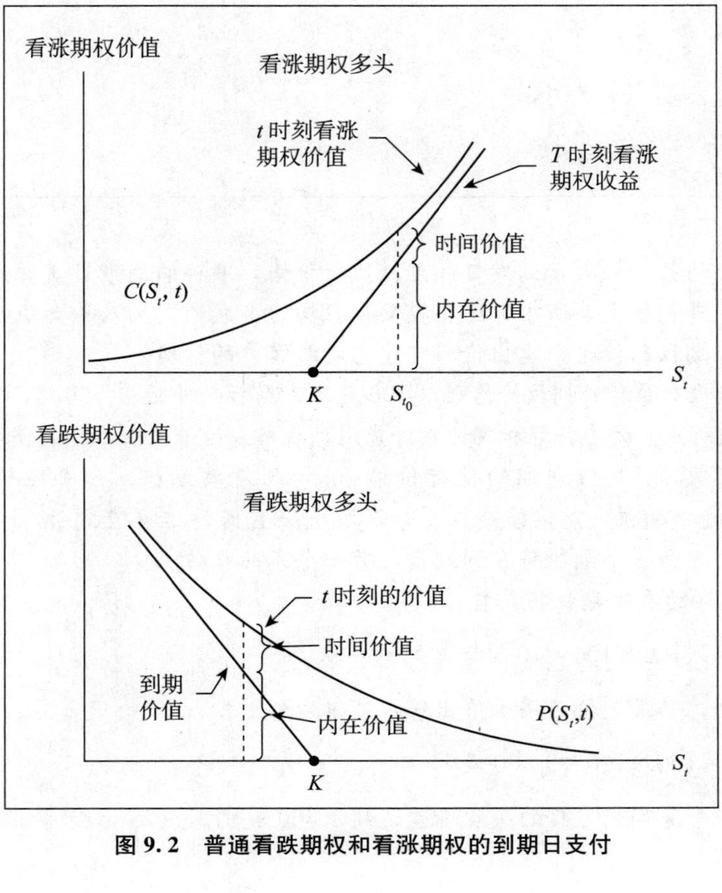

图 9.2　普通看跌期权和看涨期权的到期日支付

现在，我们考察这些概念在现实生活中的应用。下面的例子是关于芝加哥期权交易所内交易的微软公司的期权的，然后在这个例子的背景下讨论各种参数。

例子：

假设在纳斯达克市场上，微软（MSFT）股票以“当前”61.15的价格进行交易。另外，隔夜利率为2.7%。我们有源自芝加哥期权交易所（CBOE）的下述报价。

看涨期权	买入价	卖出价	成交量
11月55.00	7.1	7.4	78
11月60.00	3.4	3.7	6 291
11月65.00	1.2	1.3	1 456
11月70.00	0.3	0.4	98
12月55.00	8.4	8.7	0
12月60.00	5	5.3	29
12月65.00	2.65	2.75	83
12月70.00	1.2	1.25	284
看跌期权	**买入价**	**卖出价**	**成交量**
11月55.00	0.9	1.05	202
11月60.00	2.3	2.55	5 984
11月65.00	5	5.3	64
11月70.00	9	9.3	20
12月55.00	2.05	2.35	10
12月60.00	3.8	4.1	76
12月65.00	6.3	6.6	10
12月70.00	9.8	10.1	25

资料来源：October 24，2002，11：20 A. M. data from CBOE.

此表格中的第一栏表示到期日和期权执行价格，准确的到期日是每个月第三个星期五。在芝加哥期权交易所中，这些股票期权均为美式的。买入价为做市商愿意从客户处买入这个期权的价格，卖出价为它愿意卖给客户的价格。

芝加哥期权交易所的期权价格乘以100美元，然后向外交易。当然，这里也存在基于买、卖期权所产生的委托费和其他额外费用。表格最后一栏表示相关合约的成交量。

例如，考察11月份到期的执行价格为55的看跌期权。如果微软的股价低于55.00，那么这个期权将是实值期权。如果股价一直保持这样直到2001年11月的第三个星期五，那么这个期权将在到期日具有一个正的收益。

100份这样的看跌期权将花费

$$1.05\times 100\times 100=10\ 500\text{ 美元} \tag{9.9}$$

加上购买佣金。如果是按照买入价出售，可以卖到

$$0.9\times 100\times 100=9\ 000\text{ 美元} \tag{9.10}$$

注意“一手”期权当日的买卖价差达到1 500美元。

现在，我们更深入地研究期权的机制，引入更多术语。

□ 9.3.2 期权的零售用途

考察一个散户和一个期权做市商作为交易的买卖双方的情形。假如某个商人以商品S_t作为生产投入，他希望在未来T时刻价格不会“超过”S_T。为了保险起见，这个商人就需要买入S_t资产的看涨期权，期权费用$C(t)$表示。通过买入这样的看涨期权，客户将确保他在到期日T时刻能以最高不超过K的价格购买一单位标的资产。倘若在T时刻，S_T比K低，则客户将不执行这个期权，因为不需要支付K美元来购买在市场上更便宜的东西。只有在T时刻S_T等于或者超过K时，期权才会被执行。

从某种角度看，期权交易与标准保险有相似之处，都是为了防范商品价格上涨的可能性。在这样一个框架下，期权可以被看做是一种方向性工具。有人会有这样的印象，S_t上涨对客户不利，而看涨期权起到了保护作用，看跌期权的情况与此是对称的。看跌期权看起来好似为防止出现不合要求的S_t“下跌”情况提供了保护。在两种情况下，标的资产价格S_t向某一个方向变化，都同看涨期权或者看跌期权的变动相关，而这两种期权似乎是根本不同的工具。

图9.3说明了这些思想。该图的上半部分表示看涨期权的收益图。最初，在t_0时刻，标的资产的价格是S_{t_0}。此时，$S_{t_0}<K$，所以是虚值期权（out-of-the-money）。很明显，这并不意指在T时刻用K美元购买资产的权利是没有价值的。事实上，从客户的视角看，S_t在区间$t\in[t_0,T]$时可能上涨，从而在T时刻超过K。这会使期权成为实值期权*（in-the-money）。这时候执行期权并以价格K购买标的资产将会获利。如果S_T大于K，期权的收益将是价差S_T-K，收益可在横轴上或更明确地在纵轴上表示出来。①因此，从散户的角度来看，即使在S_{t_0}的价格水平上，虚值期权仍然是有价值的，因为它可能在以后成为实值期权。期权的方向性解释通常是建立在这类讨论基础上的。

如果在期权到期时$S_T=K$，期权将是一个平值期权（at-the-money，ATM），期权持有者可能会选择接受标的资产，也可能会选择不接受标的资产。不过，因为交割看涨期权标的资产的费用一般少于在公开市场上购买标的资产的成本，所以某些ATM期权的持有者更愿意执行期权。

于是，我们得到一个普通欧式看涨期权的典型价格图。$t\in[t_0,T]$时刻的期权价格在图9.3里显示为一条光滑的凸曲线，并且随着到期日T的临近，这条曲线收敛于分段线性的期权收益曲线。收益曲线到横轴的竖直距离称为内在价值，期权价格曲线和到期收益的竖直距离称为期权的时间价值。注意到，对于固定的t，当期权是平值期权时，也就是当$S_t=K$时，时间价值达到最大。

□ 9.3.3 奇妙的图形性质

考察图9.3中上半部分的A点。在t时刻，期权是一个深度虚值期权，S_t接近原点，而时间价值接近0。A点的切线正斜率只比0稍微大一点，曲线几乎总是“线性的”，且

① 通常，在图9.3中向上倾斜的直线的斜率是+1，因而，沿着纵轴“反映”出横轴上的利润S_T-K。

* 实值期权也称价内期权。——译者注

二阶导数非常接近 0。这意味着对于 S_t 的微小改变，切线的斜率不会有大的变化。

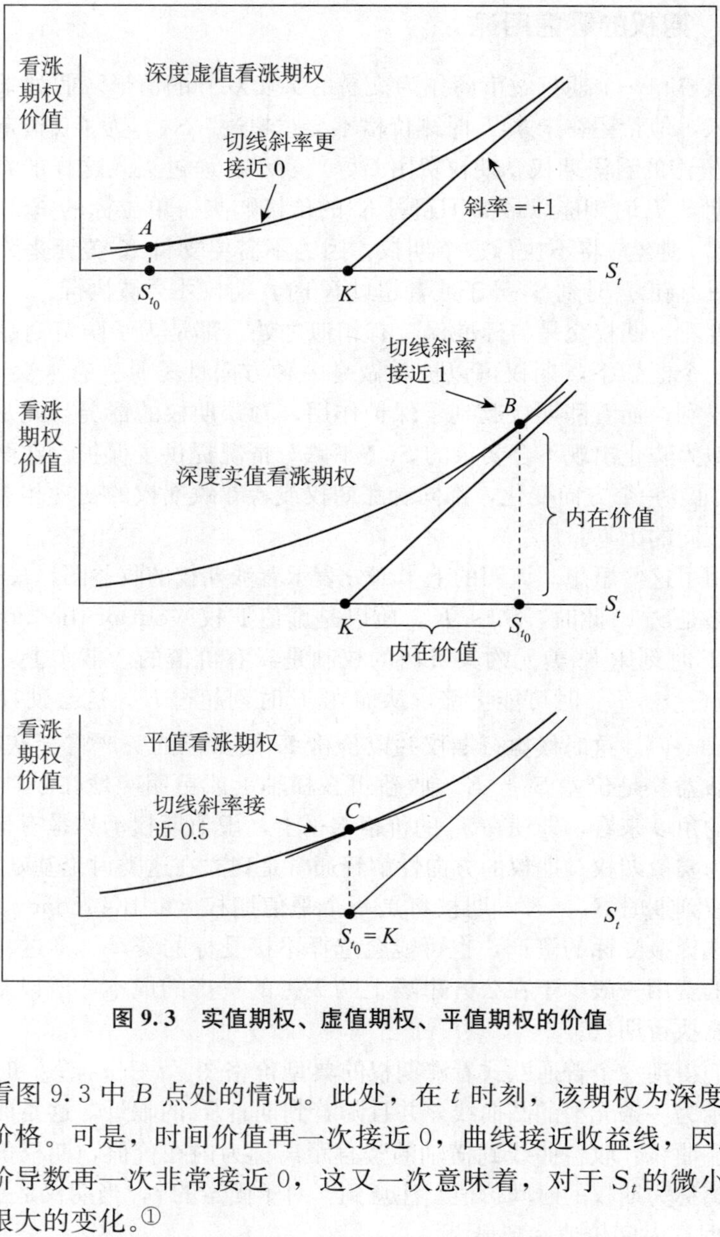

图 9.3　实值期权、虚值期权、平值期权的价值

现在，查看图 9.3 中 B 点处的情况。此处，在 t 时刻，该期权为深度实值期权，S_t 显著高于执行价格。可是，时间价值再一次接近 0，曲线接近收益线，因此斜率接近 1。而且曲线的二阶导数再一次非常接近 0，这又一次意味着，对于 S_t 的微小变化，切线的斜率将不会有很大的变化。①

第三种情况出现在图 9.3 下面部分的 C 点。假设在 t 时刻期权是平值的，如 C 点所示，期权的价值完全由时间价值构成。切线的斜率接近 0.5。最后，有意思的是，期权的曲率在 C 点达到最大，即如果 S_t 发生微小的变化，切线的斜率将发生显著的变化。

这为我们带来了一个有意思的问题。曲线在一个点的凸性越大，其相应的时间价值看起来越大。在两种极端情况下，即 A 点和 B 点，曲线的斜率完全不同，但期权都有小

① 也就是，斜率将近似为 1。

的时间价值。在这两个点上，曲线的二阶导数都很小。当曲率达到最大时，时间价值也最大。当然，问题是：这种现象会不会是一种巧合？

为进一步研究这种时间价值与凸性的关系，我们需要评价标的资产的波动性。假设做市商借助于持有一份期权，当 S_t 浮动时能收获“现金”收益。若果真如此，当其他条件不变时，$C(t)$ 的曲率越大，则现金收益就越大吗？我们下一节的任务将阐明事实的确如此。

9.4 期权作为波动性工具

在这一节，我们将看到，当 S_t 浮动时，凸性是怎样转变为现金收益并同时创造时间价值的。[1] 这里的讨论是在一个高度简化的条件下进行的，以便我们能更好地理解波动性与多头（空头）头寸的盈利（损失）之间的关系。

考察某位做市商（market maker）针对一份普通欧式看涨期权 $C(t)$ 报出买卖两个价格，此期权执行价格为 K，到期日为 T，用 S_t 表示无股息支付的资产。[2] 假设无风险利率 r 是一个常数。为简化起见，考察一个平值期权，即 $K=S_t$。下面，我们先看一看买入一份期权后做市商的初始行动。然后，我们观察这个做市商如何动态地对冲这个头寸，并随着 S_t 的浮动而产生现金收益。

9.4.1 初始头寸和对冲

假设这个做市商从一个客户处买入一份看涨期权。[3] 做市商的初始头寸表示在图 9.4 的顶部，这是一个标准的看涨期权多头头寸。做市商既不是投资者也不是投机者，它们买入期权只是在账簿上持有它，然后再将它卖给另外一个客户，因此，接下来就是遵循一些机制流程。首先，做市商需要为这个头寸筹集资金；其次，它要对冲相应的风险。

我们从交易的最开始讨论。与终端投资者不同，做市商从来没有“自己”的资金，它们需要为交易筹集所需资金。筹资至少有两种方式：一种是做空适当的资产来获得所需要的资金，另一种是直接从货币市场借入资金。[4] 假设做市商选择了第二种融资方式，以利率 $r_t=r$ 从货币市场借入 $C(t)$ 美元。图 9.4 的下半部分显示了将期权和借入资金放在一起的净头寸。

现在，考察头寸面临的风险。从图 9.4 中可以清楚地看出，通过货币市场贷款融资的看涨期权的多头头寸与做多 S_t 相似。当 S_t 减少时，头寸的价值将减少，持有数倍这样的头寸的做市商将在某一个特定日期无法承受这样的损失。因此，做市商必须通过持有

---

① 需要强调的是，这种看待期权的方式是从银行同业视角出发的。对于终端投资者，期权仍作为方向性工具，但是期权的定价和对冲只能从交易商的角度来理解。下一章将提供有关期权经典用途的应用。

② 记住，做市商有义务按照它们的报价买入和卖出期权。

③ 这意味着，客户已经“达到”做市商报出的买入价。

④ 做市商也可能会等待其他客户出现并购回期权。做市商具有头寸限制，对于没有关闭的敞口头寸只能操作比较短的时间。

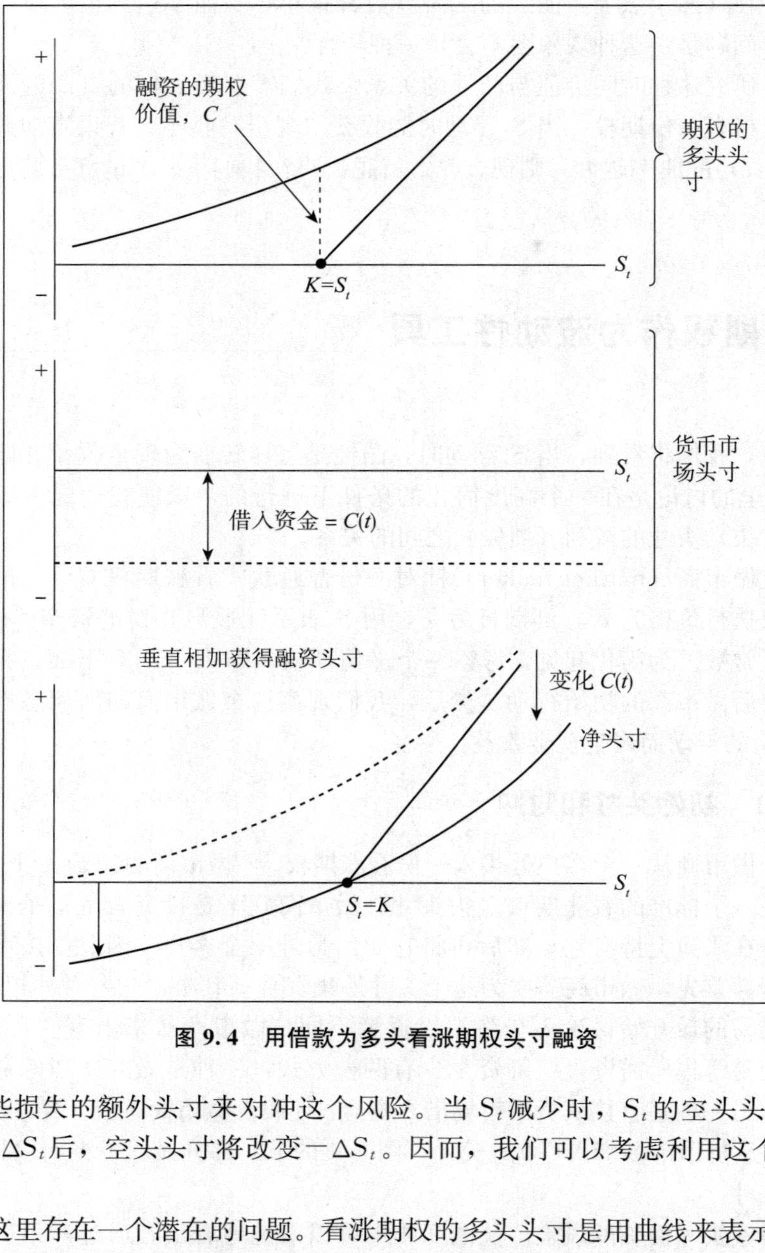

图 9.4　用借款为多头看涨期权头寸融资

能够弥补这些损失的额外头寸来对冲这个风险。当 S_t 减少时，S_t 的空头头寸将会获利。当 S_t 改变了 ΔS_t 后，空头头寸将改变 $-\Delta S_t$。因而，我们可以考虑利用这个空头头寸来进行对冲。

可是，这里存在一个潜在的问题。看涨期权的多头头寸是用曲线来表示的，而 S_t 的空头头寸是用直线来表示的，这意味着 $C(t)$ 与 S_t 相对于 S_t 的变化可能是不相同的。当其他条件不变时，如果标的资产价格改变了 ΔS_t，期权价格的变化大致是①：

$$\Delta C(t) \cong C_s \Delta S_t \tag{9.11}$$

空头头寸的改变将等于 $-\Delta S_t$，实际上，投资组合

$$V_t = \{做多\ C(t), 做空\ S_t\} \tag{9.12}$$

① 由于假设其他条件都相同，ΔS_t 与 $\Delta C(t)$ 应该用偏微分来解释。

对于 S_t 的微小变化都可以用一阶导数逼近给出：

$$\Delta V_t \cong C_s \Delta S_t - \Delta S_t \tag{9.13}$$

$$= (C_s - 1)\Delta S_t < 0 \tag{9.14}$$

原因在于 $0<C_s<1$。图 9.5 展示了这个头寸。它仍是有风险的头寸，有意思的是，风险被逆转了。当 S_t 增加时，做市商将会遭受损失。实际上，这个头寸等价于货币市场贷款的看跌期权多头头寸。

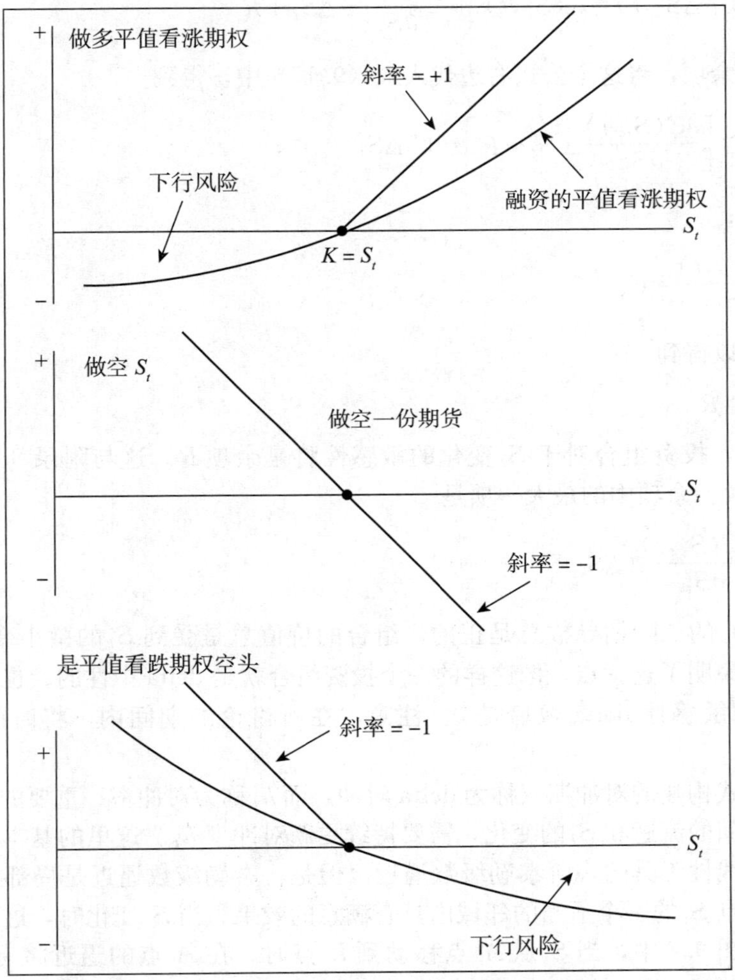

图 9.5　看涨期权和空头期货头寸

如何消除由 S_t 的波动带来的风险呢？在图 9.5 中，我们通过 $S_t=K$ 点的切线来估算期权的价值，结果也将是直线。相应地，我们可以据此调整空头头寸。依据式（9.14），做空一单位 S_t 过分对冲了风险。图 9.5 表明，做市商应该做空 h_t 单位 S_t，其中 h_t 的选择依据下式：

$$h_t = \frac{\partial C(S_t, t)}{\partial S_t} = C_s \tag{9.15}$$

为了理解这样做的原理，考察新的投资组合 V_t：

$$V_t=\{\text{做多一单位 } C(t)\text{，借入 } C(t)\text{ 美元，做空 } C_s\text{ 单位 } S_t\} \tag{9.16}$$

当其他条件不变时，如果 S_t 改变了 ΔS_t，投资组合的价值变动大约是

$$\Delta V_t \cong [C(S_t+\Delta S_t,t)-C(S_t,t)]-C_s\Delta S_t \tag{9.17}$$

为了简化这个关系，我们可以用 $C(S_t+\Delta S_t,t)$ 在 S_t 点的一阶泰勒级数逼近[①]：

$$C(S_t+\Delta S_t,t)=C(S_t,t)+\frac{\partial C(S_t,t)}{\partial S_t}\Delta S_t+R \tag{9.18}$$

其中，R 表示余项，将这个公式右边代入式（9.17）中，得到

$$\Delta V_t \cong \left[\frac{\partial C(S_t,t)}{\partial S_t}\Delta S_t+R\right]-C_s\Delta S_t \tag{9.19}$$

利用以下定义：

$$\frac{\partial C(S_t,t)}{\partial S_t}=C_s \tag{9.20}$$

简化之后，可以得到

$$\Delta V_t \cong R \tag{9.21}$$

这就是说，投资组合对于 S_t 变化的敏感性将是余项 R。这与附录 9.2 给出的伊藤（Ito）引理有关。余项中的最大一项是

$$\frac{1}{2}\frac{\partial^2 C(S_t,t)}{\partial S_t^2}(\Delta S_t)^2 \tag{9.22}$$

由于 $C(t)$ 的二阶偏导数总是正的，组合的价值总是受到 S_t 的微小变化的正影响。图 9.6 的底部说明了这一点。像这样的一个投资组合就是 delta 中性的。也就是，用一阶导数表示 S_t 的敏感性 delta 敞口是 0。注意，在所讨论的期间内，将时间变量 t 视为常数。

以这种方式构建的对冲期权称为 delta 对冲，而 h_t 称为对冲率。重要的是认识到，这个过程随着时间的流逝和 S_t 的变化，需要持续更新对冲率 h_t。这里的基本思想是，用线性工具作为非线性工具的一阶泰勒级数逼近。但是，泰勒级数逼近是局部的，而且这种逼近只在初始点 S_t 的一个适当的邻域内具有满意的效果。当 S_t 变化时，这种逼近估计需要作调整。在图 9.7 中，当 S_t 从 A 点移动到 B 点时，在 A 点的逼近将有较大的偏离，需要一个新的逼近。这个新的逼近将是在 B 点的切线。

□ 9.4.2　适时调整对冲

现在，我们考察当 S_t 浮动时，delta 对冲头寸将发生什么样的变化。依据前一章的讨

① 设 $f(x)$ 是 x 的连续且无穷次可微函数，$f(x)$ 在 x_0 点的 k 阶泰勒级数逼近由下式给出：

$$f(x)=f(x_0)+f'(x_0)(x-x_0)+\frac{1}{2}f''(x_0)(x-x_0)^2+\cdots+\frac{1}{k!}f^k(x_0)(x-x_0)^k$$

其中，$f^k(x_0)$ 表示 $f(\cdot)$ 的 k 阶导数在 $x=x_0$ 处的值。

论，随着时间的流逝，复制的投资组合需要重新平衡。这个平衡过程将产生现金收益。

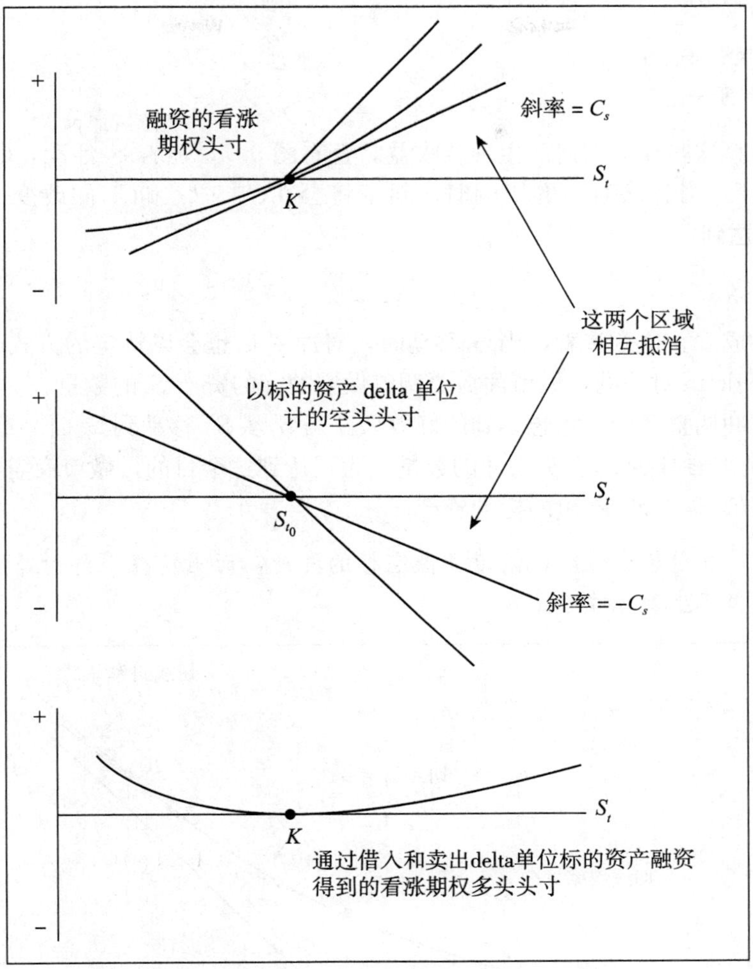

图 9.6　delta 中性投资组合的一个例子

在高度简化条件下，我们讨论这些组合的调整。考察 S_t 在初始点 $S_{t_0}=S^0$ 附近的一系列简单浮动。设

$$t_0<t_1<\cdots<t_n \tag{9.23}$$

且

$$t_i-t_{i-1}=\Delta \tag{9.24}$$

表示一系列间隔为 Δ 个单位时间的时间段。我们假设 S_t 在初始点 $S_{t_0}=S^0$ 附近按照一个单位标准差为 σ 的年百分比浮动。例如，一种可行的往返是

$$S^0\rightarrow(S^0+\Delta S)\rightarrow S^0 \tag{9.25}$$

且 $\Delta S=\sigma S^0\sqrt{\Delta}$，浮动的百分率将与 $\sqrt{\Delta}$ 成比例。我们将在这个简化情况下，讨论维持 delta 对冲看涨期权多头头寸的机制。

由于 S_{t_i} 仅仅在三种可能的价值之间移动，为了简化符号，用 S^-、S^0 和 S^+ 表示可能的价值，其中①

$$S^+ = S^0 + \Delta S \tag{9.26}$$

$$S^- = S^0 - \Delta S \tag{9.27}$$

现在，解释这些浮动如何产生现金收益。查看图 9.7，随着 S_t 浮动，$C(S_t, t)$ 的斜率 C_s 也会改变。当忽略时间的影响时，斜率将会在 C_s^+、C_s^0 和 C_s^- 间改变，如图 9.7 所示。② 我们注意到

$$C_s^- < C_s^0 < C_s^+ \tag{9.28}$$

对于所有的 t_i 成立。这意味着，当 S_t 移动时，对冲率 h_t 也会以特定的方式改变。为了保持投资组合是 delta 对冲的，做市商需要调整做空的标的资产 S_t 的数量。

其次，对冲调整会产生意想不到的好效果。当 S_t 从 S^+ 移动到 S^0 时，或从 S^0 移动到 S^- 时，做市商需要减少 S_t 空头头寸的数量。为了达到这个目的，做市商需要购回一定比例的原先以高价 S^0 或 S^+ 卖出的标的资产。

因此，当价格上涨时，做市商做空标的资产，而当价格下降时，则平仓一部分头寸，这将产生现金收益。

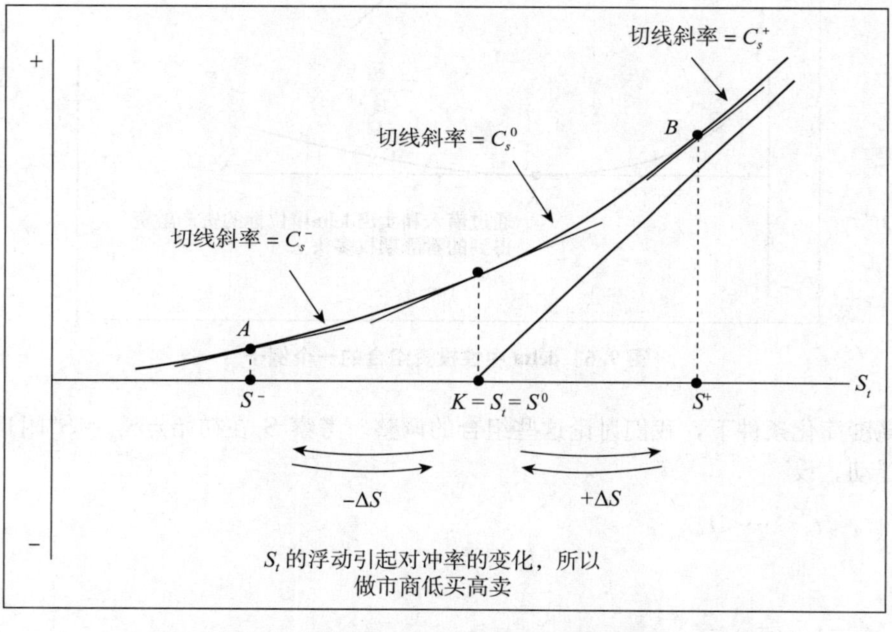

图 9.7　标的资产的波动与对冲比率的变化

---

① 我们可以用服从以下概率的三种状态马尔可夫链来表示这个轨迹：

$$P(S^0|S^+)=1 \quad P(S^-|S^0)=\frac{1}{2} \quad P(S^+|S^0)=\frac{1}{2} \quad P(S^0|S^-)=1$$

其中，S^0 表示初始点。如果价格处于 S^+ 或 S^-，那么总是会回到 S^0。从 S^0 出发，价格要么上涨，要么下跌。

② 认识到下面的内容非常重要：这些斜率同样依赖于时间 t，尽管为了简化记号，我们这里省略时间下标。

现在，考察当价格从 S^0 移动到 S^+ 时将发生什么。新的斜率 C_s^+ 比 C_s^0 更加陡峭，这意味着做市商需要在新价格下做空更多的 S_t 资产。当 S_t 又回到 S^0 时，这些空头头寸将以比 S^+ 更低的价格 S^0 被平仓。

因而，当 S_t 在 S^0 附近浮动时，投资组合也要进行相应调整，做市商会自动地卖高、买低。在每一次轮回变动中，例如 $\{S^0, S^+, S^0\}$，它经历了两个时期，对冲调整产生的现金收益等于

$$(C_s^+ - C_s^0)[(S^0+\Delta S)-S^0]=(C_s^+ - C_s^0)\Delta S \tag{9.29}$$

其中，$(C_s^+ - C_s^0)$ 表示价格从 S^0 变到 S^+ 之后需要做空 S_t 资产的数量。一旦价格又回到 S^0，同样数量的资产将以一个较低的价格被购回。当时间间隔 Δ 变得越来越小时，讨论这些交易的收益趋向将是一个非常有趣的问题。

9.4.2.1　极限形式

当 $\Delta S \to 0$ 时，我们可以证明交易（对冲）收益的一个重要逼近是：

$$(C_s^+ - C_s^0)\Delta S \tag{9.30}$$

其中，$(C_s^+ - C_s^0)$ 项是当资产 S_t 从 S_{t_0} 移动到以 $(S_{t_0}+\Delta S)$ 表示的新水平时，$C(S_t, t)$ 的一阶偏导数的变化。我们可以通过乘以一个 ΔS 再除以一个 ΔS 将 $(C_s^+ - C_s^0)$ 转化为变化率：

$$(C_s^+ - C_s^0)\Delta S=\frac{C_s^+ - C_s^0}{\Delta S}(\Delta S)^2 \tag{9.31}$$

设 ΔS 趋向 0，我们得到以下逼近：

$$\frac{C_s^+ - C_s^0}{\Delta S}\cong\frac{\partial^2 C(S_t, t)}{\partial S_t^2} \tag{9.32}$$

因而，式（9.29）所表示的在一个轮回变动里由 delta 对冲调整产生的收益可以近似为

$$(C_s^+ - C_s^0)\Delta S\cong\frac{\partial^2 C(S_t, t)}{\partial S_t^2}(\Delta S)^2 \tag{9.33}$$

每单位时间的收益将是上面的一半

$$\frac{1}{2}\frac{\partial^2 C(S_t, t)}{\partial S_t^2}(\Delta S)^2 \tag{9.34}$$

这些收益只是做市商面临的潜在现金流入和流出的一部分。事实上，头寸还有更多的潜在现金流需要描述。我们将在下面两个小节加以讨论。

□ 9.4.3　其他现金流

刚才我们已经证明，如果做市商用 delta 对冲期权多头头寸，S_t 的浮动将产生正的现金流。这是否隐含着套利机会呢？毕竟，做市商没有预付任何现金，但似乎只要 S_t 浮动，它们就会自动地收到现金。答案是否定的。这个策略是需要成本的，而且 delta 对冲

期权头寸也并非没有风险。

(1) 做市商通过借钱为它的头寸筹资。这意味着随着时间的流逝会产生利息成本。对于长度为 Δ 的时期，这个成本等于

$$rC\Delta \tag{9.35}$$

这里假设即期利率为常数。[我们将 $C(t)$ 写成 C。]

(2) 期权具有时间价值，而且随着时间的流逝，当其他条件不变时，期权的价值将会按照下面的比率减少：

$$C_t=\frac{\partial C(S_t,t)}{\partial t} \tag{9.36}$$

随着时间的流逝，对于每个时期 Δ，期权价值将下跌以下数量的美元

$$\frac{\partial C(S_t,t)}{\partial t}\Delta \tag{9.37}$$

(3) 最后，在每个时期 Δ，从空头头寸所收到的现金将产生 $rS_tC_s\Delta$ 美元的利息。

将交易收益和成本加总就可以得到一个重要的偏微分方程（PDE），这个偏微分方程在金融工程中起着核心的作用。

□ 9.4.4 表示期权损益的偏微分方程

现在，将每单位 Δ 时间内的收益和成本相加。从对冲调整中获得的每单位时间的期权收益是

$$\frac{1}{2}\frac{\partial^2 C(S_t,t)}{\partial S_t^2}(\Delta S)^2 \tag{9.38}$$

如果 S_t 过程是几何的，年百分比方差将是常数，且这可以写成（参见附录 9.2）

$$\frac{1}{2}C_{ss}\sigma^2 S_t^2\Delta \tag{9.39}$$

下面的讨论将继续假设 σ 为常数。

购买看涨期权的资金利息是按日支付的。对每个长度为 Δ 的时期，一个多头看涨期权的持有者将支付

$$rC\Delta \tag{9.40}$$

另有一进项是做空 C_s 单位 S_t 资产所获得的现金带来的利息①

$$rC_sS_t\Delta \tag{9.41}$$

将它们加总，我们就得到了在 Δ 时间内对冲多头看涨期权头寸获得的净现金收益（损失）

① 如果标的资产不是“现金”而是期货合约，那么就去掉这一项。

$$\frac{1}{2}C_{ss}\sigma^2 S_t^2\Delta + rC_sS_t\Delta - rC\Delta \tag{9.42}$$

现在，为了不产生套利机会，它必须等于每日时间价值的损失

$$\frac{1}{2}C_{ss}\sigma^2 S_t^2\Delta + rC_sS_t\Delta - rC\Delta = -C_t\Delta \tag{9.43}$$

消去公共项 Δ，我们得到一个非常重要的关系式，它就是读者所熟知的布莱克-斯科尔斯偏微分方程：

$$\frac{1}{2}C_{ss}\sigma^2 S_t^2 + rC_sS_t - rC + C_t = 0 \tag{9.44}$$

每个偏微分方程都有边界条件，这个方程也不例外。看涨期权将在时间 T 时执行，到期日的价值 $C(S_T, T)$ 由下式给出

$$C(S_T, T) = \max[S_T - K, 0] \tag{9.45}$$

求解这个偏微分方程可得到布莱克-斯科尔斯公式。在大多数金融学教科书里，这里推导的偏微分方程是通过数学求导得出的。本节是通过实际交易和套利推理从直观形式上获得的。

□ 9.4.5 到期日的现金流

到期日的现金流具有三个部分：（1）如果贷款没有在期权期限内连续偿还，做市商需要支付最初的贷款；（2）期权最终的交割；（3）S_t空头头寸的最终支付。

在到期日前的无限小时期 dt 内，标的资产的价格非常接近 S_T。将它写为S_T^-。价格曲线 $C(S_t, t)$ 非常接近分段线性期权收益图。因而，对冲率 $h_T^- = C_s$非常接近 0 或者 1：

$$h_T^- \cong \begin{cases} 1, & S_T^- > K \\ 0, & S_T^- < K \end{cases} \tag{9.46}$$

这意味着，在时间 T，多头看涨期权头寸的潜在收益将等于 S_t空头头寸的损失。

一个有趣的问题是，在这些条件下，做市商将如何归还最初的贷款呢？只有一种方式。唯一可以利用的现金是在 $[t, T]$ 期间进行对冲调整所产生的（净）交易收益的累积。只要方程（9.44）对每个 t_i都满足，对冲的多头期权头寸就能产生足够的现金来归还贷款。就这个方法而言，期权价格 $C(t)$ 是交易者基于对 S_t波动性的预期而构建的 delta 对冲期权头寸得到的收益和损失的贴现之和。

现在，我们考察一个数值例子，解释实际波动性是如何经由期权头寸转化成现金的。

□ 9.4.6 例子

考察某一股票 S_t，交易价格为 100。股票不支付股息，且已知拥有每年 $\sigma = 45\%$的布莱克-斯科尔斯波动性。无风险利率为 4%，已知 S_t服从几何过程，因此满足布莱克-斯科尔斯假设。

某做市商购买100份平值普通看涨期权，该期权在5天后到期，每份看涨期权的费用是2.13美元。这个价格是通过将以上数据代入布莱克-斯科尔斯公式得到的。因此，总的现金支出是213美元。假设没有其他的费用或佣金。做市商借入213美元并购买看涨期权，而且立即通过做空适当数量的标的股票来对冲这个多头头寸。

例子：

假设在这5天中，标的股票的价格是按照下列路径变动的：

$$\{第1天=100,第2天=105,第3天=100,第4天=105,第5天=100\} \tag{9.47}$$

从做市商账簿上看，这个看涨期权产生的现金流、收益和损失各是多少？

1. 第1天：购买日

当前delta：51（求解布莱克-斯科尔斯公式关于S_t的微分，代入数据然后乘以100得到）。

为看涨期权支付的现金：213美元。

为支付看涨期权借入的总额：213美元。

做空51单位股票产生的总额：5 100美元，该金额以4%的利率存入银行。

2. 第2天：价格变成105

当前delta：89（根据$S_t=105$，距到期日还有3天求得）。

借入资金的利息：$213\times0.04\times\frac{1}{360}=0.02$美元。

存款获得的利息：$5\ 100\times0.04\times\frac{1}{360}=0.57$美元（假设存贷款利率相同）。

为了达到delta中性，做空38单位额外股票获得：$38\times105=3\ 990$美元。

3. 第3天：价格回到100

当前delta：51。

借入资金利息：$213\times0.04\times\frac{1}{360}=0.02$美元。

存款获得的利息：$(5\ 100+3\ 990)\times0.04\times\frac{1}{360}=1$美元。

为了达到delta中性，按价格100购回38单位额外股票产生的现金：$38\times5=190$美元，这些利润的利息在进行一阶近似时被忽略。

4. 第4天：价格达到105

目前delta：98。

借入资金的利息：$213\times0.04\times\frac{1}{360}=0.02$美元。

存款获得的利息：$5\ 100\times0.04\times\frac{1}{360}=0.57$美元。

为了达到delta中性，按照单位价格105做空47单位股票获得：$47\times105=4\ 935$美元。

5. 第 5 天：到期日 $S_T=100$

购回空头头寸而产生的净现金流：47×5=235 美元（有 98 个空头头寸，按照单位价格 100 所回补的 47 个按照价格 105 卖出，另外 51 个按照价格 100 卖出）。

借入资金的利息：$213\times0.04\times\frac{1}{360}=0.02$ 美元。

存款得到的利息：$(5\,100+4\,935)\times0.04\times\frac{1}{360}=1.1$ 美元。期权到期时成为平值期权，所以没有产生额外的现金。

6. 总计

总的利息支付：4×0.02=0.08 美元。

总的利息收入：2×0.57+1+1.1=3.24 美元。

从对冲调整中得到的现金总额：235+190 美元。

需要归还的贷款金额：213 美元。

忽略利息产生的利息情形下的全部净利润：215.16 美元。

一种更加精确的计算要考察获得的利息所产生的利息，以及 190 美元在 2 天内带来的利息。

我们可以解释为什么总利润是正的。在这个例子里，S_t 的变化路径隐含着每日 5% 的实际波动性。可是，期权是按照年隐含波动性 45%出售的，其相应的每日百分比波动性为：

$$0.45\times\sqrt{\frac{1}{365}}=2.36\% \tag{9.48}$$

可见，在期权的有效期内，S_t 的实际波动性比隐含波动性大。所以，多头凸性头寸会有净利润。

当然，这个例子是高度简化的，它使得隐含波动性为常数，而且围绕一个固定点浮动。如果放松这些假设，计算也将改变。

9.4.6.1　说明

本节的四个假设使得符号和讨论得以简化。

- 第一，我们假设价格是在一个固定点 S^0 附近波动。而在现实生活中，假设中的固定点也是变动的。在这种情况下，偏导数 C_s 和 C_{ss} 将以更加复杂的方式变化。
- 第二，C_s 和 C_{ss} 也是时间 t 的函数，随着时间的推移，这将是变化的另一个来源。
- 第三点更重要，在讨论中，假定波动性是固定的，为 ΔS。在现实生活中，波动性是随时间推移而随机发生的。虽然这一点不会改变我们关于对冲调整收益的基本讨论，但是，它将带给做市商进行对冲时所面临的另一种风险，即 vega 风险。
- 第四，假定在期权的有效期内标的资产没有支付股利。如果支付了股利，则现金收益或损失的计算也要进行相应的调整。

这些假设被用来突出期权作为波动性工具的作用，后面几章将讨论如何放宽这些假设。

9.5 期权的各种工具

利用布莱克-斯科尔斯偏微分方程，人们可获得期权交易者或做市商经常使用的重要工具。其中第一套工具是布莱克-斯科尔斯公式，它提供了在特定假设下的普通看涨（看跌）期权的无套利价格。

第二套工具是由“希腊字母”构成的。希腊字母测量出期权价格对各种不同市场参数变化的敏感性。这些希腊字母在对冲和期权账簿风险管理上十分重要。它们还用于定价与期权策略方面。

第三套工具是由市场实践者提出的针对这些理论结构所进行的特别修正。这些修正的目的是促使这些理论工具“更好”地适用于现实世界。

□ 9.5.1 求解基本偏微分方程

期权收益的凸性蕴含着套利推理，即由 S_t 的浮动所产生的期望净收益（损失）等于在同一时期内的时间价值的衰减。这就得出了布莱克-斯科尔斯偏微分方程

$$\frac{1}{2}C_{ss}\sigma^2 S_t^2 + rC_s S_t - rC + C_t = 0 \tag{9.49}$$

其边界条件为

$$C(T) = \max[S_T - K, 0] \tag{9.50}$$

现在，在某些条件下，偏微分方程可用解析方法求解，从而获得闭形式公式(closed-form formula)。参见 Duffie（2001）。在我们设定的条件下，因对 S_t 的动态性质设置了特定假设，因此这个偏微分方程具有这种闭形式解。此解是著名的市场基准布莱克-斯科尔斯公式。

□ 9.5.2 布莱克-斯科尔斯公式

为了认识布莱克-斯科尔斯公式，首先需要了解其基本假设。假设在 t 时刻，卖出一个以股票为标的资产的普通看涨期权，到期日为 T，且 $T>t$，执行价格为 K，它是欧式的，只能在到期日 T 时执行。用 S_t 表示标的资产的价格，相关的市场环境具有以下特征：

(1) 无风险利率是常数 r。

(2) 标的股票的价格可由连续时间的随机微分方程（SDE）刻画①：

$$dS_t = \mu(S_t)S_t dt + \sigma S_t dW_t \quad t \in [0, \infty) \tag{9.51}$$

① 本章附录 9.2 进一步讨论了随机微分方程。

其中，W_t表示现实世界概率 P 下的维纳过程。①

为了突出上述随机微分方程的重要性，我们假设 S_t在无限小的时间区间内的百分比方差为常数。但漂移部分 $\mu(S_t)S_t$是一般的，且不需要特别设定。套利原理可以消去$\mu(S_t)$，并且在上面的公式中，可以用一个无风险瞬时即期利率 r 来代替它。

(3) 股票不支付股利，而且在 $[t,T]$ 期间没有股票分割或者其他公司活动。

(4) 最后，没有任何交易成本和买卖价差。

在这些假设下，我们可以求解偏微分方程（9.49）和（9.51），从而得到下面的布莱克-斯科尔斯公式

$$C(t)=S_tN(\mathrm{d}_1)-K\mathrm{e}^{-r(T-t)}N(d_2) \tag{9.52}$$

其中 d_1和 d_2等于

$$d_1=\frac{\log\left(\frac{S_t}{K}\right)+\left(r+\frac{\sigma^2}{2}\right)(T-t)}{\sigma\sqrt{T-t}} \tag{9.53}$$

$$d_2=\frac{\log\left(\frac{S_t}{K}\right)+\left(r-\frac{\sigma^2}{2}\right)(T-t)}{\sigma\sqrt{T-t}} \tag{9.54}$$

用 $N(x)$ 表示累积标准正态分布函数的概率，则有：

$$N(x)=\int_{-\infty}^{x}\frac{1}{\sqrt{2\pi}}\mathrm{e}^{-\frac{1}{2}u^2}\mathrm{d}u \tag{9.55}$$

在这个公式中，r、σ、T 和 K 被看作参数，因为公式只有在这些参数保持不变时才能表示为这种形式。② 变量为 S_t和 t，t 在期权存续期内是允许变化的。

给定这个公式，我们求出

$$C(t)=C(S_t,t\,|\,r,\sigma,T,K) \tag{9.56}$$

对变量 S_t和 t 以及对参数 r、σ、T 和 K 的偏导数，这些偏导数正是希腊字母工具，它们表示期权价格对参数和变量的一个微小变化的敏感性。如果将 σ 与其他输入参数比如 r、t、K、S_t 以及 t 一起代入定价公式（9.52）中，隐含波动性（σ_{IV}）可通过观测到的期权价格 $C(T)$ 的 σ 来计算。隐含波动性是期权的观测到的市场价格所蕴含的，它的计算类似于债券到期收益率的计算，基于债券的市场价格、定价公式和其他输入参数，如现金流支付期限和频率。

---

① 关于维纳过程的假设在直观意义下意味着

$$E_t[\mathrm{d}W_t]=0$$

与

$$E_t[\mathrm{d}W_t]^2=d_t$$

这些增量是一列正态分布的随机变量在连续时间情形下的等价物，关于随机微分方程以及维纳过程的讨论，可以参见比如 Øksendal（2010）。Hirsa and Neftci（2013）提供了直观意义上的讨论。

② 标的资产波动性在期权存续期内必须为常数，否则，即使推导原理仍然成立，公式也将不再成立。

9.5.2.1 布莱克公式

当 delta 对冲过程利用“现金”标的进行时，式（9.52）中的布莱克-斯科尔斯公式就是基本偏微分方程的解。正如前面所讨论的，通过交易收益以及融资成本方程，可以得到偏微分方程

$$rC_sS_t-rC+\frac{1}{2}C_{ss}\sigma^2S_t^2=-C_t \tag{9.57}$$

其边界条件是

$$C(S_T,T)=\max[S_T-K,0] \tag{9.58}$$

当标的资产变成远期合约时，S_t 将变成由 F_t 表示的相应的远期价格，而且布莱克-斯科尔斯偏微分方程也需要进行细微的调整。

和现金标的不同，买卖远期合约并不需要资金。远期多头头寸和空头头寸是约定在未来时间 T 进行买卖，而不是立即购买标的资产。因此，唯一的现金流是为看涨期权融资的利息成本和由对冲调整产生的现金收益。这意味着相应的偏微分方程将变为

$$-rC+\frac{1}{2}C_{ss}\sigma^2F_t^2=-C_t \tag{9.59}$$

且有相同的边界条件：

$$C(F_T,T)=\max[F_T-K,0] \tag{9.60}$$

其中，F_t 是标的资产的远期价格。

这个偏微分方程在期权是欧式期权情况下的解，由下面所谓的布莱克公式（Black's formula）给出

$$C(F_t,t)^{\text{Black}}=\mathrm{e}^{-r(T-t)}[F_tN(d_1)-KN(d_2)] \tag{9.61}$$

其中

$$d_1^{\text{Black}}=\frac{\log\frac{F_t}{K}+\frac{1}{2}\sigma^2(T-t)}{\sigma\sqrt{(T-t)}} \tag{9.62}$$

$$d_2^{\text{Black}}=d_1^{\text{Black}}-\sigma\sqrt{(T-t)} \tag{9.63}$$

在许多不能直接应用布莱克-斯科尔斯公式的实际环境下，布莱克公式非常有用。例如上限和下限等利率衍生品就是以远期 LIBOR 利率为标的构成的期权。这样的背景为布莱克公式提供了很好的用武之地。标的资产的风险是一个远期利率，比如远期 LIBOR 以及由布莱克公式给出的相关期权价格。然而，读者应该记得，在上面的布莱克公式中，即期利率被当成常数。在第 16 章，我们将放松这一假设。

□ 9.5.3 其他公式

布莱克-斯科尔斯型偏微分方程，在其他不同的条件下也可以求解闭形式公式。这些运算的表述相似，不过包含更多的参数和变量。我们考察两个有意思的例子，第一个例

子是选择期权。

9.5.3.1 选择期权

对于普通的看跌期权 $P(t)$ 和普通的看涨期权 $C(t)$，它们都是以 S_t 为标的资产，执行价格为 K，到期日为 T。一个选择期权是给予在未来时间 T_0 选择 $C(t)$ 或 $P(t)$ 的权利，它在时间 T_0（$T_0<T$）时的收益为：

$$C^h(T_0)=\max[C(S_{T_0},T_0),P(S_{T_0},T_0)] \tag{9.64}$$

利用套利推理，可得出下面的等式

$$P(S_{T_0},T_0)=-(S_{T_0}-K\,e^{-r(T-T_0)})+C(S_{T_0},T_0) \tag{9.65}$$

运用这个公式，式（9.64）可以写为

$$C^h(T_0)=\max[C(S_{T_0},T_0),-(S_{T_0}-K\,e^{-r(T-T_0)})+C(S_{T_0},T_0)] \tag{9.66}$$

或者，消掉公共项后得

$$C^h(T_0)=C(S_{T_0},T_0)+\max[-(S_{T_0}-K\,e^{-r(T-T_0)}),0] \tag{9.67}$$

换句话说，选择期权的收益或者等于 T_0 时看涨期权的价值，或者是在下面的情况下，再加上一个正增量

$$(S_{T_0}-K\,e^{-r(T-T_0)})<0 \tag{9.68}$$

不过，这等于一个执行价格为 $K\,e^{-r(T-T_0)}$、到期日为 T_0 的看跌期权的收益。因而，选择期权的定价公式由下式给出

$$\begin{aligned}C^h(t)=&[S_tN(d_1)-Ke^{-r(T-t)}N(d_2)]+[-S_tN(-\overline{d}_1)\\&+K\,e^{-r(T-T_0)}e^{-r(T_0-t)}N(-\overline{d}_2)]\end{aligned} \tag{9.69}$$

可简化为

$$C^h(t)=\{S_t[N(d_1)-N(-\overline{d}_1)]\}+Ke^{-r(T-t)}[N(-\overline{d}_2)-N(d_2)] \tag{9.70}$$

其中

$$d_{1,2}=\frac{\ln\frac{S_t}{K}+\left(r\pm\frac{1}{2}\sigma^2\right)(T-t)}{\sigma\sqrt{(T-t)}} \tag{9.71}$$

$$\overline{d}_{1,2}=\frac{\ln\frac{S_t}{K}+\left[r(T-t)\pm\frac{1}{2}\sigma^2(T_0-t)\right]}{\sigma\sqrt{(T_0-t)}} \tag{9.72}$$

一个更有意思的例子是，布莱克-斯科尔斯方法在障碍期权中的应用，下面我们考察障碍期权。

9.5.3.2 障碍期权

障碍期权将在下一章详细讨论。这里我们仅仅定义这些工具，解释在某些假设条件下与此联系的闭形式公式。随后，以布莱克-斯科尔斯公式的应用来结束讨论。

考察普通欧式看涨期权，以 S_t 作为标的资产，执行价格为 K，到期日为 T，$t<T$。假

设 S_t 满足所有的布莱克-斯科尔斯假设。存在一个障碍 H，假设在时间 t 有 $H<S_t<K$。如果我们买入一份期权，在约定的期权存续期 $[t,T]$ 内，若 S_t 低于障碍水平 H，则期权将不存在，期权卖方也不再承担更多责任。换句话说，只要 $H<S_u$，$u\in[t,T]$，普通期权有效，不过，只要 S_u 低于 H，期权就失效。这就是障碍期权* (barrier option)，准确地说是下跌出局障碍期权 (down-and-out barrier option)。图 9.8 (a) 中给出了两个例子。

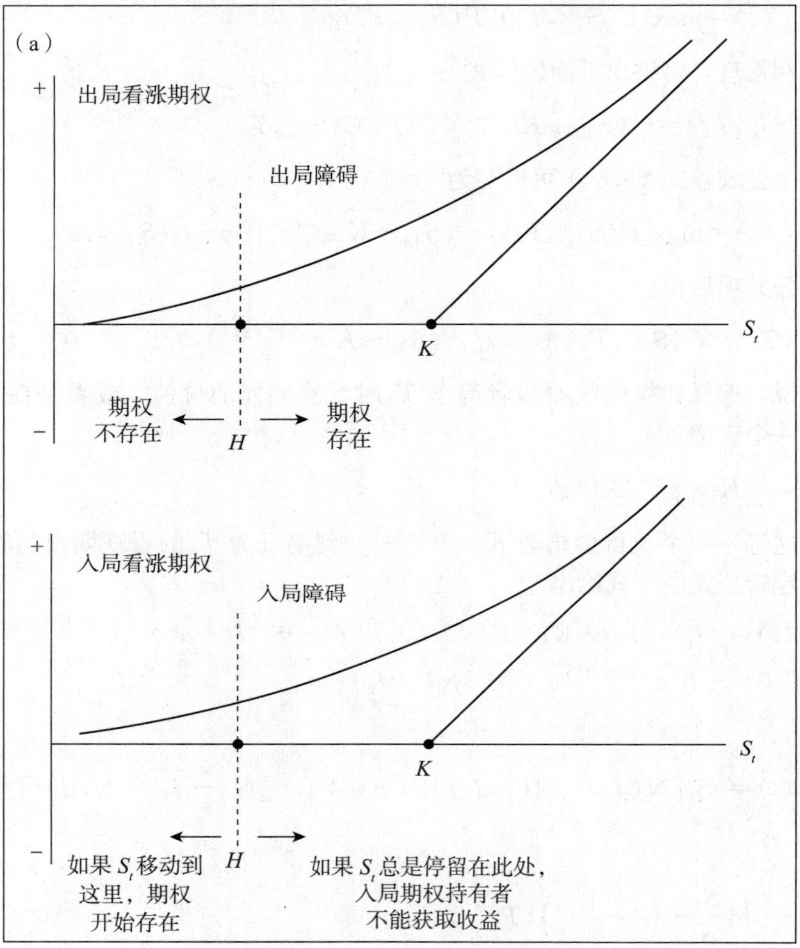

图 9.8　(a) 障碍期权的例子；(b) 普通看涨期权和入局看涨期权

---

* 障碍期权 (barrier option) 的收益依赖于标的资产的价格在一段特定时间内是否达到某个特定的水平，即临界值，这个临界值就叫作"障碍"水平。设置"障碍"的目的是把投资者的收益或损失控制在一定范围之内。障碍期权有多种形式。第一类，敲出障碍期权 (knock-out options，又译为出局障碍期权)。当标的资产价格达到一个特定的障碍水平时，该期权作废 (被"敲出")；如果在规定时间内标的资产价格没有触及障碍水平，则仍然是一个常规期权。第二类，敲入障碍期权 (knock-in options，又译为入局障碍期权)。敲入障碍期权恰恰与敲出障碍期权相反，只有标的资产价格在规定时间内达到障碍水平时，该期权才能存在 (即"敲入")，其收益与相应的常规期权相同；反之，该期权作废。在此基础上，障碍期权可以进一步分类。根据障碍水平和标的资产初始价格的相对水平划分：如果障碍水平高于标的资产初始价格，可以称之为向上期权；如果障碍水平低于标的资产初始价格，可以称之为向下期权。结合敲出、敲入的分类，可以把障碍期权分为向下敲出看涨期权 (down-and-out call，也称下跌出局看涨期权)、向下敲入看跌期权 (down-and-in put，也称下跌入局看跌期权)、向上敲出看涨期权 (up-and-out call，也称上涨出局看涨期权)、向上敲入看跌期权 (up-and-in put，也称上涨入局看跌期权) 等多种类型。——译者注

下跌出局障碍看涨期权的定价公式由下式给出：

$$C^b(t)=C(t)-J(t)，当 H\leqslant S_t 时$$
$$C^b(t)=0，当 S_t<H 时 \tag{9.73}$$

其中，$C(t)$ 表示普通看涨期权的价值，由标准的布莱克-斯科尔斯公式给出，$J(t)$表示应用在 $[t,T]$ 期间的贴现，因为当 S_t 小于 H 时，期权失效，参见图 9.8（b）。$J(t)$ 的公式由下式给出：

$$J(t)=S_t\left(\frac{H}{S_t}\right)^{\frac{2\left(r-\frac{1}{2}\sigma^2\right)}{\sigma^2}+2}N(c_1)-K\mathrm{e}^{-r(T-t)}\left(\frac{H}{S_t}\right)^{\frac{2\left(r-\frac{1}{2}\sigma^2\right)}{\sigma^2}}N(c_2) \tag{9.74}$$

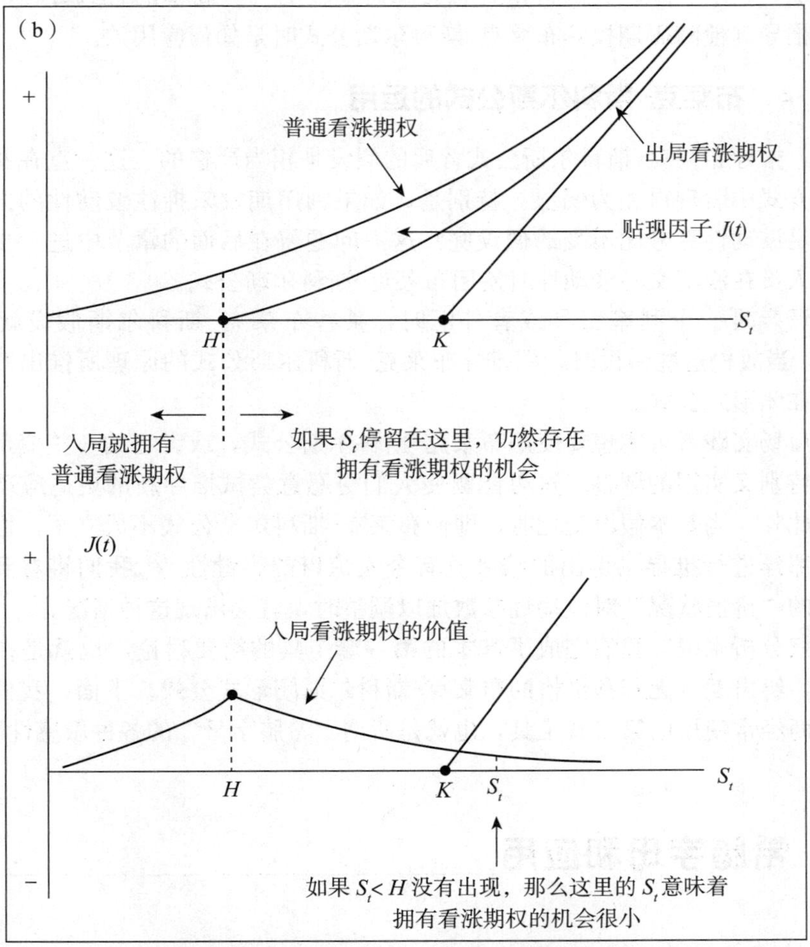

图 9.8　(a) 障碍期权的例子；(b) 普通看涨期权和入局看涨期权（续）

其中

$$c_{1,2}=\frac{\log\frac{H^2}{S_tK}+\left(r\pm\frac{1}{2}\sigma^2\right)(T-t)}{\sigma\sqrt{T-t}} \tag{9.75}$$

一个有意思的发现是，当 S_t 接近障碍时，

$$S_t = H \tag{9.76}$$

$J(t)$ 的公式将变成

$$J(t) = S_t N(d_1) - K\mathrm{e}^{-r(T-t)} N(d_2) \tag{9.77}$$

这就是说，$C^b(t)$ 的价值为 0：

$$C^b(t) = C(t) - C(t) \tag{9.78}$$

障碍期权可看成是标准期权加上或减去一个贴现项，这个特性从金融工程的角度看是非常有用的。在下一章，我们将得到有关障碍期权的一些简单的合约方程，并展示贴现的使用在推导其他障碍期权的布莱克-斯科尔斯公式时是如何应用的。

□ 9.5.4 布莱克-斯科尔斯公式的运用

很明显，推导布莱克-斯科尔斯公式背后的假设是相当严格的。这一点在我们本书中引入期权的方式中表现得尤为明显。特别是，如果利用期权来押注波动性的方向，那么怎么可能满足波动性百分比不变的假设呢？这一问题将在后面的章节中进一步讨论，其中市场专业人员在澄清交易波动性时使用布莱克-斯科尔斯公式。

当标的资产是一个利率工具或者外汇时，某些布莱克-斯科尔斯假设就不再合理了。[①] 然而，当放松这些假设时，用推导布莱克-斯科尔斯公式的原理所推出的偏微分方程可能不存在闭形式公式。

因此，市场实践者可能想要使用布莱克-斯科尔斯公式，或者它的一些变形，然后对它进行某些特别又实用的调整。这可能驱使人们更愿意尝试推导新的更适应现实假设的复杂公式。此外，当基本假设变化时，即使布莱克-斯科尔斯公式不成立了，但仍当成好像假设成立那样进行推导，得出的结果竟有令人惊讶的稳健性。[②] 我们将看到，当交易者依据期权的“价值状况”对波动性参数加以调整时，就会出现这种情况。

对于期权分析来说，我们完成了基本的第一套工具的简要讨论，也就是在某些严格假设条件下，给出期权无套利价格的布莱克-斯科尔斯闭形式公式。下面，我们将讨论交易者和做市商经常使用的第二套工具，也就是所谓“希腊字母”的各种敏感性因子。

9.6 希腊字母和应用

布莱克-斯科尔斯公式提供了在某些特定假设条件下普通看涨（看跌）期权的价值。很明显，这对于计算期权的无套利价值是十分有用的。不过，当公式中的变量或参数随市场环境而改变时，金融工程师就需要一些方法来计算期权费 $C(t)$ 是怎样变动的。因

① 例如，外汇支付外币利息。这如同标的股票支付股利一样。

② 参见 El-Karoui 等人的书。

为推导布莱克-斯科尔斯公式时所用的假设是不现实的，所以认识到这一点非常重要。交易者、做市商或者风险管理者必须持续不断地监视他们的期权账簿针对 S_t、r、t 或者 σ 的变化敏感性。因而，要很好地理解下列希腊字母所表示的含义。

例子：

σ 的变化就是一个良好的例子。我们赋予期权头寸本质上（但并不完全地）具有波动性的头寸。很明显，波动性不会总是如同布莱克-斯科尔斯领域里所假设的常数。假如买入期权，并进行 delta 对冲，则对冲率 C_s 与 C_{ss} 均取决于波动性参数 σ 的变化。

因此，被“对冲”的期权头寸在许多方面还是具有风险。比如，依据 σ 和 S_t 的变化对 C_{ss} 的影响，做市商针对 S_t 波动程度的预测可能是正确的，不过仍然可能在多头期权头寸上遭受损失。

更困难的问题是，针对不同执行价格 K 或到期日 T，期权的敏感性可能不始终如一。对于具有同样标的资产的期权来说，不同的 K 和 T 将分别导致所谓的“微笑效应”（smile effects）和期限结构效应（term structure effects），因而应周密地加以考虑。

在期权文献中，期权的敏感性参数是所谓的“希腊字母”。下面我们逐一讨论它们，然后提供几个具体的实践例子。

□ 9.6.1 delta 值

考察布莱克-斯科尔斯公式 $C(S_t,t|r,\sigma,T,K)$。倘若标的资产价格 S_t 变化一个无穷小的数量，这个公式的理论价格将会变动多少呢？

就此问题而言，一种理论解决方法是利用函数对 S_t 的偏导数来给出。这可借助于定义在 t 时刻的 delta 获得：

$$\text{delta}=\frac{\partial C(S_t,t|r,\sigma,T,K)}{\partial S_t} \tag{9.79}$$

在前文中，用 C_s 表示这个偏导数。注意，delta 仅仅是期权价格对 S_t 的一个无穷小变化的局部敏感性，这正是为什么采用偏导数记号的原因。

为了得到这个公式的某种直观启发性观点，记住针对看涨期权的价格曲线在标准的 $C(t)$ 及 S_t 空间中具有一条向上倾斜的斜率曲线。作为这条曲线的切线斜率，看涨（看跌）期权的 delta 总是正的（负的）。具体表述如图 9.9 所示。我们考察标的资产价格的三种结果，这里用 S_A、S_B 和 S_C 表示三种结果，从而得到期权价格曲线上的三个点 A、B 和 C。通过每一个点，均可画出一条切线。这条切线的斜率就对应各个价格点上的 delta。

- 在 C 点，由于当 S_t 下降时，曲线接近水平轴，故斜率即 delta 接近 0；
- 在 B 点，由于曲线接近斜率为 1 的直线，故 delta 接近 1；
- 在 A 点，delta 处于“中间”区域，因而切线斜率在 0 和 1 之间。

因而，对于多头看涨期权头寸来说，总是存在 $0<\text{delta}<1$。正如前面所提及的，当期权为平值期权时，delta 接近 0.5。

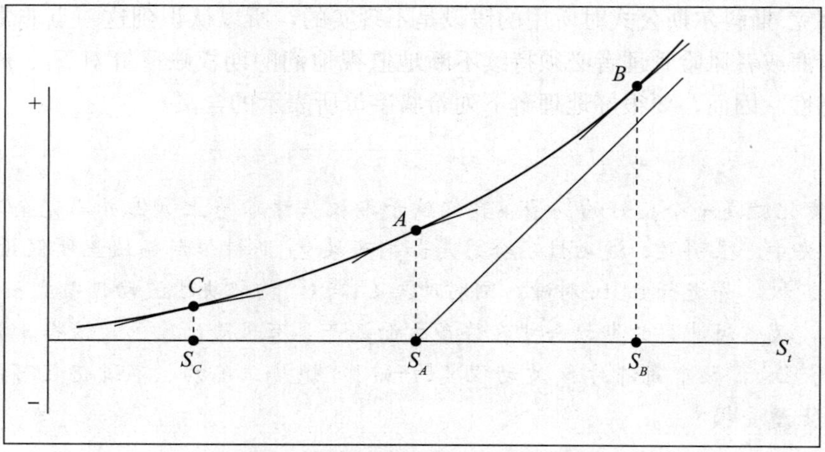

图 9.9　多头看涨期权的收益和斜率

9.6.1.1　惯例

市场专业人士并不喜欢运用小数点数字。在期权市场上，一种惯例是不交易 1 份期权而是 100 份期权，因此期权头寸的 delta 可用 0～100 的整数来刻画。依据这个惯例，平值期权的 delta 大致为 50，25delta 期权就是虚值期权，75delta 期权就是实值期权。特别是在外汇市场上，交易者使用这样的术语来进行期权交易。

在这些条件下，期权交易者利用 delta 点数可以评估他的敞口。交易者可以是多头 delta 持有者，这意指如果标的资产价格上涨，其头寸将获得收益；如果标的资产价格下降，其头寸将遭受损失。空头 delta 头寸交易者，则隐含相反的结果。

9.6.1.2　准确的表达式

在看涨期权是欧式的，同时其价格是由布莱克-斯科尔斯公式给出的条件下，我们可用式（9.79）中的偏导数获得这种重要的特殊情况下的 delta：

$$\frac{\partial C(S_t,t \mid r,\sigma,T,K)}{\partial S_t}=\int_{-\infty}^{\frac{(T-t)\left(r+\frac{1}{2}\sigma^2\right)+\log(S_t/K)}{\sqrt{(T-t)}\sigma}} \frac{1}{\sqrt{2\pi}}\mathrm{e}^{-\frac{1}{2}x^2}\mathrm{d}x \quad (9.80)$$

$$=N(d_1)$$

附录 9.1 简要地给出了这一推导。可以证明，delta 本身就是依赖于变量 S_t、K、r、σ 以及期权剩余期限 $T-t$ 的函数。这个函数是一个概率形式。delta 处于 0 和 1 之间，同时函数拥有人们熟悉的连续累积分布函数（CDF）的 S 形状。顺便提及，这意指 delta 对 S_t 的导数即 gamma 具有概率密度函数（PDF）的形状。[①] 因而，典型的 delta 看起来将是图 9.10 所示的 S 形曲线。

从这个公式中我们还可以看出，市场变量中各式各样的变化是怎样影响这种特定期权的敏感性的。该公式表明，任何导致下面的比率

$$\frac{\log(S_t/K)+\left(r+\dfrac{1}{2}\sigma^2\right)(T-t)}{\sigma\sqrt{T-t}} \quad (9.81)$$

① 某些交易者使用特殊期权的 delta，就像它是实值期权的概率一样。这样做可能会被误导。

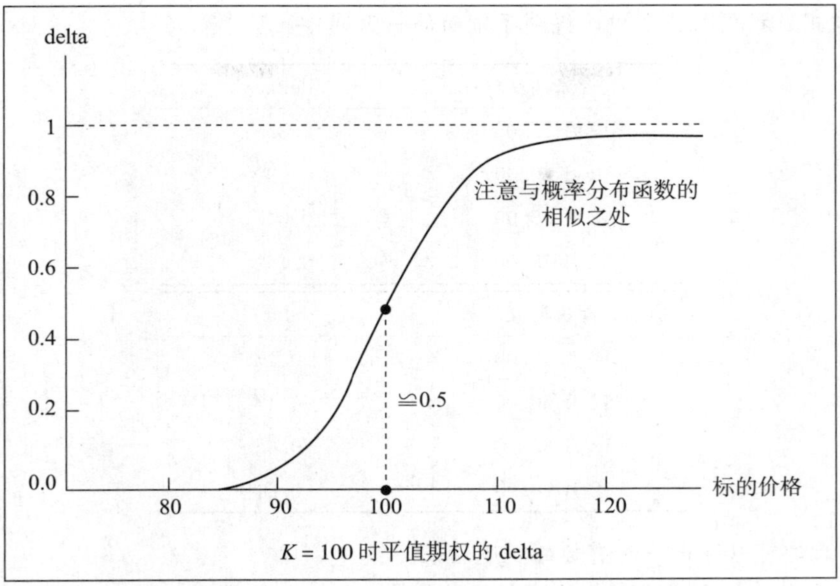

图 9.10　基于布莱克-斯科尔斯公式的多头看涨期权的 delta

增大的因素，都会使得 delta 增加；任何导致这个比率减小的因素，都会使得 delta 减小。

比如，很明显，当 r 增大时，delta 将增大。另外，当看涨期权的价值出现下降时，该价值被定义为如下比率

$$\frac{S_t}{K} \tag{9.82}$$

delta 就会减小。波动性变化的影响具有更多的不确定性，并且依赖于期权的价值状况。

例子：

我们计算某些特定期权的 delta。首先假设在布莱克-斯科尔斯领域中，我们操作的相关市场可能会违背布莱克-斯科尔斯的某些假设。这些假设包括标的资产的股利收益为 0，不过在现实生活中，这个假设可能不能被满足。其次，我们求函数 $C(t)$ 对 S_t 的微分：

$$C(t)=S_tN(d_1)-Ke^{-r(T-t)}N(d_2) \tag{9.83}$$

其中，d_1 与 d_2 由式（9.53）与式（9.54）给出，然后代入 S_t、K、r、σ、$T-t$ 的观测值。

假定本章第一个例子中微软公司 12 月份的看涨和看跌期权满足这些假设，那么利用下列参数值就可以计算 delta：

$$S_t=61.15,\ r=0.025,\ \sigma=30.7\%,\ T-t=58/365 \tag{9.84}$$

其中，delta 是当 $K=60$ 时求解下面方程所得到的隐含波动性：

$$C(61.115,60,0.025,58/365,\sigma)=\text{观测价格} \tag{9.85}$$

将观测数据代入公式中，得到了下面的一系列值：

看涨期权	delta
12 月 55.00	0.82
12 月 60.00	0.59
12 月 65.00	0.34
12 月 70.00	0.16

看跌期权	delta
12 月 55.00	−0.17
12 月 60.00	−0.40
12 月 65.00	−0.65
12 月 70.00	−0.84

我们可以得出一些有趣的观测结果：

(1) 平值看涨和看跌期权具有相同的价格；

(2) 然而，它们的 delta 却是不同的；

(3) 距离平值期权同样远的看涨和看跌期权，它们的 delta 的绝对值差别很小。根据最后一点，对于 25delta 的看涨和看跌期权来说，它们不是完全一样的。①

现在，我们指出这个例子用到了某些有问题的假设。首先，在计算不同执行价格的 delta 时，我们总是使用相同的波动性参数 σ。这并不是一个小问题。其他条件都相同，只有执行价格 K 不同的期权，可能会具有不同的隐含波动性，也可能存在波动性微笑。利用平值期权隐含波动性计算所有期权的 delta 可能是不正确的。其次，我们假设了一个零股利收益，这也不是现实存在的。通常，股票拥有正的股利收益期望，所以在计算期权价格和相关希腊字母工具时应该做出一些修正。一种粗略的方法是计算一个年股利收益的百分比期望，然后从无风险利率 r 中减去它。最后，如果我们用 S_t 或者期货市场等价物（只要其存在）、从期货或者远期的价格中所估算的 delta 来计算可能更让人满意。

□ 9.6.2　gamma 值

gamma 表示当标的资产 S_t 的风险改变时 delta 的变化率。delta 的改变在确定一个普通期货的价格时发挥着重要作用。因而，gamma 是另一个重要的希腊字母。它是由 $C(S_t,t)$ 对 S_t 的二阶偏导数给出的：

$$\text{gamma}=\frac{\partial^2 C(S_t,t|r,\sigma,T,K)}{\partial S_t^2} \tag{9.86}$$

我们容易得出欧式看涨期权的 gamma 的精确表达式。附录 9.1 中给出了推导过程：

① 我们忽略了芝加哥期权交易所里这些股票期权均是美式的这一事实。

$$\frac{\partial^2 C(S_t,t|r,\sigma,T,K)}{\partial S_t^2}=\frac{1}{S_t\sigma\sqrt{T-t}}\left[\frac{1}{\sqrt{2\pi}}\mathrm{e}^{-\frac{1}{2}\left(\frac{\log\left(\frac{S}{k}\right)+r(T-t)+\frac{1}{2}\sigma^2(T-t)}{\sigma\sqrt{T-t}}\right)^2}\mathrm{d}u\right] \tag{9.87}$$

gamma 表示当 S_t 改变时，delta 对冲应该调整多少。图 9.11 显示了布莱克-斯科尔斯公式中的 gamma。可以看到上面提到过的性质。当期权是平值期权时，gamma 达到最大，当期权变为深度实值期权或者深度虚值期权时，gamma 接近 0。

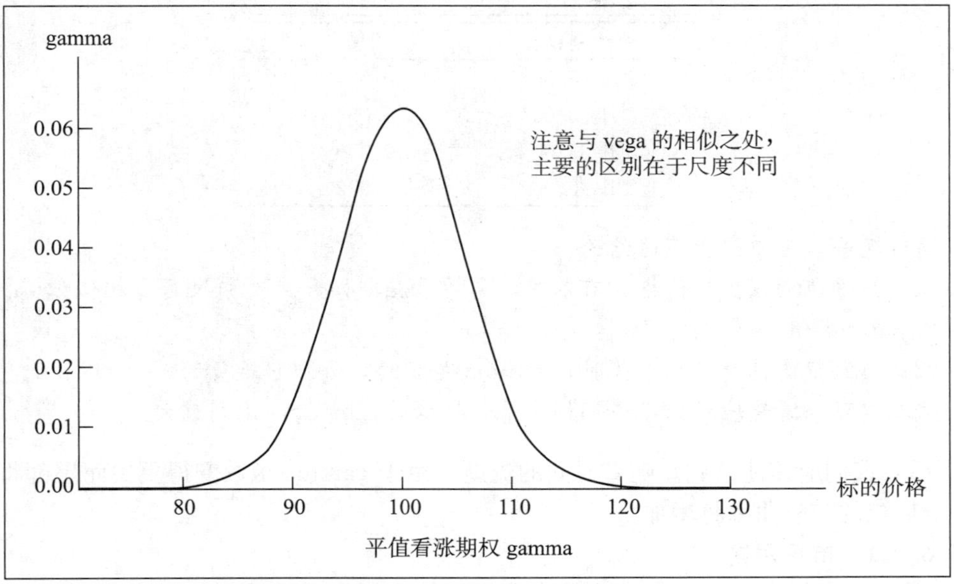

图 9.11　基于布莱克-斯科尔斯公式的多头看涨期权的 gamma

查看 gamma 曲线的形状，可以得到某种直观的启示。首先，记住 gamma 实际上是 delta 对 S_t 的导数；其次，delta 本身具有正态分布累积函数的形状。这意味着 gamma 的形状将与连续的钟形概率密度函数的形状非常相似，就像表达式（9.87）所示的一样。

现在，考察有关 gamma 计算的例子，我们用本章前面曾用过的数据。

例子：

为了计算 gamma 值，我们使用本章第一个例子里的表格，求出 delta 关于 S_t 的偏导数。这给出了一个关于 S_t、K、r、σ、$T-t$ 的新函数，它度量了 delta 关于标的资产 S_t 的敏感性，然后将观测到的 S_t、K、r、σ、$T-t$ 代入，从而得出在那个特定点上的 gamma 值。

对于表中所示的微软公司 12 月份看涨期权和看跌期权，gamma 可以基于下列参数值计算出：

$$S_t=60.0,\ r=0.025,\ \sigma=0.31\%,\ T-t=58/365,\ k=60 \tag{9.88}$$

其中，σ 表示隐含波动性。

我们再一次使用了对应平值期权的隐含波动性来计算所有期权，包括实值期权和虚值期权的 delta 值。

将观测值代入 gamma 公式中，得到下列值：

看涨期权	gamma
12 月 55.00	0.034
12 月 60.00	0.053
12 月 65.00	0.050
12 月 70.00	0.032

看跌期权	delta
12 月 55.00	0.034
12 月 60.00	0.053
12 月 65.00	0.050
12 月 70.00	0.032

通过观察，可以得出下述结论：

(1) 与平值期权执行价格具有不同距离的看涨期权和看跌期权具有相似但不完全对称的 gamma 值；

(2) 当做市商持有期权多头时，gamma 是正的，否则它是负的。

从表中可以清楚地看出，当期权为平值期权时，gamma 达到最大。

最后，我们应该注意到，随着时间的流逝，由于 gamma 函数变得更尖而尾部将趋近 0，平值期权的二阶曲率将增加。

9.6.2.1 市场用途

我们必须评价 gamma 在期权交易中所发挥的作用。我们看到，多头 delta 敞口可以通过做空标的资产来对冲。不过，gamma 敞口要如何对冲呢？有时交易者会发现这相当困难，尤其是在非常短的期间内，深度虚值期权的 gamma 可以突然从 0 变成非常高的值，从而导致相当大的损失（或收益）。

例子：

上周外汇期权市场英镑/欧元遭受了空头 gamma。英镑的即期利率突然从前一个周末的 0.674 2 上升到 0.697 3，单月波动性从 9.6%上升到 13.3%，这个变动迫使参与者平仓他们的 gamma 头寸。（一个典型的市场报价。）

这个例子说明了市场专业人士使用 delta 和 gamma 的一种方式。尤其是在外汇市场上，人们根据其 delta 值来标记具有不同价值特性的期权。例如，对一个 25delta 的英镑看跌期权，平值看跌期权的 delta 大约是 50，这些看跌期权都是虚值期权。做市商已经卖出这样的期权，然后对冲 delta 敞口，此时，它们持有空头 gamma 头寸。这意味着，随着英镑/欧元汇率的波动，对冲调整导致了较高的期望现金流出。

□ 9.6.3 vega 值

另一个基本的希腊字母工具是 vega。如果波动性参数 σ 变化了一个无穷小量，期权的价值将改变多少？这个问题与期权关于隐含波动性变化的敏感性有关。vega 是通过对 σ 求偏导得出的：

$$\text{vega}=\frac{\partial C(S_t,t|r,\sigma,T,K)}{\partial\sigma} \tag{9.89}$$

图 9.12 展示了看涨期权的 vega 例子。注意，它与图 9.11 所显示的 gamma 曲线相似。由图 9.12 可知，当期权是平值期权时，vega 达到最大。这意味着如果使用平值期权作为从 S_t 的波动中受益的工具，我们也将拥有针对隐含波动性变动的最大敞口。下面考察用几个现实数据计算 vega 的例子。

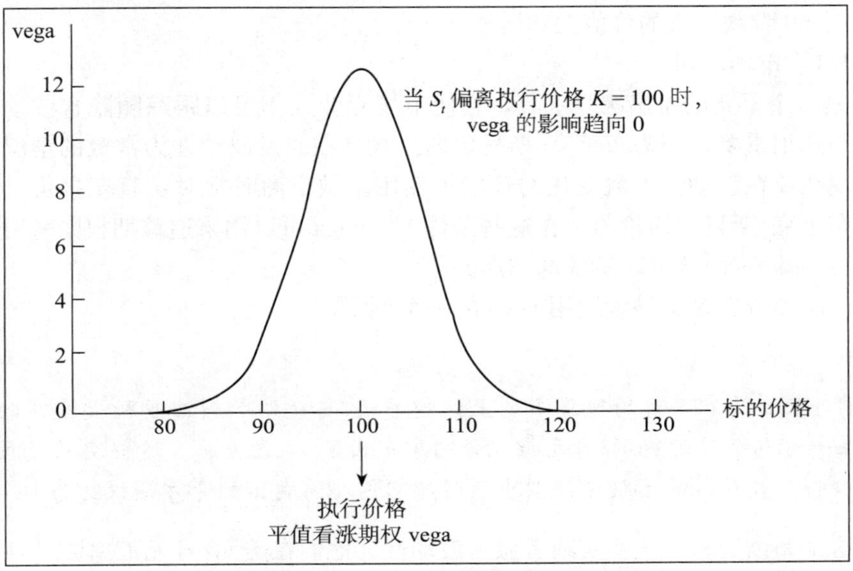

图 9.12　基于布莱克-斯科尔斯公式的多头看涨期权的 vega

例子：

vega 是期权关于波动性参数 σ 的敏感性。根据惯例，这是利用布莱克-斯科尔斯公式计算出来的。求公式对波动性参数 σ 的导数。

求导数，并代入：

$$C(61.15,0.025,60,58/365,\sigma)=\text{观测价格} \tag{9.90}$$

我们得到了期权价格对 σ 的微小变动反应的测量。

经过计算，可以得出以下结果：

看涨期权	vega(美元)
12 月 55.00	6.02
12 月 60.00	9.4
12 月 65.00	8.9
12 月 70.00	5.6

看跌期权	vega(美元)
12 月 55.00	6.02
12 月 60.00	9.4
12 月 65.00	8.9
12 月 70.00	5.6

我们做出下述评论：

（1）平值期权有最大的 vega 值；

（2）随着隐含波动性的增大，平值期权的 vega 在边际上发生改变，而虚值期权和实值期权的 vega 在同一方向上也发生改变。

在经由某个预设量改变了隐含波动性的情形下，期权交易者可以利用 vega 来计算新的期权价格。例如，在前面的例子里，如果隐含波动性增大 2 个百分点，当其他条件不变时，12 月 60 看跌期权的价值大约增加 0.19。

9.6.3.1 市场应用

vega 是一个重要的希腊字母工具，它使市场专业人士可以跟踪随隐含波动性变化的敞口。这一点很重要，因为布莱克-斯科尔斯公式是在假设波动性为常数的情况下推导出来的，但现在要在波动性参数变化的环境里使用。做市商时常对 σ 直接报价，而不是报出期权的布莱克-斯科尔斯价值。在这些条件下，vega 可以用来追踪期权账簿对于 σ 变化的敞口。用 vega 对冲就可以实现这一点。

下面的阅读资料是交易者运用 vega 的一个例子。

例子：

上周，投机者在平静的现货市场上倾销美元/日元，导致波动性大幅下跌。一个投机者在一份 6 个月的美元/日元期权合约中卖出了 10 亿美元。这些交易是用来对冲 vega 敞口的。波动性的下跌迫使做市商对冲它们此前卖出的奇异期权交易。

根据这个阅读资料，一些实践者做多波动性。他们在美元/日元汇率波动性比较高时买入期权，从而面临着 vega 风险。如果隐含波动性下降，他们的头寸将发生损失，损失的速度取决于头寸的 vega。为了消除这些风险头寸，他们卖出波动性，从而导致进一步的下跌。vega 的大小在决定这些波动性多头头寸或空头头寸面临的风险时很有用。

9.6.3.2 vega 对冲

vega 是期权对于隐含波动性变动的反应。在流动性市场里，期权交易者报出隐含波动性，接下来它是连续变动的。这意味着已经存在的期权头寸的价值将随着隐含波动性的改变而改变。想消除这种敞口的交易者用 vega 对冲来实现他们的投资组合的 vega 中性。vega 对冲在实际操作时涉及买入和卖出期权，因为只有这些工具才具有凸度，从而具有 vega。

□ 9.6.4 theta 值

接下来，我们考察如果时间变动一个微小量 dt，期权的理论价格将改变的数量。我们求价格函数对时间参数 t 的偏导数，即 theta：

$$\text{theta}=\frac{\partial C(S_t,t|r,\sigma,T,K)}{\partial t} \tag{9.91}$$

根据这个式子，theta 度量了期权时间价值的衰减。theta 的直观意义是简单的，随着时间的推移，从未来 S_t 的波动中受益的时间少了，期权的时间价值减少了，因此，一定有 theta<0。

如果布莱克-斯科尔斯假设是正确的，我们得到这个导数的解析式并且画出图来，如图 9.13 所示。当其他条件不变时，我们看到，普通期权的时间价值随着到期日的临近将以越来越快的速率减少。

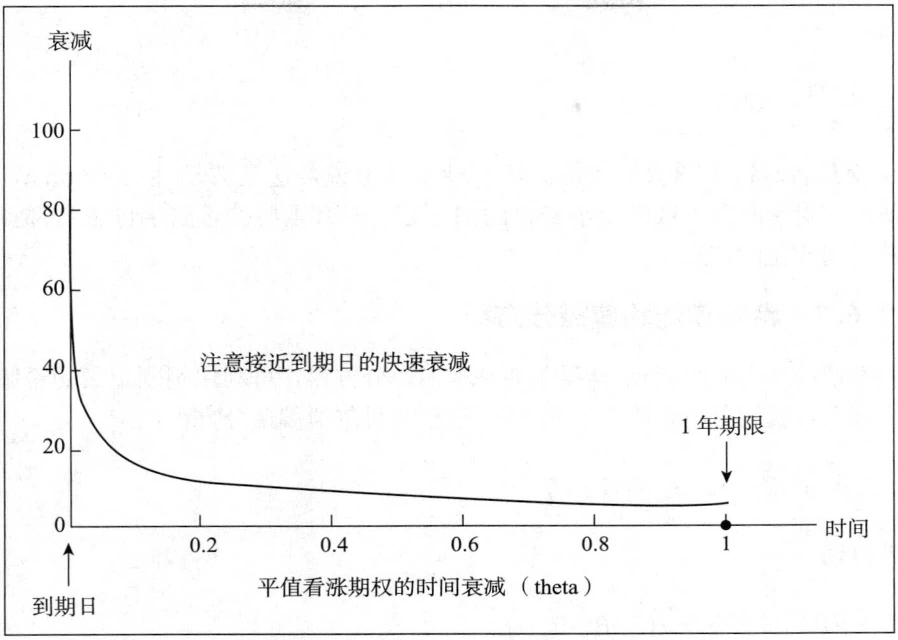

图 9.13 基于布莱克-斯科尔斯公式的多头看涨期权的 theta

□ 9.6.5 omega 值

这个希腊字母工具仅仅与美式期权有关，它是市场专业人士用于测量美式期权预期寿命的近似尺度。

□ 9.6.6 高阶导数

迄今为止，我们看到的希腊字母工具还不足以满足人们对敏感性的全部兴趣。可以设想，市场专业人士和投资者还对其他很多敏感性感兴趣。实际上，我们可以计算出前面提到的希腊字母本身相对于 S_t、σ、t 和 r 的敏感性。它们是高阶交叉偏导数，通常与交易者的喜好有关。

下面给出两个例子。考察期权的 gamma。这个希腊字母决定了当标的资产 S_t 浮动时可能赚得多少现金。但是 gamma 的值也依赖于 S_t 和 σ。因此，gamma 交易者可能对下面的敏感性相当感兴趣：

$$\frac{\partial \text{gamma}}{\partial S_t} \quad \frac{\partial \text{gamma}}{\partial \sigma} \tag{9.92}$$

这两个希腊字母工具分别称为 speed 和 zomma。[①] 显然，对于确定 gamma 头寸的风

① zomma 将帮助对冲投资组合的交易者预测当波动性变化时对冲有效性的变化。

险和收益，这些高阶偏导数是有用的。奇异期权的delta和gamma可能具有不连续的点，这样的高阶导数或许非常有价值。

另一个有趣的希腊字母工具是vega对S_t的偏导数：

$$\frac{\partial \text{vega}}{\partial S_t}$$
$$\frac{\partial \text{vega}}{\partial \sigma}=\text{volga} \tag{9.93}$$

vega交易者对这个导数感兴趣。从某种意义上说，这是波动性的gamma，因此得名。类似地，对于时间参数的微小变化的偏导数，所有重要的希腊字母工具都提供了它们自身随时间变化的信息。

□ 9.6.7 希腊字母和偏微分方程

我们本章推导出的布莱克-斯科尔斯基本偏微分方程，可利用刚刚定义的希腊字母来表示。实际上，我们可将希腊字母代入布莱克-斯科尔斯偏微分方程：

$$\frac{1}{2}C_{ss}\sigma^2 S_t^2+rC_sS_t-rC+C_t=0 \tag{9.94}$$

重新整理得到

$$\frac{1}{2}\gamma\sigma^2 S_t^2+r\delta S_t-rC+\theta=0 \tag{9.95}$$

在这个表达式下，持有期权多头头寸意味着“获得”gamma并“支付”theta。

值得注意的是，式（9.92）和式（9.93）所提到的高阶希腊字母在式（9.95）中没有出现，这是因为它们是二阶希腊字母工具。一阶希腊字母工具与标的风险的变化ΔS_t、$\Delta\sigma$或者时间变化Δ相关，但是较高阶的希腊字母工具则与由乘积（$\Delta S_t\Delta\sigma$）或者（$\Delta\sigma\Delta$）给出的变化有关。实际上，当ΔS_t、$\Delta\sigma$、Δ很小但不可忽略时，两个很小量的乘积比如（$\Delta S_t\Delta\sigma$）会更小且可以忽略，这取决于S_t或者波动性增量的大小。①

在现实生活的应用中，当波动性达到峰值时，高阶希腊字母工具将被使用。但是，在标准假设的理论模型下，当$\Delta\to 0$时，它们将从整个图形中消失，而且对式（9.94）的偏微分方程而言没有意义。

9.6.7.1 gamma交易

布莱克-斯科尔斯偏微分方程可以用于解释gamma交易者所做的工作。假设现实生活中的gamma是通过正确选取$C(S_t,t|r,K,\sigma,T)$计算出来的，然后求导数：

$$\text{gamma}=\frac{\partial^2 C(S_t,t|r,K,\sigma,T)}{\partial S_t^2} \tag{9.96}$$

根据式（9.94）中推导布莱克-斯科尔斯偏微分方程的原理，首先，gamma交易者以某个主观概率P^*对相关标的资产在时间$t_0<t$内预期变化的大小形成主观看法。这时

① 维纳过程在无限小区间的方差为dt，因此gamma与一阶变化有关。

的收益可以写成①

$$E_{t_0}^{P^*}\left[\frac{1}{2}\text{gamma}(\Delta S_t)^2\right] \tag{9.97}$$

S_t浮动越大，这一项就越大。然后，将这些收益与利息支出和时间价值的损失相比。如果期望的 gamma 收益比这些成本大，那么交易者将做多 gamma 头寸。如果相反，即成本比较大，那么交易者更愿意做空 gamma 头寸。

关于 gamma 交易，至少存在两个重要评论需要加以阐明。

9.6.7.2 gamma 交易与 vega

首先，一个期权头寸的 gamma 是依赖于隐含波动性参数 σ 的。这个参数表示隐含波动性，它不必与 gamma 交易者预期的波动值（百分比）相同。实际上，gamma 交易者主观（预期）的由 S_t的波动所产生的收益为：

$$E_{t_0}^{P^*}\left[\frac{1}{2}\text{gamma}(\Delta S_t)^2\right] \tag{9.98}$$

无法保证隐含波动性满足下面的等式

$$\sigma^2 S_t^2 \Delta E_{t_0}[\text{gamma}] = E_{t_0}^{P^*}[\text{gamma}(\Delta S_t)^2] \tag{9.99}$$

假设交易者的预期是正确的。这个表达式右边表示与主观概率分布有关的标的资产的预期（百分比）波动，而左边表示通过布莱克-斯科尔斯公式计算得出的期权公平价格的波动性的值。

因而，gamma 交易者的收益和损失也依赖于隐含波动性的变化，而且期权的 vega 就是其中一个因素。例如，gamma 交易者可能预计现实世界的波动将增加，可是如果隐含波动性 σ 同时下降，他仍然可能遭受损失。当

$$\frac{\partial C_{ss}}{\partial \sigma} < 0 \tag{9.100}$$

时将降低该头寸的价值。

下面这个阅读资料阐明了交易者或风险管理者应对 vega 和 gamma 风险时可能采取的措施。

例子：

VOLX 合约是一种新型期货合约，其标的是用基准现金指数收盘价来度量的三个参考市场的价格波动性。这三个市场是德国（DAX）市场、英国（FT-SE）市场和瑞典（OMX）市场。

设计者认为，通过构建一个可套利的波动性期限结构，VOLX 产品提供了大量的对冲和交易机会。这抵消了 vega 和 gamma 敞口，也增加了人们对那些很难用期权空头头寸来对冲的远期期权头寸的兴趣。

① gamma 本身是依赖于 S_t的，所以它必须被包含在期望式子里。

简单地说，因持有净空头头寸而面临波动性增大风险的期权经理，可以通过做多VOLX合约来对冲这些头寸，反之亦然。作为一种纯vega形式，这类合约为vega对冲带来了特别的好处。在利率设定期（RSP）之前，它们的vega值在任何即期上都是恒定的，一旦利率设定期开始，vega值就会线性地减小。

与传统期权的gamma相比较，VOLX期货的gamma是完全不同的。虽然风险管理者可以使用一个具有相似gamma值的产品用传统方式对冲期权头寸，但是要对冲一系列拥有不同执行价格的复合账簿的gamma可能比较困难。不管时间和标的资产的即期价格如何，VOLX的gamma都是均匀分布的，VOLX对于传统上很难对冲的期权组合的虚值期权部分将特别有用。

（汤森路透，IFR，1996年11月23日）

9.6.7.3 哪一个期望？

我们利用下述表达式刻画由交易 S_t 的浮动所获得的预期收益：

$$E_{t_0}^{P^*}\left[\frac{1}{2}\text{gamma}(\Delta S_t)^2\right] \tag{9.101}$$

其中，$E_{t_0}^{P^*}[(\Delta S_t)^2]$ 表示关于主观概率分布 P^* 的期望。gamma交易者的行为依赖于他们的主观概率，但市场决定的无套利价格是客观的，相应的期望必须是无套利的。相应的定价公式依赖于客观的风险调整概率。

9.7 现实生活的复杂性

在现实市场中应用本节所讨论的问题时要小心，这是因为它与理论上的布莱克-斯科尔斯领域存在显著的不同。交易者按照惯例将布莱克-斯科尔斯领域当做一个基准，尽管它有众所周知的缺陷。

布莱克-斯科尔斯领域里的每一个假设都可能被违背。有时，这些偏离并没有害处，或者可以通过修正公式更容易被实际应用。有时可能只是微小的修正，而有时则可能是较大的修正，但最后都通过适当的方法达到了解决问题的目的。

然而，有两种情形需要进行本质上的修正，第一种情形是有关波动性的行为特性。在金融市场上，不仅波动性不是常数，还有许多其他无法预料的特质，反常的现象之一就是微笑效应①，波动性也有期限结构。

第二种情形是当利率是随机的时，标的资产是与利率有关的工具。那么，这种与布莱克-斯科尔斯领域的偏离将再次导致公式发生重大的变化。

9.7.1 期权账簿管理

本章已经讨论了单一期权头寸的gamma、delta和vega风险。但是，做市商面对的

① 微笑是执行价格改变时隐含波动性的变化，将在第16章里介绍。

并不是单一期权，它们面对期权账簿，并且企图管理期权组合的 delta、gamma 和 vega 风险。这大大地提高了对冲和风险管理的复杂性，而奇异期权的存在又增加了问题的难度。

首先，期权账簿包含的期权标的资产不同，但有可能相关。其次，隐含波动性可能因执行价格和到期日的不同而不同，而且将 delta、gamma 和 vega 的概念直接应用到投资组合中可能也不再行得通。再次，单一期权的 delta、gamma 和 vega 有已知的形状和动态特性。而对于期权组合，delta、gamma 和 vega 的形状更加复杂，它们随时间的变动特性可能更加难以追踪。

□ 9.7.2 期货作为标的资产

本章讨论了以现金工具作为标的资产的期权。我们如何分析那些以期货或者远期合约为标的的期权呢？设计这样的期权合约有两步。首先，引入现金工具的期货或远期合约；其次，期权以期货为标的。这样期权持有者就拥有了买入一份或者更多份期货合约的权利。

为什么期权要以期货（远期）作为标的资产，而不直接以现金工具作为标的资产呢？

实际上，这种合约的优点有很多，以期货和远期合约作为标的资产的期权合约流动性最好，这并不是一个巧合。首先，如果一个人为了对冲期权头寸要买入或者卖出标的资产，期货合约会更加方便。它们更具流动性而且不需要预付现金。其次，如果用现金工具对冲，例如交易者要卖出或者买入成千上万桶油，那么这么多的油将存放在哪里或他应该从哪里得到这么多油呢？更糟糕的是，动态对冲要求不断地调整这些头寸。可见，以现金工具为标的买入或卖出是非常不方便的。做多与做空期货，在到期日都不产生交割，因此，交易者可以经常调整他的头寸，而不必在每次重新调整对冲后储存很多桶油。期货的流动性更好，其伴随的交易成本和对方违约的风险也小得多。

因而，选取期货和远期代替现金工具作为标的资产，实际上是聪明的合约设计。但是，我们必须记住期货是逐日盯市的。另外，远期合约可能在到期日之前不需要任何盯市操作。

9.7.2.1 交割不匹配

注意，存在不匹配的可能性。期权可能导致期货合约在时间 T 进行交割，但是该期货合约此时可能还未到期，它可能在时间 $T+\Delta$ 到期，并可能会导致现金商品的交割，这样的时间不匹配带来了新的风险。

9.8 结论：什么是期权

本章已经证明期权本质上是一个波动性工具。关键参数是标的风险在给定区间内将有多大的浮动。同时，我们看到了还有很多其他的风险需要管理。隐含波动性参数 σ 可能发生变化、利率可能波动、期权的敏感性可能出乎意料地变动。这些风险或许并不是持有头寸的“成本”，但是它们影响着定价，而且在期权交易中起着重要作用。

阅读建议

大多数教科书将期权视为方向性的工具，但是有一些非技术性资料直接将期权作为波动性工具。第一个提出此思想的是 Natenberg (1994)。偏好技术性方法的读者可以考察更加抽象的处理，例如 Musiela and Rutkowski (1998)。有些教科书讨论了布莱克-斯科尔斯理论，这里我们推荐 Duffie (2001)。关注技术性细节的读者可参见 Wilmott (2006)。对于用 Methematica 进行有效的期权组合分析的读者，可参见 Stojanovic (2003)。在有关风险的出版物中，有一些书籍的内容与本章所用方法相同，读者从中可以找到关于布莱克-斯科尔斯公式的全面讨论。希腊字母工具的例子摘自《衍生品周刊》(目前已成为《全球资本》的组成部分)。

附录 9.1

本附录给出了 delta 和 gamma 公式的推导，delta 的推导相对较长。

□ delta 的推导

到期日为 T、执行价格为 K 的普通欧式看涨期权的布莱克-斯科尔斯公式由下式给出：

$$C(S_t,t)=S_t\int_{-\infty}^{\frac{\log\frac{S_t}{K}+\left(r+\frac{1}{2}\sigma^2\right)(T-t)}{\sigma\sqrt{T-t}}}\frac{1}{\sqrt{2\pi}}\,\mathrm{e}^{-\frac{1}{2}u^2}\,\mathrm{d}u$$

$$-\mathrm{e}^{-r(T-t)}K\int_{-\infty}^{\frac{\log\frac{S_t}{K}+\left(r-\frac{1}{2}\sigma^2\right)(T-t)}{\sigma\sqrt{T-t}}}\frac{1}{\sqrt{2\pi}}\,\mathrm{e}^{-\frac{1}{2}u^2}\,\mathrm{d}u \tag{9.102}$$

重新整理，并且设 $x_t=\dfrac{S_t}{K\mathrm{e}^{-r(T-t)}}$，得到

$$C(x_t,t)=K\,\mathrm{e}^{-r(T-t)}\left[x_t\int_{-\infty}^{\frac{\log x_t+\frac{1}{2}\sigma^2(T-t)}{\sigma\sqrt{T-t}}}\frac{1}{\sqrt{2\pi}}\,\mathrm{e}^{-\frac{1}{2}u^2}\,\mathrm{d}u\right. \tag{9.103}$$

$$\left.-\int_{-\infty}^{\frac{\log x_t-\frac{1}{2}\sigma^2(T-t)}{\sigma\sqrt{T-t}}}\frac{1}{\sqrt{2\pi}}\,\mathrm{e}^{-\frac{1}{2}u^2}\,\mathrm{d}u\right] \tag{9.104}$$

对 x_t 求导可得

$$\frac{\mathrm{d}C(x_t,t)}{\mathrm{d}x_t}=K\mathrm{e}^{-r(T-t)}\left[\int_{-\infty}^{\frac{\log x_t+\frac{1}{2}\sigma^2(T-t)}{\sigma\sqrt{T-t}}}\frac{1}{\sqrt{2\pi}}\mathrm{e}^{-\frac{1}{2}u^2}\mathrm{d}u\right] \tag{9.105}$$

$$+\frac{1}{\sigma\sqrt{T-t}}\left[\frac{1}{\sqrt{2\pi}}\mathrm{e}^{-\frac{1}{2}\left(\frac{\log x_t+\frac{1}{2}\sigma^2(T-t)}{\sigma\sqrt{T-t}}\right)^2}\right] \tag{9.106}$$

$$-\left[\frac{1}{x_t\sigma\sqrt{T-t}}\frac{1}{\sqrt{2\pi}}\mathrm{e}^{-\frac{1}{2}\left(\frac{\log x_t-\frac{1}{2}\sigma^2(T-t)}{\sigma\sqrt{T-t}}\right)^2}\right] \tag{9.107}$$

现在，我们证明表达式中后两项加起来的和为 0，而且

$$\frac{1}{\sigma\sqrt{T-t}}\left[\frac{1}{\sqrt{2\pi}}\mathrm{e}^{-\frac{1}{2}\left(\frac{\log x_t+\frac{1}{2}\sigma^2(T-t)}{\sigma\sqrt{T-t}}\right)^2}\right]=\frac{1}{x_t\sigma\sqrt{T-t}}\frac{1}{\sqrt{2\pi}}\mathrm{e}^{-\frac{1}{2}\left(\frac{\log x_t-\frac{1}{2}\sigma^2(T-t)}{\sigma\sqrt{T-t}}\right)^2} \tag{9.108}$$

为了理解上式，在右边使用变换

$$\frac{1}{x_t}=\mathrm{e}^{-\log x_t} \tag{9.109}$$

然后重新整理指数函数里的指数。

因而，我们有

$$\frac{\partial C(x_t,t)}{\partial x_t}=K\mathrm{e}^{-r(T-t)}\left[\int_{-\infty}^{\frac{\log x_t+\frac{1}{2}\sigma^2(T-t)}{\sigma\sqrt{T-t}}}\frac{1}{\sqrt{2\pi}}\mathrm{e}^{-\frac{1}{2}u^2}\mathrm{d}u\right] \tag{9.110}$$

现在利用链式法则，可以得到

$$\frac{\partial C(S_t,t)}{\partial S_t}=\left[\int_{-\infty}^{\frac{\log x_t+\frac{1}{2}\sigma^2(T-t)}{\sigma\sqrt{T-t}}}\frac{1}{\sqrt{2\pi}}\mathrm{e}^{-\frac{1}{2}u^2}\mathrm{d}u\right] \tag{9.111}$$

$$=N(d_1) \tag{9.112}$$

□ gamma 的推导

一旦得到了欧式看涨期权的 delta，gamma 就是 delta 的导数，因此

$$\frac{\partial^2 C(S_t,t)}{\partial S_t^2}=\frac{1}{S_t\sigma\sqrt{T-t}}\frac{1}{\sqrt{2\pi}}\mathrm{e}^{-\frac{1}{2}\left(\frac{\log x_t+\frac{1}{2}\sigma^2(T-t)}{\sigma\sqrt{T-t}}\right)^2} \tag{9.113}$$

其中，$x_t=\dfrac{S_t}{K\mathrm{e}^{-r(T-t)}}$。

附录 9.2

在这个附录中，我们回顾随机积分的某些基本概念。这个简略的回顾可成为后面几

章所用某些概念的参考。Øksendal（2010）是一本讨论随机积分的优秀教材。以直观启发式观点阐明有关内容的方法，可见 Hirsa and Neftci（2013）。

□随机微分方程

一个由维纳过程 W_t 驱动的随机微分方程（SDE）可写成：

$$dS_t = a(S_t, t)dt + b(S_t, t)dW_t \quad t \in [0, \infty) \tag{9.114}$$

这个方程刻画出了 S_t 随时间变化的动态性质。维纳过程 W_t 具有增量 ΔW_t，ΔW_t 服从期望为 0、方差为 Δ 的正态分布，其中 Δ 表示极小的时间区间。这些增量随时间变化是不相关的。因此，已知在 t 时间的信息 I_t，维纳过程的未来增量是不可预测的。

将 $a(S_t, t)$ 和 $b(S_t, t)$ 称为漂移与扩散参数。漂移参数模拟了 S_t 变化的期望。扩散参数模拟了相应的波动性。当这种不可预测的变动发生，如出现跳跃状态时，它将被称为跳跃因子。

跳跃因子需要将诸如 $\lambda(S_t, t)dJ_t$ 的项加入上面提及的随机微分方程的右边。否则，将 S_t 称为扩散过程。当带有跳跃因子时，它就变成跳跃扩散过程。

□例子

最简单的随机微分方程是漂移和扩散参数独立于所获取信息的情况：

$$dS_t = \mu dt + \sigma dW_t \quad t \in [0, \infty) \tag{9.115}$$

这里，W_t 表示方差为 t 的标准维纳过程。在这个随机微分方程里，系数 μ 与 σ 没有时间下标 t，随着时间的流逝，它们不会改变。

对标的资产价格进行建模的标准随机微分方程是几何过程（geometric process）。它是下面假设的布莱克-斯科尔斯公式模型

$$dS_t = \mu S_t dt + \sigma S_t dW_t \quad t \in [0, \infty) \tag{9.116}$$

这个模型蕴含着漂移和扩散参数与 S_t 成比例变化。

对于利率模型来说，一种有用的随机微分方程是均值回复（mean reverting）模型：

$$dS_t = \lambda(\mu - S_t)dt + \sigma S_t dW_t \quad t \in [0, \infty) \tag{9.117}$$

依照这个公式，当 S_t 下跌低于"长期均值" μ 时，$(\mu - S_t)$ 项将成为正的，进而使 dS_t 很有可能为正，因此 S_t 将回到均值 μ。

□伊藤引理

假设 $f(S_t)$ 是满足如下动态性质的随机过程 S_t 的函数：

$$dS_t = a(S_t, t)dt + b(S_t, t)dW_t \quad t \in [0, \infty) \tag{9.118}$$

我们希望在 S_t 的一个已知值，比如说 S_0 附近，利用泰勒级数展开 $f(S_t)$。得到的展开式是

$$f(S_t)=f(S_0)+f_s(S_0)[S_t-S_0]+\frac{1}{2}f_{ss}(S_0)[S_t-S_0]^2+R(S_t,S_0) \quad (9.119)$$

其中，$R(S_t,S_0)$ 表示泰勒级数展开式的所有余项。

首先，注意到 $f(S_t)$ 可写为 $f(S_0+\Delta S_t)$，如果我们定义 ΔS_t 为：

$$\Delta S_t=S_t-S_0 \quad (9.120)$$

然后，泰勒级数逼近式是下面的形式：

$$f(S_0+\Delta S_t)-f(S_0)\cong f_s\Delta S_t+\frac{1}{2}f_{ss}\Delta S_t^2 \quad (9.121)$$

ΔS_t表示随机变量 S_t的一个“微小”改变。在逼近式的右边，我们保留了 $f_s\Delta S_t$项。考察第二项$\frac{1}{2}f_{ss}(\Delta S_t)^2$。如果 S_t是确定的，我们就可说（ΔS_t）^{2}项很小。ΔS_t的大小不可忽略但足够小，因而它的平方（ΔS_t）^{2}可以忽略。不过，此处 S_t的改变是随机的。假设这个变化的均值为 0。于是，其方差就是

$$0<E[\Delta S_t]^2\cong b(S_t,t)^2\Delta \quad (9.122)$$

这个等式蕴含着，只要 S_t是随机的，式（9.121）的右边在任何形式的泰勒级数逼近中都必须保留二阶项。

设时间 dt 变得无穷小，这就得到伊藤引理，也就是随机形式的链式法则：

$$\mathrm{d}f(S_t)=f_s\mathrm{d}S_t+\frac{1}{2}f_{ss}b(S_t,t)^2\mathrm{d}t \quad (9.123)$$

可以认为，这个方程是过程 $f(S_t)$ 的动态特性，它由 S_t驱动。在上述方程中，dS_t项可利用 S_t的动态特性来代换。

□吉尔萨诺夫定理

吉尔萨诺夫（Girsanov）定理为将一种概率测度转换为另一种“等价的”测度提供了一般的框架。尽管这个定理很抽象，但在定价中起着极为重要的作用。

从术语的直观意义来看，这个定理表明如下内容。如果存在一个维纳过程 W_t，那么将这个过程的概率分布乘以一个特殊函数 ξ_t，该函数依赖于时间 t 与在时间 t 时获得的信息 I_t。进而，以这种方式得到一个具有概率分布 $\widetilde{P}$ 的新维纳过程$\widetilde{W}_t$。这两个过程借助于下面的关系式彼此相互联系起来：

$$\mathrm{d}\widetilde{W}_t=\mathrm{d}W_t-X_t\mathrm{d}t \quad (9.124)$$

也就是，$\widetilde{W}_t$是通过从 W_t中减去依赖于 I_t的 X_t项而得到的。

吉尔萨诺夫定理经常以下面的方式得到应用：（1）计算一个期望；（2）对初始的概率测度进行变换，使得期望变得更容易计算；（3）计算新概率条件下的期望。

习题

1. 下面是有关以欧元/美元汇率为标的资产的期权的评论。

一些认为隐含波动性过高的交易者进行了新的交易。一个例子就是在执行价格在 1.10 美元左右时卖出一年期实值欧式看跌期权，同时买入一年期平值欧式看跌期权。如果到期时欧式高于 1.10 美元，交易者创造一个期权费差，这些交易被描绘在曲线的两边。(摘自《衍生品周刊》)

(a) 分别画出每个期权在到期日的头寸收益/损失图。

(b) 到期日的总收益是多少?

(c) 到期日的净收益是多少?

(d) 当交易者买入和卖出期权时，为什么他们买入“波动性”? 就二者的波动性敞口而言，不能彼此抵消吗?

2. delta 对冲投资组合

编写一个 VBA 程序，从交易商角度出发，用下述数据展示针对多头看涨期权的 delta 对冲投资组合调整和现金流:

- 多头看涨期权的总数 $N=100$;
- 调整次数 $M=15$;
- $S(0)=100$，$K=100$，$T=1$，$r=8\%$;
- $\sigma=30\%$，实际波动性$=50\%$。

3. 考察下面的报价:

隐含的美元/新西兰元的波动性在周二下跌到了 10.1%/11.1%，交易者在这周初联邦储备委员会削减利率前买入平值期权。他们预期利率的削减将增加短期的波动性，想做多 gamma。交易是典型的一周到期交易，平均本金是 1 000 万～2 000 万美元。(摘自《衍生品周刊》)

(a) 说明为什么当波动性预期增加时，交易者想要做多 gamma。

(b) 运用希腊字母的数值以及阅读资料中的数据给出你的论据。

(c) 假设初始头寸为 3 000 万美元，在这些条件下交易者将损失多少钱? 运用阅读资料中提供的数据进行大致的计算。

4. 考察下面的情景:

随着交易者用美元对冲欧元敞口，并且欧元在现货市场上跳入历史低点，欧元/美元一个月期的隐含波动性在周三下跌 2.7%后成为 10%。在欧洲中央银行将利率提高 25 个基点后，欧元下跌却没有引起对欧元看跌期权的巨大需求。欧元在周三触到 0.931 美元的低点。(摘自《衍生品周刊》)

(a) 在欧元/美元市场，交易者通过买入短期的执行价格低于 0.88 美元的欧元看跌期权来迅速囤积 gamma，从而达到对冲利率上涨的可能性。在正常情况下，该货币将发生什么情况？

(b) 当欧元响应失败且相对主要货币再次下跌后，交易者为什么迅速购买欧元看跌期权？运用收益图进行解释。

(c) 如果是以欧元为标的的障碍期权，交易者还会“囤积”gamma 吗？

5. 已知下面的表格是满足所有布莱克-斯科尔斯假设的看跌期权的价格。执行价格是 20，而且波动性是 30%。无风险利率是 2.5%。

期权价格	标的资产价格
10	10
5	15
1.3	20
0.25	25
0.14	30

期权将在 100 天后到期。为了方便，假设期权每月大约损失它价值的三分之一。

(a) 怎样逼近算出期权的 delta？计算前面例子里 delta 的三种逼近。

(b) 假设当标的资产的价格是 20 时，你用借来的资金购买期权。你已经用标准的方式对冲了这个头寸。如果你观察到下面顺序的价格序列，你在 4 个相等的时期将实现的收益或者损失是多少？

$$10,25,25,30 \tag{9.125}$$

(c) 现在假设标的资产的价格沿着下述轨迹运行：

$$10,30,10,30 \tag{9.126}$$

在到期日前，你将获得或者损失多少？

(d) 解释收益与损失之间的区别。

6. 在互联网上搜索下列问题的答案：

(a) 希腊字母 volga 和 vanna 表示什么敏感性？

(b) 它们为什么与 vega 对冲有关？

案例研究：2012 年瑞士央行

利用瑞士法郎钉住汇率制

由于对欧元区债务的担忧，瑞士货币不再像市场低迷时期那样反弹。当瑞士国家银行（SNB）宣布采用钉住汇率制并将欧元兑瑞士法郎汇率固定在 1.20 时，一切都发生了变化。2009 年末，随着信用评级机构纷纷下调欧洲南部国家的主权债务评级，投资者纷纷将存款从欧元中取出，投入避险货币瑞士法郎。随着“违约”成为希腊、西班牙、葡萄牙、爱尔兰和意大利反复出现的主题，资金外流以现金外逃、房地产销售和银行转账的形式出现。

因此，从 2009 年到 2011 年 9 月，瑞士法郎对欧元和美元分别飙升了 35%和 40%。

瑞士央行从 2009 年 3 月开始大规模干预汇市，将瑞士法郎卖出而换回欧元，以遏制瑞士法郎飙升。但从 2009 年初到 2010 年底，流向法国的资本激增导致瑞士央行损失逾 200 亿瑞士法郎。当央行的损失成为国家紧急事务时，它最终选择了“类似于核弹的选项”。

2011 年 9 月 6 日，瑞士央行宣布“不再容忍欧元兑瑞士法郎汇率低于 1.20 的最低水平。瑞士央行将以最大的决心执行这一最低汇率，并准备无限量购买外汇”。

瑞士央行此前曾在 1978 年将瑞士法郎钉住联邦德国马克，此前瑞士法郎飙升近 100%，因美国在石油危机后出现滞胀，在之前六年中几乎翻了一番。瑞士法郎兑联邦德国马克的钉住汇率制政策持续了两年，这将瑞士法郎的有效贸易指数拖低了约 14%。

接下来的问题是，瑞士央行能否成功遏制瑞士法郎进一步走强。在 2012 年卖出瑞士法郎是否有意义？在撰写本文时，瑞士法郎兑欧元和美元的汇率自去年 9 月开始钉住欧元以来已下跌近三分之一。

…………

与瑞士法郎相比，我们看好加拿大元，因为中东局势的不确定性导致油价持续波动。除了支撑加拿大元的能源因素外，美国经济增长的任何意外反弹都可能提振加拿大元的人气。预计加拿大元兑瑞士法郎从目前的 0.90 升至 0.96，支撑位在 0.88。另一种类似的交易方式是，将美元/瑞士法郎的多头与美元/加拿大元的空头组合起来。[资料来源：www.futuresmag.com，《利用瑞士法郎钉住汇率制》，阿什拉夫·莱迪（Ashraf Laidi），2012 年 1 月 1 日]

7. 回答和 2012 年瑞士央行案例研究相关的问题：

(a) 建议的期货策略的理由是什么？

(b) 您认为哪种期权策略也会从钉住汇率制中受益？

8.（欧式期权的 MATLAB 练习）

编写 MATLAB 程序，利用 BSM 公式确定欧式看涨期权和欧式看跌期权的初始价格，并利用下述数据：

$S(0)=100$；$K=105$；$T=1$；$r=8\%$；$\sigma=30\%$

现在，在保持其他参数不变的条件下，通过一次改变下面的参数来绘制看涨期权和看跌期权的初始价格。

(a) $S(0)$。

(b) K。

(c) r。

(d) σ。

还可以通过一次改变两个参数，同时保持其他参数不变，绘制看涨期权和看跌期权的初始价格。

(e) $S(0)$ 和 K。

(f) K 和 σ。

(g) $S(0)$ 和 σ。

9.（选择期权的 MATLAB 练习）

编写 MATLAB 程序，使用 BSM 公式，并用下述数据确定选择期权的初始价格：

$S(0)=100$；$K=105$；$T_0=0.5$；$T=1$；$r=8\%$；$\sigma=30\%$

现在，在保持其他参数不变的条件下，通过一次改变以下参数来绘制期权的初始价格。

(a) $S(0)$。

(b) K。

(c) T_0。

同时，在保持其他参数不变的条件下，绘制 T_0 和 T 对期权价格的影响曲线。

10. (障碍期权的 MATLAB 练习)

编写 MATLAB 程序，利用 BSM 公式，并用下述数据确定向下敲入看涨障碍期权和向下敲出看涨障碍期权的初始价格：

$S(0)=100$；$K=105$；$T=1$；$r=8\%$；$\sigma=30\%$；$H=95$

现在，在保持其他参数不变的条件下，通过一次改变下面的参数来绘制看涨期权和看跌期权的初始价格。

(a) $S(0)$。

(b) K。

(c) H。

11. delta 对冲投资组合的 MATLAB 练习

编写 MATLAB 程序，对只包含股票和无风险资产的投资组合进行 delta 对冲，以便覆盖多头看涨期权。观察在调整投资组合期间卖空股票的数量和现金流量，使其在每个时间点保持 delta 中性。

在结清所有未平仓头寸之后，报告到期日最终的现金头寸。

逐步增加调整频率，观察净现金头寸，并绘制出这种 delta 套期保值的表现与频率，即如何正确地覆盖多头头寸。

使用下述数据：

$S(0)=100$；$K=105$；$T=1$；$r=8\%$；$\sigma=30\%$；实际波动性$=50\%$

频率：[6，12，50，100，300]

第 10 章

凸性头寸工程

10.1 引论

如何交易波动性呢？既可利用股票，也可利用债券。然而，波动性本身甚至不是一种资产，要对波动性下一个准确定义会遇到各种困难。例如，从技术上看，我们应将波动性定义为一种资产价格 S_t 的条件标准差的估计

$$\sqrt{E_t[S_t-E_t[S_t]]^2} \tag{10.1}$$

还是应将其定义为平均绝对值偏差

$$E_t[|S_t-E_t[S_t]|] \tag{10.2}$$

对此，不存在明确的答案，这两种统计波动性的定义将产生不同的数值。若先撇开波动性的统计定义，在许多例子中，交易者直接提供工具的波动性报价，而不是这种工具的美元价格。例如，利率衍生品市场中给出上限、下限和互换期权的波动性报价，股票期权则提供隐含波动性。[①] 隐含波动性的计算方法是取某一期权的市场价格，然后将在给定特定的期权定价模型和其他输入参数的情况下的市场价格的隐含波动性剔除。交易商和做市商对波动性进行交易。因此，必定存在某种方法将各自不同市场的波动性分别剥离，并对其进行定价。

在第 9 章，我们已经介绍了期权的操作机制。当其他条件不变时，期权价值会随着“波动性”的增加而增大。第 9 章曾经给出这些策略如何以货币形式量化和测量资产的波动

① 上限、下限和互换期权将在以后章节中详细讨论。上限和下限分别是关于利率的看涨期权和看跌期权序列。互换期权是针对互换的期权。

性。这一方法是利用具有不同凸性的资产来建立 delta 中性投资组合。在本章，我们继续探索这种思想，将其用于除期权外的其他工具，然后得到某些推广形式。本章内容安排如下：

首先，我们证明一个长期债券的凸性是如何和收益率的波动性相联系的。与收益率有关的波动性越大，持有这种债券的收益也就越大。随后，我们将讨论评估凸性价值的机制。然后，将这些机制和期权的凸性交易机制加以比较。我们发现，两者既有非常相似之处，也存在某些差别。最后，将其结果推广到任何一种具有不同凸性特征的工具上。至于波动性本身的交易，将推迟到第 15 章讨论，这是因为它需要基本的套利定价理论作为支撑。

10.2 谜题

这里存在一个谜题。考察一条收益率曲线，如图 10.1 所示。这个 10 年期的零息债券的到期收益率为 5.2%。然而，30 年期债券的到期收益率却只有 4.94%。换句话说，如果我们持有后者超过 20 年，我们的收益率比持有 10 年期债券的收益率要低。

看起来，这一情况确实奇怪，到期日越长的债券，其收益率反而越低。出现这一现象，我们可以给出几种经济的或机构组织的解释。例如，未来 20 年的预期通货膨胀率可能要小于接下来 10 年的预期通货膨胀率。或者对这些债券到期日的相关需求是由机构因素所决定，以及因为参与者不喜欢偏离其“偏好”的到期日，收益率曲线就可能表现出此种不一致性。例如，保险公司需要对冲其长期退休金合约的头寸，而且这种偏好可能降低收益率，同时抬高长期债券的价格。

可是，这些解释很难圆满地说明所观察到的这个奇怪现象。机构方面的因素如特别偏好，以及国债偿还政策使得 30 年期债券的供应量减少，这些都能解释收益率差异的部分问题。可是使人难以置信的是，额外 20 年的期限所获得的补偿是如此之少，难道就没有其他解释吗？

事实上，到期收益率没有显示出持有长期债券实现的全部收入。这个说法可能很难令人信服，这是因为到期收益率从定义来看，是在债券持有至到期日时每年所产生的收益。

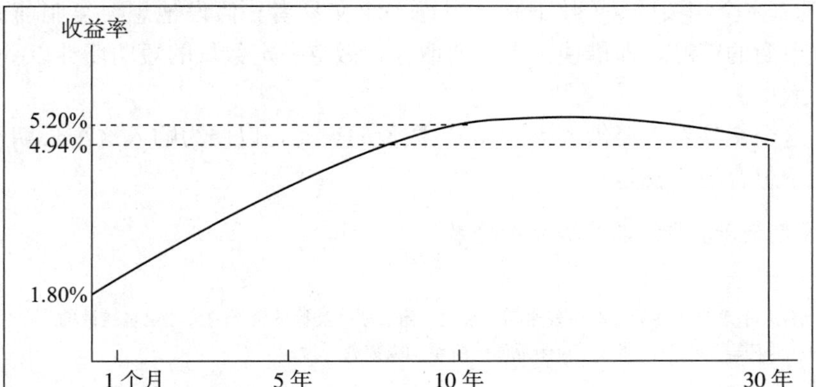

图 10.1 收益率曲线

然而，持有长期债券还存在一些额外的收益，这可归因于工具存在的凸性性质、可以与这些债券进行交易的某种其他东西，以及标的资产的波动性。这些就能解释如图10.1所示的“谜题”。30年期国债所获得的到期收益率4.94%加上某些额外所得，可能会超过10年期债券的全部收益。实际上，人们可以相信这一点，因为债券的到期收益率和债券的总收益是测量固定收益金融工具的两种截然不同的方法。

10.3 债券凸性交易

我们已经从前文了解了普通期权的凸性交易。对于简单的贴现债券，特别是那些到期日很长的贴现债券，可用相同方式来分析它们的利率波动性敞口。实际上，一个“长期”债券和一个普通期权都是凸性工具，它们与线性或凸性更小的工具共同存在。[①] 因此，可将一个delta中性的投资组合与长期债券组合在一起，从波动性变化中获利。整体思路与前一章处理期权时的情形相似。

考察一个无违约风险、价格为$B(t,T)$的长期贴现债券，其中$t<T$。该债券在t时刻的价格可用相应时刻的到期收益率y_t^T表示为：

$$B(t,T)=\frac{1}{(1+y_t^T)^T} \tag{10.3}$$

当$t=0$且$T=30$时，我们画出对应不同到期收益率的30年期债券的价格，如图10.2所示。很明显，价格是收益率的凸函数。

另外，短期债券的价格与收益率的关系可以表示成一条近似线性的曲线。例如，图10.3画出了一个1年期债券的价格$B(0,1)$关于一年期收益率y_0^1的函数。可以看出，它们的关系基本上是线性的。[②]

关键之处是，在某些条件下，利用这两种债券构成一个投资组合，这个组合能分离出债券的凸性收益，它类似于期权动态对冲所产生的凸性收益。因此，假定收益率y_t^1和y_t^{30}是与时间t完全相关的。[③] 接下来，考虑一个交易者，假设他想要复制前面一章所讨论的期权做市商的策略，即借钱买入长期债券，做空一定数量的短期债券以delta对冲一阶收益率的敞口。

所以，这个交易者需要借入$B(0,30)$数量的美元，以便为购入这个长期债券头寸进行融资，这个组合的收益是

$$\{\text{长期债券}, B(0,30)\text{美元的贷款}\} \tag{10.4}$$

---

① 短期债券几乎总是线性的。对于普通期权来说，像股票一类标的资产的头寸也是线性的。

② 实际上，如果y_0^1很小，那么零点附近的一阶泰勒级数展开为：

$$B(0,1)=\frac{1}{(1+y_0^1)}\cong 1-y_0^1$$

③ 此种简化假设意味着所有债券都受相同的不可预测随机冲击的影响，只是程度不同而已。人们称之为单因素模型。

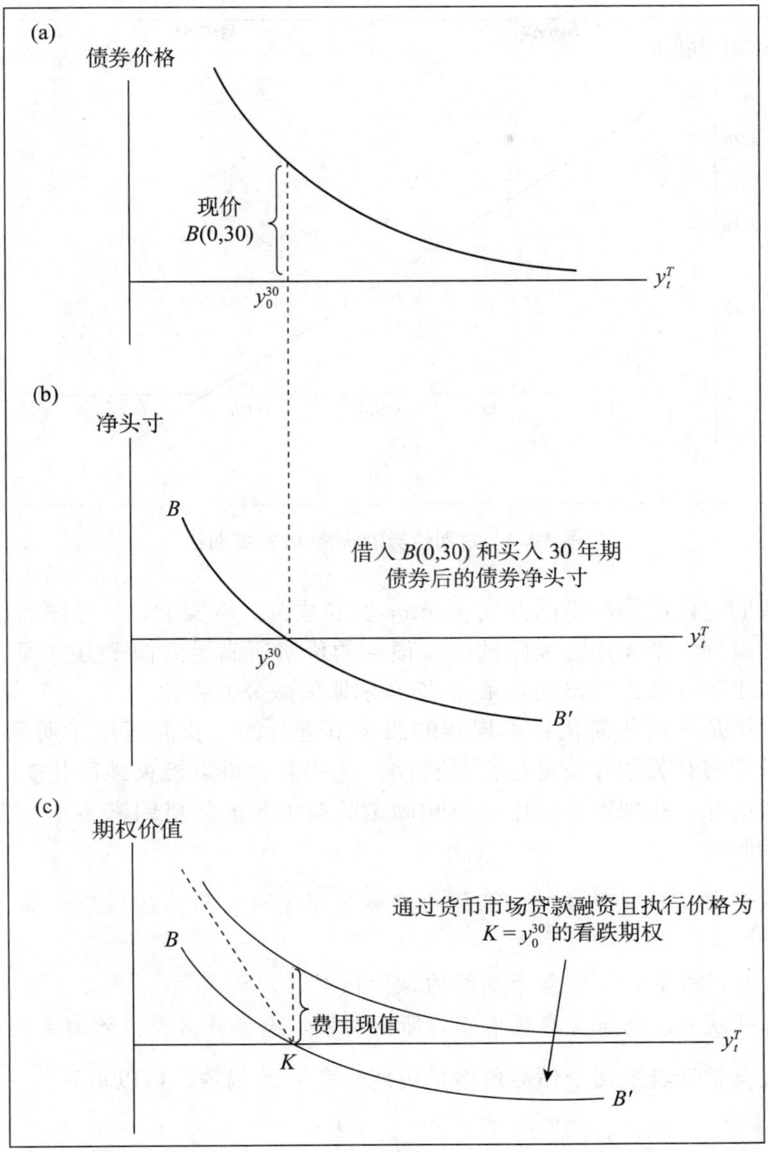

图 10.2　债券和看跌期权作为凸性工具的例子

它如图 10.2（b）中曲线 BB' 所示。现在将它和图 10.2（c）中的曲线进行比较，这里我们看到一个买入收益率为 y_t^{30} 的平值看跌期权的做市商的收益/损失头寸。在到期日 T 时刻，期权的支付为

$$P(T)=\max[y_0^{30}-y_T^{30},0] \tag{10.5}$$

这个期权通过货币市场的贷款融资得到，因此总头寸如向下倾斜的曲线 BB' 所示。① 我们看到，这两个头寸具有很大的相似之处。当知道期权和债券的这种相似性时，针对

① 期权的价格是曲线 BB'，这条曲线向下移动的距离等于货币市场贷款金额 P_0，它使得头寸 1 的成本为 0。

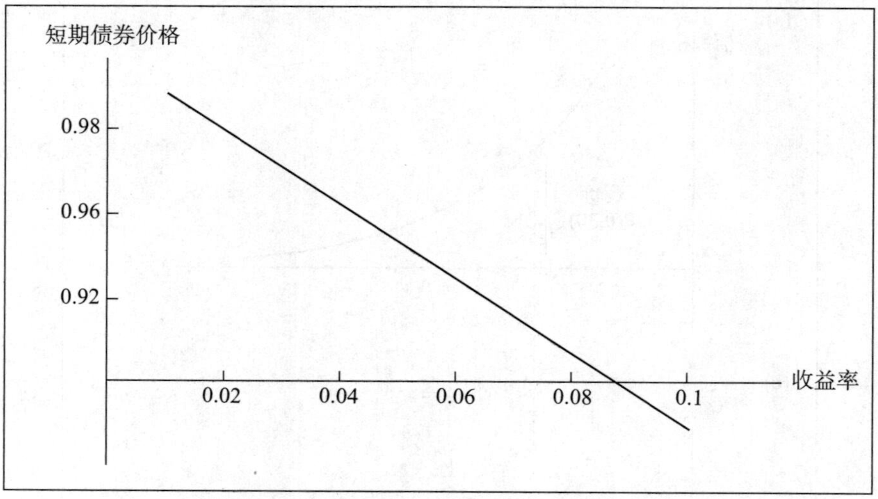

图 10.3　短期债券的价格-收益率曲线

债券情况，我们应该能隔离出凸性或 gamma 交易收益。事实上，一旦隔离成功，利用套利原理，就能得到一个无违约风险的贴现债券的价格所满足的偏微分方程。这个偏微分方程非常类似于第 8 章推导出的布莱克-斯科尔斯偏微分方程。

下面的讨论是在某些简化且不现实的假设下进行的。我们运用了所谓单因素模型。我们的目的是理解有关债券波动性交易机制，这些假设可以极大地简化头寸。下面的内容不同于现实情况，在现实市场中，影响固定收益工具的随机因素不止一个，因而我们给出两个初始假设。

(1) 存在到期日分别为 T^S 和 T 的短期和长期无违约风险的贴现债券。这两者均有流动性，不存在交易成本。

(2) 这两种债券的价格依赖于相同的风险因素，此因素用 r_t 表示。这可以解释成一种可捕获 t 时刻所有随机信息的即期利率，也就是前面提到的单因素。

第二个假设意味着这两个债券价格是短期利率 r_t 的函数，可以写为

$$B(t,T^S)=S(r_t,t,T^S) \tag{10.6}$$

和

$$B(t,T)=B(r_t,t,T) \tag{10.7}$$

其中，$B(t,T^S)$ 表示短期债券在 t 时刻的价格，$B(t,T)$ 表示长期债券在 t 时刻的价格。我们假定到期日 T^S 使得短期债券的价格（几乎）是 r_t 的线性函数，即 $B(t,T^S)$ 关于 r_t 的二阶导数可忽略为 0。

因而，我们将继续进行，就好像存在单一潜在风险，这些风险分别导致凸性和准线性工具的价格波动。我们将讨论在这个背景下，动态对冲债券组合所产生的现金流。

□ 10.3.1　delta 对冲的债券组合

交易者用借来的钱投资于长期债券，然后对冲图 10.4 中曲线 AA' 所隐含的下行风

险。对冲下行风险的头寸应该在 r_t 增加时赚钱，而在 r_t 下降时发生损失。可通过做空适当数量的短期债券来构建此头寸。

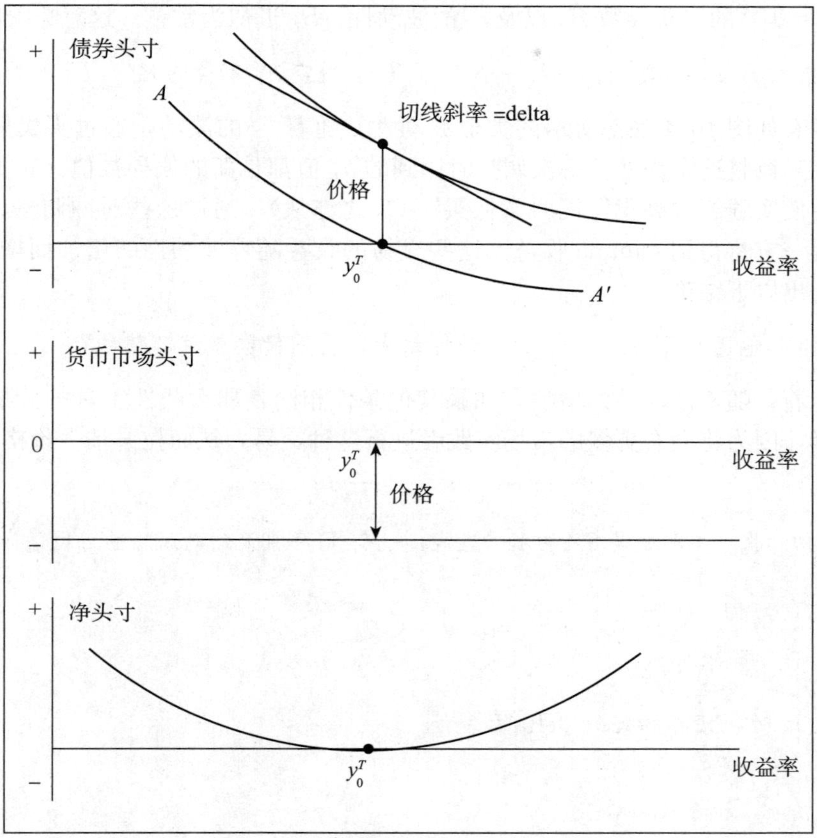

图 10.4　delta 对冲债券投资组合

实际上，构建 delta 中性组合的技巧与第 9 章中介绍的一样。求 $S(r_t,t,T^S)$ 和 $B(r_t,t,T)$ 对 r_t 的偏导数，并计算它们在r_{t_0}时的值，然后得到对冲率 h_t：

$$h_t=\frac{\dfrac{\partial B(r_t,t,T)}{\partial r_t}}{\dfrac{\partial S(r_t,t,T^S)}{\partial r_t}} \tag{10.8}$$

$$=\frac{B_r}{S_r} \tag{10.9}$$

已知短期债券价格关于 r_t 是准线性的，假设 S_r 是一个常数。h_t 是 r_t 的函数。由于长期债券的凸性，B_r 不是常数。已知r_{t_0}的值，那么可以从数值上算出 h_t 的值，从而在 t_0 时必须做空 h_{t_0} 单位的短期债券。

当即期利率发生微小改变量 Δr_t 时，投资组合的价值变化为

$$\Delta[B(r_t,t,T)-h_tS(r_t,t,T^S)]=B_r\Delta r_t-\frac{B_r}{S_r}S_r\Delta r_t+R \tag{10.10}$$

$$=R \tag{10.11}$$

这是因为 S_r 被抵消了。其中，R 表示泰勒级数逼近式或伊藤引理的余项，这些项依赖于 $B(r_t,t,T)$ 的二阶导数 B_{rr} 以及 r_t 的波动性。S_r 近似为常量。这意味着净头寸

$$\{\text{借入 } B(t,T) \text{ 美元，买入一个 } B(t,T)\text{，做空 } h_t \text{ 单位的 } B(t,T^S)\} \tag{10.12}$$

这个头寸具有如图 10.4 底部所示的类似波动性。随着 r_t 的波动，通过买卖适当数量的非凸性资产来调整这个头寸。每次调整时用到的 h_t 值都是新的偏导数值。正如第 8 章所述，这将促使实践者“高卖”同时“低买”（反之亦然）。通过这些对冲调整，持有这个长期债券的一方将得到 gamma 收益。这些交易的收益随着波动性的增加而增加。因此，我们可以得出以下结论：

- 在保持其他因素不变时，r_t 的波动性越大，长期债券就越“值钱”。

这意味着，随着波动性的增加，如果其他条件相同，那么凸性工具的到期收益应该相应地下降，因为将会有更多的市场实践者进行这种交易，从而拉升债券价格。

例子：

假设初始收益率曲线是 5%的水平直线，一个 30 年期无违约风险的贴现债券的价值为

$$B(0,30)=\frac{1}{(1+0.05)^{30}} \tag{10.13}$$

$$=0.23 \tag{10.14}$$

当 $r_{t_0}=0.05$ 时，债券初始的 delta D_{t_0} 为

$$D_{t_0}=-\frac{30}{(1+r_{t_0})^{31}} \tag{10.15}$$

$$=-6.61 \tag{10.16}$$

假设一个 1 年期的短期债券具有近似线性的定价公式

$$B(t_0,T^S)=(1-r_{t_0}) \tag{10.17}$$

$$=0.95 \tag{10.18}$$

做市商将贷款 0.23 美元，买入一个长期债券，然后利用做空

$$\frac{-6.61}{-1.0} \tag{10.19}$$

单位的短期债券对冲这个头寸（给定线性逼近，短期债券具有单位利率敏感性）。

经过很短的时间 Δ 后，所有利率都会发生改变，r_t 变为 6%。这个组合的价值将变动

$$\Delta B(t,T)-h_t\Delta B(t,T^S)=\left[\frac{1}{(1+0.06)^{30}}-\frac{1}{(1+0.05)^{30}}\right] \tag{10.20}$$

$$-6.61\times[(1-0.06)-(1-0.05)]$$

$$=0.009 \tag{10.21}$$

注意，在计算此数值时，我们假设 Δ 很小，因而只考虑 r_t 的变化。在某种意义上，我们利用了类似于偏导数的框架。

通过计算，新的 delta 值为 −4.9。于是调整后的组合应该做空 4.9 个单位的短期债券，因而需要以每单位 0.94 的价格买入

$$6.6-4.9=1.7 \tag{10.22}$$

单位短期债券，从而使组合头寸回到想要的 delta 中性状态。

此交易利润为

$$1.7\times(0.95-0.94)=0.017 \text{ 美元} \tag{10.23}$$

再过一个时期，随着 r_t 的值下落到 $r_{t_2}=0.05$，这个循环又将重复进行。delta 又将变化，组合再次进行调整，交易的利润不断累计。

这个例子的计算是近似的，因为没有考虑头寸的所有成本。该例子首先做出收益率曲线是平直的这种假设，但在后面放宽了该假设，收益率开始波动。然而，我们并没有说明引起变动的原因。可以证明，波动性为长期债券的持有者带来附加收益，从而使得对长期债券的需求增加。因此，如果其他条件不变，那么长期债券的收益率相对于短期债券的收益率降低了。因而，引入到期收益率的波动性改变了初始收益率曲线的结构。

□ 10.3.2 成本

使用无违约风险贴现债券来构建一个多头波动性头寸的成本（与其他收益）有哪些？首先是融资成本。为了买进长期债券，必须以年利率 r_t 贷入数量为 $B(t,T)$ 的资金。只要此头寸没有平仓，就会带来利息费用支出。其次，随着时间的流逝，债券价格函数的凸性将越来越小，因此组合收益对波动性流逝的敏感程度越来越小。最后，随着时间的流逝，即使利率不回落，债券的价值也会自动地上升。

□ 10.3.3 债券的偏微分方程

我们可将长期债券的凸性收益所构成的偏微分方程与维持波动性头寸的成本整合在一起。在某些条件下，这个偏微分方程具有解析解，而解析式能利用布莱克-斯科尔斯公式来获得。

首先，从形式上讨论这个偏微分方程。我们从凸性带来的交易收益开始讨论。这些收益是由连续调整对冲比例 h_t 而得到的。前面我们已经看到，由于假设对冲工具是关于 r_t 的准线性，所以除了一个比例常数外，这个对冲比例本质上只依赖于 B_r。随着 r_t 的改变，其偏导数 B_r 也会改变，这可由二阶导数来刻画。于是，在一段很短的时间间隔 Δ 内，凸性收益公式就如第 9 章的公式一样：

$$\frac{1}{2}\frac{\partial^2 B(t,T)}{\partial r_t^2}(\sigma(r_t,t)r_t\sqrt{\Delta})^2 \tag{10.24}$$

这里，除了 $\sigma(r_t,t)$ 是短期利率波动性的百分比外，同普通期权情形很相似。短期债券的利率敏感性被抵消了。

如果对短期利率 r_t 的风险中性动态特性建模如下：

$$dr_t = \mu(r_t, t)dt + \sigma / r_t dW_t \quad t \in [0, T] \tag{10.25}$$

其中，σ 表示波动性百分比，是一个常数，那么在很短时期 Δ 内，gamma 收益可简化为①：

$$\frac{1}{2} B_{rr} \sigma^2 r_t^2 \Delta \tag{10.26}$$

在这个 gamma 收益的基础上，我们需要加上（减去）头寸持有者的成本和收益。在 Δ 时期内，融资的利息支付为

$$r_t B(t, T) \Delta \tag{10.27}$$

另一个收益（损失）受时间流逝直接影响。

$$\frac{\partial B(t, T)}{\partial t} \Delta = B_t \Delta \tag{10.28}$$

随着时间的流逝，债券得到应计利息，随着收益率曲线“展开”，凸性降低。而做空短期线性工具所得的利息正好和这个空头头寸的费用抵消。

由 Δ 期间的头寸所构成的收益与损失的最终组成部分比普通看涨或看跌期权的情形更为复杂。在期权情形下，标的股票 S_t 是很好的 delta 对冲工具。做市商卖出 $\frac{\partial}{\partial S_t} C(S_t, t)$ 单位标的股票 S_t 来对冲这个多头看涨期权头寸。在现在的情况下，标的资产的风险不是股票价格 S_t 或某些期货合约，而是即期利率 r_t，它本身甚至不是一种资产。这就是说，“对冲”不是针对 r_t 本身，但可以对冲通过 r_t 间接影响的资产。同样，利率的随机性要求对未来的利息收入和成本进行筹划。所有这些都使得现金流分析复杂化。

这些复杂问题可以通过在下面的动态特性中引入漂移项 $\mu(r_t, t)$ 来解决②：

$$dr_t = \mu(r_t, t)dt + \sigma r_t dW_t \quad t \in [0, T] \tag{10.29}$$

表示即期利率在无穷小时段 dt 内的无风险期望变化。③ 利用这个漂移项，我们将很小时期 Δ 内损益的最后一个成分表示为［Vasicek（1977）］

$$\mu(r_t, t) B_r \Delta \tag{10.30}$$

将时期 Δ 内所有的收益和损失加在一起，就可得到这个凸性头寸的净收益

$$\frac{1}{2} B_{rr} \sigma^2 r_t^2 \Delta + \mu(r_t, t) B_r \Delta - r_t B \Delta + B_t \Delta \tag{10.31}$$

为了排除套利机会，这个和必须等于 0。消掉公共项 Δ，就可得到债券的偏微分方程：

① 注意，我们这里使用的记号是：$\frac{\partial^2 B(t, T)}{\partial r_t^2} = B_{rr}$。

② SDE 的定义参见第 9 章附录 9.2。

③ 第 12 章将深入讨论这种利用风险中性概率的论述。

$$\frac{1}{2}B_{rr}\sigma^2 r_t^2+\mu(r_t,t)B_r-r_tB+B_t=0 \tag{10.32}$$

这个偏微分方程的边界条件比普通期权的边界条件更简单，它是

$$B(T,T)=1 \tag{10.33}$$

即无违约风险债券在到期日 T 时的面值。

□ 10.3.4 偏微分方程和条件期望

在这个偏微分方程中，未知量仍是函数 $B(t,T)$。这个函数依赖于随机过程 r_t、时间 t 以及模型中的其他一些参数。这些参数中最重要的就是短期利率的波动性 σ。如果 r_t 是连续复利的短期利率，则 $B(t,T)$ 的解是下面的条件期望

$$B(t,T)=E_t^{\tilde{P}}\left[e^{-\int_t^T r_u du}\right] \tag{10.34}$$

其中，$\tilde{P}$ 表示一个适当的概率。换句话说，对上面表达式的右边求偏导数，然后代入偏微分方程就能够使公式（10.32）左边之和等于 0。①

将它与期权做比较会很有意思。$B(t,T)$ 的定价函数建立在特殊的条件期望基础上，然后求出债券的偏微分方程的解。对于普通期权，如果卖出期权的标的是股票 S_t，并且满足所有布莱克-斯科尔斯假设，则看涨期权的价格 $C(S_t,t)$ 可由一个类似的条件期望给出

$$C(S_t,t)=E_t^{\tilde{P}}\left[e^{-r(T-t)}C(S_T,T)\right] \tag{10.35}$$

其中，T 表示到期日，$\tilde{P}$ 表示某个适当概率。如果这个条件期望关于 S_t 和 t 是可微的，则偏导数满足具有相应边界条件的布莱克-斯科尔斯偏微分方程。主要的区别就是布莱克-斯科尔斯假设短期利率 r_t 是常数，而在债券中，它是一个随机过程。

这些讨论与第 9 章中关于期权的两种观点是一致的。如果我们将期权理解为一种方向性工具，则式（10.35）给出了在一个适当概率下，到期日时期权的期望收益。上面的分析表明，这个条件期望是同偏微分方程的解相关联的，这个偏微分方程是用来度量周期性再平衡过程中套利产生的 gamma 收益和成本的方法。实际上，我们可以看到，对这两个期权的解释是等价的。

□ 10.3.5 从布莱克-斯科尔斯公式到债券的偏微分方程

将债券凸性交易的结果与在普通期权中得到的结果进行比较，我们可以更深入地理解金融学中广泛使用的偏微分方程方法的一般特征。

在第 9 章中，我们利用凸性交易推导出普通看涨期权价格 $C(t)$ 的偏微分方程，而本章讨论了无违约风险贴现债券 $B(t,T)$ 满足的偏微分方程，得到了如下结论：

(1) 标的资产是价格为 S_t 的无股息支付股票，执行价格是 K、到期日是 T 的普通看涨期权的价格满足下面的“套利”等式：

---

① 这里应满足的主要条件是 r_t 的马尔可夫性。

$$\frac{1}{2}C_{SS}(\sigma(S_t,t)S_t)^2\Delta=(rC-rC_SS_t)\Delta-C_T\Delta \tag{10.36}$$

其中，$\sigma(S_t,t)$ 表示 S_t 一年期间的百分比波动性。百分比波动性的这种写法在很大程度上依赖于时间 t 和 S_t。

根据这个方程，为了消除任何套利机会，在时间间隔 Δ 内的动态对冲收益应该等于净融资费用加上时间价值的损失。消掉公共项，并引入得到了普通看涨期权的布莱克-斯科尔斯偏微分方程的边界条件：

$$\frac{1}{2}C_{SS}(\sigma(S_t,t)S_t)^2+rC_SS_t-rC+C_t=0 \tag{10.37}$$

$$C(T)=\max[S_T-K,0] \tag{10.38}$$

如果假设 $\sigma(S_t,t)S_t$ 与 S_t 成正比，并且比例因子为常数 σ，则

$$\sigma(S_t,t)S_t=\sigma S_t \tag{10.39}$$

这个偏微分方程就可以用解析的方法求解，并且可以得到关于 $C(t)$ 的闭形式公式，这个公式就是布莱克-斯科尔斯方程：

$$C(t)=S_tN(d_1)-Ke^{-r(T-t)}N(d_2) \tag{10.40}$$

$$d_{1,2}=\frac{\log\frac{S_t}{K}+r(T-t)\pm\frac{1}{2}\sigma^2(T-t)}{\sigma\sqrt{T-t}} \tag{10.41}$$

这个 $C(t)$ 的偏导数满足前面的偏微分方程。

(2) 对无违约风险的贴现债券 $B(t,T)$ 的讨论也遵循类似的步骤，只是要注意一些区别。假设连续复利短期利率 r_t 是唯一决定债券价格的因素，则我们可以隔离出由于 r_t 的震荡和动态对冲所产生的凸性收益，相似的“套利关系”可以表示为：

$$\frac{1}{2}B_{rr}(\sigma(r_t,t)r)^2\Delta=(r_tB-\mu(r_t,t)B_r)\Delta-B_t\Delta \tag{10.42}$$

其中，$\sigma(r_t,t)$ 表示短期利率 r_t 一年期间的百分比波动性。

消掉公共项，并加上边界条件，我们就得到了债券的偏微分方程

$$\frac{1}{2}B_{rr}\sigma^2r_t^2+\mu(r_t,t)B_r-r_tB+B_t=0 \tag{10.43}$$

$$B(T,T)=1 \tag{10.44}$$

在某些关于 r_t 动态行为的特殊假设下，这个偏微分方程可用解析方法求解，而且可以得到一个闭形式公式。

现在，我们总结一下这两种分析过程之间的重要区别。第一，普通期权偏微分方程存在的条件是，风险只来源于标的资产价格 S_t；而对债券而言，风险的来源只是利率 r_t，但利率本身不是一种资产。第二，前面提到的区别可以解释在债券的偏微分方程中出现的 $\mu(r_t,t)$，而在看涨期权的偏微分方程中却没有类似的不明项出现。$\mu(r_t,t)$ 表示

在不考虑利率风险因素的情况下，dt 时间内即期利率的期望变化值。第三，$\mu(r_t,t)$ 本身可能依赖于其他的一些影响利率动态特性的参数。很明显，在这些条件下，$B(t,T)$ 的闭形式解会依赖于这些相同的参数。注意，对于普通期权来说，并不存在上述问题，其唯一的有关参数是 σ。这一点很重要，因为债券的价格公式依赖于标的随机过程的所有参数，而在普通期权中，布莱克-斯科尔斯公式只与波动性参数的特性有关。

在结束本节之前，还有一个普通期权与债券对比的问题要说明。看涨期权的偏微分方程在布莱克-斯科尔斯关于 S_t 的波动性的假设下，可以得到一个有解方程式。那么对于债券的偏微分方程是否也有类似的闭形式解呢？答案是肯定的。

□ 10.3.6 债券的闭形式定价公式

在关于短期利率动态特性的不同假设条件下，我们可以求解债券的偏微分方程并得到可行解。下面我们来考虑三种情况，这三种情况的复杂程度是依次递增的。

每种情况所假设的短期动态利率模型是不同的。

10.3.6.1 情况 1

第一种情况很简单，假设 r_t 为常数 r，几乎没有动态效应：

$$dr_t=0 \tag{10.45}$$

其中，$\mu(r_t,t)$ 和 σ 都是 0，方程（10.43）中的债券偏微分方程简化为

$$-rB+B_t=0 \tag{10.46}$$

$$B(T,T)=1 \tag{10.47}$$

这就是简单的普通微分方程，方程 $B(t,T)$ 的解为：

$$B(t,T)=\mathrm{e}^{-r(T-t)} \tag{10.48}$$

10.3.6.2 情况 2

第二种情况被称为瓦西塞克模型（Vasicek model）。① 假设即期利率的风险调整动态特性服从一个均值回复过程②：

$$dr_t=\alpha(\kappa-r_t)dt+\sigma dW_t \quad t\in[0,T] \tag{10.49}$$

其中，W_t 表示风险调整概率测度下的维纳过程。③

注意，波动性结构受制于常数绝对波动性 σ。进一步假设参数 α、κ、σ 是已知的。于是，典型的 $B(t,T)$ 的偏微分方程变为

$$B_r\alpha(\kappa-r_t)+B_t+\frac{1}{2}B_{rr}\sigma^2-r_tB=0 \tag{10.50}$$

利用边界条件 $B(T,T)=1$，这个偏微分方程可用解析方法求解，从而得到$B(t,T)$

---

① 参见 Vasicek (1977)。

② 动态特性经过了风险调整这个事实并不简单，在风险中性测度下的这种动态特性可能会明显地与实际不同，这个问题将在第 12 章中讨论。

③ 风险的调整以及相关的测度将在第 12 章讨论。

闭形式公式。该闭形式公式的解由下述表达式给出

$$B(t,T)=A(t,T)\mathrm{e}^{-C(t,T)r_t} \tag{10.51}$$

其中

$$C(t,T)=\frac{1-\mathrm{e}^{-\alpha(T-t)}}{\alpha} \tag{10.52}$$

$$A(t,T)=\mathrm{e}^{\frac{[C(t,T)-(T-t)]\left(\alpha^2\kappa-\frac{1}{2}\sigma^2\right)}{\alpha^2}-\frac{\sigma^2C(t,T)^2}{4\alpha}} \tag{10.53}$$

其中，r_t 是"当前"即期利率的观测值。

10.3.6.3　情况 3

第三种是著名的考克斯-英格索尔-罗斯（Cox-Ingersoll-Ross，CIR）模型，其中，可以用式（10.43）中的债券偏微分方程求出闭形式解。在 CIR 模型中，假设即期利率 r_t 服从略有差异的均值回复*随机偏微分方程：

$$\mathrm{d}r_t=\alpha(\kappa-r_t)\mathrm{d}t+\sigma\sqrt{r_t}\,\mathrm{d}W_t,\ t\in[0,T] \tag{10.54}$$

这个方程称为利率波动平方根模型，其中 W_t 是在风险中性条件下的维纳过程。

从某种程度上看，闭形式债券定价方程比瓦西塞克模型复杂许多。表示如下

$$B(t,T)=A(t,T)\mathrm{e}^{-C(t,T)r_t} \tag{10.55}$$

其中，函数 $A(t,T)$ 和 $C(t,T)$ 为

$$A(t,T)=\left(2\frac{\gamma\mathrm{e}^{1/2(\alpha+\gamma)(T-t)}}{(\alpha+\gamma)(\mathrm{e}^{\gamma(T-t)}-1)+2\gamma}\right)^{2\frac{\alpha\kappa}{\sigma^2}} \tag{10.56}$$

$$C(t,T)=2\frac{\mathrm{e}^{\gamma(T-t)}-1}{(\alpha+\gamma)(\mathrm{e}^{\gamma(T-t)}-1)+2\gamma} \tag{10.57}$$

其中，γ 定义为：

$$\gamma=\sqrt{\alpha^2+2\sigma^2} \tag{10.58}$$

债券的波动性 σ 决定了贴现债券期望收益中的风险溢价。

□ 10.3.7　推广形式

前面几节表明，依赖于相同风险因素的两种工具，只要呈现不同的凸性，原则上就可以构建一个类似于第 9 章中期权的 delta 对冲策略。当然，是否值得这样做，还依赖于相对于交易成本与买卖价差的波动性水平。

当市场实践者买入一个凸性工具并做空一定数量的线性（或凸性较低）工具时，他会从较高的波动性中获利。这时，我们就可以说这个头寸是波动性多头或者 gamma 多头，这个交易商购买了 gamma。相反，如果凸性工具被做空而且同时买入一定比例的线性工具，这样的头寸就会从标的资产波动性的下降中获利。

* 均值回复（mean-reverting）又称均值回归或均值复归。——译者注

正如长期债券所表明的，对任何具有相同风险、不同凸性的工具而言，从某种程度上分离波动性，然后进行交易是非常普遍的。当然，由于交易费用和买卖价差的影响，波动性交易可能变得不可行，但这是另外一个问题。更重要的是，如果收益率曲线的斜率由于第二个因素而改变，那么，前面几节里提供的方法就不能保证获得凸性收益。

10.4 凸性的来源

定价函数凸性产生的原因不止一种，下面我们利用广义凸性概念来简略地讨论一些简单的情形。

□ 10.4.1 盯市

首先看一个有逐日盯市要求的小例子。设 f_t 表示以 S_t 为标的资产的期货每天的结算价格，F_t 为相应的远期价格，r_t 为隔夜利率。

逐日盯市意味着期货头寸随着期货结算价格的改变，每天都会发生盈利或亏损

$$\Delta f_t = f_t - f_{t-1} \tag{10.59}$$

其中，t 的单位是天，因此是离散的。

假设隔夜利率 r_t 是随机的。如果交易者收到（支付）逐日盯市收益，他就可以以更高（或更低）的隔夜利率存入（或贷出）这笔资金。如果 Δf_t 与利率的变化无关，

$$\Delta r_t = r_t - r_{t-1} \tag{10.60}$$

那么是否逐日盯市就没有什么区别。

但是，一般情况下，当 S_t 本身是一个利率产品或者是一个与利率相关的资产价格时，随机变量 Δf_t 和 Δr_t 就是相关的。举例来说，假设 Δf_t 和 Δr_t 是正相关的，那么当 f_t 增加时，r_t 也有可能增加，这意味着盯市的收益可以投资于更高的隔夜利率。如果 Δf_t 和 Δr_t 是负相关的，情况正好相反。远期合约则一般不要求每日盯市，只是在到期日进行结算。这使得关于远期合约每日的账面盈余不能以更高或更低的利率再投资或贷出。

因而，对于期货合约，如果它的标的资产价格 S_t 与 r_t 是负相关的，则期货价格会比相应的远期合约便宜些。如果价格 S_t 与 r_t 是正相关的，则期货合约将会更贵一些。如果 S_t 与 r_t 不相关，当其他条件相同时，期货合约和远期合约的价格是一样的。

例子：

考察欧洲货币期货。在第 3 章中我们已经看到，一个交割日在 $t+1$ 的一年期欧洲美元期货的价格是由线性函数给出的：

$$V_t = 100(1 - f_t) \tag{10.61}$$

通常，我们预期隔夜利率 r_t 与期货价格 f_t 是正相关的。因此，价格函数 V_t 本身是非凸的，它与 r_t 负相关。这意味着欧洲美元期货将比相应的远期合约便宜，也就是期货利率比远期利率更高。

逐日盯市是期货利率和远期利率可能不同的一个原因。

□ 10.4.2 设计凸性

某些产品一设计出来就具有凸性。合约明确规定了收益和标的风险，这些规定可能会使得合约价格是标的风险的非线性函数。当然，存在这种凸性收益的最重要工具就是期权。

我们已经讨论了债券的凸性收益。当把长期无违约风险贴现债券价格表示为到期收益率 y_t 的函数时，它是一个简单的非线性函数，例如

$$B(t,T)=\frac{100}{(1+y_t)^T} \tag{10.62}$$

附息债券的价格也可以用类似的离散到期时间表示出来。假如附息债券的票面利率是 c，到期日为 T，则其价格为：

$$P(t,T)=\left(\sum_{i=1}^{T}\frac{100c}{(1+y_t)^i}\right)+\frac{100}{(1+y_t)^T} \tag{10.63}$$

可以证明，无违约纯贴现债券或剥离债券比具有相同到期日的附息债券有更大的凸性。

10.4.2.1 互换

考察一个固定支付方普通利率互换，起始日为 $t=t_0$，结束日为 $t_n=T$。根据市场惯例，t_i时刻设定的浮动利率在 t_{i+1} 时刻支付。为简单起见，假设浮动利率是 12 个月的美元 LIBOR，这意味着 $\delta=1$。在 $t=t_0$ 时互换利率用 s 表示，名义金额 N 为 1。

于是，这个互换在 t_0 时的价值为

$$V_{t_0}=E_{t_0}^{\tilde{P}}\left[\frac{L_{t_0}-s}{(1+L_{t_0})}+\frac{L_{t_1}-s}{(1+L_{t_0})(1+L_{t_1})}+\cdots+\frac{L_{t_{n-1}}-s}{\prod_{i=0}^{n-1}(1+L_{t_i})}\right] \tag{10.64}$$

其中，$\{L_{t_0},\cdots,L_{t_{n-1}}\}$ 分别表示在时刻 $t_0,\cdots,t_{n-1}$所观察到的随机 LIBOR，$\tilde{P}$ 是某个适当的概率，正确地选择这个概率，我们就可以用一个远期 LIBOR $F(t_0,t_i)$ 来代替 t_i 时期货的即期 LIBOR L_{t_i}。① 如果在流通市场中可以观察到这种远期 LIBOR，那么通过替代，我们可以将前面的定价公式改写为：

$$\begin{aligned}V_{t_0}=&\frac{L_{t_0}-s}{(1+L_{t_0})}+\frac{F(t_0,t_1)-s}{(1+L_{t_0})(1+F(t_0,t_1))}\\&+\frac{F(t_0,t_2)-s}{(1+L_{t_0})(1+F(t_0,t_1))(1+F(t_0,t_2))}+\cdots+\frac{F(t_0,t_{n-1})-s}{\prod_{i=0}^{n-1}(1+F(t_0,t_i))}\end{aligned} \tag{10.65}$$

其中，$F(t_0,t_0)=L_{t_0}$。很明显，这个公式对于每一个 $F(t_0,t_i)$ 都是非线性的。随着远期利率的变化，V_{t_0} 非线性地变化。

如果假设收益率曲线是水平的，并且所有到期收益率都平行移动，那么其结果就更为明显。在这些不现实假设下，我们有

$$L_{t_0}=F(t_0,t_0)=F(t_0,t_1)=\cdots=F(t_0,t_{n-1})=F_{t_0} \tag{10.66}$$

① 这种替换很微妙，它依赖于很多条件，其中一个是重设日 i 所决定的 LIBOR 实际上是在 $i+1$ 时交割的。

于是，互换公式变成

$$V_{t_0}=\frac{F_{t_0}-s}{1+F_{t_0}}+\frac{F_{t_0}-s}{(1+F_{t_0})^2}+\cdots+\frac{F_{t_0}-s}{(1+F_{t_0})^T} \tag{10.67}$$

化简可得①

$$V_{t_0}=(F_{t_0}-s)\frac{(1+F_{t_0})^T-1}{F_{t_0}(1+F_{t_0})^T} \tag{10.68}$$

这个表达式关于F_{t_0}的二阶导数对于所有的$F_{t_0}>0$都是负数。

正如这种特殊情况所表明的那样，固定支付方互换是标的远期利率的非线性工具，它的二阶导数为负，并且函数是关于“典型”远期利率的凹函数。这并不奇怪，因为固定支付方互换和 30 年期债券具有相似的风险。这意味着固定接收方互换的定价公式是凸的，并且与 30 年期附息债券的多头头寸具有类似的性质。

例子：

图 10.5 描述了在一些严格的假设下（即收益率曲线是水平的，且本身只能平行移动）固定支付方互换的价值。其参数如下：

$$t=0 \tag{10.69}$$

$$s=7\% \tag{10.70}$$

$$T=30 \tag{10.71}$$

$$F_{t_0}=6\% \tag{10.72}$$

可以看到，这个函数是非线性且凹的。

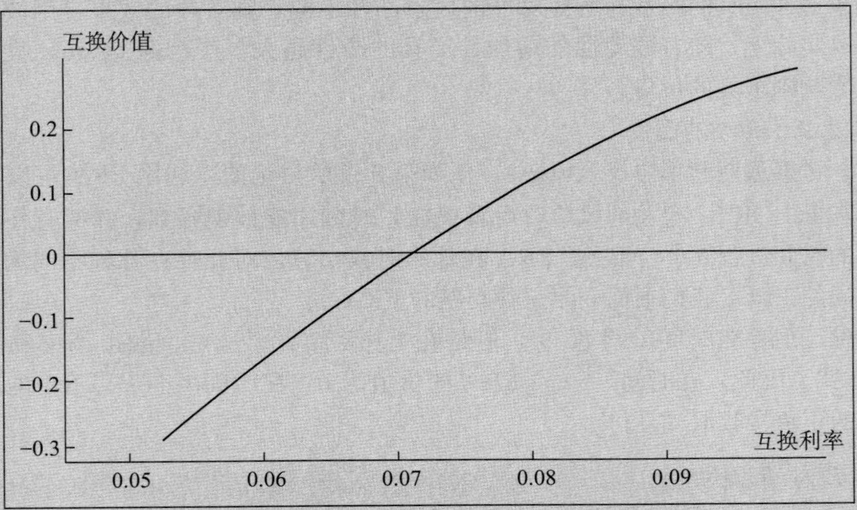

图 10.5　固定支付方互换的价值

① 分子因式分解，并利用等比数列求和公式：

$$1+a+a^2+\cdots+a^T=\frac{1-a^{T+1}}{1-a}$$

在第 20 章中，我们将考察不同类型的互换，即所谓固定到期日互换。这种固定到期日互换的凸性是由它的结构决定的。通常，这个凸性会更突出，同时更难以准确地计算。

考虑金融工具的凸性特征是非常重要的。从芝加哥期货交易所（CBOT）设法发行的新合约中，我们可以更好地理解这一点，这种新发行的合约具有适当的凸性特征。

例子：

上周，CBOT 的董事批准了一项关于发行 5 年期和 10 年期利率互换期货和期权合约的决定。CBOT 声称，与场外市场交易相比，互换期货交易可以减少管理成本，消除对手违约风险。

一位资深的 CBOT 经济学家说，CBOT 的举动是交易所为成功发行互换期货合约所作的第二次尝试，国债早在十年前就成为无可争议的基准，但是现在它们不再被视为定价的基准，取而代之的是互换曲线。

新合约与 CBOT 在 20 世纪 90 年代中期退市的合约之间的主要区别在于，前者是凸性的而非线性的。最终使用者对之很少担心。这位经济学家说，注意，互换头寸是以凸性为基础盯市的，旧合约的一个严重缺陷是它每 3 年或 5 年发行一次，而不是 5 年或 10 年的期限，而大多数交易的期限正好是 5 年或者 10 年。

交易所声称，新的互换合约将为机构投资者，诸如银行财务主管、抵押转手证券交易者、合约创立者、中介经理、投资组合经理以及其他 OTC 市场实践者，提供一种对冲信用风险和利率敞口的载体。

（汤森路透，IFR，第 1 393 期，2001 年 7 月 21 日）

上述例子很好地说明了凸性在设计合约过程中的重要性。交易商们用期货合约进行对冲。如果对冲工具的凸性与所要对冲的风险凸性不同，则对冲的效果会因波动性的变动而恶化。实际上，随着波动性的增加，工具的凸性越大，产生的 gamma 收益也就越大，进而影响到工具的价格。

10.4.2.2 FRA 的凸性

现在，考察远期利率协议（FRA）。正如第 3 章所讨论的，利用 FRA 可以在时间 t_0 锁定一个与 LIBOR L_{t_i} 有关的风险，后者要在 t_i 时刻才能被观察到，并拥有一个用一年天数表达的时间进程 δ。① 问题是 FRA 在什么时候结算。对此存在几种不同的方法，因此形成不同的工具。我们下面介绍三种类型的 FRA。

第一种类型是在时间 t_i 设置 L_{t_i}，但是在 $t_i+\delta$ 结算。这是金融市场中利息支付的“自然”方式。因此，在时间 $t=t_0$，FRA 的价值为 0，在时间 $t_i+\delta$，FRA 的买方将视下面差值的正负号收取或支付：

$$[L_{t_i}-F_{t_0}]N\delta \tag{10.73}$$

FRA 的卖方拥有相反方向的现金流。

第二种 FRA 交易类型在金融市场中更为常用。与第一种类型的区别在于这种合约在时间 t_i 而不是 $t_i+\delta$ 结算。在时间 t_i，当观察到 LIBOR L_{t_i} 时，FRA 的买方将支付

① 假设一年有 360 天。

（收取）

$$\frac{[L_{t_i}-F_{t_0}]\delta}{1+L_{t_i}\delta}N \tag{10.74}$$

这等于以 t_i时刻的 LIBOR 为贴现率，将第一种类型的结算金额从 $t_i+\delta$ 贴现到 t_i后的值。图 10.6 给出了一个 12 个月期 FRA 的收益的例子。

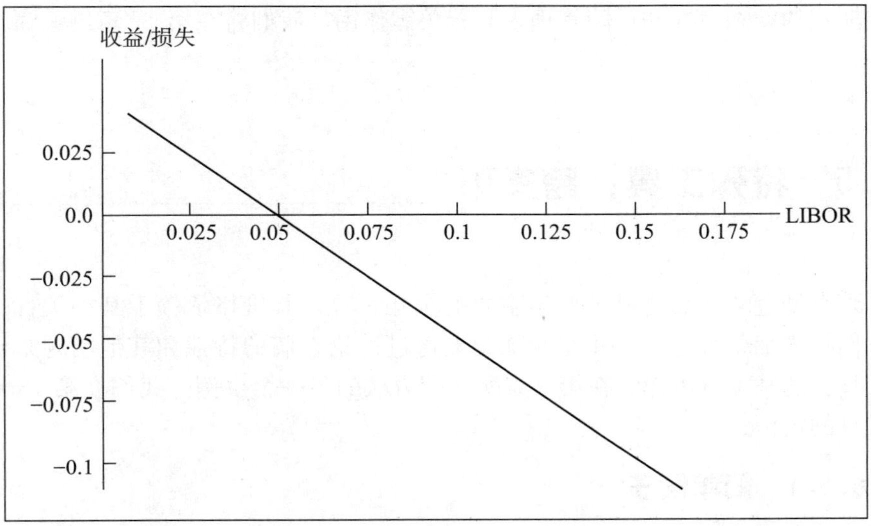

图 10.6　12 个月期 FRA 的收益

我们更感兴趣的是第三种 FRA 合约类型，也就是通常所说的 LIBOR 后置支付 FRA，t_i时刻所观察到的 LIBOR 被用于结算合约：

$$[L_{t_i}-f_{t_0}]\delta N \tag{10.75}$$

这里，f_{t_0} 表示适用于这种特殊类型 FRA 的 FRA 利率。① 注意，我们在这里没有使用记号F_{t_0}，这是因为两个合约对应的凸性不同，两种 FRA 利率一般是不同的。

现在的问题是，在什么条件下F_{t_0} 和f_{t_0} 是不相同的？答案取决于标的合约的凸性特征。事实上，市场实践者利用凸性调整因子来逼近这些差别。

□ 10.4.3　提前偿还期权

被设计为具有凸性的一类主要工具是与抵押贷款相关的一大类证券。抵押贷款是住宅或商业财产购买者所获得的贷款。大多数固定利率的抵押贷款都具有一个重要的特性，就是它们包含提前偿还贷款的权利。获得抵押贷款的人有权利在任何时刻偿还剩余贷款，并且只需支付很少的交易费用。这被称为提前偿还期权。因此，在抵押贷款支持证券中引入负的凸性。实际上，提前偿还期权等价于一项美式看跌期权，该期权是以抵押贷款利率 R_t 为标的的。如果抵押贷款利率 R_t 降到一个限度R^K以下，则获得抵押贷款的人将

① 类似地，可以考虑这类 FRA 合约的后置支付 LIBOR 互换。

通过以新利率 R_t 再融资来付清初始贷款（用 N 表示）。这样一来，获得抵押贷款的人不会按照固定年利息$R_{t_0}N$ 偿还贷款，他有权利（而不是义务）选择在某个时间 t_i偿还年利息$R_{t_i}N$。如果$R_{t_i}<R_{t_0}$，获得抵押贷款的人可能会执行这个期权。对抵押贷款发行者来说，情形正好相反。

这种提前偿还期权的存在为抵押贷款支持证券和其他相关的资产种类创造了负凸性。因为提前偿还期权包括了一列固定支付流对另一列固定现金流的交换，很明显，利率互换在这些期权的动态对冲和风险管理中起着关键作用。我们将在第 17 章继续讨论这个重要专题。

10.5 特殊工具：跨货币

跨货币类型金融产品构成了一类主要的金融工具，其价格依赖于其相关性。在本章结尾，我们将详细刻画它们，并在此基础上通过讨论它们的特性和其他问题来研究跨货币金融工具。这种工具可作为在第 9 章所介绍方法的另一个事例。我们在第 13 章将讨论跨货币工具的定价。

□ 10.5.1 简单例子

考察一个标准货币互换，如图 10.7 所示。互换存在两种货币、两个现金流，可用美元 USD 和欧元 EUR 表示。互换的本金在初始时交换，在结束时再次交换。在这个互换的有效期内，基于美元 LIBOR 的浮动支付和基于欧元 LIBOR 的浮动支付相交换。在这些交换中存在着已知的小利差。

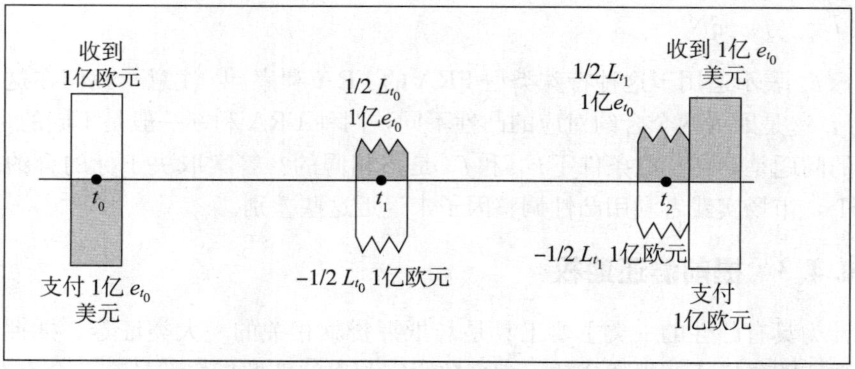

图 10.7 标准货币互换

现在，我们对图 10.7 所示的标准货币互换以一种有意思的方式进行某种修改。我们让两个浮动 LIBOR 保持一样，但要求所有的支付都用同一种货币，比如说美元。换句话说，与欧元 LIBOR 挂钩的现金流将用美元支付（接收），这个工具就称为跨货币互换(quanto swap)，或称差异互换。在这样的互换中，本金是相同的货币，因此没有必要对本金进行交换，只有净利率现金流交换。

例子：

假设名义金额为 3 000 万美元，LIBOR 的报价如下：

TENOR	日元 LIBOR	美元 LIBOR
3 个月期	0.055	1.71
6 个月期	0.185	1.64
12 个月期	0.065	1.73

在跨货币互换中，一方愿意在一年内得到 6 个月期美元 LIBOR，同时支付 6 个月期日元 LIBOR。但是，所有的支付都以美元进行。例如，如果第一次结算是按照上表给出的 LIBOR 进行，那么 6 个月后这一方将得到

$$30\ 000\ 000\times 0.016\ 4\times\frac{1}{2}-30\ 000\ 000\times 0.001\ 85\times\frac{1}{2}-30\ 000\ 000\times\frac{1}{2}c \tag{10.76}$$

其中，c 表示固定的利差，它由跨货币互换的定价决定。注意，日元利率被应用于美元计价的本金上。

在这种类型的互换中，双方均暴露于利率价差敞口，但是至少有一方消除了外汇风险。为什么人们对跨货币互换感兴趣呢？即使包括了利差 c，用美元支付的利息成本

$$\text{日元 LIBOR}+c \tag{10.77}$$

也将明显小于美元 LIBOR 利率。这样，得到美元 LIBOR、支付日元 LIBOR（用美元）的一方可能极大地降低融资成本。相应地，当两种主要货币的收益率曲线明显不同时，市场会从跨货币互换中获利。那么，银行就会将其作为减少费用的工具推荐给它们的客户。当然，从客户的角度来看，跨货币互换仍然包含利率风险，可能还存在汇率风险。如果标的收益率曲线发生了非预期移动，这时就会发生损失。

下面是一个说明英国英镑和瑞士法郎的跨货币互换的例子。

例子：

由于欧洲经济处于交易周期中的一个异常点，公司正在寻求将它们的债务转向融资成本最低的市场。但是国外市场交易的首要风险就是汇率风险。跨货币互换的出现，使得它们可以充分利用国内和国外两个市场。

在跨货币互换中，利息是基于两种不同货币的参考基准支付的，而汇率在互换的初始时间就确定下来了。因此，这种产品提供了一种没有汇率风险的非本国收益率曲线的敞口。

最近几周里，这类产品越来越受到英国公司的欢迎，这些公司已进入互换市场，作为支付方以瑞士 LIBOR 为参考利率，以英镑为收益形式。瑞士法郎 LIBOR 仍然相对低于英镑 LIBOR。尽管公司最后将支付瑞士 LIBOR 加上一个利差，但融资成本仍然被认为会低于普通的英镑融资成本。这样的交易还可以参考德国 LIBOR 或日本 LIBOR。

但是，衍生品的官员也指出跨货币产品远不是无风险的。其中一位说道："考虑到互换持有者要支付瑞士 LIBOR 和一个利差，曲线不用收敛太多就可能使交易无法盈利。"

（汤森路透，IFR，第 1 190 期，1997 年 7 月 5 日）

10.5.1.1 权益跨货币

跨货币工具的概念也适用于其他金融市场。比如说：一个国外投资者可能希望在无外汇风险的情况下获得日本股票市场的敞口。此时，跨货币合约可以设计为基于日本股票指数损益的每年支付，这种支付是以外国投资者的本国货币而不是以日元的形式发生的。

□ 10.5.2 定价

跨货币合约的定价提出了有意思的金融工程问题。① 我们讨论一个简单的例子来说明跨货币。首先，固定标的。假设我们所面对的是一种特定的国外股票 S_t^*。为不失一般性，假设本国货币是美元，国外货币是欧元，股票是欧式的。

美元投资者可能想买这种股票，希望从欧洲市场的潜在上涨中获利，但不喜欢持有欧元敞口。投资者只愿意接受标的股票的风险敞口。为了满足他的要求，银行建议他通过一个跨货币远期来购买这只股票。选定到期日 T，当前美元/欧元的兑换比例 e_t 用来计算时间 T 的结算。这个远期合约的美元价格是 F_t，根据下式结算

$$V_T=(e_tS_T^*-F_t) \tag{10.78}$$

其中，V_T 表示 T 时刻合约的价值，它是以本国货币度量的。如果股票经过了充分估值，则将为正，否则，将为负。F_t 是以 S_T^* 为标的的跨货币合约的远期价格，这必须经过适当的定价策略来确定。

□ 10.5.3 定价机制

假设当前时刻为 t，以 S_T^* 为标的的远期跨货币合约的结算日是 $T=t+\Delta$。再假设，在时刻 T 只有三种可能的状态 $\{\omega^1,\omega^2,\omega^3\}$。下表给出了四种工具的可能价值。这四种工具是：国外股票、国外存单、国内存单以及一个关于汇率 e_t 的 FX 远期合约。

t 时刻的价格	状态 ω^1 下的价值	状态 ω^2 下的价值	状态 ω^3 下的价值
S_t^*	$S_{t+\Delta}^{*1}$	$S_{t+\Delta}^{*2}$	$S_{t+\Delta}^{*3}$
1 美元	$1+r\Delta$	$1+r\Delta$	$1+r\Delta$
1 e_t	$e_{t+\Delta}^1(1+r^*\Delta)$	$e_{t+\Delta}^2(1+r^*\Delta)$	$e_{t+\Delta}^3(1+r^*\Delta)$
0	$f_t-e_{t+\Delta}^1$	$f_t-e_{t+\Delta}^2$	$f_t-e_{t+\Delta}^3$

该表第一行给出了外国股票在未来的三种状态下的价值，这些都是以国外货币度量的。第二行表示将 1 美元投资于国内储蓄账户的三种可能结果。第三行给出的是用 e_t 美元汇率购买 1 单位国外货币，然后将其以国外利率 r^* 再投资的各种结果。

远期汇率 f_t 可以如下定价：

$$f_t=e_t\frac{1+r\Delta}{1+r^*\Delta} \tag{10.79}$$

① 这是将在第 14 章讨论的测度变换技术的一个例子。

其中，e_t 表示当前汇率。在此例子中，我们假设本国和外国的利率分别是常数 r 和 r^*。现在考察前面提到的现价为 F_t 的跨货币远期合约，F_t 将在 t 时刻确定，合约将在 $T=t+\Delta$ 时结算。根据不同的状态，结算数额是下面中的一个：

$$\{(S_{t+\Delta}^{*1}e_t-F_t),(S_{t+\Delta}^{*2}e_t-F_t),(S_{t+\Delta}^{*3}e_t-F_t)\} \tag{10.80}$$

这些数额都是以美元计算的。那么 F_t 的无套利价值是多少呢？

我们可以从上表的四种工具中选出三种构成一个投资组合，使它精确复制 $e_tS_{t+\Delta}^*$ 在每种状态下的值，各工具的权重为 λ_i，$i=1$，2，3。这与第 8 章的讨论类似。例如，使用前三种工具，对于每种状态，我们可以得到：

状态 ω^1 $\lambda_1S_{t+\Delta}^{*1}e_{t+\Delta}^1+\lambda_2(1+r\Delta)+\lambda_3e_{t+\Delta}^1(1+r^*\Delta)=S_{t+\Delta}^{*1}e_t$ (10.81)

状态 ω^2 $\lambda_1S_{t+\Delta}^{*2}e_{t+\Delta}^2+\lambda_2(1+r\Delta)+\lambda_3e_{t+\Delta}^2(1+r^*\Delta)=S_{t+\Delta}^{*2}e_t$ (10.82)

状态 ω^3 $\lambda_1S_{t+\Delta}^{*3}e_{t+\Delta}^3+\lambda_2(1+r\Delta)+\lambda_3e_{t+\Delta}^3(1+r^*\Delta)=S_{t+\Delta}^{*3}e_t$ (10.83)

这些等式的右边是以当前汇率计算出的国外股票的终值，左边是在同一状态下复制投资组合的价值。

这就得到三个方程，具有三个未知数。一般情况下，可求解出 λ_i 的值。一旦这些组合的权重确定了，将这些组合的成本现值整合在一起，就可得到这个跨货币合约的价格

$$\lambda_1S_t^*e_t+\lambda_2+\lambda_3e_t \tag{10.84}$$

该美元数额是 T 时刻的值，因为合约是在 T 时刻结算的，所以得出

$$F_t=[\lambda_1S_t^*e_t+\lambda_2+\lambda_3e_t](1+r\Delta) \tag{10.85}$$

例子：

假设前一个表前三行的数据如下表所示：

t 时刻的价格	状态 ω^1 下的价值	状态 ω^2 下的价值	状态 ω^3 下的价值
100	115	100	90
1 美元	$1+0.05\Delta$	$1+0.05\Delta$	$1+0.05\Delta$
1 欧元×0.98	$(1+0.03\Delta)1.05$	$(1+0.03\Delta)0.98$	$(1+0.03\Delta)0.90$

那么该跨货币远期的价格是多少？

建立三个方程

$$\lambda_1(1.05)115+\lambda_2(1+0.05\Delta)+\lambda_3 1.05(1+0.03\Delta)=0.98\times115 \tag{10.86}$$

$$\lambda_1(0.98)100+\lambda_2(1+0.05\Delta)+\lambda_3 0.98(1+0.03\Delta)=0.98\times100 \tag{10.87}$$

$$\lambda_1(0.90)90+\lambda_2(1+0.05\Delta)+\lambda_3 0.90(1+0.03\Delta)=0.98\times90 \tag{10.88}$$

为了简单起见，我们选取 $\Delta=1$，从而得出

$$\lambda_1=0.78 \tag{10.89}$$

$$\lambda_2=60.67 \tag{10.90}$$

$$\lambda_3=-41.53 \tag{10.91}$$

借入 42 单位的国外货币，贷出 61 单位的本国货币，同时买进 0.78 单位的外国股票就能够复制 $t+1$ 时刻的跨货币合约的价值。这个组合在 t 时刻的价格为

$$100\lambda_1 0.98+\lambda_2+0.98\lambda_3=96.41 \tag{10.92}$$

如果此金额在 $t+\Delta$ 时刻支付，则它将等于 F_t 的无套利值：

$$F_t=1.05\times 96.41=101.23 \tag{10.93}$$

这个例子表明，跨货币的价值是同汇率与国外股票运动的相关性有关的。如果相关系数为 0，则此跨货币合约的价值与标准的远期的价值相同；如果相关系数是正（负）的，则跨货币远期将比标准远期的价值少（多）。在上面的例子中，汇率与国外股票是正相关的，所以跨货币工具比国外股票的初始价值小。

□ 10.5.4　凸性体现在哪里?

前一节的讨论已经证明，在拥有三种可能状态的单时期中，我们可以构建一个投资组合，来复制跨货币工具在未来的收益。随着可能状态的增加，时间变成连续的，这种类型的复制组合需要进行再调整。投资组合的调整会视相关系数符号产生正的或负的收益，就像期权那样。这是波动性起作用的地方。在跨货币资产中，至少涉及两种风险，即汇率风险和国外股票或国外利率风险。它们之间的协方差同样也影响着定价。

由于再平衡过程中所实现的交易收益，这种跨货币产品在 t_0 时刻具有正的或负的价值，于是跨货币又形成了另外一类资产，这类资产二阶敏感性的不可忽略性导致它们的价格依赖于方差和协方差。

□ 10.5.5　应用考虑

初看跨货币资产，它似乎对投资者和组合管理经理非常具有吸引力。毕竟，这个合约使得投资者能够购买国外资产，并且消除了所有的外汇风险。这是否意味着我们一直使用跨货币工具呢?

实践中关于这种工具的问题很复杂。首先，购买一份跨货币工具可能需要前期支付，而且跨货币工具的特性依赖于风险溢价、买卖价差和相关标的资产和标的外币的交易成本。它们可能会很高，以至使用一份国外货币的远期近似地对冲更划算。

其次，跨货币资产具有到期日。如果因为某些不可预见的原因，合约在到期之前失效了，就有可能产生更多的成本。更重要的是，如果持有外国资产超过到期日，这种跨货币特性就不起作用了。

最后，跨货币合约依赖于两种风险因素的相关性，这种相关性可能并不稳定。在这些条件下，建立这种跨货币资产头寸的多方或空方都将面临相关性参数变化的敞口。这可能极大地影响双币种合约的盯市价值。

10.6 结论

定价方程依赖于一个或多个风险因素。当定价函数是非线性的时，使用线性资产复制投资组合并进行周期性权重调整，就会在对冲过程中产生正的或负的现金流。如果标的波动性和相关系数均是显著的，从这些交易中所获得的收益可能会超过定期调整所带来的交易成本，进而标的是非线性的也可以进行交易。

在本章中，我们考察两个基本的例子。第一个来自固定收益行业，它使得具有凸性的债券更有价值。第二个是跨货币工具，它引入风险的协方差。这个跨货币工具的例子很好地解释了当期限结构模型涉及多个因素时会产生什么样的结果。在这种条件下，标的风险之间的协方差及波动性可能变得至关重要。

阅读建议

两本入门书籍 Serrat and Tuckman（2011）与 Jegadeesh and Tuckman（2000）介绍了如何从固定收益工具中分离出凸性收益。Hull（2014）清晰地探讨了期货和远期之间的凸性差异。本章对跨货币工具特征的讨论源自 Piros（1998），在 DeRosa（1998）中也可找到。Wilmott（2006）对双币种资产的讨论也很精彩。

习题

1. 假设给定如下无违约风险长期债券：

面值：100。

发行价格：100。

货币类型：美元。

期限：30 年。

票面利率：6%。

没有隐含看涨或看跌期权。

此外，这个市场没有买卖价差和交易佣金。最后，收益率曲线是平直的，并只能平行移动。

然而，存在一种 1 年期 LIBOR 的期货合约，其合约价格由下式决定：

$$V_t = 100(1 - f_t) \tag{10.94}$$

其中，f_t 表示关于1年期LIBOR的“远期利率”。

(a) 证明：如果这个30年期债券的收益率是 y_t，则在所有时刻有

$$y_t = f_t \tag{10.95}$$

(b) 描绘出 V_t 与债券的价格函数。

(c) 假设现在的收益率 y_0 是7%。构建一个关于收益率曲线的变化是delta中性且成本为0的投资组合。

(d) 考察下面1年期收益率的变化：

$$9\%,7\%,9\%,7\%,9\%,7\% \tag{10.96}$$

这个时期的凸性收益是多少？

(e) 其他成本是什么？

2. 已知一个收益率为 y 的30年期债券，收益率曲线是平直的，并且只平行移动。还有一种流动的3个月期欧洲美元合约。初始时，可以按5%的利率借贷。

(a) 利用这个长期债券和欧洲美元合约，构建一个对利率变化免疫的delta对冲组合。

(b) 假设在一年内观察到了下面的利率变化：

$$\{0.06,0.04,0.06,0.04,0.06,0.04\} \tag{10.97}$$

这些观察每两个月进行一次。从一个波动性的多头头寸中获得的凸性收益是多少？

3. 考察前面问题中所给的数据。

假设预期的运动与前面的问题一样，市场实践者突然移动到一个预期的轨道，比如

$$\{0.08,0.02,0.08,0.02,0.08,0.02\} \tag{10.98}$$

并假设这是市场唯一的外生变化，那么你认为30年期债券的收益率会发生什么样的变化？

4. 假设收益率曲线是平直的，并且只能平行移动。如果FRA利率预期围绕以下初始利率波动，计算LIBOR后置支付FRA与市场交易线性FRA之间的利差：

$$\{+0.02,-0.02,+0.02,-0.02,+0.02,-0.02\} \tag{10.99}$$

5. 回答下述与案例研究“长期债券的凸性、凸性与套利”相关的问题。

a. 首先作为准备知识，解释长期债券的凸性的含义。

b. 长期利率互换的凸性的含义是什么？

c. 利用图形解释凸性的概念。

d. 如果债券是凸性的，那么哪一种固定收益工具不是凸性的呢？

e. 描述FRA的现金流。市场中的FAR什么时候结算？

f. FRA的凸性调整是什么？

g. 什么是上限？你利用上限买卖的是什么波动性？

h. 现在考察现实问题。请解释有“知识”的专业人士所建立的头寸。

i. 特别地，这个头寸是建立在利率或其他某种东西的方向上吗？你能解释为什么这些专业人士必须用上限和下限来对冲他们的头寸吗？

j. 他们是不是只能用上限来对冲？下限是不是同样可行？用图表解释你的答案。

k. 这是真的套利吗？存在风险吗？

MATLAB 习题

6. 考察 Vasicek 模型

$$dr=\alpha(\mu-r)dt+\sigma dW\_t$$

对于下面参数设置 $[\alpha,\mu,\sigma,r(0)]$，绘制期限结构（即绘制收益率与时间）：

[5.9,0.3,0.2,0.1]

[3.9,0.1,0.3,0.2]

[0.1,0.4,0.11,0.1]

现在，对于第一个参数集，通过每次只改变一个参数来绘制期限结构，并报告您的观察结果。

7. 考察 CIR 模型

$$dr=\alpha(\mu-r)dt+\sigma\sqrt{r}\,dW\_t$$

对于下面参数设置 $[\alpha,\mu,\sigma,r(0)]$，绘制期限结构（即绘制收益率与时间）：

[0.02,0.7,0.02,0.1]

[0.7,0.1,0.3,0.2]

[0.06,0.09,0.5,0.02]

现在，对于第三个参数集，通过每次只改变一个参数来绘制期限结构，并报告您的观察结果。

∵案例研究：长期债券的凸性、互换和套利

一个长期债券的收益率就是你持有债券所能获得的收益。这句话对不对呢？错，你可以获得更多。

其原因是长期债券和互换具有凸性。如果存在着两种工具，一种是线性的，另一种是非线性的，并且倘若这两者的价格是相同风险因素的函数，我们就可以构建一个投资组合，这个组合是 delta 中性的，并且能够保证一定的正收益。

这是一个很复杂而且令人迷惑的概念，我们的目的是希望通过这个案例分析使问题变得明朗一点。

这个案例乍看非常简单，仔细阅读市场专业人士所建立的套利头寸，然后回答问题。

在互换市场上，一些老练的交易者（至少是那些一直愿意在数量分析师身旁工作的人）直到最近还一直玩着一种胜人一筹的游戏，这些游戏对于那些幼稚得多的银行对手而言是不利的。通过考虑长期互换的凸性影响，他们利用对手的无知来获利，这些对手不明白有什么理由要改变自己的估值方法。

尤其是，几个月前，一些华尔街美元互换交易商，据说包括 J. P. 摩根和高盛，意识到

当对后置支付 LIBOR 互换定价时，它们的互换价值比人们眼见的更高。根据伦敦交易者们所说，他们已开始从自己的定价模型与那些依靠简单传统方法定价的交易者所使用的模型之间进行套利了。交易是这样进行的：这些交易者们接收后置支付 LIBOR，而在开始时支付 LIBOR，交换的本金通常是 1 亿美元。

根据互换的长度以及 LIBOR 的重置间隔，无论收益率曲线的形状怎样，他们都可以从交易中得到附加的 8～10 个基点的收益，而对方，援引一位交易者的话说，则"眼看着在互换的有效期内，钱滴滴答答地流淌干净，即使他们认为自己已进行了很好的对冲"。

这个额外的价值只是在长期互换中表现得很明显，它们的期限通常是 5 年或 10 年，尤其是那些基于 12 个月期 LIBOR 而不是更传统的 6 个月期 LIBOR 的互换。这个价值是由于凸性的效用更普遍地受收益率和固定收益工具的价格二者之间的关系影响。

因此支付长期呈凸性，并且在将其运用于后置支付 LIBOR 结构时我们已在今年早些时候证明了这是有利可图的。第一批交易发生在纽约，并且被局限于美元市场，但是在 5 月初，一些其他投资者知道了这些市场的信息，他们也决定在伦敦运用同样的方法。一个交易者对不同银行间交易者之间交流的缺乏感到吃惊，这样就使这种套利在银行之间以及通过互换经纪人继续存在。

这位交易者还说："没有一个美国银行主动利用其他货币中的这种机会。"他表示："你可以在英镑中运用同样的策略，因为凸性对所有的货币都存在。"

实际上，5 月份中的一天，英镑市场里充满了这样的交易。据一个英镑互换交易者说，交易"持续了好几天，直到每个人都变动自己的报价，有效地减少了进一步的套利机会，同时也使这种套利难以建立头寸"。

这类交易结构的成功离不开上限波动性，因为额外价值的获得，除了要 delta 对冲互换外，还要卖出一定数量的上限，这样才能在任何性质的收益率曲线下分离出这个价值。

一个交易者说："在某些上限市场，如日元，波动性的水平不足以用来完成这项交易。"最近大多数这类银行间活动都发生在美元、英镑或澳大利亚元市场中。

随着银行逐渐认识到这种套利的存在，至少在银行同业之间的这类市场中，套利的机会变得越来越小。但是正如一位交易者所评论的："这种结构成功的原因是互换交易者认为他们知道怎样用过去的方式定价后置支付 LIBOR 互换，并且坚持使用这些方法。"

他补充道："后置支付 LIBOR 不考虑凸性效应，如同免费卖出期权，只要交易者仍然使用旧的定价方法，套利的机会就会存在。"

尽管伦敦的 BZW（它在市场上很活跃）承认它将这样的套利视为向其客户分发额外收益的一个途径，但是很多大的互换交易商拒绝对此发表评论，这表明这样的市场仍然存在。

（汤森路透，IFR，第 1 092 期，1995 年 7 月 29 日）

第 11 章 期权工程及其应用

11.1 引论

这一章从金融工程的视角讨论传统的期权策略，并给出一些市场事例。然后，继续讨论奇异期权。我们关注如下组合或头寸：构建组合或头寸时，就准确地知晓其损益剖面情况。市场实践者有意识地承担风险，目的是想从市场上某种风险因素的预期变化中获益，或者得到保护。大多数投资者的行为均属于此种类型。投资者购买具有较高的（系统）风险的股票，希望获得更高的收益。高收益的债券往往具有较高的违约概率，而债券持有人为了获得债券的高收益就愿意承担这种高风险。对所有类型金融工具来说，影响投资者持有头寸的收益或损失的风险因素往往有一个或多个。如果这些风险与投资者的预期相同，那么投资者会基于这些因素建立相反的策略，从而获得风险收益。有些对冲行为就可以这么解释。这一章探索运用期权实现这些目的的技术和策略。我们将考察经典（普通）期权和奇异期权工具。

依据现代金融学中的一个重要定理，如果所有到期日的期权都存在，可通过仔细挑选期权投资组合来复制任何投资者或对冲者所希望的损益组合。我们利用仔细选择的（静态）期权组合能够构建并合成任何一种资产，因为金融头寸总是关心它的收益。① 因此，我们通过考察收益图来展开讨论。

11.1.1 收益图

设 x_t 表示随机变量，刻画风险因素在 t 时刻的值，同时设 $f(x_T)$ 表示如下函数：

① 这是一个理论结果，而且它依赖于所有到期日均存在的期权。在应用中，不可能出现这种情况。不过，此结果可能在近似意义上还是成立的。

已知 x_T 在 T 时刻（$T>t$）的值，这个函数刻画套利工具在到期日 T 时刻的收益。将函数 $f(x_T)$ 称为收益函数（payoff function）。一旦签订好合约，$f(\cdot)$ 的函数形式就是已知的。① 在教科书中，一种习惯做法是用一对变量 $\{f(x_T), x_T\}$ 表示，如图 11.1 或图 11.2 所示。注意，这里我们获得一条仅仅依赖于 x_T 值的非线性向上倾斜的收益函数曲线。图 11.1 给出的收益函数图，尽管是任意画出来的，但还是揭示了金融敞口的某些一般原理。现在，我们回顾这些原理。

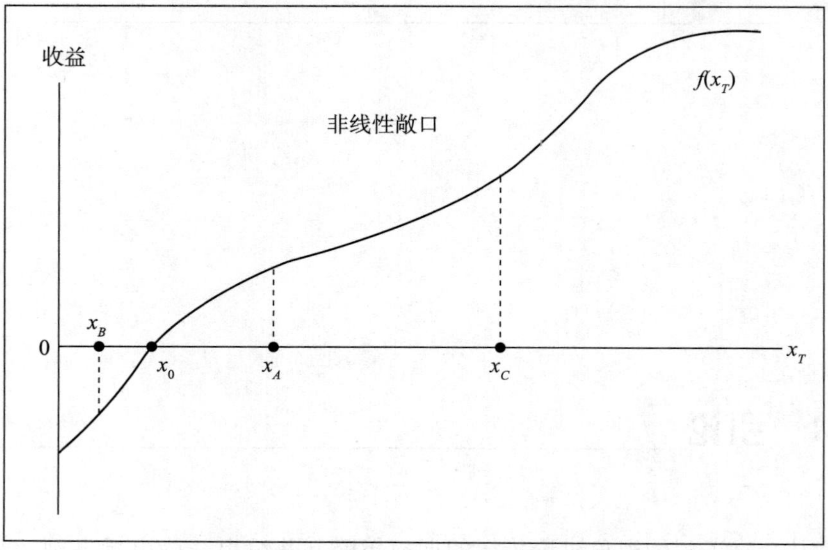

图 11.1　非线性敞口的收益

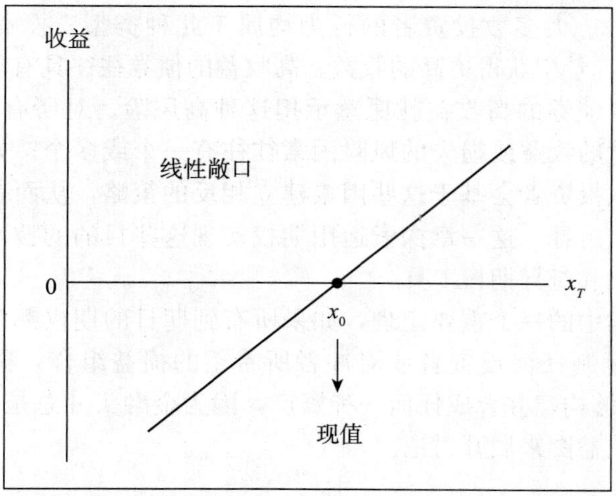

图 11.2　线性敞口的收益

① 这里，将 x_t 看成一个 $k\times l$ 的风险因素向量。为了简化讨论，我们将它当成单个的风险因素，并假设 x_t 是一个标量随机变量。

首先，对初始值为0的公平定价敞口，某些标的风险因素 x_T 的净敞口必须是负的，否则，我们将获得正收益，且不会有损失的风险。这就会产生套利机会。互换型工具便属于这种类型。如果合约最终的收益对于所有 x_T 的值都是非负的，那么这个敞口的初始值就是正的，投资者为了持有这个头寸就必须进行先期支付。期权头寸具有这样的特征。①

其次，对于 x_T 来说，敞口可以是凸的、凹的或者是线性的，这与投资者或市场专业人士有关。线性性质的含义很明显，即头寸关于 x_T 变化的敏感性表现为常数。凸性的有关问题已在第9章和第10章讨论过了。由于存在凸性，在对波动性变化定价时，必须将其考察在内。期权也是这类金融工具中的重要一类。

最后，最好的情况就是收益函数 $f(x_T)$ 只依赖于标的风险 x_T 的值，而与其他外来风险无关。在第9章和第10章中，我们已经了解到以期权头寸形成的波动性可能不符合这样的要求。关于这一点，我们将在第15章中详细讨论。

11.1.1.1 x_t 的例子

迄今为止，本节探讨了抽象意义的标的 x_t。此标的可以是我们能想象到的任何风险。下面列出一些 x_t 的著名例子。

- 各种各样的利率：最好的例子是LIBOR以及互换利率。但商业票据利率、联邦基金利率、隔夜利率指标（例如EONIA，Euro Over Night Index Average）以及众多其他利率也可用作参考利率。
- 汇率，尤其是几种主要的汇率，诸如美元兑欧元、美元兑日元、美元兑英镑以及美元兑瑞士法郎。
- 股票指数。存在大量的股票指数例子，除了众所周知的美国市场股票指数，比如道琼斯（DOW）、纳斯达克（NASDAQ）和标准普尔500，还有欧洲股票指数，例如CAC40、DAX和FTSE100，此外还有各种亚洲股票指数，比如日经225及新兴市场指数。
- 商品也是相当适合的标的物。咖啡期货、大豆期货和能源期货都是 x_t 的例子。
- 债券价格指数：其中一个例子是由J.P.摩根为开拓新兴市场债券而设计的EMBI+。

除这些著名风险之外，存在更为复杂的标的，这些复杂标的也是金融市场活动的核心要素。

(1) 本章所讨论的构建期权头寸的标的可以是波动性或方差。如果我们用 σ_t 表示在 t 时刻价格波动的百分比，那么标的 x_T 在 T 时刻的值可以定义为

$$x_T=\int_t^T \sigma_u^2 S_u^2 \mathrm{d}u \tag{11.1}$$

其中，S_u 可以是任何风险因素。在此情况下，x_T 表示在区间 $[t,T]$ 上 S_u 的总方差，波动性是 x_T 的平方根。

(2) 两种风险因素之间的相关系数也可以用类似方式加以处理。

(3) 标的 x_t 也可表示对手方或金融工具的相关违约概率。这种方法在信用工具中常见。

---

① 做市商将以借入的资金去购买期权。头寸依然保持初始值0。

(4) 标的 x_t 也可表示非常事件发生的概率，因此我们可以构建一个“猫”工具*，然后用它来购买保险，以应对各种灾难性事故。

(5) 标的 x_t 也可以表示非储存型的电、天气或带宽等。

对这类合约或市场细节感兴趣的读者，可参见 Hull（2014）。本章重点关注期权合约的金融工程方面的性质。

11.2 期权交易策略

我们可将期权策略分成两大类型。第一大类，考察与期权有关的经典方法。这涉及做市商和非机构投资者使用的策略。这些策略又可以进一步细分成两组：一组是方向策略，另一组是关于标的工具波动性的策略。第二大类期权策略涉及奇异期权，通常奇异期权被认为比普通期权更有效且更便宜。标的风险可以是上面提到的任何一种风险因素。

11.2.1 合成多头和空头头寸

现在，我们运用这些策略作为方向性工具来合成某种资产的多头和空头头寸。利用期权可以用合成的方式构建这些头寸。

考察两份以某资产的远期价格 F_t 为标的的普通期权。第一份是空头看跌期权，第二份是多头看涨期权，价格分别是 $P(t)$ 和 $C(t)$，如图 11.3 所示。两个期权有相同的执行价格 K 和到期日 T。[①] 假设布莱克-斯科尔斯条件成立，且两个期权都是欧式期权。更重要的是，标的资产在 $[t,T]$ 之间无任何支付。再假设用来贴现未来现金流的短期利率为常数 r。

现在，考察下面的投资组合

$$\{\text{做多 1 单位执行价格为 } K \text{ 的看涨期权，做空 1 单位执行价格为 } K \text{ 的看跌期权}\} \tag{11.2}$$

在到期日，这一投资组合的收益就是图 11.3 中两条曲线垂直相加的和，如图 11.4 所示。这看起来像是一个以 K 为执行价格的多头远期合约的收益函数。如果在 t 时刻期权是平值期权（ATM），这个组合就恰好复制了多头远期头寸，因此是一个精准合成。但是，即使期权不是平值的，这个投资组合和远期合约之间也有紧密的联系。

在到期日 T，这个投资组合的价值是

$$C(T)-P(T)=F_T-K \tag{11.3}$$

其中，F_T 表示 T 时刻的远期价格。因为在 T 时刻，两个期权中只有一个是处于实值状态，所以这个等式是成立的。要么看涨期权的价值为 F_T-K，而另一个期权价值为零；要么看跌期权是实值期权，而看涨期权的价值为 0，如图 11.3 所示。

① 空头看涨期权与多头看跌期权存在对称的结果，这里不再阐述。

* “猫”工具（“cat” instrument）是指一种为购买保险而创建的工具。——译者注

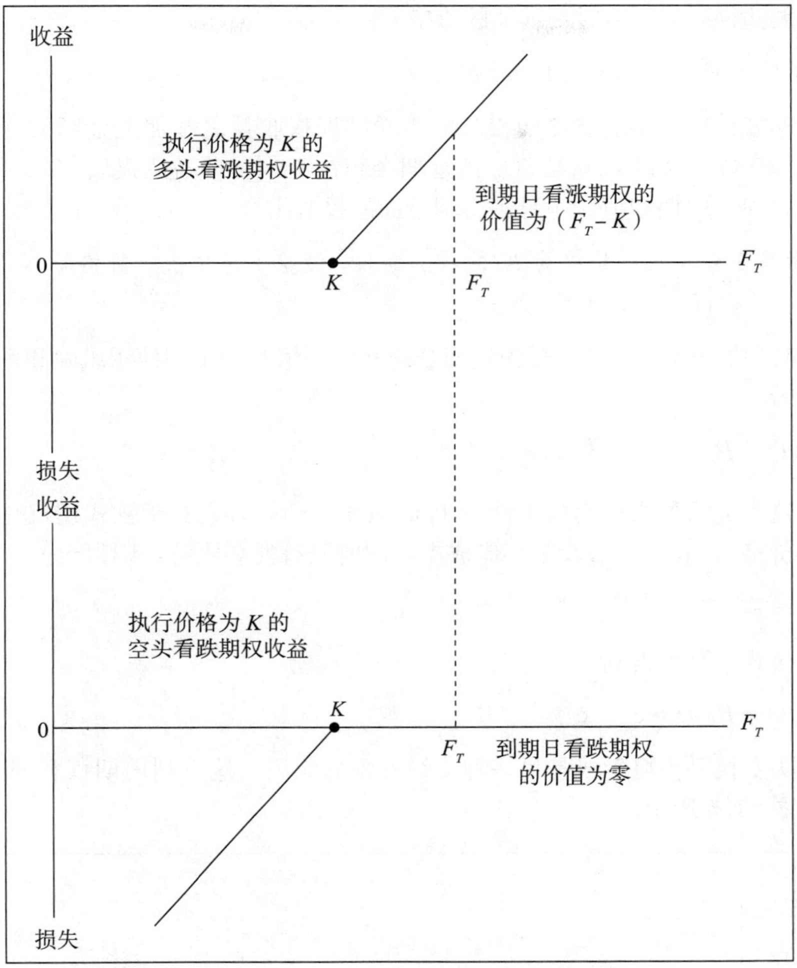

图 11.3　多头看涨期权和空头看跌期权的收益

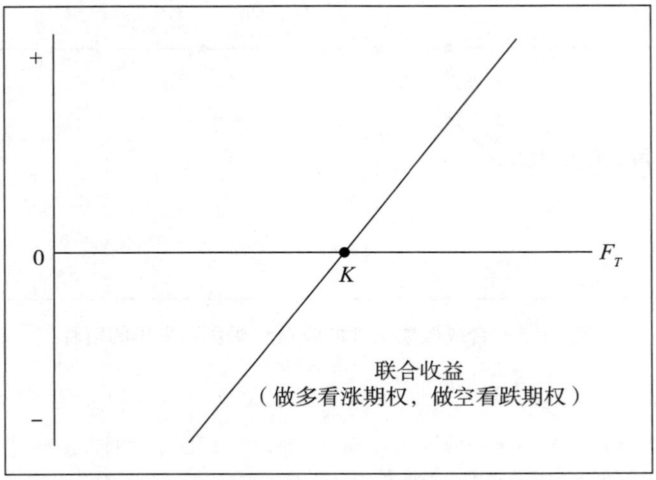

图 11.4　多头看涨期权和空头看跌期权的联合收益

在方程两边同时减去 t 时刻远期的价格 F_T，得到

$$C(T)-P(T)+(K-F_t)=F_T-F_t \tag{11.4}$$

这个表达式说明：多头看涨期权和空头看跌期权收益之和加上金额为（$K-F_t$）的现金，应该等于在 t 时以 F_t 价格订立的远期合约在 T 时的收益或损失。

对式（11.4）取期望值。于是，得到下面的投资组合：

{做多 1 单位执行价格为 K 的看涨期权，做空 1 单位执行价格为 K 的看跌期权，$e^{-r(T-t)}(K-F_t)$ 美元}　(11.5)

它在 t 时的价值为 0，这是因为远期合约和复制组合产生的信用风险和现金流是相同的。这蕴含着

$$C(t)-P(t)=e^{-r(T-t)}(F_t-K) \tag{11.6}$$

我们将这个关系称为买卖权平价*（put-call parity），它对于欧式期权是成立的。它也可用即期价格 S_t 表示。假设零存储成本，同时没有便利收益，则得出①：

$$F_t=e^{r(T-t)}S_t \tag{11.7}$$

代入上面的公式，可以得到

$$C(t)-P(t)=S_t-e^{-r(T-t)}K \tag{11.8}$$

因而，买卖权平价可看成是另一种合约方程的应用，这里利用期权和现金来构建 S_t 的合成，如图 11.5 所示。

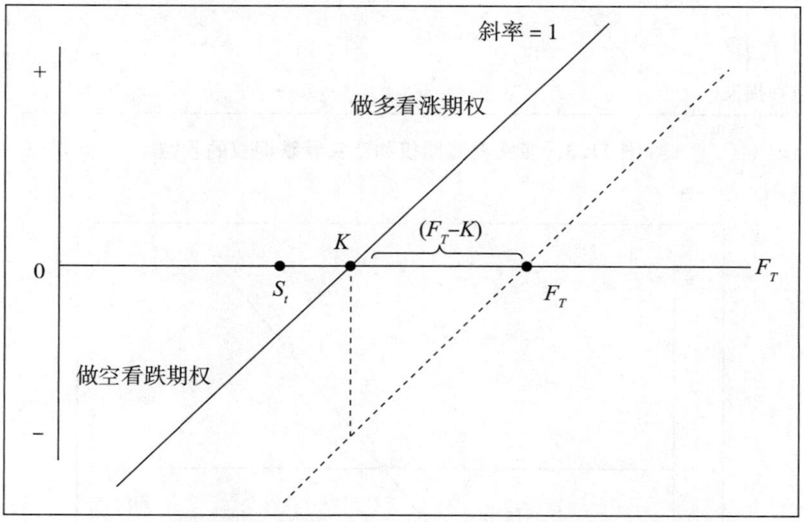

图 11.5　合成股票头寸的收益和买卖权平价的解释

① 这里 r 是贷款成本，与第 3 章讨论的相同，是远期价格的决定因素。便利收益正好与持有成本相反，某些库存现金商品可能会提供这样的便利收益，进而影响 F_t。

* 买卖权平价又称看涨看跌平价。——译者注

11.2.1.1 应用

通常，期权市场做市商利用买卖权平价探寻套利机会。它们运用期权构建合成期货的头寸，然后将其与期货合约交易。用这种方式，可将合成期货合约与真实合约之间微小且暂时性的差异转化为“无风险”收益。在这一节，我们讨论一个例子。

为了不失一般性，假设某只股票的交易价格为

$$S_t = 100 \tag{11.9}$$

做市商可以买卖 30 天后到期的平值期权，同时假设做市商的融资成本是 5%，股票不支付股利，也不考察公司行为。

在应用时，做市商还要为每份期权支付 20 美分、为每股股票支付 5 美分的交易成本。最后，做市商通过计算得知：要想继续交易，每个头寸需要 0.25 美分的保证金。然后，我们就可运用买卖权平价公式，并实行如图 11.6 所示的转换策略了。

从隔夜市场借入为期 30 天的资金，并以价格 S_t 买入股票。与此同时，卖出 S_t 看涨期权，买入 S_t 看跌期权，到期日均为 30 天，以此建立图 11.6 所示的头寸。

这个头寸是完全对冲的，因为由 S_t 的变化而引起的任何潜在的收益都将超过潜在的损失。这意味着，唯一相关的因素是交易成本和看涨期权与看跌期权之间存在的价格差。如果这个价格差大于总的转换成本，那么做市商将监测看跌期权与看涨期权之差，并建立如图 11.6 所示的套利头寸。

例子：

假设 $S_t = 100$，同时 90 天的看涨期权和看跌期权交易是活跃的，利息成本是 5%。做市商发现，看涨期权的价格 $C(t)$ 超过看跌期权的价格 $P(t)$，两者之差为 2.10 美元：

$$C(t) - P(t) = 2.10 \tag{11.10}$$

利用借来的资金购买股票并持有 90 天，买入平值看跌期权并持有到期，同时卖出平值看涨期权。这意味着融资成本为

$$100 \times 0.05 \times \frac{90}{360} = 1.25 \text{ 美元} \tag{11.11}$$

将这个转换策略的所有成本相加，可得：

证券单位成本	美元
融资成本	1.25
股票买价	0.05
看跌期权买价	0.20
看涨期权卖价	0.20
操作成本	0.25
总成本	1.95

做市商要承担的总成本为 1.95 美元。在这些条件下，可以证明，净现金头寸将为正：

$$\text{净收入} = 2.10 - 1.95 \tag{11.12}$$

这个头寸是值得持有的。

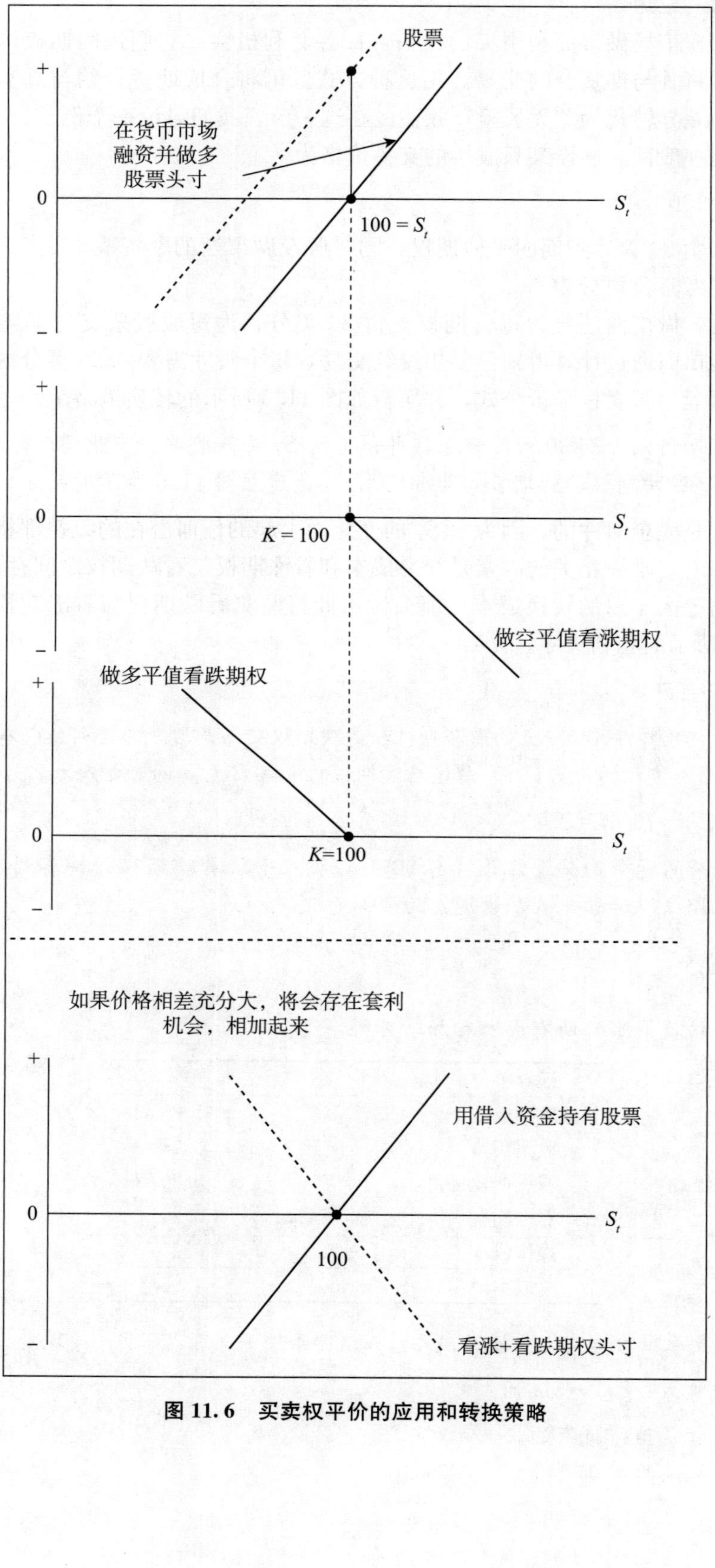

图 11.6 买卖权平价的应用和转换策略

在刚才讨论的例子中，当看涨期权和看跌期权的期权费之差是负的时候，做市商就可以建立相反的头寸，称为逆转（reversal）。①

11.2.1.2　套利机会

当听到存在这种“套利”机会，而且交易所的做市商可紧密地监控这些机会时，外界人士可能感到惊讶。只有“大厅”里面的做市商才能捕获到这种机会，但不能在通常意义上连续不断地进行套利。

出现这一情况的原因包括：(1) 场外交易市场的投资者比场内市场的做市商支付的成本更高，持有这类头寸的成本太高，限制了场外投资者。(2) 场外投资者不能同时做出买入（卖出）标的资产的决策，也不能通过买卖看涨和看跌期权来构建该策略，因为当这些策略传达到交易所时，价格可能已经发生了变化。(3) 即使发现了这样的机会，也往往因为净收益太小，使得零星地建立这样的头寸是不值得的。但是，对于专门从事这种活动的做市商来说，其意义重大。(4) 最后，这些头寸也有严重的风险，即所谓的尖锐风险*（pin risk）。

□ 11.2.2　对尖锐风险的注释

详细阐述尖锐风险是非常值得的，因为类似风险出现在对冲和交易某些奇异期权当中。假设我们有一个执行价格为 100、到期日在 90 天后的转换策略。该头寸将在 90 天之后的某个星期五到期。假设在到期日股票价格 S_t 恰好等于 100，这意味着股票恰好以执行价格收盘。此时的做市商进退两难。

做市商持有股票。如果它不执行多头看跌期权，而空头看涨期权也没有被执行（也就是，它没有恰好以价格 K 卖出股票），那么周末时，做市商将会有一个未平仓的股票多头头寸。一旦股票价格在星期一发生变动，它将遭受严重的损失。

如果做市商确实执行这个多头看跌期权（也就是，它以价格 K 卖出股票），同时看涨期权也被执行（也就是，以价格 K 交割股票），那么周末时，做市商就有一个股票的空头头寸。对于偶尔持有这种头寸的最终投资者而言，这种风险不算大，但是对依赖于这些头寸的专业交易商来说风险很大。没有好的方法可以摆脱这种困境，这种类型的风险称为尖锐风险。

导致尖锐风险的主要原因是，在 $S_T=K$ 时到期日收益出现扭结，该扭结表示斜率的突然变化——对于多头看涨期权是从 0 突变到 1，反之亦然。这意味着，即使 S_t 的一个很小的变化，对冲比率要么是 0，要么是 1，做市商稍有不慎就会陷入困境。如果收益函数曲线的斜率变化比较平稳，那么对冲的变化也会比较平稳。因而，每当工具的 delta 出现离散性跳跃时，类似于尖锐风险的风险便会出现。

□ 11.2.3　风险逆转

合成多头和空头期货头寸的一种更高级的形式称为风险逆转。尤其在外汇市场上，它们是流动性的合成工具，可以作为商品来交易。风险逆转是方向头寸，这与前一节所讨论的合成多头或空头期货头寸是不同的。

① 这和即将阐述的风险逆转（risk reversals）策略略有不同。

* 尖锐风险又称大头针风险。——译者注

风险逆转的思想依然是买入和卖出看涨与看跌期权，以便复制多头和空头期货头寸——但此时利用的是具有各种不同执行价格的期权。图 11.7 给出了这样的一个例子。标的是 S_t。策略包含了执行价格为 K_1 的空头看跌期权，还有执行价格为 K_2 的多头看涨期权。

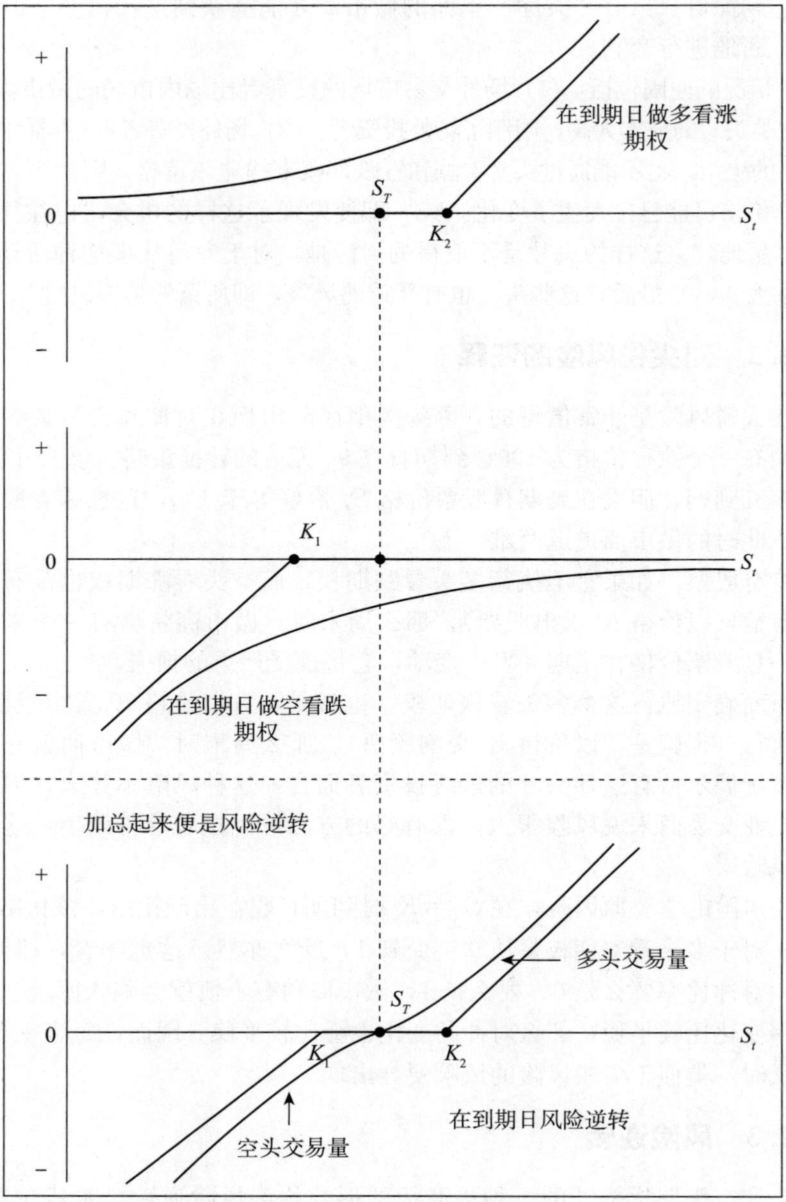

图 11.7　做多看涨期权、做空看跌期权以及风险逆转头寸的收益

最初，这两个期权都是虚值期权，并且 S_t 满足：

$$K_1 < S_t < K_2 \tag{11.13}$$

由于可以选择执行价格，使得看涨和看跌期权具有相同的收益，因此，可构建一个风险逆转，以便使初始价格为0。

在图11.7上部，垂直加总期权收益，得到图中底部所示的到期日收益。如果在到期日时，S_T 处于 K_1 和 K_2 之间，此策略的收益为0；如果在到期日时，$S_T < K_1$，该风险逆转就有损失；在 $K_2 < S_T$ 的情况下，风险逆转就会有收益。显然，我们这里所拥有的头寸类似于一个多头头寸，只是这个头寸的标的是从 S_t 开始的，并且对于 S_t 微小的变化是中性的。如果建立的是无保护头寸，那么就意味着投资者对 S_t 持看涨观点。

下面我们考察外汇（FX）市场的一个例子，其中风险逆转被当成商品进行交易。

例子：

在欧元对美元开始变强之后的两个星期，1个月期25delta的风险逆转显示了对欧元看涨期权（美元看跌期权）的更大偏好。

交易者称欧元看涨期权做市商正在买入风险逆转，并预期欧元会进一步上涨。星期三，1个月期风险逆转已经从三周前的0.3涨到了本周三的0.91，是向着有利于欧元看涨期权方向变化的。隐含波动性随即变强，在即期市场上，1个月期波动性从三周前的11.78%上升到本周三的13.1%，同时，欧元对美元也从1.018 1上升到1.021 5美元。

上文中提到的25delta风险逆转如图11.8所示，它是由两个期权构成的，一个看涨期权和一个看跌期权。两个期权都是虚值期权且“当前”的delta为0.25。从资料中可以发现，25delta欧元看涨期权比25delta欧元看跌期权贵。

11.2.3.1 风险逆转的应用

风险逆转可用作“便宜”的对冲工具。下面举个例子。

例子：

上周，巴黎一家旅行社采用了一个零成本的风险逆转来对冲美元风险敞口。该公司需要购买美元以便向它在美国、中国、印度尼西亚及南美的供应商支付。

公司财务负责人说，公司在交易中买入美元看涨期权并卖出美元看跌期权以对冲2亿～3亿美元的30%的敞口，该美式期权可在11月到第二年5月之间执行。

该公司采用了一个风险逆转而不是直接买入美元看涨期权，这是因为风险逆转更便宜。财务负责人说，剩余的敞口将用其他不同的策略来对冲，例如直接买入期权。

（摘自《衍生品周刊》）

这里提及的旅行社从出国旅游的游客那里收到欧元，但是需要用美元向外国人支付。在 t 时刻收到欧元，在未来某个时刻 T，$T > t$，支付美元。风险逆转合并起来是一个零成本的结构，这意味着卖出美元看跌期权得到的期权费用与买入美元看涨期权的期权费用是相等的。对于汇率的微小变化，这个头寸是中性的，但当汇率发生较大变化时，它就是一个类似期货合约的对冲。

当然，这样的头寸也可以在期货市场上建立。风险逆转的一个主要优点是它是由期权“构成”的，所以，通常不需要每天进行盯市调整。

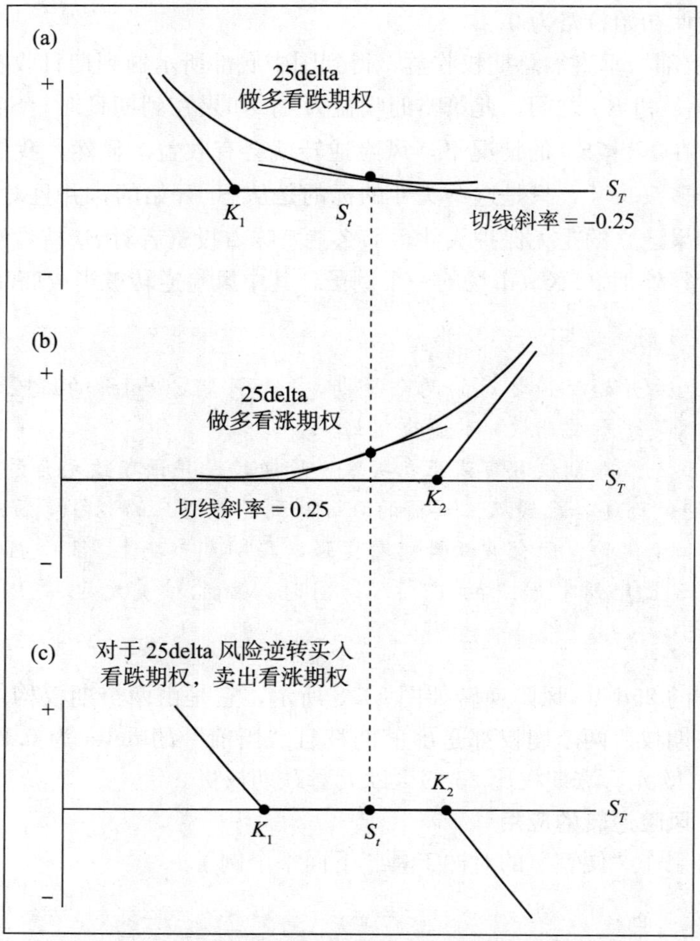

图 11.8　做多看跌期权、做空看涨期权以及风险逆转头寸的收益

□ 11.2.4　提高收益策略

到目前为止，我们研究的期权策略都是用于构建合成工具的空头或多头期货头寸。下面我们讨论能够提高投资组合收益的期权合成。

11.2.4.1　过度做空看涨期权

最简单的情况是下面的例子。在 t 时刻，投资者以当前价格 S_t 持有一个股票的多头头寸，如图 11.9 所示。如果股票价格上升，投资者就会获得收益；如果价格下跌，他则会出现损失。不过，投资者有一个主观的期望收益 $\hat{R}_t$，若时间长度为 Δ，$\hat{R}_t$ 可以表示为

$$\hat{R}_t = E_t^{\hat{P}}\left[\frac{S_{t+\Delta} - S_t}{S_t}\right] \tag{11.14}$$

其中，$\hat{P}$ 表示随机变量 $S_{t+\Delta}$ 的主观条件概率分布。依据前面的公式，投资者在 Δ 期间的

期望收益是$\hat{R}_t$。现在的问题是：我们是否能向这位投资者提供提高收益的另一种选择，答案取决于"提高收益"的含义。

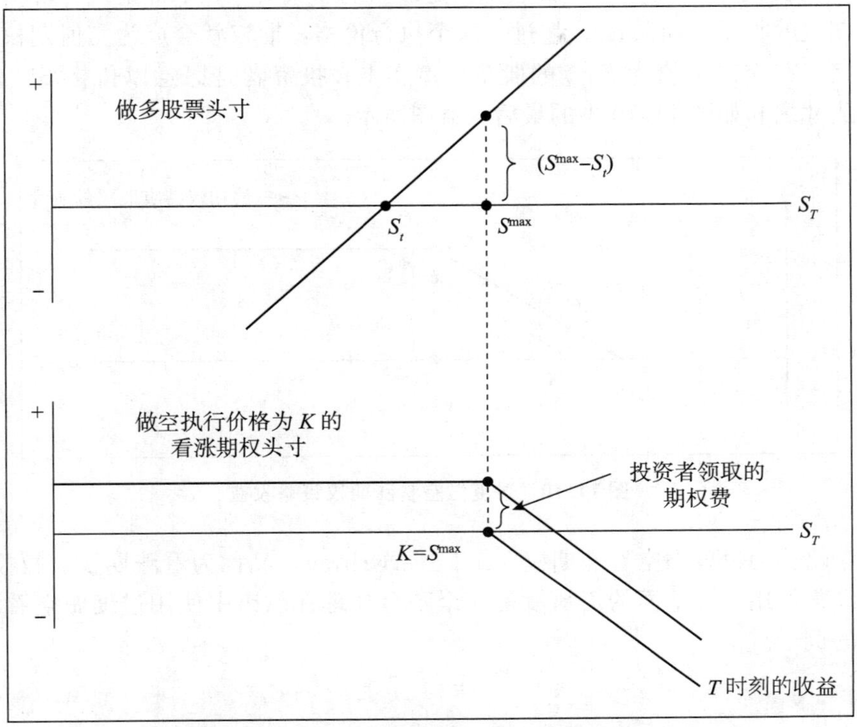

图 11.9　过度做空看涨期权策略组成部分的收益

假如我们向投资者提出如下问题："持有这个股票头寸，你期望得到的最大收益是多少？"投资者用S^{max}表示他（或她）最愿意卖出股票的价格，得出最大的期望收益就是：

$$(S^{max}-S_t) \tag{11.15}$$

然后，考察一个看涨期权$C(t)^{max}$，执行价格为：

$$K=S^{max} \tag{11.16}$$

到期日是$T=t+\Delta$，这个期权在t时刻以$C(t)^{max}$卖出。然后，我们向投资者推荐下面的投资组合：

$$\text{收益提高型投资组合}=\{\text{做多}S_t\text{，做空}\ C(t)^{max}\} \tag{11.17}$$

假设在$T=t+\Delta$时刻利率为0，这个投资组合的价值$V_{t+\Delta}$为：

$$V_{t+\Delta}=\begin{cases}C(t)^{max}+S_{t+\Delta} & \text{未执行期权}\\ C(t)^{max}+S_{t+\Delta}-(S_{t+\Delta}-S^{max})=C(t)^{max}+S^{max} & \text{执行期权}\end{cases} \tag{11.18}$$

据此，在到期日，当股票价格低于S^{max}时，投资者就"赚到"额外的$C(t)^{max}$美元；当$S_{t+\Delta}$大于S^{max}时，期权将被执行，收益是$S^{max}+C(t)^{max}$。这个收益高于投资者主观偏好下愿意出售股票的价格。因此，这个期权头寸提高了原来组合的“收益”。不过，需要注意的是，这里提高的不是客观的风险收益水平，而是投资者主观的期望收益。

图 11.9 展示了这一情形。上部表示的是股票的多头头寸，下部是执行价格为 S^{max} 的空头看涨期权的收益。如果 $S_{t+\Delta}$ 超过了这个执行价格，期权就会成为实值期权，投资者就要以价格 S^{max} 交出价值为 $S_{t+\Delta}$ 的股票。事实上，投资者是愿意以价格 S^{max} 卖出股票的。两个头寸之和如图 11.10 中的最后收益图所示。

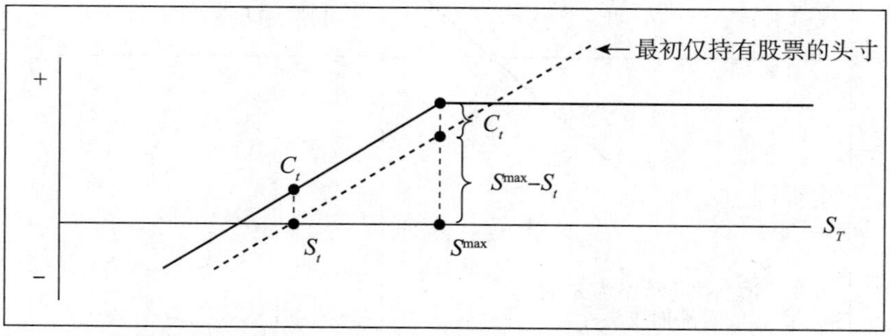

图 11.10 过度做空看涨期权策略收益

这种策略称为过度做空看涨期权（call overwriting，又称为看涨期权立权投机），某些投资者经常使用它。下面的资料就是一个基金经理在熊市中使用过度做空看涨期权来提高收益的例子。

例子：

一些期权策略师说，在采用看跌期权策略来应对下个月的年度再平衡罗素（Russell）指数的问题上，基金经理们产生了动摇。

“自从去年 5 月以来市场方向一直不明。”一个纽约股票衍生品策略的领头人说。“在这一年度中，股票的上限只有微小的上涨。”他又补充道。

基金经理们越来越乐于尝试过度做空看涨期权策略，以便追求在再平衡过程中获得绝对的收益。来自对冲基金的极大竞争使得传统基金经理们进行这方面的尝试。股票衍生品策略的领头人这样说。采用过度看涨策略——即使忽略波动性水平——看起来似乎很有吸引力，因为最坏的结果也比以最低价卖出股票要好。因此，这一策略可以提高基金经理的收益。

（汤森路透，IFR，第 1 433 期，2002 年 5 月 11 日）

上面资料中描述的情形稍微复杂了一些，不能直接使用我们前面讨论的简单的过度做空看涨期权头寸。这个资料展示了基金经理需要执行的周期性和常规性的再平衡，许多基金“追踪”各类重要的指数。但这些指数成分是周期性修正的，在已知的期间内，不断地有新的证券进入指数，而另外一些退出指数。一个追踪特定指数的基金经理必须随着指数成分的修正而不断地再平衡其投资组合。

11.3 基于波动性的交易策略

第一类策略是处理运用期权方向性的。期权投资组合与标的相结合的策略可以看做是应对标的风险方向的。现在，我们从波动性头寸的角度来考察期权的应用。下面关于波动性头寸策略的讨论是这样展开的：首先，我们建立一个能够消除市场方向敞口的静态头寸，这可利用跨式期权组合（straddle）或者更便宜的异价跨式组合（strangle）形式执行。其次，我们联合运用跨式期权组合和异价跨式组合来构建更复杂的波动性头寸，同时可减少成本。

因而，本章考察的波动性头寸的基础是跨式期权组合和异价跨式组合。下面的例子说明了如何运用期权头寸来看待波动性的变化，而不是标的价格的变化。

例子：

一家意大利银行向客户推荐下述头寸。我们从市场角度分析这些策略对客户的预期（观点）意味着什么。首先，我们阅读一则短文。

> 上周，一家银行卖出了 ABC 股票 4%的虚值看跌期权和看涨期权，以便构建出一个对机构投资者而言的收益补偿。异价跨式组合为 6 个星期的期限……这个策略产生了 2.5%的即期股票市场收益。
>
> 进行交易时，股票成交额大约为 1 874.6 美元。当期权卖出时，波动性是 22%。ABC 股票是标的，由于投资者并不认为在接下来的几个星期内股票价格会有大的变化，不太可能超出期权的范围，所以该期权执行的可能性不太大。
>
> （摘自《衍生品周刊》）

图 11.11 展示了这些期权在到期日的支付。再加上期初时收到的期权费我们得到了图 11.11 的第二部分。不要把它和客户预期的收益混淆。注意客户最终的目的是从波动性实现中获益，期权头寸只是实现这一目的的工具。

我们可以详细地讨论这个问题。图 11.11 的第二部分显示，在到期日，当价格向下和向上变化时，头寸的盈亏平衡点分别是 1 762 和 1 987。它们是通过在各自的执行价格上减去和加上从异价跨式组合头寸上所获得的 37.5 美元后得到的。

可是，这则内容也给出了市场的隐含波动性。据此，我们可以利用平方根公式来计算这段时间的隐含波动性

$$\sigma S_t \times \Delta = 0.22 \times \sqrt{\frac{6}{52}} \times 1\ 874.6 = 140.09 \tag{11.19}$$

注意，盈亏平衡点是向两边各移动 4%而确定的，而平方根公式给出向两边各 7.5%的预期移动。

根据上面的公式，持有这个头寸的客户希望实际波动性要远远小于市场报价 7.5%的波动性。事实上，客户希望波动性小于 4%。

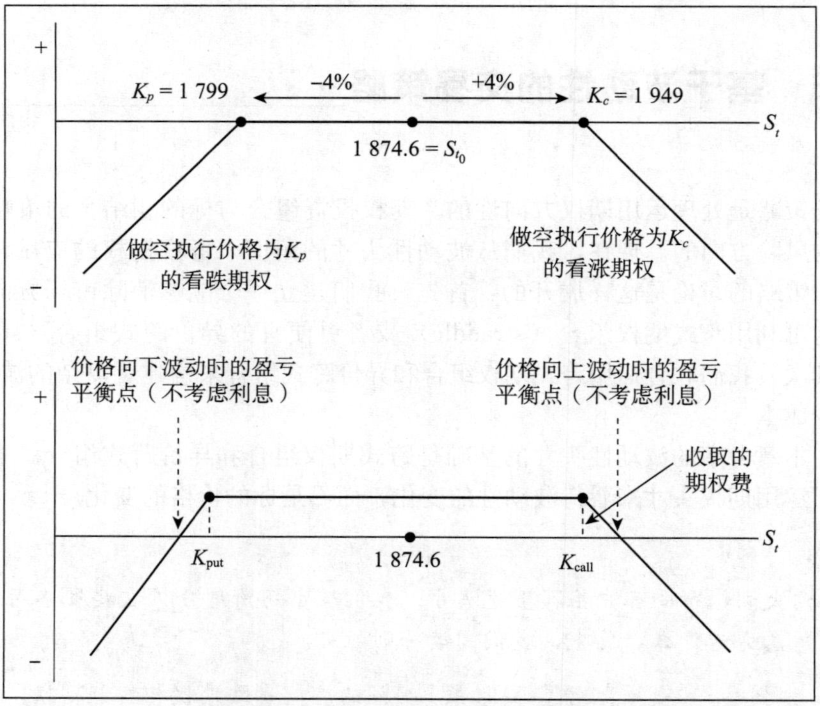

图 11.11　和 ABC 股票有关的异价跨式组合头寸的收益

现在，让我们基于这个例子详细地研究跨式期权组合和异价跨式组合，它们是构筑普通期权波动性的基石。

□ 11.3.1　异价跨式组合

假设我们卖出（买入）两个普通欧式期权，其标的资产为 S_t，但执行价格不同。第一个是看跌期权，执行价格为 K_p；第二个是看涨期权，执行价格为 K_c，且 $K_p<K_c$。假设在购买时刻，$K_p<S_{t_0}<K_c$，到期日是 T。前面例子讨论的这种头寸称为异价跨式组合。由于卖出期权，所以卖方在 t 时刻得到

$$C(t)+P(t) \tag{11.20}$$

的期权费。

如果在到期日 T，S_t 发生“适度”变化，这个头寸将赚钱，否则将有损失。很明显，考察异价跨式组合的这种方式表明相应头寸是静态的。一种典型的空头异价跨式组合在到期日时的收益如图 11.12 所示。如果起点位置适当，这个图也可以表示头寸在 t 时刻的价值。

11.3.1.1　异价跨式组合的应用

下面是阐明异价跨式组合应用的一个外汇市场例子。首先，这里存在一个术语转换问题：下文用术语“10delta 期权”代替执行价格为 k%的虚值期权。如同前面提及的，正是这一原因，外汇市场喜欢 10delta、25delta 期权交易，它们比任意选定的比如说 k%的虚值期权流动性更好。

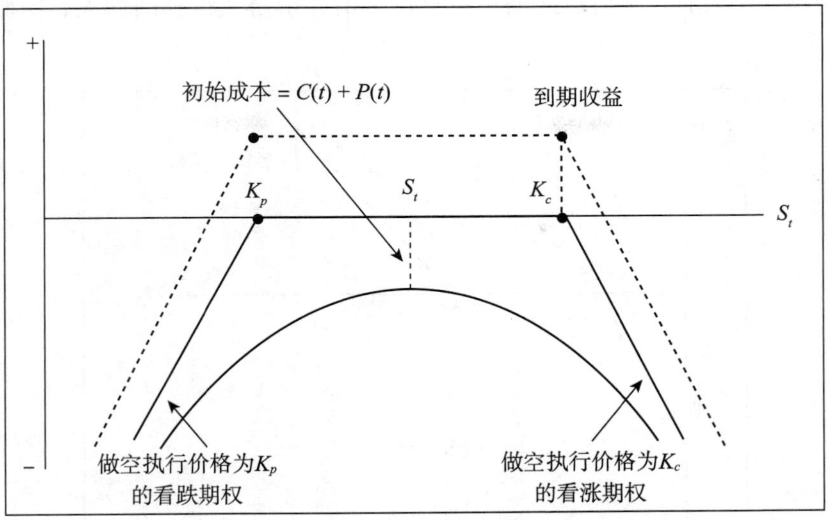

图 11.12　典型的做空异价跨式组合到期日的收益

例子：

一家银行正向它的客户建议，卖出 1 个月期的 10delta 欧元/美元的异价跨式组合，以此从低假期波动性中获益。策略家向投资者表明，应该卖出 1 个月期的异价跨式组合，即以执行价格 1.351 0 美元卖出看跌期权，同时以执行价格 1.361 0 美元卖出看涨期权。这将产生名义金额的 0.387 5%的收益。当上周设定这项交易时，即期交易价格为 1.356 2 美元。银行认为，这是实施这项策略的好时机，因为隐含波动性一般会在圣诞节和新年期间有所下降，这意味着即期价格很可能保持在这个范围内。

（摘自《衍生品周刊》）

这是直接应用异价跨式组合的策略。依据策略家的观点，由于假期期间的季节因素，外汇期权的隐含波动性要高于未来预期的实际波动性。假如这样，欧元/美元汇率的变化很可能不超出异价跨式组合的范围，而构建异价跨式组合在到期日时执行的可能性不大。①

□ 11.3.2　跨式期权组合

跨式期权组合* （straddle）与异价跨式组合类似，不同之处是跨式期权组合卖出（或买入）的看涨期权和看跌期权的执行价格 K_p 和 K_c 是相同的：

$$K_p = K_c \tag{11.21}$$

设标的资产为 S_t，到期日为 T。一个多头跨式期权组合的到期日收益和时间价值如图 11.13 所示，它的基本特征类似于一个多头异价跨式组合。不同之处是，跨式期权组

① 显然，关于波动性的季节变化是有争论的，这是经验上可检验的命题，但是它阐明了季节因素对数据波动性的可能影响。

* 跨式期权组合又称同价跨式期权组合、马鞍式组合。——译者注

合的成本更高。买入时，平值跨式期权组合比平值异价跨式组合凸性大，因此有“最大的”gamma。

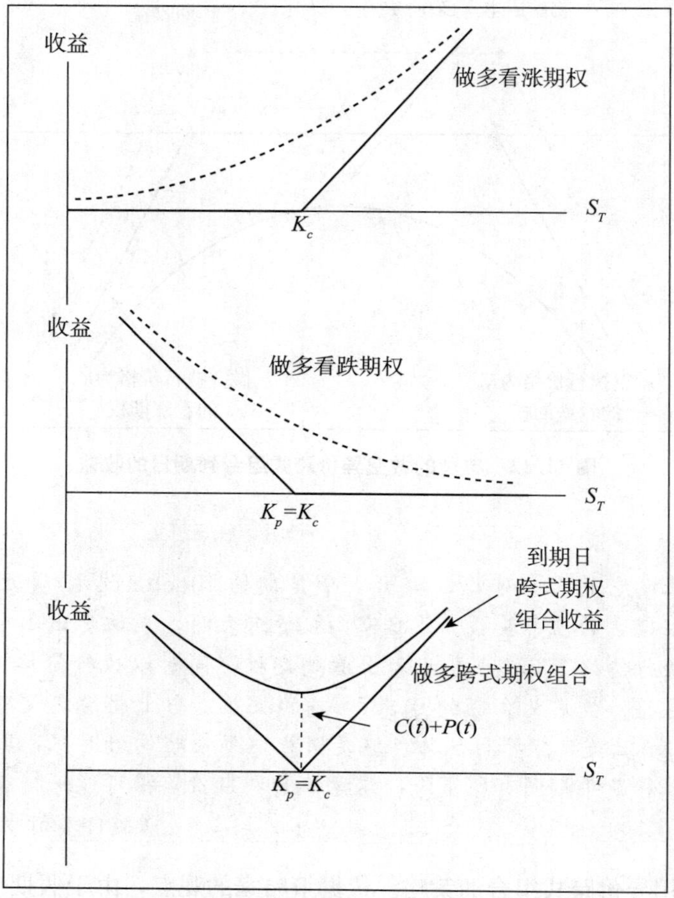

图 11.13　多头跨式期权组合的到期收益和时间价值

11.3.2.1　静态头寸还是动态头寸

需要强调的是，这里所讨论的在下面意义上的跨式期权组合或异价跨式组合头寸都是静态的，也就是一旦建立起头寸，就不能进行 delta 对冲。然而，也可将它们转化成动态策略。为了实现这个目的，我们动态地 delta 对冲头寸。初始时刻，一个平值跨式期权组合自动就是市场中性的，所以 delta 为 0。当价格上升或下降时，delta 变为正的或负的。因此，为了保证市场中性头寸，需要周期性地调整对冲。

要注意静态和动态方法之间的主要区别。假设我们持有一个静态跨式期权组合头寸，S_t 频繁地小幅度上下波动，且不会超过区间 $[S_1, S_2]$，如图 11.14 所示。于是，静态头寸将有损失，而动态 delta 对冲头寸可能会赚钱，这取决于 S_t 浮动的频率和幅度大小。

□ 11.3.3　蝶式期权

蝶式期权（butterfly）是利用异价跨式组合与跨式期权组合来建立的头寸。依据贯穿本书的思想，一旦确定以跨式期权组合和异价跨式组合的收益为基础，那么，我们就

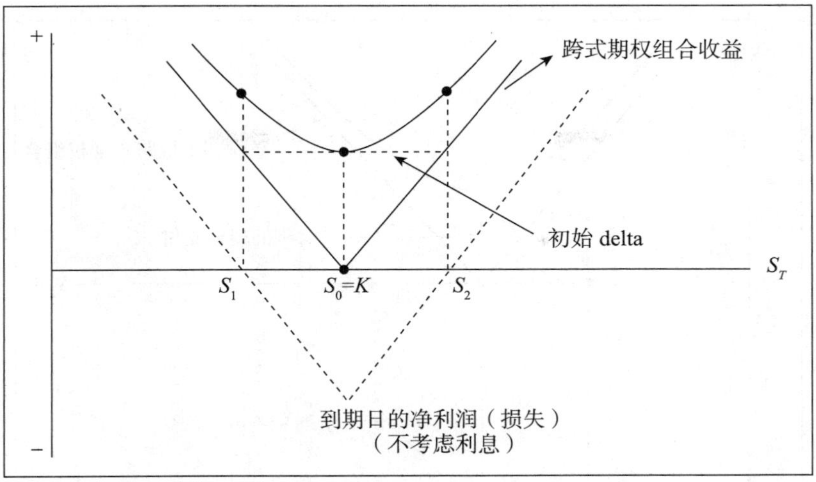

图 11.14　来自跨式期权头寸的收益和净利润

可将它们组合起来产生一个合成收益。图 11.15 展示了一个多头蝶式期权的头寸。这个图蕴含着下述合约方程：

$$\text{做多蝶式期权}=\text{做多平值跨式期权组合}+\text{做空}\,k\%\text{虚值异价跨式组合} \tag{11.22}$$

这个方程直接展示了运用蝶式期权的目的。通过卖出异价跨式组合，交易者实际上降低了买入跨式期权组合的成本。对于空头蝶式期权，其合约方程与前面的正好相反：

$$\text{做空蝶式期权}=\text{做空平值跨式期权组合}+\text{做多}\,k\%\text{虚值异价跨式组合} \tag{11.23}$$

空头跨式期权组合会产生期权费用，但损失没有下限，对于风险管理者来说，这是不能接受的。因此，交易者购买异价跨式组合来限制这种潜在损失。但这种保险是有成本的，它使净现金收益变小了。下面的例子是关于空头蝶式期权策略在实际中的应用的。

例子：

由于商品价格上涨，澳大利亚元持续走强，交易者正在通过构建蝶式结构从货币牛市预期中获益。一种结构是 3 个月期蝶式交易。交易者卖出一个平值澳大利亚元/美元的看涨期权和看跌期权，同时，买入执行价格为 0.682 澳大利亚元的看涨期权和执行价格为 0.637 5 澳大利亚元的看跌期权。交易者指出，这个结构可以产生大致相当于本金 0.3%的收益，再加上看涨期权和看跌期权的卖价。

（摘自《衍生品周刊》）

这个结构也可以通过保证敞口的 vega 中性获得。

11.4　奇异期权

到现在为止，本章研究的期权策略仅仅用到了普通看涨期权和看跌期权。更复杂一

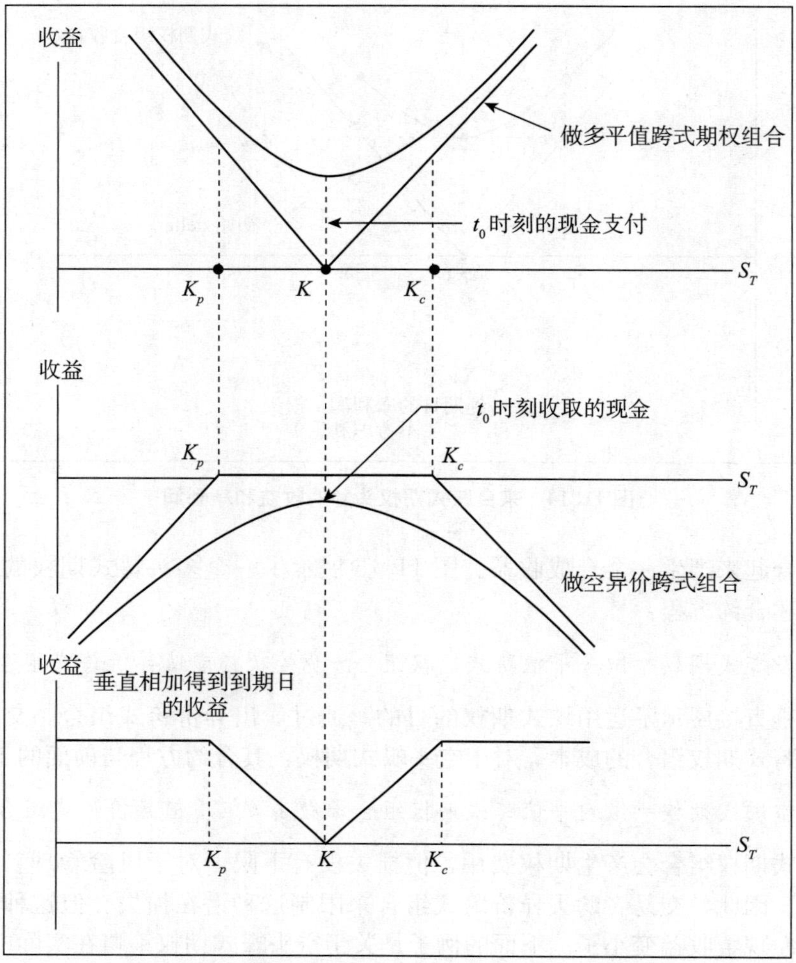

图 11.15　多头蝶式期权头寸

些的波动性头寸基础，比如跨式期权组合和异价跨式组合，也只是使用不同执行价格或不同到期日的普通期权来构建的。用普通期权来追踪市场方向或进行波动性交易，被认为是“过时”的。现在，有更实用的方法来实现相同的目标。

基本原理是这样的：交易者用一种“更好”的方式设计新的期权合约，直接满足相同的支付，降低成本，并达到其他目标，而不是通过采用普通期权的组合。当然，这些新的合约意味着以普通期权为标的的对冲，这些新工具本身是作为一种奇异期权卖出的。① 在结束本章之前，我们介绍以奇异期权为基础的更多期权策略。这里只看少数几种奇异期权，在本章末尾的习题中还有许多其他种类的奇异期权。

□ 11.4.1　两值或数字期权

为了理解两值（binary）期权，首先回顾一下静态跨式期权组合和异价跨式组合策

① “奇异”一词可能会有一些误导，很多新型期权已商品化并作为普通商品交易。

略。基本思想就是，持有一个多头（空头）波动性头寸，当标的的变化大于（小于）隐含波动性预期的变化时，这个头寸就会有收益。两值期权是构建类似波动性策略的重要基础，这种方式更便宜且可能更有效。而且，两值期权是期权工程的一个很好的例子。下面我们从欧式两值期权开始。

11.4.1.1 两值看涨期权

考察欧式看涨期权，其执行价格为 K，到期日为 T。用 S_t 表示标的风险。这是一个标准的看涨期权，如果不考察到期日时该期权是平值期权还是实值期权的情况，那么该期权的到期收益可能有两种状况：(1) 一笔固定的现金；(2) 一项指定的资产。下面我们只考察现金收益的两值期权。

图 11.16 展示了 t 时刻价值为 $C^{\text{bin}}(t)$ 的看涨期权的收益结构。于是，在 T 时刻的收益可写成

$$C^{\text{bin}}(T)=\begin{cases}R\text{，当 } K\leqslant S_T \text{ 时}\\0\text{，其他}\end{cases} \tag{11.24}$$

根据上述公式，只要在 T 时刻 S_T 不小于 K，两值看涨期权的持有者就会收到现金收益 R。因此，这个收益具有要么 R、要么 0 的二选一结构。两值看跌期权也是这样定义的。

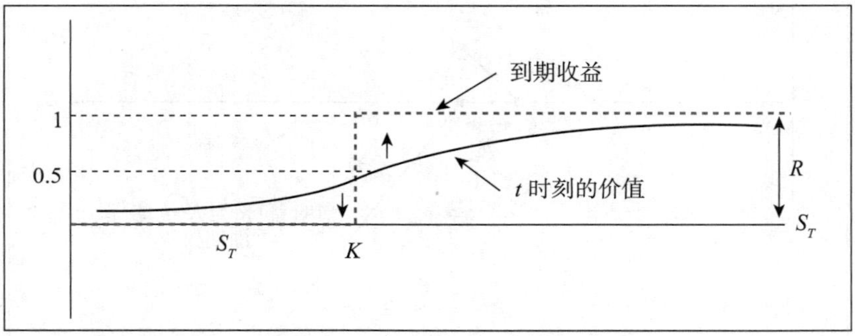

图 11.16 两值看涨期权的内在价值

图 11.16 表明，两值期权的内在价值为 1，即 $R=1$。那么，这个两值期权的时间价值又是什么呢？事实上，很容易就能得到一个闭形式公式，进而对两值期权进行定价。但是，我们还是偏好用金融工程的方法来解答上述问题。具体地说，先为两值期权合成一个工具，这个合成工具应该与两值期权具有相同的价值。

合成工具构成的原理与前面阐述的思想相同。我们不得不用其他（可能是流动的）工具来复制两值期权的最终收益，并确保隐含现金流和标的信用风险是相同的。

11.4.1.2 复制两值看涨期权

图 11.16 表明，到期日时两值期权的收益由阶梯函数表示。现在，再做两个进一步的假设。首先，假定标的 S_t 是在某交易所交易的期货合约价格，而且，这个交易有最小交易数量限制，使得对给定的 S_t，在下一时刻的价格 $S_{t+\Delta}$ 只等于

$$S_{t+\Delta}=S_t\pm ih \tag{11.25}$$

其中，i 表示整数，h 表示交易所指定的最小交易数量。其次，为不失一般性，我们假设

$$R=1 \tag{11.26}$$

在这些条件下，两值期权的收益函数在 $S_T=K$ 时是一个跳跃幅度为1的阶梯函数。

在这些条件下，相当容易找出对两值期权的复制组合。假设做市商买入一个普通欧式看涨期权，其执行价格为 K，同时，卖出一个普通欧式看涨期权，其执行价格为 $K+h$，两个期权的标的都是 S_t。这一组合在 T 时刻的收益如图11.17所示。这个收益类似于图11.16中的阶梯函数，不同的是跳跃幅度为 h，而不是1。这是因为做市商买入和卖出的期权不是1个单位，而是 $1/h$ 个单位。这意味着存在一个近似的合约方程：

两值看涨期权，执行价格为 K	$\cong$	做多 $1/h$ 个单位普通看涨期权，执行价格为 K	+	做空 $1/h$ 个单位普通看涨期权，执行价格为 $K+h$	(11.27)

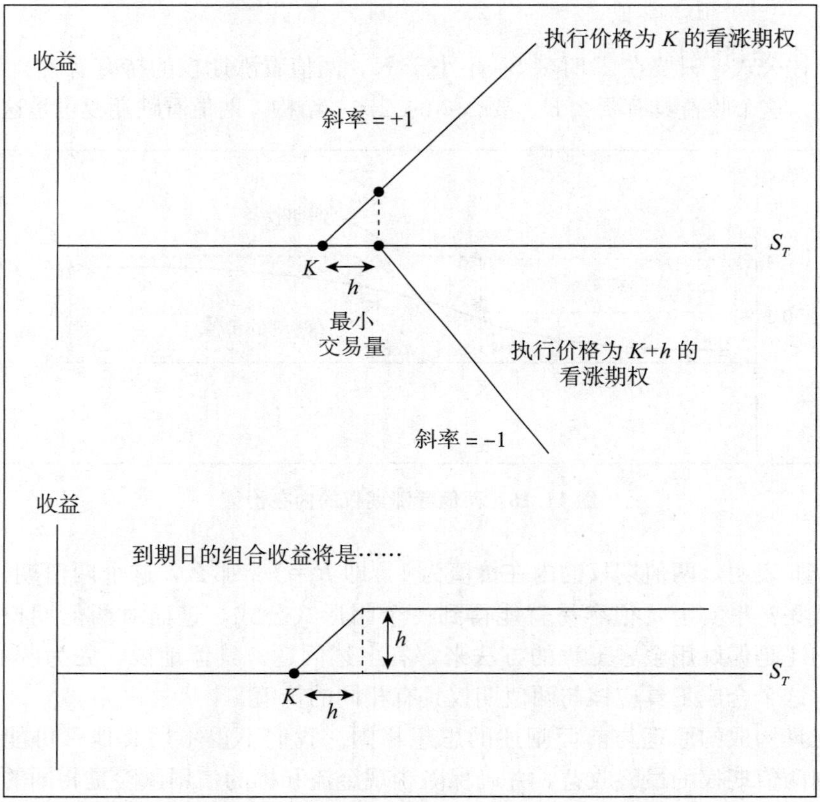

图11.17　两值看涨期权的到期收益

最小交易数量限制的存在，使得下面这一近似关系确实相等。由于必须满足最小交易数量要求，所以

$$|S_t-S_{t+\Delta}<h|$$

不能发生。利用这个合约方程，我们得到两个有意思的结果。

11.4.1.3 delta 和两值期权的价格

在两值期权和其匹配的普通期权的 delta 之间，存在一个有意思的相似之处。设执行价格为 K 和 $K+h$ 的看涨期权的价格分别为 $C^{K}(t)$ 和 $C^{K+h}(t)$。然后，假定波动性参数 σ 不依赖于 K，当在前面的合约方程中 $h\to 0$ 时，得到两值期权的价格 $C^{\text{bin}}(t)$：

$$C^{\text{bin}}(t)=\lim_{h\to 0}\frac{C^{K}(t)-C^{K+h}(t)}{h} \tag{11.28}$$

$$=\frac{\partial C^{K}(t)}{\partial K} \tag{11.29}$$

假定这个极限存在。

也就是说，极值处的两值期权的价格实际上就是普通看涨期权关于执行价格 K 的偏导数。如果满足所有的布莱克-斯科尔斯假设，我们可以得到这个偏导数的解析形式，从而得出①

$$C^{\text{bin}}(t)=\frac{\partial C^{K}(t)}{\partial K}=\mathrm{e}^{-r(T-t)}N(d_2) \tag{11.30}$$

其中，d_2 依然为：

$$d_2=\frac{\log\frac{S_t}{K}+r(T-t)-\frac{1}{2}\sigma^2(T-t)}{\sigma\sqrt{(T-t)}} \tag{11.31}$$

σ 表示 S_t 的百分比波动性，是一个常数，r 表示无风险即期利率，也是一个常数。

最后的结果表明，两值期权价格和普通期权 delta 之间存在有趣的相似性。在第 9 章，我们已经证明，一个普通看涨期权的 delta 可以表示如下：

$$\text{delta}=\frac{\partial C^{K}(t)}{\partial S_t}=N(d_1) \tag{11.32}$$

由此可知，两值期权的价格具有类似的形式，并且它还具有类似如下概率分布的形式

$$C^{\text{bin}}(t)=\mathrm{e}^{-r(T-t)}N(d_2)=\mathrm{e}^{-r(T-t)}\int_{-\infty}^{\frac{\log\frac{S_t}{K}+r(T-t)-\frac{1}{2}\sigma 2(T-t)}{\sigma\sqrt{(T-t)}}}\frac{1}{\sqrt{2\pi}}\mathrm{e}^{-\frac{1}{2}u^2}\mathrm{d}u \tag{11.33}$$

因而，我们可画出两值期权价格 $C^{\text{bin}}(t)$ 的图形。在布莱克-斯科尔斯假设下，很明显，这个价格如图 11.16 所示，呈现 S 曲线形状。

11.4.1.4 两值期权的时间价值

我们可以用前面的结果得到如图 11.16 所示的两值期权的凸性特征。深度虚值的两值期权②有一个接近零的正的价格。当期权变成平值期权时，这个价格将上升到 1/2 左右。另外，一个实值两值期权的价格小于 1，当 S_t 越来越大时，这个价格向 1 靠拢。这意味着，欧式实值两值期权的时间价值是负值，$K<$障碍。$C^{\text{bin}}(t)$ 永远不会超过 1（或

① 参见第 9 章附录 9.1。

② 注意，两值期权的收益仍然假定 $R=1$。

R），因为交易者绝对不会为了在 T 时赚得 1 美元而支付超过 1 美元的价格。

根据这个特点，如果两值期权是虚值期权，买入两值看涨期权的做市商将会持有多头波动性头寸。如果两值期权是实值期权，它将持有空头波动性头寸。这是因为对一个实值期权而言，$C^{K+h}(t)$ 的曲率会决定 $C^{K}(t)$ 的曲率，两值期权就会有一个凹的定价函数。如果两值期权是虚值期权，情况则相反。一个平值两值期权的波动性是中性的。

综上所述，我们发现两值期权的价格类似于普通期权的 delta。这意味着两值期权的 delta 与普通期权的 gamma 相似。基于这个思路，两值期权的 gamma 应该如图 11.18 所示，它是普通期权关于 S_t 的三阶偏导数。

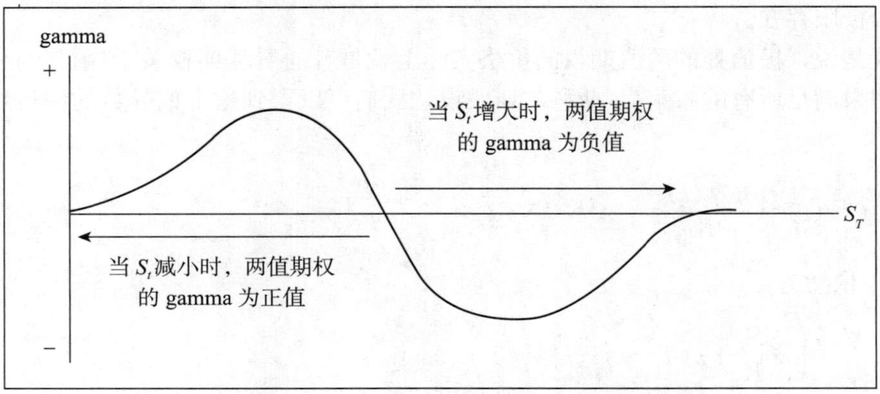

图 11.18　作为标的资产的函数的两值期权的 gamma

11.4.1.5　两值期权的应用

范围期权（range option）是由具有相同收益的两值看涨期权和看跌期权组成的。这个期权的收益取决于 S_t 是否在区间 $[H^{min}, H^{max}]$ 内。因而，考察如下投资组合

$$\text{范围期权}=\{\text{做多}H^{min}-\text{两值看涨期权，做空}H^{max}-\text{两值看涨期权}\} \tag{11.34}$$

这个范围期权在 T 时刻的收益如图 11.19 所示。很明显，我们也可用两值期权构建其他更复杂的范围期权结构。

用 $C^{range}(T)$ 表示这个结构在 T 时刻的收益，这个收益由下式给出：

$$C^{range}(T)=\begin{cases}R，\text{当}H^{min}<S_u<H^{max}，u\in[t,T]\text{时}\\0，\text{其他}\end{cases} \tag{11.35}$$

因而，在这个例子中，如果在期权的整个存续期内 S_u 的变化都保持在一个范围内，那么这个期权的收益就是常数 R，否则收益就为 0。下面的例子说明了两值期权的应用。

例子：

上周日本出口商抢购 1～3 个月期的日元/美元两值期权，执行价格范围在 114～119 日元内，这是在赌日元的变动将保持在这个范围内。如果日元交易价格确实保持在这个范围内，期权的买方将会获得一个预先确定的支付，但是，如果在期权存续期内向上或向下超过这个范围，买方就会损失本金。这个策略与买入一个日元异价跨式组合相同，但是对下限进行了限制。

（摘自《衍生品周刊》）

图 11.19 显示了上面例子中提到的多头两值期权。从日元的角度来看，两值期权和卖出美元异价跨式组合类似。①

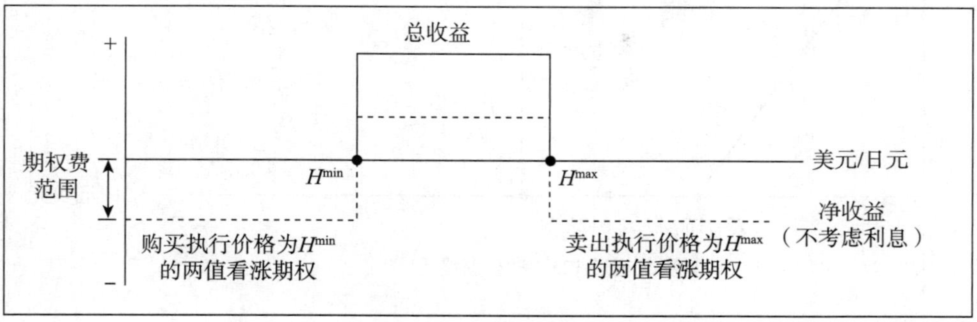

图 11.19　范围期权的收益

□ 11.4.2　障碍期权

为了构建障碍期权，我们通常会持有一个普通期权的空头，然后加上适当选取的临界值。如果在期权存续期内，标的超过了这些临界值，那么期权的收益将发生离散的变化。期权可能是出局的或入局的，即期权持有者或者丧失执行权利，或者获得收益。

我们考察两种最常见的情形。对于普通欧式期权，标的为 S_t，执行价格为 K，到期日为 T。考察两个临界值 H^{min}和 H^{max}，且 $H^{min}<H^{max}$。如果在期权存续期间，S_t 按某种确切定义的方式超过 H^{min}或 H^{max}中的一个或两个，那么期权就将终止。这种金融工具被称为出局期权。图 11.20 给出了两个例子，图的下半部分就是出局看涨期权。如果在期权存续期间，我们发现

$$S_u<H^{min}, u\in[t,T] \tag{11.36}$$

则期权将不存在。事实上，这个期权是下跌出局的。图的上半部分是上涨出局看跌期权，也就是当

$$H^{max}<S_u, u\in[t,T] \tag{11.37}$$

发生时，期权将不存在。

有一种期权当触发障碍时才得到执行。我们将这种期权称为入局期权。图 11.21 给出了一个入局看跌期权。本节将讨论具有相同执行价格 K 的 H 出局看涨期权和 H 入局看涨期权。这种障碍期权的特征是当期权入局或出局时，它们是虚值期权。具有正的内在价值的入局或出局期权也是存在的，但本节不讨论这个问题。对于这些内容，参见 James (2003)。

11.4.2.1　合约方程

对于障碍期权与相应的普通期权，可以建立合约方程。考察两个执行价格均为 K 的欧式障碍期权，为简化起见，设标的风险是 S_t，满足布莱克-斯科尔斯假设。第一个期

① 也就是购买书中提到的日元异价跨式组合。

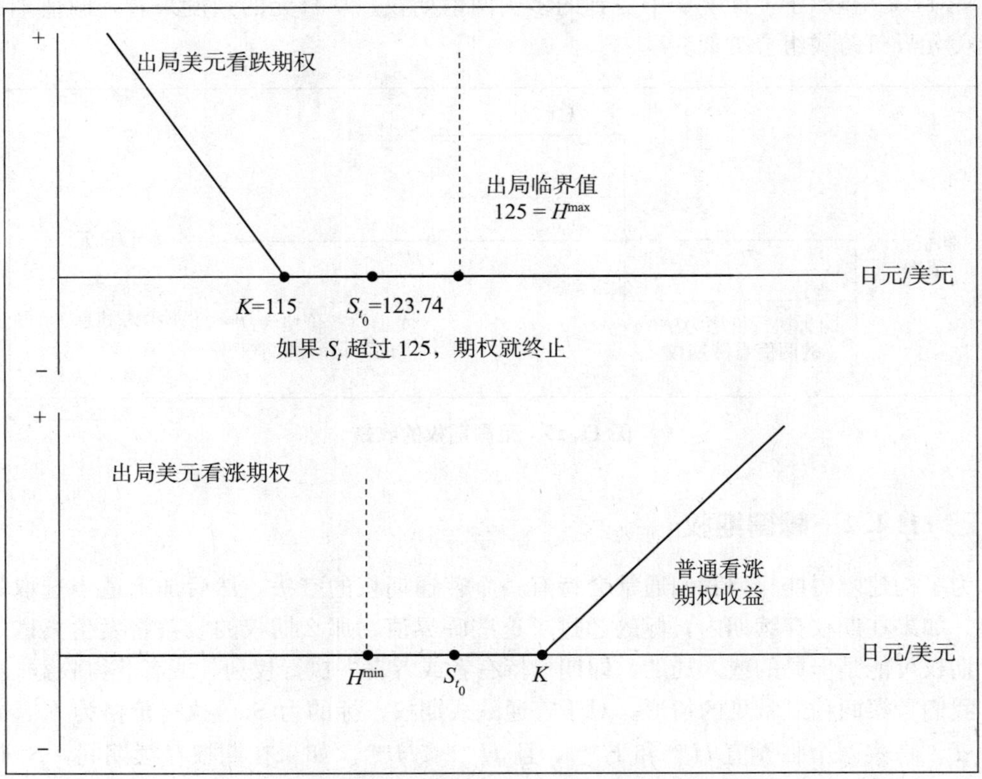

图 11.20　出局看跌期权和出局看涨期权的例子

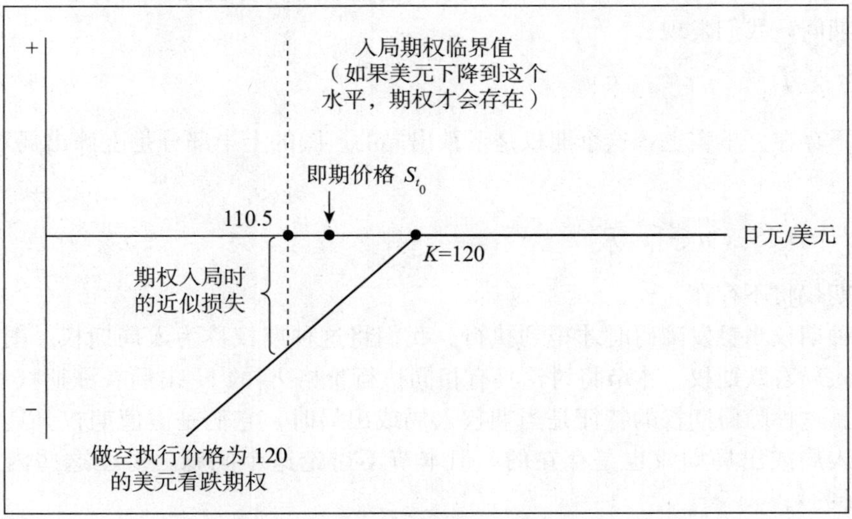

图 11.21　入局看跌期权的收益

权是出局看涨期权，其期权费用 $C^O(t)$ 表示，当 S_t 没有触发或低于障碍 H 时，则它获得标准期权收益。第二个期权是入局看涨期权，其期权费用 $C^I(t)$ 表示，只有当 S_t 低于障碍 H 时，它才给予持有者执行价格为 K 的普通看涨期权的标准收益。这些收益如

图 11.22 所示。在每一种情况下，当期权入局或出局时，H 的值都处于内在价值为零的区域内。现在，考察下面推导合约方程的原理。

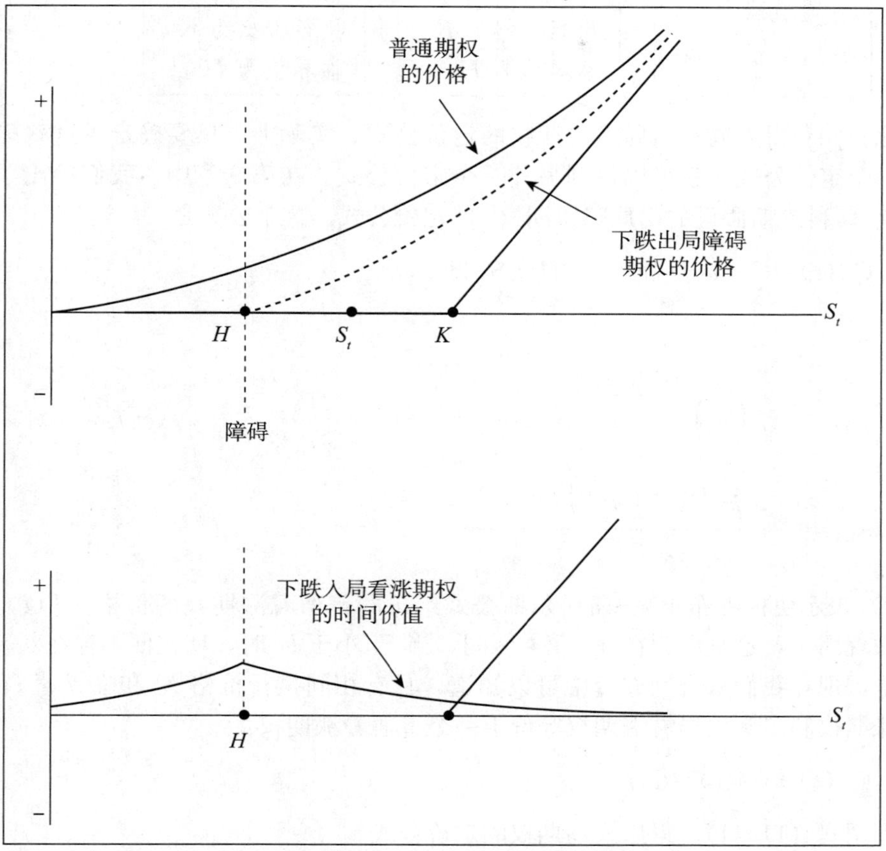

图 11.22　出局看涨期权和入局看涨期权的收益

(1) 首先，考虑 S_t 小于障碍即 $S_t<H$ 的情形。因为 S_t 已经小于临界值 H，所以出局看涨期权已经没有价值，但同时，入局看涨期权却有价值。这时入局期权生效，期权持有者就拥有获得一个标准普通看涨期权收益的权利。这意味着，对所有的 $S_t<H$，入局看涨期权与普通看涨期权具有相同的价值。这些发现意味着

$$\text{对于 } S_t<H \text{ 区间，入局期权}+\text{出局期权}=\text{普通看涨期权}=\text{入局看涨期权} \tag{11.38}$$

就上述范围而言，出局期权是没有价值的。

(2) 现在假设 S_t 的初始值大于 H，在障碍期权的存续期内存在两种可能：S_t 要么始终大于 H，要么跌至 H 以下。在 $[t,T]$ 区间，这两种情形只有其中一种会发生。这就是说，如果我们同时买入入局看涨期权和出局看涨期权，就可以确保得到一个普通看涨期权的收益。换句话说，得到

$$\text{对于 } H<S_t \text{ 区间，入局期权}+\text{出局期权}=\text{普通看涨期权} \tag{11.39}$$

将这两部分收益范围合并，可得出下面的合约方程：

普通看涨期权，执行价格为 K	=	入局看涨期权，执行价格为 K，临界值为 H	+	出局看涨期权，执行价格为 K，临界值为 H	(11.40)

由此我们获得入局和出局障碍期权的定价公式。实际上，只要确定了这些障碍期权的任何一个定价公式，就可以得到另外一个定价公式。在第 9 章中，我们给出了标的满足布莱克-斯科尔斯假设的出局障碍期权①的定价公式。这个公式是

$$C^O(t)=C(t)-J(t)\text{，当 } H\leqslant S_t \text{ 时} \tag{11.41}$$

其中

$$J(t)=S_t\left(\frac{H}{S_t}\right)^{\frac{2\left(r-\frac{1}{2}\sigma^2\right)}{\sigma^2}+2}N(c_1)-K\mathrm{e}^{-r(T-t)}\left(\frac{H}{S_t}\right)^{\frac{2\left(r-\frac{1}{2}\sigma^2\right)}{\sigma^2}}N(c_2) \tag{11.42}$$

$$c_{1,2}=\frac{\ln\frac{H^2}{S_tK}+\left(r\pm\frac{1}{2}\sigma^2\right)(T-t)}{\sigma\sqrt{T-t}} \tag{11.43}$$

$C(t)$ 表示由标准布莱克-斯科尔斯公式给出的普通看涨期权的价格，$J(t)$ 表示要使用的贴现因子，这是因为在 $[t,T]$ 区间，当 S_t 小于 H 时，期权便不存在。

可是，现在我们从合约方程中可以知道，具有相同执行价格 K 和临界值 H 的多头入局看涨期权和多头出局看涨期权等价于一个普通看涨期权：

$$C^O(t)+C^I(t)=C(t) \tag{11.44}$$

再利用式（11.41），得出入局期权的定价公式

$$C^I(t)=J(t) \tag{11.45}$$

因而，当出局和入局障碍期权满足布莱克-斯科尔斯假设且处于虚值时，式（11.42）～式（11.44）给出了基本定价公式。注意，下面的内容十分有意思，当 S_t 触发障碍时，也就是

$$S_t=H \tag{11.46}$$

$J(t)$ 的公式就变成了标准的布莱克-斯科尔斯公式：

$$J(t)=S_tN(d_1)-K\mathrm{e}^{-r(T-t)}N(d_2) \tag{11.47}$$

这就是说，$C^O(t)$ 的值为 0。图 11.22 给出了出局看涨期权的价格曲线。可以看到，出局期权比普通期权便宜，折价越大，S_t 越接近临界值 H。可见，出局期权的 delta 处处都高，而且在 H 处是不连续的。

最后，图 11.22 表明了入局期权的定价函数。为了得到这个图形，我们需要在图 11.22 上面的图形中从 $C(t)$ 中减去 $C^O(t)$。读者可能会奇怪，为什么随着 S_t 向 K 右边

① 重要的是记住，这些假设排除了一个波动性微笑，这种微笑将会改变这个定价。

移动，入局看涨期权会更便宜？这个期权终究会成为实值期权吗？答案是否定的。因为只要 $H<S_t$，入局期权的持有者就不能获得普通期权的收益。换句话说，随着 S_t 向右移动，入局看涨期权的持有者获得普通期权收益的机会将变小。

11.4.2.2 障碍期权的一些应用

障碍期权的流动性非常好，尤其是在外汇市场上。下面的例子将讨论障碍期权的收益图。

下面的例子介绍了货币市场上应用入局期权的另一种方法。图 11.21～图 11.22 展示了这些情形。

例子：

上周美元看跌期权（日元看涨期权）卖得非常好。对它的需求来自奇异入局期权结构的止损交易。12 月末，一些交易者卖出 1 个月期美元看跌期权，执行价格为 119 日元，这些期权的入局障碍为 109.30 日元。随着日元向上周初的水平移动，这些交易者都赶紧去购买冲抵工具。

对冲基金不是唯一的寻求冲抵工具的客户。市场对短期美元看跌期权的需求很大。“人们仍然在看空日元，”一位交易者说，“风险逆转比美元看跌期权还高 4 个点，是我所见过的最高值。”

（摘自《衍生品周刊》）

按照这个例子，当美元兑日元的汇率向 110.6 日元下跌时，卖出入局期权的对冲基金将突然面临这些期权生效的可能性，那么它们将出现损失。① 结果是，这些基金通过买入虚值看跌期权来冲抵这些头寸。这是和奇异期权结构相关联的新风险的良好例证。当障碍期权的盯市价值在无限小的区间内变化时，这些变化是离散的而不是“循序渐进”的。

下面例子所涉及的障碍期权包含了更复杂的结构。实际上，这个障碍可能与期权标的之外的不同风险有关。这个例子展示了航空业是如何应用障碍期权的。

航空公司有三种基本成本：劳动力、资金和燃油费。劳动力成本可以根据工资合约在长期内“固定”。但利率风险和燃油价格风险都是浮动的，可能在任何时刻突然地大幅变动，给航空公司造成严重损失。下面的例子解释了航空公司是如何利用单个障碍期权来对冲这两方面风险因素的。

例子：

尽管目前奇异期权市场不是很景气，但客户们还是希望用更加便宜的方法进行对冲，尤其是当这些对冲的支付与他们财务报表中的其他敞口有关的时候。因此，障碍产品就特别受欢迎。许多公司正试图利用出局期权来降低它们运作的成本。

例如，航空公司通常要面临利率风险和燃油价格风险。如果利率上升，超过某一特定水平，那么它要在比往常更高的上限处进行支付。但是在障碍结构下，如果航线的燃油价格较低，就不用这样。因为只有当利率和燃油价格都很高时，才会触发期权。因此，这样对冲的成本就比分别对冲的成本要低。

（汤森路透，IFR，1995 年 5 月13 日）

① 假设它们还没有对冲这些头寸。

这种障碍期权的应用可以降低对冲成本，而且更便于交易。本章后面的习题包含了更多的奇异期权例子。在下一节，我们将讨论与奇异期权相关的一些新的风险和困难。

□ 11.4.3 新的风险

奇异期权通常是方便且便宜的，但它们有自身的风险。奇异期权账面的风险管理不是很容易，这是因为：(1) 由于障碍的存在，各类希腊字母工具是不连续的；(2) 隐含波动性具有微笑效应。

如同前面三章所证明的，期权账面的风险管理通常要用到各类希腊字母工具或它们的修正工具。就障碍的影响而言，一些希腊字母工具可能在障碍处不存在。这就产生了不连续性，并使风险管理更加复杂。下面我们回顾一下这些新问题。

(1) 障碍期权在某些希腊字母工具中可能会有跳跃，这是期权账面风险管理的一个新维度。当即期价格接近障碍时，即使这时标的只产生了很小的变化，障碍期权的希腊字母工具也可能出现转折性变化，这些敏感因素的极端变化使得利用各自的 delta、gamma 和 vega 等工具测算和管理标的风险变得更加复杂了。

(2) 障碍期权是路径依赖的。例如，每一个时点的临界值都是相关的，直到期权到期或障碍被触发。这就使蒙特卡洛定价和风险管理技术更复杂，成本也更高。此外，在障碍附近，需要进一步模拟路径，这也会增加成本。

(3) 采用普通期权与数字期权构建障碍期权的对冲可能更困难，而且受到微笑效应的严重影响。

本书不讨论与奇异期权相关的风险管理和对冲问题。但微笑效应将在第 16 章加以讨论。

11.5 报价惯例

期权市场上的报价惯例可能相当复杂。当做市商把期权看成是波动性工具时，它们通常更愿意对波动性直接报价，而不以期权的现金价值报价。这些报价有时很容易让人迷惑。研究它们的最好方法是考察一个风险逆转的例子。风险逆转的报价说明了波动性的作用，而且展示了波动性微笑确实存在偏峰。在第 16 章我们将单独介绍一个重要的实证结果。

前面给出的关于风险逆转的例子包括下面的阐述：

> 1 个月期的风险逆转从两个星期前的 0.2 跳到了星期三的 0.81，这有利于欧元看涨期权。

很难直接解释这个阐述。我们利用欧元/美元汇率作为标的风险进行讨论。图 11.23(a) 是一个美元看涨期权，假设即期交易是以 0.95 的价格进行的，此时期权是平值的。在同一个图中还有一个 25delta 看涨期权。同样地，图 11.23(b) 给出了一个平值美元看跌期权和 25delta 看跌期权，它们是虚值的。假设所有这些期权都是欧式普通期权。

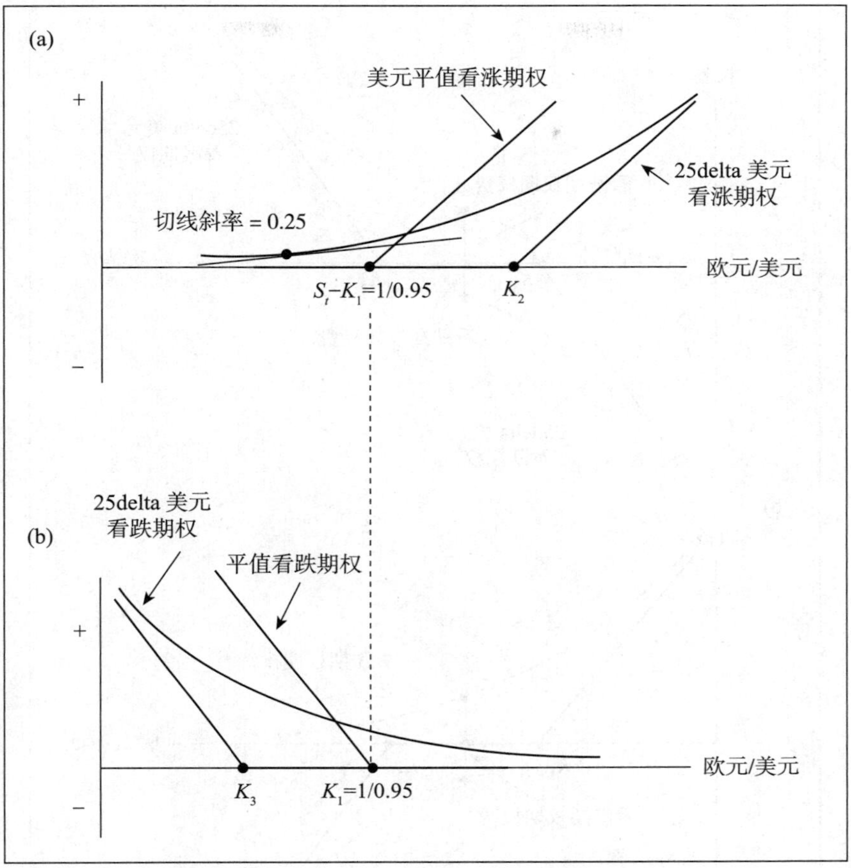

图 11.23　25delta 的看涨和看跌期权与 ATM 的收益

现在，考察下面两个不同的 25delta 美元风险逆转报价：

例 1：“平的（flat）/0.3 美元看涨期权买入价”　(11.48)

例 2：“0.3/0.6 美元看涨期权买入价”　(11.49)

这种买卖价差的解释并不直接。报价中的数字和美元的特点无关，而与波动性有关。简单来说，斜杠右边的数字是波动性利差，即做市商卖出风险逆转头寸时愿意接受的利差，斜杠左边的数字是他愿意为这个头寸支付的波动性利差。

斜杠右边的数字与做市商卖出的 25delta 美元看涨期权有关，同时也与它们买入的 25delta 美元看跌期权有关。从客户的角度看，这就是图 11.24(a) 所示的风险逆转。对这个客户来说这种情况是与“美元走强”有关的。如果做市商卖出这个风险逆转，那么它将做空该头寸。

斜杠左边的数字对应于买入一个 25delta 美元看涨期权，同时卖出一个 25delta 美元看跌期权的情形，如图 11.24(b) 所示。当有需求时，这种结果是跟“美元变弱”相关联的。

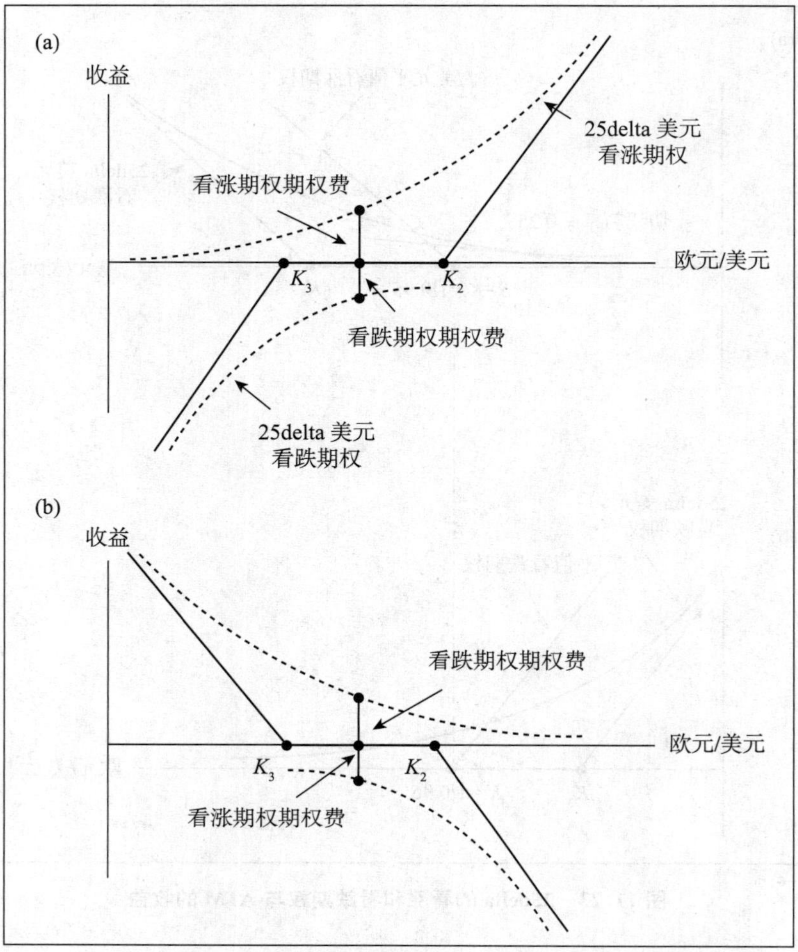

图 11.24　两个不同的 25delta 美元风险逆转的收益

□ 11.5.1　例 1

现在，考察第一个例子中对各个数值的解释：

例 1："平的/0.3 美元看涨期权买入价"　　(11.50)

这个报价左边是"平的"，意思是要在一个相同波动性的条件下，买入一个 25delta 美元看涨期权和卖出一个 25delta 美元看跌期权。向做市商卖出这个头寸的客户不用支付也不会收到任何额外的金额，即这个交易是"零成本的"。换句话说，买卖双方同意采用单一波动性，然后将它代入布莱克-斯科尔斯公式中，得到看涨期权和看跌期权的价格。报价中右边的数字表示一个偏差。它意味着，只有当做市商能净赚 0.3 波动性点时，才愿意卖出 25delta 美元看涨期权、买进 25delta 美元看跌期权。这意味着卖出美元看涨期权的波动性值要比买进美元看跌期权的波动性值高 0.3 点。做市商认为，市场上存在一个美元强势的"偏差"，因此，购买这个风险逆转的客户要花费一个净成本。

□ 11.5.2 例 2

第二个报价如下：

例 2："0.3/0.6 美元看涨期权买入价" (11.51)

尽管对 0.6 的解释与第一个例子是类似的，但这个报价比前面的更复杂。0.6 这个数字表明，如果客户想赌美元走强，那么做市商宣称它需要净赚 0.6 个波动性点。

然而，报价中左边的数字不再是"平的"，而是正的 0.3。这意味着市场存在偏差，支持美元走强的偏好是如此之强，以至于很多客户都想要这个多头头寸，所以做市商在买入 25delta 看涨期权和卖出 25delta 看跌期权时愿意支付 0.3 的净波动性点。

因而，在风险逆转报价中，左边的数字是做市商愿意支付的波动性利差，右边的数字是做市商想赚到的波动性利差。在每种情况下，为了确定标的期权的成本，市场实践者必须同意某个基本波动性，然后将它作为基准并引入波动性利差。

11.6 现实世界的复杂性

在实践中运用本章讨论的合成收益结构时，需要面对现实世界存在的几个缺陷。首先，这些头寸是到期日时的头寸，而且是逐段线性的。在实际中，收益图可能包括几个凸性，它是非线性收益的一个等价项。下面我们简要回顾一下。

□ 11.6.1 波动性微笑的作用

波动性微笑的存在严重地影响了奇异期权的定价及对冲。如果存在波动性微笑，隐含波动性将是执行价格 K 的函数。例如，式（11.30）与式（11.31）中给出的两值期权价格表达式必须修正为：

$$C^{\text{bin}}(t)=\lim_{h\to 0}\frac{C^{K}(t)-C^{K+h}(t)}{h} \tag{11.52}$$

$$=\frac{\partial C^{K}(t)}{\partial K}+\frac{\partial C^{K}(t)}{\partial\sigma(K)}\frac{\partial\sigma(K)}{\partial K} \tag{11.53}$$

由此得到的公式以及与普通期权的 delta 类似性都将发生变化。这些修正公式也要应用到对冲和障碍期权的合成中。对于障碍期权来说也需要进行修正。

□ 11.6.2 头寸限制的存在性

在到期日之前 t 时刻，期权价值除了依赖于标的价格 x_t 外，还依赖于其他很多变量。x_t 的波动性和无风险利率 r_t 是两个随机变量，它们会影响到所讨论的 $t<T$ 时的所有头寸。这已经表述在 $t<T$ 时看涨期权费的布莱克-斯科尔斯公式中，即

$$C_t=C(x_t,t|\sigma,r) \tag{11.54}$$

这是一个关于“参数”r 和σ 的函数。在 $t=T$ 时，这个公式可以简化为

$$C_T=\max[x_T-K,0] \tag{11.55}$$

如果 r 和σ 是随机的，那么在 $t\in[0,T)$ 区间，这里所讨论的头寸也会受到 vega 和 rho 风险的影响。如果一个交易者已经限定了他所能承受的风险，就会在到期日 T 之前将这些头寸平仓。尤其是当头寸具有 vega 风险时更是如此。这些限制的存在将改变问题的设置，因为直到现在，我们依然没有讨论在建立或持有头寸时，如何将 r 和σ 的敏感性包括进来。

11.7 结论

在这一章，我们讨论了如何合成构建头寸的收益图，此头寸是基于市场方向和波动性方向的。这些头寸都是静态的。特别地，我们集中讨论了单一风险因素函数下的收益图，以及通过普通期货和期权头寸进行复制的收益图。本章的第二部分讨论了利用简单奇异期权构建类似头寸的金融工程方法。

阅读建议

对于研究普通期权策略来说，确实存在几本好书。Hull（2014）是一本非常好的教材。对于期权基础内容，读者也可以参见 Natenberg（2014）。也可以参阅 Jarrow and Turnbull（1999）和 Kolb（1999）。Taleb（1996）是从市场角度来探究奇异期权的。对于技术方法来说，可以参见 Musiela and Ruthkowski（2007）关于奇异期权的章节。James（2003）在期权交易技巧和期权定价公式方面具有较大的参考价值，对奇异期权的讨论也非常有用。

习题

1. 对于购买执行价格为 105 的看涨期权和出售执行价格为 95 的看涨期权，绘制其收益和利润图。验证获得购买执行价格为 105 的看跌期权和出售执行价格为 95 的看跌期权有完全相同的利润图。解释这些头寸的初始成本差异。假设参数如下：

$S(0)=100$；$T=1$；$r=8\%$；$\sigma=30\%$。

2. 假设交易员认为，假期期间实际波动性要低于隐含波动性。为了利用这一机会，交易者做空头寸，以弥补多头跨式期权头寸的成本。如果实际波动性比隐含波动性低

30%，画出这位交易员的波动策略。假设参数如下：

$S(0)=1\,600$；$T=3$ 个月；$r=5\%$；$\sigma=53\%$。

3. 考察熊市价差（bear spread）期权。某位投资者持有期货空头头寸，这里用 x_t 表示。不过，他认为 x_t 不会跌落到 $x^{\min}$ 以下。

(a) 怎样构建一个头寸使得由它可实现下列目的：通过放弃超过某个水平的收益来避免当 x_t 增加到预期水平之上时带来的损失？

(b) 你将为这个头寸支付多少？

(c) 最大的收益是多少？最大的损失是多少？

(d) 利用适当图形表示你的结果。

4. 仔细考察下面的阅读材料，然后回答下述问题。

> 一家银行向那些想在丹麦 9 月 28 日公民投票表决是否要加入经济货币联盟（EMU）之前对冲丹麦克朗的投资者推荐风险逆转。纽约的一个货币期权交易者说，如果丹麦人反对加入 EMU，这一策略将保护客户应对丹麦克朗变弱。丹麦的有关报道显示，过去的几个星期虽然赞成加入 EMU 的票数稍微领先，但民众反对加入 EMU 的呼声日益高涨。他补充道，如果丹麦人赞成加入 EMU，则本国货币可能升值，但上涨幅度不会很大。
>
> 上周一，6 个月期和 12 个月期的风险逆转为 0.25%/0.45%，有利于欧元看涨期权。这位货币期权交易者说，如果上周一当丹麦克朗对欧元的即期汇率为 7.45 丹麦克朗/欧元时，客户以执行价格 7.52 丹麦克朗买进一个欧元看涨期权，并以执行价格 7.44 丹麦克朗卖出一个欧元看跌期权，那么这个风险逆转策略的成本为 0。所有的期权都是欧式的，同时期限是 6 个月期。
>
> 由于丹麦民众中反对加入 EMU 的情绪高涨，上周一，6 个月期和 12 个月期的欧元/丹麦克朗波动性，从维持 2000 年 4 月 10 日之前一整年的 0.6%/0.9%增长到 1.55%/1.95%。在 4 月 10 日的那一周，由于几家银行买入 6 个月期和 9 个月期平值波动性，波动性发生了转折。
>
> （摘自《衍生品周刊》，2000 年 4 月 24 日）

(a) 用图形表示零成本风险的逆转策略。描述 7.44 丹麦克朗看跌期权和 7.52 丹麦克朗看涨期权。

(b) 注意，即期汇率是 7.45 丹麦克朗/欧元，但它不是上面两个执行价格的中点。这个策略是如何实现零成本的？

(c) 对于两个期权的隐含波动性，最后一点说明了什么？

(d) “上周一，6 个月期和 12 个月期的欧元/丹麦克朗波动性……增长到 1.55%/1.95%”是什么意思？

(e) 平值波动性是什么意思？（参见最后一句。）是否存在虚值波动性？

5. 下面的问题与范围两值期权有关。这是奇异期权的另一个例子。仔细阅读下面的材料，然后回答后面的问题。

> 投资者正寻求买入范围期权。由于持有者在即期汇率保持在一个特定范围时为

获得一个固定收益要提前支付一笔费用，所以该工具就像一个直接的范围两值期权。然而与常规的范围两值期权不同的是，这种期权的障碍只有在一段时间之后才存在。也就是说，如果即期汇率在障碍起作用之前超出范围，那么这个结构也不会中止。由此，卖方将持有一个高隐含波动性水平的 vega 空头头寸。

（摘自《衍生品周刊》）

(a) 画出范围两值期权的收益图。

(b) 为什么这种期权在外汇市场上特别有用?

(c) 你认为这些期权在什么时候更有用?

(d) 范围两值期权的空头头寸的风险是什么?

6. 两端不碰期权（double no-touch options）是范围两值期权的另一个称谓。仔细阅读下面的材料，然后回答后面的问题。

美元/日元波动性的波动促使期权交易者在用蝶式期权进行对冲时，通过范围两值期权获得高波动性。常见的交易包括障碍为 126 日元和 102 日元的一年期的两端不碰期权。如果价格落在这个范围内，交易者就能够从 100 万美元的支出中获得 15%～20%的期权费。

支持这些交易的是，通过购买蝶式结构来对冲波动性空头头寸。一些交易者买入执行价格为 102 日元的虚值美元看跌期权/日元看涨期权，同时在执行价格为 126 日元时买入虚值美元看涨期权/日元看跌期权。

（摘自《衍生品周刊》）

(a) 画出第一段中提到的结构的收益图。

(b) 你认为这些期权什么时候更有用?

(c) 在这种情况下，蝶式期权起到的作用是什么?

(d) 范围两值期权空头头寸的风险是什么?

(e) “上周二”的头寸有多少收益或损失?

7. 下面的问题是研究一种不同类型的所谓范围累积期权（range accrual option）。范围累积期权经常直接用于应对波动性。当交易者做空波动性时，他希望实际波动性比隐含波动性小。然而，在经典的波动性分析范围内，倘若这种观点用普通期权表示，可能要求进行动态对冲，否则就用较贵的跨式期权组合，从而必须购买较贵的跨式期权组合。小型交易所可能没有能力配置这种动态对冲活动所必需的资源。

相反，可以用范围累积期权来应对。期权卖方收到一个支付，这个支付取决于期权存续期间标的价格有多长时间保持在指定范围内。首先阅读下面的评述内容，然后回答问题。

管控着 720 亿加拿大元（484.2 亿美元）的安大略教师养老基金计划局（Ontario Teacher's Pension Plan Board）在检验它的范围累积期权和股票投资组合期权计划时，着眼于股票衍生品的应用。

加拿大股票衍生品的一位投资组合经理说，股票衍生品小组因为创下相当可观的利润而新近增加职员，因此小组考察提高股票衍生品的应用……一位交易者解释说，因为人员比以前多了，小组就有时间开发更复杂的衍生品策略。根据市场官方的话，安大略教师养老基金计划局是加拿大最大且最复杂的终端用户之一，并被看成是养老基金的领导者。

关于单只股票的范围累积期权多头头寸需要对股票价值设定一个范围。期货存续期间股票在此范围内交易的每一天，安大略教师养老基金计划局都会收到一笔款项。因此，它类似于一个波动性空头头寸，但范围累积期权不需要动态对冲，初始期权费为损失上限。

（摘自《衍生品周刊》）

(a) 范围累积期权和跨式期权组合或异价跨式组合头寸有什么相似之处？

(b) 这种期权的头寸是静态的还是动态的？

(c) 在什么意义上范围累积期权完成了动态对冲所实现的目的？

(d) 你怎样利用其他“普通”的奇异期权来合成构建范围累积期权？

EXCEL 习题

8. 编写一个 VBA 程序，证明首先仅利用看涨期权，然后仅利用看跌期权来构建牛市与熊市价差。同时绘制既有牛市阶段又有熊市阶段的看涨期权和看跌期权的价差图。解释你所观察到的看涨期权和看跌期权价差的初始成本的差异。

假设参数如下：

$S(0)=100$；$T=1$；$r=8\%$；$\sigma=30\%$；价差$=10\%$。

9. 编写一个 VBA 程序，证明蝶式价差是由异价跨式期权和跨式期权所组成的。假设参数如下：

$S(0)=100$；$T=1$；$r=8\%$；$\sigma=30\%$；价差$=5\%$。

绘制跨式期权、异价跨式期权的收益，以及蝶式价差的收益。

对于蝶式价差的空头头寸，重复上述计算。

MATLAB 习题

10. 编写 MATLAB 程序，绘制下面的价差图，包括价差的时间价值及其到期时的收益。

(a) 牛市价差。

(b) 熊市价差。

(c) 跨式期权。

(d) 异价跨式期权。

(e) 蝶式期权。

假设参数如下：

$S(0)=100$；$T=1$；$r=8\%$；$\sigma=30\%$；价差$=5\%$。

第 12 章 金融工程定价工具

12.1 引论

迄今为止，我们的讨论都未涉及资产定价模型以及与这些模型相关的工具。这是因为除了定价外，金融工程还有许多其他重要的方面。从本章开始，我们将在极为简单的背景下讨论资产定价模型。这一章将对定价工具进价总结。在这一章中，我们将前面某些专题的内容统一起来，并进一步展示各种工具间的精妙联系。下面的讨论是利用到目前为止所用到的金融工程本身的逻辑拓展框架而进行的。

定价至少存在两个问题，它们看起来似乎难以通过任何满意的方式得到解决。投资者喜欢收益，但讨厌风险。这意味着具有不可分散风险的资产将存在风险溢价（risk premia）。可是，当我们依赖于个人的主观偏好购买资产后，用什么样的方法能够客观地测量这样的风险溢价呢？利用效用函数建立风险溢价的模型在理论上虽然是可行的，但站在交易者的角度来看，这确实吸引力不大，因为交易过程中涉及了数亿美元。市场上风险溢价与参与者的效用函数之间的内在关系，是定价实践决策中第一个令人烦恼的问题。

第二个问题紧随第一个问题而来。无论如何，定价方法需要建立在对未来现金流波动性度量的基础上。可是，波动性是随机的，而且服从某个概率分布。就实际应用中的资产定价方法而言，怎样获得一组合情合理的真实概率呢？[①]

现代金融学已建立起能同时处理这两个问题的一种设计独特且实用的方法。专业人

① 注意，风险溢价的主观性质属于纯经济理论范畴，而获得满意的真实概率分布的问题属于计量经济学理论的领域。

士没有利用对风险溢价的建模框架，而是将这个问题转变成一个没有风险溢价的问题。有意思的是，这种转化使用的相关概率分布不是真实概率，相反，假如具有合理数量的流动性工具，可以从数值上计算的任何时间点的市场决定概率（market-determined probability）都可成为相关概率。[①] 运用这种方法，资产定价可在人工的风险中性环境条件下进行，这个环境间接地包括了风险溢价。这种方法被称为鞅方法（Martingale approach）。鞅方法在实际资产定价和风险管理中已成为一种高效能的工具。

学习金融工程的初学者可能难以相信，实际上存在一个几乎统一的金融资产定价理论，这个理论可以成功地用于定价实践中。毕竟存在着各式各样不同类型的资产，而且这些资产并非全部符合相同的定价方法，即使从理论层面上看也存在差异。市场实践者可能已经听说过风险中性定价方法，然而像金融工程的初学者一样，他可能认为这一现象背后的基本理论是非常抽象的。可是，理论却有超乎寻常的效力。这一章从金融工程师的视角来讨论这种方法。因此，虽然本章的主题是资产定价，但我们讨论的方法是基于前面章节中形成的思想的。从本质上看，这种定价方法可以表述成构建合成资产的一般方法。

当然，像任何其他理论一样，这种方法依赖于某些严格的假设。本书在一开始的时候就提出了统一的公共假设。这里只讨论那些假定具有完全市场（complete market）的模型。从术语的直观意义看，当市场是“完全的”时，就模型而言存在“充足的”流动性工具可以获得研究上可用的概率分布。

这一章将循序渐进地介绍用于定价、对冲和风险管理的一系列重要理论结论。将主要结论称为资产定价基本定理。我们将使用金融工程的推理加以证明，而不是利用数学方程给出证明，然后给出一系列重要的结论。本章自始至终选取那些具有实际应用意义的结论来介绍。

12.2 定价方法概要

本节首先回顾一下前面各章中的某些重要结论。假设我们要为一个工具制定公平的市场价格。首先，我们使用金融市场上交易的流动性合约构建一个该工具的等价物。很明显，这样的合约必须是真正存在的。其次，一旦找到这些流动性合约，我们就可以应用套利原则。这个复制组合的成本应等于我们将要定价的工具成本。最后，交易者将在这个成本中加入一个合适的利润，从而得到公平价格。

在前面几章中，我们已经得到远期利率协议、外汇远期以及其他一些准线性工具的合成工具。这些工具中每一个都被视为资产定价的雏形。在得到合成物的同时，也可以计算其成本，只要在成本上加一个利润，就可以获得公平的市场价格。我们可以将这种方法扩展到实践中，从而得到一般理论。

需要再次强调，定价与对冲有时被认为是一枚硬币的两面。事实上，对冲一个产品

---

① 也就是说，代替使用历史数据，我们可以从当前报价中推导出需要的概率分布。

需要找到一个复制组合，然后利用这个组合去对冲初始资产的头寸。如果交易者做多初始工具，则他将做空复制组合，反之亦然。通过这种方法，风险敞口将会互相抵消，此时的头寸是“无风险”的。这个过程创造的复制组合的成本必定与初始资产的价格相同。因此，对冲将不愿承担的风险转嫁给其他方，同时提供一种初始资产的定价方法。①

定价理论对构建“新产品”也非常有用。一个新产品本质上是一系列或有的现金流。首先，我们将具有同样现金流的金融工具放在一起。然后，卖出一个单独的合约从而将这些现金流以一个新名称卖给别人。例如，买入一个FRA剥离或期货剥离，将所得到的现金流以互换的名义卖给其他人。新产品实际上是用现有工具维持一个动态组合，它的公平成本将等于构成资产成分的价格总和。

12.3 框架

我们所使用的定价框架强调了理论在现实环境中的应用。假设在时间 $t_i(i=1,2,\cdots)$观测到了 m 种流动资产的价格。第 k 种资产在 t_i时的价格用 S_{kt_i} 表示。后者可以表示贷款、股票、固定收益工具、相应的衍生品或商品的价格。

从理论上讲，一个典型的 S_{kt_i} 可以取任何实数值。这使得可能值的数量变得无限不可数。但是，在实践中，每一个价格都是以十进制的方式报到一定的小数位，因此未来可能值是可数的。例如，汇率通常报到小数点后 4 位。这就引出了下面将介绍的一个重要概念。

□ 12.3.1 现实的状态

设 t_0 表示“现在”，在 $T=t_i\,(i>0)$的未来时刻，对于某个 $0<i$，考察第 k 种资产的价格 S_{kT}。在 t_0 时刻，S_{kT}将是一个随机变量。② 设符号 $\omega^j\,(j=1,\cdots,n)$ 表示与随机变量 S_{kT}有关的 T 时刻现实的状态。③ 我们假设 $n\leqslant m$，这等于说流动资产的数目至少与 T 时刻现实状态的数目一样多。例如，在金融市场通常假设存在“牛市”、“熊市”或者“无变化”状态。交易者期望未来的价格“更高”、“更低”或者“保持不变”。ω^j 推广了这种特性而且使它变得具有可操作性。

例子：

在这个例子里，我们构建了与某种资产有关的现实状态，这种资产在 t_i时的价格用S_{t_i}表示。为不失一般性，设

$$S_{t_0}=100 \tag{12.1}$$

假设在未来时间 $T(t_n=T)$，只有 $n=4$ 种现实状态。我们来定义这些状态。

① 如果对冲是不完全的，做市商将在成本中加入其他的边际利润来解决标的风险敏感性上的任何小的偏差。例如，如果某个奇异期权不能通过即期和货币工具完全对冲，做市商将提高或降低价格来考察这些不完全因素。

② 资产的当前价值S_{kt_0}是已知的。

③ 根据这种考察，ω^j 也应该带有下标 T。但是我们忽略了它，请读者记住这一点。

(1) 为某个网格参数 ΔS 指定数值，从而给 S_T 的邻近值分配一个状态。例如，设

$$\Delta S=2 \tag{12.2}$$

(2) 下面，挑出上限和下限 $[S^{\min}, S^{\max}]$，使得 S_T 落入这个区间之外的概率相对较小，并且这个范围之外的偏离是可以忽略的。例如，设 $S^{\max}=104$ 和 $S^{\min}=96$。从而，$104<S_T$ 和 $S_T<96$ 的事件是不太可能发生的，因此，不需要给出这些现实状态的详细分类。很明显，$[S^{\min}, S^{\max}]$ 数值的选择依赖于时期 $[t_0, T]$ 内对 S_t 所观察到的波动性。①

(3) 于是，现实状态可以用下列方式来定义：

$$\omega^1=\{S_T \text{ 使得 } S_T<S^{\min}\} \tag{12.3}$$

$$\omega^2=\{S_T \text{ 使得 } S_T\in[S^{\min}, S^{\min}+\Delta S]\} \tag{12.4}$$

$$\omega^3=\{S_T \text{ 使得 } S_T\in[S^{\min}+\Delta S, S^{\min}+2\Delta S=S^{\max}]\} \tag{12.5}$$

$$\omega^4=\{S_T \text{ 使得 } S^{\max}<S_T\} \tag{12.6}$$

图 12.1 说明了这种情形。

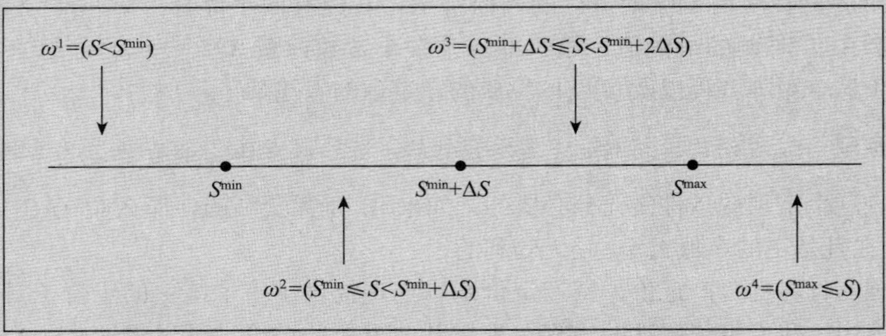

图 12.1 世界的状态和资产价值

这里，现实状态的总数依赖于网格参数 ΔS 的大小以及上限和下限 $[S^{\min}, S^{\max}]$ 的选择，而它们反过来又依赖于 t_0 时刻的市场心理状态。例如，如果在特定的某一天内，这里的 S_T 的范围仅与定价和风险管理相关，那么将状态总数选取为 $n=4$ 可以证明是正确的。n 值的大小取决于我们对未来问题的讨论是更细致还是更粗糙一些。

□ 12.3.2 收益矩阵

得出资产定价基本定理后的下一步骤是定义时期 T 的收益矩阵。资产 S_{kt} 在 T 时刻的价值依赖于在 T 时刻出现的现实状态 ω^i。假定我们研究的现实状态是有限的，那么这些资产的可能价值就很容易列出。设 z_k^i 表示第 k 种资产在状态 ω^i 下 T 时刻的价值：

$$S_{kT}^i=z_k^i \tag{12.7}$$

① 在实践中，这些上限和下限需要根据观测到的流动资本的无套利价格来适当校准。

那么，对于前 n 种资产，$n\leqslant m$，我们可以获得如下 T 时刻的收益矩阵：

$$D=\begin{pmatrix} z_1^1 & \cdots & z_1^n \\ & \cdots & \\ z_n^1 & \cdots & z_n^n \end{pmatrix} \tag{12.8}$$

矩阵的行表示某种特定的资产在不同状态下的可能值，列表示在某一特定状态下不同资产的价格。从 ω^i 的定义就可以自动导出所考察资产的可能值的定义，如前面的例子所示。

资产定价的基本定理告诉我们"现在"的资产价格 S_{kt} 如何与矩阵 D 所表示的可能值之间发生联系。我们建立的这个矩阵方程在接下来的 3 章中发挥着重要的作用。

□ 12.3.3 基本定理

考察一系列 Q^i，它是以现实状态 i 为指标所定义的线性方程组：

$$\begin{pmatrix} S_{1t_0} \\ \cdots \\ S_{nt_0} \end{pmatrix}=\begin{pmatrix} z_1^1 & \cdots & z_1^n \\ & \cdots & \\ z_n^1 & \cdots & z_n^n \end{pmatrix}\begin{pmatrix} Q^1 \\ \cdots \\ Q^n \end{pmatrix} \tag{12.9}$$

左边向量表示 t_0 时刻流动资产的当前价格。右边有两个部分：第一部分是矩阵 D，是这些资产在 T 时刻的可能值；第二部分是一个常数向量 $\{Q^1,\cdots,Q^n\}$。资产定价基本定理是关于这个矩阵方程以及 $\{Q^i\}$ 的性质的。定理的叙述如下：

定理 t_0 时刻的价格 $\{S_{kt_0}\}$ 是无套利的，当且仅当 $\{Q^i\}$ 存在并且为正时。

因而，这个定理的条件是充分必要的：如果 S_{kt_0} 是无套利的，那么 Q^i 存在且是正的；如果 Q^i 存在且是正的，那么 S_{kt_0} 是无套利的。

对于现实世界的资产定价，资产定价基本定理提供了一个统一的定价工具。在本章余下的内容中，我们将依据这一定理，推导其他重要的结论。可以将这些结论看成资产定价的推论。这些推论中的第一个是合成概率的存在性。但是，在讨论这些结果之前，我们需要推出 $\{Q^i\}$，并且说明为什么定理成立。

□ 12.3.4 套利机会的定义

什么是无套利价格？为了回答这个问题，我们需要正式定义套利机会（arbitrage opportunity）。在本节概述框架下的正式定义是：设资产价格为 $S_{1t},\cdots,S_{kt}$，每项资产 S_{it} 的组合权重为 θ_i。如果下面两个条件中的一个成立，那么，我们可以说存在套利机会。

(1) 可以建立权重为 θ_i 的一个组合，使其满足

$$\sum_{i=1}^{k}\theta_i S_{it}=0 \tag{12.10}$$

同时

$$0\leqslant\sum_{i=1}^{k}\theta_i S_{iT} \tag{12.11}$$

根据这些条件，市场实践者在 t 时刻不需要预付任何现金就可以构建一个投资组合，但是有机会在 T 时刻获得一个非零收益。这是套利机会的第一种形式。

(2) 可以建立权重为 θ_i 的一个组合，使其满足

$$\sum_{i=1}^{k} \theta_i S_{it} \leqslant 0 \tag{12.12}$$

同时有

$$\sum_{i=1}^{k} \theta_i S_{iT} = 0 \tag{12.13}$$

在这种情形下，市场实践者在 t 时刻获得现金，但同时不必负债就能够得到一个 T 时刻的组合。

很明显，在任何一种情形下，这些套利组合的大小是任意的，因为不需要举借债务。因此，无套利价格的正式定义要求：在“当前”价格 $\{S_{it}\}$ 下，这样的套利组合是不可行的。

值得注意的是，市场专业人士所谓的套利策略与套利机会的正式定义是完全不同的。通常，当市场实践者提到“套利”时，他们指的是发生损失的可能性相对很小的头寸。很明显，这与上面提到的两个条件是相背离的。本章引入的方法是用来应对缺少正式的套利机会的情形，而并非用于讨论市场实践者缺少套利策略的情形。注意，本章介绍的方法是正式的无套利条件，提供了在定价和风险管理中使用的重要工具。

□ 12.3.5 Q^i 的解释：状态价格

给定现实的状态 $\omega^i(i=1,\cdots,n)$，我们可以写出存在两种重要工具的特别情形下的矩阵方程，这两种工具对于理解无套利定价是极其重要的。假设第一种资产 S_{1t} 是无风险储蓄存款账户，而且为不失一般性，用 t_i 表示年。[①] 如果在 t_0 时刻存入 1 美元，那么在 t_1 时刻没有任何违约风险就能获得 $1+r_{t_0}$。这里，r_{t_0} 代表在 t_0 时刻观察到的利率。

第二种工具是基本保险合约。我们用 C_i 表示它们。这些合约按下列方式定义：

- 如果 ω^1 发生，则 C_1 在 T 时刻支付 1 美元，否则，支付为 0。

……

- 如果 ω^n 发生，则 C_n 在 T 时刻支付 1 美元，否则，支付为 0。

假如市场实践者认为状态 ω^i 是“有风险的”，那么他可买入一定数量的 C_i 作为保险，来保证在那种状态下能实现他预期的现金流。

现在假设所有的 C_i 在 t_0 时都能活跃地交易。于是，根据矩阵方程，这些合约正确的无套利价格由 Q^i 给出。这是因为将储蓄账户的现值和 C_i 在 t_0 时的值代入矩阵方程 (12.9) 后可以得出[②]：

$$\begin{bmatrix} 1 \\ C_1 \\ \cdots \\ C_n \end{bmatrix} = \begin{bmatrix} (1+r_{t_0}) & \cdots & \cdots & (1+r_{t_0}) \\ 1 & 0 & \cdots & 0 \\ \cdots & \cdots & \cdots & \cdots \\ 0 & \cdots & 0 & 1 \end{bmatrix} \begin{bmatrix} Q^1 \\ \cdots \\ Q^n \end{bmatrix} \tag{12.14}$$

---

① 这简化了记号，因为天数调整参数将等于 1。

② D 在我们的设置条件下表示 $(n+1)\times n$ 维矩阵。

根据这个矩阵方程，Q^i 具有三个重要的性质。首先，我们看到，它们与基本保险合约的价格相等：

$$C_i = Q^i \tag{12.15}$$

正是由于这个原因，Q^i 也被称为状态价格。其次，我们可以证明，当利率是正的时，C_i 在 t_0 时的价格之和小于 1。考察下面的叙述：一个在 t_0 时刻为每种工具都购买了一个保险合约 C_i 的组合，将保证在 t_0 时刻获得 1 美元，无论在 T 时刻发生哪种状态 ω^i。但是只要利率是正的，就可保证得到的未来 1 美元的价值将小于现在 1 美元的价值。这意味着在 t_0 时刻用来支付基本合约的 Q^i 之和应该满足

$$Q^1 + Q^2 + \cdots + Q^n < 1 \tag{12.16}$$

由矩阵方程（12.14）的第一行，我们可以写出

$$\sum_{i=1}^{n} Q^i (1 + r_{t_0}) = 1 \tag{12.17}$$

重新整理后得到

$$Q^1 + Q^2 + \cdots + Q^n = \frac{1}{1 + r_{t_0}} \tag{12.18}$$

第三条性质理解起来有点困难。如同基本定理所述，如果 C_i 确实是无套利的，那么不会有任何一个 Q^i 为负或 0。我们用一个简单的反例来说明这一点。

例子：

假设 $n=4$，且第一个基本合约价格为负，即 $C_1=-1$。为不失一般性，假设其他所有基本合约的价格均为正。于是，资产组合

$$\{(Q^2+Q^3+Q^4)\text{单位的}C_1,\ 1\text{ 单位的}C_2,\ 1\text{ 单位的}C_3,\ 1\text{ 单位的}C_4\} \tag{12.19}$$

在 t_0 时刻成本为 0，在 t_1 时刻能保证获得正的收益。更准确地说，在状态 2 至状态 4 时组合收益为 1 美元，而在状态 1 时收益为 $(Q^2+Q^3+Q^4)$ 美元。

因此，只要一个或者更多的 Q^i 为负，就总是存在套利机会。一个交易者可以“买入”价格为负的合约，并运用该合约产生的现金流来购买其他合约。通过这种方式，就能保证在 T 时刻获得一个正的收益，同时获得初始组合的零成本结构。为了避免出现这样的套利机会，需要对所有的 i，都有 $0<Q^i$。

12.3.5.1 注释

在深入讨论之前，我们问两个问题，这两个问题从本书提出金融工程方法之后就可能困扰读者。

- 像 C_i 这样的保险合约在现实世界里存在吗？它们是活跃交易的吗？
- 现实状态数目比较小的假设是真实的吗？对未来的这种限制如何在定价现实世界工具中发挥作用？

在接下来的几节里，我们将证明上面两个问题的答案都是有条件成立的。为了理解

这一点，我们需要将基本保险合约与期权的概念联系起来。期权可以看做是一篮子 C_i 的交易方式。当状态 i 发生时，一个典型的 C_i 支付 1 美元，而其他状态不支付。因此，期权在到期日的收益与基本合约的收益是不相同的。如果到期时期权是虚值的，则不支付，但若到期时是实值的，则支付 S_T-K。这依赖于我们如何定义状态 ω^i，与基本合约不同，期权可以在多种状态下发生支付。但这种差别并不那么重要，因为如果期权对所有执行价格进行交易，就可以从期权价格中得到想要的 C_i。换句话说，我们这里讨论的定价框架在实践中比我们最初看到的有用得多。

对于第二个问题，这里必须说明，在实践中，只有很少的几个期权执行价格可以交易。这表明有限状态的假设最终可能并不那么不切实际。

12.4 应用

基于状态价格和基本保险合约的框架是一个十分有效和现实的定价工具。在深入讨论并从资产定价基本定理中获得更多的结论之前，我们更愿意提供一个现实世界的例子。下面的资料是关于标准普尔 500 指数及其相关的期权的。

例子：

标准普尔 500 指数是一个由美国股票市场上 500 只主要股票构成的指数。它被市场实践者密切关注并且在期货市场上交易。交易者可以在芝加哥期权交易所（CBOE）买入和卖出以标准普尔 500 指数为标的资产的流动性期权。这些期权的到期日为 2001 年 12 月，表 12.1 所示的是这些期权在 2001 年 8 月 10 日的报价。

此时，标准普尔 500 指数是 1 187。流动性最好的三个看涨期权是：

$$\{1\,275\text{—看涨}，1\,200\text{—看涨}，1\,350\text{—看涨}\} \tag{12.20}$$

流动性最好的三个看跌期权是

$$\{1\,200\text{—看跌}，1\,050\text{—看跌}，900\text{—看跌}\} \tag{12.21}$$

正如预料的那样，所有的流动性期权都是虚值的，这是流动性期权的一般情况。[①]

表 12.1　标准普尔 500 指数的期权报价

看涨期权	收盘价	买入价	卖出价	成交量	未平仓量
12 月 1 175	67.1	68	70	51	1 378
12 月 1 200	46.5	52.8	54.8	150	8 570
12 月 1 225	41	40.3	42.3	1	6 792
12 月 1 250	28.5	29.6	31.6	0	11 873
12 月 1 275	22.8	21.3	23.3	201	6 979

① 买入和卖出实值期权对于市场专业人士来说没有什么意义。实践者通过借入必要的资金来持有期权，并且立即对冲它们。因此，任何内在价值都能由对冲弥补。但是，实值期权的凸度与虚值期权的凸度将是一样的。

续表

看涨期权	收盘价	买入价	卖出价	成交量	未平仓量
12月1 300	15.8	15	16.2	34	16 362
12月1 325	9.5	10	11	0	9 281
12月1 350	6.8	6.3	7.3	125	8 916
12月1 375	4.1	4	4.7	0	2 818
12月1 400	2.5	2.5	3.2	10	17 730
12月1 425	1.4	1.4	1.85	0	4 464
12月1 450	0.9	0.8	1.25	9	9 383
12月1 475	0.5	0.35	0.8	0	122
看跌期权	收盘价	买入价	卖出价	成交量	未平仓量
12月800	1.65	1.2	1.65	10	1 214
12月900	4.3	3.4	4.1	24	11 449
12月950	5.4	5.3	6.3	10	8 349
12月995	10.1	8.5	9.5	0	11 836
12月1 025	13	11.1	12.6	11	5 614
12月1 050	13.6	14	15.5	106	19 483
12月1 060	16.5	15.7	17.2	1	1 597
12月1 075	22.5	18	19.5	1	316
12月1 100	26	22.7	24.7	0	17 947
12月1 150	39	35.3	37.3	2	16 587
12月1 175	44	44.1	46.1	14	4 897
12月1 200	53	53.9	55.9	897	26 949

我们现在说明如何用这些信息来获得：(1) 现实状态 ω^i；(2) 状态价格 Q^i；(3) 与 Q^i 相关联的相应的合成概率。我们将在迄今为止所用的简单背景下进行说明。

□ 12.4.1 ω^i 的获得

金融工程师总是对某类特定问题和与该类问题相关联的现实状态做出回应。在前面的例子中，我们研究了标准普尔500期权，这意味着我们将注意力集中在股票市场上。因此，现实状态将与美国股票市场未来某一时刻的状态相对应，同样我们也需要将交易者行为的信号考虑进来，这些信号来源于数量相对较少的、到期日为3个月的流动性期权。下面的例子请参考前面的表12.1。

例子：

我们用 S_T 表示标准普尔500的到期日价值，然后用流动性期权的执行价格 K_i 来定义未来的现实状态。实际上，前面例子中讨论的看跌期权和看涨期权的执行价格将 S_T 轴分成了一些长度相等的区间。但是这些期权中只有少数是流动性的，这意味着市场可能并不需要这样细致地划分特定日期和到期日。因此，我们使用三种流动性虚值看跌期权的执行价格来获得区间：

$$\omega^1 = S_T < 900 \tag{12.22}$$

$$\omega^2 = 900 \leqslant S_T < 1\,050 \tag{12.23}$$

$$\omega^3 = 1\,050 \leqslant S_T < 1\,200 \tag{12.24}$$

注意，通过流动性看跌期权得到了等长区间。有趣但也是预料中的是，流动性期权在它们的执行价格上具有这种均匀性。下面，我们使用三种虚值看涨期权得到另外三个现实状态区间：

$$\omega^4 = 1\,200 \leqslant S_T < 1\,275 \tag{12.25}$$

$$\omega^5 = 1\,275 \leqslant S_T < 1\,350 \tag{12.26}$$

$$\omega^6 = 1\,350 \leqslant S_T \tag{12.27}$$

这里，最后一个区间是从看涨期权的最高执行价格获得的。图 12.2 展示了这些期权和隐含的区间。由于这些区间与 S_T 的未来值有关，我们将它们视为 S_T 的相关现实状态。

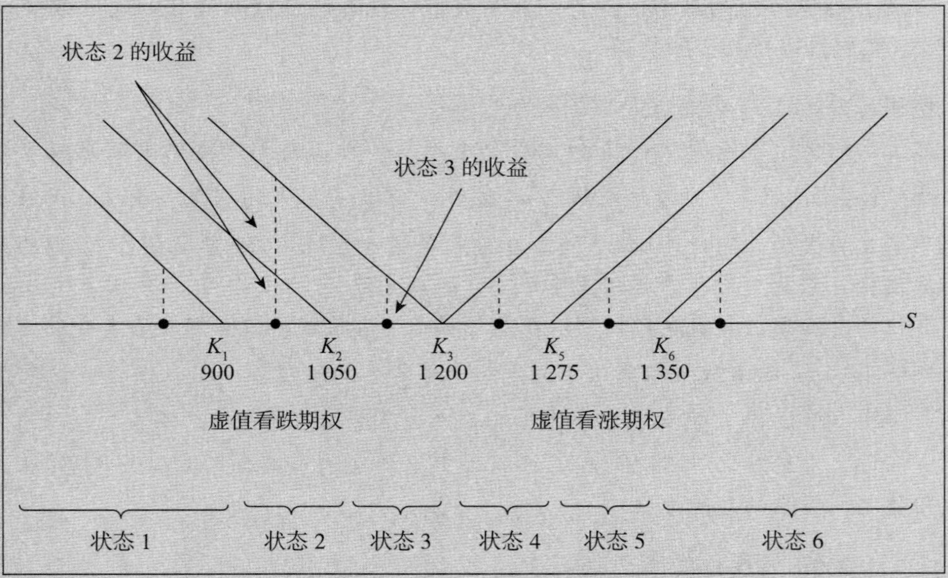

图 12.2　期权收益和世界的状态

我们取有界闭区间的中点作为该特定状态的近似。用 $\{\overline{S}^i, i=2,\cdots,5\}$ 来表示这些中点。这些中点可以用于表示 ω^i 的一个有限点集。对于第一个和最后一个半开区间，我们选择任意时间点上的两个极值 $\overline{S}^1$ 和 $\overline{S}^6$。设

$$\overline{S}^1 = 750 \tag{12.28}$$

$$\overline{S}^6 = 1\,400 \tag{12.29}$$

使得 $\overline{S}^i$ 之间的距离保持不变。很明显，这个"终端状态"的任意选择并不令人满意。实际上，这样做使我们在某种意义上任意设定随机变量的波动性。但是，我们可以校准我们的选择。一旦将我们的合理预期加进来，就可以调整这些极值，使得出的 Q^i 都是正的，进而可以用来正确地为其他流动资产定价。在某种意义上，校准就是一种尝试，即看看哪两种终端状态的值可以复制出观测值。但是在当前，我们忽略了这个问题，并且假设端点的选择是正确的。

在这个例子中，如果恰好选择现实世界的 6 种状态，它们能否准确地代表关于 S_T 的未来可能性，这一点还有待进一步讨论。本例中处理风险的交易者必须这样认为，因为在这样特定的日子里，交易 6 种流动性期权足以解决他所面临的问题。如果采用更详细的划分，那么就会有更多的流动资产的执行价格要被交易。

因此，作为金融工程的惯例，我们选择的 ω^i 的特定值是基于流动性工具的价值的。在我们的讨论中，现实的可能状态是根据流动性看涨期权和看跌期权进行选择的。

□ 12.4.2 基本合约和期权

基本保险合约 C_i 在现实的金融市场上是不直接进行交易的。可是，C_i 与众所周知的期权很相近，它们也是间接交易的。本节说明了如何从期权中获得基本保险合约，反之亦然。普通期权实际上与基本保险合约非常类似。理解这一点的最好方式是考察一个数值例子。（然后直接将其一般化。）

例子：

从上面的例子中选择第一个和最后一个期权，可以看到 900 的看跌期权等价于 $K_1-\overline{S}^1$ 个单位的 C_1，因为如果状态 ω_1 发生，它就支付大约这么多美元，而在其他状态下不发生支付。同样，1 350 的看涨期权等价于 $\overline{S}^6-K_6$ 个单位的 C_6，因为如果状态 6 发生，它就支付大约这么多美元，否则不支付。

其他的看涨期权和看跌期权可以在多种状态下有收益，但它们与基本合约直接相关。例如，1 050 的看跌期权等价于两个基本保险合约的组合，即 $K_2-\overline{S}^1$ 个单位 C_1 和 $K_2-\overline{S}^2$ 个单位 C_2，因为它在状态 1 和状态 2 下进行这些支付，而在其他状态下不支付。实际上，继续这种推理，我们可以得出下列反映基本合约 $C_1,\cdots,C_6$ 的收益与期权价格之间关系的矩阵方程：

$$\begin{bmatrix} 900\text{—看跌期权} \\ 1\,050\text{—看跌期权} \\ 1\,200\text{—看跌期权} \\ 1\,200\text{—看涨期权} \\ 1\,275\text{—看涨期权} \\ 1\,350\text{—看涨期权} \end{bmatrix} = \begin{bmatrix} z_1^1 & 0 & 0 & 0 & 0 & 0 \\ z_2^1 & z_2^2 & 0 & 0 & 0 & 0 \\ z_3^1 & z_3^2 & z_3^3 & 0 & 0 & 0 \\ 0 & 0 & 0 & z_4^4 & z_4^5 & z_4^6 \\ 0 & 0 & 0 & 0 & z_5^5 & z_5^6 \\ 0 & 0 & 0 & 0 & 0 & z_6^6 \end{bmatrix} \begin{bmatrix} C_1 \\ C_2 \\ C_3 \\ C_4 \\ C_5 \\ C_6 \end{bmatrix} \tag{12.30}$$

这个矩阵方程是成立的，因为对于所有的 i①，有

$$Q^i = C_i \tag{12.31}$$

因此，如果给定看跌期权和看涨期权的无套利价格，除执行价格外其他每个方面都类似，那么，通过对右边的 6×6 阶矩阵求逆，我们很容易就可以得到基本保险合约 C_i 的值。实际上，有趣的是，本例中的矩阵方程包含两个可以独立且递归求解的三角子系统。

① 如果需要从交易的看跌期权和看涨期权得出 C_i 的值，应该从第一个看跌期权开始，然后移到第二个看跌期权，然后是第三个。同样的策略可以重复使用在最后一个看涨期权上，然后依此类推。

因此，流动性期权的存在使得直接应用资产定价的基本原理成为可能。倘若有足够数量的流动性期权，我们就可以获得状态价格 Q^i，如果它们确实存在且都是正的，就可以用它们来对那些依赖于同一种风险的其他非流动资产进行定价。① 很明显，当交易者面对的是利率或汇率风险时，或者当他们对商品合约的定价感兴趣时，他们可以针对那些特定部门使用流动性期权，并用现实状态的不同定义加以研究。

□ 12.4.3 基本合约与复制

现在，我们说明基本保险合约与属于同一系列的期权是如何被用来复制具有任意收益的工具的。考察一个任意的金融资产 S_t，该资产 T 时刻在现实状态 ω^i（$i=1,\cdots,n$）的价值为 z_T^i。已知 n 种基本保险合约 C_i，我们可以立即为这种资产复制一个组合。为不失一般性，假设 S_t 资产在 T 时刻的收益用 $0<z_T^i$ 表示。我们可以考虑买入下面的组合

$$\{z_T^1\text{单位的}C_1, z_T^2\text{单位的}C_2, \cdots, z_T^n\text{单位的}C_n\} \tag{12.32}$$

在 T 时刻，这个组合的价值应该与 S_t 的价值完全相同，这是因为无论哪种状态发生，一篮子保险合约将产生与初始资产在 T 时刻相同的收益。这为 S_t 提供了一个直接的合成。同样，如果没有套利机会，组合的价值与 S_t 在 t 时刻的价值是相等的。② 我们考察下面的例子。

例子：

假设 4 种独立资产 S_{kt}（$k=1,\cdots,4$）在状态 $\{\omega^i, i=1,\cdots,4\}$ 下有不同的收益 z_k^i。我们可以用基本保险合约的形式来说明每一种资产。换句话说，我们可以通过购买下面的组合来为每一种资产 S_{kt} 找到一个合成：

$$\{z_k^1\text{单位的}C_1, z_k^2\text{单位的}C_2, z_k^3\text{单位的}C_3, z_k^4\text{单位的}C_4\} \tag{12.33}$$

将它们表示成矩阵形式，我们将看到这些资产在 t_0 时的无套利价值 S_{kt_0} 必须满足矩阵方程

$$\begin{bmatrix} 1 \\ S_{1t_0} \\ S_{2t_0} \\ S_{3t_0} \\ S_{4t_0} \end{bmatrix} = \begin{bmatrix} 1+r_{t_0} & 1+r_{t_0} & 1+r_{t_0} & 1+r_{t_0} \\ z_1^1 & z_1^2 & z_1^3 & z_1^4 \\ z_2^1 & z_2^2 & z_2^3 & z_2^4 \\ z_3^1 & z_3^2 & z_3^3 & z_3^4 \\ z_4^1 & z_4^2 & z_4^3 & z_4^4 \end{bmatrix} \begin{bmatrix} Q^1 \\ Q^2 \\ Q^3 \\ Q^4 \end{bmatrix} \tag{12.34}$$

其中，矩阵的右边包括资产 S_{kt} 在 T 时刻不同状态 ω^i 下的所有可能值。③

因此，给定活跃交易的基本合约 C_i 的价格，我们很容易计算出在 t 时刻构建这个组合的成本

① 这里，风险意指标准普尔 500 指数。

② 与以往一样，假设 S_t 没有其他的中间支付。

③ 为了记号上的简便，我们在矩阵方程中去掉时间下标，同样要记住时间指数表示年，并且 $C_i=Q^i$。

$$成本=C_1 z_T^1+C_2 z_T^2+\cdots+C_n z_T^n \tag{12.35}$$

这可以看做是 S_t 资产的成本。在此基础上的适当加成，就形成了 S_t 的公平市场价格。

例子：

假设 S_t 在现实状态 w^i（$i=1,\cdots,4$）下，有下列收益

$$\{z_T^1=10, z_T^2=1, z_T^3=14, z_T^4=16\} \tag{12.36}$$

那么，购买 10 个单位的第一种保险合约 C_1 将确保在第一种状态下的收入为 10，依此类推。

假设我们观测到基本保险合约的下列价格：

$$C_1=0.3,\ C_2=0.2,\ C_3=0.4,\ C_4=0.07 \tag{12.37}$$

那么购买保险合约的总成本将是

$$成本=0.3\times10+0.2\times1+0.4\times14+0.07\times16 \tag{12.38}$$

$$=9.92 \tag{12.39}$$

只要加上一个适当的利润，它就应该等于 S_t 的现值。

很明显，如果这样的基本保险合约可以在金融市场上活跃地交易，那么金融工程师的工作就大大简化了。我们可以直接为任何资产构建合成品，然后如同例子中所示的那样利用复制组合的成本来为它们定价。但是，在 C_i 和只有执行价格不同的一系列期权之间存在紧密联系。我们看到了如何从流动性期权的价格中获得 C_i。因此，如果金融市场存在一列有广泛执行价格的期权可以交易，那么交易者能够为具有任意收益的资产创造出静态复制组合。[①]

12.5 基本定理的意义

资产定价基本定理的推论在金融工程和衍生品定价中起着十分关键的作用。首先，利用这个定理，我们可以获得在资产定价中使用的概率分布，这些概率分布是客观的，并且是可操作的。其次，基本定理导出了资产价格的所谓鞅表示。这种表示在对资产价格动态特性建模时很有用。最后，我们将看到鞅表示可以客观地调整资产的期望收益。这个性质免除了对资产定价动态特性建模和估计漂移因子的需要。现在我们就开始仔细地讨论这些问题。

□ 12.5.1 推论 1：风险调整概率

对上一节所引入的 Q^i 可以进行审慎而明智的修正，目的是得到便于金融工程师使用的概率分布。这些分布并不提供现实状态 ω^i 实际发生的可能性，所以不能直接应用在计

① 同样，具有任意收益的资产应该与期权一样依赖于同样的标的风险。

量经济学的预测上。但是，它们确实能得出正确的无套利价格（本节说明如何确定）。然而，还有更多内容需要探讨。由于有很多这样的分布，市场实践者可以选择最适合其当前需求的分布。如何进行这样的选择将在下一节讨论。

12.5.1.1　风险中性概率

利用状态价格 Q^i，我们首先得到所谓的风险中性概率分布。考察矩阵方程（12.9）中的第一行。假设它表示储蓄账户①

$$(1+r_{t_0})Q^1+\cdots+(1+r_{t_0})Q^n=1 \tag{12.40}$$

利用下式，重新定义：

$$\tilde{p}_i=(1+r_{t_0})Q^i \tag{12.41}$$

依据方程（12.40）可得

$$\tilde{p}_i+\cdots+\tilde{p}_n=1 \tag{12.42}$$

因为每个 Q^i 都是正的，故

$$0<\tilde{p}_i \tag{12.43}$$

这意味着数值 $\tilde{p}_i$ 具有离散概率分布的性质，它们是正的，且加起来等于 1。由于它们是由市场确定的，我们称之为"风险调整"概率。实际上，它们是通过 n 个资产现价的线性组合获得的。这个特别的合成概率集合被称作风险中性概率分布。

更准确地说，风险中性概率 $\{\tilde{p}_i\}$ 是在 T 时刻状态下 t_0 的概率。因此，如果我们想要更准确地表示，它们应该带另外两个下标：t_0 和 T。然而，为了记号方便起见，我们将它们省略，并假设读者已经知道了这一点。

12.5.1.2　其他概率

可以生成几种其他的合成概率，从而可以证明，这些合成概率可能比风险中性概率更有用。给定正的 Q^i，我们能用任意正的标准化因子来调整这些测度，以便将其解释为概率。存在许多方法这样做。事实上，只要资产的现价 S_{kt_0} 非零，且 z_i^i 是正的，就选择矩阵方程（12.9）里的任何第 k 行，写成

$$1=\sum_{i=1}^{n}\frac{z_k^i}{S_{kt_0}}Q^i \tag{12.44}$$

然后定义

$$\frac{z_k^i}{S_{kt_0}}Q^i=\tilde{p}_i^k \tag{12.45}$$

$\tilde{p}_i^k$（$i=1,\cdots,n$）称为用资产 S_{kt_0} 标准化后得到的概率，$\tilde{p}_i^k$ 为正且总和等于 1。因此，它们具有概率分布的特性，但是同样也不能用于预测，因为它们不是特定现实状态 ω^i 发生的实际概率。很明显，对于每一个非零的 S_{kt_0}，我们都可以得到一个新的概率 $\tilde{p}_i^k$。只要 T 时刻资产的价值在所有状态下都是正的，这些概率就会随状态 ω^i 不同而不同。②

① 注意，$T-t_0$ 被设定为 1 年。

② 为了做到这一点，必须强调我们需要正的价格和正的 T 时刻的可能价值。

如何对一系列 $\{Q^i\}$ 加以标准化，以便将它们转变成某个合成概率非常重要。特别情形是

$$S_{kt_0}=B(t_0,T) \tag{12.46}$$

$B(t_0,T)$ 表示 T 时刻到期的无风险纯贴现债券的现价，这非常有意思。这就得到了所谓的 T 远期测度。因为贴现债券的到期日是 T 时刻，对所有的 i，资产在 T 时刻的价值都由下式给出：

$$z_k^i=1 \tag{12.47}$$

因而，我们可直接用无违约贴现债券在时间 t_0 的现价除状态价格 Q^i，进而获得 T 远期测度

$$\tilde{p}_i^T=Q^i\frac{1}{B(t_0,T)} \tag{12.48}$$

在第 14 章中，我们将看到，T 远期测度是求解 T 时刻收益的自然方法。考察下面的例子。

例子：

假设短期无风险利率为 5%，同时存在 4 种现实状态。我们观测到，下面 4 种资产在 t_0 时刻的无套利买入价为：

$$S_{1t_0}=2.45238,\ S_{2t_0}=1.72238,\ S_{3t_0}=6.69429,\ S_{4t_0}=3.065 \tag{12.49}$$

假设 $T=t_0+1$，以年来度量，每种资产的 4 种可能价值由下面的矩阵给出：

$$\begin{bmatrix}10 & 3 & 1 & 1\\ 2 & 3 & 2 & 1\\ 1 & 10 & 10 & 1\\ 8 & 2 & 10 & 2\end{bmatrix} \tag{12.50}$$

我们可以建立矩阵方程，然后求相应的 Q^i：

$$\begin{bmatrix}1\\ S_{1t_0}\\ S_{2t_0}\\ S_{3t_0}\\ S_{4t_0}\end{bmatrix}=\begin{bmatrix}1+0.05 & 1+0.05 & 1+0.05 & 1+0.05\\ 10 & 3 & 1 & 1\\ 2 & 3 & 2 & 1\\ 1 & 10 & 10 & 6\\ 8 & 2 & 10 & 2\end{bmatrix}\begin{bmatrix}Q^1\\ Q^2\\ Q^3\\ Q^4\end{bmatrix} \tag{12.51}$$

利用这个方程组的前 4 行，我们解出 Q^i：

$$Q^1=0.1,\ Q^2=0.3,\ Q^3=0.07,\ Q^4=0.482 \tag{12.52}$$

接下来，利用下式得到风险中性概率

$$\tilde{p}_i=(1+0.05)Q^i \tag{12.53}$$

由此可得

$$\widetilde{p}_1=0.105,\ \widetilde{p}_2=0.315,\ \widetilde{p}_3=0.0735,\ \widetilde{p}_4=0.5065 \tag{12.54}$$

最后，我们利用这里所示的方程组的前 4 行来确定 Q^i 的值。但是 S_{4t_0} 的价格也是无套利的，同时必须满足下式

$$\sum_{i=1}^{4} Q^i S_{4T}^i = 3.065 \tag{12.55}$$

有意思的是，对于短期工具，“正常的”短期利率为 3%～5%，储蓄账户的标准化几乎没有什么差别。如果 $T-t_0$ 很小，则 Q^i 与$\widetilde{p}_i$ 将只在边际处不同。[①]

12.5.1.3 注释

衍生品可被用于标准化吗？例如，不使用储蓄账户或债券进行标准化，而使用互换进行标准化。答案是否定的。存在被称为互换测度的概率，但是应用在这些情形下的标准化不是互换而是年金。大部分衍生品都不可用于标准化过程，因为用 S_{kt} 来标准化，本质上隐含着状态价格 Q^i 乘以下列因子

$$\frac{z_k^i}{S_{kt}}\frac{S_{kt}}{z_k^i}=1 \tag{12.56}$$

然后根据下式分组

$$\frac{z_k^i}{S_{kt}}\frac{S_{kt}}{z_k^i}Q^i=\frac{S_{kt}}{z_k^i}\widetilde{p}_i^k \tag{12.57}$$

但是在这个操作中，$z_k^i(i=1,\cdots,n)$ 和 S_{kt} 应该都是非零的，否则比值没有定义。这一点将在下面看出。

12.5.1.4 互换测度

迄今为止，在将 Q^i 转变成概率$\widetilde{p}^k$ 时，标准化只使用了一种资产 S_{kt}，这不是必要的。我们可以运用许多资产的线性组合来标准化，有时这非常有用。这就是所谓的互换或年金测度的情形。互换测度将在第 17 章中讨论。

□ 12.5.2 推论 2：鞅特性

资产定价基本定理也为定价和风险管理提供了便利的模型。所有被适当标准化的资产价格，在适当选定的合成概率 $\widetilde{p}^k$ 下具有鞅特性（Martingale property）。设 X_t 表示具有下列性质的随机过程：

$$X_t=E_t^{\widetilde{p}^k}[X_T],\ t<T \tag{12.58}$$

从本质上看，对于所有的 t，X_t 没有任何可预测的趋势。X_t 被称作鞅。为了说明如何将

---

① 例如，短期利率为 5%、期限为 1 个月的贴现债券的大概卖出价为

$$B(t_0,t)=\frac{1}{1+0.05\times\frac{1}{12}}=0.9958$$

除以这个比例因子后，Q^i 不会改变太多。

其应用到资产定价理论中，首先选择风险中性概率 $\widetilde{P}$ 作为研究上可用概率分布。

12.5.2.1 在 $\widetilde{P}$ 下的鞅

考察矩阵方程（12.9）的任意第 k 行

$$S_{kt_0}=(z_k^1)Q^1+(z_k^2)Q^2+\cdots+(z_k^n)Q^n \tag{12.59}$$

运用下式，将 Q^i 用风险中性概率 $\widetilde{p}_i$ 代替

$$Q^i=\frac{1}{1+r_{t_0}}\widetilde{p}_i \tag{12.60}$$

r_{t_0} 表示无风险一年期存款的利率。

这给出了

$$S_{kt_0}=\frac{1}{1+r_{t_0}}[z_k^1\widetilde{p}_1+\cdots+z_k^n\widetilde{p}_n] \tag{12.61}$$

其中，右侧是 S_{kT} 的未来价值以 $\widetilde{p}_i$ 为其权重的平均值。于是，代入时间下标，S_{kt_0} 的无套利现值满足

$$S_{kt_0}=\frac{1}{1+r_{t_0}}E_{t_0}^{\widetilde{P}}[S_{kT}],\ t_0<T \tag{12.62}$$

一般情况下，设

$$X_t=\frac{t\text{ 时刻 }S_{kt}\text{ 的值}}{t\text{ 时刻储蓄账户的值}} \tag{12.63}$$

我们看到运用储蓄存款标准化的资产价值具有鞅特性：

$$X_t=E_t^{\widetilde{P}}[X_T],\ t<T \tag{12.64}$$

因而与鞅联系的所有工具在金融工程的定价和风险管理中都有用武之地。

12.5.2.2 其他概率下的鞅

用鞅进行操作的便利并不局限于风险中性测度 $\widetilde{P}$。用任何非零价格 S_{jt} 进行标准化都可以导出另外的鞅。考察矩阵方程（12.9）中的第 k 行：

$$S_{kt_0}=(z_k^1)Q^1+\cdots+(z_k^n)Q^n \tag{12.65}$$

这次，利用 S_{jt_0}（$j\neq k$）进行标准化来表示 Q^i：

$$\widetilde{p}_i^j=Q^i\ \frac{z_j^i}{S_{jt_0}} \tag{12.66}$$

假设分母项是正的，我们得到

$$S_{kt_0}=S_{jt_0}\left[z_k^1\frac{1}{z_j^1}\widetilde{p}_1^j+\cdots+z_k^n\frac{1}{z_j^n}\widetilde{p}_n^j\right] \tag{12.67}$$

这意味着比值

$$X_t=\frac{S_{kt}}{S_{jt}} \tag{12.68}$$

是测度$\widetilde{p}^j$下的鞅

$$X_t=E_t^{\widetilde{p}^j}[X_T],\ t<T \tag{12.69}$$

很明显，与特定鞅相联系的概率是所选取的标准化的函数，而且隐含的鞅特性在定价中起重要作用。通过选择鞅，金融工程师也是在选取研究概率。在本章余下的部分和第 13 章，我们将看到使用鞅特性的几个例子。

□ 12.5.3 推论 3：期望收益

基本定理的下一个推论在建模资产价格的无套利动态特性时很有用。每一个合成概率均产生所研究的预期资产价格的一个特定期望收益。这些期望收益与市场实践者真实（主观）的期望不同，但是，由于期望收益被所有市场实践者一致认同，而且与无套利价格相关，因此，它们比真实期望更加有用。

我们用风险中性概率$\widetilde{P}$进行讨论，但所得结论对所有其他的$\widetilde{p}^k$同样有效。再一次考察用S_t表示其价格的某种资产的鞅特性，但是这次重新引入天数调整因子δ，抛弃用t_i表示年的假设。对于某个$0<\delta$，我们可以有

$$S_t=\frac{1}{(1+r_t\delta)}E_t^{\widetilde{P}}[S_{t+\delta}] \tag{12.70}$$

重新整理后得到

$$(1+r_t\delta)=E_t^{\widetilde{P}}\left[\frac{S_{t+\delta}}{S_t}\right] \tag{12.71}$$

根据这个表达式，在概率$\widetilde{P}$下，所有流动资产的净年度期望收益都等于r_t，是t时刻的无风险利率。

这样的资产期望收益结论在其他概率$\widetilde{p}^k$下也可以得到。只是在不同的概率下收益期望是不同的。市场实践者可以选取研究上可用概率，从而将资产的期望收益设定在希望数值上。[①]

在第 14 章中，我们将进一步讨论这种思想在时间T远期测度下的更复杂的应用。那时，远期利率的期望变化可以通过概率的适当选择被设定为 0。

12.5.3.1 鞅与风险溢价

让我们看一看鞅的使用是如何将与不可分散的市场风险有关的风险溢价内在化的。设$X_t(t\in[t_0,T])$是一个风险资产，而且$\Delta>0$是一个很小的时间区间。市场实践者在t时刻期望的年总收益X_t由下式定义

$$1+\hat{R}_t\Delta=E_t^P\left[\frac{X_{t+\Delta}}{X_t}\right] \tag{12.72}$$

其中，P表示现实世界概率，是市场实践者在建立其期望时所使用的概率。因为这是一个实际的市场期望，因此，总收益将包含一个风险溢价

$$\hat{R}_t=r_t+\mu_t \tag{12.73}$$

---

① 因此，不必估计伴随的风险溢价。

其中，r_t 表示无风险利率，μ_t 表示基于风险资产的风险溢价。[1] 将这些项合并，可得：

$$1+r_t\Delta+\mu_t\Delta=E_t^P\left[\frac{X_{t+\Delta}}{X_t}\right] \tag{12.74}$$

或者

$$X_t=\frac{1}{1+r_t\Delta+\mu_t\Delta}E_t^P\left[X_{t+\Delta}\right] \tag{12.75}$$

这个等式表明，只有使用概率 P，资产价格 $X_{t+\Delta}$ 被因子 $(1+r_t\Delta+\mu_t\Delta)$ 折现后才是一个鞅。注意，在这个公式中有两个未知量：(1) 风险溢价 μ_t；(2) 现实世界概率 P。[2] 未来现金流相应地需要用主观折现因子进行折现，而且需要估计现实世界概率。在这些条件下，定价问题变得更加复杂。金融工程师需要确定风险溢价的值，另外还要对未来收入或现金流进行“投影”。

现在考察另一种方法。设前面方程中（正的）风险溢价等于 0，则得到下面的不等式：

$$X_t<\frac{1}{1+r_t\Delta}E_t^P\left[X_{t+\Delta}\right] \tag{12.76}$$

但是这与用无风险储蓄账户标准化是一样的。这意味着通过将 P 转变成 $\tilde{P}$，我们可以重新建立等式

$$X_t=\frac{1}{1+r_t\Delta}E_t^{\tilde{P}}\left[X_{t+\Delta}\right] \tag{12.77}$$

因此，标准化与合成概率通过将两个未知量转变成一个已知并且客观的概率 $\tilde{P}$ 后，使得风险溢价内在化了。式（12.77）可以用于定价和风险管理。

12.6 无套利的动态特性

从资产定价基本定理中推导出的最后一个结论是迄今为止所讨论的全部推论的组合。我们在前面所获得的合成概率和鞅特性可以用于推导资产价格的若干无套利动态特性。这些无套利动态特性在无法创造一个精确合成的定价情况下起着重要的作用，无法创造的原因可能是由于非线性差异，也可能是由于缺少流动性组成资产。实际上，大部分定价模型将沿着如下路径进行：首先得到无套利动态特性，然后要么据此模拟路径，要么获得隐含二叉树或者三叉树。偏微分方程方法同样利用无套利动态特性。

12.6.1 无套利随机微分方程

本节将简要讨论随机微分方程作为金融工程工具的用途，并说明基本定理如何有助

① 在理性期望下，主观概率 P 与 X_t 的真实分布是一样的。

② 虽然后者可以利用计量经济方法估计出来。

于设定用于实际定价和对冲中的显式随机微分方程。① 考察一项资产价格 S_t，假设我们将时期 $[t,T]$ 分割成等长度为 Δ 的小区间。对于每个时间 $t+i\Delta(i=1,\cdots,n)$，我们都观测到不同的 $S_{t+i\Delta}$，$S_{t+\Delta}-S_t$ 是资产价格在时间 t 的改变量。从所有可用的合成概率中选择一个研究上可用概率，用 P^* 表示。

然后，我们总是计算在这个概率下改变量的期望值。在 $P^*=\tilde{P}$ 的情形下，我们通过下式获得净收益的风险中性期望：

$$E_t^{\tilde{P}}[S_{t+\Delta}-S_t]=r_tS_t\Delta \tag{12.78}$$

接下来，以下的叙述总是正确的：

$$S_t \text{ 的实际改变量}=\text{“预料到的”改变量}+\text{“未预料到的”改变量} \tag{12.79}$$

现在我们利用概率变换方法得出鞅特性。例如，对于风险中性概率，可以得出

$$S_{t+\Delta}-S_t=E_t^{\tilde{P}}[S_{t+\Delta}-S_t]+\epsilon_t \tag{12.80}$$

其中，ϵ_t 表示在 $\tilde{P}$ 下具有零期望值的随机变量。转换式（12.78）得到

$$S_{t+\Delta}-S_t=r_tS_t\Delta+\epsilon_t \tag{12.81}$$

现在误差项 ϵ_t 可以写成下面的等价形式

$$\epsilon_t=\sigma(S_t)S_t\Delta W_t \tag{12.82}$$

其中，ΔW_t 表示维纳过程的增量，其方差等于 Δ。

因此，在测度 $\tilde{P}$ 下的无套利动态特性可以写为

$$S_{t+\Delta}-S_t=r_tS_t\Delta+\sigma(S_t)S_t\Delta W_t \tag{12.83}$$

当 $\Delta\to 0$ 时，这个方程将变成随机微分方程，它表示在合成概率 $\tilde{P}$ 下，无限小的时期 $\mathrm{d}t$ 内的无套利动态特性。从形式上，随机微分方程可以写为

$$\mathrm{d}S_t=r_tS_t\mathrm{d}t+\sigma(S_t)S_t\mathrm{d}W_t \tag{12.84}$$

其中，$\mathrm{d}S_t$ 和 $\mathrm{d}W_t$ 表示相应变量在无限小的时间区间内的改变。已知波动性（百分数）参数 $\sigma(S_t)$ 的值，这些方程可以用于产生 S_t 的无套利轨迹。我们将在下一章讨论这些问题。值得关注的是，采用风险中性概率是有优越性的，因为漂移项，即右侧的第一项是已知的。从这一点出发，我们考察得出无套利路径的第二种方法。

□ 12.6.2 树模型

下面我们将看到鞅特性的另一个重要应用。我们发展第 8 章中介绍的二叉（三叉）树概念，从而得到另外一种研究无套利动态特性的方法。假设 S_t 的动态特性可用一个（几何）随机微分方程描述：

$$\mathrm{d}S_t=r_tS_t\mathrm{d}t+\sigma S_t\mathrm{d}W_t \tag{12.85}$$

---

① 第 9 章附录 9.2 提供了随机微分方程的定义和一些用途。

其中，假设波动性由下式给出

$$\sigma(S_t)=\sigma \tag{12.86}$$

这是 S_t 的常数百分比波动性。同时注意，r_t 被设定为常数。可以证明，由这个随机微分方程能够解出 S_t，从而得到下面的关系［例如，可以参考 Øksendal（2010）］：

$$S_{t+\Delta}=S_t e^{r\Delta-\frac{1}{2}\sigma^2\Delta+\sigma(W_{t+\Delta}-W_t)} \tag{12.87}$$

我们的目的是建立 S_t 的无套利动态特性的一个逼近。我们借助于考察 S_t 在 t 和某个“到期日”T 之间可能服从的路径来逼近地完成这个目标。这个逼近必须使 S_t 在一个审慎选取的概率下满足鞅特性。最后，选择的逼近应该使 $\Delta\to 0$ 时，离散逼近的期望和方差收敛于连续时间过程在相关概率条件下的期望和方差。这证明了存在多种方法可以达到这样的目标。而每一种方法都有其各自的优点和缺点，我们讨论两种不同的建立树的方法。当 $\Delta\to 0$ 时，动态特性将变为连续时间的情形。

12.6.2.1　情形 1

由考克斯-罗斯-鲁宾斯坦（Cox-Ross-Rubinstein，CRR）引入的方法选择了下列逼近。首先，将时期$[t_0,T]$分割成 N 个等长的子区间。然后假设在一条路径上的每一点都存在一些可能的状态。在 CRR 情形下，$n=2$，从而路径变成二叉树。图 12.3 给出了另一种三叉树的情形。

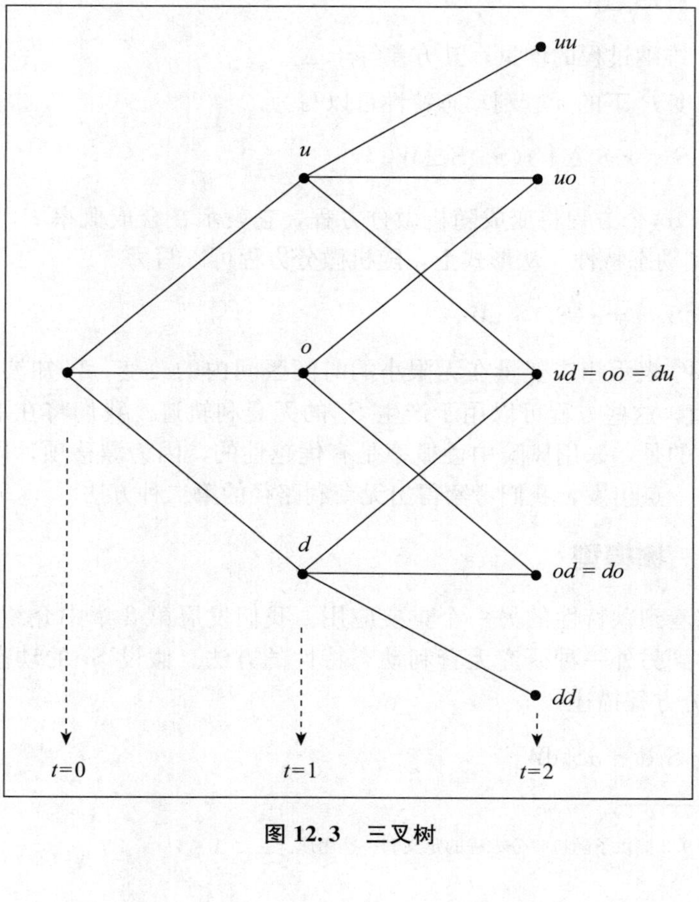

图 12.3　三叉树

● 在可能路径的每个节点 i 上，只有两种可能状态，用数字 $\{u_i, d_i\}$ 表示，（边际）概率分别为 p 和 $1-p$。其动态特性按下式选取：

$$S_i^u = \mu_i S_{i-\Delta} \tag{12.88}$$

$$S_i^d = d_i S_{i-\Delta} \tag{12.89}$$

其中，S_i 为 $S_{t+i\Delta}$ 的简写形式。

● 假设 $\{u_i, d_i\}$ 在 u 和 d 处恒定。

现在，我们阐明如何确定鞅概率。一种方法是找到概率，使得在概率 p 及 $1-p$ 下

$$S_i = e^{-r\Delta} E_i^{\tilde{p}}[S_{i+\Delta}] \tag{12.90}$$

或者

$$S_i = e^{-r\Delta}[pS_{i+\Delta}^u + (1-p)S_{i+\Delta}^d] \tag{12.91}$$

在式（12.88）和式（12.89）中，利用 $S_{i+\Delta}^u$ 和 $S_{i+\Delta}^d$ 的定义，我们可以写出

$$S_i = e^{-r\Delta}[pS_i u + (1-p)S_i d] \tag{12.92}$$

在这个概率下，S_i 的期望和方差是通过假设的连续时间过程的动态特性在极限情况下给出的。① 换句话说，p 也应该满足

$$E_i^{\tilde{P}}[S_{i+\Delta}] = [pu + (1-p)d]S_i \tag{12.93}$$

以及

$$E_i^{\tilde{P}}[S_{i+\Delta}^2 - E_i^{\tilde{P}}[S_{i+\Delta}]^2] = [pu^2 + (1-p)d^2]S_i^2 - E_i^{\tilde{P}}[S_{i+\Delta}]^2 \tag{12.94}$$

利用

$$E_i^{\tilde{P}}[S_{i+\Delta}] = S_i e^{r\Delta} \tag{12.95}$$

$$E_i^{\tilde{P}}[S_{i+\Delta}^2 - E_i^{\tilde{P}}[S_{i+\Delta}]^2] = S_i^2 e^{2r\Delta}(e^{\sigma^2\Delta} - 1) \tag{12.96}$$

可以得到方程

$$e^{r\Delta} = pu + (1-p)d \tag{12.97}$$

$$e^{2r\Delta + \sigma^2\Delta} = pu^2 + (1-p)d^2 \tag{12.98}$$

满足这两个方程的 p、u、d 使得：(1) 对于所有 Δ 均满足鞅等式；(2) 当 Δ 趋近于 0 时，可以任意接近连续时间过程 S_t 的期望和方差；(3) 使得 S_i 的渐近分布为正态分布。然而存在一个问题，注意这里我们有两个方程和三个未知数 u、d、p，因此，还需要一个方程。选取

$$u = \frac{1}{d} \tag{12.99}$$

这使得树结构重新组合并完成方程系统。在这些条件下，下面的值是方程的解

① 这里，概率 $\tilde{P}$ 由参数 P 表示。

$$p=\frac{e^{r\Delta}-d}{u-d} \tag{12.100}$$

$$u=e^{\sigma\sqrt{\Delta}} \tag{12.101}$$

$$d=e^{-\sigma\sqrt{\Delta}} \tag{12.102}$$

其中，这里的逼近是指在忽略所有 Δ 的高阶项意义上的逼近。①

12.6.2.2 情形 2

前面选取的 p、u、d 满足

$$S_i=e^{-r\Delta}[pS_i\ e^{\sigma\sqrt{\Delta}}+(1-p)S_i\ e^{-\sigma\sqrt{\Delta}}] \tag{12.103}$$

可以证明，p、u、d 可按其他方式来选取。特别地，注意到在区间 Δ 内，S_t 移动到

$$S_{t+\Delta}=S_t\ e^{r\Delta-\frac{1}{2}\sigma^2\Delta+\sigma[W_{t+\Delta}-W_t]} \tag{12.104}$$

利用逼近

$$W_{t+\Delta}-W_t=\begin{cases}+\sqrt{\Delta}, & 概率\ 0.5\\ -\sqrt{\Delta}, & 概率\ 0.5\end{cases} \tag{12.105}$$

我们得出新的 p、u、d 值

$$u=e^{r\Delta-\frac{1}{2}\sigma^2\Delta+\sigma\sqrt{(\Delta)}} \tag{12.106}$$

$$d=e^{r\Delta-\frac{1}{2}\sigma^2\Delta-\sigma\sqrt{(\Delta)}} \tag{12.107}$$

$$p=0.5 \tag{12.108}$$

在与前面相同的逼近意义上，这些值同样也满足鞅等式 S_i 的期望和方差的等式。

12.7 选择何种定价方法

通常，定价方法的选择依赖于下列因素：

- 通常，定价方法的精度是不一样的。有些方法比另一些方法在数值上更稳定。有些方法得出的逼近比另一些方法要粗糙。因此，精确度是一个重要因素。
- 定价方法的速度也不相同。通常，当其他条件不变时，我们偏好速度更快的方法。
- 某些方法执行起来更简单。理解定价方法的难易程度也是参与者选择方法的重要因素。
- 模型的简约程度也很重要。通常，我们希望模型依赖的参数越少越好。这样，只需要为模型确定少量的参数，这意味着出错的概率比较小。同样，一个交易者或经纪人通常能够通过调整基于交易经验的报价来弥补模型的简约性。

① 实际上，这是在微积分中自始至终都运用的一个标准假设。我们注意到，当 Δ 趋近于 0 时，p 的值将收敛于 1/2。

最后，尽管方法的选择依赖于环境，但也是一个经验问题。本书对金融工程师可用的各种方法做出了简明概括。

12.8 结论

本章我们得到了一些重要的结论。首先，我们讨论了状态价格概念，这在执行价格不同的流动性期权实际环境中具有实用性。这里，我们讨论了如何获得风险中性和远期测度，以及相应的无套利动态特性。

最后，只要存在执行价格不同的流动性期权，我们就可阐明如何利用期权的静态组合来复制资产。由于存在下列原因，这样做确实可行：

(1) 已知期权价格，我们可以得到基本保险合约的价格。

(2) 我们知道每种资产可以用基本保险合约的组合来合成。

(3) 每种资产可以用流动性期权的组合来表示。

因此，期权市场不仅提供了与之相关的基本保险合约，也向我们表明原则上如何获得对于所有资产都通用的静态合成品。当然，实际的应用依赖于流动性期权的可获得性。

最后，我们必须强调，风险管理和定价在现实生活中从来都不是那么简单，这是因为在给定的某一天中，流动性期权合约的数量和类型都在不断变化。

阅读建议

本章所涉及的金融基本定理的讨论是具有启发性和介绍性的，然而，内容仍然包括定理所覆盖的所有重要方面。如果读者想更深入地了解定理的内涵，可以参考 Duffie (2001)，该书提供了资产定价的完美处理方法。Brace et al. (1997) 的文章在鞅应用方面是一个重要的里程碑，特别适合理解本章的定价和测度变换。Clewlow and Strickland (1998) 提供了若干例子。

附录 12.1 基本定理的简单经济学含义

本附录提供了一种从标准微观经济学理论出发的对基本定律的证明。考察下述设置条件。一位投资者面临包括两个时期的决策；也就是决策的时间以及相关的未来时间 T。在 T 时刻，只存在两种可能的现实状态 $\omega^i(i=1,2)$。投资者对这两种状态的主观概率分别是 p^1 与 p^2。

该投资者的偏好由效用函数$U(X_t)$描述，其中X_t表示在时间t的总（真实）消费。本质上，投资者消费越高，他的状况越好：

$$0<\frac{\mathrm{d}U}{\mathrm{d}X_t} \tag{12.109}$$

但是，额外消费增加的正效应会越来越小：

$$\frac{\mathrm{d}^2U}{\mathrm{d}X_t^2}<0 \tag{12.110}$$

投资者希望最大化刻画其现在和未来消费的期望效用函数：

$$E_t^P[U(X_t)+\beta U(X_T)]=U(X_t)+\beta(p^1U(X_T^1)+p^2U(X_T^2)) \tag{12.111}$$

其中，β表示常值的主观贴现因子，P表示个人主观概率，而X_T^1和X_T^2分别是T时刻状态1和状态2的消费水平。这个函数的最大化满足投资者在t时刻的预算约束以及T时刻的两种现实状态

$$\begin{aligned}&q_tX_t+S_th_t=I\\&q_T^1X_T^1=I+h_tS_T^1\\&q_T^2X_T^2=I+h_tS_T^2\end{aligned} \tag{12.112}$$

S_t表示一个可以在t时刻购买的风险资产。它在T时刻有可能值S_T^1和S_T^2。这里I在t和T时刻是已知的且所挣固定收入q_t、q_T^1和q_T^2表示消费品的相应价格。注意到，在T时刻有两个价格，分别对应于每种状态。最后，h_t表示投资者在t时刻购买S_t的数量。

基于这一点，我们研究一个具有固定收入的投资者需要在两个时期的储蓄和消费之间进行分配的问题。投资只能通过买入希望数量的S_t资产来进行。资产的价格在这个模型中是一个随机变量。

投资者是风险厌恶者，而且总要使期望效用函数最大化。求解这个最大化问题有若干种方法。我们的目的是要说明从一个简单的例子可以推出金融基本定理。因此，我们并不关注最优消费本身。相反，我们想获得“现在的”资产价格S_t和时间T时两个可能价值S_T^1和S_T^2之间的关系。资产定价基本定理就是关于这两套价格的。因此，我们应该揭示出目前的框架是如何产生基本定理中的状态价格Q^i的。

记住这些目标，我们首先将式（12.112）中的X_t、X_T^1和X_T^2进行代换，然后将得到的表达式对剩下的唯一选择变量h_t求导。通过代换得到

$$\begin{aligned}U(X_t)+\beta(p^1U(X_T^1)+p^2U(X_T^2))=&U\left(\frac{I-S_th_t}{q_t}\right)+\beta\left(p^1U\left(\frac{I+h_tS_T^1}{q_T^1}\right)\right.\\&\left.+p^2U\left(\frac{I+h_tS_T^2}{q_T^2}\right)\right)\end{aligned} \tag{12.113}$$

右边对h_t求导，并令其等于0，然后重新整理得

$$U'\left(\frac{I-S_th_t}{q_t}\right)\left(\frac{S_t}{q_t}\right)=\beta\left(p^1U'\left(\frac{1+h_tS_T^1}{q_T^1}\right)\left(\frac{S_T^1}{q_T^1}\right)+p^2U'\left(\frac{I+h_tS_T^2}{q_T^2}\right)\left(\frac{S_T^2}{q_T^2}\right)\right) \tag{12.114}$$

其中，$U'(\cdot)$ 表示 $U(x)$ 对"x"的导数。

现在进入关键点。我们重新整理式（12.114）的一阶条件，可以得到

$$S_t=\beta\left(p^1\frac{U'\left(\frac{I+h_tS_T^1}{q_T^1}\right)q_t}{U'\left(\frac{I-S_th_t}{q_t}\right)q_T^1}S_T^1+p^2\frac{U'\left(\frac{I+h_tS_T^2}{q_T^2}\right)q_t}{U'\left(\frac{I-S_th_t}{q_t}\right)q_T^2}S_T^2\right) \tag{12.115}$$

现在做出下述重新定义

$$Q^1=\beta p^1\frac{U'\left(\frac{I+h_tS_T^1}{q_T^1}\right)q_t}{U'\left(\frac{I-S_th_t}{q_t}\right)q_T^1} \tag{12.116}$$

以及

$$Q^2=\beta p^2\frac{U'\left(\frac{I+h_tS_T^2}{q_T^2}\right)q_t}{U'\left(\frac{I-S_th_t}{q_t}\right)q_T^2} \tag{12.117}$$

很明显，右边表达式的所有项都是正的，因此，Q^i（$i=1,2$）均为正。将这些 Q^i 代回式（12.115）中，我们得到

$$S_t=S_T^1Q^1+S_T^2Q^2 \tag{12.118}$$

换句话说，在现在资产价格 S_t 和未来可能价值S_T^1和S_T^2之间存在一个线性关系，$\{Q^i\}$ 是确定性因子。

这里所揭示的推导的一个有趣推论如下。即使效用函数 $U(\cdot)$ 和主观概率 p^i 因投资者而异，一般均衡条件将使这些不同投资者的边际替代率相等，因此 $\{Q^i\}$ 是一样的。换句话说，即使这些消费者对于未来行为的期望不同，对于所有消费者来说 $\{Q^i\}$ 也是唯一的。

习题

1. 下面四种不同的股票价格来自 t_0 时无套利市场的报告

$$S_{t_0}^1=12.66, S_{t_0}^2=12.24, S_{t_0}^3=20.66, S_{t_0}^4=18.25$$

利用已知的这些资产在 T 时刻的可能值，求出第 5 项资产的价格。

14	3	25	4
11	10	9	2
9	23	24	22
8	25	10	5
6	15	25	10

2. 现在时间是 $t=1$，同时我们的分析框架是 LIBOR 模型。我们考察下面的情况：在时间 $t=3$ 存在 4 种现实状态 ω^i。

假设 L_i 是有特定趋向的 LIBOR 过程，而 $B(1,3)$、$B(1,4)$ 和 $B(1,5)$ 是有指定到期日的零息债券价格。这些工具在 4 种未来现实状态下的可能收益如下所示：

$$L=6\%,6\%,4\%,4\% \tag{12.119}$$

$$B(1,3)=1,1,1,1 \tag{12.120}$$

$$B(1,4)=0.9,0.92,0.95,0.96 \tag{12.121}$$

$$B(1,5)=0.8,0.84,0.85,0.88 \tag{12.122}$$

当前价格分别为

$$1,0.91,0.86,0.77 \tag{12.123}$$

这里 1 表示投资于 LIBOR 的 1 美元，它像一个储蓄账户。最后，当前 LIBOR 为 5%。

(a) 利用 Mathematica 或 MATLAB，确定对应于 $B(1,3)$、$B(1,4)$ 和 $B(1,5)$ 的以 LIBOR 为基准利率的状态价格向量 q_1、q_2、q_3和 q_4。

(b) q_i 是否满足所需的正性条件？是否存在套利机会？

(c) 设 F 是 1×2 的远期利率合约的利率。你能计算它的无套利价值吗？

(d) 现在设 C 是一个平值利率上限簇（即执行价格为 5%），在 $t=2$ 时到期，但是在$t=3$时以面值 1 结算。它的价值是多少？

3. 假设你拥有下列已知数据。无风险利率为 4%。股票价格遵循如下过程：

$$\mathrm{d}S_t=\mu S_t+\sigma S_t\,\mathrm{d}W_t \tag{12.124}$$

年波动性为 18%。股票不支付股利而且现在股价为 100。

利用这些数据，计算以这只股票为标的的欧式看涨期权的现值。此期权的执行价格为 100，到期日为 200 天后。

(a) 计算近似的时间区间 Δ，使得二叉树有 5 步。

(b) 隐含的 u 和 d 是多少？

(c) 隐含的“上涨”概率是多少？

(d) 确定股票价格 S_t 的二叉树。

(e) 确定看涨期权期权费 C_t 的树结构。

4. 假设前面习题所讨论的股票是支付股利的。假设所有参数都和前面一样。考察由公司支付的三种股利形式：

(a) 股票按 4%的比率支付连续的已知股利流。

(b) 股票在第三个节点上支付股票价值的 5%，不支付其他股利。

(c) 股票在第三个节点支付 5 美元的股利。

在每一种情况下，确定无股利股票价格的树结构。对于前两种情况，确定看涨期权的期权费。

在哪种方式下，第三种支付股利的类型将使二叉树变得复杂？

5. 我们运用二叉树来定价以英镑为标的资产的美式期权，假设英镑的现值为 1.40

美元，波动性为 20%。英镑现在的无风险利率为 6%，而美元的无风险利率为 3%，看跌期权的执行价格为 1.50 美元。到期日为 200 天后。

(a) 需要解决的第一个问题是美元和英镑利率的作用。此期权在美国购买，所以相关的无风险利率为 3%。但是，英镑可以用于获取英镑无风险利率，所以这个变量可以被看做股利的连续支付率。或者我们可以说，利率的差别应该等于通货增值的期望。将这一点考虑进去，确定一个 Δ 使得二叉树有五段。

(b) 计算隐含的 u 和 d 以及相关概率。

(c) 确定汇率的树结构。

(d) 确定拥有同样参数的欧式看跌期权的价格。

(e) 确定具有前述特性的美式看跌期权的价格。

6. 障碍期权属于 4 种主要类型之一。障碍期权包括上涨出局、下跌出局、上涨入局和下跌入局。在每一种情况下，存在一个特定的“障碍”，而且当标的资产的价格下跌或者上涨至穿过这个障碍时，期权或者自动终止（“出局”情形），或者自动生效（“入局”情形）。

考察以现价为 100、波动性为 30%的股票为标的资产的欧式上涨出局看涨期权。股票不支付股利，遵循几何价格过程。无风险利率为 6%，而且期权在 200 天后到期。执行价格是 110。最后，障碍是 120。如果到期日前的股价超过 120，期权将自动终止。

(a) 计算相关的 u 和 d 以及相应的概率。

(b) 对具有同样特性且没有障碍性质的看涨期权定价。

(c) 对上涨出局看涨期权定价。

(d) 哪一种期权更为便宜?

EXCEL **习题**

7. (欧式期权) 编写一个 VBA 程序，依据下面的数据，利用二项式模型确定欧式看涨期权和欧式看跌期权的初始价格：

$$S(0)=100;\ K=105;\ T=1;\ r=8\%;\ \sigma=30\%;\ M=10$$

创建利用布莱克-斯科尔斯公式计算期权价格的函数，并比较这两个结果。现在逐步增加 M 的值，然后报告所得到的一系列期权价格。使用 $u=e^{\sigma\sqrt{\Delta t}}$ 与 $d=e^{-\sigma\sqrt{\Delta t}}$ 的值。

8. (欧式期权不重复二叉树) 编写一个 VBA 程序，依据下面的数据，利用不重复二叉树模型确定欧式看涨期权和欧式看跌期权的初始价格：

$$S(0)=100;\ K=105;\ T=1;\ r=8\%;\ \sigma=30\%;\ M=10$$

创建利用布莱克-斯科尔斯公式计算期权价格的函数，并比较这两个结果。现在逐步增加 M 的价值，然后报告所得到的一系列期权价格。使用 $u=e^{\sigma\sqrt{\Delta t}+(r-\sigma^2/2)\Delta t}$ 与 $d=e^{-\sigma\sqrt{\Delta t}+(r-\sigma^2/2)\Delta t}$ 的值。

9. (美式期权) 编写一个 VBA 程序，依据下面的数据，利用二项式模型确定美式看涨期权和美式看跌期权的初始价格：

$$S(0)=100;\ K=105;\ T=1;\ r=8\%;\ \sigma=30\%;\ \text{div}=8\%;\ M=10$$

现在逐步增加 M 的价值，然后报告所得到的一系列期权价格。使用 $u=e^{\sigma\sqrt{\Delta t}}$ 与 $d=$

$e^{-\sigma\sqrt{\Delta t}}$的值。

10. 欧式支付股利指数期权

编写一个 VBA 程序，依据下面的数据，利用二项式模型确定欧式看涨期权和欧式看跌期权的初始价格：

$$S(0)=100;\ K=105;\ T=1;\ r=8\%;\ \sigma=30\%;\ \mathrm{div}=8\%;\ M=10$$

创建利用布莱克-斯科尔斯公式计算期权价格的函数，并比较这两个结果。现在逐步增加 M 的价值，然后报告所得到的一系列期权价格。

使用 $u=e^{\sigma\sqrt{\Delta t}}$ 与 $d=e^{-\sigma\sqrt{\Delta t}}$ 的值。

11. 欧式支付股利指数期权（不重合二叉树）

编写一个 VBA 程序，依据下面的数据，利用二项式模型确定欧式看涨期权和欧式看跌期权的初始价格：

$$S(0)=100;\ K=105;\ T=1;\ r=8\%;\ \sigma=30\%;\ \mathrm{div}=8\%;\ M=10$$

创建利用布莱克-斯科尔斯公式计算期权价格的函数，并比较这两个结果。现在逐步增加 M 的价值，然后报告所得到的一系列期权价格。

使用 $u=e^{\sigma\sqrt{\Delta t}+(r-\mathrm{div}-\sigma^2/2)\Delta t}$ 与 $d=e^{-\sigma\sqrt{\Delta t}+(r-\mathrm{div}-\sigma^2/2)\Delta t}$ 的值。

12. （外汇美式期权）编写一个 VBA 程序，依据下面的数据，利用二项式模型确定关于英镑的美式期权的初始价格：

$$S(0)=1.54\text{ 美元};\ K=1.54\text{ 美元};\ T=1;\ r=8\%;\ r_f=6\%;\ \sigma=30\%;\ M=10$$

逐步增加 M 的价值，然后报告所得到的一系列期权价格。使用 $u=e^{\sigma\sqrt{\Delta t}}$ 与 $d=e^{-\sigma\sqrt{\Delta t}}$ 的值。

13. 外汇欧式期权

编写一个 VBA 程序，依据下面的数据，利用二项式模型确定欧式英镑期权的初始价格：

$$S(0)=1.54\text{ 美元};\ K=1.54\text{ 美元};\ T=1;\ r=8\%;\ r_f=6\%;\ \sigma=30\%;\ M=10$$

创建利用布莱克-斯科尔斯公式计算期权价格的函数，并比较这两个结果。现在逐步增加 M 的价值，然后报告所得到的一系列期权价格。

使用 $u=e^{\sigma\sqrt{\Delta t}}$ 与 $d=e^{-\sigma\sqrt{\Delta t}}$ 的值。

14. 欧式期权（不重合二叉树）

编写一个 VBA 程序，依据下面的数据，利用不重合二叉树模型确定英镑欧式期权的初始价格：

$$S(0)=1.54\text{ 美元};\ K=1.54\text{ 美元};\ T=1;\ r=8\%;\ r_f=6\%;\ \sigma=30\%;\ M=10$$

创建利用布莱克-斯科尔斯公式计算期权价格的函数，并比较这两个结果。现在逐步增加 M 的价值，然后报告所得到的一系列期权价格。

使用 $u=e^{\sigma\sqrt{\Delta t}+(r-r_f-\sigma^2/2)\Delta t}$ 与 $d=e^{-\sigma\sqrt{\Delta t}+(r-r_f-\sigma^2/2)\Delta t}$ 的值。

第 13 章

基本定理的某些应用

13.1 引论

前一章所讨论的定理建立了重要的无套利条件，这些条件允许在定价和风险管理中使用鞅方法。依据这些条件，给定唯一的无套利状态价格，我们就获得一种合成概率测度 $\widetilde{P}$，在这个 $\widetilde{P}$ 下，所有资产价格通过特定 Z_t 进行标准化而成为鞅。设 $C(S_t,t)$ 表示一种证券，其价格依赖于标的风险 S_t，我们可以写成：

$$\frac{C(S_t,t)}{Z_t}=E_t^{\widetilde{P}}\left[\frac{C(S_T,T)}{Z_T}\right] \tag{13.1}$$

只要存在正的状态价格，就可找到许多这样的概率，而且每个概率对应于一个特定的标准化因子。选取正确的研究上可用概率就会变得比较容易，并且可获得相关的数据。

可利用各种方法从数值上计算式（13.1）中的等式。首先计算期望值，然后乘以 Z_t，可得到无套利价格 S_t。不过，为了计算期望值，我们会需要概率 $\widetilde{P}$，因此，首先必须得到 $\widetilde{P}$。另一个令人满意的特征是，未来值 Z_T 是常数，就好像它是 T 时刻到期的无违约债券那样。因此，到期日为 T 的债券是标准化因子的一个好的候选者。

在这一章，我们给出基本定理的三个应用。第一个应用是蒙特卡洛方法（Monte Carlo），它是计算式（13.1）中的期望值的一般方法。当考察的工具为欧式工具时，就可直接采用这种方法。计算过程需要利用基本定理和大数定律。①

① 设 $x_i(i=1,\cdots,N)$ 表示独立同分布随机变量 X 的观测值，X 具有有限一阶均值：

$$E[X]<\infty$$

于是，根据大数定律，当 N 增大时，$\frac{1}{N}\sum_{i=1}^{N}x_i$ 几乎必然收敛到 $E[X]$。

基本定理的第二个应用是校准（calibration）。校准是利用流动市场上观测到的无套利价格来选择模型的参数。本章将讨论几个简单例子，以此阐明如何利用基本定理校准随机微分方程以及树模型以使其吻合市场数据。这种校准是在布莱克-德曼-托伊（Black-Derman-Toy，BDT）模型框架下进行的。

基本定理的第三个应用是第 12 章已经介绍的，从本质上看，阐述更为概念化。我们利用跨货币资产（quanto assets）* 阐明如何将理论运用到模型中。跨货币资产为此提供了极好的工具，因为对它们进行定价时，包含了国内及国外风险中性测度之间的转换。测度变换的方法是金融工程中的重要部分，我们将在下一章深入讨论。本章为跨货币的应用提供了必要的准备。

在讨论这些问题之前，有一点值得注意。本章的讨论内容应该被看成是回顾前面的例子，研究这些例子是如何利用基本定理的，而不是如何实施这些数值方法。利用蒙特卡洛方法的计算或校准是一种复杂的数值方法，而且直接应用可能不会取得令人满意的结果。感兴趣的读者可以参看本章末尾提供的资料。

13.2 应用 1：蒙特卡洛方法

这里再一次考察在研究上可用鞅测度 $\tilde{P}$ 下，涉及标的风险 S_t 的函数 $C(S_t,t)$ 的期望

$$\frac{C(S_t,t)}{Z_t}=E_t^{\tilde{P}}\left[\frac{C(S_T,T)}{Z_T}\right] \tag{13.2}$$

其中，S_t 与 Z_t 表示 t 时刻两个无套利资产的价格。Z_t 是标准化资产，是用来定义 $\tilde{P}$ 的工具。用 $C(S_t,t)$ 表示欧式期权费或者其他依赖于到期日 T 及 S_t 的衍生品。

如果我们已知概率测度 $\tilde{P}$，同时还知道 Z_t，那么可利用式（13.2）计算 $C(S_t,t)$ 的数值解。这里存在两种方法。第一种方法，我们可以求出期望的解析解，然后得到作为闭形式解的 $C(S_t,t)$。当标准化资产 Z_t 的现值为已知时，这可通过取积分计算，也就是

$$C(S_t,t)=Z_t\left[\int_{-\infty}^{\infty}\int_{-\infty}^{\infty}\frac{C(S_T,T)}{Z_T}\tilde{f}(S_T,Z_T)\mathrm{d}S_T\mathrm{d}Z_T\right] \tag{13.3}$$

其中，$\tilde{f}(\cdot)$ 表示 S_T、Z_T 在概率 $\tilde{P}$ 下的联合条件概率密度。① 公式右端的 Z_T 可以看成是随机的，而且可能与 S_T 有关。因此，概率 $\tilde{P}$ 既可以应用于随机变量 S_T，也可应用于 Z_T。

然而，我们适当选择 Z_t，可使 Z_T 为常数。例如，如果我们将 Z_t 选为是到期日为 T

① 我们假设 $\tilde{f}(S_T,Z_T)$ 存在。

* 这个术语目前没有被认可的中文翻译，又可译为交叉货币。——译者注

的无违约风险的贴现债券，则有

$$Z_T=1 \tag{13.4}$$

很明显，这种标准化可以极大简化定价的计算，这是因为 $\tilde{f}(\cdot)$ 成为单变量的条件密度。

不过，即使这样，解析方法仍然是一个问题。通常，此积分不存在闭形式解，而且不存在将 S_t 和 Z_t 以及分布函数 $\tilde{P}$ 的其他参数联系起来的精确公式。尽管不能通过闭形式公式计算，但仍可计算积分的值。这就不能不运用数值计算。

一种数值方法是蒙特卡洛方法。① 这一节概述该方法的计算步骤，我们从一个简单的例子开始。假设随机变量 X ②服从已知正态分布，用 P 表示，也就是③

$$X \sim N(\mu,\sigma) \tag{13.5}$$

假设存在 X 的已知函数 $g(X)$。当已知 $E^P[g(X)]<\infty$ 时，我们如何计算期望 $E^P[g(X)]$ 呢？当然，一种方法是利用上面提到的解析方法。如果存在闭形式解，那么计算下面的积分

$$E^P[g(X)]=\int_{-\infty}^{\infty} g(x)\left(\frac{1}{\sqrt{2\pi\sigma^2}}\mathrm{e}^{-\frac{1}{2\sigma^2}(x-\mu)^2}\right)\mathrm{d}x \tag{13.6}$$

然而，还存在另一种更容易的方法。我们可以利用大数定律，并且已知 X 有大量的样本，记为 x_i，x_i 的任意函数比如 $g(x_i)$ 的样本均值将趋近于实际期望值 $E^P[g(X)]$。因此，计算 $E^P[g(X)]$ 的近似值就简化成从适当分布中抽取大量的样本 x_i。利用随机数生成器，在已知 X 分布函数的条件下，我们可得到 x_i 的 N 个复制。这些复制值是独立生成的，利用大数定律可以得到

$$\frac{1}{N}\sum_{i=1}^{N} g(x_i) \to E^P[g(X)] \tag{13.7}$$

$E^P[g(X)]<\infty$ 是收敛性成立的充分条件。我们下面将这个讨论用于资产定价。

□ 13.2.1　蒙特卡洛定价

就蒙特卡洛方法计算期望而言，首先从一个预先设定的模型生成关注的随机变量的一系列复制值，然后计算其样本均值。这种方法可以直接用于定价公式。实际上，基本定理提供了风险中性概率 $\tilde{P}$，使得对于任意无套利资产价格 S_t 有

$$\frac{S_t}{B_t}=E_t^{\tilde{P}}\left[\frac{S_T}{B_T}\right] \tag{13.8}$$

---

① 另一种方法是 PDE 方法。具体来说，我们首先建立与期望相对应的偏微分方程，然后求解 PDE 的数值解或者解析解。这种方法在这里没有讨论。感兴趣的读者可参看 Wilmott（2006）和 Duffie（2001）。

② 此处，与 X 等价的是 S_T/B_T。

③ 在前面，这是与 $\tilde{P}$ 等价的。

这里的标准化变量用 Z_t 表示，是储蓄账户，现在用 B_t 表示。这个资产被定义为

$$B_t = e^{\int_0^t r_u du} \tag{13.9}$$

r_u 表示连续复利的瞬时即期利率。它表示 $t=0$ 时投资的 1 美元在 t 时刻的价值。这个指数中的积分意味着，在 $u \in [t,T]$ 内，r_u 不是常数。如果 r_t 是随机变量，那么需要联合条件分布函数来选择 S_T 和 B_T 的复制。我们必须设定一个模型，这个模型能够描述 S_T 和 B_T 的联合动态特性，而且能够将 t 时刻信息与 T 时刻所生成的随机数联系起来。首先，我们从 r_t 为常数 r 的简单情况开始探讨。

13.2.1.1 即期利率为常数的看涨期权定价

下面考察欧式看涨期权价格的计算。这个期权的执行价格是 K，到期日是 T，标的资产是 S_t，而且满足布莱克-斯科尔斯假设。利用式（13.9）中的 B_t 作为标准化资产，式（13.8）变为

$$\frac{C(t)}{e^{rt}} = E_t^{\tilde{P}}\left[\frac{C(T)}{e^{rT}}\right] \tag{13.10}$$

其中，$C(t)$ 表示依赖于 S_t、t、K、r 和 σ 的看涨期权费。经过简化和整理可得

$$C(t) = e^{-r(T-t)} E_t^{\tilde{P}}[C(T)] \tag{13.11}$$

其中

$$C(T) = \max[S_T - K, 0] \tag{13.12}$$

利用蒙特卡洛方法，很容易计算式（13.11）的右端，从而得到 $C(t)$。

利用储蓄账户标准化，我们可以得到 S_t 离散化的风险中性动态特性，离散区间大小是 $0<\Delta$：

$$S_{t+\Delta} = (1+r\Delta)S_t + \sigma S_t(\Delta W_t) \tag{13.13}$$

这里假设波动性 σ 是常数，而且扰动项 ΔW_t 是均值为 0、方差为 Δ 的标准正态分布的随机变量：

$$\Delta W_t \sim N(0, \Delta) \tag{13.14}$$

在 SDE 中引入 r，其原因是使用了风险中性测度 $\tilde{P}$。我们利用这些动态特性，很容易计算 S_T 的复制。

(1) 选择 Δ 的大小，然后利用适当的伪随机数生成器，从正态分布中生成随机变量 ΔW_t。

(2) 利用 S_t 的现值、参数值 r、σ 及式（13.13）的动态特性得到 N 个最终值 S_T^j（$j=1,2,\cdots,N$）。这里 j 表示蒙特卡洛方法所生成的随机路径。

(3) 将它们代入收益函数，可以得到

$$C(T)^j = \max[S_T^j - K, 0] \tag{13.15}$$

从而得到 $C(T)^j$ 的 N 个复制。

(4) 最后，计算样本均值并适当折现，得到 $C(t)$：

$$C(t)=e^{-r(T-t)}\frac{1}{N}\sum_{j=1}^{N}C(T)^j \tag{13.16}$$

这种方法得出了看涨期权的无套利价格。现在，我们考察一个简单例子。

例子：

考察下面标的为 S_t 的欧式普通看涨期权的定价。假设欧元/美元的汇率服从下面的离散（近似的）SDE：

$$S_{t_i}^j=S_{t_{i-1}}^j+(r-r^f)S_{t_{i-1}}^j\Delta+\sigma S_{t_{i-1}}^j\sqrt{\Delta}\in_i^j \tag{13.17}$$

其中，漂移表示本国与外国利率的差值。

给定执行价格为 $K=1.0950$ 的看涨期权的如下信息：

$$r=2\%,\ r^f=3\%,\ t_0=0,\ T=5\text{ 天},\ S_{t_0}=1.09,\ \sigma=0.10 \tag{13.18}$$

一个金融工程师决定选取 $N=3$ 的方式来为这个看涨期权定价。离散区间选取 $\Delta=1$天。

利用软件 Mathematica 产生下面服从标准正态分布的随机数：

$$\{0.763, 0.669, 0.477, 0.287, 1.81, -0.425\} \tag{13.19}$$

$$\{1.178, -0.109, -0.310, -2.130, -0.013, 0.421141\} \tag{13.20}$$

$$\{-0.922, 0.474, -0.556, 0.400, -0.890, -2.736\} \tag{13.21}$$

将这些数据代入离散 SDE 中，有

$$S_i^j=\left[1+(0.02-0.03)\times\frac{1}{365}\right]S_{i-1}^j+0.10S_{i-1}^j\sqrt{\frac{1}{365}}\in_i^j \tag{13.22}$$

我们得出以下路径：

路径	第一天	第二天	第三天	第四天	第五天
1	1.093 7	1.096 5	1.098 1	1.108 5	1.106 0
2	1.089 3	1.087 5	1.075 4	1.075 3	1.077 6
3	1.092 7	1.089 46	1.091 7	1.086	1.071 0

对于普通欧式看涨期权，执行价格 $K=1.095$，仅第一个路径是实值的，因此

$$C(T)^1=0.011,\ C(T)^2=0,\ C(T)^3=0 \tag{13.23}$$

利用连续复利，看涨期权的期权费为

$$C(t)=\mathrm{Exp}\left(-0.02\times\frac{5}{365}\right)\times\frac{1}{3}\times(0.011+0+0) \tag{13.24}$$

$$C(t)=0.0037 \tag{13.25}$$

很明显，对模型参数的选择是为了阐明蒙特卡洛应用的过程，实际应用时不可能使用这么少的路径来定价证券。然而，人们已经注意到，存在一个重要技巧。SDE 的漂移是由 $(r-r^f)S_t\Delta$ 而不是 $rS_t\Delta$ 给出的，$rS_t\Delta$ 是股票价格动态特性情况。这种修正将在下面加以讨论。由于外币会支付外币利息，所以应该使用无风险利率的微分。接下来的部分将详细讨论这个问题。

□ 13.2.2 两值外汇期权的定价

本节利用蒙特卡洛技术为外汇市场上的两值期权定价。考察如下的基本工具：

> 如果外国货币的价格 S_t 在到期日超过 K，那么期权持有者将获得本国货币收益 R，否则，期权持有者得到零收益。期权是欧式的，其到期日是 T。期权以 $C(t)$ 的价格被卖出。

我们将用蒙特卡洛方法为该两值外汇期权定价。但是，因为标的是汇率，因此，还要对环境施加另外的某种条件，现在我们就讨论这一点。这是一个很好的基本定理应用的例子，这也为引入外汇市场上期权定价的一些基本知识提供了良好的机会。

13.2.2.1 获得风险中性动态特性

以普通期权为例，假设标的股票不支付股利，且股票价格服从如下连续时间几何过程：

$$dS_t=\mu S_t dt+\sigma S_t dW_t \tag{13.26}$$

其中，μ 是未知的漂移系数，表示股票的市场期望百分比，σ 是常数百分比波动性参数，需要得到它的值。最后，W_t 表示维纳过程。

借助于资产定价基本定理，可以用无风险利率 r 替换未知漂移项 μ，并假设 r 是常数。对于外汇期权，需要修正其中的某些假设。我们可以保留 S_t 过程的全部几何结构，但是不得不变动关于股息的假设。根据定义，外币是银行同业存款而且可以获得外国（隔夜）利率。根据基本定理，可以利用利率差值 $r_t-r_t^f$ 来替代现实领域中的漂移 μ，这里 r_t^f 表示外国瞬时即期利率，如以往一样，r_t 表示本国利率。所以，如果即期利率是常数，则

$$r_t=r,\ r_t^f=r^f \quad \forall t \tag{13.27}$$

于是，得出无套利动态特性为①

$$dS_t=(r-r^f)S_t dt+\sigma S_t W_t,\ t\in[0,\infty) \tag{13.28}$$

当考察一个外币资产时，利用利率差值替代即期利率 r 作为风险中性漂移项是基本定理的直接应用。由于本章旨在讨论基本定理的应用，所以我们在这里对此做一个简略讨论。

利用第 12 章所采用的记号，设 S_t 表示支付一单位外币所需要的美元数量。第 12 章所介绍的资产定价基本定理表明，我们可以利用状态价格 $\{Q^i\}(i=1,\cdots,n)$，并可写成

① 如果 r_t 与 r_t^f 均是随机的，这就要求同时生成远期利率的随机复制。我们需要对利率动态特性进行建模。

$$S_t = \sum_{i=1}^{n} (1 + r^f \Delta) S_T^i Q^i \tag{13.29}$$

由此可知，T 时刻，在状态 i 下，一单位外币等价于 S_T^i 美元，并且在 $\Delta = T - t$ 期间赚取年利息 r^f。使用本币储蓄账户作为标准化因子，可得

$$S_t = \sum_{i=1}^{n} \frac{1 + r^f \Delta}{1 + r\Delta} S_T^i (1 + r\Delta)\, Q^i \tag{13.30}$$

现在，我们选取风险中性概率为

$$\widetilde{P}_i = (1 + r\Delta) Q^i \tag{13.31}$$

然后，整理式（13.30）就得到，Δ 期间 S_t 的期望总收益为

$$\frac{1 + r\Delta}{1 + r^f \Delta} = E_t^{\tilde{P}} \left[\frac{S_T}{S_t} \right] \tag{13.32}$$

该式左边可以被逼近为①

$$1 + r\Delta - r^f \Delta \tag{13.33}$$

上式表示在风险中性概率 $\widetilde{P}$ 下，S_t 是预期的每年利率 $r - r^f$ 的变化。这证明了动态特性的连续时间风险中性漂移为

$$\mathrm{d}S_t = (r - r^f) S_t \mathrm{d}t + \sigma S_t \mathrm{d}W_t \tag{13.34}$$

既然动态特性已经给定，下一步便是选取蒙特卡洛的轨迹。

13.2.2.2 蒙特卡洛过程

假设我们在这样的框架下定价两值期权。我们如何利用蒙特卡洛方法具体实施呢？假设已知 S_t 的无套利动态特性，我们可以直接利用此前提供的步骤来进行。

特别地，我们需要从 S_t 的已知现值出发来生成随机路径。这可以通过两种方式完成：第一种方式，求解式（13.34）的 SDE，如果存在闭形式解，就从得到的闭形式公式中选取随机复制；第二种方式是对式（13.34）中的动态特性加以离散化，然后进行如上一节所讨论的操作。假设先选取离散区间 Δ，然后对动态特性离散化②：

$$S_{t+\Delta} = S_t + (r - r^f) S_t \Delta + \sigma S_t \Delta W_t \tag{13.35}$$

下一步将利用随机数生成器产生 N 个服从标准正态分布的随机变量序列 $\{\epsilon_i^j, i = 1, \cdots, k, j = 1, \cdots, N\}$，然后利用离散化的 SDE 计算 N 个模拟轨迹：

$$S_{t_i}^j = S_{t_{i-1}}^j + (r - r^f) S_{t_{i-1}}^j \Delta + \sigma S_{t_{i-1}}^j \sqrt{\Delta}\, \epsilon_i^j \tag{13.36}$$

其中，上标 j 表示第 j 条模拟轨迹，$\Delta = t_i - t_{i-1}$。

一旦得到路径 $\{S_{t_i}^j\}$，在到期日支付为 R 的两值看涨期权费的无套利价值 $C(t)$ 就可以通过以下等式得出：

---

① 这可利用一阶泰勒级数逼近来完成。

② 对随机微分方程加以离散化并非简单的练习，这样做存在最优方法。此处，我们忽略这种数值方法的复杂性。感兴趣的读者可参见 Kloeden and Platen（2011）。

$$C(t)=Re^{-r(T-t)}E_t^{\tilde{P}}[I_{\{S_T>K\}}] \tag{13.37}$$

其中，符号$I_{\{S_T>K\}}$表示确定 T 时 S_T 是否超过 K 的指标函数：

$$I_{\{S_T>K\}}=\begin{cases}1, & \text{如果 } S_T>K \\ 0, & \text{其他}\end{cases} \tag{13.38}$$

这蕴含着，如果在到期日期权是实值的，那么$I_{\{S_T>K\}}$等于 1，否则等于 0。根据式（13.37）中的期望收益，无套利价值 $C(t)$ 依赖于 $E_t^{\tilde{P}}[I_{\{S_T>K\}}]$的值。后者可以写成

$$E_t^{\tilde{P}}[I_{\{S_T>K\}}]=\text{Prob}(S_T>K) \tag{13.39}$$

所以

$$C(t)=Re^{-r(T-t)}\text{Prob}(S_T>K) \tag{13.40}$$

对这个等式很容易给出解释。两值期权的价值等于 S_T 大于 K 的风险中性概率乘以收益常数 R 的现值。①

在这些条件下，蒙特卡洛方法的作用非常简单。首先从当前观测值 S_t 出发，生成 N 个汇率路径，然后计算超过水平 K 的路径的比例。一旦总数确定，用 m 表示，则期权的无套利价值为

$$C(t)=e^{-r(T-t)}R[\text{Prob}(S_T>K)] \tag{13.41}$$

$$\cong e^{-r(T-t)}R\left(\frac{m}{N}\right) \tag{13.42}$$

因而，在这种情况下，利用蒙特卡洛方法可计算特殊的期望值，即事件$\{S_T>K\}$的风险中性概率。下面一节将讨论两个例子。

□ 13.2.3 路径依赖

在前面迄今所讨论的例子中，我们利用蒙特卡洛方法生成标的风险 S_t 的轨迹。在计算期望数值 $C(S_t,t)$ 时，仅考察这些轨迹在 T 时刻的值，轨迹的其他因素没有直接应用到定价中。

如果标的资产在中间发生支付或者受其他一些限制的影响，比如障碍期权，那么情况将会发生变化。设 $C(S_t,t)$ 表示障碍为 H 的障碍看涨期权的价格，在区间$u\in[t,T]$中，期权是否入局或出局取决于 $S_u<H$ 是否发生。考虑下跌出局期权的例子。为这种工具定价时，一旦得到一条蒙特卡洛轨迹，就需要检验整条轨迹来确定是否所有的 S_u^j 都满足条件 $S_u<H$。这是路径依赖资产的一类例子，因此需要直接利用整条蒙特卡洛轨迹。

下面我们提供两个关于蒙特卡洛程序应用的例子。第一个例子是对普通两值期权的应用，第二个例子讨论的是下跌出局看涨障碍期权。

① 利率差异值控制着无套利动态特性，但是贴现计算仅需要利用本国利率。

例子：

考察标的为 S_t 的两值期权定价，欧元/美元汇率的结构与第一个例子相同。两值欧式看涨期权的执行价格为 $K=1.091$，如果到期时为实值，则支付 100 美元。参数同前例，为：

$$r=2\%,\ r^f=3\%,\ t_0=0,\ t=5\ \text{天},\ S_{t_0}=1.09,\ \sigma=0.10 \tag{13.43}$$

S_t 的路径如下表所示：

路径	第一天	第二天	第三天	第四天	第五天
1	1.093 7	1.096 5	1.098 1	1.108 5	1.106 0
2	1.089 3	1.087 5	1.078 0	1.085 0	1.092
3	1.092 7	1.089 46	1.091 7	1.086	1.071 0

如果 $1.091<S_T^i$，两值期权到期时是实值的。这个事件在先前状况存在两种影响，而期权到期时实值的风险中性概率估计值就为 2/3。期权的价值计算如下：

$$C(t)=\text{Exp}\left(-0.02\times\frac{5}{365}\right)\times\frac{2}{3}\times 100 \tag{13.44}$$

$$C(t)=66.6\ \text{美元} \tag{13.45}$$

现在，考察增加一个出局障碍 $H=1.08$。如果到期前 S_t 低于这个障碍，那么这个两值看涨期权就会出局。

例子：

所有参数与第一个例子相同，已知路径为：

路径	第一天	第二天	第三天	第四天	第五天
1	1.093 7	1.096 5	1.098 1	1.108 5	1.106 0
2	1.089 3	1.087 5	1.078 0	1.085 0	1.092
3	1.092 7	1.089 46	1.091 7	1.086	1.071 0

两值出局看涨期权要求 $1.091<S_T^i$，而且轨迹永远不能低于 1.08。因而，在这种情况下仅存在一种影响，期权的价值可计算得到：

$$C(t)=\text{Exp}\left(-0.02\times\frac{5}{365}\right)\times\frac{1}{3}\times 100 \tag{13.46}$$

$$C(t)=33.3\ \text{美元} \tag{13.47}$$

因此，两值期权更便宜。对于普通期权，计算期权的价值只用到终值，但对于出局看涨期权，整条轨迹都需要用来检验条件 $H<S_t$。

□ 13.2.4 离散偏差与闭形式

在关于蒙特卡洛的例子中，可利用 SDE 的离散逼近。假设资产价格 S_t 的无套利动态特性可以表示为如下的几何 SDE：

$$dS_t = rS_t dt + \sigma S_t dW_t,\ t \in [0,\infty) \tag{13.48}$$

我们选取适当的时间区间 Δ，并且忽略连续复利，离散 SDE 为

$$S_{t+\Delta} = (1+r\Delta)S_t + \sigma S_t(\Delta W_t) \tag{13.49}$$

式（13.49）仅是式（13.48）给出的真实连续时间动态特性的近似。

对于一些特殊的 SDE，我们可以建立精确的 S_t 的样本。在这种特殊情况下，S_t 的随机微分方程可以求解一个闭形式。式（13.48）中的几何过程就属于这种情况。利用闭形式公式，我们可以直接得到 S_T 的值：

$$S_T = S_{t_0} e^{r(T-t_0)-\frac{1}{2}\sigma^2(T-t_0)+\sigma(W_T-W_{t_0})} \tag{13.50}$$

其中 $W_T - W_{t_0}$ 项服从均值为 0、方差为 $T-t_0$ 的正态分布。因此，借助于抽取这个随机变量的复制，我们可以得到在 T 时刻（$t_0 < T$）S_T 的精准复制。可以证明，甚至在均值回复模型中，这种闭形式公式也是可行的，而且可以应用到蒙特卡洛定价中。然而一般地讲，虽然离散 SDE 包含离散偏差，但我们还是不得不使用它们。①

□ 13.2.5 现实生活的复杂性

很明显，蒙特卡洛是一种非常复杂的方法，远非这些简单的例子所体现的。由于难度提高，我们需要在以下几个方面做出重要改进：（ⅰ）如何利用计算机选择随机数；（ⅱ）如何调整系统，使得计算机计算在最短的时间内达到最大精度；（ⅲ）如何在给定的随机选择数下，减少所计算的价格方差。除了这些问题，还有其他问题也需要考察。既然这里我们只关注金融工程，就不再讨论其他问题了。②

13.3 应用 2：校准

校准模型是指通过模型参数的选择，使得这个模型能复制观测到的无套利基准价格。在这一节我们将给出涉及此方法的两个例子。由于我们已经讨论了如何将基本定理应用到 SDE 的例子中，所以下面我们将重点放在树模型上。正如上节所述，利用蒙特卡洛和 SDE 都可以进行校准。

□ 13.3.1 校准树

BDT 模型是从市场价格中提取信息的极好例子。这个模型校准即期利率 r_t 的未来轨

---

① Kloeden and Platten（2011）讨论了如何减少这种偏差。Aït-Sahalia（1996）研究了利率衍生品背景下的偏差，并说明了如何利用连续时间 SDE。

② 对于感兴趣的读者，Ross et al.（2012）是优秀的入门资料。

迹。BDT 模型阐明，无套利动态特性可从流动且无套利的资产价格中获得。[①]

BDT 模型的基本思想与其他校准方法相同。假设它是隐含的二叉树，隐含在资产价格中的状态价格的估计，或者风险中性概率的估计。假设模型已知基准零息债券的无套利价格和这些市场上的相关波动性的报价。这些波动性报价可以来自上限、下限或者互换，这部分内容分别在第 16 章和第 17 章中讨论。此程序一共有三步：首先，获得基准债券的无套利价格和相关波动性；其次，从这些数据中提取出相应变量的无套利动态特性；最后，利用无风险动态特性对其他利率敏感性证券进行定价。

本节将阐明利用三时期二叉树的过程。为了简化符号，将重点放在主要思想的理解上。本节假设树的时间区间 Δ 等于一年，而且在 LIBOR 的设定中，日计数参数 δ 也等于 1。读者可以很容易地推广这个简单的例子。

□ 13.3.2 提取 LIBOR 树

假设已知 3 个无风险基准零息债券的无套利价格为 $\{B(t_0,t_1),B(t_0,t_2),B(t_0,t_3)\}$。同时假设我们观察到 LIBOR 利率 L_{t_0}、L_{t_1}、L_{t_2} 的波动性报价 $\sigma_i(i=0,1,2)$。

首先，由定义可知 σ_0 等于 0，因为这个变量在 t_0 时已经被观测到。然后，假设已知如下数据：

$$\sigma_1=15\% \tag{13.51}$$

$$\sigma_2=20\% \tag{13.52}$$

$$B(t_0,t_1)=0.95 \tag{13.53}$$

$$B(t_0,t_2)=0.87 \tag{13.54}$$

$$B(t_0,t_3)=0.79 \tag{13.55}$$

从这些数据中，我们提取出 LIBOR 利率 L_{t_i} 的未来无套利特性的信息。首先，我们需要一些定价函数，以便将无套利债券价格与 LIBOR 利率的动态特性联系起来。这些定价函数很容易从基本定理得到。

13.3.2.1 定价函数

考虑在 t_0 和 t_3 时刻运用基本定理。假设 t_3 时刻有 k 种状态，然后考察第 12 章所讨论的矩阵方程：

$$S_{k\times 1}=D_{k\times k}Q_{k\times 1} \tag{13.56}$$

其中，S 表示 t_0 时刻无套利资产价格的 $k\times 1$ 向量，D 表示 t_3 时刻的收益矩阵，而 Q 表示 t_3 时刻正的状态价格 $k\times 1$ 向量。

假设第一项资产是 1 年期 LIBOR 利率的存款，第二项资产是 t_3 时刻到期、同时支付 1 美元的债券 $B(t_0,t_3)$。于是，矩阵方程（13.56）的前两行如下：

$$\begin{pmatrix} 1 \\ B(t_0,t_3) \end{pmatrix}=\begin{pmatrix} [(1+L_{t_0})(1+L_{t_1})(1+L_{t_2})]^1 & \cdots & [(1+L_{t_0})(1+L_{t_1})(1+L_{t_2})]^k \\ 1 & \cdots & 1 \end{pmatrix}$$

① 除了 BDT 方法外，目前的固定收益惯例在一些不同的方向上都有发展。一方面是远期 LIBOR 模型，另一方面是三叉树利率模型。

$$\times \begin{pmatrix} Q^1 \\ \cdots \\ \cdots \\ \cdots \\ Q^k \end{pmatrix} \tag{13.57}$$

其中，$[(1+L_{t_0})(1+L_{t_1})(1+L_{t_2})]^i$ 表示 t_3 时刻第 i 个状态下储蓄账户投资的收益。可将第二行写为

$$B(t_0,t_3)=\sum_{i=1}^{k} Q^i \tag{13.58}$$

利用储蓄账户标准化可得：

$$B(t_0,t_3)=\sum_{i=1}^{k} \frac{[(1+L_{t_0})(1+L_{t_1})(1+L_{t_2})]^i}{[(1+L_{t_0})(1+L_{t_1})(1+L_{t_2})]^i} Q^i \tag{13.59}$$

重新定义风险中性概率

$$\tilde{p}_i=[(1+L_{t_0})(1+L_{t_1})(1+L_{t_2})]^i Q^i \tag{13.60}$$

整理得

$$B(t_0,t_3)=\sum_{i=1}^{k} \frac{1}{[(1+L_{t_0})(1+L_{t_1})(1+L_{t_2})]^i} \tilde{p}_i \tag{13.61}$$

因此，t_3 时刻到期的债券的定价公式是：

$$B(t_0,t_3)=E_{t_0}^{\tilde{P}}\left[\frac{1}{(1+L_{t_0})(1+L_{t_1})(1+L_{t_2})}\right] \tag{13.62}$$

同理，我们可以得到其他两个债券的定价公式为：

$$B(t_0,t_1)=E_{t_0}^{\tilde{P}}\left[\frac{1}{(1+L_{t_0})}\right] \tag{13.63}$$

$$B(t_0,t_2)=E_{t_0}^{\tilde{P}}\left[\frac{1}{(1+L_{t_0})(1+L_{t_1})}\right] \tag{13.64}$$

因为 L_{t_0} 在 t_0 时刻已知，所以第一个公式自然成立。

□ 13.3.3　得到 BDT 树

在这个特殊的例子中，存在 3 个基准价格和两个波动性。因此，得到 5 个等式：

$$B(t_0,t_1)=E_{t_0}^{\tilde{P}}\left[\frac{1}{(1+L_{t_0})}\right] \tag{13.65}$$

$$B(t_0,t_2)=E_{t_0}^{\tilde{P}}\left[\frac{1}{(1+L_{t_0})(1+L_{t_1})}\right] \tag{13.66}$$

$$B(t_0,t_3)=E_{t_0}^{\tilde{P}}\left[\frac{1}{(1+L_{t_0})(1+L_{t_1})(1+L_{t_2})}\right] \tag{13.67}$$

$$\mathrm{Vol}(L_{t_1})=\sigma_1 \tag{13.68}$$

$$\mathrm{Vol}(L_{t_2})=\sigma_2 \tag{13.69}$$

一旦设定 L_{t_i} 的动态特性模型，我们就可以求解这些等式，从而得到 L_{t_i} 的无套利路径。

13.3.3.1 设定动态特性

现在，我们得到了无套利动态特性。根据树模型的传统，我们简化符号，用 $i=0,1,2,3$ 表示“时间”，字母 u 和 d 表示在每个节点向上和向下的状态。首先，因为存在 5 个等式，所以从这些等式中最多可以获得 5 条独立信息。换句话说，设定的动态特性模型至多有 5 个未知量。考察如下三时期二叉树：

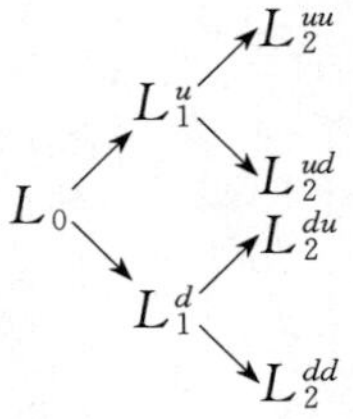

(13.70)

这个动态特性有 7 个未知量，记作 $\{L_0, L_1^u, L_1^d, L_2^{ud}, L_2^{du}, L_2^{dd}, L_2^{uu}\}$。这比我们的等式多出 2 个变量。通过在模型中增加限制，至少要消除两个未知量。这来源于对方差的设定，也就是下面我们要讨论的内容。

13.3.3.2 L_i 的方差

即期 LIBOR 利率 $L_i(i=0,1,2)$ 存在二叉的设定。这蕴含着在任意节点上，即期利率仅从两种可能性中取值。因而，在“时间” i 处于状态 j 的条件下，L_i 的百分比方差是①

$$\mathrm{Var}(L_i\,|\,j)=E^{\widetilde{P}}[\ln(L_i)-\ln(\bar{L}_i)^2\,|\,j] \tag{13.71}$$

其中

$$\ln \bar{L}_i=E^{\widetilde{P}}[\ln(L_i)\,|\,j] \tag{13.72}$$

表示 L_i 的条件期望值。

现在我们增加两个假设。第一个假设仅为了说明符号。我们设 $j=u$，假设我们处于“向上”状态。对于 $j=d$ 的结果，可进行类似处理。

第二个假设，设

$$p_i^u=\frac{1}{2} \quad \forall i \tag{13.73}$$

$$p_i^d=\frac{1}{2} \quad \forall i \tag{13.74}$$

也就是，假设在整个树的存续期，向上和向下的风险中性概率均为常数且相等。初看起来，这个假设好像是相当强的限制，但其实不然。利用这些假设和 LIBOR 利率的二

① 我们计算百分比波动性，这是因为上限/下限市场中的波动性是依据这种惯例来报价的。

项式特性，我们可以立刻得到①：

$$E\widetilde{P}[\ln(L_i)|j=u]=p^u\ln(L_i^{uu})+(1-p^u)\ln(L_i^{ud}) \tag{13.75}$$

$$=\frac{1}{2}[\ln(L_i^{uu})+\ln(L_i^{ud})] \tag{13.76}$$

将上式代入式（13.71），可以得出

$$\mathrm{Var}(L_i|j=u)=E\widetilde{P}\left[\left(\ln(L_i)-\frac{1}{2}[\ln(L_i^{uu})+\ln(L_i^{ud})]\right)^2\Big|j=u\right] \tag{13.77}$$

经过简化并重新整理得到

$$\mathrm{Var}(L_i|j=u)=\left(\frac{1}{2}[-\ln(L_i^{uu})+\ln(L_i^{ud})]\right)^2 \tag{13.78}$$

这蕴含着，在时间 i 处于状态 u 的波动性是

$$\sigma_i^u=\frac{1}{2}\ln\left[\frac{L_i^{uu}}{L_i^{ud}}\right] \tag{13.79}$$

同理可得向下状态的结果为

$$\sigma_i^d=\frac{1}{2}\ln\left[\frac{L_i^{du}}{L_i^{dd}}\right] \tag{13.80}$$

这些波动性估计是在接下来的时期内 LIBOR 利率可能取值的函数。因此，已知LIBOR波动性的市场报价，利用这些公式就可反推求解出 L_i^{uu} 和 L_i^{ud} 的值。我们将在下一节讨论。

□ 13.3.4 树的校准

现在，可以对树的要素进行校准，使其与观测到的价格相吻合。利用如下有关的假设：（ⅰ）关于过程 L_i 的二叉树特性；（ⅱ）$p^u=p^d=1/2$；（ⅲ）树是可重组的。我们得到下面 5 个式子：

$$B(t_0,t_1)=\frac{1}{(1+L_0)} \tag{13.81}$$

$$B(t_0,t_2)=\frac{1}{2}\frac{1}{(1+L_0)(1+L_1^u)}+\frac{1}{2}\frac{1}{(1+L_0)(1+L_1^d)} \tag{13.82}$$

$$B(t_0,t_3)=\frac{1}{4}\left[\frac{1}{(1+L_0)(1+L_1^u)(1+L_2^{uu})}\right]+\frac{1}{4}\left[\frac{1}{(1+L_0)(1+L_1^u)(1+L_2^{ud})}\right]$$
$$+\frac{1}{4}\left[\frac{1}{(1+L_0)(1+L_1^d)(1+L_2^{du})}\right]+\frac{1}{4}\left[\frac{1}{(1+L_0)(1+L_1^d)(1+L_2^{dd})}\right] \tag{13.83}$$

$$\frac{1}{2}\ln\left[\frac{L_1^u}{L_1^d}\right]=0.15 \tag{13.84}$$

---

① 和以前一样，第一个上标 u 表示计算的节点方向，而第二个上标则表示 LIBOR 的走向。

$$\frac{1}{2}\ln\left[\frac{L_2^{uu}}{L_2^{ud}}\right]=0.20 \tag{13.85}$$

在这些式子中，第一个式子和第二个式子可直接得出。我们只需利用风险中性测度对基准债券定价。当将这些概率作为权重时，使用 LIBOR 折现后的未来收益就变成鞅，从而等于相应债券的当前价格。参见图 13.1。

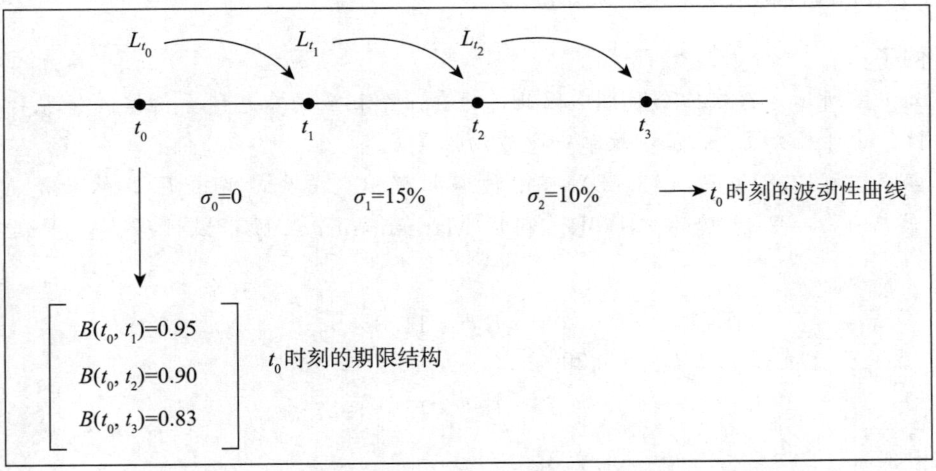

图 13.1　LIBOR 与未来收益的现值

第三个式子表示在 $t=3$ 时刻到期的债券的定价函数。它的工作原理是非常有趣的。根据这里用到的树，在 $t=0,1,2$ 期间 LIBOR 存在 4 种可能路径，它们是

$$\{L_0, L_1^u, L_2^{uu}\} \tag{13.86}$$
$$\{L_0, L_1^u, L_2^{ud}\} \tag{13.87}$$
$$\{L_0, L_1^d, L_2^{du}\} \tag{13.88}$$
$$\{L_0, L_1^d, L_2^{dd}\} \tag{13.89}$$

根据这个模型中概率 p^u 和 p^d 的选择方式，每条路径的发生概率是等可能的，由此得到第三个式子。

最后两个等式是每个节点上的波动性。我们发现，波动性仅依赖时间标记 i，

$$\frac{1}{2}\ln\left[\frac{L_2^{uu}}{L_2^{ud}}\right]=0.20 \tag{13.90}$$

$$\frac{1}{2}\ln\left[\frac{L_2^{du}}{L_2^{dd}}\right]=0.20 \tag{13.91}$$

这意味着

$$L_2^{uu}L_2^{dd}=L_2^{ud}L_2^{du} \tag{13.92}$$

这个式子是继前 5 个式子之后的另一个，它使得未知量的数目等于方程数。在进一步假设树是可重组的后，我们得到

$$L_2^{uu}L_2^{dd}=(L_2^{ud})^2 \tag{13.93}$$

现在，由式（13.81）～式（13.85）和式（13.92）～式（13.93）可解出 7 个未知量 $\{L_0, L_1^u, L_1^d, L_2^{uu}, L_2^{du}, L_2^{ud}, L_2^{dd}\}$。

因为系统是递归的，所以解这些式子最简单的方法是从 $i=0$ 开始，逐步推进。从第一个式子可以得到 L_0，从第二个和第四个式子可以得到 L_1^u 和 L_1^d，从剩下的 3 个式子可以解出最后 3 个未知量。需要说明的是，方程组（13.81）～（13.85）不是线性的。因此，必须用非线性爬山法来求解未知量。

例子：

如下图所示，存在三个时期。因此，存在三个相应的零息债券价格的折现和三个波动性。由于已知 L_0 的值，故第一个波动性是 0。

方程组（13.81）～（13.85）可以被递归解出。首先，解出 L_0，然后是 L_1^u 和 L_1^d，最后是 $t=2$ 时刻的 LIBOR。利用 Mathematica 求解非线性等式，得到如下结果：

$$\begin{array}{ccccc} & & & \nearrow & L_2^{uu}=11.8\% \\ & \nearrow & L_1^u=6.39\% & \searrow & \\ L_0=5.26\% & & & & L_2^{ud}=L_2^{du}=9.7\% \\ & \searrow & L_1^d=4.73\% & \nearrow & \\ & & & \searrow & L_2^{dd}=5.3\% \end{array} \tag{13.94}$$

现在讨论已知 LIBOR 或其他即期利率的无套利路径时，BDT 树的应用。

□ 13.3.5　树的使用

无套利树有很多用途：（ⅰ）可以对标的 LIBOR 利率 L_i 的一篮子期权进行定价。存在所谓的上限与下限，且具有很强的流动性；（ⅱ）可以利用树方法为互换及相关衍生品定价；（ⅲ）最后，我们还可以利用树方法对远期上限、下限以及互换进行定价。现在讨论下面的例子。

13.3.5.1　应用：上限定价

上限簇（caplet）是以特定 LIBOR 利率 L_{ti} 为标的的期权。选取一个上限利率 L_K 为执行价格，如果 LIBOR 利率变动超过 L_K，那么上限簇的购买者将获得补偿。参见图 13.2 和图 13.3。到期日是 t_i，结算日是 t_{i+1}。上限簇将购买者的利率费用“封顶”。一系列相继标的 $L_{t_i}, L_{t_{i+1}}, \cdots, L_{t_{i+\tau}}$ 的上限簇构成 τ 期利率上限。类似地，一系列连续的下限簇构成下限。利率下限是一种衍生合约，其中在每期末时如果利率低于协定的执行价格，则买方收到支付。

假设需要为如下上限簇定价：

- t_i 满足 $t_i - t_{i-1} = 12$ 个月。
- 在 t_2 时可以观察到 LIBOR 利率 L_{t_2}。
- 在 t_0 时本金 N 已确定。设

$$N = 100 \text{ 万美元} \tag{13.95}$$

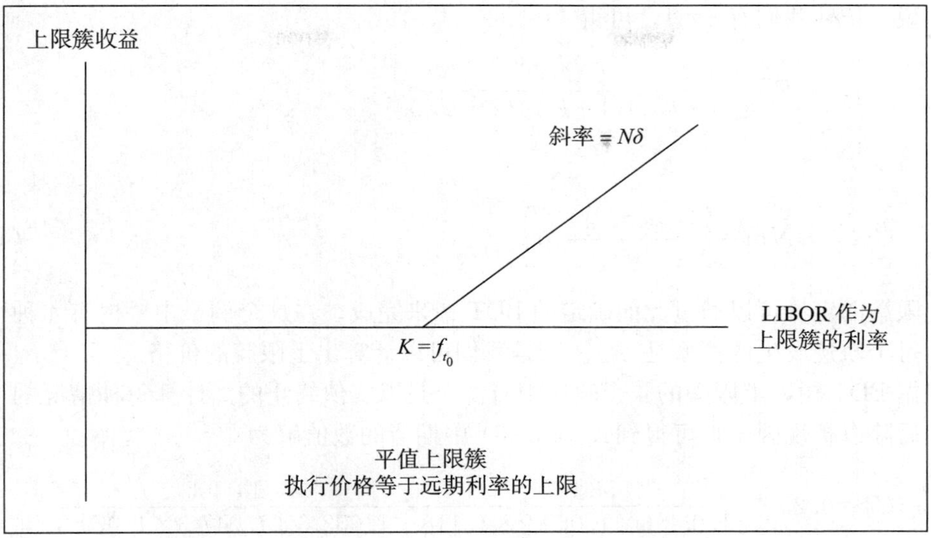

图 13.2　上限簇的收益

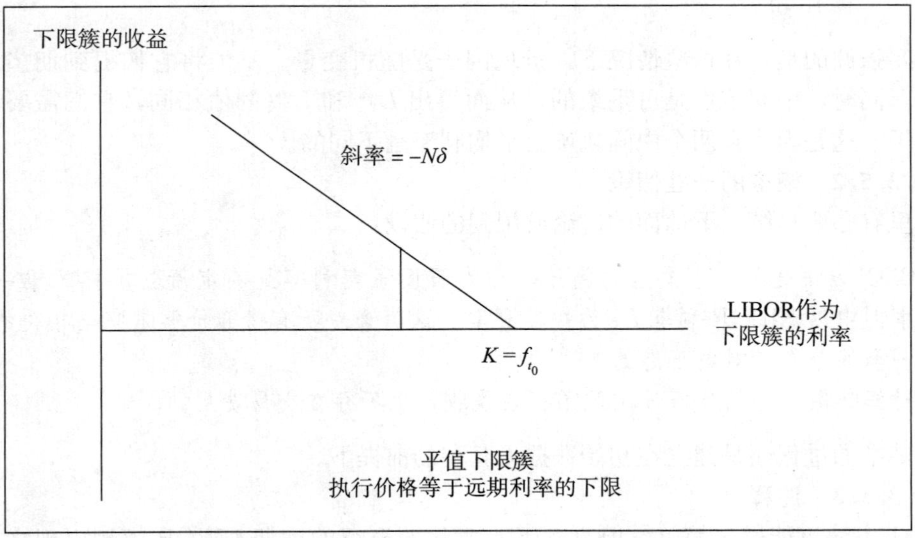

图 13.3　下限簇的收益

- 如果 LIBOR 利率 L_{t_2} 超过利率上限 $L_K=6.5\%$，顾客将在 t_3 时得到收益：

$$C(t_3)=\frac{N(L_{t_2}-L_K)}{100} \tag{13.96}$$

否则没有支付。

- 为了获得“保险”，顾客需要支付期权费 $C(t_0)$。

问题是如何确定上限簇的期权费 $C(t_0)$ 的无套利价值。基本定理指出，如果利用风险中性概率计算期望，那么用无风险利率折现后的到期日支付的期望价值等于 $C(t_0)$。

换句话说，记住我们有 $\delta=1$，可得

$$C(t_0)=E_{t_0}^{\tilde{P}}\left[\frac{C(t_3)}{(1+L_{t_0})(1+L_{t_1})(1+L_{t_2})}\right] \tag{13.97}$$

到期收益为

$$C(t_3)=N\max\left[\frac{(L_{t_2}-L_K)}{100},0\right] \tag{13.98}$$

上限簇的定价可以通过此前确定的 BDT 树来完成。在这个例子中，树有 4 种可能的轨迹，每个轨迹发生的概率是 1/4。于是我们可以计算出上限簇的价格。

根据 BDT 树，上限簇的 4 个轨迹中有 3 个是以实值终止的。计算每种情况的可能收益，然后除以折现因子，可得到式（13.98）中期望的数值解为

$$\begin{aligned}C_0=&0.25\times\left[\frac{53\,000}{1.052\,6\times1.063\,9\times1.118}+\frac{14\,400}{1.052\,6\times1.047\,3\times1.079\,3}\right.\\&\left.+\frac{14\,400}{1.052\,6\times1.063\,9\times1.079\,3}\right]\\=&16\,587\text{ 美元}\end{aligned}$$

需要强调的是，在这些情况下，折现因子是随机变量。不能将它们提到期望运算符的外面。同时，中间节点是可重组的，从而得出 L_2^{ud} 和 L_2^{du} 的值相同，它们需要不同的折现因子，这是因为在两个中间轨迹上平均利率是不同的。

13.3.5.2　模型的一些假设

这里有必要总结一下前面的讨论所用到的假设：

- BDT 方法是单因素模型的例子，因为假设短期利率是确定债券价格的唯一变量，本例中以 LIBOR 利率 L_i 为短期利率。这蕴含着所有债券价格是完全相关的。
- 利率的分布是对数正态的。
- 对框架做一些简化假设。既不存在税收，也不存在交易费用。

最基本的过程还是建立在初始数据无套利的前提下。

13.3.5.3　注释

BDT 方法可能过于简单，但直到下一章将要介绍的远期 LIBOR 模型出现之前，考虑到更高级的替代方案，市场专业人士还是喜欢使用 BDT 方法。一个简单的模型可能不能确切地模拟现实，但它具有三个重要的优点：

(1) 如果模型依赖的参数较少，那么需要确定的参数就少，从而发生错误的机会也小。

(2) 如果模型简单，交易者或风险管理者将会利用个人经验调整模型的不足。

(3) 一个存在众所周知的缺点但被大量使用的简单模型，可能要比那些虽然复杂但没有良好表现的模型好。

另一个存在众所周知的缺点的模型就是布莱克-斯科尔斯模型。由于上述原因，它依然受到了交易者的偏爱。

□ 13.3.6 现实世界的复杂性

前面例子中的 BDT 模型是基于某些符号参数，例如两种状态、易获得的纯贴现债券价格等等。如前所述，它还依赖于几个限制性的假设。

在现实应用中，上面讨论的例子还需要增加如下条件：（ⅰ）需要检查日计数惯例并加以修正；（ⅱ）由于在 $t=2$ 时清算，此后的折现可能需要从 $t=3$ 到 $t=2$ 进行；（ⅲ）在市场应用中，需要定价的上限是由多个而不是单个上限簇组成的。

13.4 应用 3：跨货币

到目前为止，有关基本定理的前面两个应用都是数值例子。跨货币合约的定价是基本定理的另一个应用。首先，从概念上进行讨论，它能很好地说明第 12 章所介绍的技术如何应用到模型的构建中。本节将完成第 10 章中开始的跨货币资产金融工程观点的讨论。

跨货币的外国资产按已知汇率以本国货币进行未来偿付。汇率 x_t 在开始时选定，合约在 T 时刻终止。例如，利用跨货币，在消除了对汇率变动的隐含货币敞口后，以美元为基础的投资者可以从外国股票市场潜在的上升状态中获利。

□ 13.4.1 跨货币定价

我们从跨货币远期合约的定价开始讨论基本定理的下一个应用。设 S_t^* 表示以外国货币标价的外国股票，x_t 为汇率，即每单位外国货币兑换本国货币的数量。根据基本定理，可以利用本国风险中性测度 $\tilde{P}$ 得到远期合约在 t_0 时刻的价值：

$$V(t_0)=\mathrm{e}^{-r(T-t_0)}E_{t_0}^{\tilde{P}}x_{t_0}[S_T^*-F_{t_0}] \tag{13.99}$$

F_{t_0} 是 T 时刻外国股票的远期价值，它是用外国货币度量的。设 $V(t_0)$ 等于 0，于是得到远期价格 F_{t_0}：

$$F_{t_0}=E_{t_0}^{\tilde{P}}[S_T^*] \tag{13.100}$$

因而，为了计算 F_{t_0}，我们需要在本国风险中性测度 $\tilde{P}$ 下计算外国货币 S_T^* 的期望：

$$E_{t_0}^{\tilde{P}}[S_T^*] \tag{13.101}$$

实际上，根据基本定理，状态价格 Q^i 以本国货币表示，而 S_t^* 以外国货币表示，这使得上面的计算非常复杂。

可是，如果使用得当，仍然可以利用基本定理得到式 (13.101) 的期望。为了保持连续性，我们利用第 12 章所发展起来的简单框架，特别地，假设仅有两个阶段，t_0 和 T，而在 T 时刻世界有 n 种状态存在。其他符号保持不变。

假设基本定理中有三种资产的矩阵式。第一种资产是本国储蓄账户 B_t，如果存款为

1美元，可以获得本国年利率 r 的收益。第二种资产是外国存款 B_t^*，如果存款为1单位外币，可以获得外国利率 r^* 的收益。假设这些利率是常数。外币在 t_0 时刻的美元价值为 x_{t_0}。第三种资产是外国股票 $S_{t_0}^*$。

将这些变量代入基本定理的矩阵式，可得

$$\begin{pmatrix} 1 \\ x_{t_0} \\ x_{t_0} S_{t_0}^* \end{pmatrix} = \begin{pmatrix} 1+r(T-t_0) & \cdots & 1+r(T-t_0) \\ x_T^1[1+r^*(T-t_0)] & \cdots & x_T^n[1+r^*(T-t_0)] \\ x_T^1 S_T^{*1} & \cdots & x_T^n S_T^{*n} \end{pmatrix} \begin{bmatrix} Q^1 \\ \cdots \\ \cdots \\ \cdots \\ Q^n \end{bmatrix} \tag{13.102}$$

这里，x_T^i 和 S_T^{*i} 带有上标 i，以此表示它们在 T 时刻的值依赖于该时刻所出现的状态。这个方程组包括本国状态价格，因此外国股票 $S_{t_0}^*$ 的价值需要通过乘以 x_{t_0} 转化成本国货币。假设 $Q^i(i=1,\cdots,n)$ 是已知的状态价格且为正。

首先，从第12章中的讨论得到的两个结论开始，定义本国风险中性测度 $\tilde{P}$ 为

$$\tilde{p}_i = (1+r(T-t_0))Q^i \tag{13.103}$$

然后，从式（13.102）的第三行可以得到等式

$$x_{t_0} S_{t_0}^* = \frac{1}{1+r(T-t_0)} \sum_{i=1}^n x_T^i S_T^{*i} \tilde{p}_i \tag{13.104}$$

这蕴含着

$$x_{t_0} S_{t_0}^* = \frac{1}{1+r(T-t_0)} E_{t_0}^{\tilde{P}}[x_T S_T^*] \tag{13.105}$$

利用式（13.102）中的第二行，可以得到汇率的类似等式。将 Q^i 转换成风险中性概率 $\tilde{P}$ 之后可得

$$x_{t_0} = \frac{1+r^*(T-t_0)}{1+r(T-t_0)} E_{t_0}^{\tilde{P}}[x_T] \tag{13.106}$$

利用式（13.105）和式（13.106）计算期望值 $E_{t_0}^{\tilde{P}}[S_T^*]$。由统计学基本知识可以得到：

$$\mathrm{Cov}(S_T^*, x_T) = E_{t_0}^{\tilde{P}}[S_T^* x_T] - E_{t_0}^{\tilde{P}}[S_T^*] E_{t_0}^{\tilde{P}}[x_T] \tag{13.107}$$

整理之后，可得

$$E_{t_0}^{\tilde{P}}[S_T^*] = \frac{E_{t_0}^{\tilde{P}}[S_T^* x_T] - \mathrm{Cov}(S_T^*, x_T)}{E_{t_0}^{\tilde{P}}[x_T]} \tag{13.108}$$

将式（13.105）代入分子，将式（13.106）代入分母，可得：

$$E_{t_0}^{\tilde{P}}[S_T^*] = \frac{[1+r(T-t_0)] x_{t_0} S_{t_0}^* - \mathrm{Cov}(S_T^*, x_T)}{x_{t_0}\left[\frac{1+r(T-t_0)}{1+r^*(T-t_0)}\right]} \tag{13.109}$$

我们更愿意利用相关系数 ρ 以及 x_t 和 S_t^* 的百分比年波动性 σ_x 和 σ_s，将上式写成另一种不同形式。设

$$\mathrm{Cov}(S_T^*, x_T) = \rho\,\sigma_x\sigma_s(x_{t_0}S_{t_0}^*)(T-t_0) \tag{13.110}$$

于是，表达式（3.109）变为

$$E_{t_0}^{\tilde{P}}[S_T^*] = \frac{1+r^*(T-t_0)}{1+r(T-t_0)}[1+(r-\rho\,\sigma_x\sigma_s)(T-t_0)]S_{t_0}^* \tag{13.111}$$

我们可以用下式来逼近它①：

$$E_{t_0}^{\tilde{P}}[S_T^*] \cong [1+(r^*-\rho\,\sigma_x\sigma_s)(T-t_0)]S_{t_0}^* \tag{13.112}$$

这就给出了用本币表示的跨货币远期的外币价格：

$$F_{t_0} \cong [1+(r^*-\rho\,\sigma_x\sigma_s)(T-t_0)]S_{t_0}^* \tag{13.113}$$

它的本币现值是跨货币的即期价格：

$$V_{t_0} = x_{t_0}\frac{1}{1+r(T-t_0)}[1+(r^*-\rho\,\sigma_x\sigma_s)(T-t_0)]S_{t_0}^* \tag{13.114}$$

若将利率重新解释成连续复利利率，也可将这个关系式重新写成：

$$V_{t_0} = \mathrm{e}^{-r(T-t_0)}\mathrm{e}^{(r^*-\rho\sigma_x\sigma_s)(T-t_0)}x_{t_0}S_{t_0}^* \tag{13.115}$$

根据这个表达式，跨货币的价值依赖于汇率变动和外国股票价格之间相关性的符号。如果相关性为正，则跨货币的价值为负；如果相关性为负，则跨货币的价值为正②；如果相关性为 0，则跨货币的价值也是 0。

□ 13.4.2 PDE 方法

下面的例子将阐明如何利用基本定理得到跨货币工具的偏微分方程（PDE）。这种推理讨论是在连续时间条件下进行的，本质上是一种直观启发性的表述。考察两种相同的货币，本国存款和外国存款分别定义为 B_t 与 B_t^*。为了简单起见，假设相应的连续复利利率是常数，记作 r 与 r^*。这意味着存款账户价值会随着以下微分方程而逐渐增加：

$$\mathrm{d}B_t = rB_t\,\mathrm{d}t \quad t\in[0,\infty) \tag{13.116}$$

$$\mathrm{d}B_t^* = r^*B_t^*\,\mathrm{d}t \quad t\in[0,\infty) \tag{13.117}$$

设 x_t 表示 1 单位外币兑换本国货币的汇率。在适当的鞅测度下，x_t 满足下面的 SDE：

$$\mathrm{d}x_t = \mu_x x_t\,\mathrm{d}t + \sigma_x x_t\,\mathrm{d}W_{1t} \quad t\in[0,\infty) \tag{13.118}$$

首先，我们得到在 B_t 标准化条件下的汇率动态特性。注意，B_t^* 是可交易资产，其

---

① 对于很小的 z，我们可以利用逼近 $\frac{1}{1+z}=1-z$，在这个逼近中，忽略了 $(T-t_0)^2$ 以及更高阶项的所有项。

② 假设相关性为正，那么当外国股票的价格上升时，外国货币一般也将升值。交叉货币从股票持有者的角度消除了这个机会，因此是负值，从而跨货币资产更便宜。

价格用本国货币表示是 $x_t B_t^*$。依据第 12 章所得到的结果，在 B_t 标准化以及相对应的风险中性测度 $\widetilde{P}$ 条件下，比值

$$\frac{x_t B_t^*}{B_t} \tag{13.119}$$

应该是一个鞅。这意味着隐含的动态特性的漂移项应该为 0。如果求全导数，可得到①

$$E_t^{\widetilde{P}}\left[\mathrm{d}\,\frac{x_t B_t^*}{B_t}\right]=E_t^{\widetilde{P}}\left[\frac{B_t^*}{B_t}\mathrm{d}x_t+\frac{x_t}{B_t}\mathrm{d}B_t^*-\frac{x_t B_t^*}{B_t^2}\mathrm{d}B_t\right]=0 \tag{13.120}$$

将式 (13.116)、式 (13.117) 与式 (13.118) 代入上式，可以得出②

$$\frac{B_t^*}{B_t}\mu_x x_t\,\mathrm{d}t+\frac{x_t}{B_t}r^* B_t^*\,\mathrm{d}t-\frac{x_t B_t^*}{B_t^2}rB_t\,\mathrm{d}t=\frac{x_t B_t^*}{B_t}[\mu_x+r^*-r]\mathrm{d}t \tag{13.121}$$

为了使漂移项为 0，我们必须在 $\widetilde{P}$ 下始终有

$$\mu_x+r^*-r=0 \tag{13.122}$$

将此漂移项代入式 (13.118) 得到 $\widetilde{P}$ 下的汇率动态特性为

$$\mathrm{d}x_t=(r-r^*)x_t\,\mathrm{d}t+\sigma_x x_t\,\mathrm{d}W_{1t}\quad t\in[0,\infty) \tag{13.123}$$

其次，考察外国股票 S_t^* 在 $\widetilde{P}$ 下的动态特性

$$\mathrm{d}S_t^*=\mu_s S_t^*\,\mathrm{d}t+\sigma_x S_t^*\,\mathrm{d}W_{2t}\quad t\in[0,\infty) \tag{13.124}$$

经过 B_t 标准化后，外国股票的本币价值应该是鞅。利用伊藤引理

$$E_t^{\widetilde{P}}\left[\mathrm{d}\,\frac{x_t S_t^*}{B_t}\right]=E_t^{\widetilde{P}}\left[\frac{S_t^*}{B_t}\mathrm{d}\,x_t+\frac{x_t}{B_t}\mathrm{d}S_t^*-\frac{x_t S_t^*}{B_t^2}\mathrm{d}\,B_t+\frac{\mathrm{d}\,x_t\,\mathrm{d}S_t^*}{B_t}\right]=0 \tag{13.125}$$

替换微分项，并化简得

$$\frac{S_t^*}{B_t}(r-r^*)x_t+\frac{x_t}{B_t}\mu_s S_t^*-\frac{x_t S_t^*}{B_t^2}rB_t+\frac{\rho\sigma_x\sigma_s x_t S_t^*}{B_t} \tag{13.126}$$

$$=\frac{x_t S_t^*}{B_t}[(r-r^*)+\mu_s-r+\rho\sigma_x\sigma_s]=0$$

为了使漂移项为 0，必须在 $\widetilde{P}$ 下始终有

$$\mu_s=r^*-\rho\,\sigma_x\sigma_s \tag{13.127}$$

这就给出了无套利股票价格的如下动态特性：

$$\mathrm{d}S_t^*=(r^*-\rho\sigma_x\sigma_x)S_t^*\,\mathrm{d}t+\sigma_x S_t^*\,\mathrm{d}W_{2t}\quad t\in[0,\infty) \tag{13.128}$$

---

① 我们利用了期望算子中的微分。由于随机微分仅是一些极限的符号式表达方法，我们强调这只是启发式的做法。

② 对于熟知随机积分的读者来说，由于 x_t 在公式中是线性的，所以伊藤引理的二阶项为 0。而且，B_t 是确定性的。

这些动态特性蕴含着：

$$E_t^{\tilde{P}}[S_T^*]=\mathrm{e}^{(r^*-\rho\sigma_x\sigma_s)(T-t)}S_t^* \tag{13.129}$$

正如前一节所讨论的，这里利率 r 和 r^* 应被解释成连续复利利率。在前一节中，它们是区间 $T-t_0$ 上的精算利率。

13.4.2.1 跨货币的 PDE

最后，利用这些结论，可以得到与外国经济相关的风险的任意跨货币资产的 PDE。设外币资产为 S_t^*，并设 V_t 表示 t 时刻跨货币的价值。

$$V(t)=x_tV(S_t^*,t) \tag{13.130}$$

$V(\cdot)$ 是资产的定价函数，有待确定。x_t 是跨货币合约确定的初始汇率，$V(t)$ 以本国货币表示。在 B_t 标准化条件下，$V(t)$ 应该是鞅。利用伊藤引理可得①

$$E_t^{\tilde{P}}\left[\mathrm{d}\frac{V(t)}{B_t}\right]=E_t^{\tilde{P}}\left[\frac{V_t}{B_t}\mathrm{d}t+\frac{V_s}{B_t}\mathrm{d}S_t^*-\frac{V}{B_t^2}\mathrm{d}B_t+\frac{1}{2}\frac{V_{ss}\sigma_s^2(S_t^*)^2}{B_t}\mathrm{d}t\right]=0 \tag{13.131}$$

替换随机微分方程并化简可得隐含 PDE

$$V_t+(r^*-\rho\,\sigma_x\sigma_s)S_t^*V_s+\frac{1}{2}V_{ss}\sigma_s^2(S_t^*)^2-rV=0 \tag{13.132}$$

终端条件是

$$V(T)=x_tV(S_T^*,T) \tag{13.133}$$

我们将 PDE 应用到两个特殊例子中。

□ 13.4.3 跨货币远期合约

假设我们知道跨货币远期合约具有下面的价值

$$V(t)=q(t)S_t^* \tag{13.134}$$

可是，时间相依函数 $q(t)$ 是未知的。前面一节所推导的 PDE 可用于求解 $q(t)$。对式（13.134）进行微分，得到如下的偏导数

$$V_t=\frac{\partial q(t)}{\partial t}S_t^*=\dot{q}S_t^* \tag{13.135}$$

$$V_s=q(t) \tag{13.136}$$

$$V_{ss}=0 \tag{13.137}$$

将这些项代入跨货币的 PDE 中，可以得出

$$\dot{q}S_t^*+(r^*-\rho\,\sigma_x\sigma_s)q(t)S_t^*-rq(t)S_t^*=0 \tag{13.138}$$

① 这个表达式中的 V_t 表示 $V(\cdot)$ 对 t 的偏微分，不应该与 $V(t)$ 相混淆。另外，第 9 章的附录简要地讨论了伊藤引理。相关的直观启发性内容，可以参见 Hirsa and Neftci（2013）。对于正式的论述内容，参见 Øksendal（2010）。

其终端条件为

$$V(T)=x_t S_T^* \tag{13.139}$$

当消除共同项 S_t^* 后，利用这个常微分方程可求解出 $q(t)$

$$q(t)=x_t \mathrm{e}^{(r^*-\rho\sigma_x\sigma_s)(T-t)} \tag{13.140}$$

这和此前得到的结果一样。

□ 13.4.4 跨货币期权

假设跨货币资产的收益 $V(T)$ 与标的为外国股票 S_t^* 的欧式看涨期权的收益有联系，即

$$V_T=x_t \max[S_T^*-K^*,0] \tag{13.141}$$

其中，K^* 表示外国货币的执行价格，T 是到期日。于是，可利用等价的布莱克-斯科尔斯公式求解式（13.132）中所推导出的 PDE，从而得到欧式跨货币看涨期权的定价方程

$$C(t)=x_t[S_t^* \mathrm{e}^{(r^*-r-\rho\sigma_x\sigma_s)(T-t)}N(b_1)-K^* \mathrm{e}^{-r(T-t)}N(b_2)] \tag{13.142}$$

其中

$$b_1=\frac{(\ln S_t^*/K^*)+(r^*-\rho\sigma_x\sigma_s+0.5\sigma_s^2)(T-t)}{\sigma_s\sqrt{T-t}} \tag{13.143}$$

$$b_2=b_1-\sigma_s\sqrt{T-t} \tag{13.144}$$

看涨期权的价值是用本国货币度量的。

13.4.4.1 布莱克-斯科尔斯公式和股利

现在，我们阐明如何求解式（13.132）中的 PDE，以便得到如上所述的简单跨货币股票期权的布莱克-斯科尔斯公式。在具体求解时，需要假设在期权期限内，标的股票的股利支付率为常数，由此导出布莱克-斯科尔斯公式的等价形式。

由布莱克-斯科尔斯公式领域中的标准推导，可得到以常数利率 Q 支付股利的以股票 S_t 为标的的欧式看涨期权的期权费为

$$C(t)=\mathrm{e}^{-Q(T-t)}S_t N(\widetilde{d}_1)-K\mathrm{e}^{-(r)(T-t)}N(\widetilde{d}_2) \tag{13.145}$$

其中

$$\widetilde{d}_1=\frac{\ln(S_t/K)+(r-Q+0.5\sigma_s^2)(T-t)}{\sigma_s\sqrt{T-t}} \tag{13.146}$$

$$\widetilde{d}_s=\widetilde{d}_1-\sigma_s\sqrt{T-t} \tag{13.147}$$

其中，S_t 表示支付股利的股票。

现在，将式（13.138）的 PDE 写成

$$V_t+(r-Q)S_t^* V_s+\frac{1}{2}V_{ss}\sigma_s^2(S_t^*)^2-rV=0 \tag{13.148}$$

其中，Q 被看成是股利率，它可写为

$$Q=r-r^{*}+\rho\sigma_{x}\sigma_{s} \tag{13.149}$$

然后，将 Q 作为已知的股利率代入标准布莱克-斯科尔斯公式中，从而得到跨货币看涨期权的期权费。

□ 13.4.5 如何对冲跨货币

跨货币合约需要进行动态对冲。交易者可以建立由标的外国资产、外国货币（或最好是 FX 远期）以及本国借贷组成的投资组合。该组合的权重是动态调整的，使得它能够复制跨货币合约的价值变化。从对冲调整中实现的交易收益（损失）形成了跨货币溢价或折现的基础。

□ 13.4.6 对现实生活的考虑

本节讨论的跨货币资产适用于简单的、抽象的和非现实的环境。此外，我们还利用了如下假设：(1) 假设标的过程服从对数正态分布，这蕴含着 SDE 是几何的；(2) 假设在期权期限内相关系数和波动性参数是常数；(3) 同样，假设利率是常数，但相应汇率是随机的。

这些假设在大多数现实应用中并不能被满足，对于跨货币特别重要的是，汇率和其他风险因素之间的相关系数是极其不稳定的。因此，本节所讨论的模型应该被认为是基本定理在概念上的应用。它们不能为现实世界中的跨货币提供定价公式。

13.5 结论

本章研究了资产定价基本定理的三个应用。通常，当资产的静态复制不可行时，金融工程师就需要使用这些方法。盯市的需求或新产品的构建经常需要计算内在的无套利价格，而不是依靠利用市场上观察到的流动价格整合所得到的合成品。本章所概述的方法给出了这种定价的一些标准途径。

阅读建议

对于本章通过某些简单例子所介绍的这些方法，读者有几个值得查阅的文献。我们推荐 Clewlow and Strickland(1998)，该书提供了计算机应用的一般编程代码。最近一本新书是 Jackel(2002)，该书研究了金融学中的蒙特卡洛方法专题。Avellaneda et al. (2001) 的一系列文章深入探讨了校准问题。最后，原创的 Black et al. (1990) 模型通常是关于 BDT 模型的启发性读物。对于跨货币资产及与其相关的讨论来说，参见 Hull

(2014)。对于这里所阐述的方法的进一步应用，Wilmott(2006) 是非常有用的参考读物。

习题

1. (BDT 模型) 观察下面无违约的贴现债券价格 $B(t,T_i)$，其中时间以年为计量单位：

$$B(0,1)=95,\ B(0,2)=93,\ B(0,3)=91,\ B(0,4)=89 \tag{13.150}$$

假设这些价格是无套利的。此外，给定上限-下限波动性为：

$$\sigma(0,1)=0.20,\ \sigma(0,2)=0.25,\ \sigma(0,3)=0.20,\ \sigma(0,4)=0.18 \tag{13.151}$$

其中，$\sigma(t,T_i)$ 表示 T_i 时刻观测到的 LIBOR 利率 L_{T_i} 的（常数）波动性，期限是 1 年。

(a) 利用 BDT 模型，校准二叉树，使其与这些数据吻合。

(b) 假设一个债券看涨期权具有如下特征：标的 $B(2,4)$ 是两年期债券，到期日是 $T=2$，执行价格是 $K_B=93$。已知 BDT 树是无套利 LIBOR 动态特性的一个好的逼近式。$B(2,4)$ 的远期价格是多少？

(c) 利用 BDT 方法，计算这个看涨期权的无套利价格。

2. (汇率与 LIBOR 利率) 已知欧元/美元汇率 e_t 服从下面现实世界的动态特性：

$$de_t=\mu dt+0.15e_t dW_t \tag{13.152}$$

汇率当前值是 $e_0=1.101\,5$。而且，已知 1 年期美元贴现债券的价格是

$$B(t,t+1)^{US}=98.93 \tag{13.153}$$

而相对的欧元标价的债券价格是

$$B(t,t+1)^{EU}=98.73 \tag{13.154}$$

这两个价格都是无套利的，同时不存在信用风险。

(a) 在 t 时刻，两种货币的 1 年期 LIBOR 利率是多少？

(b) 连续复利利率 r_t^{US} 和 r_t^{EUR} 是多少？

(c) 写出 e_t 的无套利动态特性。特别地，解释我们需要利用的是连续复利利率还是 LIBOR 利率。

(d) 是否存在利用 LIBOR 利率的连续动态特性？

3. (欧式期权) 再一次考虑前一问题给出的数据。

(a) 利用 $\Delta=1$ 年来离散化方程组。

(b) 生成 5 个标准正态随机数集合，每个集合含有 5 个随机数。如何知道这 5 条轨迹是无套利的？

(c) 利用这些轨迹，计算下面期权的价值。执行价格是 0.95，期限是 3 年，而且是欧式期权。

4. (欧式外汇期权) 假设已知墨西哥比索与美元的汇率是 1 美元兑 3.75 比索。墨西

哥比索的年波动性是 20%。

墨西哥的利率是 8%，而美国的利率是 3%。请对标的为墨西哥比索的美元期权进行定价。期权是欧式期权，期限为 270 天。已知所有研究过程均是几何的。

(a) 利用标准的蒙特卡洛模型对期权进行定价。你可以选择序列的数目、逼近时间区间的长度，以及蒙特卡洛模拟中的其他参数。

(b) 现在假设墨西哥的外汇储备服从几何 SDE，且年波动性是 10%，年漂移系数是 5%。准备金现值是 70 亿美元。假如准备金降至 60 亿美元以下，将会出现一次性百分之百的贬值。对于期权定价来说，这个信息重要吗？请给予解释。

(c) 利用重要性抽样法重新对期权进行定价。假设你在定价时要考虑贬值的风险。

Excel 习题

5. (欧式期权) 编写一个 VBA 程序，假设股票价格 $M=100$，依据下面的数据，利用蒙特卡洛方法计算欧式看涨期权和看跌期权的价格：

$$S(0)=100,\ K=105,\ T=1,\ r=8\%,\ \sigma=50\%$$

逐渐提高 M 的值，给出所观察到的期权相应价格。

6. (两值货币期权) 编写一个 VBA 程序，假设股票价格 $M=100$，依据下面的数据，利用蒙特卡洛方法计算文中所讨论的两值看涨期权和看跌期权 FX 期权的价格：

$$S(0)=1.54\text{ 美元},\ K=1.58\text{ 美元},\ T=1,\ r=8\%,$$
$$r_f=6\%,\ \sigma=30\%,\text{ 收益 } R=10\text{ 美元}$$

逐渐提高 M 的值，给出所观察到的期权相应价格。

7. (障碍期权) 编写一个 VBA 程序，假设股票价格 $M=100$，依据下面的数据，利用蒙特卡洛方法计算障碍股价下跌出局和股价下跌入局看涨期权的价格：

$$S(0)=100,\ K=110,\ T=1,\ r=8\%,\ \sigma=50\%,\ H=90$$

逐渐提高 M 的值，给出所观察到的期权相应价格。

MATLAB 习题

8. (欧式期权) 编写一个 MATLAB 程序，依据下面的数据，验证蒙特卡洛方法估计欧式看涨期权和看跌期权价格的有效性：

$$S(0)=100,\ K=105,\ T=1,\ r=8\%,\ \sigma=30\%$$

绘制所估计价格与模拟股票价格之间函数关系的图形。

9. (障碍期权) 编写一个 MATLAB 程序，依据下面的数据，验证蒙特卡洛方法估计障碍股价下跌出局和股价下跌入局看涨期权价格的有效性：

$$S(0)=100,\ K=110,\ T=1,\ r=8\%,\ \sigma=30\%,\ H=90$$

绘制所估计价格与模拟股票价格之间函数关系的图形。

10. (两值货币期权) 编写一个 MATLAB 程序，依据下面的数据，验证蒙特卡洛方法估计两值看涨期权和看跌期权价格的有效性：

$$S(0)=1.54\text{ 美元},\ K=1.58\text{ 美元},\ T=1,\ r=8\%,$$

$r_f=6\%$，$\sigma=30\%$，$R=10$ 美元

绘制所估计价格与模拟股票价格之间函数关系的图形。

11.（BDT 模型校准）编写一个 MATLAB 程序，依据下面债券价格和隐含波动性的数据校准 BDT 模型：

$$B(t_0,t_1)=0.95,\ B(t_0,t_2)=0.93,\ B(t_0,t_3)=0.91,\ B(t_0,t_4)=0.89$$
$$\sigma(0,1)=20\%,\ \sigma(0,2)=25\%,\ \sigma(0,3)=20\%,\ \sigma(0,4)=18\%$$

绘制基于输出结果的 LIBOR 树。

第 14 章 固定收益工程

14.1 引论

这一章将扩展对互换类型金融工具的讨论，同时概述固定收益证券定价的简单框架。期限结构建模则置于这个框架中加以讨论。本章还介绍一些近年来被逐渐接受并成为行业基准的模型。

直到 20 世纪 90 年代末，短期利率模型在固定收益证券定价和风险管理中是最常用的方法，1992 年出现的希斯-加罗-默顿（Heath-Jarrow-Merton，HJM）方法，允许在多因素驱动的结构期限下制定无套利定价，但市场上仍继续使用短期利率模型。几年前情况已经发生改变，1997 年出现的远期 LIBOR 模型或布雷斯-加塔雷克-穆西拉（Brace-Gatarek-Musiela，BGM）模型正逐渐成为定价和风险管理的市场标准。

在全球金融危机期间，LIBOR 利率上升很多，并且偏离隔夜指数互换（overnight indexed swap，OIS）利率，这引起了疑问，即 LIBOR 是否还是合适的无风险折现率。在第 24 章，我们会讨论最近的模型和市场发展，譬如使用 OIS 曲线作为折现的无风险曲线。OIS 曲线的使用意味着不止一个零息曲线（zero curve）被用于衍生品金融工具定价的建模。LIBOR 曲线还被用于决定收益，OIS 零息曲线被用于折现。本章将探讨远期 LIBOR 模型，我们将研究更复杂以及最近的问题，例如第 24 章中同时或分别以 LIBOR 和 OIS 曲线建模的方法。

这一章将以互换市场和互换衍生品市场为背景，从实际应用的视角考察问题。我们感兴趣的是提供一个这样的框架，这个框架既可用于分析互换和互换衍生品的机制，又可用于将互换分解为一些更简单的工具，还可以用于构建合成工具。以这个框架为基础，很自然地建立起最近流行的固定收益模型。

有必要回顾一下第 4 章所阐述的关于互换工程的一些基本原理。首先，几乎所有的互换初始值都被设计为 0，毫无疑问这是现代互换型“利差工具”的一个特点。其次，能够使得互换价值为零的工具是利差或利率，通常选择它们的目的就是使互换的初始价值为 0。再次，互换有不止一个结算日。这蕴含着，不论互换利率或互换利差的值是多少，它们最终都体现为一些期限更短的浮动利率或利差的平均值。这不仅将一些简单的套利条件运用到相关市场利率上，而且通过在互换中加入期权，还可以为我们提供一些这些利率平均值波动性的交易方法。由于互换是具有流动性的，因此它们是极佳的互换期权标的。互换期权又与下一个子时期的利率波动性有关，这将与上限/下限波动性有关。这种结构有利于设计和理解更复杂的互换产品，比如固定期限互换（CMS）。我们将以 CMS 为例，举例说明远期 LIBOR 模型的优点。

最后，本章将进一步利用得到的框架来阐明测度变换方法的优点，通过在各种 T 远期测度之间的转换，阐明如何计算凸性效应。

本章所讨论的内容大多数是先以三时期互换为例，然后将结论一般化。我们从这些简单例子入手的原因是，少量的现金流更易于操作和理解。然后，我们将给出固定收益工具更具技术性的框架。最后，介绍这些框架将如何演变成远期 LIBOR 模型。我们的框架将吉尔萨诺夫形式的变换作为金融工程的基本工具。本章讨论了测度是如何在数值定价过程中循序被改变的，就像在远期 LIBOR 模型的模拟中所做的那样。随后，将这些工具应用到 CMS 中，传统模型在 CMS 的定价中显得相当困难。

14.2 互换的框架

我们研究的对象是远期固定支付利率互换和它的“即期”等价互换。从某种程度上来说，这些标准产品是预先设计好的并且具有同质性。它们是可以流动、买卖价差较窄的产品，而且每个市场实践者都熟悉它们的属性以及相关惯例。

为了简化讨论，我们以三时期互换开始阐述，如图 14.1 所示。鉴于本章采用了更为技术性的方法，此处值得再一次重复相关的参数。

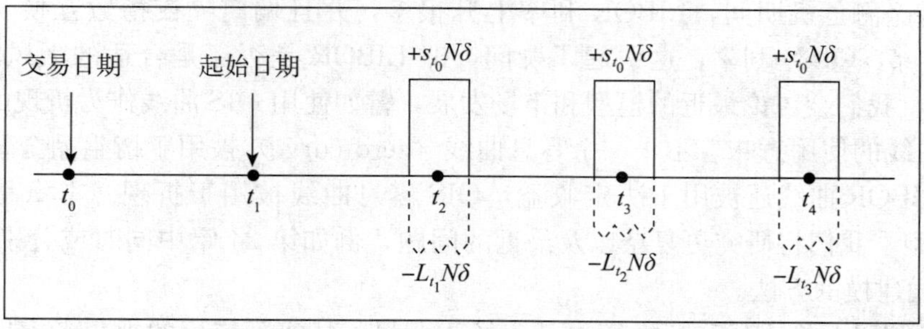

图 14.1 三时期远期互换

(1) 名义金额为 N，标的 LIBOR 利率的期限是 δ，它表示占日历年度的百分比。与以往一样，如果一年用 1 表示，那么对于 3 个月期 LIBOR 而言，δ 等于 1/4。

(2) 互换的时间期限是三时期，在时间 $T=t_4$ 互换结束，签订互换合约的时间是 t_0，但是互换起始时间是 t_1，因此我们使用远期互换这个词。①

(3) 日期 $\{t_1,t_2,t_3\}$ 是重设日，在这些时间点上将确定相关的 LIBOR 利率 L_{t_1}、L_{t_2} 和 L_{t_3}。② 这些日期的间隔就是 δ。

(4) 日期 $\{t_2,t_3,t_4\}$ 是结算日。在这些日期中，以 LIBOR 利率 L_{t_1}、L_{t_2}、L_{t_3} 计算的浮动现金流 δNL_{t_i} 来交换每一个 t_{i+1} 时刻的固定现金流 δNs_{t_0}。在这种设置条件下，从互换合约的签订到互换开始这段时间，并不要求 t_1-t_0 等于 δ。然而，假定其等于 δ，这促使所述的内容简洁便利。

我们的目的是提供一个系统性框架，在这个框架下对这样的互换以及利用它们所构建的工具进行有效的定价和风险管理。也就是，我们讨论一个技术性框架，可以用来管理一个互换或互换衍生品账簿。

互换已成为固定收益工程一般性框架的一个重要组成部分。我们需要两种另外的工具。我们还是利用一个简单的例子介绍这两种工具。考察图 14.2，其中给出了三种无违约风险贴现债券的收益图。这些债券的现值为 $B(t_0,T_i)$，在 t_0 时刻支付现值，而在到期日 $T_i=t_i$ 得到 1 美元同样的货币。倘若这些债券是无违约风险的，则 t_i 时刻的收益是确定的，同时将 $B(t_0,T_i)$ 看成 t_i 时刻 1 美元的现值。这蕴含着，这些债券实际上是相关的折现因子，或用市场语言来说，是 t_i 时刻的折现。注意到，当

$$T_1<T_2<T_3<T_4 \tag{14.1}$$

时，不管到期收益率曲线的斜率如何，债券价格必须满足③：

$$B(t_0,T_1)>B(t_0,T_2)>B(t_0,T_3)>B(t_0,T_4) \tag{14.2}$$

这些价格可用作折现因子，以此计算各种发生在未来结算时期 t_i 的现金流的现值。因此，它们在一系列互换结算中发挥着相当重要的作用，进而成为我们框架的第二个组成部分。

固定收益框架的第三个组成部分如图 14.3 所示。在这里，我们给出的是三个后置支付 FRA 的现金流。这些 FRA 分别为 $t_1\times t_2$、$t_2\times t_3$、$t_3\times t_4$。对于每一个 FRA 来说，浮动（随机）支付是用来交换一个已知（固定）的支付，在 t_{i+1} 时刻 FRA 的净现金流为

$$[L_{t_i}-F(t_0,t_i)]N\delta \tag{14.3}$$

其中，$F(t_0,t_i)$ 表示在 t_0 时刻签订一个假想远期贷款合约的远期利率。这个远期贷款在 t_i 时刻生效，在 $t_{i+1}=t_i+\delta$ 时刻偿还。我们注意到，这些固定支付 $N\delta F(t_0,t_i)$ 在 FRA 的整个生命周期中不完全相同。尽管所有的 FRA 利率在 t_0 时刻都是已知的，一般而言，它们相互不相等，也不等于固定互换方的支付 δNs_{t_0}。

---

① 对于我们所运用的即期互换来说，互换将从 t_0 开始，然后结算三次。

② 也就是，由某个客观的、预先定义的权威，例如英国银行家协会所确定。

③ 如同前面所看到的，假如我们通过做空长期债券来为短期债券的多头融资，我们的资金就会不足。

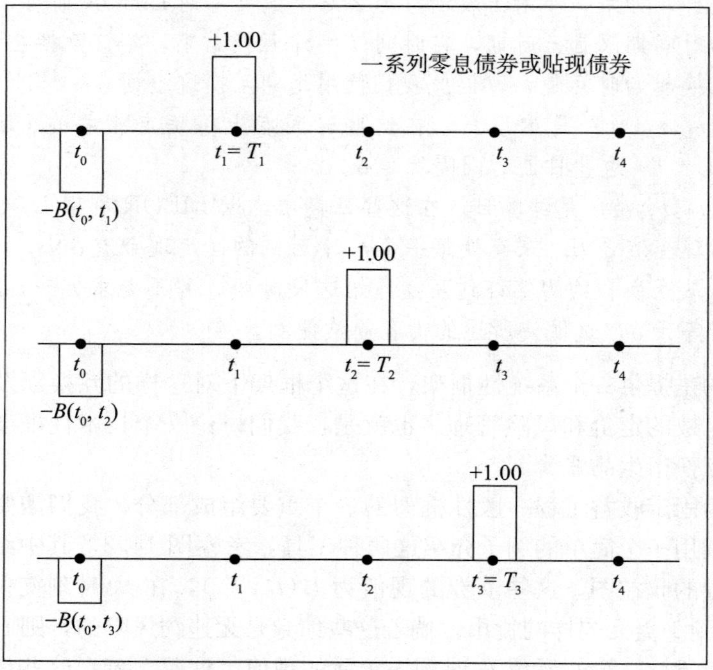

图 14.2　三种无违约风险的纯贴现债券收益图

现在，我们利用这个框架推导一些重要的结论，然后将其用于金融工程中。

□ 14.2.1　现金流的等价性

这一章我们所讨论的第一个金融工程原理与现金流的等价性相关联。如图 14.3 所示，存在一系列浮动现金流：

$$\{L_{t_1}N\delta, L_{t_2}N\delta, L_{t_3}N\delta\} \tag{14.4}$$

同时，倘若可观测到流动性价格，则市场就用这些随机的现金流交换已知（固定）的现金流：

$$\{F(t_0,t_1)N\delta, F(t_0,t_2)N\delta, F(t_0,t_3)N\delta\} \tag{14.5}$$

根据这一点，如果这些 FRA 在时间 t_0 是具有流动性的，那么式（14.5）中这些通过市场观察得到的已知现金流序列，被认为是用来交换式（14.4）中未知浮动支付的正确选择。如果此时我们考察如图 14.1 所示的互换现金流，可以发现，式（14.4）中的浮动现金流被用来交换已知且固定的互换方现金流

$$\{s_{t_0}N\delta, s_{t_0}N\delta, s_{t_0}N\delta\} \tag{14.6}$$

而且，这些现金流的交割日也是相同的。在这两个交换中，任何一方都不需要在 t_0 时刻进行初始支付，因而我们可以在 t_0 时刻将这两个交换结合起来考察，得到如下结论。

市场愿意在 t_0 时刻没有任何初始补偿的情况下，用固定、已知的现金流

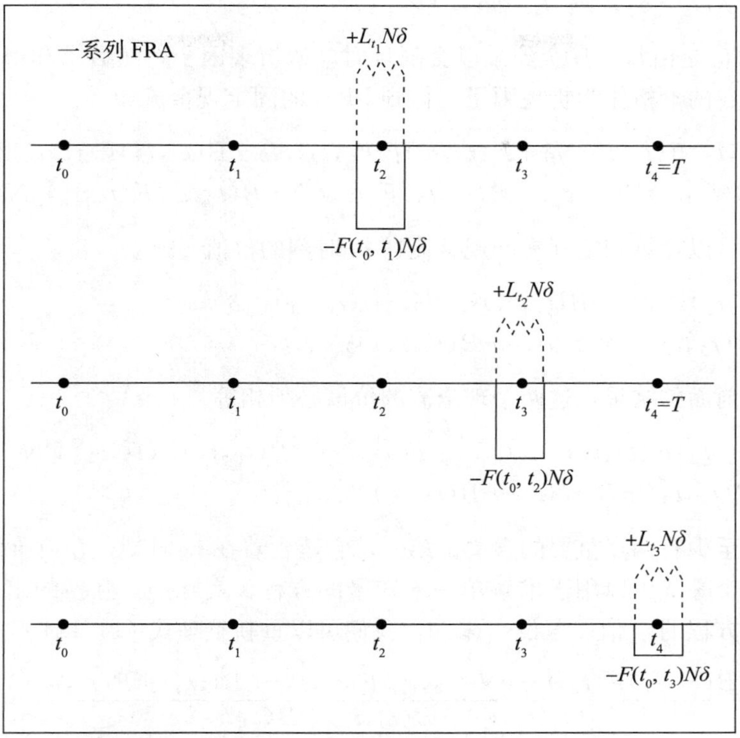

图 14.3　无违约风险后置支付 FAR 的现金流图形

$$\{s_{t_0}N\delta, s_{t_0}N\delta, s_{t_0}N\delta\} \tag{14.7}$$

交换可变的已知现金流

$$\{F(t_0,t_1)N\delta, F(t_0,t_2)N\delta, F(t_0,t_3)N\delta\} \tag{14.8}$$

这一点很重要，它蕴含着这两列现金流在 t_0 时刻的价值相同，否则，一方就会要求获得一个初始现金支付。假定 t_0 时刻的现金流已知，由它们的等价性可以得到一个用于定价的方程，这正如我们在接下来的内容中所看到的。下面我们利用远期 LIBOR 模型来深入展开讨论。

□ 14.2.2　互换定价

我们可确定两列在没有额外成本下市场愿意交换的已知现金流。利用这些信息，我们计算出这两列现金流在 t_0 时刻的价值。为了得到这些价值，我们使用框架中的第二个成分，也就是如图 14.2 所示的贴现债券价格。

假设无套利价格为 $B(t_0,t_i)$ $(i=1,2,3,4)$ 的纯贴现债券可在市场中活跃地交易。于是，我们就能够利用$\{B(t_0,t_2),B(t_0,t_3),B(t_0,t_4)\}$分别对在 t_2、t_3、t_4 时刻结算的现金流价值进行定价。[①] 事实上，现金流序列

① 我们利用无违约风险贴现债券对私有方的现金流进行估价。这个事实表明，我们正在提取所有的对手风险或信用风险。

$$\{F(t_0,t_1)N\delta,F(t_0,t_2)N\delta,F(t_0,t_3)N\delta\} \tag{14.9}$$

在 t_0 时刻的价值是由每个现金流乘以交割日对应的折现因子，然后求和得到的。用无违约风险贴现债券的价格作为折现因子，得到 FRA 的固定现金流为

$$\begin{aligned}&B(t_0,t_2)F(t_0,t_1)N\delta+B(t_0,t_3)F(t_0,t_2)N\delta+B(t_0,t_4)F(t_0,t_3)N\delta\\&=[B(t_0,t_2)F(t_0,t_1)+B(t_0,t_3)F(t_0,t_2)+B(t_0,t_4)F(t_0,t_3)]N\delta\end{aligned} \tag{14.10}$$

类似地，可以计算固定互换的现金流在 t_0 时刻的价值

$$\begin{aligned}&B(t_0,t_2)s_{t_0}N\delta+B(t_0,t_3)s_{t_0}N\delta+B(t_0,t_4)s_{t_0}\delta N\\&=[B(t_0,t_2)+B(t_0,t_3)+B(t_0,t_4)]\delta N\, s_{t_0}\end{aligned} \tag{14.11}$$

现在根据前面的结果，这两个现金流的价值必须相等。

$$\begin{aligned}&[B(t_0,t_2)F(t_0,t_1)+B(t_0,t_3)F(t_0,t_2)+B(t_0,t_4)F(t_0,t_3)]\delta N\\&=[B(t_0,t_2)+B(t_0,t_3)+B(t_0,t_4)]\delta N\, s_{t_0}\end{aligned} \tag{14.12}$$

这个等式至少有两点重要的含义。第一，它蕴含着在 t_0 时刻，互换价值为 0。第二，可以发现，这个等式可以用于求解单一未知量的方程。实际上，互换的定价蕴含着决定一个满足这个方程的s_{t_0}值。假设s_{t_0}未知，我们可以重新整理式 (14.12) 并化简后得到

$$s_{t_0}=\frac{B(t_0,t_2)F(t_0,t_1)+B(t_0,t_3)F(t_0,t_2)+B(t_0,t_4)F(t_0,t_3)}{B(t_0,t_2)+B(t_0,t_3)+B(t_0,t_4)} \tag{14.13}$$

这个定价公式可以很容易地从三时期互换推广到一个从 t_2 时刻开始的一共 n 次支付的普通（远期）互换。从而，我们有

$$s_{t_0}=\frac{\sum_{i=1}^{n}B(t_0,t_{i+1})F(t_0,t_i)}{\sum_{i=1}^{n}B(t_0,t_{i+1})} \tag{14.14}$$

这是将本章正在使用的固定收益模型中的三个重要成分联系起来的合约公式。

14.2.2.1 互换利率的解释

（远期）互换无套利价格公式具有一个很好的解释。为简单起见，我们回到三时期情形，将式 (14.13) 重新写成

$$\begin{aligned}s_{t_0}=&\frac{B(t_0,t_2)}{B(t_0,t_2)+B(t_0,t_3)+B(t_0,t_4)}F(t_0,t_1)\\&+\frac{B(t_0,t_3)}{B(t_0,t_2)+B(t_0,t_3)+B(t_0,t_4)}F(t_0,t_2) \qquad (14.15)\\&+\frac{B(t_0,t_4)}{B(t_0,t_2)+B(t_0,t_3)+B(t_0,t_4)}F(t_0,t_3) \qquad (14.16)\end{aligned}$$

根据这些表达式，我们发现，“正确”的互换利率是在互换生命过程中后置支付 FRA 利率的加权平均

$$s_{t_0}=\omega_1F(t_0,t_1)+\omega_2F(t_0,t_2)+\omega_3F(t_0,t_3) \tag{14.17}$$

其权重由

$$\omega_i=\frac{B(t_0,t_{i+1})}{B(t_0,t_2)+B(t_0,t_3)+B(t_0,t_4)} \tag{14.18}$$

给出，权重之和为 1：

$$\omega_1+\omega_2+\omega_3=1 \tag{14.19}$$

这可以再次推广到具有 n 次支付的（远期）互换情况：

$$s_{t_0}=\sum_{i=1}^{n}\omega_i F(t_0,t_i) \tag{14.20}$$

其中

$$\sum_{i=1}^{n}\omega_i=1 \tag{14.21}$$

因而，（远期）互换利率是后置支付 FRA 利率的平均值。我们要强调的是，只要 FRA 是后置支付的，这个结论就正确。另外，还存在所谓后置 LIBOR FRA，此时对凸性调整之后上述结论才成立。①

重要的是要认识到，权重$\{\omega_i\}$是从纯贴现债券价格得到的，如同第 3 章和第 13 章所证明的，债券价格本身是远期利率的函数：

$$B(t_0,t_i)=\frac{1}{\prod_{j=0}^{i-1}(1+\delta F(t_0,t_j))} \tag{14.22}$$

根据这些公式，定价框架中的三个重要成分——互换市场、FRA 市场、债券市场——就通过远期利率的非线性函数互相联系起来。在这些公式中，远期利率所扮演的重要角色表明，为获得后面的无套利机制，需要对所有的互换和互换衍生品进行定价。远期 LIBOR 模型恰好做到了这一点。因为这个模型是在符合市场机制的条件下建立的，它同样是切实可行的。

然而，在我们深入讨论概念之前，最好考察一个例子。在实践中，互换市场和 FRA 市场是流动的，做市商很容易给出相关利率的报价。另外，在实际的债券市场中，纯贴现债券 $B(t_0,t_i)$ 不是流动的。② 在下面的例子中，我们回避这一点，并假设可以得到所有期望到期日的报价。即便这样，仍然存在某些重要的技术性问题，如同下面的例子所阐明的。

例子：

假设我们观察到下面的后置支付 FRA 报价：

① 我们重复术语的区别：其中一个工具是后置支付，另一个工具是后置 LIBOR。这里，结算时间 t_i 的 LIBOR 用于决定时间 t_i 的现金流，后置支付 FRA 使用的则是前一个结算时间 t_{i-1} 的 LIBOR。

② 在美国，和这些贴现债券最接近的是国债剥离品。这些剥离品是从现存的美国国库券现金流中剥离出来的，而且其中剥离出的数量还相当多。然而，它们不具有流动性。一般来讲，鉴于各种技术原因，其市场报价不能用于替代 $B(t_0,t_i)$。

期限	买入价/卖出价
0×6	4.05—4.07
6×12	4.15—4.17
12×18	4.32—4.34
18×24	4.50—4.54

同时观察到的还有国债剥离品*的价格：

到期时间	买入价/卖出价
12 个月	96.00—96.02
18 个月	93.96—93.99
24 个月	91.88—91.92

我们可以问两个问题：第一，这些观察到的价格是否为无套利价格从而可用于获得无套利互换利率？第二，如果它们是无套利价格，那么 6 个月后开始、24 个月后结束的隐含远期互换利率是多少？

第一个问题的答案可以用下面的无套利方程来验证，按照市场的惯例，选择面值为 100 美元的贴现债券，则

$$B(t_0,t_i)=\frac{100}{\prod_{j=0}^{i-1}(1+\delta F(t_0,t_j))} \tag{14.23}$$

在这个例子中 δ 的值为 1/2。将前面观察到的远期利率值代入式 (14.23)，我们就能够发现给出的贴现债券的值正好满足方程。例如，对于 $B(0,2)^{ask}$，我们有

$$B(0,2)^{ask}=\frac{100}{(1+0.5\times0.040\,5)\times(1+0.5\times0.041\,5)}=96.02 \tag{14.24}$$

其他的贴现债券的价格也满足相应的方程。这蕴含着，我们观察到的数据是无套利的，并且可以用于计算上面提到的远期互换的无套利互换利率。

将数据直接代入下面的式子

$$s_{t_0}^{ask}=\omega_1^{ask}F(t_0,t_1)^{ask}+\omega_2^{ask}F(t_0,t_2)^{ask}+\omega_3^{ask}F(t_0,t_3)^{ask} \tag{14.25}$$

$$\omega_i^{ask}=\frac{B(t_0,t_{i+1})^{ask}}{B(t_0,t_2)^{ask}+B(t_0,t_3)^{ask}+B(t_0,t_4)^{ask}} \tag{14.26}$$

我们得到

$$\omega_1^{ask}=\frac{96.02}{96.02+93.99+91.92}=0.341 \tag{14.27}$$

$$\omega_2^{ask}=\frac{93.99}{96.02+93.99+91.92}=0.333 \tag{14.28}$$

$$\omega_3^{ask}=\frac{91.92}{96.02+93.99+91.92}=0.326 \tag{14.29}$$

* 国债剥离品（treasury strip）是指进行过剥离的政府固定收益债券，一般以远低于面值的价格发行，不支付利息，在到期日以面值向投资者兑付。本书也称其为剥离。——译者注

则互换利率的卖价是

$$s_{t_0}^{\text{ask}}=0.341\times4.17+0.333\times4.34+0.326\times4.54=4.34 \tag{14.30}$$

类似地，我们可以计算出互换的买入价利率

$$s_{t_0}^{\text{bid}}=0.341\times4.15+0.333\times4.32+0.326\times4.50=4.32 \tag{14.31}$$

值得注意的是，其权重近似相等。

现在，我们深入考察本节提出的固定收益框架在金融工程方面的应用。

□ 14.2.3 一些应用

首先，我们考察在新框架内构建合成互换。目的是通过对前面的公式进行变形得到另外一种互换合成方法。在第 4 章中，我们已经讨论过一种复制互换的方法。我们可以证明，一种潜在合成品就是做空某种附息债券，同时买入一定数量的浮动利率债券。这体现出经典的构建互换合成品的思想，它将作为下面讨论的起点。

14.2.3.1 另一个公式

我们已经推导出关于（远期）互换利率s_{t_0}的无套利价值的公式

$$s_{t_0}=\frac{B(t_0,t_2)F(t_0,t_1)+B(t_0,t_3)F(t_0,t_2)+B(t_0,t_4)F(t_0,t_3)}{B(t_0,t_2)+B(t_0,t_3)+B(t_0,t_4)} \tag{14.32}$$

或者采用一般形式

$$s_{t_0}=\frac{\sum_{i=1}^{n}B(t_0,t_{i+1})F(t_0,t_i)}{\sum_{i=1}^{n}B(t_0,t_{i+1})} \tag{14.33}$$

现在，通过修改这个公式，我们会得到关于相同互换利率的另一种解释。我们从讨论贴现债券价格 $B(t_0,t_i)$ 与远期利率 $F(t_0,t_i)$ 之间的无套利关系开始，这里 $F(t_0,t_i)$ 是前面第 3 章所得到的：

$$1+\delta F(t_0,t_i)=\frac{B(t_0,t_i)}{B(t_0,t_{i+1})} \tag{14.34}$$

重新整理可得

$$F(t_0,t_i)=\frac{1}{\delta}\left[\frac{B(t_0,t_i)}{B(t_0,t_{i+1})}-1\right] \tag{14.35}$$

现在将这个表达式代入式 (14.32)，可以得到

$$s_{t_0}=\frac{1}{\delta[B(t_0,t_2)+B(t_0,t_3)+B(t_0,t_4)]}\left\{B(t_0,t_2)\left[\frac{B(t_0,t_1)}{B(t_0,t_2)}-1\right]\right. \tag{14.36}$$

$$\left.+B(t_0,t_3)\left[\frac{B(t_0,t_2)}{B(t_0,t_3)}-1\right]+B(t_0,t_4)\left[\frac{B(t_0,t_3)}{B(t_0,t_4)}-1\right]\right\} \tag{14.37}$$

对等式右边的共同项 $B(t_0,t_i)$ 化简，可以得出

$$s_{t_0}=\frac{1}{\delta\sum_{i=1}^{3}B(t_0,t_{i+1})}\{[B(t_0,t_1)-B(t_0,t_2)]+[B(t_0,t_2)-B(t_0,t_3)]+[B(t_0,t_3)-B(t_0,t_4)]\} \tag{14.38}$$

$$=\frac{1}{\delta\sum_{i=1}^{3}B(t_0,t_{i+1})}[B(t_0,t_1)-B(t_0,t_4)] \tag{14.39}$$

我们可以尝试发现这个公式的含义，首先通过整理，然后重新组合可以得到

$$\delta s_{t_0}[B(t_0,t_2)+B(t_0,t_3)+B(t_0,t_4)]=B(t_0,t_1)-B(t_0,t_4) \tag{14.40}$$

接着再组合得到

$$B(t_0,t_1)-[s_{t_0}\delta B(t_0,t_2)+s_{t_0}\delta B(t_0,t_3)+B(t_0,t_4)(1+\delta s_{t_0})]=0 \tag{14.41}$$

这个等式是两个相等的现金流，$B(t_0,t_1)$ 是1美元在 t_1 时刻的价值。因而，该头寸需要做多一个到期日为 t_1 的贴现债券。第二个现金流在 t_2、t_3、t_4 时刻有固定利息支付 $\delta_{s_{t_0}}$，在 t_4 时刻支付1美元的面值。[1] 因而，这个头寸是（远期）做空一个到期日为 t_4、票面利率为s_{t_0}的附息债券。

总结上述分析，可以看出，这个特定的远期固定收益的利率互换等价于

$$\text{固定支付方远期互换}=\{\text{买入 } t_1 \text{ 贴现债券，卖出远期到期日为 } t_4 \text{ 的附息债券}\} \tag{14.42}$$

这个合成复制了远期互换的价值。注意，我们没有必要复制浮动现金流，这是因为，在一个远期互换中，浮动现金流与未来实施的存款（贷款）相联系，而这个存贷款的利率在未来决定。

14.2.3.2 盯市

我们可以用同样的框架来讨论盯市实践。开始时间取为 t_0。如同前面讨论的一样，市场愿意支付已知现金流

$$\{s_{t_0}N\delta,s_{t_0}N\delta,s_{t_0}N\delta\} \tag{14.43}$$

来换取随机的现金流

$$\{L_{t_1}N\delta,L_{t_2}N\delta,L_{t_3}N\delta\} \tag{14.44}$$

现在，经过一个很短且非无穷小的时间间隔 Δ 之后，将存在新的互换利率 $s_{t_0}+\Delta$，这个利率在所有可能情况下都不同于s_{t_0}。这意味着市场现在愿意支付新的已知现金流

$$\{s_{t_0+\Delta}N\delta,s_{t_0+\Delta}N\delta,s_{t_0+\Delta}N\delta\} \tag{14.45}$$

换取同样的随机现金流

$$\{L_{t_1}N\delta,L_{t_2}N\delta,L_{t_3}N\delta\} \tag{14.46}$$

① 这些支付被贴现到现在，就得到括号中相应债券价格的表达形式。

这意味着在 t_0 时刻签订的初始互换的价值是非零的，其价值差为：

$$[s_{t_0+\Delta}N\delta - s_{t_0}N\delta][B(t_0+\Delta,t_2)+B(t_0+\Delta,t_3)+B(t_0+\Delta,t_4)] \tag{14.47}$$

这可以看成是固定支付方的盈利或损失。在 $t_0+\Delta$ 时刻，得到的浮动支付的价值由式（14.47）给出，并且实际的浮动支付会被抵消。[①] 我们将同样的推理应用于 FRA 利率，通过如下公式，计算出初始互换的盯市价值为

$$\left(N\delta\left[\sum_{i=1}^{n}\omega_{it_0}F(t_0,t_i)\right]-N\delta\left[\sum_{i=1}^{n}\omega_{i(t_0+\Delta)}F(t_0+\Delta,t_i)\right]\right)\sum_{i=1}^{n}B(t_0+\Delta,t_{i+1}) \tag{14.48}$$

这个表达式给出了固定接收方视角的盈利和损失。这里应该注意，权重 ω_i 具有时间下标，因为它们是随着时间的流逝而改变的。因而，管理互换账簿将会非线性依赖于远期利率的动态特性。[②]

14.3 期限结构建模

本章所阐述的框架展示出了互换、债券、FRA 市场之间的联系。现在，我们讨论前面所推导出的公式的期限结构含义。我们所研究的这些公式蕴含着，倘若已知这些市场中的两个信息，原则上，我们可以获得余下市场的无套利价格。[③] 在注意到下面的小而重要的修改之后，我们对此进行简要的讨论。期限结构模型同时关注着远期利率和即期利率。实际上，传统的收益率曲线构建方法首先是获得即期收益率，然后过渡到远期利率。

遵从这个传统的方法，并且注意到，即期互换比远期互换更具有流动性，因此本节将用 $s_{t_0}^n$ 表示 n 年的即期互换利率。为不失一般性，假设互换的到期日 n 取 $n=1,\cdots,30$，因此，最长期限的互换是 30 年的。[④] 这里的讨论将用即期互换利率加以阐述。

□ 14.3.1 由互换确定远期利率

给定一系列充分多的可观察到的无套利即期互换利率 $\{s_{t_0}^n\}$ 的值，并利用等式

$$s_{t_0}^n=\frac{\sum_{i=0}^{n-1}B(t_0,t_{i+1})F(t_0,t_i)}{\sum_{i=0}^{n-1}B(t_0,t_{i+1})} \tag{14.49}$$

和

① 对式（14.46）中未知的 LIBOR 利率“代入”的值确实有变化。但是我们可以从固定支付方角度来评估互换，同时将固定支付看成是对随机的、未知的浮动利率的补偿。这些随机变量是保持不变的。

② 而且，这些远期利率仍然需要与后置支付 FRA 或远期贷款联系起来。

③ 这里假设所有到期日的标的工具均为交易活跃的，但一般来说，情况不是这样的。

④ 互换在两年之后进行交易。1 年期互换对应于 1 年期 LIBOR，这样的交易实际上等价于一个最一般的 FRA。

$$\frac{B(t_0,t_i)}{B(t_0,t_{i+1})}=1+\delta F(t_0,t_i) \tag{14.50}$$

对于 $\delta=1$ 的情形，我们可得到所有的远期利率。由第一组方程解出 $B(t_0,t_i)$，得到关于 n 个远期利率的 n 个方程。[①] 当 $\delta=1/4$ 或 $\delta=1/2$ 时，如果所交易互换的期限以年计，那么未知量 $F(t_0,t_i)$ 的个数多于方程的个数。在这些条件下，t_i 是$\frac{1}{4}$的倍数，而$s_{t_0}^n$ 中的上标 $n=1,2,\cdots$表示年度。因为互换利率的报价以年为间隔，而结算每半年或者每个季度进行一次，这就需要对互换利率或建模进行某种插值。即使在传统的收益率曲线计算中插值也是一种十分普遍的方法。

□ 14.3.2 由远期利率确定 $B(t_0,t_i)$

如果从市场或从上面的例子中的$\{s_{t_0}^n\}$得到了远期利率$\{F(t_0,t_i)\}$和当期的 LIBOR 曲线，我们可以利用公式

$$B(t_0,t_{i+1})=\frac{1}{\prod_{j=0}^{i}(1+\delta F(t_0,t_j))} \tag{14.51}$$

计算相应的纯贴现债券的无套利价格。对于每一种情况，我们都可从观察到的$\{F(t_0,t_i)\}$和$\{s_{t_0}^n\}$推导出 $B(t_0,t_i)$ 的价值。这个过程是对 FRA 与债券定价，并出清互换市场。这个方法叫作曲线算法。

□ 14.3.3 确定互换利率

我们可以从相反方向继续讨论。给定远期利率的无套利价值，原则上可使用同样的公式求互换利率。我们所需要做的事情是：(i) 由远期利率计算出贴现债券的价格；(ii) 将这些债券的价格及适当的远期利率代入公式

$$s_{t_0}^n=\frac{\sum_{i=0}^{n-1}B(t_0,t_{i+1})F(t_0,t_i)}{\sum_{i=0}^{n-1}B(t_0,t_{i+1})} \tag{14.52}$$

对所有可能的 $n=1,2,\cdots,30$ 重复这个步骤，就得到了无套利互换曲线，在这种情况下，我们将从即期和远期 LIBOR 曲线得到（即期）互换曲线。

14.3.4 现实世界的复杂性

当然，在现实应用中远期利率、贴现债券价格和互换利率之间存在多种多样的复杂情况。我们主要指出三点。

第一，正如前面一节所提到的，互换的交易以年为间隔，而 FRA 或欧洲美元合约的期限是 3 个月或 6 个月，这意味着如果我们要从互换报价中得到远期利率报价，就必须对 1 年期互换利率进行插值。

第二，观察到的远期利率报价并不一定是后置支付 FRA 的报价，市场中交易的 FRA 在知道 LIBOR 利率后就进行交割，而并不是在相应区间的终点进行交割。市场中

① 记住，$F(t_0,t_0)$ 等于当时的 LIBOR，它是一个平凡的远期利率。

产生的这些 FRA 利率与前面的公式一致。另外，某些交易者使用利率期货或更具体地说是欧洲货币期货来对冲他们手中的互换，因为期货市场比 FRA 市场更透明，并且具有很强的流动性。但是从期货市场得到的远期利率在被用于本章前面所讨论的公式前必须进行凸性调整。

第三，FRA 的流动性和互换利率取决于所考察的到期日。正如前面所提到的，FRA 在曲线的前端流动性更强，而互换却在曲线后端流动性更强。这蕴含着，期限超过 5 年的互换利率可能不能由 FRA 利率得到。类似地，对较短的期限，可能没有被观察到的互换报价。

14.3.4.1 注释

这里需要提及另一个重要问题。这一章为了简单起见，我们的研究仍旧遵循全球金融危机前学术界的通常惯例来使用“LIBOR”术语，就好像它意指无违约风险贷款一样。在实际中，LIBOR 利率 L_{ti} 不是无风险的。不可否认这蕴含着 LIBOR 利率处于修正过程中。提高利率的银行通常情况下具有 AA 或 AA－信用等级，它们所支付的利率也反映了这一信用风险的水平。然而，通常认为这样的高评级银行违约的可能性很小，因此市场参与者和研究人员认为 LIBOR 是无风险利率比较合理的替代变量。在全球金融危机前，LIBOR 是银行之间互相出借的关键指标，尤其是 3 个月期 LIBOR 在利率互换市场上被作为基准。正如第 3 章所讨论的，在全球金融危机期间，LIBOR 利率上升得很高并且偏离 OIS，这是因为对交易对手风险的担忧变得很严重。这导致的情况就是 LIBOR 不能再作为无风险利率的度量。在全球金融危机后，市场参与者开始使用 OIS 作为（抵押）利率互换定价的折现率。在 2010 年 6 月，LCH. Clearnet 宣布将使用 OIS 代替 LIBOR 对 218 万亿美元的利率互换组合进行折现。这样的决定是因为在完全抵押互换中，金融交易对手只是暴露于其他交易对手的隔夜风险，而不是特定贷款或工具整个期间的风险。学术模型已经发展到能够更清晰地在衍生金融工具定价模型中考虑信用和对手风险。第 24 章会更详细地讨论这些模型和最近的市场实践。

因而，如果金融工程遵循上述程序，所得到的曲线是互换曲线而不是国库券曲线或主权曲线。这条互换曲线将位于国库券曲线或主权曲线的“上面”，两条曲线的差就是互换利差曲线。

14.4 期限结构动态特性

在本章剩余部分，我们将看到远期 LIBOR 模型是获得期限结构动态特性的正确途径。这种方法的基本思想是利用某种适当选取的远期测度将每个远期利率的动态特性变换成一个鞅。按照本章各节之间的联系，一旦得到这样的动态特性，我们就可以使用它们生成其他固定收益工具的动态特性。

与远期 LIBOR 模型有关的大多数推导内容是第 12 章所讨论的资产定价基本定理的应用。因而，我们继续使用第 12 章所阐述的有限状态模型。这类方法绝大多数均是直接应用。关于远期 LIBOR 或互换模型，大部分是浅显易懂的，只有一点可能理解起来有些难。根据工具的不同，不同远期利率的无套利动态特性可能会要求在同一个远期测度下表示出来，这使方法变得更复杂了。因为它要求以递推方式对远期利率进行一系列吉尔萨诺夫测度变换，否则，单个远期利率的无套利动态特性就不能正确地表示出来。

吉尔萨诺夫定理是一个很有用的工具，但是构思出这样一系列测度变换并不容易。在离散框架下，使用离散方法构建这些测度可提供一系列思想动机，并有助于理解无套利定价动态特性。而这正是本章第二部分所要达到的目的。

□ 14.4.1 框架

我们先采用一种简单的离散框架，然后推广到一般公式。考察下面的市场，市场中的工具可以在离散时间定价及进行风险管理，时间的间隔是 δ：

$$t_0 < t_1 < \cdots < t_n = T \tag{14.53}$$

其中

$$t_i - t_{i-1} = \delta \tag{14.54}$$

起初，我们关注前三个时间 t_0、t_1 和 t_2，而且间隔为 δ。在这个框架中，我们考察四种简单的固定收益证券：

(1) 到期日为 t_2 的无违约风险的零息债券 $B(t_0,t_2)$。

(2) 到期日为 1 期后 t_3 的无违约风险的零息债券，它的现值为 $B(t_0,t_3)$。

(3)（后置）支付离散时间简单利率 L_{t_i} 的储蓄账户，其中在时间 t_i 观察到 L_{t_i}，因此，储蓄账户在 t_2 时刻的收益是

$$R_{t_2} = (1+\delta L_{t_0})(1+\delta L_{t_1}) \tag{14.55}$$

注意，从初始时刻 t_0 开始观察的 L_{t_i} 将是随机变量。

(4) 一个在 t_0 时刻签订且在 t_2 时刻结算的 FRA，其买方将在 t_2 得到或支付固定利率 $F(t_0,t_1)$ 和浮动利率 L_{t_1} 之差。我们设该工具的面值是 1，并将此远期利率简记为 F_{t_0}，则最终的收益可以写成

$$(L_{t_1} - F_{t_0})\delta \tag{14.56}$$

这些资产在 t_2 时刻的收益可以按第 12 章的方法写成下面矩阵 D 的形式。假设在每个时间 t_i，标的随机过程从每个节点出发仅仅存在两种可能的运动。这些运动用 u 和 d 表示，于是我们可以将 D 写成[①]：

$$D = \begin{bmatrix} R_{t_2}^{uu} & R_{t_2}^{ud} & R_{t_2}^{du} & R_{t_2}^{dd} \\ 1 & 1 & 1 & 1 \\ B_{t_2}^{uu} & B_{t_2}^{ud} & B_{t_2}^{du} & B_{t_2}^{dd} \\ \delta(F_{t_0} - L_{t_1}^{u}) & \delta(F_{t_0} - L_{t_1}^{u}) & \delta(F_{t_0} - L_{t_1}^{d}) & \delta(F_{t_0} - L_{t_1}^{d}) \end{bmatrix} \tag{14.57}$$

---

① 这可视为非结合二叉树中的第二步。

其中，$B_{t_2}^{ij}$ 是到期日为 t_3 的贴现债券在 t_2 时刻的（随机）价值，这个值取决于在 t_2 时刻的状态，因为债券是在 1 期后的 t_3 到期的。如果从时间 t_0 来考察，这个值为随机量。很明显，利用这个矩阵 D 我们就可以极大地简化记号。在这里我们假设只有 4 种状态，远期利率 $F(t_0,t_2)$ 可简记为 F_{t_0}，而 $B(t_2,t_3)^{ij}$ 可简记为$B_{t_2}^{ij}$。

如果 FRA、储蓄账户以及这两个债券的价格使得套利机会不存在，那么根据资产定价的基本定理，存在下面的线性表达式：

$$\begin{bmatrix} 1 \\ B(t_0,t_2) \\ B(t_0,t_3) \\ 0 \end{bmatrix} = \begin{bmatrix} R_{t_2}^{uu} & R_{t_2}^{ud} & R_{t_2}^{du} & R_{t_2}^{dd} \\ 1 & 1 & 1 & 1 \\ B_{t_2}^{uu} & B_{t_2}^{ud} & B_{t_2}^{du} & B_{t_2}^{dd} \\ \delta(F_{t_0}-L_{t_1}^{u}) & \delta(F_{t_0}-L_{t_1}^{u}) & \delta(F_{t_0}-L_{t_1}^{d}) & \delta(F_{t_0}-L_{t_1}^{d}) \end{bmatrix} \begin{bmatrix} Q^{uu} \\ Q^{ud} \\ Q^{du} \\ Q^{dd} \end{bmatrix} \tag{14.58}$$

其中，$\{Q^{ij},i,j=u,d\}$ 是 t_2 时刻的 4 个状态价格。在无套利条件下，对所有状态 i 和 j，状态价格存在且为正①

$$Q^{ij}>0 \tag{14.59}$$

这个矩阵方程包括以下几点思想：（ⅰ）FRA 的市场公平价格在初始时为 0；（ⅱ）最初，将 1 美元投资于储蓄账户；（ⅲ）债券无违约风险。它们在 t_2 与 t_3 到期。最后，$R_{t_2}^{ij}$ 表示储蓄账户在 t_2 时刻的总收益。因为 t_i 时刻的利息在 $t_i+\delta$ 时刻后置支付，因而可以将这些总收益表示成标的 LIBOR 利率的函数：

$$R_{t_2}^{uu}=R_{t_2}^{ud}=(1+\delta L_{t_0})(1+\delta L_{t_1}^{u}) \tag{14.60}$$

和

$$R_{t_2}^{dd}=R_{t_2}^{du}=(1+\delta L_{t_0})(1+\delta L_{t_1}^{d}) \tag{14.61}$$

现在，我们给出 LIBOR 市场模型以及在这个简单框架中的测度变换方法。这个框架可以用于方便地引出固定收益工程中所需要的绝大多数工具和概念。我们所需要的第一个重要的概念是第 12 章所引入的远期测度。

□ 14.4.2　标准化和远期测度

为了得到 t_2 与 t_3 时刻的远期测度，一种最好的方式是从风险中性概率开始，阐明为什么风险中性概率在前面提到的固定收益环境中不是一个好的研究测度，然后阐明如何将一个风险中性概率转换成所希望的远期测度。

14.4.2.1　风险中性测度的不便之处

和通常一样，我们将使用下面矩阵方程的第一行来定义风险中性测度$\{\tilde{p}_{ij}\}$：

$$1=R_{t_2}^{uu}Q^{uu}+R_{t_2}^{ud}Q^{ud}+R_{t_2}^{du}Q^{du}+R_{t_2}^{dd}Q^{dd} \tag{14.62}$$

重新标号为

① 通常，我们忽略状态价格的时间下标，因为很明显，现在研究的是 t_2 时刻的收益。

$$\widetilde{p}_{uu}=R_{t_2}^{uu}Q^{uu} \tag{14.63}$$

$$\widetilde{p}_{ud}=R_{t_2}^{ud}Q^{ud} \tag{14.64}$$

$$\widetilde{p}_{du}=R_{t_2}^{du}Q^{du} \tag{14.65}$$

$$\widetilde{p}_{dd}=R_{t_2}^{dd}Q^{dd} \tag{14.66}$$

于是 $\{\widetilde{p}_{ij}\}$ 具有概率分布的特性，并可以用于相关的鞅等式。

从第 12 章中我们知道，在每种资产的价格都无套利的条件下，$\{Q^{ij},i,j=u,d\}$ 存在，并且都是正数，而且 $\widetilde{p}_{ij}$ 就是风险中性概率。于是利用式（14.58）中的最后一行可以写出下面的等式：

$$0=\left[\delta(F_{t_0}-L_{t_1}^{u})\frac{1}{R_{t_2}^{uu}}\right]\widetilde{p}_{uu}+\left[\delta(F_{t_0}-L_{t_1}^{u})\frac{1}{R_{t_2}^{ud}}\right]\widetilde{p}_{ud}+\left[\delta(F_{t_0}-L_{t_1}^{d})\frac{1}{R_{t_2}^{du}}\right]\widetilde{p}_{du}$$
$$+\left[\delta(F_{t_0}-L_{t_1}^{d})\frac{1}{R_{t_2}^{dd}}\right]\widetilde{p}_{dd} \tag{14.67}$$

这里，$(F_{t_0}-L_{t_1}^{i})$ $(i=u,d)$ 被“标准化”，以使得 Q^{ij} 可以替换为 $\widetilde{p}_{ij}$。注意，在这个等式中，F_{t_0} 是在 t_0 时确定的，因此可以作为因子被提出来，分组并整理得到

$$F_{t_0}=\frac{\left[L_{t_1}^{u}\frac{1}{R_{t_2}^{uu}}\right]\widetilde{p}_{uu}+\left[L_{t_1}^{u}\frac{1}{R_{t_2}^{ud}}\right]\widetilde{p}_{ud}+\left[L_{t_1}^{d}\frac{1}{R_{t_2}^{du}}\right]\widetilde{p}_{du}+\left[L_{t_1}^{d}\frac{1}{R_{t_2}^{dd}}\right]\widetilde{p}_{dd}}{\frac{1}{R_{t_2}^{uu}}\widetilde{p}_{uu}+\frac{1}{R_{t_2}^{ud}}\widetilde{p}_{ud}+\frac{1}{R_{t_2}^{du}}\widetilde{p}_{du}+\frac{1}{R_{t_2}^{dd}}\widetilde{p}_{dd}} \tag{14.68}$$

上式可利用期望算子写成

$$F_{t_0}=\frac{1}{E_{t_0}^{\widetilde{P}}\left[\frac{1}{R_{t_2}}\right]}E_{t_0}^{\widetilde{P}}\left[\frac{L_{t_1}}{R_{t_2}}\right] \tag{14.69}$$

根据最后一个等式，如果 R_{t_2} 是一个随机变量，而且与 L_{t_1} 不独立①，那么它就不能从条件期望算子中提出来。换句话说，对于一般的 t，

$$F(t,t_i)\neq E_t^{\widetilde{P}}[L_{t_i}] \quad t<t_i \tag{14.70}$$

也就是说，在风险中性测度 $\widetilde{P}$ 下，t_i 时的远期利率不是远期 LIBOR 利率 L_{t_i} 的无偏“估计”。实际上，不难看出 $E_t^{\widetilde{P}}[L_{t_i}]$ 可以看成是一个欧洲美元合约在时间 t 确定的期货利率。远期利率中的这个“偏差”是由于凸性调整而产生的。

另一种说法是，F_t 不是一个关于风险中性测度 $\widetilde{P}$ 的鞅，表示 F_t 动态的随机差分方程一般具有一个趋势：

$$F_{t+\Delta}-F_t=a(F_t,t)F_t\Delta+\sigma(F_t,t)F_t[W_{t+\Delta}-W_t] \tag{14.71}$$

其中 $a(F_t,t)$ 不为 0，表示在测度 $\widetilde{P}$ 下远期利率的期望变化率。

由于 F_t 不是关于 $\widetilde{P}$ 的鞅，这使得风险中性测度在固定收益的定价和风险管理中研

① 尽管我们知道通常情况不是这样，其原因是它们是短期投资于欧元货币市场的收益。

究起来很不方便。在使用式（14.71）之前，我们需要校准 $a(\cdot)$。这首先需要得到漂移项在概率测度 $\widetilde{P}$ 下的函数表示形式。通过使用连续复合远期瞬时利率，HJM 的原始文章提出了关于这些漂移项的函数形式。可是，这一方法创建了完全不同于 LIBOR 驱动的市场环境，同时此处所用的精算利率 L_{t_i} 也一样。①

另外，我们将看到在利率行业，如果运用远期 LIBOR 模型并转换成适当的远期测度，那么计算无套利漂移项将更容易。

14.4.2.2 远期测度

考察下面新定义的一系列概率。具体来说，利用无违约风险的到期日为 t_2 的零息债券，对所研究的状态进行定义。首先，阐述最简单的情况。利用式（14.58）中的第 2 行：

$$B(t_0,t_2)=Q^{uu}+Q^{ud}+Q^{du}+Q^{dd} \tag{14.72}$$

然后用 $B(t_0,t_2)$ 除式中每一项，得到一个新的测度，称为远期 t_2 测度 $\widetilde{P}^{t_2}$

$$1=\widetilde{p}^{t_2}_{uu}+\widetilde{p}^{t_2}_{ud}+\widetilde{p}^{t_2}_{du}+\widetilde{p}^{t_2}_{dd} \tag{14.73}$$

其中每个状态的概率是由相应的 Q^{ij} 除以债券在 t_0 时的价格来获得：

$$\widetilde{p}^{t_2}_{ij}=\frac{Q^{ij}}{B(t_0,t_2)} \tag{14.74}$$

在这些固定收益模型中，远期测度的上标 t_2 非常重要，因为对其他远期利率来说，我们需要其他的远期测度。这个上标是标记测度的好方法。对某些工具，这些测度需要进行相应的转换。

正如第 12 章所讨论的，利用 t_2 远期测度，我们可对任何在 t_2 时收益为 $C^{ij}_{t_2}$ 的资产进行定价

$$\begin{aligned}C_{t_0}=&[B(t_0,t_2)C^{uu}_{t_2}]\widetilde{p}^{t_2}_{uu}+[B(t_0,t_2)C^{ud}_{t_2}]\widetilde{p}^{t_2}_{ud}\\&+[B(t_0,t_2)C^{du}_{t_2}]\widetilde{p}^{t_2}_{du}+[B(t_0,t_2)C^{dd}_{t_2}]\widetilde{p}^{t_2}_{dd}\end{aligned} \tag{14.75}$$

这蕴含着，对任何一种在 T 时结算的资产，在没有其他收益时，它的一般定价方程为

$$C_t=B(t,T)E_t^{\widetilde{P}^T}[C_T] \tag{14.76}$$

其中 $\widetilde{P}^T$ 表示 T 远期测度，C_T 是时间 T 的收益。依据这个等式，它是下面的比值

$$Z_t=\frac{C_t}{B(t,T)} \tag{14.77}$$

这是关于测度 $\widetilde{P}^T$ 的鞅。实际上，$B(t,T)$ 作为时间 T 的折现因子小于 1，Z_t 事实上就是 C_t 的 T 远期价值。这蕴含着，远期测度运算可以用鞅来表示，后者是用 T 时刻的美元测量的。如果我们像早些时候关于风险中性测度那样，在 FRA 的定价中进行同样的变换，那么立即就会看出远期测度 $\widetilde{P}^T$ 的优越性了。

---

① 此外，新的技术问题的出现将导致连续复利数值计算不稳定。

14.4.2.3 远期利率的无套利 SDE

为了得到远期利率的无套利动态特性，现在我们回到式（14.58）的简单模型，将其中第 4 行同时除以 $B(t_0,t_2)$，重新整理得

$$\frac{F_{t_0}}{B(t_0,t_2)}[Q^{uu}+Q^{ud}+Q^{du}+Q^{dd}]=\frac{L_{t_1}^u}{B(t_0,t_2)}Q^{uu}+\frac{L_{t_1}^u}{B(t_0,t_2)}Q^{ud}+\frac{L_{t_1}^d}{B(t_0,t_2)}Q^{du}+\frac{L_{t_1}^d}{B(t_0,t_2)}Q^{dd} \tag{14.78}$$

现在，如同第 12 章那样，利用

$$\widetilde{p}_{ij}^{t_2}=\frac{1}{B(t_0,t_2)}Q^{ij}$$

将 t_2 远期测度代入式（14.78），得到

$$F_{t_0}=[L_{t_1}^u]\widetilde{p}_{uu}^{t_2}+[L_{t_1}^u]\widetilde{p}_{ud}^{t_2}+[L_{t_1}^d]\widetilde{p}_{du}^{t_2}+[L_{t_1}^d]\widetilde{p}_{dd}^{t_2} \tag{14.79}$$

这可推广到 m 种离散状态的一般情况

$$F_{t_0}=\sum_{i=1}^{m}L_{t_1}^i\ \widetilde{p}_i^{t_2} \tag{14.80}$$

很明显，这是期望

$$F_{t_0}=E_{t_0}^{\widetilde{P}^{t_2}}[L_{t_1}] \tag{14.81}$$

这蕴含着，在远期测度 $\widetilde{P}^{t_2}$ 下，$[t_1,t_2]$ 区间内的远期测度是相应的 LIBOR 利率的无偏估计。

如果采用一般的符号 (t,T)，则过程

$$F_t=F(t,T,T+\delta) \tag{14.82}$$

将是在 $T+\delta$ 远期测度 $\widetilde{P}^{T+\delta}$ 下的鞅。假设离散化所产生的误差很小，它在长度为 Δ 的一个小区间上的动态特性可以被描述为①

$$F_{t+\Delta}-F_t=\sigma_t F_t\Delta W_t \tag{14.83}$$

其中，W_t 是 $\widetilde{P}^{T+\delta}$ 下的维纳过程，ΔW_t 表示维纳过程的增量：

$$\Delta W_t=W_{t+\Delta}-W_t \tag{14.84}$$

这个（逼近）方程没有漂移项，这是因为根据套利理论，对一般的 t 和 T，我们有

$$1+\delta F(t,T)=\frac{B(t,T)}{B(t,T+\delta)} \tag{14.85}$$

很明显，从第 12 章中关于标准化的论述可知，在测度 $\widetilde{P}^{T+\delta}$ 以及 $B(t,T+\delta)$ 的标准化下，该等式右边的比是一个关于 $\widetilde{P}^{T+\delta}$ 的鞅。这使得相应的远期利率也是一个鞅，因而

① 对于离散化的误差及其有关内容，可以参见本章结尾的阅读建议。

在这个 SDE 中没有漂移项。

然而，注意到，由下式给出的区间 $[T-\delta,T]$ 上的远期利率在同样的远期测度 $\widetilde{P}^{T+\delta}$ 下不是鞅：

$$1+\delta F(t,T-\delta)=\frac{B(t,T-\delta)}{B(t,T)} \tag{14.86}$$

可是，它关于自己的远期测度 $\widetilde{P}^{T}$ 是鞅，后者要求通过 $B(t,T)$ 进行标准化。因而，我们得到关于远期 LIBOR 模型的关键结果：

每个远期利率 $F(t,T_i)$ 在它自己的远期测度 $\widetilde{P}^{T_i+\delta}$ 下存在一个鞅表示。

这蕴含着，在已知适当标准化的条件下，每个远期利率的动态可以由一个没有漂移项的差分方程来逼近。只有在这个动态中需要刻画的参数，才是相应远期利率的波动性。

□ 14.4.3 无套利动态特性

上一节讨论了在它们各自的远期测度下远期利率的动态特性。现在我们看一看，当我们对适用于两个相连区间的两个远期利率使用一个远期测度时会出现什么情况。此时，其中一个远期利率在自身远期测度下的动态特性利率估值要在与它自身远期测度不同的测度下进行，这样鞅性就遭到了破坏。于是，我们将得到新的漂移项。

为了简化这个问题，我们继续考察式（14.58）中的基本模型，只是要多加上一个时间区间，使我们能够利用两个非普通的远期利率以及它们各自的远期测度。这是一个最简单的模型，用它可以说明如何运用测度变换技术。利用前面得到的远期测度，如图 14.4 所示，现在来定义两个 LIBOR 过程 $\{F(t_0,t_1),F(t_0,t_2)\}$ 的远期利率动态特性。第一个利用 $B(t_0,t_2)$ 标准化后是鞅，第二个利用 $B(t_0,t_3)$ 标准化后也是鞅。这蕴含着，$\widetilde{P}^{t_2}$ 和 $\widetilde{P}^{t_3}$ 是远期 LIBOR 利率过程“各自”的远期测度。

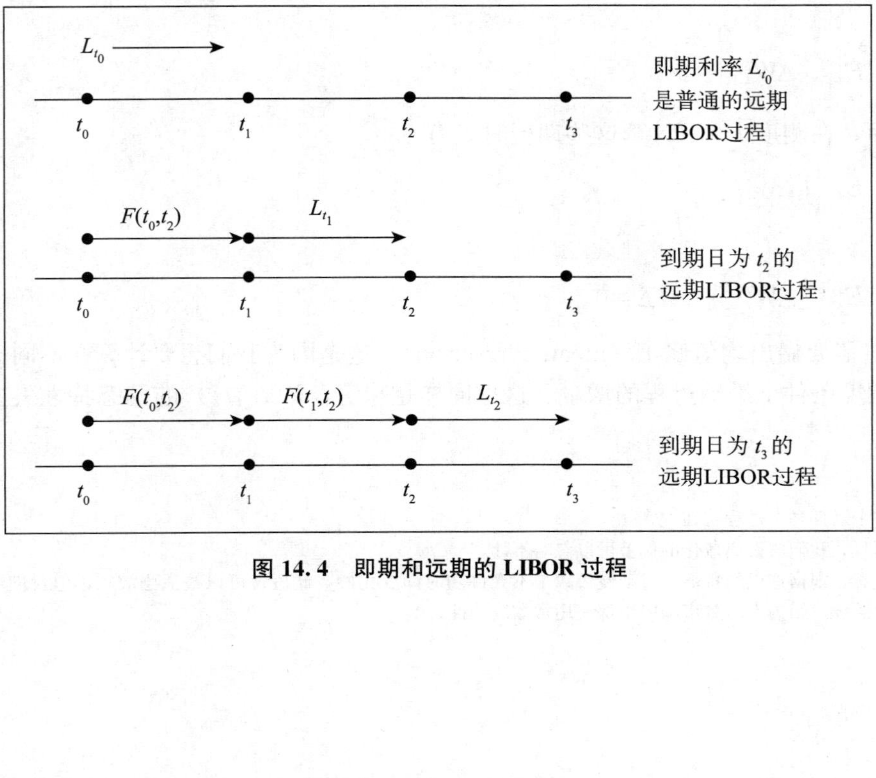

图 14.4 即期和远期的 LIBOR 过程

总而言之，重要的是认识到，我们从一种仅仅包括 4 个时期 t_0、t_1、t_2、t_3 的非常简单的情况开始研究。首先，我们从远期利率 $F(t_0,t_2)$ 的无套利“动态特性”开始。在简化的设置条件下，只观察这个远期利率在 t_1 和 t_2 时刻的未来值。这些未来值是：

$$\begin{aligned} F(t_1,t_2)-F(t_0,t_2)&=\sigma_2 F(t_0,t_2)\Delta W_{t_1}^{t_3} \\ F(t_2,t_2)-F(t_1,t_2)&=\sigma_2 F(t_1,t_2)\Delta W_{t_2}^{t_3} \end{aligned} \tag{14.87}$$

$\Delta W_{t_i}^{t_3}$ $(i=1,2)$ 的上标表示维纳过程的增量在测度 $\tilde{P}^{t_3}$ 下的期望为 0，这两个等式表明了远期利率的“当前”值 $F(t_0,t_2)$ 是怎样变为 $F(t_1,t_2)$，进而最后变为 $F(t_2,t_2)$，也就是 L_{t_2} 的。

对于“更近”的远期利率 $F(t_0,t_1)$，我们仅仅需要利用债券 $B(t_0,t_2)$ 标准化（即 $\tilde{P}^{t_2}$ 测度）所定义的方程。① 这个方程的漂移项为 0：

$$F(t_1,t_1)-F(t_0,t_1)=\sigma_1 F(t_0,t_1)\Delta W_{t_1}^{t_2} \tag{14.88}$$

类似地，$\Delta W_{t_1}^{t_2}$ 的上标表示维纳过程的增量在测度 $\tilde{P}^{t_2}$ 下的期望为 0。这里的 $F(t_1,t_1)$ 就是 LIBOR 利率 L_{t_1}。需要重新强调的是，每个动态特性都是在不同测度下定义的。在这些不同的远期测度下，每个远期 LIBOR 利率过程特性好像都是鞅②，因而在每个方程中都没有漂移项。

幸好，只要我们分别运用这些方程，就不需要估计或校准无套利的漂移项，需要决定的唯一参数是两个远期利率的波动性：$F(t_0,t_2)$ 的波动性 σ_2 和 $F(t_0,t_1)$ 的波动性 σ_1。③

实际上，每个维纳增量在各自的测度下都是零期望的。例如，这两个远期利率的维纳增量满足，对时间 $t_0<t_1$，有

$$E_{t_0}^{\tilde{P}^{t_2}}[\Delta W_{t_1}^{t_2}]=0 \tag{14.89}$$

和

$$E_{t_0}^{\tilde{P}^{t_3}}[\Delta W_{t_1}^{t_3}]=0 \tag{14.90}$$

然而，在测度 $\tilde{P}^{t_2}$ 下计算这些期望时，有

$$E_{t_0}^{\tilde{P}^{t_2}}[\Delta W_{t_1}^{t_2}]=0 \tag{14.91}$$

和

$$E_{t_0}^{\tilde{P}^{t_2}}[\Delta W_{t_1}^{t_3}]=\lambda_{t_0}^{t_2}\Delta\neq 0 \tag{14.92}$$

其中，$\lambda_{t_0}^{t_2}$ 需要做出均值修正（mean correction），这是因为我们想要计算在不同于它自己的远期测度条件下维纳过程的增量。这也同样意味着，$F(t_0,t_2)$ 的动态特性失去了其鞅特征。

---

① 这个远期利率过程将在 t_2 终止。

② 而且，我们假设离散化的偏差可以忽略不计。

③ 注意，根据这里的特征，波动性参数是不允许随时间变化的，此假设可以被适当放宽，但我们更愿意倾向这种简单的假设，因为大多数市场应用都使用常数波动性。

现在，我们对二阶矩、方差、协方差做出评论。假设每一个维纳过程增量在两个测度条件下具有相同的方差。吉尔萨诺夫定理表明，在连续时间情况下，这是正确的。在离散时间情况下，它只是近似成立。最后，假设我们考察的市场环境是单因素的①，那么在两个不同远期测度下所定义的维纳过程增量，倘若属于同样的时间区间，则它们将完全相关。也就是说，尽管它们的均值不同，但我们可以假设，从近似角度看，其协方差就是 Δ：

$$E^{\tilde{P}^{t_3}}[\Delta W_t^{t_3}\Delta W_t^{t_2}]=E^{\tilde{P}^{t_2}}[\Delta W_t^{t_3}\Delta W_t^{t_2}]=\Delta \tag{14.93}$$

对于方差来说，类似的等式仍然成立。②

14.4.3.1 评论

到目前为止，所获得的结果表明，对于股票联结资产的定价和风险管理，使用风险中性测度 $\tilde{P}$ 相当方便，因为这时使用对数正态模型很容易，无套利的漂移项也容易表示出来，它就是无风险利率的函数。只要考察的是权益产品，短期利率为常数的假设就是一个很合理的近似，尤其对于较短的到期日。但是，对于以利率的未来值而不是资产为标的的合约，使用 $\tilde{P}$ 会产生复杂的无套利动态特性，而这种特性并不能由鞅容易地捕获到，因此，相应的无套利漂移项可能很难校准。

另外，适当的远期测度会导致鞅等式，从而使得计算无套利漂移项的动态特性非常方便，甚至当它们是非零的时候。对于固定收益产品环境来说，远期（与互换）测度是一个合适的研究概率。

□ 14.4.4 蒙特卡洛实现

假设我们想要从有关远期利率 $F(t_i,t_1)$ 与 $F(t_i,t_2)$ 的两个离散化的 SDE 生成两条蒙特卡洛“路径”，

$$F(t_i,t_1)-F(t_{i-1},t_1)=\sigma_1 F(t_{i-1},t_1)\Delta W_{t_i}^{t_2} \tag{14.94}$$

$$F(t_i,t_2)-F(t_{i-1},t_2)=\sigma_2 F(t_{i-1},t_2)\Delta W_{t_i}^{t_3} \tag{14.95}$$

其中，对于第二个方程来说 $i=1,2$，对于第一个方程来说 $i=1$。

如果在它们各自的远期测度下利用这些鞅等式，很容易做到分别为每一个利率产生一条路径。考察下面的方法。

假设波动性 σ_1 和 σ_2 可以在市场中观察到，使用伪随机数生成器，从下面的分布中选择两个随机变量 $\{\Delta W_1^3,\Delta W_2^3\}$：

$$\Delta W_i^3 \sim N(0,\Delta) \tag{14.96}$$

然后从观察到的 $F(t_0,t_2)$ 开始，按如下方式顺序计算随机生成的远期利率

$$F(t_1,t_2)^1=F(t_0,t_2)+\sigma_2 F(t_0,t_2)\Delta W_1^3 \tag{14.97}$$

$$F(t_2,t_2)^1=F(t_1,t_2)^1+\sigma_2 F(t_1,t_2)^1\Delta W_2^3 \tag{14.98}$$

---

① 提醒注意，单因素模型假设所涉及的随机过程除了一个常数因子外，都具有相同的不可预测的成分。换句话说，这些过程之间的相关系数是 1。

② 当 Δ 趋于 0 时，这种关系仍然成立。

其中，左边的上标表示这些值是第一条蒙特卡洛路径，按顺序计算，等式右边的所有项都是已知的，这就给出了第一条模拟的“路径”$\{F(t_0,t_2),F(t_1,t_2)^1,F(t_2,t_2)^1\}$。重复这个算法，就能得到 M 条这样的路径，它们均可潜在地用于定价过程。

对于其他的远期 LIBOR 过程 $F(t_0,t_1)$，它蕴含着什么呢？我们是否可以在关于 $F(t,t_1)$的鞅方程中同样随机地生成随机变量 ΔW_1^3，从而由下式得到第一条路径 $\{F(t_0,t_1),F(t_1,t_1)^1\}$ 呢？

$$F(t_1,t_1)=F(t_0,t_1)+\sigma_1 F(t_0,t_1)\Delta W_1^3 \tag{14.99}$$

回答是否定的。正如前面所提到的，维纳过程的增量$\{\Delta W_{t_1}^{t_2}\}$只是在测度 $\tilde{P}^{t_2}$ 下具有 0 期望，可是第一组随机变量是利用测度 $\tilde{P}^{t_3}$ 选取的。在 $\tilde{P}^{t_2}$ 下，这些随机变量的均值不为 0，而是服从下述分布：

$$N(\lambda_{t_0}^{t_2}\Delta,\Delta) \tag{14.100}$$

因而，如果使用和式（14.99）相同的 ΔW_1^3，那么就必须修正$\lambda_{t_0}^{t_2}\Delta$ 这一项，因此我们需要计算$\lambda_{t_0}^{t_2}$的数值。

一旦完成这一步，$F(t_0,t_1)$ 的动态特性就可以写成

$$F(t_1,t_1)=F(t_0,t_1)-\sigma_1 F(t_0,t_1)(\lambda_{t_0}^{t_2}\Delta)+\sigma_1 F(t_0,t_1)\Delta W_{t_1}^{t_3} \tag{14.101}$$

为了理解为什么是这样的情况，在等式右边取关于测度 $\tilde{P}^{t_2}$ 的期望，利用式（14.100）中的信息：

$$E_{t_1}^{\tilde{P}^{t_2}}[F(t_0,t_1)-\sigma_1 F(t_0,t_1)(\lambda_{t_0}^{t_2}\Delta)+\sigma_1 F(t_0,t_1)\Delta W_{t_1}^{t_3}]=F(t_0,t_1) \tag{14.102}$$

因而，经过均值修正后，我们得到了测度 $\tilde{P}^{t_2}$ 下的正确结果。很明显，在随机生成布朗运动增量被用于计算之前，我们需要确定这些修正因子。

可是，要注意到下面的简单情况。如果所讨论的工具具有可加的现金流，这里每一笔现金流只依赖于单一远期利率，那么可分别利用每一个零漂移方程来生成这些路径。对于多个流动性工具，也可这样做。例如，特别地，FRA 和互换支付方仅依赖于一个 LIBOR 利率的互换。可以使用单个零漂移方程分别为互换的每一方进行定价，然后利用观察到的零息债券价格将这些价格加总。然而，对于固定到期日互换就不能这样做，因为每个结算方都非线性地依赖于多个远期利率。

现在，我们深入考察怎样实施均值修正，以便利用一个远期测度对所有远期利率进行映射。这将允许将定价工具用于依赖于多个远期利率的单个现金流。

14.5 测度变换技术

我们介绍一个相对一般的框架，然后将结论应用到前面的简单例子上。实际上，我们需要以前面推导的三个关系为基础。设 t_i 满足

$$t_0 < t_1 < \cdots < t_n = T \tag{14.103}$$

其中

$$t_i - t_{i-1} = \delta \tag{14.104}$$

表示某种基本利率互换结构的结算日期，同时将我们的讨论限制于在 t_i 开始订立合约，而在 t_{i+1} 支付的相继远期贷款的远期利率。这样的例子已由图 14.4 给出。

- **推论 1**

以 LIBOR 为基础的远期贷款起始于 t_i，结束于 $t_i+\delta$，它在 t 时的远期利率用 $F(t,t_i)$ 表示，满足下面的无套利关系：

$$1+F(t,t_i)\delta = \frac{B(t,t_i)}{B(t,t_{i+1})} \quad t<t_i \tag{14.105}$$

和以往一样，其中 $B(t,t_i)$ 和 $B(t,t_{i+1})$ 分别表示到期日为 t_i 和 t_{i+1} 的无违约风险的零息债券在时间 t 的价格。

等式左边是总的远期收益。等式右边是所交易的资产价格 $B(t,t_i)$ 关于另一种资产价格 $B(t,t_{i+1})$ 的标准化。因此，这个比值在某个适当测度下是鞅，远期测度用 $\widetilde{P}^{t_{i+1}}$ 表示。

- **推论 2**

在离散状态具有 k 个状态时，假设所有资产的价格都是无套利的，时间 t_i 的状态价格 $Q^j>0$ $(j=1,\cdots,k)$ 存在，则远期测度 $\widetilde{P}^{t_i}$ 在 t_i 时刻的值为①

$$\widetilde{p}_1^{t_i} = \frac{1}{B(t,t_i)}Q^1, \widetilde{p}_2^{t_i} = \frac{1}{B(t,t_i)}Q^2, \cdots, \widetilde{p}_k^{t_i} = \frac{1}{B(t,t_i)}Q^k \tag{14.106}$$

这些概率满足

$$\widetilde{p}_1^{t_i} + \widetilde{p}_2^{t_i} + \cdots + \widetilde{p}_k^{t_i} = 1 \tag{14.107}$$

同时

$$0 < \widetilde{p}_j^{t_i} \quad \forall j$$

注意，将 Q^j 变换成 $\widetilde{p}_j^{t_i}$ 的比例因子对所有 j 都相等。

- **推论 3**

在同样的假设下，与 t_{i+1} 远期测度 $\widetilde{P}^{t_{i+1}}$ 相关的 t_i 时刻概率为

$$\widetilde{p}_1^{t_{i+1}} = \frac{B(t_i,t_{i+1})^1}{B(t,t_{i+1})}Q^1, \widetilde{p}_2^{t_{i+1}} = \frac{B(t_i,t_{i+1})^2}{B(t,t_{i+1})}Q^2, \cdots, \widetilde{p}_k^{t_{i+1}} = \frac{B(t_i,t_{i+1})^k}{B(t,t_{i+1})}Q^k \tag{14.108}$$

其中，$B(t_i,t_{i+1})^j$ 表示 t_{i+1} 到期的债券在 t_i 时刻的状态相关价值。这里，t_i 时刻的现金流用到期日为 t_{i+1} 的债券来标准化。因为到期日为 t_{i+1}，因而 $B(t_i,t_{i+1})^j$

---

① 读者将发现，记号将稍微变化，这是由本节的相关背景决定的。

在 t_i 时刻不为常数。用于将 $\{Q^j\}$ 变换成 $\widetilde{P}^{t_{i+1}}$ 的因子也不是常数。

我们在讨论测度变换的机制时将使用这些结果。假设我们需要定价的工具同时依赖于两个远期 LIBOR 利率 $F(t,t_i)$ 和 $F(t,t_{i+1})$。我们知道，每个 LIBOR 过程在各自的远期测度下是一个鞅，并且满足零漂移项的 SDE。

考虑在一种单因素模型条件下，某个维纳过程引起了这两个远期利率出现波动。假设仍处于这个设置条件下，对于起始时间 $t<t_i$ $(i=1,\cdots,n)$，有一个很小的时间间隔，用 h 表示，满足 $t+h<t_i$。通过加入一个高斯波动性结构，我们可以将两个相继的远期利率 $F(t,t_i)$ 和 $F(t,t_{i+1})$ 各自的离散化无套利动态特性写成

$$F(t+h,t_i)-F(t,t_i)=\sigma^i F(t,t_i)\Delta W_{t+h}^1 \tag{14.109}$$

和

$$F(t+h,t_{i+1})-F(t,t_{i+1})=\sigma^{i+1} F(t,t_{i+1})\Delta W_{t+h}^2 \tag{14.110}$$

这两个远期利率的变化在各自远期测度下的期望为 0，因此没有漂移项。这意味着现实世界中唯一的维纳过程在两个方程中表示为 ΔW_{t+h}^1 和 ΔW_{t+h}^2，它们在各自的远期测度 $\widetilde{P}^{t_{i+1}}$ 和 $\widetilde{P}^{t_{i+2}}$ 下服从期望为零、方差为 h 的正态分布。

W_{t+h}^1 和 W_{t+h}^2 中的上标分别表示 t_{i+1} 和 t_{i+2} 时的远期概率测度。① 最后，注意我们如何简化波动性特征，同时假设它们为常数。

从金融工程的视角来看，单个鞅动态特性运用起来极为方便。它们各自的漂移项是 0，因此，在定价时不需对它们建模。市场实践者的唯一重要任务是获得各自的波动性 σ^i 和 σ^{i+1}。

然而，某些证券的价格可能以非线性方式依赖于多个远期利率，而它们的值可能必须作为单一测度下的期望来计算。例如，假设证券的价格 S_t 通过如下定价关系依赖于 $F(t,t_i)$ 和 $F(t,t_{i+1})$，也就是

$$S_t=E_t^{\tilde{P}}[g(F(t,t_i),F(t,t_{i+1}))] \tag{14.111}$$

其中，$g(\cdot)$ 是一个已知的非线性函数。于是，这个期望必须在单一测度下计算，这个概率可以是时间 t_{i+1} 或时间 t_{i+2} 的远期测度。因此，我们不得不选择一个具有鞅动态特性的远期利率方程，然后通过均值修正得到另一个正确的无套利动态特性。具有鞅性的远期测度被视为研究上可用概率，而其他的方程可以通过一系列测度变换用这个唯一概率表示出来。下面将进行详细讨论。

□ 14.5.1 测度变换的机制

对式 (14.109) 和式 (14.110) 中定义的关于 ΔW_{t+h}^1 和 ΔW_{t+h}^2 的期望，有

$$E_t^{\tilde{P}^{t_{i+1}}}[\Delta W_{t+h}^1]=0 \tag{14.112}$$

① 记住，时间 t_i 的远期利率以某个时间 t_{i+1} 的远期利率测度作为它自己的测度。

$$E_t^{\widetilde{P}^{t_{i+2}}}[\Delta W_{t+h}^2]=0 \qquad (14.113)$$

在它们各自的远期测度下，每个维纳过程增量的期望为 0。如果选取 $\widetilde{P}^{t_{i+2}}$ 作为研究上可用测度，则其中一个方程就要改变，我们有①

$$E_t^{\widetilde{P}^{t_{i+2}}}[\Delta W_{t+h}^1]=\lambda_t h \qquad (14.114)$$

$$E_t^{\widetilde{P}^{t_{i+2}}}[\Delta W_{t+h}^2]=0 \qquad (14.115)$$

如果研究上可用测度是 $\widetilde{P}^{t_{i+2}}$，那么，λ_t 的值给出了为获得无套利动态特性必须使用的修正因子（correction factor）。计算这个因子蕴含着，我们可以改变 $F(t,t_i)$ 动态机制中的测度。

我们从初始期望开始：

$$E_t^{\widetilde{P}^{t_{i+1}}}[\Delta W_{t+h}^1]=\sum_{j=1}^{k}\Delta W_{t+h}^{1j}\,\widetilde{p}_j^{t_{i+1}}=0 \qquad (14.116)$$

其中，$\widetilde{p}_j^{t_{i+1}}$ 表示每种状态 $j=1,\cdots,k$ 下的概率值。现在利用等式

$$\frac{B(t,t_{i+2})B(t_i,t_{i+2})^j}{B(t,t_{i+2})B(t_i,t_{i+2})^j}\equiv 1 \qquad (14.117)$$

我们可以重新将期望写为

$$E_t^{\widetilde{P}^{t_{i+1}}}[\Delta W_{t+h}^1]=\sum_{j=1}^{k}(\Delta W_{t+h}^{1j})\left[\frac{B(t,t_{i+2})B(t_i,t_{i+2})^j}{B(t,t_{i+2})B(t_i,t_{i+2})^j}\right]\equiv\widetilde{p}_j^{t_{i+1}} \qquad (14.118)$$

重新组合并使用推论 3 所隐含的 t_{i+1} 和 t_{i+2} 的远期测度定义，可以得到

$$\widetilde{p}_j^{t_{i+1}}=\frac{B(t_i,t_{i+1})^j}{B(t,t_{i+1})}Q^j \qquad (14.119)$$

和

$$\widetilde{p}_j^{t_{i+2}}=\frac{B(t_i,t_{i+2})^j}{B(t,t_{i+2})}Q^j \qquad (14.120)$$

利用适当的因子重新标度 Q^j，式（14.118）变为

$$\sum_{j=1}^{k}(\Delta W_{t+h}^{1j})\left[\frac{B(t,t_{i+2})B(t_i,t_{i+1})^j}{B(t,t_{i+1})B(t_i,t_{i+2})^j}\right]\widetilde{p}_j^{t_{i+2}}=0 \qquad (14.121)$$

注意，这些概率随着用来改变 Q^j 的因子不同而不同。W_{t+h}^1 的上标没有改变。

推导的下一步是试图“识别”出这个期望中的元素。利用推论 1，我们可以得到等式

① 在一般情形下，存在 m 个远期利率，除了一个等式外其他的等式都将发生改变。

$$1+\delta F(t_i,t_{i+1})^j=\frac{B(t_i,t_{i+1})^j}{B(t_i,t_{i+2})^j} \tag{14.122}$$

进行代换并消掉关于 j 独立的项，整理后可得到

$$\sum_{j=1}^{k}(\Delta W_{t+h}^{1j})(1+\delta F(t_i,t_{i+1})^j)\,\widetilde{p}_j^{t_{i+2}}=0 \tag{14.123}$$

现在，利用乘法展开可得

$$\sum_{j=1}^{k}(\Delta W_{t+h}^{1j})\,\widetilde{p}_j^{t_{i+2}}=-\Big(\sum_{j=1}^{k}(\Delta W_{t+h}^{1j})F(t_i,t_{i+1})^j\,\widetilde{p}_j^{t_{i+2}}\Big)\delta \tag{14.124}$$

使用条件期望算子将其写成以下形式

$$E_t^{\widetilde{P}^{t_{i+2}}}[\Delta W_{t+h}^1]=-E_t^{\widetilde{P}^{t_{i+2}}}[\Delta W_{t+h}^1F(t_i,t_{i+1})]\delta \tag{14.125}$$

在最后的表达式中，左边是想要的 ΔW_{t+h}^1 在新的概率 $\widetilde{P}^{t_{i+2}}$ 下的期望。当等式右边的随机变量相关时，这个期望将不为零。只要远期利率是相关的，这个相关乘数就不为 0。为了计算 ΔW_{t+h}^1 在新的概率 $\widetilde{P}^{t_{i+2}}$ 下的均值，我们需要计算协方差。

设协方差由 $-\lambda_t h$ 给出，我们可以得到

$$\delta E_t^{\widetilde{P}^{t_{i+2}}}[\Delta W_{t+h}^1F(t_i,t_{i+1})]=-\lambda_t h \tag{14.126}$$

利用 λ_t 可以转换 $F(t,t_i)$ 动态特性中的概率，从最初的鞅动态特性开始：

$$F(t+h,t_i)=F(t,t_i)+\sigma^iF(t,t_i)\Delta W_{t+h}^1 \tag{14.127}$$

在等式右边加一项，减一项，然后，重新组合可得

$$F(t+h,t_i)=F(t,t_i)-\sigma^iF(t,t_i)\lambda_t h+\sigma^iF(t,t_i)[\lambda_t h+\Delta W_{t+h}^1] \tag{14.128}$$

设

$$\Delta W_{t+h}^2=\lambda_t h+\Delta W_{t+h}^1 \tag{14.129}$$

我们刚刚已经证明，等式右边表达式的期望在 $\widetilde{P}^{t_{i+2}}$ 下为 0，因而在 $\widetilde{P}^{t_{i+2}}$ 下，我们可以将 $F(t,t_i)$ 新的动态特性写为

$$F(t+h,t_i)=F(t,t_i)-\sigma^iF(t,t_i)\lambda_t h+\sigma^iF(t,t_i)\Delta W_{t+h}^2 \tag{14.130}$$

从这个式子可以看出，新的动态特性具有非零的漂移项，$F(t,t_i)$ 在新的测度下不是一个鞅。然而，这个过程是无套利的，并且容易运用蒙特卡洛方法进行模拟。既然两个动态特性可在同一个测度下表示出来，那么这套描述两个远期利率动态特性的方程就可以用于与这两个远期利率有关的定价工具。在这两个 SDE 中可使用相同的伪随机数。最后，读者应记住本节的讨论依赖于 SDE 的离散逼近。

□ 14.5.2　一般化

将前面的讨论一般化就可以得到远期 LIBOR 模型。假设有 n 个远期利率 $F(t_0,t_i)$，

$i=0,\cdots,n-1$，它们分别对应于初始时间为 t_i、结束时间为 $t_{i+1}=t_i+\delta$ 的贷款。$F(t_0,t_0)$ 是普通的远期利率，即关于 δ 的即期 LIBOR。终结时间为 t_n。

类似于前面一节的讨论，假设只存在单一因素。① 利用 t_{i+1} 远期测度，我们可以得到每个远期利率 $F(t,t_i)$ 的无套利鞅动态特性

$$dF(t,t_i)=\sigma^i F(t,t_i)W_t^{i+1} \quad t\in[0,\infty) \tag{14.131}$$

W_t^{i+1} 的上标蕴含着②

$$E_t^{\tilde{P}^{t_{i+1}}}[dW_t^{i+1}]=0 \tag{14.132}$$

这些无套利动态特性非常有用，因为它们不涉及任何利率模型，而仅仅依赖于各种波动性的正确设定。但是，当不止一个远期利率以非线性方式决定证券的收益时，这个过程必须在唯一的研究测度下表示出来。

假设我们选择 $\tilde{P}^{t_n}$ 作为研究上可用测度。③ 前一节讨论的直观方法可以推广从而得到如下的无套利 SDE 系统，它们在单因素情况下涉及递归的漂移修正：

$$dF(t,t_i)=-\left[\sigma^i F(t,t_i)\sum_{j=i}^{n-1}\frac{\delta\sigma^j F(t,t_j)}{1+F(t,t_j)\delta}\right]dt+\sigma^i F(t,t_i)dW_t^{t_n} \quad t\in[0,\infty) \tag{14.133}$$

其中，$dW_t^{t_n}$ 的上标表示研究上可用测度为 $\tilde{P}^{t_n}$，该方程组中的方程是在这个远期测度 $(i=1,\cdots,n)$ 下表示出来的。然而，只有最后一个方程具有鞅动态特性

$$dF(t,t_{n-1})=\sigma^{n-1}F(t,t_{n-1})dW_t^{t_n} \quad t\in[0,\infty) \tag{14.134}$$

其他所有的 SDE 都涉及右边第一项给出的相继的修正因子。应注意，这些因子中的所有项都可以在时间 t 被观察到，因此这些动态特性不需要对实际漂移项进行建模。

14.6 应用

远期测度和测度变换技术与许多工具的定价相关，对市场参与者来说，最近有一类工具相当流行，并且它可以用这种测度变换的方法来定价，这类工具就是固定期限互换（constant maturity swaps，CMS）。它们的一些性质可用于解释迄今所用方法间的某些微妙差别，为了对它们进行定价，需要同时涉及所有远期利率。

首先，我们给出关于这类工具的一个资料，该资料说明了最近人们对这类工具的

① 对于多因素模型以及远期 LIBOR 模型的推广讨论，可以参见 Musiela and Rutkowski（1998）、Brigo and Mercurio（2006）以及 Rebonato（2002）。

② 这里运用了随机微分的直观观点。

③ 有时，将它称为终止测度。

兴趣。

例子：

考虑到利率上升的欧洲机构投资者已开始转向固定期限互换产品，以对冲其在过去几个月的长期债务。尽管主流利率互换倾向于参照 LIBOR，但 CMS 的支付结构与 10 年期互换利率挂钩——这是对长期负债的投资者的一种有益的对冲，比如保险公司。

随着 10 年期欧元互换价格从 2011 年 4 月的 3.77%的峰值跌至今年 5 月初的 1.44%的低点，这些公司纷纷涌入 CMS 体系，以抵御利率下降的风险。对美联储缩减资产购买规模的担忧足以让这一趋势结束。截至 6 月底，10 年期互换利率已飙升至 2%以上，CMS 足以成为对冲进一步上涨的工具。

摩根士丹利 EMEA 利率结构主管伊万·约桑（Ivan Jossang）表示："今年上半年，由于市场情绪的变化，购买 CMS 上限已有所回升，不断上升的利率成为投资者脑海里首要考虑的事情。"

由于结构的相对简单性，上限一直受到投资者的青睐。以投资者购买执行价格为 3%的上限为例。如果在上限到期时利率上升到 4%，投资者将按原先约定的本金获得 100 英镑。"CMS 是主要的简单的吸引人的产品，它在危机中幸存下来，而且是利率支付的最重要的基石。"瑞士信贷利率结构的欧洲主管阿德里安·布拉赫尔（Adrian Bracher）说。

与许多吸引人的产品一样，CMS 在金融危机爆发前蓬勃发展，之后市场开始萎缩。对瑞士法郎和英镑来说不再有 CMS 市场，美元和欧元仍然是最具流动性的货币。

法国保险公司无疑是最多产的 CMS 用户，这不仅仅是因为欧元互换曲线接近主权债券收益率，而且是因为它们的许多债务都是被基准化的。它们还向投保人提供类似于银行存款的储蓄产品，如果利率上升或下降，它们需要对冲。

银行对 CMS 交易的套期保值已经严重影响了互换市场，使得 10 年期的欧元互换交易对于更长期曲线上的期权具有更高溢价。这使得一些更具活力的荷兰和丹麦养老基金——使用互换来对冲它们的负债——转向相对便宜的 20 年和 30 年合约。

CMS 也在资产负债表的资产方面发挥了作用。由于 10 年期的互换利率高于 3 个月期的 Euribor，CMS 可以作为一种有用的收益增强工具，如果它们的财务主管能够被说服，它们通常会覆盖政府债券或公司的私人配售。

（Thomson Reuters IFR Issue 1996，*CMS* makes comeback to hedge rate rises by Christopher Whittall，August 14，2013）

CMS 是一种以令人关注的方式建立在普通互换上的工具。在普通互换中，固定互换利率只与和特定结算时期有关的浮动 LIBOR 相互交换。而在 CMS 中，这一点被推广一般化。固定利率方交换浮动利率，但是浮动利率方不是"单个时期"的利率，它本身就是一个在未来时刻决定的多时期互换利率。

交换形式有很多种，作为一个例子，我们考察下面的情况。假设一方决定在未来 3 年内支付 4%以接受一个 2 年期的互换利率，后者在每年的年初确定。这个未来的互换利率在时间 t_0 是未知的，它被视为浮动支付，但是这个浮动利率不是仅仅取决于某一特定年份所接受的波动性，而是一年利率的平均。很明显，这些互换具有很强的非线性，并且我们不能用普通互换的金融工程方法处理它们。

CMS 的例子如图 14.5 所示。读者可以看到，在每个结算日用来交换固定支付的浮动利率是多个远期利率的函数。在这些条件下，要利用不同远期测度下的单个零漂移随机微分方程来设计各个远期利率是行不通的。CMS 的每一方都依赖于多个远期利率，这些利率需要在单一测度下进行设计。

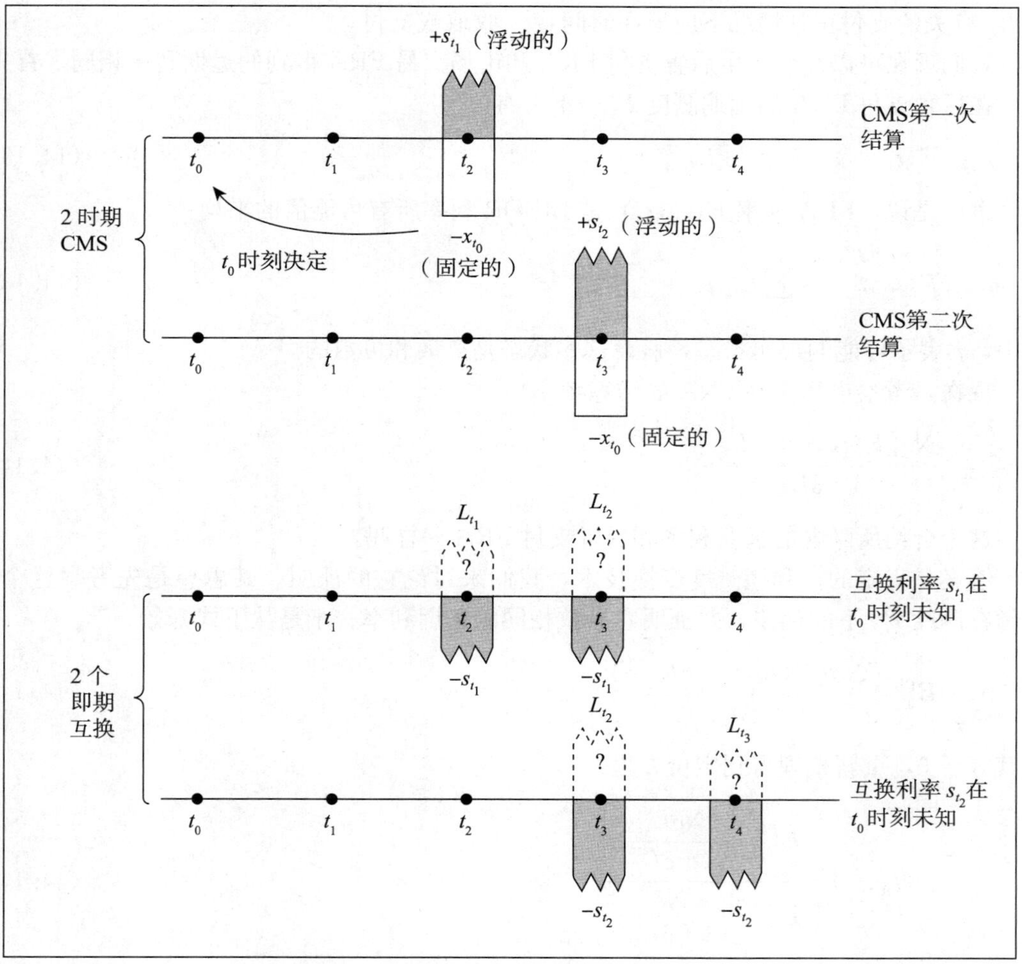

图 14.5 CMS 的例子

□ 14.6.1 测度变换的另一个例子

本节给出测度变换方法在 FRA 市场中的另一个例子。后置支付 FRA 在时间 t_{i+1} 的收益是：

$$N\delta[F(t_0,t_i)-L_{t_i}] \tag{14.135}$$

市场交易 FRA 在时间 t_i 的结算额为

$$\frac{N\delta[F(t_0,t_i)-L_{t_i}]}{1+\delta L_{t_i}} \tag{14.136}$$

最后，我们有 LIBOR 后置支付 FRA，其在时间 t_i 的结算额为

$$N\delta[F(t_0,t_i)-L_{t_i}] \tag{14.137}$$

正如我们在第 10 章所看到的，LIBOR 后置支付的交割方式是“非自然”的，因为与 L_{t_i} 有关的支付正常情况下应该在时间 t_{i+1} 收取或支付。

我们现在可以证明，由后置支付 FRA 和市场交易 FRA 得到的远期利率相同。首先，回忆在后置支付 FRA 的远期测度 $\widetilde{P}^{t_{i+1}}$ 下，有

$$F(t_0,t_i)=E_{t_0}^{\widetilde{P}^{t_{i+1}}}[L_{t_i}] \tag{14.138}$$

也就是说，FRA 利率 $F(t_0,t_i)$ 是 LIBOR 利率所有可能值的平均：

$$F(t_0,t_i)=\sum_{j=1}^{k}L_{t_i}^{j}\,\widetilde{p}_j^{t_{i+1}} \tag{14.139}$$

其中，j 表示可能的现实状态，假设这些状态是离散和可数的。

现在，考察市场交易 FRA 的结算额

$$\frac{N\delta[F(t_0,t_i)-L_{t_i}]}{1+\delta L_{t_i}} \tag{14.140}$$

这个合约所隐含的远期利率和后置支付 FRA 一样吗？

答案是肯定的。利用测度变换技术，我们来讨论它的证明。其思想是先考察这个结算额在测度 $\widetilde{P}^{t_i}$ 下的期望，并证明它导致相同的远期利率。于是从下式开始：

$$E_{t_0}^{\widetilde{P}^{t_i}}\left[\frac{N\delta[F(t_0,t_i)-L_{t_i}]}{(1+\delta L_{t_i})}\right] \tag{14.141}$$

令其等于 0，重新整理得到定价方程：

$$F(t_0,t_i)=\frac{E_{t_0}^{\widetilde{P}^{t_i}}\left[\dfrac{N\delta L_{t_i}}{(1+\delta L_{t_i})}\right]}{E_{t_0}^{\widetilde{P}^{t_i}}\left[\dfrac{N\delta}{(1+\delta L_{t_i})}\right]} \tag{14.142}$$

现在我们变换式（14.142）右边的测度。存在两个期望，我们将对它们进行测度变换。首先令 $N=1$ 且 $\delta=1$。

考察其分子

$$E_{t_0}^{\widetilde{P}^{t_i}}\left[\frac{L_{t_i}}{(1+L_{t_i})}\right]=\sum_{j=1}^{k}\frac{L_{t_i}^{j}}{(1+L_{t_i}^{j})}\widetilde{p}_j^{t_i} \tag{14.143}$$

我们知道在时间 t_i 有

$$\widetilde{p}_j^{t_i}=\frac{1}{B(t_0,t_i)}Q^j$$

$$\widetilde{p}_j^{t_{i+1}}=\frac{B(t_i,t_{i+1})^j}{B(t_0,t_{i+1})}Q^j \tag{14.144}$$

因而

$$\widetilde{p}_j^{t_i}=\frac{1}{B(t_0,t_i)}\frac{B(t_0,t_{i+1})}{B(t_i,t_{i+1})^j}\widetilde{p}_j^{t_{i+1}} \tag{14.145}$$

代入式（14.143）的右边，得到

$$\sum_{j=1}^{k}\frac{L_{t_i}^j}{(1+L_{t_i}^j)}\frac{1}{B(t_0,t_i)}\frac{B(t_0,t_{i+1})}{B(t_i,t_{i+1})^j}\widetilde{p}_j^{t_{i+1}} \tag{14.146}$$

在这个表达式中，我们看到

$$\frac{B(t_0,t_{i+1})}{B(t_0,t_i)}=\frac{1}{1+F(t_0,t_i)} \tag{14.147}$$

和

$$\frac{1}{B(t_i,t_{i+1})^j}=1+L_{t_i}^j \tag{14.148}$$

利用这两个关系，得到等价性

$$\sum_{j=1}^{k}\frac{L_{t_i}^j}{(1+L_{t_i}^j)}\frac{1}{B(t_0,t_i)}\frac{B(t_0,t_{i+1})}{B(t_i,t_{i+1})^j}\widetilde{p}_j^{t_{i+1}}=\sum_{j=1}^{k}\frac{L_{t_i}^j}{(1+L_{t_i}^j)}\frac{1}{(1+F(t_0,t_i))}(1+L_{t_i}^j)\widetilde{p}_j^{t_{i+1}} \tag{14.149}$$

对等式右边的通项加以简化，可得

$$\sum_{j=1}^{k}\frac{L_{t_i}^j}{1+F(t_0,t_i)}\widetilde{p}_j^{t_{i+1}} \tag{14.150}$$

我们立即发现，这是一个期望表达式：

$$E_{t_0}^{\widetilde{P}^{t_{i+1}}}\left[\frac{L_{t_i}^j}{1+F(t_0,t_i)}\right] \tag{14.151}$$

现在，考察式（14.142）中的分母

$$E_{t_0}^{\widetilde{P}^{t_i}}\left[\frac{1}{(1+L_{t_i})}\right]=\sum_{j=1}^{k}\frac{1}{(1+L_{t_i}^j)}\widetilde{p}_j^{t_i} \tag{14.152}$$

利用式（14.144），将其变换到测度 $\widetilde{P}^{t_{i+1}}$

$$\sum_{j=1}^{k}\frac{1}{(1+L_{t_i}^j)}\widetilde{p}_j^{t_i}=\sum_{j=1}^{k}\frac{1}{(1+L_{t_i}^j)}\frac{1}{B(t_0,t_i)}\frac{B(t_0,t_{i+1})}{B(t_i,t_{i+1})^j}\widetilde{p}_j^{t_{i+1}} \tag{14.153}$$

利用式（14.144）中的等价性并代入得

$$\sum_{j=1}^{k}\frac{1}{(1+L_{t_i}^{j})}\frac{1}{B(t_0,t_i)}\frac{B(t_0,t_{i+1})}{B(t_i,t_{i+1})^{j}}\tilde{p}_j^{t_{i+1}}=\sum_{j=1}^{k}\frac{1}{(1+L_{t_i}^{j})}\frac{1}{(1+F(t_0,t_i))}(1+L_{t_i}^{j})\tilde{p}_j^{t_{i+1}} \tag{14.154}$$

注意，随机项 $1+L_{t_i}^{j}$ 很方便地被消掉了。从等式的右边得到

$$=\sum_{j=1}^{k}\frac{1}{1+F(t_0,t_i)}\tilde{p}_j^{t_{i+1}}$$
$$=\frac{1}{1+F(t_0,t_i)}$$

对一般的 N 和 δ，将分子、分母放在一起，可以得到

$$F(t_0,t_i)=\frac{E_{t_0}^{\tilde{P}^{t_i}}\left(\dfrac{N\delta L_{t_i}}{1+\delta L_{t_i}}\right)}{E_{t_0}^{\tilde{P}^{t_i}}\left(\dfrac{N\delta}{1+\delta L_{t_i}}\right)}=\frac{E_{t_0}^{\tilde{P}^{t_{i+1}}}\left[N\delta\dfrac{N_{t_i}^{j}}{1+F(t_0,t_i)\delta}\right]}{\dfrac{N\delta}{1+F(t_0,t_i)\delta}} \tag{14.155}$$

我们对通项加以简化，得到

$$F(t_0,t_i)=E_{t_0}^{\tilde{P}^{t_{i+1}}}[L_{t_i}^{j}] \tag{14.156}$$

因此，我们得到了想要的结果：后置支付 FRA 的 FRA 利率与市场交易 FRA 的 FRA 利率是一样的，都是 LIBOR 利率 L_{t_i} 的无偏估计量。

下面以另一个简单例子结束本节。

例子：

我们同样可以将远期测度变换应用于盯市实践。后置支付 FRA 在时间 t_{i+1} 的结算额是

$$[L_{t_i}-F(t_0,t_i)]N\delta \tag{14.157}$$

那么这个合约在时间 t_1（$t_0<t_1<t_i$）的价值是多少？

市场的惯例是用相应 t_1 时间的远期利率替代随机变量 L_{t_i}，由此得到

$$[F(t_1,t_i)-F(t_0,t_i)]N\delta \tag{14.158}$$

通常情况下，它的值不等于 0。我们怎么知道这是合约正确的盯市方法呢？我们简单地取 t_1 时

$$[L_{t_i}-F(t_0,t_i)]N\delta \tag{14.159}$$

在远期测度 t_{i+1} 时的期望，得到

$$E_{t_1}^{\tilde{P}^{t_{i+1}}}[L_{t_i}-F(t_0,t_i)]N\delta=[F(t_1,t_i)-F(t_0,t_i)]N\delta \tag{14.160}$$

其中，我们用到下述结论：在测度 $\tilde{P}^{t_{i+1}}$ 下，$F(t_1,t_i)$ 是 L_{t_i} 的无偏估计量。

□ 14.6.2 CMS 的定价

对 CMS 进行定价很明显要涉及凸性调整。仍然在本章使用的简单框架下考察问题。业界首先得到 $t_1 \times t_2$ 和 $t_2 \times t_3$ 的互换的波动性。然后，已知互换在第 17 章所研究的"年金"测度下是鞅这一结果，就可以在具体的假设下进行各种各样的变换，然后估计出对于远期互换利率的凸性修正（convexity correction）。换句话说，业界使用下列方程来计算$\in_t$：

$$\mathrm{cms}_t = s_t^f + \in_t \tag{14.161}$$

其中，cms_t 表示 CMS 互换利率，s_t^f 表示相关的远期互换利率，$\in_t$表示凸性修正。

利用前面讨论的远期 LIBOR 动态特性直接对 CMS 进行定价，然后使用一系列递归的测度变换得出所需要的均值修正。由于 CMS 定价是一个很好的这种应用的例子，我们接下来考察一种简单的情况。

考察一个两时期的远期 CMS，这里在时间 t_2 和 t_3 支付固定的 CMS 互换利率x_{t_0}，以此交换同样时刻两时期浮动现金互换利率。在远期概率 $\tilde{P}^{t_3}$下，现金流现值为

$$0=E_{t_0}^{\tilde{P}^{t_3}}\left[(x_{t_0}-s_{t_1})\frac{1}{(1+L_{t_0}\delta)(1+L_{t_1}\delta)}+(x_{t_0}-s_{t_2})\frac{1}{(1+L_{t_0}\delta)(1+L_{t_1}\delta)(1+L_{t_2}\delta)}\right]N \tag{14.162}$$

其中假设结算区间的长度为 1，N 是名义互换额，s_{t_1} 和s_{t_2}是 t_0 时刻两个未知的两时期互换利率，它们可以由式（14.49）中通常的即期互换公式给出。

令 $\delta=1$，整理这个方程得到

$$x_{t_0}=\frac{E_{t_0}^{\tilde{P}^{t_3}}\left[s_{t_1}\frac{1}{(1+L_{t_0})(1+L_{t_1})}+s_{t_2}\frac{1}{(1+L_{t_0})(1+L_{t_1})(1+L_{t_2})}\right]}{E_{t_0}^{\tilde{P}^{t_3}}\left[\frac{1}{(1+L_{t_0})(1+L_{t_1})}+\frac{1}{(1+L_{t_0})(1+L_{t_1})(1+L_{t_2})}\right]} \tag{14.163}$$

因此，为了得到 CMS 利率x_{t_0}的值，我们需要做的是在同一个远期测度 $\tilde{P}^{t_3}$下写出远期 LIBOR 过程 $F(t_0,t_1)$ 和 $F(t_0,t_2)$ 的动态特性，然后选取蒙特卡洛路径。

很明显，这样做并从远期 LIBOR 无套利动态特性获得蒙特卡洛路径需要校准各自的波动性。一旦完成这些工作，蒙特卡洛路径的选取就很自然了。因此 CMS 利率可以由

$$x_{t_0}=\frac{\sum_{j=1}^{M}\left[s_{t_1}^j\frac{1}{(1+L_{t_0}^j)(1+L_{t_1}^j)}+s_{t_2}^j\frac{1}{(1+L_{t_0}^j)(1+L_{t_1}^j)(1+L_{t_2}^j)}\right]}{\sum_{j=1}^{M}\left[\frac{1}{(1+L_{t_0}^j)(1+L_{t_1}^j)}+\frac{1}{(1+L_{t_0}^j)(1+L_{t_1}^j)(1+L_{t_2}^j)}\right]} \tag{14.164}$$

计算出来。其中互换利率$s_{t_i}^j$本身依赖于同样的远期利率路径，因此可以由选取的路径计算出来。

从对波动性和初始远期利率进行扰动开始，我们可以重复同样的练习，从而获得风险管理所需要的相关希腊字母值。

14.7 后置支付互换与凸性

尽管绝大多数互换交易涉及普通互换*，在某些情况下，存在特殊的所谓 LIBOR 后置支付互换交易。在这一节，我们研究这一工具，因为它是远期 LIBOR 波动性如何通过凸性调整直接参与定价的一个好例子。

但是，首先我们需要阐述这方面的术语。在普通互换交易中，LIBOR 利率 L_{t_i} 在 t_i 时被设定，而浮动支付在后置时间 t_{i+1} 时进行。① 在普通后置支付互换交易中，付款日保持一致，但是 t_{i+1} 时结算要使用 LIBOR 利率 $L_{t_{i+1}}$，$L_{t_{i+1}}$ 是在时间 t_{i+1}②被观察到的，用来确定浮动支付。因此，在某种意义上，LIBOR 利率的设定是后置的，因而称为后置支付互换。③ 各个 LIBOR 利率之间的差异已经在图 14.6 中给出说明，同时普通利率互换和 LIBOR 后置支付互换之间的差异也显示在图 14.6 中。LIBOR 后置支付互换设定了 LIBOR 利率后置支付。

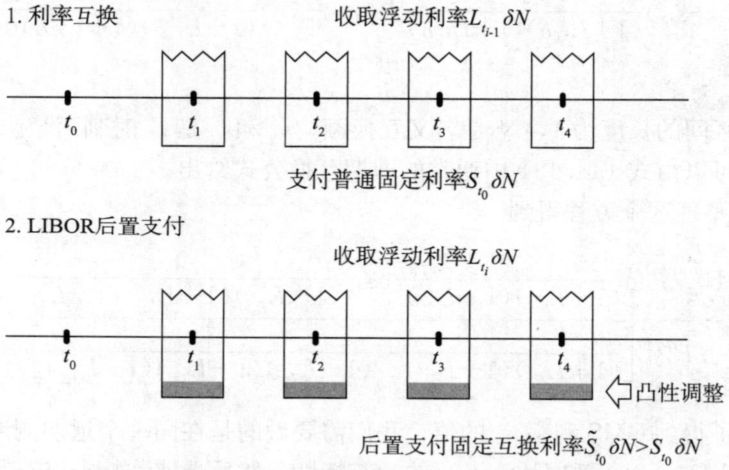

图 14.6　利率互换与 LIBOR 后置支付互换

简单地修改在 t_{i+1}时观测到的 $L_{t_{i+1}}$ 而不是之前的 L_{t_i} 在定价上产生了显著的差异。我们首先研究一个简单的两时期（远期）互换交易，然后给出广义的计算公式。

□ 14.7.1 估价

除了互换票面利率不同之外，后置互换固定方的价值与普通互换是一样的。设 s_{t_0} 表

① 重要的是要记住，在现实中，存在另一个复杂因素。按照惯例，LIBOR 在 t_i 之前的两个工作日设定，在 t_{i+1} 时支付。这里我们忽略了这种惯例，因为这并不影响对这一工具及定价的理解，并且使得公式更易于理解。读者可以根据实际情况修正之后的公式。

② 参见本页注释①关于两个工作日的惯例。

③ 尽管在普通互换中支付也是后置的。

* 普通互换（vanilla swap），又称香草互换，本书将此术语都翻译为普通互换。——译者注

示 t_0 时刻固定的普通互换利率，N 和 δ 分别是名义本金和自然增长参数。于是，固定方的支付就很容易估值：

$$\begin{aligned}\text{固定方}_{t_0} &= B(t_0,t_2)s_{t_0}\delta N + B(t_0,t_3)s_{t_0}\delta N \\ &= [B(t_0,t_2)+B(t_0,t_3)]s_{t_0}\delta N\end{aligned} \tag{14.165}$$

很明显，在后置支付互换情况下，我们有一个相似的表达式：

$$\text{固定方}_{t_0} = [B(t_0,t_2)+B(t_0,t_3)]i\, s_{t_0}\delta N \tag{14.166}$$

其中，$i\, s_{t_0}$ 表示在后置支付利率互换中的互换利率。

估价的差异体现在浮动方。注意，在后置支付互换情况下，在浮动利率支付的远期测度 P^{t_2} 下的期望值是：

$$\text{浮动方}_{t_0} = E_{t_0}^{P^{t_2}}[B(t_0,t_2)L_{t_2}]\delta N + E_{t_0}^{P^{t_2}}[B(t_0,t_3)]\delta N \tag{14.167}$$

各自乘以且除以（$1+L_{t_2}\delta$）和（$1+L_{t_3}\delta$）得到

$$\text{浮动方} = E_{t_0}^{P^{t_2}}\left[B(t_0,t_2)L_{t_2}\frac{(1+L_{t_2}\delta)}{(1+L_{t_2}\delta)}\right]\delta N + E_{t_0}^{P^{t_2}}\left[B(t_0,t_3)L_{t_3}\frac{(1+L_{t_3}\delta)}{(1+L_{t_3}\delta)}\right]\delta N \tag{14.168}$$

但是在有限状态随机量的情况下，我们在 t_3 和 t_2 远期测度之间有通常的对应：

$$p_i^{t_2}\frac{B(t_2,t_3)^i}{B(t_0,t_3)}B(t_0,t_2) = p_i^{t_3} \tag{14.169}$$

同样，由定义

$$B(t_2,t_3)^i = \frac{1}{1+L_{t_2}^i\delta} \tag{14.170}$$

这蕴含着在重组后，从 P^{t_2} 到 P^{t_3} 变换测度：

$$E_{t_0}^{P^{t_2}}\left[B(t_0,t_2)L_{t_2}\frac{(1+L_{t_2}\delta)}{(1+L_{t_2}\delta)}\right]\delta N = E_{t_0}^{P^{t_3}}[B(t_0,t_3)L_{t_2}(1+L_{t_2}\delta)]\delta N \tag{14.171}$$

类似地，从 P^{t_3} 到 P^{t_4} 变换测度，由方程组可得

$$E_{t_0}^{P^{t_3}}\left[B(t_0,t_3)L_{t_3}\frac{(1+L_{t_3}\delta)}{(1+L_{t_3}\delta)}\right] = E_{t_0}^{P^{t_4}}[B(t_0,t_4)L_{t_3}(1+L_{t_3}\delta)] \tag{14.172}$$

因而，对浮动方的估价变成：

$$\text{浮动方}_{t_0} = [E_{t_0}^{P^{t_3}}[B(t_0,t_3)L_{t_2}(1+L_{t_2}\delta)] + E_{t_0}^{P^{t_2}}[B(t_0,t_4)L_{t_3}(1+L_{t_3}\delta)]]\delta N \tag{14.173}$$

右边可以扩展成：

$$\begin{aligned}\text{浮动方}_{t_0} &= B(t_0,t_3)[E_{t_0}^{P^{t_3}}[L_{t_2}] + E_{t_0}^{P^{t_3}}[(L_{t_2}\delta)^2]]\delta N \\ &\quad + B(t_0,t_4)[E_{t_0}^{P^{t_4}}[L_{t_3}] + E_{t_0}^{P^{t_4}}[(L_{t_3}\delta)^2]]\delta N\end{aligned} \tag{14.174}$$

可是，远期利率在各自的测度下是鞅，所以：

$$F_{t_0}^{t_2} = E_{t_0}^{P^{t_3}}[L_{t_2}] \tag{14.175}$$
$$F_{t_0}^{t_3} = E_{t_0}^{P^{t_4}}[L_{t_3}] \tag{14.176}$$

和

$$E_{t_0}^{P^{t_3}}[L_{t_2}^2] = (F_{t_0}^{t_2})^2 \mathrm{e}^{\int_{t_0}^{t_2} \sigma(u)_{t_2}^2 \mathrm{d}u} \tag{14.177}$$
$$E_{t_0}^{P^{t_4}}[L_{t_3}^2] = (F_{t_0}^{t_3})^2 \mathrm{e}^{\int_{t_0}^{t_3} \sigma(u)_{t_2}^2 \mathrm{d}u} \tag{14.178}$$

因此，我们得到最终结果：

$$\begin{aligned} 浮动方_{t_0} = & B(t_0, t_3)[F_{t_0}^{t_2} + \delta(F_{t_0}^{t_2})^2 \mathrm{e}^{\int_{t_0}^{t_2} \sigma(u)_{t_2}^2 \mathrm{d}u}] \\ & + B(t_0, t_4)[F_{t_0}^{t_3} + \delta(F_{t_0}^{t_3})^2 \mathrm{e}^{\int_{t_0}^{t_3} \sigma(u)_{t_3}^2 \mathrm{d}u}]\delta N \end{aligned} \tag{14.179}$$

我们可以把它看成普通互换的浮动方加上一个调整，这个调整称为凸性调整（convexity adjustment）：

$$\begin{aligned} 浮动方_{t_0} = & [B(t_0, t_3)F_{t_0}^{t_2} + B(t_0, t_4)F_{t_0}^{t_3}]\delta N + [B(t_0, t_3)\delta(F_{t_0}^{t_2})\mathrm{e}^{\int_{t_0}^{t_2} \sigma(u)_{t_2}^2 \mathrm{d}u} \\ & + B(t_0, t_4)\delta(F_{t_0}^{t_3})^2 \mathrm{e}^{\int_{t_0}^{t_3} \sigma(u)_{t_3}^2 \mathrm{d}u}]\delta N \end{aligned} \tag{14.180}$$

对于很小的结算间隔 Δ 及常值波动性，逼近变为

$$[B(t_0, t_3)\delta(F_{t_0}^{t_2})^2 \mathrm{e}^{\Delta\sigma_{t_2}^2} + B(t_0, t_4)\delta(F_{t_0}^{t_3})^2 \mathrm{e}^{\Delta\sigma_{t_3}^2}]\delta N \tag{14.181}$$

注意，括号中的第二项在凸性调整中是正的。这就使得后置支付互换的浮动利率支付数额比普通互换的浮动利率支付数额要大。结论是以 $\widetilde{s}_t$ 表示的后置支付互换的固定方互换利率比普通互换的固定方互换利率大：

$$s_{t_0} < \widetilde{s}_{t_0} \tag{14.182}$$

下面做出几点评论：第一，后置支付互换的波动性是从相应的上限簇波动性得来的。第二，后置支付互换的价值并不依赖于各远期利率之间的相关性。第三，波动性可能不同于互换的波动性。

□ 14.7.2 特例

这种情况的特例是我们所考察的单一时期后置支付互换。然后，我们得到远期利率和未来利率之间的关系。

一个欧洲美元合约在 t_i 时将 f_{t_0} 兑换成 L_{t_i}。这个远期合约导致在 t_i 时将 F_{t_0} 兑换成 $L_{t_{i-1}}$，因而这是我们刚才所作的比较的关于单一时期的复制品。

这蕴含着

$$f_{t_0}^{t-i} - F_{t_0}^{t-i} = \delta(F_{t_0})^2 \mathrm{e}^{\int_{t_0}^{t_i} \sigma(u)_{t_i}^2 \mathrm{d}u} \tag{14.183}$$

从式（14.177）中我们可知，右边被称为凸性调整，当合约从期货转换到远期利率时，就需要使用它。注意合约的期货价格将比远期价格小。①

① 因为我们减去了一个更大的项。

14.8 交叉货币互换

交叉货币互换可以用于不同的目的。它可以用于对冲，即减少汇率变化的风险。或者，可以用它来利用不同利率之间的套利机会。

下面的阅读材料说明了与交叉货币互换有关的一些近期问题。

例子：

近几年来，澳大利亚交叉货币基础互换* (Australian cross-currency basis swap) 经历着过山车式的波动，其波动幅度达到了前所未有的水平，主要原因是全球金融危机期间出现了大规模的不规则的资本错位。2008 年 10 月 10 日，美元短缺，加上强劲的日本反向双重货币（PRDC）票据的大量再对冲，导致 5 年期澳大利亚元/美元交叉货币基础互换（AUD/USD）下跌了 50 个基点，对于互换交易传统上可预测的一般变动范围 6～10 个基点来说，这是相当大的变动。它的 10 年期互换交易遭受了同样的波动命运，在同一天就下跌了 47 个基点。

到 2009 年 9 月，这种情况完全颠倒了。袋鼠债券发行几乎停滞不前，而澳大利亚银行则受到 *AA* 信用评级和政府担保的鼓舞，能够轻松地利用离岸市场支撑其资产负债表……

这些极端的波动性已经引起一些对冲基金的关注。悉尼巴克莱资本澳大利亚元和新西兰元利率主管安东尼·罗布森（Anthony Robson）说："对冲基金一段时间一直活跃在基础互换市场，从本质上说，它是一个机会函数。"

他说，那些机会在过去两年里经常出现。"在 2008 年和 2009 年初，收益率曲线呈现大幅度负向，这反映了当时完全的非流动性，在长达 30 年左右的时间内都会面对严重的全球融资问题和银行对冲需求。对于寻求扩大基础互换的对冲基金，这提供了有吸引力的支付机会，例如，它们可以支付 5 年期基础互换，从第 5 年开始，获得 60 个基点，受益于负形曲线和数值非常迅速的变化，"他补充说，"目前，特别是去年年底，基础互换是大幅度正向的，所以肯定会有远期基差的接收者。"

经销商表示，自 2009 年底触顶以来，对冲基金经理在基础互换方面的兴趣明显回升。压注于基点会趋向于回到其历史平均水平，他们提出了一系列远期生效的基础互换以从曲线形状中获得价值。德意志银行悉尼分行的澳大利亚元和新西兰元全球利率主管伊恩·马丁（Ian Martin）说："基金经理可以按持有至到期日的基点进行五年期基础互换，收益率为＋31.5 个基点。对冲基金尤其涉及的是 2～5 年期限。通过将第一年的现金流量按＋5.5 个基点对冲，管理者可以设计一个远期生效的 39 个基点的 4 年期互换，假设互换收益与其历史平均水平一致，当交易沿收益率曲线滚动时，他们从持有和资本增值中获益。"

自 2009 年第四季度以来，随着袋鼠债券发行量的激增，3～7 年期限的基础互换走势已经大幅回落，从 2009 年末的高位回落，5 年期澳大利亚元/美元交叉货币互换

* 基础互换（basis swap）又称基点互换、基差互换。——译者注

2 月 17 日降至+32 个基点。然而，10 年期和更长期限的趋势并没有大幅下降。这导致长期基点的倒置仍然明显，导致德意志银行推荐蝶式套利以便利用曲线的倒置。“虽然基础互换利差已恢复到相当正常的长期水平，但 5 年/10 年/15 年期的蝶式价差目前接近去年 2 月达到的水平，我们认为这种蝶式价差（收到 10 年期基准对应支付 5 年期和 15 年期）是目前基础互换价差更好的交易机会之一，我们建议进入交易。”该银行在 2 月 17 日的研究报告中写道。

（‘Betting on basis’ by Wietske Blees，Asia Risk，19 April 2010. URL：http://www.risk.net/asia-risk/feature/1600830/betting-basis）

举一个运用交叉货币互换进行对冲的例子，考虑一家欧洲公司打算购买美元债券，并希望对冲美元汇率风险。欧洲公司可以从美国银行购买交叉货币互换。互换交易之后，欧洲公司将以欧元支付并获得（固定）美元现金流量。这些来自互换的美元现金流可用于购买美元债券。交叉货币互换的估值与利率互换的估值相似，但区别是本金的交换。交叉货币互换对于两种货币都有各自的本金数额。初始本金可以交换，也可以不交换。初始本金数额的不交换是一个小问题。但是，一旦忽略最终数额的交换，这将显著地改变定价结构。用于确定本金的汇率是通行的即期利率。

就利率互换而言，在交易的开始或结束时都没有本金的交换，由于两种货币本金数额相同，因此只有净额流出。对于交叉货币互换，必不可少的是双方同意到期时交换本金数额。在交易开始时是否交换本金是可以选择的。

正如所有互换交易，交叉货币互换可以利用资产负债表工具进行复制，在这种情况下就有以不同货币计价的货币市场存款或浮动利率票据。这就解释了到期交换本金的必要性，因为所有的贷款和存款都需要在到期时偿还。①

初始交换可以经由银行在交叉货币报价的相同利率上，签订即期交换来复制。实际上，所有外汇远期都可以被描述成交叉货币互换，因为这些合约交换了两种不同货币的两股现金流。鉴于如此的相似性，许多银行将长期外汇远期作为交叉货币互换业务的一部分加以管理。

像外汇远期一样，交叉货币互换使用户暴露于外汇风险之中。同意支付的互换一方是某一种货币的负债方，而同意接收的互换一方则是另一种货币的资产方。交叉货币互换用户之一是负债发行者。在欧洲债券市场上，发行者以最低成本销售某一货币的债券，同时利用交叉货币互换来互换其暴露于想要货币的敞口。

□ 14.8.1 定价

在互换交易开始时，在当时通行的即期利率下，一方的现值必须等于另一方的现值。按照这个简单的逻辑，用一种货币支付 LIBOR 的现金流可以同用另一种货币支付 LIBOR 的现金流进行交易。

在现实中，这并不正确，同时存在常值的利差。按照惯例，交叉货币互换利差在报价时是对应于美元 LIBOR 的货币：美元 LIBOR 与外币 LIBOR 加上利差。利差可以是正

① 尽管公司可以选择在开始时不交换本金，但是银行需要交换本金。

的或负的。2007年之前欧元/美元交叉货币互换利差接近于零，但在全球金融危机期间达到了120个基点。出现这样的利差的原因是双重的。第一，每日供求总是可能处于非均衡状态。对于某种特定货币，可能支付LIBOR的需求更大，从而导致所支付的利差为正。以美国公司为例，以欧元发行贷款。这些公司将以欧元支付的本金和息票换成以美元支付的本金和息票。如果交叉货币基点是负的，公司将不得不支付LIBOR，但将得到Euribor减去基点。这种公司供应和套期保值活动可能成为交叉货币互换基点的潜在推动因素。如果公司欧元形式的发行量很高，而且大部分都互换成了美元，那么在美元兑换欧元支付时可能会是正的利差。但是，这种公司活动无法解释全球金融危机期间利差的巨大波动。

第二个原因是信用风险。对手方可能并不具有相同的信用风险，于是货币互换利差可能反映这一点。如果一方支付与LIBOR利率等值的菲律宾比索兑换美元LIBOR，那么这一方可能有较高的信用风险。因此，这一方将支付更高的利差。在全球金融危机期间，非美国银行对美元的超额需求推动了2008年欧元/美元交叉货币互换的极大下降。2011年，美国货币市场基金撤回对欧洲银行的融资，这也导致了利差的下降。这些例子说明，利差反映了不同国家银行相对的信用可靠程度。[①]

□ 14.8.2 惯例

报价货币互换利差的通常惯例，也称为基差，报价时参考美元LIBOR。

14.9 差额（跨货币）互换

财务会计准则（FAS）133和国际会计标准（IAS）39是美国和欧洲公司分别执行的衍生工具的会计规则。根据这些规则，衍生工具头寸必须盯市，并且必须被记录在利润表中，符合对冲会计法的除外。[②]

跨货币（差额）互换［quanto（differential）swap］是一种特殊的交叉货币互换。它是一方交易者支付美元LIBOR利率，并收取欧洲LIBOR利率的协议。然而，重要的一点是，双方交易者都用同一货币支付。换言之，跨货币互换的价值只体现在国际利率差额所引起的纯影响敞口上，而没有外汇风险。

跨货币互换的受欢迎程度取决于两个基本货币市场的远期利率曲线的相对形状。如果两个远期利率曲线中一个在短时期内很低，而在长时期内较高，那么这种跨货币互换就便宜。

---

① 下面BIS文件提供了最近交叉货币互换利差变动的详细信息：http://www.bis.org/ publ/qtrpdf/r_qt0803h.pdf。

② 对冲会计资格是一个漫长而昂贵的过程。在最后这些资格仍然是随机的。然而，一些普通工具如普通互换交易或许相对容易满足要求。

□ 14.9.1 基础互换

这种讨论仅限于美元市场。如果考虑其他货币，下面所讨论的特定利率将会发生变化，因为基础互换与一个经济体的商业环境有直接关系。基础互换是浮动对浮动利率互换，也就是一个基于浮动参考利率的现金流与另一个基于不同浮动参考利率的现金流进行交换。

在基础互换中，一方将支付美元 LIBOR 利率，并会收到另一个货币市场利率。大多数银行负债实际上是以 LIBOR 为基础，但资产不使用这一利率。一个主要在美国国内经济中活动的公司可能会接触到商业票据利率，银行可能会接触到国库券利率，也有可能接触到优惠利率。基础互换可用来保护交易方，以免其受到这些不同的货币市场利率变化的影响。

基础互换最常见的类型是联邦基金利率对 LIBOR①，国库券利率对 LIBOR，商业票据利率对 LIBOR，优惠利率对 LIBOR。② 基础互换客户根据他们的业务进行挑选。例如，担忧信贷挤压的交易者可以使用联邦基金利率对 LIBOR 的基础互换，或者国库券利率对 LIBOR 的基础互换。在信贷紧缩期，追求安全的投资将使基础互换利差增加。另外，优惠利率对 LIBOR 的基础互换可以对冲那些参与者在信用卡、汽车或者消费贷款中所面临的风险敞口。

14.10 结论

本章主要致力于探寻互换、FRA 以及债券市场之间的联系。我们讨论的问题是怎样构建一条令人满意的收益率曲线，这是金融工程的基本任务。本章介绍两个主要的工具：第一个工具是 T 远期测度；第二个工具是有关的测度变换技术。这使我们可以方便地建立起一系列远期利率的无套利动态特性。然后，这些动态特性被用作一种工具，利用互换利率、远期利率及其衍生品的公式，计算所需要的量。

接下来的专题是远期 LIBOR 模型。这里，其基本思想是，在单一远期测度下，要获得一系列修正因子来表示各种远期利率的动态特性。

阅读建议

对金融工程师来说，本章的标准参考文献是有趣的读物。Brace et al.（1997）和 Jamshidian（1997）是基本的阅读资料。Miltersen et al.（1997）是另一个重要的参考文

① 联邦基金市场包括隔夜拆借。银行的质量和期限意味着联邦基金利率将会比比如说 LIBOR 低。

② 优惠利率是银行同业拆借利率。它适用于最优零售客户。

献。Glasserman and Zhao（2000）是关于 BGM 模型离散化的重要资源。最后，Brigo and Mercurio（2006）提供了所有这些资料的综合。最近出版的 Rebonato（2002）是一本很好的入门读物。

习题

1. 已知流动的后置支付 FRA 的报价。假设所有时间间隔均是以月度量，每个月为 30 天。

期限	买入价/卖出价
3×6	4.5—4.6
6×9	4.7—4.8
9×12	5.0—5.1
12×15	5.5—5.7
15×18	6.1—6.3

已知当前 3 个月期 LIBOR 等于 4%。

(a) 计算贴现债券的价格 $B(t_0,t_i)$，其中 $t_i=6$ 个月、9 个月、12 个月、15 个月、18 个月。

(b) 计算期限为 0～18 个月的收益率曲线。

(c) 计算相同期限的互换曲线。

(d) 这两条曲线不同吗?

(e) 计算票面收益率曲线。

(f) 计算零息收益率曲线。

2. 已知流动互换利率的报价。假设所有时间间隔以年计。

期限	买入价/卖出价
2	6.2—6.5
3	6.4—6.7
4	7.0—7.3
5	7.5—7.8
6	8.1—8.4

已知当前 12 个月期 LIBOR 等于 5%。

(a) 计算接下来 5 年的 FRA 利率（开始于一个 1×2 FRA)。

(b) 计算贴现债券的价格 $B(t_0,t_i)$，其中 $t_i=1,\cdots,6$。

(c) 计算期限为 0～18 个月的收益率曲线。

(d) 计算票面收益率曲线。

3. 利用习题 2 给出的数据，计算下面的问题：

(a) 一个 2 年后开始、期限为 3 年的远期互换的买入价/卖出价，互换交换的是 12 个月期 LIBOR。

(b) 即将在时间 2 交割的附息债券的远期价格。这个债券的票面利率为 7%，2 年后到期。

Excel 习题

4. 编写一个 VBA 程序，依据下面给出的一组远期利率确定债券价格和互换利率，并绘制收益率曲线以及互换曲线。评论它们的特点。

期限（月）	远期利率
0	4.00%
3	4.50%
6	4.70%
9	5.00%
12	5.50%
15	6.10%
18	6.40%
21	6.46%
24	7.00%

5. 编写一个 VBA 程序，依据下面的一年期互换利率确定债券价格和远期汇率，并以期限为 1 年的互换利率作为输入。假设当前 LIBOR 为 5.00%。绘制收益率曲线以及互换曲线，以便于观察其特性。

期限（年）	互换利率
2	6.20%
3	6.40%
4	7.00%
5	7.50%
6	8.10%
7	8.70%

6. 编写一个 VBA 程序来确定 FRA 利率和互换利率，将下面这组债券价格作为输入，并绘制收益率曲线以及交换曲线。评论它们的特点。

期限（月）	债券价格
0	100
3	99.01
6	97.91
9	96.77
12	95.58
15	94.28
18	92.86
21	91.40
24	89.50
27	88.40

7. 编写一个 VBA 程序来确定利率互换的价格，每隔 6 个月进行一次浮动支付，利率等于美元 LIBOR 利率，与名义金额为 10 000 美元时，固定利率为 5.10%来进行互换。使用“输入”工作表中给出的数据进行计算。

期限（年）	远期利率
0.00	5.70%
0.50	5.18%
1.00	5.83%
1.50	5.10%
2.00	5.75%
2.50	5.74%
3.00	5.28%
3.50	5.65%
4.00	5.53%

8.（交叉货币互换）编写一个 VBA 程序，依据下面的信息确定交叉货币互换利率。固定支付（以美元计）换取浮动支付（以美元计），利率等于英镑的 LIBOR，每 3 个月兑换一次。在互换利率的计算中还包括名义金额 10 000 英镑在互换开始日和到期日按相应的即期汇率对美元支付进行的兑换。

名义金额(GBP)＝10 000(英镑)，名义金额(USD)＝20 000（美元）

期限（月）	远期利率（USD）	汇率（USD/GBP）	LIBOR（GBP）
0	4.00%	2.000 0	5.70%
3	4.50%	2.022 5	5.18%
6	4.70%	2.015 0	5.83%

续表

期限（月）	远期利率（USD）	汇率（USD/GBP）	LIBOR（GBP）
9	5.00%	1.987 5	5.10%
12	5.50%	1.975 0	5.75%
15	6.10%	1.968 5	5.74%
18	6.30%	1.948 0	5.28%
21	6.36%	1.932 5	5.65%
24	6.40%	1.930 0	5.53%

MATLAB 习题

9. a. 编写一个 MATLAB 程序，依据给定的 FRA 汇率确定债券价格和互换利率，并计算收益率、票面收益率和零息收益率。输入数据可从章节网页上的“Data. xlsx”文件的“Forward”工作表中读取。现在同时绘制所有曲线，并评论它们的特性。

b. 编写一个 MATLAB 程序，依据给定的远期互换利率确定债券价格和 FRA 利率，并计算收益率、票面收益率和零息收益率。输入数据可从“Data. xlsx”文件的“Swap”工作表中读取。现在同时绘制所有曲线，并评论它们的特性。

c. 编写一个 MATLAB 程序，依据给定的一组债券价格确定 FRA 价格和互换利率，并计算收益率、票面收益率和零息收益率。输入数据可从“Data. xlsx”文件的“Bond”工作表中读取。现在同时绘制所有曲线，并评论它们的特征。

第 15 章 波动性工程、波动性互换和波动性交易工具

15.1 引论

市场实践者在其财务报表或交易账簿中具有各式各样的波动性自然敞口，就这种市场实践者而言，涉及纯波动性交易的流通金融工具可能是非常有用的。第 11 章所讨论的经典期权策略在这方面存在很大缺陷。当交易者建立头寸或对冲风险时，他希望标的资产的随机变化对头寸的影响是已知的。标的资产的变化可能是随机的，但已明确定义的合约或头寸的收益函数必定是已知的。对于标的风险来说，绝大多数传统波动性策略的收益函数不是一成不变的，大多数波动性工具在隔离这些风险时都存在缺陷。即使交易者的预测成为现实，他也可能发现，由于其他变量的变化，标的收益函数也会发生变化。因此，传统波动性策略并不能为波动性敞口提供令人满意的套期保值。本章主要讨论这种情况的原因以及可能的解决方法。

通常，传统波动性交易是买卖看涨期权和看跌期权的投资组合、跨式期权组合 (straddle) 和异价跨式组合 (strangle)，然后对这些头寸尽可能进行 delta 对冲。不过，这种波动性头寸不单纯是波动性的，从而引起对波动性工具的探求，希望此工具的收益函数仅仅依赖于波动性风险。本章阐明两种纯波动性工具，即方差互换和波动性互换。波动性互换是未来实现（股票）波动性的远期合约。方差合约是类似的基于方差的合约，即未来波动性的平方。方差互换和波动性互换至少存在两方面的原因促使人们对其感兴趣。第一个原因，就市场实践者而言，波动性是非常重要的风险，必须理解这类风险的套期保值和定价方法。第二个原因，对波动性互换的讨论，为设计新的金融工具所需遵循的基本原理给出了一个好的例子。

本章利用方差互换而不是波动性互换加以讨论。尽管市场上通常使用波动性这个术语，但运用方差即波动性的平方更为适宜。方差作为随机变量的二阶中心矩，更容易从

本章的相关公式得到。比如，波动性（也就是标准差）工具需要进行凸性调整，不过方差工具一般来说则不需要。因而，当我们提及 vega 时，其本意指的就是方差 vega。这是期权价格对 σ^2 而不是 σ 的灵敏度。实际上，就这一章的启发式讨论而言，波动性和方差这两个术语偶尔可以交替运用。

15.2 波动性头寸

采用波动性头寸的目的是用于对冲波动性敞口风险或对波动性未来趋势进行投机。这些头寸要求金融工具尽可能隔离波动性风险。为了引出下面的讨论，我们首先介绍两个描述传统波动性头寸的例子。

15.2.1 交易波动性期限结构

我们已经接触过几个关于利率期限结构变化策略的例子。它们称为曲线变陡交易（curve steepening trade）或曲线变平交易（curve flattening trade）。很明显，对波动性期限结构还可以建立类似头寸。市场上交易的波动性具有不同的到期日。如同利率期限结构一样，我们可买进一个“到期日”，同时卖出另一个“到期日”，如下面的例子所示。①

例子：

一名交易者说，他正考虑卖出短期 25delta 欧元看跌/美元看涨期权，并买入一个长期跨式期权组合。昨天如果用卖出两个 25delta 的 1 个月期看跌期权所得资金买入一个 3 个月期跨式期权组合，所花费用将是 3.9%。

对投资者来说，这些波动性交易非常具有吸引力，这是因为卖出短期波动性所得资金大于买入长期期权的成本。

在这个特定例子中，交易者关注的不是资产价格水平或回报，而是与价格相关的波动性。交易者利用卖出一个区间的波动性所得资金，来购买另一个不同区间的波动性。

很明显，交易者认为，短期欧元波动性相对于长期欧元波动性会降低。问题是，即使他们的预测是准确的，所建立头寸在多大程度上能满足他们的需求？我们可以发现，这个头寸的收益函数是随标的欧元/美元汇率的变化而变化的。

15.2.2 交易不同工具的波动性

第二个例子是利率方面的，并涉及另一种波动性头寸的“套利”。交易者买入一个风险的波动性，同时卖出另一个不同风险的相关波动性。这个时候所涉及的波动性就由不同金融工具产生，而不是属于不同时期的波动性。

① 这里使用的“套利”术语意指金融市场上所用的套利，而不是学术界理论分析上的套利。下面的套利头寸可能有零成本，而且具有相对较高的成功概率，可是收益绝对不是无风险的。

例子：

交易者注意到欧元利率上限-下限跨式期权组合和互换跨式期权组合的波动性之间的利差，打算利用 7 年期 5%的波动性差异。所有权交易者卖出一个 6 年后开始、波动性接近 15%的 2 年期利率上限-下限跨式期权组合。对于超过 5 年期、波动性为 10%的互换跨式期权组合，这项交易提供了一个很好的替代品。而以前利差接近 2%。

利率上限-下限跨式期权组合和互换跨式期权组合是利率工具，两者之间既有相似之处，也有所不同。我们将在下一章对它们进行详细研究。卖出一个利率上限-下限跨式期权组合从根本上说是做空利率波动性。在这个例子中，交易者能够对 15%的波动性建立这一头寸。另外，买入一个互换期权相当于持有一个波动性多头头寸。多头头寸的波动性为 10%，那么两个波动性的利差为 5%。这个例子表明，波动性利差的历史水平大概是 2%。因此，通过卖出这个 5%的波动性利差，交易者将从这两种工具未来波动性利差变小的趋势中获益。

这个头寸的收益随利率的走势而变化。甚至当波动性与预期走势相同时，利率水平曲线也可能出现非预期的波动性。① 下面的讨论旨在说明，为什么这样的波动性头寸有严重的缺点，同时需要极其精细的风险管理。下面我们将考察纯波动性的头寸。

15.3 波动性收益的不变性

在前面几章里，我们用凸性将波动性作为一种风险隔离出来。第 9 章和第 10 章已经阐明怎样将标的资产的波动性转化为“现金”，因此，这是向波动性工程迈出的第一步。

交易者可利用第 9 章和第 10 章所讨论的方法，对由波动性变化引起的敞口风险进行对冲和风险管理。然而，这些头寸除受波动性影响外，还受到其他变量的影响。下面，考察由投资者建立的投机性头寸。

设 S_t 为风险因素，并假设投资者在 t_0 时刻买入 S_t 在未来 $[t_1, T]$ 期间的波动性，其中 T 表示合约到期日。与每个多头头寸一样，这意味着这个投资者预期这期间的实际波动性会变大。如果 $[t_1, T]$ 期间的实际波动性超过 t_0 时刻“购买”的波动性，投资者就会盈利。到目前为止，还与其他的多头头寸没有太大区别。例如，一个交易者买入一只股票，如果股价上涨，他将盈利。他可以买入一个固定收益方的互换，如果互换价值上升（互换利率下降），他将盈利。类似地，在我们的例子中，我们得到“固定”的波动性，当实际波动性超过这个水平时，我们就会盈利。

通过买入看涨或看跌期权、跨式期权组合或异价跨式组合，然后 delta 对冲这些头寸，一般来讲，交易者的结果是持有一个多头头寸，如果实际波动性变大，就会盈利，正如第 9 章和第 10 章所示。可是，这种波动性头寸和其他金融工具，比如股票、互换、

① 我们必须指出，在利率上限-下限波动性和互换波动性之间存在差异。事实上，4%的利差在相当大程度上是由这些因素所导致的。而且，因为存在波动性微笑，这类头寸变得更为复杂。

远期利率协议等头寸存在一个主要区别。考察图 15.1(a)，它表示的是一个股票多头头寸，其所需资金来自货币市场贷款。当股票价格上涨时，这个头寸的盈利为 $S_{t_1}-S_{t_0}$，这个潜在收益是已知的，同时仅仅依赖于 S_{t_1}。实际上，它线性地依赖于 S_t。图15.1(b)表示的是短期贴现债券头寸。当收益率降低时，头寸就有盈利。同理，如果忽略凸性收益，那么该头寸的收益或损失依赖于收益率 y_t 的变化。

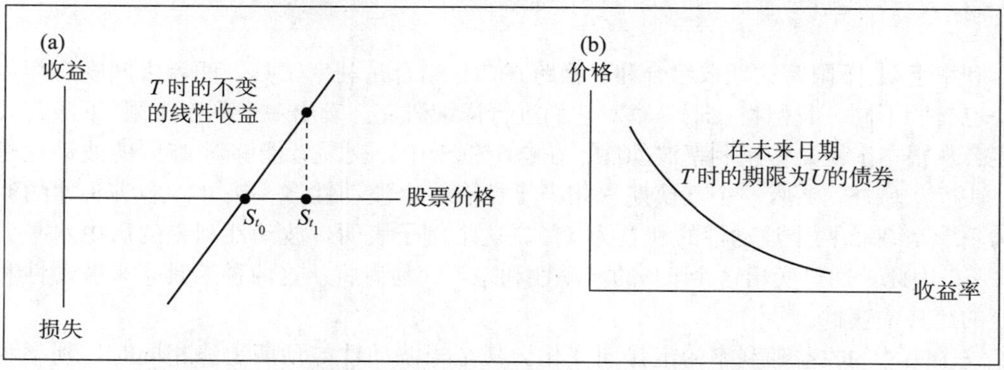

图 15.1 （通过货币市场贷款融资）做多股票头寸和做多贴现债券头寸

波动性头寸，比如说通过跨式期权组合建立的头寸，与上面提到的头寸有根本的区别，因为收益图不仅依赖于波动性，还依赖于其他变量的变化。譬如，利率、标的资产价格、隐含波动性水平的变化，这些都可能导致波动性头寸在相同的实际波动性水平下产生不同的收益。

另外，方差（波动性）互换是纯波动性头寸。用这些工具建立的头寸的潜在收益或损失只依赖于到期日之前的实际波动性。本章将说明如何运用波动性工程建立这种合约，并研究它们的定价和套期保值。我们从不完全的波动性头寸开始讨论。

□ 15.3.1 不完全的波动性头寸

在金融市场上，波动性头寸通常被解释为一个通过买卖跨式期权组合建立的静态头寸，或者是一个运用跨式期权组合或期权的动态持有头寸。正如前面所述，这些波动性头寸不是进行波动性风险定价、套期保值或风险管理的好方法。这一节，我们将研究导致这一问题的原因。考察一个由动态对冲的单一看涨期权构成的简单头寸。

15.3.1.1 动态波动性头寸

考察通过利用看涨期权进行动态套期保值的头寸所产生的波动性敞口风险。为了简化阐述，假定满足布莱克-斯科尔斯假设，其中没有股利支付，而且利率 r 和隐含波动性 σ 均为常数；另外，无交易成本，并且标的资产服从几何布朗运动过程。此时，欧式看涨期权的无套利价值 $C(S_t,t)$ 由布莱克-斯科尔斯公式给出①：

$$C(S_t,t)=S_t\int_{-\infty}^{d_1}\frac{1}{\sqrt{2\pi}}\mathrm{e}^{-\frac{1}{2}x^2}\,\mathrm{d}x-\mathrm{e}^{-r(T-t)}K\int_{-\infty}^{d_2}\frac{1}{\sqrt{2\pi}}\mathrm{e}^{-\frac{1}{2}x^2}\,\mathrm{d}x \tag{15.1}$$

① 参看第 10 章的推导。

其中，S_t 表示标的资产的即期价格，K 表示执行价格。这里，$d_i(i=1,2)$ 由下式给出

$$d_i=\frac{\log \frac{S_t}{K}\pm\frac{1}{2}\sigma^2(T-t)+r(T-t)}{\sigma\sqrt{T-t}} \tag{15.2}$$

为了简单起见且不失一般性，我们设

$$r=0 \tag{15.3}$$

这就简化了一些表达式，并使后面的讨论更容易理解。①

现在考察下面的简单试验。一名交易者利用布莱克-斯科尔斯公式设置的条件，建立起一个关于隐含波动性的动态对冲多头头寸。隐含波动性上升。假设交易者利用相应的方差 vega 来追踪这个头寸的收益或损失。在下列特定情况下，该交易者的可能收益会是多少？考察下面简单设置背景的情况。

(1) 头寸的参数如下：

$$\text{到期时间}=0.1 \tag{15.4}$$

$$K=S_{t_0}=100 \tag{15.5}$$

$$\sigma=20\% \tag{15.6}$$

设初始时间 $t_0=0$。

(2) 交易者预期隐含波动性从 20%上升到 30%，考虑建立波动性多头头寸情形。

(3) 为了买进波动性头寸，交易者借入数量等于 $100C(S_t,t)$ 的资金，同时在 t_0 时刻买入 100 份看涨期权，筹资成本 $r=0$。②

(4) 下一步，通过对每份期权做空 C_s 单位的标的资产来 delta 对冲这个头寸，得到如图 15.2 所示的熟悉的敞口风险。

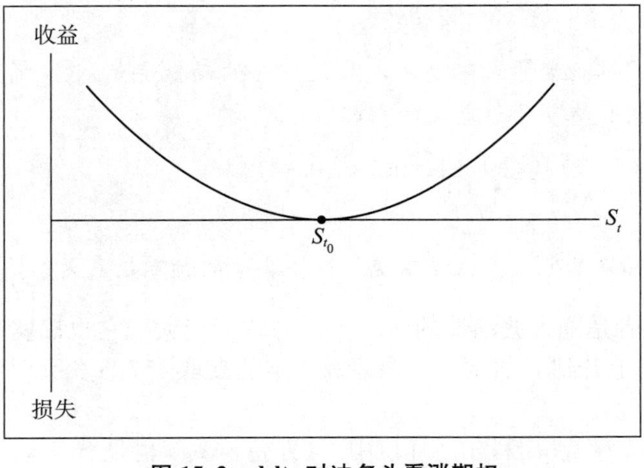

图 15.2　delta 对冲多头看涨期权

① 就波动性交易而言，这是有用的假设。

② 记住，同样的头寸也可借助于买入看跌期权来建立。我们仅仅举一个看涨期权的例子。

在这个例子中，距离期权到期日大概有 1.2 个月，期权处于平值状态，而初始隐含波动性是 20%。

可以证明，在这种情况下，即使交易者的预期成为现实，这个波动性头寸的收益也可能因为 S_t 的变化而发生重大变化。隐含波动性可能会像预期的那样从 20%变化到 30%。可是，头寸的支付可能不是预期的数量。下面的例子给出了相关的计算。

例子：

我们可利用 Mathematica 软件计算相关的希腊字母，并得出收益率曲线。首先，我们得到看涨期权的初始价格

$$C(100, t_0) = 2.52 \tag{15.7}$$

再乘以 100，整个头寸价值为 252 美元。然后，通过计算 $C(S_t, t)$ 对于 S_t 的导数在 $S_{t_0}=100$ 的值，然后乘以 100 得到这个头寸的隐含 delta 为

$$100\left(\frac{\partial C(S_t, t)}{\partial S_t}\right) = 51.2 \tag{15.8}$$

因此，头寸为+51delta。为对冲这个敞口，交易者需要做空 51 个单位的标的资产，使净 delta 敞口近似等于 0。

下一步，我们利用已知数据，获得 t_0 时刻头寸的 gamma 和（方差）vega：

$$\text{gamma} = 100\left[\frac{\partial^2 C(S_t, t)}{\partial S_t^2}\right] = 6.3 \tag{15.9}$$

$$方差\ \text{vega} = 100\left[\frac{\partial C(S_t, t)}{\partial \sigma^2}\right] = 3\ 152 \tag{15.10}$$

给定（隐含）方差的变化，期权价值的变化可由下式近似给出

$$100[\partial C(S_t, t)] \cong (3\ 152)\partial\sigma^2 \tag{15.11}$$

这意味着，当其他变量都不变时，如果隐含波动性突然从 20%上升到 30%，则期权价格的瞬时变化取决于这些数的乘积，也就是

$$100[\partial C(S_t, t)] \cong 3\ 152 \times (0.09 - 0.04) \tag{15.12}$$

$$= 157.6 \tag{15.13}$$

换句话说，如果其他变量保持不变，这个头寸的预期收益大约是 158 美元。

问题是，交易者是隐含波动性的多头，认为它会变大，它也确实变大了。因此，当波动性确实从 20%上升到 30%时，交易者就一定能获取 157.6 美元吗？不一定。我们考察为什么是这种情况。

即使在简化的布莱克-斯科尔斯环境中，（方差）vega 也是 S_t、t、r 以及 σ^2 的函数，其他量不是常数值，并且 S_t 可能服从任何可能的轨迹。然而，最重要的是，当 S_t 变化时，这又反过来引起 vega 的变化。下页表给出了在此种情况下依赖于 S_t 的假设值的（方

差）vega 的可能值。①

S_t	vega
80	0.055 8
90	7.466 6
100	31.523 4
110	10.621 5
120	0.541 5

因而，如果交易者的预期实现，隐含波动性上升到 30%，不过与此同时，标的资产价格远离执行价格，比如 $S_{t_1}=80$，那么经过相同的计算，就可近似得到：

$$\text{vega}(\partial\sigma^2)\cong 5.6\times(0.09-0.04) \tag{15.14}$$

$$=0.28 \tag{15.15}$$

因此，交易者几乎没有实现收益，而不是预期的收益 157.6 美元。事实上，如果保持波动性存在成本，交易者最后可能会有损失。其原因很简单：随着 S_t 的变化，期权对于隐含波动性的敏感性，也就是 vega，也会发生变化，因为它是 S_t 的函数。最终结果会与交易者原来期望的大不相同。

为了更详细地观察当 S_t 变化时，头寸的敏感性怎样变化，考察图 15.3 中画出的偏导数：

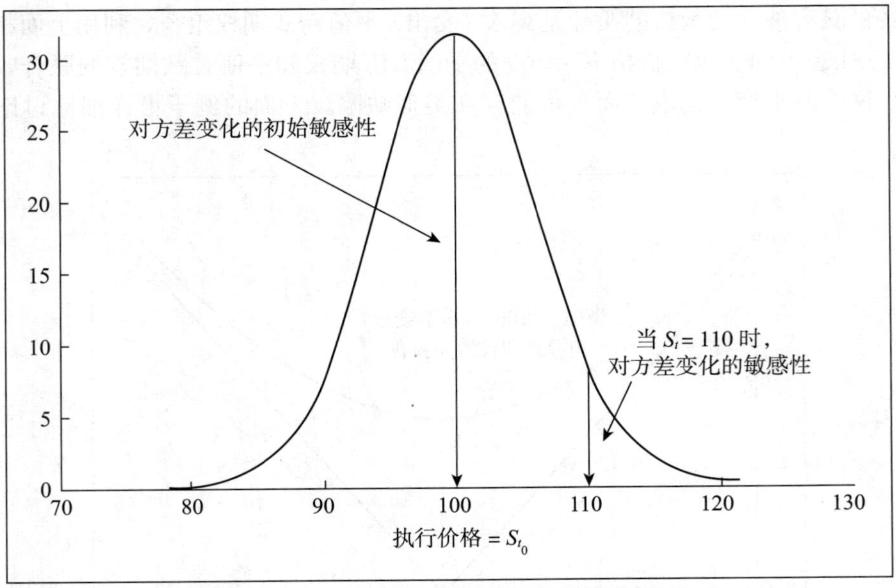

图 15.3　vega 作为标的资产的价格函数

① 该表中的数值需要乘以 100。

$$100\frac{\partial 方差\ \text{vega}}{\partial S_t} \tag{15.16}$$

在当前条件下，我们可以看出，只要 S_t 保持在执行价格 K 附近，交易者就具有波动性变化的敞口。但是，一旦 S_t 离开 K，这个敞口就迅速下降。交易者可以认为，他拥有一个（方差）波动性头寸，可是实际上，这个头寸是有成本的，并可能因为恰好是在交易发生后标的资产发生变化而没有较大的方差风险。因而，对于波动性交易或对冲波动性敞口来说，这种传统波动性头寸是不完美的。

□ 15.3.2 波动性对冲

如果保持这些头寸是为了对冲另一种工具的持续波动性风险敞口，那么这种波动性头寸的结果也可能并不令人满意。根据所讨论的，S_t 的变动可以使对冲几乎完全消失，交易员最终可能持有暴露的波动性头寸。拥有波动性风险敞口的机构可能只会意识到，随着时间的流逝，对冲可能会因为与波动性浮动无关的变动而变得失效。

发生这种下降的缘由不仅在于 S_t 的变化，还有更多的原因。在现实中，也会存在：（ⅰ）微笑效应；（ⅱ）利率效应；（ⅲ）某些工具中相关参数的变化。这些量的变化也可以导致传统波动性头寸的收益不同于交易者最初预期的水平。

□ 15.3.3 静态波动性头寸

如果动态的 delta 中性期权头寸在 σ^2 变化时减少了其敞口，因此终止成为对冲波动性风险的有效工具，那么静态头寸是否会相对好些？

传统的具有波动性敞口的头寸是买入（卖出）平值跨式期权组合，利用上面相同的数据，图 15.4 表示的是执行价格 $K=100$ 的平值看涨期权和平值看跌期权的联合收益。这个头寸由两个基本期权构成，而且可能存在类似缺陷。下面的例子更详细地讨论了这一问题。

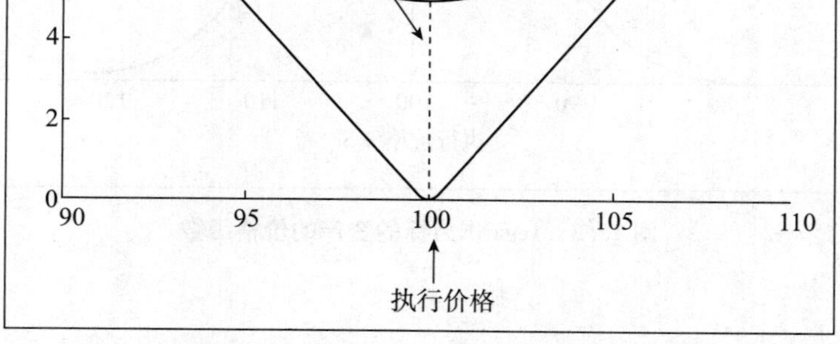

图 15.4 ATM 看涨期权和 ATM 看跌期权的联合收益

例子：

如同前面的例子一样，我们选择下面的数据值：

$$S_{t_0}=100, r=0, T-t_0=0.1 \tag{15.17}$$

初始波动性是 20%，这意味着

$$\sigma^2=0.04 \tag{15.18}$$

我们再次考察这个头寸对于某些关注变量的敏感性。计算下面投资组合的方差 vega：

$$V(S_t,t)=100\{\text{平值看跌期权}+\text{平值看涨期权}\} \tag{15.19}$$

通过求偏导数：

$$\text{跨式期权组合 vega}=100\,\frac{\partial V(S_t,t)}{\partial\sigma^2} \tag{15.20}$$

然后，将 S_t、t 和 σ^2 的适当值代入公式中。对于关注变量 S_t 的某些取值，得到下面的敏感性因子：

S_t	vega
80	11
90	1 493
100	6 304
110	2 124
120	108

根据这些数值，如果 S_t 停留在 100，且波动性从 20%变化到 30%，那么静态头寸的价值增加大约为

$$\partial\,\text{跨式期权组合}\cong 6\,304\times(0.09-0.04) \tag{15.21}$$

$$=315.2 \tag{15.22}$$

正如所预期的那样，这个回报大概是前面例子的两倍。跨式期权组合对波动性变化有更大的敏感性。可是，期权对波动性变动的反应同样也不是常数，它依赖于产生波动性的外部因素。上表中的数据表明，当 S_t 变化到 80 时，即使交易者的预期成为现实，波动性从 20%变化到 30%，这个头寸的盯市收益也将降到大约 0.56。

图 15.5 显示了跨式期权组合在不同的 S_t 下对隐含波动性的敏感性。我们可以看到，这个波动性头寸对外部变量的变化也不是常数。然而，它与动态保持投资组合的一个重要区别在于：使用跨式期权组合的静态非 delta 对冲头寸会从 S_t 的实际变化中受益。例如，如果直到到期日 T，S_t 都保持在 80，跨式期权组合的看跌期权一方将支付 20，静态波动性头寸就会盈利。这与区间 $[t_0,T]$ 内 S_t 的变化如何引起头寸的 vega 变化没有关系。

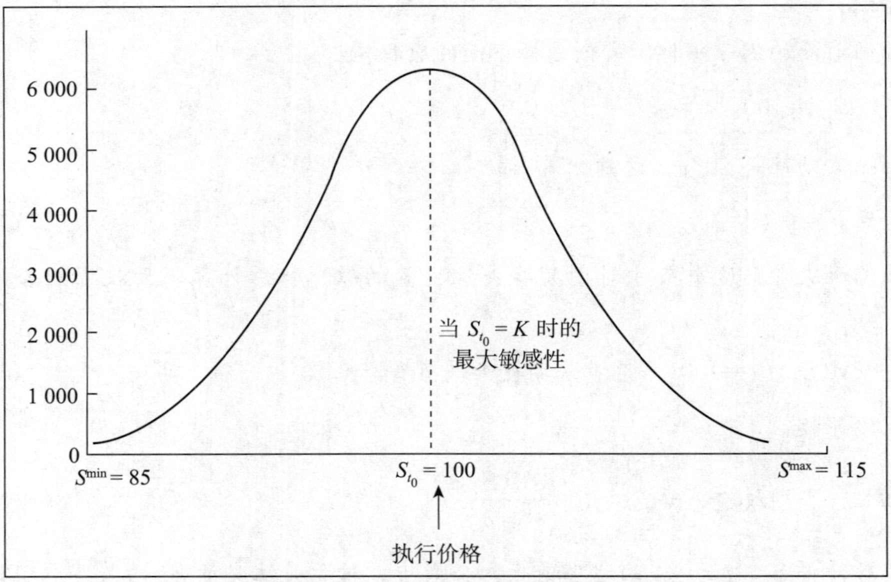

图 15.5　对于 S_t 的各种不同值，跨式期权组合对隐含波动性的敏感性

15.4　纯波动性头寸

寻找对冲波动性风险或建立波动性头寸的正确方法的关键是，用已存在的流动性工具完全隔离出“波动性”。换句话说，我们必须构建一个合成工具，这个合成工具的价值只随波动性的变化而变化。这一头寸应该对标的波动性之外的其他变量的变化不敏感。敞口应是不变的。因而我们可以利用这个合成工具来承担波动性敞口或对冲波动性风险。这种波动性工具非常有用。

第一，由第 12 章和第 13 章的内容可知，如果执行价格范围很广且市场完全，则通过运用不同执行价格的期权可以构建我们想要的任何收益。因而，我们原则上应该能够运用合理选择的期权组合来构建纯波动性工具。

第二，如果期权头寸 vega 突然下降，一旦 S_t 远离执行价格，则把不同执行价格的期权适当地组合起来，可以得到一个 vega 对 S_t 的变化几乎不太敏感的期权组合。从直观角度来说，我们可将一些光滑曲线的每一小段放在一起，得到想要的一条水平直线。

当我们完成这些步骤之后，就可以构建纯波动性头寸。考察 3 个基本欧式看涨期权的 vega 图形，其中的两个是虚值期权。它们除了执行价格不同外，其他各方面都一样。图 15.6 给出了例子。对于 $K_0=100$、$K_1=110$、$K_2=120$ 的执行价格来说，其 σ^2 敏感性因子已经画出。注意，与前面所讨论的一样，每个方差 vega 对 S_t 的变化都非常敏感。现在，当我们考察由这 3 个看涨期权构成的一个投资组合时，会出现什么情况呢？投资组合的敏感性

$$V(S_t,t)=\{C(S_t,t,K_0)+C(S_t,t,K_1)+C(S_t,t,K_2)\} \tag{15.23}$$

还是随 S_t 变化，但变化比较平稳。因而，我们的思考方向是正确的，只不过前面的投资

组合不是 3 个期权的最优组合。实际上，根据图 15.6，我们应该将这 3 个期权按照它们各自的执行价格按不同的权重组合在一起，期权虚值的程度越高，它的权重就越大，即它在投资组合中所占的比例越大。

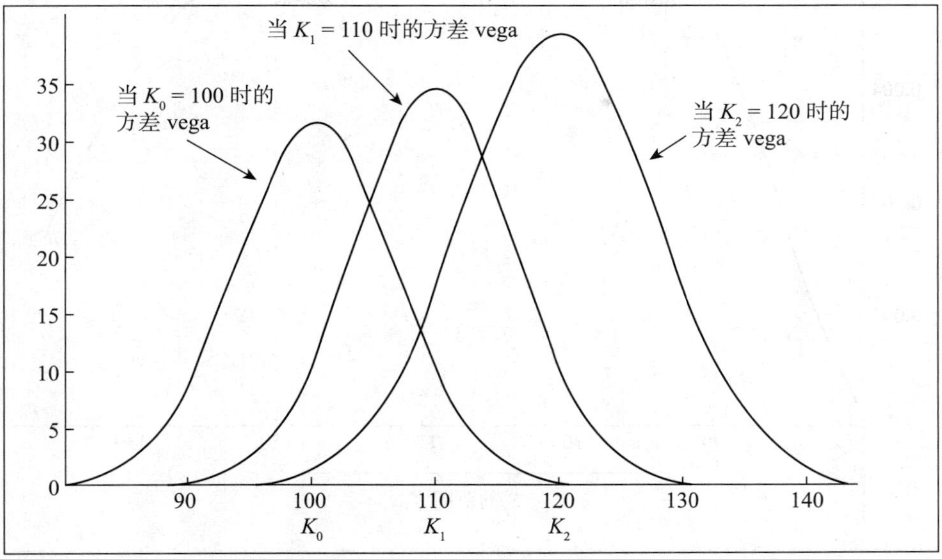

图 15.6　三个普通欧式看涨期权的 vega

因此，考察一个新的投资组合，在投资组合里每个期权的权重与执行价格 K 的平方成反比，

$$V(S_t,t)=\frac{1}{K_0^2}C(S_t,t,K_0)+\frac{1}{K_1^2}C(S_t,t,K_1)+\frac{1}{K_2^2}C(S_t,t,K_2) \tag{15.24}$$

利用前面得到的参数值，可以画出投资组合方差 vega，如图 15.7 所示。这里，我们考察一个适当的 $0<\epsilon$ 及范围

$$K_0-\epsilon<S_t<K_2+\epsilon \tag{15.25}$$

从图 15.7 可以看到，在这个范围内当 S_t 变化时，投资组合的方差 vega 是近似不变的。这说明可以把更多不同执行价格的期权加入投资组合中来，按照相应的执行价格确定权重。在下面的例子中，我们给出了这些计算。

例子：

考察投资组合

$$V(S_t,t)=\left[\frac{1}{80^2}C(S_t,t,80)+\frac{1}{90^2}C(S_t,t,90)+\frac{1}{100^2}C(S_t,t,100)\right. \tag{15.26}$$

$$\left.+\frac{1}{110^2}C(S_t,t,110)+\frac{1}{120^2}C(S_t,t,120)\right] \tag{15.27}$$

这个投资组合在下式所示的范围内具有近似不变的 vega，

$$80-\epsilon<S_t<120+\epsilon \tag{15.28}$$

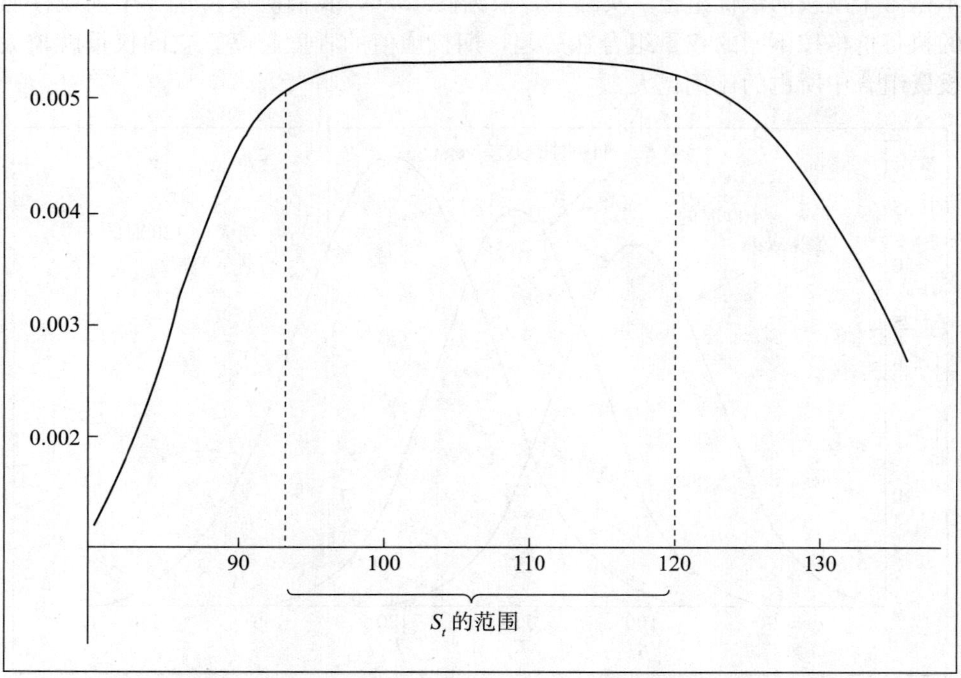

图 15.7　投资权重与执行价格的平方成反比的期权组合的方差 vega

以类似的方式，在投资组合中加入更多不同执行价格的期权，我们可以更深入地扩大这部分。

实际上，我们找到了构建波动性头寸的合成工具的方法，也就是利用伴随有执行价格变化的流动性期权的投资组合来实施，此组合中的期权依据各自的执行价格来进行加权。

□ 15.4.1　应用问题

为了达到获得纯波动性头寸的目的，我们实质上沿用我们自始至终所采用的同样的策略。我们构建一个合成工具。不过，这一次不是为了与某个金融工具的现金流相匹配，构建合成工具的目的是与某一特定的敏感性因素相匹配，因而会得到一个常值（方差）vega。

一旦发现常值 vega 的投资组合，这个投资组合的收益就可近似表示成 σ^2 的线性函数

$$V(\sigma^2)=a_0+a_1\sigma^2+\text{很小量} \tag{15.29}$$

其中

$$a_1=\frac{\partial V(\sigma^2,t)}{\partial \sigma^2} \tag{15.30}$$

只要 S_t 在下面的范围内

$$S^{\min}=K_0<S_t<K_n=S^{\max} \tag{15.31}$$

在这些条件下，此波动性头寸看起来与其他多头（或空头）头寸一样，具有一个正的斜率 a_1。

具有常值（方差）vega 的投资组合，可利用基本欧式看涨期权和看跌期权来构建。前面讨论的有关合成工具的规则在此也适用。合成工具构成元素的流动性是很重要的。因此，必须选择流动性的看涨期权和看跌期权。前面的讨论只涉及看涨期权，实际应用的过程也包括看跌期权。这就引起了两个稍微复杂的问题：第一个是微笑效应；第二个是有关流动性的问题。

15.4.1.1　微笑效应

假设在 t_0 时构建一个投资组合，只要 S_t 保留在如下合理的范围内，这个投资组合就具有不变的 vega，

$$S^{\min} < S_t < S^{\max} \tag{15.32}$$

在这些条件下，这个投资组合由具有不同“价值状态”性质的期权构成。如果存在波动性微笑，则期权定价公式中的波动性参数可能取决于执行价格 K。一般来说，当 K 减小时，对于固定的 S_t，隐含波动性 $\sigma(K)$ 会增大。在此条件下，交易者在建立投资组合之前需要准确地确定微笑效应及其建模方法。

15.4.1.2　流动性问题

从前面的讨论可知，构建合成工具时要选择虚值期权，因为它们的流动性更好一些。但随着时间的推移，所选期权的价值状态发生了变化，从而影响到其流动性。变成实值的期权流动性会变差，而其他一些原来不在合成工具里的期权反而有了更强的流动性。尽管复制组合是静态的，但如果头寸需要变动，各构成期权的流动性不足可能会成为缺陷。

15.5　波动性互换

针对（实际）方差的波动性敞口具有不变特性的工具是方差互换。本节中我们先介绍这个方差互换的概念，下一节给出研究它的一个简单框架。

在许多方面，方差互换类似于其他互换，互换双方用浮动风险交换合约开始时所确定的风险。在方差互换中，合约双方交换的不是利率或权益工具的收益，而是对应于各种风险因素的方差。

□ 15.5.1　方差互换的用途和使用者

在研究方差互换的对冲和定价之前，考察方差互换的潜在用途是有益的。

15.5.1.1　方差互换的用途

我们可以区分方差互换的几种用途和使用者。首先，一些使用者可能对方差互换感兴趣，以此作为有指向性的交易方差水平的一种方式。这可能是为了对冲或投机目的。想要对股票或指数方差或波动性的未来水平进行投机的市场参与者，可能会利用方差互

换做多或做空方差。这种头寸交易和对冲期权的优点在于方差互换不会受到其他风险敞口的影响。例如，如果投资者预计在即将举行的选举后政治和金融不确定性急剧下降，方差互换的空头头寸可能是一种表达这种观点并从中获利的好方法。

其次，一些投资者可能会使用方差互换来交易实际的和隐含的方差水平之间的价差。正如我们将在下面看到的，方差互换的合理执行价格 F_{t_0} 与同样期限期权的当前隐含波动性水平有关。因此，通过在到期前平仓互换，市场参与者可以交易实际波动性和隐含波动性之间的价差。

15.5.1.2 有隐含波动性风险的市场参与者对冲

我们考察至少三组有隐含波动性风险的市场参与者对冲情况。一些事件驱动的对冲基金参与合并套利*，并且建立假设收购方和收购目标之间的价差将缩小的头寸。然而，风险是如果整体市场波动性增大，合并可能不太可能，同时价差可能会扩大，从而导致合并套利对冲基金的损失。

一些遵循积极基准策略的机构投资者会定期重新平衡其投资组合。在动荡时期，这种再平衡可能需要更加频繁，从而导致更高的投资组合周转率和交易成本。独立于交易成本，较高的波动性也可能导致投资组合经理的追踪误差增加，这些经理是根据基准进行评判的。随着资产价格快速上涨，它们可能无法像波动性低时那样有效地追踪基准。

标准股票基金可能会被认为是做空波动性的，因为我们将在下面看到，股票市场水平和波动性之间存在负的实证相关性。因而，随着全球股票相关性的上升，各种不同证券的多样化以及不同国家间的多样化变得不那么有效。全球金融危机是许多此类动荡期间最新例子的一个代表，在这段时间里大多数资产价格下跌，但波动性往往会上升，从而导致潜在的对冲。

上面所列出的三种市场参与者都可能从方差互换多头头寸中获得收益，以便对冲他们的风险敞口并降低投资组合风险。

在下一节，我们将转向方差互换的更技术性的讨论。然而，我们再次强调，这个讨论使用方差而不是波动性作为标的。

□ 15.5.2 方差互换的框架

设 S_t 表示标的价格，名义金额为 N 的方差互换在 T_2 时刻的收益 $V(T_1,T_2)$ 由下式给出：

$$V(T_1,T_2)=[\sigma_{T_1,T_2}^2-F_{t_0}^2](T_2-T_1)N \tag{15.33}$$

其中，σ_{T_1,T_2} 表示 S_t 在区间 $t\in[T_1,T_2]$（其中满足 $t<T_1<T_2$）上的实际波动性。它类似于浮动利率，并且只有在 T_2 时刻才能被观察到。F_{t_0} 表示在 t_0 时刻由市场报价的“固定” S_t 波动性，乘以（T_2-T_1）得到合约期间的波动性。N 表示合约开始时必须确定的名义金额。在 t_0 时刻，$V(T_1,T_2)$ 是未知的。互换合约签订的原则是收益在 t_0 时刻的“期望值” $V(t_0,T_1,T_2)$ 为零。在合约初始时刻，没有现金交换，即

* 合并套利通常被认为是一种对冲基金策略，它涉及同时买卖两家合并公司的股票来获得“无风险”利润。合并套利者面对的风险是合并未能及时完成，甚至最终不能完成的可能性。由于未来的不确定性，目标公司的股价通常低于收购价格。套利者在合并之前购买股票，期望在并购完成后获利。——译者注

$$V(t_0, T_1, T_2)=0 \tag{15.34}$$

因而，方差互换类似于用“固定的”（T_2-T_1）$F_{t_0}^2 N$ 交换“浮动的”$\sigma_{T1,T2}^2$（T_2-T_1）N 的普通（利率）互换。

方差互换所蕴含的现金流如图 15.8 所示。互换合约在 t_0 时刻签订，开始日期为 T_1，到期日为 T_2。“浮动的”波动性（方差）是 S_t 在整个区间［T_1，T_2］上的总波动性（方差）。F_{t_0} 有下标 t_0，因此它必须在 t_0 时刻就确定。

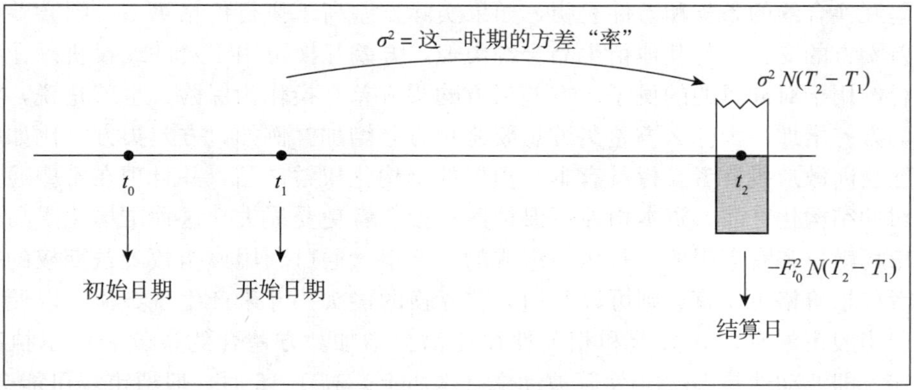

图 15.8　方差互换的现金流

15.5.2.1　现实世界中方差互换的例子

下面我们给出现实世界中方差互换的例子。

例子：基于标准普尔 500－SPX 指示性条款和条件的方差互换

工具	互换
方差买方	待定（例如，摩根大通）
方差卖方	待定（例如，投资者）
计价货币	美元（USD）
vega 名义本金	100 000
方差名义本金	3 125［由 vega 数量/（执行价格×2）确定］
标的	标准普尔 500（彭博社的股票：SPX 指数）
执行价格	16
权益数量	在观察结束日后 $T+3$，权益数量将按照下面的公式计算支付

$$\text{最终权益支付}=\text{方差数量}\times(\text{最终实际波动性}^2-\text{执行价格}^2)$$

如果权益数量为正，则方差卖方将向方差买方支付权益数量，如果权益数量为负，则方差买方将向方差卖方支付相当于权益数量绝对值的金额，其中

$$\text{最终实际波动性}=\sqrt{\frac{252\times\sum_{t=1}^{N}(\ln(P_t/P_{t-1}))^2}{\text{预期}\_N}}\times 100$$

并且，其中

预期_N＝[天数]，即截至交易日，在观察期内预计会成为预定交易日的天数

P_0＝在观察开始日的官方收盘价

P_t＝标的在观察日 t 的正式收盘价或在观察结束日交易所交易合约的正式结算价

方差互换合约的条款和条件表明，如果实际方差高于执行价格 K_{vol}，则方差买方将收到方差卖方的支付。与其他衍生品合约类似，方差互换可用于对冲或投机。让我们考虑一个合约用于对冲目的的例子。方差买方购买方差互换作为保险，也就是说，为了避免意外的方差增加。为什么方差买方想要避免方差增加？例如，方差买方（比如摩根大通）可能会向散户投资者发行具有本金担保的结构化权益产品，并且现在希望通过方差互换来对冲结构化产品。资本担保可保护散户投资者免受损失。这种结构化产品可能是由股票市场敞口和有上限的下行风险组成的。摩根大通可利用该指数看跌期权的多头头寸，或者如果价格更便宜，则可以利用方差互换的多头头寸来产生现金流，以便支付资本担保。当股市暴跌时，方差和相关性往往都会增加。方差合约条款表显示执行价格 K_{vol}为 16，即波动性是 16。当实际波动率（本质上）高于 16 时，股票市场可能会暴跌。方差买方（摩根大通）就可以买入方差互换，也就是做多方差互换。例如，“投资者”可以是一家对冲基金。从经济上讲，我们可将这笔交易解释为摩根大通向对冲基金购买保险，以便于应对意外的方差增加。

根据市场惯例，方差名义本金借助于波动性定义为：

$$方差名义本金=\frac{\text{vega 名义本金}}{2\times K_{vol}}$$

vega 名义本金是 100 000 美元，这意味着方差名义本金为 3 125 美元 [＝100 000 美元/(2×16)]。上述调整的含义是，当实际波动性在到期日是 1 “vega”，或处于执行价格 1 个波动点以上时，收益近似等于 vega 名义本金。

在方差互换条款表中，有趣的是观察到收益率是以对数为基础计算的，并且为了简单起见，平均收益被假定为零，这意味着收益是完全累加的：6 个月的方差＋6 个月的方差＝1 年的方差。

如果在下一年指数实现 20％的波动性，例如，方差买方即多头仓位将获得 450 000 美元＝31 25 美元×(实现波动性$^2-K_{vol}^2$)＝3 125×(20^2-16^2)，这可以解释为对冲基金对摩根大通的实际保险赔付额。对冲基金为什么会作为交易对手进行这样的交易？正如我们将在下面看到的，历史上，隐含方差（固定分支）平均高于实际方差（浮动分支）。例如，如果指数仅实现 12％，那么多头向卖方支付350 000美元＝3 125×(实际波动性$^2-K_{vol}^2$)＝3 125×(12^2-16^2)。摩根大通将向这家投资者或对冲基金支付 35 万美元。[①] 这可以被解释为保险费。在过去一段时间内，对冲基金可能通过出售方差互换或做空方差互

① 注意，在上面的例子中，偏离执行价格 4％的实际波动性的平均敞口风险是 40 万美元或是所需 vega 名义本金的四倍。

换来获得大额风险报酬或保险费。但是，这绝不是无风险的交易，因为在危机时期，实际波动性往往超过并超出隐含波动性。

图 15.9 显示了 1996—2014 年标准普尔 500 方差互换合约的浮动方和固定方。合约标的为 30 天方差。浮动方基于实际方差，固定方基于隐含方差。① 正如我们所看到的，在全球金融危机前后的大部分时间里，隐含方差高于实际方差。这显示了卖方卖出方差互换得到的保险费。

但是，在全球金融危机期间，卖方会出现大的损失。如图所示，2008 年 9 月 29 日，实际方差达到 0.70 的水平，而隐含方差为 0.13。许多交易业务和对冲基金在 2008 年处于空头的方差头寸，遭受了巨大损失，有些被迫清算。注意，方差互换交易为场外交易合约，并且目前没有来自交易所交易方差合约的历史数据。因此，该图基于标准普尔 500 指数期权和 Optionmetrics 数据库中波动性公开数据的合成方差互换合约。

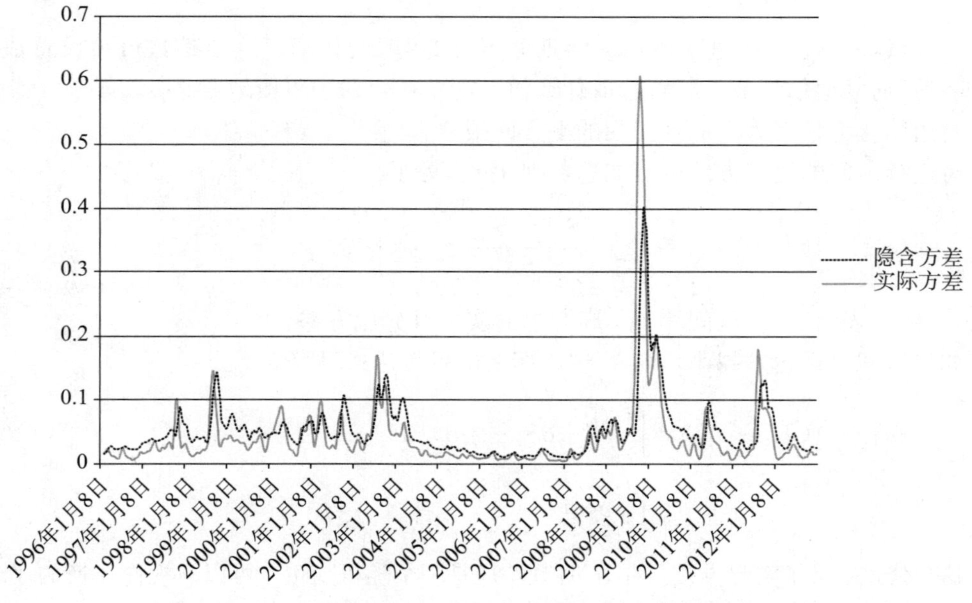

图 15.9 标准普尔 500 方差互换合约的浮动方和固定方

图 15.9 也说明了波动性的一个重要特征，即它回复均值的趋势。如果我们将波动性与标准普尔 500 的实际回报进行比较，我们也会看到，权益波动性与权益指数呈负相关关系，并且在不确定性或风险升高的时候往往会上升。

15.5.2.2 现实世界的惯例

如条款表所示，重要的是交易对手必须同意计算实际波动性的方法，特别是标的价格的来源和频率，还有从日波动性到年波动性的年化因素。标准差是通过从每个回报中减去样本均值，还是通过假设零回报来计算，这很重要。零均值方法具有理论上的优势，这是因为它最接近于用期权组合来复制的合约。

① 为了创建平滑的图，我们通过取两个时间序列的 12 个月移动平均来转换原始月度时间序列。

15.5.2.3 浮动方

方差（波动性）头寸必须在一个确定的时间区间上建立。毕竟，波动性和利率一样是在一个特定时间区间上定义的。因而，我们将区间［T_1, T_2］分成一些相等的小区间：

$$T_1 = t_1 < t_2 \cdots < t_n = T_2 \tag{15.35}$$

其中

$$t_i - t_{i-1} = \delta \tag{15.36}$$

然后定义 δ 时期的实际方差为

$$\sigma_{t_i}^2 \delta = \left[\frac{S_{t_i} - S_{t_{i-1}}}{S_{t_{i-1}}} - \mu\delta\right]^2 \tag{15.37}$$

其中，$i=1,\cdots,n$。[①] 这里 μ 表示一年期间 S_t 的期望变化率。这个参数可被设置成等于 0，或者任何其他估计值。不管选取什么值，需要在合约中审慎地定义 μ。如果 μ 等于 0，等式右边简化为长度为 δ 的区间内的平方回报率。

对连续区间的边际方差进行加总，则 σ_{T_1,T_2}^2 等于

$$(\sigma_{T_1,T_2}^2)(T_2 - T_1) = \sum_{i=1}^{n} \left[\frac{S_{t_i} - S_{t_{i-1}}}{S_{t_i}} - \mu\delta\right]^2 \tag{15.38}$$

因而，σ_{T_1,T_2}^2 表示 S_t 在区间［T_1, T_2］上的实际百分比方差。

如果区间变得越来越小，即 $\delta \to 0$，那么最后表达式可写为

$$(\sigma_{T_1,T_2}^2)(T_2 - T_1) = \int_{T_1}^{T_2} \left[\frac{1}{S_t}\mathrm{d}S_t - \mu\,\mathrm{d}t\right]^2 \tag{15.39}$$

$$= \int_{T_1}^{T_2} \sigma_t^2\,\mathrm{d}t \tag{15.40}$$

这个公式定义了实际方差。在 t_0 时刻，这是一个随机变量，可以被视作互换的浮动方。很明显，这个浮动方差可被限定在将来任何一个区间内，然后与“固定”一方进行交换。

15.5.2.4 确定固定波动性

确定固定波动性 F_{t_0} 会给出 t_0 时刻方差互换的合理价值。但是，我们怎样得到 F_{t_0} 的数值呢？注意，方差互换在 t_0 时刻的合理价值被设定为 0，相应地，$F_{t_0}^2$ 就是使互换的合理价值等于 0 的值（方差）。这是全书自始至终运用的基本原理，在这里也适用。

我们利用资产定价的基本原理，试图找到合适的无套利测度 $\tilde{P}$，使得

$$E_{t_0}^{\tilde{P}}[\sigma_{T_1,T_2}^2 - F_{t_0}^2](T_2 - T_1)N = 0 \tag{15.41}$$

这个测度 $\tilde{P}$ 是多少？假设市场是完全的。

我们假定无风险的连续复利即期利率 r 为常数，那么随机过程 σ_{T_1,T_2}^2 是 S_u（$T_1 \leqslant$

---

① 当然，有许多其他方法对这些“短期”流动性加以定义。例如，一些最新的研究使用一个交易日内每天价格变化的方差估计量。

$u \leqslant T_2$）的非线性函数：

$$\sigma_{T_1,T_2}^2(T_2-T_1)=\int_{T_1}^{T_2}\left[\frac{1}{S_t}\mathrm{d}S_t-\mu\mathrm{d}t\right]^2 \tag{15.42}$$

在某些条件下，我们可运用货币市场账户进行标准化，同时设 $\tilde{P}$ 为风险中性测度。① 然后，对式（15.41）取中括号里的期望值，重新整理可得

$$F_{t_0}^2=E_{t_0}^{\tilde{P}}[\sigma_{T_1,T_2}^2] \tag{15.43}$$

从而得到定价公式

$$F_{t_0}^2=\frac{1}{T_2-T_1}E_{t_0}^{\tilde{P}}\left[\int_{T_1}^{T_2}\left[\frac{1}{S_t}\mathrm{d}S_t-\mu\mathrm{d}t\right]^2\right] \tag{15.44}$$

因此，为确定 $F_{t_0}^2$，我们需要在测度 $\tilde{P}$ 下估计 σ_t^2 积分的期望值。它在离散情形下的表达式为

$$F_{t_0}^2=\frac{1}{T_2-T_1}E_{t_0}^{\tilde{P}}\left[\sum_{i=1}^{n}\left[\frac{S_{t_i}-S_{t_{i-1}}}{S_{t_{i-1}}}-\mu\delta\right]^2\right] \tag{15.45}$$

如果给定一个恰当的无套利测度，不难计算这个表达式。一旦设定了无套利动态特性，那么就可使用蒙特卡洛或树方法计算表达式。

□ 15.5.3 复制投资组合

风险中性测度的表达式可用于定价。可是，怎样对冲一个方差互换呢？要构建正确的对冲，就需要找到复制的投资组合。我们利用另一种替代方式来讨论这个问题。这种替代方式的一个优点是，利用某些数学工具能够清楚地解释金融工程。下面的模型从布莱克-斯科尔斯假设开始。

对冲方差互换的诀窍在于，在可观测（交易）量中隔离 σ_{T_1,T_2}^2。这可以通过构建一个合适的合成工具来实现。假设 S_t 的扩散过程如下：

$$\mathrm{d}S_t=\mu(S_t,t)S_t\mathrm{d}t+\sigma(S_t,t)S_t\mathrm{d}W_t \quad t\in[0,\infty) \tag{15.46}$$

其中，W_t 表示定义在概率测度 $\tilde{P}$ 下的维纳过程。扩散参数 $\sigma(S_t,t)$ 称为局部波动性。现在，考察非线性变换：

$$Z_t=f(S_t)=\log(S_t) \tag{15.47}$$

我们将伊藤引理用于这个新的过程 Z_t，建立动态特性（也就是随机微分方程）：

$$\mathrm{d}Z_t=\frac{\partial F(S_t)}{\partial S_t}\mathrm{d}S_t+\frac{1}{2}\frac{\partial^2 f(S_t)}{\partial S_t^2}\sigma(S_t,t)^2S_t^2\mathrm{d}t \quad t\in[0,\infty) \tag{15.48}$$

由此得出

① 提醒读者，这个合约在 T_2 时刻结算。

$$d\log(S_t)=\frac{1}{S_t}\mu(S_t,t)S_t\mathrm{d}t-\frac{1}{2S_t^2}\sigma(S_t,t)^2S_t^2\mathrm{d}t+\sigma(S_t,t)\mathrm{d}W_t \quad t\in[0,\infty) \tag{15.49}$$

其中，右边 S_t^2 项被抵消了。合并同类项，可以得到

$$d\log(S_t)=\left[\mu(S_t,t)-\frac{1}{2}\sigma(S_t,t)^2\right]\mathrm{d}t+\sigma(S_t,t)\mathrm{d}W_t \tag{15.50}$$

注意，这是一个有意思的结果。$\mathrm{d}S_t/S_t$ 和 $d\log(S_t)$ 的动态特性除了 $\sigma(S_t,t)^2\mathrm{d}t$ 项外几乎是一样的。因此，可以将两个方程相减，从而得到

$$\frac{\mathrm{d}S_t}{S_t}-d\log(S_t)=\frac{1}{2}\sigma(S_t,t)^2\mathrm{d}t \quad t\in[0,\infty) \tag{15.51}$$

因而，在等式右边隔离出瞬时百分比局部波动性。但是，就方差互换而言，我们需要的是它的积分。对上式两边进行积分，得到

$$\int_{T_1}^{T_2}\left[\frac{1}{S_t}\mathrm{d}S_t-d\log(S_t)\right]=\frac{1}{2}\int_{T_1}^{T_2}\sigma(S_t,t)^2\mathrm{d}t \tag{15.52}$$

现在对左边取积分

$$\int_{T_1}^{T_2}d\log(S_t)=\log(S_{T_2})-\log(S_{T_1}) \tag{15.53}$$

利用所得等式，重新整理可得

$$2\left[\int_{T_1}^{T_2}\frac{1}{S_t}\mathrm{d}S_t\right]-2\log\left(\frac{S_{T_2}}{S_{T_1}}\right)=\int_{T_1}^{T_2}\sigma(S_t,t)^2\mathrm{d}t \tag{15.54}$$

在等式右边，我们成功隔离了 $[T_1,T_2]$ 时期的百分比总方差。倘若 S_t 是所交易的资产，则左边表达式就复制了这个方差。

□ 15.5.4 对冲

式（15.54）左边的解释非常有意思。它最终给出了方差互换的套期保值。实际上，这个积分表达式是现代金融学中伊藤积分所刻画含义的一个好例子。考察

$$\int_{T_1}^{T_2}\frac{1}{S_t}\mathrm{d}S_t \tag{15.55}$$

我们如何解释这个表达式呢?

假设我们想要持有一个多头头寸，这个头寸对所有 t 在每个无限小的区间 dt 上都持有$\frac{1}{S_t}$单位的 S_t。换句话说，我们在 t 时刻购买$\frac{1}{S_t}$份标的资产，并在一个无限小区间 dt 上持有。假设在 t 时刻，S_t 可以从市场上观察到，那么这个头寸就容易建立。例如，当 $S_t=100$ 时，我们以总成本 1 美元购买 0.01 份 S_t，那么随着时间的流逝，S_t 将发生 $\mathrm{d}S_t$ 的变化，对于每个购买单位，这个头寸将盈利或损失 $\mathrm{d}S_t$ 美元。我们重新调整一下投资

组合，这是因为 S_{t+dt} 可能与 S_t 各不相同，并且投资组合需要买入 $\frac{1}{S_{t+dt}}$ 份多头。

这个投资组合在无限小区间 dt 上的最终收益或损失，由下列表达式给出①

$$\frac{1}{S_t}(S_{t+dt}-S_t)=\frac{1}{S_t}dS_t \tag{15.56}$$

对整个 $[T_1, T_2]$ 时期上的所有小区间 dt 进行类似操作，得到这个动态保持投资组合的收益或损失总和为

$$\int_{T_1}^{T_2}\frac{1}{S_t}dS_t \tag{15.57}$$

因此，积分表示的是动态保持投资组合的交易收益或损失。②

对式 (15.52) 左边第二个积分，取对时间 t 的积分

$$\int_{T_1}^{T_2}d\log(S_t)=\log(S_{T_2})-\log(S_{T_1}) \tag{15.58}$$

这是一个标准积分。它可以解释为静态头寸。在这种情况下，积分表示的是 T_1 时刻签订的、T_2 时刻结算的合约的收益。在 t_2 时刻支付额为未知 $\log(S_{T_2})$ 与已知 $\log(S_{T_1})$ 之差。这就是 log 合约，合约的多头和空头头寸是 S_t 的对数函数。

在某种意义上，式 (15.54) 的左端是对方差合约的对冲。如果交易者做空方差互换，他将持有一个动态调整的 S_t 多头头寸，同时做空一个静态对数合约。这是在假设完全市场的条件下所得出的。

15.6 现实世界中方差合约的例子

很明显，对于建立波动性敞口及套期保值头寸来说，方差（波动性）互换十分有用。可是，每当诞生一个新的市场，通常对已有的应用有更深入的发展。我们简略提及本章的某些概念的进一步应用。

首先，作为方差互换的固定方 F_t^2 可用于作为构建新产品的基准。可是，重要的是认识到这个价格是利用风险中性测度而获得的，不一定是 $[T_1,T_2]$ 时期上未来方差的无偏预测。如同远期利率协议的市场价格一样，F_t 包含一个风险溢价。然而，它仍然是波动性期权的合理价格。

方差互换定价确定的波动性并不一定和同一时期的隐含波动性一样，隐含波动性存在微笑效应，这可能引起 F_t 与平值波动性之间的另一个楔子。

① 这里对 dt 的使用是启发性的。

② 实际上，这个解释可以更加一般化。通常，金融学中随机积分具有下面的结构形式

$$\int_{T_1}^{T_2}f(S_t)dS_t$$

这可理解为动态保持 $f(S_t)$ 单位资产的交易收益或损失，这里资产价格为 S_t。

最后，F_t^2 应该是对波动性敞口和期权账簿进行风险管理的好指标。

波动性交易、波动性对冲和套利仍然是相对新的领域。下面，我们会看到全球金融危机期间波动性产品所面临的一些新困难以及随之出现的新方向。

15.7 全球金融危机前后波动性和方差互换——凸性调整的作用

正如我们在第 15.4 节所看到的，从理论上看，做市商可以出售方差互换，并通过一系列执行价格下的看跌期权和看涨期权组合来进行静态对冲，对执行价格平方的倒数进行加权。

15.7.1 实际应用中对冲方差互换的难点

在实践中，所需执行价格和到期日范围内的期权或者不可用，或者流动性不大。指数期权倾向于比个股期权更具流动性。因此，全球金融危机之前的交易商和做市商集中在即期水平附近的有限数量的执行价格。自 20 世纪 90 年代以来，指数和个股的方差互换交易市场形成了。然而，当市场下跌和波动加剧时，许多交易商在全球金融危机期间痛苦地学到的是流动性不稳定，并且在危机时期它趋于消失。2008 年 9 月，随着市场暴跌，试图根据模型重新平衡套期保值的做市商发现，上市期权市场的流动性枯竭，对冲暴露的风险困难且昂贵。个股期权的流动性下降比指数期权更为严重。做空个股方差互换的交易商相应受到的影响最大。

例子：

当波动性上升到 2008 年末的水平时，你对其求平方来计算方差互换的支付，做空这种产品是一件令人讨厌的事情——许多交易商都做空个股的方差。他们所设置的对冲并没有达到他们所想要的效果。虽然这些头寸在理论上可利用上市的期权进行对冲，假设无论股票价格是多少，你都可以买到执行价格降到零的期权，但事实并非如此。

[引自纽约的衍生品资产管理部门宏观风险顾问公司总裁柯纳特（Curnutt）的一句名言，此前他曾担任美国银行结构性产品机构股票衍生品销售主管，2010 年 4 月 1 日，www.risk.net/1595196]

方差互换的一个特点是它们表现出不变的 vega，而不管现货价格的高低。由于这种 vega 随着波动水平线性增加，因此当波动性增加时，经销商需要购买更多的期权来对冲交换。在正常流动市场中这是可能的，但在市场下跌和风险规避增加的危机时期，很难找到流动性期权。

上面的例子不仅说明了对冲方差互换的实际困难，而且还说明了波动性和方差互换的各种不同风险情况。正如我们在前面所看到的，方差互换的收益等于实际方差（即波动性的平方）与预先约定的执行价格水平之差，乘以 vega 本金。因此，方差互换的收益在波动性上是凸性的。这对于多头方差互换的投资者意味着什么？这意味着，与对待波动性的另一种风险敞口相比，投资者借助于波动性互换将受益于收益的增加和损失的减少。类似地，对于方差互换的空头投资者来说，这意味着，与波动性互换相比，其损失被放大了。那么，为什么有人想要做空方差互换呢？答案是，方差互换的合理执行价格高于波动性互换的价格。这使得方差互换的卖出比波动性互换更具吸引力，因为卖方可以更高的价格卖出。一些成为多头波动性的投资者，和波动性互换相比更倾向于方差互换，这是由于额外的凸性以及当波动性突然增加时所导致的较高利润潜力。投资者客户经常选择个股方差交易而不是指数方差交易，因为单个股票的波动性往往比指数更加明显。

下面的阅读说明了在股权衍生工具方面从全球金融危机中获得的一个经验教训。

例子：

方差互换的凸性对于那些倾向于多头波动性的客户来说是一个吸引人的命题，对于卖方来说，它涉及对持续提供某种程度套期保值的普通期权流动性的巨大赌注。回顾往事，方差在波动剧烈的市场中并不有利于卖方……

（结构化产品，2010 年 4 月 1 日，www.risk.net/1595196）

如同这个例子所阐明的，理论模型假设在实践中可以进行连续对冲。这一假设在现实中并不成立，尤其是在波动剧烈的市场中对冲变得困难和昂贵的情况下。因此一些市场参与者认为，方差互换市场增长过快，并没有关注与流动性和对冲成本相关的标的复杂性。

□ 15.7.2 方差互换与波动性互换间的凸性和区别

15.7.2.1 凸性调整的来源

正如我们在第 15.5.4 节所看到的那样，对冲期权交易自然而然地产生了方差。然而，尽管许多市场参与者偏好波动性报价而非方差报价，但合成波动性互换并没有简单的复制策略。为了从方差互换价格转向波动性互换价格，需要进行凸性调整。换句话说，从或有债权或衍生工具的角度来看，方差是主要标的，所有其他波动性收益，比如波动性互换，应被视为标的的方差的衍生证券。直观地说，波动性是方差的平方根，因此是方差的非线性函数。因此波动性在理论上和实际上更难对冲和估值。

为了解释波动性和方差互换定价之间的差异，我们来看一下通过静态地持有适当选择的方差合约来近似波动性互换的简单策略。为了使方差和波动性收益在估值和波动性敏感性（对于 σ 的一阶导数）上达成一致，我们可以选择以下近似值：

$$\sigma-K_{\mathrm{vol}}\approx\frac{1}{2K_{\mathrm{vol}}}(\sigma^2-K_{\mathrm{vol}}^2) \tag{15.59}$$

上述内容表明执行价格为 K_{vol} 的 $1/2K_{\mathrm{vol}}$ 方差合约可以用来近似实际波动性在 K_{vol} 附近的本金为 1 美元/ vol 点的波动性互换。这种简单的近似也意味着，未来波动性的合理价格（波动性合约具有零价值的值）仅仅是合理方差的平方根，即 $K_{\mathrm{vol}}=\sqrt{K_{\mathrm{var}}}$。图 15.10 绘制了式（15.59）的左侧和右侧，为实际波动性和执行价格为 $K_{\mathrm{vol}}=16\%$ 时的不同价值。波动性互换的收益用虚线表示，而方差互换的收益用实线抛物线表示。数据显示，当未来实际波动性远离执行价格时，实际波动性互换和相应的基于方差的近似值交换不同。我们看到由式（15.59）所表示的简单近似并不管用，因为它会导致方差互换收益总是大于波动性互换收益。两种收益之间的差异称为凸性偏差：

$$凸性偏差 \approx \frac{1}{2K_{\mathrm{vol}}}(\sigma^2 - K_{\mathrm{vol}}^2) \tag{15.60}$$

这意味着，由于平方项总是正值，因此波动性 K_{vol} 的合理交割价格会导致多头方差互换的收益高于多头波动性互换头寸。一种改正这个问题的方法是降低波动性合约的合理执行价格 K_{vol}，使其低于方差合约的合理执行价格 K_{var} 的平方根：$K_{\mathrm{vol}} < \sqrt{K_{\mathrm{var}}}$。这可以用图形表示，也就是通过将图 15.10 中的虚线向左移动，使其不总是位于抛物线之下。

到目前为止，我们已经通过波动性互换的方式讨论了方差互换的静态复制。理论上，上述不匹配和凸性偏差可以通过在波动性互换期间动态交易方差互换合约来解决。这种直觉类似于通过利用线性标的股票价格的 delta 对冲来复制非线性股票期权收益。遗憾的是，在实践中，不存在可以允许潜在动态交易的方差互换的流动市场。如果未来会出现流动性方差互换市场，那么我们的金融工程学原理为我们提供了如何实施这种动态复制的指导。当我们讨论看涨期权和看跌期权的复制时，我们发现最优套期保值比率取决于标的（股票）的假定未来波动性。这里，波动性互换的动态复制也需要波动性波动的模型。在其他工作中，复制策略需要持有方差合约的连续方差- delta 等价来对冲波动性衍生品。这样实际的实施将需要无套利模型来进行波动性曲面的随机评估。下一章将更详细地描述波动性曲面。

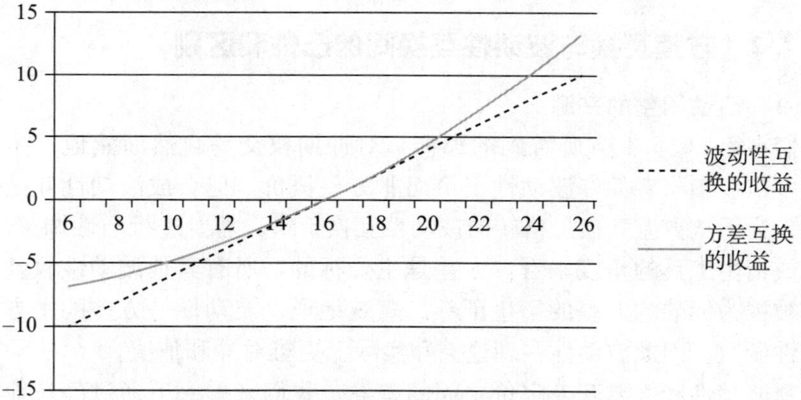

图 15.10　方差互换和波动性互换的收益

15.7.2.2　全球金融危机期间波动性交易市场凸性的作用

为了应对方差互换的巨大损失，一些银行在 2009 年决定向客户提供更简单的波动性产品。为响应 2009 年第二季度亚洲对冲基金客户的需求，法国巴黎银行重新开始了在 20 世纪 90 年代末首次交易的波动性互换。由于波动性互换的收益取决于波动性而非方差，因此它不具有与方差互换相同的凸性。不利之处在于，当波动性显著上升时，波动性互换的多头投资者获得的利润较少。

波动性互换的另一个缺点是它们与方差互换没有相同的理论复制。

继续提供方差互换的少数银行之一是法国兴业银行。该银行之所以能够做到这一点，是因为它在 2008 年初或者更早时候比更多的竞争对手降低了风险。因此，在危机愈演愈烈的时候，继续提供方差互换是更好的选择。正如我们在前面所讨论的那样，只有客户发现方差互换具有吸引力，因为凸性和附带的损益可能性。从经销商或做市商的角度来看，方差互换理论上比波动性互换更容易进行套期保值，因为它们可以用普通期权进行复制，尽管经销商使用不同的对冲模型和做法。

方差交易的创新仍在继续，2009 年 3 月，法国兴业银行开始提供美式方差互换。该产品嵌入了一项选择权，允许投资者在到期前仅以实现的价值平仓互换头寸。法国兴业银行的好处是该产品赋予其在交易中存在的权利，这意味着它可以以较低的价格向客户出售波动性。

2009 年，市场参与者非常厌恶风险，并常常害怕将波动性作为资产类别进行交易。对于那些愿意承担波动性风险的人来说，美国方差互换在非常不确定的环境中提供了另一种选择。

上述内容表明，波动性市场与任何其他市场一样，会对供给和需求做出响应。自 2009 年以来，市场状况有所改善，波动性下降至危机前水平。波动性指数（Vix）在 2008 年 11 月 20 日达到了 80 的水平，然后到 2009 年 3 月底降至 40 左右，并在 2014 年 6 月左右达到了 11 左右。如果波动性保持在全球金融危机前的水平，那么方差互换可能会再次被视为比波动性互换更有利，因为处于上升状态的盈亏平衡点会下降，超过盈亏平衡点后方差互换比波动性互换盈利能力更强。做市商的方差互换收益将取决于对冲方差头寸所需的波动性水平和股票期权的流动性。

□ 15.7.3 波动性作为一类资产的简介

隐含波动性和隐含相关性作为一类资产的接受程度正在增长。主要参与者是（i）机构投资者，（ii）对冲基金，以及（iii）银行。这种流动性的增加促进了具有嵌入式波动性的结构化产品的工程化。

例子：

由于隐含波动性做多所暴露的风险，机构投资者开始转向四种类型的策略。在最大的机构投资者中，基于方差互换的策略是最受欢迎的。

方差互换为波动性风险暴露提供了最简单和最具有流动性的方式。机构投资者和对冲基金是这一领域所提供新服务的目标受众。这些服务使客户能够通过彭博终端交易方差互换。交易商间市场和客户的交易量促使了这种转变。方差互换对具有选定期限的指数或股票做多或做空波动性。

纯波动性工具（如波动性互换和方差互换）对机构投资者而言是有意义的，因为波动性既是对下降趋势的风险分散，也是对股票投资组合的总体对冲。

养老基金和保险公司等机构投资者显然需要分散风险。在它们转向其他资产类别（如对冲基金）的同时，它们也不想减少它们在股票市场的风险敞口，尤其是在股市表现良好的情况下。考虑到这一点，它们越来越倾向于长期的波动性跨期。

目前波动性持续上涨的主要外部因素是并购活动。

要求对冲结构性产品的远期波动性策略也在增加，特别是在私人银行中。这些策略符合它们的需求，因为去年交易商向它们出售了大量远期波动性的凭证和权证。

（汤森路透，IFR，2004 年）

□ 15.7.4　全球金融危机后监管、标准化和交易所交易的波动性产品

除了供求之外，波动性市场也受到监管的影响。欧洲和美国的场外交易衍生品监管正在推动市场走向标准化和交易所交易。

15.7.4.1　方差期货

CBOE 波动性指数（VIX）的特性现在已相当好理解。[①] VIX 与标准普尔 500 负相关，在危机时刻这种相关性往往会增加。因此，VIX 可用作对冲或对冲极端负面事件的“尾部风险”，但遗憾的是，VIX 仅仅是一个数学公式，并非可投资指数，它不可交易，也无法购买。幸运的是，使用交易所的交易工具有几种方式能从 VIX 的上升中获益：VIX 期货、方差期货、VIX 期权、标准普尔期权以及与波动性相关的交易所交易基金（ETF）和交易所交易票据（ETN）。还存在大量的与 VIX 挂钩的场外交易产品。

2012 年 12 月 10 日，CBOE 上市了标准普尔 500 方差期货。

该合约不是方差互换，因为它取决于标准普尔 500 的实际方差，但它确实允许投资者对实际标准普尔 500 波动性进行推测。图 15.11 显示了 2012—2013 年标准普尔 500 方差期货的未平仓量和交易量。

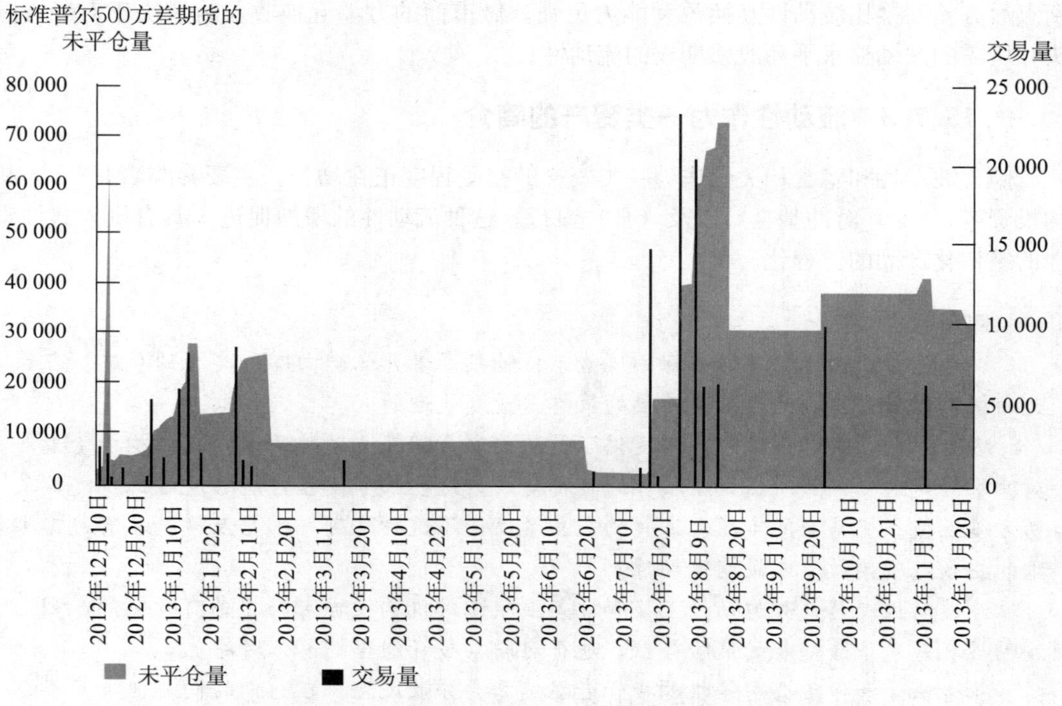

图 15.11　标准普尔 500 方差期货的未平仓量和交易量

以下是标准普尔 500 方差期货术语表。

① 关于波动性指数的更多详情，参看 http://www.cboe.com/micro/VIX/vixintro.aspx。

标准普尔 500 方差期货术语表

描述	标准普尔 500 方差期货是基于标准普尔 500 综合股票价格指数（S&P500）实际方差的交易所交易期货合约。合约的最终结算价值将根据计算标准普尔 500 实际方差的标准化公式来确定，该标准化公式从首次上市到合约到期时为止。交易所决定折现因子和每日利率的标准公式输入。
合约单位	标准普尔 500 方差期货合约的合约乘数为每方差单位 1 美元。一份合约等于一个方差单位。
交易时间	上午 8：30 至下午 3：15（芝加哥时间），标准普尔 500 方差期货在交易时间内的所有订单、报价、取消订单和订单修改都必须在芝加哥时间下午 3：14：59 前由交易所接收。如果在芝加哥时间下午 3：14：59 之后的时间内被交易所收到，将被自动拒绝。
合约月份	交易所可以在标准普尔 500 方差期货中列出与 CBOE 上市的标准普尔 500 指数期权上市合约月份对应的合约月份。

除了标准普尔 500VIX 和方差期货外，CBOE 还提供其他几个美国股票指数的期货，比如

- VSW CBOE 短期波动性指数期货（VSW）；
- VX CBOE 标准普尔 500 波动性指数（VIX）期货；
- VU CBOE 罗素 2 000 波动性指数（RVX）期货；
- VN CBOE 纳斯达克 100 波动性指数（VXN）期货。

还有新兴市场指数，比如

- VXEM CBOE 新兴市场 ETF；
- 波动性指数（VXEEM）证券期货；
- VXEW CBOE 巴西 ETF 波动性指数（VXEWZ）证券期货。

还有商品方面的，比如

- CBOE 黄金 ETF 波动性指数（GVZ）证券期货；
- CBOE 原油 ETF 波动性指数（OVX）证券期货。

这表明波动性已经作为一类资产被广泛接受。它还强调了这个事实，即市场参与者更关注依据不同区域和资产类别的不同类型的波动性风险敞口。

15.7.4.2 方差互换

尽管方差互换已经在场外交易了近 20 年，但是最近有计划打算在交易所上市方差互换。下面的例子讨论了欧洲期货交易所的计划，将场外交易的方差交易转移至交易所。

例子：

随着欧洲期货交易所衍生品交易所准备在 2014 年年中上市追踪欧洲斯托克 50 指数（Euro Stoxx 50）* 方差的期货类合约，将欧洲柜台方差互换交易转向欧洲交易所的计划

* 欧洲斯托克 50 指数是由欧盟成员国法国、德国等 12 国资本市场上市的 50 只超级蓝筹股组成的市值加权平均指数。——译者注

已经全面展开。

该交易所并不是第一家尝试上市替代产品的交易所，这种替代产品产生的收益与广泛交易的场外交易产品一样。CBOE在一年前就推出标准普尔500方差期货（参看“复制方差”），但该合约一直难以获得推动。自去年10月上市以来，未平仓合约已累积到约32 000份，交易量依然起伏不定，交易活跃的日子相对较少。

尽管美国版本开局不佳，但一些交易员仍然乐观地认为，欧洲可能会支持上市模式。许多寻求交易波动性的资产管理公司没有获得场外交易的批准，而VStoxx期货的流动性仅为VIX合约流动性的一小部分。

“需求在那里，”花旗集团股票衍生品联席主管罗里·希尔（Rory Hill）表示，“在危机过后，关闭和替换场外交易风险就成一个问题。现在，任何场外交易的机构和基金都想要上市。客户流现在正将交易量推到交易所，甚至银行本身也不希望再进行场外交易。”

对CBOE产品的疲软需求被归因于多种因素——尤其是美国的场外交易方差互换的流动性充足，这里10年期的合约可能比欧洲6个月期的合约更紧张。

标准普尔方差的场外交易市场非常健康，流动性很强，因此不存在人为需求。花旗集团驻纽约股票衍生品指数交易主管马克·陈（Mark Chen）表示：“交易该产品的大多数客户都是为了与前10名交易商进行场外交易，因此他们的需求已经得到满足。”

…………

一些交易商和对冲基金已经表示有兴趣支持新产品，但需要适当的收费结构和激励措施。但是真正的驱动因素很可能来自监管压力，因为互换正按产品逐项被推入中央结算。

“当通过CCPs清除场外交易产品的监管要求生效时，事情可能会改变。然后我们可能会看到一些客户转移到上市平台。”博尔诺塞（Bornhauser）说。

在金融危机之后，方差互换活动几乎停滞不前——花旗集团的希尔估计交易量下跌至2006—2007年期间顶峰的20%左右，但之后回升至50%，尽管这主要集中在指数交易上。

“虽然个股方差互换消失，但仍然存在一些个股波动性互换敞口，大部分方差互换现金流是集中的。”

（汤森路透，IFR 2011，2013年11月23日）

监管限制了某些投资者购买场外交易产品的能力。针对复杂产品的对冲和融资成本在银行也有所增加，也因此解释了交易所交易资产日益增加的吸引力。

□ 15.7.5 对冲

在第15.5节中，我们已经讨论了方差互换的潜在用途和使用者。但是，在全球金融危机爆发之前，谁是交易对手方？事实证明，方差互换不仅对投资者有吸引力，对于拥有大型结构化产品业务的投资银行的交易商也是如此。

例子：

对于经营结构化产品账户的交易商来说，方差互换成为风险回收过程（risk recycling process）中的非常关键的部分，而且它们有空头相关性风险需要抵消。这是上一个十年早期时市场增长的重要推动力。

（结构化产品，2010 年 4 月 1 日，www.risk.net/1595196）

上述例子是指大型投资银行的交易商向客户出售结构化产品。例如，股权结构化产品通常会给客户带来下行趋势的保护。因此，当市场下跌时，产品就会支付。当市场下跌时，相关性会急剧上升。这会使这种产品的卖方处于空头相关性的情况。因而，一种对冲这种结构化产品风险的方式是借助于方差互换进行做多相关性。这类似于在相关性意外增加时购买保护。谁会出售这种保护措施呢？在金融危机之前，许多对冲基金会做空相关性。因而，对冲基金将做空关于指数的方差互换，同时做多关于成分股的方差互换。这为对冲基金构建了空头头寸，并为交易商构建了多头头寸。我们将在下一章更详细地讨论相关性交易和相关性互换。

15.8 何种波动性

本章包含 4 个波动性的概念。在下一章继续讨论波动性微笑之前，必须对这些概念加以总结，同时弄清楚它们之间的差异。

市场专业人士使用术语“波动性”时，意指布莱克-斯科尔斯隐含波动性（implied volatility）。否则，他们会使用实际（realized）波动性或历史（historical）波动性这种术语。局部波动性（local volatility）和方差互换波动性（variance swap volatility）也是行话。最后，上限-下限波动性（cap-floor volatility）和互换期权波动性（swaption volatility）是金融市场上的标准术语。

正如第 9 章所阐释的，隐含波动性仅是 σ 的值，将其代入布莱克-斯科尔斯公式中，可得到市场上观测到的普通期权的公允市场价值。因此，在利率衍生品的情况下，将它称为布莱克-斯科尔斯隐含波动性或者布莱克波动性更准确一些。市场专业人士可能用不同的公式给期权定价，由不同公式得出的隐含波动性当然是不一样的。因而，隐含波动性是一个取决于公式的变量。

我们赋予“波动性”术语下述定义。

- 第一类是实际波动性。它与统计课程的内容最接近。在这种情况下，存在一个可观测的或要观测的数据集，即“样本”$\{x_1,\cdots,x_n\}$，可将其看成在某个真实概率 P 下所定义的随机向量过程 x_t 的实现值。x_t 过程具有二阶矩

$$\sigma_t=\sqrt{E_t^P[(x_t-E_t^P[x_t])^2]} \tag{15.61}$$

我们可以设计一个估计量来估计 σ_t。例如，我们可以设

$$\hat{\sigma}_t = \sqrt{\frac{\sum_{i=0}^{m}(x_{t-i} - \overline{x}_t^m)^2}{m}} \tag{15.62}$$

其中，$\overline{x}_t^m$ 表示 m 个时期的样本均值：

$$\overline{x}_t^m = \frac{\sum_{i=0}^{m} x_{t-i}}{m} \tag{15.63}$$

这种波动性测量了现实中资产价格或风险因素的真实波动。本章已经给出了使用这个波动性概念的一个例子。前面定义的 σ_t^2 表示这里讨论的方差互换的浮动方。

- 第二类是隐含波动性。① 市场上存在可观测的价格。市场实践者具有计算这个价格的定价公式（例如，布莱克-斯科尔斯公式）或方法（例如，隐含树）。于是，隐含波动性就是将其代入定价公式之后，能够得到公平市场价格的“波动性”数值或一系列数值的波动性。因而，如果设 $F(S_t, t, r, \sigma_t, T)$ 是标的为 S_t、利率为 r、到期日为 T 的欧式期权的布莱克-斯科尔斯价格，那么在 t 时刻，σ_t 表示对下面关于 σ_t 的非线性方程求解得到的隐含波动性：

$$F(S_t, t, r, \sigma_t, T) = \text{观测价格} \tag{15.64}$$

这个隐含波动性可能与实际波动性有很大差别，因为它包含了交易者认为对实际波动性应该做的许多预期调整。如果波动性是随机的，而且在波动性报价上加上风险溢价，那么隐含波动性可能会与实际波动性有系统性的差别。违背布莱克-斯科尔斯假设也可能导致二者出现此类差异。

- 局部波动性用于表示随机微分方程中的函数 $\sigma(\cdot)$：

$$\mathrm{d}S(t) = \mu(S, t)\mathrm{d}t + \sigma(S, t)S_t \mathrm{d}W_t \quad t \in [0, \infty) \tag{15.65}$$

然而，局部波动性具有更确切的含义。假设标的为 S_t、所有执行价格为 K、到期日为 T 的期权均可交易，同时相应的无套利价格 $\{C(S_t, t, K, T)\}$ 对于所有 K 和 T 来说均是可观察的。于是，如果相应的随机微分方程（SDE）可通过蒙特卡洛或 PDE 定价方法成功地复制所有可观测的价格，那么函数 $\sigma(S_t, t)$ 就是局部波动性。

换句话说，局部波动性是和校准有联系的概念。可将其看成是布莱克-斯科尔斯隐含波动性的一般化。隐含波动性通过布莱克-斯科尔斯公式复制了单个可观测期权的价格。另外，局部波动性借助于定价方法，复制了所有由 K 和 T 标记的期权曲面。因此，我们得到的是一个由 K 和 T 标记的波动性曲面，而不是如同布莱克-斯科尔斯公式中隐含波动性的单个值。

- 最后，本章还涉及方差互换波动性，这是指平均的未来平方偏差期望。但是这个期望使用的是风险中性测度，所以与实际波动性有所不同。

---

① 这个定义可能令人误解，因为在这些交易日绝大多数交易者直接对波动性报价，然后计算此波动性价格所隐含的期权的市场价格。

讨论波动性微笑时要涉及这些波动性概念。很明显，大多数交易者关心的是隐含波动性，但是它不能独立于实际波动性而存在。认为这两个概念之间有密切关系是很自然的。[①] 同样，随着波动性交易的发展，越来越多的工具把实际波动性当成开发新产品的某种标的风险因素。方差互换只是一个例子。

15.9 结论

本章概括介绍的这部分内容，将来可能在金融市场策略中起更有意义的作用。我们的目的是说明怎样把风险因素的波动性从其他相关风险中隔离出来，然后构建可以用来交易它的金融工具。在这里应该强调的重要的一点是：本章介绍性的讨论中只研究了作为时间和标的的函数的波动性参数。对于更复杂的波动性，则必须对这些方法进行修正。

阅读建议

Rebonato（2000）和 Rebonato（2002）是开始学习各式各样波动性概念非常好的参考书。Bossu et al.（2005）为方差互换提供了一个非常好的介绍。这一章中的部分材料直接源自 Demeterfi et al.（1999），读者从中可以发现合适的参考文献。Dupire（1992）的重要论文及由此产生的文献可以当成局部波动性的参考文献。

习题

1. 仔细阅读下面的引文，然后说明你会怎样利用波动性互换建立头寸。精确指出这些互换的参数。

(a) 对于这个头寸，你怎样定价？此处定价是什么意思？要确定的价格及签订合约的价格是哪一个呢？

(b) 尤其是，你需要两个市场之间的相关性吗？

(c) 在卖出这个头寸之前，你需要知道它的微笑效应吗？

(d) 讨论这个波动性头寸所包括的风险。

波动性互换

某家银行向投资者推荐一种交易，在此交易中投资者可利用纳斯达克 100 和标准普尔 500 长期隐含波动性的巨大差额。

① 关于各种不同波动性指标预测标准普尔 100 波动性能力的有趣比较，参看 Blair et al.（2001）。

在上周，纳斯达克100两年期隐含波动性几乎创下了历史最高纪录，大约是45.7%，可是，技术类股票的大行情在过去几年已经出现，纽约的一位权益衍生策略的全球首脑如是说。技术类股票的繁荣看起来要结束，就像低迷时期的最惊人部分一样，他补充道。虽然接下来的几个季度存在技术类股票的出售压力，但类似于过去半年市场所经历的价格暴跌不太可能出现。

银行建议投资者进行纳斯达克和标准普尔的波动性差额互换。如果两年内这两个实际波动性差额小于21%，投资者将收到一笔补偿。这里21%是上周这两个指数平值远期合约两年期隐含波动性之间的近似差额。如果两年内纳斯达克两年期实际波动性比标准普尔的对应波动性小，则投资者就会有收益。

交易者说，只出售纳斯达克波动性也可能有意义，但最好是用纳斯达克和标准普尔进行相对价值交易，这有助于减小纳斯达克头寸的波动性beta。换句话说，如果整个市场崩盘，技术类股票和作为总体的市场会有更高的隐含波动性，但是表示更广泛行业股票的标准普尔500的波动性可能有很大增加，而纳斯达克的波动性已经接近历史最高纪录。投资者关于两个指数的两年期实际波动性之间差额的相对价值交易，使投资者可以在纳斯达克波动性相对于标准普尔波动性下降时获利。

“两年是研究这种波动性差异的合适时间。”交易者说。两年的时间对于当前市场上尤其是技术行业的风波足够了。上周两个指数两年期隐含波动性的差额大概是22%，几乎是历史最高纪录。自从1990年以来，很长时间里实际波动性的差额接近10.7%。

交易者指出还有其他的方式来进行这种交易，例如出售纳斯达克波动性的两年期平值远期跨式期权组合，买入标准普尔波动性的两年期平值远期跨式期权组合。

（摘自《衍生品周刊》，2000年10月30日）

2. 下面的阅读材料给出了建立波动性利差头寸的另一个例子。不过，这里关注的内容是波动性头寸的深入内容。实际上，这篇摘录是有关波动性头寸入局和出局期权应用的例子。

(a) 假设投资者出售短期（1个月期）波动性，同时买入6个月期波动性。在什么意义下，这是一个裸露的波动性头寸？风险是什么？用波动性互换作为标的工具加以解释。

(b) 解释怎样利用1个月期出售条款对冲这个头寸。

(c) 当存在附加费用时，这个跨式期权组合怎样获得收益？

(d) 持有出售条款的头寸是否有风险？如果有风险，风险是什么？

(e) 这是纯波动性头寸吗？

英镑的波动性将在下一年欧元诞生前达到顶峰。一家银行建议采取如下策略：利用高度反转（highly-inverted）的波动性曲线。在1月份英镑不会加入欧元，从而市场预期减少英镑头寸。上周，这种观点把1个月期英镑/德国马克的波动性提高到了12.6%。相反，6个月期波动性下降到9.2%以下。这意味着，应该出售短期波动性并买入6个月期波动性。客户可以购买一个6个月期的跨式期权组合，加上1个月期的意外条款（break-out clause），以复制1个月期的空头波动性头寸。这样他们就不会有裸露的波动性头寸。

（摘自《衍生品周刊》的部分内容）

MATLAB 习题

3.（方差互换价格）编写一个 MATLAB 程序来说明（权益）方差互换价格相对于标的股票平均收益变化的变化，并在图表上显示。使用下面标的服从的随机过程的设定参数：

$$S(0)=100,\ T=1,\ r=8\%,\ \sigma=30\%,\ \mu=10\%$$

4.（波动性互换价格）编写一个 MATLAB 程序来证明 delta 对冲多头看涨期权的波动性收益在对 delta 进行调整直到看涨期权到期时具有不变性。使用下面的数据：

$$S(0)=100,\ K=105,\ T=1,\ r=8\%,\ \sigma=30\%,\ \text{实际波动性}=50\%$$

针对调整频率分别为 10、20、50、100 和 500，绘制 20 次模拟的波动性收益图形。

第 16 章 作为资产类的相关性与微笑

16.1 引论：作为资产类的相关性

在前一章中，我们看到波动性作为一种资产类别已经确立。金融工程的发展并没有停止在波动性上，而是继续自然而然地发展到相关性。

权益相关性衡量了股票价格在多大程度上趋向于共同变化。相关性将指数波动性与成分股的波动性联系起来。作为一个近似值，我们可以将其写为：

$$\text{指数波动性} \approx \sqrt{\text{相关性}} \times \text{单个股票的平均波动性}$$

这个公式表明，相关性是指数波动性的重要驱动因素。从历史上看，指数波动性的变化超过一半由相关性的变化所驱动。这表明相关性风险是波动性的基本组成部分。相关性风险也是期权和其他资产（诸如对冲基金）收益的重要驱动因素。我们如何将前几章所运用的金融工程学原理应用到相关性上呢？可以证明，通过计算隐含指数和隐含单个股票波动性的相对水平，可以非常直接地推出由市场定价的预期相关性水平。与隐含指数波动性一样，这种隐含相关性（implied correlation）倾向于按实际相关性的溢价进行交易。图 16.1 展示了标准普尔 500 的实际相关性和隐含相关性。

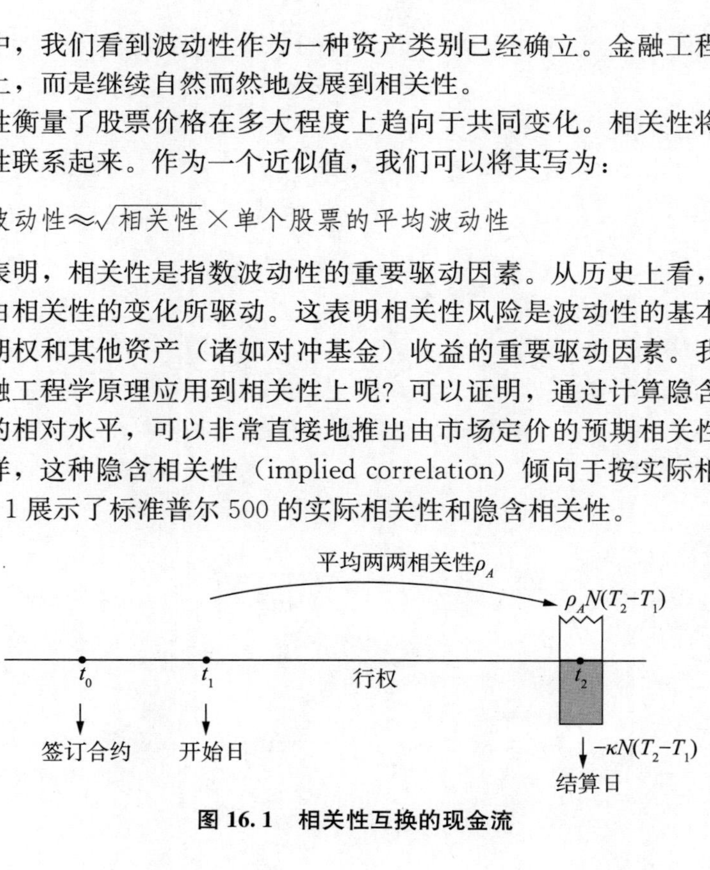

图 16.1　相关性互换的现金流

□ 16.1.1 交易相关性的原因

交易相关性的原因和交易波动性的原因非常相似：

- 由于隐含相关性历史上高于实际相关性，做空相关性（互换）头寸可能是一个很好的收益来源。正如 Buraschi et al.（2014）所说，对冲基金行业和一些对冲基金策略存在相关性风险。
- 相关性是波动性的重要组成部分，和波动性相似，它与权益指数收益率是负相关的。因此，相关性交易具有分散风险的优点。
- 由于相关性是指数和单个股票波动性的残差，因此相关性交易可以用来表达指数对单个股票波动性的相对变动的看法，并建立头寸。

□ 16.1.2 相关性交易工具

存在两种交易相关性的重要工具，也就是方差分散交易（variance dispersion trades）* 和相关性互换（correlation swaps）。① 相关性互换为相关性提供了直接的风险承担。相关性互换的收益是互换的执行价格与随后实际的预先商定的一篮子股票或指数的平均相关性之差。虽然相关性互换提供了最纯粹的相关性风险敞口，但它们的流动性低于分散交易。

近年来，交易相关性最常见的工具是分散交易。这种交易是在指数（篮子）的波动性和其成分的波动性中采取相反的头寸。由于分散交易通常通过方差互换的方式实现，因此称为方差分散交易。如果方差互换被用于从意想不到的高相关性中受益，则交易包括指数方差互换中的空头头寸和单个股票方差互换中的多头头寸。有时候，为了简单起见，使用期权而不是方差互换来产生指数和股票一级的波动性风险敞口。

如同下面的例子所示，相关性作为一类资产正在被逐渐接受。

例子：

相关性交易多元化

在许多指数的相关性处于历史高位之际，交易员们继续看到，投资者纷纷将普遍持有的观点货币化，即相关性将在未来 12 个月下降，原因是宏观经济驱动因素在影响投资者情绪方面变得不那么普遍，从而触发阿尔法策略的收益，并增加了股市的分散度。在雷曼兄弟破产后，不确定性加剧，相关交易实际上已被关闭，但近几个月来，相关交易的吸引力一直在增强。

金融工程和 SGCIB 全球权益流通咨询的全球负责人斯特凡·马塔蒂亚（Stephane Mattatia）说："相关性市场已经重新开放一年多，尽管分散交易是一种标准交易，投资者现在正在追踪不同资产类别内和不同资产类别之间的各种相关性。"

近几个月来，宏观对冲基金通过对包括标准普尔 500 和欧元兑美元在内的多种资产

---

① 尽管几种简单的期权衍生品，比如篮子期权（basket options）和跨货币（quantos）产品，都隐含地暴露在相关性风险中，但它们不是纯粹的相关性工具。

* 方差分散交易又称方差离差交易。——译者注

类别之间的相关性进行杠杆投资获得了可观利润，标准普尔 500 和欧元兑美元在危机之后高度相关，这种关系于 2009 年 9 月被打破。被广泛交易的黄金和欧元兑美元之间的强相关性也于今年初被打破。

在权益分散市场中，由于许多养老基金成为积极参与者，交易员们看到了客户类型更加多样化，并且正在被执行的交易类型也更加多样化。

宏观对冲基金继续支持分散交易——对不同的股票购买波动性互换，同时卖出指数波动性互换——期权策略诸如分散跨式期权组合随着更传统产品的流动性下降而越来越受欢迎。

马塔蒂亚表示："基金正在设立分散性账户，关键在于分散风险，它们正在交易所有的工具类型，包括跨式期权组合、方差互换、波动性互换，并且涉及所有指数。"

（汤森路透，IFR 1 850，《相关性交易多元化》，2010 年 9 月 11 日）

以上材料说明相关性交易现在延伸到资产类。养老基金被视为相关性交易的参与者。它们通常会进行多头的相关性互换交易，这意味着当相关性意外增加时它们会获得收益。另外，据报道宏观对冲基金是相关性的空头，通过卖出指数，同时购买单个股票方差互换，从而在市场保持平静并且相关性相对较低时受益。为了理解如何创建相关性风险承担，从与一个资产类别（例如股票）相关的相对简单的相关性衍生工具开始具有指导意义。接下来我们考察分散交易者的复制和构建，还有相关性互换。

交易相关性最纯粹的方式是直接通过相关性互换。相关性互换对于预先确定的一篮子股票的平均两两相关性提供风险承担。平均两两相关系数 ρ_A 是指数中所有不同股票之间相关性的简单加权平均值：

$$\rho_A = \frac{2}{N(N-1)} \sum_{i<j} \rho_{ij}$$

其中，ρ_{ij} 表示一篮子股票或指数中第 i 只股票和第 j 只股票间的成对相关性，由

$$\sigma_1^2 = \sum_i \omega_i^2 \sigma_i^2 + 2\sum_{i<j} \omega_i \omega_j \sigma_i \sigma_j \rho_{ij}$$

给出，这里 ω_i 与 σ_i 分别表示指数中第 i 只股票的权重与波动性。

互换执行价格是买入或卖出的（平均两两）相关性水平。它通常被缩放 100 倍（也就是相关性为 0.5，报价为执行价格，是 50）。与方差互换（上一章已经讨论过）类似，相关性互换的支付是名义金额乘以互换执行价格与随后的一篮子标的的平均两两实际相关性之差：

支付＝名义金额×(平均两两实际相关性－执行价格)

图 16.1 给出了一般的相关性互换现金流中的现金流情况。我们考察一个相关性互换的例子。

例子：

相关性互换

假设 2014 年 1 月 6 日，对冲基金出售 6 个月期的相关性互换，该互换针对的是与构成 Euro Stoxx 50 指数的具有相同权重的一篮子股票。交易对手方假定为养老基金。执行价格为 40，名义金额为 10 000 欧元。这意味着对冲基金是做空相关性互换，

而养老基金则是做多互换。一种解释交易的方式是，收取一定的费用，对冲基金向养老基金出售保险以防止相关性意外增加。

在6个月后，2014年7月6日，我们可以计算出我们篮子中股票的6个月平均两两实际相关性为0.3。然后，相关性互换的买方，即养老基金，要向养老基金的卖方支付下列金额：名义金额×(55－42)＝10 000欧元×(40－30)＝100 000欧元。

在上面的例子中，对冲基金因承担相关性意外增加的风险而获得溢价。相关性执行价格的一个很好的代理，也称为隐含相关性，是指隐含指数波动性与股票成分隐含波动性平均值之比的平方（由于隐含波动性是对远期实际波动性的一个良好估计，因此我们也可以推断隐含相关性是对远期实际相关性的一个良好估计）。

从历史上看，隐含相关性，执行价格，已经高于实际相关性。这在图16.2中表示，其中隐含相关性由虚线表示，实线表示实际相关性。

尽管相关性互换和方差互换看起来相似，但是相关性所遵循的随机过程和方差所遵循的随机过程是不同的，因此相关性互换和方差互换以指向性交易或对冲的形式给出不同视角的表达式，如同接下来的材料所阐明的。

例子：

隐含相关性达到了多年低点

近几周来，随着权益市场的上涨和波动性的下降，权益相关性下降。其结果是重新关注分散交易和其他策略，试图从股票、行业和全球指数之间的差异化中获利。

"对于投资者而言，分散在当前环境中是一个伟大的故事，并且它是一个有趣的市场参数，因为它不是一个指向性的观点。在市场上表达指向性的观点仍然非常棘手。"摩根大通权益衍生工具构建执行董事阿诺·若贝尔（Arnaud Jobert）说。

尽管受长期上涨趋势的影响，部分原因是指数和交易所交易产品的使用增加，但过去一年全球指数与行业和单一股票水平的隐含相关性已经下降。

虽然隐含相关性仍然处于历史高位，但现在趋向于危机前的水平。上周股市在全球指数的隐含相关性达到多年低点，因为自2007年以来首次标准普尔500指数达到1 500点，而权益达到了1月份的点位。

就在上周，包括Euro Stoxx 50/日经225指数和标准普尔500指数/日经225指数在内的多种指数配对的两年隐含水平下跌超过5个基点。

与此同时，CBOE的标准普尔500隐含相关性指数（2014年1月到期）——它估计了基于标准普尔500指数的期权价格的指数成分和其本身50只最大股票之间的相关性——自12月底以来已经从70下降至60，在2012年初交易的价格是80。

宏观转变

在危机期间，由于市场波动性飙升，投资者纷纷逃离股市进入固定收益市场这个避险天堂，股市相关性被推至历史高位，而宏观因素则成为股市表现的唯一真正动力。但即使波动性降至历史低位，相关性仍然相对较高，因为全球央行政策所注入的充裕流动性确保了即使股价开始出现反弹，宏观驱动因素的重要性也超过了其他因素。

然而，随着各地区走向自身经济周期的不同阶段，投资者越来越多地力图表达对宏观分歧的看法，这种情况将会发生变化。

（汤森路透，IFR 1 968，2013 年 1 月 26 日）

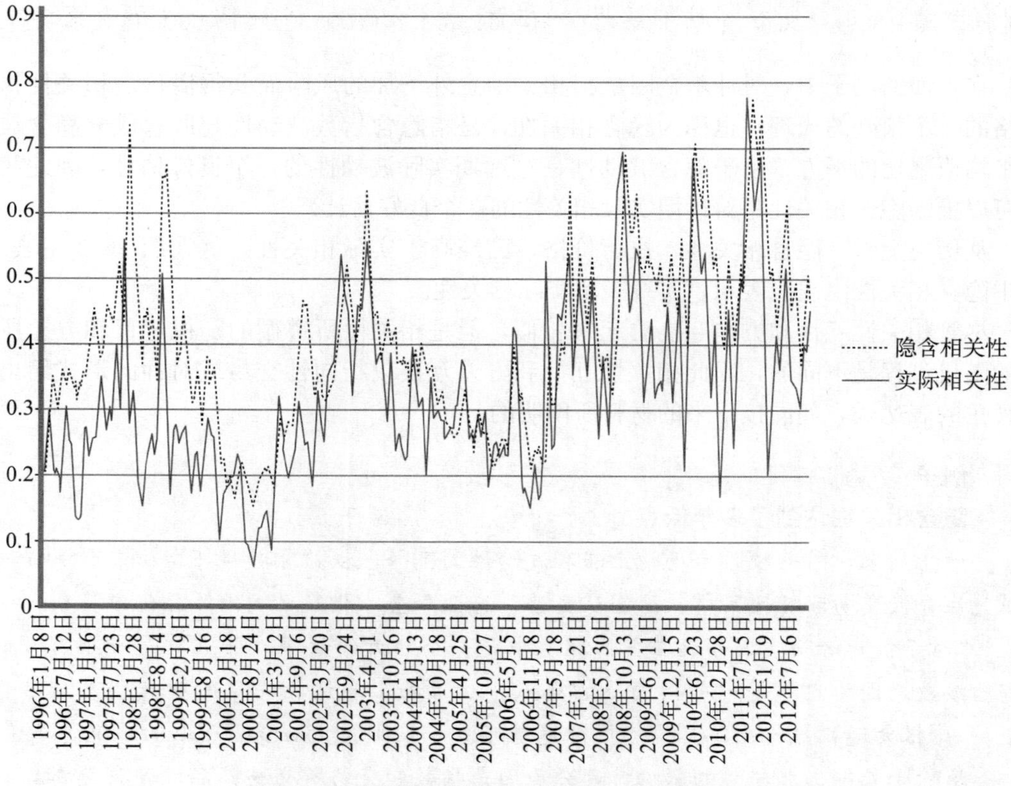

图 16.2　隐含相关性与实际相关性的时间变化图

16.2　作为融资工具的波动性

对于市场专业人士和对冲基金来说，怎样融资来投资与投资本身同样重要。毕竟，对冲基金想要寻求建立头寸借入资金的“最好方法”。最好方法可能有时候是负利息的，换句话说，对冲基金从投资中赚钱，也从融资本身中赚钱。

通常，浮动的 LIBOR 融资被认为是“无风险的”①，但是与此同时，也可能不是融资成本最低的。原则上，波动性可以用作融资来源。例如，实践者可以做空波动性，同时做多另一项资产，比如固定收益资产。如果目的是投资一个头寸，为什么不选择一个合适的波动性，卖出价值为 N 的期权，然后 delta 对冲这些期权头寸呢？实际上，这是用波动性来为债券头寸融资。下面进行分析。

首先，从第 9 章我们知道，delta 对冲期权空头头寸是支付 gamma 的凸性敞口。这

① 参看第 4 章中关于金融学中零的那一节内容。

些支出在最开始时是未知的。当市场波动性被观察到时，对冲是动态调整的，并且依赖于市场波动性，对冲基金面对的现金流出等于 gamma。对于对冲基金来说，这与支付浮动的货币市场利率是相似的。

注意，贷款现金流与波动性现金流之间的一个区别是：在波动性融资中，在合约期末没有本金 N 的返回。在这个意义上说，N 是借入的，然后随着时间的流逝，当 gamma 获得收益的时候逐渐被返还。下面是选自 2005 年的一个例子。

例子：

美林证券指出，通过出售波动性，“市场上最多的交易之一利用了长期限交易系列”，而且“通过抵押贷款支持证券获得持有成本”。

市场专业人士使用期权作为他们头寸的融资工具。这种做法的主要问题是，在许多情况下，期权市场可能没有可以卖出大量期权所需要的深度。如果这样的销售打压了价格（也就是波动性），那么这种设想可能很难实现，不管最初看起来多么吸引人。

16.3 微笑

期权作为波动性工具曾在第 9 章介绍过。这与交易者所认为的期权非常一致。我们也说明，当我们在数学上把期权当做波动性工具时得到了相同的公式，在这种情况下，同样的偏微分方程（PDE）就是布莱克-斯科尔斯 PDE。从数学上看，此方法与标准教材中的处理方法是一致的，即认为期权是方向性工具。① 不过，虽然第 9 章中的解释与交易者及期权市场的看法更一致，但在那个讨论中仍然有一个主要的缺失成分。

可以证明，在其他条件均相同时，虚值看跌期权或看涨期权比平值的看涨期权或看跌期权有更高的隐含波动性。这个效应被称作波动性微笑，将在这一节讨论。然而，为了在这一章阐明波动性微笑，我们仍然要采取期权工具的另一种解释。

第 9 章的讨论说明，期权价格（经过利率收益和支付的一些调整）实际上与标的资产波动性的 gamma 收益期望值有关。这一章我们将说明，这些期望收益将依赖于期权的执行价格。考虑这个有意思的结果所花费的成本就是需要一种不同的数学方法。其好处是，微笑将作为一个自然而然的结果。另一个好处是，我们将讨论动态对冲策略，而不是众所周知的 delta 对冲。实际上，我们这一章开始从一个“更新的”视角来讨论期权，具体来说就是使用所谓的狄拉克 delta 函数。在期权定价中，这也许是清晰地引入微笑概念的最好方法。

① 一方面，在这本教材所用的方法里，看涨期权被认为是对价格上涨的赌注，看跌期权被认为是对价格下跌的赌注。然而，在风险调整概率下确实是这样的，从而留下错误的印象认为，看涨期权和看跌期权在某种意义上是不同的。另一方面，波动性解释表明，从波动性的角度来看，看涨期权和看跌期权实际上是一样的。

16.4 狄拉克 delta 函数

考察均值为 K 的高斯密度函数的积分

$$\int_{-\infty}^{\infty} \frac{1}{\sqrt{2\pi\beta^2}} \mathrm{e}^{-\frac{1}{2}\frac{(x-K)^2}{\beta^2}} \mathrm{d}x = 1 \tag{16.1}$$

其中，β^2 表示“方差”参数。设 $f(x)$ 表示密度

$$f(x) = \frac{1}{\sqrt{2\pi\beta^2}} \mathrm{e}^{-\frac{1}{2}\frac{(x-K)^2}{\beta^2}} \tag{16.2}$$

我们使用 $f(x)$ 作为数学工具而不是表示与金融变量联系的概率密度。为了看清过程，假设我们考虑 β 值连续地从 1 变化到 0，该密度如图 16.3 所示。很明显，当 β 非常小时，“密度”实质上在 K 达到峰值，可是在其下面，仍然有一个累计加总为 1 的区域。

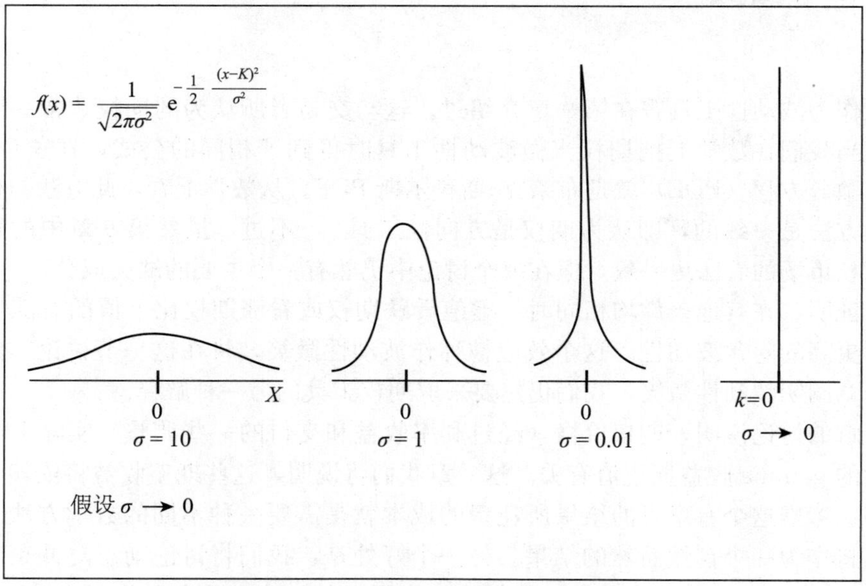

图 16.3 当 β 趋于 0 时的密度

现在，我们考察用 $f(x)$ 计算期望值。设 $C(x_t)$ 表示依赖于由时间 t 刻画的随机变量 x_t 的随机值，于是，我们可以写

$$E[C(x_t)] = \int_{-\infty}^{\infty} C(x_t) f(x_t) \mathrm{d}x_t \tag{16.3}$$

现在，我们令 β 趋于 0。密度 $f(x_t)$ 将会在 K 达到峰值。这也意味着 $C(x_t)$ 的所有值将会乘以一个几乎为 0 的概率，除了 $x_t = K$ 附近的值。毕竟，在 $x_t = K$ 附近 $f(\cdot)$

的极限是非零的。因而，得到极限

$$\lim_{\beta \to 0}\int_{-\infty}^{\infty} C(x_t) f(x_t) \mathrm{d}x_t = C(K) \tag{16.4}$$

当 β 趋于 0 时，函数 $C(x_t)$ 和函数 $f(x_t)$ 乘积的积分得出在 $x_t = K$ 时的函数值。因此，我们定义狄拉克 delta 函数为

$$\delta_K(x) = \lim_{\beta \to 0} f(x, K, \beta) \tag{16.5}$$

记住，β 确定了 $f(x)$ 距离峰值 K 的距离。从而，积分可以写成

$$\int_{-\infty}^{\infty} C(K)\, \delta_K(x) \mathrm{d}x_t = C(K) \tag{16.6}$$

对于我们的目的来说，这个积分表示出了狄拉克 delta 函数最有用的性质。实质上，狄拉克 delta 在 $x_t = K$ 时得到 $C(x_t)$ 的值。现在，我们将这个性质应用于到期的期权收益上。

16.5 在期权收益中的应用

狄拉克 delta 函数（被解释成分布极限）的最主要优点在于，其微分函数在通常意义下不可能微分的地方具有值。在期权交易中，存在众多这样的点。在执行价格 K 下的收益就是一个例子。入局和出局障碍期权则是另一个例子。在讨论那些点的导数时，狄拉克 delta 将发挥作用。

在继续下面的内容之前，为了简化起见，在这一节我们假设利率等于 0，即

$$r_t = 0 \tag{16.7}$$

我们也假设标的资产 S_T 遵从风险中性 SDE，在这种情况下，这由下式给出

$$\mathrm{d}S_T = \sigma(S_t) S_t \mathrm{d}W_t \tag{16.8}$$

注意，由于利率是 0，漂移项被消掉，同时波动性不是布莱克-斯科尔斯形式。它依赖于随机变量 S_t。设

$$\begin{aligned} f(S_T) &= \max[S_T - K, 0] \\ &= (S_t - K)^+ \end{aligned} \tag{16.9}$$

是普通看涨期权的收益，如图 16.4 所示。该函数在 $S_T = K$ 时不是可微的，不过它的一阶导数像是一个阶梯函数。更有意思的是，其二阶导数可被解释为狄拉克 delta 函数。这些导数如图 16.4 和图 16.5 所示。

现在写出在函数有扭结的情况下与伊藤引理等价的东西，就如同在期权支付情况下的那样。这称为田中（Tanaka）公式，实际上，这一公式将伊藤引理扩展到不可能在所有点皆可微的函数上。我们可以写成

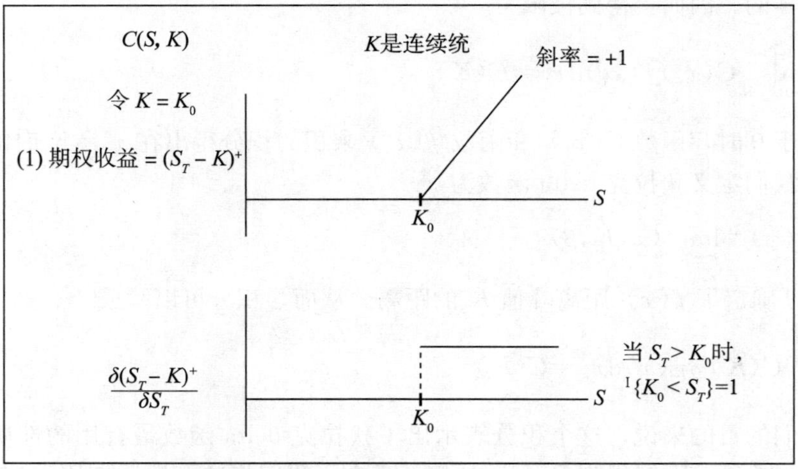

图 16.4　看涨期权的支付与一阶导数

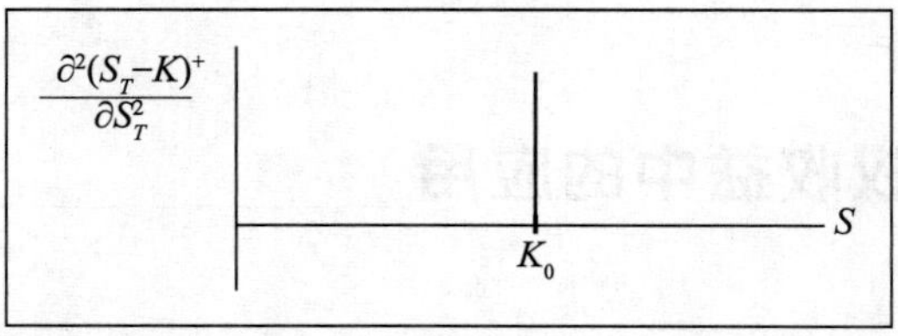

图 16.5　二阶导数与 delta 函数

$$d(S_t-K)^+=\frac{\partial(S_t-K)^+}{\partial S_t}dS_t+\frac{1}{2}\frac{\partial^2(S_t-K)^+}{\partial S_t^2}\sigma(S_t)^2dt \tag{16.10}$$

其中，我们定义

$$\frac{\partial(S_t-K)^+}{\partial S_t}=1_{S_t>K} \tag{16.11}$$

$$\frac{\partial^2(S_t-K)^+}{\partial S_t^2}=\delta_K(S_t) \tag{16.12}$$

取 t_0 到 T 的积分，得到

$$(S_T-K)^+=(S_{t_0}-K)^++\int_{t_0}^T 1_{S_t>K}dS_t+\frac{1}{2}\int_{t_0}^T\frac{\partial^2(S_t-K)^+}{\partial S_t^2}\sigma(S_t)^2dt \tag{16.13}$$

其中，右边第一项表示期权在 t_0 时刻的时间价值，这一定是已知的。我们也知道，在零利率下，期权价格 $C(S_{t_0})$ 由下式给出

$$C(S_{t_0})=E_{t_0}^{\tilde{P}}(S_T-K)^+ \tag{16.14}$$

现在，使用风险调整概率 $\tilde{P}$：(1) 对等式 (16.13) 两端取期望值算子，(2) 改变期望和积分的顺序，(3) 应用狄拉克 delta 函数的性质，消除 $S_t=K$ 以外的点。我们得到期权价格的特征表达式：

$$E_t^P[(S_T-K)^+]=(S_{t_0}-K)^+ +\int_{t_0}^{T}\sigma(K)^2\ \phi_t(K)\mathrm{d}t$$
$$=C(S_{t_0}) \tag{16.15}$$

其中，$\phi_t(\cdot)$ 表示对应于风险调整概率 S_t 的连续密度函数。[1] 这意味着，期权的时间价值取决于：(1) 期权的内在价值，(2) 在期权期限内围绕 K 波动的时间，(3) 执行价格的波动性 $\sigma(K)$。

对于我们来说，重要的是，这个表达式说明期权价格不是依赖于总体波动性，而是依赖于 S_t 在 K 附近的波动性。这恰好是波动性微笑的概念。

□ 16.5.1 动态对冲的解释

在复制期权的最终收益方面存在许多动态策略。最广为人知的是 delta 对冲。在delta 对冲中，金融工程师买进或卖出 delta$=D_t$ 单位的标的资产，借入必需的资金，并且当标的资产 S_t 随时间变化时调整 D_t。当 $t\to T$ 时，这将复制期权的收益。当时间价值趋于 0 且期权价值趋于$(S_T-K)^+$时就是这种情况。

然而，存在可选的动态对冲过程，该过程与上一节所采用的方法是一致的。动态对冲技术，又称为止损策略，内容如下。

为了复制多头看涨期权的收益，如果 $K<S_t$，持有一单位 S_t，否则，不持有 S_t。这种策略要求当 S_t 高于 K 时，我们尽可能不断地调整头寸。或者当 S_t 从左至右超过 K 时，购买一单位 S_t，或者当 S_t 从右至左超过 K 时，立即卖出 S_t。这个头寸的损益由下项给出

$$\frac{1}{2}\int_{t_0}^{T}\frac{\partial^2(S_{t_0}-K)^+}{\partial S_t^2}\sigma(S_t)^2\mathrm{d}t \tag{16.16}$$

很明显，在 $S_t=K$ 时，转折不能零成本地瞬时实现。交易者随时间 Δ 变化，而标的资产的维纳过程以更快的速度$\sqrt{\Delta}$变化。这些调整如图 16.6 和图 16.7 所示。得到的对冲成本就是期权价值。

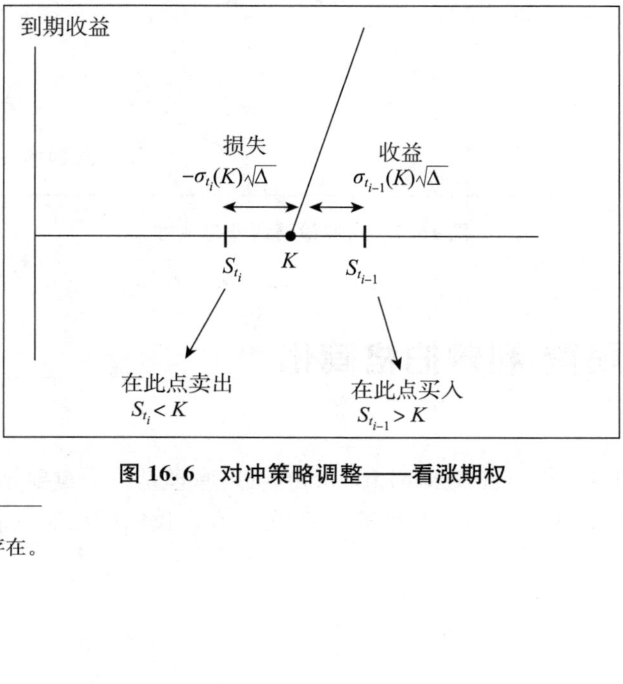

图 16.6 对冲策略调整——看涨期权

① 我们假设密度存在。

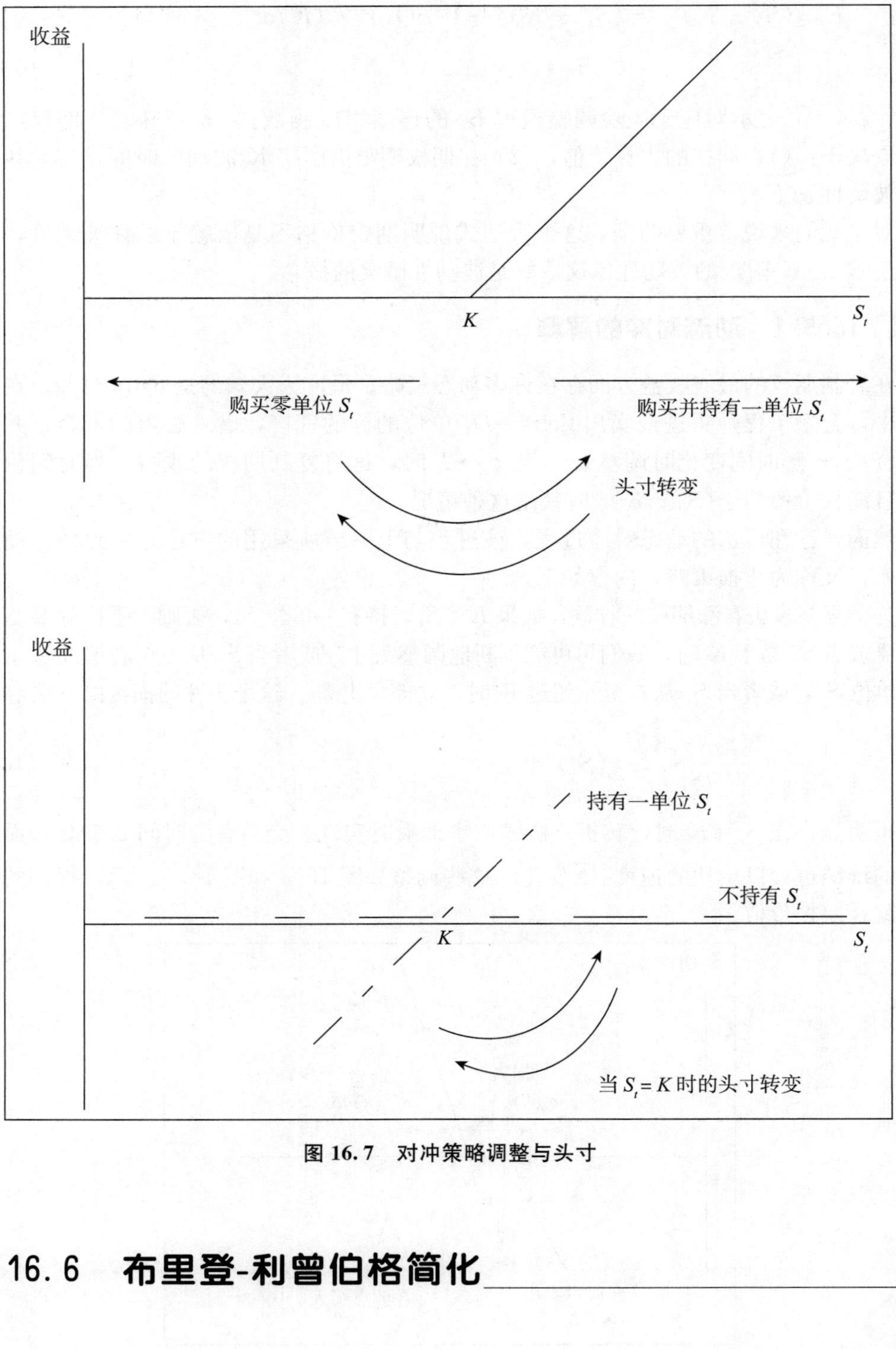

图 16.7　对冲策略调整与头寸

16.6　布里登-利曾伯格简化

所谓布里登-利曾伯格（Breeden-Litzenberger）原理是一个重要结果，它说明如何从流动的无套利期权价格推出风险调整概率。在这一节，我们讨论交易者的布里登-利曾伯格方法。这个方法说明了一些实践中常见的期权策略的理论关联。下面，我们运用一个简化框架，此框架可以直接推广。然而，我们将不去推广这些结果，但在下一节使用狄拉克 delta 方法来证明布里登-利曾伯格原理。

考察一种简单的设置条件，也就是我们可观察到四个流动的欧式看涨期权的价格，用$\{C_t^1,\cdots,C_t^4\}$表示。期权在 T 时刻到期，$t<T$。期权的执行价格用 $\{K^1<\cdots<K^4\}$ 表示，满足

$$K^i-K^{i-1}=\Delta K \tag{16.17}$$

因此，执行价格是等间距的。除假设这些期权合约具有相同的标的资产 S_t、不支付股利之外，我们不假设 S_t 的分布。事实上，S_t 的波动性可以是随机的，而分布不一定是对数正态的。

最后，我们利用 LIBOR 利率 L_t 对 T 时刻收到的现金流进行折现。于是，折现因子是

$$\frac{1}{1+L_t\delta} \tag{16.18}$$

接下来，我们定义一个简单的概率空间。我们假设执行价格定义了世界的四种状态，其中以 S_T 结束。因此，状态空间是离散的，同时假设该空间只由四种状态 $\{\omega^1,\cdots,\omega^4\}$ 构成。①

$$\omega^i=K^i \tag{16.19}$$

然后，我们具有与这些状态相联系的四个风险调整概率，具体定义如下：

$$p^1=P(S_T=K^1) \tag{16.20}$$
$$p^2=P(S_T=K^2) \tag{16.21}$$
$$p^3=P(S_T=K^3) \tag{16.22}$$
$$p^4=P(S_T=K^4) \tag{16.23}$$

将第 11 章的无套利定价应用于这些普通期权上，得出：

$$C_t^i=\frac{1}{1+L_t\delta}E_t^{\tilde{P}}[(S_T-K,0)^+] \tag{16.24}$$

利用概率 p^i 的这个公式的直接应用给出了下面的定价公式，其中可行的收益权重由相应的概率给出（见图 16.8）：

$$C_t^1=\frac{1}{1+L_t\delta}[p^2\Delta K+p^3(2\Delta K)+p^4(3\Delta K)] \tag{16.25}$$

$$C_t^2=\frac{1}{1+L_t\delta}[p^3(\Delta K)+p^4(2\Delta K)] \tag{16.26}$$

$$C_t^3=\frac{1}{1+L_t\delta}[p^4(\Delta K)] \tag{16.27}$$

① 下面的讨论可能依然假设 n 个离散状态，这样的做法不变。

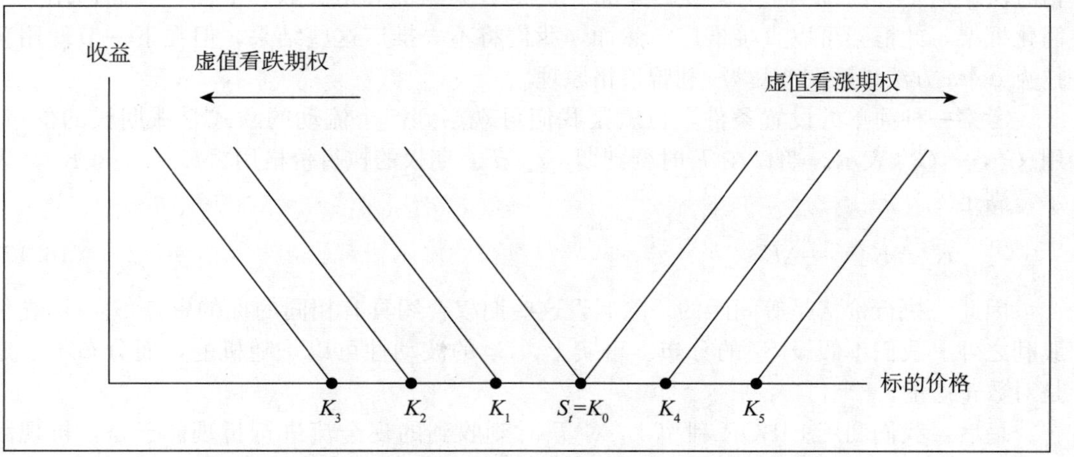

图 16.8　具有不同价值的看跌期权与看涨期权的收益图

接下来，我们计算这些期权价格的一阶差分。

$$C_t^1-C_t^2=\frac{1}{1+L_t\delta}[p^2\Delta K+p^3(\Delta K)+p^4(\Delta K)] \tag{16.28}$$

$$C_t^2-C_t^3=\frac{1}{1+L_t\delta}[p^3(\Delta K)+p^4(\Delta K)] \tag{16.29}$$

最后，计算二阶差分，得到下面有意思的结果：

$$(C_t^1-C_t^2)-(C_t^2-C_t^3)=\frac{1}{1+L_t\delta}p^2\Delta K \tag{16.30}$$

除以 ΔK 两次，得到

$$\frac{\Delta^2 C}{\Delta K^2}=\frac{1}{(1+L_t\delta)\Delta K}p^2 \tag{16.31}$$

其中

$$\Delta^2 C=(C_t^1-C_t^2)-(C_t^2-C_t^3) \tag{16.32}$$

这就是在这种非常简单条件下的著名布里登-利曾伯格结果。对于期权交易者来说，它具有有意思的含义。

注意

$$(C_t^1-C_t^2)-(C_t^2-C_t^3)=(C_t^1+C_t^3)-2C_t^2 \tag{16.33}$$

换句话说，这是一个期权头寸，两边多头，中间两次空头。事实上，这是一个以 K_2 为中心的蝶式期权。可以证明，这个蝶式的无套利市场价值乘以 $(1+L_t\delta)\Delta K$，给出风险调整概率，标的资产 S_t 在状态 K_2 时结束。令 $\Delta K\to 0$，得到

$$\frac{\partial^2 C}{\partial K^2}=\frac{1}{1+L_t\delta}p(S_T=K) \tag{16.34}$$

其中，$\phi(S_T=K)$ 表示标的资产在 T 时刻的（条件）风险调整密度。①

这个讨论阐明了在期权市场上蝶式期权被作为基本工具交易的一个原因。由此得出与其中心联系的概率。下面我们利用狄拉克 delta 函数证明布里登-利曾伯格结果。

□ 16.6.1 证明

布里登-利曾伯格结果的背后思想已经在前面讨论过了。它依赖于以下事实：通过使用流动的和无套利的期权价格，我们可以反推出与未来各种情况相联系的风险调整概率。概率与标的资产价格 S_T 的未来价值相关。

此定理表明（i）对于所有 $0\leqslant K$，如果欧式普通期权价格的连续统存在，（ii）如果给定的函数 $C(S_t,K)$ 对 K 是二次可微的，那么有

$$\frac{\partial^2 C}{\partial K^2}=\frac{1}{1+L_t\delta}\phi(S_T=K) \tag{16.35}$$

其中，$\phi(S_T=K|S_{t_0})$ 表示 S_T 的条件风险调整密度。换句话说，如果我们有普通期权价格的连续统，我们就可以用直接微分得到风险调整密度。现在，我们利用狄拉克 delta 函数 $\delta_K(S_T)$ 证明这一点。

对无套利价格 $C(S_t,K)$ 两边进行二次微分运算。由定义可知，这意味着

$$\frac{\partial^2}{\partial K^2}C(S_t,K)=\frac{1}{1+L_t\delta}\frac{\partial^2}{\partial K^2}\int_0^\infty (S_T-K)^+\phi(S_T)\mathrm{d}S_T \tag{16.36}$$

假设可以交换运算符，并使 $\phi(S_T)$ 不依赖于 K，得到

$$\frac{\partial^2}{\partial K^2}C(S_t,K)=\frac{1}{1+L_t\delta}\int_0^\infty \frac{\partial^2}{\partial K^2}(S_T-K)^+\phi(S_T)\mathrm{d}S_T \tag{16.37}$$

但是

$$\frac{\partial^2}{\partial K^2}(S_T-K)^+=\delta_K(S_T) \tag{16.38}$$

是一个狄拉克 delta，从而得到

$$\frac{\partial^2}{\partial K^2}C(S_t,K)=\frac{1}{1+L_t\delta}\int_0^\infty \delta_K(S_T)\phi(S_T)\mathrm{d}S_T \tag{16.39}$$

前面的讨论和等式（16.4）告诉我们，在这个积分里除了 $S_T=K$ 之外，$\phi(S_T)$ 都乘以 0。因而，

$$\frac{\partial^2}{\partial K^2}C(S_t,K)=\frac{1}{1+L_t\delta}\phi(S_T=K) \tag{16.40}$$

为了重新求出风险调整密度，只取欧式普通期权价格对 K 的二阶偏导数。这是布里登-利曾伯格结果。

---

① 记住，如果在 x_0 点的密度是 $f(x_0)$，则 $f(x_0)\mathrm{d}x$ 是在 x_0 点附近结束的概率。换句话说，我们有 $p^2\sim\phi(S_T=K^2)\Delta K$

16.7 作为 gamma 收益的期权价格特征

于是，问题就成为，交易者利用这些对冲收益怎样刻画期权呢？首先，在流动的期权市场上，订单流决定了价格，交易者不必进行定价练习。但是，我们是否能用这些交易收益表述期权交易者的思想框架？

前面一节的讨论提供了关于这个问题的一点启示。交易者买入或卖出执行价格为 K 的期权。交易所需现金或者借入，或者贷出。然后交易者对此期权进行 delta 对冲。最后，这个对冲随着标的资产价格在初始价格 S_{t_0} 附近浮动而加以调整。

根据这一点，交易者可以加上来自这些对冲调整的（折现）未来收益（支出），这是期权的真实时间价值，加上利息或者其他费用。关键点是，这些未来收益需要用在初始 S_{t_0} 处所估值的初始 gamma 计算，并随时间调整。

我们可以解释这个论述。首先，为简化起见，假设利率等于 0。于是，普通看涨期权的价格用 $C(S_t,t)$ 表示。那么，由定义有

$$C(S_{t_0},T)=\text{Max}[S_{t_0}-K,0] \tag{16.41}$$

如果标的资产在 T 时刻、S_{t_0} 处结束，这将是期权的未来价值。现在，这个价值等于初始价格加上时间价值在 t_0 和 T 之间改变的量，

$$C(S_{t_0},T)=C(S_{t_0},t_0)+\int_{t_0}^{T}\frac{\partial C}{\partial t}\bigg|_{S_t=S_{t_0}}\mathrm{d}t \tag{16.42}$$

现在，我们从布莱克-斯科尔斯偏微分方程可知

$$\frac{\partial C}{\partial t}=\frac{1}{2}\frac{\partial^2 C}{\partial S_t^2}\sigma_t^2(S_t,t) \tag{16.43}$$

代入并整理式（16.42）得到

$$C(S_{t_0},t_0)=\text{Max}[S_{t_0}-K,0]+\int_{t_0}^{T}\frac{1}{2}\frac{\partial^2 C(S_{t_0},t)}{\partial S_t^2}\sigma_t^2(S_{t_0},t)\mathrm{d}t \tag{16.44}$$

注意，右边的积分是在常值 S_{t_0} 下估计的，因此我们不必取期望值。

根据这一点，交易者通过把内部价值、由 S_{t_0} 处的 gamma 计算出的 gamma 收益以及以 S_{t_0} 为中心的波动性相加对 t_0 时刻的期权进行估值。然而，t 时刻的变化也会使 gamma 随时间推移而改变。因而，重要的是认识到交易者不会通过求未来 gamma 收益的期望值来对期权进行估值，gamma 收益是在随机的未来 S_t 基础上估值的。gamma 是在初始 S_{t_0} 处估值的。

16.7.1 与田中公式的关系

上面的讨论与使用田中公式得到的期权解释也是一致的。再次考察上面所示的期权的价值

$$C(S_{t_0},t_0)=\text{Max}[S_{t_0}-K,0]+\int_{t_0}^{T}\frac{1}{2}\frac{\partial^2 C(S_{t_0},t)}{\partial S_t^2}\sigma_t^2(S_{t_0},t)\mathrm{d}t \tag{16.45}$$

现在，我们从布里登-利曾伯格结果可知

$$\frac{\partial^2 C(S_{t_0},t)}{\partial S_t^2}\sigma_t^2(S_{t_0},t)=\Phi(S_{t_0},t\mid S_{t_0}) \tag{16.46}$$

其中，$\Phi(S_{t_0},t\mid S_{t_0})$ 表示 S_t 在 t 时刻的风险调整密度。将此公式代入期权价值中，可得

$$C(S_{t_0},t_0)=\text{Max}[S_{t_0}-K,0]+\int_{t_0}^{T}\frac{1}{2}\sigma_t^2(S_{t_0},t)\Phi(S_{t_0},t\mid S_{t_0})\mathrm{d}t \tag{16.47}$$

这与我们用狄拉克 delta 函数以及田中公式所得到的等式相同。右边第二项称为局部时间（local time）。在这个例子里，局部时间要由带有执行价格 $K=S_{t_0}$ 的平值期权加以计算。

16.8 微笑引论

市场上交易的许多期权都具有相同的标的，只是其执行价格和期限有所不同。除执行价格之外，其他特征都相同的期权之间的执行价格差异有什么重要含义吗？

首先，这个问题的答案看起来是否定的。毕竟，若普通期权的标的价格为 S_t，不管执行价格 K_i 是什么，这个价格在任意时间 t 都只有一个波动性。因此，忽略执行价格的差异，具有相同标的和相同期限的期权，其隐含波动性应该是相同的。

然而，这种第一印象是错误的。事实上，除了执行价格外其他方面都相同的期权，一般具有不同的隐含波动性。总之，看涨（看跌）期权离虚值越远，其相应的隐含波动性就越高。这个已确认的经验事实就是所谓的波动性微笑（volatility smile）或波动性偏度（volatility skew），对许多重要工具的对冲、定价和盯市具有重要意义。在本章余下的内容中，为了表述主要观点，我们利用上限和下限作为主要工具来讨论波动性微笑和偏度。这间接地向我们提供了一个讨论这种特殊类型凸性工具工程化的机会。

从现在开始，在这一章我们将只使用微笑这个术语。即使微笑是单边倾斜的，情况也是如此。但是，只要有必要，我们会指出不同之处。

16.9 准备知识

对于金融工具的交易、对冲和定价来说，波动性微笑具有重要的意义。为了阐明这个领域所研究的范畴，我们考察为从波动性微笑的异常条件中受益而建立的头寸。

我们可以交易股票、债券或如前所见的收益率曲线的斜率。例如，我们可能期望相对于短期收益，长期收益将下降。这就是所谓的扁平收益率曲线，而它可产生收益率扁

平化策略，即（看空）卖出短期买入长期。这可以利用现金工具（例如债券）或互换来实现。

在任何情况下，这种交易在金融市场中已成为惯例。最近的相对价值交易与波动性微笑有关。考察下面的阅读材料。

例子：

在上个月，欧洲股票期权交易者已经看到反向操作投资者也就是对冲基金的操作兴趣，即对冲基金为利用某些市场上的波动性水平偏度，采取买入平值波动性并卖出虚值波动性的操作。

偏度交易（skew trade）是指投资者买入平值波动性并卖出虚值波动性。由于供求压力，有时虚值波动性水平比平时要高。换句话说，虚值波动性与平值波动性的价差扩大，引起了所谓的偏度。投资者预期这种偏度将会消失，因此进行上述交易。

交易者解释说，伴随美国牛市走向，某些看跌的投资者对欧洲股票市场已经开始感觉到某种不平静，因而许多交易者正通过场外看跌合约寻找保护。由于虚值看跌期权通常比平值看跌期权便宜，所以投资者倾向于选择前者。大量的购买已经引起虚值波动性水平的上升。许多投资者想要获得崩盘保护（crash protection），但是现在看跌期权已经非常昂贵了。所以，他们以 80 而不是 100 购买看跌期权。

（摘自《衍生品周刊》）

根据这个例子，由于股票投资者在 20 世纪 90 年代“股票市场泡沫”时期进行了大量投资，因此他们寻找一种崩盘保护。他们持有股票的多头头寸，如果市场崩溃，他们将承受巨大的损失。他们买入看跌期权，而不是卖出所持有的股票。持有看跌期权的投资者具有在预定价格 K 下卖出标的股票的权利。假如市场价格下降到 K 以下，投资者将获得某种保护。

依据这份阅读资料，想要购买看跌期权的投资者大大增加，这增加了平值（ATM）波动性。[①] ATM 期权将变得昂贵。为了降低保险费用，按照这份阅读资料，投资者选择购买 20%的虚值期权，这些期权较便宜。但是当越来越多的投资者购买这种期权时，虚值波动性相对同一系列的平值波动性也将增加，这将导致异常大幅度的偏度。[②]

阅读资料说明“异常”偏度可能已经吸引了一些对冲基金，对冲基金预期经过较长时间后异常现象将会消失。根据理论来看，这些基金在卖出虚值波动性的同时买入 ATM 波动性。如果偏度变平，虚值波动性相对于 ATM 波动性下降，那么头寸将会获利。[③] 如此例所示，偏度或微笑应被看做是金融市场活动的必要部分。然而，正如我们在本节所

---

① 当然，这有些间接。如果害怕崩盘，投资者通常会期望增加波动性。

② 当与 ATM 看跌期权比较时，在货币项目中，这些虚值看跌期权还是比较便宜的。只是，它们所蕴含的波动性将更高一些。另一种说法是，如果把 ATM 波动性代入这些虚值期权的布莱克-斯科尔斯公式中，它们将以更便宜的价格结束。

③ 然而，如果投资者放弃当时以 120 买入的先前保险，而以 $K=80$ 买入新保险，可以观察到相似的效应。这相当于对他们保护的滚动。因此，很难判断这个观察背后真正的驱动力量，也就是，是否归因于投机相对价值游戏或仅仅是为了滚动头寸。

示，它的存在引起了金融建模和风险管理中的多种复杂性和难度。

16.10 微笑初议

波动性微笑可能是令人困惑的概念，在继续探讨定价机理和市场应用之前，我们需要讨论一些预备知识。众所周知，布莱克-斯科尔斯假设不是非常符合实际。尽管期权交易者比其他人都清楚模型的假设存在问题，但这些交易者通常还是使用布莱克-斯科尔斯公式。例如布莱克-斯科尔斯公式的主要假设之一是在期权期限内波动性是常数。如果已知实际波动性在期权期限内大幅波动，交易者如何继续使用布莱克-斯科尔斯公式呢？

如果布莱克-斯科尔斯假设被违背了，那么从布莱克-斯科尔斯公式得到的价格将是“错误”的，那么公式的隐含波动性也是错误的吗？这个问题需要仔细分析。最后，我们可以发现，实际上交易者彼此之间并不矛盾。对此可以解释如下。

(1) 首先，注意到布莱克-斯科尔斯公式比较简单，只取决于少数几个参数。事实上，公式依赖的唯一重要参数是波动性σ。简单的公式具有易于理解和记忆的优点。但更重要的是，也很容易发现何时或何处可能出错。简单的公式会有多种方式在交易时通过主观调整来非正式地改正错误。布莱克-斯科尔斯公式只有一个参数，因此，更容易记住如何“调整”这个参数以弥补公式的不完善。①

(2) 布莱克-斯科尔斯公式的一个重要方面是它已成为惯例。换句话说，它已成为专业人士以及计算机平台的标准。这个公式提供了把波动性报价与美元价值联系起来的方法。因而，交易者利用相同的公式就可以将美元价值代入市场报价的波动性中。这有助于形成对冲、风险管理和交易波动性的通用平台。

(3) 因而，一旦我们承认布莱克-斯科尔斯公式的使用已成为惯例，而且交易者的区别在于对参数σ值的选择，则关键过程不再是期权价格而是波动性。这就是在许多市场，比如利率上限、下限以及互换市场中，对波动性直接报价的一个原因。

  就布莱克-斯科尔斯公式假设所存在的缺陷而言，对于交易者来说，一种解决方法是调整波动性参数。

(4) 然而，这个惯例会产生新的风险。一旦标的是波动性过程，就会出现另一个问题。例如，交易者可以在已报价的波动性上增加一个风险溢价。就像包含在资产价格中的风险溢价一样，波动性报价可能包含风险溢价。

波动性微笑与其推广形式——波动性曲面（volatility surface）可能包含关于隐含波动性及它们之间所有套利关系的大量信息。因而，涉及微笑的交易、定价、对冲和套利

① 在预测理论中，存在“简洁性”这一概念。在预测时，参数多了太浪费，因为更容易出错。这个概念可应用在复杂期权价格的数值计算中。如果模型只有几个参数需要校准，则出错的可能性就会减小。

就变得很重要了。

16.11 什么是波动性微笑

考察布莱克-斯科尔斯环境中到期日 T 相同、标的股票价格（指数）为 S_t 的普通欧式看涨期权和看跌期权。设 K_i 表示期权序列中第 i 个执行价格，σ_i 表示执行价格为 K_i 的常值布莱克-斯科尔斯瞬时（隐含）波动性系数。最后，设 r 表示常值无风险利率。

除了常值波动性，布莱克-斯科尔斯公式做出了许多其他假设。尤其是，标的股票不支付股利，而且不存在交易费用、税收和监管费用。最后，假设 S_t 服从几何随机微分方程

$$\mathrm{d}S_t=\mu S_t\mathrm{d}t+\sigma S_t\mathrm{d}W_t \quad t\in[0,\infty) \tag{16.48}$$

其中，W_t 表示概率 P 下定义的维纳过程，参数 μ 也取决于 S_t。重要的假设是，扩散部分由 σS_t 给出。这也是本章所关注的假设。布莱克-斯科尔斯公式假设在无限小的区间 $\mathrm{d}t$ 内的绝对波动性从直观上看是①

$$\sqrt{E_t^P[(\mathrm{d}S_t-\mu S_t\mathrm{d}t)^2]}=\sigma S_t\sqrt{\mathrm{d}t} \tag{16.49}$$

因而，对于一个小区间 Δ，我们可以将百分比波动性近似写为

$$\frac{\sqrt{E_t^P[(\Delta S_t-\mu S_t\Delta)^2]}}{S_t}\cong\sigma\sqrt{\Delta} \tag{16.50}$$

因此，当 S_t 变化时，在长度为 Δ 的区间内百分比波动性依然近似为常数。

在这种假设下，典型的看跌期权的价格由布莱克-斯科尔斯公式给出

$$P(S_t,K,\sigma,r,T)=-S_tN(-d_1)+K\mathrm{e}^{-r(T-t)}N(-d_2) \tag{16.51}$$

其中

$$d_1=\frac{\log\left(\frac{S_t}{K}\right)+\left(\frac{1}{2}\sigma^2+r\right)(T-t)}{\sigma\sqrt{T-t}} \tag{16.52}$$

$$d_2=d_1-\sigma\sqrt{(T-t)} \tag{16.53}$$

假设市场对隐含波动性的报价为 σ。为了得到执行价格为 K_i 的期权的货币价值，交易者将 S_t 的现值、t、r 和隐含波动性 σ_i 的报价代入这个公式中。根据这个解释，布莱克-斯科尔斯公式被用来确定报价波动性的美元价值。相反，如果已知正确的期权价格 $P(\cdot)$，就可以得到 K_i 看跌期权的隐含波动性 σ_i。

---

① 这里，$\mathrm{d}S_t$ 表示在价格上无限小的变化。这只是极小变动的一种符号表示方式，而且这种无限小增量的期望仅具有启发意义。

现在，我们可在这种情况下定义波动性微笑。考察一系列 T 时刻到期、流动、无套利且由执行价格 K_i 刻画的虚值看跌期权价格，分别用 P_{K_i} 表示：

$$P_{K_1},\cdots,P_{K_n} \tag{16.54}$$

其中

$$K_n<\cdots<K_1<K_0=S_t \tag{16.55}$$

据此，K_0 看跌期权是平值的，而且当 K_i 下降时，看跌期权的虚值程度逐渐加深。参见图 16.9 所示的例子。

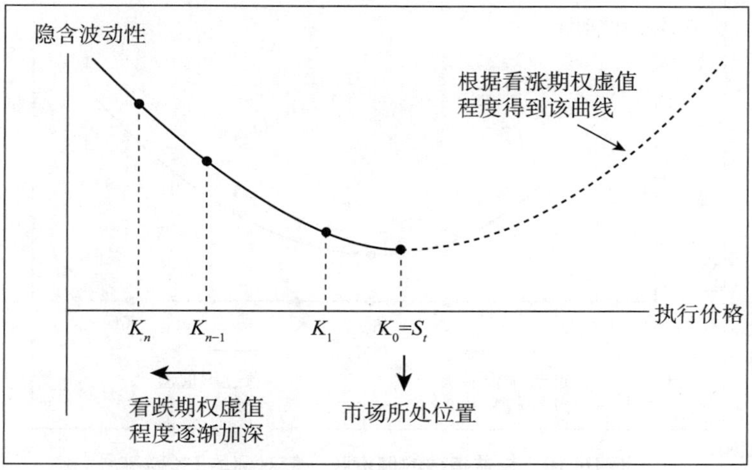

图 16.9　波动性微笑：隐含波动性与执行价格

于是，如果给定期权价格（买入价或卖出价），我们可以利用布莱克-斯科尔斯公式进行逆向计算，求出交易者用来得到 P_{K_i} 的 σ_i。如果布莱克-斯科尔斯公式的假设正确，则所有隐含波动性应该相等

$$\sigma_{K_0}=\sigma_{K_1}=\cdots=\sigma_{K_n}=\sigma \tag{16.56}$$

因为除了执行价格不同以外看跌期权都是一样的，所以，当市场遵从布莱克-斯科尔斯环境时，交易者将利用布莱克-斯科尔斯看跌期权公式中相同的 σ，得到每个 P_{K_i} $(i=0,\cdots,n)$。通过逆向计算，我们从价格得到相同的常数 σ。①

然而，如果在现实中利用可观测的期权价格执行这种操作，我们可以发现，隐含波动性将满足

$$\sigma_{K_0}<\sigma_{K_1}<\cdots<\sigma_{K_n} \tag{16.57}$$

换句话说，看跌期权的虚值程度越深，相应的隐含波动性就越高。因此，我们将得到一条“微笑”曲线。

而且，根据标的工具，可以利用由于看涨期权虚值程度逐渐加深而引起的隐含波动性，得到微笑的第二半部分，如图 16.10 所示。

---

① 这个操作要求看跌期权的价值是在相同的 t 时刻获得的，而且除了 K_i 外其他参数都相同。

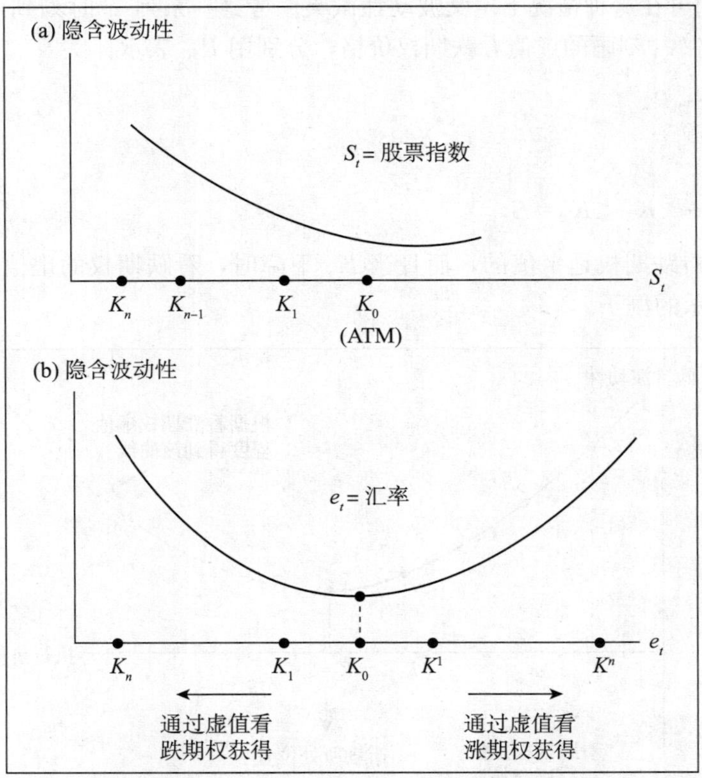

图 16.10　权益指数的偏度和一般对称的 FX 微笑

□ 16.11.1　一些典型事实

在现实中，观察到的波动性微笑具有下述特点：

(1) 一般来说，权益指数期权产生非对称的单边“微笑”，如图 16.10(a) 所示。因此，通常称它们为偏度。

(2) FX 市场在这方面差别很大。它们形成的或多或少是对称微笑，如图 16.10(b) 所示。但是，这种微笑很少是严格对称的，而且外汇市场上的常规操作是利用风险逆转交易这种非对称性。

(3) 与权益指数期权相比，各品种的利率期权形成的是更单调的单边微笑。事实上，“微笑”的形状因市场的不同而有所不同，这种情况也说明对曲面情形有不同的解释。

人们很自然地认为，微笑的动态特性随行业不同而有所不同。这一点与风险管理、互换期权、利率上限/下限和波动性交易有关。但是，我们在讨论之前，先考察一个例子。

例子：

表 16.1 表明，所有标准普尔 100 指数期权都有非常短的到期日。这些数据是从早晨较早的现场报价得到的，所以几乎还没有交易发生。然而，期权的买卖报价已经存在，从某种意义上说，合理规模的交易可以参考期权报价进行。

表 16.1　2002 年 1 月 18 日到期的 OEX 期权

看涨期权	买入价	卖出价	波动性	看跌期权	买入价	卖出价	波动性
1 月 550	39.5	41.5	0	1 月 550	0.45	0.75	0
1 月 555	34.8	36.3	0	1 月 555	0.65	0.95	0
1 月 560	30	31.5	0	1 月 560	0.9	1.2	0
1 月 565	25.2	26.7	0	1 月 565	1.25	1.55	0
1 月 570	20.6	22.1	0	1 月 570	1.8	2.1	0
1 月 575	16.3	17.8	0	1 月 575	2.3	3	0
1 月 580	13	13.5	0	1 月 580	3.4	4.1	2
1 月 585	9.1	9.8	0	1 月 585	5	5.7	5
1 月 590	6.1	6.8	50	1 月 590	7.6	7.9	5
1 月 595	4.1	4.5	12	1 月 595	10.1	10.8	25
1 月 600	2.5	2.8	3	1 月 600	13.1	14.5	0
1 月 605	1.2	1.5	0	1 月 605	17.2	18.7	0
1 月 610	0.55	0.85	1	1 月 610	21.7	23.2	0
1 月 615	0.25	0.55	0	1 月 615	26.6	28.1	0
1 月 620	0.2	0.35	1	1 月 620	31.4	32.9	0
1 月 625	0.05	0.2	0	1 月 625	36.3	37.8	0
1 月 630	0	0.15	0	1 月 630	41	43	0
1 月 635	0	0.1	0	1 月 635	46	48	0
1 月 640	0	0.1	0	1 月 640	51	53	0
1 月 645	0	0.1	0	1 月 645	56.5	57.5	0
1 月 650	0	0.1	0	1 月 650	60.5	63.5	0
1 月 660	0	0.05	0	1 月 660	70.5	73.5	0
1 月 680	0	0.05	0	1 月 680	90.5	93.5	0

当搜集数据时，标的正在以 589.14 的价格进行交易。我们利用 12 个虚值看跌期权和 9 个虚值看涨期权来得到布莱克-斯科尔斯隐含波动性。当利率取 1.98%、到期日为 8/365 时，利用这些值与表中给出的期权买入价，方程

$$C(S_t, K_i, r, T, \sigma_i) = C_i \tag{16.58}$$

$$P(S_t, K_j, r, T, \sigma_j) = P_j \tag{16.59}$$

可以解出看涨期权的隐含波动性$\{\sigma_i\}$和看跌期权的隐含波动性$\{\sigma_j\}$，而 C_i 和 P_j 是已观测到的期权价格。

图 16.11 画出了对应$\dfrac{K_i}{S_t}$所得到的波动性图形，我们看到明显的微笑。例如，1 月份 400 个看跌期权，在虚值状态大致为 32%时交易，它们的波动性大概是 26%，而 ATM 期权是以隐含波动性 18.5%交易的。

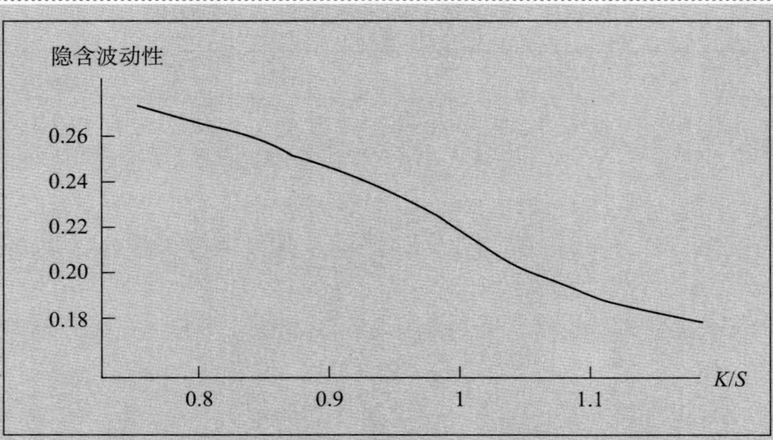

图 16.11　短期 OEX 期权的隐含波动性与其价值状态

OEX 期权是美式的，这个问题在上面的例子中被忽略了。就所计算的波动性而言，这可能会导致向上的偏差。这个偏差对我们是次要的，但在实际交易中需要修正。Barone-Adesi and Whaley（1987）介绍了一种修正方法。

□ 16.11.2　如何定义价值状态

对微笑画出的形状因市场不同而有所不同。隐含波动性用 σ_i 表示，它总是在 y 轴上。除非特别说明，否则我们从股票或 FX 市场的布莱克-斯科尔斯公式中和在利率情形下从布莱克公式中求出波动性。于是，隐含波动性被看成是随机的且随时间变化。

以什么作为水平轴是一个更微妙的问题，最终取决于我们如何定义期权的“价值状态”（moneyness）。有时，在微笑对价值状态的图形中，价值状态由执行价格与当前市场价格的比率 K_i/S_t 来衡量。如果微笑仅仅是期权的虚值程度的函数，那么当 S_t 变化时，这种标准化将使得微笑在某种意义上变得稳定，特定期权序列的微笑差不多保持不变。但是，除了价值状态外，总是有其他因素能影响微笑，某些实践者对价值状态的定义也不同。

例如，有时是对微笑与 $K_i e^{-r(T-t)}/S_t$ 作图。对于短期期权，因为 $r(T-t)$ 是一个很小的数，所以这导致的差别很小。而对于长期期权，其差别就明显了。通过加入折现因子，市场实践者希望消除期权剩余期限内这些变化的影响。

有时，水平轴表示期权的 delta。FX 交易者用 delta 的大小来衡量价值状态。这种做法是受到质疑的，因为期权的 delta 比价值状态要依赖更多的变量。例如，它也取决于瞬时隐含波动性。然而，正如我们在后面所看到的那样，还存在一些 delta，以这些 delta 进行的波动性交易在 FX 市场上具有相当的流动性。

读者需要注意，图 16.9 中的微笑是隐含波动性仅对执行价格所作的图。图 16.12 和图 16.13 是隐含波动性对 delta 的图。同样，这些曲线与特定时间 t 和到期日 T 有关。当后者变化时，通常微笑将平行移动。特别重要的是，要了解时间 t 与到期日 T 的变化如何影响微笑。

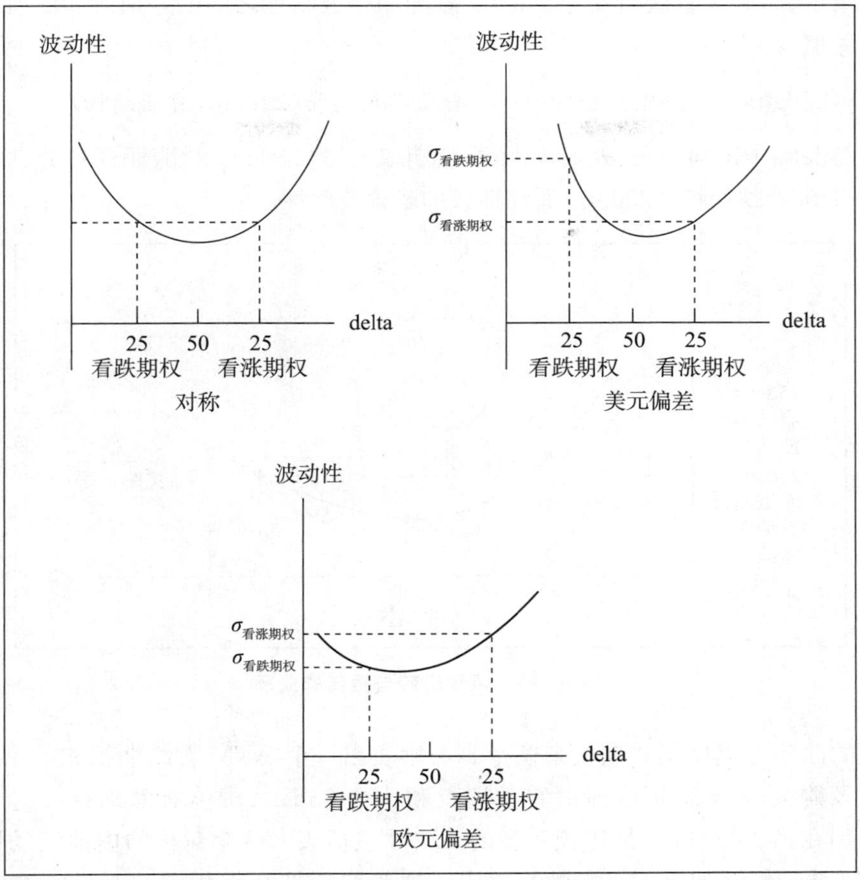

图 16.12　FX 市场的三种不同的微笑形状

□ 16.11.3　复制微笑

波动性微笑是期权隐含波动性的图像，这些期权除了价值状态外其他方面都相似。波动性微笑的基本形状具有两个主要特点：第一是微笑的对称性程度；第二是关于曲率（curvature）的“显著性”程度。衡量这两个特点有比较好的近似值。

首先，考察对称性。图 16.12 画出了 FX 市场的 3 个微笑。一个是对称的，另外两个有不同的偏差，是非对称的。如果微笑对称，那么同样处于虚值的看跌期权和看涨期权的波动性将相同。这意味着，如果交易者购买处于同样价值状态的看涨期权且卖出看跌期权，那么结构会有零价值，这类头寸在第 11 章中被叫作风险逆转（risk reversal）。对称的微笑表示通过买卖同样处于虚值的期权可以得到费用为零的风险逆转。在非对称微笑情形下，具有同样价值特性的看跌期权和看涨期权以不同的隐含波动性卖出，这被称作偏差。因而，风险逆转是衡量波动性微笑对称性的一种指标。

风险逆转衡量波动性微笑的方法如图 16.13 所示。我们在 x 轴上使用期权的 delta 来衡量其价值状态。ATM 期权的 delta 大约为 50，在 x 轴的“中间”。25delta 风险逆转的

波动性给出了 25delta 看跌期权与 25delta 看涨期权波动性之间的差值，如图所示。我们可以将此差值写为

$$\sigma(\text{25delta RR 利差})=\sigma(\text{25delta 看跌期权})-\sigma(\text{25delta 看涨期权}) \tag{16.60}$$

其中，σ(25delta RR 利差)、σ(25delta 看跌期权)、σ(25delta 看涨期权）分别表示风险逆转、25delta 看跌期权、25delta 看涨期权的隐含波动性。

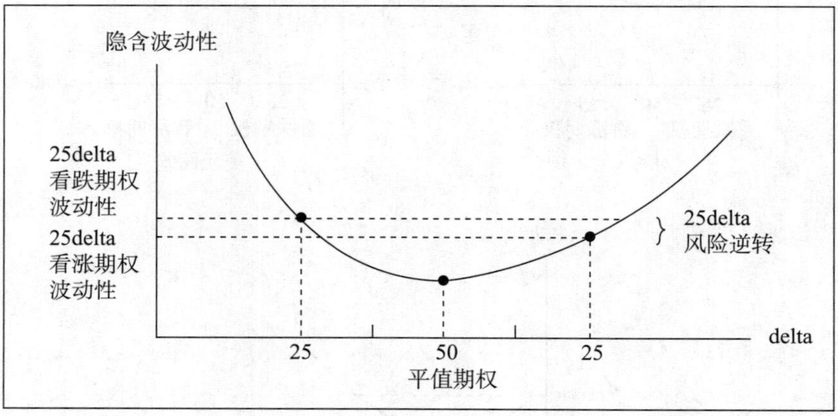

图 16.13　风险逆转与微笑的曲率

微笑的曲率可以用蝶式期权来衡量。考察卖出一个 ATM 看跌期权和一个 ATM 看涨期权以及购买一个 25delta 虚值看跌期权和一个 25delta 虚值看涨期权。这个蝶式期权的收益图在第 11 章应该是比较熟悉的。头寸包括买入两个对称的虚值波动性，卖出两个 ATM 波动性。如果不存在微笑效应，这些波动性全部相同，而且净波动性头寸将为 0。另外，微笑越明显，与 ATM 波动性相比，虚值波动性就越高，而且净波动性头寸将逐渐成为正值。图 16.14 说明了蝶式期权如何度量微笑的曲率大小。下面的方程成立：

$$\sigma(\text{25delta 蝶式利差})=\sigma(\text{25delta 看跌期权})+\sigma(\text{25delta 看涨期权})-2\sigma(\text{ATM}) \tag{16.61}$$

其中，σ(25delta 蝶式利差）和 σ(ATM）分别表示蝶式期权和 ATM 隐含波动性。

16.11.3.1　合约方程

本书的第 3 章已经研究了简单资产的合约方程。现在，前面几段所讨论的等式允许我们考察类型完全不同的合约方程。事实上，我们可以重新整理式（16.60）和式(16.61)，得到某些虚值期权隐含波动性的合约方程：

$$\boxed{\text{25delta 看跌期权波动性}}=\boxed{\text{平值期权波动性}}+\frac{1}{2}\boxed{\text{25delta RR 波动性利差}}+\frac{1}{2}\boxed{\text{25delta 蝶式期权波动性利差}} \tag{16.62}$$

$$\boxed{\text{25delta 看涨期权波动性}}=\boxed{\text{平值期权波动性}}-\frac{1}{2}\boxed{\text{25delta RR 波动性利差}}+\frac{1}{2}\boxed{\text{25delta 蝶式期权波动性利差}} \tag{16.63}$$

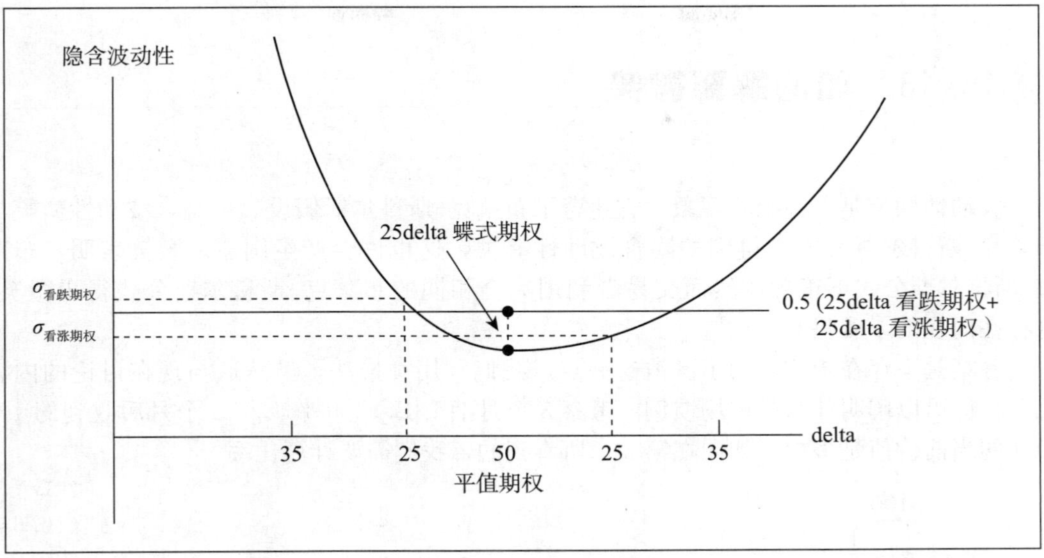

图 16.14　微笑的曲率蝶式测量

这些等式可用于确定普通期权的虚值波动性。例如，如果 ATM、RR 和蝶式期权波动性是流动的，我们可以利用这些方程来“计算”25delta 看涨期权和看跌期权的波动性。但是，需要特别指出的是，对于奇异期权，调整波动性参数不会起作用。这方面的内容，我们将在本章结尾讨论。

16.12　微笑的动态特性

至少存在两种类型的微笑“动态特性”：第一种是固定时间参数 t，然后考察期限 T 越来越长的期权；第二种是保持 T 为常数，但允许时间 t 变动，并研究各种因子的变化如何影响波动性微笑。特别地，我们可以观察，当价值状态 K_i/S_t 是常数时，S_t 的变化是否影响微笑。

首先，固定 t，并且设 T 增加。考察在相同时间 t 交易的两列期权。它们都有可比较的执行价格，但是其中一列期权的期限相对较长。当对期限比如说分别为 T_1 和 T_2 的两列期权进行比较时，其微笑是什么样的呢?

关注的第二个问题是，当 S_t 变化时，相同期权序列的微笑将如何变化？尤其是，微笑仅是比率 K_i/S_t 的函数吗？它也依赖于 S_t 的水平和上述价值状态吗?

这些问题的答案，因所考虑的标的资产不同而有所不同。这是因为对微笑存在性的解释不止一种，而且对于不同的行业，解释也各不相同。因而，在分析微笑动态特性并深入讨论其性质之前，我们需要讨论波动性微笑存在性的重要高级解释。

16.13 如何解释微笑

波动性微笑是一种经验现象，它违背了布莱克-斯科尔斯假设。可是，波动性微笑与布莱克-斯科尔斯公式中得到的隐含波动性有关，这也许会产生困惑。微笑表明，布莱克-斯科尔斯公式不正确，然而交易者利用完全相同的布莱克-斯科尔斯公式得出微笑。这存在内在的矛盾吗？

答案是不存在矛盾。为了澄清这一点，我们利用类推法，虽然这与现在讨论的内容无关，但可以阐明什么是市场惯例。考察 3 个月期 LIBOR 利率 L_t。3 个月后收到的 100 美元的当前价值是多少？如同在第 3 章所看到的，我们需要计算比率

$$\frac{100}{1+L_t\frac{1}{4}} \tag{16.64}$$

习惯于使用复利方法的经济学家可能不赞同这种算法，而是利用下面的现值公式

$$\frac{100}{(1+L_t)^{\frac{1}{4}}} \tag{16.65}$$

哪一个是正确的？答案取决于市场惯例。如果 L_t 是在使用式（16.64）的条件下的报价，那么式（16.65）如果也使用相同的 L_t，就是不正确的。然而，我们可利用等价性，计算一个新的 L_t^*：

$$\frac{100}{1+L_t\frac{1}{4}}=\frac{100}{(1+L_t^*)^{\frac{1}{4}}} \tag{16.66}$$

于是，利用 L_t^* 公式

$$\frac{100}{(1+L_t^*)^{\frac{1}{4}}} \tag{16.67}$$

也可以得到正确的现值。关键是，市场是在使用式（16.64）的条件下对利率 L_t 进行报价。如果因为特别原因，客户想要使用式（16.65），那么市场的报价是 L_t^*，而不是 L_t。其结果是相同的，因为无论是利用含 L_t 的式（16.64）还是含 L_t^* 的式（16.65），我们都会得到相同的现值。换句话说，哪个公式正确取决于市场如何对利率这个变量报价。

期权的情况也类似。如果替换一个特殊的波动性，布莱克-斯科尔斯公式可能是错误的，但是如果我们使用另一个波动性，也许能得到正确的结果。而后者可能与那一瞬间的实际波动性不同。但交易者仍然可以通过这个“错误”的公式，利用特殊的波动性得到正确的期权价格，就如同刚才讨论的现值例子。尽管不满足布莱克-斯科尔斯公式的假设，但是与布莱克-斯科尔斯公式相关的特别波动性可能给出期权的正确价值。

因而，假设在“正确的”假设条件下得到的无套利期权价格为

$$C(S_t, t, T, K, \sigma_t^*, \theta_t) \tag{16.68}$$

其中，K 表示执行价格，T 是到期日，S_t 是标的资产价格。（向量）变量 θ_t 表示布莱克-斯科尔斯公式的其他所有参数，而且这些参数在布莱克-斯科尔斯环境中未加考察。例如，波动性可能是随机的，一些影响波动性动态特性的参数可能间接进入公式且成为 θ_t 的一部分。① 重要的是 σ_t^* 所表示的意义。这里假设它是 t 时刻正确的瞬时波动性。

与布莱克-斯科尔斯公式 $F(S_t, t, \sigma)$ 相比，式（16.68）中（正确）的定价函数可能更复杂，甚至没有闭形式解。假设交易者忽视式（16.68），而愿意使用式 $F(S_t, t, \sigma)$，即使后者是“错误”的。这意味着交易者将计算出错误的价格吗？

不一定。如果交易者在 $F(S_t, t, \sigma)$ 中使用另一个波动性 σ，使得这两个公式能给出相同的正确价格，那么“错误”的公式 $F(S_t, t, \sigma)$ 可以得到与 $C(S_t, t, K, \sigma_t^*, \theta_t)$ 相同的期权价格：

$$C(S_t, t, K, \sigma_t^*, \theta_t) = F(S_t, t, \sigma) \tag{16.69}$$

因而，如果下面的条件得以满足，我们可以从“非现实的”布莱克-斯科尔斯公式中得到正确的期权价格。

（1）在利用布莱克-斯科尔斯公式得到期权价值的条件下，在每个瞬间 t 直接对 K_i 执行价格的期权波动性 σ_i 进行报价。然后，具有流动性且无套利的市场将给出 ATM 波动性 σ_0 的“正确”观察值。②

（2）对于虚值期权，我们使用具有新的波动性$\left[\text{记为 } \sigma\left(\frac{S}{K_i}, S\right)\right]$的布莱克-斯科尔斯公式，并且

$$\sigma\left(\frac{S}{K_i}, S\right) = \sigma_0 + f\left(\frac{S}{K_i}, S\right) \tag{16.70}$$

其中，一般来说，$f(\cdot)$ 是正的，并且蕴含着一个微笑效应。对于 ATM 波动性的调整，应保证当将 $\sigma\left(\frac{S}{K_i}, S\right)$ 代入布莱克-斯科尔斯公式时，能给出执行价格为 K_i 的期权的正确价值：

$$F\left(S_t, t, K_i, \sigma_0 + f\left(\frac{S}{K_i}, S\right)\right) = C(S_t, t, K_i, \sigma_t^*, \theta_t) \tag{16.71}$$

调整因子 $f\left(\frac{S}{K_i}, S\right)$ 由交易者根据自身经验、知识以及当时的交易环境来确

---

① 在均值回复（mean-reverting，又称均值回归或均值复归）随机波动性模型中，我们有

$$d\sigma_t = \lambda(\sigma_0 - \sigma_t)dt + \kappa\sigma_t dW_t$$

其中，σ_0、κ、λ 分别表示长期平均波动性、波动性的波动性以及均值回复的速度。式（16.68）中的 θ_t 包含了 λ、σ_0 以及随时间变化的 γ_t。

② 特别地，FX 市场对这些隐含波动性报价，而且这些波动性交易活跃。

定。前一节讨论的风险逆转、蝶式期权以及 ATM 波动性之间的关系，在这里也可以使用。①

因而，尽管布莱克-斯科尔斯公式使用的可能不是 S_t 过程的“正确”瞬时波动性，交易者也可以调整非 ATM 期权的波动性，使得错误的公式能够给出正确的结果。

因此，$f\left(\frac{S}{K_i},S\right)$是因布莱克-斯科尔斯公式的不完善而做出的调整，这些调整能够充分描绘现实世界的情况。其结果是，当我们画出$\sigma\left(\frac{S}{K_i},S\right)$对$K_i/S$ 或K_i 的图像时，考虑到时间和行业，我们会得到微笑或偏度的曲线。

在什么情况下需要调整波动性呢？布莱克-斯科尔斯假设与现实世界的不一致性至少有 3 个可以通过调整执行价格 K_i 的波动性来更正。第一个是对数正态过程的假设；第二个是如果在相对较短的时期内，资产价格急剧下跌，这会增加“恐惧因子”，从而波动性也将增大的假设；第三个是关于金融市场组织和监管的假设。接下来我们进行更详细的讨论。

□ 16.13.1 情况 1：非几何价格过程

假定标的服从真实的风险中性动态方程，可由 SDE 表示为：

$$dS_t = rS_t dt + \sigma S_t^{\alpha} dW_t \quad t\in[0,\infty) \tag{16.72}$$

当 $\alpha=1$ 时，S_t 是对数正态的。其他的都与布莱克-斯科尔斯假设一致，且隐含波动性不存在微笑。

对于 $\alpha<1$ 的情况，需要在执行价格变化时调整布莱克-斯科尔斯公式中的波动性系数。与 $\alpha=1$ 的情况不同，因为此时百分比波动性依赖于 S_t 的水平，所以这样做是正确的。两边同除以 S_t，可以得到

$$\frac{dS_t}{S_t} = r dt + \sigma S_t^{\alpha-1} dW_t \quad t\in[0,\infty) \tag{16.73}$$

百分比波动性用 $\sigma S_t^{\alpha-1}$ 表示。如果 $\alpha<1$，百分比波动性就会是 S_t 的递减函数。当 S_t 减少时，百分比波动性将增加。因此，对于执行价格越来越低的看跌期权，交易者需要在布莱克-斯科尔斯公式中使用较高的隐含波动性参数。这意味着，看跌期权虚值程度越大，布莱克-斯科尔斯公式中使用的波动性就应该越高。

这阐明了如下思想：尽管交易者知道布莱克-斯科尔斯假设脱离现实，但是调整波动性可以使得最初的布莱克-斯科尔斯框架被保留下来，而且“错误”的公式仍然可以给出正确的期权价值。

□ 16.13.2 情况 2：崩盘的可能性

假设一个看跌期权序列的期限是两个月。除了执行价格以外，所有的期权都是相同

① 为了方便起见，这些公式省略了下标 t。

的，它们从 ATM 状态变化为深度虚值状态。假设 S_t 现在的水平是 100，流动的看跌期权的执行价格为 90、80、70 和 60。

执行价格为 90 的期权的含义为：如果期权到期时为实值的，那么市场将在两个月内下降至少 10%。这是大跌，但不是灾难。相反，如果执行价格为 60 的看跌期权到期时处于实值状态，这就表示在两个月内下跌了 40%。这明显是非正常事件，非正常事件会导致波动性突然上升。因此，执行价格为 60 的期权与危机事件更有关联，而当其他条件相同而波动性非常高的时候，这个期权很可能会处于实值状态。但是，当期权变为实值状态时，它的 gamma 起初近似为 0，此时也会更高。因而，由于 delta 对冲调整，出售期权的交易者会有更高的现金支付。为了弥补这些潜在的更高的现金支付，对于虚值程度越来越高的看跌期权，交易者会使用越来越高的波动性参数，因此有越来越大的可能性与危机情况相关。

这种解释与现实中观察到的微笑形状是一致的。注意，在 FX 市场上，突然的下降和突然的上升意味着更高的波动性，因为在每种情况中，已观测到的一种货币可能会急剧下跌，所以微笑将或多或少是对称的。但是，在权益市场中，权益价格的突然上升可能是重要事件，但完全不是危机。对于交易者（除了空头），这是一个“令人高兴”的结果，而且波动性不会上升太多。相反，当资产价格突然下跌时，这将增加恐惧因子，而且波动性可能会出现急剧上升。所以，如果这种解释正确，在权益市场预期微笑大部分是单边的。可以证明，经验数据支持这个观点。虚值权益看跌期权存在微笑效应。但是，虚值权益看涨期权几乎没有微笑效应。

例子：

考察表 16.2，表中展示出 2002 年 6 月到期的期权在 2002 年 1 月 10 日的价格，忽略美式或可能支付方面的问题。这些数据与前面例子中讨论的数据是同时收集的。在这个例子中，期权到期时间更长，大约在 6 个月内到期。首先，我们要求这些数据的波动性微笑。

表 16.2　2002 年 6 月 21 日到期的 OEX 期权

（数据由 CBOT 收集于 2002 年 1 月 10 日 9：46）

看涨期权	买入价	卖出价	看跌期权	买入价	卖出价
6 月 440	153.4	156.4	6 月 440	4.2	4.8
6 月 460	134.8	137.8	6 月 460	5.6	6.3
6 月 480	116.7	119.7	6 月 480	7.4	8.1
6 月 500	99.2	102.2	6 月 500	9.9	10.6
6 月 520	82.6	85.6	6 月 520	12.9	14.4
6 月 540	67.2	69.7	6 月 540	17.2	18.7
6 月 560	52.7	55.2	6 月 560	22.7	24.2

续表

看涨期权	买入价	卖出价	看跌期权	买入价	卖出价
6 月 580	39.8	41.8	6 月 580	29.3	31.3
6 月 600	28.6	30.6	6 月 600	38.3	40.3
6 月 620	19.9	21.4	6 月 620	49.5	51.5
6 月 640	12.8	14.3	6 月 640	62.2	64.7
6 月 660	8	8.7	6 月 660	76.9	79.9
6 月 680	4.7	5.4	6 月 680	93.7	96.7
6 月 700	2.55	3.2	6 月 700	111.6	114.6

数据是在同一时间收集的，因为标的股指的现值在每种情况下都相同，所以除以 S_{t_0} 不是主要的问题，但我们仍然愿意画出对 $\frac{K}{S}$ 的波动性微笑。

我们提取 8 个虚值看跌期权的卖出价，然后考察处于实值状态的价格为 600 的看跌期权。我们可以计算出 9 个隐含波动性。我们所用的价格数据如表 16.2 所示。首先，考察表中第 6 列虚值看跌期权的卖出价，得到 9 个价格。

当忽略现实中的其他复杂性时，我们使用下列数据直接代入布莱克-斯科尔斯公式

$$S_{t_0}=589.15,\ r=1.90\%,\ t=\frac{152}{365}=0.416 \tag{16.74}$$

求解方程

$$P(589.15, K_i, 1.90, \sigma_{K_i}, 0.416)=P_{K_i} \quad i=1,\cdots,9 \tag{16.75}$$

得到 9 个隐含波动性 σ_{K_i}，利用 Mathematica 软件得出如下结果，它表示 K_i/S 的值和虚值看跌期权相应的隐含波动性：

$\frac{K}{S}$	波动性
0.74	0.26
0.78	0.26
0.81	0.26
0.84	0.25
0.88	0.25
0.91	0.24
0.95	0.23
0.98	0.22
1.01	0.21

结果如图 16.15 所示。很明显，当看跌期权的价值状况下降时，波动性将上升。期权做市商计算发现，如果 6 个月内美国权益市场下降 25%，那么恐惧因子会使波动性从 21%增加到 26%。选择 7 个虚值看涨期权的价格，我们可以得到虚值看涨期权的隐含波动性。

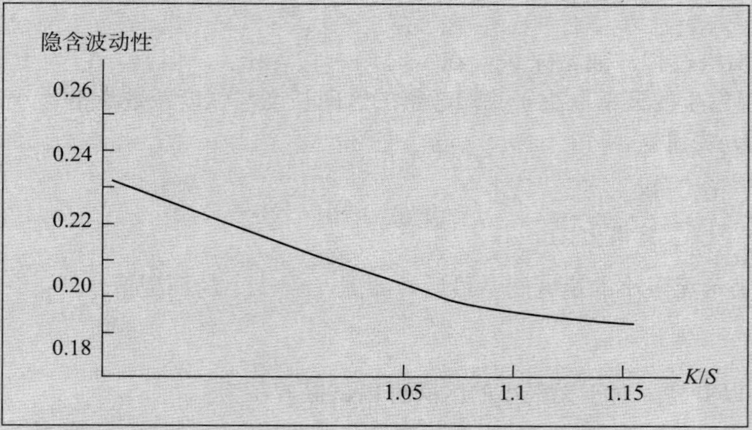

图 16.15　OEX 期权的隐含波动性与其价值状态

$\frac{K}{S}$	波动性
0.98	0.23
1.01	0.22
1.05	0.21
1.08	0.20
1.12	0.19
1.15	0.19
1.18	0.18

这里的情况有所不同。我们可以看到，当看涨期权的价值状态下降时，波动性也随之下降。

期权做市商现在可能认为，如果在 6 个月内美国权益市场上升 20%，那么恐惧因子将减少，所以波动性随之下降。

在某些条件下，对导致微笑现象的崩盘的恐惧，可以利用所谓跳跃过程以解析形式表示。下面我们讨论这种建模方法。

16.13.2.1　对崩盘建模

再次考察标准几何布朗运动的情况：

$$dS_t = rS_t dt + \sigma S_t dW_t \quad t \in [0, \infty) \tag{16.76}$$

W_t 表示风险中性概率 $\tilde{P}$ 下的维纳过程。现在，保持波动性参数化的方法不变，但增加

一个跳跃项，如同 Lipton（2002）所讨论的那样。例如，设

$$dS_t = rS_t dt + \sigma S_t dW_t + S_t[(e^j - 1)dJ_t - \lambda m dt] \quad t \in [0, \infty) \tag{16.77}$$

对于 $(e^j-1)dJ_t - \lambda m dt$ 项需要下一些定义。j 表示随机对数跳跃的大小。跳跃大小与跳跃发生无关，跳跃发生用 dJ_t 项表示。如果跳跃大小为 0，则 $e^j-1=0$，跳跃项就不起作用。

dJ_t 项是泊松过程。通常来说，在 t 时刻，它等于 0。但是，它等于 1 的概率“很小”。这种情况发生的概率取决于我们考察的区间长度与强度系数 λ 的大小。跳跃可以试探着采用如下方式建立：

$$dJ_t = \begin{cases} 0, & \text{概率为}(1-\lambda dt) \\ 1, & \text{概率为}\ \lambda dt \end{cases} \tag{16.78}$$

其中，$0<dt$ 表示无限小的短区间。最后，m 是 (e^j-1) 的期望值：

$$E_t^{\tilde{P}}[(e^j-1)] = m \tag{16.79}$$

因而，可以看到，对于无限小的区间可以试探着写为

$$E_t^{\tilde{P}}[(e^j-1)dJ_t] = E_t^{\tilde{P}}[(e^j-1)]E_t^{\tilde{P}}[dJ_t] \tag{16.80}$$

$$= m[0\times(1-\lambda dt) + 1\times\lambda dt] \tag{16.81}$$

$$= m\lambda dt \tag{16.82}$$

据此，$(e^j-1)dJ_t - \lambda m dt$ 项的期望值为 0。

跳跃-扩散模型可以捕获一些崩盘现象。股票市场崩盘、重要违约、“9·11”类型的事件和货币贬值可以建模为导致价格跳跃的罕见离散事件。

对这些跳跃产生微笑的方式可以试着解释如下：当在满足布莱克-斯科尔斯假设的情况下，S_t 是几何过程，且波动性参数 $\tilde{\sigma}$ 是常数和无跳跃的时，波动性交易的套利关系为

$$\frac{1}{2}C_{ss}\tilde{\sigma}^2 S^2 + C_t + rC_s S - rC = 0 \tag{16.83}$$

当如同式（16.77）那样在几何过程增加跳跃项时，相应的套利关系变成

$$\frac{1}{2}C_{ss}^* \sigma^2 S^2 + C_t^* + (r-\lambda m)C_s^* S - rC^* + \lambda E_t^{\tilde{P}}[C^*(Se^j, t) - C^*(S, t)] = 0 \tag{16.84}$$

其中，$\tilde{P}$ 表示风险中性概率。作为惯例，假设我们决定使用布莱克-斯科尔斯公式，但是认为真正的 PDE 是式（16.83）。于是，我们将选择 $\tilde{\sigma}$，使布莱克-斯科尔斯公式得到的期权价值与 PDE 所得到的期权价值相同。

例如，虚值期权的 gamma 小得多，记为 C_{ss}。如果跳跃的期望值是负的，那么 $\tilde{\sigma}$ 将更大，期权的虚值程度就更深。随着到期日 T 增加，C_{ss} 将增大，并且微笑将不那么明显。

□ 16.13.3 其他解释

许多其他的效应也可以引起波动性微笑。一个是随机波动性。考察利用下面的式子

来说明的局部波动性的含义

$$dS_t=\mu S_t dt+\sigma S_t^{\alpha} dW_t \quad t\in[0,\infty) \tag{16.85}$$

比如说 $\alpha<1$。在该定义中，百分比波动性是随机的，这是因为它取决于随机变量 S_t。可是，这种定义通常没有解释随机波动性模型的含义。随机波动性捕获到的情形是，额外的维纳过程 dB_t 可能与 dW_t 有关，影响百分比波动性的动态特性。例如，我们可以写成

$$dS_t=\mu S_t dt+\sigma_t S_t dW_t \quad t\in[0,\infty) \tag{16.86}$$

$$d\sigma_t=\alpha(\sigma_t,S_t)dt+\kappa\sigma_t dB_t \quad t\in[0,\infty) \tag{16.87}$$

其中，参数 κ 表示 S_t 波动性的（常数）百分比波动性。在此模型中，波动性本身仅仅由一些波动性市场中产生的随机增量所驱动。这些冲击只与影响价格数据的创新项 dW_t 部分相关。

可以证明，随机波动性产生波动性微笑。事实上，对于随机波动性，我们可以进行与带跳跃过程的 PDE 相似的分析（Lipton，2002），实质上结果是相似的。然而，重点需要强调的是，在其他条件相同的情况下，这个模型在下列意义下是不完全的：没有足够的工具能够完全对冲与 dW_t 及 dB_t 相联系的风险，从而形成一个无风险自融资的投资组合。前一节讨论的跳跃-扩散模型可能存在同样的问题。从一定范围来讲，不同的过程影响跳跃部分和扩散部分，模型也可能是不完全的。

16.13.3.1 结构和监管的解释

与期权账簿上持有虚值期权相关的税收影响（Merton，1976）和资本要求可能也会导致隐含波动性微笑。我们简单讨论一下第二点。

论述涉及 gamma 概念。负的 gamma 头寸被认为风险更大，期权处于虚值的程度更大。实质上，负的 gamma 意味着做市商卖出期权，同时 delta 对冲这类期权，并且它将通过这种对冲的再平衡来支付 gamma。如果期权处于深度虚值状态，gamma 会接近于零。然而，如果期权突然变为实值状态，gamma 会变大，尤其是期权快要到期时，这可能导致极大的损失。因此虚值期权涉及极大的风险，并且需要更多的资金。由于存在这样的费用，做市商卖出虚值期权的价格要比 ATM 波动性所担保的更高。

16.14 微笑的相关事宜

在金融工程中波动性微笑很重要，至少存在三个原因：

第一，如果我们将波动性微笑与所有风险因素联系起来，如果微笑随着时间的推移随机地移动，那么我们可能就能够交易微笑，建立利差头寸进行套利。因而，对于市场专业人士来说，微笑的动态特性预示着新的机会。

与波动性微笑相关的第二个原因在于，它可能包含了重要的信息，这些信息与标的实际波动性过程的动态特性有关。由于存在波动性微笑，定价和对冲可能变得复杂得多，尤其是当工具具有奇异期权的特点时。于是，波动性是一个常数还是一个随机过程呢？

如果是后一种情况，则是什么类型的随机过程呢？是带跳跃还是带维纳型增量的过程可以相当好地近似呢？这些问题对于风险管理和定价都是很重要的。

第三，新产品和合成工具的构建必须注重微笑的起因。如果微笑由惯例和市场专业人士实际操作产生，而不是由标的波动性的过程引起，那么我们必须考察这些惯例。现在，我们更详细地讨论这些问题并提供几个波动性微笑的应用例子。

16.15 微笑的交易

对于不同的行业，波动性微笑的交易活跃程度是有所不同的。在FX行业，微笑是日常交易的基本部分。这里，市场实践者通常对风险逆转进行报价，它与汇率波动性中的对称性有关，蝶式期权与微笑的曲率有关。交易者对这些效应进行交易并套利。波动性微笑在权益领域也有交易。交易者对权益市场指数的波动性进行套利，在这样做时有时可以间接地交易微笑，其他时间则直接交易。与风险相关的微笑可能过于陡峭，预期会变平。于是，交易者卖出深度虚值期权，同时买入近似平值的期权。在利率领域，交易波动性微笑主要是由于对上限/下限头寸和互换期权账簿进行风险管理以及对冲。

如果投资者认为市场已经过高或过低地强调了标的参数中的一个，他们想要对波动性微笑的斜率和曲率建立头寸，则微笑是他们感兴趣的。在下面的例子中，交易者们构建了偏度互换，这是实际偏度与隐含偏度之间的交易。

例子：

当标的为标准普尔500指数，虚值看跌期权和看涨期权之间的波动性偏度增加时，华尔街交易者正试图发掘期权的实际偏度与隐含偏度之间的差异。纽约的一位交易者表示了对来自对冲基金波动性交易的标准普尔500偏度互换的兴趣。交易者认为，这将是第一个这样的互换，它提供看跌期权和看涨期权的实际偏度而得到隐含偏度。

一位产品构建师解释说：目前，标准普尔偏度在30以上——如果看跌期权和看涨期权的执行价格变化10%，波动性将增加3%。而在10月初该水平为15，它同历史上15～20的水平是一致的。

一位曾试图构建偏度互换的产品构建师提出，没有数学公式可以捕获任何时间区间的隐含偏度，他也承认对冲这种产品难住了他。他说："为对冲这种产品，我们可能必须每天晚上平仓一个正在交易的波动性互换，但这并不是总能做到的。"一位竞争者提出，抓住变平偏度的一种通常交易是卖出虚值看跌期权和看涨期权，同时买入实值看跌期权和看涨期权。

（摘自《衍生品周刊》，1998年11月）

这个阅读材料有趣的地方是，至少在这个特殊例子中，观察到的微笑（偏度）的特性是乘以斜率为3的线性关系。根据交易员的说法，如果资金减少10%，波动性就会增加3%。交易员预计，这种关系在正常时间内大约为15。因此，人们预期微笑会变得平一些。

16.16 微笑的定价

至少在抽象的环境中，定价和对冲是密切相关的。如果用流动证券复制一个资产，该资产的价格就是复制投资组合的成本加上某个利润。在前几章的几个要点中，我们看到可以利用一系列执行价格不同的期权复制资产。这是用来找到如第 15 章中的波动性互换的对冲的方法。复制投资组合由加权的相关期权组合而成，这些期权除了执行价格外具有相同的特点。在第 12 章中，我们看到期权组合可以静态地复制几乎任意未来收益的函数。同样，这些期权除了执行价格外其他都相同。

对具有不同执行价格期权的潜在运用使得波动性微笑在构成对冲组合和定价复杂工具时成为重要参数。事实上，如果隐含波动性取决于期权的价值状态，那么当市场变化且复制期权的价值状态变化时，复制组合公式中的波动性参数将自动变化。重要的是，即使标的的实际波动性保持不变，这依然正确。本节提供了这种现象的两个例子。

第一个例子是利率衍生品的分类，如利率上限和利率下限。它们是交易相当广泛的工具。如果存在波动性微笑，它们的对冲和定价方法会受到影响。第二个例子是奇异期权的定价和对冲。同样，方法和市场实践都在很大程度上依赖于波动性微笑的存在。

16.17 奇异期权与微笑

鉴于波动性微笑的存在，极大地改变了定价和对冲实践的第二类主要工具是奇异期权。本节我们以简单出局看涨期权作为我们想要表达的主要思路的代表。由于普通期权、出局和入局看涨期权之间的合约方程，我们的讨论可以立即扩展到入局看涨期权。在本节结尾，我们简略讨论数字期权及波动性微笑的存在对它们的影响。

□ 16.17.1 障碍的对冲

第 9 章和第 11 章已经讨论过出局看涨期权。值得提及的是，简单的出局看涨期权与执行价格为 K、到期日为 T、标的为 S_t 的欧式普通看涨期权相似，除了下面的情况，即在期权期限内，S_t 降至障碍 H 以下，期权将终止：

$$S_t < H \quad t \in [t_0, T] \tag{16.88}$$

当期权变得深度实值时，出局障碍期权的价格接近普通看涨期权的价格。但是，当标的接近障碍时，出局期权的价值将接近于 0。

实践者可以使用几种方法来对冲出局期权。这里，我们将对冲解释成：(i) 有很好的金融工程含义；(ii) 清晰地证明了微笑所发挥的重要作用。

假设我们买入相应的普通看涨期权，并为了非常明确的目的，卖出一个谨慎选择的虚值普通看跌期权，这个看跌期权的执行价格为 K^*，$K^*<K$。当 S_t 接近障碍 H 时，我们想要使看跌期权和看涨期权组合的价值为 0。事实上，这个组合是一种风险逆转，它近似地复制了出局期权。如果 S_t 远离 H，看跌期权的虚值程度将会更高，并且其价值将下降。于是组合看起来就越来越像普通看涨期权，这就是出局期权所要实现的。当 S_t 接近 H 时，看跌期权将变得更有价值。如果谨慎选择，在 H 处看跌期权头寸的价值可能等于普通看涨期权的价值，其组合的价值为 0，这就是出局期权在 H 附近所要实现的。当 S_t 降至 H 以下时，则必须卖出并变现该组合。因而，如果选择合适的 x 和 K^*，下面的组合

$$\{做空\ x\ 单位价格为\ K^*\ 的看跌期权，做多\ 1\ 单位价格为\ K\ 的看涨期权\} \tag{16.89}$$

复制出了出局看涨期权。这样做的一种方法是运用“对称性”原则。

假设不存在微笑效应，同时具有不同执行价格的属于同一系列的期权具有相同的波动性，那么，我们可以选择如下 x 和 K^*：当 $H\leftarrow S_t$ 时，我们希望 x 单位的 K^* 看跌期权等于普通看涨期权的价值。这可通过选择 K^*，使得

$$K^*K=H^2 \tag{16.90}$$

来实现。假设这些期权的价格满足

$$\frac{K^*\text{看跌期权}}{K\ \text{看涨期权}}=\sqrt{\frac{K^*}{K}} \tag{16.91}$$

这意味着，如果选择 x，满足

$$x=\frac{K}{K^*} \tag{16.92}$$

那么当 S_t 趋近于 H 时，x 单位的价格为 K^* 的看跌期权的价值将等于价格为 K 的看涨期权的价值。结果是，组合将复制出局看涨期权，只是一旦达到了障碍，则需要卖出并变现该组合。

□ 16.17.2 微笑效应

首先，考察在这个过程中稳定波动性微笑的效应。如果微笑不随时间的推移而变化，那么很容易将这个微笑合并到前面的复制组合中。假设在区间 $[K^*, K]$ 微笑向下倾斜，那么，对于每个普通期权，我们可以在布莱克-斯科尔斯公式中插入不同的波动性参数。此前选择的相同价格为 K^* 的看跌期权在平直微笑情况下更有价值。这意味着，出局期权可以以较低的价格卖出。如果微笑在区间内是向上倾斜的，那么逆转是真实的并且出局期权会更贵。所以在定价和对冲出局期权时，需要考察微笑的直接效应。

微笑还有第二种效应。假设在期权期限内微笑不是稳定的，而且随时间的推移而变化，那么复制的基本原理会不成立，因为微笑随时间的推移而移动。当 S_t 趋近于 H 时，将使看涨和看跌期权的相对价值不同于最初期望的比率。如果在大多数市场中微笑并不稳定，通过这种复制进行的对冲技术就是有问题的。出局期权的定价也将不可靠。

16.17.2.1 技术困难的例子

在所有标准假设都满足的情况下，我们利用出局定价公式来考察一下波动性微笑导

致的复杂性。出局期权的定价公式已经在第 9 章中给出。尤其是，在满足所有标准假设和不支付股利的条件下，标的股票 S_t 的下跌出局看涨期权的价格是

$$C^b(t)=C(t)-J(t) \tag{16.93}$$

其中，$C(t)$ 表示普通看涨期权的价值，它由标准布莱克-斯科尔斯公式给出，而且 $J(t)$ 表示需要使用的“折现”，因为在合约有效期内，如果 S_t 降至 H 以下，则期权会终止。$J(t)$ 的表达式是

$$J(t)=S_t\left(\frac{H}{S_t}\right)^{\frac{2\left(r-\frac{1}{2}\sigma 2\right)}{\sigma 2}+2}N(c_1)-K\mathrm{e}^{-r(T-t)}\left(\frac{H}{S_t}\right)^{\frac{2\left(r-\frac{1}{2}\sigma 2\right)}{\sigma 2}}N(c_2) \tag{16.94}$$

其中

$$c_{1,2}=\frac{\log\frac{H^2}{S_tK}+\left(r\pm\frac{1}{2}\sigma^2\right)(T-t)}{\sigma\sqrt{T-t}} \tag{16.95}$$

注意，就像布莱克-斯科尔斯公式一样，这个定价函数包含唯一的波动性参数 σ。对于普通期权，甚至当标的假设不能被满足时，也可以通过操作这个参数使公式得出正确答案。因而，在非常值波动性的微笑环境下，交易者可以使用波动性的一个值，然后利用公式得到正确答案。事实上，尽管与这些工具有关的个别远期利率的波动性是不同的，但这个公式仍然可被应用于利率上限和下限的定价中。

遗憾的是，如果波动性微笑存在，而且这个微笑随时间连续地（同时随机地）变化，那么对于下跌出局看涨期权的定价公式，这种方法不一定可行。事实上，可能不存在唯一合理的波动性值来代入式（16.94）中，可以得到下跌出局看涨期权的正确价格。甚至当实际波动性和 ATM 隐含波动性保持不变时，如果微笑的斜率变化了，那么如此前讨论的那样，下跌出局看涨期权的价格也会变化。事实上，如果微笑具有负斜率，复制组合中的空头看跌期权将变得较便宜，而下跌出局看涨期权的价值可能上升。所以，对于奇异期权，当微笑效应比较显著的时候，波动性调整与正确的期权价格之间的关系可能变得更加复杂。

16.17.2.2 奇异期权的定价

实际的交易发生在波动性微笑存在的情况下，而且需要设定奇异期权的价格，以致要考虑到调整奇异期权的对冲所付出的成本和获得的收益。由于微笑的存在，随着时间的流逝，由于前面解释过的原因，奇异期权账簿的 vega 对冲需要进行调整。调整时，取决于期权账簿中的净头寸，交易者可能实现某些净现金收益或损失。这些“期望”现金收益或损失的现值需要并入市场价格中。最后，奇异期权的市场价格可能比式（16.94）中得出的理论价格更高或更低。

□ 16.17.3 数字期权的案例

第 11 章表明，执行价格为 K、到期日为 T 的欧式看涨数字期权的理论复制是，购买 $1/h$ 单位的执行价格为 K 的普通看涨期权，同时出售 $1/h$ 单位的执行价格为 $K+h$ 的普通看涨期权。在这种情况下，h 是期货市场中的最小交易单位。

如果存在波动性微笑，那么需要调整这些普通看涨期权的价格，因为它们具有不同的执行价格，从而具有不同的波动性。当然，如果 h 很小，这种波动性的差异也会很小，但是 $1/h$ 会变大，头寸会涉及买入和卖出大量的普通看涨期权。针对这些数据，波动性中的微小变化可能导致最终结果的不同。①

□ 16.17.4 其他应用：风险逆转

交易微笑的一个最具流动性的方法是利用外汇市场的风险逆转。考察以汇率 e_t 为立权标的期权。确定到期日为 T，并且按照执行价格 K_i 排列看跌期权和看涨期权。然后，计算这些期权的 delta，并考察一系列合理的 delta。我们利用期权的 delta 表示价值状态。

这些汇率期权典型的微笑看起来如图 16.13 所示。它是一条“对称”曲线，而且在二维图形中以百分比波动性作纵轴，期权的 delta 画在 x 轴上。特别地，考察 25、50 以及 75delta 期权。②

我们来看下面的例子。

例子：

过去两周内，美元/日元外汇市场的活动已经突出了与奇异期权定价有关的极大复杂性。更重要的是，它为经验丰富的期权交易所提供了用于检验彼此之间以及与落后竞争者之间的定价理论的机会。

然而，使期权交易者感兴趣的不是即期利率本身的下降，而是最终的风险逆转头寸。风险逆转是市场中方向偏好的一种表达方式。如果预期即期汇率会下降，如美元/日元的情况，那么相对于看涨期权会有对看跌期权的极大需要，因此波动性交易者对看跌期权支付的价格要比看涨期权更高。其结果是，一位评论员说，不像标准的布莱克-斯科尔斯期权定价模型中假设的那样，波动性不是常数，而是随期权 delta 变化的。

上周，1 个月期的美元/日元风险逆转急增到大约 3，而且在这个水平上持续盘旋，这是自 1995 年夏以来从未发生过的。这种特别情况使得有经验的交易者可以在他们所谓幼稚对手的定价中发现价值。

“在过去的几天里，许多银行一定已经了解了很多风险逆转的知识。”一位交易者说。据市场内部人士称，较不先进的机构不能在奇异结构产品（例如出局和路径依赖期权）的定价和对冲中充分考虑风险逆转的效应。

他们也断言，简单的已经在售（off-the-shelf）期权定价软件在风险逆转情形中不能处理奇异衍生品的定价。这些软件不允许使用者对不同的 delta 输入不同的波动性，因此不能捕获到奇异衍生品定价的细微差别。

然而，其他评论员认为它过于简化，而且当在非常高的风险逆转情形下对冲某一类型期权时，其他“三阶”效应会开始发挥作用。他们补充说，三阶效应意味着布莱克-斯科尔斯的使用者不会对障碍估价过高，而仅仅是定错价格。

（汤森路透，IFR，第 1 188 期，1997 年 6 月）

---

① 此外，注意这种对冲需要买卖波动性，因此，会受到波动性买卖价差的变化的影响。

② 实践者在他们日常运用这个概念时，将布莱克-斯科尔斯 delta 乘以 100。

正如阅读材料所述，风险逆转是外汇市场上波动性微笑的产物，而且交易量很大。但是如阅读材料所指出的，很明显，风险逆转交易中的市场实践者是想解决标的微笑动态特性的问题。动态特性可能会变得极为复杂。奇异期权头寸的定价和对冲可能会变得更加困难。

16.18 结论

波动性微笑是金融中一个有吸引力的主题。然而，它也是一种复杂的现象，需要对它的成因和建模方法做更多的研究。这一章给出了简单的介绍，然而，已经阐明了与这个主题相关的几个关键要点。

阅读建议

Allen and Granger（2005）提供了关于交易权益相关性技术非常好的概述。Brigo and Mercurio（2006）论述了利率方面的波动性微笑。对于股票微笑，读者应该至少要参考一下 Derman et al.（1994）和 Derman et al.（1996）。波动性微笑的全面论述由 Lipton（2002）给出。Taleb（1996）探讨了我们前面讨论的大多数市场活动。还有大量论文阐述了关于波动性微笑的实证和理论问题。最新的资料参看 Johnson and Lee（2003）。所引用的资料也包含前面研究的进一步参考。

习题

1. 考察下面的表格，该表格列出了 2002 年 1 月 10 日 9：46 时发布的关于 OEX 指数所有期权的买入/卖出价格。这些期权在 2002 年 2 月 22 日到期，在收集数据时，标的在 589.14。

看涨期权	买入价	卖出价	波动性	看跌期权	买入价	卖出价	波动性
2 月 400	188.9	191.9	0	2 月 400	0.05	0.2	0
2 月 420	169	172	0	2 月 420	0.1	0.4	0
2 月 440	149.2	152.2	0	2 月 440	0.25	0.55	0
2 月 460	129.4	132.4	0	2 月 460	0.45	0.75	0
2 月 480	109.6	112.6	0	2 月 480	0.8	1.1	0
2 月 500	90.2	92.7	0	2 月 500	1.4	1.7	0
2 月 520	71	73.5	0	2 月 520	2.5	2.8	0

续表

看涨期权	买入价	卖出价	波动性	看跌期权	买入价	卖出价	波动性
2月 530	61.6	64.1	0	2月 530	2.8	3.5	0
2月 540	52.4	54.9	0	2月 540	3.7	4.4	0
2月 550	43.8	45.8	0	2月 550	4.9	5.6	1
2月 560	35.4	37.4	0	2月 560	6.6	7.3	0
2月 570	27.9	29.4	0	2月 570	8.9	9.6	0
2月 580	20.8	22	0	2月 580	11.8	12.8	0
2月 590	14.8	15.8	0	2月 590	15.8	16.8	1
2月 600	10	10.7	1	2月 600	20.8	22	0
2月 610	6.1	6.8	0	2月 610	27.1	28.6	0
2月 615	4.6	5.3	0	2月 615	31	32	0
2月 620	3.4	4.1	0	2月 620	34.3	36.3	0
2月 630	1.9	2.2	0	2月 630	42.8	44.8	0
2月 640	0.9	1.2	0	2月 640	52	54	0
2月 650	0.4	0.7	0	2月 650	61.4	63.9	0
2月 660	0.15	0.45	0	2月 660	71.2	73.7	0
2月 680	0	0.25	0	2月 680	90.8	93.8	0
2月 700	0	0.2	100	2月 700	110.8	113.8	0

(a) 利用虚值看跌期权的卖出价，计算相关执行价格的隐含波动性。绘制波动性微笑对 K/S 的图形。

(b) 利用虚值看跌期权的买入价，计算相关执行价格的隐含波动性。绘制波动性微笑对 K/S 的图形。对于这些波动性来说，买卖价差是常数吗?

(c) 利用虚值看涨期权的卖出价，计算相关执行价格的隐含波动性。绘制波动性微笑对 K/S 的图形。当你将图形与虚值看跌期权的波动性放在一起时，是否能得到微笑或偏度?

Excel 习题

2. (止损对冲) 编写一个 VBA 程序，依据下面的数据，从交易商视角给出 100 个多头看涨期权的止损对冲组合调整和现金流：

$$S(0)=100, K=100, T=1, r=8\%, \sigma=30\%, \text{实际波动性}=50\%$$

MATLAB 习题

3. 编写一个 MATLAB 程序，观察止损对冲多头看涨期权头寸的波动性收益，并计算在看涨期权到期日内的期间调整频率增加的情况下，复制多头看涨期权头寸策略的绩效。依据下面的数据进行计算。

$$S(0)=100, K=100, T=1, r=8\%, \sigma=30\%, \text{实际波动性}=50\%$$

对于调整频率［10，20，50，100，500］来说，绘制30个实例的波动性收益图。同时在图形上说明这个方法的绩效，绘制对冲策略的平均收益率对调整频率的图形。

4.（随机波动性）编写一个MATLAB程序，基于股票价格的随机波动性，观察期权的隐含波动性微笑。依据下面的数据进行计算。

$$S(0)=100,\ K=100,\ T=0.5,\ r=8\%,\ \sigma=30\%,\ \sigma_\sigma=10\%,\ r_\sigma=10\%$$

绘制估计的隐含波动性对期权的价值状态的图。

5.（非几何布朗运动）编写一个MATLAB程序，基于股票价格服从非几何布朗运动，观察期权的隐含波动性微笑。依据下面的数据进行计算。

$$S(0)=100,\ K=100,\ T=0.5,\ r=8\%,\ \sigma=30\%,\ \alpha=0.8$$

绘制估计的隐含波动性对期权的价值状态的图。

6.（股票价格崩溃和跳跃）编写一个MATLAB程序，基于股票价格具有跳跃性（特别是崩溃），观察期权的隐含波动性微笑。依据下面的数据进行计算。

$$S(0)=100,\ K=100,\ T=0.5,\ r=8\%,\ \sigma=30\%,\ \lambda=0.3,\ \alpha_J=-2\%,\ \sigma_J=5\%$$

绘制估计的隐含波动性对期权的价值状态的图。

7.（VIX计算）利用本章网站上的标准普尔500期权数据（2013年7月4日收集，期权将于2013年7月25日到期），依据本书所讨论的程序，计算VIX指数值。为了计算目的，无风险利率取为5%。同时强调执行价格为K_0，并给出所有期权执行价格的贡献。

第 17 章 利率上限/下限及互换期权在抵押贷款中的应用

17.1 引论

在前面几章中，我们已经讨论了凸性和期权以及它们的波动性交易形式的应用。由于美国房主有提前还款的选择权，美国抵押贷款市场为我们提供了另一种多头凸性头寸的应用。我们认真地解释提前还款选择权的价值及其对抵押贷款代理商的影响，并讨论对冲这种风险的可能方法。正如我们将看到的，美国抵押贷款市场的结构和抵押贷款提前还款选择权的存在，尤其会导致收益的选择性和凸性。

互换市场已跻身于世界上最大的名义金额市场之列，同时是流动性最强的市场之一。对于互换期权市场来说，同样的陈述依然成立。其原因是什么呢？

互换存在许多用途。借款人可对信用利差进行“套利”，并借入货币使总成本最小化。一般来说，这就意味着借款人借入一种货币，而这种货币并不是借款人所需要的，因此，需要被转换成所需要的货币。从理论上讲，在不同货币的浮动利率可以交换的市场中，这种操作可以通过利用单一货币互换来完成。第 6 章所讨论的货币互换不是利率互换，但操作上也涉及普通利率互换。大多数发行者倾向于支付长期的固定票面利率。因而，将互换的收益转换为另一种货币的过程要求首先将固定票面利率支付转换为同种货币的浮动票面利率，然后通过货币的互换来交换浮动利率现金流。一旦建立起所需货币的浮动利率支付，就可将这些浮动利率支付进一步转换成同种货币的固定支付。因而，新的发行需要运用两种完全不同货币的普通利率互换，还要加上普通货币互换。因此，新债券的发行是普通利率互换流动性的一个来源。

资产负债表管理中对利率敞口的管理是互换具有高流动性的另一个原因。金融机构的资产以及负债利率敞口可以通过利率互换与互换期权加以调整。如果一笔贷款是以浮动利率获得，同时以固定利率贷出的，那么便会产生利率互换，而且可以有效管理其敞口。FRA、互换、上限、下限和互换期权以许多流动货币进行交易，它们在这些国家的存在并不主要由抵押贷款市场驱动。

在一些国家和案例中，互换市场的这些用途可以很容易地被抵押贷款活动的需求所匹配。大部分互换期权与相当比例的普通互换交易好像都源自对抵押贷款融资战略的需求。抵押贷款有提前偿还条款，这给银行的固定收益投资组合带来了凸性。这种凸性可利用互换期权加以对冲，这就产生了互换期权市场的流动性。另外，互换期权是进行动态对冲的头寸。这种对冲的执行可借助于将远期互换作为标的来完成。这就导致了远期互换交易。抵押贷款市场是巨大的，这种活动有时可以操纵互换以及互换期权市场。

在这一章，我们将抵押贷款行业作为例子来研究互换期权的金融工程。我们用这种方式介绍上限、下限与互换。同时，本章简略讨论互换测度。这构成第 12 章已经介绍而在第 13 章和第 14 章所深入探讨的测度变换方法的另一个例子。这一章提供整本书所用工具的综合应用的例子。首先，我们通过回顾抵押贷款行业的基本知识开始讨论。

17.2 抵押贷款市场

银行家与商业银行等贷款人通过将初始资金借给买房者创办了抵押贷款。这就构成了初级抵押贷款市场。初级市场贷款人包括抵押贷款银行、存贷机构、商业银行以及信用合作社。

这些贷款人将相似的抵押贷款打包卖给房利美（Fannie Mae）或房地美（Freddie Mac）这类代理商（agencies）。这构成了包括养老基金、保险公司、证券交易商在内的部分次级市场。

代理商购买抵押贷款，至少存在两种途径。第一，它们为抵押贷款支付“现金”，并将它们保留在账簿上。[①] 第二，它们发行抵押贷款支持证券（mortgage-backed securities，MBS），以便交换它们从贷款人处获得的抵押贷款池。反过来，贷款人将这些 MBS 保留在自己的账簿上，或者将它们出售给投资者。当抵押贷款被转换为 MBS 后，它们所购买的抵押贷款就被加以证券化。[②] 代理商担保了本金以及利息的支付。因此，“信用风险”由发行机构承担。[③] 现在，我们讨论抵押贷款交易的金融工程及其产生的头寸。和往常一样，我们运用一个高度简化的设置模型。

□ 17.2.1 典型抵押贷款的寿命

在美国，从购买房子到对互换期权进行对冲的过程是很漫长的，一种最好的方式是由解释初级和次级抵押贷款市场机制开始。隐含现金流图最终得到互换期权头寸。这一

① 然后，贷款机构运用该现金做进一步的抵押贷款。
② 我们在之后的章节详细讨论证券化过程。
③ 这些代理商直接向财政部借款，而且市场存在一种看法，即这是一个隐性的政府担保。

节的目的是阐明由此活动所产生的现金流序列。最后，我们将看到，提前偿还权等同于持有一个互换期权的空头头寸。这是从持有抵押贷款同时用普通的固定利率贷款为其融资的机构的视角来看的。从本质上看，这个机构在以预定利率购买固定支付互换时卖出了一个美式期权。当远期抵押贷款利率下跌到某个界限下面时，该期权就将被执行。①

购房、抵押贷款和代理活动之间的相互关系如图 17.1～图 17.3 所示。我们这里将逐步展开分析，然后将所有的头寸放置在图 17.3 中，以获得抵押仓库的综合头寸。我们更喜欢研究相对简单的情况，然后加以推广。这些概括推广中的一些是可以直接获得的，而另一些则涉及相当大的问题。

我们考察下面的设置条件。在 t_0 时刻，发行一个气球抵押贷款（balloon mortgage）。②抵押贷款持有者只支付利息，并在到期日偿还本金。抵押贷款的本金为 N，利率为c_{t_0}，抵押贷款在 t_4 到期。这里 $t_i(i=1,\cdots,4)$ 以年度测量。③ 我们需要强调的是，在这种气球抵押贷款中，定期支付的仅为利息，而且没有本金摊销。这样做就简化了工程，允许使用普通利率互换。

买房者如果在贷款期内不进行提前偿还，他就要支付四次利息，并在 t_4 时刻支付本金 N。另外，如果抵押贷款利率 c_t 在未来下降至阈值以下，买房者将再融资。我们假设买房者仅在 t_2 时刻进行提前偿还。当贷款在 t_2 时刻得到偿还时，它将被一个新的有着更低利率的两时期④抵押贷款所取代。这种情况如图 17.1 所示。

银行以浮动的 LIBOR 利率 L_{t_i} 借入资金，然后将其以固定利率c_{t_0}借出。于是，抵押贷款被卖给房利美这类代理商，或者某个其他的抵押贷款仓库店。银行只作为中间人获取抵押贷款偿还的服务费。

最终获得抵押贷款的代理商所持有的头寸是一种有趣的头寸。代理商购买抵押贷款，并将它们记入账簿。这构成了它们资产负债表的资产项。问题是，这些次级市场中的购买活动是如何获得资金的？实际上，存在不止一种方式。在次级市场上，一些购买的抵押贷款被保留在账簿上，并通过向投资者发行代理商债券融资。另一些抵押贷款被打包成抵押贷款支持证券（MBS），然后重新卖给投资者。

假设在我们考察的情况中，代理商使用 4 年期利率为c_{t_0}的固定息票票据来保证资金。代理商的负债如图 17.2 所示。资产项在这个图的下方。其关键问题是提前偿还。根据图 17.2（b），代理商仅在 t_2 时刻面临提前偿还风险。⑤

如果买房者没有再融资，代理商收取四笔金额为$c_{t_0}N$ 的利息，然后在 t_4 时刻收回本金。我们假设买房者永远不违约。⑥ 如果买房者在 t_2 时刻支付“最后”一笔利息$c_{t_0}N$，

---

① 然而，做多这种期权的一方并不是一个金融机构，并且不得在合适的时间、以最优方式行使这种美式期权。这使得定价问题进一步复杂化。

② 在美国，气球（支付）抵押贷款（balloon payment mortgage，又称气球贷、大额尾付贷款）是依据“气球”或者在抵押贷款快到期时要求不成比例的大额还款来命名的。这种类型的抵押贷款规定借款人在一个特定时间间隔内定期还款，然后在短期内或到期时付清剩余的金额。

③ 当然，一般来说，抵押贷款是每月支付的，但这种假设简化了烦琐的符号。它可以很容易地推广。

④ 在现实中，提前还款期权在未来所有时期都是有效的，因此，提前还款的时间是随机的。

⑤ 根据我们的简化假设，买房者只可以在 t_2 时刻提前偿还。

⑥ 在任何情况下，违约风险由发行银行的代理商承担。

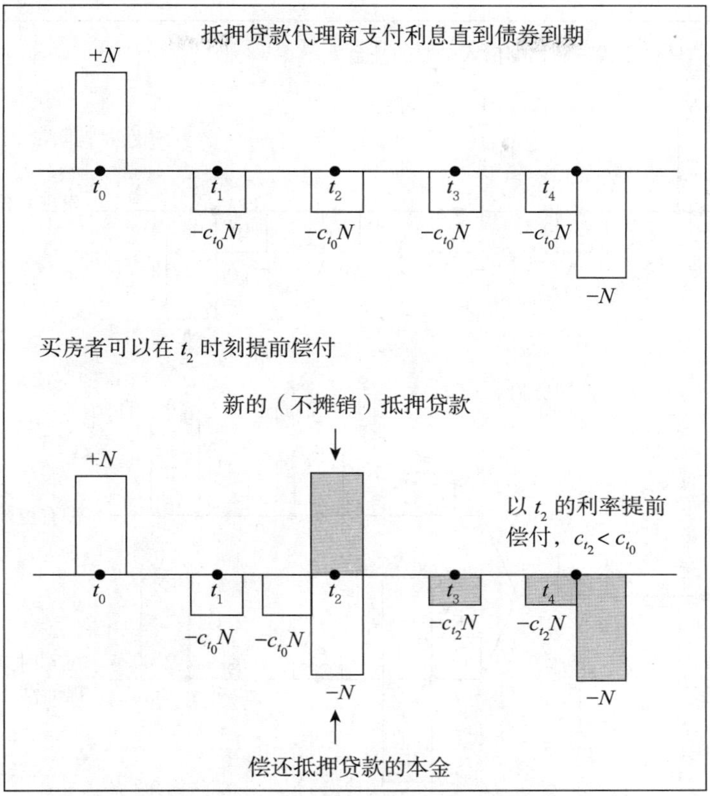

图 17.1　抵押贷款代理商与买房者的现金流

并在 t_2 时刻之前提前偿还本金，代理商将这些资金放在浮动利率货币市场账户中一直到 t_4 时刻。浮动利率是 L_{t_i}。作为一种选择，代理商可以参与一个固定接收方互换，并从 t_3 时刻开始获得互换利率。互换利率用 s_{t_2} 表示。这解释了在买房者提前偿还时代理商面临的现金流问题。

代理商的资产和负债头寸可以合并，如图 17.3 所示。我们可以看到，除提前偿还情况外，发生的所有现金流相互抵消。图 17.3 表明，如果买房者提前偿还，代理商会以预先确定的互换利率 c_{t_0} 做多一个固定支付方远期互换。如果没有提前偿还，代理商将具有持平的头寸。

现在，为了简单起见且不失一般性，假定互换利率与抵押贷款利率相等，对于所有 t：

$$c_t = s_t \qquad (17.1)$$

于是，代理商的最终头寸相当于下面的合约。

代理商将参与预先确定的利率为 c_{t_0} 的固定接收方互换的权利卖给对手方。互换的名义金额为 N，期权是欧式的[①]，并且交割日为 t_2。标的现金互换的期限是两年。代理商是这项互换的卖方，如果期权被执行，就将成为固定支付方。

① 这就是我们所假设的允许买房者在 t_2 时刻提前偿还的情况。在现实中，买房者可以在抵押贷款持续时期的任何时刻提前偿还。这将是一个百慕大式期权。

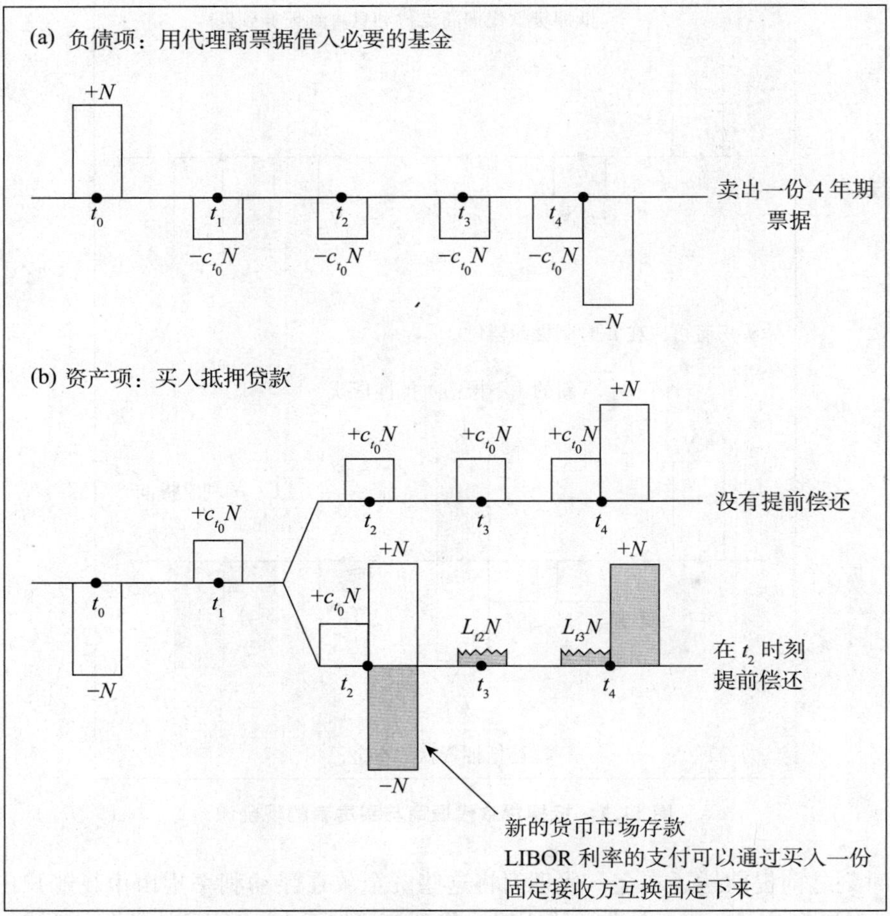

图 17.2　抵押贷款代理商的资产与负债以及提前偿还风险

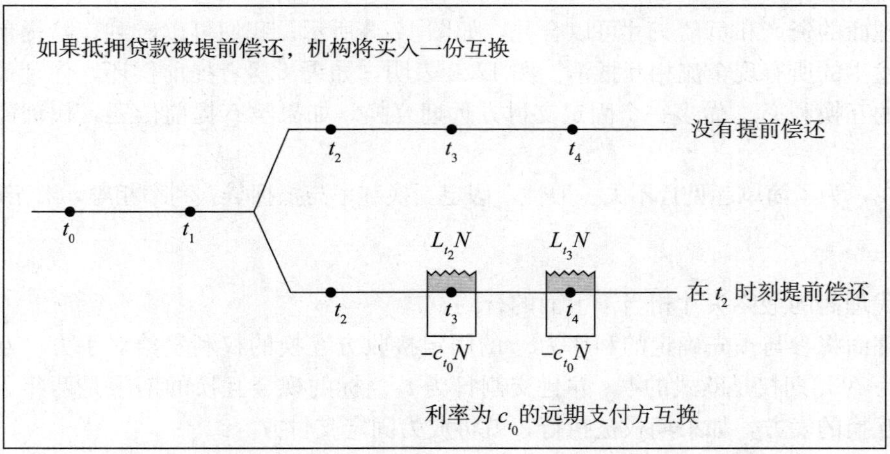

图 17.3　提前偿还将导致多头固定支付方远期互换头寸

这个合约就是互换期权（swaption）。代理商卖出基于互换合约的期权，并做空凸性。买房者是对手方，他（或者她）则做多凸性。当$s_{t_2} \leqslant c_{t_0}$时，期权被执行。期权费为$Sw_{t_0}$。[①] 在$t_0$时刻，期权费得以支付。[②] 依据这一点，我们忽略交易成本及费用。

□ 17.2.2 对冲头寸

前面几节的重点在于，在事情尘埃落定以前，代理商面临着提前偿还风险，这产生了空头互换期权头寸。做空欧式互换期权头寸存在几种对冲方式。一种选择是直接进行动态对冲。对冲者需要：（ⅰ）计算互换期权的 delta；（ⅱ）买入 delta 单位在t_2时刻开始的 2 年远期接收方互换。[③]

在这些步骤之后，代理商将拥有一个空头凸性头寸，这也是波动性的空头头寸。如果波动性增加，代理商面临损失。为了消除风险，代理商不得不从市场中购买凸性。另一种对冲空头头寸的方法是发行可赎回债券，同时直接从投资者处购买凸性。

例子：

房利美可赎回基准票据将达到至少 5 亿美元的名义金额，同时最少有 1 亿美元是重新挂牌的。至少每月有一次发行，并使用四种主要结构：5 年期的 2 年内不可赎回票据；5 年期的 3 年内不可赎回票据；10 年期的 3 年内不可赎回票据；10 年期的 5 年内不可赎回票据。这种发行量和常规发行模式有望抑制波动性。

代理商对波动性总是具有天生的需求，一直以来它是由银行业提供的。但是，随着可赎回基准发行项目的出现，代理商转而开始从机构投资者处获得波动性。

（汤森路透，IFR，第 1 291 期）

最后，作为消除空头互换期权头寸的一个替代方法，代理商可以从市场中购入类似的互换期权。

□ 17.2.3 模型背后的假设

到目前为止，讨论都做出某些简化的假设，其中大部分可以直接放宽。然而，某些假设是本质特征。我们将其列举如下。

(1) 假设买房者只能在t_2时刻融资，因此，所得到的互换期权是欧式的。通常，买房者可以在t_1、t_2以及t_3任意时刻融资。这明显使情况复杂化了。这里可执行同样的现金流分析，不过，标的互换期权将是百慕大式的。它将是一个可以在t_1、t_2或t_3时刻执行的期权，并且执行日的选择权在买房者手中。这并不是简单的扩展。百慕大式期权没有闭形式定价方程，对它们进行定价需要更高级的技巧。利率波动性微笑的存在使事情变得更加复杂。

(2) 现在，读者可以轻易“添加”衍生品来构建 2007—2008 年信用危机时看到的抵押贷款。从不现实的视角看，我们假设它们是没有信用风险的。买房者或机构

---

① 我们忽略了抵押贷款利率、互换利率以及房利美债券资本成本之间的利差。

② 比如，在美国市场，这可能在抵押贷款的初始时期被偿付，形成百慕大“点”。

③ 记住，按照惯例，购买互换意味着固定的支付，所以这等价于卖出一个互换。

在所讨论模型中的违约概率为 0。正如 2007—2008 年信用危机所示，抵押贷款具有显著的信用风险，特别是当它们不是“普通”种类时。

(3) 我们假设抵押贷款是气球抵押贷款。通常，抵押贷款在固定时期分期偿还，比如 15 年或 30 年。这就改变了如图 17.1 至图 17.3 所示的现金流结构。这个假设可通过将标准的普通互换转换为分期偿还互换得以放宽。这样可能导致一些有意思的本书所忽略的金融工程问题。

最后，存在转换成本、费用以及到期日和结算日的更普遍的规范问题。相对来说，这些属于比较小的附加内容，而且不会改变论述的重点。

□ 17.2.4 两种风险

根据上述讨论，关于提前偿还存在两种风险。第一种风险是，当发生提前偿还时，银行或者发行代理商需要买入支付方互换。一旦提前偿还发生，代理商就会在初始抵押贷款的剩余时间支付固定利率c_{t_0}，该利率高于一般固定接收方互换利率。① 代理商会在初始抵押贷款的剩余寿命里承担负的持有成本 $s_\tau - c_{t_0} < 0$，其中 τ 表示随机提前偿还日。

第二种风险更加复杂。代理商不知道提前偿还在什么时候会发生。这意味着，当购入抵押贷款时，代理商不得不估计抵押贷款的预期到期日。于是，根据这个预期到期日，卖出有着固定到期日的票据。于是，负债项有着或多或少可预测的久期②，而资产项有着难以计算的平均到期日。下面的例子说明了这个问题将如何变得严重。

例子：

正如 9 月所发生的，随着利率止跌回升，抵押贷款参与者更容易面临提前赎回风险，这可能导致他们资产久期的缩短。一家固定收益衍生品机构的首席战略分析师说：“提供给华尔街的抵押贷款变得非常沉重，所以出现了为对冲房地美和房利美的凸性风险而大量购买波动性的情况。”再融资的蓬勃发展已经套牢一些抵押贷款参与者。一个新的总部位于新泽西州的专门从事抵押证券套利的基金公司宣布，它截至 10 月末已经损失了大约 4 亿美元。分析师说，这家公司没有充分地对利率止跌回升风险加以对冲。

尽管一些人推测，媒体批评房利美久期缺口——它的资产和负债的到期日之间的差异——使投机者从代理商对对冲的需求中获利，但这不是引起波动性增加的主要因素。

然而，随着它的抵押贷款投资组合大幅增加，房利美以及同样持有抵押贷款投资组合的房地美，现在面临着扩张风险的更大威胁——当收益增加而提前支付减少时，抵押资产久期延长的风险。

房利美的名义衍生品敞口截至 6 月末为 5 945 亿美元，而房地美则报告了总共 1.1 万亿美元的衍生品敞口。

（摘自《衍生品周刊》）

和交易及库存抵押贷款相关的两种风险，第一种是对冲凸性头寸的问题，第二种涉

① 这是由于提前偿还意味着利率出现下降，同时固定接收方的互换利率已低于c_{t_0}。

② 或者，平均期限。

及隐含提前偿还选择权的美式化。

17.3 互换期权

抵押贷款成为家庭直接或间接持有的最大资产类别。抵押贷款总债务与美国总国债相当。这些抵押贷款大多数有提前偿还条款，这导致大量的空头互换期权头寸。结果，百慕大互换期权成为主要的资产类别。实际上，抵押贷款并不是唯一具有提前偿还条款的工具。提前偿还期权存在于许多其他工具中。可赎回以及可回售债券也产生了或有的敞口远期互换头寸。这产生了相似的互换期权风险敞口，并且只通过在相关互换期权市场建立相反头寸就可以实现完全对冲。考虑到互换期权在金融市场中发挥着重要作用，我们需要研究互换期权建模。这一节探讨与欧式互换期权有关的技术问题。①

互换期权可以被想象成对利率上限簇和下限簇的推广。对于单一结算期的情况，上限簇选择浮动 LIBOR 利率 L_{t_i}，这样的话，如果 L_{t_i} 大于合约立权时的利率上限 κ，则上限簇买方就会按差额比例收到补偿金。我们可以将其加以推广。对于 n 个结算期的情况，选择一个浮动互换利率。如果此互换利率在 t_1 时刻的值用 s_{t_1} 表示，s_{t_1} 大于固定执行水平 $f_{t_0}=\kappa$，则工具的买方就会按差额比例收到支付。因而，在这种情况下，不论“标的利率”还是执行利率都适用于不止单一时期的情况，同时它们都是远期互换利率。于是，固定支付方互换期权就可以被看成是对利率上限簇的推广。类似地，固定接收方互换期权可以被看成是对利率下限簇的推广。

下面我们进行更加详细的分析。考察一个到期日为 t_1 的欧式普通看涨期权。我们设这个期权以一个普通利率互换而不是股票或者外汇互换为立权标的。期权持有者有权利以选定的执行价格“买入”标的，不过这个标的目前是互换。换句话说，期权持有者有权利在 t_1 时刻以预先确定的互换利率 κ 参与一个支付方互换。执行价格本身可以依据互换利率来决定，或者依据标的互换的价值来决定。

设 t_0 表示交易日。我们对这个工具加以简化，然后考察从 t_1 时刻开始的两时期远期利率互换，这里 $t_0<t_1$，以 12 个月 LIBOR 利率去交换两个固定支付 L_{t_1} 和 L_{t_2}。假设这个时期的远期固定支付方互换利率用 f_{t_0} 表示。尽管远期互换利率在 t_0 时刻已知，但即期利率 s_{t_1} 将在 t_1 时刻被观察到。

因而，互换期权的买方购买了在 t_1 时刻购买固定支付方（即期）互换的权利，其名义金额为 N，支付方互换利率为 f_{t_0}。如果执行价格 κ 等于 t_1 时刻互换当时的远期互换利率，这称为 ATM 互换期权。远期固定支付方互换是在 t_0 时刻签订。远期互换利率 f_{t_0} 在 t_0 时刻被确定，互换将在 t_1 时刻开始。对应的即期互换则在 t_1 时刻签订。因而，互换利率 s_{t_1} 在 t_0 时刻是未知的。

ATM 互换期权包括下述交易。在 t_1 时刻没有现金换手。期权费在 t_0 时刻支付。如

① 对百慕大期权互换进行定价和风险管理要更加复杂，这里没有阐述。就有关问题而言，Rebonato（2002）是相关问题的很好文献。

果在 t_1 时刻，即期互换利率s_{t_1}高于执行利率f_{t_0}，则互换期权持有者将以预先确定的利率f_{t_0}参与固定支付方互换。如果在 t_1 时刻，即期利率低于f_{t_0}，由于所需支付更少，互换期权持有者就有动机从市场中购买新的互换，互换期权到期时没有被执行。因而，当忽略买卖价差时，假设在 t_1 时刻

$$f_{t_0} < s_{t_1} \tag{17.2}$$

则按 12 个月 LIBOR 支付s_{t_1}的两年期利率互换在 t_1 时刻的价值为 0。这意味着，在 t_1 时刻，互换期权持有者可以决定支付f_{t_0}并获取s_{t_1}。所得到的现金流在 t_1 时刻的价值可以表示成①

$$\left[\frac{s_{t_1}-f_{t_0}}{1+L_{t_1}}+\frac{s_{t_1}-f_{t_0}}{(1+L_{t_1})(1+L_{t_2})}\right]N \tag{17.3}$$

注意，在 t_1 时刻，L_{t_1}将成为已知的，但是L_{t_2}依然是未知的。不过，从前面几章内容可知，我们可以用在 t_1 时刻已知的 $[t_2,t_3]$ 远期利率来“代替”这个随机变量。远期利率 $F(t_1,t_2)$ 是L_{t_2}在远期测度$\tilde{P}^{t_3}$下的一个无偏估计量：

$$F(t_1,t_2)=E_{t_1}^{\tilde{P}^{t_3}}[L_{t_2}] \tag{17.4}$$

于是，t_1 时刻以预定利率f_{t_0}参与的互换价值将是

$$\left[\frac{s_{t_1}-f_{t_0}}{1+L_{t_1}}+\frac{s_{t_1}-f_{t_0}}{(1+L_{t_1})[1+F(t_1,t_2)]}\right]N \tag{17.5}$$

如果互换期权在 t_1 时刻到期日处于平值，满足

$$s_{t_1}=f_{t_0} \tag{17.6}$$

那么这个值将为 0。

因而，我们也可将互换期权看成是以式（17.5）中的现金流价值为立权标的的期权。以固定支付方期权为标的的 ATM 互换期权，可以被看做是以（远期）互换利率f_{t_0}为标的的期权，或者是以执行价格 $\kappa=0$ 的远期互换价值为标的的期权。

□ 17.3.1 合约方程

如同上限和下限的情况一样，我们可以得到一个将互换期权和远期互换相联系的合约方程。

互换利率为 f_{t_0} 的远期固定支付方互换	=	执行价格为 κ 的支付方互换期权	−	执行价格为 κ 的接收方互换期权	(17.7)

我们用如下方式解释这个合约方程。考察 t_1 时刻开始、t_{n+1} 时刻到期的利率为f_{t_0}的远期支付方互换。远期互换期间结算 n 次，并且做出（收取）如下系列后置现金支付：

① $\delta=1$，这是因为我们假设结算间隔为 12 个月。

$$\{(f_{t_0}-L_{t_1})N\delta,\cdots,(f_{t_0}-L_{t_n})N\delta\} \tag{17.8}$$

此处不管是否$f_{t_0}<s_{t_1}$。

一个支付方互换期权仅在$f_{t_0}<s_{t_1}$时才做出支付。为在$f_{t_0}>s_{t_1}$时收到式（17.8）中给出的现金流，不得不购买接收方互换期权。

17.4 互换期权定价

对互换期权进行定价及风险管理，可利用各种研究上可用测度（working measures）从许多视角来实现。例如，我们在第4章和第14章已经看到，开始于 t_1 时刻并在 T 时刻到期的远期互换，在 t_0 时刻的远期互换利率 $f(t_0,t_1,T)$ 将是远期利率 $F(t_0,t_i,t_{i+1})$ 的加权平均值。如果我们采用这种表述，一种可能的研究上可用测度将是 T 时刻远期测度。在这种测度下，可以得到所有远期利率的鞅动态特性，而且互换期权以及许多期权衍生品可以使用它定价。

然而，我们采用另一种方法。对于某个定价以及风险管理问题来说，用互换测度作为研究上可用概率可能更加方便。这给了我们在非常简单的条件下讨论研究上可用测度的有趣分类的机会，因此，利用互换测度，我们将获得欧式互换期权的定价公式。

□ 17.4.1 互换测度

到目前为止，所考察的测度都是利用单一资产的价格标准化获得的。在某些条件下，我们可能想要用一系列支付而不是单一资产的价值进行标准化。一个众所周知的例子是互换测度（swap measure）。我们将在一个简单的有限状态的两时期模型中讨论互换测度。这个模型与本章前面讨论的模型有相同的时间以及现金流结构。首先，我们定义年金（annuity）。

考察下面的合约：在每个 δ 单位时间，偿付 δ 美元。支付日用 t_i 表示，

$$t_i-t_{i-1}=\delta \tag{17.9}$$

例如，δ 可以取为 1/2，每 6 个月进行一次支付。支付能持续 N 年。这就是年金，我们可以用它在 t 时刻的价值来标准化 t 时刻的资产价格。这个过程将促使我们引入互换测度。

假设在 t_2 时刻，世界存在有限种状态，这些状态用 $i=1,2,\cdots,n$ 表示。在这种背景下，假定年金从 t_2 时刻开始，并且在 t_3 和 t_4 时刻分别支付 1 美元。因此，在这种情况下，$\delta=1$。这种情况已由图 17.4 给出。很明显，为了简化起见，我们剔除了相关的信用风险。假设年金是无违约风险的。在现实中，这种合约一定具有显著的信用风险，如同我们在全球金融危机中所看到的。

当从 t_0 时刻开始考察时，t_2 时刻支付的现值是随机变量，这由下述表达式给出①：

① 尽管在我们设置的情况下 $\delta=1$，但我们更愿意利用符号 δ 讨论这个公式。

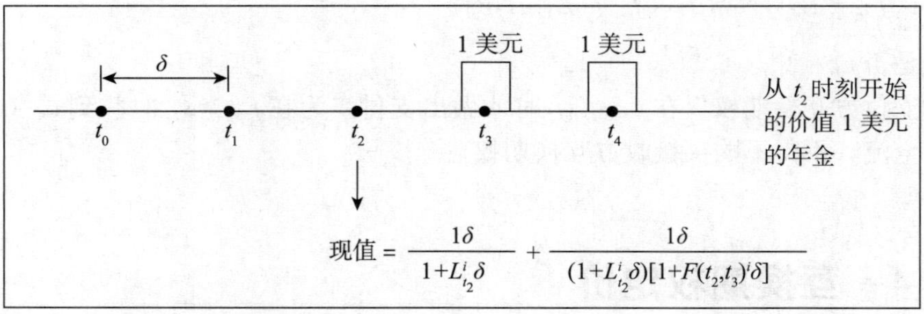

图 17.4　年金的现值

$$PV^i_{t_2}=\frac{1\delta}{1+L^i_{t_2}\delta}+\frac{1\delta}{(1+L^i_{t_2}\delta)[1+F(t_2,t_3)^i\delta]} \tag{17.10}$$

这里，$L^i_{t_2}$ 表示在状态 i 下 t_2 时刻的 LIBOR 利率，并且 $F(t_2,t_3)^i$ 表示状态 i 下 t_2 时刻的远期利率，从 t_3 时刻开始贷款。此笔贷款在 t_4 时刻被偿还。我们利用这些利率来计算 t_2 时刻下，t_3 和 t_4 时刻将收到的支付现值。这些价值依赖于状态，所以 $PV^i_{t_2}$ 用 i 标记。

利用在 t_3 和 t_4 时刻到期的无违约风险贴现债券 $B(t,t_3)$ 和 $B(t,t_4)$，我们可将$PV^i_{t_2}$ 写成

$$PV^i_{t_2}=(\delta)B(t_2,t_3)^i+(\delta)B(t_2,t_4)^i \tag{17.11}$$

在这种表述下，等式右边的无违约风险债券的价值依赖于状态，这是因为它们是在 t_2 时刻测量的。

假设两时期利率互换交易十分活跃。一个在 t_2 时刻将被发行的即期互换，如图 17.5 所示。这种工具的即期互换利率$s^i_{t_2}$ 在 t_0 时刻是未知的，这可以从上标 i 中看出。对于 t_0 时刻，假设市场上交易着远期互换，其利率用f_{t_0} 表示，并与$s^i_{t_2}$ 相对应。

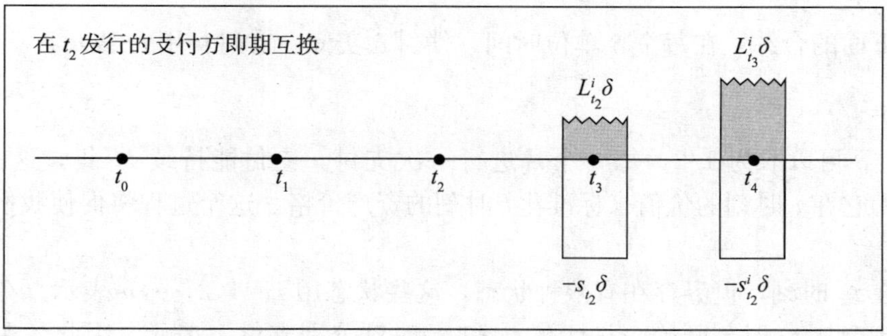

图 17.5　在日期 t_2 签订的即期互换

现在，考察一个从 t_2 时刻开始的两时期远期互换合约在 t_0 时刻的市场价值。在第 12 章基本定理的情形下，我们可以写出包含年金、远期互换合约、欧式固定支付方互换期权 Sw_t 的矩阵方程，当$s_{t_2}<f_{t_0}$ 时，期权交割相同的两时期互换。将这些资产整合到第 12 章简化的矩阵方程中，我们得到：

$$\begin{bmatrix} B(t_0,t_3)\delta+B(t_0,t_4)\delta \\ 0 \\ Sw_{t_0} \end{bmatrix} = \begin{bmatrix} \cdots & \dfrac{1\delta}{1+L_{t_2}^i\delta}+\dfrac{1\delta}{(1+L_{t_2}^i\delta)[1+F(t_2,t_3)^i\delta]} & \cdots \\ \cdots & \dfrac{1}{(f_{t_0}-s_{t_2}^i)\delta} & \cdots \\ \cdots & \dfrac{1}{Sw_{t_2}^i} & \cdots \end{bmatrix} \begin{bmatrix} \cdots \\ Q^i \\ \cdots \end{bmatrix} \tag{17.12}$$

这里，$\{Q^i, i=1,\cdots,n\}$ 表示 t_2 时期的 n 种状态价格。在无套利条件下，对于所有状态 i，它们均存在，并且为正值①

$$Q^i>0 \tag{17.13}$$

矩阵方程的最后一行表明互换期权的现值是 Q^i 以及依赖于状态的到期价值的函数。在 $f_{t_0}>s_{t_2}^i$ 的状态下，互换期权到期时将是虚值的，而且相对应的 $Sw_{t_2}^i$ 将为 0。为了不失一般性，假设这些是前面 $m<n$ 种状态的值，

$$Sw_{t_2}^i=0 \quad i=1,\cdots,m \tag{17.14}$$

对于剩下的 $n-m$ 种状态，互换期权的到期价值为

$$Sw_{t_2}^i=\frac{(f_{t_0}-s_{t_2}^i)\delta}{1+L_{t_2}^i\delta}+\frac{(f_{t_0}-s_{t_2}^i)\delta}{(1+L_{t_2}^i\delta)[1+F(t_2,t_3)^i\delta]} \quad s_{t_2}^i<f_{t_0} \tag{17.15}$$

矩阵方程的第一行表明年金的值。我们从相应的面值为 1 美元的无违约风险贴现债券的无套利价格中得到该行：

$$B(t_2,t_3)^i=\frac{1}{1+L_{t_2}^i\delta} \tag{17.16}$$

以及

$$B(t_2,t_4)^i=\frac{1}{(1+L_{t_2}^i\delta)[1+F(t_2,t_3)^i\delta]} \tag{17.17}$$

因此，$B(t_0,t_3)\delta+B(t_0,t_4)\delta$ 的数量就是年金支付的现值。在前面，这个量称为 PV01。实际上，当前的讨论说明了，在我们处理固定收益现金流时，PV01 是如何成为中心问题的。

由矩阵方程的第一行可得出：

$$B(t_0,t_3)\delta+B(t_0,t_4)\delta=\sum_{i=1}^{n}\left[\frac{1\delta}{1+L_{t_2}^i\delta}+\frac{1\delta}{(1+L_{t_2}^i\delta)[1+F(t_2,t_3)^i\delta]}\right]Q^i \tag{17.18}$$

现在，我们转换测度，然后得到一种新的研究上可用概率，即著名的互换测度。将

① 矩阵方程只写出所用的前三行。其他资产都被忽略了。然而，Q^i 的存在要求存在 n 个可以作为基准的其他资产。

第一行除以左边项，可以得到

$$1=\sum_{i=1}^{n}\frac{1}{B(t_0,t_3)\delta+B(t_0,t_4)\delta}\left[\frac{1\delta}{1+L_{t_2}^{i}\delta}+\frac{1\delta}{(1+L_{t_2}^{i}\delta)[1+F(t_2,t_3)^{i}\delta]}\right]Q^{i} \tag{17.19}$$

我们用下述表达式定义$\widetilde{p}_i^s$ 测度

$$\widetilde{p}_i^s=\frac{1}{B(t_0,t_3)\delta+B(t_0,t_4)\delta}\left[\frac{1\delta}{1+L_{t_2}^{i}\delta}+\frac{1\delta}{(1+L_{t_2}^{i}\delta[1+F(t_2,t_3)^{i}\delta]}\right]Q^{i} \tag{17.20}$$

注意，只要满足条件 $Q^i>0$，就能得到：

$$\widetilde{p}_i^s>0 \quad i=1,\cdots,n \tag{17.21}$$

以及

$$1=\sum_{i=1}^{n}\widetilde{p}_i^s \tag{17.22}$$

因而，$\widetilde{p}_i^s$ 具有定义明确的离散概率分布的性质。我们称之为互换测度。我们将阐明这种测度的两个有意思的应用。首先，我们可以看到，在这种测度下，相对应的远期互换利率表现得像是一个鞅，并具有非常简单的动态特性。其次，我们可以看到，利用这种测度，很容易对欧式互换期权进行定价。

□ 17.4.2 作为鞅的远期互换利率

为了弄清为什么在恰当的互换测度下，远期互换利率表现得像是一个鞅，我们考察式（17.12）中矩阵方程的第二行。由于远期互换在初始时刻价值为0，我们可写成：

$$0=\sum_{i=1}^{n}(f_{t_0}-s_{t_2}^{i})\delta\left[\frac{1}{1+L_{t_2}^{i}\delta}+\frac{1}{(1+L_{t_2}^{i}\delta)[1+F(t_2,t_3)^{i}\delta]}\right]Q^{i} \tag{17.23}$$

可将其表达为：

$$\begin{aligned}0=\sum_{i=1}^{n}(f_{t_0}-s_{t_2}^{i})\delta\Bigg[&\frac{1}{1+L_{t_2}^{i}\delta}\\&+\frac{1}{(1+L_{t_2}^{i}\delta)[1+F(t_2,t_3)^{i}\delta]}\Bigg]\left[\frac{B(t_0,t_3)\delta+B(t_0,t_4)\delta}{B(t_0,t_3)\delta+B(t_0,t_4)\delta}\right]Q^{i}\end{aligned} \tag{17.24}$$

现在，已知式（17.20），我们利用互换测度的定义并重新标记，可以得到

$$0=\sum_{i=1}^{n}(f_{t_0}-s_{t_2}^{i})[B(t_0,t_3)\delta+B(t_0,t_4)\delta]\,\widetilde{p}_i^s \tag{17.25}$$

在将常数项提出并消去之后，得到：

$$0=\sum_{i=1}^{n}(f_{t_0}-s_{t_2}^{i})\,\widetilde{p}_i^s \tag{17.26}$$

或者

$$f_{t_0}=\sum_{i=1}^{n} s_{t_2}^{i}\ \widetilde{p}_i^{s} \tag{17.27}$$

这意味着

$$f_{t_0}=E_{t_0}^{\widetilde{P}^s}[s_{t_2}] \tag{17.28}$$

因此，在互换测度下，远期互换利率表现得像是一个鞅。在这种测度下，远期互换利率的动态特性可利用随机微分方程写成：

$$df_t=\sigma f_t dW_t \quad t\in[t_0,T] \tag{17.29}$$

其中，我们假设一个特定的扩散结构，其中 T 表示一般互换到期日。已知远期互换利率的波动性为 σ，从这些动态特性中很容易直接生成蒙特卡洛轨迹。

□ 17.4.3 互换期权的价值

为了获得欧式互换期权的定价公式，我们考察式（17.12）给出的矩阵方程的第三行。我们可以得到：

$$Sw_{t_0}=\sum_{i=1}^{n} Sw_{t_2}^{i}\ Q^{i} \tag{17.30}$$

利用互换测度的定义 $\widetilde{P}^s$

$$\widetilde{p}_i^{s}=\frac{1}{[B(t_0,t_3)\delta+B(t_0,t_4)\delta]}\left[\frac{1\delta}{1+L_{t_2}^{i}\delta}+\frac{1\delta}{(1+L_{t_2}^{i}\delta)[1+F(t_2,t_3)^{i}\delta]}\right]Q^{i} \tag{17.31}$$

并且重新改写式（17.30）：

$$Sw_{t_0}=\sum_{i=m+1}^{n} Sw_{t_2}^{i}\left[\frac{B(t_0,t_3)\delta+B(t_0,t_4)\delta}{\frac{1\delta}{1+L_{t_2}^{i}\delta}+\frac{1\delta}{(1+L_{t_2}^{i}\delta)[1+F(t_2,t_3)^{i}\delta]}}\right]\widetilde{p}_i^{s} \tag{17.32}$$

注意，我们成功地在等式右侧引入了互换测度。现在，从式（17.15）可知，此互换期权的非零到期价值可由下式得出：

$$Sw_{t_2}^{i}=\frac{(f_{t_0}-s_{t_2}^{i})\delta}{1+L_{t_2}^{i}\delta}+\frac{(f_{t_0}-s_{t_2}^{i})\delta}{(1+L_{t_2}^{i}\delta)[1+F(t_2,t_3)^{i}\delta]} \quad s_{t_2}^{i}<f_{t_0} \tag{17.33}$$

将这些值代入式（17.32）得到，

$$Sw_{t_0}=\sum_{i=m+1}^{n}\left[\frac{(f_{t_0}-s_{t_2}^{i})\delta}{1+L_{t_2}^{i}\delta}+\frac{(f_{t_0}-s_{t_2}^{i})\delta}{(1+L_{t_2}^{i}\delta)[1+F(t_2,t_3)^{i}\delta]}\right]\left[\frac{[B(t_0,t_3)+B(t_0,t_4)]\delta}{\frac{\delta}{1+L_{t_2}^{i}\delta}+\frac{\delta}{(1+L_{t_2}^{i}\delta)[1+F(t_2,t_3)^{i}\delta]}}\widetilde{p}_i^{s}\right] \tag{17.34}$$

我们可以看到，互换测度在这里起着重要的作用。在此表达式的右边，对于每一个 i，依赖于状态的年金值将相互抵消，得到表达式：

$$Sw_{t_0}=[B(t_0,t_3)+B(t_0,t_4)]\sum_{i=m+1}^{n}[(f_{t_0}-s_{t_2}^{i})\delta\widetilde{p}_i^s] \tag{17.35}$$

这等价于

$$Sw_{t_0}=[B(t_0,t_3)+B(t_0,t_4)]E_{t_0}^{\widetilde{P}^s}[\max[(f_{t_0}-s_{t_2})\delta,0]] \tag{17.36}$$

利用这个定价方程，并且记住，在恰当的互换测度下，远期互换利率将表现得像是一个鞅，我们可以很容易获得欧式互换期权的闭形式定价公式。

用公式系统刻画市场实践，存在许多方法。一种方法如下。对市场做出下面的几个假设：

(1) 远期互换利率 f_t 服从几何（对数正态）过程，

$$\mathrm{d}f_t=\mu(f_t,t)\mathrm{d}t+\sigma f_t\mathrm{d}W_t \tag{17.37}$$

利用互换测度 $\widetilde{P}^s$ 可以将其转化为鞅，也就是

$$\mathrm{d}f_t=\sigma f_t\mathrm{d}\widetilde{W}_t \tag{17.38}$$

(2) 应用布莱克公式可以得到下面的价值

$$f_{t_0}N(d_1)-\kappa N(d_2) \tag{17.39}$$

其中

$$d_1=\frac{\log\left(\frac{f_t}{\kappa}\right)+\frac{1}{2}\sigma^2(t_2-t_0)}{\sigma\sqrt{t_2-t_0}} \tag{17.40}$$

$$d_2=d_1-\sigma\sqrt{t_2-t_0} \tag{17.41}$$

其中，t_2 表示这一节所讨论的互换期权合约到期日。

(3) 最后，欧式互换期权的价值 Sw_t 可以利用年金现值折现得到。对于 t_0 时刻，可得到：

$$Sw_{t_0}=[B(t_0,t_3)\delta+B(t_0,t_4)\delta][f_{t_0}N(d_1)-\kappa N(d_2)] \tag{17.42}$$

换句话说，互换期权的定价按照惯例先利用布莱克公式，然后使用恰当的年金现值进行折现。

□ 17.4.4 现实世界的复杂性

在现实世界中，可能存在一些复杂性。首先，市场直接为互换期权波动性报价，上述公式被用来将 1 美元的价值使用在欧式期权上。然而，大多数现实世界互换期权的应用是百慕大式的，这将美式化引入标的期权。对于百慕大式互换期权来说，不存在闭形式公式。

其次，与上限和下限情形一样，波动性微笑的存在为互换期权的定价引入了明显的复杂性，特别是，当它们是百慕大式的时候。[①] 如果互换曲线不是平的，那么相对于同一个执行水平，不同的远期互换利率具有不同的价值特征。于是，给百慕大式互换期权定价就会更加复杂。

17.5 抵押贷款支持证券

特别是在美国，抵押贷款支持证券（MBS）是非常重要的市场。抵押贷款支持证券也称为“抵押贷款转手凭证”。它们实际上获得包含利息以及买房者支付的本金摊销的现金流，然后将它们转手给购买 MBS 的投资者，MBS 的投资者收到一个由标的抵押贷款产生的“按比例的现金流”。

例子：

一个典型的房利美 MBS 具有如下特征：

每个抵押贷款的资金池都有一个转手率，它们构成转给投资者的票面利率。这是在初始发行月后一个月的第 25 天决定的。

转手率比资金池中标的抵押贷款的利率要低。（我们在本章就是这样假设的。）

这个利差包括了支付给房利美的费用以及支付给服务机构的费用。这些机构从买房者处集中偿付并履行其他职责。

交割抵押贷款使之证券化的贷款人可以继续为这些贷款服务。

在整合期间，房利美确保标的贷款的抵押贷款利率下降到 250 个基点之内。

MBS 通过证券交易商被销售给投资者。

凭证以簿记形式签发，并以电汇方式支付。

房利美的代付人是纽约联邦储备银行。集中支付简化了会计流程，因为投资者每月仅一次从持有的各种 MBS 中收到偿付。

凭证最初代表抵押贷款资金池中至少 1 000 美元的未偿还本金。然而，随着时间的流逝，这笔本金由于摊销渐渐被清偿，剩余的本金可能减少。

房利美这类机构的这种活动有几个重要结果。第一，MBS 和房利美代理商证券被大规模发行，自然地组成了流动资产类别。而且，MBS 及一些代理商证券包含内置看涨及看跌期权，因而创造了一大类凸性资产。这就出现了重要的对冲、套利以及定价问题。第二，房利美这类机构成为巨额衍生品市场实践者，它会影响互换、互换期权以及其他利率期权市场的流动性和运行。第三，需要特别注意一部分市场实践者的提前偿还问题。第四，由于房利美这类机构承担抵押贷款的信用风险，它们将信用风险从抵押贷款的市场风险中分离出来。2007—2008 年的信用危机表明，这里存在相当困难的定价问题。要估计这种信用风险极其困难。在接下来的一章中我们会涉及信用风险。最后，这些机构

① 百慕大式互换期权有不止一个明确定义的到期日。它不同于美式的风格，只能在特定的设置日执行。

的资产负债表的结构以及联邦政府的关系可能会不时引起市场巨大的波动。

17.6 利率上限与下限

就固定收益专业人士而言，利率上限与下限是非常重要的工具。我们对利率上限与下限的处理，将与本书从最开始就采取的方法一致。首先，我们讨论的内容是所谓的远期利率上限与下限，而不是一开始就介绍更加具有流动性的即期利率上限与下限。这些工具拥有一个远期起始日，而且可能流动性更差，不过它们更适合于学习目的。其次，我们沿用标准做法，由已讨论过的工具来构建这些工具。

同时，我们使用的框架尽可能简洁，而将其推广留给读者完成。考察两时期的远期固定支付方互换，如图 17.6(a) 所示。在这个互换中，存在两次结算

$$(f_{t_0}-L_{t_1})N\delta \quad 及 \quad (f_{t_0}-L_{t_2})N\delta \tag{17.43}$$

其中，L_{t_1}、f_{t_0} 和 N 分别表示相关的 LIBOR 利率、远期互换利率和远期互换名义金额。δ 表示重置间隔。远期互换的起始日为 t_1。[①]

现在，考察这个远期互换的特殊分解。首先，注意它取决于是否 $L_{t_1}>f_{t_0}$，互换的一方或者在 t_2 时刻收款，或者付款。因而，在 t_2 时刻，将交割的第一笔现金流可以被分解为两个或有现金流，它取决于 $L_{t_1}<f_{t_0}$ 还是 $L_{t_1}>f_{t_0}$。对于将在 t_3 时刻交割的第二笔现金流，也可以这样做。而且，现金流可以被分解成两个或有支付。

这些或有现金流可以被理解为某些种类的利率期权的收益。考察如图 17.6(b) 所示的 t_2 时刻现金流。这里，当 $L_{t_1}>f_{t_0}$ 时，客户收到 $(L_{t_1}-f_{t_0})N\delta$，否则什么都收不到。因而，现金流将复制一个到期日为 t_1、结算日为 t_2 的以 LIBOR 利率 L_{t_1} 为标的的期权的收益。如果在 t_1 时刻观测到的 LIBOR 超过上限水平 κ，在这种情况下 $\kappa=f_{t_0}$，客户就在 t_2 时刻收到适当的差。因而，图 17.6(b) 的上半部分像对 LIBOR 利率不会超过 κ 的保险。这个工具称为上限簇，并且它在 t 时刻的价格用 Cl^{t_1} 表示。客户做多上限簇。

图 17.6(b) 的下半部分是类似的，但反映出对 LIBOR 利率不会跌破下限水平 κ 的保险。实际上，这里现金流是当 $L_{t_1}<f_{t_0}$ 时，支付 $(f_{t_0}-L_{t_1})N\delta$，否则客户什么也不支付。这个现金流复制了一个到期日为 t_1、结算日为 t_2 的以 LIBOR 利率为标的的期权的收益。如果在 t_1 时刻观测到的 LIBOR 跌破下限水平 κ，在这种情况下，$\kappa=f_{t_0}$，客户就在 t_2 时刻支付适当的差。我们称这个工具为利率下限簇，它的价格用 Fl^{t_1} 表示。很明显，在这种情况下，客户做空下限簇。

我们对 t_3 时刻结算的利率上限簇与下限簇的处理是类似的。上限和下限水平同样是：

$$\kappa=f_{t_0} \tag{17.44}$$

① 这个 f_{t_0} 是一个可应用于即期互换利率 s_{t_1} 的远期利率。后者在 t_1 时刻可以被观察到。另外，f_{t_0} 在 t_0 时刻是已知的。

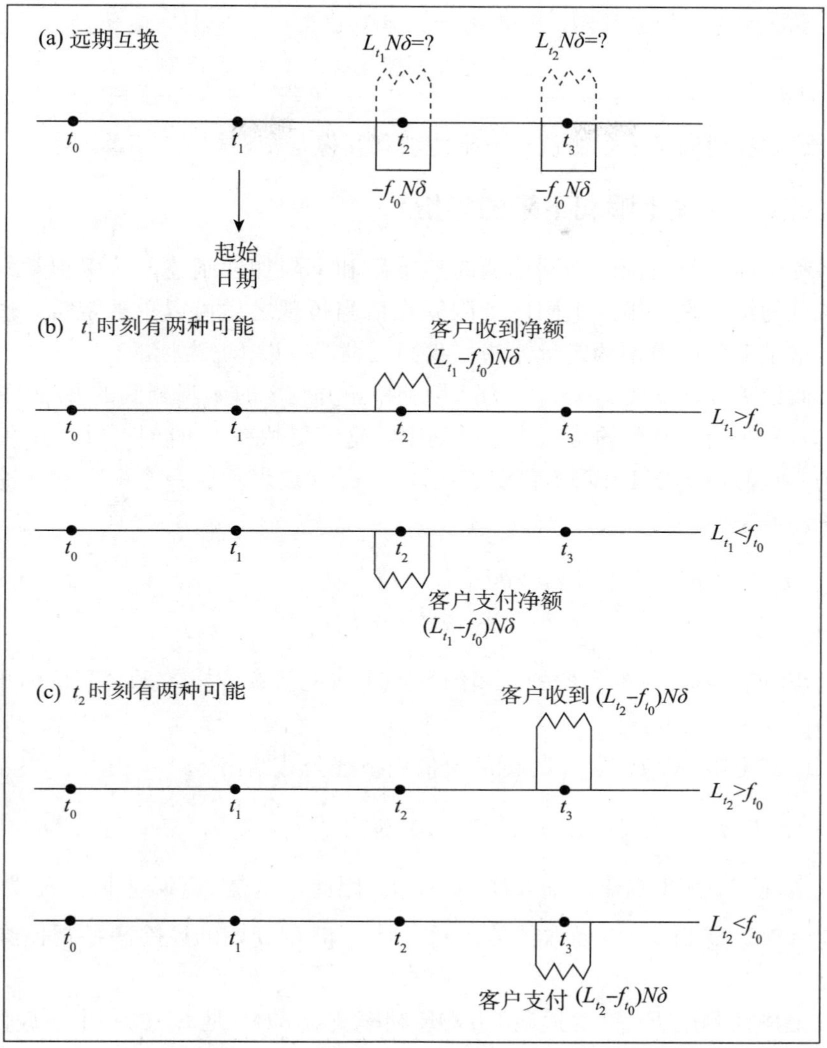

图 17.6 远期固定支付方互换

可是执行时间、结算时间和标的 LIBOR 利率 L_{t_2} 是不同的。将这两种上限簇综合起来考察，我们得到一个两时期的远期利率上限，它在 t_1 时刻开始，在 t_3 时刻到期。

$$\text{上限}=\{Cl^{t_1},Cl^{t_2}\} \tag{17.45}$$

类似地，两个下限簇可以被组合为一个两时期的远期利率下限：

$$\text{下限}=\{Fl^{t_1},Fl^{t_2}\} \tag{17.46}$$

通过将 n 个上限簇和下限簇组合，可以分别将这些远期上限和下限扩展为 n 时期的。

图 17.6 表明，我们得到一个合约方程。通过垂直相加图 17.6(b) 和图 17.6(c)，重新获得最初的远期互换。因而，将合约方程写成：

远期固定支付方互换， 利率 $f_{t_0}=\kappa$	=	远期上限协议， 上限利率为 κ	−	远期下限协议， 下限利率为 κ	(17.47)

这个合约方程说明了上限协议、下限协议和互换是密切相关的工具。

□ 17.6.1　利率上限和下限的定价

这里将利用前面所讨论的相同的两时期上限和下限加以阐述。从工程学知识得出的一个显而易见的结论是，组成上限的上限簇在恰当折现之后可以单独定价，然后再将其价值相加。这是上限簇典型的定价方法；我们假设 Cl^{t_1} 以 L_{t_1} 为标的。

第一，假设 $F(t,t_1)$（$t<t_1$）为远期利率，并与 t 时刻观测到的 L_{t_1} 相符。更准确地说，$F(t,t_1)$ 是由 t 时刻的贷款决定的利率，这笔贷款在 t_1 时刻支付，并在 t_2 时刻被偿还。市场实践假设远期 LIBOR 利率 $F(t,t_1)$ 可以被表示成一个鞅，它具有不变的瞬时百分比波动性 σ：

$$dF(t,t_1)=\sigma F(t,t_1)dW_t \quad t\in[0,\infty) \tag{17.48}$$

初始点为 $F(t_0,t_1)$。

第二，市场假定 t_2 时刻到期的无违约风险净贴现债券价格的无套利价值可以被计算出，并用 $B(t_0,t_2)$ 表示。①

第三，已知上限簇 Cl^{t_1} 在 t_0 时刻的价值由下述公式给出

$$Cl_{t_0}^{t_1}=B(t_0,t_2)E_{t_0}^{\tilde{P}^{t_2}}[\max[L_{t_1}-\kappa,0]N\delta] \tag{17.49}$$

其中，在此情况下，κ 也等于远期互换利率 f_{t_0}。因此，这是 ATM 上限，N 为名义金额。这里期望是针对远期测度 $\tilde{P}^{t_2}$ 而取得的，同时对 t_2 时刻到期的风险净贴现债券 $B(t_0,t_2)$ 加以标准化。

最后，记住在测度 $\tilde{P}^{t_2}$ 下，远期 LIBOR 利率 $F(t_0,t_1)$ 是 L_{t_1} 的一个无偏估计。

$$F(t_0,t_1)=E_{t_0}^{\tilde{P}^{t_2}}[L_{t_1}] \tag{17.50}$$

由此获得闭形式公式。这是通过将布莱克公式应用于具有零漂移项的 $F(t,t_1)$ 过程得到的。于是，可以通过计算期望

$$E_{t_0}^{\tilde{P}^{t_2}}[\max[L_{t_1}-\kappa,0]N\delta] \tag{17.51}$$

获得布莱克公式②：

$$Cl_{t_0}^{t_1}=B(t_0,t_2)[F(t_0,t_1)N(h_1)-\kappa N(h_2)]\delta N \tag{17.52}$$

其中

---

① 注意，这个贴现债券在结算时间 t_2 到期，并不是上限簇的到期时间 t_1。对将在 t_2 收到的随机支付进行贴现是有必要的。

② 这里 $N(\cdot)$ 表示概率，而最后的 N 是名义金额。

$$h_1=\frac{\log\left[\frac{F(t_0,t_1)}{\kappa}\right]+\frac{1}{2}\sigma^2(t_1-t_0)}{\sigma\sqrt{t_1-t_0}} \tag{17.53}$$

$$h_2=\frac{\log\left[\frac{F(t_0,t_1)}{\kappa}\right]+\frac{1}{2}\sigma^2(t_1-t_0)}{\sigma\sqrt{t_1-t_0}}-\sigma\sqrt{t_1-t_0} \tag{17.54}$$

注意，$F(t_0,t_1)$ 和 f_{t_0} 均表示与 t_2 时刻计算的美元金额有关的利率。于是，对于这个结算，贴现债券价格 $B(t_0,t_2)$ 就成为市场决定的“预期”折现率。

在 t_2 时刻，到期的上限簇 Cl^{t_2} 将以类似方法定价，不同的是，这一次期望是针对 t_3 时刻的远期测度 $\tilde{P}^{t_3}$，并且标的远期利率为 $F(t_0,t_2)$，而不是 $F(t_0,t_1)$。① 求解定价公式，我们得到

$$Cl_{t_0}^{t_2}=B(t_0,t_3)[F(t_0,t_2)N(q_1)-\kappa N(q_2)]\delta N \tag{17.55}$$

其中

$$q_1=\frac{\log\left[\frac{F(t_0,t_2)}{\kappa}\right]+\frac{1}{2}\sigma^2(t_2-t_0)}{\sigma\sqrt{t_2-t_0}} \tag{17.56}$$

$$q_2=\frac{\log\left[\frac{F(t_0,t_2)}{\kappa}\right]+\frac{1}{2}\sigma^2(t_2-t_0)}{\sigma\sqrt{t_2-t_0}}-\sigma\sqrt{t_2-t_0} \tag{17.57}$$

重要的是认识到，同样的常值百分比波动性可用于两个利率上限簇公式，尽管它们的到期日不同。实际上，第一个上限簇的期限为 $[t_0,t_1]$，而第二个上限簇 $Cl_{t_0}^{t_2}$ 具有更长的期限 $[t_0,t_2]$。而且，注意，除了执行价格相同，这两个上限簇具有不同的资金。

最后，为了得到上限本身的价值，市场专家将两个上限簇的价格简单相加，得出

$$\text{Cap}_{t_0}=B(t_0,t_2)[F(t_0,t_1)N(h_1)-\kappa N(h_2)]+B(t_0,t_3)[F(t_0,t_2)N(g_1)-\kappa N(g_2)] \tag{17.58}$$

其中，h_i 和 g_i 与上文提到的相同。假设参数 N 和 δ 在本公式中相等，否则，等式右边也需要乘以 N 和 δ。

□ 17.6.2　小结

有必要总结一下上限与下限定价规则的一些关键步骤。第一步，为给每个上限簇定价，市场通过对在特定上限簇结算日到期的贴现债券进行标准化，获取对应于该上限簇的远期测度。第二步，市场使用含有零漂移项的 SDE，其原因是，在这种测度下，相应的远期 LIBOR 利率是一个鞅。第三步，假定所有上限簇的百分比波动性是持续并相同的。第四步，运用适当的远期测度，使计算随机折现因子以及上限簇各自的收益成为可能。布莱克公式给出了利率上限簇的价格，它是适当的流动贴现债券价格的加总。

---

① 对于 $\tilde{P}^{t_2}$ 来说，L_{t_2} 不是一个鞅，相应的 SDE 漂移项不是零。

□ 17.6.3 上限簇定价及微笑

前面的总结说明了为什么波动性微笑与上限和下限的定价和对冲有高度的相关性。后者是由几个上限簇及下限簇组成的，因此是以不同的远期利率为标的的篮子期权，远期利率用 $F(t_0,t_i)(i=1,\cdots,n)$ 表示。

只要收益率曲线不是平坦的，远期利率 $F(t_0,t_i)$ 将各不相同。然而，每个上限或下限只有一个执行价格 κ。这意味着，关于这个执行价格，我们可以得到

$$\frac{F(t_0,t_1)}{\kappa}\neq\frac{F(t_0,t_2)}{\kappa}\neq\cdots\neq\frac{F(t_0,t_n)}{\kappa} \tag{17.59}$$

换句话说，只要收益率曲线向上或向下倾斜，比率

$$\frac{F(t_0,t_i)}{\kappa} \tag{17.60}$$

将是不同的，这意味着每个上限簇与下限簇不同的价值状况。

现在，假定存在波动性微笑。如果在一些情况下，每个上限簇与下限簇被分别出售，期权交易者会为每个期权替换不同的波动性参数，符合相应布莱克公式中的微笑。但上限簇和下限簇被捆绑成上下限。更重要的是，布莱克公式使用单一波动性参数。

这至少存在两点意义。首先，我们可以看到，与上限有关的波动性参数是有着不同价值特征的上限簇的加权平均。其次，尽管 ATM 波动性保持不变，收益率曲线的运动会改变标的上限簇（下限簇）的价值状况，并且通过微笑效应，会改变在相应布莱克公式中需要使用的波动性参数。换句话说，当存在波动性微笑时，使上限/下限盯住市场可能是相当难以完成的任务。

17.7 结论

互换期权在经济活动以及世界金融市场中起着重要作用。然而，本章列举了一个简单的例子来说明互换测度的定义及其在定价中的应用。

阅读建议

Rebonato (2002) 以及 Brigo and Mercurio (2006) 是推荐给读者的在学习本章后可以参考的拓展资源，也可以在这些资源中获得进一步的参考资料。有关这个专题的学术及应用论文越来越多。Andersen and Andreasen (2000) 和 Pedersen (1999) 就是两篇技术性的参考文献。

习题

1. 考察下面的说法：

一位证券操盘手指出，上限/下限波动性应该略高于互换期权波动性。一位伦敦证券操盘手表示，通过可赎回债券公司购买上限，投资者出售互换。市场在结构上是空头上限和多头互换。

a. 互换期权是以约定利率进行预先确定数据的互换的期权。根据这个材料，请解释为什么上限/下限波动性应该高于互换期权波动性。

b. 市场在结构上是空头上限和多头互换的原因是什么？

c. 这个说法在对冲和风险管理方面意味着什么？

2. 下面的阅读资料研究了某些典型的互换期权策略及其产生因素。首先，仔细阅读资料。

雷曼兄弟和瑞士信贷第一波士顿银行（CSFB）建议它们的客户在召开美国联邦公开市场委员会会议之前购买长期互换期权波动性。在交易中，银行建议客户购买长期互换跨式期权组合。它的价值随长期互换期权波动性的增加而升高。

在利率下跌时，抵押贷款服务商和投资者都热衷于使用互换期权来对冲再融资风险，这意味着长期互换期权的波动性将在未来几个月增加，一位纽约市 CSFB 官员如是说。

纽约市的一位交易商说，去年的传统互换期权波动性的供给持续减少。代理商主要通过参与互换为交易商提供波动性，这些互换有以发行的可赎回票据为担保的嵌入期权。在过去一年里，由于高的利率波动性，对可赎回票据的需求下降，其主要投资者之一银行的需求也减少。交易商供给的波动性的减少，导致中长期互换期权波动性的增加。

雷曼兄弟推荐相对值交易，在交易中，投资者卖出短期互换期权波动性，比如期权，来参与 1 年的 10 年期互换，并购买长期互换期权波动性，来参与 5 年的 10 年期互换。交易商指出，这项交易由平值互换跨式期权组合组成，其权重恰好使投资依赖于与历史相比反向的现行波动性曲线斜率。随着美联储计划在今后几个月变得更加清晰，市场对利率方向的担心有所缓解，短期互换期权波动性将会下降。如果美联储在本周会议上将利率下调 50 个基点，市场有缓和的迹象，短期波动性会比长期波动性下降得更多。

CSFB 建议购入长期波动性。截至发稿时，选择参与一个 5 年期互换，可以获得大约 570 个基点的溢价。据 CSFB 官员说，本月的峰值达到 670 个基点。在 1994—1995 年的美国经济出现类似转折点期间，类似期权的波动性接近 700 个基点。本周的会议可能使这种头寸立即上升。如果美联储将利率下调到比预期的 50 个基点多或少，长期互换期权波动性将随抵押贷款参与者的对冲行为而上升。一个与之相抵消的事实是，随着美联储会议的召开，短期波动性通常会下降，有时会拉动长期波动性一起下降。

（摘自《衍生品周刊》，2011年11月）

首先，对阅读资料所提到的机制做出点评。“代理商”一词用于指代半官方机构，比如房利美，房利美为银行业提供抵押贷款资金。这些机构出售包含嵌入看涨期权的债券。例如，代理商有权在特定时期以面值赎回债券。这些债券的持有人因此而成为期权的卖方。代理商是期权的买方。为了对冲这些头寸，它们也需要成为期权的卖方。

(a) 利用现金流图形，说明代理商在发行可赎回债券时会持有的头寸。

(b) 为什么短期波动性会根据市场而降低？为什么长期波动性会升高？

(c) 你认为平值互换跨式期权组合是什么？画出隐含的现金流图形。

(d) 如果关于波动性的预期得以实现，收益将如何兑现？

(e) CSFB所建议的头寸与雷曼兄弟所建议的头寸在风险上有什么区别？

3. 回答与下面案例相关的问题。

❖案例研究：丹麦抵押贷款债券

丹麦抵押贷款债券是具有流动性、波动性的复杂工具。它们在根基稳固的法律和机构环境中交易，并吸引一批最好的对冲基金。在此，我们仅仅将其作为一个例子，这个例子教给我们与互换、互换期权、期权以及对家庭行为方式进行建模所涉及的风险有关的知识。

□背景资料

为了回答下面的问题，你需要充分了解这些观念及工具：

1. 普通利率互换。
2. 互换期权。
3. 抵押贷款支持证券的提前偿还风险。
4. 波动性与期权的关系。
5. LIBOR和简单LIBOR工具。
6. 政府债券市场及高收益债券。

□问题

第一部分

a. 给出下面概念的定义：抵押贷款支持证券、提前偿还风险、隐含期权以及负凸性。

b. 说明你如何在互换和互换期权市场上对冲丹麦抵押贷款债券（DMB）头寸，然后获得大量套利。为什么这会增加丹麦市场的流动性？

c. 说明如何利用百慕大期权实现你的计划。

d. 详细解释这是不是真正的套利。是否存在风险？

第二部分

a. 什么是走廊结构?

b. 阅读资料中的“错配”是什么意思?

c. 什么是“余额保护互换”?

d. 解释错配交易的目的。

□资料 1

丹麦抵押贷款市场的套利举措

收益匮乏的银行和对冲基金一直在对长期丹麦抵押贷款债券进行抄底，以便对冲互换和互换期权上的部分风险敞口，并获取大量的套利（1）。然而，这种策略不是无风险的。所涉及的结构严重依赖于复杂的统计建模技术。

丹麦抵押贷款债券市场一直在经历着变革。传统上，丹麦养老基金或者投资经理购买的债券现在被有经验的境外银行以及对冲基金所抢购。国际参与者正试图在抵押贷款、信用以及其他利率市场间套利。这种活动也导致了丹麦克朗和德国马克互换及互换期权的交易量显著增加。(1)

国际活动的精确规模和性质是未知的，然而可以认为，其数量庞大并且不断增长。一位伦敦银行的构建师说：“境外介入量已飞涨。”银行被认为是活动的领军力量，其中包括巴克莱银行、美国信孚银行以及美林国际银行。

市场专家说，由于欧洲以及美国的获利机会减少，欧洲投资者看到在加入 EMU 前南欧债券的收益骤减，他们不得不寻求新的获利途径，因此外国对丹麦市场的兴趣增加。由于美国抵押贷款市场的套利机会将枯竭，美国对冲基金已转向丹麦。

欧洲的活动集中于丹麦抵押贷款债券，因为它们被认为是唯一可替代（2）美国债券的套利机会。七个服务于私人的公司，Nykredit、Real Kredit、BRF Kredit、Danske Kredit、Unikredit、Totalkredit 和 DLR 不间断地向市场发行，现在价值 9 000 亿丹麦克朗。抵押担保市场在欧洲其他地方发展缓慢。德意志银行上周推出了第一只德国抵押贷款支持证券，Haus I，荷兰银行已经两次将荷兰的抵押贷款证券化（即资产支持证券）。

套利 MBS

丹麦抵押贷款债券市场（2）的境外活动集中于内置提前偿还条款的估价——这些期权使借出者以面值赎回债券来消除与标的抵押品资金池相关的提前偿还风险。衍生品专家借助传统无抵押担保互换期权分析提前偿还期权，并通过抵押贷款债券交易互换期权实现相对价值。(2)

在一种交易版本中，投机者购买抵押贷款债券，并交易百慕大式接收方互换期权，使用丹麦克朗或（密切相关的）德国马克。这样做消除了提前偿还风险，并获得了相对单纯的利率以及信用风险敞口（3）。

一些参与者进一步用互换和互换期权交易抵押贷款债券，这就产生了真正的套利（3）。他们为互换支付固定金额以消除利率风险，同时购买接收方互换期权以抵消内置期权性风险。他们获得了简单的比 LIBOR 更高的回报和锁定的利润，但受限于信用风险。

类似的活动构成美国抵押贷款债券市场的支柱。有经验的美国投资银行，比如高盛银行、摩根士丹利和雷曼兄弟，近年来通过借助其他工具研究抵押贷款债券并获得了可观的套利收益（3）。

然而，这样的潜在收益，不论在美国还是丹麦都有很大的风险。首先，长期百慕大式期权的定价涉及很多问题。互换期权专家认为，这些产品对收益率曲线的倾斜和形状很敏感——这些特征通过简单的单因素互换期权定价模型无法反映出来。

其次，分析提前偿还风险的确切规模时存在困难。一位著名华尔街投资银行的构建师说："在过去几年，提前偿还问题消耗了美国抵押贷款部门的大量资源。并且，很多操作者由于做出错误的假设而功亏一篑。"

另一位纽约的抵押贷款衍生品专家说："一直存在传说，一家或另一家投资银行得出了错误的风险模型。"银行和对冲基金的问题在于，提前偿还的规模受个体丹麦资产所有人的再融资活动的影响。而且，它是关于现行利率状况和个体房屋所有人统计特征的函数。

因此，抵押贷款债券估价理论的发展部分基于构建旨在分析因素而非利率市场状况的统计模型。如果丹麦的利率下降，一些抵押贷款持有人很可能会选择赎回他们的高利率抵押贷款，并取得新的利率更低的贷款。这就导致借入者提前偿还其部分抵押债券。不过，不是每个房屋持有者都会这样做。一些可能从不再融资；一些更倾向于在一年的特定时期再融资；一些在国家的特定地方进行更多的再融资；等等。

着眼于未来，抵押贷款债券的套利活动可能很快会传到欧洲其他地方。丹麦政府正考虑通过限制 30 年期债券的发行来冷却经济。(5) 这会抑制市场的流动性，使套利变得更加困难。同时，投资银行正在与瑞典、德国、荷兰和英国的权威对话，做一些改变来使它们自己的抵押贷款市场变得更有效率。

（汤森路透，IFR，1998 年 5 月）

□资料 2

这篇资料涉及案例研究的第二部分。

动态基金瞄准错配机会

随着欧洲的短期收益持续下降，货币市场基金通过结构化产品逐步锁定更高的收益率。一般来说，它们通过走廊*结构出售波动性以提高收益率。(1) 更具体地说，它们利用了丹麦抵押贷款市场和英镑互换利差市场的对冲基金来诱导市场错配。一个主要欧洲银行的市场专家说："在过去几周中，基金用较小的信用风险替换更大的市场风险。"随后，他补充道，基金将金融市场信心增长看成一个从市场错配中获取更高收益的机会。

特别地，交易商说，基金希望购买丹麦抵押贷款债券以及余额保护互换（2）。余额

---

* 在不同语境下，走廊（corridor）具有不同的含义。它可以被定义为由两个互换期权组成的互换领子。结构和参与区间是由两个互换的执行价格和类型决定的。此外，"走廊"可能意味着一个类似数字敲入出局期权，在当前长期利率水平之上和之下设置两个障碍。如果利率保持在壁垒之间，支付可以被定义为溢价的倍数（通常是两倍或三倍）。如果任何一个障碍被突破，都不会有收益。——译者注

保护互换保证了债券买方的票面利率，但依然留给持有者久期风险——如果提前偿还增加，工具的久期会有缩短的风险。持有未互换的丹麦抵押贷款债券，持有人暴露于提前偿还率升高，并且票面利率水平降低的风险中。

除了特定的错配相关交易（3），市场专家说，对于基金存在一种从标准商业票据和资产互换投资转移到更高回报、更加结构化产品的趋势。与传统基金购买浮动利率工具并且只存在工具的信用风险敞口不同，动态货币市场基金购买存在利率和波动性风险敞口的工具。

上周，一位构建师说，动态基金行业已增长一段时间，并且补充说一些欧洲基金用于管理动态工具的资金比传统工具更多。“有很多关于货币市场基金和它们想创造收益的兴奋之处。”他说。

典型的动态货币市场基金交易是走廊交易（4），最近流行的基于两个 LIBOR 利率的交易就属于这种交易。一位银行产品构建师说，他最近交易了一个支付高票面利率，并在预设限制内提供美元 LIBOR 和法国法郎 LIBOR 的票据。本金的偿还有保证，然而利息的支付是或有的。通过购买这类结构，基金实际上做空 LIBOR 波动性，利用获得的溢价来提高它们收到的票面利率水平。（5）被提高的票面利率幅度通常取决于走廊的宽度，一个紧凑走廊可以额外获利高达 200 个基点，一个宽松走廊的附加收益仅为 50 个基点。交易商说，基金倾向于更加谨慎，并且喜欢宽松走廊及低收益率的产品。

Excel 习题

4.（利率上限定价）如果浮动美元 LIBOR 利率高于 5.00％的固定水平，编写一个 VBA 程序来确定将支付的利率上限的价格。利用本章网页上的“Cap Pricing Input”工作表中给出的数据进行计算。

5.（利率下限定价）如果浮动美元 LIBOR 利率低于 4.60％的固定水平，编写一个 VBA 程序来确定将支付的利率下限的价格。利用本章网页上“Floor Pricing Input”工作表中给出的数据进行计算。

第 18 章 信用市场：信用违约互换工程

18.1 引论

在前面几个章节，我们研究了金融工程在远期、期货、互换和期权方面的应用。在讨论中，为了简单起见，我们抽离出与信用风险相关的问题。在本章和随后的章节中，我们将讨论与信用风险、信用衍生品和信用结构化产品有关的金融工程应用。

信用衍生品对金融工程产生了革命性的影响。这（至少）在两个方面是这样的。第一个方面是，流动性信用衍生品允许剥离、定价和交易金融工具的最主要成分，也就是信用风险。利用信用衍生品，可以建立任何金融工具的合成品。[①] 第二个方面，也是重要的，就是信用数量分析师和金融工程师所起的特殊作用。在诸如期权、互换、固定期限互换、互换期权等主要金融工具的发展完成后，主要的经纪交易商开始组织信用市场。新知识和技术也已经到位。运用这些专业知识，信用市场已经发展起来，可以构建出金融工具。最后，大部分新的创新也发生在信用市场和结构化信用中。因此，研究信用工具非常重要，不仅因为它们形成了一个巨大的市场，而且因为如果没有它们，许多新的金融工程技术不可能被正确地理解。

流动性信用衍生品市场使合成金融工具的创新范围扩大到有违约风险的资产，它们允许定价和交易违约相关性。通过信用违约互换（CDS）和指数产品，给违约风险和违约相关性定价就由市场完成。与此相比，处理信用风险的传统方法是利用特定方法来估计

① 假如没有信用衍生品，对非 AAA 评级金融工具精准构建其合成是可能的，但它是不完善的。在对信用利差建立模型时，没有利用信用衍生品的合成必须做出某种努力，并且在某种程度上，这种合成是特定的。本书自始至终所用的基本原则是：定价、对冲以及风险管理应该尽可能建立在流动的、可交易的证券基础上。对于信用衍生品，特定的建模内容就是最小化，而模型参数可通过流动性市场加以校准。

信用曲线，并试图建立利差动态特性模型。

本章将阐述三种工具。第一种是基本组件模块，即信用违约互换（CDS）。我们将看到，CDS 是流动性固定收益工具的自然延伸。第二种是指数产品及其份额。份额交易导致了对违约相关性的校准，这无论对金融业还是商业周期分析都具有影响。最后，作为信用市场的第三个部分，我们考察各种各样的结构化信用产品。结构化信用产品是一个新产品创新发展步伐较快的领域。这一章还简略回顾信用衍生品，而不是 CDS。

18.2 术语和定义

首先，我们需要定义某些术语。信用行业在现代金融学中是相对比较新的，虽然它的专门解决方法与银行业自身的历史一样久远。① 本节使用的一些术语来自互换市场，但另外一些术语是新产生的，并且是信用行业所特有的。下面列出所挑选的几个术语。

(1) 参考名称（reference name）。债券工具的发行者，此发行者可买入或卖出违约的保险。

(2) 参考资产（reference asset）。这是交易信用风险的工具。注意，信用行业对基差风险（basis risk）的定义采取了更自由的方式。交易者可能正在进行贷款，但可能通过同一个信用实体发行的债券来对冲信用风险。

(3) 信用事件（credit event）。信用风险直接或间接地与一些特定事件（例如，违约或降级）相联系。和相对较小且连续发生的市场风险事件相比，这些信用事件是重大的离散事件。② 在信用衍生品合约中，必须仔细地定义标的信用事件。不同行业对严重信用事件（hard credit event）（例如破产）与轻微信用事件（soft credit event）（例如重组）的定义是不同的。③ 我们在这一章的后面将讨论这个问题。

(4) 保护买方/保护卖方（protection buyer，protection seller）。保护买方是购买信用工具的一方，比如说购买 CDS 的一方。这个实体将定期地向保护卖方支付一定金额作为发生违约事件时的赔偿。保护卖方就是这个 CDS 的卖方。

(5) 回收价值（recovery value）。如果发生了违约，信用工具的支付将取决于违约时标的资产的回收价值。这个价值很少是零；某些正值是可回收的。因此，买方需要为可回收价值以外的部分购买保护。比如穆迪和标准普尔这类主要评级机构，利用过去的违约数据，计算各类信贷的回收率表。作为 2009 年 CDS 标准化的结果，按照惯例，回收率现在固定为 40%。这消除了一些较早的含糊不清的问题，这些问题与计算违约概率和源于报价价差的 CDS 盯市有关。

---

① 信用衍生品和基于 CDS 的结构化产品相对较新。信用违约互换本身已有几十年的历史，由 J. P. 摩根在 1994 年率先推出。

② 维纳与泊松（Poisson）型事件提供了两个理论上的例子。

③ 其想法是，重组负债公司的违约概率截然不同于已经违约或被告知即将违约的公司的违约概率。

(6) 信用指数 (credit indices)。这是信用行业里流动性最强的部分。建立信用指数的方法是，首先选择一组参考名称，然后对投资组合中所包含名称的 CDS 利率进行算术平均。整体经济信用指数既有投资级的，又有投机级的，还有特定部门的指数。欧洲和亚洲的 iTraxx 以及美国和新兴市场的 CDX 是流动性最强的信用指数。

(7) 份额 (tranches)。给定参考名称的投资组合，在开始时还不知道哪个名称会违约，或者由于某个事件是否存在完全违约。在这种条件下，构建师可能决定卖出与违约相联系的前 0～3%的风险。在有 100 个名称的集合中，最先三个违约的风险会被转移给另一个投资者。投资者会定期收到对风险的偿付。类似地，产品构建师可能卖出与违约相联系的 3%～6%的风险。我们将在第 21 章中详细讨论信用指数和份额。

(8) 电子交易。信用指数通常是场外交易，而且作为全球金融危机后监管的结果，它是集中结算的。大部分交易都是电子交易，并且自 2013 年 10 月起，某些美国交易需要通过名为互换执行设备 (Swaps Execution Facility) 的电子平台执行。交易所交易的信用指数期货已经启动。①

(9) 标准化。2009 年 4 月，ISDA 实施了 CDS 合约的标准化。这个事件也被称为 CDS“大爆炸”。这一举措的目的是通过减少不确定性和提高信用事件管理的运作效率来促进 CDS 结算。标准化有三个主要部分：拍卖硬布线 (auction hard-wiring)、标准化交易惯例和中央结算。我们将在第 18.4 节详细讨论这些内容。

信用行业还有其他一些特定术语，我们将在后面的讨论中陆续介绍。

□ 18.2.1 信用衍生品的类型

信用衍生品最初的形式从银行业开始时就已经存在。那时这些信用衍生品是不流通的，不进行交易，并且一般来说不像现代金融工具比如互换那样拥有令人满意的特性，这些特性促进了它们在金融工程中的运用。信用证、银行承兑汇票和担保这类银行业务是现代信用工具的前身，存在于全世界每家银行的资产负债表中。

从广义上说，信用衍生品存在三种主要类型：

(1) 与信用事件相关的产品，它的支付取决于双方所认同事件的发生。信用违约互换是这一类型中主要的基本组成部分。

(2) 信用指数产品，应用于信用投资组合交易中。很明显，这种类型的指数伴随它们自己的衍生品，比如期权、期货和远期而产生。② 一个例子是 iTraxx 欧洲指数期权。

(3) 结构化信用产品与指数份额。

---

① 由于内部限制或缺乏 ISDA 协议，一些市场参与者无法进行互换交易。在这种情况下，信用指数期货提供了一种获得宏观信用风险敞口或对冲风险的替代选择。

② 2007 年，欧洲期货交易所 (Eurex) 推出 3 种 iTraxx 指数期货合约，但这些合约的交易从未启动。洲际交易所 (ICE) 将这一事件的教训纳入其产品设计，并于 2013 年 6 月推出了 4 种 Markit CDX 和 iTraxx 指数期货。与欧洲期货交易所和芝加哥商品交易所 (CME) 的产品不同，洲际交易所的合约并不为投资者提供违约保护，而是对信用利差的一种前瞻性看法。

风险债务和无风险债务价值之间的差异，通常以信用利差（credit spread）表示。利差是风险债券（承诺的收益率）与无风险债券收益率之间的差。信用风险可以分为两大不同种类：第一种是信用恶化（credit deterioration）风险，标的信用利差的变宽可以表明信用是怎样恶化的；第二种是违约风险（default risk），这种信用风险独立于信用恶化风险，虽然二者有某种程度的联系。违约产品交易的是从信用恶化风险中分离出来的违约风险。

如上面所示，银行发行信用证、担保和保险。这些传统工具的主要特征是它们只转移信用风险。特别地，它们不能转移市场风险或信用恶化风险。本质上，它们只在发生违约时支付。当信用恶化时，则没有任何补偿。新的信用违约产品具有这些旧式工具的某些特性。信用合约的某些新特点如下：

(1) 支付取决于一个信用事件而不是一个标的价格，这与保险产品相似，而与其他衍生品不同。支付对事件的依赖导致了新的技术和工具。

(2) 事件的存在引起回收价值的问题。在出现违约时，要确定（建模）资产的价值并不容易。在本章中，我们将自始至终使用回收率是不变的这一假设，并且已知值是 R。

(3) 信用合约的结算过程比其他市场上更复杂。在标的资产实物交割的情况下，这并不是一个大问题。保护卖方将是违约产品法律上的所有者，并且可以采取必要的法律措施得到回收价值。但是，如果合约是现金交割的，除非一方直接拥有标的信贷，否则，任何一方对信贷的借方都没有法律追索权。由于这个原因，在实际中，行业更青睐于实物交割，绝大部分违约互换就是以这种形式交割的。

在详细研究信用违约互换时，我们将讨论违约产品的其他特征。在下一节，我们将更详细地考察流动性最强的信用衍生工具，并研究信用违约互换的金融工程。

18.3 信用违约互换

信用部门的主要组件模块是信用违约互换，这个内容在第 1 章作为互换类的例子已经介绍了。然而，这是一个重要类别。图 18.1 是从保护卖方的角度来看的一种典型的违约互换。某一特定信用（这里记为 i）的 CDS 卖方收到一个事先确定的票面利率，将此称为 CDS 利率。CDS 在 T 时到期。CDS 中的信用保护卖方出售 CDS，而保护买方购买 CDS。保护买方定期支付固定利率（即 CDS 利率），直至违约或固定到期日两者中较早的时点。其利差用$\text{cds}_{t_0}^{j}$表示，是在 t_0 时刻确定的。在每一个 t_i 时刻，进行金额为$\text{cds}_{t_0}^{j}\delta N$的支付。用 j 表示参考名称。如果一直到 T 时都没有发生违约，那么直到合约到期都没有其他支付。另外，如果名称 j 在 $[t_0,T]$ 区间内违约，那么 CDS 卖方必须补偿对手方保证数额 N 美元。对于这个现金支付，保护买方还要实际交割面值为 N 美元的债务工具。这些工具都来自可交割篮子，而且是在 t_0 时由合约明确规定的。显然，在违约情况下，这些工具之一通常将是最便宜交割，所有参与者都想要交割那种特别标的。

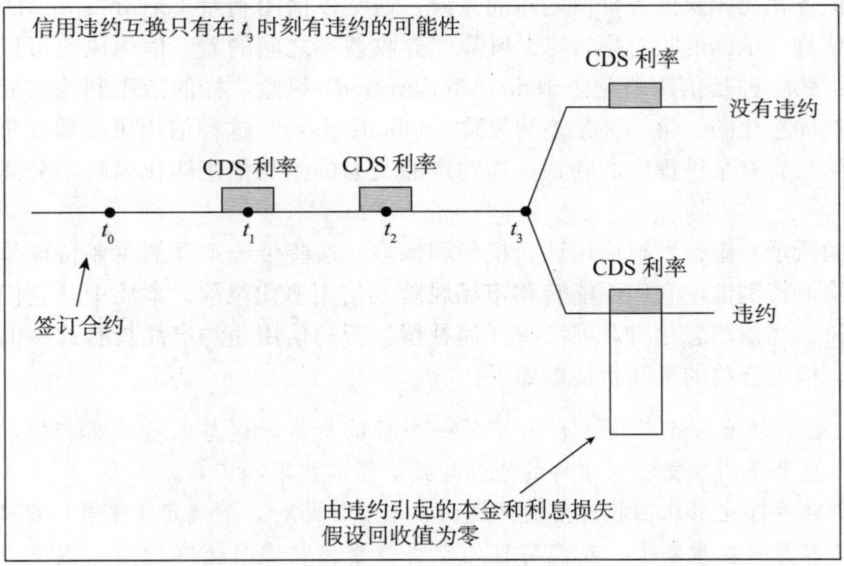

图 18.1 信用违约互换

注意，迄今为止，由于我们假设 CDS 签订时没有预付款，所以目前的讨论已经简化。这与 CDS 标准化后最近的市场惯例形成了对比，CDS 标准化已经从价差基点转变为预定的基点。稍后我们将详细讨论这些市场惯例。在本章后面，我们将考察金融工程师应该了解的违约互换市场的其他特征。现在，讨论这类产品的金融工程。这一点特别重要，因为我们将会看到，违约互换可以自然地被视为一个典型风险债券分解后的剩余。实际上，我们获得了一个风险债券，并将它分解成各个组件，其中一种关键的组件就是违约互换。违约互换发挥的作用也就部分地解释了它的吸引力及其在重要信用工具中的地位。

我们利用一个具体例子讨论违约互换的构建。尽管这个例子只是一种特殊情形，但描述了信用风险工程化中几乎所有的重要方面。许多目前的实践涉及合成担保债务凭证（CDO）、信用联结票据（CLN）以及其他一些受欢迎的信用工具，这都可以在下面的讨论中涉及。[①]

本节可以独立地看成是现金流工程化的另一个例子。我们指出，当引入违约风险时，静态复制方法将发生怎样的改变。从本质上说，所用到的方法是相同的。不过，只有在其他标准工具中加上 CDS，才有可能构建一个令人满意的合成工具。

□ 18.3.1 构建 CDS

我们希望采取的步骤概括如下：首先选取一个参考名称为 j 的含有违约风险的债券，然后说明如何将这个债券的现金流分解为更简单且流动性更强的成分。实质上，我们将债券风险分解为两个，一个依赖于市场波动性，另一个依赖于参考名称的违约可能性。这个分解的结果自然就产生了一个信用违约互换。

① 第 21 章将阐述 CDO 和 CLN。在全球金融危机之前，合成 CDO 非常受欢迎，现今又重新引起人们的兴趣。

我们的讨论将得到一种新类型的包含违约风险的合约方程，然后利用这个合约方程来说明怎样构建、对冲和定价一个信用违约互换。该合约方程还显示出实践中套期保值和定价过程中存在的一些内在困难。本节最后讨论一些实际对冲和定价中存在的问题。

□ 18.3.2 风险债券的分解

为更清楚地阐明问题的本质，我们继续采用简单的例子。考察一个在 t_0 时购买且具有违约风险的“风险”债券，这个债券不含有任何隐含看涨和看跌期权，连续 3 年每年支付的票面利率为c_{t_0}。开始时债券以面值出售。①

我们进一步做出两个简化假设，以减少一些额外的工作。这两个假设不会改变工程的本质，但非常有助于加深我们对信用工具的理解。首先，假设发生违约时，债券的回收值为已知的常数 R。其次，为不失一般性，假设违约只能在结算日 t_i 时发生。最后，为使图形可追踪，我们假设结算是按年进行的，债券到期日是 $T=3$ 年。

图 18.2 给出了债券所隐含的现金流。该债券开始时以 100 的价格被购入。如果没有违约，债券要进行 3 次票面利率的支付，加上偿还的本金 100。另外，如果发生了违约，债券则什么也不支付。是否违约如 t_i 时刻的分叉所示。在每个结算日存在两个可能，索赔依据这些而定。

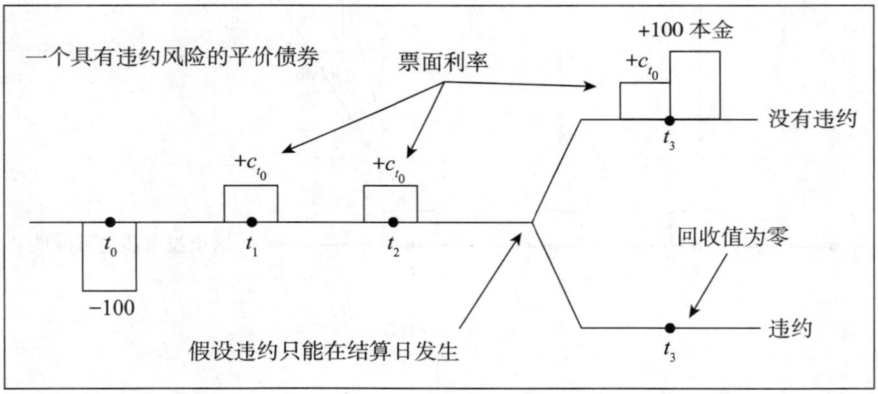

图 18.2 可违约的票面债券

我们怎样将这些现金流反向构建成具有流动性的金融工具呢？我们下面将分步回答这个问题。

首先，需要引进一个有用的技巧，这将促进对可违约工具应用静态分解方法。我们在图 18.3 中实现。记住，我们的目标是利用单一工具隔离出标的违约风险。如果在 t_i 时刻违约我们就给现金流加上和减去数量 $(1+c_{t_0})N$，这会使问题极大地简化。注意，这样做没有改变初始现金流，但正如我们将看到的，这对隔离出内在的信用违约互换很有帮助。

现在，我们讨论可违约债券的分解。图 18.2 中的债券具有 3 种不同类型的现金流：

① 后者是为方便而做出的假设，在现实中很少满足这样的假设。以折价或溢价出售的债券，在下面讨论的工程化中需要做很大的调整。然而，这些做法实际上大多数是技术性的。

(1) 在 t_1、t_2 以及 t_3 时，有 3 次票面利率支付。我们剥离出这些固定现金流，然后将它们放到图 18.3(b) 中。虽然票面利率是有风险的，但是由于使用了技巧，我们仍然从债券现金流里抽取 3 次无违约票面利率支付。为得到无违约票面利率支付，我们只是提出图 18.3(a) 中 t_i 时刻违约状态下正的 (c_{t_0}) 100。注意，这时留下负的 (c_{t_0}) 100。

(2) 如图 18.3(c) 所示，初始时刻和最后时刻的本金支付为 100。同样地，在 t_3 时刻同时加上和减去100，以便获得 t_3 时刻无违约风险的现金流 100。将这两个现金流移到图 18.3(c) 中，结果是在图 18.3(a) 中还剩下 t_i 时刻违约状态—100

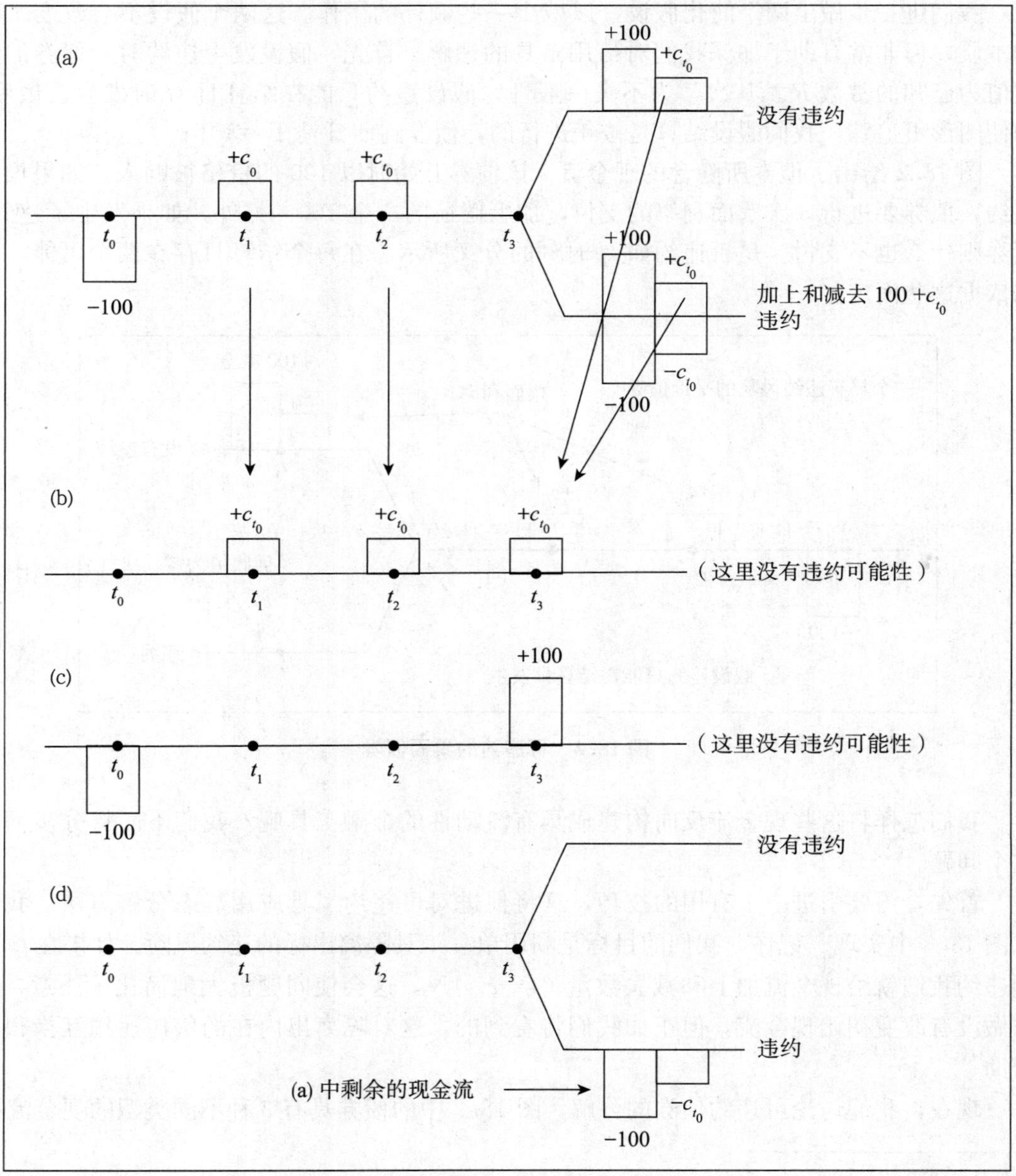

图 18.3　可违约债券的分解

的支付。

(3) 图 18.3(d) 表明了所有剩余的现金流。这些现金流包括在 t_3 时刻违约状态下的负现金流 $(1+c_{t_0})100$ 中。将此项拿出来放到图 18.3(d) 中。

下一步就是要将图 18.3(b)、图 18.3(c) 和图 18.3(d) 中的现金流转化成市场上交易的可识别的、更适宜的、流动的合约。记住，为了完成这个转化，我们需要满足下面三个条件，在图 18.3(b)、图 18.3(c) 和图 18.3(d) 中加上和减去任意的现金流：

- 对于加上的每一列现金流，必须在 t_i 时刻从图 18.3(b)、图 18.3(c) 和图 18.3(d) 中减去同样的金额（或者现值）。
- 这些新现金流的加入应该尽可能使得到的工具具有流动性。
- 当往回加时，修改的图 18.3(b)、图 18.3(c) 和图 18.3(d) 应该恢复图 18.3(a) 中的初始债券现金流。这样，我们就能够恢复可违约债券的现金流。

将此过程列示于图 18.4 中。转化为可识别的工具的最简单现金流是图 18.3(b) 中的现金流。如果在 t_1、t_2 和 t_3 时刻分别加上浮动的基于 LIBOR 的支付 L_{t_i}，这些现金流看起来像一个利率互换（IRS）的固定接收方。这是很好的，因为互换是流动性非常强的工具。但是，还需要做一个额外的修改。由于固定接收方互换利率是 s_{t_0}，这个利率小于 t_0 时刻以面值发行的债券的票面利率，因为债券可能违约而互换只有对手方风险。因而，我们有

$$s_{t_0} \leqslant c_{t_0} \tag{18.1}$$

两者之间的差记为 cds_{t_0}，也就是

$$\mathrm{cds}_{t_0} = c_{t_0} - s_{t_0} \tag{18.2}$$

它是比互换利率高的信用利差。这是贷方由于违约可能性支付的超出互换利率的数额。注意，我们现在将信用利差定义为超过相应的互换利率的部分，而不是与国库券利率之差。这个定义很自然地从现金流的分解中得到。①

因此，为了使图 18.4(a) 中的现金流等价于一个接收方互换，我们需要像图 18.4(a) 那样从每个票面利率中减去 cds_{t_0}。这就使得固定的收入额等于互换利率，

$$c_{t_0} - \mathrm{cds}_{t_0} = s_{t_0} \tag{18.3}$$

所得到的现金流成为一个真正的利率互换。

接下来的问题是，在哪里加上我们在图 18.4(a) 中介绍的现金流 L_{t_i} 和 c_{t_0} 的对应现金流呢？毕竟，除非这些正的现金流被放在相反符号的某个位置，否则它们不会被抵消掉，这样合成工具就不能还原为一个风险债券。

放置基于 LIBOR 的现金流的一个理所当然的位置如图 18.5 所示。加上的 LIBOR 相关现金流很完美地使图形转化为一个期限为 δ 的无违约风险货币市场存款。这个存款以目前浮动的 LIBOR 利率滚动。注意，这同样是一个流动性的工具。②

最后的调整是怎样补偿 c_{t_0} 的减少额即信用利差 cds_{t_0}。既然前两个工具是完整的，只

---

① 我们也应该提到，AAA 级信用具有次级 LIBOR 融资成本。

② 另外，我们可以称之为浮动利率票据（FRN）。

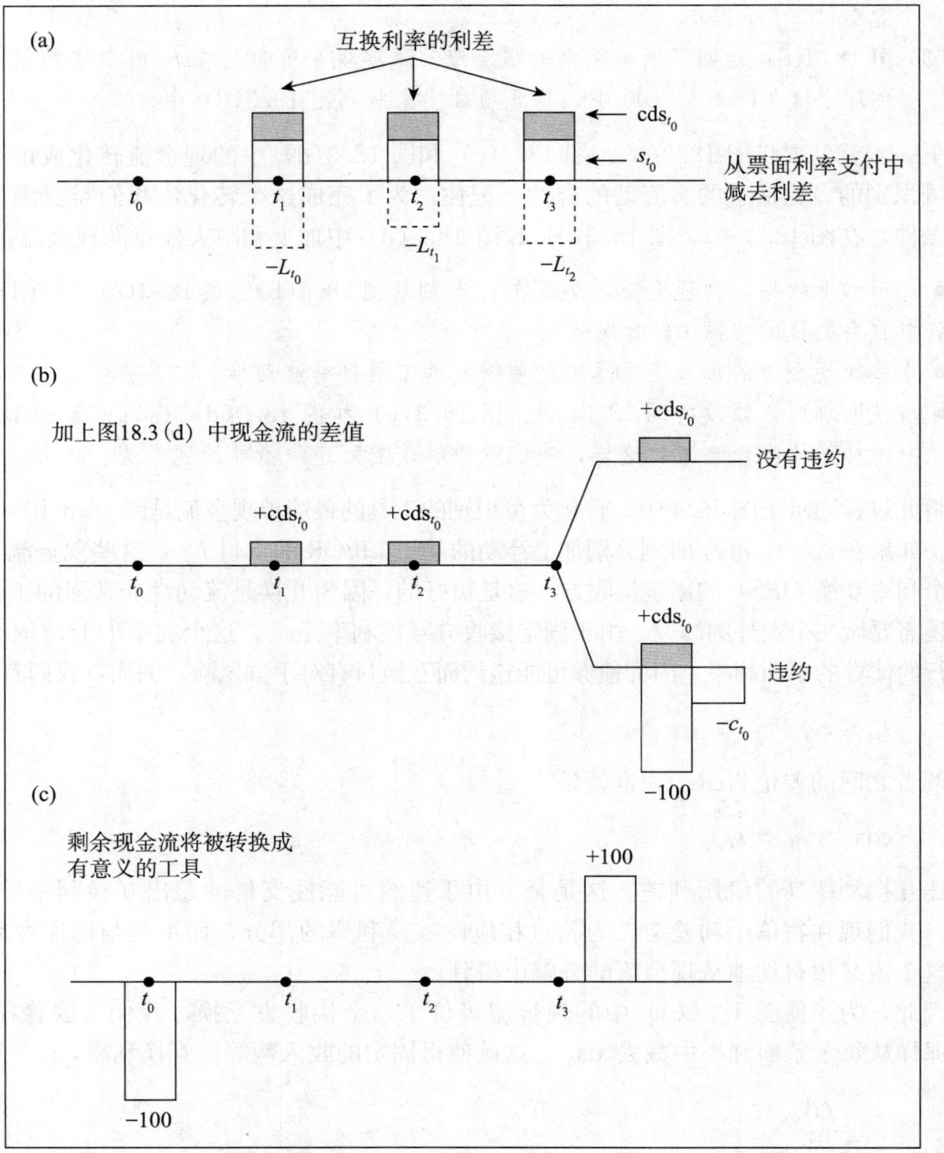

图 18.4　合成信用违约互换

有一个地方能放置对cds_{t_0}的补偿。我们将cds_{t_0}加入图 18.3(d) 的现金流中，得到如图 18.4(b) 所示的现金流。这是非常关键的一步，因为我们现在得到了从风险债券中自然分解出的一个新工具。实质上，这个工具在 t_1、t_2 和 t_3 时刻有三次cds_{t_0}美元的收入，但是如果发生违约，该工具将支付（$1+c_{t_0}$）100 美元。①

为了确定分解是正确的，我们将图 18.4(a)、图 18.4(b) 和图 18.5 纵向相加，然后看一看是否能恢复初始的现金流。图 18.4(a)、图 18.4(b) 和图 18.5 中现金流的垂直相加确实精准地复制了可违约债券的现金流。

① 因此，在违约情况下，总的净支付变为 $(1+c_{t_0})100-cds_{t_0}100$。

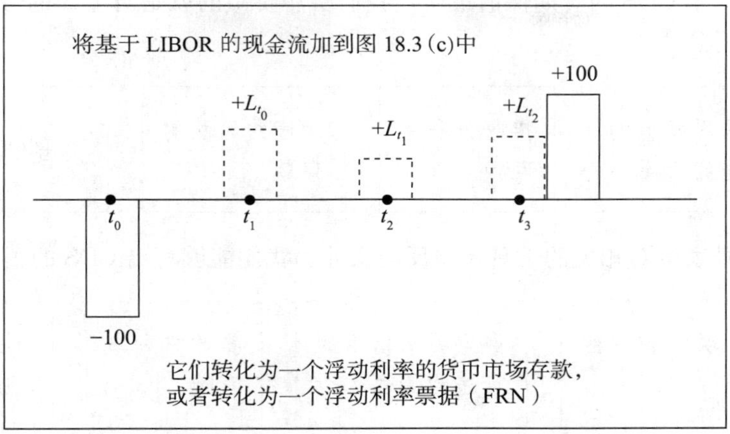

图 18.5　LIBOR 现金流变成存款

我们在图 18.4(b) 中所得到的工具等价于出售针对债券的违约风险保护。合约包括在违约发生前在每个 t_i 时刻收取等于cds_{t_0}的费用，一直到违约发生。于是，保护买方得到了损失的补偿。如果没有发生违约，费用一直收取到合约到期，不再有其他的支付。我们将这类工具称为信用违约互换（CDS）。

□ 18.3.3　合成产品

前面的讨论表明一个可违约债券是由下面几个成分构成的组合：（ⅰ）一个固定接收方利率互换；（ⅱ）一个无违约风险的货币市场存款；（ⅲ）一个 CDS。利用这些工具可以得到下面的合约方程：

关于信用的可违约债券	=	接收方利率互换	+	无违约风险的存款	+	卖出 CDS	(18.4)

通过对方程的各项进行标准代数运算，就可得到方程中任何一个工具的合成产品，下一节将给出两个应用。[①]

□ 18.3.4　合约方程的应用

作为第一个应用，我们说明怎样通过操作合约方程得到多头或空头 CDS 头寸的套期保值；第二个应用将会讨论隐含定价及其在实际中所遇到的困难。

18.3.4.1　构建合成 CDS

首先，我们考察对冲 CDS 的方法。假设做市商卖出某个标的名称的 CDS。换句话说，做市商提供保护或者卖出 CDS 和信用。如果这个头寸仍然在册的话，做市商将如何对冲这个头寸呢?

① 市场惯例是指支付固定利率的交易对手即所谓的支付方（同时接收浮动利率），而接收固定利率的交易对手即为“接收方”（同时支付浮动利率）。

为了得到一个 CDS 的套期保值策略，我们所需要做的就是对上面的合约方程进行运算。重新整理得到

由信用发行的可违约债券	$-$	接收方利率互换	$-$	无违约风险的存款	$=$	卖出 CDS	(18.5)

记住，负号表示对相关的工具建立反向头寸。我们能够写出 CDS 的正式合成为

买入关于信用的 CDS	$=$	做空关于信用的可违约债券	$+$	接收方利率互换	$+$	无违约风险的存款

(18.6)

卖出 CDS 并提供保护的做市商需要在方程（18.1）的左边建立相反的头寸。这个对冲对应于方程（18.6）的右边。也就是说，出售 CDS 的信用衍生品交易商将通过构建合成的相反 CDS 头寸来对冲 CDS 头寸。这是通过首先做空风险债券，将收到的 100 存入无违约风险的存款账户，然后签订支付方互换合同达到的。于是，这与 CDS 的销售会相互"抵消"，这个做市商将赚取买卖价差。

18.3.4.2　负基差交易

合约方程的第二个应用是负基差交易（negative basis trades）。负基差交易是信用市场的交易者通常持有的重要头寸。对这类交易的讨论提供了一个好例子，来说明定义 CDS 合约的合约方程在现实世界中是如何变化的。

合约方程导致信用违约互换的产生，信用违约互换可以被用来构建实际应用的合成 CDS。正如我们在第 7 章中所看到的，基差通常是指资产的现货（现金）价格与未来价格（衍生品）之差。在信用衍生品市场中，交易者将基差定义为同一债券发行人以及到期日相似的（如果不是完全相等的）那些债券的 CDS 溢价（cds_{t_0}）和债券利差（$c_{t_0}-s_{t_0}$）之差。由于 CDS 是衍生品，信用市场的参与者将负基差交易的 CDS 一方称为合成，而将债券一方称为现金。①

本质上，在负基差交易中，交易者将获得一笔浮动利率贷款来购买一种支付票面利率 c_{t_0} 的债券，与此同时，为同一种债券购买保险，并成为 IRS 固定支付方。很明显，这样的头寸在票面利率减去债券的风险溢价（$c_{t_0}-s_{t_0}$）大于 CDS 溢价支付（cds_{t_0}）的情况下才是没有违约风险的，即

$$s_{t_0}+\mathrm{cds}_{t_0}<c_{t_0} \tag{18.7}$$

实际上，这是负基差的情况。在这里，正如在上面的合同方程的推导中，我们假设浮动利率贷款的利率与 IRS 中的 LIBOR 利率相同。以上对负基差交易的解释直接来自合

① 前面我们曾指出，利率互换的固定利率与相同期限的国债利率不同。如果以互换利率来衡量债券利差，而不是以类似期限的美国国债利率来衡量，则负基差交易的解释就会略有不同。现在，我们假设用 s_{t_0} 表示利率互换中的固定利率。

约方程（18.5）和（18.6）。

在实践中，有时候会对负基差交易进行另一种解释，因为债券价差也可以衡量为可违约债券的收益率减去具有相似到期日的国债收益率。换句话说，s_{t_0} 被认为是国债收益率，而不是 IRS 的固定利率。在这种情况下，负基差交易可以解释为做空美国国债的担保，并利用空头头寸得到的现金购买可违约债券，同时对同一债券购买 CDS 保险。由于空头为多头融资，因此不需要贷款。

通常，违约风险债券的保险应该比交易者从债券上得到的信用风险利差“稍微”高一些。一般来说，这个基差是正的。否则，如果债券利差更大，那么交易者就会购买债券并且购买它的保险。这会是一个很完美的套利。这恰好是负基差的含义。下面的阅读资料给出了这种情况发生的时间和缘由。

例子：

过去一个月，公司债券和结构化金融产品发行的高涨推动了信用违约互换风险溢价的降低和投资级别的公司债券风险溢价的上涨，几乎消除了两种资产类别的差异。如果这种趋势继续下去，对于投资者来说具有对债券和衍生金融产品潜在的投资机会。分析师也期望能看到更多的所谓“负基差交易”。

1 月是美国初级公司债券市场尤其活跃的月份，仅投资级别的债券就发行了 600 多亿美元。这种供应有助于扩大公司债券的风险溢价。同时，合成担保债务凭证（CDO）并不短缺，有助于缩小信用违约互换利差。公司信用违约互换合约的特点在于保护卖方与保护买方。卖方实际上是公司债券的多头而买方是空头。当合成 CDO 产生时，交易商出售一定额度的信用保护，这有助于降低 CDS 风险溢价。

通常，信用违约互换风险溢价的交易范围比相应的债券风险溢价要广。一个原因是通过 CDS 建立空头头寸比债券要容易。另一个原因是 CDS 风险溢价交易比最便宜交割期权更加广泛。在破产情况下，CDS 合约中的保护卖方会支付给买方现金来交换破产公司的债券。然而，保护卖方会从保护买方那里收到最便宜交割债券。

一旦 CDS 风险溢价和现金债券之间的基差逆转变成负的，则购买债券和通过信用违约互换购买保护就变成有利的。在这样的交易中，即负基差交易，投资者对冲掉他们的信用风险，但是他们从债券头寸中所赚的收益比从他们的 CDS 头寸中赚得的更多。

（汤森路透，IFR，2006 年 1 月）

以上材料还说明了 CDS 交易中所运用的术语。在利率互换和波动性互换的背景下，我们将做多互换的交易方定义为支付第一次利率或波动性的一方。在 CDS 的背景下，可以将 CDS 的买方（卖方）描述为做空（做多）标的债券或信用。[①] 在某种程度上，如果人们认为 CDS 的买方是做空的，这可能是违反直觉的。为了避免混淆，我们将 CDS 的买方（卖方）称为保护买方（卖方）。我们将在第 21 章详细讨论 CDO 及其构建和定价问题。

① 我们使用做多信用这一术语来描述 CDS 保护卖方的情况，因为卖方面临信用风险。在方差互换的上下文中，我们也将方差互换卖方称为做多波动性。

同时，杠杆收购（leveraged buyout，LBO）也使负基差交易成为可能。在杠杆收购中，公司的买方发行大量负债，这在资产负债表上提高了负债权益比率。通常，评级机构会给这些杠杆收购目标降低几个评级，这使得 LBO 候选企业由于初始债券持有人而变得有风险。当债券持有人获知公司正成为 LBO 目标时，他们可能会在 LBO 之前出售；债券价格可能会突然下降，收益会飙升。另外，CDS 利率的变动可能会少一些，因为 LBO 不一定会提高违约概率。因此，基差可能立即变成负的。

□ 18.3.5　评估现金债券的信用风险

许多信用和固定收益策略均涉及现金和合成金融工具之间的对冲。CDS 是承担了单一名称信用的违约风险敞口的合成工具。这是交易违约的一种纯粹方法。但是，现金债券含有违约风险以及利率和曲线风险。我们怎样从违约债券收益中剥离出违约风险支付的成分？换句话说，在现实中怎样从可违约债券中得到 CDS 利率的对应值？

如果我们想要建立现金和衍生品之间的套利头寸，就需要回答这个问题，例如，当我们不得不做出现金债券是否太贵或者是否与相同名称 CDS 无关的决策时。

在开始时，这个问题看起来是不必要的，因为我们刚好构建了一个 CDS 合约方程。我们说明，如果将现金债券和一个普通利率互换组合起来，那么就可得到一个支付 LIBOR加上利差的合成 FRN。这个利差等于 CDS 利率。换句话说，从相应利率互换的互换利率中减去平价债券的票面收益，就可得到包含在债券收益中的 CDS 利率的对应值。

除了一个主要问题，这是真实的。只要满足所有简化的假设，同时现金债券以平价出售，公式就是一个非常好的近似。只有那时我们才能直接将资产互换放在一起，然后剥离出信用利差。① 如果债券没有平价出售，就需要做出进一步调整。

存在两种主要方法可用于得到在没有平值交易的债券中包含的信用风险。第一种方法是计算资产互换利差（asset swap spread），第二种方法是计算所谓的 Z 利差*。接下来，我们讨论这两个实际概念，并给出例子。

18.3.5.1　资产互换

资产互换利差是计算与违约风险债券相联系的信用利差的一种方法。实质上，它利用 IRS 把风险收益转化为 LIBOR 加上信用利差。

为了构建相当于出售保护的头寸，我们必须购买可违约债券，并成为利率互换的支付方。注意，此处 IRS 是平值互换，而债券可能是折价或溢价出售。② 于是，由于债券以折价或溢价方式出售，因此，实际中需要做出一些调整。③

在资产互换中，债券现金流使用相应的零息互换利率进行折现。利差（也称为资产互换利差）被加到债券现金流上或者从债券现金流中减去，因此所得到的债券价格等于

---

① 也存在一些天数计算的调整，在这里我们没有假设。

② 记住互换是如何工程化的。我们在支付互换利率 s_{t_0} 的平价债券上加上 FRN 头寸。这导致了在市场上进行交易的平价互换。

③ 在资产互换中，IRS 和债券头寸被写在各自的单据上。如果发生违约，互换头寸需要单独平仓，这可能涉及额外风险。如果发生违约，互换头寸可能会盈利或遭受损失。

* Z 利差（Z-spread）又称 Z-息差。——译者注

市场价格。

计算资产互换利差的公式如下：首先，利用零息互换曲线计算折现因子。由定义可知，零息互换曲线的折现率可以利用相应的远期利率f_{t_j}得到，公式是

$$(1+s_{t_0}^i\delta)^i=\prod_{j=0}^{i-1}(1+f_{t_j}\delta) \tag{18.8}$$

然后计算折现因子

$$B(t_0,t_i)=\frac{1}{(1+s_{t_0}^i\delta)^i} \tag{18.9}$$

一旦完成运算，就可得到年金因子A：

$$A=\sum_{i=1}^n B(t_0,t_i)\delta \tag{18.10}$$

接下来，利用这些因子计算债券现金流的价值

$$\widetilde{P}_{t_0}=\sum_{i=1}^n \frac{c_{t_i}}{(1+s_{t_0}^i\delta)^i} \tag{18.11}$$

资产互换利差是$\bar{a}_{t_0}$，为下面方程的解：

$$\widetilde{P}_{t_0}-P_{t_0}=\bar{a}_{t_0}\sum_{i=1}^n B(t_0,t_i)\delta \tag{18.12}$$

因而，$\bar{a}_{t_0}$是交易者为了弥补市场价格和蕴含在无违约互换曲线中的理论价格之间的差异所需的额外支付。在这种情况下，如果无违约风险，债券的价值将是$\widetilde{P}_{t_0}$，它比市场价格P_{t_0}大。$\bar{a}_{t_0}$是对将价格差异转化为额外利差的一种测度。

我们可以证明资产互换是如何利用上一等式构建出来的。平价债券支付互换利率s_{t_0}满足等式

$$100=\sum_{i=1}^n B(t_0,t_i)\,s_{t_0}\delta+B(t_0,t_n)100 \tag{18.13}$$

因而，对前面式子的两边都加上100后，得到

$$\widetilde{P}_{t_0}-(P_{t_0}-100)=(s_{t_0}+\bar{a}_{t_0})\sum_{i=1}^n B(t_0,t_i)\delta+B(t_0,t_n)100 \tag{18.14}$$

其中，左边第二项是预先支付（接收）upf_{t_0}

$$\text{upf}_{t_0}=P_{t_0}-100 \tag{18.15}$$

如果债券折价出售，则后者是负的；可是如果债券溢价出售，则是正的。

我们对这个等式解释如下。假设债券折价出售，则预先支付upf_{t_0}加上在利率$s_{t_0}+\bar{a}_{t_0}$处签订的IRS等于债券票面利率支付的现值。换句话说，平价互换利率提高了$\bar{a}_{t_0}$，以此补偿债券的违约风险。注意，在这个推导中我们运用了无风险折现因子。在下一个概念中，这将改变。

18.3.5.2 Z 利差

所谓的 Z 利差是计算信用利差的另一种方法。它所得出的结果与资产互换利差相近，但不一定一样。

为了计算 Z 利差，违约风险债券所产生的现金流将按照零息互换利率s_{t_0}加上利差z_{t_0}进行折现，因此总和等于债券的市场价格。也就是，我们有

$$P_{t_0}=\sum_{i=1}^{n}\frac{cf_i}{(1+(s_{t_0}^i+z_{t_0})\delta)^i} \tag{18.16}$$

求解这个方程，得到未知量z_{t_0}。这里，cf_{t_i}表示在t_i时刻收到的现金流，由票面利率支付c_{t_i}或可能本金构成。

据此，零息互换曲线也以平行方式进行调整，以便使现金流的现值等于债券价格。在零息互换曲线需要这样做的时候，Z 利差是平行移动的总额。

注意，在计算 Z 利差时我们使用了风险折现因子。① 在 Z 利差和资产互换利差之间主要的不同源于所使用的折现率。资产互换使用的是零息互换利率，而 Z 利差使用的是零息互换利率加上 Z 利差。

在这个意义上，Z 利差方法利用了整条风险曲线上的风险折现率系列，以调整债券的未来现金流。资产互换利差利用单一到期互换利率来衡量信用风险。虽然 Z 利差更好地适应了折现因子，但市场还是愿意选择资产互换来衡量信用风险。其原因在于，市场不会将信用利差报价为零息互换利率的利差。信用利差报价为平价互换利率的利差，这是因为平价互换比零息互换的流动性更大。

18.4 现实世界的复杂性

信用市场和信用衍生品交易从本质来说拥有比大多数其他市场更复杂、更多种多样的特性，交易者面临着大量理论模型并不能解释的异乎寻常的现实复杂性。在这一节，我们将考察 CDS 合约的某些现实方面。

合约方程（18.6）针对 CDS 给出了一个理所当然的对冲，并提供对它的一种定价方法。使用类似的合约方程，也能为那些信用风险可忽略不计的基本工具提供有用的对冲和可行的定价方法。但是，对于 CDS，这些合约方程本质上是理论的。上面所讨论的简化方法有时可能导致错误的 CDS 定价，并有可能使得到的对冲也不成立。出现这种信用的基准利差可能与 CDS 利率显著偏离的原因或许有几个。我们将简要地讨论其中的一些原因。

(1) 在上述例子中，CDS 的期限为 3 年。如果在 CDS 发行时，没有 3 年期的未偿债券怎么办？这时定价就变得更加复杂了，并且基准利差很有可能偏离 CDS 利率。

① 虽然风险折现因子的计算不同于我们将在这一章里看到的风险 DV01。

(2) 即使有相同期限的债券存在，它们也可能不具有很强的流动性，特别是当市场波动性很高时，这时自然会看到 CDS 利率与基准利差之间的楔子。

(3) 公司债券和 CDS 的纳税政策不一样，这会在 CDS 利率和相应的利差之间产生楔子。

(4) 正如前面提到的，当发生违约时，CDS 将导致实物交割。但是，这种交割来自一篮子可交割债券，这意味着 CDS 包含了一个交割选择权，而前面的合约方程中并没有包含这个选择权。

在实际中，还会产生另一个重要的问题。在构建前面的合成产品时，使用了货币市场账户，并且假设这个账户是无违约风险的。一般而言，此类货币市场账户几乎从来都不是无风险的，接受存款的机构都有违约风险。这就会导致理论上的构建和实际定价之间的差别。从原则上讲，通过为接受存款的机构购买新的 CDS，可以消除这种蔓延至构建合成产品中的额外信用风险。

以下阅读说明了信用曲线策略背景下的一些实际复杂性，例如流动性问题。标准的固定收益策略也可以应用于信贷部门。

就像标准的固定收益产品一样，信用曲线允许曲线变平交易和曲线变陡交易。这个想法应用于 iTraxx 曲线时是不言自明的，并且遵循固定收益互换头寸。

例子：

以和记黄埔（Hutchison Whampoa）为例，该公司通过债券基点的运作使信贷曲线趋平，在不受整体市场环境恶化影响的同时，还能从长期投资中发掘价值。购买 Hutch 2027 债券（曲线上最便宜），购买 5 年期 CDS 保护。目前利差为 82 个基点（资产互换债券利差为 131 个基点，而 CDS 为 49 个基点）。在接下来的几个月目标压缩至 65 个基点。如果利差扩大到 90 个基点，则退出。

交易主要是做长债：在短债市场买保护，在和记黄埔出现坏消息或整体债券市场低迷时提供对冲。在缺乏回购流动性的情况下，CDS 是卖出短期债券的一种更便宜的选择；使用资产互换可以避免短期内的固定利率风险。利差应该会慢慢收窄，这是因为更多投资者将资金从较短的 Hutch 债券（2010 年、2011 年和 2014 年到期的债券）中撤出，这些债券的价值已经被挤出被低估的较长期债券行列。

这种交易可能主要被解释为利用了长期债券交易。在更短期限时购买保护的原因在于，如果短期内出现坏账或一般债券下跌的情况，它可以提供对冲。选择 CDS 胜于做空债券的原因在于，由于公司债券市场相对缺乏回购流动性，CDS 比卖出短期债券更为便宜。运用资产互换避免了短期的固定利率风险。随着越来越多的投资者退出比较短期的 Hutch 债券（2010 年、2011 年、2014 年到期的债券），利差应会慢慢收窄，这是因为这些债券的价值已经被挤出被低估的较长期债券行列。

□ 18.4.1 CDS 标准化和 2009 年“大爆炸”

2009 年 4 月 8 日，市场上有关 CDS 合约以及它们的交易方式出现了“大爆炸”。这些变化影响到合约和惯例。标准化有三个主要部分：拍卖硬布线、标准化交易惯例以及中央结算。我们下面讨论这些主要内容。[①]

18.4.1.1 拍卖硬布线

在2009年，ISDA发布了信用及一系列事件的补充和协议。这导致了区域决策委员会的创建，当交易商和投资者发生信用事件时进行仲裁。委员会的决定具有约束力。如果委员会就特定的信用事件做出决定，则会进入自动且强制性的CDS拍卖结算流程。

18.4.1.2 标准化票面利率和交易惯例

在北美公司CDS的标准化过程中，引入了100～500个基点的固定票面利率。在它们被首次引入后的十多年里，大多数单一名称CDS合约都是以全流通形式的票面利率进行交易的，即单一名称CDS合约在流通利差或票面利差基点上交易，这意味着保护买方通过向保护卖方支付溢价（或价差）来得到保护。例如，考察一笔名义金额为1 000万美元的5年期CDS。如果我们假设利差为200个基点，保险买方每年支付20万美元（通常按季度分期付款）。

在现行利差惯例下，没有任何资金被预先交换，这意味着CDS头寸隐含地被杠杆化。继CDS市场2009年4月的"大爆炸"之后，市场开始转向预先支付基点。现今合约已经具有要么100个基点，要么500个基点的固定票面利率。预先支付在开始时进行，并等于当前市场信用利差和固定票面利率之间差额的现值。举例来说，如果具有100个基点固定票面利率的合约在200个基点进行交易，则保护买方将预先支付一笔等于200个基点和100个基点之差的现值。进行与市场利差相反方向的支付将低于票面利率。注意，CDX和iTraxx等流动性最强的指数很长一段时间都在这样的预付基差上进行交易。这些市场惯例不需要对CDS定价方法进行重大修改，因为可以将现行利差合约视为预付固定票面利率合约的特例，其中预付为零且固定票面利率等于平价利差。

如何为CDS指数设置固定票面利率呢？当新的一系列指数启动时，固定票面利率也被称为交易利差，因为它被表示为利差。

向单一名称CDS提供预付基差的举措存在三大优势。首先，它将单一名称和指数头寸很容易地联结起来。我们将在下面的指数套利交易中看到这种头寸。其次，更便利的净额结算也有助于最近将CDS合约转移到中央结算。最后，它还减少了市场参与者对突然的市场变化或跳动风险的敞口，我们稍后在CDS平仓内容中对此进行更详细的讨论。

18.4.1.3 中央结算

上述变化使得对CDS中央结算的介绍更容易。正如下面在CDS平仓方面所讨论的那样，中央结算有助于降低CDS市场上的交易对手风险。美国和欧洲的CDS中央结算工作始于2009年。

□ 18.4.2 重组

另一种现实交易的复杂性是违约本身的定义。信用事件通常是指不能支付或者破产。不能支付利息或者本金均被视为前者，而任何形式的破产均被视为后者。在我们的理论工程化中，我们使用违约的第二个定义。然而，现实中大多数单一名称CDS也认为，重

① 更详细的内容，参看 http://www.markit.com/assets/en/docs/markit-magazine/issue-4/60-cds-big-bang.pdf，还有本章后面的阅读材料。

组是一种额外的违约事件。更复杂的情况是重组类型，现概述如下。

对于 CDS 合约来说，存在四种类型的重组方式。[①] 第一种是无重组，记为 No R (no-restructuring)。在这种情况下，任何结构调整都不会构成信用事件。重要的是要注意到，信用已经依据市场定义的惯例进行交易。通常，高收益的 CDS 一般交易的是无重组的。在美国，CDX 指数尤其如此。Markit iTraxx 指数与二次修正重组的工具进行交易，除了与重组交易的次级金融工具之外。

第二种类型是修正重组，记为 Mod R (modified restructuring)。这产生了信用事件的新条件。[②] 北美投资级名称遵循“修正”重组惯例。由于银行贷款组合套期保值者的需要，Mod R 条款历来就出现在这些北美投资等级信用中。

第三种类型是二次修正重组，记为 Mod Mod R (modified modified restructuring)。在这种情况下，可交割债券或贷款的到期期限多少有些不同。有一个例外是，到期日超过 30 个月但不超过 60 个月的债券（贷款）可以被交割。欧洲 CDS 合约通常与带 Mod-Mod R 惯例的进行交易。欧洲的 Mod-Mod R 惯例源于这样的事实：在欧洲，破产法使得借款很难在许多司法管辖区提交。

第四种是旧 R 或旧重组 (old restructuring)。旧 R 条款意味着交付义务的期限没有限制，信用事件后拍卖份额也没有变化。西欧主权 CDS 通常包含旧 R 条款。

很明显，带重组条件的 CDS 合约会比不带重组条件的相同名称 CDS 合约有更高的 CDS 利差。注意主要的差别在于：在破产或不能支付类型的信用事件中，可交割债券的价格差异相对来说是比较小的。在重组中，可交割债券依到期日会有非常不同的价值。保护买方有权交割最便宜债券，因此这个权利是非常贵的。

□ 18.4.3 固定回收 CDS

具有固定回收率的 CDS 称为固定回收 CDS，也称为数字 CDS (digital CDS) 或二元 CDS (binary CDS)。与信用事件（例如违约）之后需要估价的标准 CDS 相比，数字 CDS 仅指定支付固定美元收益。在 CDS 开始时，支付数量依据违约事件的严重程度商定。记住，在标准 CDS 中，支付等于 CDS 的名义金额减去保险资产的违约后价值 (postdefault value)。

数字 CDS 存在几个优点。它们的成本更低，更专注于信用风险，有更高的透明度。在违约事件发生之后，它们不会遇到与拍卖过程相关的困难。

从本质上看，数字 CDS 消除了与传统 CDS 相关的随机回收率。事实上，最近的事件表明，与 CDS 和合成 CDO 相关的回收率比企业债券违约所隐含的回收率具有更高的波动性。这就导致信用衍生工具安排者提供一系列结构特征来减少这种可变性。一种方法是，将固定回收率用于所有的信用事件，如同数字 CDS 那样。

然而，CDS 也可能具有缺点。数字 CDS 存在潜在的道德风险，因为在数字 CDS 中，交易商可能有动机更经常地利用软信用事件 (soft credit events)，这些事件在 ISDA 对违约的定义中属于违约，但在评级机构对违约的定义中不属于违约。

---

① 关于交割义务的期限和交割义务的可转让性的条款之间的差异，详见 2014 年 ISDA 的信用定义。

② 这里存在重组事件方面的条件，尽管存在例外，但事件发生后可交割债券的最长到期日不得超过 30 个月。

□ 18.4.4 套利等式的评注

前面推导出的简单合约方程表明，在理想条件下，我们也可应该有

$$c_{t_0}-s_{t_0}=\text{cds}_{t_0} \tag{18.17}$$

然而，在现实中，即使债券售价非常接近票面价值，一般来说我们也可观察到

$$c_{t_0}-s_{t_0}<\text{cds}_{t_0} \tag{18.18}$$

在这些条件下，不是从发行者那里购买信用保护，而是客户简单地做空债券，然后购买接收方互换。这对违约提供了同样的保护，同时成本更低。那么，为什么客户反而购买 CDS 呢？实际上，这样的不等式由许多不同的因素引起，简要列出如下因素：

(1) CDS 保护“容易”购买。做空债券是“高成本的”。交易者不得不首先去回购市场上找到这样的债券，而回购具有盯市的特点。就 CDS 保护而言，没有这种不便。

(2) 做空债券是有风险的，因为具有逼空的可能性。如果太多的交易者都做空债券，则不得不以更高的价格来平分这种头寸。

(3) 当保护需求突然增加的时候，一些债券可能很难找到。

(4) 如前面所讨论的，交割期权费也包含在 CDS 利率中。

这些因素可能引起理论上对冲与出售给客户的 CDS 不同。最后，应该注意的是，当违约概率极大时，CDS 交易商可能会突然提高价格并且停止交易。用更准确的术语讲，市场从交易违约转向交易回收。这样做是通过对隐含的预付报价而不是对利差报价完成的。

18.5 信用违约互换分析

我们将利用一个 3 年期单一名称 CDS 来讨论应用于 CDS 定价和套期保值中的主要数量工具。其思想是阐明获得（风险调整）违约概率的方法及应用。我们也会确定所谓的风险 DV01 和风险年金因子。这些因子被用在套期保值比率的获得和 CDS 定价中。

设 cds_t 表示 t 时刻单一名称 CDS 的利率。设 R 表示固定回收率，用 N 表示名义金额。与通常一样，$t_0<t_i$ 时的 $B(t_0,t_i)$ 表示无违约风险纯贴现债券在 t_0 时刻的价格。债券到期日为 t_i，并且票面价值为 1 美元。首先，我们研究 t 时刻违约概率 p_t 的概念。

18.6 违约概率算法

对违约事件的发生及发生时间进行建模是相当复杂的。然而，如同我们前面所看到

的，市场被吸引到关于期权和隐含波动性的几个简单并可交易的概念上。在这一节，我们讨论求出违约交易概率的算法。

将违约想象成如下事件：从某一时间 t_0 开始，在随机时间 τ 发生的事件。我们应该怎样对与这个事件相联系的概率建模呢?

我们考察指数分布，它是如下概率分布，用它可以刻画两个事件之间的等待时间。在这种情况下，事件就是违约的，而等待时间是直到违约发生之前的时间。因而，我们研究针对直到某事件发生之前的随机时间如何建模的问题。

用 τ 表示违约发生的时间。指数分布随机变量的密度函数 $f(\tau)$ 可以由下式给出

$$d(\tau)=\lambda e^{-\lambda\tau} \tag{18.19}$$

这是对违约发生和时间建模的一种方法。

我们可以看到，参数 λ 越大，事件发生越早的概率就上升。因此，这个参数控制着违约事件可能发生的时间。这称为与随机事件相联系的密度。

市场不喜欢运用指数分布。因此，取 $f(\tau)$ 在 $\tau_{t_0}=0$ 点附近的二阶泰勒逼近式，得到

$$f(\tau)\cong\lambda-\lambda^2\tau+\frac{\lambda^2\tau^2}{2}+o(\tau)^3 \tag{18.20}$$

因而，在紧随 τ_{t_0} 的小区间 Δ 中违约发生的概率大约是

$$f(\tau_{t_0})\Delta\cong\lambda\Delta \tag{18.21}$$

求密度 $f(\tau)$ 从 0 至某个 T 的积分，得到相应的概率分布函数（PDF）

$$\begin{aligned}P(\tau<T)&=\int_0^T\lambda e^{-\lambda\tau}d\tau\\&=1-e^{-\lambda\tau}\end{aligned} \tag{18.22}$$

PDF 的一阶泰勒级数逼近式由下式给出

$$1-e^{\lambda\tau}\cong\lambda\tau \tag{18.23}$$

据此，在区间 Δ 违约发生的概率大约与 λ 成比例。一年内事件发生的概率可通过将 PDF 中的 T 换成 1 来得到。于是

$$P(\tau\leqslant 1)\cong\lambda \tag{18.24}$$

因此，参数 λ 可被看成违约概率的近似固定比率。市场喜欢交易年度违约概率，假设各种交易到期日相应的概率是常数。很明显，随着时间的推移，报价也在变化，相应的违约概率也会变化。因此，最好是使用下标 t_0 表示 t_0 时刻金融工具的概率，用 $p_{t_0}\cong\lambda_{t_0}$ 作为初始时刻 t_0 签订合约的违约概率。

用不同方式来考察：假设 $0<\Delta$ 是一个很小的时间区间。违约事件由随机变量 d_t 表示，假设用 0 或 1 表示在 $[t, t+\Delta]$ 期间信用违约是否发生。

$$d_t=\begin{cases}0，无违约\\1，违约\end{cases} \tag{18.25}$$

现在，我们假设违约概率遵从下面的等式

$$\mathrm{Prob}(d_t=1)\cong p_t\Delta \tag{18.26}$$

这表明，在小区间 Δ 信用违约的概率依赖于区间的长度和“密度”参数 p_t。据此，t 时刻违约发生的概率由下式给出

$$\mathrm{Prob}(\tau<t)=1-e^{-\int_0^t p_s\,ds} \tag{18.27}$$

假设 p_s 是常数，则有

$$\mathrm{Prob}(\tau<\Delta)=1-e^{-p\Delta} \tag{18.28}$$

我们得到在 $t=0$ 时的泰勒级数逼近式

$$e^{-p\Delta}=1-p\Delta+\frac{1}{2}p^2\Delta^2\cdots \tag{18.29}$$

或者

$$1-e^{-p\Delta}\cong p\Delta \tag{18.30}$$

据此，一年期间的信用违约概率等于 p。

□ 18.6.1 DV01

从一个期限为 $T=3$ 年的 CDS 开始研究，设 p_{t_0} 是与 3 年期的 CDS 合约相联系的风险调整违约概率。忽略 t_0 下标，将参数简单地记作 p。CDS 利率是 cds_{t_0}，它可由市场观察得到。δ_i 是如下时间，即两个连续结算日之间的时间占一年的比例。

据此，我们可以将初始时刻 t_0 的 CDS 的初始价值写成如下形式。首先，如果在 3 年期间内名称没有违约，则用 PV_{ND} 表示的现金流现值为

$$\begin{aligned}PV_{ND}=[&B(t_0,t_1)(1-p)\delta_1\,\mathrm{cds}_{t_0}+B(t_0,t_2)(1-p)^2\delta_2\,\mathrm{cds}_{t_0}\\&+B(t_0,t_2)(1-p)^3\delta_3\,\mathrm{cds}_{t_0}]N\end{aligned} \tag{18.31}$$

另外，名称在第 1 年、第 2 年或第 3 年可以违约。如果违约事件发生了，用 PV_{AP} 表示的应计溢价的预期现值将是

$$\begin{aligned}PV_{AP}=[&B(t_0,t_0+\Delta_1)\Delta_1 p\times\mathrm{cds}_{t_0}+B(t_0,t_1+\Delta_2)\Delta_2(1-p)p\times\mathrm{cds}_{t_0}\\&+B(t_0,t_2+\Delta_3)\Delta_3(1-p)^2p\times\mathrm{cds}_{t_0}]N\end{aligned} \tag{18.32}$$

这里给出三个评注，以有助于理解。首先，Δ_i 是确定将收到的按比例分摊的利差。如果名称恰好在结算日后违约，则特定的 Δ_i 将接近 0。如果违约刚好发生在下一个结算日前，则 Δ_i 将接近 δ_i。[①] 假设预期的违约时间处于结算期的中间，则有

$$\begin{aligned}PV_{AP}=\frac{1}{2}[&B(t_0,t_0+\Delta_1)\delta_1 p\times\mathrm{cds}_{t_0}+B(t_0,t_1+\Delta_2)\delta_2(1-p)p\times\mathrm{cds}_{t_0}\\&+B(t_0,t_2+\Delta_3)\delta_3(1-p)^2p\times\mathrm{cds}_{t_0}]N\end{aligned} \tag{18.33}$$

---

① 例如，如果 CDS 是按季结算的，则为 1/4。

$\frac{1}{2}$源于在 $[t_i, t_{i+1}]$ 区间的预期的违约时间，这由区间 $[0,1]$ 的均匀分布给出，均匀密度的高度是 dt。

在违约期间，现金支出补偿的期望值是

$$PV_D = B(t_0, t_0\Delta_1)p(1-R)N + B(t_0, t_1+\Delta_2)(1-p)p(1-R)N \\ + B(t_0, t_2+\Delta_3)(1-p)^2(1-R)N \tag{18.34}$$

支出和收入的期望值在风险调整概率下是相等的，CDS 利率 cds_{t_0} 必须满足等式

$$PV_{ND} = PV_D - PV_{AP} \tag{18.35}$$

从 3 年到期日推广到具有 n 结算日的情况，可以写成

$$\left[\sum_{i=1}^{n} B(t_0, t_i)(1-p)^i \delta_i \text{ cds}_{t_0}\right]N + \left[\frac{1}{2}\sum_{i=1}^{n} B\left(t_0, t_{i-1}+\frac{1}{2}\delta_i\right)(1-p)^{i-1} p\,\delta_i \text{ cds}_{t_0}\right]N \\ = \sum_{i=1}^{n} B\left(t_0, t_{i-1}+\frac{1}{2}\delta_i\right)(1-p)^{i-1}p(1-R)N \tag{18.36}$$

利用式 (18.36)，我们现在定义两个重要的概念。第一个是风险年金因子。假设投资者在所有的 t_i 时刻都收到 1 美元。如果出现违约，支付就停止。对于这个时期来说，投资者仅收到按比例的溢价。风险年金因子，用 $\widetilde{A}$ 表示，是违约年金的价值。在式 (18.36) 的右侧设 $\text{cds}_{t_0}N = 1$，可以得到

$$\widetilde{A} = \left[\sum_{i=1}^{n} B(t_0, t_i)(1-p)^i \delta_i\right] + \left[\frac{1}{2}\sum_{i=1}^{n} B\left(t_0, t_{i-1}+\frac{1}{2}\delta_i\right)(1-p)^{i-1} p\,\delta_i\right] \tag{18.37}$$

第二个概念是风险 DV01。这是 cds_{t_0} 变化一个基点的值。① 通常交易者用 $\widetilde{A}$ 表示风险 DV01。然而，这两个概念之间存在差异。风险 DV01 是指如果交易者提高 cds_{t_0} 值 0.000 1，则 CDS 价值的变化量。一般来说，这并不一定等于 $\widetilde{A}$，尽管根据曲线形状和利差变化，会很接近它。其原因在于违约概率和 CDS 利差 cds_{t_0} 之间的关系为②

$$(1-R)p_{t_0} = \text{cds}_{t_0} \tag{18.38}$$

如果 DV01 是 d $\text{cds}_{t_0} = 1$ 时支出流的价值，则我们有

$$\text{d}p = \frac{1}{1-R} \tag{18.39}$$

---

① 有关 DV01 的介绍，请参阅第 3 章。信用 delta 衡量的是信用曲线每移动一个基点，美元现值的变化。DV01 的报价就好像一个基点的变化是由 $d_{\text{cds}_{t_0}} = 1$ 给出的。实际上，基点变化是 0.000 1，但是市场报价是乘以 10 000 之后的。通常，交易者不喜欢小数点，因而在交易过程中从报价中删除。

② 这种关系也被称为信用三角。该方程假定违约只在结算日发生，否则，这只是一个近似值。参看 Hull et al. (2005)。我们将在第 22 章稍微不同的正文中获得这种关系。

换句话说，风险年金因子 $\widetilde{A}$ 的变化受两个因素影响。不论是cds_{t_0} 还是p_{t_0}，它们均会变化。这意味着风险 DV01 是cds_{t_0} 的非线性函数，同时存在凸性效应。大多数市场实践者忽视了这个效应，认为年金因子 $\widetilde{A}$ 是 DV01 的一个好的估计值。然而，如果 CDS 利差在动态环境中变化，则两个敏感性测度便出现不同。

□ 18.6.2 平仓 CDS

平仓 CDS 交易存在三个基本方法。前两个与我们通常在期货市场上所看到的交易一样。第三个方法稍有些不同。

平仓 CDS 头寸的最基本方法是，用另一个 CDS 来对冲此头寸或者取得一个标的资产的对冲头寸。

平仓 CDS 头寸的第二个方法是终止合约，并且支付（或收到）对手方剩余 CDS 现金流的现值。这里的技巧在于，记住在信用事件中，现金流提前终止，因此，应该将现值计算考虑在内。这是一个使用风险年金和风险 DV01 方面很好的例子。

最后，将合约转手给另一个交易商是终止合约的第三个方法。下面，我们讨论在到期前终止合约时使用 DV01 的一个例子。我们将计算预先现金支付或收益。

例子：

从理论上看，交易者可以通过收到或支付合约的现值来抵消 CDS 头寸。然而，在实际中，如果所涉及的 CDS 实质上处于实值状态，则很难找到交易对手愿意为头寸支付大笔的预先费用，而头寸是不需要预先支付的。这意味着，合约的初始拥有者可能不得不接受极低的现值，以使对手方接手头寸。换句话说，存在折价发行。

例如：某个投资者在 2007 年 10 月 29 日购买了一个 3 年期 ABC 保护，名义金额是 100 美元，价格是 122 个基点。三天后，即 11 月 1 日，利差达到 140 个基点。这意味着初始的 CDS 处于实值内。

如果没有违约发生，这意味着年金

$$\frac{140-122}{10\ 000}100\mathrm{m}=180\ 000 \text{ 美元} \tag{18.40}$$

将在时间 t_1、t_2、t_3 每年支付。另外，可能存在信用事件，利息支付会停止。假设信用事件只发生在年末，则存在三种可能的现金流支付。

$$\{180,180,180\},\{180,180\},\{180\} \tag{18.41}$$

假设在交割时涉及相同的最便宜交割债券，违约事件期间的支付大约会相互抵消。

假设回收率是 40%，为了确定这些现金流的现值，我们使用由 t_0 时刻的 CDS 利差得到的违约风险调整概率 p：

$$p=\frac{142}{10\ 000\times(1-0.04)}=0.023 \tag{18.42}$$

很明显，我们也需要相应的零风险债券价格$\widetilde{B}(t_0,t_i)$。假设它们由下式给出

$$\widetilde{B}(t_0,t_1)=0.92 \tag{18.43}$$

$$\widetilde{B}(t_0,t_2)=0.86 \tag{18.44}$$

$$\widetilde{B}(t_0,t_3)=0.79 \tag{18.45}$$

因此，如果没有违约发生，我们可以写出息票支付的现值

$$\begin{aligned}\mathrm{DV01}=[&(\widetilde{B}(t_0,t_1)+\widetilde{B}(t_0,t_2)+\widetilde{B}(t_0,t_3))(1-p)^3+(\widetilde{B}(t_0,t_1)\\&+\widetilde{B}(t_0,t_2))(1-p)^2+(\widetilde{B}(t_0,t_1))(1-p)]\times 0.18\times 100\end{aligned} \tag{18.46}$$

其中，p^i $(i=1,2,3)$ 表示与第 i 个年金路径相联系的概率。代入数据，可以得出

$$\mathrm{DV01}=87.4775 \tag{18.47}$$

注意到，我们需要使用违约风险折现和相应的DV01，这是因为违约会改变现金流的时间。

□ 18.6.3 预先支付和 CDS 平仓

正如我们在前面所讨论的，在 2009 年，单一名称 CDS 也转向预先支付。

18.7 单一名称 CDS 的定价

对 CDS 进行定价的基本方法相对简单，但实际中必须考虑现实世界的市场惯例。在考察市场惯例及其如何影响定价之前，我们首先提供一个简化的 CDS 定价范例。

□ 18.7.1 一个简化的 CDS 估值例子

我们可以利用上面回顾所提到的一些工具来评估 CDS。基本上，这种方法是选择 CDS 利差 cds，以便将保护卖方（保护方）的预期支付的现值设置为保护买方付款的现值（保费方）。这是由式（18.35）得到的。这个计算中的两个主要输入是生存概率和折现率。生存概率应该是风险中性概率，它们可从第 18.3 节讨论的债券价格或资产互换中获得。当然，一旦给出市场价格或 CDS 利差，生存概率也可以从 CDS 市场中推算出，类似于隐含波动性如何从期权价格中推出。

我们考察一个名义金额为 $N=1$ 美元的 5 年期 CDS 的例子。我们假定违约可能发生在每年的中期。假定无风险利率为 4%，收益率曲线平坦。如果使用第 18.6 节中所提到的违约强度方法，并且风险率为 $\lambda=5\%$，那么可以根据式（18.22）计算每年的生存概率。违约强度方法也被称为违约建模简化型的方法。我们将它与第 19 章所讨论的违约建模的结构化方法区分开来。

在第 1 年结束时，公式导致违约概率（PD）为 $P(\tau<T)=1-\mathrm{e}^{-\lambda T}=1-\mathrm{e}^{-5\%\times 1}=$

0.048 8。因此，生存概率是 1−0.048 8=0.951 2。我们可以类似地计算生存概率（PS），直到第 1 年、2 年、3 年、4 年和 5 年结束。这在表 18.1 的第 2 列中给出。第 3 列显示预期支付乘 CDS 利差，计算方法是 PS×cds×名义金额。

本例中的折现因子基于连续折现。第 1 年的折现因子是 $e^{-0.04\times 1}$=0.960 8。表 18.1 第一年年末预期支付的现值为 0.951 2×0.960 8×cds×1=0.913 9×cds。注意，这个现值没有考虑应计支付［式 (18.32)］。

表 18.1　简化 CDS 估值例子（保费方的 PV）

时间（年）	生存概率（PS）	预期支付	折现因子	预期支付的 PV
1	0.951 2	0.951 2×cds	0.960 8	0.913 9×cds
2	0.904 8	0.904 8×cds	0.923 1	0.835 3×cds
3	0.860 7	0.860 7×cds	0.886 9	0.763 4×cds
4	0.818 7	0.818 7×cds	0.852 1	0.697 7×cds
5	0.778 8	0.778 8×cds	0.818 7	0.637 6×cds
合计				3.847 9×cds

我们还需要在违约情况下加上应计保费。表 18.2 展示出前五列的计算。$T+1$ 年违约概率的计算是直到 T 年年末的生存概率减去直到 $T+1$ 年年末的生存概率。

表 18.2　简化 CDS 估值例子（保护方 *PV* 和应计付款）

时间（年）	违约概率（PD）	预期应计支付	折现因子	预期应计支付的现值	R	预期收益	预期收益的现值
0.5	0.048 8	0.024 4×cds	0.980 2	0.023 9×cds	0.4	0.029 3	0.027 8
1.5	0.046 4	0.023 2×cds	0.941 8	0.021 8×cds	0.4	0.027 8	0.026 2
2.5	0.044 1	0.022 1×cds	0.904 8	0.020 0×cds	0.4	0.026 5	0.024 0
3.5	0.042 0	0.021 0×cds	0.869 4	0.018 2×cds	0.4	0.025 2	0.021 9
4.5	0.039 9	0.020 0×cds	0.835 3	0.016 7×cds	0.4	0.024 0	0.020 0
				0.100 6×cds			0.120 8

例如 T=1.5，我们计算 T=1.5 的生存概率为 0.951 2−0.904 8=0.046 4。由于我们预计在 T=1.5 时收到 CDS 保费 cds，因此预期应计支付为 0.464×0.5×cds。如果我们将预期应计支付乘以折现因子，我们就可以得到等于 0.100 6×cds 的所有预期应计支付的现值。

如果我们加上预期应计支付和预期保费支付，得到的值为 3.847 9×cds+0.100 6×cds=3.958 5×cds。

最后，我们考察保护方支付。表 18.2 最后三列展示了计算结果。我们假定标准回收率为 R=40%。日期 T=0.5 的预期收益即 (1−R)×N×0.048 8=0.6×1×0.048 8×0.980 2=0.028 7。人们可以使用 MATLAB 或 VBA 等程序来计算利差 cds，这假定保费方和保护方的现值彼此相等，使得 3.958 5×cds=0.120 8。如果我们这样做，可以发现

cds＝0.030 6 或 306 个基点。换句话说，给定这个例子中的参数，306 个基点的 CDS 利差将设定保费方支付的现值等于保护方支付的现值。

□ 18.7.2 现实世界的复杂性

上述例子对 CDS 估值的处理非常简单，而且不切实际。这样做忽略了许多现实世界的复杂情况，如票面利率、日计惯例、利率曲线和预先支付。CDS 保费一般按季度支付，自从"CDS 大爆炸"以来，CDS 包括预先支付。基准收益率曲线和无风险利率的选择在实践中非常重要。尽管互换收益率曲线或 LIBOR 曲线可以作为折现因子的基础，但如同我们将在第 24 章所讨论的，由于交易对手风险，LIBOR 曲线存在一些问题。White (2013) 提供了详细的 CDS 定价公式，其中考察了 ISDA 模型和现实世界的惯例。① 由于 CDS 市场已经从单一名称合约的利差惯例转向固定票面利率和预先支付，遵循标准化，所以对市场参与者来说能够匹配预先支付金额，并能够把预先报价转换为利差报价是重要的。反之亦然。因此，ISDA 创建 CDS 标准模型，并在 http://www.cdsmodel.com/cdsmodel/上免费提供 CDS 计算的基本源代码。

□ 18.7.3 从全球金融危机中得到的 CDS 定价教训

从历史上看，金融创新在经济增长中发挥了重要作用，为经济活动融资和分担风险，但偶尔也会变得不利。衍生品是金融创新的一个例子，衍生品的崩溃以令人不安的高频率发生。② 这种崩溃导致了企业、市政府或银行等不成熟或被误导的交易对手的意外损失，但有时会导致系统性风险。在全球金融危机期间，保险公司 AIG 几乎被 CDS 头寸的亏损所拖累。AIG 曾获得 AAA 信用评级，因此被认为是出售 CDS 保护的安全对手。然而，其投资组合的规模增长过大，2008 年的名义价值达到了约 5 000 亿美元。AIG 还为 2008 年 9 月破产的雷曼兄弟违约提供了保险。AIG 犯的一个错误是，与其为其传统保险业务所持有的储备金相比，它从未正确为它所销售的 CDS 做储备。具有讽刺意味的是，CDS 首先是在 1987 年开设的 AIG 金融产品部门内开发的。

18.8 将 CDS 与 TRS 和 EDS 进行比较

为了理解 CDS 的细微差别，将它与不同但相关的产品进行比较会有所帮助。

□ 18.8.1 TRS 与 CDS

我们在前面第 4 章已经遇到总收益互换（TRS）的应用，并将权益互换作为 TRS 原则的例子进行讨论。TRS 几乎同时交易违约、信用恶化以及市场风险。因此，和 CDS 不

① 文献获得地址为：http://developers.opengamma.com/quantitative-research/Pricing-and-Risk-Management-of-Credit-Default-Swaps-OpenGamma.pdf。

② 参看 Jacque (2010) 关于这种崩溃的全面和非常可读的历史。

同，TRS不是纯粹的信用衍生工具。

一种有启发意义的想法是，将它与CDS进行比较。在CDS情况下，保护买方持有贷方发行的债券并愿意购买违约保险。他在合约期间支付给保护卖方固定的期间费用，类似于一个火灾保险。支付固定的数额，如果在合约期间债券发行方违约，则保护卖方就要向保护买方补偿损失，而后合约终止。补偿的数额通常是向保护买方支付债券面值，比如说100，然后买方向卖方交割由贷方发行的可交割债券。简单地说，CDS就是仅仅交易违约风险的工具。①

总收益互换具有不同的结构。考察贷方发行的一种债券或任何一种风险证券。这种证券有两种支付类型：第一，它支付票面利率；第二，存在相关联的资本收益（资产价格增值）或者资本损失（资产价格贬值），这包括极端情况下的违约。在TRS中，保护卖方定期支付给保护买方资产价格的减少部分，违约也包含在这类支付中。一般来说，资产价值发生收益或损失的原因有很多，这并不意味着发行者已经违约或将会违约，否则，保护卖方同样要向保护买方补偿这些损失。

然而，在TRS中，保护卖方的支付还不止这些。保护卖方还有LIBOR加上利差的额外支付。

另外，保护买方会定期支付相关资产的升值部分和票面利率。在正常情况下，资产价格上涨和支付票面利率的频率高于下跌的频率，但这可由LIBOR加上收到的利差来弥补。

TRS的结构等价于下面的操作。市场实践者通过基于LIBOR的贷款购买一份资产S_t，这笔贷款的利率是L_{t_i}，并且在每个t_i时刻，利息累积滚动。市场实践者的评级是A，在t_0时必须支付确定的信用利差d_{t_0}。S_t的定期（票面利率）支付等于c。市场实践者在t_{i+1}时的净收入如下：

$$(\Delta S_{t_{i+1}}+c)-(L_{t_i}+d_{t_0})S_{t_0}\Delta \tag{18.48}$$

其中，$\Delta S_{t_{i+1}}$表示资产价格在$\Delta=[t_i,t_{i+1}]$期间的增值或贬值。c是在Δ期间的支付。有关支付都是后置支付。

TRS互换等价于利用LIBOR融资来购买一个风险资产。在这种特别情况下，市场实践者不是去进行这些交易，而是简单地与合适的对手签订一个TRS。这将使他成为一个保护卖方。银行可能更愿意进行这样的TRS互换，而不愿意将钱借给市场实践者。

□ 18.8.2 EDS与CDS

权益违约互换（EDS）从严格意义上来说是权益衍生金融工具，但它们与CDS有相似性。迄今为止，EDS已由交易商成功销售。② EDS仿效CDS。在CDS中，相关资产是债券，它提供防范其他信用事件的违约的保护。在EDS中，相关资产是公司股票，它提供防范公司股票价格大幅下跌的保护。

当公司股票价格S_t下跌到低于事先确定的障碍H的时候，EDS就被“执行”。通常

① 典型地讲，大多数公司信用的期限是5年。

② J.P.摩根在2003年发行了第一个EDS。

这个障碍比目前股票价格水平低 30%～40%。如果 $S_t<H$ 的情况发生，那么类似于信用事件的“权益事件”将发生。

如果信用事件发生时，EDS 结束，保护卖方给保护买方特定的支付。支付计算如下：

$$名义金额(1-回收率) \tag{18.49}$$

然而，注意，达到股票障碍 H，不管概率有多小，都比信用事件更有可能发生。毕竟，即使没有公司破产，公司股票价格也有可能大幅度下跌。EDS 与 CDS 和期权有相似之处。EDS 类似于一个深度虚值、长期的美式数字看跌期权。然而，区别在于期权溢价是分期支付的，当执行期权时会停止。EDS 和 CDS 之间有更好的类比。原因在于，通常情况下，当 CDS 被触发时，标的股票价格通常会急剧下跌，并可能在参考资产（即债券）价值下降的同时下跌至零。EDS 优于 CDS 的一个优点是触发事件不那么模糊，通常情况下，它是指股票价格是否低于某个阈值，而在 CDS 中，对于什么构成信用事件或违约，有些含糊不清，例如我们将在接下来讨论主权 CDS 的时候所看到的。

与 CDS 类似的是，交易商可以并且试图把权益违约互换的 CDO 放在一起。这样的 CDO 能够被评级。然而，通常对于交易商来说获得足够大份额评级高于 A 的 CDO 是不容易的。①

还有值得补充的一点是，EDS 结构与某只股票的深度虚值看跌期权非常相似。在这两种情况下，都有一个障碍，即期权情况下的执行价格，使得期权买方能够收到现金支付。其主要区别在于，或许 EDS 的到期日更长一些。

18.9 主权 CDS

我们在第 18.3 节中用于创建合成 CDS 的现金流工程方法适用于任何参考资产。在公司 CDS 中，参考资产是公司债券。在主权 CDS 中，参考资产是主权债务。我们想强调一些与主权 CDS 相关的特殊考虑事项，因此我们在本节中讨论主权 CDS。从经济角度来看，主权 CDS 也变得越来越重要。就名义金额而言，2012 年主权 CDS 市场占整个 CDS 市场的 11%，但主权 CDS 市场一直在增长，而单一名称 CDS 市场自全球金融危机以来一直在下滑。我们在第 21 章和第 22 章将讨论单一名称 CDS 市场下滑的原因。

如果一个国家重组或债务违约，主权 CDS 原则上可以保护投资者免受主权债务损失。主权 CDS 有四个主要用途：对冲、投机、基础交易和信用风险管理。

第一，主权 CDS 也被用作其他类型信用风险的代理对冲，如金融和非金融公司债券。持有意大利政府债券的投资者可以购买意大利主权 CDS 来对冲意大利政府债券的信用风险。

第二，主权 CDS 可以用来投机。市场参与者可以在无保护基础上买入或卖出标的 CDS，即在标的资产中没有抵消头寸。例如，一家对冲基金认为日本主权信用评级将会

① 评级机构通常通过输入不同情境，对工具进行压力测试。存在三种基本的情境：正常、压力、崩盘。在股票市场崩盘情况下，很难保持 EDS 的 CDO 的高评级。

改善，可以购买一张有关日本政府债券的主权 CDS。CDS 与传统保险的不同之处在于原则上购买 CDS 不需要拥有参考资产。通过使用现金债券市场或利率期货等其他金融市场可以实现对国家信用评级演变的看法，但除了主权信用风险之外，这些替代方案还反映了其他类型的风险。

一些市场禁止裸 CDS 仓位。由于主权 CDS 市场影响力上升，人们担心主权 CDS 的投机性使用会破坏稳定。自 2012 年起，作为欧盟关于“卖空和信用违约互换的某些方面”的法规的一部分，欧洲经济区国家债务的裸 CDS 被禁止。主权 CDS 市场的流动性在禁令之前已经开始减少，但在证明禁令导致流动性下降的同时，各种其他事件和政策公告也使得这一禁令变得困难。一些市场参与者在禁令之后甚至关闭了 CDS 仓位，因为监管规则中的对冲规则含糊不清。还有一些可用于对冲主权风险的替代工具，例如某些公司 CDS 合约和债券期货，但这些代理对冲可能更加昂贵且不够精确。

第三，正如我们在第 18.3 节所看到的那样，CDS 与 IRS 和 FRN 可以用来复制标的资产的现金流。因此，主权 CDS 可用于基差交易，即利用主权 CDS 和基础政府债券之间的定价错位。如果主权 CDS 利差比标的债务的信用利差更窄，那么如果基差为负数，套利者可能通过购买债券并购买 CDS 保护获利。

第四，主权 CDS 是重要的信用风险管理工具，主权 CDS 溢价被广泛用作信用风险的市场指标。图 18.6 显示了 CDS 利差如何用作风险和违约概率指标的例子。该图显示了彭博社的一个截屏，它显示了 2014 年 7 月 2 日一系列储备货币和非储备货币主权信用的隐含 1 年期违约概率。违约概率源自 CDS 利差，并列在右边。希腊为期 5 年的 CDS 利差为 455 个基点或 4.55%，当天希腊的隐含年度违约概率为 9.5%。然而请注意，这个概率低于历史上达到的最高概率，根据截屏，概率是 27%左右。

<HELP> for explanation, <MENU> for similar functions.
#<Go> for Country Detail
Highest 1-Yr DP (%) | 96) Info | 99) Feedback | Sovereign Credit Risk
<Country Name for Details> | 98) What's New

N	Country	1-Yr Default Probability (%) Current	Low	Range	High	Avg	Chg	5 Year CDS (bps) Model	Market	Diff
11)	Reserve Currency			10 Years						
12)	Greece	9.50	0.67		27.23	9.64	+8.70	504	455	+49
13)	Ireland	2.07	0.02		8.85	1.78	+2.04	93	46	+47
14)	Portugal	1.99	0.23		3.09	1.20	+1.74	91	160	-69
15)	Italy	1.92	0.45		2.40	1.25	+1.33	135	95	+40
16)	Spain	0.61	0.04		0.94	0.37	+0.54	69	66	+3
17)	Belgium	0.53	0.19		0.90	0.45	+0.30	73	42	+31
18)	France	0.43	0.16		0.73	0.35	+0.24	35	40	-6
19)	United Kingdom	0.39	0.09		1.22	0.43	+0.29	21	20	0
20)	Canada	0.31	0.05		0.37	0.18	+0.24	21	--	--
21)	Slovakia	0.19	0.06		0.47	0.20	+0.06	27	40	-13
22)	Non-Reserve Currency			20 Years						
23)	Ukraine	14.83	1.40		34.09	8.00	-19.26	2673	775	+1898
24)	Sudan	7.91	0.02		14.92	5.91	-1.20	1618	--	--
25)	Venezuela	6.98	0.13		9.02	2.64	+4.19	1213	930	+283
26)	Kazakhstan	6.68	0.44		6.68	2.45	+2.23	744	141	+603
27)	Pakistan	4.09	0.61		10.14	3.81	+1.45	997	623	+374
28)	Jamaica	3.96	1.27		4.48	2.98	+1.38	523	--	--
29)	Nicaragua	3.32	2.56		8.27	4.22	-1.60	924	--	--
30)	Latvia	3.27	0.05		22.50	2.85	+3.22	227	97	+129
31)	Tunisia	2.81	0.70		5.61	2.25	+0.98	677	--	--
32)	Ecuador	2.73	1.71		18.50	5.19	-1.19	667	--	--

9) Risk Scale: Low / Medium / High   ◆ Avg ● Now

图 18.6　主权 CDS 和隐含违约概率

交易商银行扮演着做市商的角色，并主导着主权CDS市场的买卖双方。银行的主权风险敞口来自它们直接持有的主权债务，以及与各国的衍生品交易相关的交易对手信用风险。从历史上看，主权国家不会根据其场外衍生品头寸（例如利率和跨货币衍生品）按市值计价提供担保。因此，交易商银行在这些场外合约上承担了交易对手风险，在这些合约当中，主权国家是交易对手，而主权CDS可以用来对冲交易对手风险。

阿根廷是与CDS市场关联的有意思的名称，这是因为规模巨大的违约以及不断进行的与阿根廷债务有关的法律进程。下面这个例子是关于阿根廷的，一年期CDS利率在违约期间大约是40%。

例子：

上周，一年期阿根廷信用违约互换的中间价格达到了4 000个基点，尽管人们认为这个主权国家的最高交易是在本周早些时候以2 350个基点完成的。

衍生工具市场的做市商对违约互换的报价显得非常谨慎，买卖价差非常大（两年期的阿根廷中间价上升到3 900个基点左右），但大多数合约是用来平衡现金市场对冲的，这不容易做到。

出售保护的交易商在咨询律师后制定了一些对策，以防阿根廷违约或重组其债务。在过去的几年里，有超过10亿美元阿根廷信用违约保护进行了交易。如果发生明显的违约或债务重组，有可能会导致最大的违约互换支付。互换赔偿条款是否已触发取决于阿根廷当局如何处理债务重组。

当支付触发时间可能近在咫尺时，为违约互换定价就是一门艺术，而不是一门科学。上周晚些时候，交易员的工作是从阿根廷FRB（美联储）周四收盘价63.5开始，相当于LIBOR的3 060个基点，然后为违约互换的理论风险再加上30%～40%的基点，而不是考虑债券交易的资产互换价值。在这一年的大部分时间里，交易员一直在拉丁美洲主权债券交易中使用约为总利差10%的资产互换违约基础。

（汤森路透，IFR，2001年7月）

上述事件之后，阿根廷截至2001年12月26日总共拖欠了930亿美元的外债。下面的例子中总结了截至2014年的漫长法律程序及其对CDS市场的影响，并提供了宝贵的教训。

例子：

国际互换与衍生品协会（ISDA）询问阿根廷债务互换是否触发了事件条款

ISDA表示，在政府表示不会支付债务利息之后，该协会被要求裁定是否触发了针对阿根廷的信用违约互换条款。

阿根廷正在与债权人谈判。美国最高法院上周裁定阿根廷必须全额偿还债务，而债权人在阿根廷2001年违约后拒绝接受重组后的债务。该裁决阻止了对重组债券的利息支付，直到拒不偿还债权人的债务。总统克里斯蒂娜·费尔南德斯·德基什内尔（Cristina Fernandez de Kirchner）领导的政府表示，无法支付所有索赔要求。

政府在6月30日欠了9亿美元的利息，这笔利息是其在2005年和2010年重组时发行的债券的一部分利息。纽约法官的命令要求阿根廷向包括亿万富翁保罗·辛格(Paul

Singer）的埃利奥特管理公司（Elliott Management Corp）在内的债权人支付15亿美元的违约债务，然后才能支付利息。

费尔南德斯说，如果被迫以同样的条件向所有违约债券的持有人支付，阿根廷可能会欠下150亿美元，这将耗尽阿根廷一半以上的外汇储备。

政府在2001年拖欠了创纪录的950亿美元债务，在两次重组中以折扣价用新债券取代违约债券。债券持有人一直在为争取全额支付违约债券而斗争。阿根廷曾发誓永远不会为这些顽固派付出代价，称他们为“秃鹫”，并拒绝履行美国法院对他们有利的判决。

根据彭博社汇编的数据，阿根廷的债务担保是全球最昂贵的。根据CMA的数据，这项计划的前期成本为340万美元，5年内每年为1 000万美元的阿根廷债务提供担保的成本为50万美元，这意味着在这段时间内违约的概率为64%。

据美国存托清算公司（Depository Trust & Clearing Corp）统计，截至6月13日，共有2 602份信用违约互换合约，覆盖了阿根廷9.06亿美元的未偿债务。

（彭博社，2014年6月23日）

2013—2014年阿根廷偿付债权人的法律纠纷导致CDS利差和隐含违约概率扩大。图18.7展示了阿根廷5年期CDS利差和隐含年度违约概率，并假定40%的回收率。在图中，虚线和右侧的y轴显示违约概率，而实线和左侧的y轴显示CDS利差。2014年8月，ISDA确定阿根廷未能支付其主权债券是信用事件，引发对信用违约互换持有人的支付。

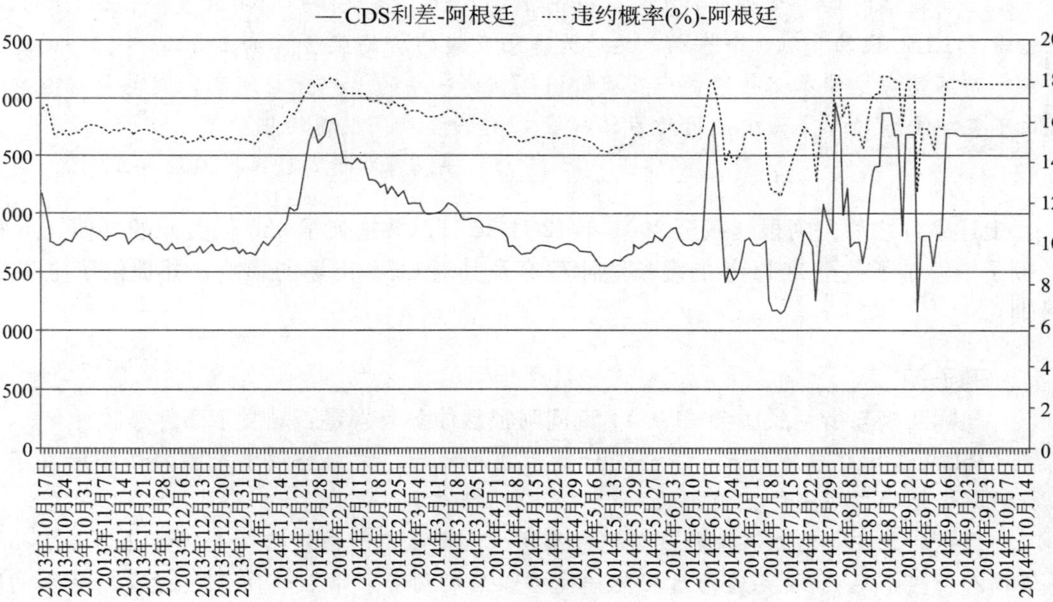

图 18.7 阿根廷违约概率和CDS利差

全球金融危机之后，欧元区的主权债务压力再次引发人们对主权CDS可靠性和有效性的担忧。在2005年6月至2013年4月期间，共有103个CDS信用事件，但只有两个主权 CDS 信用事件公布了解决方案。2012 年 3 月希腊债务交换是一个例子，强调了主权 CDS 信贷事件触发和解决的潜在复杂性。大约 2 亿欧元的希腊政府债券（GGB）与新的希腊政府债券交换，它是历史上最大的主权重组事件。欧洲政府担心希腊债务违约对欧洲银行的影响。因此，政府试图推迟触发相关的信用事件。然而，这些行动削弱了对 CDS 市场的信心，并使人们对主权 CDS 的有效性提出质疑。CDS 保护的有效性取决于两个主要方面：一是造成损失的事件是否触发 CDS 支付；二是如果 CDS 被触发，支付是否抵消了损失。2013 年 4 月《IMF 全球金融稳定报告》指出，新希腊政府债券进入 CDS 结算的价格约为 22%，这与旧希腊政府债券在交易前的价格相同，这是一个幸运的巧合。这意味着结算导致主权 CDS 支出大致与债务交换中发生的损失一致。由于这一结果对于债务和 CDS 持有者是一个幸运的巧合，相关的不确定性导致了对可选结算机制的重新思考，例如提供一系列与它们所取代的工具成比例的新工具。

18.10 结论

本章只是对重要类别的信用衍生工具做了简要介绍。我们看到，信用违约互换在完善金融工程方法中起到了关键作用。我们开发研究了 CDS 合约方程，并将其应用于负基差交易当中。我们讨论了与回收条款有关的现实世界的复杂问题，并总结了最近重要的主权违约和主权 CDS 触发后信用事件触发和结算方面的教训。

阅读建议

最近出版的一些书籍专门研究了这个新领域。对于了解完整的理论背景和一些实际应用，可以参见 Duffie and Singleton（2003）。Bielecki and Rutkowski（2001）是一本涉及更多数学知识但是非常优秀的著作。《巴克莱资本标准公司 CDS 手册 2010》（Barclays Capital Standard Corporate CDS Handbook 2010）对全球金融危机之后 CDS 市场的主要变化提供了一个很好的总结。每月发行的风险出版物《信用》（*Credit*）也是关于市场活动的非常好的阅读资料。本章仅介绍了 CDS 定价的一个简单示例。有关现实市场惯例下 CDS 定价的详细说明，请参阅 White(2013)。Hull(2014) 和 O'kane(2008) 也是很好的参考。本章的讨论没有涉及定价内容，这方面的经典著作是 Merton(1974)。Giesecke (2002) 在定价方面做了研究，读者还可以参见同样非常好的文献 Schönbucher（2003）。2013 年 4 月的《IMF 全球金融稳定报告》（IMF Global Financial Stability Report）回顾了最近主权 CDS 市场的相关问题。

习题

1. 这个习题研究信用组合的风险值（value-at-risk）* 的计算。利用公司财务报表数据回答下述问题：

(a) 怎样计算违约概率？

(b) 怎样得到信用的转移矩阵？

(c) 怎样得到银行投资组合中相关信用的联合转移概率？

2. 倘若已知具有下列特性的两种风险债券：

债券 A

(a) 面值：100。

(b) 货币：美元。

(c) 票面利率：10。

(d) 期限：4 年。

(e) 3 年后可赎回。

(f) 信用等级：AA—。

债券 B

(a) 面值：100。

(b) 货币：欧元。

(c) 票面利率：LIBOR＋78 个基点。

(d) 期限：5 年。

(e) 信用等级：AAA。

要求通过一些合适的衍生工具合约，将债券 A 转换为债券 B。使用现金流图精确地表示出来。

- 说明怎样利用货币互换转换为正确的货币。
- 说明怎样利用利率互换转换为所需要的利率。
- 是否需要利用互换期权合约？利用远期上限和下限是否可以实现同样的目的？
- 最后，展示利用信用衍生品转换为希望的信用等级的两种方法。

3. 考察第 18.7 节中的 CDS 定价示例。假定风险率是 3%而不是 5%，但所有其他输入参数保持不变。通过求出 CDS 利差 cds 来计算 CDS 的价值，CDS 利差 cds 使保护方支付的期望现值等于保费方支付的期望现值。

4. 在本章的 CDS 定价示例中，我们假设一个风险率来推导 CDS 利差，并为合约定价。现在假设风险率是未知的，但假设你可以在市场上观察到该信用额度的 CDS 利差为 200 个基点。回收率仍为 40%，期限为 5 年，无风险利率为 4%，收益率曲线平缓。关于

* 风险值（value-at-risk）又称风险价值。——译者注

违约时间和应计溢价的假设不变。计算隐含风险率。

5. (a) 考察下面来自路透社的引文:

荷兰国际集团(ING)表示CDS和Swedish utility Attentat(VTT. XE)现金之间的弱相关性是表现异常的,投资者可以通过建立负基差交易获利。例如,自从5月中旬以来,5年期CDS已经紧缩了大约5个基点,而同一时期Attentat 2010实际上扩大了大约1个基点。

在约midas+27个基点(MO)时,买入2010债券和CDS保护。

ⅰ. 在图中用现金流标明头寸。

ⅱ. 解释所建立头寸的逻辑。

ⅲ. 解释相关的数据。尤其是,假设你在该头寸中投资了100,则成本和期望收益是多少?

ⅳ. 哪些其他参数可能会引起差异?

6. 考察来自路透社的下述消息:

1407格林尼治时间[道琼斯]伦敦——根据一家大型投资银行,投资者可以通过下述策略提高收益率:

a. 在该策略中,以34个基点利差出售以希腊(9个基点)、意大利(8.5个基点)、日本(4个基点)、波兰(12个基点)和匈牙利(16个基点)为一个篮子的5年期CDS。以38个基点购买iTraxx欧洲5年期保护来进行对冲。

交易放弃了4个基点,但如果公共债务表现超过信用,则仍将受益。

b. 为了实现中立或正的持有成本,调整名义金额——例如在第一笔交易中,对于利差中立头寸,将OECD篮子的名义金额上调20%。

c. 2005年新兴市场篮子与iTraxx的相关性为65%,因此将后者用作对冲。

ⅰ. 解释(a)项的理由。特别是,解释为什么iTraxx被用作对冲。

ⅱ. 解释在(b)中你将如何获得正的持有成本。

ⅲ. 语句(c)中给出的信息有什么用途?

7. 考察来自路透社的以下消息:

HVB建议覆盖的债券转换

0843格林尼治时间[道琼斯]伦敦——HVB表示以低于互换6.5个基点卖出DG Hyp 4.25% 2008s,以互换的4.2个基点买入巴登-符腾堡州银行(Landesbank Baden-Wuerttemberg)3.5% 2009s。巴登-符腾堡州银行的交易是不受规定限制的,将继续享有国家担保;HVB预计利差在不久的将来会进一步收紧。

a. 如何定义德国的这个银行?它们的评级是多少?

b. 这种信贷策略背后的逻辑是什么?

c. 你可以使用CDS采取相同的头寸吗?请详细说明。

8. 利用现金流图,解释下列两个策略背后的逻辑。

a. WestLB mortgage Pfandbriefe交易过于紧缩。以低于互换5.4个基点卖出WestLB 3% 2009s,以低于互换2.7个基点买入零风险权重的Land Berlin 2.75%

2010s。(TMA)

b. 下面的引文讨论了信用行业的隐含远期利率。利用适当的图表，解释交易是如何完成的。

> 法国巴黎银行说，隐含远期CDS水平看高，因为短期CDS对于5年期来说目前太便宜了。以iTraxx主要曲线为参考，给出理论上的3年期远期曲线，该曲线表明6个月和1年期CDS都是60个基点。
>
> “在三年期间里，我们发现6个月和1年期CDS极不可能以高于60个基点的价格交易。”
>
> 利用3-5-10年期的杠铃形式，以20.75个基点买入2 000万欧元3年期iTraxx，以38个基点卖出2 500万欧元5年期iTraxx，以61.25个基点买入700万欧元10年期iTraxx。
>
> 这笔交易的年持有成本为32 000欧元，空头的名义风险敞口为200万欧元。

第 19 章 权益工具工程化与违约的结构模型

19.1 引论

固定收益工具涉及的收益通常是已知的，而且是“固定”的。它们也有确定的到期日。倘若不考察工具的信用质量，固定收益资产拥有相对简单的现金流，该现金流依赖于一系列已知的、较小的变量以及相应的风险因素。同时，也已经有非常完善且相当准确的方法来计算有关的期限结构。最后，现在已经有几种流动和有效的固定收益衍生品市场，比如互换、远期利率协议（FRA）以及期货，它们简化了在这一领域的复制和定价问题。

在权益分析方面却没有这么简单。标的资产通常是股票或者股票指数，它们没有确定的到期日，依赖于一组不透明的、非系统性风险，而且由此导致的现金流也是复杂的。未来现金流的时限以及大小也许是未知的。经济增长、投资、管理决策等问题使得权益工具的定价与复制更加复杂。最终，流动性好且可用于复制的相关衍生品市场相当少。

然而，期权定价和复制的一般原则可以应用于权益定价。在这一章中，我们将之前介绍的方法扩展到权益和权益相关产品。我们还讨论一些该领域代表性产品的工程化应用。

首先，我们阐明一个公司的权益*如何被看做公司资产的期权，该期权的执行价格等于债务的现值，以及它如何被定价。这种方法基于所谓的默顿（Merton，1974）违约结构模型。这是一个巧妙和有用的金融工程学原理应用，重要的是它使我们能够把信用和权益工具的定价联系起来。我们在前面几章已经运用布莱尔-斯科尔斯模型，可以根据

* “equity”，权益，又可译成股权，也有股票的含义，而“stock”被译为股票。——译者注

给定的一组输入参数对期权进行定价，或者根据观察到的期权市场价格推算隐含波动性，与此类似，默顿（Merton，1974）模型也主要有三个不同的应用方式。第一个方式，给定关于公司资产、资本结构和债务价值的信息，我们可以确定权益模型的隐含价格。第二个方式，在权益信用方法中，我们可以将观察到的权益市场价格代入模型中，以反映隐含信用利差和债务违约概率。第三个方式，利用观察到的权益市场价格和观察到的信用利差（来自债券或 CDS 市场），推算权益的隐含波动性。

这些广泛的用途具有重要的实际应用。下面的例子体现了当今市场中违约结构模型的实用相关性。

例子：

主要投资者表示，默顿模型现在被运用得如此频繁，因此实际上正在推动信贷市场。以旧金山的巴克莱全球投资公司（BGI）为例，它管理的资金规模有 7 800 亿美元。多年以来，BGI 一直使用默顿模型——一种内部模型以及市场上可用的模型，但公司的美元固定收益主管彼得·威尔逊（Peter Wilson）说，该模型现在越来越被其他投资者所接受，因此它开始决定信贷市场未来的走向。

（《风险》杂志，2003 年 11 月 1 日，《Barra 跻身默顿模型广泛应用的市场》，www.risk.net/1497515/）

随着信用衍生品市场的发展和信用利差的市场价格变得越来越广泛地可获得，默顿模型在金融领域的应用越来越广泛，许多银行在更大程度上整合了自己的权益和固定收益部门，并将其置于同一交易平台。以前，权益和固定收益部门经常出现在各种不同的交易平台上。这种重组的基本理论根据是违约的结构模型。此外，这些模型可用于所谓的资本结构套利策略。这种策略利用默顿模型来识别信用和权益市场之间的错误定价，并在权益、债券或 CDS 市场上建立相对应的头寸，为的是利用所出现的错误定价。

正如我们将看到的，考虑到权益市场的复杂性及其风险，基本默顿模型及其应用依然存在局限性。

在前一章中，我们已经讨论了信用风险、风险债券的违约概率以及信用违约互换。我们已经看到，信用利差以及隐含的违约概率可以从公司债券利差以及 CDS 利差中得到。默顿模型为我们提供了第三个违约概率信息来源，即如果观察到权益的市场价值以及与资本结构有关的其他参数，就可应用模型来计算这个值。

过去 40 年来，简单的默顿模型得到了极大的扩展，KMV 或 CreditGrades 模型等行业版本得到广泛应用。我们讨论了对冲基金如何追求所谓的基于违约结构模型的资本结构套利策略。

本章的第二个目的是讨论一些热门的权益工具比如可转债和混合权益产品的工程化。

这一节的内容计划如下。首先，我们讨论如何应用金融工程和期权定价原理来为公司的权益定价。我们探讨了模型的应用和局限性。其次，我们考察可转换债券*及其有关债券、与权证联结的债券。可转换债券是嵌入期权债券的另一个例子。在第 17 章中，我们已经看到嵌入期权债券的第一个例子，即可赎回债券的形式。在下一章中，我们将

* 可转换债券（convertible bonds）又可译为可转换的公司债券，有时简称可转债。——译者注

讨论结构化产品，包括权益结构化产品和所谓的逆向可转债。

我们首先将期权复制和金融工程学原理应用于公司的权益。

19.2 什么是权益

在债权人获得偿付后，权益持有人可以拥有公司的剩余价值。权益估值的传统方法是将权益价格视为未来现金流的现值。大多数标准公司金融教科书都涵盖了这种方法，因此，我们将对其进行简要总结而不进一步讨论。[①] 然而，这种在现实世界概率测度下，对现金流进行折现并使用高风险折现率的方法并不需要任何金融工程。事实证明，还有第二种替代方式，即将权益视为公司资产的期权，并且可以用于在风险中性测度下计算其价值。第二种解释代表了我们在前几章中讨论过的金融工程学原理的合理应用，例如期权复制和定价，因此我们在本章中将重点放在这里。从实践角度来看，权益估值的期权复制方法是一个有用的框架还有另一个重要的原因。原因在于，它在权益和债券价值之间建立了联系，因此在权益和债券市场之间建立了联系。事实上，由于流动信用衍生品市场的存在，它甚至可以用于连接权益、债券和 CDS 市场。这些联系的原因是，权益可以被视为公司资产的期权，其执行价格等于债务的现值。这就得到了一种闭形式的表达式，将权益和债券的价格以及权益价格和信用利差连接起来。在这种权益信用方法中，权益市场价值可以用来反映债务的违约概率。

债券是承诺在已知确定的日期交割确定的现金流的合约。有时这些现金流是浮动的，但是日期几乎总是已知确定的，并且有浮动利率工具时，定价以及风险管理也就不再是问题。最后，债券的所有者是债券发行机构的借款人。这意味着将存在一系列合约。

另外，股票赋予持有人对发行这种工具的公司一定的所有权。[②] 因而，权益持有人的地位类似于公司的合伙人，他直接从利润提高中获益并在产生亏损时遭受损失。然而，与合伙企业相比，其中差异之一是上市公司股东具有有限的责任。

19.3 权益作为未来现金流的折现价值

在期权定价模型之前，传统方法是将权益看成权益持有人的现金流的折现价值。股票或股份价格对应于每股的权益价值。这些方法假设对预期未来现金流适当的折现应该等于当前的价格 S_t。这里重要的是注意到，用于折现现金流的折现率是有风险的，并在

① Damadoran (2012) 给出了关于各种不同权益定价方法的最全面评述，包括股息折现模型和多种估值方法 (multiples valuation)。

② 并非所有股票都这样。对于欧式权益，资本属于无须登记的证券持有人。在这种情况下，其所有者是匿名的，因此，很难说出所有者。然而，所有者仍能获得公司所赚利润的现金流，虽然这个人没有投票权，因此并不影响公司的运营过程。这证明了欧式股票的所有者不是“真正的”公司所有者的说法。

现实世界概率测度下运用。例如，这种方法的一个变形是股利折现模型，它将股利视为权益持有人获得的现金流。

公司未来具有的股利，也就是每股发放的股利用 DPS_t 表示。我们可以按 S_t 购买一单位股票，以便获得拥有股利的权利。然后，我们使用现实世界概率 P 和现实世界折现率 k_t，将其应用于该公司所支付的美元股利上，可以写成类似于息票债券价格表示的等式①：

$$S_t = E_t^P\left[\sum_{i=1}^{\infty}\frac{DPS_{t+i}}{\prod_{j=1}^{i}(1+k_{t+j})}\right] \tag{19.1}$$

值得再次强调的是，在这个表达式中，我们利用现实世界概率。因此，相关的折现率将与无风险利率有所不同：

$$k_t \neq r \tag{19.2}$$

在实际应用中，如何得到 k_t 呢？文献中提出了各种各样的模型，比如资本资产定价模型（CAPM）、套利定价理论（APT）以及其他一些模型等。这些模型构成了定价的理论基础，实践者在实际应用中运用各种不同的单因素或多因素模型来计算预期的收益率和折现率。

19.4 权益作为公司资产的期权

□ 19.4.1 默顿的违约结构模型

在第 9 章中，我们引入了布莱克-斯科尔斯期权定价模型为股票的期权进行定价。期权定价方法也能用于为权益定价吗？可以证明，答案是肯定的。默顿（Merton，1974）提出了影响深远的违约结构模型，在这个模型中，公司权益被视为公司资产的期权，其执行价格等于债务的（面值）价值。顾名思义，该模型的典型应用并不依赖于权益的定价，而依赖于从观察到的权益市场价格中推出有关债务（包括违约概率）的信息。因此，违约的结构模型具有非常广泛的重要的实际应用，包括违约风险的建模、定价和预测。②下面的例子说明了结构方法的实际相关意义。

例子：

龙舌兰酒危机，亚洲金融危机，巴西，俄罗斯，安然……似乎大多数大型信用事件都伴随着对信贷评级机构有效性的严厉的事后批评。投资者在寻求更好的违约变量而不是由评级分析师给出，他们已经转向各种各样的渠道，其中最重要的是所谓的默顿模型工具，也许最知名的是 KMV 模型。

（《风险》杂志，2002 年 2 月 1 日，《超级模型之战》，www.risk.net/1506552）

① 在下述公式中，t 表示年。

② 结构模型不同于简化型模型，因为在后者中，不是对公司的资本结构建模，而是对违约过程直接建模。

全球金融危机提供了最新的一个例子，即在评级机构降级之前公司违约。当然，默顿模型不是绝对可靠的，而且像所有模型一样，它们既有其优点又有缺点。违约结构模型的一个应用是在所谓的资本结构套利的形式中。正如我们将看到的，资本结构套利就是由对给定的公司所发行的债务与权益之间的潜在错误定价的利用所组成的。

默顿（Merton，1974）模型是我们前面几章所讨论的金融工程和期权定价概念的一个优秀范例。在前一章中，我们已经讨论了信用风险、风险债券的违约概率以及信用违约互换。我们发现信用利差以及隐含的违约概率可以从公司债券利差和 CDS 利差中推算出来。默顿模型为我们提供了第三个违约信息的概率来源。所有三种违约概率都运用市场价格，因此为我们提供了风险中性的违约概率。这些概率可用于计算风险中性世界中带有信用风险的预期现金流。我们在第 12 章已经看到，根据资产定价基本定理，衍生品价格是在风险中性测度下对未来收益的折现期望值。违约结构模型将债券价值和权益市场联系在一起，它们允许金融工程师和市场参与者在权益、债券和 CDS 市场之间利用潜在的套利和相对价值机会。我们将在下面讨论这种套利策略的例子。

默顿模型催生了大量的文献，默顿模型在许多不同的方向得到了推广。[①] 我们将首先介绍基本模型，然后在继续介绍最新发展之前先讨论模型的应用。由于这是最简单的情况，我们在有风险的零息债券估值定价的背景下回顾默顿模型，但默顿（Merton，1974）也考察附息和可赎回债务的情况。

□ 19.4.2　债券和权益持有人的收益

标准的公司资产负债表是公司在给定时间点对财务状况的总结，包括三个主要部分：资产、负债和权益。因此，在债权人获得偿付之后，权益持有人对公司有剩余索取权。图 19.1(a) 给出了一个固定格式的资产负债表。股票市场使得我们能够观察到权益的市场价值。因此图中的资产负债表可以解释为反映资产、债务和权益的市场价值而不是账面价值。对于公开发行债券的（大中型）公司，我们可以通过债券价格的形式观察到债券的市场价值。[②]

19.4.2.1　不同情景下债务和权益持有人的支付

考察一家只发行两种证券的公司：权益和零息债券，也就是债务。我们怎样才能应用期权定价技术来对这家公司的权益进行定价，公司仅发行面值为 F 的零息债券形式的一类债务？公司在日期 t 时的价值等于公司资产的（市场）价值，用 A_t 来表示。我们首先考察用 A_t 表示的公司价值与权益价值 E_t、债务价值 D_t 之间的关系。债务持有人被承诺在到期日 T 得到偿付 F。考察下面的两种可能情景：

1. $A_T>F$：如果公司在到期日 T 的资产 A_T 大于支付给债务持有人 F 的承诺价值，那么权益持有人将得到剩余金额 A_T-F，权益等于 $E_T=A_T-F$。在这种情景下，没有违约发生。
2. $A_T<F$：如果公司在到期日 T 的资产 A_T 小于向债务持有人承诺的金额，公司违约。在这种情况下，权益持有人就没有得到剩余的剩余价值，E_T 的价值为零。权益持有

① 在本章我们将默顿（Merton，1974）所使用的模型以及相关的结构模型称为默顿模型（Merton model）。

② 如果所交易的债券在实际中不存在，则债务的账面价值可以用作市场价值的不完全近似。

(a) 公司资产负债表（市场价值）

资产	负债	
	债务	如果有可能，使用交易债券和权益价值
	权益	

(b) 在不同情景下债务和权益持有人的支付

	情景 1: $A_T>F$	情景 2: $A_T<F$
债务持有人	F	A_T
权益持有人	A_T-F	0

(c) 债务与权益头寸的收益特性

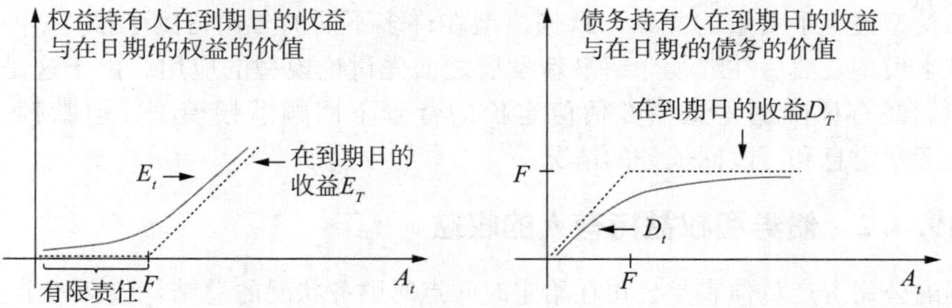

(d) 债务持有人的收益分解成做空看跌期权的头寸

		情景1: $A_T>F$	情景2: $A_T<F$
	债务持有人	F	A_T
组合	无风险债务	F	F
	−看跌期权	0	$-(A_T-F)$

图 19.1　作为公司资产的期权的权益

人拥有有限责任，因此他们的求偿权价值不能低于零。这两种情况如图 19.1(b) 所示。

我们可以对权益的收益 E_T 和债券持有人的收益 D_T 以及到期日 T 时公司资产的价值 A_T 进行比较。这由图 19.1(c) 中的虚线表示。我们可以看到，权益的收益特性类似于公司资产 A_T 的看涨期权的收益情况。该图还显示出有限责任特征。这意味着，权益持有人可以以零收益换取摆脱公司的债务。执行价格是零息债券的面值。相比之下，债券或债务持有人的收益情况令人想起看跌期权头寸。由于在到期前时间 $t<T$，期权也有时间价值，弯曲的实线表示权益和债务在到期日之前时点的价值。权益的价值和债务的价值，在到期日之前有一定的时间价值。实线表示到期日之前的权益价值 E_t 和债务价值 D_t。

图 19.1(c) 给出了在默顿模型中权益按公司资产的欧式看涨期权定价而债券持有人

的求偿权等价于无风险债务加上做空看跌期权头寸的直观解释。在日期 T 时债权人的收益可以写为：

$$D(A_T,T)=\min(A_T,F)=F-(F-A_T)^+ \tag{19.3}$$

这如图 19.1(d) 所示。债券持有人的收益分解已经证明，债券持有人做空看跌期权，标的是借款企业的资产，执行价格等于债务的面值 F。债权人收益中的隐含看跌期权有时被称为违约或信用看跌期权。

我们也可以应用第 11 章所阐述的买卖权平价（put-call parity）关系来推导公司的价值和风险债务的价值。记住，买卖权平价关系表述的是看涨期权减去看跌期权的投资组合等于包含标的资产的投资组合的价值减去无风险债券的价值。

$$C_t-P_t=S_t-\mathrm{e}^{-r(T-t)}K \tag{19.4}$$

在默顿模型背景下，标的资产（S_t）是公司资产，也就是 $S_t=A_t$。债券的面值是 F，即 $K=F$，因此，买卖权平价关系变为：

$$C_t-P_t=S_t-\mathrm{e}^{-r(T-t)}K=A_t-\text{无风险债券}(t) \tag{19.5}$$

式（19.5）可以按照公司的资产 A_t 重写如下：

$$A_t=\text{无风险债券}(t)+C_t-P_t \tag{19.6}$$

我们也知道资产的价值等于（风险）债务加权益：

$$A_t=E_t+D_t \tag{19.7}$$

由于式（19.6）中的标的资产是公司资产，我们可以令式（19.6）和式（19.7）相等，可以得到

$$\text{无风险债券}(t)+C_t-P_t=E_t+D_t \tag{19.8}$$

现在我们注意到默顿模型中的权益是公司资产的看涨期权（$C_t=E_t$），所以可将式（19.8）写成如下形式：

$$\text{无风险债券}(t)+E_t-P_t=E_t+D_t \tag{19.9}$$

因此我们从两边减去 C_t 得到：

$$\text{无风险债券}(t)-P_t=D_t \tag{19.10}$$

这可得到以下合约方程：

风险债务的价值	=	无风险债券价格	−	公司资产的看跌期权价值	(19.11)

19.4.2.2 默顿模型中的债券和权益价值

默顿模型以及随后利用这个方法的论文的一个实用结果是，可以获得关于债务和权益价值的闭形式解。为了做到这一点，我们需要做出下面的假设，即公司资产以及其与公司债务的关系都随着时间而变化。图 19.2 给出了公司资产 A_t 随着时间的推移可能出

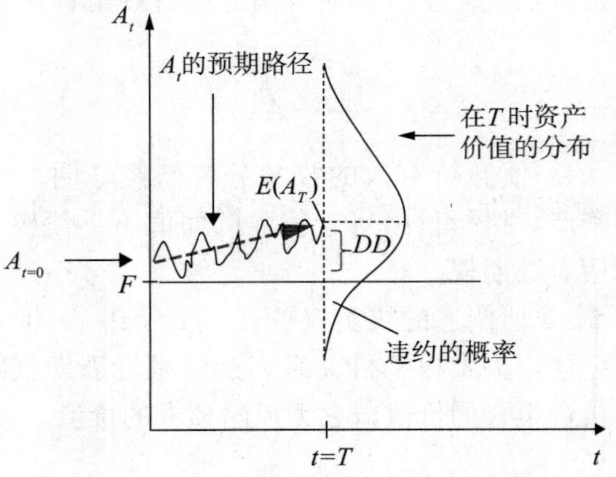

图 19.2　默顿模型中公司的价值分布

现的一种路径。

倾斜的带箭头的虚线表示随着时间推移的公司期望资产价值的路径。时间 T 处的曲线表示时间 T 处 A_t 的概率分布。该分布说明关于 A_t 的演变存在不确定性。默顿模型对资产随着时间的演变给出了指定的分布假设。① 债务面值用 F 表示。如果时间 T 的资产 A_t 低于债务的面值 F，则发生违约。将 $E(A_t)$ 与 F 之差称为违约距离（distance to default，DD）。我们假定公司资产的价值遵循几何布朗运动。

$$dA_t = A_t(\mu dt + \sigma dW_t) \tag{19.12}$$

其中 σ 表示资产的波动性，μ 表示关于 A_t 预期的连续复合收益率，W_t 代表几何布朗运动。基本模型存在几个限制性假设，我们会稍后加以讨论，后续研究将进一步放宽这些假设。这里，我们强调上述所讨论的假设之一：违约只能发生在 T 点，而且没有与违约相关的破产成本，这意味着债券持有人在违约情况下会收到 A_T。这个假设允许我们将期权特征建模为具有到期日 T 的欧式期权。

如同我们在图 19.1(c) 中所看到的，公司在时间 T 的权益价值由下式给出

$$E_T = \max(A_T - F, 0) \tag{19.13}$$

我们可应用布莱克-斯科尔斯欧式看涨期权的定价公式②来得到日期 t 时公司权益的价值。如果我们做出如下假设，即人们可以交易公司资产 A_t，那么由第 12 章的知识可以知道，在风险中性测度 $\tilde{P}$ 下，$e^{-rt}A_t$ 是鞅，于是得到下述公式：

$$E_t = E^{\tilde{P}}[e^{-r(T-t)}(A_T - F)^+] = BSCall(A_t, F, r, \sigma, T-t) \tag{19.14}$$

欧式看涨期权的布莱克-斯科尔斯公式是

① 最初默顿（Merton，1974）论文使用 V_t 而不是 A_t 表示公司价值，并且假定 V_t 服从扩散过程。

② 布莱克-斯科尔斯公式（B-S 公式）也被称为布莱克-斯科尔斯-默顿（Black-Scholes-Merton）公式，因为它是由费希尔·布莱克（Fisher Black）、罗伯特·默顿（Robert Merton）和迈伦·斯科尔斯（Myron Scholes）在 1973 年研究发表的。

$$E_t = A_t N(d_1) - F e^{-r(T-t)} N(d_2) \tag{19.15}$$

其中

$$d_1 = \frac{\ln(A_t/F) + (r + (1/2)\sigma^2)(T-t)}{\sigma\sqrt{T-t}}$$

$$d_2 = d_1 - \sigma\sqrt{T-t}$$

债务在日期 t 时的价值为

$$D_t = A_t N(-d_1) + e^{-r(T-t)} F N(d_2) \tag{19.16}$$

默顿模型的一个重要观点是风险债务与无风险债务之间的利差是看跌期权的价值。信用利差因此是模型的输入参数的函数，例如债务到期日、杠杆率、看跌期权的执行价格以及公司的经营风险。

设无风险债券的收益率用 r 表示。此外，如果我们用 R 表示无风险零息债券的收益率，那么在日期 t 的风险债券的价格可以作为其收益率和面值的函数，即

$$D_t = e^{-R(T-t)} F \tag{19.17}$$

在取对数并求解 R 之后，收益率 R 可以写为

$$R = -\left(\frac{1}{T-t}\right)\ln\left(\frac{D_t}{F}\right) \tag{19.18}$$

我们可以将式（19.16）中的 D_t 的表达式代入式（19.18）来获得风险债券的收益率 R：

$$R = -\frac{1}{T-t}\ln\left[\frac{A_t N(-d_1) + e^{-r(T-t)} F N(d_2)}{F}\right] \tag{19.19}$$

$$= -\frac{1}{T-t}\ln\left[e^{-r(T-t)}\left(\frac{A_t}{e^{-r(T-t)} F} N(-d_1) + N(d_2)\right)\right] \tag{19.20}$$

$$= -\frac{1}{T-t}\left\{-r(T-t) + \ln\left[\left(\frac{1}{L} N(-d_1) + N(d_2)\right)\right]\right\} \tag{19.21}$$

$$= r - \frac{1}{T-t}\left(\ln\left[\left(\frac{1}{L} N(-d_1) + N(d_2)\right)\right]\right) \tag{19.22}$$

其中 $L = e^{-r(T-t)} F / A_t$ 表示衡量杠杆率的指标。我们按信用利差 $R-r$ 重写式（19.22）：

$$R - r = -\frac{1}{T-t}\left\{\ln\left[\left(\frac{1}{L} N(-d_1) + N(d_2)\right)\right]\right\} \tag{19.23}$$

式（19.23）是非常重要的而且十分有用，因为它向我们展示了如何根据输入参数计算默顿模型中的隐含信用利差。这种权益隐含的信用利差可与来自债券或 CDS 价格的信用利差相比较。默顿模型蕴含着随着股价的上涨，信用利差下降。我们在实践中可观察到这种负向关系吗？图 19.3 提供了一个说明性例子。它绘制了 2007—2014 年期间每周高盛信用违约利差对高盛股价的基点变动情况。很明显，这种关系正如默顿模型所预测的那样是负向的。当然，这个例子并不代表默顿模型在解释信用利差方面的实际用处。

最新的综合学术研究发现了对默顿模型的一些支持，并且其输入参数能解释信用利差，但是这些研究也表明默顿模型之外的因素对于确定信用利差很重要。

人们事先并不清楚哪个金融市场能正确地对信用风险进行定价，但市场参与者会认为要么是权益、债券，要么是CDS市场能正确地对信用风险进行定价，然后在这些市场中的两个市场上做多头头寸和空头头寸，以便尝试利用潜在的相对错误定价。我们将在后续几节中详细阐述这类交易的基本原理和例子。

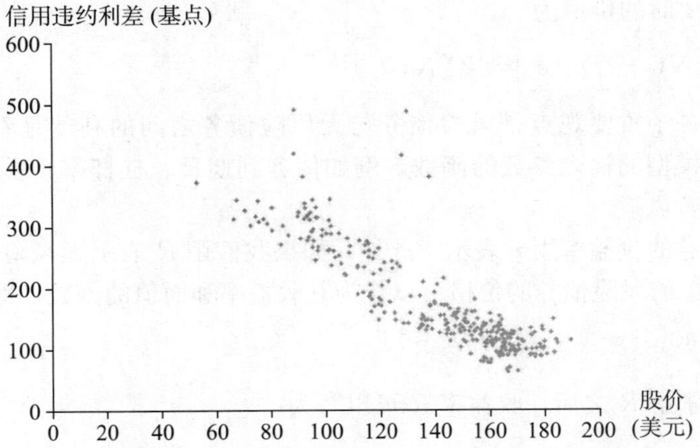

图 19.3　高盛信用违约利差与股价（2007—2014 年）

□ 19.4.3　违约概率

默顿模型在实际应用中的用途之一是作为违约风险的指标。默顿模型可以用来计算期权隐含的违约的风险中性概率，即 $A_T<F$ 的风险中性概率。违约的风险中性概率是看跌期权实值终止的概率。违约概率可以计算如下：

$$\text{违约概率}=P(A_T<F)=N(-d_2) \tag{19.24}$$

在风险中性世界中，公司价值过程的漂移是无风险利率 r。注意，在式（19.12）中 A_t 的随机过程里，如果假定 A_t 具有漂移 μ 与波动性 σ，则违约的现实世界概率就是 $A_T<F$ 的概率。漂移 μ 与 r 可能会是不同的。因此，式（19.24）中的风险中性违约概率可能与实际的违约概率不同。一方面，如果 $\mu>r$，现实世界中的公司价值比风险中性世界上升得更快，这意味着，违约的现实世界概率低于违约的风险中性概率。另一方面，如果 $\mu<r$，那么违约的现实世界概率将高于违约的风险中性概率。从风险中性概率中推导实际违约概率的闭形式解是可能的。尤其是 $\mu>r$，因此现实世界概率低于风险中性概率，我们可以将较高的风险中性概率解释为现实世界概率加上关于违约时间和程度的不确定的风险溢价。注意，在基本的默顿模型中，没有考虑违约时间的不确定性，这是不现实的。

下面的例子说明了默顿模型的应用。

例子：

我们假定资产的价值和波动性是给定的，我们的目标是计算权益和债务的当前市场价值、隐含信用利差以及违约概率。表 19.1 给出了输入参数。

表 19.1 默顿模型例子的输入参数

参数	数值
资产/公司价值（A_t）	100
债务的面值（F）	75
到期日（T）	1
（无风险）利率（r）	2%
资产波动性（σ）	20%

如果我们在日期 $t=0$ 利用式（19.15）计算权益 E_0 的价格，可以得到 $E_0=26.84$。同样，根据式（19.16），债务的市场价值是 73.16。风险债务的隐含到期收益率可以依据式（19.18）计算得出，为 2.49%，由此产生的信用利差为 49。无风险债务的价值为 73.51，无风险债务与风险债务的价值之差是看跌期权的价值，此值是 0.36。违约概率由式（19.24）给出，在这个例子中等于 3.46%。[①]

□ 19.4.4 默顿模型和权益信用法的应用

正如式（19.15）所表明的，像默顿模型这样的结构模型基于未观察到的变量 A_t。对于上市公司来说，股票价格和权益价值在市场上是可观察到的。估计公司资产价值 A_t 和它们的波动性 σ_A 的一种常用方法是运用式（19.13）以及另外一个将权益的价值和波动性与资产的价值和波动性联系起来的等式。如果我们将伊藤公式用于式（19.15），可以得到：

$$E_t\sigma_E=A_t\sigma_A\frac{\partial E}{\partial A}=N(d_1)\sigma_V V_t \tag{19.25}$$

式（19.15）和式（19.25）代表一对联立方程，这个方程组可以求解出 A_t 与 σ_A。一旦我们计算 A_t 与 σ_A，就可能依据式（19.24）来计算违约 $N(-d_2)$ 的概率。我们还可以得出债务的市场价值，这个值是 A_t-E_t。通过将当前模型隐含的市场价值和承诺债务支付的现值进行比较，我们可计算预期损失（expected loss，EL）。本章末尾习题提供了应用这种方法的数值例子。

首先，在实际应用中首先利用股价数据和公司的资本结构数据通过默顿模型来估计债务发行人违约概率的是 20 世纪 80 年代的 KMV（现在是穆迪公司的 KMV）。这种方法有时也被称为权益信用法（equity-to-credit），它在信用评级方面的优势在于它是基于来自流动市场的实时数据。这使得它在预测违约方面特别有用。另外，利用信用评级机构所发布的信用评级得出的违约概率相对较少更新，并且许多上市公司在公司申请破产并拖欠债务后才被信用评级机构降级。违约概率也可以从其他来源获得。这些信息的其他四个潜在来源是：（ⅰ）信用评级；（ⅱ）历史违约率；（ⅲ）由公开交易债券所蕴含的信用利差；（ⅳ）CDS 所蕴含的信用利差。因此，在进行投资决策时，默顿类型的模型应该被

① 本章末尾的习题提供了深入的例子。

看成其他模型和方法的补充而不是替代。虽然默顿类型的模型在信用市场中非常受欢迎，但市场参与者仍然继续运用其他基本的和定量化的工具，而不是纯粹依赖于结构模型的输出。有时候结构模型被认为对理解风险来源十分有用，而其他类型的模型则可用来预测债券和权益的市场价值。默顿类型的模型被许多机构资产管理者用来理解公司债券是在不同的资产波动性情况下的表现。然而，最终的决定是通过考察所有模型的信息来做出的。

□ 19.4.5 默顿模型及其扩展的假设

在过去 40 年中，我们上面所讨论的基本默顿模型已经被实践者和学者广泛地扩展推广。在实际应用中，被应用的许多最新和高级的结构模型都是专营的，同时没有关于它们基本假设的新闻。然而，发表的学术研究也开发出了更为复杂的结构模型，这些模型比基本模型更好地适合于程式化的经验事实。

19.4.5.1 已发表的学术研究的不断扩展

作为默顿基本模型介绍的一部分，我们提及了基本模型赖以建立所基于的一系列简化假设。限于篇幅的原因，上述所提供的假设并不完整。Sundaresan（2013）对基本默顿模型及其假设，以及随后发展起来的违约结构模型是如何放宽这些假设，以便更好地拟合经验事实的，提供了全面综述。在这些文献里，几乎所有论文都使用其中一个假设，即资产交易不断发生。很明显，对于所有公司和全部资产来说，这是一个不切实际的假设。虽然一些流动性非常强的交易所交易资产可以被视为一阶近似，显示连续交易，但许多公司的有形资产流动性非常差，其中一些可能不存在市场。事实上，公司资产及其参数的价值甚至不可被直接观察到。纳入内容更丰富、更复杂的违约结构模式的扩展包括以下方面：(a) 代理成本；(b) 道德风险；(c) 破产法；(d) 重新谈判；(e) 投资；(f) 税收；(g) 公司价值所服从的随机过程中的跳跃；(h) 违约概率对经济周期的依赖。

19.4.5.2 行业中违约结构模型的演变

尽管从业者所运用的模型细节尚不清楚，但一些已发表的报告指出，诸如上一节所提到的 (a)～(h) 等某些扩展因素已被纳入此类模型中。即使是 20 世纪 80 年代开发的初始 KMV 模型，与基本默顿模型相比，也存在一些显著的差异，这是因为它使用专有的违约数据库，将从基本默顿模型所获得的违约距离按比例转换为实际的违约概率。[①] 许多软件供应商、银行和其他私营部门机构都开发了自己的默顿类型的模型。尽管 KMV 模型早期版本的重点在于违约概率，但 20 世纪 90 年代信用衍生品市场的发展导致该行业发展出违约结构模型来估计债券和 CDS 利差。其中一个例子是 CreditGrades 于 2002 年由 Riskmetrics 集团（现为 MSCI 的一部分）推出。最初的 CreditGrades 模型是基于 Black-Cox 模型建立的，该模型放宽了基本默顿模型的一些假设，以便允许违约发生在时间 T 之前，比如当该公司的资产价值达到了预先设定的违约障碍时。像 CreditGrades 这样的模型可生成理论的（模型所蕴含的）CDS 利差和各种希腊值。在实际应用中，为产生切合实际的信用利差和违约概率，当代的模型已经扩展到包括诸如可转换债务、优先股权等变量。要运用标准的默顿类型模型的挑战之一是，公司的资本结构可能突然变化。

---

① 更多细节请参照 http://www.moodysanalytics.com/About-Us/History/KMV-History。

这一模型可以用来说明相对于当前资本结构的信贷而言，权益是否被正确地定价，但它几乎不可能可靠地预测资本结构在未来将如何变化。例如，预测资本结构何时会由于管理层的决定而发生变化是非常困难的。考虑到资本结构套利基金的情况，该基金具有多头信用头寸和空头权益头寸。如果公司出乎意料地实施了杠杆收购，那么将会发生什么情况呢？可能的结果是，该头寸将因此而损失资金。某些套利者通过交易权益和信用来表达对公司资本结构的未来预期变化的看法。

上面的段落讨论了默顿类型的模型对资本结构套利策略的应用价值。我们将在下一节介绍这些策略。

19.5 资本结构套利

□ 19.5.1 资本结构套利交易的例子

资本结构套利是市场参与者使用的一类策略，比如信用对冲基金和某些银行。此策略背后的基本理念是，在公司资本结构中做多一种证券，同时做空同一公司资本结构中的另一种证券。资本结构套利交易的例子包括：

(1)“做多 ABC 公司的股票，同时做空 ABC 公司的债券。”

(2)“做多 ABC 公司的权益，同时做空由 ABC 发行的债务 CDS。”

(3)“做多次级债，同时做空高级债券。”

如何使用违约结构模型来为 (1) 中的交易提供决策规则？人们可运用默顿类型的模型，根据公司 ABC 的股票价格来计算隐含信用利差和违约概率。这样的利差称为 $S_{\text{Merton, implied}}$。如果 ABC 公司已经公开交易债券，则可利用债券价格来计算债券隐含信用利差 $S_{\text{Bond, implied}}$。

如果 $S_{\text{Merton, implied}} < S_{\text{Bond, implied}}$，则 $\varepsilon = S_{\text{Bond, implied}} - S_{\text{Merton, implied}} > 0$。假设某人认为股票市场正确地估计了违约风险，而债券市场高估了同一风险。此外，如果某人认为在两个市场应该对违约风险的评估一致，那么可以做多债券和做空股票的头寸。隐含在这个方法中的观点是定价误差 ε 随着时间的推移而下降 (到 0)。

这种交易的信号可能是由股票价格导出的默顿模型隐含债券利差与 CDS 利差之间的差异。

上面例子中的 (2) 是基于权益和 CDS 隐含信息的比较，而不是 (1) 中例子里的权益和债券隐含信息。如同前一章所述，CDS 市场可用来计算 ABC 公司 CDS 隐含信用利差 $S_{\text{CDS, implied}}$。考察 $S_{\text{Merton, implied}} > S_{\text{CDS, implied}}$ 的情景。现在考察某市场参与者认为 CDS 市场正确地定价了信用风险，而权益市场并没有正确定价的情况。表达这种观点的一种方式是通过做多 ABC 公司的股票头寸，同时购买 ABC 公司的 CDS。如果随着时间的推移，股票和 CDS 市场会在信用风险评估中靠拢，这个头寸将会获利。

以下阅读材料说明，这些策略不仅适用于个别公司，也适用于指数。在这个例子中，CDS 市场被看做是以不同于权益市场的方式来解释宏观经济环境。

例子：

J. P. 摩根和摩根士丹利的欧洲 CDS 指数 Trac-x Europe 从 2002 年 10 月的 140 个基点收窄至战争期间的 105 个基点，道琼斯 Euro Stoxx 50 指数在 2002 年 10 月初是 2 275点，到 3 月达到 1 928 点的低点。这种明显的差异主要是由于许多欧洲公司此时正在降低债务水平……信贷市场认为公司债务减少是公司业绩表现更强烈的指标而不是消极的宏观经济指标，这些指标正在打压股票水平。

（《风险》杂志，2003 年 11 月 1 日，《Barra 跻身默顿模型广泛应用的市场》，www.risk.net/1497515/）

上述数据表明，CDS 利差从 140 个基点至 105 个基点的收窄反映了 CDS 市场的一个观点，即随着欧洲公司降低债务水平，信贷风险下降。由于权益持有者是公司资产的剩余索取者，所以如果权益市场与 CDS 市场相一致，这种解释应该与权益价格上涨相吻合。但这个例子说明两个市场在这种情况下并不一致，而权益市场实际上从 2 275 点下降到了 1 928 点。

□ 19.5.2 用默顿模型为资本结构套利交易提供信号

上述例子阐明了资本结构套利交易的基本思想。我们现在想更详细地研究如何使用默顿模型来为这些交易提供信号。式（19.23）展示了我们如何能从观察到的股票价格中推算出隐含信用利差。对于我们称之为 XYZ 的给定公司，我们可以为一系列不同的股价绘制默顿模型隐含信用利差。图 19.4(a) 给出了这种关系。① 图中的轴对应于那些从基本默顿模型得到的输出。我们看到大约 30 美元的股价意味着 XYZ 的信用利差为 5%。由于股价上涨意味着较低的违约概率，因此有较低的信用利差，所以这种关系是向下倾斜的。反之，如果股价下降，则违约的概率增加。

现在想象一下，对于 XYZ 公司，我们从 CDS 市场的债券价格收集信用利差。为简单起见，我们假定数据来自债券市场，但是如果数据来自 CDS 市场，则可以进行类似论证。如果我们运用 CDS 市场数据，任何利用错误定价的潜在头寸都将涉及买入或卖出 CDS，下面我们解释某个人是如何利用错误定价来进行做多债券或做空债券的。

我们将这些观察到的利差叠加在图 19.4(a) 中的关系上。结果如图 19.4(b) 所示。圆圈表示不同的假设市场观察。如图所示，拟合度非常好。假定在给定交易日中，市场参与者绘制数据，并观察 25 美元左右的股价和 P 点所示的 10%（1 000 个基点）的信用利差，以及通过 P 点的水平线。对于 25 美元的股价，默顿模型隐含的理论信用利差是多少？图 19.4(b) 表明，如果股价为 25 美元，默顿模型意味着信用利差接近 5%（500 个基点）。这由 P' 点和过它的水平虚线表示。这是否意味着相对于权益而言，债务是被高估了或被低估了？如何利用任何潜在的错误定价呢？

首先我们注意到，根据图 19.4(b)，P 点对应于位于指示理论关系的线上方的观察结果。这意味着 1 000 个基点的实际利差（P 点）高于 500 个基点的理论利差（P'点）。实际利差可以解释为太高。如果实际利差来源于债券数据，这意味着债券太便宜。如果

① 图仅用于说明，并不基于实际市场数据。在本章末尾的习题中，我们将运用实际股票价格和资产负债表数据得出近似关系。

利差来自 CDS 价格，则意味着 CDS 利差与模型相差太大。从权益价值角度来看，我们观察到，实际股价为 25 美元，而默顿模型预测，如果信用利差为 1 000 个基点，股价应该接近 14 美元，这由第一条竖虚线表示。从这个角度看，权益被高估。这个例子表明，默顿模型可以用来识别相对错误定价。想要利用相对错误定价，仅分别在债券、CDS 或权益市场中占据头寸是不够的。做多债券头寸同时做空股票头寸，将允许利用 XYZ 公司的债券和股票之间相对错误定价的潜在调整。因此，为了利用观察到的错误定价，我们可以做空 XYZ 股票，同时做多 XYZ 债券，以期望股票价格下跌，并按照默顿模型预测的收益率下跌。下面的例子阐明，资本结构套利交易即使基于多头/空头头寸也会损失资金。

例子：

在伊拉克战争的准备阶段股票水平骤降——道琼斯 Euro Stoxx 50 在 2002 年 10 月初达到 2 275 点，在 3 月份降到了 1 928 点，许多资本结构套利者受到损失。但 CDS 利差仍然相对较小，而不是像默顿模型的信用体系预测的那样扩大。Trac-x Europe CDS 指数从 10 月份的 140 个基点收窄至战争期间的 105 个基点。

（《风险》杂志，2003 年 11 月 1 日，《Barra 跻身默顿模型广泛应用的市场》，www.risk.net/1497515/）

上面的例子是使用 CDS 代替债券头寸和股票头寸的例子。随着指数从 2 275 点跌至 1 928 点，套利者持有多头的股票并持续损失。他们被称为做空信用，通常意味着做多 CDS 或购买保护。因此，随着信用利差收紧，他们的 CDS 头寸将遭受盯市损失。这些市场变化的原因是信贷市场认为持续的公司去杠杆化是公司业绩的一个更重要的决定因素，而不是与战争有关的宏观经济因素。结果是空头信用和多头股权的套利者遭受了损失。

我们可以推广上述结论，并指出资本结构套利策略和决定哪一种证券是做多还是做空取决于代表实际信用利差和股价观察之间理论关系的线会落在哪一侧。这已由图 19.4（c）给出。

我们如何计算这种套利策略的合适对冲比率呢？我们可从对应于公司资产价值 A_t 的权益的 delta 出发，在理论上得到 delta。从式（19.15）我们知道

$$\frac{\mathrm{d}E_t}{\mathrm{d}A_t}=N(d_1) \tag{19.26}$$

$$\frac{\mathrm{d}D_t}{\mathrm{d}E_t}=\frac{\mathrm{d}(A_t-E_t)}{\mathrm{d}E_t}=\frac{\mathrm{d}A_t}{\mathrm{d}E_t}-1=\frac{1}{N(d_1)} \tag{19.27}$$

对冲比率 $\mathrm{d}D_t/\mathrm{d}E_t$ 允许我们计算每一种债券做空（或做多）股票的数量。到目前为止，我们的讨论已经在权益和债券的相对定价方面进行了构建。如果不是用债券价格，实际信用利差是从 CDS 价格中获得，那么为了利用错误定价，不是做多债券（希望债券价格会上涨并且利差会收紧），而是应该出售 CDS。

□ 19.5.3　来自资本的利润来源

图 19.4 说明基于默顿模型的决策规则可应用于利用债券（或 CDS）与权益之间的任何潜在错误定价。现在我们要检查上面所讨论的资本套利策略的主要利润来源。可以证明，利润可以从（a）债券/ CDS 和权益价格修正的角度来看，或者（b）更高级的波动性

套利的视角。

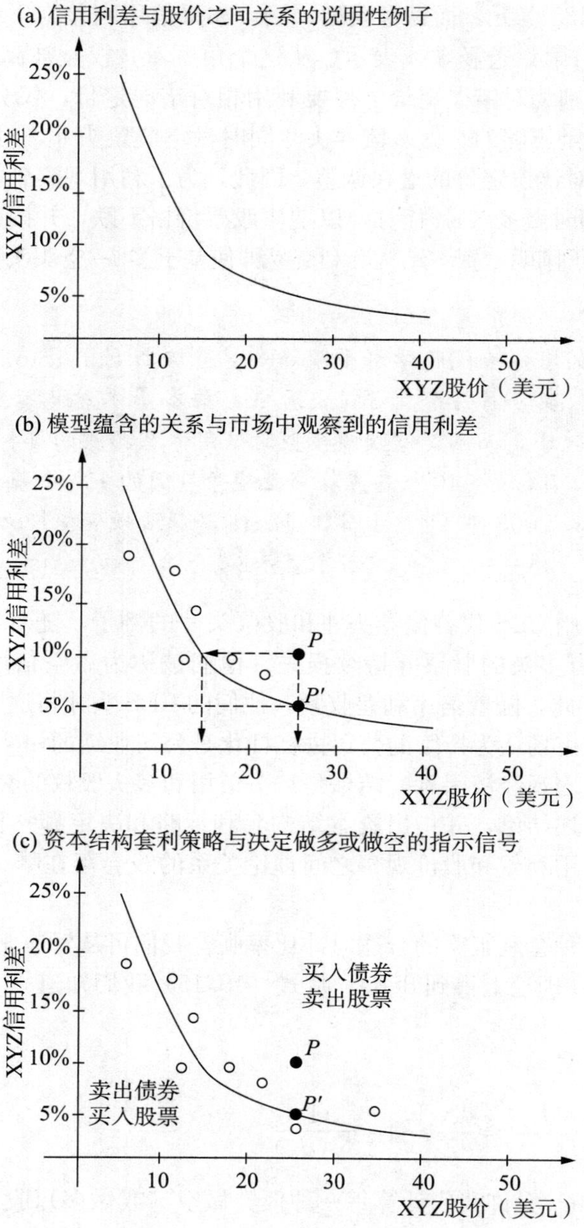

图 19.4　信用利差与股价

19.5.3.1　债券（或 CDS）和权益的错误定价的资本结构套利

首先查看（a）。为了利用 P 点所表示的明显套利，我们注意到，做空股票和做多债券是最优的。如果股价上涨或债券价格上涨（即信用利差收紧）或两者同时发生，则这种头寸将会受益。然而，还存在其他一些情景，使此策略变得有利可图，例如当股价上涨时，但如果信用利差收紧到足够的程度，则做空股票头寸的损失会超过做多债券头寸所带来的收益。

我们将信用利差-股价空间划分为三个潜在的区域，以便于讨论哪一种策略（ⅰ）将会赚钱，（ⅱ）将会损失钱，或是（ⅲ）处于收支平衡状态。图 19.5 阐明了这样的三个区域。起点处于 P 点的是 delta 对冲头寸。该头寸由做多债券和做空股票所构成。由于指向西南方向的箭头表示从 P 点向理论上信用利差-股价关系方向移动，这表示对 P 点的明显错误定价的修正，该策略将赚钱。另外，若股价/利差向着东北方向移动，则会导致损失。然而，还存在第三个区域，这是由通过 P 点的线来表示的。此条线可被解释为处于收支平衡区域。P 点代表 delta 对冲头寸，如果在 P 点当前所观察到的股价/利差是正确的，也就是，如果没有错误定价，那么沿着这条线的信用利差的任何变动都对应于默顿模型所指出的变动。

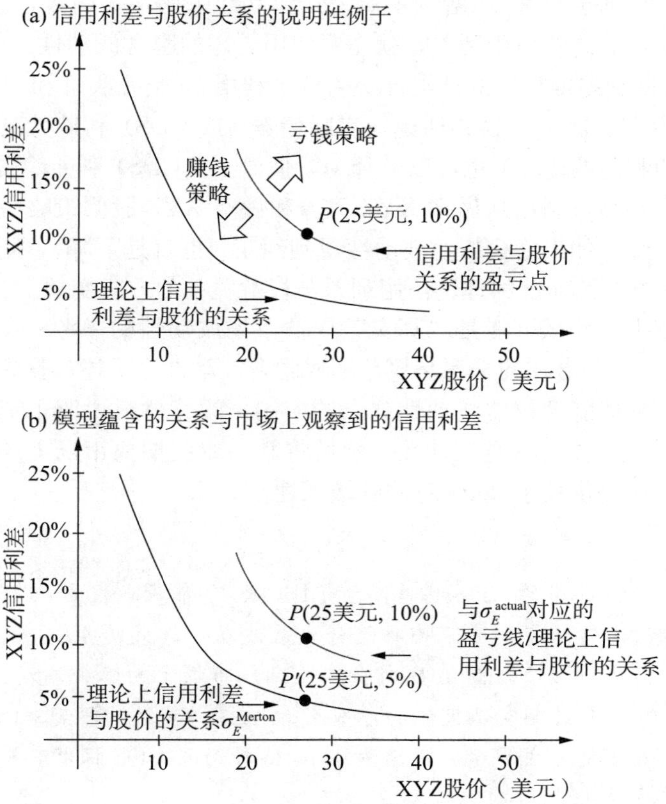

图 19.5　资本结构套利的利润

19.5.3.2　从错误定价的波动性角度看资本结构套利

正如所讨论的，还有第二种观点（b），将错误定价理解为波动性的错误定价，而不是利差和股价的错误定价。如同我们在第 19.4.4 节中讨论默顿模型的应用一样，我们已经证明如何从观察到的权益价格和波动性中推算信用利差。这个方法可借助于下述关系表示出来，进而表明利用比如权益价值和波动性这样的变量可以获得默顿模型隐含信用价差：

$$E_t, \sigma_E, F, r, \sigma_A, T-t \xrightarrow[\text{默顿模型}]{} R-r_{\text{Merton}} \tag{19.28}$$

另一条路线是从实际信用利差开始，然后推算隐含权益波动性。

$$(R-r)_{\text{actual}},E_t,F,r,\sigma_A,T-t \xrightarrow[\text{默顿模型}]{} \sigma_E^{\text{actual}} \tag{19.29}$$

式（19.28）中的方法阐明了理论/默顿模型利差的运用。图 19.5(b) 表示了代表各种不同波动性的理论利差-股价关系的线。例如，在 P'点，如果我们代入 25 美元左右的股价，当我们运用 σ_E^{Merton} 的隐含权益波动性时，则可获得 5%的信用利差。

如果我们使用式（19.29）中的方法，连同其他参数一起，将 25 美元股价和对应于 P 点的观察到的 10%的信用利差代入默顿公式当中，以便获得隐含权益波动性，这时会发生什么情况呢？在这种情况下，我们会获得权益波动性 σ_E^{actual}。

由于默顿模型是基于布莱克-斯科尔斯公式建立起来的，很明显，想要在相同 25 美元的股价水平上获得更高的信用利差，就需要使用更高的隐含波动性。因此，利用 25 美元股价和 5%的信用利差推算出的波动性必须低于利用 25 美元股价和 10%的信用利差所得到的波动性。$\sigma_E^{\text{Merton}}<\sigma_E^{\text{actual}}$。换句话说，实际债券（或 CDS）利差太高（与相同股价的默顿模型所蕴含的利差的比较）也可以解释为，债券（或 CDS）利差隐含权益波动性相对于真实波动性而言要高。利用从做多 XYZ 债券和做空 XYZ 股票策略中获得的利润，可对结果重新给出解释。如果隐含权益波动性得到纠正（也就是下降），则这个策略就会赚钱，这是向基于 σ_E^{Merton} 波动性的理论信用利差与权益关系的方向变动。

在上面的比较中，什么可能是“真实”权益市场波动性的来源？我们如何得到输入参数 σ_E 的估计值。一种潜在的来源是权益期权隐含波动性。下述数据说明了在实际应用中基于资本结构套利的隐含权益波动性观点的应用。阅读材料说明了资产管理公司采用 CDS 价格，并从中提取隐含权益波动性，然后将其与权益期权市场上的隐含波动性进行比较。权益波动性还提供关于 delta 对冲的敏感性。

例子：

9 月 10 日，Sun 公司的 CDS 利差高于 LIBOR 70 个基点左右。“当我们利用我们的资本结构模型时，这给我们带来一种隐含权益波动性，大约 45～50 个基点……”

然后，Axa 团队将该值与 Sun 公司在权益期权市场上的隐含波动性进行比较。在那一天，Sun 公司 3 个月期实值期权的隐含波动性约为 65 个基点。15～20 个基点差异是套利机会。为使之兑成现金，Axa 对 Sun 公司购买 CDS 保护，同时购买 Sun 公司股票，以便对冲该头寸。

为了计算隐含权益波动性，Axa 依靠建立在默顿理论基础上基于私有权益的公司价值模型……

（《风险》杂志，2003 年 10 月 1 日，《资本结构建立如下》，www.risk.net/1526277）

如同式（19.29）一样，在这个例子中运用默顿模型来推算 σ_E^{actual}。在市场上，观察到的 CDS 利差意味着 45～50 个基点的权益波动性，这低于权益期权市场蕴含的 65 个基点的隐含波动性。看起来交易员认为权益期权的波动性更为正确。这种观点是通过购买 CDS 保护，同时买入股票进行对冲来表达的。如果 CDS 市场的信用利差扩大，保护买方将会获得按市价计价的收益。如果利差收窄，倘若在两者之间存在负的经验关系，则做多股票有望提供对冲。

19.6 权益产品工程化

□ 19.6.1 目的

公司通过发行权益或者债券筹集资本。① 假设某家公司或者银行决定发行权益进行融资。是否存在更加有优势的融资方法？金融工程提供了几个可能满足公司特定需求的替代方案。

(1) 一些策略可能会降低权益融资的成本。

(2) 一些策略可能会导致资产负债表的结构调整。

(3) 采取一定的步骤以更好地把握证券发行时机，发行时机取决于利率、股票市场以及货币市场的走向。

(4) 最后，还有一些策略是为了扩大投资者基础。

为了讨论这些策略，我们考察读者已经熟悉的两种基本工具。第一，我们需要一个直接由公司发行的普通附息债券。第二，另一种工具是以股票为标的的期权。这个以股票为标的的（看涨）期权是欧式的，到期日为 T，执行价格为 K。该看涨期权以期权费 $C(t_0)$ 发行。在 T 时刻，它的支付为：

$$C(T)=\max[S_T-K,0] \tag{19.30}$$

这一系列工具还包括另外两种产品。在一些权益联结产品中，我们可能也想使看涨期权以债券为标的。这个期权是欧式的。在其他特殊问题上，我们可能想要在分析中加入一个信用违约互换。许多有用的合成工具都可利用这些成分来加以构建。我们在简化设置下，从可转换债券的工程化开始讨论。

□ 19.6.2 可转换债券

在第 17 章中，我们已经讨论了可赎回债券，这种债券将一种提前赎回债券的选择权转让给发行公司。可转换债券和可转换优先股都是嵌入期权证券的其他例子。与可赎回债券不同的是，它们给予证券持有者而不是发行公司选择权。可转换债券是一种赋予持有者将本金转换成股票的选择权的债券。本金可按预先设定的数量转换成发行公司的股票，否则，获得的是面值。很明显，可转换债券是一种混合产品，它赋予债券持有人在公司的股票明显增值时，对股票建立敞口的权利。

考察转换比率为 20，面值为 1 000 美元的可转换债券的例子。这允许可转换债券持有人将一张面值为 1 000 美元的债券转换为 20 股的普通股。转换价格被定义为面值除以转换比率即 1 000 美元/20，在本例中为 50 美元。债券持有人评估每张面值为 1 000 美元的上述债券，或每股 50 美元的股票是否值得。持有人想要转换债券，何时最适合呢？当债券承诺支付的现值低于每一只股价值的 20 倍时才是值得的。如果股票是以价格高于 45

① 还有一种叫作“夹层融资”，它接近于二者的结合。

美元卖出的，那么交易价格为 900 美元且转换比率为 20 的可转换债券才可能值得转换，这是因为持有者通过每只债券将获得的 20 股的股票价值会高于 900 美元。债券的转换价值被定义为持有人将其转换为股票时所能获得的价值。

我们能否就可转换债券的价格及其相对于转换价值和普通债券的价值应该有多高说几句话？一方面，可转换债券的交易价格至少应达到其转换价值，否则，人们可以购买可转换债券，转换并立即获利。这种套利策略实际上可以预期将价格提高至转换价值或以上。

另一方面，可转换债券的价值至少与普通债券的价值相当，这是因为可转换债券是由普通债券加上看涨期权所组成的。普通债券价值提供了债券下限（bond floor）。图 19.6(a)

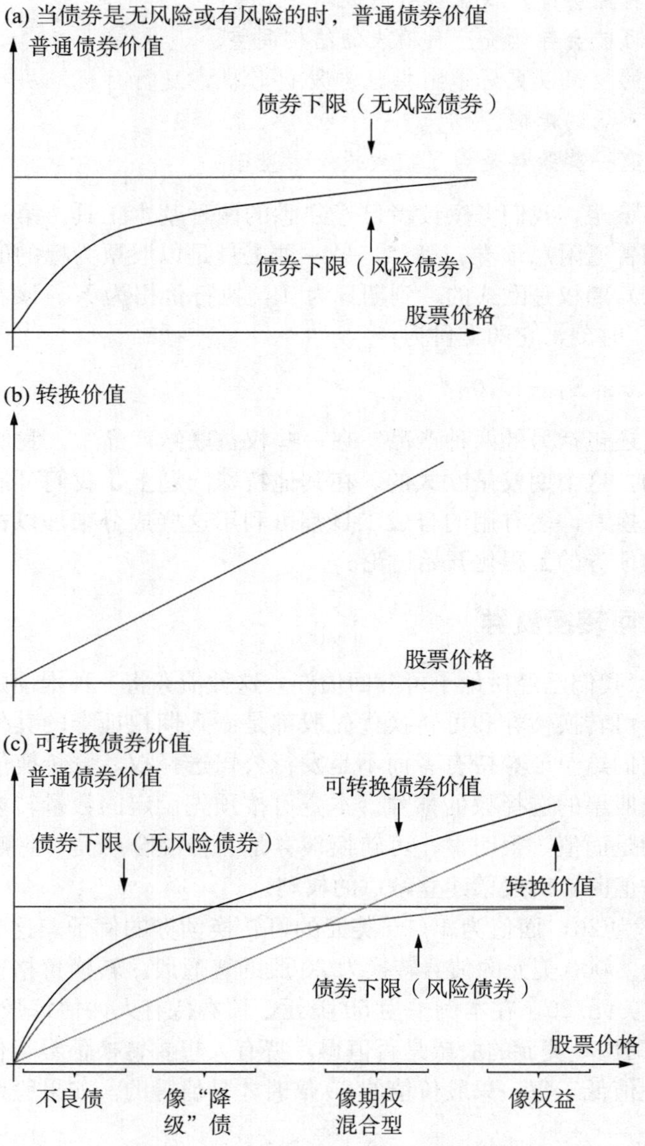

图 19.6　可转换债券价值、转换价值及普通债券价值

说明了普通债券价值。对于资产负债表健全的债券发行公司而言，由于违约风险可以忽略不计，普通债务的价值应该基本独立于股票的价值。这由水平的债券下限来表示。如果债券是有风险的，那么当股价下跌时，债券价值被认为可能会下降，甚至会变得接近零，因为它会变得不良。图 19.6(b) 说明了转换价值。图 19.6(c) 表明，当股票价格转换不太可能时，可转换债券价值的下限就是普通（风险）债券价值。在这种情况下，可转换也被称为被降级（busted）。当股票价格高到足以使转换可能时，转换价值就成为下限。当股票价格大大高于转换价值时，可转换性就跟权益一样。可转换债券价值与转换价值之间的差额称为转换溢价（conversion premium）。一些可转换债券有要求转换或赎回的特征，在这种情况下，它们被称为强制性可转换债券。

我们在简化假设下讨论这种可转换债券的工程化。在第一种情况下，我们讨论债券没有违约风险。这只是一种说明解释，但并不真实存在。所有公司债券都存在一些违约风险。有时，这种风险是非常显著的。因此，在第二个例子中，我们加入违约风险，然后再讨论其工程化。

□ 19.6.3　合成可转换债券和现金流工程

从上面的讨论中，我们可以发现，可转换债券被看成是普通债券加看涨期权的组合。由此得到下面的合约方程。

可转换债券	=	普通债券	+	看涨期权	(19.31)

图 19.7 显示了可转换债券的现金流是由违约债券和看涨期权构成的。[①] 根据债券是否违约以及期权是否被执行，存在四种可能的情景。

由于发行公司出售嵌入式选择权，将其转换成公司的股份，所以发行公司希望支付较低费用或票面利率。可转换债券的买方则会因参与公司正面事务的潜力而获得回报。

对于风险债券来说，我们也可建立在前一章对 CDS 讨论的基础上，它表明了可违约债券可通过利率互换买方、无违约存款和出售 CDS 的投资组合进行复制。因而，如果我们用投资组合替换式（19.31）中的普通债券，我们得到下述合约方程：

可转换债券	=	利率互换买方	+	无违约存款	+	出售 CDS	+	买入看涨期权	(19.32)

这个合约方程提供了令人感兴趣的观点，因为它表明可转换债券包含了可借助于购买 CDS 来进行对冲的违约风险。

① 为简化起见，我们假设债券平价出售。

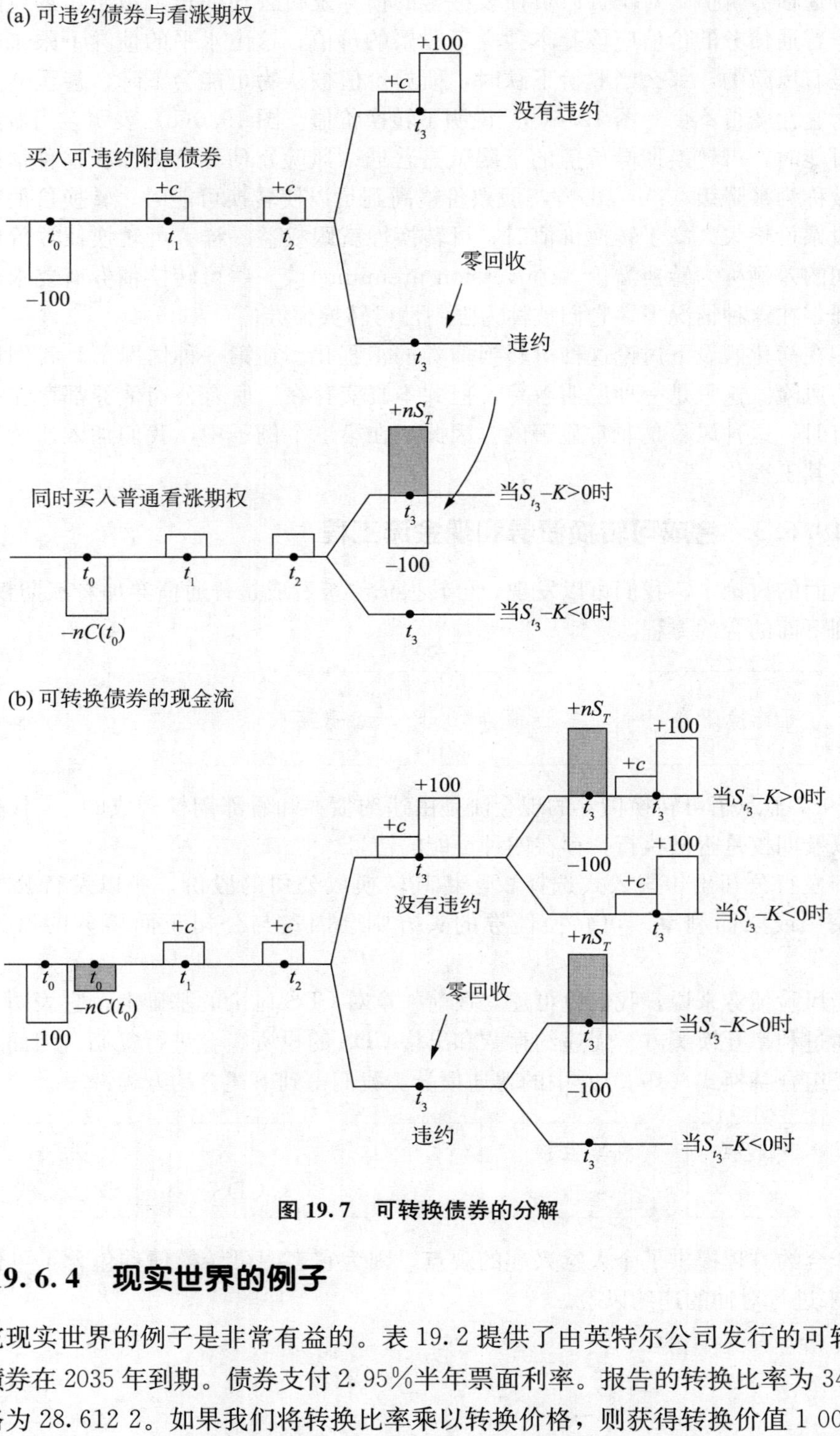

图 19.7　可转换债券的分解

□ 19.6.4　现实世界的例子

研究现实世界的例子是非常有益的。表 19.2 提供了由英特尔公司发行的可转换债券信息。债券在 2035 年到期。债券支付 2.95%半年票面利率。报告的转换比率为 34.950 1，转换价格为 28.612 2。如果我们将转换比率乘以转换价格，则获得转换价值 1 000。英特尔公司当天的股价为 31.63。可转换债券目前每 100 美元售价为 126.25，或每 1 000 美元面值为1 262.5。转换平价被定义为股价乘以转换比率：34.950 1×31.63=1 105.47。转换溢价被定义为可转换价格减去转换平价，即每 1 000 美元 1 262.5－1 105.47＝157.03，或者表中所示的每 100 美元为 15.703 美元。隐含波动性是 62.194，可以与当天英特尔股票的权益期权隐含波动性进行比较。delta 是可转换债券对股价变化的敏感度，根据该表，此值是 0.56。

表 19.2　英特尔公司 2035 年到期的 2.95% 可转换债券

发行公司	英特尔公司
票面金额	1 000 美元
转换比率	34.950 1
转换价格	28.612 2
转换价值	1 000
(固定) 票面利率	2.95%
(转换) 平价	110.547
转换溢价 (超出转换价值)	15.703
英特尔公司每股股价	31.63
到期收益率	1.51
派息频率	半年
可转换债券的价格	126.25
提前赎回条款	没有
隐含波动性	62.194
delta	0.560
vega	0.268
theta	0.004
psi	－2.092
信用敏感度	－3.539
总发行量	1 600 000 (M)
公告日期	2006 年 3 月 30 日
第 1 次息票日	2035 年 6 月 14 日
可转换时间截至	2035 年 12 月 14 日
到期日	2035 年 12 月 15 日
背书	J.P. 摩根

资料来源：彭博社，2014 年 7 月 15 日。

□ 19.6.5　可转换债券定价

19.6.5.1　债券加上权益期权法

存在几个问题会使式 (19.31) 的分解以及基于此的估值复杂化。这些复杂因素包括股票的股息支付，转换价格可能随着时间的推移而提高，还有任何允许发行公司尽早回购债券的潜在看涨期权。此外，可转换债券包含期权成分，其随机的执行价格等于债券价格。

19.6.5.2 多因素模型

另一个复杂因素与违约风险有关。如图 19.6 所示，股价水平是可转换债券价值的关键决定因素。原则上，这意味着我们可运用布莱克-斯科尔斯方法对可转换债券进行估值，其中状态变量是股价，同时利用动态对冲策略对嵌入期权进行估值。但是，如图 19.6(c) 所示，债券的信用风险还取决于股票价格。最新和复杂的可转换债券定价模型并入了利率和信用利差的随机性质。这一章末尾提供了关于可转换债券定价的最新文献。例如，彭博社的可转换债券定价函数不仅包含随时间变化的利率、股息和波动性，而且允许股票价格跳跃，并可以根据 CDS 数据进行校准。

□ 19.6.6 可转换债券套利

从历史上看，可转换债券的一些最活跃的买方是对冲基金。[①] 然而，最近的估计表明，作为可转换债券买方的对冲基金的比例，从 2008 年的 75%降至 2013 年的不足 40%。

对冲基金运用可转换套利的策略来试图生成风险调整绩效。考察下面的阅读材料。

例子：

美国的可转换 arb 对冲基金正在进入信用违约互换市场。需求的上升是对上个月投资级可转换债券发行量增加、美国资产互换市场的流动性不足以及可转换投资组合的信贷敏感性增加的反应，纽约州和康涅狄格州的市场官员称。

arb 对冲基金正在使用信用违约互换来剥离可转换债券的信用风险，只留下隐含的权益衍生品和利率风险。后者通常通过期货或国债进行套期保值。一位交易员称，根据投资级可转换债券的价格，这种策略通常比直接购买权益衍生品更便宜。

交易员表示，资产互换包括从可转换债券中剥离权益衍生品，这是这些基金的最佳选择，因为它允许他们便宜地为该头寸融资，并一举消除利率风险和信用风险。但随着美国在过去 12～18 个月内发行者信用质量下降，寻找愿意进行资产互换的另一方交易对手变得更加困难……

（摘自《衍生品周刊》中的文章）

通常，可转换债券会以其理论价值折价发行。这意味着对冲基金经理可以利用适当的技术从可转换债券中提取被低估的部分。最基本的可转换债券套利策略之一是购买便宜的波动性。如同我们前面所看到的，可转换债券是由债券和期权组成的。对冲基金经理可以计算嵌入期权的价格，或者由可转换债券的当前价格所蕴含的权益波动性。通过比较嵌入期权的隐含波动性与历史波动性，或同一股票的上市期权的隐含波动性，才可能计算出可转换债券的嵌入期权是否被低估。需要将隐含权益波动性与其他输入参数一起输入可转换债券定价模型，以便于产生观察到的可转换债券价格。根据表 19.2 中的数

① 关于这个问题的实证证据，参看 Choi et al.（2010）。

据，英特尔公司发行的可转换债券的隐含波动性为 62.194。

如果嵌入可转换债券中的期权比同一股票的普通期权更加便宜，那么基金经理可做多可转换债券，以期被低估的嵌入期权将来升值。采用一系列技术来对冲不必要的风险，同时隔离想要的权益、信用、事件，甚至是嵌入证券中的货币风险敞口。

基本的可转换债券套利策略是做多波动性。这意味着该策略可以从标的股票的波动性中受益。波动性风险敞口来自两个不同的来源。第一个，嵌入股票期权意味着可转换债券的买方是做多 gamma，即 delta 相对于股票价格的变化率。第二个，由于隐含波动性上升，看涨期权价格上涨，所以该策略是做多 vega。在上面讨论的英特尔公司可转换债券的情况下，vega 是 0.268。如果隐含波动性调整并上升，这将导致可转换债券持有者获得收益。可转换债券亦面临更复杂的风险敞口，包括信用风险。一方面，发行公司的信誉恶化可能与标的股票的波动性增加相一致，而这又会影响嵌入看涨期权的价值。如果公司信誉得到改善，情况可能会相反。另一方面，发行公司的信用质量恶化会直接影响到标的风险债券。随着信用利差收窄，可转换债券的价值可能会增加。随着信用利差扩大，其价值下降。

式（19.32）表明，可转换债券可以分解成若干组成部分，包括 CDS 头寸。因此，CDS 可用于对冲嵌入多头可转换债券头寸的信用风险。原因是现有 CDS 头寸的盯市价值会随着发行公司信用风险的变化而变化。为了建立正确的对冲比率，我们检验了相对于可转换债券的敏感度，CDS 对信用利差的变化有多敏感。Omnicron 衡量信用利差上涨对价格的影响。通常情况下，这个测度将在信用利差水平上升 1 个基点时重新设定。实践者也称这种敏感性为 Credit DV01。

权益市场风险可通过利用做空股票头寸或看跌期权进行对冲。信用市场风险敞口原则上最好利用 CDS 对冲。然而，有时候，权益市场看跌期权可能是比 CDS 更便宜的对冲替代品。正如默顿模型所示，权益市场和信用市场是相互联系的。人们可以计算看跌期权和 CDS 对标的信用风险的敏感度，并将此敏感度用作对冲比率，并且选择 CDS 与权益看跌期权之间更便宜的那种。

□ 19.6.7 比较波动性在可转换债券套利和资本结构套利中的作用

正如我们在第 19.5 节中看到的，在资本结构套利中，由于债券和权益之间存在理论关系，我们可将普通债券解释为权益衍生品。我们能够运用默顿类型的模型来计算由股价所蕴含的权益波动性和信用利差。如果这种隐含权益波动性与所谓正确的波动性不同，市场参与者可以购买或出售债券（或 CDS），同时 delta 对冲该头寸。资本结构套利策略与可转换债券套利策略之间存在着重要的区别，这是因为可转换债券可以被转换为权益，而普通债券则不能转换。这意味着可转换债券存在理论上的套利界限，但这样的界限对于基于默顿类型的模型的普通债券来说并不存在。除了默顿模型的限制性假设之外，这意味着基于简单的违约结构模型的套利策略并不能很好地预测权益和信用市场的实际变动。

□ 19.6.8 并入更复杂的结构

这一节讨论基本可转换债券结构中的两个变化。首先，基本可转换债券通过某种方式的修正，允许购买者用两种不同的货币操作。实际上，一个美元计价的债券可能被卖出，但是标的股票可能是用欧元计价的法国股票。正如我们将看到的，这相当于增加了关于外币的看涨或看跌期权。

第二个变化同样重要。基本可转换债券可以被设定为可赎回的。这相当于是使标的债务发行一个可提前赎回债券。这导致增加一个关于债券的看涨期权。在我们分析如何使用这些工具之前，我们考察每种情况下某些金融工程问题。

19.6.8.1 汇率风险敞口

假设可转换债券由两种货币构成。一个泰国公司通过在欧洲美元市场卖出欧洲可转换债券融资，该结构的债务部分按美元计价。因此，这些债券的票面价值为100美元。它可以转换成在曼谷交易的该公司的股票。股票用泰铢计价。我们在这里不现实地假定没有违约风险。

因为泰国股票在泰国交易市场交易，并且以泰铢计价，可转换债券中包含的转换价格需要具体说明潜在交换中将使用的汇率，否则，转换规则将是不完整的。也就是，不是要利用下面的等式详细说明股票数量 n 与转换价格 K：

$$100\text{ 美元}=Kn \tag{19.33}$$

现在转换条件应为：

$$e_t 100\text{ 美元}=Kn \tag{19.34}$$

其中，e_t 表示在 t 时刻用泰铢表示的1美元价格的汇率。虽然初始转换价格 K 是由泰铢表示的，但是债券的面值是用美元表示的，所以需要这个汇率。债券结构可以给 e_t 指定一个值，并将它看成合约的一个参数。通常，e_t 是当时的汇率。

现在，假设泰国发行人以当前汇率 e_t 卖出一份欧元可转换债券。于是，如果泰国股票上涨而汇率不变，转换将会发生。重点在这里。在这种结构下，在到期日，泰国公司要用自己的股票而不是归还初始的100美元给债券持有人来承担它的义务。然而，如果同时 e_t 也上涨①，尽管股票的价格上涨，当用泰铢衡量初始本金100美元的价值时，可能依然比 nS_T 要高，因而转换不会发生。因此，泰国公司可能会面临大量的美元现金外流。②

这说明以主要货币发行但以国内股票为标的的可转换债券可能具有外汇敞口。如果我们重新构建这种可转换债券并构建它的合成工具，这一点将会更加明显。这样做的具体过程如图19.8所示。

图19.8的上半部分与图19.7相似。一个票面利率为 c 的普通附息债券在 t_3 时刻到期，偿还本金100美元。其差异画在此图的第二部分。这里，和以往一样，看涨期权是以股票 S_t 为标的。但是，S_t 是用泰铢计价的，而且看涨期权将会处于实值状态，也就是说，仅当

$$nS_{t_3}>100e_{t_3} \tag{19.35}$$

① 例如，如果泰铢贬值。

② 这可能是在糟糕情况下发生的事，因为如果货币贬值，国际市场将不会接受对泰国公司的美元债务进行展期。

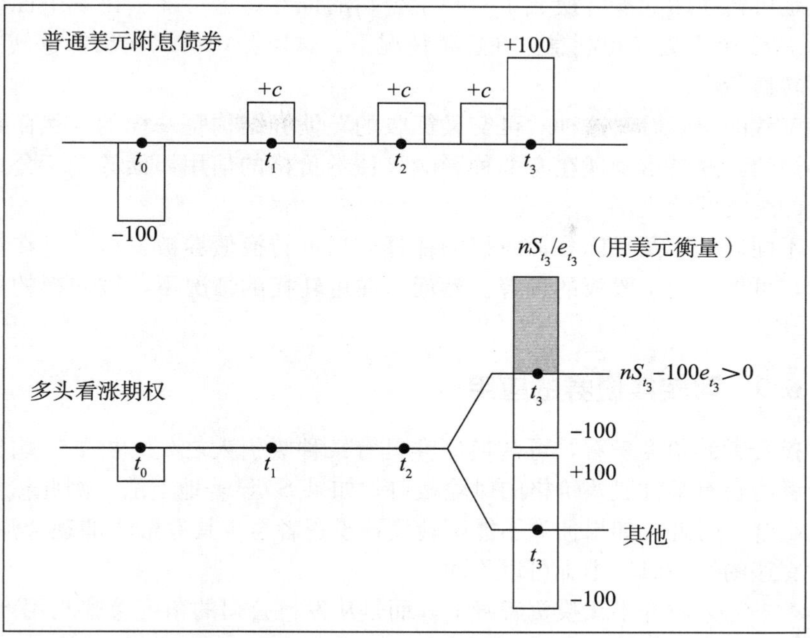

图 19.8　有汇率转换的可转换债券

时，转换才会发生。图 19.8 的思路如下：我们首先从一个美元标价的债券开始，然后将新的看涨期权转换成前一种情况中的期权。但是，如果泰铢价格暴跌①，那么在到期日收到的 100 美元本金将要比 $S_{t_3}n/e_{t_0}$ 更有价值。

19.6.8.2　使可转换债券可提前赎回

我们可以用第二种方式扩展基本可转换债券的结构，并且增加一个以可转换债券为标的的看涨期权。例如，如果债券的到期日是 T，那么我们可以增加一个内置期权，它赋予发行者在 U 时刻将债券赎回的权利，$U<T$，赎回价格为：

$$\max[100\text{ 美元}, nS_U] \tag{19.36}$$

在这种情况下，该公司有权利进行强制转换并且在 U 时刻发行新的证券。一些公司可能会发现这是一个有效的策略。

在这种可转换债券中，强制转换是主要的目的。假设满足以下两个条件：

(1) 股票以高于转换价格（如执行价格 K）的价格交易。

(2) 预期的股票未来支付的红利低于当前可转换债券的利息。

于是，如果可转换债券是提前可赎回的，发行公司可能会通过赎回债券来进行强制转换。如果它们是相关的，这将使发行公司的资产负债表上的债务转变为权益，并且影响一些重要的比率。此外，该公司的即期现金流将会增加。

19.6.8.3　可交换债券

基本的可转换权证结构可通过修正来满足进一步金融工程化的需要。我们考察另一

① 这意味着泰国的股票市场也处于下跌状态。

个例子。假定可转换债券被转换成了另一个公司的证券。这可能会出现下面的情况，比如，公司 A 从公司 B 处获得利息。在这种情况下，这家公司可以卖出能够转换为公司 B 的证券的可转换债券。

从金融工程的角度看，这种“可交叉征收的”债券结构是一样的。然而，定价和风险管理是不同的，这是由于现在有两种影响该债券价格的信用：债券发行公司的信用以及接受转换的公司的信用。

另一个不同之处涉及目标公司股权的稀释。当可转换债券被发行并且在将来某一天进行转换时，可能会发生股权的稀释。然而，在可转换的情况下，被交换的股票一般来源于自由浮动。

□ 19.6.9 可转换债券的应用

从终端投资者的角度来看，可转换债券具有某种吸引人之处。例如，购买了可转换债券的投资者将会有某种股票价格的风险敞口。如果 S_t 显著地上涨，则此债券就会成为股票的投资组合。另外，如果债券不能够转换，投资者至少具有最小的现金流作为收入，而且（当没有违约风险时）本金可以收回。

然而，本书的兴趣并不在投资者身上，而是从发行公司的角度考察利用产品的优势。我们使用可转换债券的目的是什么呢?

- 发行可转换债券不同于普通债券的第一个结果是，可转换债券的票面利率比较低。因此，它“看起来”好像以比较低的成本融得资金。
- 对于金融工程师，更明显的是，可转换债券在资产负债表的管理方面有十分有趣的意义。如果权益联结资产被看做是权益，则它可能对公司的某些比率有着更小的影响，如债务/权益。然而，通常评级机构把普通可转换债券看做是债务而不是权益。
- 注意，对于可转换债券，一旦转换发生，股票将会以一个高于发行价的价格出售。
- 最后，可转换债券是债券，而且它们可以在欧洲市场上作为欧元可转换债券出售，因此可获得一个新的投资者基础。

我们也应该指出，当与其他工具联合使用时，可转换债券可能会有显著且微妙的税收优势。我们通过考察下面的市场例子来很好地说明这一点。

例子：

（ABC 资本公司）签订了一个总收益互换，该互换的内容是：用 Cox 通信公司的优先股与 Sprint PCS 公司的股票进行互换，以前者 154 000 股的总收益与后者 225 000股的总收益互换。在 Cox 的互换中，对冲基金支付 3 个月期 LIBOR 加 50 个基点，并且收到可转换优先股的收益。在 Sprint 的互换中，ABC 支付股票收益并且收到 3 个月期 LIBOR 减 25 个基点。两个总收益互换都在大约 13 个月之后到期。

签订总收益互换是基于税收的原因。ABC 的头寸被开曼群岛上一个存续期有限的公司持有。因为开曼群岛和美国没有签订税收条约，从这些证券中获得的收益按无条约利率扣除 30%。缔结总收益互换确保 ABC 不亲自持有这些债券，因此不必遵守美国的“预提税”规定。

标的头寸被作为可转换套利行为中的一部分。ABC 购买可转换优先股，并利用现金权益 delta 对冲内置的权益期权。根据一个交易员的说法，市场低估了可转换优先股的价值，尽管这些股票近期以每股 76.50 美元的价格交易。基金的模型表明，它们应该被定价为 87 美元。公司的模型部分基于标的股票的波动性、发行者的信用质量以及可转换债券的特征。在这种情况下，市场可能低估证券价值，因为它没有基于复杂的优先股的所有特征进行估价，同时因为电信版块的普遍疲软。

（摘自《衍生品周刊》，2000 年 11 月）

这个阅读资料也是隐含期权如何用于构建套利投资组合的例子。然而，如前所述，做这件事有许多需要注意的细微之处。

□ 19.6.10 认股权证

权证是与债券联结的可拆分期权。从这个意义上来讲，它们与可转换债券相似。然而，从金融工程的角度来看，它们有着重要的区别。

(1) 认股权证是可分离的，而且可以与债券分开单独出售。当然，金融工程师也可以将内置期权从可转换债券中分离出来，但仍然有区别。认股权证是可分离的这一事实意味着，本金必须在到期日被偿还。

我们不需要为了使现金流入等于由于本金偿还而产生的现金流出而选择认股权证的数量。因此，原则上，投资者最终可以从同一次发行中获得债务以及权益。

(2) 可转换债券中使用的汇率是固定的。但是，对于认股权证而言不存在这个要求，因为后者是可分离的。因此，在认股权证中并不存在以汇率为标的的内置期权。从这个意义上来讲，认股权证被认为对强势货币借款者而言更有吸引力，而可转换债券对弱势货币借款者而言更有吸引力。

(3) 最后，由于认股权证是可分离的，它不能被强制转换。债券可以被赎回，但不一定会被转换。

现在，我们转向另一个专题，即考察证券化的现金流。它们被认为是新产品结构化的一个例子。

19.7 结论

在这一章中，我们看到了如何将金融工程和期权定价原则应用于权益定价。权益可以被看成公司资产的期权，其执行价格等于债务价值。因而，违约结构模型建立了权益市场和债券或 CDS 市场之间的联系。信用衍生品市场的发展加速了在实际应用中运用违约结构模型。它们的应用范围可从预测违约到资本结构套利。可转换债券是那种可从债务转换为权益的混合产品。可转换债券套利策略基于利用便宜的波动性，并用 delta 对冲此头寸。在下一章中，我们将回顾各种各样的结构化产品，包括反向可转换债券。与可转换债券不同，在反向可逆转换中，转换选择权被转达给产品的发行者而非买方。因而，这两种类型的工具都有嵌入期权，此期权的价值取决于隐含波动性。

阅读建议

本章简单介绍了违约和混合权益产品的结构模型。读者可能想要通过两种方法来继续讨论。Das and Sundaram（2010）提供了关于默顿（Merton，1974）模型的一个通俗易懂的总结和应用。Sundaresan（2013）评述了违约结构模型研究的最新进展。Tepla（2004）提供了一个基于 KBC 投资管理的可转换债券和资本结构套利策略的很好事例和案例研究。这一章基于案例研究讨论了资本套利利润。

Ayache et al.（2003）对具有信用风险的可转换债券的估值进行了评估。有几本书研究阐述了混合权益工具的现状。Das（2000）就是其中的一个例子。Duffie and Singleton（2003）也是很好的参考书。读者可能还想了解更多有关定价、对冲以及风险管理混合型证券产品的技术问题。Kat（2001）研究了一些相关的问题。Damadoran（2012）是在现实世界概率测度下讨论折现现金流和其他权益估值方法的很好参考书，但这一章并没有讨论这个专题。

习题

1. 解释为什么默顿（Merton，1974）模型中的债务被看成期权。

2. 假定 A 公司的资产波动性为 20%。其资产现值为 1 亿美元，1 年到期的零息债券的面值为 5 000 万美元。无风险利率是 2%。使用默顿（Merton，1974）模型计算公司权益的价值。债务的价值是什么？

3. 考察 B 公司发行 1 年到期的权益和零息债券。假定公司的价值为 100 美元，权益价值为 5 000 万美元。无风险利率是 2%。权益的波动性为 30%。

a. 债务的市场价值和隐含信用利差是多少？

b. 假定该公司拥有 100 万股流通股。对于不同股价的价值，绘制信用利差与股票价格的关系曲线。

c. 绘制各种不同股票价格的对冲比率。

4. 在实际应用中，基本默顿模型忽略了哪些重要的变量，同时没有考虑什么样的非常重要的现实世界复杂性？

5. 考察两个可转换债券 X 和 Y，为了简单起见，假定这些债券是无风险的。下页表已经给出关于这两个债券的信息。计算转换价值。依据实际的债券价格，可转换债券的到期收益率是多少？

	可转换债券 X	可转换债券 Y
年票面利率	50	50
到期时间	5 年	5 年
转换比率	30	40
股票价格	25 美元	30 美元
转换价值	?	?
5 年期国债收益率	5%	5%
债务价值	913.41	913.41
实际可转换债券价格	920	1 207
可转换债券的到期收益率	?	?

检查正文中表 19.2 所给出的信息。考察某个买入可转换债券的交易者，因为他认为隐含波动性是便宜的，并期望债券的隐含波动性能够被纠正。如果交易者决定对冲多头可转换债券头寸，那么他必须做空多少股票才能达到 delta 中性？

第 20 章 结构化产品工程初步

20.1 引论

结构化产品包括打包基本资产，譬如股票、债券和货币，以及一些衍生品金融工具。用这种方法得到的最终产品（1）能够增加收益或者提升信用质量，（2）降低公司资产负债管理的成本，（3）按照客户的想法建立，（4）通常是本金保护的。①

对于家庭来说，它们不喜欢自己生产汽车、计算机或者冰箱。它们宁愿从生产及装配这些产品的生产者那里购买。每种复杂的产品都有其自己的专家，购买由这些专家生产的产品是很节约成本的。对于金融产品，道理相同。投资者、公司和机构针对它们生活中所面对的问题需要解决办法。对投资者和机构需求加以打包的解决办法，称为结构化产品。“生产者”，也就是“产品构建师”，将这些产品放在一起并销售给客户。客户包括投资基金、养老基金、保险公司和个人。客户对权益价格、利率或者商品的近期或中期走势有自己的观点。设计结构化产品的目的是依据顾客自己的观点，利用一种方便的方法来建立头寸。

工业产品，例如手机或者汽车是不断更新与改进的，对于结构化产品也是这样。如果客户的观念、需求或者仅仅是风险喜好发生了变化，产品构建师就需要不断地提供新的结构化产品以满足这些新的观念。这一章讨论的是金融工程用于满足零售客户的特定需求的方法。

① 据此，当投资者（或公司）的预期被证明是错误的时候，他们不会损失本金。我们将在第 23 章研究所谓的固定比例投资组合保险（CPPI）及其最新的形式——动态比例投资组合保险（DPPI）。

金融工程提供了构建投资者所希望的任何收益结构的方法。然而，通常这些收益涉及复杂的期权头寸，客户可能未能了解或没有办法去处理这样的风险。市场实践者能够做得更好。例如，许多结构化产品向投资者提供了本金保护或者信用增级。通常，由于监管的原因，可能不允许机构投资于某些头寸，但是一旦添加了本金保护，持有结构化产品就是合法的。依据客户的不同观念、风险偏好或者监管条件，提供给客户定制产品是解释结构化产品的一种方式，通常以这种方式来看待结构化产品。混合型证券由若干金融产品组成，比如股票或债券加上一个衍生品，也被称为结构化票据。

然而，这本书的主要兴趣是从生产者的角度来研究金融现象。这种角度提供了结构化产品的第二种解释。投资银行与客户、公司或者互相之间进行交易。这些活动需要持有存货，购买或者出售风险敞口，并且维护账簿。然而，由于市场条件的原因，银行保留在账簿上的金融工具可能有时太贵，或者风险太大，或者有时有更好的替代出现。一种自然而然的做法是将这些风险敞口卖给"其他人"。结构化产品可能是达到这一目的的一种方便的方法。考察下面的例子。银行想要以合理价格购买波动性，但是，假设在银行同业市场上没有这种波动性的足够多的卖方。于是，设计结构化产品的目的是使银行能够从零售投资者那里以合理的价格购买波动性。

在这种解释中，结构化产品从生产者的角度被视为存货或者资产负债表管理的工具。结构化产品或者是一种将某些存在的风险出售给客户的间接方法，或者是一种从零售客户那里购买某种合意风险的间接方法。倘若银行资产负债表和账簿包含大量利率和信用风险相关的敞口，最近结构化产品方面的大部分活动都与管理这类风险敞口有关就是很自然的。

在这一章，我们考察两种主要类型的结构化产品。第一种类型是新的权益、商品和基于 FX 的结构化产品，第二种类型是基于 LIBOR 的固定收益产品。对后者进行设计，目的是从收益率曲线期望的未来变化中获益。我们将讨论，通常结构化产品背后的逻辑是相同的，不管它们是基于 LIBOR 的，还是权益联结的。因此，我们尽力提供结构化产品的一致方法。在后一章，我们将考察结构化产品的第三种重要类型，即以事件发生为基础的类型。这个事件可能是抵押预先支付，或者更重要的，是信用违约。这将通过结构化信用产品加以讨论。因为信用产品被单独放在不同的章里，在接下来的讨论中，一种最佳方法是假定没有信用风险。

20.2 结构化产品的目的

结构化产品至少存在四个特定目标。

第一个目标是增加收益——给客户提供比正常收益更高的收益。当然，这隐含着客户会承受更大的风险，或者放弃其他条件下的一些收益。例如，如果股票价格上升到12%，客户得到增加的收入。然而，额外的收益也可能被放弃从而使收益被封顶在12%。这种上限的价值用于提供增加的收益。

第二个目标是信用增级。在这种情况下，客户会以比它们评级所保证的更低的违约风险购买预先确定的一系列债务证券。例如，客户投资了 100 种债券的投资组合，平均评级是 BBB。同时，客户购买投资组合中第一种违约的保险。第一债务违约的成本由另一方承担。这使投资组合的信用质量提升到比如说 BBB＋。

第三个目标是根据客户的意见，向客户提供合意的收益属性。例如，客户可能认为收益曲线会变得更陡峭。如果期望真是这样的话，产品构建师将提供一种使收益增值的工具。

第四个目标可能是满足客户的资产负债管理需求。例如，公司财务主管认为资金成本在将来会上升，可能想要得到一份支付方利率互换。产品构建师将提供修改的互换结构，以更低的成本防止这种可能发生的事。在下面的内容中，我们将讨论金融市场各个不同部门运用中的一般性问题。

□ 20.2.1　权益结构化产品

首先，我们快速看一下权益结构化产品的发展。这提供了这个领域所使用的基本方法的一个视角。结构化产品的第一个例子出现于 20 世纪 70 年代末。一个例子是止损策略。据此，如果价格没有达到目标接受水平，持有的风险资产将自动流通。这是第 23 章将要讲到的固定比例投资组合保险（CPPI）技术的先驱。它们也可以看成是障碍期权的先驱。

然后，在 20 世纪 80 年代末，市场实践者开始转向本金保护产品。这里，最开始的方法是提供“零息债券加看涨期权”的结构。例如，5 年期国库券利率是 r_t，初始投资是 $N=100$，则 5 年期的折扣债券投资是

$$\frac{N}{(1+r_t)^5} \tag{20.1}$$

本金的其余部分被投资于恰当选择的看涨或看跌期权。这种简单产品是一年到期的，如图 20.1 所示。

在最简单层面上，受保护产品是由零息债券和一个或多个期权所组成的。[①] 假定用 S_t 表示标的证券的价值。从本质上看，这种担保可以是从股票到信用指数份额或者某些对冲基金投资的价值。然后我们可以写出下面的合约方程：

$$\boxed{\begin{matrix}\text{有 } S_t \text{ 风险敞口的}\\ \text{受保护产品}\end{matrix}} = \boxed{\text{零息债券}} + \boxed{\begin{matrix}\text{有 } S_t \text{ 风险敞口的}\\ \text{多头期权}\end{matrix}} \tag{20.2}$$

假定投资者将 $N=100$ 的金额直接投资于 T 年期的篮子期权。然后，期权属于风险投资，同时投资者风险管理能力有限，如果这些期权在价外过期，则本金的一部分可能会损失。另外，如果 T 时到期的零息债券的收益率为 $r\%$，并且如果同一个投资者在 t_0 时精心挑选现值为 PV_{t_0} 的债券，5 年内的证券价值将达到 100：

$$PV_{t_0}(1+r_{t_0})^T=N \tag{20.3}$$

图 20.1(a) 展示出零息债券的收益与股票的函数关系，也就是期权的标的。因而，

---

① 因此，对这一部门的监管可以被想象为在向散户投资者出售期权相关产品之前要求本金保护。

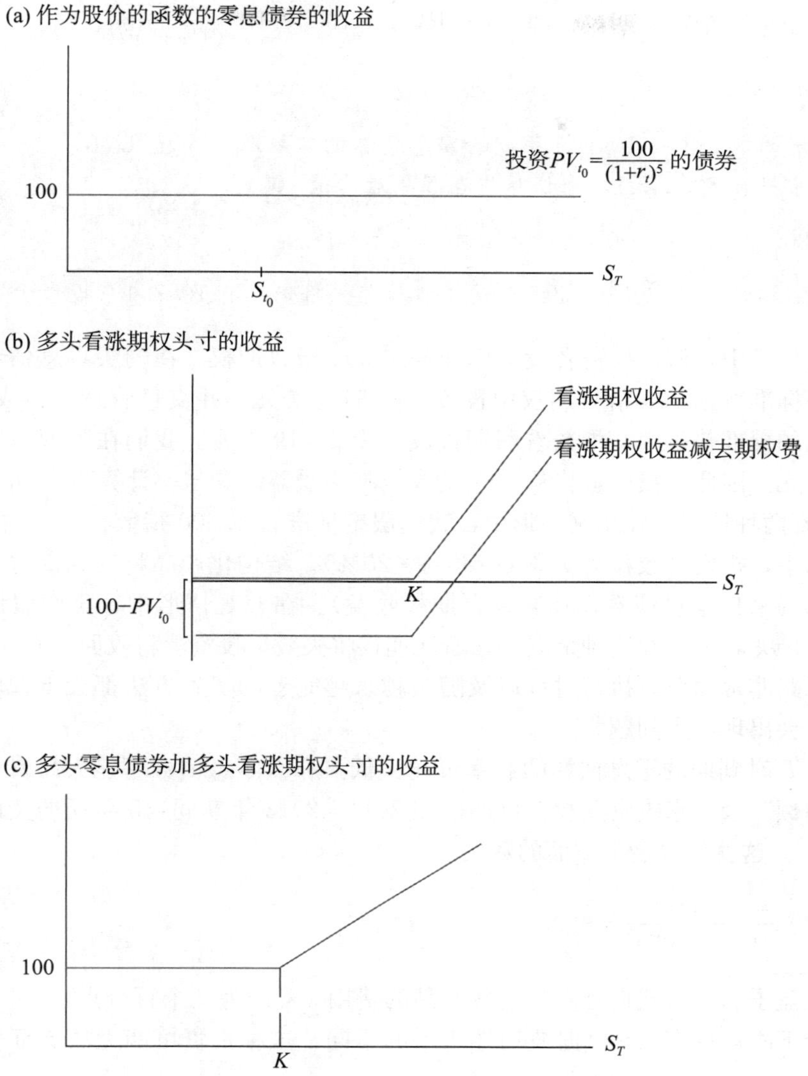

图 20.1　零息债券与多头看涨期权头寸

投资者可以拿出 PV_{t_0} 购买债券，并且仍然会有 $N-PV_{t_0}$ 投资（篮子）期权。这取决于所考虑的波动性水平、r 的水平和到期日，残差给出了风险敞口——S_t 的增长。实际上，设 g_{t_i} 表示区间 $[t_i, t_{i-1}]$ 内 S_t 的变化率，

$$g_{t_i}=\frac{S_{t_i}-S_{t_{i-1}}}{S_{t_{i-1}}} \tag{20.4}$$

那么投资者的风险敞口将是 $\lambda g_{t_i} S_{t_0}$，其中 λ 表示常见的参与率。对于结构化产品来说，银行进行所有这些计算，选择一个参与率较高的结构，并将本金保护证券以一篮子方式出售给投资者。

据此，在最简单情况下，银行将为每个金额为 100 的投资购买现值为 PV_{t_0} 的零息债

券，然后余下的本金购买期权，即 $100-PV_{t_0}$ 或 $100\times\left(1-\frac{1}{(1+r_t)^5}\right)$。

例子：

投资者的本金 $N=100$。5 年期的零息债券的市场收益率是 4.50%。如果投资者在该债券中投资 80.245 1，则证券将在 5 年后价值 100：

$$80.245\,1\times(1+0.045)^5=100 \tag{20.5}$$

因此，投资者可以用 80.245 1 购买债券，并将仍然有 19.754 9 投资于期权。①

在上述例子中，假设投资者投资标准普尔 500 指数期权。在购买零息债券之后，构建者可以在标准普尔 500 指数期权中投资 19.754 9 美元，并支付管理费、成本和佣金。假定 5 年期的标准普尔 500 指数看涨期权成本为 22.19 美元。我们在管理和保证金成本上增加 2 美元。因此，投资者将从 80%的参与率中受益。参与率计算为 (19.754 9－2)/22.19。考察两种情形。在乐观情形中，我们假定标准普尔 500 指数在 5 年内上涨 20%。在这种情况下，投资者收益为 16%(＝80%×20%)。结构化产品将在到期时兑换本金的 116%（100%来自零息债券，16%来自期权收益）。在悲观情形中，我们假设标准普尔 500 指数将下跌 40%。在这种情况下，看涨期权将失效，投资者将收回 100%的资金。

总的思路非常简单。执行过程以及随之越来越完善的实施方法都会出现问题。在实践中，可能会出现几个问题。

第一，T 时到期的零息债券的利率可能太低。那么零息债券可能太昂贵，可能没有足够的“超额”余下来投资期权。例如，在 2011—2013 年期间，5 年期的美国国债利率约为 1.25%。这就仅仅余下下面的数额

$$100-\frac{100}{(1+0.02)^5}=6.02 \tag{20.6}$$

投资于期权篮子。一旦我们计算出这些产品的费用（可能为几个百分点），可以投入期权的金额就会下降得更多。② 根据波动性水平的不同，这种投资可能无法保证任何有意义的参与率。

第二，标的资产隐含的风险所对应的期权可能不存在。例如，就对冲基金而言，交易这些风险的期权很少。然而，投资者在没有（部分）本金风险的情况下，可能愿意接触对冲基金活动，或者说信用份额。

第三，即使标的资产风险的期权存在，可用到期日范围也是有限的，而较长到期日通常是非流动的。为了解决这个问题，套期保值者可能不得不采取一系列短时间到期日的期权，这可能会导致比较高的路径依赖策略，因为滚动策略的成本将取决于不断变化的市场条件。

第四，不管利率水平如何，这些期权可能太昂贵，这取决于波动性水平。这也可能

① 在现实世界中，结构化产品的费用有需要这个数额的。这些费用是预先收取的。

② 结构化产品平均费用的历史估计值是由汤森路透 IFR 2007 年 3 月 12 日提供的。依据这个资源，欧洲的平均费用为 30～100 个基点，而美国的则为 60～150 个基点。

无法保证有意义的参与率。

下面的材料说明了各种类型市场参与者买入和卖出波动性的行为如何影响隐含波动性水平以及期权的成本。

例子：

1998年前五个月长期隐含波动性大幅上升引发的平仓活动再度爆发。在去年11月和12月期间大幅下跌后，3年期指数波动性水平自1月份以来稳步上升。

这一趋势主要反映了去年隐含波动性的变化。在受保护股票基金市场激增的推动下，隐含波动性水平于1997年首次出现。这些基金的创建者从银行购买了长期期权来对冲嵌入零售产品中的担保。市场上没有现成的长期波动性卖家，因此波动性的卖空挤压迅速形成，推高了利率。

市场专业人士上周断言，卖空挤压是恶性循环的结果。银行关闭它们的空头期权头寸使得波动性更高，这反过来又促使其他机构平仓。“这是一种连锁反应，我认为大多数专业人士都非常担心。”伦敦一位股票衍生品交易负责人表示。

尽管在波动性挤压的严重性方面达成一致，但市场专业人士对其成因或解决方案存在分歧。一些专业人士称，银行风险控制人员通过设置过高的风险限额加剧了波动性的挤压。“这是一个典型的例子，无论发生什么情况，会计师都会坚持自己的立场。这是一个特别的局面，不会持久，他们应该考虑到这一点。”有人这样说。

历史是混蛋?

专业人士还指出了他们认为最终会缓解供需失衡的因素。

一些市场参与者表示他们认为高波动性是暂时现象；他们认为波动性是均值回复的，同时隐含波动性将很快下降到（低得多的）历史水平。

这两种对波动性的不同看法，正是市场发展观点冲突的核心所在。隐含波动性是通过将期权价格反映到期权模型中计算出来的，波动性中的供求函数也是如此。相反，历史波动性是从以前的股市走势中计算出来的。3年期的金融时报100指数的历史波动性约为11%。

历史波动性与隐含波动性之间的巨大差距已经为非常规波动性供应商创造了交易机会。虽然交易商仍自然地做空波动性，但其他交易公司对波动性的处理方式更加灵活。对冲基金一直在寻求出售长期波动性，认为隐含波动性会下降至历史水平。

权益衍生品的专业人士声称，较低的参与率是隐含波动性上升的直接结果。受保护产品是股票多头头寸——通常通过一个或多个期货合约实现——和用于提供可能损失下限的期权的混合体。如果下限是更昂贵的，受保护产品的买方得到的好处将被减少，以降低产品的总体成本。

根据几位市场专业人士的说法，新的较低参与率是波动性挤压的函数，这里可以这样说。“我认为参与率会下降，因此对波动性的需求会减少，这只是市场实现了均衡。”一位证券衍生品营销人员说。

（汤森路透，IFR，1998年6月）

阅读资料说明高的隐含波动性水平会增加看涨期权的价格，而后者是本金保护产品的组成部分之一。更高的成本意味着这些产品提供的参与率必然下降。

接下来，在 20 世纪 90 年代早期，实际上结构化产品促使多头期权头寸变得更复杂了。一些产品开始对“上限”加以限制。结构是由一份折价债券、一份执行价格是 K_L 的多头看涨期权和一份执行价格是 K_U 的空头看涨期权组成，其中 $K_L < K_U$。由此，出售第二种看涨期权所得期权费提高了参与率，因为更多的资金会被投入多头期权中。这已经由图 20.2 给出。图 20.2(a) 给出了零息债券的收益。图 20.2(b) 和图 20.2(c) 给出了执行价格为 K_L 的多头看涨头寸和执行价格为 K_U 的空头看涨头寸的收益。图 20.2(d) 展示了由零息债券和两个看涨期权组成的投资组合的收益。其他产品开始利用亚式期权。支付给投资者的指数收益可以换算成合约存续期间收益的平均值。

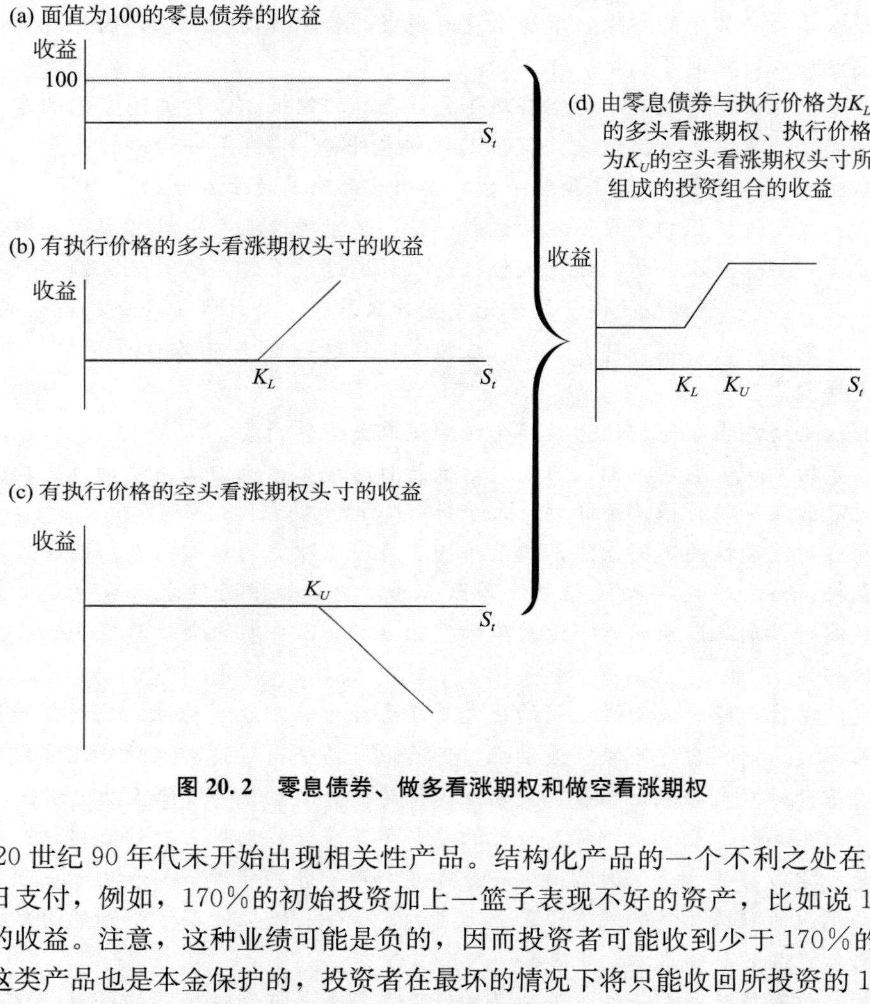

图 20.2　零息债券、做多看涨期权和做空看涨期权

在 20 世纪 90 年代末开始出现相关性产品。结构化产品的一个不利之处在于，它是在到期日支付，例如，170%的初始投资加上一篮子表现不好的资产，比如说 10 个股票或商品的收益。注意，这种业绩可能是负的，因而投资者可能收到少于 170%的收益率。然而，这类产品也是本金保护的，投资者在最坏的情况下将只能收回所投资的 100。

在最好的情况下，投资者会收到给定一篮子股票或商品中表现好的股票或商品的回报。观察期可以是整个到期期限，或者是以一年为限。在后一种情况下，产品收益锁定在表现好的股票的年度收益上，这在每年可能是不同的。在 21 世纪第一个 10 年中期产生了几种新的与权益联结的结构化工具，下面我们将详细说明，但是首先我们考察一些构成产品的主要工具。

□ 20.2.2 工具

权益结构化产品是利用这一节我们要回顾的相对小的工具构建出来的。我们关注主要概念和工具：五个基本类型的工具和一个主要概念，这个概念在研究权益结构化产品时将重现。

第一个工具是普通看涨或看跌期权。这在第 9 章和第 11 章已经讨论过，这里不再涉及。第二个工具是一触生效期权或数字期权，这将在后一章讲到，但本章下面我们将提供简要介绍。

如果触及某些水平，一触生效期权或数字期权实质上用于提供（现金或资产的）收益。大多数权益结构化产品都带有这样的“水平”。第三个工具是反向可转换债券，它在概念上与可转换债券相关，其重要的不同之处在于它们嵌入了给发行者而非期权持有者的期权。

第四个工具是新的，即所谓的彩虹期权（rainbow option）。这些期权以一篮子股票的最大价格或最小价格立权。它们是有用的，因为几乎所有的权益结构化产品都涉及依赖于不止一个股票的收益。第五个工具是棘轮期权（cliquet）。这些期权是重要的原型产品，并用于买卖远期生效期权。注意，权益结构化产品自然跨越几年的时间。通常，投资者在未来某年得到指数的回报，但初始指数价值在未来这些年中是未知的。因此，这样的期权有远期设定的执行价格，依赖于远期波动性。在权益和固定收益领域中，远期波动性在定价和对冲结构化产品中起着关键作用。①

20.2.2.1 一触生效期权和数字期权

一触生效期权与第 11 章介绍的数字期权相似。欧式数字期权的收益是阶梯函数。数字或两值期权的合约在到期时支付固定金额或不付款，具体取决于相关资产的结算价格。如果在到期日，多头数字期权为实值期权，期权持有者会收到预先确定的现金数量，或者也可以是预先确定的资产。如同第 11 章所讨论的，在标准布莱克-斯科尔斯假设下，数字期权的价值是由风险调整概率给出的，期权结束的时候为实值期权。尤其是，假设数字期权是关于标的资产 S_t 并且到期日是 T、执行价格是 K 的欧式期权。收益是 R 美元，无风险利率是固定的 r，如图 20.3 所示。于是，数字看涨期权的价格为

$$C_t = \mathrm{e}^{-r(T-t)}\widetilde{P}(S_T > K)R \tag{20.7}$$

其中，$\widetilde{P}$ 表示合适的风险调整概率。数字期权是结构化权益产品的标准成分，下面会应用到。

一触生效期权是普通数字期权的轻微改动。一触生效期权如图 20.3 所示。如果（ⅰ）在到期时间 T，标的资产的价格高于执行价格（$K < S_T$），（ⅱ）如果水平 K 只达到一次，那么初始价格 $S_{t_0} < K$ 的标的资产的收益将是 1 美元，否则收益就会是 0。前面一章讨论了双边碰触失效期权（double-no-touch，DNT），它通常用于构建外汇市场的婚礼蛋糕结构。②

从卖家的角度来看，数字期权的一个优点是可以预先知道最大可能的下行趋势。从

① 权益结构化产品通常是本金保护的。这里谈及的 CPPI 类型投资组合保险将在后面考虑。我们这一章不涉及 CPPI 技术。

② 婚礼蛋糕结构是指具有不同基准的 DNT 期权组合。

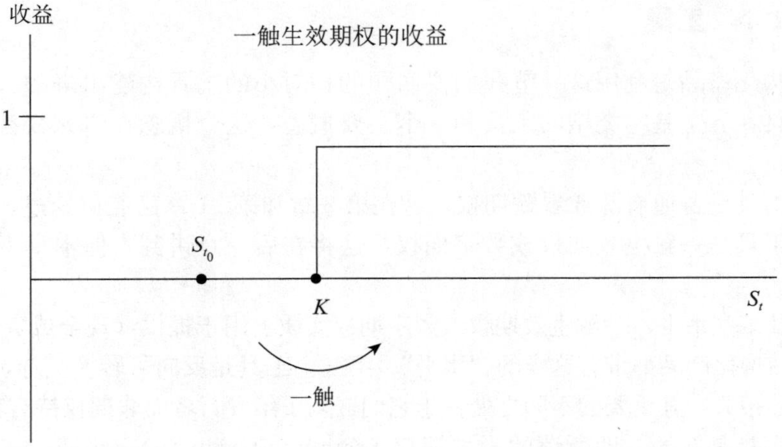

图 20.3　一触生效期权的收益

银行或结构的角度来看，这意味着出售数字期权作为一种策略，比典型的空头波动性头寸风险控制更强，负向偏态也更低。另外，一触生效期权和数字期权的流动性比普通期权要小，因为做市商在期权到期前对执行价格附近的数字期权进行对冲是很困难的。一些数字期权现在是在交易所交易，而它们是以前的场外交易工具。2008 年，美国证券交易所（Amex）和芝加哥期权交易所（CBOE）启动交易所交易的欧式现金或无价值两值期权（European cash-or-nothing binary options）。更复杂的工具是彩虹期权和远期波动性的概念。在我们开始讨论最新的权益结构化产品之前，先依次讨论它们。

20.2.2.2　彩虹期权

彩虹期权这个术语是为收益依赖于不止一个资产价格走势的期权准备的。很明显，它们与以一篮子股票为标的资产的权益产品是相关的。这类期权的主要类型支付 n 个标的资产的最低或者最高价格。假设 $n=2$。给出两个例子

$$\min[S_T^1-K^1, S_T^2-K^2] \tag{20.8}$$

期权支付两个股票的两个价格变化中较小的一个，而且

$$\max[0, S_T^1-K^1, S_T^2-K^2] \tag{20.9}$$

收益是较大的一个，下限是 0。不用说，标的资产数 n 可以大于 2，虽然校准和数值计算负担使非常大的 n 是不切实际的。

20.2.2.3　反向可转换债券

在前一章中，我们看到可转换债券可以被看成是普通债务和嵌入看涨期权的组合。这通常意味着发行公司可以低于仅持有普通债务的票面利率发行债券。对于寻求分享标的权益上涨或正在利用潜在被低估的波动性的债券投资者而言，可转换债券可能是正确的投资。然而，对于追求高收益率且不关心分享上涨的投资者而言，可转换债券不如普通债务具有吸引力。金融工程师如何创建一种支付利息高于普通债务的产品？答案是，如果产品嵌入看跌期权空头头寸而不是看涨期权多头头寸，则该工具的发行公司将从该产品的买方那里收到多头看跌期权，并且发行公司可以向该产品的买方补偿更高的利息。

换句话说，嵌入看跌期权是为更高的息票融资。这种证券被称为反向可转换（reverse convertibles）。看跌期权是关于标的股票（或一篮子股票）S_t 的，并且转换是不可选的，但是如果 S_t 低于某个特定值 K，这可以看成看跌期权的执行价格。标的股票或一篮子股票被称为参考股票。

反向可转换债券主要作为结构化产品向散户投资者出售。与可转换债券中的嵌入看涨期权依赖于隐含波动性类似，反向可转换证券嵌入看跌期权，该看跌期权取决于标的股票波动性。然而，可转换债券与反向可转换债券之间的根本区别在于，可转换债券可以分享标的资产的上涨，而反向可转换债券则可以分享标的资产的下跌。此外，转换选择权被转给发行公司，而不是反向可转换债券的持有人，因为持有人隐式地向发行公司立权标的资产的看跌期权。虽然反向可转换债券的息票支付可能远高于债券市场的收益，但由于无法保证偿还本金，反向可转换债券的风险要高于债券。

到期时的基本反向可转换债券的收益取决于两种情景：

情景 1：$S_T > K$。标的股票到期时价格高于执行价格。在这种情况下，持有人收到票息和 100%的原始投资。

情景 2：$S_T < K$。到期时的标的股票低于执行价格。持有人收到事先确定数量的股票。

例如，考察与 ABC 的股价挂钩的反向可转换债券的买方。如果 ABC 的股票价格最初是 100 英镑，而在 1 年之内股票价格是 120 英镑，那么就是情景 1 的情况。1 000 英镑票据的持有人将获得 100 英镑的 10%的票息和 1 000 英镑的本金。如果股票价格在 1 年后是 80 英镑，则会发生情景 2。于是，票据持有者将获得 100 英镑的票息和价值 800 英镑的股票。换句话说，这会导致资本损失。图 20.4 展示出一个典型的反向可转换债券的收益情况。图 20.4(a) 展示了零息债券的收益。图 20.4(b) 展示了执行价格为 K 的看跌期权空头头寸的利润和亏损。如果标的 S_t 维持在执行价格 K 以上，那么看跌期权的出售方就会收到看跌期权的期权费。如果我们将零息债券与看跌期权空头结合起来，则获得反向可转换的损益图表，表明收益高于零息债券，因为看跌期权的期权费增加票息。

嵌入期权通常不是简单的期权，而是敲入期权。这意味着上述情况是不同的，因为条件是股票价格 S_t 在任何时间点维持在执行价格之上直到到期。敲入水平通常设定为初始参考价格的 70%～80%。

通常投资者什么时候会购买反向可转换债券？在低利率和市场高波动性的环境下，反向可转换债券很受欢迎，因为它们为投资者提供增加收益的途径。然而，这些产品的知名度并不意味着投资者完全理解他们正在卖给产品发行人的嵌入看跌期权的价格。如果市场波动性很高，嵌入看跌期权很可能是非常有价值的，并且结构化产品不会以票息的形式将其全部价值转移给买方。在这种情况下，买方面临巨大的下跌风险，并可能会对股票市场低迷时产品导致损失感到惊讶。因此，投资者应仔细比较反向可转换债券的收益率与货币市场利率，这是因为如果两者存在显著差异，则可能意味着反向可转换债券蕴含着重大风险。

在 20 世纪 90 年代，反向可转换债券的发行通常嵌入空头平值看跌期权。这类产品的不利之处在于，如果标的价格低于初始水平，投资者将遭受损失。随着科技泡沫破裂

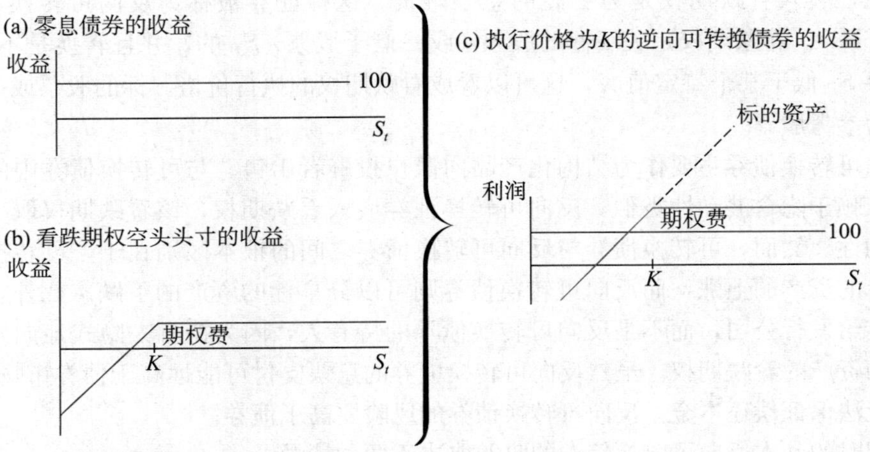

图 20.4　反向可转换债券

后市场低迷，投资者需求下降，开发出的新一代产品嵌入了空头平值向下敲入看跌期权。障碍特征为投资者提供了额外的保护，因为除非达到（下跌）障碍，否则看跌期权将不会被触发。这种障碍反向可转换债券是欧洲和美国流行的结构化产品。对于产品构建师来说，障碍特征在实际中引发了一些新挑战，由于该结构需要对冲长期的权益障碍风险（期限在 3～5 年之间），而靠近障碍的产品希腊字母倾向于不稳定，正如上述文中所讨论的数字期权。此外，例如，大量的结构化产品和相关权益市场的相对非流动性，使得这些产品的对冲比 FX 产品更难。

一些结构化产品，包括反向可转换债券，具有嵌入看涨期权的特征。因此，这些产品有可召回和转换的特点。发行结构化产品的银行将这些产品的可召回特点称为可自动召回（autocallable），这是自动召回（automatically callable）的缩写。此功能通常在具有更长期限的结构化产品中可以找到。如果标的资产在指定观察日期处于初始水平或超过其初始水平，则发行人可以收回该产品。这实际上是发行人提早赎回产品的一种选择。在这种情况下，投资者收到其投资的本金额加上预定的溢价。与可赎回债券类似，转向发行人的这一看涨期权使得产品对持有人的吸引力降低，因此自动可召回的收益率可能高于没有此特征的替代产品。自动可召回的特点通常在本金保护票据和障碍反向可转换债券中出现。

结构化产品不仅包含来自产品构建师或发行公司角度的对冲风险，还包括法律风险。在美国、欧洲和亚太地区存在许多例子，结构化产品的买方遭受损失，然后向法院起诉产品的发行公司。因此，理解产品中任何潜在缺陷的后果不仅符合买方的利益，也符合产品构建师的利益。在某些情况下，银行为了不损害未来客户关系，即使产品正确营销和出售，也会解决诉讼。2013 年，国际证监会组织（International Organization of Securities Commissions，IOSCO）发布了《零售结构化产品监管报告》。该报告的目标是加强投资者保护。它概述了证券监管机构可用于规范零售结构化产品的一系列监管方案。以下阅读材料提供了与结构化产品相关的监管问题和风险的一个例子。这个例子基于本节所讨论的反向可转换债券。

例子：

LIMBO 中的反向可转换债券

由于意大利法律中税收状况的不确定性增加，发行里拉反向可转换债券的计划停滞不前。意大利当局担心投资者可能会认为它们是本金保护的固定收益工具，事实上，它们将面临权益下跌风险。

根据权证市场参与者的看法，大约在一个月前，意大利银行警告潜在的里拉反向可转换债券发行公司可能被归类为“异常证券”。如果归类为这种情况，证券票息税率应为27%，而不是12.5%，即正常固定收入和衍生品结构的利率。自那时以来，里拉反向可转换债券的发行已经减少，因为发行公司正在等待有关它们的地位的决定。

市场评论员表示，意大利银行担心该结构化产品缺乏本金保护。普通债券包含权益看跌期权空头头寸，反向可转换债券的收益率远高于普通债券的收益率。

只要到期时特定权益价格在特定水平以上，投资者就可以获得高息和正常债券赎回。但是，如果权益价格低于规定的标记，则投资者被迫收到实物股权，而不是正常的债券本金。

因此，反向可转换债券的买方可能会处于低位的多头股票头寸，这意味着初始本金的减少。相比之下，普通债券买家可以确保获得最初的本金投资。

（汤森路透，IFR，1998 年 5 月）

以上数据说明，反向可转换产品存在嵌入下行风险。如果股票价格低于执行价格，产品的发行公司通常会行使看跌期权。因此，反向可转换债券的债券持有人或买方在不利条件下收到股票。令人担忧的是，并非所有投资者都明白，即使发行公司不发生违约，持有人也可能遭受重大损失。

20.2.2.4　棘轮期权

棘轮期权通常用于权益和外汇结构化产品工程化。它们对于理解结构化产品的更深层次复杂性非常有用。

棘轮期权是一系列预先购买的带有远期设定执行价格的期权。第一个期权执行价格是已知的，但是接下来的期权执行价格是未知的。未来期权的执行价格根据标的资产接近的每一个未来小区间的期末来设定。最简单的情况是处于平值状态的期权。在每个观察期开始时，执行价格是所观察到的执行价格 S_{t_i}。重设时期的数量由买方提前确定。每个期权的支出通常在每个重设时期的期末支付。

在重设日，该期权锁定新旧执行价格之间的差异，并将其作为利润支付。如果股票在前一期间以这样的方式变动，则其中一个组成期权到期处于虚值从而将没有利润，并且投资者将损失与该期间相对应的期权费。

例子：

一个 5 年期 S&P 每年重设的棘轮期权如图 20.5 所示。棘轮期权是一篮子 5 年期平值即期看涨期权。

假设初始执行价格设定为 1 419，即标的资产的购买日所观察到的价值。如果在第一年年末，S&P 收盘于 1 450，第一个看涨期权的到期日是在价内，则有对买方的支出。接下来，第二年看涨期权执行价格被重设为 1 450，依此类推。

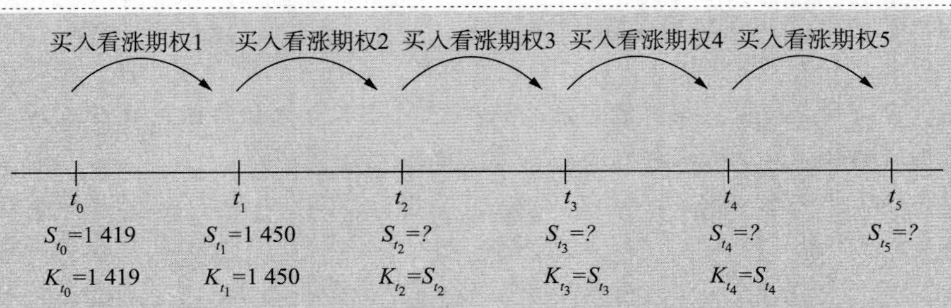

图 20.5　棘轮期权

为了弄清楚一个 5 年期棘轮期权的意义，考察下面两种选择。第一种情况，交易者购买一个 1 年期的平值看涨期权，然后在未来年份的开始连续四次购买新的平值期权。第二种情况，交易者购买一个 5 年期棘轮期权。两者之间的区别在于棘轮期权的成本事先是已知的，而未来看涨期权的售价在 t_0 时刻是未知的。这样，如果他使用棘轮期权，产品构建师在 t_0 时刻就可知道结构化产品的成本。

再考察一个 5 年期期权。市场在连续 5 年里收盘价更低的概率，一般来说，要比市场在 5 年后下跌的概率小得多。如果市场在 5 年后下跌，很有可能市场在 5 年中的（至少）1 年可能会有更高的收盘价。因而很明显，棘轮期权比相同到期日的普通平值看涨期权的价格更高。

棘轮期权卖方指出的一个卖点是，当波动性预期上升时，投资者可以定期锁定利润，而不是冒失去已经积累的收益的风险。投资者认为潜在风险资产会随着时间的推移而上涨或下跌，但并不能给出具体的时间点，可能会看到一种套利结构作为锁定利润的更好方式。美国结构化产品市场上的一个最近的例子是市场挂钩存款凭证。

重要的一点是，棘轮期权需要利用隐含的远期波动性曲面来定价。一旦定价完毕，棘轮期权费用等于未来期权费用的现值。

□ 20.2.3　远期波动性

远期波动性在结构化产品定价和套期保值中是很重要的概念。这是一个复杂的技术专题，只能在这里简单地介绍。考察一个普通的欧式看涨期权，其初始时间是 t_0，到期时间是 T，$t_0<T$ 并且执行价格是 K。为计算这个看涨期权的价值，我们求出隐含波动性，并代入布莱克-斯科尔斯公式中。这是所谓的布莱克-斯科尔斯隐含波动性。

现在，考察一个普通看涨期权，在稍后日期 t_1 时刻开始，$t_0<t_1$。然而，我们不得不在 t_0 时刻进行定价。到期日是 t_2。更重要的是，期权执行价格用 K_{t_1} 表示，在 t_0 时刻是未知的，可从下式得出

$$K_{t_1}=\alpha S_{t_1} \tag{20.10}$$

其中，$0<\alpha\leqslant 1$ 表示参数。它表示远期生效看涨期权的价值状况，因此是期权成本的重要的决定因素。如果 $\alpha=1$，远期看涨期权在 t_1 时刻是平值期权。假设确定性的空头利率是 r，可以在 t_0 时刻将远期生效期权的价值写成

$$C(S_{t_0},K_{t_1},\sigma(t_0,t_1,t_2))=e^{r(t_2-t_0)}E_{t_0}^{\tilde{P}}[(S_{t_2}-\alpha S_{t_1})^+] \tag{20.11}$$

其中，$C(\cdot)$ 表示布莱克-斯科尔斯公式，$\sigma(t_0,t_1,t_2)$ 表示远期布莱克-斯科尔斯波动性。这个波动性在 t_0 时刻计算，然后用于 $[t_1,t_2]$ 时期。我们利用式（20.10）替换（未知的）K_{t_1}，然后考察棘轮期权价格是否仅依赖于目前的 S_{t_0} 和远期波动性。

因而，给定流动的普通期权市场的标的资产 S_t，定价问题简化成计算远期波动性的价值。可以证明，一旦我们超出标的资产过程瞬时波动性的非常简单特性，这个任务就变得非常复杂。我们考察两个特殊情况，以此阐述这一节的主要观点。对于更综合的处理，我们推荐读者参考 Gatheral（2006）。

例子：

确定的瞬时波动性

假定驱动 S_t 过程的波动性参数是时间依赖的，但在某种意义上驱动瞬时波动性 σ_t 的唯一因素是时间 t。换句话说，我们有风险中性动态特性，

$$dS_t=rS_t+\sigma_t S_t dW_t \tag{20.12}$$

区间 $[t_0,T_1]$ 隐含的布莱克-斯科尔斯波动性被定义为

$$\sigma_{BS}^{T_1}=\sqrt{\frac{1}{T_1-t_0}\int_{t_0}^{T_1}\sigma_t^2 dt} \tag{20.13}$$

换句话说，$\sigma_{BS}^{T_1}$ 是在区间 $[t_0,T_1]$ 上的平均波动性。注意，在这些条件下，在此期间 S_t 的方差为

$$(\sigma_{BS}^{T_1})^2(T_1-t_0) \tag{20.14}$$

现在考虑定义更长的时间期限为 $[t_0,T_2]$，其中 $T_1<T_2$，相应的隐含波动性为

$$\sigma_{BS}^{T_2}=\sqrt{\frac{1}{T_2-t_0}\int_{t_0}^{T_2}\sigma_t^2 dt} \tag{20.15}$$

于是，我们定义远期布莱克-斯科尔斯方差为

$$(\sigma_{BS}^{T_2})^2(T_2-t_0)-(\sigma_{BS}^{T_1})^2(T_1-t_0) \tag{20.16}$$

代入积分之中，并求平方根，得到从时间 T_1 到 T_2 的远期隐含布莱克-斯科尔斯波动性 $\sigma_{BS}^f(T_1,T_2)$：

$$\sigma_{BS}^f(T_1,T_2)=\sqrt{\frac{1}{T_2-T_1}\int_{T_1}^{T_2}\sigma_t^2 dt} \tag{20.17}$$

这个例子的重要性在于：假设波动性确定地随时间 t 函数变化，远期布莱克-斯科尔斯波动性只是远期波动性。因此，给定（确定性的）波动性曲面，它可以用直接方法计算出来。直觉知识所表明的内容在这种情况下是正确的。现在，我们看一看随机波动性的更现实的例子，在远期布莱克-斯科尔斯波动性和远期波动性之间的直接联系消失了。

例子：

随机波动性

假定 S_t 服从

$$dS_t = rS_t + \sigma I_t S_t dW_t \tag{20.18}$$

其中，I_t 表示 0—1 过程，也就是

$$I_t = \begin{cases} 0.30, & \text{概率为 } 0.5 \\ 0.1, & \text{概率为 } 0.5 \end{cases} \tag{20.19}$$

因而，我们得到随机波动性，这个波动性在高和低波动性期间（且独立于 S_t）随机波动。于是，区间 $[t_0, T_1]$ 与 $[t_0, T_2]$ 的平均方差分别为

$$\begin{aligned}(\sigma^{T_1})^2(T_1 - t_0) &= \int_{t_0}^{T_1} E[(\sigma(I_t)dW_t)^2] \\ &= (T_1 - t_0)(0.3)^2\end{aligned} \tag{20.20}$$

这隐含着远期波动性是 0.2。

然而，远期隐含布莱克-斯科尔斯波动性不等于 0.2。

据此，只要瞬时波动性是随机的，布莱克-斯科尔斯远期波动性的计算就不是直接的。实质上，需要对这种随机波动性建模，然后利用蒙特卡洛公式为普通期权定价。利用这些，我们反推出隐含布莱克-斯科尔斯远期波动性。下一节我们将给出权益结构化产品的第一个例子，其中远期波动性起着重要作用。

□ 20.2.4 原型产品

下面选择的主要权益结构化产品的例子，将能够阐明这一节将使用的主要方法。很明显，这些例子并不全面。

我们首先以嵌入了棘轮期权的结构开始。这里的想法是从远期权益价格的波动中获益。远期波动性成为主要问题。接着我们将转向包含彩虹期权的结构。这里问题是从一篮子股票中的最高或最低价格中获益。这种结构将会暴露这些股票之间的相关性，投资者将做多或做空相关性。最后我们将讨论拿破仑式产品，主要问题是对冲远期波动性的变化。就这些结构化产品而言，波动性敞口将是凸性的，而且存在波动性 gamma。如果买卖波动性的动态对冲成本没有在初始时刻考虑进去，结构化产品就会被错误定价。这类涉及波动性风险的动态对冲成本是权益结构化产品的另一个重要方面。

20.2.4.1 情形 1：嵌入棘轮期权的结构化产品

棘轮期权是构建产品的方便工具。用 S_t 表示标的资产，比如股票指数、商品或者外汇。用 g_{t_i} 表示在年末计算的标的资产的年变化率。

$$g_{t_i} = \frac{S_{t_i} - S_{t_{i-1}}}{S_{t_{i-1}}} \tag{20.21}$$

其中，$t_i (i=1,2,\cdots,n)$ 表示结算日期。为不失一般性，假设 t_i 表示年份。

假设你想给客户如下承诺：购买一个 5 年期票据，客户在每年年末 t_i 收到未来每年

的收入$\lambda g_{t_i} N$。$0<\lambda$ 是由构建师确定的一个参数。年收益率的下限是 0。换句话说，每年的收益是

$$P_{t_i}=\max[\lambda g_{t_i} N, 0] \tag{20.22}$$

λ 被称为参与率。

可以证明，这个结构不像初看起来那么直接。注意，构建师在 t_0 时刻以已知系数 λ 承诺未知的每年回报。事实上，这是由一个普通期权和四个远期生效期权组成的棘轮期权。远期生效期权依赖于远期波动性。定价应该在初始点 t_0 完成，在计算完区间 t_i-t_{i-1} 的远期波动性之后。图 20.6 说明了交易者如何利用棘轮期权来构建产品。在这个结构化票据中，产品构建师以本金 N 的一部分投资于一个 5 年期国债，其余部分用于购买一个 5 年期棘轮期权。在这个例子中，潜在的风险资产被假定为 iTraxx 指数，但也可能是诸如 S&P500 或 MSCI World 之类的股票指数。如图所示，棘轮期权包含五个远期生效期权。第一个期权的执行价格是 K_0 并且由于标的价格在日期 t_1 时为 $S_{t_1}>K_0$，所以第一个期权被执行并支付。第二个期权的执行价格为 $K_1=S_{t_1}$，在日期 t_2 它是虚值的。第三个期权也不支付。第四个和第五个期权支付。我们将详细讨论这个结构。

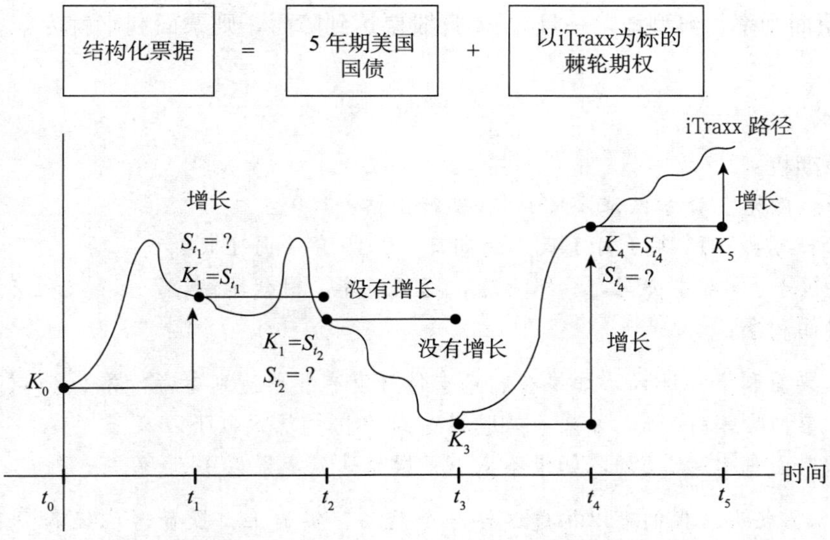

图 20.6 由中期国债和以 iTraxx 为标的棘轮期权组成的结构化产品

首先，我们看一看简单的本金保护特点。假设 5 年期无风险利率以 r 表示。于是，一个 5 年期无违约国债在 t_0 时刻的价值为

$$PV_{t_0}=\frac{100}{(1+r)^5} \tag{20.23}$$

很明显，这是小于 100 的。于是，定义缓冲为

$$Cu_{t_0}=100-PV_{t_0} \tag{20.24}$$

注意

$$0<Cu_{t_0} \tag{20.25}$$

这些资金可用于购买期权。然而，注意，我们不能购买某种期权，而是需要买入棘轮期权，因为承诺给投资者的是 λ 乘以未知的每年回报。问题是，如何在 t_0 时刻根据这些未知的远期收益来定价期权？这样做需要校准远期波动性，并将其代入期权定价公式中，通常采用布莱克-斯科尔斯公式。

对于这个产品，如果年回报是正的，投资者会收到 λ 乘以这些回报。如果回报是负的，那么投资者就什么也得不到。注意，即使在市场中长期趋势是向下的，一些年后投资者也可能得到正的回报。

20.2.4.2 情形 2：含有山脉期权的结构化产品

通常，收益依赖于一篮子股票的最大值与最小值的结构化产品以山脉期权为代表。这种奇异期权结合了一篮子期权和系列期权的特点，兴业银行在 20 世纪 90 年代末是这类期权的第一批专家之一。下面我们针对每一种重要类型给出一个简单例子。

20.2.4.2.1 高原期权

考察价格为 $\{S_t^1,\cdots,S_t^n\}$ 的一篮子股票。设定水平为 K，例如，初始价格的 70%。高原结构化产品的最简单类型是在给定区间 $[t_i,t_{i-1}]$ 内，如果没有 S_t^i 达到水平 K，则投资者可以得到"大额"票面利率，否则，当越来越多的股票达到障碍时，投资者会收到比较低的票面利率。典型地，一旦 3～4 只股票达到障碍，则票面利率就为 0。下面是一个例子。

例子：

高原期权

货币：欧元。资本保证：100%。发行价格：100。

发行日期：2014 年 1 月 1 日。到期日：2019 年 1 月 1 日。

标的篮子：{百事公司，摩根大通，通用汽车，时代华纳，7-11 便利店}。

年票面利率：

票面利率=15%，如果在利息支付日没有股票达到参考价格 70%以下。

票面利率=7%，如果一只股票达到 70%的界限以下。

票面利率=0.5%，如果不止一只股票达到界限以下。

图 20.7 表明，我们可以构建这样一个产品。实质上，投资者已经购买了零息债券，然后出售 5 个数字看跌期权。票面利率是数字期权的溢价的函数。图 20.7(a) 展示了零息债券，图 20.7(b) 展示了数字看跌期权空头头寸的收益和利润。看跌期权的期权费可以用来提高票面利率。很明显，如果参考组合的成分有更高的波动性，这个产品能够提供更高的票面利率。

这个产品具有一个可能在初始时看不到的重要特性。事实上，高原期权投资者将做多股票相关性，而发行者将做空。这个特性与 CDO 权益份额的定价比较相似，后面将详细地讨论。这里我们考察两个极端的情况。

假设我们具有一篮子 k 个股票 S_t^i（$i=1,2,\cdots,k$）。为了简化起见，假定所有的波动性都等于 σ。对于所有涉及的股票，对于所有的 i 和 $t\in[t_0,T]$，我们定义不超过水平 KS_{t_0} 的年概率是

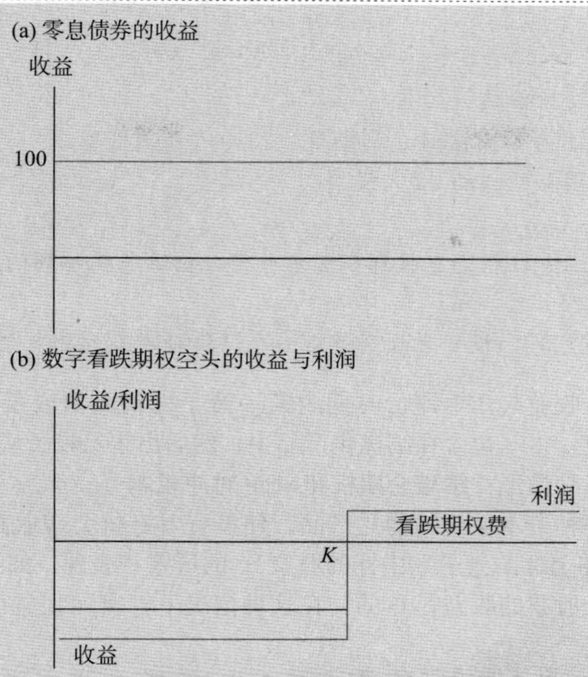

图 20.7　高原期权的组成成分

$$P(S_t^i, t\in[t_0, t_1] > KS_{t_0}^i) = 1 - p^i \tag{20.26}$$

这里，$1-p^i$ 度量的是第 i 个股票没有下跌到 KS_{t_0} 水平下的概率。为了简化起见，设所有 p^i 都是相同的，并且为 p。于是，如果 $S_t^i(i=1,2,\cdots)$ 是独立的，我们能够计算在第一年年末时，收到高票面利率的可能性是 $(1-p)^k$。注意，当 k 上升的时候，这个概率就下降。

现在，考察另一个极端的情况。假定 S_t^i 之间的相关性是 1。这意味着所有的股票都是相同的。收到高票面利率的概率就简化为 $1-p$。这种情况是因为所有的股票变化都是相同的；如果单只股票没有达到界限，则没有股票能达到界限。因为 $0<p<1$，对于 $k>1$，有

$$(1-p)^k < 1-p \tag{20.27}$$

因而，如果相关性增加，则这个产品的投资者就会受益，因为投资者收到较高票面利率的可能性会上升。

20.2.4.2.2　喜马拉雅期权

喜马拉雅期权是篮子中最好股票的平均绩效的一种看涨期权。一个类型是在期权整个期间存在预先设定的观察日，比如说 $t_1, t_2, \cdots, t_n$，在观察日中篮子里表现最好的股票被依次移出，移出股票的实际收益被记录。到期日的收益则是整个产品周期内所有最好收益的总和。

例子：

喜马拉雅期权

货币：欧元。发行价格：100。

发行日期：2013 年 1 月 1 日。到期日：2019 年 1 月 1 日。

标的篮子：美国和欧洲的 20 只股票。

到期赎回：

如果篮子收益上升，投资者收到在其中一个评价日所观察到的剩余证券篮子中的最大收益。

如果篮子收益下降，投资者收到最后一个评价日观察到的剩余证券篮子的收益。

在这种情况下，收益与几个评价时期内某一篮子的最大值或最小值有关。很明显，这要求签订彩虹期权，将其包含在结构化产品中，然后出售给投资者。

20.2.4.3 第三种情形：拿破仑期权和 vega 对冲成本

拿破仑期权是一种资本保证结构化产品，使投资者有机会赚取高固定票面利率，比如说$c_{t_0}=10\%$，再加上标的篮子 k 中标的股票S_t^i 的最差月表现。如果 k 很大，就有很大的可能性表现最坏的股票的收益是负的。在这种情况下，实际收益很有可能要比票面利率c_{t_0}低得多。

对于我们来说，拿破仑期权的重要性在于说明了需要与这类产品伴生的动态对冲的意义。关键问题在于，拿破仑型产品不能被静态地对冲，而需要动态对冲。但是，这个问题的重要一点在于这里的动态对冲不同于普通期权中的动态对冲。在普通期权中，实践者购买并出售标的资产 S_t^i 来对冲期权价格的方向变化。这个动态对冲导致 gamma 收益（损失）。拿破仑型产品所对冲的是波动性风险。实践者不得不动态地购买并出售波动性。

这些产品具有所谓的波动性 gamma 风险。当波动性上升时，产品构建师需要购买期权波动性，当波动性下降时则出售。这与第 9 章讨论的普通期权的 gamma 收益相似，除了现在被应用于波动性本身而不是标的价格，因此术语为波动性 gamma。通过价高时购买波动性，价低时出售，产品构建师会遭受对冲成本。需要将这些成本的期望值计入初始出售价格，否则产品将被错误定价。

例子：

拿破仑对冲成本

假设有 10 只股票$\{S_t^1,\cdots,S_t^{10}\}$，每个月均观测价格。投资者被支付 10%的回报加上这些股票中每月表现最差的股票收益。

假设现在波动性每月变化非常大，比如说 50%，则波动性 1%的变化不会对卖方有太大影响，因为可能其中一只股票会有负的月收益，该收益将低于票面利息支付。因此，卖方在高波动性期间就会有相对小的波动性风险敞口。

另外，如果波动性非常小，比如说 9%，则情况会发生变化。当波动性变化 1%时，就会导致高波动性敞口。

这意味着低波动性的卖方会看多波动性，在高波动性情形下，波动性敞口将趋近于 0。因此，当波动性下降时，产品构建师需要出售波动性，当波动性提高时则要买回以中和头寸波动性。

这是一个重要的例子，说明了需要仔细计算未来对冲成本。如果波动性是波动的，拿破仑型结构化产品会有波动性 gamma 成本、对冲成本，这些成本需要体现在初始价格中。

□ 20.2.5 相似的外汇结构化产品

可以证明，如果考察一篮子外汇或商品而不是股票，棘轮期权、山脉期权、拿破仑期权和其他结构化权益工具都可以用于外汇或商品领域。由于具有非常大的相似性，我们没有详细讨论外汇或商品结构化产品。Wystub（2006）是这方面非常好的参考教材。

20.3 结构化固定收益产品

结构化固定收益产品遵循的原则与应用在权益或商品价格上的原则类似。但是，就固定收益产品而言，由于几个原因其分析原则会明显地更复杂。

第一，固定收益结构化产品背后的主要推动力量是收益率曲线，这是 k 维随机过程。权益或者商品指数是标量值随机过程，基于它们的基本结构化产品很容易定价并且对冲。基于篮子的权益（商品）产品有 k 维标的资产，然而，与这个向量相联系的套利条件会更简单些。第二，固定收益产品的基础是 LIBOR 参考体系，后者导致 LIBOR 市场模型或互换模型。在权益中，即使当我们处理向量过程时，也没有必要使用相似的模型。第三，固定收益市场的规模超过了权益市场和大宗商品市场的总和。固定收益产品和信贷的期限非常广泛，这使得某些固定收益产品的流动性大大降低。第四，固定收益结构化产品的期限确实很长，而权益或和商品相关的衍生品的期限则相对较短。

□ 20.3.1 收益率曲线策略

很明显，大多数固定收益结构化产品都涉及收益率曲线策略。收益率曲线不存在太多的变化。

(1) 收益率曲线可能会向上或向下平行移动，这叫作水平效应（level effect）。

(2) 收益率曲线的斜率可能会改变。这可能是由于货币政策变化，或者是由于通货膨胀预期的改变。如果中央银行降低了短期利率，则曲线可能会变陡峭，或者如果中央银行提高了短期利率，则曲线会变平坦。这叫作斜率效应（slope effects）。

(3) 曲线的“肚子”可能会向上或向下移动。一般来讲，这被解释为凸性效应，与利率波动性的变化有关。

接下来的一点是，收益率曲线的大多数变化至少是部分可预测的。毕竟，中央银行通常明确地向市场宣布其未来政策。产品构建师可以利用这些信息，将受益于预期收益率曲线变化的 CMS 联结产品放在一起，也可以添加赎回条款以进一步增加收益。[①]

① 存在下面的某种可能性，即投资者对提高收益更感兴趣，同时愿意容忍某种久期不确定性。因此，如果产品在到期前被回购，投资者可能并不会太失望。事实上，对于许多结构化产品，许多散户投资者更希望产品被回购，而且他们收取第一年的高票面利率。

下面的阅读资料是产品构建师如何看待收益率曲线策略的例子。

例子：

与 CMS 联结的结构化票据的广泛性来源于想要利用相反的收益率曲线的最终使用者，这些曲线从长期看来已稳定。

典型的结构化票据可能是 EUR5-5 000 万，期限为 20 年。第一个 5 年支付票面利率 8%，然后剩余年限的年票面利率基于 10 年期英镑互换利率，8%为上限，不可赎回。10 年期英镑互换利率上个星期大约是 6.77%。

较长期英镑收益率曲线可能已经停止下跌，因为英国人寿保险公司正在对冲 20 世纪 80 年代出售的担保利率年化产品，已经停止购买长期英国国债。它这样做或者是由于它不再需要进一步对冲，或者是因为它已经发现更经济的方法。一个交易者说，如果长期利率不再进一步下跌，投资者将更安全地收到 CMS 长期利率。

交易者说，英镑收益率曲线有大约三年是平的，然后反转，这使这些产品对投资者更具吸引力，因为他们认为收益率不会在未来的某个时间点反转。

（汤森路透，IFR，2000 年 1 月 31 日）

因此，很明显，固定收益结构化产品是非常庞大的，涉及 LIBOR、互换期权、看涨/下限期权波动性和它们的动态。实质上，为操作它们构建师需要至少能够很好地操作远期 LIBOR 和互换模型。

□ 20.3.2 工具

有关设计和风险管理结构化产品的一些工具前面已经讨论论过。数字期权和彩虹期权以及远期波动性也是其中一部分。固定收益结构化产品使用额外的工具：两个熟悉的工具是上限/下限期权和互换期权，第三个重要工具是 CMS。这一节我们将简要回顾这些工具。

数字上限簇（digital caplet）与普通上限簇相似。如果参考 LIBOR 利率超过上限水平，则进行支付。其区别在于收益。尽管普通上限簇的收益可能依据超过 LIBOR 的水平而变动，但倘若 LIBOR 利率比上限水平高，不管超过多少，数字上限簇都只收取固定支付。

百慕大式互换期权可以被定义为互换利率为 s_t 的期权。只有在一些特定日期 t_1，t_2，…，期权才能被执行。当期权被执行时，期权买方有权以事先确定的互换利率 κ 成为互换的支付方（接收方）。期权卖方有义务成为交易的对手方。很明显，这个产品的期权买方随着执行日期变化将收到不同到期日的互换。

CMS 是固定收益结构化产品的基本元素，因此，我们复习一下。

□ 20.3.3 CMS

除了浮动利率的定义外，CMS 与普通互换相似。我们在第 14 章讨论过。该类互换有固定的支付方和接收方，但浮动支付不再参考 LIBOR。LIBOR 是期限为 1 个月、2 个月、3 个月、6 个月、9 个月或者 12 个月的短期利率。只能得到关于提高或降低短期利率的观点。在 CMS 中，浮动利率是另一种普通互换利率。这个互换利率可以有 2 年、3 年甚至 30 年的期限。利用这种方式，受益于提高或降低长期利率的金融工具也可以被捆绑在一起。一个还有 2 年到期的 10 年期 CMS，如图 14.5 所示。注意，CMS 上存在各种变化，并且可能在 CMS 中，一方定期支付特定期限的互换利率（或不同指定期限的互换利率之间的利差）（称为 CMS 利率），并作为交换从交易对方收到指定的固定或浮动利率。

CMS 的一个特殊性质应该在这里重申一下。注意，在每一个重设日，合约要求从某个正式确定过程得到比如说 10 年期互换利率。这个 10 年期互换利率通常是对下一个 10 年有效的。然而，在半年结算的 CMS 中，这个利率仅适用于接下来的 6 个月。在下一个重设日会应用新的固定利率。因此，我们正在使用的浮动利率不是支付期内的“自然利率”。换句话说，用 $s_{t_i}^{10}$ 表示 10 年期浮动互换利率，即使两个利率都是“浮动的”，有

$$\frac{1+s_{t_i}^{10}\delta}{1+L_{t_i}\delta}\neq 1 \tag{20.28}$$

只要收益率曲线是向上倾斜的，事实上这个比率就会大于 1。可是，在普通互换的情况下，每个浮动利率 L_{t_i} 是支付期的自然利率，有

$$\frac{1+L_{t_i}\delta}{1+L_{t_i}\delta}=1 \tag{20.29}$$

不管我们是否观察到 L_{t_i}，这个等式都是成立的。由于这个原因，CMS 要求进行凸性调整。这意味着，从直观启发性观点来看，将来未知的浮动利率不能简单地被远期等价物替代。例如，如果在三年后，我们得到的 10 年期浮动互换利率是 s_t，在定价过程中，我们就不能用相应的远期互换利率 s_t^f 来替代它。相反，我们用经凸性调整后的远期互换利率来替换它。

□ 20.3.4 固定收益产品的收益增加

假定投资者希望增加收益，或者公司想以更低的成本进行套期保值。将这些结构化产品放在一起的通常原则与权益产品相似，下面的合约方程描述了这一点：

$$\boxed{\begin{matrix}\text{买入一个}\\\text{标准资产}\end{matrix}}+\boxed{\begin{matrix}\text{卖出一个或}\\\text{更多的期权}\end{matrix}}=\boxed{\begin{matrix}\text{一项增加收}\\\text{益的资产}\end{matrix}} \tag{20.30}$$

如在权益结构化产品中一样，为了提供比普通债券更高的收益，要使客户出售一个或更多的期权。事实上，只要客户能够恰当理解风险并愿意承受，期权越贵越多，收益也就会越高。如果客户是公司并且正在寻找便宜的套期保值，则出售期权会降低相关成本。

在结构化固定收益产品中，交易者在增加收益方面至少存在两种标准方法。

20.3.4.1 方法 1：出售上限波动性

第一种提高收益率的方法是让客户卖出上限/下限波动性。我们在第 17 章已经看到，上限簇（下限簇）是一种针对特定 LIBOR 承保的保险，当观察到的 LIBOR 高于（低于）上限水平（最低水平）时，该期权卖方向期权买方支付款项。如果产品隐含投资者向产

品构建师卖出看涨期权，产品构建师可以向投资者提供支付高于具有相同信用风险和到期日的产品所支付的利息的产品。如果利率低，收益率曲线陡峭，投资者可能会通过对市场进行押注而获得高于市场的收益率。陡峭的收益率曲线通常意味着利率预计会上涨。如果投资者认为利率不会像市场预测的那样上升，并且投资者被证明是正确的，那么投资者可能能够获得更高的回报。当然，这种观点在市场上是有代价的，产品构建师可以根据市场上做空上限簇期权的成本加上市场盈利来给产品定价。为了明确与期权相关的利率和支付的精确范围，产品构建师可以使用数字上限簇期权。图 20.8 显示了数字上限簇期权多头头寸的收益。

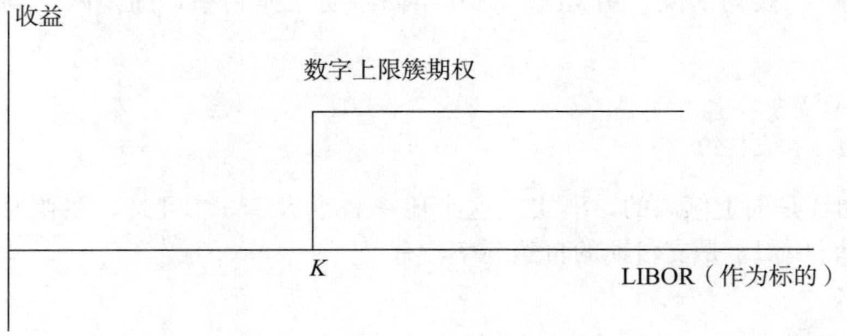

图 20.8　数字上限簇期权

结构会考虑每日确定的 LIBOR，如果一天中观察到的 LIBOR 保持在一个范围内，比如说［0,7%］，则进行数字上限簇的支付。如果所观察到的 LIBOR 超过那一天的利率，则收不到票面利率。

通过这种方式，客户出售数字上限簇的波动性，收到承受这种风险的增加收益。这样的产品叫作范围积息票据（range accrual note，RAN）*。[①] 客户将获得的利息取决于当天 LIBOR 观察值保持在范围内的比例。适合这个特点的客户不希望在期限内 LIBOR 利率大幅度波动。

用 $F_t^{t_i}$ 表示 t 时刻 6 个月期远期利率，与 LIBOR 利率 L_{t_i} 相关。即期 LIBOR 的相关结算是后置的，在 t_{i+1} 时刻，与往常一样，天数调整参数是 δ。

用指标 $j=1,2,\cdots$ 表示天数。典型的单一利率上限簇在 $t_i+(j-1)$ 开始，到期日为一天后即 t_i+j。每个上限簇的收益取决于选定的每天跟踪的参考利率，通常是在时间 t_i+j 的 LIBOR 利率 $L_{t_{i+j}}$。依据每天的观察值，上限簇到期时将处于实值或虚值状态。换句话说，出售方收集 LIBOR 利率每天的确定值，以明确那天利率是否保持在范围内。如果是，那天就有数字期权收益（也就是利率累积）；否则，对于特定的那天，没有获得利息收益。

另外，实际支付额取决于另一个事先确定的 LIBOR。用于收益的利率是 L_{t_i} ＋利差，在 t_{i+1} 结算。[②] 据此，结构化产品的收益是 m 数字期权收益的函数，其中 m 表示支付期

---

① 与其他结构化产品一样，不同银行会运用各种不同的术语来描述它们。RAN 也被称为走廊债券或票据、浮动区间债券、权责发生制债券、LIBOR 区间票据、区间累加票据、航道债券或吸积债券指数区间票据。

② 或者可以是固定利率，比如说是 R。

* 范围积息票据（range accrual note）也可译为区间积息票据。——译者注

间的日历天数。因此，是否赚取利息和收益的问题取决于每个结算期不同的 LIBOR 利率。

从符号上看，假设利息支付固定为 R，则上限簇第 j 天的收益可以写为

$$收益_{t_i+j}=\begin{cases}L_{t_i}\dfrac{1}{360}N, & L_{t_i+j}\geqslant L^{\max}\\ 0, & L_{t_i+j}\leqslant L^{\max}\end{cases} \tag{20.31}$$

其中 $L^{\max}$ 表示范围的上限，N 表示名义本金，收益$_{t_i+j}$是每日的收益，取决于第 j 天所观察到的 LIBOR 利率 L_{t_i+j}。投资者做空这个上限簇。这将怎样增加收益呢？

假定利率支付期间有 m 天①；于是，客户出售 m 个数字上限簇。对于观察日，这些上限簇是那天的 LIBOR 利率，我们以 L_{t_i+j} 表示。对于周末，使用前一个观察日的 LIBOR 利率。于是，这些数字上限簇可以被认为是 m 期数字上限，如果每天结束时结算，则它由每天的期权费为c_{t_i+j}的上限簇构成。投资者会收到每天的期权费，并且在每个t_i+j时刻进行那天的支付，而不是在合约开始时间 t_0 收取所有的上限期权费。这些数字上限簇在 t_{i+1} 时刻的总价值为

$$C_{t_0}=\sum_{j=1}^{m}B(t_0,t_i+j)\,c_{t_i+j} \tag{20.32}$$

其中，c_{t_i+j}表示从 t_i+j 时刻开始的上限簇期权费。很明显，这些数值在 t_0 时刻是已知的。② 注意，这个数值是以 t_i+j 时刻的美元来计算的。于是，RAN 的增加收益在 t_i+j 时刻结算，为

$$L_{t_i}+c_{t_i+j} \tag{20.33}$$

在票据的初始时刻 t_0，相关的 LIBOR 是$\{L_{t_i}\}$，这“等于” s_{t_0}，即在初始时刻观察到的互换利率。因此，增加收益实际上可以用常数R_{t_0}表示：

$$R_{t_0}=s_{t_0}+c_{t_i+j} \tag{20.34}$$

如果在 t_0 时刻，产品构建师观察到（1）互换利率s_{t_0}，（2）每个数字上限期权 c_j 的远期波动性，（3）贴现因子 $B(t_0,t_{i+1})$，则R_{t_0}可以被计算出来。因此，投资者会收到$R_{t_0}N$，同时支付每天到期的实值上限簇的收益。当然，所有这些假设数字上限期权费 c_j 的计算是正确的。这里存在一些小的技术上的复杂性。然而，在进行分析之前，我们先看一个例子。

例子：

利率范围累积 /结构化存款

［2011 年 5 月 23 日报价］

客户观点：在未来 1 年内，美元 3 个月期 LIBOR 将维持在 0.25%～0.60%（含）的范围内。

---

① 例如，对于 30/360 天数基准及半年支付期，我们有 $m=180$。

② 因此，一个更复杂的概念可能会有用。我们用 $c(t_0,t_i+(j-1),t_i+j)$ 表示上限簇期权费，对于开始于$t_i+(j-1)$ 并结束于 t_i+j 的上限簇意味着其在 t_0 时刻计算的期权费。

存款货币：人民币（CNY）。

存款期限：1 年。

存款金额：人民币 1 000 000 元。

利率：美元 3 个月期 LIBOR（3M LIBOR）

参考指数

应计利率：每年 0.70%。

应出利率：每年 0.00%。

利率：应计利率×（3M LIBOR 停留在应计范围内的天数）/总天数＋应出利率×（3M LIBOR 超出应计范围的天数）/总天数。

应计范围：每年 0.25%～0.60%。

利息期限：季度。

利息支付：每个期间的每个利息期间（本金×利率/4）。

到期时：100%的主要客户接收。

（汇丰银行，https://www.hsbc.com.hk/1/2/hk/investments/sp/range-acc#example）

在上面的例子中，存在一些有趣的变化，这是因为存款货币（deposit currency）* 不同于作为利率参考指数基础的货币。这可能方便客户对存款货币的存款，但要有对美国利率的回顾性看法。请注意，范围不受 0 的限制，而是受 $L^{min}=0.25\%$ 和 $L^{max}=0.60\%$ 的限制。应出利率是利率超出范围时收到的利率。这意味着投资者不仅仅做空数字上限，而且还做空数字下限。

注意，在上面的例子中我们用于决定数字上限簇收益的标的参考利率是 3 个月期或 6 个月期 LIBOR 利率，这不是第一天收益的"自然利率"。因此，这些数字上限簇的定价要求对 LIBOR 利率进行凸性调整，这与 CMS 相似。

20.3.4.2　方法 2：出售互换期权波动性

使普通债券可赎回是增加收益的第二种方法。这将导致投资者做空互换期权波动性。

其区别非常重要。在第一种情况下，交易者立权一系列以单一现金流为标的的期权，也就是上限簇收益。但是，在可赎回债券情况下，投资者同时立权所有现金流的期权，如果债券被赎回，那么将收到本金 100。因此，互换期权包括一篮子现金的收益。这些现金流取决于不同的 LIBOR 利率。当互换期权是百慕大式期权时，与同时出售几个期权（虽然互相依赖）类似。因此，百慕大式互换期权价格更高，会有收益增加。

购买可赎回 LIBOR 奇异期权的投资者，出售给发行者在任何给定赎回日期都可以按照 100%面值赎回债券的权利（但不是义务）。仅一次可赎回的（欧式）债券比相应的可多次赎回的（百慕大式）债券收益要低。可赎回债券是否会被赎回的问题，取决于初始假定远期 LIBOR 利率的动态及这些远期利率的走势和未来波动性。

---

* 存款货币是一种特殊类型的信用货币。信用货币是指以货币发行人信用为担保的货币，而存款货币是以发行该存款的储蓄机构的信用状况为担保的信用货币。存款货币主要体现为单位、个人在银行账户上的活期存款，主要流转于银行体系内，可用于转账结算。存款货币来源于现金货币的存入和银行贷款派生机制。——译者注

20.4 某些原型产品

在这一节，我们将利用前面介绍的工具详细讨论一些典型固定收益结构化产品和它们的工程化。我们考察三个具有代表性的典型结构化产品。

□ 20.4.1 组件成分

为了构建固定收益结构化产品，市场实践者需要几个组件成分。这些成分是：

(1) 某种货币的相关折现曲线 $B(t_0,t_i)$。它被用来折现未来"期望"现金流。①

(2) 同一货币的相关远期曲线。这可以是远期 LIBOR 曲线，或者远期互换曲线。很明显，这可以利用下面的等式从折现曲线得到②

$$(1+F(t_0,t_i,t_k)\delta)=\frac{B(t_0,t_i)}{B(t_0,t_k)}\quad i\leqslant k \tag{20.35}$$

这相当于需要一个普通互换的市场，也就是可交易的互换曲线。

(3) CMS 市场，因为产品构建师可能想接受或支付收益率曲线上任意一点的浮动利率。固定 CMS 利率依据这个利率进行支付。③

(4) 如果结构化产品是可赎回的，则为（百慕大式）互换期权市场。

(5) 如果结构化产品是范围累积类型的，则为上限/下限期权市场。

我们说明了固定收益结构化产品的一些原型如何用这些成分制造出来。我们所讨论的原型产品在某种意义上是奇异期权，产品构建师不能从一些批发市场上购买票据然后出售。产品构建师不得不构建这些票据。换句话说，它们是奇异的，因为交易的另一方并不存在，产品构建师不得不学会怎样去定价以及对冲交易所的产品。

□ 20.4.2 CMS 联结结构

存在（至少）两种基于 CMS 的产品。一些产品的票面利率与 CMS 利率联系起来。这与浮动利率票据相似，但是浮动利率这次是长期利率。第二种与 CMS 利差相关。投资者购买 CMS 利差联结结构化产品，不会受收益率曲线的平行移动影响。然而，购买者会受收益率曲线的斜率影响。利差票据的购买者是否会受益，取决于曲线是平坦还是陡峭。

CMS 联结票据使投资者在延长的时间期限内受益于收益率曲线长期或短期的移动。当收益率曲线空头方在产品整个期限内向上移动时，票据支付的固定票面利率会上升。④如果是可赎回票据，则投资者也收到增加的收入。这是结构化固定收益产品的一个最普

① 这个期望值是针对某种研究概率测度而取得的。

② 对此内容的评论可追溯到用于获得 FRA 利率的套利推理。在这种情况下，对 FRA 利率给出的定义更广。

③ 记注，CMS 利率以普通互换利率的利差来报价，或者是相关的 LIBOR 利率：

$$s_{t_0}^{cms}=s_{t_0}+\text{利差}$$

④ 如果这些移动在发起合约时在合约中预先规定并订明，则工具为阶跃票据。

通的形式。下面是一个简单例子。

例子：

CMS 联结票据

发行方：ABC 银行。

期限：5 年。

本金：到期日 100%返还。

票面利率：

第 1 年：4.00%。

第 2 年：CMS 10+2.5%。

第 3 年：CMS 10+2.5%。

第 4 年：CMS 10+2.5%。

第 5 年：CMS 10+2.5%。

赎回：在每个利息日均可赎回。

假设一个机构投资者预期 10 年期利率在接下来的 5 年中会不断上涨。这相当于收益率曲线多头方 5 次连续的移动。于是，票据提供了一种承担这种风险敞口的方式。现在，我们讨论 CMS 联结产品怎样在固定收益市场上使用标准工具构建出来。

□ 20.4.3 CMS 联结票据工程化

在这一节，我们将对一个简单 CMS 联结票据进行工程化。假设我们有对收益率曲线的预期。例如，我们预期收益率曲线的多头方在接下来 5 年中逐渐向上移动。实质上，我们喜欢构建基础资产的组合，这些组合能够产生确定联结到期日为 $T=5$ 的 CMS 联结票据的风险收益特征。上面讨论的例子提供了一个良好的框架。为了简化起见，我们假定按年支付利息。我们怎样对上面提到的 CMS 联结票据进行工程化呢？

(1) 首先，我们选择一个 CMS 利率。例如，让 CMS 利率是 m 期互换的浮动利率，在每个 t_i（提前）观测，在 t_{i+1}（后置）支付。如果 $m=10$ 年，也没有关系。

(2) 其次，我们制造高的、已知的第 1 年票面利率 c_{t_0}，在上面的例子中认为 $c_{t_0}=5\%$ 也没有关系。当然，问题是如何制造这样高的票面利率。这个值将在定价过程中决定。

(3) 然后，对接下来的 4 年提供“浮动”票面利率

$$c_{t_i}=\mathrm{cms}_{t_i}^{m}+\alpha_{t_0}^{t_i} \tag{20.36}$$

其中，$\mathrm{cms}_{t_i}^{m}$ 表示 t_i 时期的 CMS 利率。

(4) $\alpha_{t_i}^{t_i}$ 是在 t_0 时期已知的常数，将在定价时被确定。下面，我们考察这一项的两个不同公式。

(5) 使票据在赎回期 t_1、t_2、t_3 和 t_4 可赎回。

第一，一些基本的观察。第一年的票面利率要求是固定的，因为即使是浮动利率工具，第一年的利率也总是已知的。投资者建立了“浮动”利率的头寸，但是第一个浮动利率可在购买日观察到。第二，票据是可赎回的。产品构建师使投资者出售一个期权，这样

回报将因期权费而提高。第三，期权是百慕大式的，这样它可以在未来四个日期中的任何一个被执行四次。这个期权自然比普通互换要贵，因此投资者可以获得更好的补偿。

20.4.3.1　合约方程

现在，我们可将复制组合放在一起，也就是，得到这种票据的合约方程。

首先，从浮动 CMS 票面利率 $cms_{t_i}^m$ 开始。产品构建师怎么支付这样的票面利率给投资者呢?①答案很简单。产品构建师在 t_0 时刻买入 5 年期接收方 CMS。我们假定在这个 CMS 中，浮动 CMS 利率与浮动 LIBOR 利率互换。在这个互换中，第 1 年票面利率是固定的，但是产品构建师在每个 t_i（$i=1,2,3,4$）收到未来的 CMS 利率 $cms_{t_i}^m$，并且支付那个时期的 LIBOR L_{t_i}。产品构建师会给投资者 $cms_{t_i}^m$。这样，票面利率的一部分就被构建出来。这种情况如图 20.9 所示。LIBOR 支付的来源稍后将讨论。

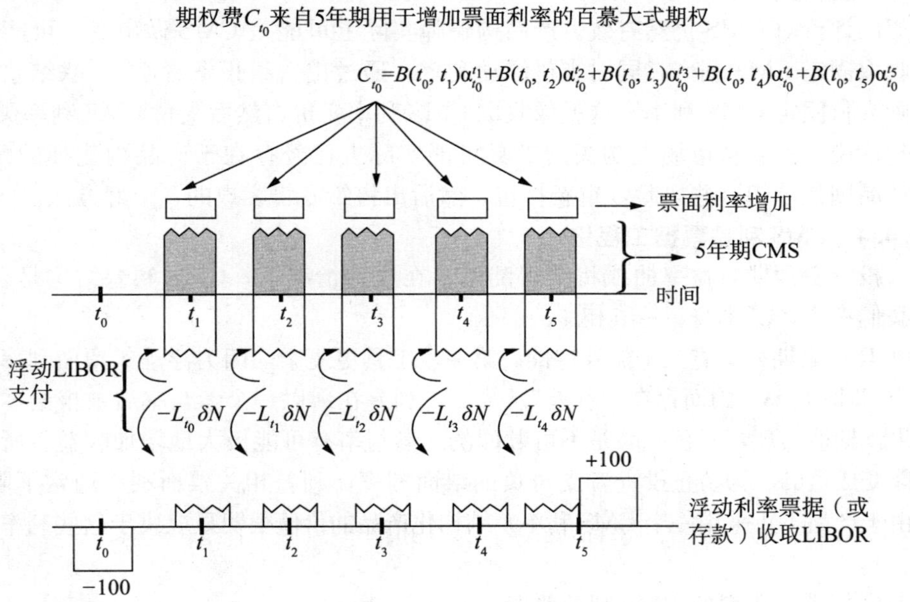

图 20.9　CMS 联结票据

α_{t_i} 表示什么？计算一个 5 年期百慕大式互换的期权费，称之为 C_{t_0}。这个互换期权是关于 CMS 利率的，在 $[t_0,T]$ 期间被执行五次，每个年度在每个 t_i（$i=1,2,3,4,5$）被执行。通过选择一个 $\alpha_{t_0}^{ti}$，将期权费分配到将来 5 年里，使得

$$C_{t_0}=B(t_0,t_1)\alpha_{t_0}^{t_1}+B(t_0,t_2)\alpha_{t_0}^{t_2}+B(t_0,t_3)\alpha_{t_0}^{t_3}+B(t_0,t_4)\alpha_{t_0}^{t_4}+B(t_0,t_5)\alpha_{t_0}^{t_5}$$

这就给出 $\alpha_{t_0}^{ti}$。

最后，注意产品构建师会对 CMS 做市商进行参考 LIBOR 相关支付。这些支付将来自初始本金 $N=100$。产品构建师将本金放到存款账户上，并收取浮动 LIBOR。

复制是完全的。产品构建师购买针对 10 年期 CMS 利率的 5 年期接收方 CMS，同时卖出针对 CMS 利率的一个每年执行的 5 年期百慕大式互换。初始本金 N 被存入存款账户。

---

① 换句话说，这样的支付如何被对冲?

这个组合的现金流如图 20.9 所示。这些现金流与票据所承诺的现金流是一致的。产品构建师实质上购买了组合，重新打包，然后作为结构化 CMS 联结票据出售给客户。我们可以利用合约方程总结出这样的 CMS 联结结构。对于这种特定 CMS 联结票据，我们有

$$\boxed{\begin{array}{c}\text{可赎回的 CMS}\\\text{联结票据}\end{array}} = \boxed{\begin{array}{c}\text{LIBOR}\\\text{存款}\end{array}} + \boxed{\begin{array}{c}\text{获得 10 年}\\\text{期的 CMS}\end{array}} + \boxed{\begin{array}{c}\text{做空}\\\text{百慕大式互换}\end{array}} \tag{20.37}$$

注意，对产品构建师来说，复制组合表示进一步的机会。产品构建师可能需要向其他客户出售互换期权波动性。通过 CMS 联结票据，产品构建师从零售客户那里购买互换期权波动性。因此，票据可能是以有吸引力的价格产生所需互换期权波动性的一种好方法。产品构建师自然会以比从零售客户那里购买更高的价格出售互换。

相似的评价对 CMS 仍然有效。产品构建师实际上可能是 CMS 做市商，可能在不同交易中收取固定 CMS 利率，同时支付浮动利率。通过出售给投资者 CMS 联结票据，产品构建师支付固定 CMS 利率。这就像收取 CMS 利率卖价，然后支付 CMS 利率买价。

换句话说，需要从市场上购买的工具可能实际上已经存在于产品构建师的账簿中。结构化产品则是承担这些风险，重新打包，然后出售给零售客户的一个好方法。

20.4.4 CMS 利差票据工程化

假设投资者预期收益率曲线将变得陡峭。在这种情况下，CMS 利差结构是合适的。首先，我们考察产品本身。

LIBOR 奇异期权具有三个额外特性。第一，工具更复杂，因为浮动年票面利率取决于不止一个 CMS 利率，因而存在“利差”。第二，利差在乘以一个参与率后被报给零售投资者。如果预期值实现，并且产品是不可赎回的，参与率有可能极大地增加收益。所考察的利差可能变成负的。为防止投资者支付负的票面利率，利差相关票面利率通常下限为零。第三，由于产品不止采用一个 CMS 利率，结构化产品的价值很明显取决于这些利率之间的相关性。

下面的例子是典型的 CMS 利差票据。

> **例子：**
>
> **CMS 利差票据**
>
> 发行者：ABC 银行。期限：5 年。
>
> 本金：到期日保证 100%返还。
>
> 票面利率：
>
> 第 1 年：4.00%。
>
> 第 2～5 年：$17\times(CMS^{10}-CMS^{20})$，最大 22%，最小 0。
>
> 赎回：在每个利息日 t_i 均可赎回。

为什么投资者对这样的票据感兴趣？假定一个机构投资者预期收益率曲线将更陡峭。这可能至少以两种方式发生。

首先，如果通货膨胀率不变，因此长期利率不变，则短期利率会下降。由于适度放缓的实体经济而施行的中央银行宽松的货币政策可能就是一个例子。其次，短期利率和

中央银行货币政策可能会保持一致，但是由于通货膨胀压力或者加强的经济活动，长期利率可能会走高。这两种情况表示了两种可能的观点，利差票据提供了应付这类事件风险的一种方法。

如果收益率曲线逐渐变得陡峭，当票面利率取决于不同利率间的差异时，这个产品会提供更高的利率。下面，我们将以更基本的工具来合成构建 CMS 利差票据。

□ 20.4.5 工程化

CMS 利差产品存在（至少）两个新奇的金融工程特点：产品说明了参与率的使用和制定利差下限的方法。而且，在定价方面，我们将看到相关性成为明显的额外风险。①

现在，我们构建上面提到的 CMS 利差票据。第 1 年的票面利率已经讨论过；它来源于第 1 年已知的 LIBOR 利率，加上投资者出售的期权费部分。结构化产品的真正新奇之处在于 $i=1,2,3,4,5$ 年的票面利率。事实上，票面利率的形式为

$$c_{t_i}=\max[\lambda(\mathrm{cms}_{t_i}^{m}-\mathrm{cms}_{t_i}^{h})+\alpha_{t_i},0] \tag{20.38}$$

其中，$\mathrm{cms}_{t_i}^{m}$ 和 $\mathrm{cms}_{t_i}^{h}$ 是在 t_i 时刻观察到的两个浮动 CMS 利率，各自的 CMS 期限为 m 年和 h 年。如同例子所揭示的，认为 $m=10$ 和 $h=2$ 也可以。据此，票面利率会变大还是变小，取决于在未来 t_i 时刻 10 年期和 2 年期互换利率的差异。在 t_i 时刻我们看一下互换曲线的快照，支付给客户与曲线斜率成比例的票面利率。在这个特定情况下，如果在接下来的 5 年中互换曲线变得越来越陡峭，客户会逐渐地收到更高的票面利率。如果票据是不可赎回的，则票据会逐渐从陡峭中获益。

为了对票面利率进行工程化，首先忽视下限，用 α 表示分配到 5 个结算日的互换期权费，与前面一样。现在考察对组件成分的工程化，

$$\lambda(\mathrm{cms}_{t_i}^{m}-\mathrm{cms}_{t_i}^{h}) \tag{20.39}$$

这些期权可以利用下面的头寸复制：在 t_1、t_2、t_3 和 t_4 时期，支付 2 年期 CMS 利率，收取 5 年的 10 年期 CMS 利率。这可以通过买入两个 CMS 实现。产品构建师买入 λ 单位 10 年期 CMS，同时卖出 λ 单位 2 年期 CMS。现金流如图 20.10 所示。

图中体现了 CMS 市场对 CMS 的报价方式。可以证明，市场将普通互换利率加上利差作为价格。因而，

$$\mathrm{cms}_{t_i}^{10}=s_{t_0,t_i}^{5}+sp_{t_i}^{10,5} \tag{20.40}$$

和

$$\mathrm{cms}_{t_i}^{2}=s_{t_0,t_i}^{5}+sp_{t_0}^{2,5} \tag{20.41}$$

其中，s_{t_0,t_i}^{5} 表示在 t_i 时刻开始互换的情况下，在 t_0 时刻已知的 5 年期普通（远期）互换利率。$sp_{t_i}^{10,5}$ 表示 5 年到期的工具的 10 年期 CMS 利差。产品构建师接受这一价格。$sp_{t_i}^{2,5}$ 表示 5 年到期的工具的 2 年期 CMS 利差。产品构建师支付这个价格。注意，在 t_0 时刻，

① 我们明确地做出这一说明，是因为隐含地，交易者可以断定，所有 CMS 产品在不同曲线上不得不涉及 LIBOR 利率相关性。

两个利差对所有 t_i 都是已知的。

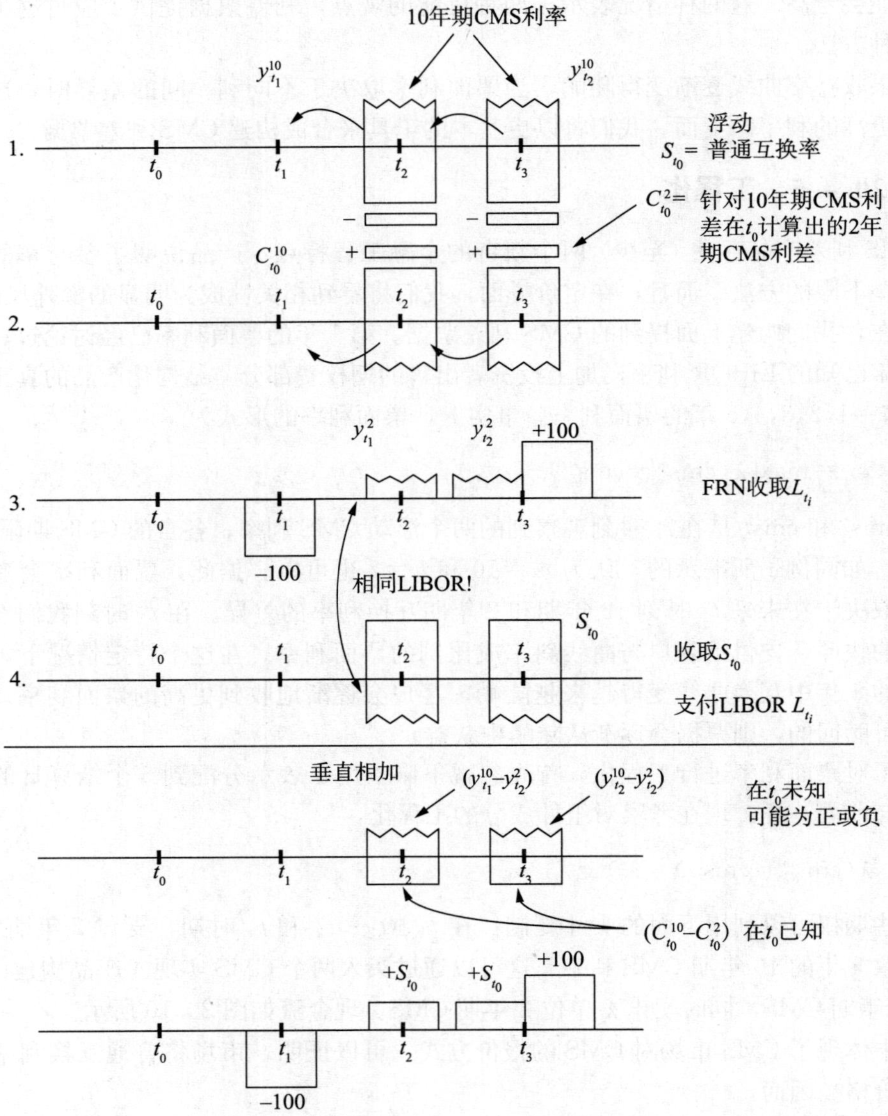

图 20.10　CMS 利差产品与两个 CMS

将这些成分加总，得出

$$
\begin{aligned}
c_{t_i} &= \max[\lambda(\text{cms}^{10}_{t_i} - \text{cms}^{2}_{t_i}) + \alpha_{t_i}, 0] \\
&= \max[\lambda((s^5_{t_0,t_i} + sp^{10,5}_{t_0}) - (s^5_{t_0,t_i} + sp^{2,5}_{t_0})) + \alpha_{t_i}, 0] \\
&= \max[\lambda(sp^{10,5}_{t_0} - sp^{2,5}_{t_i}) + \alpha_{t_0}, 0]
\end{aligned}
\tag{20.42}
$$

这就是票面利率。注意，在工程化这一点上，浮动利率下降，右侧唯一的未知项是参与率。接下来，我们阐明 λ 是如何确定的。

首先，记住本金 N 是从投资者那里收到的。这被存入存款账户中，并在未来支付

LIBOR 利率 L_{t_i}。在 t_0 时刻，交易者可以买入 5 年期互换，将这些浮动现金流转换成已知利率为$s_{t_0}^5$的互换利率现金流的剥离。这意味着，在每个 t_i，产品构建师将收到已知数量$s_{t_0}^5$。图 20.11 说明对应 5 年期产品简化的 2 年期版本。考察下面的等式

$$\lambda(sp_{t_0}^{10,5}-sp_{t_0}^{2,5})=s_{t_0}^5 \tag{20.43}$$

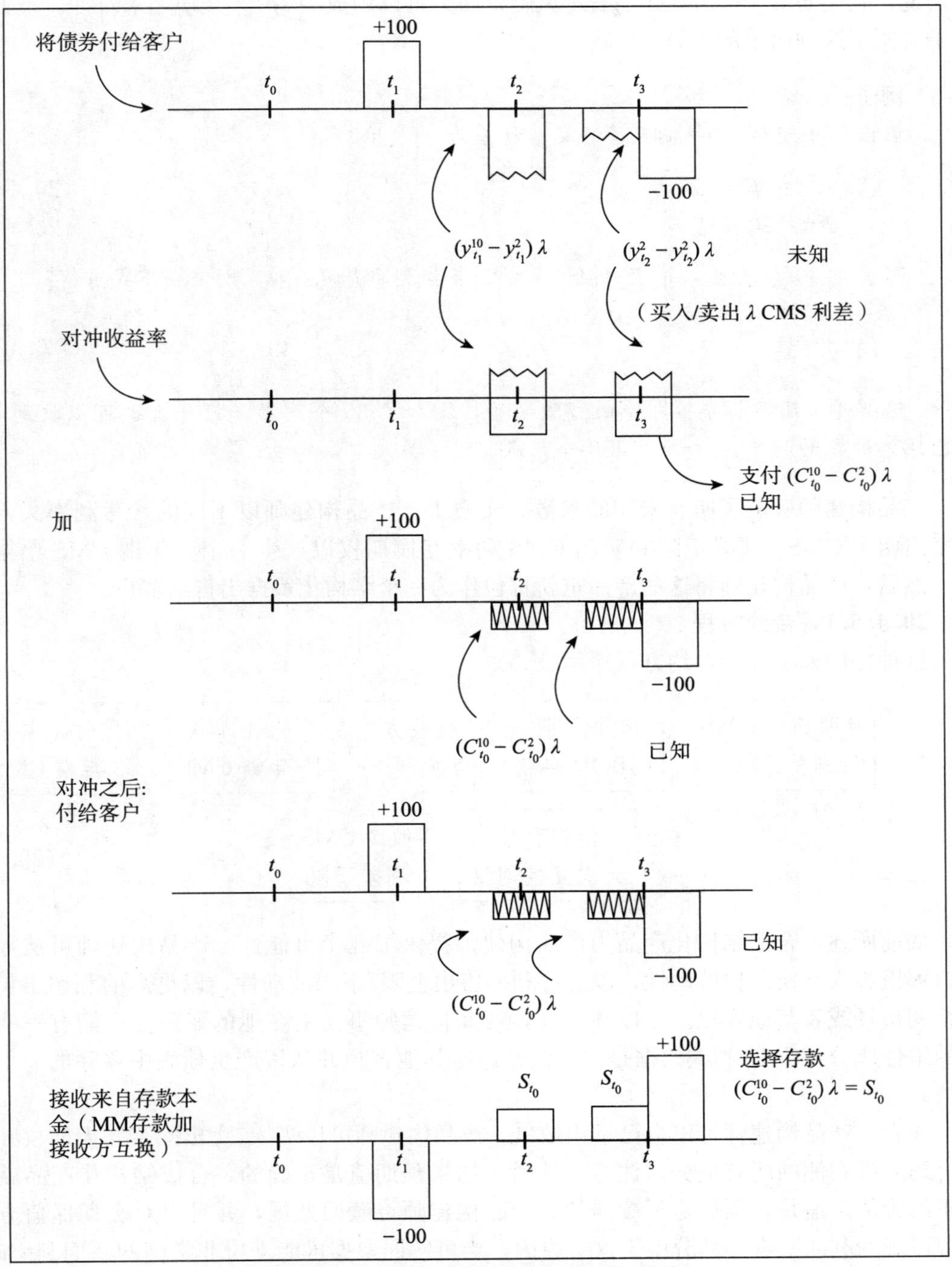

图 20.11　带有参与率的 CMS 利差产品

除了 λ 以外，这是所有量在 t_0 时刻都已知的等式。求解 λ，并代入初始票面利率，从而得到

$$c_{t_i}=\max[\lambda(\text{cms}_{t_i}^m-\text{cms}_{t_i}^h)+\alpha_{t_i},0] \tag{20.44}$$

在这个表达式中，未知的是 CMS 利率，这是客户假设的风险。然而，对于产品构建师来说，利差 $\text{cms}_{t_i}^m-\text{cms}_{t_i}^h$ 并不表示风险，因为可以用成本 $sp_{t_0}^{10,5}-sp_{t_0}^{2,5}$ 来对冲。下面的例子说明了这种简单的计算。

例子：

假设 2 年期和 10 年期互换的交易利差为

$$sp^{10,5}=50 \text{ 个基点} \tag{20.45}$$

$$sp^{2,5}=20 \text{ 个基点} \tag{20.46}$$

其差是 30 个基点。并且，假设 5 年期互换利率是 4.5%，则 λ 由下式可得

$$\frac{450}{30}=15 \tag{20.47}$$

这解释了高参与率。即使曲线陡峭了，增加了 30 个基点，投资者也可以收到超过 10%的票面利率：α_{t_i} 加上 450 个基点。

产品构建师确定了所有未知的参数。实质上，产品构建师以不同的参考利率买入并且卖出两个 CMS，买入上限并卖出 CMS 利率互换期权以产生一个 5 年期 CMS 票据合成。然后，产品构建师将这些产品重新打包作为一个结构化票据出售给客户。

20.4.5.1　合约方程

这种特性如下面的合约方程所示。

[可赎回的 CMS 利差票据] = [6 个月期 LIBOR 存款] + [接收方互换利率] + [买入 λ 单位 10 年期 CMS] + [支付 λ 单位 2 年期 CMS] + [做空百慕大式互换期权] + [做多 CMS 利差下限]　　(20.48)

如前所述，合成结构化产品为产品构建师提供了几个可能性。产品构建师可从零售客户那里买入互换期权波动性，以优势利率售出上限/下限波动性，以更高的利率出售给银行间市场或者其他客户。与以往一样，产品构建师事实上在他的账簿上可能有一些合成的组件成分，CMS 利差票据是将它们转递给其他客户并从资产负债表中移除的一个好办法。

或者，产品构建师可以自己承担敞口。产品构建师可以买入/卖出除了互换期权外的在合约方程右侧的所有成分。注意，然后，如果预期值是正确的，合成结构化产品就会有正的价值。但是，票据是可赎回的。产品构建师将赎回票据，并且以对套期保值方来说很可观的利润平仓。部分由于这一原因，当可赎回票据可能支付非常高的票面利率时，它们实际上是被赎回了。投资者基本上收到高的初始票面利率。

□ 20.4.6 一些其他结构化产品

结构化固定收益产品的一个特例叫作目标赎回票据（target redemption note, TARN）。这种证券直到达到目标水平时才提供票面利率总和。然后，票据提前终止。当利率低的时候，或者更准确地说，当它们走向更低时，TARN 非常受投资者青睐。TARN 的额外风险是终止期的不确定性。虽然这像可赎回票据，但还是有区别。终止条件在 TARN 中是明确说明的，可以使用 LIBOR 市场模型来容易地给它定价。另外，可赎回产品包括嵌入百慕大式期权互换，而决定期权什么时候被执行（也就是赎回）是更困难的。一些投资者可能更倾向于提前赎回 TARN 的更透明方式。像其他证券一样，金融工具是路径依赖的。

另一个例子是逆向浮动利率抵押债券（inverse floater）。作为这种结构化产品的典型，第一期票面利率是固定的。接下来的票面利率被设置为与 LIBOR 反向。当 LIBOR 利率下降时，票面利率自动提高。通常，这类票面利率是累加的。如果累计票面利率达到目标水平，则票据将被提前赎回。客户被支付票面价值。

我们也可以给出对资产负债管理有用的结构化产品的例子。考察触发互换（trigger swap），把 T 年的借入成本定价为比目前相对市场利率要低的水平。在这个意义上说，它是一个资产负债管理工具。我们讨论一个简单的变体。很容易使这个简单原型产品复杂化。诸如触发互换等产品归属于固定收益结构化产品的类别，虽然它们并不被出售给投资者。客户是企业，产品在管理资产和负债方面是有用的。然而，其主要思路是一样的。企业对收益率曲线的变化有预期，或者只是简单地希望降低套期保值成本，这等同于增加收益。

20.5 结论

我们以评价结构化产品建模来结束这一章。很明显，使用哪一个模型以及如何校准所选择模型是结构化产品交易的一个关键因素。产品构建师不能在批发市场上买入这些产品。产品需要在交易所中构建出来。这需要大量的定价和对冲实践活动，通常取决于交易者所研究的模型。

在权益结构化产品中，随机波动性模型的形式被认为是非常有效的，并得到广泛使用。对于包含某种波动性的远期 LIBOR 模型的固定收益形式，需要使用微笑工具。

阅读建议

对于 LIBOR 奇异产品可以参考 Piterbarg（2005）和 Andersen and Piterbarg（2010）。推荐 Wystub（2006）FX 结构化产品。对于新的权益结构化产品，Gatheral（2010）是必要的阅读材料。

习题

❖案例研究：反向可转换和波动性交易

这个案例研究显示了另一个波动性交易和反向可转换的例子。

1. 阅读下面的案例研究并回答以下问题。

a. 什么是反向可转换债券？你如何分解这个工具？企业财务主管如何使用反向可转换债券？

b. 市场专业人士如何使用反向可转换债券？为什么会出现“洪水”？

c. 什么是合成可转换债券？

d. 正文中提到的另一种解决方案是什么？此解决方案背后可能存在的风险有哪些？

e. 最后，监管机构。考虑法国监管机构和反向可转换债券的情况。为什么监管机构认为这些产品有问题？你认为这是合理的吗？简要讨论。

受欧洲持续高位股指波动水平和股市紧张的影响，上周反向可转换债券活动水平飙升至新高。权证专业人士强调了越来越多的银行涉及该业务和扩大发行货币的范围。

他们表示，这些因素是该产品在整个行业日益被接受的证据。自今年年初以来，整个欧洲的股票指数波动性一直处于高位20个百分点。

股票衍生品专业人士解释需求突然激增表示反向可转换债券是利用目前欧洲整体波动性较高的理想手段。

其他人则表示对该产品的兴趣在欧洲蔓延，而之前它仅限于瑞士和德国。一位德国银行衍生品官员兴奋地说：“洪水泛滥，遍地都是。”

反向可转换债券是具有嵌入式看跌期权的信用产品，并跟特定报价公司股票有关。债券的面值折价为期权溢价的对应价值。如果股票价格违反了某个最低值阈值，则债券投资者收到股票而不是现金支付。

信用里昂证券衍生品积极从事这类活动，构造了三笔交易。大众汽车被选为发行标的，支付10%的票面利率；意大利电信被选为发行参照股票，支付11%的票面利率；ABN AMRO是第三个参照标的。

如果最终日期的股票价格大于或等于初始价格的95%，则投资者收到100%的现金赎回。但是如果价格低于这个水平，那么投资者会收到一个实物。

（汤森路透，IFR，1998年6月）

2. 考察路透社或彭博社资讯上的互换与LIBOR曲线。

(a) 获得3个月期的折现和远期曲线。

(b) 获得2年期的远期曲线。

(c) 求出下列票据的组件成分：

期限：3年。

可赎回：每个票面利率支付日。

支付：按年支付。

票面利率：

第 1 年：R_1。

第 2 年：$\alpha_1\times$(2 年期 CMS)＋前面的票面利率。

第 3 年：$\alpha_2\times$(2 年期 CMS)＋前面的票面利率。

(d) 求出下面票据的组件成分：

期限：3 年。

可赎回：每个票面利率支付日。

支付：按年支付。

票面利率：

第 1 年：R_1。

第 2 年：$\alpha\times$[(3 年期 CMS)－(2 年期 CMS)]＋β_1。

第 3 年：$\alpha\times$[(3 年期 CMS)－(2 年期 CMS)]＋β_2。

求未知项 R_1，α，β_i。

(e) 在后一个例子中，什么时候 $\beta_1=\beta_2$？

3. 下面的内容是由某家银行构建的相当复杂的一种互换。出售此互换结构的目的是负债管理，同时涉及奇异期权（数字上限期权）和 CMS 的组件成分。

在 0 时刻，银行和客户协商同意在 5 年内每半年按如下规则交换现金流：

- 银行每半年支付名义本金的 6 个月期 LIBOR。这是普通互换。
- 客户根据下面的等式支付票面利率 c_t：

$$c_t=c_{1t}-c_{2t} \tag{20.49}$$

其中对于前两年

$$c_{1t}=\begin{cases}\text{LIBOR}+47\text{bp}\%, & \text{LIBOR}<4.85\% \\ 5.23\%, & 4.85\%<\text{LIBOR}<6.13\% \\ 2.98\%, & \text{LIBOR}>6.13\%\end{cases}$$

而后三年

$$c_{2t}=8\{\text{cms}(30Y)-(\text{cms}(10Y)+198\text{bp})\}$$

(a) 请尽可能将这个 LIBOR 奇异产品分类为普通产品。

(b) 投资者为什么需要这样的产品？他期望得到什么？

4. 阐明你怎样对下面的滚雪球票据进行工程化。

发行方：ABC 银行。

名义金额：1 000 万美元。

期限：10 年；本金：到期日担保。

票面利率：

第 1 年第 1 季度：9.00%。

第 2 季度：之前票面利率＋CMS 10 4.65%。

第 3 季度：之前票面利率＋CMS 10 4.85%。

第 4 季度：之前票面利率＋CMS 10 5.25%。

第 2 年第 1 季度：之前票面利率＋CMS 10 5.45%。

第 2 年第 2 季度至第 4 季度：之前票面利率＋CMS 10 5.65%。

第 3 年：之前票面利率＋CMS 10 5.75%。

第 4 年至第 10 年：之前票面利率。

票面利率最小是 0。

赎回：每次支付票面利率时。

(a) 投资者的目的是什么？

(b) 风险是什么？

(c) 现在忽略赎回条款，计算下面两个现实 LIBOR 利率情况下所支付的票面利率：

现实 1＝5.0,6.0,6.5,7.0,8.0,9.0,10.0

现实 2＝LIBOR 保持在 3.5

(d) 怎样利用互换描述这些票面利率的特征？这是一种什么类型的互换？

(e) 假设你有 8 个年度 FRA 报价，则怎样定价这些票面利率的支付？

(f) 怎样构建第 1 年的票面利率？

(g) 票面利率的下限是 0 吗？

(h) 写出刻画这种工具的合约方程。

5. 阐明你怎样对下面的 CMS 利差票据进行工程化。

发行方：ABC 银行。

名义金额：1 000 万美元。

期限：10 年。

本金：到期日担保。

票面利率：

第 1 年：11.5%。

第 2～10 年：16×(CMS 30－CMS 10)，最大 30%，最小 0。

赎回：可由发行方在每个票面利率支付日赎回。

(a) 投资者的目的是什么？

(b) 风险是什么？

第21章 证券化、ABS、CDO和信用结构化产品

21.1 引论

在这一章中，我们将介绍证券化，资产支持证券（ABS）和担保债务凭证（CDO）模型以及其他信用结构化产品。我们解释证券化的经济驱动因素、潜在的失衡利益以及证券化在累积达到全球金融危机前的作用。证券化和CDO市场近年来有所反弹，我们根据最近的监管发展过程给出这些市场的前景。本章还涉及信用指数在构建份额证券中的意义。

将一篮子信用风险工具分成不同份额，使得与信用相关的交易和定价成为可能。一旦我们了解了如何从份额产品中剥离出相关产品，就能对它进行定价，然后交易。在信用违约情况下，对这些问题进行讨论，正如我们在前几章中看到的，技术本身非常普遍，购买和销售相关性通常用于构建权益和基于外汇的结构化产品。然而，在这一章，我们将重点放在违约相关性上，并讨论利用包含iTraxx或者CDX指数的信用名称问题。

这一章还讨论最新的信用指数ABX和LCDX以及信用结构化产品。最后，我们讨论全球金融危机后的一种金融创新——或有可转换债券（contingent convertibles，CoCo）。我们阐述如何将前面几章的估价方法应用于CoCo的估值。

21.2 证券化金融工程

每一个商业公司或者金融机构都与“信用”相关联，更准确地说，是信用评级。如

果这个实体通过发行债务工具筹集资金，那么发行的债券通常与这家公司具有相同的信用评级。然而，一家公司也可以被看做具有不同信用评级的未来现金流的接收者。公司的价值和信用评级是这些未来现金流的函数。不是所有的应收账款都具有相同的信用评级。比如，一些现金流可能被有可疑信用记录的机构拖欠，而且在发生违约或者债务拖欠的时候，这些现金流很可能无法收回。另一些现金流，可能是信誉卓著公司的负债，可能有较小的违约概率，而且确实能以很大概率收到这些现金流。

债务发行将会基于这些信用的平均值，因为平均可回收现金流决定债券在到期日被偿还的概率。如果一家公司的应收账款大多数有着相对高的违约概率，这家公司可能在将来遭受困境，因此，可能在贷款上发生违约。或者，债券的信用价差会增加，同时投资者可能遭受盯市损失。所有这些可能性都在公司发行的债务上反映出来，并成为确定融资适当成本的因素。

另外，与其发行以未来将收到的平均现金流作担保的债券，公司不如发行以应收账款中高信用评级的部分作担保的特殊债券。很明显，这些应收账款有着相对低的违约概率，这也使该债券有着更低的违约概率。融资成本将会显著降低。如此一来，公司就将一部分未来收到的现金流证券化了。换句话说，证券化可以被看做是一种以高于公司评级的信用评级发行债券、筹集资金的方式。这也是一种重新打包不同现金流的方法。

这种金融工程的关键是什么呢？本质上说，为了得到一个理想的组合篮子，要分析不同的现金流，并做出恰当的选择。然后，这个组合篮子通过特定债券形式被出售给投资者。

然而，除了金融工程方面的问题，证券化包括（1）法律问题、（2）资产负债表的因素、（3）税收问题。证券化是一种融资操作方法。公司发行资产抵押证券而不是出售债券或保证银行的授信额度。证券化的抉择有助于公司与银行从不同的融资选项中做出决定。

□ 21.2.1 现金流的选择

考察图 21.1。在这里，我们证明银行预期有三个不同的（随机的）未来现金流。将要支付这些现金流的机构有着不同的信用评级。例如，第一系列的现金流信用评级是 BBB，可能代表信用卡支付。第三种可能代表过去抵押产生的随机现金流。可以说，相比无担保信用卡的及时支付，人们更关注抵押贷款的及时支付。信用卡违约比抵押贷款违约更加普遍，而且看似有道理。因而，抵押贷款产生的现金流会获得更高的信用评级，如图所示的 A 级。

现在，假定这家公司只收到这三种现金流，并假定是相似的负债，公司的平均信用评级可能是在 BBB+附近。这家公司发行的公司债券将同样会有 BBB+的信用利差。

考察对同样现金流打包的两种不同方法。如果这家公司“出售”现金流 3，并且仅用这种现金流为债券发行做担保，违约概率将会更低，而且能以一个更低的利率来融资。以现金流 1 和 2 支持的债券的信用评级低于基于现金流 3 的债券，但是取决于将不同现金流合并的多样化收益以及在第二种选择中提供更大的应收账款池的吸引力，公司可能合并现金流 1 和 2，而不是销售分别基于它们的债券。

证券化的早期例子可以追溯到 18 世纪，但第一个现代房屋抵押贷款支持证券

(MBS) 是由美国住房和城市发展部于 1970 年创建的。在 20 世纪 90 年代，银行进入更广泛的资产和更复杂结构的证券化领域。信用卡、抵押贷款、权益和汽车贷款被打包并出售给投资者。一个典型的策略是：(ⅰ) 从发起人那里购买贷款，(ⅱ) 在现金流稳定且信用质量确定的同时将其存入银行，(ⅲ) 在储存期间对冲信贷风险，以及 (ⅳ) 最终以 ABS 的形式向投资者出售贷款。

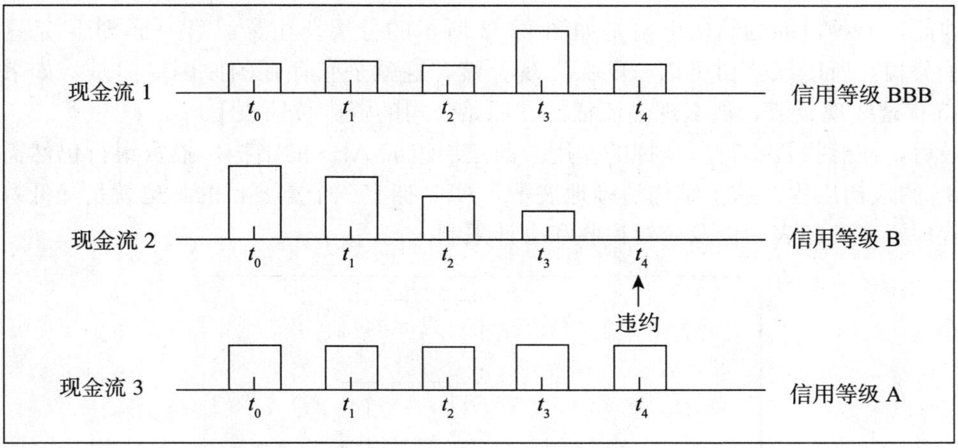

图 21.1　三个风险现金流的特征

□ 21.2.2　关键步骤：担保现金流

证券化的思路极其简单。不同于依据公司应收账款的平均质量来融资（这是在公司出售普通公司债券时的状况），这家公司决定依据应收账款中质量较高的部分来借入资金。万一发生违约，这些应收账款被回收（重获）的机会更大，因此这些融资的成本会更低。

可是，存在一个关键步骤。ABS 的买方如何确定用来担保证券的应收账款没有被公司用于其他目的，如果公司破产，这些应收账款依然会补偿他们的损失呢？

这个问题不是没有意义的。因为发行 ABS 之后，依然是原始的公司掌控新的应收账款的处理业务（比如，通过发行新的抵押债券）和这些现金流产生的现金的接收，然后将它们用于公司日常的管理。很明显，需要额外的机制来至少部分地确保现金流是为了防止违约发生的。

特殊目的载体（special-purpose vehicle，SPV）破产隔离就是一种在实践中经常被用来解决这种问题的机制。它的思路如下：(ⅰ) 发行公司成立一个 SPV，它通常是一个独立于母公司的控股公司，它唯一的目的是成为 ABS 的一个载体。(ⅱ) 采取措施使 SPV 破产隔离。也就是说，SPV 本身违约的概率是 0（因为它除了发行债券外不参与任何有意义的经济活动），并且如果原始公司破产，基本现金流将保留在 SPV 手中。(ⅲ) 发行公司起草所有必要文件，至少从法律角度看，可以保证现金流被出售给 SPV。这是法律上真正的出售。

这个思路是将现金流所有权转移，并保证它们尽量多地被包含在 ABS 下。① 事实上，一些有着不同目的的 SPV 可以分层，以确保 ABS 具有所必需的特征。

(1) 可能由于税收原因需要一种 SPV。

(2) 可能由于资产负债表原因而需要另一种 SPV。

(3) 可能为了遵守其他规则而需要其他种类的 SPV。

因此，一种可能的结构可以是如图 21.2 所示的分层。注意，第一个 SPV 是这家公司的子公司，所以该公司可以“购买”现金流，这就是它存在的原因。但是，如果这些 SPV 持有这些现金流，那么现金流依然在原始公司的资产负债表上。

最后，注意投资银行所发挥的作用。前三层组成 ABS 的结构，投资银行仍然需要处理 ABS 的最初出售。这个结构清晰地展示，ABS 拥有三个重要目的，也就是降低筹资成本、管理资产负债表，以及应对税收和会计限制。

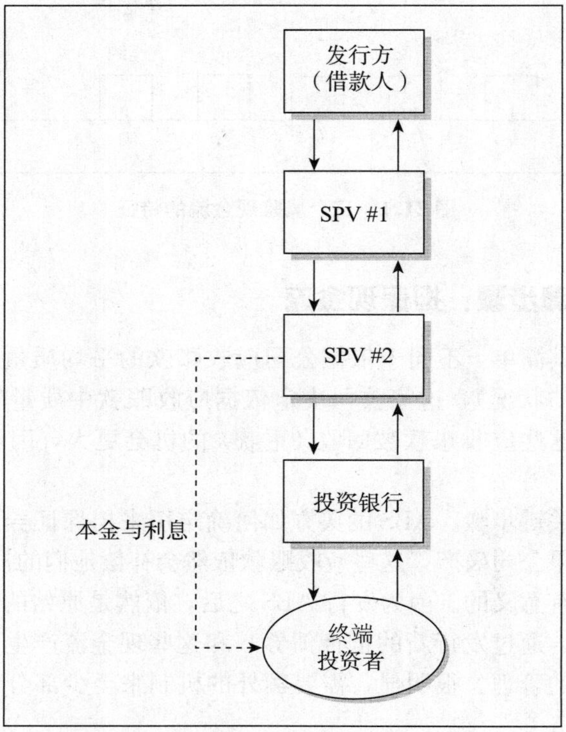

图 21.2 证券化的结构

□ 21.2.3 一些比较

证券化的第一个作用关注融资成本，这一点如同前面所讨论的。证券化是一种融资形式。但我们必须补充说明，它也是一种不受限制的融资形式，并且对于中小公司而言，

① 然而，这些 SPV 破产隔离的存在并不能百分之百地保证现金流可以使用。有时候破产是一个混乱的事件，涉及复杂的法律问题。

它是脱离资产负债表的流动性。最后，它是一种多样化的资金来源。通过这样的方式，它可以降低企业杠杆。证券化也意味着更少的公开信息披露。

证券化既不是有担保的公司筹资，也不是资产出售。它是一个混合品，是一种结合，该结合包含了已经存在且被普遍接受的法律、规定、税收以及会计概念。

21.2.3.1 贷款出售

我们也应该将整体贷款出售与证券化相比较。证券化是基于服务保留，而贷款出售是基于服务释放。贷款的买方可能想要亲自为贷款服务。另一点是信用以及预付风险的保留。在贷款出售中，100%的风险都被转移。在证券化当中，一部分风险可能被保留。一个贷款出售常常以溢价完成，然而证券化发行常常接近平价。

此外，还存在时机问题。在证券化中，从资产中获得的现金流通常用于短期投资，然后被转移给债券持有人。因而，投资者在服务者之后收到支付。最后，证券化有时采用信用增级措施，这使该证券更具流动性。

21.2.3.2 担保贷款

除了有一个重要的区别外，证券化与担保融资是相似的。在 ABS 中，发行公司对它的 ABS 不承担责任，就好像这家公司并没有真正“借入”这笔资金。需要设立一个独立的法人实体来完成筹资。之所以创建证券化，目的是使该实体成为该资产法律上的所有人。如果公司违约，现金将不属于这家公司，而属于 SPV。如此一来，债券的持有人在证券化情况下具有所有者权利，然而在担保贷款情况下，他们只具有证券权利。

21.3 ABS 和 CDO

本章介绍与 ABS 和证券化相关的金融工程应用。事实证明，证券化和构建混合资产是具有不同目的的相似过程。从发行人的角度来看，证券化是资产负债表问题的解决方案，它有助于降低融资成本。从投资者的角度来看，证券化使以前不能获得支付的投资者得到支付，并提供更好的多元化机会。另外，混合资产可被视为复杂的现成的投资组合。

金融工程师需要知道如何构建 ABS。事实上，工程化就隐含在这个资产类别当中。定价和风险管理的其余任务很简单。对于混合资产，可以采用类似的做法。

这本书没有涉及关于 ABS 和 CDO 的技术问题。然而，信用指数应放置于这样的情境里，以便与 ABS 和 CDO 进行比较。这也是介绍 ABS 和 CDS 类型证券的基本概念及区别的很好机会。CDO 是一种证券，其价值由一组标的固定收益资产支持或抵押。CDO 支付的收益是由这些资产池的业绩收益来决定的。

可以想象，存在三种不同类型的违约证券。第一类是可违约的债券。除了美国国库券，所有现存的债券都存在违约性，并可归入这一类。第二类是指可被定义为“贷款”的类型。贷款有几种类型，但就我们的目的而言，只考察公司的有保证贷款。第三类是家庭贷款，其中最重要的是抵押贷款。

ABS 可利用其他资产例如贷款、债券或抵押贷款来定义，或者更普遍的是，可利用各种各样的资产如信用卡或者学生或权益贷款所产生的现金流来定义。在这一节，我们将考察第一种情况。图 21.3 展示了我们构建一种 ABS 的方法。一篮子债务证券被分成具有不同评级的子类别，然后各子类别被放置于各种不同类别的 ABS 的“后面”。这意味着初始债务工具的任何现金流或相应的差额都会传递到购买特定级别 ABS 的投资者那里。相反，如果发生违约，投资者收到比较低的票面利率，甚至可能损失本金。注意，根据图 21.3，ABS 的分类具有不同的评级，因为它们是由不同的债务工具支持的。通常，在 ABS 中，信用池是由信用卡、汽车贷款、家庭权益贷款和其他类似的有关消费借款组成的。当标的工具是抵押贷款时，ABS 被称为 MBS。在任何情况下，ABS 的评级都是由支持它的贷款的评级来决定的。①

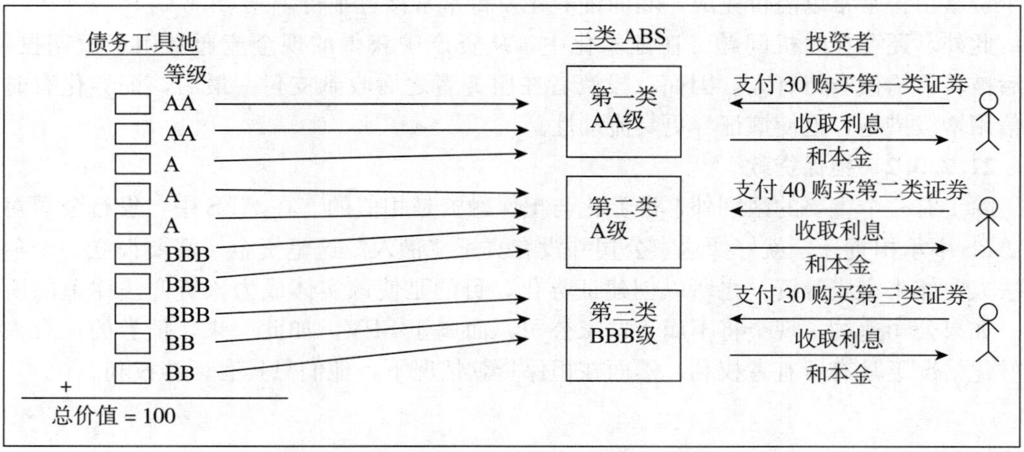

图 21.3　ABS 结构

图 21.4 表示“现金”CDO，也称为有资金支持的 CDO。再次，可以选择信用工具池。但是，它们是以截然不同的方式进行分类。被称为份额的 CDO 类别不是按照标的证券进行分类，而是按照它们的风险。实际上，所有的 CDO 份额都是由同一个证券池支持

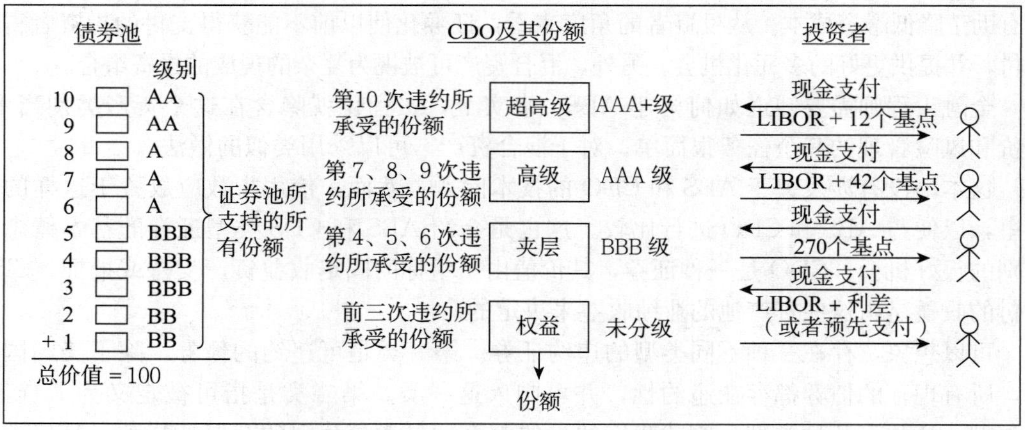

图 21.4　现金 CDO

---

①　存在其他用于定义 ABS 类别的一些方法。

的。区别份额的是违约风险的附属物。ABS自身就可对证券加以分类。在违约期间，CDO对支付优先性加以分类。首先，极少违约的构成第一个份额，然后如果违约继续，则下一个份额将承受，等等。

□ 21.3.1 份额和一些证券化历史

在20世纪90年代，以ABS开始的证券化过程被扩展到CDO、担保贷款凭证（CLO）及其变体上。在将债券、抵押贷款、贷款和ABS打包到CDO型工具中时，银行经历了下面的实践。银行决定保留第一个损失部分，即所谓的权益份额。例如，银行承担了CDO到期时违约的第一部分，即违约的3%。这引入了对所售证券的一些附属性。接下来的份额是夹层份额*，该份额承担了标的投资组合违约的3%～6%的违约风险。这比权益份额的风险要小，债券可以被评为BBB级。受法律限制不能投资投机级证券的机构投资者可以购买夹层份额，并间接购买标的贷款，即使标的债务是投机性等级。考察下面的说明性例子。如果100个债券全部评级B。这是一个相当投机的评级，许多机构在法律上不得持有这种债券。然而，假设我们将前10%的违约风险出售给一些对冲基金，届时其余债券的违约风险实际上可能变为A。机构投资者可以购买此风险。因此，信用增强可以销售原本很有风险的证券。

然后，被称为高级和超高级的非常高质量的份额也留在银行的账簿上，因为它们的隐含回报对于许多投资者来说太小。因此，银行发现自己做多权益份额，并且做多高级和超高级份额。它们做空得到良好的回报并被评为投资级（IG）的夹层份额。事实证明，正如我们将在本章中看到的，权益份额价值受到违约相关性的正向影响，而超级份额价值受到负向影响。这些头寸的总和形成了银行的相关性账簿。因此，银行必须学习相关性交易、对冲和定价。

正如下面所讨论的那样，定制份额后来逐渐演变为信用指数的标准份额。权益份额是第一部分损失。权益份额的保护卖方承担标准份额违约的前0～3%的风险。夹层份额承担第二高风险。按照惯例，份额的保护卖方负责3%～6%的违约。6%～9%的份额被称为高级夹层。高级和超高级iTraxx份额分别承担名称9%～12%和12%～22%的违约风险。在本章中，我们将研究这些份额的定价和工程化。

如果违约风险来自债券池，则CDO称为担保债务凭证（CBO）。如果标的证券是贷款，则称为担保贷款凭证（CLO）。CDO这个术语更为普遍，它所表示的证券可能是所有这些类别的混合体。实际上，这些标的证券可能包括MBS或者其他ABS。在全球金融危机之前，甚至其他CDO的份额有时也被包括在CDO当中。

□ 21.3.2 ABS和CDO的比较

投资者以现金支付100购买ABS和CDO的结构如图21.3和图21.4所示。通过购买ABS或者CDO，在某种意义上说，投资者正在购买标的证券作为池。对标的池可以做一些安排，以便投资者可以从不同评级的各类别ABS中进行选择。在CDO中，利率和本金支付的优先性决定了份额的评级。因而，ABS的不同分类（至少如这里所定义的）

---

* 夹层份额（mezzanine tranche）又称中间层份额或中间份额夹层。——译者注

表示按照它们的信用评级进行分组的不同的标的资产，而CDO的份额实际上由相同的标的资产支持，然而在出现连续不断的违约时，标的资产将受到怎样迅速的打击决定不同的评级。图21.4显示了CDO中的现金流在各级之间有层叠效应。因此这种模式通常被称为现金流瀑布（cash flow waterfall）。

21.3.2.1　信用指数

市场倾向于通过标准化与透明的信用指数来交易信用风险。我们在第18章已经讨论过单一名称CDS的2009标准。信用指数是流动性基准，它建立在参考名称组合或单一名称CDS合约的基础上。然后，借助于将组合分割成多种能承受不同风险的和具有不同回报特征的标准份额，对相应的违约风险重新打包。①

指数允许投资者在广阔的公司信用市场上以单个交易建立头寸，同时为机构投资者提供流动性对冲工具，以此对冲其复杂的信用敞口。在投资级别的公司信用名称方面，世界上存在两种主要的CDS指数类型：CDX与iTraxx。在这一章的讨论中，我们主要关注iTraxx指数。

信用指数由Markit的子公司国际指数公司（International Index Company，IIC）在进行交易商流动性调查后创建。做市商向国际指数公司提交一份基于下列原则的名称列表。

（1）在欧洲成立的实体，在过去6个月里经过测量，必须具有最高的CDS交易量。那些在同一股票代码下，但在CDS市场上分别交易的实体，其在各自代码下已交易的交易量被加总为一个总量。代码中流动性最大的实体有资格成为指数成员。

（2）指数的实体列表依据交易量排序。国际指数公司剔除那些评级在BBB－（依据标准普尔）以下的和那些前景不好的实体。

（3）最后的组合是利用125个名称建立的。按照下面的分类进行组合：10家汽车公司、30家消费公司、20家能源公司、20家工业公司、20家科技/媒体/电信公司、25家金融公司。每一家公司在总指数和子指数中的权重是相等的。②

市场最倾向于交易次级投资级别指数，在欧洲称为iTraxx Crossover（XO），在美国称为CDX高收益（High Yield，HY）。这些指数构成交易的绝大部分，它们包含较少的名称，同时利差是非常高的。③

21.3.2.2　合成CDO

信用指数及相关份额是CDO的合成版本。标的资产与参考组合公司的债券有关，但不可以购买债券。因此，它们是没有资金支持的。因而，就指数和大多数份额而言，没有初始的现金支付或相关的收入。④ 尽管现金CDO支付LIBOR加上某个利差，合成（没

① 客户定制份额是一种著名的定制份额（bespoke tranche）。注意，试图对冲一篮子贷款的银行或公司通常需要或出售定制份额。

② 2014年7月24日，Markit宣布，到2015年3月，iTraxx欧洲指数将从125个名称扩展到130个名称。

③ 关于指数方面的更多信息，读者应访问网址：www.markit.com。markit实际上属于汇集和处理指数报价的公司。

④ 只有风险最大的份额是预先支付交易的。许多CDS不需要预先支付费用。

有资金支持）的 CDO 只支付利差，因为它不包括初始现金支付。在这个意义上说，指数（没有资金支持的 CDO）与有资金支持的 CDO 之间的关系，类似于现金债券与关于那个名称的 CDS 之间的关系。

图 21.5 表明了指数如何被解释成合成的没有资金支持的 CDO。在图 21.5 中，对份额进行选择，以便它们与标准的 iTraxx 份额相一致。合成 CDO 在全球金融危机之前很流行，因为它们比传统的 CDO 更便宜，更容易构建，我们看到这些 CDO 大多是由抵押贷款构建的。以下例子说明了 CDS 和 CDO 市场的最新发展。

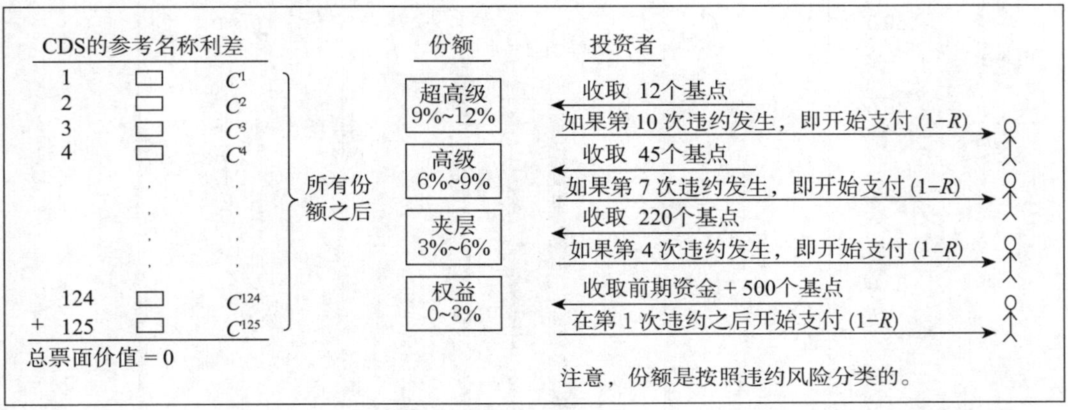

图 21.5　信用指数与隐含合成的 CDO

例子：

开始于 2007 年 12 月的全球金融危机导致经济衰退，它于 2009 年 6 月结束。根据标准普尔，经济衰退后的违约率于 2010 年达到顶峰，随后在 2012 年跌至历史低点。由于违约率下降，对冲违约风险的需求下降，单一名称 CDS 数量下降。根据国际清算银行的数据，截至 2012 年底，单一名称 CDS 的名义金额为 14.3 万亿美元，与 2008 年上半年的 33.3 万亿美元的高点相比下降了 57%。重要的是要牢记，这部分下降可归因于投资者压缩或清算其互换投资组合，但这并不能解释大部分下跌。

单一名称 CDS 市场的萎缩可能受到一些监管机构和政治人士的欢迎，但这也意味着银行和其他市场参与者可用的对冲工具较少。从图 21.5 可以清楚地看到，构建合成 CDO 有助于全球金融危机之前单一名称 CDS 市场的增长，因为 CDO 在动荡中出售信用保护。CDS 保护的需求源于使用互换抵消贷款风险的银行。与此同时，对冲基金是活跃的市场参与者和“相关性交易者”，因为它们对 CDS 或不同 CDO 份额的价格差异进行套利。合成 CDO 市场正在缓慢复苏，如图 21.6 所示，但在新的更严格的资本规则下，银行从 CDS 对冲贷款中获得的收益在减少。现在还有许多其他相关性交易者从事管理传统合成 CDO。相关性交易者是单一名称 CDS 最活跃的用户，随着相关性交易流动性的下降，单一名称 CDS 市场的流动性也相应萎缩。抑制单一名称 CDS 交易活动的另一个因素是，欧盟 2012 年决定禁止购买无实体主权 CDS 保护。交易活跃的一个领域是指数 CDS 领域，因为一些市场参与者将 CDS 用于交易和对冲的目的。指数 CDS 被用来对冲宏观经济的不确定性，以及不完美对冲公司特定的信用风险。

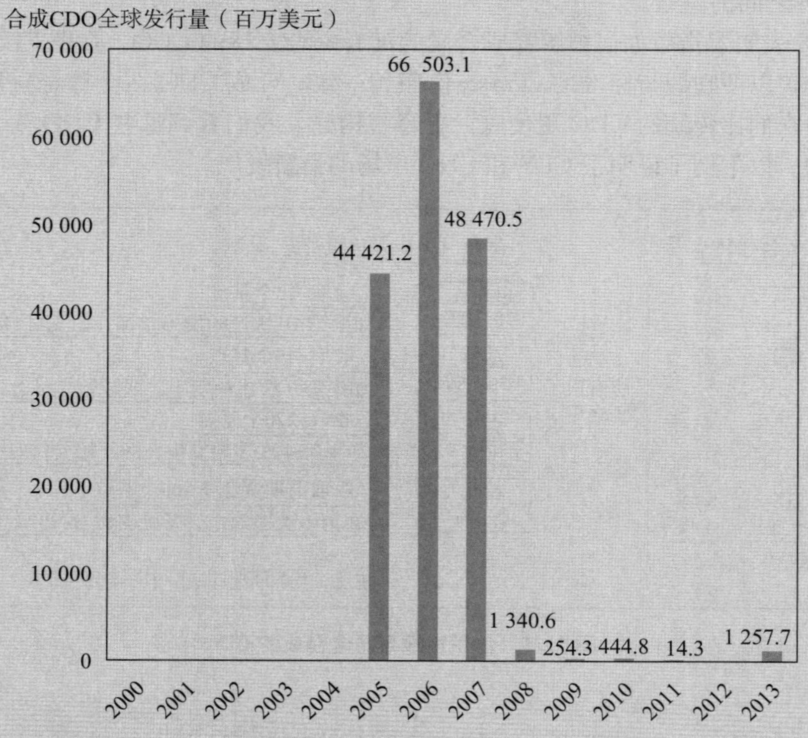

图 21.6　合成 CDO 全球发行量

资料来源：证券业与金融市场协会。

如上例所示，单一名称 CDS 和合成 CDO 市场与全球金融危机前的水平相比有所缩水，但产品仍在继续交易。图 21.6 显示，合成 CDO 全球发行量在 2013 年略有回升，但仍低于全球金融危机之前年度发行水平的 2%。有理由相信，证券化和 CDO 市场将继续存在。原因在于，通过监管机构对这些市场在全球金融危机中的作用进行关键评估之后，各国政府认识到证券化和 CDO 在向经济提供资金方面发挥着重要作用。随着更严格的监管和资本要求，银行减少贷款，证券化可能成为增加公司贷款和刺激经济的途径之一。上面的阅读材料也强调了基于 CDO 的相关性交易的作用，我们将在下一章进一步详细介绍。

21.4　信用指数的建立

我们在第 18 章中看到，单一名称 CDS 是一种合约，用于防止单个发行人或参考名称方的违约事件。如果没有违约事件发生，保护卖方支付为零并收取一个固定的费用。CDS 溢价是 cds_{t_0}。如果发生违约事件，则保护卖方支付标的发行额的承诺价值（面值）

(100) 与违约债券的市场价值之间的差额。回收率用 R 表示。考察图 21.7 中的单一名称 CDS。为了简单起见，假定到期日 T 为 1 年，名义金额 N 是 100。在发生违约的情况下，保护卖方的净支付是 $(1-R)100$。

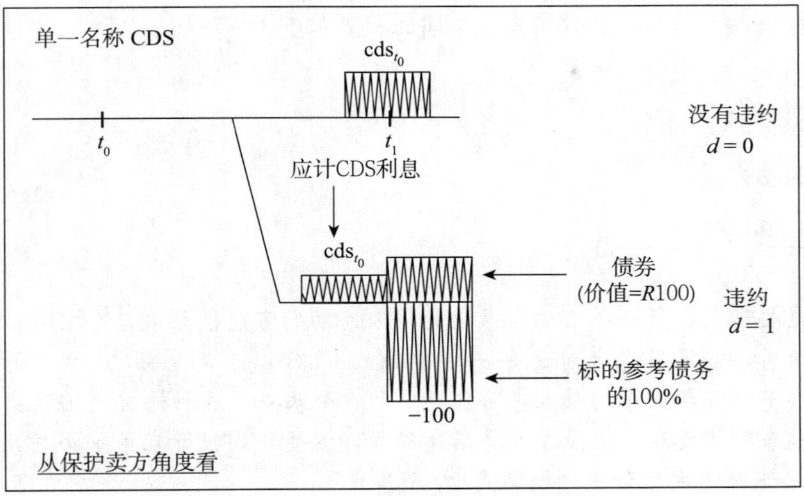

图 21.7　单一名称 CDS

信用指数是通过选取 n 个这样的参考实体（用 $j=1,\cdots,n$ 标示）获得的。这个池称为参考组合。在 t 时刻，相关的 CDS 利率用 $\{cds_t^j\}$ 表示，假设这个利率是无套利的。可交易的 CDS 指数可通过将这些名称放在一个单独合约中形成，其中如果 N 美元保险是以这个指数出售的，则相应每个名称的保险出售额是 $\frac{1}{n}N$。

设 I_t 表示预先选取的 n 个名称的信用指数的利差。于是，"指数"作为独立证券进行交易而不是标的单一名称 CDS。它应该被认为是具有已知到期日、票面利率以及标准化说明的独立证券。交易指数等价于以相等权重买入或卖出参考组合名称的保护。[①] 这个组合的利差，也就是 I_t，独立于标的 CDS 而报价。[②]

在开始时，人们可能认为，I_t（大约）等于标的 CDS 的简单平均。可以证明，当所有 CDS 利率及它们的波动性都相同时，并不是这样，除特别情况之外。一般来说，我们有

$$I_t \leqslant \frac{1}{n}\sum_{j=1} cds_t^j \tag{21.1}$$

实际上，为什么所交易的信用指数在交易时好像所有的信用都具有相等的权重呢？一种更合理的看法是，参考组合的定价是利用它们的生存概率以及相应的 CDS 利率水平

① 交易 21 系列 iTraxx 欧洲指数需要预付 100 个基点的固定票面利率。该系列的 5 年期版本于 2014 年发行，2019 年到期。该系列头寸相当于买入或卖出一种定期支付 5 年期固定票面利率、按季度结算的证券。当违约发生时，保护卖方补偿保护买方的数额为 $\frac{1}{n}N$，$n=125$。

② 实际指数交易略为不同于标的 CDS。例如，单一名称 CDS 以第一个短期票面利率交易，而指数是按应计利息来交易的。在回收、重构、结算和其他方面还有一些差别，其中一个是指数中的不变合约利差（票面利率）。可参看 www.markit.com。

对标的名称进行加权。换句话说，尽管指数的构成是等权重的，但指数利差是DV01权重的。

例子：

指数包括两个名称，在信用危机期间的利差如下：

$$cds^1=20\text{ 个基点} \tag{21.2}$$

$$cds^2=4\ 500\text{ 个基点} \tag{21.3}$$

平均利差为：

$$\frac{4\ 500+20}{2}=2\ 260 \tag{21.4}$$

根据这些利差，第一个名称在很近的将来违约的可能性与第二个名称相比要小得多。这意味着，如果投资者对于每一个单独的CDS以名义金额 $N=50$ 美元出售保护，则在接下来5年中平均收入不可能是2 260个基点。这种情况是因为第二个名称的违约看起来即将发生。假设在交易后违约立即发生，则投资在第一个信用上剩下的50美元在接下来5年中的平均收益是20个基点。

另外，如果指数以2 260个基点交易，则指数保护卖方会继续收到剩下的50美元的利差。

据此，如果后者更加分散，则指数利差会偏离标的CDS利差的简单平均更多。这是由于前面提到的DV01权重。

因而，信用指数本质上不同于广为人知的股票指数，例如S&P500或道琼斯指数。后者被设计成等于标的股票价格的平均值，否则就会有（指数）套利机会。在信用领域，这种差异远不等于零。如果它偏离计算的合理价值，那么交易者就会交易这种差异。

出于介绍的目的，这里讨论继续利用iTraxx投资级别（IG）指数，并将该指数用 I_t 表示。有关指数的最新历史的某些信息放在本章结尾的附录中。下一个例子有助于理解这类指数的现金流结构。

例子：

假设 $n=3$。标的名称是A、B和C。我们考察一年期的在年末后置支付的指数。

假设 $N=3$ 被投资于这个指数。假定所有名称都是等权重的，同时所有的违约概率 p^i 都是一样的。这使得头寸与投资1美元于由三个单一名称CDS所组成的参考组合中的每个名称是相似的。然而，如同前面提到的，组合的利差作为一个整体可能极大地偏离了三个独立的单一名称CDS的平均值。

实质上，在年末存在4种可能性或情景。在 t_1 时刻，可能没有违约，可能有1个违约、2个违约，或3个都违约。其结构如图21.8所示。

另外，如果头寸的期限超过1年，那么违约可能性在第2年就变得更加复杂。这在本章后面将讨论到。

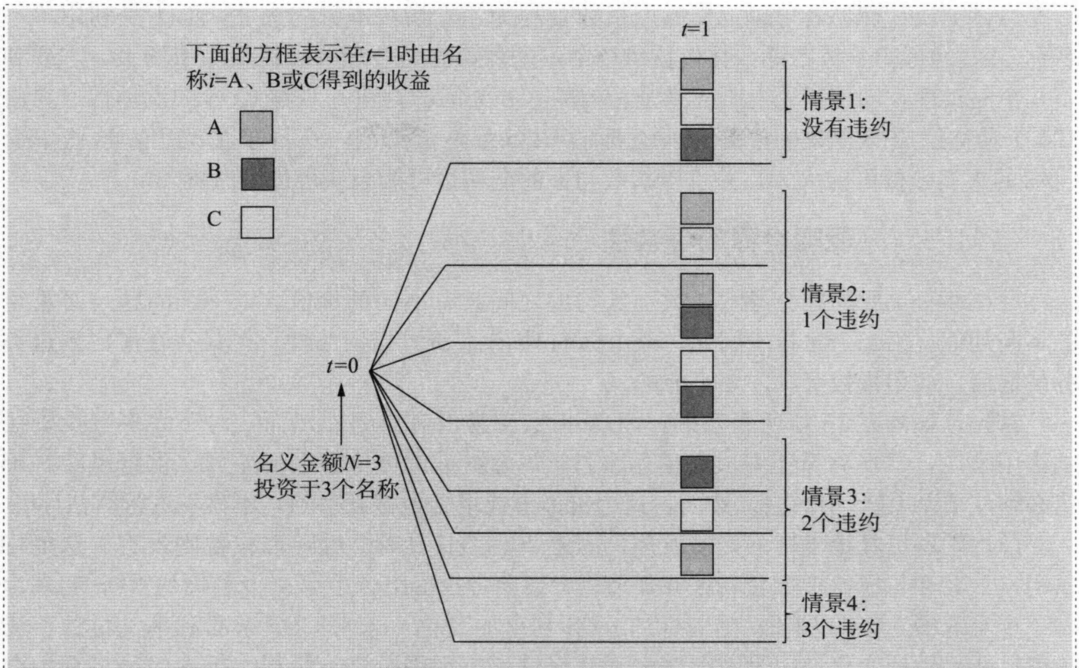

图 21.8　有三个名称的指数

当属于标的参考名称的实体发生违约时，会出现什么情况？考察 $n=125$ 个名称的 iTraxx 指数的情况。这个违约的产生过程与单一名称 CDS 是一样的。保护卖方支付给保护买方的补偿额为$\frac{1}{125}N$。作为回报，保护买方交付同样面值的可交割债券。

在信用指数情况下，违约后交易会继续进行，即使名义金额减少了$\frac{1}{n}N$。于是，指数有 $n-1$ 个名称，以其为标的的合约也会继续存在，名义金额变为：

$$N-\frac{1}{n}N=\frac{n-1}{n}N \tag{21.5}$$

进一步的违约会以相似方式减少这个名义金额。

21.5　指数套利

指数套利在股票市场上很著名。股票指数由给定的已知数量的股票组成。指数本身可以在期货市场上交易。持有策略的应用如下：通过买入（做空）标的股票，交易者可以通过构建合成期货合约来建立股票指数的套期保值头寸。[①]

① 特别地，如果指数相对于参考组合太高，可通过卖出指数买入标的股票持有至到期日来进行对冲，反之亦然。

通过类比，交易者可以定义信用指数套利为建立指数本身的头寸，而不是利用单一名称 CDS 的标的参考名称。在权益市场中，这种策略是合理的。在信用市场上，它遇到了几个复杂性，即使理论上听起来是相似的。一个问题是单一名称 CDS 的流动性。在由 125 个名称组成的指数中，并非所有标的 CDS 都是流动的。在许多情况下，这些单个 CDS 的买卖差价可能太大，并且以指数与标的交易很可能会变得过于昂贵。

□ 21.5.1　现实世界的复杂性

存在两个主要问题会导致指数与其构成之间具有不同的价值。第一个问题是对重组的不同处理。第二个是技术问题，经由标的 CDS 来研究指数凸性。但只有在考虑到这类分歧之后，信用指数套利才是可能的。

首先，如同第 18 章所提及的，CDX 指数交易没有重组。然而，对于大多数投资级别信用来说，CDS 将重组看成是信用事件。[①] 为纠正这种价值上的差异，重组风险的价值必须从单个 CDS 中减去。然而，这个价值不能单独地被观察到，不得不进行“估计”。

凸性问题更具技术性。如前所述，固定收益工具具有凸性，而权益则没有。这也将信用指数套利与权益指数套利区分开来。考察参考投资组合中第 j 个名称的 CDS 利率为 cds_t^j 个基点的 5 年期 CDS。随着标的 CDS 利率的变化，未来 CDS 票面利率支付的市场价值将非线性地变化，因为固定票面利率将使用折现因子进行折现，折现因子将是生存概率的函数。[②] 据此，CDS 的价值将是 cds_t^j 的非线性的函数，即 CDS 利率，这会导致凸性增益。

另外，信用指数的投资者收到单一票面利率。这个现金流的凸性将不同于标的 CDS 组合的凸性，这是因为平均数的凸性与凸性的简单平均是不同的。为了得到指数的公允价值，凸性和重组的效应应该被明确列示出来。

□ 21.5.2　信用偏度交易

我们之前看到，自从全球金融危机以来，单一名称 CDS 交易的交易量有所下降。下述材料说明了与银行资本要求相关的监管、指数套利活动以及单一名称 CDS 市场流动性之间的相互作用。继全球金融危机对银行的资本要求增加后，这增加了某些行业的融资成本。在信用市场中，指数偏度是指该指数的公允价值或市场价值与其理论值的比较。偏度（skew）是利用所有标的信用名称的指数的价值与指数实际交易价值之差。一般而言，正的偏度意味着偏度比其公允价值交易更宽。

例子：

信用指数套利交易受到威胁

交易商希望在杠杆规则推行之前出售遗留账户。

交易商担心信用指数套利活动可能会因即将实施的银行杠杆率限制措施而大量消失，进而单一名称 CDS 市场的流动性会干涸，并惩罚拥有大量遗留账户的银行。

---

① 重组事件可能激发与单一名称 CDS 信用名称相关联的支付。然而，这不会影响相应的指数。

② 请记住，违约事件意味着保护卖方所预期的票面利率支付会停止。因此，CDS 现金流的特点随着违约事件而变化，折现时应该考虑这一点。

利用CDS指数与其标的单一名称组成部分之间的差价套利——通常被称为“偏度”——是做市商和对冲基金最喜欢的交易。

但是根据拟议中的杠杆率规则，这项活动具有极大的惩罚性。交易员只有在与同一交易对手执行时精确匹配多头和空头头寸，或者面对清算机构时，才能净赚多头和空头头寸，这有效地排除了偏度交易。“偏度对银行来说是一个大问题，对于流动性来说也可能是一个大问题，投资级别CDS大约三分之一的流动性来自偏度交易，基金质疑没有偏度交易后的单一名称CDS的流动性的来源。”一家大型银行的欧洲信贷交易负责人表示。

单一名称CDS往往会滞后于指数的信用利差走势，这是投资者对冲宏观风险的第一个停靠点。通过将iTraxx Main中所有单一名称CDS成分与指数本身进行排列，交易者可以挑出一些基点来消除差异。

这是一个复杂的对冲基金的定期交易，但交易商提供一篮子偏差以及保持自己的账户作为交易头寸，同时也为市场提供流动性。自从全球金融危机以来，单一名称CDS的流动性已经在减少，这种类型的活动已经越来越难以实现。现在，通常有必要在一系列产品中包含多个交易商，以便交易者将iTraxx指数中所有125个单一名称CDS按足够规模排列，因为银行的资产负债表承受着越来越大的压力。

遗留问题

许多交易商在其资产负债表上有大量遗留偏度账户，看起来这些账户会受到杠杆率的影响。目前的提案侧重于总的名义衍生品风险敞口，并对收益下降头寸设置了严格的规定。即使一个偏度系列产品是市场风险中性的——购买单一名称与卖出指数——这样的头寸也不会获益。

[汤森路透，IFR，2014年1月10日，由克里斯托弗·惠托尔（Christopher Whittall）撰写的《信用指数套利交易受到威胁》]

上面的阅读材料说明了单一名称CDS流动性的指数套利或偏度交易的重要性。单一名称CDS的流动性不仅受到与CDS市场有关的监管和资本需求的驱动，而且也受到CDO和证券化产品的影响。这个例子说明了监管在应用金融工程学原理和现实套利策略中的重要作用。

21.6 份额：标准和定制

指数的受欢迎在很大程度上是由于标准指数份额的存在，这允许在不同水平子类上交易信用风险。目前，违约相关性只能够利用指数份额交易。指数本身被用于对冲份额的敏感性以改变违约概率。① 在下一章，我们将讨论定价违约相关性的正式内容。在这一节，我们介绍标准指数份额，然后介绍它们与违约相关性的关系。

① 因此，相关性交易越普遍，指数的流动性就会越高。

权益份额是第一个损失部分。按照惯例，权益份额承受最高违约风险。[①] 标准权益份额的保护卖方承受参考组合第一次违约 0～3%的风险。权益份额利差是以两部分来报价的。第一部分是由做市商报价，是预先支付的。这一部分由投资者来“保管”。第二部分是 500 个基点运营费用，其支付取决于相关事件之间的时间长短。[②]

夹层份额承受第二高的风险。按照惯例，份额的保护卖方承担违约责任的 3%～6%。[③] 这个份额也以 500 个基点的利差预先支付。高级和超高级 iTraxx 份额各自承担公司违约风险的 6%～9%和 9%～12%。6%～9%份额也有 300 个基点的固定利差。

像 0～3%这样的数字被称为较低或较高附着点。上面介绍的都是标准份额的附着点。如果附着点与上述数字不同，并且是与做市商单独协商的，则它们就成为定制份额。[④] 当然，定制份额不会跟标准份额有同样的流动性。

份额的值取决于两个重要因素：第一个是违约平均概率变化的风险；第二个是违约相关性的变化。这是复杂和重要的观点，导致众所周知的相关性交易市场的形成。可以证明，从典型的银行角度来看，导致破产的最大风险之一是它的客户同时违约。银行通常为“预期”违约作打算。这是业务内容的一部分。如果个别违约现在发生，则不会非常有害。然而，借款者的共同违约可能是致命的。因此，对于银行部门来说，违约相关性是很重要的。尽管大多数金融危机的特点是，对大多数参与者来说，与风险资产下行相关联的相关性出乎意料地增加，但 ABS 和 CDO 中许多标的的相关性空前增加，导致该部门在全球金融危机期间的损失过大。投资者和构建师没有考察历史上没经历过的相关性的情景。

实际上，信用指数的参考名称受经济领域中同样的宏观经济和金融条件的影响，因此非常有可能存在相当高的相关性，相关性水平的变化取决于当时的条件。在信用条件没有危险和流动性充足的环境中，违约相关性可能是比较低的，任何违约的发生大多是由于特殊原因，也就是说，结果只与违约公司有关，而与整个不好的经济和金融条件无关。在危机期间，这种变化和违约成串发生，原因在于恶化的基本宏观经济条件。

这类违约相关性本身是一个随机过程。在过去几年中，市场专业人士已经学会了如何剥离、定价、对冲和交易违约相关性。在下一章，我们将更正式地学习这些内容。这里我们注意到，权益份额的价值正向地依赖于违约相关性的水平。参考组合违约相关性越高，投资在权益份额上的价值就越高，这意味着与之相关的利差就会越低。[⑤] 另外，高级和超高级份额的价值反向地依赖于违约相关性。当违约相关性增加时，超高级份额上的投资价值减小，而其利差则增加，这被称为相关性微笑，在下一章我们将对此加以讨论。

---

① 股票份额的 delta 与标的指数相比是最高的。它对指数利差的变化有比较高的敏感性。这是另一种风险。

② 例如，假设所有违约的 3%恰好发生在 6 个月内，则保护买方仅支付 6 个月的运营费用。预付费用不会受这样的时间问题的影响。

③ 对于 CDX 指数来说，夹层份额的附着点是不同的，是 3%～7%。

④ 然而，大多数定制份额的更重要的特性是，参考组合的选择可能不同于可交易信用指数中使用的参考组合。

⑤ 这类似于债券与其收益之间的关系。

21.7 份额：建模和定价

指数和指数份额的市场交易很活跃，因此，与这些金融工具相联系的利差应该被认为是无套利的。而且，我们想要理解定价公式，这需要建模。在过去几年里，市场已经形成了市场标准。这种市场标准模型的特性将在下一章讨论。这里我们讨论 CDO 份额估值的启发意义。

决定份额价值的当然是由于利差而获取的收入和由于违约而获得的潜在收益。通常的想法与互换中是一样的。合适的贴现现金流入的价值期望值应该等于合适的贴现现金流出的价值期望值。无套利利差是使两个现金流的预期价值相等的那个值。很明显，为得到这个值，我们需要找到一个合适的概率分布。我们利用份额定价来讨论这个问题。份额价值取决于与份额保护卖方制定的支出相关联的概率。这些概率与特定期限内违约公司的数量和它们的相关性相联系。

我们的讨论将仅限于有 $n=3$ 个名称的一个时期指数份额合约。

□ 21.7.1 份额的机械论观点

考察 $n=3$ 个名称的参考组合。将它们分别称为 A、B 和 C。将时间结构限定为 1 年到期。与以往一样，设 D 表示 1 年内违约的总数量。讨论份额价值的第一步是得到 D 的分布。D 可以有多少种可能的价值？很明显，在 $n=3$ 的情况下，只有如图 21.9 所示的四种可能性。

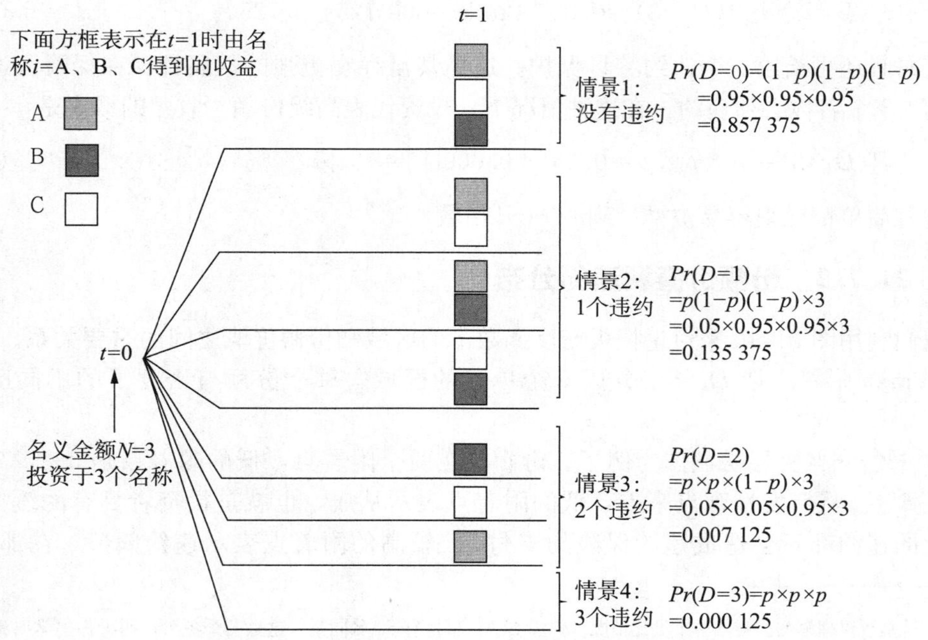

图 21.9　有 3 个名称的违约概率

与此同时，可以忽视这类概率是怎么得到的，同时将它们看成是已知的。假设违约概率对于每个名称都是相同的，同时回收率为 R。因而

$$p^A = p^B = p^C = p \tag{21.6}$$

我们现在证明份额价值是如何依赖于这个概率，以及 3 个名称的违约之间的相关性的。我们现在假定 p 为 5%。根据该图，概率非常高，也就是将会完全没有违约，即 $D=0$。于是，与更高的违约性 D 有关的概率将变小。

现在，考察权益份额。我们有 3 个名称，权益份额承受第一个名称违约的风险。夹层份额保护第二个名称，高级份额出售对第三个名称的保护。如果 3 个名称都要违约的话，则高级份额的保护卖方就要支付。假设做市商出售权益份额的保护。换句话说，只要 A、B、C 任何一方违约，做市商就会补偿对手方。这个事件发生的概率是多少？设 D 表示随机变量，也即违约的数量。于是，存在至少一个违约的概率为

$$P(D=1)+P(D=2)+P(D=3)=1-P(D=0) \tag{21.7}$$

回到图 21.9 中，我们可以看出，在那种特定情况下，这个概率是 1－0.857 375＝14.262 5%。这比任意名称单独违约的假设概率 5%要高得多。因而，在参考组合里承保第一个违约的风险，比承保某一特定名称违约的风险要大得多。[①] 这是与权益份额相联系的风险——在违约情况下第一个遭受冲击的份额。

投资者可能不愿意承受这样的风险。他可能只想承保第二个违约。这是对夹层份额的投资。份额具有从属性，在某种意义上说，在违约和保护卖方的损失之间有缓冲值。第一个违约将会冲击权益份额。

我们可以计算出中级份额损失的概率为

$$P(D=2)+P(D=3)=0.007\ 125+0.000\ 125=0.725\% \tag{21.8}$$

交易者还可给第三个违约签订保护。这里甚至存在更强的从属性。在保险人遭受损失之前，3 个名称必须违约。在这种情况下，投资代表高级份额。收益的概率是

$$P(D=3)=p\times p\times p=0.05^3=0.000\ 125=0.012\ 5\% \tag{21.9}$$

这种简单情况很容易被推广到 iTraxx 指数。

□ 21.7.2 份额价值和违约分布

我们利用图 21.10 来讨论损失密度函数下的区域和份额价值之间的重要关系。首先，注意 iTraxx 附着点把 D 分布分成 5 个单独的区域。每个份额与密度下的不同区域相关联。

以 3%～6%夹层份额作为例子。份额存在两个附着点，低的附着点是 3%，高的附着点是 6%。从启发性观点来看，低的附着点表示从属，也就是投资者具有的缓冲。这一点上的违约都不会造成违约保险的支付。[②] 较高的附着点表示违约阈值，在那以后，

---

① 这是可以理解的。考察一个类比情况。你去上学，班里有 50 名同学。这是一个冬天，明天你上学时患感冒的概率非常小。可是，你班里某个同学患感冒的概率就大得多。实际上，在典型的冬季天气里，这种概率非常接近 1。

② 因为缓冲值变得更小，夹层份额的利差会增大。

夹层保护卖方已经耗尽所有投入的名义本金。任何超过这个点的违约都不会伤害夹层投资者，仅仅因为投资不再存在。因而，较高附着点的右侧区域是损失特定份额的所有投资的概率。

一旦理解了附着点，我们现在就可以说明违约相关性和份额价值之间的关系。

考察图 21.11，给定违约的总数 D 的分布。注意到图 21.11 与图 21.10 之间的差别。图 21.11 表示违约密度函数，而图 21.10 表示此组合的违约分布。两个分布都取决于违约的平均概率 p 和违约相关性 ρ。假设图 21.11 中相关性初始时比较低，为 $\rho=0.1$。这导致违约分布 1。于是，保持 p 不变，并且使相关性提高，比如说，$\rho=90\%$。这会导致违约分布 2。此分布将会从 1 移动到 2，如图 21.11 所示。下面考察其含义。

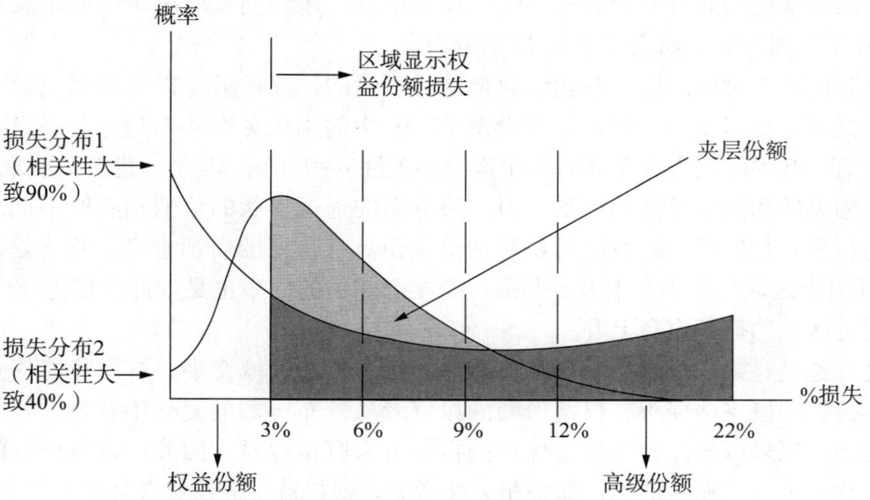

图 21.10　有 3 个名称的违约概率

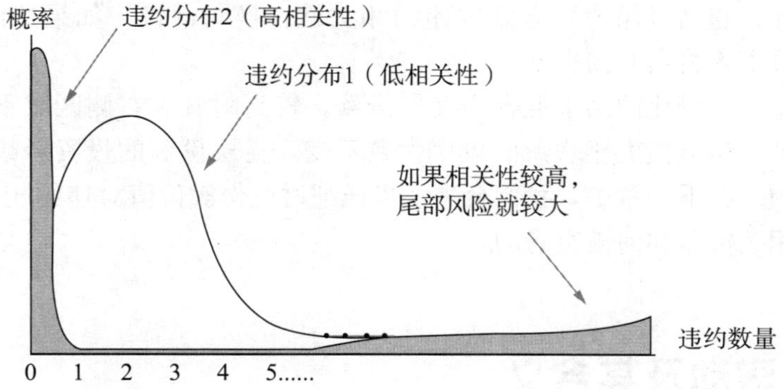

图 21.11　违约分布

第一个含义是当相关性增大时，分布被迫从中间往下移动。然而，区域面积必须等于 1。于是，当中间区域被压缩时，权重就走向两个终点。注意，该图没有在中间绘制分布图的一部分，并且为了说明而略微夸大了右侧的尾部。

第一，就违约而言，这意味着与低相关性情况相比，随着相关性的增加，无违约概率增加。这是因为信贷存续的可能性同时增加。第二，与低相关性情况相比，非常大范围的违约也会增加。在极端情况下，当 ρ 上升接近于 1 时，其分布大约是钟形的，这开始看起来更像是二项式分布。当相关性趋于 1 时，不同资产的违约可能性开始变得越来类似，最后它们会变为相同的随机变量。因此，随机变量 D 假定价值或者是 n，或者是 0，也就是，或者每个名称都违约，或者没有名称违约。

我们怎样把图 21.11 中的含义转化到组合的损失和份额价值中呢？首先，考察另一种分布，违约损失分布。考察一个由 n 个不同债务人发行的可违约资产组合。为简化起见，假设回收率相同且已知是 R。而且，每个名称的投资额是 1 美元，即组合的总投资额是 n 美元。然后如果一个名称违约了，投资者损失 $1-R$ 美元。在时间 T 的范围内总违约损失取决于此期间有多少名称违约。换句话说，违约损失取决于前面定义的随机变量 D 的分布。图 21.11 给出了违约 D 的分布。

这里我们不会讨论怎样，但我们假定这是可能的，选择组合损失的相应分布，并且画出损失概率，如图 21.10 所示。假设图 21.10 中的损失分布 1 对应于违约相关性 $\rho=$40，而图 21.10 中的损失分布 2 对应于违约相关性 $\rho=90\%$。因而，我们又重现图 21.11 中一个低相关性和高相关性的情景，但反映分布的逼近形状的价值稍有所不同。可以证明，违约相关系数的增大的效应对份额估值来说具有重要的启示意义。首先，注意，接近 0～3%附近区域的概率会上升。与另一个尾部相关的概率也是如此。接近 12%～22%的份额附近区域的概率也会上升。

但是，这里有第二个含义。权益较高附着点右侧的区域变小。这意味着权益投资者损失所有投资的概率会变小。权益份额的投资者从分布函数的变化中获益。权益份额的利差会变小，原来以较高利率出售保护的投资者有盯市收益。因此，权益份额的保护卖方做多违约相关性。换句话说，如果相关性增大，则权益份额投资者会受益。

第三，与超高级份额缓冲值相关联的概率也正在变小。这意味着概率变大，超高级保护卖方会遭受一些损失。超高级份额的利差会上升，以较低利差出售保护的投资者有盯市损失。因此，超高级保护卖方做空违约相关性。换句话说，如果违约相关性下降，则超高级份额投资者将会有损失。

第四，注意这些变化的结果混合为夹层份额。较高附着点右侧区域不会发生太多变化。因此，与夹层份额损失相联系的概率大致不变，夹层份额的投资者或多或少对相关性变化是中立的。在下一章中，我们会进一步详细讨论份额价值对违约相关性的敏感性，并且解释违约相关性是如何被交易的。

21.8 滚动及其含义

每 6 个月，在 3 月 20 日或 9 月 20 日，iTraxx 指数和 CDX 指数进行滚动，并且新的系列开始交易。一些信用名称可能已经违约，转换行业，合并或者被降级。其他 CDS 可能流动性变小。对于指数部分来说这些不再被认为是合理的。每一个这样的名称都被它的分类里下一个可得到的最具流动性的名称所替代。“老系列”只要有头寸就继续交易，但是它们是未挂牌的。新的滚动是挂牌流动指数。

从金融工程视角来看，滚动是指数的重要特征，因为它的出现引起了金融工程师必须注意的几个策略和复杂性。一个明显的策略是猜测会离开指数的名称与会进入指数的名称。但是在股票领域同样的事情也发生在编制指数时。信用滚动有一些奇特的额外战略。注意，从指数中剔除低利率发行者并且替换为高利率发行者，通常意味着新的指数应该以比旧指数更窄的利差开始交易，所有其他方面都不变。但是，奇怪的是，这可能不会发生，如同我们将会在下文看到的。

有一些实证证据证明，因为保护买方①由于流动性想要保有新的挂牌指数，在新指数形成前，他们会平仓。这意味着他们会出售保护，而这会降低利差。当然，当新指数开始交易时，同样的一些名称会购买保护，而这会扩大利差。

同样存在部分基于指数每 6 个月滚动的结构化信用产品。固定比例债务凭证（constant proportion debt obligation，CPDO）是一个很好的例子。在 6 个月期间内，所有其他条件都不变，5 年期 iTraxx 指数变为 4.5 年期指数。这意味着指数会沿着曲线向下流动，如果曲线是向上倾斜的，利差就会自动变小。这是由于到期日缩短而不是其他原因。

另一种经典的技术滚动是基差的变化。这是指数利差和指数中参考名称的标的信用违约互换的真实价值之间的差异。基差的存在是因为通常购买保护的客户多于出售保护的客户。② 在过去的滚动中，标的信用违约互换和指数之间的基差已经极大地缩小。这种情况是因为为了转向新的、更具流动性的指数，出售保护的投资者比买入保护的更多。

下面的例子概括了滚动的机制。

例子：

纽约（道琼斯）——当夏天结束的时候，信用衍生品的投资者正从 9 月份信用违约互换指数的大变化中寻找交易机会。然而，这次关于指数组成变化的交易方式不同于以前，因为有比以前任何时候都多的发行者——总共是 8 个，将会从投资级别指数中被剔除。

如果发行者在他们的债务上发生违约，信用违约互换允许投资者保护他们持有的证券。因为信用违约互换指数的开端——流动性基准允许投资者建立公司债务发行者的头寸而不必买入或卖出标的资产，这些标的资产通常是非流动性现金工具，至 2008 年 3 月一共发生了 9 次滚动，每 6 个月进行一次。

在每个滚动日，已经失去穆迪或标准普尔赋予的投资级别的发行者会从道琼斯 CDX 投资级别信用违约互换指数中被剔除，并被其他发行者替代——由属于指数联盟的交易者的投票选出。在第一次指数滚动时，6 个发行者被替代，在第二次指数滚动时是 5 个，在 2006 年 3 月的最后一次滚动中，只有 3 个发行者被剔除。

在每次滚动时，最新发布的系列具有新的票面利率并且以接近初始票面价值的价格

① 保护买方不一定是那些想要对违约进行保险的交易者。指数大部分是由那些对持有的份额头寸的违约风险进行对冲的交易者加以利用。因此，通常这样的保护买方是对冲基金。

② 做市商在它们的账簿中利用标的 CDS 对冲这种差异。

进行交易，理解这一点是非常重要的。购买和出售指数保护的交易者，实际上是买入或卖出这种最新发布的标准化合约。

□ 21.8.1 滚动和违约风险

由于滚动的存在，指数的违约风险有点不同于它在初始时看起来的那样。实际上，每次滚动指数的信用质量都得到提高。通常，在某个公司违约前，它的信用质量会恶化。在公司将要违约时，它非常有可能会从前几次滚动中被剔除。这引起非常重要的区别。一个持有同样指数的 5 年期头寸会面临标的参考名称的违约风险，这些名称在 5 年中保持不变。这些名称中的一些会恶化，一些甚至会违约。这是违约风险的含义。

通常滚动到新的指数的头寸所面临的是不同的违约风险。这类头寸所面临的主要违约风险是，当违约突然发生时，没有任何迹象。在这种情况下，在滚动日到来之前且在评级机构没有时间对它降级的情形下，一个好公司可能从 AA 级别变化到违约级别。这称为跳跃违约风险（jump to default risk）。注意，和在 5 年间持有同样的名称且只有其中某些名称出现违约相比，它发生的概率是非常低的。

21.9 监管、信用风险管理与份额定价

这一节讨论份额定价和信用风险管理之间的关系。《巴塞尔协议Ⅲ》是与目前信用风险管理实践相关的体系，间接地与份额定价有紧密关系。[①]

□ 21.9.1 信用风险管理、违约损失与盯市损失

假定我们想要调整 VaR 型（预期损失）风险管理方法，来适应含有信用风险的组合。[②] 这意味着我们想拿出足够的资金来弥补在时间 $0<\alpha$ 部分里的损失。可以证明，存在两个相当不同的经验损失分布，用它可以计算可能的损失。

在这种设定下，为了计算违约的可能损失，交易者首先需要得到随机变量 L 的分布。这是违约损失分布，在图 21.10 中再次描述。利用这个分布可以计算出期望违约损失和决定极端损失的阈值 L_α，极端损失在区间 T 内以（最大）概率 α 发生。

于是，银行拿出足够的资金，以便弥补出现最高达到 L_α 点的违约损失。出现这些情况的概率为 $1-\alpha$。在时间中的 α 百分比内，违约损失才可能比 L_α 更大。银行不必以额外资金来弥补更大的极端损失。

不过，这只是考察违约风险的一种方法。它涉及仅与违约事件相联系的风险。如果所研究的工具被持有至到期，同时盯市并不重要，那么这种管理风险的方法也许是合适的。

另外，如果所考察的组合是盯市非常重要的交易组合，或者如果工具不可能被持有

① 在这一节，我们忽略市场风险，关注由于违约事件存在所带来的风险管理的新方面。

② 正如第 3 章所讨论的，最新《巴塞尔协议Ⅲ》建议使用预期损失而非 VaR 型的风险度量。

至到期，则银行或者对冲基金面临着另一种风险。[1] 这种风险来源于信用质量的变化，这也是偶然地涉及违约。如果信用恶化需要被出售或者被盯市，则即使没有违约发生，银行或者对冲基金仍然会遭受信用损失。违约损失分布不能考虑这样的潜在损失，因为它仅仅针对违约引起的损失计算。由信用质量变化引起的损失的计算需要额外的努力。由信用质量变化引起的组合市场价值的变化可以用与市场风险计算方法相似的方法来计算。

违约损失分布的计算需要每个名称的违约概率和违约相关性。另外，信用收益分布的计算需要涉及组合中每个名称评级变化的条件转换概率以及它们的相关性。因此，这两个二次分布的计算要复杂得多。注意，违约只是信用可迁移的状态之一。因此，由于信贷恶化，违约风险被包括在信用损失分布中。

□ 21.9.2 资本要求和 CDO 活动

正如我们在本章开头所看到的，证券化活动自全球金融危机之前的水平已大幅下降。在全球金融危机之前证券化和 CDO 活动如此之活跃的原因之一就是，它给银行提供了一种减少监管资本的方法。与之前许多的繁荣时期一样，这导致了过度和滥用。然而，证券化活动仍在继续，即使在当前更严格的资本要求下，银行也发现降低资本要求是可能的，如下例所示：

例子：

在一个例子中，Chenavari 向投资者提供了一个 10 亿美元的小企业贷款组合，根据巴塞尔银行监管委员会的标准方法计算其风险权重为 75%，产生 7.5 亿美元的风险加权资产（RWA）。这意味着银行需要大约 7 500 万美元的权益资本来支持它。将资产证券化，并将 1.5%～8%的二级损失份额（代表风险为 6 500 万美元）转让给第三方，同时保留一级损失和高级份额，可能会将银行的资本金要求降低至 3 000 万美元左右，即 60%的储蓄。该银行还将贷款保留在资产负债表上并维护客户关系。

费里（Fery）拒绝提及交易对手的名字，但描述了他说代表了该基金从事的业务的一些交易。其中一笔交易包括向德国中小企业提供约 1 500 亿欧元的大约 1 500 笔贷款。该池的加权平均信用评级为 BB+，平均持续时间为两年半。超过一半的贷款是投资级别的。Chenavari 对德国的中小企业（它们为德国的出口提供动力）持积极态度，因此同意通过一份 6 500 万欧元的票据来吸收第二笔亏损，该票据涉及贷款组合中 1.5%～8%的份额，每年支付 13.5%的 3 个月期欧元银行同业拆借利率。银行保留了第一批损失敞口和全部优先级份额。

该公司与英国一家银行达成类似协议，该银行正寻求 10 亿英镑的住房抵押贷款组合的监管资本解除。该池由 2007 年之前发起的近 8 000 笔贷款组成，其中包括大部分仅限利息和买入抵押贷款。这次，Chenavari 收购了一份涉及 2%～8.5%二级损失的 8 年期票据，在 3 个月期的 LIBOR 上支付了 12.5%的票面利率。

---

① 对冲基金头寸是信用工具，通常由借入资金投资。这与回购相似，在回购中，对冲基金买入金融工具，然后回购以保证支付它的资金。于是，互换交易商对这个工具进行盯市。即使没有发生违约，信用利差也可能会变化，并可能引发对冲基金出现损失。

费里和他的团队已经组织了一系列涉及不同类型标的资产的类似交易——从新兴市场企业贷款和欧洲抵押贷款到资产抵押证券，交易融资资产和衍生品交易对手风险。他表示平均交易规模约为 8 000 万美元，预计收益为 10%～20%。

寻求复制策略的竞争对手面临的困难之一是交易不经常发生，往往需要数月的工作。这意味着与大量银行建立关系，并且牢牢掌握信贷分析和结构——这两方面都有助于费里过去在 Calyon 经营全球信贷交易业务。

（《风险》杂志，2014 年 1 月 13 日，《年度对冲基金：Chenavari 投资管理公司》，www.risk.net/2317763）

□ 21.9.3　全球金融危机前后的资本监管和证券化市场的教训

证券化和 CDO 的发行是银行积极追求的，因为它允许银行从其资产负债表中移除贷款，从而提高资本比率。商业人士必须有足够的资金来支付潜在的存款人提款。借贷能力受资本要求的影响，如果银行没有足够的资本，除非它找到一种方法从资产负债表中移除资产，否则它不能进一步借贷。正如我们所看到的，CDO 是一种证券化形式。许多由银行发行的初级 CDO 付款都由风险（次级）贷款支持。全球金融危机追查调查发现，贷款发起过程中存在不当行为，即在没有适当审查借款人和违反适当程序的情况下批准了贷款。因此，出售给投资者的许多担保债务凭证风险很大，但直到 2006 年美国房地产市场繁荣放缓之前，大多数投资者并未看到这一点。据估计，当时价值 5 000 亿美元的担保债务凭证尚未完成，大约 50%是以 MBS 为基础的，其中约 75%包含次级贷款。在佣金预期的驱动下，风险贷款的发起和 CDO 发行仍在继续。由于出售这些风险越来越高的资产变得越来越困难，交易者找到了办法让银行持有一些风险较高的担保债务凭证组合，以便促进销售，获得有利的证券信用评级，并支付佣金。加剧全球金融危机的因素之一是评级抽样的普遍性，其中涉及将低评级份额汇集到一起以构建 CDO。所有这些因素不仅使过量一直存在，而且也使最终的调整更加痛苦，因为银行自身遭受了巨大损失，金融体系一直处于瘫痪状态，直到银行获救，受到伤害或进行资本重组。世界各地经常出现房地产泡沫，但全球金融危机之前的泡沫因滥用证券化和利益错位而恶化。

2013 年 12 月，巴塞尔银行监管委员会发布了第二份关于修改现有证券化框架的咨询文件，该文件被认为是有缺陷的。根据巴塞尔银行监管委员会的资料，全球金融危机揭示了目前证券化框架存在的一些缺陷，它试图通过最新的变化来解决这个问题。第一，全球金融危机前的做法显示出几乎机械地依赖外部信用评级。第二，对于高度评级的证券化风险敞口，倾向于将风险权重设置得过低。其原因在于，通常使用的校准假设证明是有问题的，而且在确定风险权重方面缺乏足够的风险驱动因素。第三，低评级高级证券化头寸的风险权重过高。第四，证券化框架导致不理想的顺周期经济动态或悬崖效应。

对于巴塞尔银行监管委员会提出的初步全球金融危机后的建议，该文件建议较低的资本要求，但这些要求仍旧比现有资本要求更严格。因此，如果未来的巴塞尔银行监管委员会证券化框架是基于最新的提案的话，那么证券化和 CDO 市场将继续成为金融市场的重要组成部分。

□ 21.9.4 证券化能否治愈癌症?

在本章中，我们讨论了证券化的经济原理。我们已经看到，如果正确实施，证券化和金融工程可以发挥有益的经济作用。正如所有经济活动的领域一样，存在监管机制，并且需要确保所有市场参与者合法和负责任地行事。然而，金融工程概念也包括金融以外的应用，可能不仅提供经济利益，还提供其他社会福利改进。在最近的研究工作中，Fagnan et al.（2013）提出了金融工程能否治愈癌症的问题，这是许多工业化国家人口的主要死因。该文作者观察发现，近年来制药行业的投资有所下降，并就如何确保证券化有助于增加投资提出建议，包括关键的重要癌症研究。该文作者推测，私营部门投资偏低的原因之一是药物试验分布不均。作者提供了一个程式化的例子，一个设想的药物开发计划需要 2 亿美元的现值开发成本，10 年的开发期间没有收入产生，在 10 年后有 5%的机会药物被成功批准。如果假设这样的计划在随后 10 年（即第 11 年至 20 年）产生了 20 亿美元的年收入，那么许多投资者可能会被 423%的回报标准偏差吓跑。

解决这个问题的一个建议是，创建一个能汇集各种药物开发计划，同时证券化所产生的收入流的基金。为持有者支付试验药物项目集成利息的结构化证券的拟定名称是研究支持负债（research backed obligation，RBO）。Fagnan et al.（2013）建议如何使用 CDO 和 ABS 的创建技术来提供担保和改变这些证券的资本结构，以便为投资者提供具有吸引力的投资机会。迄今为止，还没有发布这样的 RBO，但研究表明，金融工程技术如果被适当应用，可能会在金融市场的狭义定义领域之外具有更广泛的影响和社会效益。

21.10 新指数市场

在金融市场上，信贷领域起着非常重要的作用，这有几方面的原因。其中一个是由主要参与者引入新领域的条理清晰的方法。市场通常是由上千个交易者、做市商和风险管理者之间相互作用而内生地创造出来的。在信贷领域，这种工作由经纪交易商有意指导，而且在新的衍生品市场及交易策略方面有数年的经验积累。因此，经纪交易商在创造交易平台方面非常成功，在此平台上可以交易新风险和提供大量旨在对冲信用风险暴露的金融工具。Markit 网站提供了一系列广泛的指标，包括 iTraxx、CDX、ABX 和 LCDX。

ABX 指数是经精心打造建立的指数，利用该指数可交易和对冲抵押债务风险。做空抵押债务的交易者会通过买入 ABX 指数对冲头寸。LCDX 类似于 iTraxx 或 CDX，除了标的证券是债务而不是债券外。因此，这个指数有助于对冲债务风险。Levx 也是类似的工具。它是杠杆贷款的指数。

做多交易者会通过卖出指数来对冲头寸。这些指数以系列的形式交易，在每次滚动时提供固定票面利率。

□ 21.10.1 ABX 指数

ABX 指数由 20 个住宅抵押贷款支持证券的发行者发行的债务组成。它总共有 5 个子指数。这些子指数分别由这些发行者之一发行的证券组成。这些证券以及子指数的评级包括从 AAA 级至 BBB－级。与 iTraxx 和 CDX 指数滚动类似，ABX 指数新系列的滚动发生在 1 月 19 日和 7 月 19 日。每个系列都由一系列新的抵押贷款支持。

该指数包含的证券本质上是债务证券，使投资者有权获得依赖于四分之一家庭住宅抵押贷款的现金流。因此，这些现金流的变化、违约和拖欠债务都会影响 ABX 指数的价值。ABX 指数投资者将收到（支付）在滚动日确定的固定票面利率，并且如果现金流存在利息或本金差额，便进行浮动支付（获得收入）。

□ 21.10.2 LCDS 和 LCDX

在信贷领域中，所谓的 LCDS（loan credit default swaps，贷款信用违约互换）合约及其相应的指数 LCDX 均是相对新的工具。除了作为很重要的工具外，它们从不同的视角提供了很好的机会来总结信用指数技术。LCDS 与我们在第 1 章和第 5 章所考察的单一名称 CDS 相似。在 CDS 中，可交割债务是债券。LCDS 可交割的是最初在美国由辛迪加发行的多方保障债务。LCDX 是相应的可交易指数，它类似于 iTraxx 和 CDX 指数。LCDX 的标的是 $n=100$ 个相同权重单一名称 LCDS。所提及的贷款在二级杠杆贷款市场上交易。指数以固定票面利率推出，按季支付。指数以净价基差进行交易。如果价格下降，那么相应的利差将上升。

保护卖方会收到在滚动日确定的票面利率，而在信用事件期间将做补偿支付。而且，在信用事件期间，保护卖方将支付名义金额 N 和收到贷款收益。现金结算也是被允许的。这笔现金结算金额将在拍卖中确定。

21.10.2.1 可撤销性

发行公司可以偿还债务，并且后来不再发行新的债务。如果没有可交割的债务，则 LCDS 不能继续存在。因此，LCDS 合约是可撤销的，不像标准 CDS。发行公司可能会被升级，如果这发生了，发行公司可以重新支付原始债务并且以更低的利息成本发行新的债务。

债务偿还开始了一个 30 天工作日期间，在此期间实体可以发起一个新贷款。如果 30 天后不进行新的贷款，则此名称在经过交易商投票后被从指数中移除。

这种可撤销性影响了价值。如果 LCDS 在债务偿还上是可撤销的，则对于给定的 LCDS，最后的到期日是未知的。现值的计算则应该考察贷款被提前偿还的概率。这类似于信用风险 DV01。

21.10.2.2 报价惯例

iTraxx 和 CDS 指数类的报价是利差基点，除了权益份额，它的报价带有预先支付。[①]
另外，LCDX 和 ABX 指数是对价格基差报价，这形成了另一个差异。

21.11 结构化信用产品

CDS 是信用行业的基本组件模块。利用 CDS 工程化，交易者可立即构建信用市场的

① 有关最新的惯例，参看 http://www.markit.com/product/indices。

等价物，相当于无风险固定收益工具。这一节将讨论这方面的某些工具。

□ 21.11.1 信用期权

针对信用指数的期权是第一个衍生品，这是很自然的。毕竟，存在一些流动性指数，对于那些想要对冲它们信用波动的交易者，或者对于那些想要对它们建立头寸的投资者来说，它们是有吸引力的标的。然而，对于结构和市场来说，可以证明，这些期权比最开始观察到的更复杂。尽管市场存在很好的流动性，并且每日考察 iTraxx 和 CDX 隐含波动性，但仍然存在一些困难。

实质上，存在三个问题与信用指数期权相联系。第一个问题是信用行业严重地受到货币政策影响，并有很长的信用周期。参与者需要长期期权。第二个问题是虽然股票是流动的，但大量公司的债券流动性很小。第三个并且也主要的问题是指数滚动。本质上，这些指数每 6 个月出现变化，交易者不能根据这样不稳定的基准来为长期期权定价。

于是，信用期权交易者被迫对最短期限进行交易，并且滚动日期控制了执行日期。[①]对于交易者来说，这是不够的，因为他们的需求实际上是 5 年期期权，原因在于这能被用于对结构化信用市场进行套利。[②]

在信用指数期权和其他市场的期权之间存在另一个重要的区别。在信用行业，期权期限越长，它就越成为一种相关产品。更长期限的期权，标的风险变化程度参照信用变化的程度。另外，更短期限的期权就更像波动性产品。

□ 21.11.2 远期生效 CDO

利用远期生效 CDO，交易者可以在信用利差在一段时间之后（例如 2015—2020 年）的预期上建立杠杆头寸。对某些投资者来说，这种远期生效产品可能是有用的，因为这些投资者想要对冲他们在信用周期期间的敞口头寸。

可以通过卖出一定期限（比如 10 年）的 CDS，买入期限比较短（比如 5 年）的 CDS 来构建产品。这样的远期生效工具被作为关于 iTraxx 或者 CDX 信用互换指数的特定交易出售。最普通的参考是信用组合违约的 3%～6%的夹层份额保险。

购买 5 年期保护同时出售 10 年期保护的净头寸是，从现在起出售 5 年期的保护 5 年。注意，这样的头寸将有正的持有成本。因此，如果 iTraxx 曲线相对陡峭，这种交易深受欢迎。

□ 21.11.3 CMDS

固定期限违约互换（CMDS）是结构化信贷行业的一个重要组件。CMDS 可以构建如下。

固定 CDS 的期限，比如 5 年。考察一系列到期日为 T 的 CDS，开始时间分别为 t，$t+1$，$t+2$，$t+3$，$t+4$，$t+5$。注意，目前 CDS 利差在 t 时刻是已知的，而未来 CDS

---

① 下一个滚动日之前的两个月，期限最长是两个月。

② 长期期权的一个代表指标是向那些希望在结构化信贷领域套利的投资者推销的应计区间。根据指标 I_t 保持在预定范围 $[L^{\min}, L^{\max}]$ 内的天数，这些票据支付票面利率或累积利息。注意，滚动问题可以通过重设每一次滚动的范围 $[L^{\min}, L^{\max}]$ 来解决。

利差 c_{t+i} 只有随着时间流逝在未来是已知的。还要注意的是，这些 CDS 都具有相同的 5 年固定期限。用 c_{t+i} 表示它们的利差，则 CMDS 是支付浮动利差 c_{t+i} 的 5 年期 CDS。

实质上，这是 CMS 互换延伸为标的风险包含违约风险的情况。存在几个这种关键成分的应用。市场例子如下。

例子：

投资者现在想要出售保护，以便利用预期未来变大的利差；这恰好是 CMDS 产品所提供的。通过把客户注意力吸引到产品所能得到的东西上，客户投资于固定期限 CDO（CM-CDO）也有助于建立 CMDS 市场。

现在，几乎所有新的 CDO 都伴随着固定期限技术的期权。

对由于国际会计准则（IAS）39 而流入合成 CDO 中的损益波动性的关注，引起了对 CM-CDO 的极大兴趣，因为 IAS39 要求所有衍生品通过损益表进行盯市。使用 CMDS 减轻盯市波动性是使用它们的一个合理的原因。市场参与者并不期望 CMDS 在份额信用指数产品或信用期权市场上突出。但是，标准化的定盘对关闭 CDO 交易和发展现金结算信用利差期权和其他结构化信用，以及波动性产品市场，都是非常有用的。

通常，CMDS 被视为其他结构化信用产品的基本组件。挑战在于为信用衍生品定盘不像为利率衍生工具定盘那样简单。“所需要的信息比利率要多得多。在哪里停下定盘？信用违约互换市场的公司范围非常大。需要为多少定盘？能为 5 年期的或者每个名称的整个曲线的都定盘吗?”一个交易者问。

信用指数的定盘与 CMDS 合约有关，这是因为如果 CDS 是针对这些指数的，大部分都需要独立定盘。指数报价，例如道琼斯 iTraxx，并不像息票那样容易，必须与 125 个名称相联系，但是信用指数的流动性要比标的单一名称的大得多。

标准化的定盘。大约 18 个交易商与 Credited（电子交易经纪人）和 Markit Partners（OCT 衍生工具定价企业）合作进行信用指数的标准化定盘。目前，六个星期的定盘测试运行已经完成（汤森路透，IFR，第 1 552 期）。然而，单一名称 CDS 的运行没有测试。

根据交易商的说法，正在开发的标准重置对于产品的持续增长是至关重要的，而不是仅仅依赖于当前合同中记录在案的交易商调查。

“定盘对于信用衍生品市场是值得的，不仅仅对于 CMDS 来说如此，而且对于所有其他第二代与第三代信用衍生品来说也是如此。例如，如果 iTraxx 指数份额定盘完成，这将有助于形成更广泛的份额衍生品。所以，在这一方面，定盘对于互换市场是关键的，就像 LIBOR 每天定盘一样。”一个交易商补充说。

对于 CMDS 市场发展来说，必须也出台基本文件，交易商说。在 CMDS 中，发行了两个文件，用来决定息票是按季的，还是按半年的，以及定盘是 $T+1$ 还是 $T+2$。

CMDS 可用于承担因信用曲线变动而引起的风险敞口。如果交易者预期信用曲线变得陡峭，就会购买比如对 CMDS 的 5 年期保护，这里 CMDS 参考 10 年期的 CDS，同时卖出 5 年期 CMDS 的保护，此处 CMDS 参考 3 年期的 CDS。倘若交易者预期信用曲线变得平坦，再采取相反措施。交易者也可能将 CDS 的互换组装起来，比如支付 10 年期参考利差而接收 3 年期参考利差。

□ 21.11.4 杠杆超高级票据

超高级份额的利差非常小，比如说大致 10 个基点。对于投资者来说，这是没有吸引力的。因此，对于超高级份额的需求也相对来说比较低。然而，银行已经发行了许多 CDO 夹层份额，在它们的账簿上保留了超高级份额和权益份额。它们需要一种办法来刺激对这些份额的需求。杠杆超高级票据就是一种方法，被设计用于销售超高级风险。

对于债券投资者来说，额外的风险敞口是份额的盯市价值，触发点可以保护银行免受投资者的信用风险。考虑到杠杆作用，超高级投资份额可能会损失比原投资额更大的金额。正是因为有了触发点，这种风险大大降低。

在这个意义上，可以说杠杆超高级票据是超高级份额的一个修正。这种修正首先发生在杠杆上。N 是从投资者那里筹集到的，但是 $\lambda N(1<\lambda)$ 被投资到超高级份额中。因此，回报也应该乘以 λ。其次，票据的市场价值存在一个触发点。如果这个触发点达到了，票据的发行者就能够平仓头寸，并且回报给投资者票据的盯市价值。

例子：

考察一个 10 亿美元的投资组合。设超高级份额有附着点 12% 和 30%。这就有厚度 1.8 亿美元。

假设我们选择杠杆率是 10，杠杆超高级票据由 0.18 亿美元发行额组成。这个数额乘以 10，投资于名义金额是 1.8 亿美元的超高级份额中。假设这个份额的所报利差是 8 个基点，则票据将支付 LIBOR＋100。

市场价值触发点可以被定义为，例如，0.18 亿美元发行额的 70%。如果票据市场价值低于这个界限，也就是变为 0.12 亿美元，则回报给投资者的是 0.12 亿美元而不是初始投资 0.18 亿美元。

在结构化信用中，通常存在两个趋势。第一个是引入杠杆交易；第二个是引入除违约风险之外的市场风险。杠杆超高级票据是第一个趋势的例子。应用于信用的 CPPI 技术是第二个例子，这个内容将在后面一章加以讨论。

在杠杆超高级票据中，风险存在于哪里呢？由于超高级结构内在地拥有大量信用保护，违约风险是非常有限的。投资者所承担的风险主要在于 CDS 份额的市场价值行为，这依赖于利差与相关性。大多数实际上被设计出来的交易是为了忽略作为市场价值参数的相关性变化，它们引入投资组合平均利差的触发点进行替代。

在这样的交易中，投资者是超高级风险的多头，而交易商是风险空头。为提高这些投资的回报，交易商利用借入的资金为客户构建产品。

在 2000 年，交易商购买大量的夹层保护，因此，在资本结构中剩下大量的超高级份额和夹层份额。这是因为他们已经出售给客户夹层产品，在账簿上留下了超高级份额和夹层份额。注意，杠杆超高级交易是购买高级和超高级份额保护的一种方法。因此，结构化产品实际上对客户和交易商双方都是有用的。

如果交易商没有这样的高级和超高级多头头寸，在从客户处购买带有杠杆超高级保险的保护后，他们通过 iTraxx 指数或者其他个人 CDS 对冲，虽然在两个风险之间可能存在极大的基点风险。

□ 21.11.5　或有可转换债券

或有可转换债券（CoCo）是全球金融危机之后金融创新的一个例子。CoCo 的结构化和定价代表了我们在本书中讨论的金融工程学原理的一个有趣的应用，包括信用和违约事件的建模。出于这个原因，既然 CoCo 是一个相对较新的未经测试的产品，我们会详细讨论 CoCo。CoCo 是一种混合产品。这是一种债务工具，当某个触发事件发生时，它会自动转换为权益或遭受减记。因此，CoCo 可以被视为我们在第 19 章中首次遇到的可转换债务的一个例子。然而，将 CoCo 转换为权益意味着它们与第 20 章讨论的结构性产品（比如反向可转换债券）有更多共同之处，而非可转换债券。CoCo 与反向可转换债券的共同之处在于，它们让持有人暴露于有限的上行空间和潜在的巨大的下行空间。然而，与反向可转换债券相比，银行近期发行的 CoCo 触发因素是一个会计触发因素，例如银行的一级资本比率（通常为风险加权资产的 5%～7%），而不是它们的股价。第一个 CoCo 由劳埃德银行集团于 2009 年发行，并标注增强资本票据（enhanced capital note，ECN）。如果银行的一级资本低于 5%，那么 70 亿英镑的劳埃德 ECN 将转换为权益。银行通过欧洲压力测试的最低水平为 5.5%。

与可转换债券和反向可转换债券相比，另一个重要区别是触发点有时可能依赖于监管干预，如 Credit Suisse 于 2011 年 2 月以缓冲资本债券名称推出的 CoCo 案例。瑞士监管机构有权干预并将其强制转换为瑞士信贷银行股份。当然，公司外部的这种干预使对风险的建模比触发点与股价关联时的风险更为复杂。

21.11.5.1　CoCo 与可转换债券

图 21.12 表示 CoCo 和可转换债券之间的价格行为差异。为了简单起见，我们假定标的债务是无风险的。这反映在代表水平债券下限的水平线上。这与第 19 章相反，其中低股价水平的可转换债券价值收敛于零。随着股价下跌，可转换债券价值从上方接近债券下限。CoCo 的表现不同。我们假定当股价 S 低于市场触发点 S^* 时，CoCo 被转换为股票。随着股票价格的下跌，代表 CoCo 的线从下面接近转换价值线。随着股票价格的

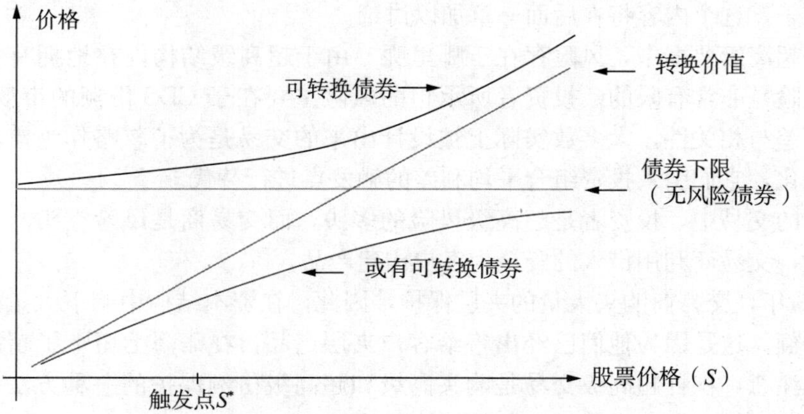

图 21.12　CoCo 和可转换债券

上涨，CoCo 从下面接近债券下限，而可转换债券从上面接近转换价值。代表转换价值的线的斜率取决于转换比率（CR），正如在第 19 章讨论的。

21.11.5.2　CoCo 的定价

CoCo 提供了本书中所讨论的金融工程学原理的一个很好应用。由于 CoCo 是混合型证券，因此可以采用不同的估值方法对 CoCo 进行定价并不奇怪。实际上存在三种不同的方法：信用衍生品方法、权益衍生品方法以及结构信用方法。从信用衍生品角度或简化形式的角度来看，我们按固定收益工具定价 CoCo，并以提高收益率作为转换后潜在损失的补偿。利用第 18 章所概述的违约强度或简化形式的方法来模拟损失风险。人们可以对导致 CoCo 转换为股票的触发事件进行建模，这种事件类似于在对公司债务或 CDS 估值时对违约进行统计建模的方式。这种方法可以产生将 CoCo 信用利差作为违约的函数的公式，或者在这种触发情况下为强度（λ）和回收率的函数。作为式（18.38）的变体，我们得到下面的关系：

$$\text{spread}_{\text{CoCo}}=(1-R_{\text{CoCo}})\times\lambda_{\text{CoCo}} \tag{21.10}$$

从权益衍生品的角度来看，我们可以应用第 20 章所阐述的原则，并将 CoCo 视为 CR 股的多头头寸，其中 CR 表示转换比率。敲入功能取决于触发事件，而障碍期权估值方法可用于对其进行定价。我们在第 19 章已经得到了违约和信用评估的结构模型。CoCo 只是发行公司资本结构的一个组成部分，因此我们可以利用默顿模型及其扩展的原则来评估 CoCo。为此，我们将为公司指定一个随机过程，然后对各种不同的或有权益（包括 CoCo 持有者的权益）的价值建模，使之成为触发价格和资产价值的函数。从权益衍生品，人们可以将 CoCo 分解为高风险债券，以股份为标的敲入远期，以及数字向下敲入期权的空头头寸，这反映了只要触发事件没有发生，债券的票面利率就将会被接收。这导致以下合约方程：

$$\boxed{\text{CoCo}}=\boxed{\text{公司债券}}+\boxed{\text{以股份为标的敲入远期}}+\boxed{\text{做空数字向下敲入期权}} \tag{21.11}$$

本章结尾习题部分提供了 CoCo 定价实例，它采用信用简化形式法和权益衍生品方法。本章最后列出的参考资料中提供了更多详细信息。

21.11.5.3　CoCo 的前景

CoCo 的合理性上升是由于银行希望支持其资本基础，以响应导致更严格资本要求的监管变化。监管机构隐含的希望是，CoCo 将帮助保护大型银行免受纳税人的困扰。因此，CoCo 有时也被称为保释债券。债券持有人在全球金融危机期间基本上不受银行损失的影响，因为纳税人拯救了银行。保释债券背后的想法不是为了纾困，而是要求纳税人在救助银行之前获准保释债券持有人。贿赂条款与传统的破产程序不同，后者有严格的规定和法院监督的程序。如图 21.12 所示，CoCo 有显著的下行潜力，必须通过更高的收益来弥补。因此，只要需要高收益的投资者了解风险，这些工具就可能对他们很有吸引力。

然而，正如以下阅读所示，对 CoCo 的隐藏风险和未来表现存在一些担忧。

例子：

由于监管机构对CoCo中嵌入的强制转换功能的极大偏见，监管机构和投资人之间可能存在潜在的利益冲突。从投资者的角度来看，CoCo是一种混合型产品，它是一种完全次级投资，具有不确定的收入和重大的资本风险。在2012年的《金融时报》的文章中，萨蒂亚吉特·达斯（Satyajit Das）警告说，由于转换对监管决策以及信用风险的依赖，投资者很难量化转换的可能性。除了这种风险之外，投资者在购买CoCo时也面临流动性风险。“死亡螺旋”的可能性使潜在的不利因素变得更糟。当银行股票的持有人试图出售股票来对冲他们持有面值的强制收缩和潜在的股权稀释所出现的可怕价格下跌时，可能会出现这种负反馈环路螺旋。这可能会恶化银行的财务状况，并导致其他银行、交易对手、投资者和发行人之间的恐惧增加。由于CoCo等混合品向私人投资者销售，而不是面临购买混合证券限制的机构投资者，因此这种螺旋的可能性增加了。当然，投资者有可能以慷慨的票面利率形式得到对这些风险的补偿，但最近由瑞士信贷银行和瑞士联合银行发行的每年支付8%的CoCo的例子表明，情况并非如此。两位数百分比的票面利率可能需要补偿错过的票面利率或在困难时期的强制转换。历史上有几个例子，应该作为购买混合产品时没有仔细尽职调查的警告。永续浮动利率债券在20世纪80年代后期是混合资本的流行形式，但当它们的价格大幅下跌时，它们的投资者承受着巨大的资本损失。另一个例子是20世纪90年代后期在澳大利亚发行的一些混合型资本证券，其2012年的价格远低于发行价。在全球金融危机期间，几家银行推迟了混合型债券的息票支付，这给投资者带来了损失。

如上例所示，对CoCo的未来性能存在严重担忧，并且现有产品中存在一些设计缺陷。

2014年2月，金融工程和结构性产品创新对监管变革的敏感性再次凸显。此时当劳埃德银行和瑞士信贷银行在其各自的监管机构改变了它们对债务以及对哪些工具算作银行压力测试的看法后，它们讨论了回购其在2009年发行的CoCo的计划。2014年2月的峰会说明了与CoCo相关的重大不确定性、它们的触发事件、监管机构对压力测试目的的处理、潜在的下降螺旋以及对债券持有人和经济的法律保护的更广泛的影响。

21.12 结论

这一章讨论了证券化及其在全球金融危机之前和之后所发挥的作用。我们讨论了一个以CDO及其分期付款形式进行证券化的例子。我们看到，CDO份额的价值取决于违约相关性，这导致我们讨论相关性交易。下一章将提供一个详细的例子，显示相关性对价格的影响。这将引导我们讨论如何对CDO份额头寸进行风险管理，并就增加和减少的相关性发表意见。本章还提供了金融工程学原理的有趣应用，包括期权估值和我们在前几章中遇到的简化形式和结构模型。我们讨论了信用结构化产品，包括全球金融危机后的发展，如CoCo。

阅读建议

Brigo et al.（2010）对全球金融危机期间和之后的信用模型和CDO提供了很好的说明，而Schonbucher（2004）和Duffie and Singleton（2002）是较早的学术方法。一些最有用的参考资料是由银行出版的手册。我们推荐美林证券的《信用衍生品手册》和J.P.摩根的《信用衍生品手册》。后者是这个行业最接近市场标准的方法。有关信贷指数的更多详情和最新动态，请访问www.markit.com。Francis et al.（2003）是信用相关性交易的一个很好的参考。De Spiegeleer and Schoutens（2012）对CoCo的估值和结构进行了深入分析。

习题

1. ABS和CDO有什么区别？

2. 违约概率对CDO份额的影响是什么？违约相关性对CDO份额有什么影响？请说明。

3. 考察下面来自路透社的消息：

1008格林尼治时间［道琼斯］伦敦——SG推荐卖出7年期0～3%份额保护，而买入5年期和10年期0～3%份额保护。去年，7年期权益相关系数相对于5年期和10年期在变小。SG的杠铃形态表现为7年期部分陡峭，同时表现为正的滚动下降、时间衰减和跳跃违约。

SG也认为，阿尔斯通（Alstom 1022047.FR）3～5年期曲线过于陡峭，推荐买入它的2010年3月6.25%债券或者3年期CDS。

(a) 什么是杠铃？什么是正的滚动下降、时间衰减？

(b) 什么是跳跃违约？

(c) 解释SG策略背后的逻辑。

4. 考察下面的引文：

只有当投资组合被分成份额后，违约相关性的相对价值才变得有意义。

因此，对于次级份额来说，当违约相关性提高时风险和利差会降低，而对于高级份额来说，当违约相关性提高时，风险和利差也会提高。

(a) 请详细解释第一个句子。

(b) 解释第二段话。

(c) 假设你认为近期信用相关性会降低，你将采取什么类型的交易？

5. 考察以下引文：

直到去年，单一份额CDO和首次违约篮子的相关性定价取决于每个银行或者对冲基金对相关性的评估。然而，在 2003 年 iBoxx 和 Trac-x 背后的银行开始交易指数的份额形式。份额的标准化已经形成了一个市场，在这个市场中银行业务和对冲基金的价值得到评估，并且定价是针对同样的产品，而不是投资组合定制单一份额 CDO 和首次违约篮子。现在，相关性的价格由市场决定，而不是由模型确定。

(a) 什么是 iTraxx 指数？
(b) 什么是标准份额？
(c) 解释交易标准化份额和在市场上发行的 CDO 之间的区别。

6. (评估 CoCo 的简化形式)。文中提到 CoCo 可以从三个不同的角度进行评估。其中一种方法是基于第 18 章中概述的简化形式或违约强度方法。假定 CoCo 具有 5 年期限。相关股价（S）为 100 英镑，权益波动性为 20%，并且不存在股息支付。连续复利利率为 4%。假设触发事件发生，则股价（S）达到 $S^*=50$ 英镑的触发价格。使用触发强度模型计算信用利差。请参阅本章末的参考文献，了解触发触发点的概率、触发强度和回收率。

7. 考察下列关于 CDO 的解读。

> 惠誉评级在上周发布的一份报告中称，尽管 CDO 市场大幅下调，但银行并未关注利率互换对套利现金流 CDO 的影响。
>
> 该报告指出，无效率的利率对冲策略给 1997—1999 年期间完成的高收益债券 CDO 的表现造成了最严重的打击。
>
> 该报告发现，这些事件的组合同时导致一些 CDO 的互换头寸出现过度套期保值和虚值的情况。对于其报告，惠誉采用了近期经历了降级的 18 笔现金流交易的随机样本。
>
> 虽然一半的 CDO 从利率下降中受益，但一半没有。所有 9 个过度对冲的 CDO 都是高收益债券交易，在 1999 年之前关闭。
>
> 事后看来，平衡保证或定制互换将缓解过度对冲 CDO 的风险。该报告称，简单的普通互换在 1997—1999 年期间具有经济优势，最终导致资金成本长期下降，因为互换的名义余额定在交易结束日期，并且不会随着时间而改变。CDO 倾向于使用普通互换而不是定制交换，因为它们更便宜。
>
> （汤森路透，IFR，第 1 433 期，2002 年 5 月）

a. 在图表上标出由简单 CDO 生成的现金流。假设你做空了 CDO。
b. 你有什么风险，你会如何对冲它们？
c. 标出 CDO 以及使用普通互换获得套期保值的现金流。
d. 随着时间的推移，违约率上升，利率下降，CDO 和对冲会发生什么？
e. 购买定制互换在阅读材料中是指什么？

❖案例研究：信用联结票据

8. 阅读以下案例研究并回答以下问题。总的来说，这个案例研究涉及 CDS、合成公司债券，以及更有趣的信用联结票据。

案例研究突出了两个问题。

a. 现金流和与这些工具相关的风险，以及这些工具发布的原因。

b. 信用联结票据最近的发行活动产生的套利机会。在回答下面阅读材料的问题时侧重于这些方面。

□阅读资料

重要公司的违约互换报价大幅下跌，其原因在于投资者争相抵消巨额合成信用联结票据，同时二级市场上出现了债券短缺，而且人们对全球信贷前景的看法发生了变化。对空头衍生品头寸的争夺，给那些碰巧平淡无奇的交易商和他们青睐的客户带来了意外的套利机会。

过去一个月发行了至少50亿欧元、可能高达150亿欧元的信用联结票据。由此产生的对空头信用违约互换头寸的抵消，导致违约互换与二级债券市场标的债务资产互换价值之间的负基点大幅扩大。

能够获得公司债券的交易商可在债务的资产互换价值下购买多达20个基点的违约互换，并为其客户创造合成产品系列，实际上，唯一的风险是互换的交易对手。恰巧不景气的信贷衍生品交易商通过专有交易（通过把这些系列产品销售给其偏爱的发行公司客户）获得巨额利润。

根据竞争对手房地产交易商的数据，德意志银行、美林证券、贝尔斯登和花旗集团近几周来一直是最积极的违约互换卖方之一，而且它们通过买卖利差推动了债券负向违约互换基点扩大。

在推动这一趋势的交易中，德意志银行发行的22.5亿欧元信用联结票据就是一个典型的例子。该交易名为德意志银行2001—2014年回购协议，涉及150笔独立的企业信贷，其中51%来自美国，49%来自欧洲。由于德意志银行对该交易进行了评级，发行条款在伦敦和纽约的交易部门广泛传播，竞争对手的交易商撤回了对相关公司违约互换的出价。

其他银行同时出售类似未分级的（因此是私人的）信用联结票据，这导致争夺抵消互换仓位。面对二级市场债券短缺和一些公司债券回购利率为零的情况，交易商被迫触发了违约互换市场的任何投标行为，推动了许多投资级5年期违约互换的负向基点从上周的8～16个基点变为12～20个基点。

这导致公司债务用于信用联结票据的公司和与之相关的公司的违约互换产生了巨大的差异。例如，上周晚些时候汉莎航空5年期违约互换交易价格为29个基点，而英国航空同样的到期时间交割价格不低于50个基点。

许多违约互换的绝对基点也非常低。例如，上周五收盘时，法国制药公司安万特5年期违约互换的报价为16个基点/20个基点。其他公司的违约互换也处于非常紧张的水平，劳斯莱斯在5年内的报价最低为27个基点，大众为26个基点，宝马至少为26个基点，联合利华为21个基点。

逃脱泥潭

这次变化不仅限于欧洲信用。抵消违约互换导致美国地区销售包括西尔斯、美国银行和菲利普·莫里斯在内的负向基差系列产品，而美国银行在五年内交易水平低于40个基点，或者不到其交易点的一半，此时对美国银行信贷质量的担忧在今年早些时候达到了顶峰。

一般市场情绪表明，目前信用质量下滑的最糟糕状况已经放大了违约互换卖盘的影响。投资者乐于持有公司债券，这使得交易商难以购买证券以弥补其头寸，以此作为抛售违约互换的替代品。

一位主要交易商在描述最近几周的交易时说："所有人都试图同时逃命。"他预计，互换和债券之间广泛的负基点将是一段时间内的交易特征。交易商担心，那些最积极出售违约互换的银行之所以这么做，是因为它们正在发行更多的合成信用联结票据。只要它们能在票据和可以抵消的风险敞口水平之间保持一定的差距，它们就会继续提高互换报价。

这种违约互换抵消需求、债券短缺以及信贷情绪改善的冲突正在促进公司财务管理。WorldCom公司上周成功出售了美国公司最大的一笔交易，并看到了在定价之前被证实118.3亿美元的同类交易收紧的传闻。这个规模的问题通常会促使相关公司的违约互换大幅度扩大，但是WorldCom公司上周的五年中期报价从两周前的150个基点跌至140个基点以下。

迄今为止，违约互换报价下降以及债券基准资产互换水平的扩大仅限于欧洲和美国。如果对亚洲企业信用质量的看法有所改善，那么可能会发行票据和发生利差变动。然而，那些一直在努力弥补据称活跃的美国和欧洲债券及互换市场上头寸的交易商可能不愿意在亚洲尝试相同的方法。

伴随着美国和欧洲企业更多发行信用联结票据的前景以及维持广泛的负向互换债券基础，允许经营所有权头寸的交易商以及他们的发行公司客户将获得更多的暴利套利利润。然而，被迫取消了其结构化票据部门发布的交易的交易商面临接下来几周的焦虑对冲。

（汤森路透，IFR，2001年5月12日）

□问题

a. 什么是信用联结票据？为什么投资者会购买信用联结票据而不是公司债券？分析这两种工具产生的风险和现金流量，看看信用联结票据在什么方面受欢迎。

b. 假设你发行了一个信用联结票据。应该如何对冲你的头寸？至少提出两种方法。为什么你需要对冲你的头寸？请具体说明。

c. 作为前一个问题的延续，为什么投资者在这种情况下出售或不出售其公司债券？

d. 现在我们来谈谈套利问题。这个阅读中提到的套利论据的基础是什么？具体并详细解释。使用现金流图显示你的推理。

e. 某些公司报告的回购利率为零是什么意思？为什么利率为零？

f. 最后，为什么这会为公司财务人员创造机会？

MATLAB 习题

9.（对CoCo进行定价的权益衍生工具）。考虑以美元计价的CoCo，期限为5年，面值为1 000美元。假定当前股价S为100美元，权益波动性为20%。无风险的连续复利利率为4%，并且不存在股息支付。在触发时刻，面值（N）的比例（α）部分，即αN将用于转换。当股价S跌破50美元时，我们假定转换（$a=80$）被触发。转换价格等于CoCo发行时的价格。因此，转换比率CR等于$a\times1\,000/100=8$。如果银行希望按面值发行CoCo，为了使CoCo的初始价格为1 000美元，应该为投资者提供的票面利率是多少？有关CoCos定价的权益衍生品方法的详细信息，请参阅本章末的参考文献。

第22章 违约相关性定价与交易

22.1 引论

信贷行业存在三种主要的问题。第一，对于信用风险自身的认识与工程化。换句话说，我们如何从一种债券或者一种贷款上剥离其组成部分的违约风险，并分别进行交易呢？信用违约互换（CDS）的工程化很好地服务于这个目的，这在第18章里已经阐述过。

研究信用风险的第二个维度是建模方面。假如没有建模，我们不能解决定价、对冲和风险管理的问题。建模帮助我们从描述或图解式的讨论过渡到数量化的讨论。在信用风险中，建模包括一个“奇特的”组成部分。所讨论的风险就是事件，也就是违约。它们是0—1型随机变量，并且不同于像利率、股价这些可以用连续状态随机过程加以近似的风险因素。① 信用风险，作为0—1型事件，在建模中引入了一个新的维度。

信贷行业的第三个重要维度与违约风险的份额化有关。第21章的重点就是份额化信用风险会最终导致剥离违约相关性。在这一章，我们谈论对违约相关性进行建模以及由此产生的违约相关性的金融工程。我们学习如何剥离风险、对冲，并且对其进行交易，最近的相关性市场提供了真实的背景研究资料。

正如我们在前一章所讨论的，银行将证券化过程扩展到CDO、CLO和其他产品上。中级份额或夹层份额被出售给投资者。非常高质量的份额，也叫作高级份额或者超高级份额，也同样存在银行账户上，因为对于许多投资者来说，它们的隐含收益非常小。因

① 记住，现实中的指标通常不是连续状态的随机变量。相反，其状态空间是可数的。在小数位数方面，市场存在惯例。比如，欧元兑美元的汇率报价至四位小数。因而，最小单位是0.000 1。在一个典型交易日里，可信的真实状态的总数一般不超过比如说200～300个。

此，银行发现自己做多权益份额以及高级份额和超高级份额，做空具有高回报且被评为投资级的夹层份额。可以证明，正如我们将在这一章所看到的，权益份额价值与违约相关性正相关，而超高级份额价值与违约相关性负相关。这两种情况的总和形成了银行的相关性账目。结果是，银行不得不学习相关性交易、对冲以及定价。

违约相关性和份额价值之间的联系是一个复杂的问题，需要逐步加以阐明。我们讨论的市场实例是这个思想如何在建立相关性交易和创造新的结构化产品中被利用。我们需要介绍的第一个问题是份额定价对违约相关性的依赖。

22.2 两个简单的例子

首先，我们讨论两个简单的例子，以此说明违约相关性的变动是如何影响份额价格的。正是通过这样的逻辑，所观察到的份额交易可以被用来推算违约相关性。这个数值被称为隐含相关性（implied correlation）。

□ 22.2.1 有三个信用名称的投资组合

设 $n=3$，那么在这个投资组合中只有三个信用名称。对于这类投资组合，我们可以只考察三种份额：权益份额、夹层份额和高级份额。在这个简单的例子中，权益份额承担了第一部分违约风险（0～33%），夹层份额承担了第二部分违约风险（33%～66%），高级份额承担了第三部分违约风险（66%～100%）。

一般来说，我们沿用前面一章的那些符号。作为一个新的参数，我们设 $\rho_t^{i,j}$ 表示 t 时刻投资组合中第 i 个名称和第 j 个名称之间的违约相关性。分别设 p_t^i 表示违约可能性，cds_t^i 表示第 i 个名称的流动的信用违约互换利差。为不失一般性，我们做出下面的假设。在 $[t_0,T]$ 时期，所有资产的违约可能性都是相同的，且为常数：

$$p_t^1=p_t^2=p_t^3=p \quad 对于所有\ t\in[t_0,T] \tag{22.1}$$

我们还假设回收率是常数，用 R 表示。

我们考察两种极端情况。在第一种情况下违约相关性为 0，

$$\rho^{i,j}=0 \tag{22.2}$$

对于 $t\in[t_0,T]$，所有 i，j，第二种情况是完全相关：

$$\rho^{i,j}=1 \tag{22.3}$$

这两种极端的情况展现了相关性交易涉及的最基本的想法。在这两个假设条件下，我们研究一系列重要的概念。特别地，我们要获得：(1) 违约的损失分布；(2) 违约相关性；(3) 在这种状况下的份额定价。

从独立案例开始。一般来说，有 n 个信用名称，概率分布 D 服从二项分布。设 p 表示每个名称的违约可能性，且为常数，并假定各项名称的违约是相互独立的，在 $t\in[t_0,T]$ 时期，违约数量的分布服从：

$$P(D=k)=\frac{n!}{k!\,(n-k)!}p^k(1-p)^{n-k} \tag{22.4}$$

注意，在这个分布中，由于相关性为0，所以没有相关系数 ρ。现在，考察第一个数值例子。

22.2.1.1　案例1：完全不相关

当 $n=3$ 时，只有四种可能性，即 $D=\{0,1,2,3\}$。对零违约，$D=0$，我们有

$$P(D=0)=(1-p)^3 \tag{22.5}$$

对于剩下的概率分布，得到：

$$P(D=1)=p(1-p)^2+(1-p)p(1-p)+(1-p)^2p \tag{22.6}$$

$$P(D=2)=p^2(1-p)+p(1-p)p+(1-p)p^2$$

$$P(D=3)=p^3 \tag{22.7}$$

假设 $p=0.05$，代入上面的公式得出无违约发生的概率为：

$$P(D=0)=(1-0.05)^3=0.857\,375 \tag{22.8}$$

一个违约可以以三种不同的方式发生：

$$\begin{aligned}P(D=1)&=0.05\times(1-0.05)\times(1-0.05)+(1-0.05)\times0.05\times(1-0.05)\\&\quad+(1-0.05)\times(1-0.05)\times0.05\\&=0.135\,375\end{aligned} \tag{22.9}$$

两个违约也可以以三种不同的方式发生：

$$\begin{aligned}P(D=2)&=0.05\times0.05\times(1-0.05)+0.05\times(1-0.05)\times0.05\\&\quad+(1-0.05)\times0.05\times0.05\\&=0.007\,125\end{aligned} \tag{22.10}$$

而三个违约就只有一种可能，概率为：

$$P(D=3)=0.05\times0.05\times0.05=0.000\,125 \tag{22.11}$$

这些概率相加等于1，符合要求。

每个份额对应的利差可以很容易地从这些数字中得到。为简化起见，我们假设违约仅在年末发生。为了计算份额利差，在研究上可用概率情况下，我们首先计算每个份额的预期损失，那么利差就可以设定为预期损失与预期现金流相等时的值。这三个份额的预期损失可以由下式给出：

$$\begin{aligned}\text{权益份额}&=0\times P(D=0)+1\times[P(D=1)+P(D=2)+P(D=3)]\\&=0.142\,625\end{aligned} \tag{22.12}$$

$$\begin{aligned}\text{夹层份额}&=0\times[P(D=0)+P(D=1)]+1\times[P(D=2)+P(D=3)]\\&=0.007\,25\end{aligned} \tag{22.13}$$

$$\begin{aligned}\text{高级份额}&=0\times[P(D=0)+P(D=1)+P(D=2)]+1\times P(D=3)\\&=0.000\,125\end{aligned} \tag{22.14}$$

在一年期合约情况下，很容易对这些份额的利差计算加以推广。设 $B(t,T)$ 表示将 T 时刻收到的 1 美元折现到 t 时刻的折现因子。回收率是 R。假设 $N=1$，且违约只发生于 T 时刻，t_0 时刻的份额利差表示为$\text{cds}_{t_0}^{j}(j=e,m,s)$，并且由下面的等式给出：

$$0=B(t_0,T)\{\text{cds}_{t_0}^{e}P(D=0)-[(1-R)-\text{cds}_{t_0}^{e}]\times P(D\geqslant 1)\} \tag{22.15}$$

对于第一个违约的权益份额，这可以写成：

$$\text{cds}_{t_0}^{e}=(1-R)\times P(D\geqslant 1) \tag{22.16}$$

对于夹层份额，我们有

$$0=B(t_0,T)\{\text{cds}_{t_0}^{m}[P(D=0)+P(D=1)]-[(1-R)-\text{cds}_{t_0}^{m}][P(D=2)+P(D=3)]\} \tag{22.17}$$

可以得到

$$\text{cds}_{t_0}^{m}=(1-R)\times[P(D=2)+P(D=3)] \tag{22.18}$$

最后，对于高级份额

$$0=B(t_0,T)\{\text{cds}_{t_0}^{m}[P(D=0)+P(D=1)+P(D=2)]-[(1-R)-\text{cds}_{t_0}^{m}]\times P(D=3)\} \tag{22.19a}$$

并且得到

$$\text{cds}_{t_0}^{s}=(1-R)\times P(D=3) \tag{22.19b}$$

注意，一般来说，当 $n>3$ 且份额数量小于 n 时，R 的值可能不止一个。将$p=0.05$ 以及回收率 $R=40\%$代入上式，可以得到这些利差的数值。

如果我们代入上面的值，我们得到不同部分的信用利差如下：$\text{cds}_{t_0}^{e}=0.085\,575$，$\text{cds}_{t_0}^{m}=0.004\,35$，$\text{cds}_{t_0}^{s}=0.000\,075$。正如预期的那样，股权部分是风险最大的，并以最高的利差补偿。

有意思的是注意到，对于每个份额，利差与浮动支付的概率之间的关系，类似于我们从第 18 章的单一名称 CDS 中获得的 cds 与 p 的关系

$$\text{cds}=(1-R)\times p \tag{22.20}$$

22.2.1.2 案例 2：完全相关性

如果违约相关性增加，且 $\rho\to 1$，那么所有信用名称从本质上来讲都是相同的，所得到的违约概率均相等。对于所有名称以及所有 $t\in[t_0,T]$，设

$$p_t^i=0.05 \tag{22.21}$$

在这些条件下，很明显，D 的概率分布可由下面的分布给出：

$$P(D=0)=1-0.05=0.95 \tag{22.22}$$

$$P(D=1)\to 0 \tag{22.23}$$

$$P(D=2)\to 0 \tag{22.24}$$

$$P(D=3)=0.05 \tag{22.25}$$

对应的每个份额期望损失很容易计算出来。所有份额的损失是相同的，如果假设与例子 1 中 p 和 R 的值相同，则损失等于 0.05。对于权益份额，得到如下信用利差：

$$0=c_{t_0}^{e}P(D=0)-[(1-R)-c_{t_0}^{e}](D\geqslant 1)$$

$$\mathrm{cds}_{t_0}^{e}=(1-R)\times P(D\geqslant 1)=(1-0.4)\times 0.05=0.03 \tag{22.26}$$

夹层份额的利差为：

$$\mathrm{cds}_{t_0}^{m}=(1-R)\times[P(D=2)+P(D=3)]=(1-0.4)\times 0.05=0.03 \tag{22.27}$$

最后，对于高级份额，我们得到

$$\mathrm{cds}_{t_0}^{s}=(1-R)\times P(D=3)=(1-0.4)\times 0.05=0.03 \tag{22.28}$$

我们可以从这两个例子中得出一些一般性结论。首先，当 $\rho\to 1$ 时，这三个份额的利差变得相似。这是可以想象到的，因为在这种情况下所有名称看起来越来越相像。在极限 $\rho=1$ 时，仅存在两种可能，要么没有人违约，要么所有人都违约。“份额”和分开出售都是没有风险的。这里只有一种风险。

其次，我们看到当相关性由 0 变化到 1 时，权益份额的期望损失降低了，信用利差降低了。另外，高级份额的期望损失上升了，信用利差上升了。夹层份额的情况大概介于这两者之间：当相关性上升时，预期损失和信用利差也上升，但不如高级份额的上升程度大。通常来说，夹层份额对相关性的敏感性依赖于它所附加的点和规模以及现行信用利差。

最后，投资组合的预期损失与相关性无关。如果我们将三种份额的损失加起来，那么两种情况下的损失都是 0.15。然而，相关性决定了期望损失是如何分布在资本结构的不同部分的。

□ 22.2.2 份额利差的敏感性与违约相关性的一篮子违约互换

注意，当违约相关性增大时，违约分布的偏度增大，也就是分布函数的“两端”尾部出现厚尾。在第 21 章中我们了解到违约分布和投资组合损失分布是如何依赖于违约相关性的。图 22.1 基于假设的投资组合，并说明份额溢价是相关性和份额分支的函数。对

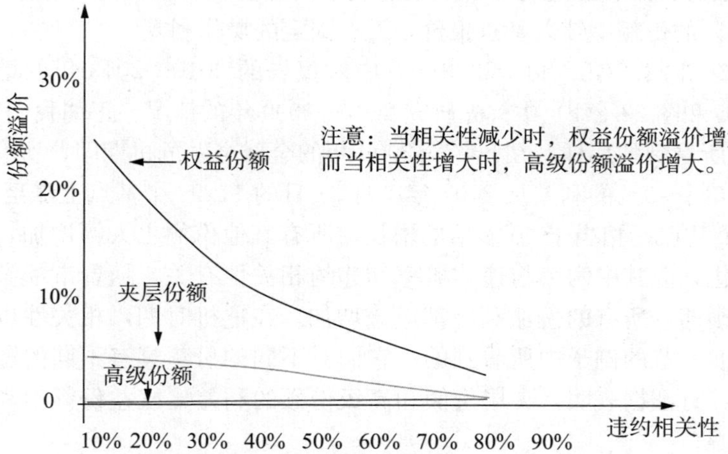

图 22.1 份额溢价作为违约相关性的函数

于所有级别的相关性来说，权益份额的份额溢价是最高的。这反映出一个事实，即权益份额没有从属地位，并且第一个遭受损失。高级份额受到权益份额和夹层份额的保护，因此其风险最低。代表权益份额的线表明，随着违约相关性的增加，权益份额溢价下降。如果违约相关性减小，则情况正好相反。对于高级份额，溢价随着违约相关性增加而增加。对于夹层份额而言，违约相关性和份额溢价之间的关系通常对几个参数敏感，但在这个说明性示例中，我们假设它随着违约相关性的增加而下降。这也是上述数字例子中案例 1 和案例 2 的比较。

注意，上述例子也可以解释为一篮子违约互换，而不是份额定价的应用。一篮子违约互换（basket default swap）与单一名称违约互换的不同之处在于，标的是一篮子实体而不是单一实体。通常的一篮子违约互换的例子有：第一个违约（first-to-default），第 n 个违约（n-th-to-default），m 个当中的第 n 个违约（n-out-of-m-to-default）以及全部违约（all-to-default）互换。在单一名称信用违约互换中，信用事件通常是实体的违约。在这个例子中，有三个资产或名称，我们计算了第一个违约、第二个违约和第三个违约互换的利差。因此，合成 CDO 份额的价格取决于违约相关性，与一篮子违约互换类似。在合成 CDO 中，标的资产是 CDS，而在现金 CDO 中标的资产是债券。随着 CDO 市场的发展，单一份额交易得到了发展。这是指在 CDS 空头头寸标的投资组合没有建立的情况下进行 CDO 份额的交易。

□ 22.2.3　CDO 份额的最新报价协议和份额利差的演变

这个简单的例子说明了不同份额的利差是如何取决于违约相关性的。图 22.1 利用一个假设的投资组合说明了这一点。在我们考察研究近期（iTraxx 欧洲）份额利差如何变化的真实例子之前，我们需要注意的是，2009 年 CDS“大爆炸”之后，CDS 合约已经标准化，并且份额的报价已经发生变化。截至 2009 年 4 月，除了权益份额（0～3%），所有 iTraxx 份额都是以基点报价，没有固定利差。换句话说，事先没有现金交换。然而，权益份额包括一个固定的 500 个基点利差的预付费用，并以本金的一定百分比报价。2009 年 4 月以后，份额的报价发生变化，此后权益份额（0～3%）和夹层份额（3%～6%，6%～9%）包括预付费用和固定的 500 个基点利差，并按照本金百分比报价。9%～12% 和高级 12%～22%的份额继续以基点报价，没有固定的操作利差。

因此，在讨论图 22.2(c) 和图 22.2(d) 中所报告的 2010—2013 年的情况之前，我们将在图 22.2(a) 和图 22.2(b) 中首先研究 2007—2009 年的情况。正如我们在图 22.2(a) 和图 22.2(b) 中所看到的那样，在 2007—2009 年的全球金融危机期间，所有份额利差都显著增加。夹层 6%～9%的利差从 2007 年 1 月 31 日的 11.95 个基点上涨至 2009 年 1 月 30 日的 606.69 个基点。相当于 60 多倍的增长。所有其他份额也大幅增加。有很多因素可以解释这些变化，但其中两个与违约概率和违约相关性有关。随着市场参与者上调他们对违约概率的预期，所有的份额利差都应该增加。在危机时期，相关性也会增加，然而，正如我们在前一节的例子中所看到的，它们对不同的份额具有不同的影响。正如我们所预期的那样，有证据表明，夹层份额和高级份额的利差比权益份额的利差要高出一定的比例。

一些评论者将全球金融危机的严重程度部分归咎于高斯 copula 模型在 MBS 支持的

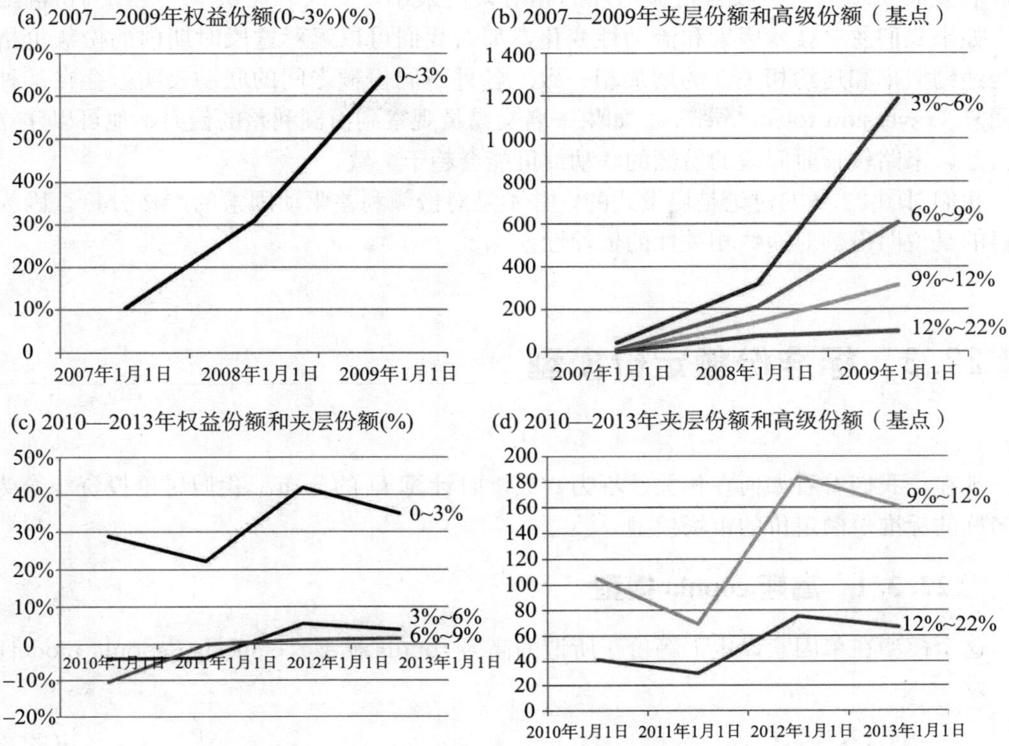

图 22.2　2007—2013 年份额利差

CDO 定价中的使用。然而，重要的是要注意，模型的局限性在危机前已经由市场参与者和学者指出。此外，归咎于份额和 CDO 错误的定价模型类似于交易商将期权损失归咎于其在对隐含波动性的意外增加感到惊讶之前使用历史隐含波动性进行期权定价所遭受的损失。随着市场参与者修改预期，期权价格和份额价格可能出乎意料地变动。损失的原因可能在于模型的使用者自身。即使是这里简短的讨论，也强调了模型的局限性。更完善的模型不断被开发出来，但正如我们在书中反复指出的那样，模型只是现实的近似，并且常常用作交流工具或基准，但现实比模型的假设所推导出的要复杂得多。衍生品的买卖双方必须了解他们交易的产品，产品构建师必须注意向客户解释产品，并确保产品适合他们的客户。这适用于所有产品和服务，而不仅仅是衍生品或结构性产品。

图 22.2(c) 和图 22.2(d) 显示 2010—2013 年期间的份额利差波动性下降。图 22.2(c) 报告了新的报价惯例。① 对于 0～3％的权益份额，2010 年 1 月 29 日的报价为 28.81％(以名义百分比计)。由于该份额有 500 个基点的固定票面利率，所以在开始时有预付款。预付的金额等于当前市场利差和固定票面利率之差的现值。由于合约的固定票面利率为 500 个基点，但是以 2 881 个基点（28.81％）交易，保护买方的预付款额等于 2 881 与 500 个基点的差值的现值。该数字显示，对于某些利差来说，市场利差低于固定票面利率，在这种情况下，保护卖方必须先支付两笔利差之间的差额。在 2010—2013 年期间，

① 数据来源是 Creditex 和 Markit。参看 www.creditfixings.com。

份额利差有所增加，但权益份额增加的相对幅度最小，高级和夹层 9%～12%份额最显著。如果我们忽略技术因素和流动性变化，那么我们可以解释这段时期内的份额价格变动与违约概率和违约相关性的增加相一致。各种不同份额之间的联动表明，存在某种均值回复（reversion to the mean）。如果一名交易员观察到份额利差的偏离，他可以建立一个头寸，来赌较长时间段的份额的联动性可能会趋于一致。

我们对图 22.2 的讨论是启发式的，并不是对份额利差驱动因素的严格分析，因为主要目的是说明份额对违约相关性的依赖性。

22.3 标准份额定价模型

现在，我们看看如何在相关性不为 0 或 1 时计算 D 的分布。我们讨论投资组合为 n 个名称的标准份额定价的市场模型。

□ 22.3.1 高斯 copula 模型

这个模型在单因素设定下等价于所谓的高斯 copula 模型（Gaussian copula model）。设

$$\{S^j\},\ j=1,\cdots,n \tag{22.29}$$

表示一系列潜在变量。它们的作用是在统计上生成非独立的 0—1 变量。① 目前没有一种随机变量的模型可以生成用闭形式密度或分布函数表示的相关 0—1 型随机变量。$\{S^j\}$ 序列在蒙特卡洛方法中正是用于此目的。

假定 $\{S^j\}$ 服从一个正态分布，同时假定第 i 个名称第一次发生违约时，S^i 降至由 L_α 表示的阈值之下，其中 α 表示第 j 个名称的违约概率。重要的步骤在于构建 S^j 的方式。考察下面的单因素例子：

$$S^j=\rho^j F+\sqrt{1-(\rho^j)^2}\,\epsilon^j \tag{22.30}$$

其中，F 表示一个独立于ϵ^j的共同隐变量，ρ^j 表示常值参数，ϵ^j表示特异成分。在这种设定条件中，随机变量具有一些特有的特征。F 没有上标，所以对于所有的 $\{S^j\}$（$j=1,\cdots,n$）而言均相同，并且它服从标准正态分布。对于每一个 i，ϵ^j都是特定的，同时也服从标准正态分布，

$$\epsilon^j\sim N(0,1) \tag{22.31}$$

$$F\sim N(0,1) \tag{22.32}$$

最后，共同因素和特异成分是不相关的。

$$E[\epsilon^j F]=0 \tag{22.33}$$

---

① 前面的例子研究了独立违约的情况。违约是一个 0—1 变量，于是产生随机变量 D，以此表示在 $[t_0,T]$ 时期内违约的总数，它服从标准的二项式分布。

可以证明，$\in^j$ 和 F 可能服从任何期望的分布。[1] 如果这个分布被假设为正态的，那么这个模型和高斯 copula 模型类似。注意，这个例子实际上是单因素潜在变量模型。

我们得到一种典型的 S^j 的均值和方差，如下所示：

$$\begin{aligned}E[S^j]&=\rho E[F]+E[\sqrt{1-\rho^2}\in^j]\\&=0\end{aligned} \tag{22.34}$$

以及

$$\begin{aligned}E[(S^j)^2]&=\rho^2 E[F^2]+E[(1-\rho^2)(\in^j)^2]\\&=1+\rho^2-\rho^2=1\end{aligned} \tag{22.35}$$

由假设可知，这是因为右边两个随机变量具有零均值及单位二阶矩，另外，F 与 $\in^j$ 不相关。上述模型具有一个重要特性，我们将在剥离违约相关性时用到这个特性。可以证明，利用共同因素变量以及有关的 ρ^i，可以很方便地对违约之间的相关性进行建模。该相关性计算如下：

$$\begin{aligned}E[S^jS^k]&=E[\rho F+\sqrt{1-\rho^2}\in^j][\rho F+\sqrt{1-\rho^2}\in^k]\\&=\rho^2E[F^2]+E[2(1-\rho^2)\in^j\in^i]+E[\rho\sqrt{(1-\rho^2)}\in^jF]\\&\quad+E[\rho\sqrt{(1-\rho^2)}\in^iF]\end{aligned} \tag{22.36}$$

由此可得：

$$\mathrm{Corr}[S^iS^j]=\rho^i\rho^j \tag{22.37}$$

对于所有的 i 和 j，存在

$$\rho^i=\rho^j \tag{22.38}$$

的情况，我们称之为复合相关性（compound correlation)，并且是市场惯例。于是，复合违约相关系数表示为 ρ^2。

第 i 个名称的违约概率定义为：

$$p^i=P\left[(\rho F+\sqrt{1-\rho^2}\in^i)\leqslant L_\alpha\right] \tag{22.39}$$

这个概率表示 S^i 的值降至 L_α 水平之下的可能性。记得在第 19 章我们介绍了违约的默顿（1974）结构模型，其中当公司价值下跌到公司所发行债务之下时，违约就发生。因此，乍看起来，市场惯例与默顿模型非常相似。这有点让人产生误解，因为这里 S^i 没有结构解释。它主要用于生成相关的二项式变量。

这种设定条件为人们提供了对各个份额进行定价和对冲的依据。一旦我们观察到市场上流动份额的利差时，它有助于我们推出隐含的违约相关性。

步骤如下：首先，观察市场上每一种名称的信用违约互换（CDS）的利率cds_t^i。利用

---

[1] 这里需要警告一点，两个正态分布的和是正态的；然而，两个任意分布的加总不一定属于相同的分布族。实际上，用任何闭形式的分布对这种总和建立模型都是不可行的。一个例证是服从正态分布的变量和一个不能用一个闭形式分布表示的学生 t 分布的变量的和。这些操作需要用到蒙特卡洛方法，而且以数值方法生成分布。

这个利率计算风险调整的违约概率 p^i。利用这个值，求出相应的 L_α^i。对于 F 和$\in^i$，生成伪随机数。接下来，对 ρ 假设一个值，然后计算隐含的 S^i。检查一下，利用这个方法得到的 S^i 的值是否小于 L_α^i。如此下去，得到一个模拟的违约过程：

$$d^i=\begin{cases}1 & \text{如果 } S^i<L_\alpha \\ 0 & \text{其他}\end{cases} \tag{22.40}$$

最后计算违约数量，得到

$$D=\sum_{i=1}^{n} d^i \tag{22.41}$$

重复这个过程 m 次，就能得到随机变量 D 的 m 个复制品。如果 m 足够大，我们可以利用所得到的直方图作为 n 项参考名称的违约损失分布，然后对每一份额计算利差。

□ 22.3.2 隐含相关性

合成 CDO 份额的估值与第 18 章中所述的 CDS 估值类似。份额的收支平衡点利差被定义为使份额收益的现值等于支付现值的利差。现值取决于现金流量、接收现金流的可能性和折现因子。这又与单一名称 CDS 的估值类似。CDO 份额定价的不同之处在于，现在我们有多个标的资产，现金流的可能性必须考虑到现金流之间的相关性结构。这就是通过使用高斯 copula 模型设定得到上面描述的标准市场模型所获得的。标准高斯 copula 市场模型可以以与期权市场中的标准市场模型布莱克-斯科尔斯模型类似的方式使用。我们使用布莱克-斯科尔斯模型来基于给定的输入参数计算理论期权价格，或者根据观察到的市场期权价格推出隐含波动性。在标准（高斯 copula）市场模型中，我们可以使用违约概率作为输入参数，并确定份额利差，或者我们可以从市场上观察到的份额利差开始，计算隐含概率。[①] 由于我们使用的是标准市场模型，所以违约损失分布将取决于基于 ρ 的选择的违约相关性的某一水平。隐含相关性是 ρ 的水平，它得出所计算的份额利差，使市场中观察到的份额利差相等。如果我们观察份额利差，系数 ρ 是唯一未知的变量。

市场参与者之所以喜欢直接报价隐含相关性，而不是直接的市场利差，是因为相关性与标的的总体利差水平无关。这与期权市场的市场惯例类似，所报价是隐含波动性而非期权价格。

在市场上，通常份额的市场报价意味着相关性。如果代入标准模型得到市场中观察到的利差的相关性，则这种相关性被称为复合相关性或份额相关性。换句话说，复合相关性是通过将高斯 copula 模型校准为 CDO 份额的价格而得到的相关性。隐含的违约相关性 ρ 是这样的相关性，即给定观察到的市场价差，将 CDO 份额两方的现值设定为等于零。图 22.3 展示了一个典型的复合相关性图。它显示了不同份额的复合相关性。与股票市场类似，在布莱克-斯科尔斯模型得到隐含波动性偏差、微笑或皱眉的情况下，模拟给定份额的预期损失的高斯 copula 方法导致不同的相关性。复合相关性表现出典型的相关性偏差或相关性微笑。随着份额级别的增加，隐含相关性首先下降，然后增加。

我们观察到夹层份额的隐含复合相关性低于高级份额和权益份额。这种相关性的下

① 例如，如果用违约概率作为输入参数，则这些参数可以建立在债券收益率数据的基础上。

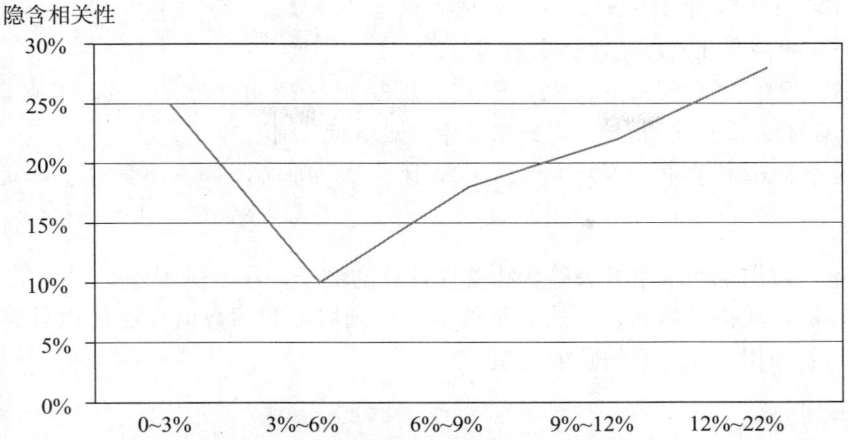

图 22.3 复合相关性

降反映出这样的事实，即与权益份额相比，市场对高级份额损失的风险给出的价格高于高斯 copula 模型所预测的。换句话说，市场认为，违约趋于集中，因为它们变得更加频繁。

复合相关性的一个局限性是，对于一些（夹层）份额，份额相关性不是唯一确定的，甚至可能不存在。这些计算问题意味着隐含相关性在概念上与隐含波动性不同。我们将在第 22.6 节中看到所谓的基点相关性如何解决这个问题。

下面，我们用一个简单的例子阐述这个过程。

例子：

设 $n=3$，假定违约概率为 1%，并设违约相关性 $\rho^2=0.36$。对于每一个 $\{S^1, S^2, S^3\}$，我们利用下面的步骤得到 10 000 个复制值：

$$S^1=0.25F+\sqrt{64}\in^1 \tag{22.42}$$

$$S^2=0.25F+\sqrt{64}\in^2 \tag{22.43}$$

$$S^3=0.25F+\sqrt{64}\in^3 \tag{22.44}$$

比如，我们选取 4 个标准的伪随机变量

$$F=-1.126\ 15 \tag{22.45}$$

$$\in^1=-2.172\ 36 \tag{22.46}$$

$$\in^2=0.643\ 74 \tag{22.47}$$

$$\in^3=-0.326\ 163 \tag{22.48}$$

利用这些值，我们可以得到 S^i

$$S^1=-2.413\ 58 \tag{22.49}$$

$$S^2=-0.160\ 698 \tag{22.50}$$

$$S^3=-0.936\ 621 \tag{22.51}$$

然后我们计算相应的 S^j，看一看它们是否小于 $L_{0.01}=-2.32$，其中后者是在标准正态分布中给出 1%的尾部概率的阈值。

当 $S^1<-2.32$，$S^2<-2.32$，$S^3<-2.32$ 时，设相应的 $d^i=1$，否则，它们就是 0。然后将这三个 d^i 相加，得到蒙特卡洛过程的 D 值。

在这个特殊例子中，$d^1=1$，$d^2=0$，$d^3=0$。所以，第一个蒙特卡洛过程给出 $D=1$。

接下来，我们说明一个有关隐含相关性计算的例子。这个例子还是以关于 D 的蒙特卡洛样本开始，获得份额利差，然后延伸至三个函数，利用数值方法加以计算，从而解释了份额利差和相关性之间的映射关系。

例子：

隐含相关性

假设给定关于参考投资组合的相关违约的一个蒙特卡洛样本，

$$样本=\{D_1,\cdots,D_m\} \tag{22.52}$$

于是，我们可以得到违约数量的直方图。

假设 $\rho=0.3$，$n=100$，$m=1\,000$。按照上面的过程进行，我们获得 1 000 个 D_i。针对 D 的分布，我们至少可以做两项分析。首先，可以计算份额利差的公平价值。比如，当回收率为 40%、利率为 0 时，我们可以计算出这个例子中的权益份额的价值为

$$\begin{aligned}\text{cds}^e &=[0.05\times0+0.12\times33.33\times0.6+0.15\times66\times0.6\\&\quad+(1-0.05-0.12-0.15)]\times0.6\\&=0.68\end{aligned} \tag{22.53}$$

这个一年期的利差基于这样一个事实：如果没有违约，以名义金额 $N=100$ 对前 3 个违约出售保护的一方什么都不会损失，如果违约数为“1”，则损失投资的三分之一，如果违约数为“2”，则损失三分之二，如果违约数为“3”，则损失全部投资。

对所有的 $\rho^2\in[0,1]$ 重复这样的过程，我们可以得到三个曲面。这些图显示了权益份额、夹层份额、高级份额的价值与份额的公允价值的对照。

注意，当相关性上升时，权益份额的价值也上升。夹层份额的价值是一条 U 形曲线，而高级份额的价值也是单调的。本章最后的习题提供另一个数值例子。

□ 22.3.3 中心极限的影响

为什么违约损失分布的变化是相关性的函数呢？这是与中心极限定理及其假设有关的重要的技术问题。现在，定义相关的 0—1 随机过程 z_j 如下：

$$z_j=\begin{cases}1 & 如果\ S^j\leqslant L_\alpha\\0 & 其他\end{cases} \tag{22.54}$$

然后，计算这些随机变量的和

$$Z^n = \sum_{j=1}^{n} z^j \tag{22.55}$$

根据中心极限定理，即使各个 z^j 并不服从正态分布，并且彼此是相关的，只要在 $n \to \infty$ 时，该变量存在有限均值和方差，那么这些变量之和的分布将接近正态分布。

$$\frac{\sum_i^n z_i - \sum_i^n \mu_i}{\sqrt{\sum_i^n \sigma_i^2}} \to N(\mu^d, \sigma^d) \tag{22.56}$$

因而，如果参考投资组合中具有足够多的名称，那么 D 的分布看起来接近正态分布。另外，对于有限的 n 和高度相关的 z^j，这个收敛的速度将会非常慢。“相关性” ρ 越高，收敛速度越慢。特别地，当 n 约为 100 时，D 的分布在很大程度上依赖于 ρ，并远离正态分布。这就是指数份额和相关性之间关系的由来。在极端情况下，也就是在完全相关情形下，其总和仍涉及相同的 z^j。

22.4 违约相关性与交易

相关性影响着 CDO 份额的风险评估和估价。每一份额价值都从不同的方面反映了相关性。也许，权益份额（0～3%）显示了最有意思的相关性关系。第一眼看上去，这好像有悖常理。可以证明，相关性越高，权益份额的风险越低，份额的价值也越高。其中的原因如下：较高的相关性使得极少违约的极端情况更为可能。其他每种份额也是如此，相关性越高，投资者承担的风险越低，在份额的存续期间投资者将收到的溢价也越低。①

违约相关性对夹层份额的影响并不是那么明显。实际上，夹层份额的价值对违约相关性不那么敏感。对于高级份额，违约相关性更高意味着更大的损失可能性不仅发生于权益份额和中级份额，同时高级份额遭受损失的可能性也变大。因而，当违约相关性上升时，高级份额的价值下降。类似的推理也适用于超高级份额。

相关性交易是以份额利差对违约相关性具有不同的依赖程度为基础的。在 2004 年和 2005 年上半年，最普遍的交易之一就是出售权益份额，并且通过做多夹层指数来对冲违约概率的变化（比如市场风险）。

这是一个多头相关性交易，它具有很大的正持有成本。② 这个交易也具有很大的（正的）凸性风险敞口。事实上，当头寸持有者调整 delta 对冲时，对冲收益就带来一个与指数波动性直接相关的收益。最后，如果这个持有成本和凸性变高，对相关性变化的头寸敞口将会变得更高。

一个多头相关性的头寸存在两个主要的风险，实际上，这两个风险是相关的。第一，如果单一名称信用事件发生，多头相关性头寸就会面临损失。这个损失取决于头寸构建

① 注意，当我们说较低的相关性时，我们保持违约的概率不变。相关性变化的敏感性在这种假设下是有条件限制的，否则，当违约概率增加时，所有份额都会减值。

② 在 2005—2007 年期间，平均在 300 个基点左右。

的方式，而且为 5%～15%。违约债券的回收价值也会影响这个数值。

第二，相关性的变动将会带来盯市收益和损失。事实上，相关性的改变相当于市场改变它们对某个特殊事件发生的看法。一般来说，可以认为相关性下降 100 个基点将带来 delta 对冲过的权益份额的价值大约 1%的改变。相对于空头权益份额保护，多头夹层份额保护头寸的这种损失会更大。这意味着如果期望的相关性下降，该头寸会遭受更大的盯市损失。有时，这些头寸需要流动。

市场参与者可以进行以下交易：

- 通过做多权益份额，或者做空高级份额，做多相关性。
- 通过做空权益份额，或者做多高级份额，做空相关性。

注意，相关性的敏感性可能随着时间改变，因为这取决于几个变量，即标的资产利差、违约数量和时间推迟。

22.5 delta 对冲与相关性交易

delta 是单独份额利差对标的指数 I_t 变动的敏感性。[①]

设 t 时刻的份额利差表示为$\text{cds}_t^j(j=e,m,s,sup)$。上标分别表示权益份额、夹层份额、高级份额和超高级份额。于是，存在两个影响份额利差的变量（至少是两个）：违约概率和违约相关性。用 p_t 表示违约概率平均值，而复合违约相关性表示为 ρ_t，我们可将指数利差写成这两个变量的函数：

$$\text{cds}^i = f^i(p_t,\rho_t) \tag{22.57}$$

当 p_t 变化时，对于所有份额敏感性，符号都是一样的，记住这一点非常重要。随着违约概率的增加，所有份额利差也会上升，尽管上升的幅度不同。对于所有 i，对指数（或违约概率）的敏感性可以写成：

$$\Delta^i = \frac{\partial \text{cds}_t^i}{\partial I_t} > 0 \tag{22.58}$$

这些构成了针对指数本身的份额 delta。给定更高级份额的从属水平，可发现，

$$\Delta^e > \Delta^m > \Delta^s > \Delta^{sup} \tag{22.59}$$

然而，各个份额相关性的敏感性则截然不同。正如前面所讨论过的，甚至符号也改变了。

$$\frac{\partial \text{cds}^e}{\partial \rho} < 0 \tag{22.60}$$

---

① 可以计算各自相应的 delta 值，并分别进行报告。但是，下面概述过程讲的是同一件事情。我们报告指数的 delta 值有两个原因。第一，这是市场报告的内容；第二，对该头寸的对冲是针对指数的，而不是通过买卖权益或夹层份额的直接对冲。

$$\frac{\partial \mathrm{cds}^m}{\partial \rho} \cong 0 \tag{22.61}$$

$$\frac{\partial \mathrm{cds}^s}{\partial \rho} > 0 \tag{22.62}$$

$$\frac{\partial \mathrm{cds}^{sup}}{\partial \rho} > 0 \tag{22.63}$$

据此，如果复合违约相关性上升，那么权益保护卖方就会受益。在这些条件下，超高级保护卖方就会遭受损失。夹层份额几乎保持中性。

假设市场实践者希望持有一个与 ρ_t 的变化正相关，但对 p_t 的变化几乎中性的头寸。很明显，这是前面讨论过的长期相关性敞口。如何将这样一个相关性交易付诸实践？为了达到此目的，市场操作者使用针对指数相关份额的 delta 值。这个头寸将由两个对冲措施构成。首先，要购买正确数量的权益份额和夹层份额，以便保证组合对于违约相关性的变动具有免疫力。其次，随着时间的流逝，分别对各个份额进行针对指数变化的对冲。[①]

设 N^e 与 N^m 表示两个名义金额。N^e 表示权益份额的敞口，N^m 表示中级份额的敞口。我们希望得到一个不引起这两种份额头寸的总价值改变的指数变动。

因而，投资组合 P_t 将由借助于一个新的量

$$P_t = N^e - N^m \tag{22.64}$$

出售的违约保护来构成。设

$$N^m = \lambda N^e \tag{22.65}$$

其中，λ 表示选取的对冲率。通过替换可得

$$P_t = N^e - \lambda_t N^e \tag{22.66}$$

λ_t 表示选取的对冲率，如下：

$$\lambda_t = \frac{\Delta_t^e}{\Delta_t^m} \tag{22.67}$$

对于这种选择，在 t 时刻，该投资组合的价值将对指数价值的变动产生免疫：

$$\frac{\partial}{\partial I_t} P_t = \frac{\partial}{\partial I_t} N^e - \frac{\partial}{\partial I_t} N^m \tag{22.68}$$

将式 (22.67) 代入，可得：

$$\frac{\partial}{\partial I_t} P_t = \Delta^e - \frac{\Delta^e}{\Delta^m} \Delta^m = 0 \tag{22.69}$$

---

① 对于其他份额利差的变化，也可以计算 delta。但是，市场主要报告与指数相关的 delta，因为份额头寸的对冲是关于指数的，而不是通过买卖权益份额或夹层份额和直接对冲得到的。

因此，卖出 N^E 单位的权益保护，同时买入 λN^E 单位的夹层保护的投资组合就是 delta 对冲。当标的指数变动时，投资组合对近似的一阶导数保持中性。而且，当市场波动时，对冲率 λ_t 将会变化，delta 对冲也要随之调整。这意味着产生 gamma 收益（或损失）。

□ 22.5.1　如何计算 delta 值

在布莱克-斯科尔斯公式中，delta 和其他敏感性因子是通过对一个函数求相应偏导数而得到的。在信用分析中，这通常不可行。对于份额 delta 来说，计算 delta 的方法是对敏感性因子的一种数值计算，或者是通过近似方式得到闭形式解。

一种方法是用蒙特卡洛方法和单因素的潜在变量模型来生成一个样本空间$\{S_t^i\}$，然后确定份额利差。这些结果取决于最初假设的指数利差或违约概率。为了得到 delta 值，我们将指数的初始价值除以 ΔI 数量，然后重复这个估值过程。份额利差之差除以 ΔI，这就得出了 delta 的数值估计。

□ 22.5.2　gamma 敏感性

利差变动的波动性是一个重要因素。积极管理 delta 头寸的方法认为，可能存在 gamma 收益。gamma 效应似乎在权益份额和高级份额中看起来是最明显的。gamma 敞口中存在的差异取决于特定的份额。

不同于期权，在信贷行业可以区分出三个不同的 gamma 类型：

- 将 gamma 定义为相对于所有标的 CDS 利差的一致相对位移的投资组合的凸度。
- i gamma 是各自 gamma 值，被定义为独立于其他利差的 CDS 利差的移动所得到的投资组合的凸度；也就是，一个利差变动，而其他利差保持为常数。
- n gamma 是负的 gamma 值，被定义为相对于标的 CDS 利差的一致相对位移的投资组合的凸度，其中一半的信用扩大，另一半的信用紧缩，这里扩大和紧缩的数量相等。

做多相关性的投资者进行 delta 对冲，如果相关性增大则获利，尽管该投资者已经做空 i gamma 和 n gamma，但是将做多 gamma。

□ 22.5.3　相关性交易和 gamma 收益

假设某个人预期复合违约相关性上升，这对于权益份额保护卖方是有利的，而对夹层份额的保护卖方几乎是中性的。[①] 因而，一个人可以通过卖出 N^e 单位的权益保护，同时买入 N^m 单位的夹层风险敞口来持有多头相关性敞口。后者的名义数量由下式决定：

$$N^m = \lambda N^e \tag{22.70}$$

该头寸的收益是多少？风险又是多少？首先，考察其收益。

---

① 取决于 t_0 时刻的指数水平和相关性水平。

可以证明，这种多头相关性头寸有正持有成本，这意味着，即使相关性的预期变化没有实现而且维持现状，头寸持有者也会赚钱。事实上，该正持有成本在200～350个基点时是十分明显的，这取决于 I_t 指数的当前水平和相关系数 ρ_t。

该头寸也有正的gamma收益。因为实际上多头相关性头寸关于 I_t 有正的凸性，所以随着delta对冲的调整，该对冲调整会使 I_t 波动性货币化。另外，如果相关性如同预期那样增长，该头寸将会获利。

风险与 i gamma的效应和递减的相关性有关。在这两种情况下，头寸都会遭受一定程度的损失，虽然这还不至于使所有的回报为负值。

下面，我们来看一个有关gamma收益和动态delta对冲的例子。

例子：

delta对冲和gamma收益

我们给定关于iTraxx指数报价（I_t）的信息及不同 I 水平下权益份额和夹层份额的delta值。比如，当指数为30个基点时，权益份额的delta值为18.5，夹层份额的delta值为8.9。

I_t	0～3%份额的delta	0～6%份额的delta
30个基点	18.5	8.9
35个基点	17.6	9.4
40个基点	15.1	10.1

现在，用这些值得出一系列动态调整的delta对冲。假定我们观察到在四天中指数变动如下：

$$I_1=30,\ I_2=40,\ I_3=30 \tag{22.71}$$

同时假定我们的名义金额 $N=100$。于是，一个多头相关性头寸会卖出100单位权益保护，并利用 $\frac{18.5}{8.9}\times 100=207.865$ 单位夹层保护对此进行对冲。

所得到的头寸对于 I 的变化将保持delta中性。

在第二天，由于 I_t 已经变动到40个基点，最初头寸不再是delta中性的。正确的对冲率变小了，为 $\frac{15.1}{10.1}=4.6$。投资者需要减少关于 I_t 的多头保护头寸，减少的值为 $[(18.5-8.9)-(15.1-10.1)]\times 100$。

在第三天，该头寸恢复到指数的初始头寸。

看一看利用指数对份额投资组合进行动态delta对冲后所发生的情况。投资者在 I_t 扩大时卖掉保护，在 I_t 缩小时又买回来。很明显，这样做会带来凸性收益，与期权或长期债券的情况相似。

22.6 现实世界的复杂性

对于如何建模和对份额利差进行估值的讨论是一种非常简化的情形。现实世界的交易存在多种复杂性，因此需要进一步建模。还有几个额外的问题需要解决。下面，我们简略地讨论这些问题。

□ 22.6.1 基础相关性

隐含复合相关性的计算得到图 22.3 中的“相关性微笑”（correlation smile）。一个问题是隐含（复杂）相关性有时并不是唯一的，或者甚至在夹层份额中可以不存在。为了解决夹层份额非单调的问题，除了复合相关性之外，在进行市场实践时引入另一种相关性，即基础相关性。

基础相关性方法背后的原理相对简单。该方法包括将份额报价转换为增加附着点的权益份额的报价。① 以这种方式计算基础相关性的过程被称为自举过程（bootstrapping process），这种方法已由 McGinty et al.（2004）给出概述。不过，基础相关性也会产生一个偏度，这个偏度通常是存在且唯一的。如图 22.4 所示。基础相关性的额外优点之一是，可以将不存在市场份额的相关性插值到分离点。由于这些原因，彭博社引用 iTraxx 的基础相关性和份额利差而不是复合相关性。

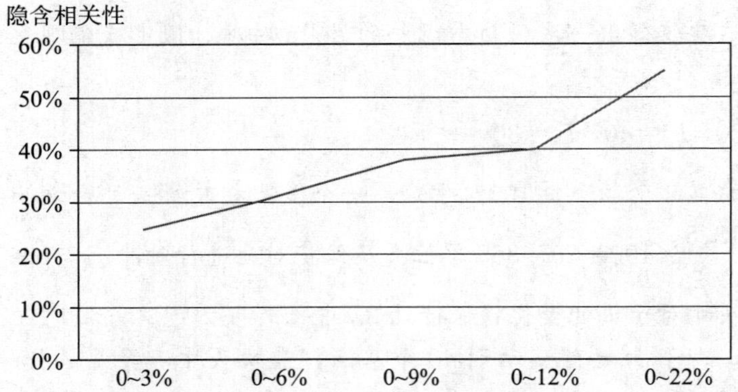

图 22.4 基础相关性

□ 22.6.2 分散效应

分散效应指的是各个利差与指数利差的差异程度。例如，如果各个 CDS 利差几乎和综合的指数利差相同，那么我们称这是低分散度的。

① 基础相关性首先利用附着点 0～3%、0～6%、0～9%等针对连续的权益份额来计算市场隐含利差，事实上，利用 0～3%的权益份额和 3%～6%的夹层份额的利差，可以计算无套利的 0～6%的权益份额利差。

投资组合中各个 CDS 利差相较于组合本身的利差的分散性是影响份额估值的一个重要因素。对于不同的份额该影响是不同的。对于权益份额，利差的分散程度越高，则基点数越高。这可归因于升高的份额风险。在夹层份额中分散程度越低，基点数越高，这暗示风险变大。高级份额和超高级份额的结果与夹层份额的情况类似。

□ 22.6.3 时间效应

时间也是影响份额利差的一个变量。离到期日越近，份额的价值越趋于下降。换句话说，份额利差的曲线大体上是向上倾斜的。

□ 22.6.4 delta 值加总等于 1 吗?

假设存在两种份额，而且在参考投资组合中只有两个名称。我们可以定义这两种份额：一种是权益份额，另一种比如说是高级份额。我们可以说，以份额的规模为权重，整个参考投资组合的 delta 值的加权和为 1 吗?

假设发生一个违约。如果卖出指数本身的保护，那么我们在未来获得的指数利差会保持恒定。然而，份额利差的加权平均会受到显著的影响，因为拥有第一个违约的权益保护卖方将收不到进一步的溢价。而且，可以证明，权益份额的份额利差会是最高的。

这个影响归因于份额利差的分布是不均匀的，而指数具有单一利差。第一个违约会触发一个较高的份额利差，同时剩下份额的投资组合的平均利差将明显下降。很明显，如果所有的份额和指数都在前期费用基础上交易，那么这个影响便会消失。

22.7 违约相关性案例研究：2005 年 5 月的波动性事件

在 2005 年 5 月的信用市场上发生了一件像谜一样耐人寻味的事情，并且引发了关于信用市场标准模型正确性的激烈讨论。这些事件值得我们简要回顾一下，因为它们对于新兴信用市场内现金衍生市场之间的互相影响的方式来说是一个很好的例子。

从本质上说，通用汽车公司和福特汽车公司被评级机构降级触发了 2005 年 5 月的事件。大量的债务由原来的投资级降至投机级，这意味着许多机构投资者将被阻止在其投资组合中持有它们。而随之而来的销售行为导致了信用市场中极大的信用波动性。

最大的波动性发生在 CDX 和 iTraxx 份额市场，因为几个参与者预测到了波动性的发生，并将多头相关性交易落实到位了。IFR 报告显示了在 2005 年 5 月所发生的一系列事件。

例子：

2005 年 5 月事件

本月初，有关对冲基金行业亏损的推测使信用市场不寒而栗。基金管理者在做多合成 CDO 权益这条路上走错了，而对该头寸的筹资是通过做空夹层份额，他们以为利差会以他们通过相关性假设预期的方式变动。

这个正的利差交易受到了银行和对冲基金的欢迎，因为如果相关股票的利差以一个平行的方式上移，这样的交易便会带来利润，而且还会对冲掉一个巨大的损失。

投资组合中的意外违约构成了风险敞口，但是因为违约率历来都很低，投资者们都乐于承担这种风险。

在通用汽车公司和福特汽车公司的评级降级中，往往包括了这些 CDO 结构，因为它们是非常大的债券发行人，这使得银行改变它们关于违约率的预测，并促使它们开始对大量相关性账簿进行平仓。

当权益份额的利差变得越来越高时，夹层份额却向着另一个方向发展，致使交易表现不佳，因此投资者在交易中遭受了这两方面的同时损失。

在最开始，业绩不佳的情况在美国表现很显著。但是，在过去几周里，欧洲市场遭受到了对冲基金对 iTraxx CDO 份额交易的平仓的打击。据估计，其中 20～30 只对冲基金在欧洲实行了相关性交易。

一位欧洲的信用战略分析师说道："出售是负回报率的结果，而这些类型的交易已经逐渐开始在美国市场生根发芽。"

iTraxx 的利差不应该受到抛售相关性头寸的影响。一位信用战略分析师说："从根本上说，风险在不同份额之间的重新分配，正如相关性改变所反映出来的，对标的市场的影响应该是非常有限的。"然而，从情感角度来看，影响却大得多，而且在同类交易中的平仓行为引起了道琼斯 iTraxx 交叉指数在上周大规模的波动。

5 年期指数从 330 个基点猛涨到前一周的 475 个基点。

然而，对冲基金在扩大的市场中增加大量空头，再加上美国国债上涨，导致在周末指数剧烈反弹至 380 个基点。

在上周，银行业和隐含损失的规模同样引起我们的注意。在伦敦和美国，那些持有相关性账簿的大多数国际银行感受到了大部分的下降，而亚洲则少一些。

这一部分是因为由纯粹的亚洲信用合成的份额没有真正地发展起来，而在欧洲和美国，对结构化信用产品日益增加的兴趣促进了信用违约互换指数的发展和流动性的增强；它们让这些市场中的隐含相关性更加透明，而亚洲的情形不是这样，它的区域指数并不那么受欢迎，更少有指数份额的持有。

6 月末对高收益市场很关键，因为此时大多数基金有季度流动资金，并伴有大量赎回的风险。许多基金都在进行平仓，希望客户会赎回他们的现金。

现在，我们可以更加细致地学习这个案例。根据一系列事件，波动性的现状如下。

几个对冲基金和银行自营交易柜台都做多相关性，这意味着它们已经对权益份额卖出名义金额为 N^E 的保护，同时买入名义金额为 N^M 的夹层份额的保护。根据下式可知，这两个名义量彼此相关：

$$N_t^M=\lambda_t N^E \tag{22.72}$$

其中，λ_t 表示选定的对冲率，以保证投资组合对于标的指数变动的敏感性，或者说平均违约概率 P_t 的变动的敏感性大约为 0。设 V^E 和 V^M 分别表示投资于权益份额和夹层份额的每 1 美元的价值，我们将其写成

$$\frac{\partial}{\partial p_t}[N^E V_t^E - \lambda N^E V_t^M] = 0 \tag{22.73}$$

这些头寸将会被持有，因为人们一致认为复合违约相关系数 ρ_t 会增大。于是我们有

$$\frac{\partial}{\partial \rho_t} V_t^E > 0 \tag{22.74}$$

与

$$\frac{\partial}{\partial \rho_t} V_t^M \cong 0 \tag{22.75}$$

当相关性增加时，该头寸会获利：

$$\frac{\partial}{\partial \rho_t} V_t^E - \frac{\partial}{\partial \rho_t} V_t^M > 0 \tag{22.76}$$

事实上，前面已经指出，当通用汽车公司和福特汽车公司被降级时，逆转发生了。一种关于 2005 年 5 月事件的可能解释是这样的。[①] 当通用汽车公司和福特汽车公司被降级时，权益的利差上升了，V^E 下降了，从而导致了违约相关性的突然崩溃。同时，夹层份额的利差下降了，V_t^M 上升了。这意味着由于交易的双方开始出现严重的盯市损失，多头相关性交易发生了严重的盯市损失

$$\frac{\partial}{\partial \rho_t} V_t^E - \frac{\partial}{\partial \rho_t} V_t^M < 0 \tag{22.77}$$

在 2005 年 5 月期间，观察到的份额利差的动态特性与理论模型所蕴含的特性相悖。所观察到的现实世界的关系，与市场标准模型所蕴含的关系具有相反的符号。这个疑惑背后的原因是什么？

当然，一种解释是模型本身：如果市场惯例用了错的模型，那么有时现实世界的发展与模型的预测相悖就是自然而然的。这是可能的，但是我们还没有发现满意的新理论模型可以解释那时所观察到的差异。

另外，对于这个问题存在一种似是而非的结构解释，并且它与现金 CDO 市场有关。从 20 世纪 90 年代中期开始，在过去几年中，银行已经销售现金 CDO 的夹层份额了（银行支付夹层份额利差）。这些头寸中的一部分是不用对冲的。随着通用汽车公司和福特汽车公司被降级，以及这些资产项被过度用于现金 CDO，做空夹层份额的银行尽力在指数市场中补仓。这意味着它们不得不卖出夹层指数份额的保护。[②] 这种动态创造了一个螺

---

① 记住，高斯 copula 模型不是为这些事件提供真正解释的结构模型。它是一个在定价和对冲期间用于校准我们所需的各种不同参数的数学模型。因此，在此对 2005 年 5 月事件的讨论仅仅是启发式的。

② 这意味着原本支付夹层份额利差的银行现在开始收到夹层份额利差。很明显，随着夹层份额利差的降低，这将产生盯市损失，对于做空夹层份额的银行，甚至有负的损益。

旋式的下降，在该过程中，通过在指数市场卖出夹层保护来对冲现金夹层头寸的尝试导致夹层份额利差的进一步缩紧，这个解释看似合理。

与此同时，由于相关性交易走向了相反的方向，对冲基金尽力在权益份额中结清它们的头寸。它们之前销售权益保护，但结清头寸意味着买入权益保护，机构的这种蜂拥而至会产生那时观察到的动态类型。权益份额的利差上升，夹层份额的利差下降，最终，相关性下降了。通用汽车公司和福特汽车公司的降级创造了相反的效应。

22.8 结论

在这一章中，我们详细地讨论了份额利差对违约相关性的依赖性，并解释如何交易违约相关性。我们以高斯 copula 模型的形式应用了标准市场模型，同时强调现实世界的复杂性。与我们在前面几章所讨论过的其他基于模型的交易策略类似，我们解释相关性交易头寸是如何被 delta 对冲的，以及这种策略如何产生 gamma 收益。

阅读建议

就本章的讨论而言，继续探索的最好参考文献是经纪交易商自己准备的手册。这当中最出色的是 J. P. 摩根的《信用衍生品手册（2007）》。2006 年出版的两卷本《美林证券手册》也很不错，它包含了许多例子。《关于信用风险建模的瑞士信贷手册（2007）》是一本介绍建模的好书。Francis et al.（2003）是相关性交易的一个很好的参考。2004 年 J. P. 摩根的《信用相关性指南》很好地介绍了相关性，以及复合和基本相关性的差异及其相对优点。Brigo et al.（2010）对全球金融危机期间以及之后的信用模型和 CDO 提供了很好的说明，而 Schonbucher（2004）与 Duffie and Singleton（2002）进行了较早的学术探讨。

附录 22.1 一些基础统计概念

再一次考察正文中所讨论的表格，内容如下，它给出了两个随机变量的联合分布。

这个简单的表格是关于两个随机变量 d^A 和 d^B 的边缘和联合分布函数的一个例子。其中，d^A 和 d^B 分别表示两个参考名称 A 和 B 的违约概率。

一种最好的方法是从较小的信用投资组合开始讨论，然后扩展至比如说 iTraxx 指数。假设我们拥有一个有 $n=2$ 个名称的权重相等的 CDS 投资组合，其中名称分别用 $j=$A和 $j=$B 表示。我们关注 1 年期水平（例如期限）分析。据此可知，存在两个随机

变量 d^A与 d^B，各自表示信用名称 $j=A$ 与 $j=B$。如果第 j 个名称违约，那么 d^j 为 1，否则为 0。

假设 A 与 B 的违约概率如下表所示。

	A 违约（$d^A=1$）	A 未违约（$d^A=0$）	行之和
B 违约（$d^B=1$）	0.02	0.03	0.05
B 未违约（$d^B=0$）	0.01	0.94	0.95
列之和	0.03	0.97	1.00

现在，我们来讨论与该表格最切题的核心内容。如果与违约有关的随机变量 d^A和 d^B是独立的，那么我们有：

$$p^{11}=(1-p^A)(1-p^B) \tag{22.78}$$

$$p^{22}=(p^A)(p^B) \tag{22.79}$$

$$p^{12}=(1-p^A)(p^B) \tag{22.80}$$

$$p^{21}=(p^A)(1-p^B) \tag{22.81}$$

否则，如果上面这些条件中的任何一个得不到满足，那么违约随机变量之间具有相关性。在这个特定的案例中，经快速计算可以发现，这些条件都不被满足。例如，对于 p^{11}，我们有

$$p^{11}=0.02\neq p^A p^B=0.001\,5 \tag{22.82}$$

事实上，违约的联合概率是各个违约概率直接相乘的简单计算值（在此情况下错误）的 10 倍多。

接下来，我们计算 d^A与 d^B这两个随机变量的期望、方差和协方差。对于期望值，

$$\begin{aligned}E[d^A]&=1p^A+0(1-p^A)=p^A\\&=0.03\end{aligned} \tag{22.83}$$

$$\begin{aligned}E[d^B]&=1p^B+0(1-p^A)=p^B\\&=0.05\end{aligned} \tag{22.84}$$

对于方差，得到

$$\begin{aligned}E[(d^A-E[d^A])^2]&=(1-p^A)^2p^A+(0-p^A)^2(1-p^A)=(1-p^A)p^A\\&=0.03\times0.97\end{aligned} \tag{22.85}$$

$$\begin{aligned}E[(d^B-E[d^B])^2]&=(1-p^B)^2p^B+(0-p^B)^2(1-p^B)=(1-p^B)p^B\\&=0.05\times0.95\end{aligned} \tag{22.86}$$

最后，也是最重要的，d^A与 d^B的协方差如下：

$$\begin{aligned}E[(d^B-E[d^B])(d^A-E[d^A])]=&(1-p^B)(1-p^A)p^{11}+(0-p^B)(0-p^A)p^{22}\\&+(1-p^B)(0-p^A)p^{12}+(1-p^A)(0-p^B)p^{21}\end{aligned} \tag{22.87}$$

其中，p^{ik}表示两个相关事件同时发生的联合概率。记住，我们必须满足下面的式子：

$$p^{11}+p^{12}+p^{21}+p^{22}=1 \tag{22.88}$$

为了将协方差转换成相关系数，我们需要将这个协方差除以 d^{A} 与 d^{B} 的方差的平方根。

习题

1. 解释现金 CDO 和合成 CDO 之间的区别。
2. 复合相关性和基本相关性有什么区别？
3. 我们考虑三个投资级名称的参考投资组合，其 1 年期的 CDS 利率为：

$c(1)=116$

$c(2)=193$

$c(3)=140$

所有名称的回收率都是一样的，即 $R=40$。

投资到每个 CDO 份额上的名义金额为 1.50 美元。考虑以下问题：

a. 什么是相应的违约概率？

b. 你如何使用这些信息来预测实际违约？

c. 假设违约是不相关的。一年期间违约数量的分布情况如何？

d. 在这种情况下，0～66%份额会损失多少？

e. 假设有两个份额：0～50%和 50%～100%。如果你卖出保护，每个份额一年支付多少钱？

f. 假设现在所有的 CDS 利率都是相等的，并且我们有 $c(1)=c(2)=c(3)=100$。另外，所有违约都是相关的，相关性为 1。损失分布是什么样的？0～50%份额的利差是多少？

4. 我们考察包含四个投资级名称的参考投资组合，并具有以下 1 年期 CDS 利率：

$c(1)=14$

$c(2)=7$

$c(3)=895$

$c(4)=33$

$R=30\%$的所有名称的回收率都是相同的。

投资到每个 CDO 份额上的名义金额为 1.00 美元。考虑以下问题：

a. 相应的年度违约概率是多少？

b. 假定违约是不相关的，1 年期间违约数量的分布是什么样的？

c. 假定存在三个份额：

- 0～50%；
- 50%～75%；

• 75%～100%。

每个份额一年将支付多少钱？

d. 假定违约相关性为 1，并且所有 CDS 利率都等于 60 个基点，则再次回答问题 a～c。

e. 你如何对冲权益份额中违约概率上涨的风险？

5. 考察具有三个投资级名称的参考投资组合，1 年期 CDS 利率如下所示：

$c(1)=15$

$c(2)=11$

$c(3)=330$

对于所有名称，其收益率是相同的，都为 $R=40$。

对于每一个 CDO 份额，投资的名义金额是 1.50 美元。考察下述问题：

(a) 相应的违约概率是多少？

(b) 你将如何使用此信息来预测实际的违约？

(c) 假设各个违约是不相关的。在一年内，违约数量会服从什么分布？

(d) 在这些条件下，0～66%的份额会损失多少？

(e) 假设存在两种份额：0～50%与 50%～100%。如果你卖出它们的份额保护，那么一年内每个份额将支付多少？

(f) 假设所有 CDS 利率是相等的，而且有 $c(1)=c(2)=c(3)=100$。此外，所有违约是相关的，相关系数为 1。损失分布是什么样的？0～50%份额的利差是多少？

6. 利用适当的图形解释以下头寸。特别是，确保你在信贷部门定义了一个杠铃。最后，在什么意义上，这是凸性头寸？

> 1008 格林尼治时间［道琼斯］伦敦——SG 推荐卖出 7 年期 0～3%份额保护，而买入 5 年期和 10 年期 0～3%份额保护。去年，7 年期权益相关系数相对 5 年期和 10 年期的在变小。
>
> SG 的杠铃形态表现为 7 年期部分陡峭，同时表现为正的滚动下降、时间衰减，直至出现违约。

7. (2005 年 5 月危机) 2005 年通用汽车公司和福特汽车公司在信贷市场的评级下调会产生什么影响？这对违约相关性和相关性交易头寸的影响是什么？

MATLAB 习题

8. (违约损失分布) 在本章正文所概述的份额定价模型的基础上，编写一个 MATLAB 程序来模拟由 100 个名称/标的构成的投资组合的违约损失分布对违约相关性 (ρ) 变化的敏感性。假定每个投资组合组成部分的违约概率 (p) 相同，并等于 5%。取 100 个潜在变量进行模拟并解释结果。

9. (相关性互换和权益期权隐含相关性) 在这一章，我们对份额的隐含违约相关性与权益期权市场中的隐含波动性和隐含相关性进行类比。权益相关性交易在第 16 章中讨论过。一种交易相关性的方法是通过相关性互换来进行。

a. 例如，解释如何创建针对标准普尔 500 或标准普尔 100 的合成权益相关性互换。

交易违约相关性和权益期权隐含相关性之间有什么相似之处与不同之处？

b. 下载股票收益和期权数据，并计算 2004—2013 年期间该指数的隐含相关性和真实相关性。

c. 评价一下所谓相关性风险溢价的演变，即隐含相关性和真实相关性之间的区别。

d. 相关性互换是一项有吸引力的投资吗？需要注意什么？

第23章 本金保护技术

23.1 引论

在金融市场中，本金受保护的投资产品一直非常受欢迎。然而，直到最近，所谓的有担保的产品行业都依赖于静态本金保护措施。这些保护措施由一个静态的无违约风险的债券外加一篮子期权组成。这有时也被称为基于期权的投资组合保险（option-based portfolio insurance，OBPI）。然而，最近金融工程技术的发展与进步使得用其他方式构建受保护的产品以及提供保护成为可能。随着产品构建师对动态复制的认识更加深入，他们意识到，在不存在交易期权的风险下，动态复制可以综合构建期权。这就导致了动态再平衡技术的产生，其中最广为人知的是固定比例投资组合保险（constant proportion portfolio insurance，CPPI）。广泛资产范围上的CPPI产品由银行出售，包括权益指数和信用违约互换指数。随着信用市场的发展，CPPI也被应用于信用指数以及隐含份额。由于动态复制技术专门知识的不断进步，市场活动导致了新的创新，例如动态比例投资组合保险（dynamic proportion portfolio insurance，DPPI）。CPPI产品开发和创新的鼎盛时期是全球金融危机之前的几年，但CPPI的应用在各个市场仍然存在。

有担保的产品行业受欢迎的一个主要原因是监管行为。一些国家不允许投资银行发行包含“极不稳定”风险的结构化产品，除非这种产品提供某种本金保护的保障。CPPI是受保护的票据，并且不违反这些限制。此外，许多基金是不被法律允许投资于投机级债券的。其他动态比例技术不提供本金保护，尽管它们提供不寻常的高利息，不论本金还是利息都可被主要评级机构评为AAA级。这些使得它们对保守型基金有吸引力。[①]

① 我们将这些产品称为有担保的产品。重要的是要认识到，这种担保最初是针对市场风险的；经典的有担保产品仍然具有信用风险。可以想象，如果发生违约，（机构）投资者可能损失这部分投资。

在这一章，我们讨论经典的静态本金保护方法，然后将对CPPI的介绍作为经典方法的扩展。我们阐明在某些简单条件下，使用这种技术的投资组合价值的动态特性，同时提供一些模拟的结果。接下来，我们讨论这种方法在标准信用指数份额中的应用，并讨论可能导致其不可执行的复杂情况。最后，我们介绍某些建模方面的内容，讨论所谓的缺口风险，并简要介绍DPPI。

23.2 经典案例

最简单的有担保产品包括一个零息债券和一个静态看涨期权头寸或保护性看跌期权头寸。前者在第20章已详细讨论过。这两种方法都可以追溯到Leland（1980），现在被称为OBPI。保护性看跌期权策略由利用看跌期权保护来自下行市场变动的风险投资组成，同时允许分享风险资产的增长。看跌期权可以是基于标准普尔500的期权等交易指数期权，也可以是基于利用指数期货进行动态复制的合成看跌期权。这种有担保产品的一个复杂问题是，这些期权可能过于昂贵，这取决于波动性水平。例如，虚值看跌期权通常非常昂贵。在第20章中，我们已经讨论过基于零息债券和看涨期权组合的有担保产品的几个限制。

这些问题导致了对传统本金保护策略进行一些修改。因此，发展出能产生3A级产品的动态调整本金保护方法（CPPI的版本）及动态调整方法。首先，我们研究CPPI技术，然后讨论它们在标准信用份额中的应用。

在实践中，产品构建师和投资组合经理也使用其他本金保护技术，如风险控制、波动性上限和风险预算，但由于它们不是像OBPI和CPPI的方法那样基于金融工程学原理，因此我们不会在本书中进一步讨论它们。①

23.3 固定比例投资组合保险概述

作为本金保护技术，固定比例投资组合保险（CPPI）的主要优势是它在标的资产中分享到的收益比传统资本保护能得到的更高。当利率“过”低时，或者当某些标的风险不存在交易期权时，它也可以被应用。在讨论CPPI算法和相关风险之前，我们考察几个市场例子。

例子：

CPPI投资是标准份额产品的替代品，它提供有限上升空间（固定溢价）来交换无限下降空间（损失全部本金的可能性）。CPPI提供有限下降空间（因为存在本金

① 风险控制或波动性上限是通过建立特定的波动性目标，并基于其观测到的历史波动性动态地调整风险资产的风险敞口来控制风险资产的波动性程度的。

保护）以及无限上升空间，但将投资者暴露于含有附息债务的标的违约互换合约的市场风险中。

最近，随着收益率下降到历史低点，信用投资者越来越多地转移到包含市场敞口元素的结构中。这给违约导向的评级机构提出了一个问题，并引发了某些产品向基于价值的方法发展。而且，面临市场波动性的杠杆型超高级份额是去年人们对市场风险产品的选择，可是最近几个月已经让位给受欢迎的CPPI。

银行通过给CPPI息票评级来获利，因为在《巴塞尔协议Ⅱ》下，评级产品的资本监管比未评级产品要宽松。

CPPI是一种具有固定杠杆的结构。DPPI是对在投资时期内杠杆率可以变动的策略的称谓。考虑到风险资产的业绩以及手中有多少现金流，CPPI动态地调整无风险资产和风险资产之间的投资额。这样做的主要标准是保护本金，与此同时获取最高的参与率。

CPPI的理念与经典本金保护策略有关，概括如下。在经典本金保护策略中，投资者购买零息债券，并将其余资金投入到期权中。CPPI以一种更聪明的修正方式放松了这一要求。如果思路是在T时间买入价值为100的债券，那么就把经过认真考虑选择的额度投资于风险资本，只要其确保在投资期间，该投资组合的总价值保持在零息债券之上。于是，如果投资组合的价值在零息债券之上，在任何时间，风险投资都可以被偿付，所购买的债券也是这样。这仍然是有担保本金N的保护。这样看来，产品构建师不仅限于投资定额资金。相反，只要风险管理和风险偏好约束相匹配，这个过程使一切规模的资金投资成为可能。

我们设最初的投资额N为本金。本金也是该头寸的初始净现值，称为V_{t_0}。接下来，计算在T年收到的N的现值，称为下限（floor），记为F_{t_0}[①]：

$$F_{t_0}=\frac{N}{(1+r_{t_0})^T} \tag{23.1}$$

将增值部分Cu_t称为缓冲值（cushion）：

$$Cu_{t_0}=V_{t_0}-F_{t_0} \tag{23.2}$$

于是，选择一个大体满意的杠杆率λ，$1<\lambda$。这个参数同样没有时间下标，在结构化票据的寿命期限中是恒定的。用λ计算投资于风险资产R_{t_0}的资金量：

$$R_{t_0}=\lambda[V_{t_0}-F_{t_0}] \tag{23.3}$$

这提供了对风险资产S_t的初始敞口。将R_{t_0}投资于风险资产，并将剩余的$V_{t_0}-R_{t_0}$存入无风险储蓄账户。[②]

$$D_{t_0}=V_{t_0}-R_{t_0} \tag{23.4}$$

---

① 如果存在费用，此处就应该从F_{t_0}中减去它们。在现实中，总是存在这种费用，不过在这个讨论中我们假设费用为零，以便简化阐述。

② 假如$R_{t_0}<V_{t_0}$，则风险资产投资不需要任何额外的借贷。假如$R_{t_0}>V_{t_0}$，则投资于风险资产的数额为R_{t_0}，并借贷剩余的$R_{t_0}-V_{t_0}$。

注意，现金存款 D_{t_0} 的价值低于 t_0 时刻期限为 T 的无风险零息债券的价值，用 $B(t_0,T)N$ 表示，其中 $B(t_0,T)$ 表示 t_0 时刻 1 美元面值的无风险贴现债券的价值。因此，如果 S_t 突然出现大幅度向下跳跃，票据将没有足够的现金流来转换为零息债券。如果 S_t 的跳跃导致资金向优质资产转移，并使某个未来日期 t_i 的 $B(t_i,T)$ 增大，这种情况尤为可能。这被产品构建师称为缺口风险（gap risk），本章后面将研究缺口风险。

在每一个再平衡日期 t_i，只要 $F_{t_i}<V_{t_i}$，就应用这种算法：

$$t_i-t_{i-1}=\delta_i \tag{23.5}$$

如果事情进展顺利（例如当 V_{t_i} 升高时），那么这种算法就增加风险资产上的投资，而在市场出现下跌时（例如当 V_{t_i} 降低时），就减少投资。

最后，如果在某个时刻 τ^*，V_{τ^*} 下降并且等于 F_{τ^*}，将清算风险投资头寸，同时将所有投资转换为现金。由于下限 F_{t_i} 是 T 时刻所收到的 100 在 t_i 时刻的现值，这保证了本金 N 在 T 时刻被返还给投资者。

23.4 CPPI 的动态建模

现在，我们得到在典型 CPPI 设计下计算 V_t 动态特性的等式。为了强调这种方法的重要性，这个等式是从一个相对简单的前提中得出的。我们关注的两点如下：首先，从一个简单的投资组合的视角我们可以看到，CPPI 算法可能比没有波动时从外界看起来更稳定。然而，实际上，存在导致缺口风险的波动。其次，我们可以证明，CPPI 方法可能具有比预期的收益率曲线运动更脆弱的结构。如果 S_t 呈现的突然下降跳跃与曲线的突然变陡有关，这种情况就是特别情形——这是市场压力过大时所发生的事情。①

我们考察具有常值利率 r 以及恒定波动性 σ 的布莱克-斯科尔斯模型环境。此外，S_t 服从维纳过程驱动的随机微分方程（SDE），即

$$\mathrm{d}S_t=\mu S_t\,\mathrm{d}t+\sigma S_t\,\mathrm{d}W_t \tag{23.6}$$

从前面的讨论我们知道，对风险资产的投资为

$$R_t=\lambda Cu_t \tag{23.7}$$

并且缓冲值的变化由下式决定

$$\mathrm{d}Cu_t=\mathrm{d}(V_t-F_t) \tag{23.8}$$

这蕴含着

$$\mathrm{d}Cu_t=(V_t-R_t)\frac{\mathrm{d}B_t}{B_t}+R_t\frac{\mathrm{d}S_t}{S_t}-\mathrm{d}F_t \tag{23.9}$$

---

① 当 CPPI 形式的保护技术变得更受欢迎的时候，学术界对其的关注也有所增长。最近 Cont and Tankov (2009) 的研究工作对此问题提供了学术界的极好看法，而且极易获取和运用。这一节内容就是建立在这种研究的基础上的。

其中，B_t 表示零息债券在 t 时刻的现值。[1] 在这个表达式中，我们可用 V_t 和 R_t 各自的值代替它们，从而得到

$$dCu_t=(Cu_t+F_t-\lambda Cu_t)\frac{dB_t}{B_t}+\lambda Cu_t\frac{dS_t}{S_t}-dF_t \tag{23.10}$$

不过，如果下限值随下式而增加

$$dF_t=F_t\frac{dB_t}{B_t} \tag{23.11}$$

这蕴含着

$$dCu_t=(1-\lambda)Cu_t\frac{dB_t}{B_t}+\lambda Cu_t\frac{dS_t}{S_t} \tag{23.12}$$

进一步代换得出

$$dCu_t=(\lambda(\mu-r)+r)Cu_t dt+\lambda\sigma c dW_t \tag{23.13}$$

这是一个几何随机微分方程，其解由下式给出

$$Cu_t=C\,u_{t_0}\,e^{\left(\lambda(\mu-r)+r-\frac{\lambda 2\sigma 2}{2}\right)(t-t_0)+\lambda\sigma W_t} \tag{23.14}$$

我们将它与 F_{t_0} 结合，就得到对于所有 $t\in[t_0,T]$ 的投资组合净资产值

$$V_t=F_{t_0}e^{r(t-t_0)}+Cu_t \tag{23.15}$$

利用随机积分的标准结果，我们将预期的投资组合价值计算为 t 时刻的

$$E_{t_0}^P[V_t]=F_{t_0}+[100-F_{t_0}e^{r(T-t_0)}]e^{r(t-t_0)+\lambda(\mu-r)(t-t_0)} \tag{23.16}$$

注意，在这个期望表达式中，我们所用的概率测度是现实世界的概率，而不是风险调整的测度。由于 S_t 过程的漂移被取为 μ，而不是无风险利率 r，所以出现这种情况。

□ 23.4.1 解释

上述推导中有两个等式非常有建设性。第一个与缓冲值随时间变化的动态特性有关：

$$dCu_t=[\lambda(\mu-r)+r]Cu_t dt+\lambda Cu_t\frac{dS_t}{S_t} \tag{23.17}$$

注意，就这种动态特性而言，随着时间的流逝，缓冲值本身永远不会下降到零以下。实际上，假设 Cu_t 在 t 时刻变得非常小。等式右边的第一项会成为负值。而且，作为维纳模型驱动的体系，S_t 不会表现出剧增，并且在无穷小时期中改变也是无穷小的。右边第二项说明，S_t 的变化以系数 λCu_t 影响缓冲值，该系数随 Cu_t 趋近零而接近零。在这种情况下，随着缓冲值 Cu_t 趋近零，dCu_t 也会接近零。

这就产生了一个有意思的结论。在市场与投资者相违背并且缓冲值不会达到零的意

---

① 在此情况下，这个值可由简单公式给出，其原因是 r 为常值，$B_t=B_{t_0}e^{r(t-t_0)}$。

义上，CPPI 方法将总是“有效的”。在最坏的情况下，缓冲值达到零，说明风险投资已变现。这给投资者留下了到期价值为 100 的零息债券。因此，本金“一直”是受保护的。

在我们继续研究这种结果的本质之前，先考察第二个有意思的公式。投资组合的预期值被计算为

$$E_{t_0}^{P}[V_t]=F_{t_0}+[100-F_{t_0}e^{r(T-t_0)}]e^{r(t-t_0)+\lambda(\mu-r)(t-t_0)} \tag{23.18}$$

这同样非常有建设性。只要 $r<\mu$，意味着风险资产期望报酬比无风险利率要高，投资组合的期望值就可通过选择越来越高的杠杆因子 λ 来获得无限期的增加。

因而，我们得出了不现实的结果。在投资者的初始投资一直受保护的情况下，CPPI 策略总是有效的，与此同时，更高的杠杆会带来更高的期望收益。这蕴含着对于构建者来说，可以选取可行的最高杠杆因子。然而，很明显，在现实世界中，这不是稳健的方法。反过来，这说明我们前面讨论的模型可能缺少现实世界投资的某些关键特征。

至少存在两种可能性，第一种是债务上限。在现实世界中，存在信用上限使杠杆不能无限增加。第二种可能性更有意思。

在现实世界中，S_t 过程可能不服从几何过程，并可能包含跳跃因子。如果是这种情况，随着 $Cu_t\rightarrow 0$，S_t 的下降会使 Cu_t 成为负数。投资组合的价值降至下限之下，投资者的初始投资会受到损失，

$$V_t<F_t \tag{23.19}$$

这就是缺口风险。注意，如果 S_t 存在这种跳跃，那么杠杆因子 $1<\lambda$ 的存在会使其扩大。λ 越大，其下降的影响就越大。

□ 23.4.2 如何选择 λ

涉及缺口风险的讨论建议采用如下方法来为关键杠杆参数 λ 选择一个数值。产品构建师可以首先利用投资者风险偏好，决定可接受的缺口概率阈值。于是，利用观测到的波动性和跳跃参数，产品构建师会回溯工作，然后决定 λ 以使其缺口概率等于想要的值。这可运用蒙特卡洛方法或者用 Cont and Tankov (2007) 所提到的半参数方法来实现。

很明显，对 λ 的确定将依赖于模型。产品构建师会采用一系列其他的处理缺口风险的方法，其中一些如下文所述。

23.5 应用：CPPI 和权益份额

我们将结构化信用作为 CPPI 技术的一个应用。信用行业最近几年经历了非常大的增长和创新。全球金融危机并没有使它不受影响，但是行业已经复苏，因为它的产品可能一直是金融蓝图的一部分。在结构化信用行业中可以观察到两种范式：第一种是追踪一些信用衍生品指数，第二种是信用衍生品资金的管理。如同利用市场例子所阐明的，

CPPI 技术在这两种趋势的发展中十分有用。

例子：

信用 CPPI 零售商 ABN AMRO 和 AXA 上周宣布，它们已经关闭了面向零散投资者的第一本金保护信用衍生品基金。AXA 说服其法国的监管机构，批准了杠杆基金，而且类似的交易将在其他制度下得以展开。

基金被结构化为与积极管理合成 CDO 类似。它拥有至少 100 个信用违约互换参考，并由不到 120 个名称组成。

它使用源自 ABN AMRO 的 CPPI 来提供本金保护，这对于在法国获得向零散投资者出售的监管许可是必要的。所提供的保险基于双重基础，如果由 AXA 管理的一篮子违约互换的表现过差，不得不通过购买零息债券来保证投资者本金，就会产生有效率的结算。

在这一节，我们将讨论 CPPI 技术在标准信用指数份额中的应用。可以证明，对于金融工程来说，将 CPPI 与 iTraxx 组合起来十分简单，尽管存在一些需要在实践中解决的问题。下文就说明了其算法。

(1) 从投资者手中获得现金 $N=100$。

(2) 计算零息债券 F_t 的面值和成本之差，和以前一样将其作为 Cu_t，即缓冲值。

(3) 将 Cu_t 乘以杠杆因子 λ。这是杠杆数量。

(4) 从 100 的总现金 N 中减去杠杆量，$Cu_t\lambda$，投资 $Cu_t\lambda$ 于风险资产，在此情况下，是 iTraxx 0～3% 的权益份额。将其余资金 $100-Cu_t\lambda$ 存入存款账户或作为担保。①

(5) 当 iTraxx 权益份额的价格上涨或下跌时，就要调整风险资产和保留现金之间的配置，以保持交易杠杆恒为 λ。

到目前为止，这是前面所讨论的 CPPI 算法的简单应用。唯一的主要困难在于定义风险资产。标准权益份额被报价为预先支付百分比，从而将导致对算法的修正。实际上，假定投资于风险资产的资金量为 R_t，同时假设 iTraxx 权益份额的报价由 q_t 决定，后者是投入预先支付百分比的净值。② 于是，配置于风险资产与投资于权益份额 N^{Eq} 的名义金额之间的关系如下：

$$N_{t_i}^{Eq}=\frac{R_{t_i}}{1-q_t} \tag{23.20}$$

投资于风险资产的R_{t_i}可以写为

$$R_{t_i}=N_{t_i}^{Eq}\times(1-q_t)=N_{t_i}^{Eq}-\frac{R_{t_i}}{1-q_t}q_t \tag{23.21}$$

① 记住，iTraxx 指数是不可融资的。

② 例如，如果市场做市商报价 $q_t=12\%/12.5\%$，那么保护卖方将收到销售的每 100 美元保护预先支付的 12 美元。对于保护卖方，这笔钱要暂为保管。

此时，讨论一个数值例子可能有助于理解刚才讲述的内容。

□ 23.5.1 数值例子

下面的例子说明了 CPPI 如何与 iTraxx 联系起来，与现实世界中由 IXIS CDO 集团开发的被称作 SPRING 的 CPPI 产品具有相似性。

首先，我们注意到，iTraxx 权益份额被报价为名义金额的预先支付百分比加上 500 个基点运营费的四分之一。假设 iTraxx 权益份额的预先支付费用为投资于权益份额 N^{Eq} 的名义金额的 $q_t=20\%$，年度 LIBOR 是 $L_t=5\%$。为了简单起见，假设互换曲线是平坦的，为 5.095%。对于每日调整时期，用 $t_i(i=0,1,\cdots,n)$ 表示，应用 CPPI。杠杆因子是 2。假设不存在买卖价差。图 23.1 描述了杠杆量 $Cu_t\lambda$ 怎样被投资于风险资产。这也说明，iTraxx 指数的权益份额是以预先支付现金数量来报价的。

我们将上述步骤直接应用于 5 年期 CPPI 票据上，其中标的资产为权益份额。

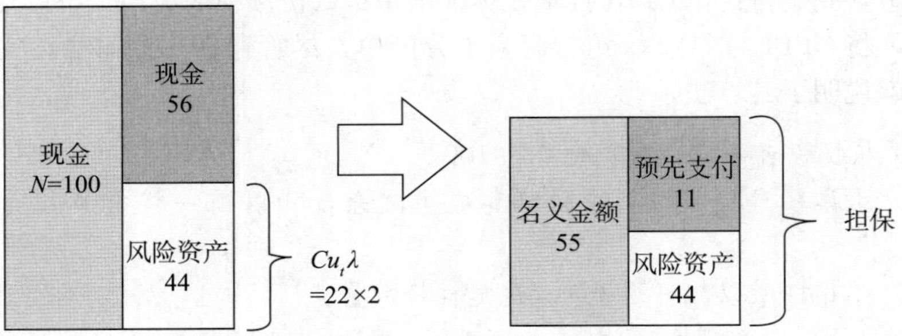

图 23.1 iTraxx CPPI 的例子

23.5.1.1 初始头寸

最初，CPPI 具有下述结构：

(1) 收到 $N=100$。

(2) 下限为

$$F_t=\frac{100}{(1+0.05095)^5}=78 \tag{23.22}$$

(3) 缓冲值为

$$Cu_t=100-78=22 \tag{23.23}$$

(4) 假设杠杆为

$$\lambda=2 \tag{23.24}$$

投资于风险资产的数量为

$$22\times2=44 \tag{23.25}$$

这就是配置于权益份额的投资。

(5) iTraxx 权益份额预先支付的现金数量为 20%×N^{Eq}。因此，如果风险资产的敞口为 $R_t=44$，投资于权益份额的名义金额 N^{Eq} 将是 ①

$$N^{Eq}=\frac{44}{1-0.20}=55 \tag{23.26}$$

因而，以名义金额 $N^{Eq}=55$ 出售权益份额保护。换句话说，权益份额名义金额 $N^{Eq}=55$ 意味着未覆盖的敞口是 55−11（$=q_t\times55=20\%\times55$），剩下 44 接受预先支付。44 被用作储备现金。

(6) 当我们购买 iTraxx 权益份额时，我们进行 iTraxx 权益份额互换。这意味着除了收到的预付现金之外，分配给风险资产的现金被作为互换的担保。如图 23.1 所示，我们可以看到权益份额名义金额 N^{Eq} 是如何由 11 的预先支付（费用）和风险资产组成的。注意，为权益保护头寸提供担保的现金总量为

$$q_tN^{Eq}+(100-\lambda Cu_t)=20\%\times55+44=11+44=55 \tag{23.27}$$

因为 44 是风险资产，现金初始投资是 $N=100$，余额 56 仍然保留。余额 56 以储备现金保持，收取 LIBOR。

(7) 交易是否真的具有所期望的 $\lambda=2$ 的杠杆？我们将 44 投资于风险资产，同时将 56 作为储备现金。投资组合总值（PV）为 100，对应于最初投资的 100。零息债券 F_t 的成本是 78。杠杆可以计算如下：

$$杠杆=\frac{风险资产}{组合价值-F_t}=\frac{44}{100-78}=2 \tag{23.28}$$

(8) 由于权益份额报价在再平衡时期 $t_1,t_2,\cdots$ 会变化，要动态地调整头寸，削减随 q_t 增大的风险资产敞口，并扩大随 q_t 减少的敞口。

注意，在此过程中，权益份额的头寸实际上被看做无资金投资（unfunded investment）。并且，配置于风险资产的现金加上预先支付现金，被作为头寸的担保。

23.5.1.2 动态调整

我们从式（23.28）可以发现，当风险资产的价值增大或减少时，杠杆是怎样变化的。举例来说，设 $q_{t_1}=15\%$，这可被解释为感知风险（perceived risk）* 下降（与 $q_{t_1}=15\%$ 的初始价值比较），指数收紧，保护的报价就下跌。这符合 iTraxx 权益份额和风险资产投资价值的增长。毕竟，投资者可以 15%购买保护，并在结算头寸时获取收益。然而，就结构化票据而言，在调整之后头寸依然存在。我们将这些步骤列示如下。

(1) 风险资产的价值为

$$\begin{aligned}N(1-q_{t_1})&=44\times(1-15\%)\\&=46.75\end{aligned} \tag{23.29}$$

① 换句话说，如果我们将 55 投资为权益份额名义金额，那么由于我们已收到 11 作为预先支付，风险资产接下来的敞口将是 44。

* 感知风险又称认知风险。——译者注

由于未实现的收益，风险资产的价值升高

$$R_{t_1}-R_{t_0}=2.75 \tag{23.30}$$

我们通过预先支付15%购入权益保护时，就会发生这种情况。于是，我们以44的储蓄作为权益投资的担保，并额外获得现实收益

$$55\times0.05=2.75 \tag{23.31}$$

这并不损失头寸，正如我们将46.75投资于风险资产。

(2) 用下式计算V_{t_1}：

$$V_{t_1}=F_{t_0}(1+L_{t_0})+N_{t_0}(q_{t_1}-q_{t_0})+N_{t_0}(1+L_{t_0})+N(0.05) \tag{23.32}$$

在这种情况下，此值就是

$$105.095+2.75+11\times0.05+55\times0.05 \tag{23.33}$$

第一项是作为现金或担保的100的本息和。第二项是从q_t的变化中获取的资本收益。第三项是从预先支付储蓄中获得的LIBOR。第四项是风险投资55的500个基点的运营费。

(3) 对杠杆的影响是什么？新杠杆可以计算如下：

$$杠杆=\frac{风险资产}{组合价值-F_t}=\frac{46.75}{102.75-78}=1.8$$

为了使杠杆水平回到目标水平2，投资组合需要再平衡。风险资产的价值为46.75，储备现金保持在56。为了获得杠杆水平2，我们需要风险资产增加到49.5。这可以通过将2.75从储备现金重新分配给风险资产来实现。因此，风险资产增加到49.5，储备现金下降到53.25。风险资产的增加用于购买更多iTraxx权益份额单位。由于当前新的预先支付费用为15%，所以我们可以购买权益名义金额

$$N^{Eq}=\frac{2}{1-0.15}=2.353 \tag{23.34}$$

由于预先支付费用q_{t_1}为15%，这意味着我们收到预先支付或费用，可按下述方式计算：

$$费用=2.353\times(1-q_t)=2.353\times(1-15\%)=0.353$$

我们可以验证对应于权益份额的名义金额N^{Eq}的现金担保。

$$\begin{aligned}担保&=风险资产现金+最初预先支付现金+额外预先支付现金\\&=49.5+11+0.353=60.853\end{aligned}$$

图23.2显示了风险资产的价值49.5与分配给风险资产的现金46.75之差。2.75的这个差是由于未实现的资本收益。这里我们假定零息债券的价值将保持不变，但实际上，零息债券和收入流量的价值变化也会影响杠杆率。

如果q_{t_1}下降，采取相反的调整措施。我们将这种情况的详细推导留到章末习题中。不过，我们将考察违约的情况。

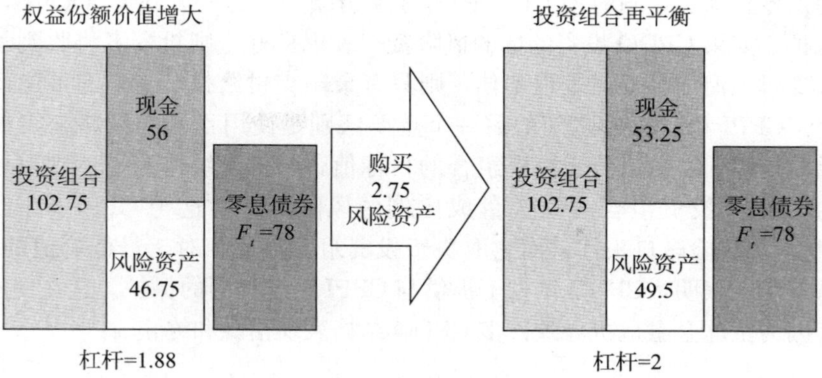

图 23.2　动态调整

23.5.1.3　违约并将 CPPI 转换为零息债券

如果 iTraxx 投资组合违约，那么构建 CPPI 的银行的责任是什么？在最初的数值例子中，投资者收到 100，并将 56 放入储备现金，同时将 44 放入风险资产。权益份额的名义金额是 55，除了 11 的预先支付费用外，还有 44 的担保。在 iTraxx 权益份额违约的情况下，权益份额的价值将降至零。构建银行已经为 78 购买了本金保护，并支付这些数额购买 CPPI 产品。本金保护花费了银行 78。由于 iTraxx 份额权益名义金额为 55，银行需要向对手方支付 55，这意味着总负债为 133（＝55＋78）。就担保而言，该银行持有与风险资产相关的现金 44、储备现金 56 以及预先支付费用 11，因此现金总资产为 111。如果我们从负债中扣除资产，我们将损失 22。避免这种损失的一种可能策略是，在发生违约之前降低风险。例如，如果资产价值随着信用质量下降而恶化，则当价值超过某个阈值时，例如接近零息债券的成本，投资组合可以从 CPPI 结构切换到零息债券。

23.6　CPDO 和 CPPI 之间的差异

最近被称为与 CPPI 相似的结构化产品之一被称为固定比例债务义务（constant proportion debt obligation，CPDO）。但是，这两种结构相当不同，我们在此简要对比 CPDO 和 CPPI 以消除任何潜在的混淆。确实，CPDO 方法与CPPI产品有一些共同特征，但也存在重要差异，这意味着 CPDO 并不是真正的本金保护产品。CPDO 与 CPPI 结构的共同之处在于它们采用固定比例的方法来确定杠杆，并且它们都在风险（信用）资产和安全资产之间再平衡资产组合。正如名称所示，CPDO 适用于信用指数，如 iTraxx 或 CDX。CPDO 和 CPPI 结构之间有两个重要的区别。CPDO 的卖点之一是试图为投资者实现高收益。这是通过使用相对较高的杠杆水平来实现的。然而，与 CPPI 相反，当投资组合的资产净值降低并低于目标水平时，CPDO 结构的杠杆将会增大。如果投资组合的净资产价值上升并接近目标数额，则杠杆将减小。CPPI 产品实现本金保护的方式是保证向投资者提供零息债券，同时使 CPPI 的卖方承担损失。另外，在 CPDO 中，没有有担保的本金保护。如果 CPDO 投资的标的风险资产表现良好，则投资者将收到承诺的票面利率和本金支付，但如果资产表现不佳，则只有余额支付给投资者，它可能低于开始时的投资本金。CPPI 和 CPDO 之间的另一个重要区别是使用不同的策略来实现预期的绩效。在初始时，CPDO 的值低于投资组合的目标值，CPDO 结构为了达到目标值，每次都将承担与 CPDO 投资组合的缺失量成比例的风险敞口。这与 CPPI 结构形成对比，CPPI 结构将承担风险敞口头寸，而它取决于投资组合价值相对于最低价值的盈余数额。上述讨论从概念上表明，CPDO 结构不提供与 CPPI 结构相同的保护。这在现实生活中也有所体现，因为全球金融危机导致许多 CPDO 结构表现糟糕和终止。

23.7 变形：动态比例投资组合保险

动态比例投资组合保险（DPPI）是 CPPI 的一种变形。区别在于杠杆不是固定的，而是随时间变化的。以下是一个简化的市场例子。

> **例子：**
>
> 伦敦，6 月 14 日（路透社）—— PIMCO，作为世界上最大的债券基金之一，已经加入高盛银行，发行了一系列衍生品，投资于包括针对机构投资者、高净值个体及私有银行的本金保护以及杠杆结构。
>
> PIMCO 发行的主要产品是本金保护投资，它基于高盛的可变比例投资组合保护，类似于更广为人知的 CPPI 技术。

在 CPPI 调整情形下保持恒定的杠杆率λ_{t_i}可成为可变的，并成为待定的未知量。产品构建师需要找到一种算法来实现它。其理念是，杠杆率可以取决于一些变量，这些变量最大限度地与所考察的问题相关。特别地，风险资产的敞口可能取决于：

（1）回报的过去表现。

（2）回报的波动性。

（3）由于方法高度依赖于正确的再平衡，标的资产在市场中观测到的流动性。

（4）所谓的缺口风险。

最后，另一个相关变量可能是λ_{t_i}对互换曲线参数的依赖度。上面讨论的情况阐明了这个重要性。注意，其与信用市场 DPPI 票据可能存在更高的相关性。

在 DPPI 中，在风险资产与现金之间的配置由取决于一个或多个因素的动态杠杆率决定。假设当事情进展“顺利”时，DPPI 的风险资产敞口扩大，当事情进展“不顺利”时，敞口缩小。在开始时，可变杠杆率看起来比经典 CPPI 过程更好地应对了收益率曲线环境的变化。例如，在高波动性时期，杠杆率λ_{t_i}可能下降，在低波动性时期，则可能上升，其对于市场流动性变化的反应也十分类似。

23.8 CPPI 在保险行业的应用：ICPPI

尽管在全球金融危机期间，与信用挂钩的 CPPI 产品发生了动荡，但 CPPI 技术仍然继续应用于不同的金融领域。CPPI 技术应用的一个例子是保险部门。全球金融危机之后的艰难经济环境也影响了保险业，许多保险公司客户变得更为谨慎。有担保产品仍有需求，包括上行趋势的分享。英国的利润或传统可变年金（VA）产品通常包括对保护水平和基金选择的限制。客户现在要求更少的限制性保证产品与上行参与。作为回应，保险公司正在探索 CPPI 类型结构的变化。保险公司与银行等其他金融服务机构竞争长期储蓄客户，但不愿意提供给增加自身资产负债表的风险或需要基于衍生品昂贵对冲的产品。CPPI 解决方案已应用于多个国家的保险行业。在日本，保险公司利用它们来匹配 VA 政策中的担保。在德国，它们在 2006—2007 年是流行的，因为它们允许规避针对那些试图提供国家补贴的“里斯特”养老金产品的保险公司的限制性投资规则。

然而传统的 CPPI 产品有几个缺点。如果标的风险资产的表现导致投资组合变为现金锁定，投资者会错过未来的表现，因为收益转到有担保的水平。这在全球金融危机期间发生在许多情况下，这意味着 CPPI 投资者没有获得他们期望的回报。

市场通过创新和出现所谓的个人恒定比例投资组合保险（individual constant proportion portfolio insurance，ICPPI）来回应与传统 CPPI 结构的路径依赖性有关的问题。ICPPI 产品为每位保单持有人量身定制，并根据 CPPI 结构中的账户下限水平、合同期限以及风险资产的选择提供自由裁量权。

一些 ICPPI 产品中出现的另一项创新解决了再平衡成本问题。如前所述，传统 CPPI 需要定期再平衡（在风险资产比如物质资产和安全资产之间），从而导致成本上涨。为了解决这个问题，一些 ICPPI 提供商运用衍生品构建准合成投资组合，以便复制权益的变动而不必购买实物权益。然而，这种创新的一个缺点是，它会将对手风险和市场风险引入 ICPPI 产品中。使用此类 ICPPI 结构的保险公司需要调整与交易对手风险相关的风险管理措施，这是下一章讨论的主题。

下面是来自保险部门的 CPPI 应用的例子。

例子：

资产管理公司 Allianz Global Investors 已经在使用 ICPPI 结构。位于法兰克福的零售和生活/资产解决方案负责人凯尔·沃尔鲍姆（Kai Wallbaum）说：“我们已经成立了运营平台，在这个平台上我们能够基于个人账户制定算法策略，客户通常要求的方法是一个特有的 CPPI，我们可以为每个客户制定某种动态风险方法，并提供定制的担保。”

（保险风险，2013 年 5 月 9 日，《保险公司关注下一代的 CPPI 结构的储蓄产品》，www.risk.net/2266887）

现金锁定情景的另一个解决方案是，构建一个如下的 ICPPI 产品，该产品部分投资于核心保险基金，同时部分投资于第三方基金，这个第三方基金具有其自身的担保水平，并且在两者之间的分配相对较少发生变化，例如每月而不是每天。例如，第三方基金的担保可能会使 NAV 减少 80%，这对锁定低回报提供了保护，同时降低了运营和再平衡成本。下面的例子介绍了 2012 年推出的一款此类产品。

例子：

意大利银行集团 Unicredit 是提供这种解决方案的供应商之一。该集团于 2012 年率先推出了名为 Green 的 ICPPI 产品，针对其私人银行客户，并取得了成功，目前正在寻求与保险供应商合作，以寻求在其他国家发展的机会。

保险公司面临的另一个挑战是提高对产品的认识，并消除长期担保不值得它们所标价格的观念。"很多保险公司在开发新产品时仍然处于概念阶段，而客户还没达到他们能够理解 ICPPI 的成本效益的地步……"

（保险风险，2013 年 5 月 9 日，《保险公司关注下一代的 CPPI 结构的储蓄产品》，www.risk.net/2266887）

阅读资料表明，保险公司使用 CPPI 技术的动机之一是避免昂贵的衍生品，比如 OBPI方法中运用的期权的成本。正如我们在前面几节对 CPPI 结构的回顾所显示的那样，CPPI 算法可以定制，并且根据投资者的风险规避情况，可以将保护设置在特定水平。一些保险公司已经建立了系统来提供量身定制的 CPPI 规范。CPPI 的一些问题是值得强调的。例如，由于 CPPI 结构中的风险资产减少，这些资金长期存入安全储蓄或债券，这提供了本金保护，但也预示退休人员将从未来的市场复苏中受益。阅读材料也向我们提供了前面讨论过的动态再平衡机制的一个例子。再平衡导致交易成本，这些成本在实物资产中高于衍生品。另外，衍生品会引入交易对手风险，这在后面的章节中会详细讨论。

23.9 现实世界的复杂性

CPPI 技术背后的思想很简单。事实上，建模非常简单明了。然而，在应用时会产生一些困难。我们仅研究其中的一部分。

□ 23.9.1 缺口风险

如果产品构建师不想暴露于缺口风险，那么可通过其他结构化产品将缺口风险出售给其他投资者。比如，对于自动赎回的结构化产品，它支付给投资者更高的票面利率，但当标的物价格触及预先确定的水平时，这种结构将被自动赎回。注意，持有自动赎回产品的投资者收到高票面利率，但也承担一篮子产品价格大幅下降的风险。投资者收到的额外票面利率可以被视为确保缺口风险的代价。[①]

① 另一种选择是，通过再保险公司对缺口风险加以投保。

实践中经常使用的另一种可能性是，利用深度虚值看跌期权来管理缺口风险。当标的资产具有流动性时，这是可能的。然而，就 CPPI 策略而言，标的资产通常不具有流动性，这使期权头寸的 delta 对冲变得十分困难。然而，有人声称，在压力时期，相关性趋向于 1，并且流动指数可能与非流动标的物相关。因此，谨慎挑选的流动指数中的深度虚值期权，也可以对冲缺口风险。银行通常会收取一笔小的保护费或差额费来弥补缺口风险，这通常是名义杠杆敞口的一个函数。

□ 23.9.2 流动性的发行

标的物流动性的发行对于 CPPI 类型策略十分重要，其原因有如下几个。第一，当缓冲层趋近 0 时，需要结清风险资产敞口。如果标的市场不具有流动性，这样做就可能很困难，尤其是，当市场急剧下跌时。①

第二，如果标的物是非流动的，该标的对应的期权可能不会交易，通过虚值期权对冲缺口风险可能是不可行的。

第三个问题是更为技术性的。正如前面一节所提到的，缺口风险可以利用关于 S_t 跳跃过程的扩大随机微分方程来建模。在这种情况下，跳跃风险是使得 Cu_t 为负值的概率。这决定了为参数 λ 选取的数值。然而，注意到，如果标的不是流动的，那么以此为标的的期权也没有流动性。然而，流动性期权的价格需要对跳跃过程的参数加以校准。对于非流动性期权市场，这是不可能的。从本质上看，λ 的选择取决于对于套利所作的假设和/或历史数据。

□ 23.9.3 哪种本金保护技术在实践中最好？

在本章的介绍中，我们注意到存在各种不同的本金保护技术，包括基于期权的投资组合保险（OBPI）、固定比例投资组合保险（CPPI）、动态比例投资组合保险（DPPI）和其他方法。在实践中，哪一种本金保护技术效果最好呢？事实证明，这是一个经验问题，没有理论可以提供这些技术的排名情况。一些选项在某些时候可能要付出极高的代价，使 OBPI 没有吸引力。乍一看，CPPI 可能与标准期权的复制策略相似。然而，由于标准 CPPI 没有对未来的投资组合波动性、投资组合收益率的分布或投资者的时间范围做出假设，所以存在着根本的差异。基于 CPPI 中缓冲调整的方式，因为套期保值者将持续增加自己的风险敞口，故而这种方法将在无反转的牛市中很好地工作。在某些市场环境下，CPPI 可能做得并不太好。在市场没有趋势和价格振荡的情况下，CPPI 可能表现不佳，因为对冲基金会在价格上涨时买入，然后看到市场随后走弱，在价格下跌时卖出，最后看到市场反弹。用蒙特卡洛模拟和历史回测方法来决定哪一种比例投资组合保险（PPI）技术能为套期保值者或投资者带来最佳的风险调整表现，这里的蒙特卡洛模拟和历史回测方法专门针对所关注的标的资产，并包含对未来市场环境的假设。例如，对于标准普尔 500 指数，Lu（2010）对包括 OBPI、CPPI 和 DPPI 在内的各种不同投资组合保险方

---

① 注意，CPPI 策略将增强市场方向。当市场出现下跌（上涨）时，构建师就卖出（买入）。因此，当风险资产头寸需要流动时，其他 CPPI 构建师可能还在“卖出”。

法的绩效进行了比较研究。

23.10 结论

现实世界可能存在其他复杂性。例如，考察将CPPI应用于信用行业。一个非常重要的问题是，在滚动情形下将会发生什么？很明显，产品构建师更愿意运用最新发行债券，在出现滚动的时候，做出盯市调整，调整可能是极小的，类似于跳跃。

另一个问题是如何从某个最优方法中选取杠杆因子。很明显，这将用到蒙特卡洛方法，但困难之处在于如何优化。

阅读建议

关于CPPI的第一篇学术论文是Perold（1986），这篇论文讨论了固定收益工具的CPPI。Black and Jones（1987）研究了权益工具的CPPI。我们还推荐Cont and Tankov（2009）最近的论文。Joossens and Schoutens（2010）讨论并比较了CPPI和CPDO结构。Jin and Whetten（2005）总结了与信用相关的CPPI多样性的演变。

习题

1. 考察本章中的iTraxx CPPI示例。当q_{t_1}从20%下降至15%，我们假定iTraxx份额价值增加。现在假定利差扩大，信用质量下降，使q_{t_1}从20%增加到25%。计算产生的杠杆变化，并详细解释为了回到目标杠杆2所需的调整。

2. iTraxx交叉指数在三个连续时期服从下述轨迹：

{330,360,320}

假设这个投资组合包含30个参考名称。

(a) 假设你决定选取杠杆率为2，构建一个5年期iTraxx交叉指数的CPPI票据。描述你的一般策略，更重要的是，说明你的初始投资组合的成分。

(b) 已知上述轨迹，计算三个时期的投资组合调整。

(c) 在第四个时期，iTraxx变为370，并且有一家公司违约。说明你的投资组合将如何调整。（假设回收率为40%。提示：不要忘记此投资组合中有30个名称。）

第 24 章 交易对手风险、多重曲线、CVA、DVA 和 FVA

24.1 引论

在这一章，我们将回顾金融工程领域中的最新创新成果，试图更好地将交易对手风险并入衍生品定价当中。本章所涵盖的主题更多的是关于金融工程实践和衍生品研究的前沿内容的。在前面几章中，我们已经阐述如何使用互换现金流工程、期权估值和动态复制等基本原则来构建和评估更复杂的产品。我们希望读者现在能理解不同资产类别和金融工程所使用方法的共性。在本章中我们将看到，如何应用前面所探讨的一些工具来更好地解释交易对手风险。我们将看到，通过利用之前所遇到的几种金融工程工具，包括期权估值和信用违约互换（CDS），将衍生品交易中的交易对手风险并入并加以建模研究。特别是，给定交易对手违约时间，信用估值调整（credit valuation adjustment，CVA）被证明与具有随机到期日的投资组合的剩余价值的期权类似。交易对手的违约概率和违约强度可以从 CDS 利差得出。因此，对冲交易对手风险的一些方法建立在信用风险金融工程工具的基础上，比如 CDS 和我们在第 18 章与第 19 章所看到的违约结构模型。某些抵押协议允许对抵押品进行选择，并且这种选择结果导致嵌入期权。最近，国际互换与衍生品协会（ISDA）的所谓标准信用支持附件（standard credit support annex，SCSA）解决了这种选择性。最后，试图对冲交易对手风险的一些解决方案是建立在我们在第 21 章所遇到的担保债务凭证（CDO）结构化想法基础上的。因此，正如前面几章一样，我们可以利用基本的金融工程学原理来研究交易对手风险。

包含与交易对手风险相关的调整极大地改变了衍生品的定价公式，并且在实践中它也极大地改变了做市商的估价和行为，而这些做市商的观点对于本书至关重要。我们之所以选择不在每一章的资产类别中处理交易对手风险，是因为我们首先需要开发用于解决交易对手风险的期权估值、CDS 和 CDO 工具包。因此，尽管它们非常重要，但最好在本书最后处理更高级的交易对手风险问题，以便读者有时间吸收前面几章所研究的多种工具。

在整本书中，我们运用金融工程工具来对衍生品进行定价，就像生活在没有交易对手风险的世界中一样。交易对手风险会影响金融市场和银行业务的许多方面，包括但不限于衍生品定价。第一，包含交易对手风险对金融衍生品定价和银行组织产生影响。许多银行现在对无违约风险的衍生工具加以调整，以便反映其违约风险，即所谓的信用估值调整（CVA）。① CVA 的原理类似于违约风险资产的价格折现，在这个意义上，与有违约风险的对手进行交易的债权价值总是小于与零违约概率的交易对手进行交易的相同债权的价值。我们讨论一个案例，说明如何计算利率互换组合的 CVA。阐明交易对手风险如何改变每个资产类别的衍生品定价是超出本书范围的，但我们在本章结尾部分提供参考，以引导感兴趣的读者使用。

交易对手风险越来越受到关注，这导致了所谓的信用估值调整业务（CVA desk）在银行中的作用和工作量不断扩大，这是几年前许多银行都没有的功能部门。银行还会以债务估值调整（debit valuation adjustment，DVA）的形式对银行自身的违约风险加以调整。最后，融资成本将影响对衍生工具的估值，这反映在所谓的融资估值调整（funding valuation adjustment，FVA）中。因此，包含交易对手风险的衍生品的价格可被分解成无违约价格加上与 CVA、DVA 和 FVA 有关的调整。与 CVA、DVA 和 FVA 相关的建模选择非常广泛，这意味着它们在银行间的应用存在着广泛差异。在前面几章中，我们应用了无所不包的金融原理，即资产的价格应该取决于资产的风险，以及使用反映该风险的折现率进行折现。但实际上，不同借款人具有各种不同的融资成本，而市场实践正在采用不同的反映融资成本差异的折现率，这意味着对基本原理的违反。由于交易对手风险调整，对于衍生品交易来说没有所谓的公允价值，因为价值取决于交易对手。此外，交易对手风险引入了模型风险的一个新的来源。我们已经看到布莱克-斯科尔斯-默顿期权定价模型方法、默顿违约结构模型以及标准高斯 copula 市场模型的普遍性。我们的讨论将表明在实际应用中是否可以找到这样的标准模型来反映交易对手风险评估，这从概念上看还不清楚。

第二，交易对手风险影响资本要求。在《巴塞尔协议Ⅱ》中，存在与交易对手风险相关的信用 VaR 费用。最新的《巴塞尔协议Ⅲ》提案要求，资本要求需反映与 CVA 相关的盯市损失所带来的风险。然而，这些提案并没有涉及 DVA，这导致从资本收费监管角度与衍生品定价角度在交易对手风险处理上存在分歧。

第三，会计准则［包括《国际财务报告准则》（IFRS）和《一般公认会计原则》（GAAP）］要求将信用风险反映在衍生品的公允价值计量中。这给银行带来了数十亿美元的损益影响，因为它们报告了 DVA 和 CVA 在其财务账户中的影响。

第四，在这一章我们将会发现，这个讨论并不只是理论上的。这些问题已经改变了市场实践，导致过去几年中银行的收益和损失达到数十亿美元的数量级，并且也为金融

① 亚洲金融危机和对长期资本管理公司的纾困导致一线银行更加关注交易对手风险，20 世纪 90 年代末，大型银行开始使用 CVA 来评估交易对手风险的成本。

部门创造了新的职业机会和功能，例如 CVA 业务。

交易对手风险的问题也会影响在风险中性测度条件下用于对折现现金流的折现率的选择。通常，LIBOR 被用作无风险利率的替代指标，但是在全球金融危机之后，市场实践已经转向使用隔夜指数互换（overnight indexed swap，OIS）利率作为担保交易的折现率。这部分是由于 LIBOR 利率明显高于 OIS 利率的事实，该事实基于交易对手风险被定价为 LIBOR 利率的结果。转向 OIS 利率对这一章我们讨论的衍生品定价具有三个基本影响。

金融工程中的交易对手风险主题是一个非常广阔的领域，这一章只能提供简明扼要的总结。然而，正如整本书所贯穿的，我们的重点是展示如何使用现有的金融工程工具包解决这些挑战，以及最重要的估值和风险管理问题。

24.2 交易对手风险

交易对手风险是指进行交易的交易对手可能违约并且不履行其支付义务的风险。在第 2 章中，我们已经讨论了中央清算（central clearing）和中央对手方（CCP）* 如何减轻交易对手风险的影响。因此，与交易所交易衍生品相关的交易对手风险总是由中央对手方集中清算，而中央清算的场外交易则很遥远，因为清算所保证衍生品向交易对手承诺的现金流。[①] 然而，大部分衍生品交易并未集中清算，这使交易对手风险调整在经济上具有广泛的重要性。需要进行交易对手风险调整的非中央清算衍生品市场有多大？根据国际清算银行 2013 年进行的每三年一次的调查，就名义金额而言，场外交易市场占 750 万亿美元衍生品市场的 90%左右。[②] 此外，场外交易市场的名义价值只有约三分之一通过中央对手方清算。根据上述数据，我们估计，大约 440 万亿美元的衍生品并未根据 2013 年的数据进行集中清算。

在全球金融危机爆发之前，从业者已意识到交易对手风险，但与市场和信用风险等其他风险相比，它被认为是二级重要的。然而，有证据表明，交易对手风险是一级重要的。下面用两个生动有趣的例子来说明我们将在本章中详细解释的交易对手风险相关概念。首先，由交易对手风险导致的盯市损失有时会超过市场或信用风险导致的盯市损失，正如下述材料所阐明的那样。

例子：

根据《巴塞尔协议Ⅱ》，交易对手违约风险和信用转移风险已经提及处理，但由

① 通常，中央对手方高度资本化，同时所有清算成员都担保，这样可以减少但不能消除风险，因为过去几十年期间世界各地证明有多家中央对手方违约。[例如，1974 年货物业务清算基金（CLAM），1983 年吉隆坡商品票据交换所。以下是“接近失误”：1987 年美国的芝加哥商品交易所（CME）和期权清算公司（OCC），1999 年巴西的商品及期货交易所（BM&F）。] 中央对手方交易量的增加，以及越来越多的中央对手方之间的竞争产生了问题，即中央对手方未来是否会变得更有风险。

② 场外市场交易量被市场参与者之间的双边交易和多边交易所平分。

* 中央对手方又称中央交易对手。——译者注

CVA 导致的盯市损失并未提及。然而，在全球金融危机期间，由交易对手信用风险导致的约三分之二的损失是由 CVA 损失造成的，只有约三分之一是由实际违约造成的。

（国际清算银行，2011 年）

其次，各大银行报告的近期利润反映了数十亿美元的 CVA 和 DVA 调整。下面是最新的一个例子。

例子：

高盛公司是截至该财报季第三季度亏损的第一家大型美国银行，其亏损的部分原因是其决定对冲潜在的巨额会计收益……

该公司通过对一篮子其他金融类股票进行所谓信用违约互换等类似保险的合约，来对冲因其债务估值调整（DVA）而带来的潜在收益……

高盛第三季度的 DVA 收益总计 4.5 亿美元，其中约 3 亿美元记录在固定收益、货币和商品交易部门下，另有 1.5 亿美元记录在权益交易下。

这一数额比 J. P. 摩根和花旗集团在第三季度取得的 19 亿美元 DVA 收益要少。美国银行在其投资银行报告了 17 亿美元的 DVA 收益。所有这三家银行都盈利，并从 DVA 收益中获得增长，考虑到债券利差的方向，这一会计现象在随后的几个季度可能会扭转。

[《华尔街日报》，交易日志（Deal Journal）博客，2011 年 10 月 18 日，《高盛集团避免收益波动》，利兹·莫耶（Liz Moyer）和凯蒂·伯恩（Katy Burne）]

这两个例子都说明了 CVA 和 DVA 在实践中有多么重要。我们将讨论这些概念，以及衍生品行业如何在调整交易对手风险方面变得越来越复杂，详情如下。注意，这一章所提出的公式适用于无担保的衍生品交易，但它们也可以一般化为 CVA 将更小的抵押品交易，广义地说，期权条款不会用于违约的剩余净现值，而是违约的剩余净现值没有被抵押品覆盖的部分（如果有的话）。这可能是由于突然的利润和损失波动，可能是由交易对手违约本身或缺口风险所造成的。

24.3 信用评估调整

本书自始至终都假定，衍生品交易没有违约风险。例如，在布莱克-斯科尔斯模型中，我们假定每个交易对手都会遵守其义务，同时都不会违约。大型金融机构不会违约的假设并不现实。例如，2008 年，金融机构在 1 个月内发生了 8 次信用事件（雷曼兄弟，房利美，房地美，华盛顿互惠银行，冰岛国民银行，格里特利尔银行，考普兴和美林证券）。

□ 24.3.1 交易对手风险案例和 CVA

我们不只是在远期、期权和信用违约互换的估值上假定交易对手风险会消失。在第

3 章讨论利率互换（IRS）时，我们也没有考虑交易对手可能违约的风险。交易对手风险如何影响简单 IRS 的估值呢？我们假定一个银行 B 和公司交易对手 C 之间名义金额为 N 和到期日 $T=t_4$ 的 IRS，其中 B 支付固定利率，C 支付浮动利率。图 24.1(a) 阐明了我们假定 B 和 C 都不违约的现金流。我们继续假定 B 现在是无风险的，但是我们考察 C 在未知时间 τ 违约的可能性。这已经由图 24.1(b) 给出。为了说明起见，我们假定违约发生在日期 t_3 和 t_4 之间的某个时间点。除了没有违约的简单情况（即 $\tau>T$）之外，我们可以区分两种基本情景：

- 情景 1（违约且 B 有正的风险敞口）：C 在 $t_3<\tau<t_4$ 的某个时间点 τ 违约，并且 C 向 B 的剩余支付的净现值（NPV）为正，即 B 具有正的风险敞口。在这种情况下，B 接收的只是 NPV 的回收部分的补偿。
- 情景 2（违约且 B 有负的风险敞口）：如果 C 在 $t_3<\tau<t_4$ 的某个时间点 τ 违约，并且 C 向 B 的剩余支付的 NPV 为负，则 B 具有负的风险敞口。在这种情况下，B 向 C 的清算人支付正的数额。

图 24.1 中的例子阐明了非常重要的观点，即不仅随机违约时间非常重要，而且违约时剩余支付的净现值的符号和大小也很重要。这是调整交易对手风险时必须考虑在内的。

将交易对手风险纳入衍生品定价的方法存在多种形式。CVA 就是这样一种调整，它非常简单而且直观易懂。CVA 的思路是，如果我们与交易对手进行一个组合的衍生品交易，那么交易对手可能会违约，并且在我们有风险暴露时可能会违约，即交易的价值对我们来说是正的，但对交易对手则是负的。这必须纳入交易估值。首先，在假设我们和交易对手都不会违约的情况下对交易进行估值。然后我们将减去 CVA 或信用评估调整，以便反映交易对手违约的可能性。甚至在详细介绍 CVA 之前，很明显上述原理意味着可能需要进行另一次调整，因为我们对交易对手有支付义务时也可能违约，这称为 DVA，我们将在后面几节讨论它。

为了说明，我们假定上面的例子是在 2010 年，交易对手 C 或者是欧洲中央银行（European Central Bank，ECB），或者是希腊商业银行。很明显，2010 年的欧洲中央银行和希腊商业银行的交易对手风险很不相同，正如我们在第 18 章所讨论的主权违约互换揭示的那样。将交易对手风险纳入交易收益的评估意味着，我们将会判断银行交易对手的违约是否会发生。直观地说，从银行角度来看，包含银行对手违约的风险将会增加收益的选择性。

CVA 可以是正的或负的。考察涉及 B 银行及其交易对手（即公司客户 C）的例子。如果从尚存方（B 银行）的角度来看，C 违约且违约组合的现值为正，那么 B 仅获得投资组合的一小部分，该值等于 C 的回收率。从尚存方 B 的角度来看，投资组合的现值为负，这也是一种可能。在这种情况下，B 必须向违约公司 C 的清算人进行支付。这种逻辑导致具有交易对手风险（$P_{\text{with CR}}$）的衍生品交易价格等于没有交易对手风险（$P_{\text{no CR}}$）的交易价值减去正的调整，记为 CVA，从而得到上面的期权：

$$P_{\text{with CR}}=P_{\text{no CR}}-\text{CVA} \tag{24.1}$$

这种调整看起来相对简单，但是在实际应用中会出现相当多的复杂性。首先，尽管在无违约定价的情况下模型是独立的，但即使对于一些包含交易对手风险的简单衍生工具，也会使得估值模型变得并非独立。我们看到的最简单衍生工具之一是第 4 章所讨论的利率互换（IRS）。针对交易对手风险，IRS 估值应该包括投资组合剩余价值的期权，而为了对这种期权进行定价，我们需要利率期权定价模型。

其次，当我们以交易对手风险的形式引入新的风险源时，还需要考察利率风险与交易对手风险之间的相关性。这又给我们带来错向风险（wrong-way risk，WWR）的概念。错向风险（WWR）是指当标的投资组合和交易对手违约以最坏的可能方式相关时，即从银行 B 的角度看，投资组合的价值与交易对手的违约概率正相关时所产生的额外风险。这可能会导致这样的情况，即交易对手 C 在欠银行 B 最多的情况下发生违约。

最后，为了获得波动性和相关参数，我们需要在风险中性概率下获得这些值。许多交易对手不发行债券，也不发行 CDS。这使得获取它们的违约信息非常难。在实际应用中，有时候可以在风险中性测度下用违约波动性和相关性，以及基于现实世界测度的其他风险来估算违约率。

□ 24.3.2　作为期权的 CVA

上述讨论是初步探索。现在我们严谨地证明，可将 CVA 解释为一种期权。为此，我们首先做出一些假设。第一，假定交易对手风险评估问题对于交易对手 B 和 C 来说是对称的。这意味着 B 在给定时间对头寸总价值（包括交易对手风险）的估值与当时 C 对头寸总价值的估值是正好相反的。第二，如图 24.1 所示，我们仍然做出一个不符合实际的单边违约假设（unilateral default assumption，UDA），同时假定银行 B 是无违约的。我们将允许双边违约，并在本章后面放宽 UDA。只有一个违约交易对手的例子已经足以解释处理交易对手风险时出现的基本金融工程问题。第三，我们假定没有抵押协议或其他担保。第四，在我们的框架中，假定违约风险预先向交易对手 C 收取，因此被纳入风险中性估值框架。

在本节中，我们将推导出单边交易对手风险评估的一般公式。我们将会看到，存在交易对手风险的价格可以表示成无违约价格减去以前违约情景时的折现选择项，乘以如果违约所导致的损失。我们将通过蒙特卡洛模拟来计算具有多个不同交易对手的多个 IRS 的银行的 CVA。这个例子假定利率和信用利差（违约强度）之间是独立的。为了简单起见，这意味着我们不考虑错向风险。①

接下来我们从投资者的角度（即银行 B）进行计算。我们继续运用风险中性估值框架，这意味着期望值 E_t 是在风险中性概率测度（Q）下取值计算的。我们依照 Brigo et al.（2013）的研究思想，从银行 B 的视角来看，用 $\Pi(u,s)$ 表示一般性权益的净现金流，在时间 u 和时间 s 之间与交易对手 C 进行交易，并折现到时间 u。② 我们将在时间 t 的无违约净现值定义为 $\mathrm{NPV}(t)=E_t[\Pi(t,T)]$。在图 24.1 所讨论的情况下，我们使用术语“风险敞口”。更规范地说，我们可将有最后到期日 T 和现金流 $\Pi(t,T)$ 的头寸在 t 时刻的风险敞口定义为

$$EX(t)=(E_t[\Pi(t,\tau)])^+=(\mathrm{NPV}(t))^+ \tag{24.2}$$

① 例子所阐明的框架还可用于计算非标准互换合约（比如零息互换和摊销互换）的交易对手风险。

② 对 Brigo et al.（2013）的另一种规范是 Burgard and Kjaer（2011）给出的。他们并不是采用“经由预期定价”的方法，而是采用“经由对冲定价”的方法，也就是通过复制投资组合来推导 CVA/DVA 公式。

(a) 无违约风险的利率互换：银行B支付固定利率，交易对手C支付浮动利率

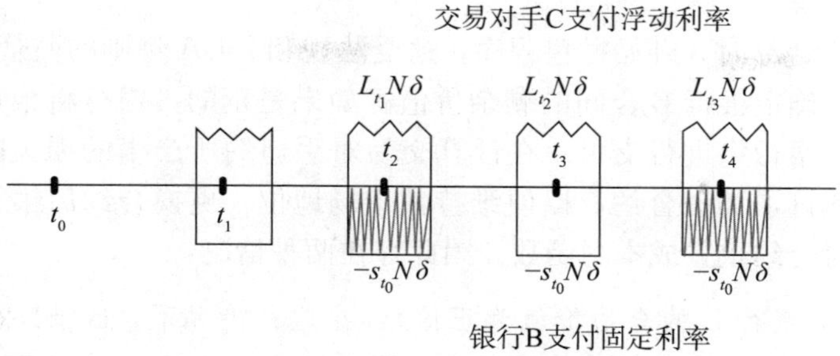

(a) 带有违约风险的利率互换：无风险银行B支付固定利率，有风险银行C支付浮动利率，并在随机时间τ受违约风险的影响

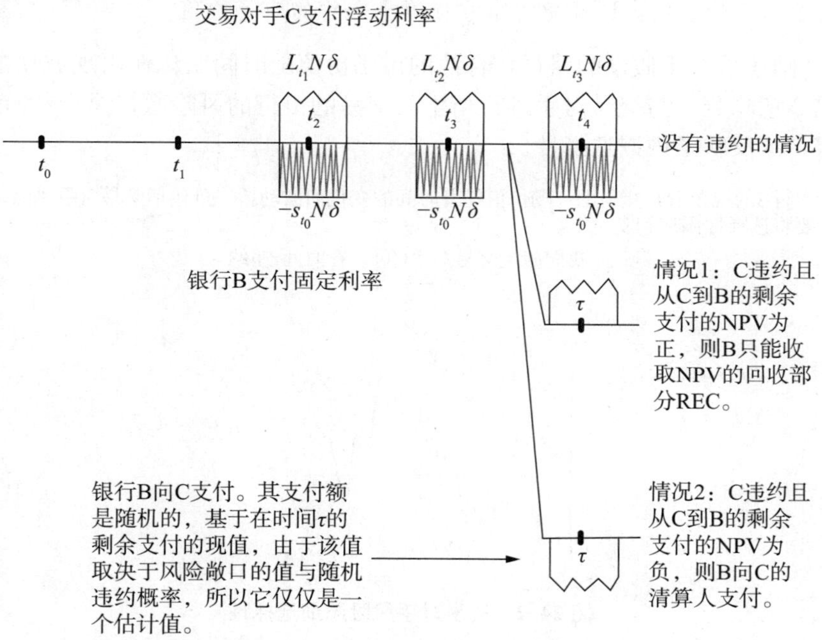

图 24.1　无违约风险的利率互换和带有违约风险的利率互换

为了并入交易对手风险，我们将可违约交易对手的收益表示为$\overline{\Pi}(t,T)$，并将其定义如下：

$$\overline{\Pi}(t,T)=1_{\{\tau>t\}}\Pi(t,T)+1_{\{t<\tau\leqslant T\}}[\Pi(t,\tau)+D(t,\tau)(\mathrm{REC}(\mathrm{NPV}(\boldsymbol{\tau}))^{+}-(-\mathrm{NPV}(\boldsymbol{\tau}))^{+})] \tag{24.3}$$

式（24.3）表明，如果没有违约，即$\tau>T$，那么会得到直到现在贯穿整本书的我们使用的风险中性估值公式$\Pi(t,T)$。式（24.3）右边的其余部分可以解释为包含违约发生之前到期的支付（$\Pi(t,\tau)$），在时间t时的无违约随机折现因子τ（$D(t,\tau)$）和两项嵌入

期权，形式为如果净现值 NPV(τ) 为正值，则银行 B 将收取正的回收值 (REC (NPV (τ))$^{+}$)，如果净现值为负值，则由 B 向 C 支付。

24.3.2.1 抛售进程

当交易对手 C 发生违约时，开始抛售程序。这受法规和 ISDA 规则的监管。[①] 作为抛售程序的一部分，需要确定银行 B 合同的剩余价值。如果是正的，银行将根据回收率得到付款，如果为负值，银行将进行支付。在计算交易对手违约所产生的损失时，假定该银行与另一交易对手签订了类似合约，以便维持其市场地位。更换合约后银行的市场地位不变。损失是违约时合约重置成本的函数。因此存在两种情况：

- 情景 1 (在违约时银行 B 的合约价值为正值)：在这种情况下，B 借助于支付合约的市场价格，抛售与 C 有关的头寸以平仓。同时 B 与另一个交易对手签订类似的合约，并收取合约的市场价值，这意味着 B 的净损失为零。
- 情景 2 (在违约时银行 B 的合约价值为负值)：在这种情况下，B 抛售与 C 有关的头寸以平仓，但没有收取违约交易对手 C 的任何付款。由于 B 与另一个交易对手进入了相应的合约，B 遭受的净亏损等于合约的市场价值。

图 24.2 阐述了对于假设的路径，合约的市场价值随时间变化而出现波动的情况。情况 1 和情况 2 意味着，与交易对手进行衍生品交易的银行的风险敞口是合约/市场价值的最大值或零，这反映了内嵌选择性。

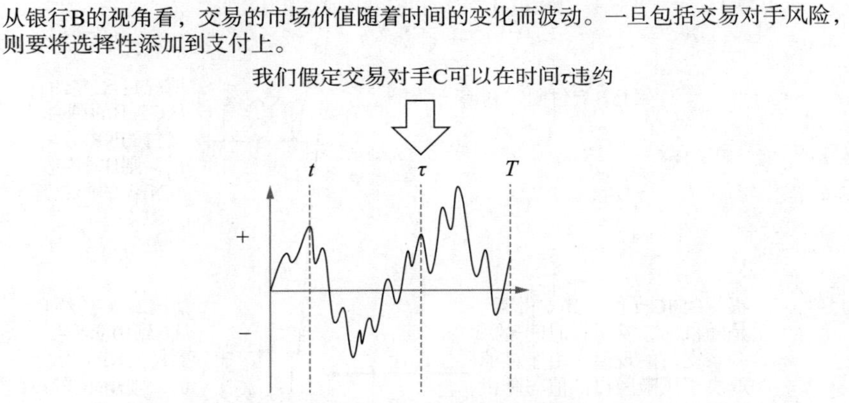

图 24.2　交易对手风险添加选择性

上面的等式强调嵌入选择性。Brigo et al. (2013) 证明，人们可以在式 (24.3) 风险中性测度下取期望值，并经过一些运算后得到接下来的到期时间为 T 的存在交易对手风险的收益价格：

$$E_t(\overline{\Pi}(t,T))=E_t[\Pi(t,T)]-E_t[\mathrm{LGD}\times 1_{t<\tau\leqslant T}D(t,\tau)((\mathrm{NPV}(\tau))^{+})] \qquad (24.4)$$

式 (24.4) 右边的第二项可以解释为交易对手风险调整。当无违约净现值减去单边 CVA 时，可以得到式 (24.4)。

---

① 有关详细信息，参看 www.isda.org。

$$E_t(\overline{\Pi}(t,T))=E_t[\Pi(t,T)]-U_{\text{CVA}}(t,T) \tag{24.5}$$

由于违约导致的损失（LGD）等于 1 减去回收率，我们也可以在时间 t 用风险敞口项 $Ex(\tau)$ 来得到单边 CVA：

$$U_{\text{CVA}}(t,T)=E_t[(1-\text{REC})\times D(t,\tau)\times 1_{\{t<\tau\leqslant T\}}\times Ex(\tau)] \tag{24.6}$$

□ 24.3.3 单个 IRS 中的对手风险和单侧 CVA

为了说明 CVA 概念的应用，我们考察简单的 IRS。如图 24.1 所示，我们仍然假定银行 B 支付固定利率s_{t_0}，并从交易对手 C 获得浮动利率 L。我们进一步假定名义金额 N 等于 1。正如第 14 章所述，在 t_0 时刻没有交易对手风险的公允（远期互换）利率s_{t_0}，被定义为固定利率和浮动利率支付的现值相同时的利率。对于图 24.1 中 3 年期的货币互换，折现支付 IRS 是

$$\sum_{i=2}^{4} D(t_0,t_i)\delta N(L(t_{i-1},t_i)-s_{t_0}) \tag{24.7}$$

我们以 $\Pi_{\text{IR}}(t_0,t_4)$ 表示没有违约风险的 IRS 在时间 t_0 的净现值，IRS 在时间 t_1 开始，并且到期日为 t_4。由于银行 B 进行固定支付并接受交易对手 C 的浮动支付，因此考察 C 违约的可能性意味着具有交易对手风险的固定利率一方被支付的正确互换利率应当低于没有交易对手风险的利率，因为固定利率支付者以这种方式补偿了额外风险。如果我们在 IRS 的例子中应用式（24.4），从 B 的角度来看，交易对手风险的净现值变为：

$$\overline{\Pi}_{\text{IR}}(t_0,t_4)=\Pi_{IR}(t_0,t_4)-U_{CVA}(t_0,t_4) \tag{24.8}$$

其中 $U_{\text{CVA}}(t_0,t_4)$ 表示由于违约而进行的单边信用评估调整（UCVA）。可以证明，$U_{\text{CVA}}(t_0,t_4)$ 可以被重写为

$$U_{\text{CVA}}(t_0,t_4)=\text{LGD}\times \in_{t_0}[I_{\{t_0<\tau\leqslant t_4\}}D(t_0,\tau)((NPV(\tau))^+)] \tag{24.9}$$

或者

$$U_{\text{CVA}}(t_0,t_4)=\text{LGD}\times\int_{t_1}^{t_4} PS(t_0,u;t_4,s_{t_0},\sigma_{u,t_4})d_u P^Q\{\tau\leqslant u\} \tag{24.10}$$

在式（24.10）中，$\int_{t_1}^{t_4} PS(t_0,u,t_4,K,s_{t_0},\sigma_{u,t_4})$ 表示下面这种互换产品在 t_0 时的价格，即到期日为 u，执行价格为 K，标的为远期互换利率 S_{t_0}，波动性为 σ_{u,t_4}，并且标的互换最终到期日为 t_4。

式（24.10）的结果直观上很简单。关键假设是违约时间 τ 和利率是独立的。此外，剩余净现值是从时间 τ 开始的远期生效 IRS。因此，剩余净现值的期权可以解释为一系列到期日为可能违约范围的互换期权与权重相乘，权重为每个时间值附近的违约风险中性概率 P^Q。为了评估违约风险资产，必须在定价框架中引入违约时间和违约概率。CDS 是市场风险中性违约概率的一个明确来源。另一种是使用公司债券价格隐含的信用利差来校准违约概率。由于第 18 章所讨论的是 CDS 债券基差，得出的估计值可能会有所不同。在第 18 章和第 19 章中，我们已经看到，可以使用不同模型来校准 CDS 数据，以便

反映违约概率。在这一章中，我们将使用简化形式的生存概率/危险函数模型，但本章末尾的参考文献表明了如何使用结构模型来研究交易对手风险。

□ 24.3.4 IRS 投资组合的数值 CVA 案例

在案例研究的背景下，我们来阐述利率互换（IRS）的单边 CVA 的计算。[①]

例子：

考察一家银行 B 持有的有 5 个交易对手的普通利率互换的投资组合。假定时间 t_0 为 2007 年 12 月 14 日。我们利用式（24.5）中的单边 CVA 公式来计算银行 B 的 CVA。银行 B 与 5 个交易对手共进行 30 次利率互换。每一个交易对手的互换数量和互换期限如下[②]：

- 交易对手 1：到期时间从 2009 年 6 月 15 日至 2012 年 6 月 23 日的 6 次互换。
- 交易对手 2：到期时间从 2012 年 5 月 12 日至 2014 年 12 月 4 日的 2 次互换。
- 交易对手 3：到期时间从 2010 年 7 月 12 日至 2012 年 2 月 13 日的 3 次互换交易。
- 交易对手 4：到期时间从 2009 年 6 月 2 日至 2014 年 7 月 20 日的 7 次互换。
- 交易对手 5：到期时间从 2009 年 1 月 8 日至 2014 年 6 月 5 日的 12 次互换。

可以通过以下四个步骤来计算单边 CVA：

- 步骤 1（场景生成）：我们模拟很多未来的利率路径或场景，这些是互换的标的风险因素。
- 步骤 2（工具估值）：对于步骤 1 中的每一条路径，我们对标的互换组合进行估值，并为投资组合内的每笔交易推导未来的 NPV(t) 分布。
- 步骤 3（投资组合汇总）：对于每个交易对手，根据已达成的净额结算协议，我们汇总其交易的 NPV(t) 分布以推导投资组合的净现值 NPV(t) 分布。
- 步骤 4（风险敞口计算）：然后，对于每个对手方，我们使用式（24.2）计算敞口，并且折现（情景一致）到日期 t_0。我们通过简单地计算每个时间点 t 的折现风险的平均值来计算预期折现风险。
- 步骤 5（概率权重）：我们利用违约概率对预期风险敞口进行加权。违约概率是从 CDS 市场报价中提取的。

表 24.1 显示了截至 2007 年 12 月的每个交易对手（CP1，CP2，…，CP5）CDS 报价的假定期限结构。根据表 24.1 中的 CDS 报价，我们可以提取图 24.3 所给出的违约概率。在日期 t_0，投资组合中的每一个互换价值都接近于零。图 24.4 显示了在结算日 t_0（2007 年 12 月 14 日）期限为 3 个月、6 个月、1 年、5 年、7 年、10 年、20 年以及 30 年的假定收益率曲线。正如我们所看到的，到 2027 年所有期限的收益率曲线都是向上倾斜的，然后在过去 10 年中变成了驼峰形。

---

① 这个例子运用了 MATLAB 的金融工具工具箱中的各种函数。有关详细信息，参见 MATLAB 的金融工具工具箱中的交易对手信用风险示例。

② 关于最流行的浮动方和固定方利率假设的更多细节，可以在 MATLAB 的“cva-swap-portfolio. xls”文件中找到。

表 24.1 关于每一个交易对手 CDS 报价的假定期限结构

日 期	CP1	CP2	CP3	CP4	CP5
2008 年 3 月 20 日	140	85	115	170	140
2009 年 3 月 20 日	185	120	150	205	175
2010 年 3 月 20 日	215	170	195	245	210
2011 年 3 月 20 日	275	215	240	285	265
2012 年 3 月 20 日	340	255	290	320	310

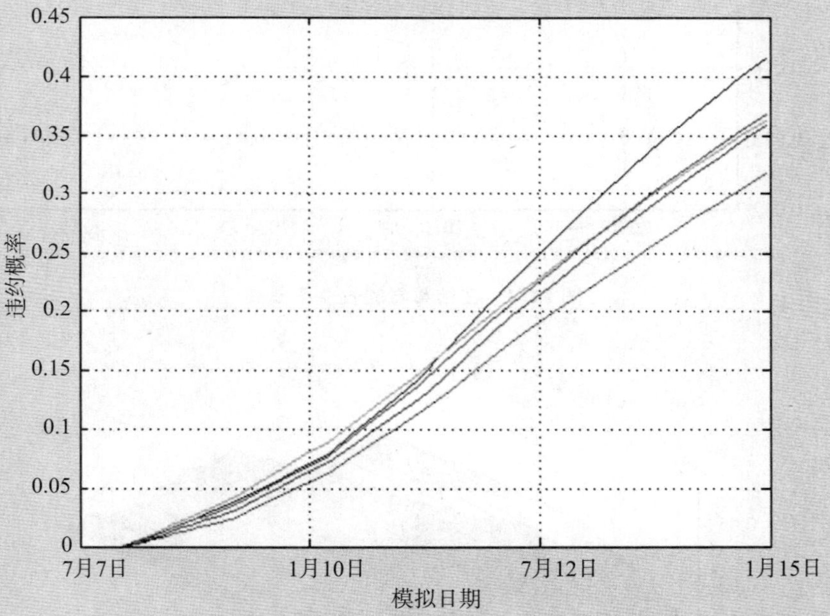

图 24.3 每一个交易对手的违约概率曲线

为了实现上述步骤 2，这个例子使用 Hull-White 单因子模型来模拟互换合约的价值。图 24.5 显示出 2007—2015 年收益率曲线演变的一种模拟情景。

作为步骤 3 的一部分，我们计算未来每个模拟日期的每一个互换合约的盯市价值。图 24.6 显示出一个模拟情景的 30 个互换合约的盯市价值。如同预期的那样，互换合约的价值接近于零。

如果我们在给定模拟路径的每个时间点汇总所有 30 个互换合约，我们将获得整个投资组合的模拟路径。在 t 时刻，某个特定合约 i 的风险敞口是合约价值和 0 两者之间的最大值。为了更好地观察风险敞口情况，我们可以评估每一个模拟日期风险敞口分布的一些统计数据。可以计算预期的风险敞口特征，例如，通过计算每个模拟日期的每个风险敞口的期望值。如果我们还对预期风险敞口进行折现，我们可以计算图 24.7 中给出的折现期望敞口。

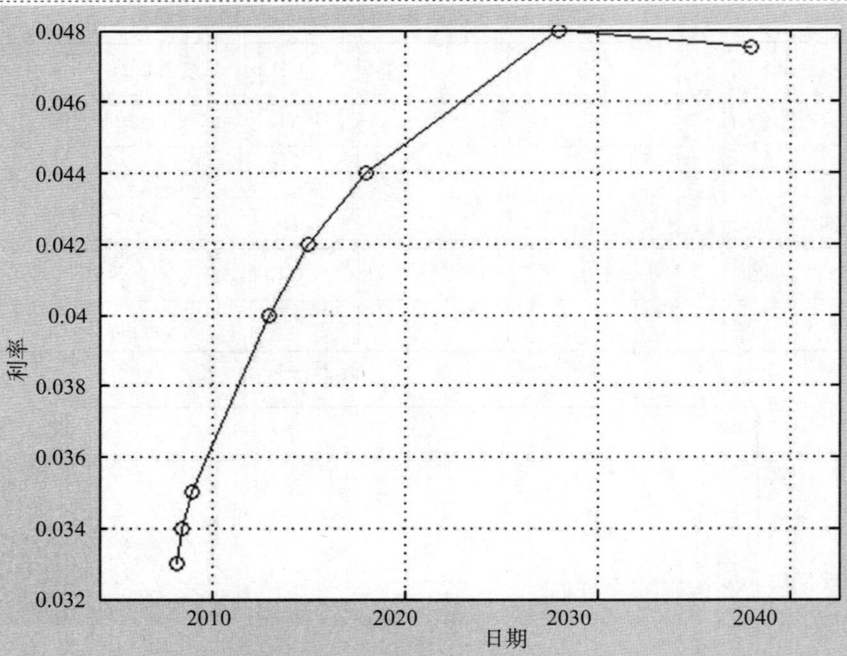

图 24.4　在结算日的收益率曲线

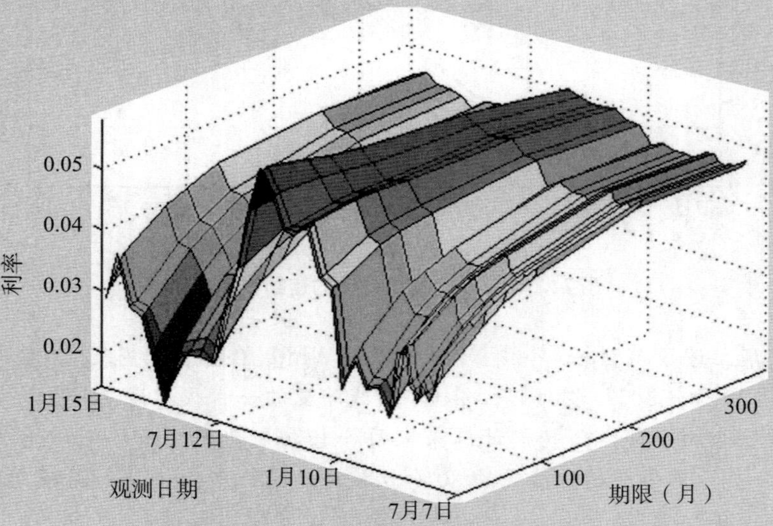

图 24.5　一种模拟情景的收益率曲线演变

从图 24.7 可以清楚地看出，(折现) 预期敞口随时间而变化。随着时间推移的风险敞口情况取决于两种抵消效应：扩散效应和摊销效应。模拟路径越长，风险因子(例如利率) 产生的可变性就越大，因此未来值越远离当前值。在模拟路径逼近合约到期日时，随着时间的推移，价值会趋向于减少风险敞口，这是因为有可能违约的剩余现金流量减少了。这两种效应是互相抵消的，因为扩散效应增加了信用风险，而摊销

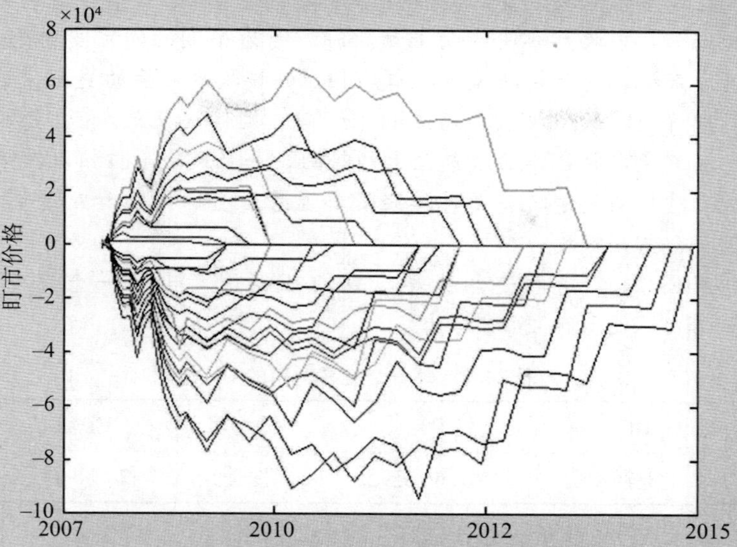

图 24.6　一种模拟情景的互换价格

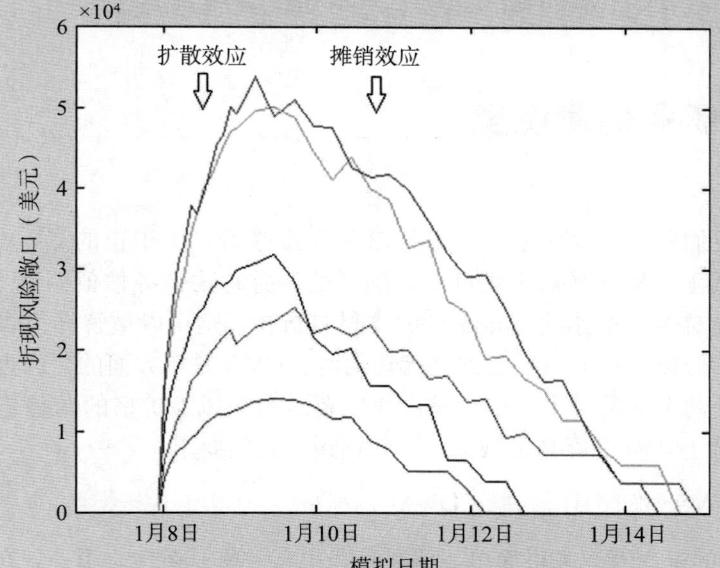

图 24.7　每一个交易对手的折现预期风险敞口

效应随着时间的推移而减少。一方面，对于外汇远期和其他单一现金流产品，由于风险敞口纯粹是由扩散效应驱动的，基本风险敞口在交易到期时达到顶点。另一方面，对于拥有多个现金流的产品，比如利率互换（IRS），根据 Pykthin and Zhu（2007）的研究，基本风险敞口通常会在整个交易时间的三分之一到二分之一时达到顶峰。图 24.7 表明，在我们 30 个 IRS 组合例子中也是如此。

风险敞口特征不仅取决于资产类别和工具，而且取决于基本风险因素和市场周期中的关键点。例如，当收益率曲线向上倾斜时，因为早期的固定支付大于浮动支付，所以对于支付方来说，其互换的风险敞口比相应的接收方互换的更大。这导致了支付方互换的正远期价值。如果收益率曲线向下倾斜，则情况正好相反。从图 24.4 中我们可以看到，在例子中收益率曲线是向上倾斜的，并且风险敞口情况确实如同预测的那样。风险敞口特征的用途之一是计算经济和监管资金、定价和对冲交易对手风险，以及验证是否符合信用额度。

最后，利用图 24.3 中的违约概率，我们可以计算出每一个交易对手的单边 CVA。这些计算结果已由表 24.2 给出。

表 24.2 每一个交易对手的 CVA

交易对手	CP1	CP2	CP3	CP4	CP5
CVA	2 228.36 美元	2 487.60 美元	920.39 美元	5 478.50 美元	5 859.30 美元

上面的例子阐明了如何计算简单利率互换组合的单边 CVA。由于篇幅原因，我们无法涵盖其他资产类别，诸如信用、商品、股票或外汇的 CVA，但是本章最后的参考文献包括这样的例子。

24.4 债务估值调整

考察上面我们所讨论的例子。从银行 B 的角度来看，由于正的 CVA 总量，所以衍生品的价格降低了。从交易对手角度看，同样的调整称为债务估值调整（DVA）。这是正的，因为交易对手 C 的违约会导致 C 的支付打折扣，这可以被解释为收益。在这种情况下，我们继续假设银行 B 本身仍然是无违约的。DVA 是单方面的，因为只包括客户的违约风险。为使两个交易对手达成交易，我们要求对无风险价格的调整是相同的，但对交易对手 C 是加上，对银行 B 是减去。换句话说，我们要求：

$$\text{单边 CVA(银行 B)} = \text{单边 DVA(公司 C)} \tag{24.11}$$

尽管 DVA 的概念看起来很简单，但在实践中有一些复杂性。第一，在实践中很难将 DVA 货币化。思考一下如果货币化的话都需要做什么。因为向交易对手进行衍生品支付金额的 NPV 减少，所以需要对交易对手平仓来对 DVA 货币化。在违约之前这实际上不可能实现，因为涉及对复杂的衍生品投资组合进行平仓。第二，重要的是要注意，用于衍生品定价的 DVA 处理与会计目的不同。正如第 24.2 节中的第二个例子所展示的，DVA 是财务报告中的一个主要元素，最近发生的情况是，像花旗银行这样的大型银行，由于债券的信用利差扩大，季度损益表上已经实现从亏损到盈利的转变。虽然 DVA 广泛用于定价新的 OTC 衍生品，但其会计处理更加模糊，许多公司单独报告 DVA，并将其确定为会计费用而非实际损益。第三，从银行资本监管的角度来看，DVA 的处理方式也不同于定价和会计目的。尽管其用于会计和衍生品定价目的，但直到最近，国际清算银行才明确地将 DVA 从监管资本估计中排除。然而，巴塞尔银行监管委员会最近的一份咨询文件讨论了几种认可 DVA 用于资本目的的选择，这意味着 DVA 的会计、监管和衍生品定价处理之间可能会趋同。[①]

24.5 双边对手风险

在前面我们是从单方违约的视角来讨论的。如果双方都认为对方有风险，那么会发生什么情况呢？例如，公司 C 可能认为银行 B 有风险。在 2008 年雷曼兄弟倒闭以及全球金融危机期间涉及金融机构的多重信用事件之后，这是一个现实的情景。处理这种情况的唯一方法是允许交易双方除了交易对手的违约之外将自己的违约也纳入其估值。这意味着每个交易对手都会从交易的无违约风险价格中减去正的 CVA 值，同时将正的 DVA 加到该交易的无违约风险价格上。换句话说，一方的 CVA 将是另一方的 DVA，反之亦然。在上面的例子中，我们会从银行 B 的视角得到以下等式，

$$P_{\text{with CR}}^{\text{to bank B}}=P_{\text{no CR}}^{\text{to bank B}}+\text{DVA}_{\text{Bank B}}-\text{CVA}_{\text{Bank B}} \tag{24.12}$$

从公司 C 的角度来看，这笔交易的价值是相反的：

$$P_{\text{no CR}}^{\text{to bank B}}=-P_{\text{no CR}}^{\text{to corporate C}} \tag{24.13}$$

$$\text{DVA}_{\text{Bank B}}=\text{CVA}_{\text{Corporate C}} \tag{24.14}$$

$$\text{DVA}_{\text{Corporate C}}=-\text{CVA}_{\text{Bank B}} \tag{24.15}$$

式（24.12）～式（24.15）蕴含着

$$P_{\text{with CR}}^{\text{to bank B}}=P_{\text{with CR}}^{\text{to corporate C}} \tag{24.16}$$

这意味着双方都对价格达成一致。通常将两者之差（DVA－CVA）称为双边估值调整（BVA）。BVA 所带来的复杂性之一是，它需要首先就哪些交易对手违约达成一致，因为当一个交易对手违约时，其 CVA 被触发，而另一方则不会。

24.6 对冲交易对手风险

对冲 CVA 和 DVA 的主要目标有三个。第一，通过对冲 CVA 和 DVA，可以降低银行损益对交易对手信用利差或银行自身信用状况变化的敏感性。第二，对冲允许在与交易对手交易期间锁定 CVA 头寸。第三，对冲使 CVA 敞口减少。在实际应用中，CVA

① 详细内容，参看 http://www.bis.org/publ/bcbs214.pdf。

对冲并不是那么简单，因为对违约风险进行对冲非常困难，而且WWR可以将交易对手风险从其他风险中独立出来。

□ 24.6.1 在实践中的CVA和DVA对冲

正如我们在前面所看到的，DVA和CVA调整在实际应用中可能达到数十亿美元。下面的阅读材料说明了这种做法。

例子：

有分析师质疑，为什么在债务利差扩大并且理论上应该带来巨大DVA收益的时期，公司的DVA收益却相对较弱，高盛集团首席财务官戴维·维尼尔（David Viniar）周二表示，该公司试图用一篮子不同的金融工具进行对冲。高盛的一位发言人证实，该公司通过出售一系列金融机构的CDS来实现这一目的，在销售CDS系列产品时，一家公司希望从标的债务风险利差缩小所带来的信用质量提高中获益。高盛并不会明确该篮子中具体的金融工具是什么，但是戴维·维尼尔向提出此问题的分析师确认该篮子包含"同行组"。

大多数人会认为，高盛的同行是具有投行业务的其他大型银行，包括摩根士丹利、J. P.摩根、美国银行、花旗集团等。

在欧洲，一家公司可以通过由Markit管理的名为iTraxx Europe Senior Financials的信用违约互换指数，立即对冲一系列银行风险。但在美国，目前还没有普遍交易的金融工具CDS合约指数，因此高盛可能会与另一家交易商建立定制篮子。

（《华尔街日报》，交易日志（Deal Journal）博客，2011年10月18日，《高盛集团避免收益波动》，利兹·莫耶和凯蒂·伯恩）

上面的例子还体现了信用衍生工具作为DVA收益对冲的作用。乍看起来有悖常理的是，银行信贷质量的恶化可能导致会计上的收益。虽然高盛否认以自己的名义使用CDS，但这引发了一个问题：银行是否采取可能降低其信誉价值的行动来潜在地增加其账户利润？

根据Ernst and Young（2012）对19个金融机构的回应所作的调查①，管理和对冲与CVA相关的市场和信用风险的最受欢迎的工具是单一名称CDS（19个用户中的14个）和管理与CVA相关的市场和信用风险的利率及外汇产品（14个用户）。下一个广为接受的对冲基于指数联结CDS（13个用户）和波动性对冲（10个用户），而基于债券的对冲（8个用户）和相关产品（7个用户）以及或有CDS（contingent CDS，CCDS）（6个用户）不太受欢迎。处理交易对手风险的一些较新的和先进的方法涉及CVA-CDO和保证金贷款。

虽然CDS可用于CVA套期保值，但存在一些与静态CDS套期保值相关的问题。CDS的支付是固定的，仅取决于参考名称是否违约，而不取决于交易对手的风险敞口金额。这可以通过动态套期保值来部分解决，即随着时间的推移调整CVA头寸，并取决于目前所持有的风险头寸。单一名称和指数CDS对冲之间也有权衡。如果发生影响单个公

① 参看Ernst and Young（2012）的"以公允价值反映信用和融资调整"调查。

司的坏消息而不是广泛的市场动向，则单一名称套期保值更为精确，但作为参考名称，单一名称 CDS 对于大多数交易对手来说并不容易获得。指数 CDS 对冲或其他总体对冲是实际应用中的一个选择，但它们是对影响某一公司的坏消息相当不完美的对冲。

□ 24.6.2 或有信用违约互换

上述与普通 CDS 对冲相关的对冲限制推动了信用产品，比如或有信用违约互换（CCDS）的创新。而在简单 CDS 中，信用事件触发支付，在 CCDS 中，触发既需要信用事件，又需要特定的事件，例如特定市场或部门变化的程度。一个 CCDS 可以被看做是一个衍生工具，其中包含对所指交易违约时嵌入的敲入期权。引致 CCDS 发展的经济学原理是它消除了由于更广泛的经济市场力量的恶化而导致交易对手信用风险变化所引起的经济风险。然而，与 CCDS 相关的注意事项之一是它们目前尚未标准化，这意味着与普通 CDS 相比，合约风险或供应风险较高。此外，与普通 CDS 相反，CCDS 目前只能用于创建静态对冲，而不是动态对冲，以抵消交易对手的信用风险。

24.7 融资估值调整

需要考察交易对手风险的最后一个方面是与融资有关的。当交易者管理交易头寸时，他或她必须获得现金才能执行各种不同的操作，包括（ⅰ）对冲头寸，（ⅱ）提供抵押品。这些操作有成本，需要融资。考察这笔融资的成本，被称为融资估值调整。如果我们将 CVA、DVA 和 FVA 纳入交易对手风险下衍生品的估值，则可以得到下面的等式：

$$P_{\text{with CR}}^{\text{to bank B}}=P_{\text{no CR}}^{\text{to bank B}}+\text{DVA}_{\text{Bank B}}-\text{CVA}_{\text{Bank B}}-\text{FVA}_{\text{Bank B}} \tag{24.17}$$

具体实施 FVA 时并非那么简单。原因在于，包含融资成本会导致递归定价问题，可以用倒向随机微分方程表示。

在全球金融危机以前，与融资相关的市场实践是，当评估交易业务的损益时，抵押品和资金是次要的顾虑。银行习惯通过各种低成本融资方式发布抵押借款。借款成本在很大程度上被接收方支付的抵押利息所抵消。全球金融危机之后，由于融资成本增加，衍生品业务的融资作用发生根本性转变。改变市场实践的是，如果一家公司被视为面临违约风险，信用额度下调的风险就会变得非常真实。有关融资应考察的一个实际例子是，交易可能看起来有正的利润和损失，但它也可能具有很高的潜在未来风险敞口。如果已办理信用支持附件（CSA），那么在不利的市场情况下，为了立即提供额外抵押品，按规定可能会引起大量额外的资金需求。[①] 即使没有 CSA，与交易相关的预期未来损失也可能会导致银行信心下降以及信用额度下降。实际上，FVA 的主要作用是为交易业务提供

① CSA 是一种支持（抵押品）衍生品交易的标准信用文件。有关详细信息，参见 www.isda.org。2014 年，国际互换与衍生品协会（ISDA）修订了所谓的标准 CSA（SCSA），以便解决交易对手选择在 CSA 下具有选择性的合格的抵押品的能力等方面的问题。由于三次不同的监管改革使得 SCSA 过于资本密集型，银行无法使用，因此有必要对其进行修订。

资金激励，以减少资金投入。会计准则目前不支持 FVA。

24.8 CVA 业务

将交易对手风险调整纳入市场实践也影响了银行内部组织，这是因为银行创建了 CVA 业务。[①] 它们创建的理由是通过创建特定交易对手风险交易业务，将交易对手风险管理与传统资产类别交易业务分离。原则上，创建 CVA 业务可以被解释为允许传统交易者以与全球金融危机之前相同的方式在交易对手无风险的世界中工作。一些顶级银行在全球金融危机之前曾经设立 CVA 业务多年，但现在它们的重要性已经越来越大，现在大多数大银行已经设立 CVA 业务。创建 CVA 业务的动机之一是减少交易员的工作量和技能需求。正如上面关于 CVA 的研究所阐明的，他们不需要熟悉与不同资产类别的传统衍生品交易模型相关的高级信用模型。此外，交易员不需要关注净额细节。最后，CVA 业务整合交易中的交易对手风险，从而使银行能够了解整个衍生品交易组合的交易对手风险相关选项。

银行 CVA 业务的主要工作是管理银行所有交易对手风险。这意味着几个功能。第一，CVA 业务为交易对手提供 CVA/DVA 和 FVA 定价。第二，CVA 业务可以参与交易组织，因为它们建议交易结构化以尽量减少信用风险。通常，包含 CVA/ DVA 的交易有前期费用，并被分配给 CVA 业务。因此，CVA 业务为初始/交易业务提供保护。第三，CVA 业务有助于监控和动态对冲市场、信用和交叉部分风险以及违约风险。第四，如果交易对手违约，CVA 业务通常也有责任（ⅰ）为初始业务提供风险承保，（ⅱ）进行与 CDS 保护提供商的筹划，（ⅲ）支持交易终止活动，以及（ⅳ）最大限度地回收剩余的交易价值。

虽然 CVA 业务原则上可以解决与交易对手风险有关的部分问题，但纳入交易对手风险的影响之一是，由于交易价值取决于交易对手，因此衍生品交易不存在一个公允价值。这也意味着，在交易层面上不存在按市值计价的事情，因为按市值计价取决于投资组合的其余部分。交易对手风险调整在一定程度上使风险中性估值背后的基本假设无效，即市场完整性和有创造无风险投资组合的套期工具。此外，与 CVA 模型相关的模型风险是一个新问题。

在实践中，还有一些体制和心理方面的因素会影响 CVA 业务的有效运作。一些交易商可能会质疑其必须向 CVA 业务支付的 CVA 费用，并且不愿意将权限交给诸如 CVA 业务这样的其他单位。如果交易商错误地认为，交易对手风险可以完全由 CVA 业务对冲，CVA 业务也可能会给人一种虚假的安全感。正如我们在前一节所看到的，CVA 对冲在实际应用中并不完美。

① 有时候，CVA 业务在文献中也被称为 XVA 业务，这是因为它们管理各种不同的调整（CVA、FVA、DVA、KVA 等），而不仅仅是 CVA。

24.9 折现率的选择和多重曲线

在整本书中，我们采用风险中性测度条件下的衍生品定价标准方法，并使用无风险折现率。这是基于金融工程学的基本原理，即衍生品可以通过复制投资组合的方式进行估值，从而形成无风险投资组合。然而，正如我们在下面将会看到的那样，在全球金融危机以前，最常见的无风险利率替代值之一嵌入了大量的交易对手风险，这使得它作为无风险利率的替代值，确实不能令人满意。我们在第 3 章已经介绍了 LIBOR 和 OIS 利率。图 24.8 显示了根据彭博社数据计算的 2003 年 12 月至 2014 年 7 月期间的 LIBOR-OIS 利差。黑线和灰线分别给出 1 个月期和 3 个月期的 LIBOR-OIS 利差。如图所示，有几个阶段，包括全球金融危机期间，LIBOR 和 OIS 有几个百分点的差异。两种利率之间的差异反映出交易对手风险以及银行信贷价值认识的变化和它们彼此之间的借贷意愿。

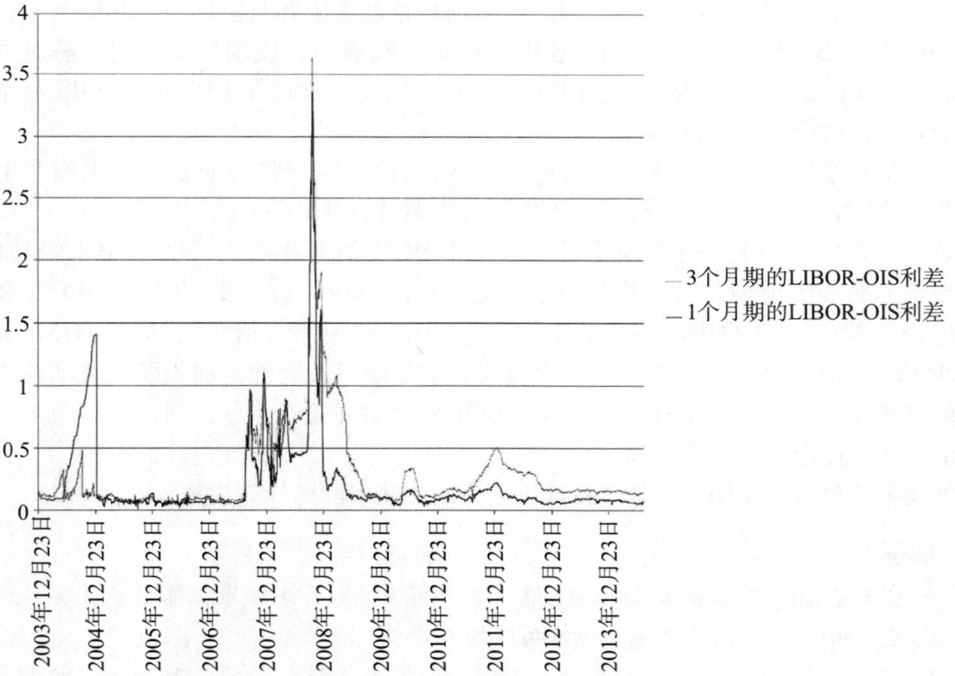

图 24.8 LIBOR-OIS 利差

在全球金融危机之前，LIBOR 是无风险利率的最常用替代值，但在全球金融危机之后，市场实践则转向使用 OIS 作为抵押交易的折现率。这在一定程度上是由于交易对手风险被定价为 LIBOR，结果是 LIBOR 明显高于 OIS。

下面的例子表明，向 OIS 折现率的转变会影响数千亿美元的衍生品交易。

例子：

随着越来越多的利率互换交易正在使用 OIS 而非 LIBOR 进行估值，LCH. Clearnet 计划开始使用该措施贴现其 218 万亿美元利率互换组合，以确保为实现风险管理的目的而更准确地估值。这一举措标志着金融危机期间开始的趋势在继续，这一转变可能有助于在整个 OIS 曲线中提高流动性。

即使在危机之前，许多市场参与者也认为 OIS 是最合适的衡量标准，因为它体现了互换期限内联邦基金利率预期的准确测量。随着 LIBOR-OIS 利差历史上停留在 10 个基点左右，变化几乎没有动力。但是，在 2008 年底达到 300 多个基点后，市场参与者被迫重新考虑其估值方法。交易员认为，正在向 OIS 折现的转变已经改善了较长期限的产品和更多外币的流动性，LCH. Clearnet 的转变将进一步提高流动性。

（汤森路透，IFR，第 1 838 期，2010 年 6 月 19 日至 6 月 25 日，《LCH 采用 OIS 折现》）

OIS 利率的转变对衍生品定价具有三个基本影响。第一，不可能再使用相同的 LIBOR /互换零曲线来对第 4 章所讨论的某些衍生工具（比如 IRS）进行定价。收益继续取决于 LIBOR 利率，但折现率将基于 OIS 利率。第二，需要将多重曲线模型化为固定收益证券衍生品，例如利率互换以及第 17 章所讨论的上限和互换期权。其原因不仅仅是由于 OIS 和 LIBOR 利率不同，而且还因为市场实践者现在使用反映不同交易对手风险水平的多个 LIBOR 曲线。第三，如果假定银行可以无风险地在 LIBOR 和 OIS 利率水平上借贷，那么就会产生隐含套利。

无风险利率转向 OIS 利率，也对第 14 章所讨论的固定收益证券金融工程产生了影响。我们看到，其中一种广泛使用的模型是所谓远期 LIBOR 或 BGM（Brace Gatarek Musiela）模型。原则上，这个模型可通过将 LIBOR 利率替换为 OIS 利率来轻易修改，这将导致远期 OIS 模型。对于某些固定收益衍生品来说，有必要同时对 LIBOR 和 OIS 曲线进行建模。在实践中，许多银行继续使用多种模型，诸如三因素 HJM 和远期 LIBOR 模型。固定收益证券建模的一个首要影响是随机波动性。加入随机波动性非常重要，但是在涉及大型交易账户时，远期 LIBOR 模型并不适合用于此目的，因为大多数蒙特卡洛方法可能会耗费太多时间。

如同下述材料所阐明的，OIS 折现也会带来一些实际的计算挑战。

例子：

一些买方公司也已采取措施，通过限制在其 CSA 下可作为担保的资产来减轻抵押品调整估值的问题，因此去除抵押品转换选择权。

LGIM 的沃尔什（Walsh）表示：“在纯粹的 CSA 下能够更清晰地定义适用于交易估值的折现曲线，并且在开始和未来对不明确的和额外的收益留下的空间更小。如果客户转向纯粹的 CSA，那么用 LIBOR 折现就不再明智了——所以你需要使用 OIS 利率进行折现……”

买方公司可能会使用更简单的方法来近似 OIS 折现，但匹配交易商的准确性则更具挑战性——就像在可管理的时间框架内执行计算一样。“当你想要做准确的风险管理时，计算速度就变得很重要。”道格拉斯（Douglas）说道。他指出，由于需要进行曲线计算和校准，OIS 折现可能比 LIBOR 折现的计算量要大得多。如果公司也想计算 CVA、DVA 和交易的资金评估调整，这远远超出传统的头寸管理系统所做的。

[《风险》杂志，2013 年 2 月 22 日，《买方 OIS 的折现困境》，克利韦·戴维森 (Clive Davidson)，www.risk.net/2244927]

最后，实践者之间以及学者之间正在就使用正确的折现率进行辩论，这一讨论也与关于 FVA 基本原理的争论有关。

24.10 结论

在本章中，我们回顾了最近与交易对手风险相关的金融工程和衍生品定价创新。讨论表明，前几章中所开发的工具包中的许多工具都可以应用于公司交易对手风险。CVA 可被视为违约情况下投资组合剩余价值的期权。用于计算 CVA 的违约概率可以从 CDS 市场报价中得出。最后，还可以选择符合条件的抵押品的类型。与此同时，我们看到，这是一个非常崭新和复杂的领域，未来几年实践者、会计师、监管机构和学者很可能会讨论将交易对手风险纳入会计报表、定价方法和银行的资本支出。

阅读建议

这一章只能简明扼要地总结对金融工程和衍生品定价中交易对手风险的研究。Brigo et al.（2013）提供了交易对手风险的最佳评述之一，包括每个主要资产类别的详细实例，同时给出了对 CVA-CDO 的讨论。本章所讨论的内容有一部分是基于此文。关于交易对手风险市场实践和思考的最新发展，最佳来源是《风险》杂志中的文章，我们强烈建议阅读。例如，最近关于选择无风险利率替代值的讨论以及 FVA 优点的详情，我们推荐读者参考《风险》杂志以及 Hull and White（2014）。关于交易对手风险调整方面的模型风险的最新进展，参看 Kenyon and Stamm（2012）以及 Anfuso，Karyampas and Nawroth（2014）。

习题

1. CVA、DVA 和 FVA 术语是指什么？

2. 单边 CVA 和双边 CVA 有什么区别？

3. 考察下面的阅读材料，并解释扩大信用利差会带来会计上的收益的可能性。从会计和银行监管资本的角度来看，处理 DVA 有什么区别？

5月10日，摩根大通董事长兼首席执行官杰米·戴蒙（Jamie Dimon）宣布，该银行在伦敦总投资办公室进行的“执行不力”和“监管不力”的衍生品交易造成了数十亿美元的损失。

自交易亏损消息披露以来，摩根大通的信贷利差稳步恶化。Markit 的数据显示，使用 CDS 合约抵御摩根大通违约拖欠5年期债务的成本从5月9日的110个基点增加到6月5日的165个基点。

这意味着5年中每年的保护成本从每1 000万美元债务中的110 000美元跃升至165 000美元。

Pugachevsky 金融集团公司从摩根大通之前的季度业绩中计算出摩根大通的预期收益大约为10亿美元。在第一季度末，摩根大通报告由于债务利差收窄而导致9亿美元的 DVA 损失。信用利差从12月30日的144个基点下降到3月30日的93个基点。

然而，花旗银行分析师基纳·拉卡尼（Kinner Lakhani）表示，虽然利差扩大通常会转化为 DVA 收益，但这些收益是会计“噪声”，无助于“帮助提升银行的监管资本水平”。

（Efinancialnews，2012年6月6日，《摩根大通 DVA 收益可能在第二季度达到10亿美元》）

4. 如何对冲交易对手风险？

MATLAB 习题

5.（关于利率组合的 CVA）考察本章正文中利率互换组合的 CVA 案例研究。案例研究基于 MATLAB 示例。通过收集（ⅰ）银行 B 与5家交易对手之间的利率互换组合的数据（选择浮动支付利率和固定支付利率，以使当前互换价值接近于零），（ⅱ）近期收益率曲线数据，以及（ⅲ）交易对手的 CDS 数据，更新案例。通过应用简化形式的风险函数模型，从 CDS 利差中推出隐含违约概率。现在重做案例研究中的步骤1～4，并绘制以下图形：

a. 给定情景下的收益率曲线的演变。

b. 一次模拟的互换投资组合的盯市价值。

c. 所有模拟的投资组合的盯市价值。

d. 所有模拟的投资组合内风险敞口。

e. 预期的风险敞口。

f. 每个交易对手的折现预期风险敞口。

最后从银行 B 的角度计算每个交易对手的 CVA。

参考文献

[1] Adrian, T., Begalle, B., Copeland, A., Martin, A., 2013. Repo and Securities Lending, Federal Reserve Bank of New York Staff Reports.

[2] Aït-Sahalia, Y., 1996. Testing Continuous-time Models of the Spot Interest Rate. Rev. Financ. Stud. 9 (2), 385 - 426.

[3] Allen, P., Granger, N., 2005. Correlation Vehicles. JP Morgan, European Equity Derivatives Strategy, London.

[4] Andersen, L., Andreasen, J., 2000. Volatility Skews and Extensions of the LIBOR Market Model. Appl. Math.Finance 7 (1), 1 - 32.

[5] Andersen, L.B.G., Piterbarg, V.V., 2010. Interest Rate Modeling, vol. 3. Products and Risk Management. Atlantic Financial Press.

[6] Anfuso, F.K., Nawroth, A., 2014. Credit Exposure Backtesting for Basel III, RISK, September.

[7] Avellaneda, M., Buff, R., Friedman, C., Grandchamp, N., Kruk, L., Newman, J., 2001. Weighted Monte Carlo: A New Technique for Calibrating Asset-pricing Models. Int. J. Theor. Appl. Finance 4 (1), 91 - 119.

[8] Ayache, E., Forsyth, P.A., Vetzal, K.R., 2003. The Valuation of Convertible Bonds with Credit Risk. Wilmott Magazine.

[9] Baba, N., Packer, F., Nagano, T., 2008. The Spillover of Money Market Turbulence to FX Swap and Cross-currency Swap Markets. BIS Q. Rev. March.

[10] Barkbu, B.B., Ong, L.L., 2012. FX Swaps: Implications for Financial and Economic Stability. IMF Working Paper.

[11] Barone-Adesi, G., Whaley, R.E., 1987. Efficient Analytic Approximation of American

Option Values. J. Finance 42 (2), 301 - 320.

[12] Bielecki, T.R., Rutkowski, M., 2001. Credit Risk. Springer-Verlag, Berlin, Heidelberg, New York.

[13] Black, F., Jones, R., 1987. Simplifying Portfolio Insurance. J. Portf. Manage 14 (1), 48 - 51.

[14] Black, F., Derman, E., Toy, W., 1990. A One-factor Model of Interest Rates and Its Application to Treasury Bond Options. Financ. Anal. J. 46 (1), 33 - 39.

[15] Blair, B.J., Poon, S.-H., Taylor, S.J., 2001. Forecasting S&P 100 Volatility: The Incremental Information Content of Implied Volatilities and High Frequency Index Returns. J. Econ. 105 (1), 5 - 26.

[16] Blanco, C., Pierce, M., 2013. OTC Commodity Swaps Valuation, Hedging and Trading, Risk.net/energy-risk.

[17] Bodie, Z., Kane, A., Marcus, A.J., 2014. Investments, tenth ed. McGraw-Hill.

[18] Bossu, S., Strasser, E., Guichard, R., 2005. Just What You Need to Know About Variance Swaps. JP Morgan.

[19] Brace, A., Gatarek, D., Musiela, M., 1997. The Market Model of Interest Rate Dynamics. Math. Finance 7, 127 - 154.

[20] Brealey, R., Myers, S., 2013. Principles of Corporate Finance, eleventh ed. McGraw-Hill, New York, NY.

[21] Brigo, D., Mercurio, F., 2006. Interest Rate Models—Theory and Practice: With Smile, Inflation and Credit (Springer Finance). Springer-Verlag, Berlin, Heidelberg, New York.

[22] Brigo, D., Pallavicini, A., Torresetti, R., 2010. Credit Models and the Crisis: A Journey into CDOs, Copulas Correlations and Dynamic Models. The Wiley Finance Series.

[23] Brigo, D., Morini, M., Pallavicini, A., 2013. Counterparty Credit Risk, Collateral and Funding: With Pricing Cases For All Asset Classes. Wiley Finance.

[24] Buraschi, A., Kosowski, R.L., Trojani, F., 2014. When There Is No Place to Hide—Correlation Risk and the Cross-section of Hedge Fund. Rev. Financ. Stud. 27 (2), 581 - 616.

[25] Burgard, C., Kjaer, M., 2011. Partial Differential Equation Representations of Derivatives with Bilateral Counter-party Risk and Funding Costs. J. Credit Risk 7, 75 - 93.

[26] Butler, K., 2012. Multinational Finance: Evaluating Opportunities, Costs, and Risks of Operations, fifth ed. John Wiley & Sons.

[27] Cheng, I.-H., Xiong, W., 2013. The Financialization of Commodity Markets. NBER Working Paper No. 19642. National Bureau of Economic Research.

[28] Choi, D., Getmansky Sherman, M., Hederson, B.J., Tookes, H., 2010. Convertible Bond Arbitrageurs as Suppliers of Capital. Rev. Financ. Stud. 23 (6), 2 492 - 2 522.

[29] Choudhry, M., 2010. The Repo Handbook, second ed. Butterworth-Heinemann.

[30] Clewlow, L., Strickland, C., 1998. Implementing Derivative Models. John Wiley & Sons, New Jersey.
[31] Cloyle, B., Graham, A., 2000. Currency Swaps. Currency Risk Management Series. AMACOM.
[32] Cont, R., Tankov, P., 2009. Constant Proportion Portfolio Insurance in Presence of Jumps in Asset Prices. Math. Finance 19 (3), 379 - 401.
[33] Copeland, A., Martin, A., Walker, M.W., 2010. The Tri-party Repo Market Before the 2010 Reforms, Federal Reserve Bank of New York Staff Report 477.
[34] Copeland, A., Duffie, D., Martin, A., McLaughlin, S., 2012. Key Mechanisms of the U.S. Tri-party Repo Market. Econ. Policy Rev. 18, 3.
[35] Cox, J.C., Ross, S.A., 1976a. The Valuation of Options for Alternative Stochastic Processes. J. Financ. Econ. 3 (1), 145 - 166.
[36] Cox, J.C., Ross, S.A., 1976b. A Survey of Some New Results in Financial Option Pricing Theory. J. Finance 31 (2), 383 - 402.
[37] Damadoran, A., 2012. Investment Valuation: Tools and Techniques for Determining the Value of Any Asset. Wiley.
[38] Das, S., 1994. Swaps and Financial Derivatives: The Global Reference to Products, Pricing, Applications and Markets, second ed. Law Book Co., Sydney.
[39] Das, S., 2000. Structured Products and Hybrid Securities, second ed. John Wiley & Sons, New Jersey.
[40] Das, S., 2003. Swaps and Financial Derivatives: Products, Pricing, Applications and Risk Management, third ed. John Wiley & Sons, New Jersey.
[41] Das, S., Sundaram, R., 2010. Derivatives. McGraw-Hill.
[42] De Spiegeleer, J., Schoutens, W., 2012. Pricing Contingent Convertibles: A Derivatives Approach. J. Derivatives 20 (2), 27 - 36.
[43] Demeterfi, K., Derman, E., Kamal, M., Zou, J., 1999. A Guide to Volatility and Variance Swaps. J. Derivatives 6 (4), 9 - 32.
[44] Derman, E., Kani, I., 1994. The Volatility Smile and Its Implied Tree. Quantitative Strategies Research Notes. Goldman Sachs.
[45] Derman, E., Kani, I., Chriss, N., 1996. Implied Trinomial Trees of the Volatility Smile. Quantitative Strategies Research Notes. Goldman Sachs.
[46] Duffie, D., 2001. Dynamic Asset Pricing Theory, third ed. Princeton University Press, Princeton, NJ.
[47] Duffie, D., Singleton, K.J., 2002. Credit Risk: Pricing, Measurement, and Management. Princeton University Press, Princeton, NJ.
[48] Duffie, D., Singleton, K.J., 2003. Credit Risk: Pricing, Measurement, and Management. Princeton University Press, Princeton, NJ.
[49] Dupire, B., 1992. Arbitrage Pricing with Stochastic Volatility. Working Paper, Societé Génerale, Paris.

[50] Edwards, D.W., 2010. Energy Trading and Investing. McGraw-Hill.

[51] El Karoui, N., Jeanblanc-Picque, M., Shreve, S.E., 1998. Robustness of the Black and Scholes formula. Math.Finance.

[52] FX week, April 16, 2014, article by Michael Watt, article title "EU Set to Exempt FX Swaps and Forwards From Initial Margin Requirements". URL: <http://www.fxweek.com/fx-week/news/2340006/esa-exempts-fx-swaps-and-forwards-from-initial-margin-requirements>.

[53] Fagnan, D.E., Fernandez, J.M., Lo, A.W., Stein, R.M., 2013. Can Financial Engineering Cure Cancer.Am. Econ. Rev. Pap. Proc. 103 (3), 406 - 411.

[54] Fabozzi, F.J. (Ed.), 1998. Handbook of Structured Financial Products. John Wiley & Sons, New Jersey.

[55] Flavell, R., 2009. Swaps and Other Derivatives, second ed. John Wiley & Sons, New Jersey.

[56] Francis, C., Kakodkar, A., Martin, B., 2003. Credit Derivative Handbook. Merrill Lynch.

[57] Gatheral, J., 2010. The Volatility Surface: A Practitioner's Guide. Wiley Finance.

[58] Giesecke, K., 2002. Credit Risk Modeling and Valuation: An Introduction. Unpublished Manuscript.

[59] Glasserman, P., Zhao, X., 2000. Arbitrage-free Discretization of Lognormal Forward Libor and Swap Rate Model. Finance Stoch. 4, 35 - 68.

[60] Gorton, G., Metrick, A., 2012. Securitized Banking and the Run on Repo. J. Financ. Econ. 104 (3), 425 - 451.

[61] Gorton, G.B., Hayashi, F., Rouwenhorst, K.G., 2012. Review of Finance.

[62] Gromb, D., Vayanos, D., 2010. Limits of Arbitrage: The State of the Theory. Annu. Rev. Financ. Econ. 2010 (2), 251 - 275.

[63] Hirsa, A., Neftci, S.N., 2013. Introduction to the Mathematics of Financial Derivatives, third ed. Academic Press, New York, NY.

[64] Hull, J., White, A., 2013. LIBOR vs. OIS: The Derivatives Discounting Dilemma. J. Invest. Manage 11 (3), 14 - 27.

[65] Hull, J.C., 2014. Options, Futures and Other Derivatives, ninth ed. Prentice-Hall, New Jersey.

[66] Hull, J.C., Predescu, M., White, A., 2005. Bond Prices, Default Probabilities, and Risk Premiums. J. Credit Risk 1 (2), 53 - 60.

[67] Jäckel, P., 2002. Monte Carlo Methods in Finance. Wiley.

[68] Jacque, L., 2010. Global Derivatives Debacles—From Theory to Malpractice. World Scientific. James, P., 2003. Option Theory. Wiley.

[69] Jamshidian, F., 1997. LIBOR and Swap Market Models and Measures. Finance Stoch. 1, 293 - 330.

[70] Jarrow, R.A., 2002. Modelling Fixed Income Securities and Interest Rate Options,

second ed. Stanford University Press.

[71] Jarrow, R. A., Turnbull, S., 1999. Derivative Securities: The Complete Investor's Guide, second ed. South-Western College Publishing.

[72] Jegadeesh, N., Tuckman, B., 2000. Advanced Fixed-Income Valuation Tools. John Wiley & Sons, New Jersey. Jin, W., Whetten, M., 2005. Anatomy of Credit CPPI. Nomura Fixed Income Research.

[73] Joenväärä, J., Kosowski, R., 2013. An Analysis of the Convergence between Mainstream and Alternative Asset Management. EDHEC-Risk Institute Publication, February. Available at<http://www.edhec-risk.com/features/RISKArticle.2013-05-15.0924/attachments/EDHEC%20Publication%20An%20analysis%20of%20the%20convergence%20F.pdf>.

[74] Joenväärä, J., Kosowski, R., Tolonen, P., 2014. The Effect of Investment Constraints on Hedge Fund Investor Returns. June 10. Available at SSRN: <http://ssrn.com/abstract=2362430>.

[75] Johnson, S., Lee, H., 2003. Capturing the Smile. Risk, March, 89 - 93.

[76] Joossens, E., Schoutens, W., 2010. An Overview of Portfolio Insurances: CPPI and CPDO. JRC Scientific and Technical Reports.

[77] Kat, H., 2001. Structured Equity Derivatives. Wiley.

[78] Kenyon, C., Stamm, R., 2012. Discounting, Libor, CVA and Funding: Interest Rate and Credit Pricing. Palgrave Macmillan.

[79] Kleinman, G., 2013. Trading Commodities and Financial Futures. Pearson Education, Inc., New Jersey.

[80] Kloeden, P. E., Platen, E., 2011. Numerical Solution of Stochastic Differential Equations, third ed. Springer-Verlag, Berlin, Heidelberg, New York.

[81] Kolb, R.W., 2007. Futures, Options, and Swaps, fifth ed. Blackwell Publishers.

[82] Krishnamurthy, A., Nagel, S., Orlov, D., 2014. Sizing up Repo. J. Finance, Forthcoming.

[83] Lea, M., 2010. International Comparison of Mortgage Product Offerings. Research Institute for Housing America.

[84] Leland, H.E., 1980. Who Should Buy Portfolio Insurance? J. Finance 35, 2.

[85] Lhabitant, F.-S., 2009. Handbook of Hedge Funds. Wiley.

[86] Lipton, A., 2002. Assets with Jumps. Risk September, 149 - 153.

[87] Lu, J., 2010. Indexing Principal Protection. S&P Indices, Research Insights.

[88] Mancini, L., Ranaldo, A., Wrampelmeyer, J., 2014. The Euro Interbank Repo Market. SSRN Working Paper. Available at SSRN: <http://ssrn.com/abstract=233135>.

[89] Mancini-Griffoli, T., Ranaldo, A., 2013. Limits to Arbitrage During the Crisis: Funding Liquidity Constraints and Covered Interest Parity. SSRN Working Paper. Available at SSRN: <http://ssrn.com/ abstract=1569504>.

[90] McDougall, A., 1999. Mastering Swaps Markets: A Step-by-Step Guide to the Products, Applications and Risks. Financial Times Prentice-Hall.

[91] McNeil, A.J., Frey, R., Embrechts, P., 2005. Quantitative Risk Management: Concepts, Techniques and Tools. Princeton University Press.

[92] Merton, R.C., 1974. On the Pricing of Corporate Debt: The Risk Structure of Interest Rates. J. Finance 29 (3), 449 - 470.

[93] Merton, R.C., 1976. Option Pricing When the Underlying Stock Returns Are Discontinuous. J. Financ. Econ. 3 (1), 125 - 144.

[94] Miltersen, K.R., Sandmann, K., Sondermann, D., 1997. Closed form Solutions for Term Structure Derivatives with Log-normal Interest Rates. J. Finance 52 (1), 409 -430.

[95] Musiela, M., Rutkowski, M., 2007. Martingale Methods in Financial Modelling, second ed. Springer-Verlag, Berlin, Heidelberg, New York.

[96] Natenberg, S., 2014. Option Volatility and Pricing: Advanced Trading Strategies and Techniques, second ed. McGraw-Hill Trade, New York.

[97] Øksendal, B., 2010. Stochastic Differential Equations: An Introduction with Applications, sixth ed. Springer-Verlag, Berlin, Heidelberg, New York.

[98] O'kane, D., 2008. Modelling Single-Name and Multi-Name Credit Derivatives. Wiley.

[99] Pedersen, M., 1999. Bermudan Swaptions in the LIBOR Market Model. Manuscript.

[100] Perold, A.F., 1986. Constant Proportion Portfolio Insurance. Harvard Business School.

[101] Piros, C., 1998. Perfect Hedge: to Quanto or Not to Quanto. In: DeRosa, D.F. (Ed.), Currency Derivatives: Pricing Theory, Exotic Options, and Hedging Applications. John Wiley & Sons, New Jersey.

[102] Piterbarg, V.V., 2005. Pricing and Hedging Callable Libor Exotics in Forward Libor Models. J. Comput. Finance 8 (2), 65 - 119 (Winter 2004/05).

[103] Questa, G.S., 1999. Fixed Income Analysis for the Global Financial Market: Money Market, Foreign Exchange, Securities, and Derivatives. John Wiley & Sons, New Jersey.

[104] Rebonato, R., 2000. Volatility and Correlation: In the Pricing of Equity, FX and Interest-Rate Options. John Wiley & Sons, New Jersey.

[105] Rebonato, R., 2002. Modern Pricing of Interest-Rate Derivatives: The LIBOR Market Model and Beyond. Princeton University Press, Princeton, NJ.

[106] Risknet/Asia Risk, April 2, 2014, Aaron Woolner and Xiao Wang "Dalian Iron Ore Contract Boosts Overall Market Liquidity" ＜http://www.risk.net/asia-risk/feature/2337545/dalian-iron-ore-swaps-contract-boosts-over-all-market-liquidity＞.

[107] Ross, S.A., Westerfield, R.W., Jaffe, J., 2012. Corporate Finance, tenth ed. McGraw-Hill College Div., New York, NY.

[108] Roth, P., 1996. Mastering Foreign Exchange and Money Markets. Financial Times

Market Editions.
[109] Schofield, N.C., 2007. Commodity Derivatives: Markets and Applications. The Wiley Finance Series (Book 543).
[110] Schönbucher, P.J., 2003. Credit Derivatives Pricing Models: Models, Pricing and Implementation. The Wiley Finance Series.
[111] Serrat, A., Tuckman, B., 2011. Fixed Income Securities: Tools for Today's Markets, third ed. John Wiley & Sons, New Jersey.
[112] Shleifer, A., Vishny, R.W., 1997. The Limits of Arbitrage. J. Finance 52 (1), 35-55.
[113] Stefanini, F., 2010. Investment Strategies of Hedge Funds. Wiley Finance Series.
[114] Steiner, R., 2012. Mastering Financial Calculations: A Step-by-Step Guide to the Mathematics of Financial Market Instruments. Financial Times Prentice-Hall.
[115] Stojanovic, S., 2003. Computational Financial Mathematics Using MATHEMATICA: Optimal Trading in Stocks and Options. Birkhauser, Boston.
[116] Sundaresan, S., 2013. A Review of Merton's Model of the Firm's Capital Structure with Its Wide Applications. Annu. Rev. Financ. Econ. 5.
[117] Taleb, N.N., 1996. Dynamic Hedging: Managing Vanilla and Exotic Options. John Wiley & Sons, New Jersey.
[118] Tavakoli, J. M., 2001. Credit Derivatives and Synthetic Structures: A Guide to Instruments and Applications, second ed. John Wiley & Sons, New Jersey.
[119] Tepla, L., 2004a. KBC Alternative Investment Management (A): Convertible Bond Arbitrage. Case Study.
[120] Tepla, L., 2004b. KBC Alternative Investment Management (B): Capital Structure Arbitrage INSEAD. Case Study.
[121] Vasicek, O., 1977. An Equilibrium Characterisation of the Term Structure. J. Financ. Econ. 5, 177-188.
[122] Weithers, T., 2006. Foreign Exchange: A Practical Guide to the FX Markets, first ed. John Wiley & Sons.
[123] White, R., 2013. The Pricing and Risk Management of Credit Default Swaps, With a Focus on the ISDA Model. OpenGamma Quantitative Research.
[124] Wilmott, P., 2006. Paul Wilmott on Quantitative Finance, vol. 3, second ed. John Wiley & Sons, New Jersey.
[125] Wystup, U., 2006. FX Options and Structured Products. The Wiley Finance Series.

译后记

金融学既是具有高度实践性的学科，又是理论不断随实践而演变的学科，其理论探索研究和实践应用的发展变革离不开方法论的变革与创新。

从科学史发展的角度来看，一门学科之所以被称为科学的学科，其成长壮大的过程通常要经历三个阶段：首先是描述性阶段，其次是分析性阶段，最后是工程化阶段。比如，现代生物工程和遗传工程的兴起，就标志着生物学及遗传学的工程化。实际上，一门科学的学科只有在工程化之后，才能大规模地创造出经济和社会效益。

金融科学正如这些科学一样，经历了描述性阶段和分析性阶段之后，在 20 世纪 80 年代后期发展到工程化阶段，这样就诞生了金融工程学。也就是说，金融工程学是金融科学发展的第三个阶段——工程化阶段。金融工程的诞生无疑是金融科学发展到一个崭新阶段的标志，是现代金融学的高新科技领域和方向。

那么，究竟什么是金融工程呢？1998 年，美国金融学教授约翰·芬尼迪（John Finnerty）首次给出金融工程的定义。依据他对金融工程的定义，金融工程的研究范围可分为三个方面：（1）新型金融产品和金融工具的开发，包括面向大众的金融产品和面向企业的金融工具。（2）新型金融手段的开发，主要是降低交易成本，如电子化证券交易等。（3）创造性地解决金融问题。例如，现金管理策略的创新、公司融资结构的创造等等。

国际金融工程师协会（International Association of Financial Engineers，IAFE）前执行主席、圣约翰大学工商学院约翰·马歇尔（John Marshall，1992）博士从实务角度出发，认为金融工程的研究范围应包括四个方面：（1）公司理财。当传统的金融工具难以满足公司特有的融资需要（包括兼并与收购）时，金融工程师就要为其设计出适当的融资方案。（2）证券及衍生品等金融工具的交易。主要是开发具有套利性质或准套利性质的交易策略，这些套利策略可能涉及不同的地点、时间、金融工具、风险、法律法规和税率等方面的套利。(3) 投资与货币管理。开发新的投资工具和"高收益"共同基金、货币市场共同基金，以及回购与反向回购协议，将高风险的投资工具转变成低风险的投资工具。(4) 风险管理。将各种风险管理方法组合在一起从而进行金融风险分析与管理工作，即在对企业风险进行识别与风险度量之后，根据企业的管理目标，利用已有的金融工具构造降低或避免风险的方案。

金融工程作为金融领域中最活跃的创新前沿之一，其目的是面向现实的金融问题，利用金融工具进行设计创新，有效地分配和再分配参与者所面临的各种经济风险，以此应对风险和化解风险，提高收益率，进而创造性地解决金融问题。

最近流行的一种更宽泛的说法是金融工程在运用数学技术来解决金融问题。金融工程使用来自计算机科学、统计学、经济学和应用数学领域的工具和知识来解决当前的金融问题，并设计新的金融产品。有时，金融工程还被称为定量分析，通常被商业银行、投资银行、保险机构和对冲基金使用。

金融工程师通常被称为"宽客"，因为该职业需要定量化（即数量化）技能。金融工程师通常精通 C++编程语言和数学中的一些分支学科，包括随机微积分、多元微积分、线性代数、微分方程、概率论和统计推断。

金融风险管理是金融工程中非常重要的核心内容，市场从业人员试图计算特定投资所带来的金融风险。深入研究、分析和管控风险通常离不开关于金融衍生品定价的研究和分析框架，如表 1 所示。

风险管理与投资组合管理是在给定未来投资水平的条件下，对所有证券的市场价格的概率分布进行建模。这里市场价格的"真实"概率分布一般用"P"表示，与衍生品定价中所使用的风险中性概率"Q"相对应。

表 1　衍生品定价的研究框架

Q 世界	
目标	推算现在
环境背景	风险中性概率 Q
过程	连续时间鞅
维度	较少
工具	伊藤微积分、PDE
挑战	校准
商业视角	卖方

关于风险管理与投资组合管理的研究和分析框架，如表 2 所示。基于"P"分布，买方群体为了改进他们的投资组合头寸的盈亏面而决定选择和购买哪些股票。

本质上，不论是金融衍生品定价的研究和分析框架，还是风险管理与投资组合管理的研究和分析框架，理解好这些内容对于认识、掌握金融工程学的基本原理和方法都是至关重要的。

表 2　风险管理与投资组合管理的研究框架

P 世界	
目标	对未来建模
环境背景	现实概率 P
过程	时间序列
维度	较大
工具	多变量统计
挑战	估计
商业视角	买方

罗伯特·科索斯基和萨利赫·内夫特奇的《金融工程学原理》（第三版）依然保持了第二版的基本风格和特色。具体地说，它有三个显著的特点。第一个特点是具有独特的知识框架和精细的结构安排。全书最明显的框架特色在于突出了金融工程化的思想，比如该书的阐述从金融学中相当于代数中整数“零”的内容开始，然后逐步深入展开讨论。如果说该书的独特框架之一是引入金融学的“零”工具，那么精细的结构安排是该书的另一个特色。这个特色的好处是将各式各样的金融工具置于金融工程化的视角之下，将金融工具看成是解决现实问题的金融方案的组件单元，而不是简单地回顾工具的定义、收益以及风险等，这样的结构安排凸显了该书作者独具特色的想象力和创造力。

第二个特点是将理论阐述与实际应用完美结合。该书除了将理论阐述置于金融工程化视角下来详细展开之外，大量利用初等数学方法、损益图表等手段，特别是选取现实世界中的例子，为深入透彻地解析有关方法及原理给出了清晰而通俗的讲解。

当然，在进一步探索原理的动态特性时，运用了比较高深的高等概率论知识，比如鞅测度。在实际应用方面，该书以解决现实问题为指针，以案例研究为切入点，注重如何利用有关金融工程方法和原理来分析问题、解决问题。

第三个特点是紧密跟踪学科前沿，反映最新探索成果。众所周知，金融工程学是一个融合金融理论、工程学、数学方法及计算机编程应用的交叉性新兴金融学分支。与第二版的内容相比，第三版引入了对最近金融工程的新趋势和新产品的介绍，还有 2009 年之后关于另类投资基金和场外衍生品的监管制度、法规的新变化。特别是，对久期和其他的利率风险度量方法相关内容重新组织编写，形成新的一章——第 3 章。此外，全新的内容是第 7 章，即商品和另类投资的内容，重点讨论近几年越来越重要的对冲基金行业，并阐述现货-期货平价理论及其应用，比如买现卖期套利等。

在全球金融危机之后，市场从业者和专家学者特别认识到了交易对手风险的重要性，实际上，金融工程和衍生品方面的最大变革是如何把交易对手风险融入衍生品定价当中。将衍生品交易中的交易对手风险纳入衍生品定价的专题探索是最近十年来金融工程研究的重点之一。为此，第三版引入崭新的第 24 章，主要探讨影响衍生品定价的交易对手风险调整，比如信用估值调整（CVA）、债务估值调整（DVA）、融资估值调整（FVA）以及无风险利率变量的选择等问题。

总之，在金融工程学领域众多的书目中，科索斯基和内夫特奇的《金融工程学原理》（第三版）不论在全书框架设计方面，还是在内容更新组织方面，都具有紧跟时代发展的风格，堪称一部理论与实践完美结合的佳作。

金融工程学是一个交叉性的金融学前沿分支，因此对该书中专业术语的英文翻译，我们参考了《新编英汉路透金融词典》、《英汉数学词汇》（第二版）等有关词典。对于书中出现的个别新术语，比如“tranch”，它是法文单词，意指“一部分”，广泛用于指一部分、获分配的份量及分期交付的其中一期，国内有的学者将其译成“额度”，有的学者将其译成“分档”或“分券”等，本书翻译则采用《新编英汉路透金融词典》的译法，将其译成“份额”。书中还有个别术语或词汇，如“Bund”，在通常专业词典里不易找到，这个术语是“bundesanleihe”的缩写，意思是德国长期国债。与此相关的术语包括：“Euro-Bobl Futures”（即欧洲期交所德国欧元中期国债期货）、“Euro-Bund Futures”（即欧洲期交所德国欧元长期国债期货）、“Euro-Buxl Futures”（即欧洲期交所德国欧元 30 年期国债期货）。

此外，“caplet”一词，译者在 10 多年前翻译《数理金融学引论——离散时间模型》时就曾遇到，那时查阅大量专业词典也未找到合适的中文对应词，后来依据意译方法译为“上限簇”，这里依然延续。这样的意译翻译是将“上限”看成一大类利率期权，就像苹果这样的称谓（一大类水果，存在各式各样的苹果，如国光苹果、香蕉苹果、红富士苹果）一样，而“caplet”仅仅是“上限”中的一种形式，中文“簇”一词则有“一则、一片”之义，从而翻译成“上限簇”。

再比如，第 24 章出现的“CVA desk”词组，本书译为“CVA 业务”，其中“desk”本意是指书桌、办公桌、服务台、部门等。我们认为这项工作必将成为当今和未来的日常性工作之一，所以“desk”更具有业务的含义。

在第三版的翻译过程中，我们参考第二版的译本，对第二版中个别不准确的译文重新进行翻译，在此衷心感谢第二版的各位译者。参与第三版翻译和整理工作的人员包括：王忠玉（哈尔滨工业大学经济与管理学院），董奕（吉林大学商学院），以及王天元、徐雪、孙禧洋、刘云峰、徐凤艳等。

虽然我们深入细致地钻研了书中的最新内容，但鉴于国外最近出现了许多新方法、新理论的术语，国内有关词典尚未收录新术语的译法，我们对这类新的术语采用直译或意译，甚至两者相结合的方法，然而仍然难免存在纰漏和错误，敬请专家和金融从业人员、广大读者指正。

译者的联系邮箱为：wangzhy@hit.edu.cn。

译者

2020 年 9 月 26 日

经济科学译丛

序号	书名	作者	Author	单价	出版年份	ISBN
1	微观经济学(第四版)	戴维·A. 贝赞可	David A. Besanko	125.00	2020	978-7-300-28647-1
2	经济建模:目的与局限	劳伦斯·A. 博兰德	Lawrence A. Boland	49.00	2020	978-7-300-28532-
3	计量经济分析(第八版)(上下册)	威廉·H. 格林	William H. Greene	158.00	2020	978-7-300-27645-8
4	微观经济学(第四版)	保罗·克鲁格曼等	Paul Krugman	86.00	2020	978-7-300-28321-
5	发展宏观经济学(第四版)	皮埃尔·理查德·阿根诺等	Pierre-Richard Agenor	79.00	2020	978-7-300-27425-
6	平狄克《微观经济学》(第九版)学习指导	乔纳森·汉密尔顿	Jonathan Hamilton	42.00	2020	978-7-300-28281-7
7	经济地理学:区域和国家一体化	皮埃尔-菲利普·库姆斯等	Pierre-Philippe Combes	56.00	2020	978-7-300-28276-
8	公共部门经济学(第四版)	约瑟夫·E. 斯蒂格利茨等	Joseph E. Stiglitz	96.00	2020	978-7-300-28218-
9	递归宏观经济理论(第三版)	拉尔斯·扬奎斯特等	Lars Ljungqvist	128.00	2020	978-7-300-28058-
10	策略博弈(第四版)	阿维纳什·迪克西特等	Avinash Dixit	85.00	2020	978-7-300-28005-
11	劳动关系(第10版)	小威廉·H. 霍利等	William H. Holley, Jr.	83.00	2020	978-7-300-25582-
12	微观经济学(第九版)	罗伯特·S. 平狄克等	Robert S. Pindyck	93.00	2020	978-7-300-26640-
13	宏观经济学(第十版)	N. 格里高利·曼昆	N. Gregory Mankiw	79.00	2020	978-7-300-27631-
14	宏观经济学(第九版)	安德鲁·B.亚伯等	Andrew B. Abel	95.00	2020	978-7-300-27382-
15	商务经济学(第二版)	克里斯·马尔赫恩等	Chris Mulhearn	56.00	2019	978-7-300-24491-
16	管理经济学:基于战略的视角(第二版)	蒂莫西·费希尔等	Timothy Fisher	58.00	2019	978-7-300-23886-
17	投入产出分析:基础与扩展(第二版)	罗纳德·E. 米勒等	Ronald E. Miller	98.00	2019	978-7-300-26845-
18	宏观经济学:政策与实践(第二版)	弗雷德里克·S. 米什金	Frederic S. Mishkin	89.00	2019	978-7-300-26809-
19	国际商务:亚洲视角	查尔斯·W. L. 希尔等	Charles W. L. Hill	108.00	2019	978-7-300-26791-
20	统计学:在经济和管理中的应用(第10版)	杰拉德·凯勒	Gerald Keller	158.00	2019	978-7-300-26771-
21	经济学精要(第五版)	R. 格伦·哈伯德等	R. Glenn Hubbard	99.00	2019	978-7-300-26561-
22	环境经济学(第七版)	埃班·古德斯坦等	Eban Goodstein	78.00	2019	978-7-300-23867-
23	管理者微观经济学	戴维·M.克雷普斯	David M. Kreps	88.00	2019	978-7-300-22914-
24	税收与企业经营战略:筹划方法(第五版)	迈伦·S. 斯科尔斯等	Myron S. Scholes	78.00	2018	978-7-300-25999-
25	美国经济史(第12版)	加里·M. 沃尔顿等	Gary M. Walton	98.00	2018	978-7-300-26473-
26	组织经济学:经济学分析方法在组织管理上的应用(第五版)	塞特斯·杜玛等	Sytse Douma	62.00	2018	978-7-300-25545-
27	经济理论的回顾(第五版)	马克·布劳格	Mark Blaug	88.00	2018	978-7-300-26252-
28	实地实验:设计、分析与解释	艾伦·伯格等	Alan S. Gerber	69.80	2018	978-7-300-26319-
29	金融学(第二版)	兹维·博迪等	Zvi Bodie	75.00	2018	978-7-300-26134-
30	空间数据分析:模型、方法与技术	曼弗雷德·M. 费希尔等	Manfred M. Fischer	36.00	2018	978-7-300-25304-
31	《宏观经济学》(第十二版)学习指导书	鲁迪格·多恩布什等	Rudiger Dornbusch	38.00	2018	978-7-300-26063-
32	宏观经济学(第四版)	保罗·克鲁格曼等	Paul Krugman	68.00	2018	978-7-300-26068-
33	计量经济学导论:现代观点(第六版)	杰弗里·M. 伍德里奇	Jeffrey M. Wooldridge	109.00	2018	978-7-300-25914-
34	经济思想史:伦敦经济学院讲演录	莱昂内尔·罗宾斯	Lionel Robbins	59.80	2018	978-7-300-25258-
35	空间计量经济学入门——在R中的应用	朱塞佩·阿尔比亚	Giuseppe Arbia	45.00	2018	978-7-300-25458-
36	克鲁格曼经济学原理(第四版)	保罗·克鲁格曼等	Paul Krugman	88.00	2018	978-7-300-25639-
37	发展经济学(第七版)	德怀特·H.波金斯等	Dwight H. Perkins	98.00	2018	978-7-300-25506-
38	线性与非线性规划(第四版)	戴维·G.卢恩伯格等	David G. Luenberger	79.80	2018	978-7-300-25391-
39	产业组织理论	让·梯若尔	Jean Tirole	110.00	2018	978-7-300-25170-
40	经济学精要(第六版)	巴德、帕金	Bade, Parkin	89.00	2018	978-7-300-24749-
41	空间计量经济学——空间数据的分位数回归	丹尼尔·P. 麦克米伦	Daniel P. McMillen	30.00	2018	978-7-300-23949-
42	高级宏观经济学基础(第二版)	本·J. 海德拉	Ben J. Heijdra	88.00	2018	978-7-300-25147-
43	税收经济学(第二版)	伯纳德·萨拉尼耶	Bernard Salanié	42.00	2018	978-7-300-23866-
44	国际贸易(第三版)	罗伯特·C. 芬斯特拉	Robert C. Feenstra	73.00	2017	978-7-300-25327-
45	国际宏观经济学(第三版)	罗伯特·C. 芬斯特拉	Robert C. Feenstra	79.00	2017	978-7-300-25326-
46	公司治理(第五版)	罗伯特·A. G. 蒙克斯	Robert A. G. Monks	69.80	2017	978-7-300-24972-
47	国际经济学(第15版)	罗伯特·J. 凯伯	Robert J. Carbaugh	78.00	2017	978-7-300-24844-

经济科学译丛

序号	书名	作者	Author	单价	出版年份	ISBN
48	经济理论和方法史(第五版)	小罗伯特·B. 埃克伦德等	Robert B. Ekelund. Jr.	88.00	2017	978-7-300-22497-8
49	经济地理学	威廉·P. 安德森	William P. Anderson	59.80	2017	978-7-300-24544-7
50	博弈与信息:博弈论概论(第四版)	艾里克·拉斯穆森	Eric Rasmusen	79.80	2017	978-7-300-24546-1
51	MBA宏观经济学	莫里斯·A. 戴维斯	Morris A. Davis	38.00	2017	978-7-300-24268-2
52	经济学基础(第十六版)	弗兰克·V. 马斯切纳	Frank V. Mastrianna	42.00	2017	978-7-300-22607-1
53	高级微观经济学:选择与竞争性市场	戴维·M. 克雷普斯	David M. Kreps	79.80	2017	978-7-300-23674-2
54	博弈论与机制设计	Y. 内拉哈里	Y. Narahari	69.80	2017	978-7-300-24209-5
55	宏观经济学(第十二版)	鲁迪格·多恩布什等	Rudiger Dornbusch	69.00	2017	978-7-300-23772-5
56	国际金融与开放宏观经济学:理论、历史与政策	亨德里克·范登伯格	Hendrik Van den Berg	68.00	2016	978-7-300-23380-2
57	经济学(微观部分)	达龙·阿西莫格鲁等	Daron Acemoglu	59.00	2016	978-7-300-21786-4
58	经济学(宏观部分)	达龙·阿西莫格鲁等	Daron Acemoglu	45.00	2016	978-7-300-21886-1
59	中级微观经济学——直觉思维与数理方法(上下册)	托马斯·J. 内契巴	Thomas J. Nechyba	128.00	2016	978-7-300-22363-6
60	环境与自然资源经济学(第十版)	汤姆·蒂坦伯格等	Tom Tietenberg	72.00	2016	978-7-300-22900-3
61	货币金融学(第十一版)	弗雷德里克·S. 米什金	Frederic S. Mishkin	85.00	2016	978-7-300-23001-6
62	动态优化——经济学和管理学中的变分法和最优控制(第二版)	莫顿·I. 凯曼等	Morton I. Kamien	48.00	2016	978-7-300-23167-9
63	国际经济学:理论与政策(第十版)	保罗·R. 克鲁格曼等	Paul R. Krugman	89.00	2016	978-7-300-22710-8
64	国际金融(第十版)	保罗·R. 克鲁格曼等	Paul R. Krugman	55.00	2016	978-7-300-22089-5
65	国际贸易(第十版)	保罗·R. 克鲁格曼等	Paul R. Krugman	42.00	2016	978-7-300-22088-8
66	投资学精要(第九版)	兹维·博迪等	Zvi Bodie	108.00	2016	978-7-300-22236-3
67	环境经济学(第二版)	查尔斯·D. 科尔斯塔德	Charles D. Kolstad	68.00	2016	978-7-300-22255-4
68	MWG《微观经济理论》习题解答	原千晶等	Chiaki Hara	75.00	2016	978-7-300-22306-3
69	横截面与面板数据的计量经济分析(第二版)	杰弗里·M. 伍德里奇	Jeffrey M. Wooldridge	128.00	2016	978-7-300-21938-7
70	宏观经济学(第十二版)	罗伯特·J. 戈登	Robert J. Gordon	75.00	2016	978-7-300-21978-3
71	动态最优化基础	蒋中一	Alpha C. Chiang	42.00	2015	978-7-300-22068-0
72	管理经济学:理论、应用与案例(第八版)	布鲁斯·艾伦等	Bruce Allen	79.80	2015	978-7-300-21991-2
73	微观经济分析(第三版)	哈尔·R. 范里安	Hal R. Varian	68.00	2015	978-7-300-21536-5
74	财政学(第十版)	哈维·S. 罗森等	Harvey S. Rosen	68.00	2015	978-7-300-21754-3
75	经济数学(第三版)	迈克尔·霍伊等	Michael Hoy	88.00	2015	978-7-300-21674-4
76	发展经济学(第九版)	A. P. 瑟尔沃	A. P. Thirlwall	69.80	2015	978-7-300-21193-0
77	宏观经济学(第五版)	斯蒂芬·D. 威廉森	Stephen D. Williamson	69.00	2015	978-7-300-21169-5
78	现代时间序列分析导论(第二版)	约根·沃特斯等	Jürgen Wolters	39.80	2015	978-7-300-20625-7
79	空间计量经济学——从横截面数据到空间面板	J. 保罗·埃尔霍斯特	J. Paul Elhorst	32.00	2015	978-7-300-21024-7
80	战略经济学(第五版)	戴维·贝赞可等	David Besanko	78.00	2015	978-7-300-20679-0
81	博弈论导论	史蒂文·泰迪里斯	Steven Tadelis	58.00	2015	978-7-300-19993-1
82	社会问题经济学(第二十版)	安塞尔·M. 夏普等	Ansel M.Sharp	49.00	2015	978-7-300-20279-2
83	时间序列分析	詹姆斯·D. 汉密尔顿	James D. Hamilton	118.00	2015	978-7-300-20213-6
84	微观经济理论	安德鲁·马斯-克莱尔等	Andreu Mas-Collel	148.00	2014	978-7-300-19986-3
85	产业组织:理论与实践(第四版)	唐·E. 瓦尔德曼等	Don E. Waldman	75.00	2014	978-7-300-19722-7
86	公司金融理论	让·梯若尔	Jean Tirole	128.00	2014	978-7-300-20178-8
87	公共部门经济学	理查德·W. 特里西	Richard W. Tresch	49.00	2014	978-7-300-18442-5
88	计量经济学导论(第三版)	詹姆斯·H. 斯托克等	James H. Stock	69.00	2014	978-7-300-18467-8
89	中级微观经济学(第六版)	杰弗里·M. 佩罗夫	Jeffrey M. Perloff	89.00	2014	978-7-300-18441-8
90	计量经济学原理与实践	达摩达尔·N. 古扎拉蒂	Damodar N.Gujarati	49.80	2013	978-7-300-18169-1
91	经济学简史——处理沉闷科学的巧妙方法(第二版)	E. 雷·坎特伯里	E. Ray Canterbery	58.00	2013	978-7-300-17571-3
92	环境经济学	彼得·伯克等	Peter Berck	55.00	2013	978-7-300-16538-7
93	高级微观经济理论	杰弗里·杰里	Geoffrey A. Jehle	69.00	2012	978-7-300-16613-1

经济科学译丛

序号	书名	作者	Author	单价	出版年份	ISBN
94	高级宏观经济学导论:增长与经济周期(第二版)	彼得·伯奇·索伦森等	Peter Birch Sørensen	95.00	2012	978-7-300-15871-6
95	卫生经济学(第六版)	舍曼·富兰德等	Sherman Folland	79.00	2011	978-7-300-14645-4
96	现代劳动经济学:理论与公共政策(第十版)	罗纳德·G. 伊兰伯格等	Ronald G. Ehrenberg	69.00	2011	978-7-300-14482-5
97	计量经济学基础(第五版)(上下册)	达摩达尔·N. 古扎拉蒂	Damodar N.Gujarati	99.00	2011	978-7-300-13693-6
98	《计量经济学基础》(第五版)学生习题解答手册	达摩达尔·N. 古扎拉蒂等	Damodar N. Gujarati	23.00	2012	978-7-300-15080-8

金融学译丛

序号	书名	作者	Author	单价	出版年份	ISBN
1	金融工程学原理(第三版)	罗伯特·L. 科索斯基等	Robert L. Kosowski	109.00	2020	978-7-300-28541-2
2	金融市场与金融机构(第12版)	杰夫·马杜拉	Jeff Madura	99.00	2020	978-7-300-27836-0
3	个人理财(第11版)	E. 托马斯·加曼等	E. Thomas Garman	108.00	2020	978-7-300-25653-5
4	银行学(第二版)	芭芭拉·卡苏等	Barbara Casu	99.00	2020	978-7-300-28034-9
5	金融衍生工具与风险管理(第十版)	唐·M. 钱斯	Don M. Chance	98.00	2020	978-7-300-27651-9
6	投资学导论(第十二版)	赫伯特·B. 梅奥	Herbert B. Mayo	89.00	2020	978-7-300-27653-3
7	金融几何学	阿尔文·库鲁克	Alvin Kuruc	58.00	2020	978-7-300-14104-6
8	银行风险管理(第四版)	若埃尔·贝西	Joël Bessis	56.00	2019	978-7-300-26496-7
9	金融学原理(第八版)	阿瑟·J. 基翁等	Arthur J. Keown	79.00	2018	978-7-300-25638-2
10	财务管理基础(第七版)	劳伦斯·J. 吉特曼等	Lawrence J. Gitman	89.00	2018	978-7-300-25339-8
11	利率互换及其他衍生品	霍华德·科伯	Howard Corb	69.00	2018	978-7-300-25294-0
12	固定收益证券手册(第八版)	弗兰克·J. 法博齐	Frank J. Fabozzi	228.00	2017	978-7-300-24227-9
13	金融市场与金融机构(第8版)	弗雷德里克·S. 米什金等	Frederic S. Mishkin	86.00	2017	978-7-300-24731-1
14	兼并、收购和公司重组(第六版)	帕特里克·A. 高根	Patrick A. Gaughan	89.00	2017	978-7-300-24231-6
15	债券市场:分析与策略(第九版)	弗兰克·J. 法博齐	Frank J. Fabozzi	98.00	2016	978-7-300-23495-3
16	财务报表分析(第四版)	马丁·弗里德森	Martin Fridson	46.00	2016	978-7-300-23037-5
17	国际金融学	约瑟夫·P. 丹尼尔斯等	Joseph P. Daniels	65.00	2016	978-7-300-23037-1
18	国际金融	阿德里安·巴克利	Adrian Buckley	88.00	2016	978-7-300-22668-2
19	个人理财(第六版)	阿瑟·J. 基翁	Arthur J. Keown	85.00	2016	978-7-300-22711-5
20	投资学基础(第三版)	戈登·J. 亚历山大等	Gordon J. Alexander	79.00	2015	978-7-300-20274-7
21	金融风险管理(第二版)	彼德·F. 克里斯托弗森	Peter F. Christoffersen	46.00	2015	978-7-300-21210-4
22	风险管理与保险管理(第十二版)	乔治·E. 瑞达等	George E. Rejda	95.00	2015	978-7-300-21486-3
23	个人理财(第五版)	杰夫·马杜拉	Jeff Madura	69.00	2015	978-7-300-20583-0
24	企业价值评估	罗伯特·A.G. 蒙克斯等	Robert A. G. Monks	58.00	2015	978-7-300-20582-3
25	基于Excel的金融学原理(第二版)	西蒙·本尼卡	Simon Benninga	79.00	2014	978-7-300-18899-7
26	金融工程学原理(第二版)	萨利赫·N. 内夫特奇	Salih N. Neftci	88.00	2014	978-7-300-19348-9
27	国际金融市场导论(第六版)	斯蒂芬·瓦尔德斯等	Stephen Valdez	59.80	2014	978-7-300-18896-6
28	金融数学:金融工程引论(第二版)	马雷克·凯宾斯基等	Marek Capinski	42.00	2014	978-7-300-17650-5
29	财务管理(第二版)	雷蒙德·布鲁克斯	Raymond Brooks	69.00	2014	978-7-300-19085-3
30	期货与期权市场导论(第七版)	约翰·C. 赫尔	John C. Hull	69.00	2014	978-7-300-18994-2
31	国际金融:理论与实务	皮特·塞尔居	Piet Sercu	88.00	2014	978-7-300-18413-5
32	货币、银行和金融体系	R. 格伦·哈伯德等	R.Glenn Hubbard	75.00	2013	978-7-300-17856-1
33	并购创造价值(第二版)	萨德·苏达斯纳	Sudi Sudarsanam	89.00	2013	978-7-300-17473-6
34	个人理财——理财技能培养方法(第三版)	杰克·R. 卡普尔等	Jack R. Kapoor	66.00	2013	978-7-300-16687-2
35	国际财务管理	吉尔特·贝克特	Geert Bekaert	95.00	2012	978-7-300-16031-3
36	应用公司财务(第三版)	阿斯沃思·达摩达兰	Aswath Damodaran	88.00	2012	978-7-300-16034-4
37	资本市场:机构与工具(第四版)	弗兰克·J. 法博齐	Frank J.Fabozzi	85.00	2011	978-7-300-13828-2

Principles of Financial Engineering, Third edition
Robert L. Kosowski, Salih N. Neftci
ISBN: 9780123869685

《金融工程学原理》（第三版）（王忠玉　董奕　译）
ISBN：9787300285412

注意

本书涉及领域的知识和实践标准在不断变化。新的研究和经验拓展我们的理解，因此须对研究方法、专业实践或医疗方法作出调整。从业者和研究人员必须始终依靠自身经验和知识来评估和使用本书中提到的所有信息、方法、化合物或本书中描述的实验。在使用这些信息或方法时，他们应注意自身和他人的安全，包括注意他们负有专业责任的当事人的安全。在法律允许的最大范围内，爱思唯尔、译文的原文作者、原文编辑及原文内容提供者均不对因产品责任、疏忽或其他人身或财产伤害及/或损失承担责任，亦不对由于使用或操作文中提到的方法、产品、说明或思想而导致的人身或财产伤害及/或损失承担责任。

图书在版编目（CIP）数据

金融工程学原理：第三版／（ ）罗伯特·L. 科索斯基，（ ）萨利赫·N. 内夫特奇著；王忠玉，董奕译.－北京：中国人民大学出版社，2021.6

（金融学译丛）

ISBN 978-7-300-28541-2

Ⅰ.①金… Ⅱ.①罗… ②萨… ③王… ④董… Ⅲ.①金融学 Ⅳ.①F830

中国版本图书馆 CIP 数据核字（2020）第 171022 号

金融学译丛

金融工程学原理（第三版）

罗伯特·L. 科索斯基
萨利赫·N. 内夫特奇 著

王忠玉 董 奕 译

Jinrong Gongchengxue Yuanli

出版发行	中国人民大学出版社		
社　　址	北京中关村大街 31 号	**邮政编码**	100080
电　　话	010－62511242（总编室）		010－62511770（质管部）
	010－82501766（邮购部）		010－62514148（门市部）
	010－62515195（发行公司）		010－62515275（盗版举报）
网　　址	http://www.crup.com.cn		
经　　销	新华书店		
印　　刷	涿州市星河印刷有限公司		
规　　格	185 mm×260 mm　16 开本	**版　　次**	2021 年 6 月第 1 版
印　　张	48.5　插页 1	**印　　次**	2021 年 6 月第 1 次印刷
字　　数	1 144 000	**定　　价**	109.00 元
